O DIREITO DO TRABALHO

na Crise da Covid-19

Alexandre Agra Belmonte
Luciano Martinez
Ney Maranhão

O DIREITO DO TRABALHO
na Crise da Covid-19

2020
reedição 2024

EDITORA
*Jus*PODIVM
www.editorajuspodivm.com.br

EDITORA
JusPODIVM
www.editorajuspodivm.com.br

Rua Canuto Saraiva, 131 – Mooca – CEP: 03113-010 – São Paulo – São Paulo
Tel: (11) 3582.5757
• Contato: https://www.editorajuspodivm.com.br/central-de-relacionamento

Diagramação: Equipe *Jus*PODIVM

Capa: Ana Caquetti

B451d Belmonte, Alexandre Agra.
O Direito do Trabalho na Crise da Covid-19 / Alexandre Agra Belmonte, Luciano Martinez e Ney Maranhão. - São Paulo: Editora JusPodivm, 2024.
816 p.

ISBN: 978-85-442-5402-8.

1. Direito do Trabalho. I. Belmonte, Alexandre Agra. II. Martinez, Luciano. III. Maranhão, Ney. IV. Título.

CDD 342.6

BIBLIOTECÁRIA RESPONSÁVEL

Ana Carolina Ribeiro Mois – CRB7 – RJ 007348/0

NOTA DOS COORDENADORES

Durante o período mais sombrio da pandemia de COVID-19, a humanidade enfrentou desafios sem precedentes. Foi um tempo de incertezas e angústias que impactaram profundamente todas as esferas da vida, especialmente o mundo do trabalho. Nesse contexto, a **Academia Brasileira de Direito do Trabalho – ABDT**, ciente de sua missão e compromisso social, mobilizou seu seleto corpo de juristas para a elaboração de uma obra que pudesse servir de farol em meio ao caos sociojurídico instalado.

Foi na esteira desse difícil cenário que nasceu o livro "**Direito do Trabalho na Crise da COVID-19**", lançado em 2020 pela Academia Brasileira de Direito do Trabalho. Agora, com imensa honra e profundo senso de responsabilidade, anunciamos a republicação dessa icônica obra durante o **XIV Congresso Internacional de Direito e Processo do Trabalho** da Academia Brasileira de Direito do Trabalho, a ser realizado em São Paulo nos dias 19 e 20 de setembro de 2024.

"Direito do Trabalho na Crise da COVID-19" não é apenas um compêndio jurídico; cuida-se de um genuíno testemunho de resiliência e solidariedade. Cada capítulo representa um esplendoroso esforço coletivo de mentes irrequietas e brilhantes que, mesmo em meio à adversidade, se uniram para proporcionar clareza e orientação jurídica. Eis aqui, pois, um bom exemplo de que razão e emoção podem caminhar juntas e em total harmonia.

Esta obra, à época publicada em formato exclusivamente digital e com distribuição livre, foi recebida com entusiasmo pela comunidade juslaboral e debatida com afinco em miríades de *lives*. Objeto de fértil citação em artigos, livros e julgados que se seguiram, não temos dúvidas de que este escrito cumpriu exitosamente com seu papel de disseminar doutrina de qualidade, de forma ampla e acessível, contribuindo significativamente para a mitigação dos impactos da pandemia no âmbito trabalhista.

A versão impressa deste livro decorre também de um insistente pleito dos leitores, ávidos por sentir o peso das páginas em suas mãos e acomodar em suas estantes obra tantas vezes lida e consultada. A emoção de segurar um livro que ofereceu luzes científicas para um período tão conturbado e triste não pode ser subestimada. Esta obra é mais do que um registro acadêmico; é uma peça histórica que trouxe esperança em tempos de desespero.

Por isso, este relançamento não é apenas a celebração de uma histórica contribuição acadêmica, mas também uma singela homenagem a todos que, de alguma forma, lutaram para superar os desafios impostos pela crise pandêmica. É um tributo, igualmente, à perseverança e à capacidade de adaptação do ser humano, bem assim às próprias vítimas daquele insano momento da existência humana.

Agradecemos, profundamente, à consagrada **editora Juspodivm**, que abraçou de imediato este ousado projeto, e a todos os juristas que dedicaram seu tempo e conhecimento para a criação desta obra. Seu esforço é, e sempre será, um exemplo do que a colaboração e o compromisso com o bem comum podem alcançar. Acreditamos que esta republicação, além de resgatar um importante capítulo da nossa história recente, continuará a servir como referência indispensável para estudiosos, profissionais do direito e toda a sociedade.

Que esta obra siga inspirando e guiando caminhos, reafirmando a importância da solidariedade e do conhecimento compartilhado.

Sigamos em frente – com fé, gratidão e esperança, sempre!

Em junho de 2024.

Alexandre de Souza Agra Belmonte

Luciano Martinez

Ney Maranhão

Coordenadores

APRESENTAÇÃO

Pouco ligando para o estilo de vida ou condição social, gênero, território ou prestígio, potência ou alcance de armas, a COVID-19 demonstrou como o ser humano é frágil e como a vida é finita.

Com tristeza, deparamo-nos com a impossibilidade de usufruir dos prazeres da vida moderna: cinemas, teatros, casas de shows, clubes, academias de ginástica, bares, restaurantes e shoppings. Viagens, casamentos, churrascos, batizados e eventos profissionais adiados, sem que se tenha ao menos noção de quando a vida a que estamos acostumados retomará o seu curso.

Confinados, estamos a viver duas vidas dentro de nossas casas: uma intensa e interna, pessoal e familiar, e outra, de relacionamentos sociais e profissionais, que estão a invadir a nossa vida privada sem noção de horário, dia útil ou feriado, para possibilitar as interações sem as quais perdemos a noção de nosso papel social na sociedade.

Com esperança, torcemos e rezamos pela possibilidade do surgimento em tempo breve de uma vacina que imunize os mais frágeis contra o vírus e evite o risco de contaminação.

O fechamento temporário ou definitivo de inúmeras atividades provocou um efeito devastador na livre-iniciativa, incluindo a produção, prestação de serviços, comercialização, distribuição, arrendamento e serviços públicos em geral, com impactos na receita, no lucro, no cumprimento das obrigações e contratos e nas oportunidades de trabalho.

O Brasil conta com cerca de 210 milhões de habitantes e uma população economicamente ativa de cerca 106 milhões. Tinha, antes da pandemia, um percentual em torno de 45% de brasileiros na informalidade e uma taxa de desemprego de aproximadamente 12%, somando assim mais da metade da PDA.

O país adota um perigoso e instável modelo econômico baseado em exportações e *commodities*, porque se ressente da falta de participação no setor quaternário, o de conhecimento. Em 2005, Japão, Estados Unidos da América, Coreia do Sul e Reino Unido exportaram, juntos, em conhecimento três vezes as exportações brasileiras em soja e derivados. Suas multinacionais, estrategicamente instaladas, vendem tecnologia, e não matéria-prima.

Essa situação decorre de décadas de equívocos no sistema educacional. Pelo menos 11,3 milhões de pessoas com mais de 15 anos são analfabetas; quatro a cada dez jovens não completam o ano letivo no ensino médio e milhares de pessoas que concluíram os ensinos fundamental, médio e superior sofrem no mercado de trabalho por insuficiência de formação. O país sofre com a evasão de mentes privilegiadas que buscam oportunidades para o além-mar e se submete ao *know-how* estrangeiro nas multinacionais que por aqui aportam.

Como se tudo isso não bastasse, o Brasil é o sétimo país mais desigual do mundo. Quem recebe acima de R$ 6.000,00 por mês está entre os 10% mais ricos do Brasil.

Diante dessa realidade, as Medidas Provisórias 927/2020 e 936/2020 surgiram como tábuas de salvação contra o risco do desemprego. Entre dois bens jurídicos, a proteção social plena e o desemprego, é proporcionalmente melhor ter férias cumulativamente antecipadas; trabalhar remotamente; laborar em jornada reduzida, com redução salarial proporcional; ou receber compensação pela suspensão do contrato com base no valor do seguro-desemprego do que ficar no olho da rua.

Ao assumir o papel que dele se esperava desde o início da pandemia, finalmente veio a MP 936/2020 dar um alento aos trabalhadores e às empresas, com alternativas destinadas a abortar o risco da escalada do desemprego e de uma convulsão social sem precedentes. A essas medidas se seguiram outras, tanto em relação aos portuários avulsos como abono emergencial para os informais, utilização do FGTS e concessão de crédito subsidiado para as empresas.

A MP 927/2020 trouxe um conjunto de alternativas flexibilizadas em relação à legislação ordinária para as empresas que não pararam. E a MP 936/2020, a redução da jornada com redução salarial e a suspensão temporária do contrato para as empresas que precisaram paralisar total ou parcialmente a sua atividade, mediante complementação ou substituição da remuneração normal por meio de um benefício emergencial calculado sobre o seguro-desemprego, com contrapartida da garantia de emprego para os trabalhadores.

O momento é de preocupação com as soluções capazes de permitir o enfrentamento deste momento difícil, em que a solidariedade se impõe, bem como em fornecer à comunidade jurídica reflexões sobre os aspectos jurídicos materiais e processuais que precisarão ser enfrentados pelos atores sociais (trabalhadores, empresários e juristas).

Muito trabalho e preocupações terá a Justiça do Trabalho pela frente e dela se espera que mais uma vez se supere na mediação e pacificação dos conflitos trabalhistas.

Esta obra reúne os mais renomados juristas trabalhistas sobre os diversos aspectos das Medidas Provisórias e da legislação trabalhista ordinária diante da pandemia da COVID-19. É oferecida gratuitamente pela Academia Brasileira de Direito do Trabalho e pela Editora Juspodivm, por *e-Book*, à comunidade jurídica.

Todavia, também é preciso refletir sobre o futuro. Sobre o que fazer após a pandemia. Sobre o que fazer diante do encerramento definitivo de inúmeras empresas. Sobre o desemprego que de tudo isso resultará. Sobre como repor a receita pública, canalizada para socorrer as empresas e trabalhadores.

Como medidas de urgência e de exceção, as alternativas apresentadas nas medidas provisórias foram acertadas, com flexibilização baseada na divisão do prejuízo entre as empresas, os trabalhadores e o governo para enfrentamento dos impactos da COVID-19.

Contudo, a flexibilização da legislação trabalhista existente não é um caminho a seguir. Nem com as soluções legislativas previstas na primeira onda dos anos 1980 e nem com as apresentadas na Reforma Trabalhista de 2017 ela conseguiu recuperar os empregos, incluir os informais ou facilitar a vida dos pequenos empresários, que respondem por 70% da mão de obra no Brasil.

Portanto, a palavra de ordem não é flexibilização. Já não serviu e jamais servirá. O mundo do trabalho exige outro tipo de intervenção. Não de flexibilização do velho, e sim de adequação ao novo. Uma legislação adequada aos novos tempos precisará ser editada. Mais do mesmo não resultará em proveito. O Direito deve regular o fato social. Adaptar o fato social ao Direito é um erro sem tamanho.

É preciso adequar a legislação ao fato social da automação e da necessidade de proteção do ser humano contra a sua substituição pela máquina. Adequar o trabalhador, preparando-o com educação inclusiva e de qualidade para criativamente enfrentar o fato social do despreparo para a ocupação dos postos presentes e futuros de trabalho e permitir a sua requalificação obrigatória. Adequar a legislação ao fato social da necessidade de proteção social para todos os tipos de trabalho, subordinados, semidependentes ou autônomos. Adequação da legislação ao fato social do papel e importância dos sindicatos no diálogo social coletivo, mediante nova estrutura que fomente a negociação e incentive a participação efetiva dos trabalhadores nas agremiações para efeito de financiamento.

Estender os benefícios obtidos em acordos e convenções a quem não contribui para o financiamento dos sindicatos é condená-los à extinção.

Além disso, urge a formulação de um grande pacto social, condizente com a Constituição Federal e os tempos líquidos, que possa reduzir a desigualdade, propiciar a máxima inclusão e reaproximar as instituições em nome da democracia e da segurança.

Com a oferta à comunidade jurídica do estudo dos impactos jurídicos da pandemia nas relações materiais e processuais de trabalho diante do momento atual e exortando-a a uma futura reflexão sobre o mundo do trabalho e o caminho que precisará ser percorrido para enfrentar os desafios do porvir, esperamos que esta obra, coordenada com a valorosa parceria e iniciativa dos confrades Luciano Martinez e Ney Maranhão, e reiterando os agradecimentos à Juspodivm pela solidariedade da publicação gratuita, resulte no proveito esperado.

Ministro Alexandre Agra Belmonte

Presidente da Academia Brasileira de Direito do Trabalho

SUMÁRIO

Seção I

OS PRESSUPOSTOS HISTÓRICOS, AXIOLÓGICOS, SOCIOLÓGICOS E ECONÔMICOS

Seção II

OS VETORES CONSTITUCIONAIS

Seção VI

OS CONTRATOS ESPECIAIS

Seção VII

O PROCESSO DO TRABALHO

Seção I

OS PRESSUPOSTOS HISTÓRICOS, AXIOLÓGICOS, SOCIOLÓGICOS E ECONÔMICOS

1

PANDEMIAS QUE ASSOLARAM A HUMANIDADE

Fernando Belfort[1]

A divulgação dos fatos, sobre doenças, é normalmente acompanhada de palavras como pandemia, epidemia, endemia e surto. Mas qual é a diferença entre essas denominações?

Assim faz-se necessário distinguirmos tais termos usados em linguagem médica para maior clareza do presente artigo.

Pandemia, palavra de origem grega, formada com o prefixo neutro *pan* e *demos,* povo, foi usada pela primeira vez por Platão em seu livro Das Leis (**Marcovecchio,** 1993), com um sentido genérico, referindo-se a qualquer acontecimento capaz de alcançar toda a população, e o seu conceito moderno é o de uma epidemia de grandes proporções, que se espalha a vários países, em mais de dois continentes, aproximadamente ao mesmo tempo, como recentemente é o COVID-19.No mesmo sentido foi também utilizada por Aristóteles (**Bailly**,1950).

A incorporação definitiva do termo pandemia ao glossário médico firmou-se a partir do século XVIII, encontrando-se o seu registro em francês no *Dictionnaire universel français* et latin, de Trévoux, de 1771 (**Dauzat,** 1964). Em português foi o vocábulo dicionarizado como termo médico por Domingos Vieira, em 1873 (**Vieira, 1874**).

Os termos **epidemia** e **endemia** são dos mais antigos na medicina e sua distinção não pode ser feita com base apenas na maior ou menor incidência de determinada enfermidade em uma população. Se para epidemia a principal característica se constitui no elevado número de casos novos e sua rápida difusão, para endemia, que vem do grego

1. Presidente do TRT 16ª Região (1989-1991), Desembargador aposentado, Mestre em Direito pela Universidade Federal de Pernambuco (2002), Doutor em Direito pela Pontifícia Universidade Católica de São Paulo (2008). Professor Associado IV da Universidade Federal do Maranhão.Advogado trabalhista.

clássico e significa "originário de um país, referente a um país", não basta somente o critério quantitativo, o que define o caráter endêmico de uma doença é o fato de ser a mesma peculiar a um povo, país ou região.

Segundo uma especialista em doenças infecciosas da Escola de Higiene e Medicina Tropical de Londres, Rosalind Eggo, "uma infecção endêmica está presente em uma área permanentemente, o tempo todo, durante anos", como a varicela e a malária; epidemia "é o aumento nos casos, seguido por um pico e depois diminuição" e pandemia "é a epidemia que ocorre ao redor do mundo aproximadamente ao mesmo tempo".

No Corpus Hippocraticum há sete livros com o título de Epidemias (**Hippocrate, 1934**) e Galeno usou endemia com o mesmo significado atual (**Marcovecchio, 1993**).

Surto: Acontece quando há um aumento inesperado do número de casos de determinada doença em uma região específica. Em algumas cidades, a dengue, por exemplo, é tratada como um surto e não como uma epidemia, pois acontece em regiões específicas (como um bairro).

Após termos visto, ainda que a voo de pássaro, as definições de cada um dos termos para poder definir uma condição como epidêmica ou endêmica, ou, até mesmo pandêmica, deve-se estabelecer quais seriam os possíveis níveis habituais de ocorrência de uma doença ou condição de saúde na população de uma determinada área, naquele período de tempo,

Dra. Natalia Pasternak Taschner, pesquisadora do Instituto de Ciências Biomédicas da Universidade de São Paulo, coordenadora científica do Planetário de São Paulo, responsável pelos projetos Cientistas Explicam e "Pint of Science" no Brasil e uma das idealizadoras e colaboradoras do blog Café na Bancada aponta as seguintes condições:

> **Alguns fatores determinantes e condicionantes podem ser: diversas situações econômicas como a miséria, a falta de saneamento básico e água tratada; culturais, com hábitos alimentares de risco como ingestão de peixe cru ou ostras e alimentos exóticos; ecológicas como a poluição atmosférica e as condições climáticas; psicossociais, incluindo estresse e o uso de drogas; e biológicos com as mutações de um agente infeccioso, transmissibilidade do agente e indivíduos suscetíveis às infecções.**
>
> **Esses determinantes podem variar de acordo com as características dos agentes etiológicos e estão intimamente relacionados à sua forma de transmissão. As doenças infecciosas podem ser transmitidas por contato direto (secreções respiratórias, fecal-oral, sexual) ou contato indireto (vetor, ambiente, objetos e alimentos contaminados).**
>
> **Nos dias atuais, a globalização constitui outro importante determinante, resultado de um intenso fluxo de pessoas e alimentos por todo o mundo. A rapidez de deslocamento das pessoas proporcionada pela facilidade de acesso ao transporte aéreo permite que agentes causadores de epidemias sejam transmitidos rapidamente para pessoas de várias regiões do planeta em um curto espaço de tempo, como, por exemplo, o Influenza H1N1, que causou, em 2009, uma pandemia em menos de seis meses, e, atualmente, o COVID-19, em menos de três meses.**
>
> **Para o enfrentamento de situações endêmicas e epidêmicas é necessário um planejamento a nível local, quando pandêmica visa-se a nível global, destacando-se vigi-**

lância do território, organização assistencial, articulação Inter setorial e o trabalho em conjunto com a equipe de controle de zoonoses (para doenças de transmissão vetorial) e o primeiro passo é a adequação dos protocolos à realidade local.

2 - Antes de elencarmos as pandemias que assolaram a humanidade e dado já termos feito a distinção entre aquelas e epidemias vamos trazer quais foram e em que épocas ocorreram estas. De logo, advirto-lhes, como se tratam de fatos históricos não estamos criando qualquer tese e sim transcrevendo-os dando os créditos aos historiadores que elaboraram as pesquisas.

Algumas epidemias foram tão intensas que quase chegaram a aniquilar cidades inteiras.

A história da humanidade não é marcada apenas pelos grandes impérios, grandes guerras e o avanço material e tecnológico do homem no tempo, mas também pelas grandes doenças que afetaram os mais diversos povos.

As epidemias que aconteceram e foram registradas ao longo da história causaram **momentos de grande tensão** e foram **catalisadores de transformações** em alguns casos. São acontecimentos que colocaram sociedades inteiras sob ameaça e, por isso, são objetos de estudo dos historiadores. Vamos conhecer algumas delas.

Peste de Atenas (430-427 a.C.)

A partir do verão de 430 a.C., a cidade de Atenas, uma das grandes cidades da civilização grega, foi atingida por um **surto epidêmico**. A epidemia foi registrada pelo grego **Tucídides**, historiador que também relatou a Guerra do Peloponeso. A doença teve um grande surto entre 430-429 a.C., enfraqueceu-se durante 428 a.C. e ganhou força novamente a partir de 427 a.C.

Os relatos deixados por Tucídides falam que a doença iniciou-se na **zona portuária de Atenas** e espalhou-se pelo resto da cidade. Os casos começaram a aparecer bem no início da Guerra do Peloponeso e tiveram um **efeito fulminante nas tropas atenienses**.

O autor J. N. Hays fala que uma tropa de hoplitas[2] formada por 4 mil homens presenciou a morte de 1.050 deles.

Dado o contexto em que essa doença se iniciou em Atenas, os estudiosos do assunto chegaram à teoria de que a grande circulação de pessoas por causa da guerra facilitou a disseminação da enfermidade. Os sintomas foram descritos por Tucídides:

> **[...] Em geral, o indivíduo no gozo de perfeita saúde via-se subitamente preso dos seguintes sintomas: sentia em primeiro lugar violenta dor de cabeça; os olhos ficavam vermelhos e inflamados; a língua e a faringe assumiam aspecto sanguinolento; a respiração tornava-se irregular e o hálito fétido. Seguiam-se espirros e rouquidão.**

2. **Hoplítes, do latim hoplites) era, na Era Clássica da Grécia antiga, um cidadão-soldado de infantaria pesada. Seu nome provém do grande escudo levado para as batalhas: o hóplon.**

> **Pouco depois a dor se localizava no peito, acompanhada de tosse violenta; quando atingia o estômago, provocava náuseas e vômitos com regurgitação de bile. Quase todos os doentes eram acometidos por crises de soluços e convulsões de intensidade variável de um caso a outro. A pele não se mostrava muito quente ao tato nem também lívida, mas avermelhada e cheia de erupções com o formato de pequenas empolas (pústulas) e feridas.**

Acredita-se que a doença nunca tinha atingido a cidade de Atenas, haja vista a violência pela qual ela acometeu a população local. Existem alguns estudiosos que afirmam que a enfermidade teve **grande impacto nas mulheres grávidas**. Os relatos de Tucídides deixam a entender que o desespero da população criou um quadro de desrespeito às leis e, à medida que as preces religiosas não eram atendidas, a religião também começou a ser alvo desse desrespeito.

Apesar de ter sido conhecida como "**peste de Atenas**" e o nome sugerir que se tratou de um surto de peste bubônica, os estudiosos sugerem que a doença que atingiu a cidade grega não foi essa. Um estudo conduzido no começo do século XXI com base em ossadas de uma vala comum encontrada chegou à conclusão da ocorrência de **febre tifoide**, mas existem outros estudos que apontam tifo.

Existem ainda teorias que sugerem doenças como varíola e sarampo e que **até 35% da população ateniense possa ter morrido**. Acredita-se também que a doença possa ter se disseminado para outros locais a partir de Atenas. Outras pestes aconteceram na Antiguidade, como a **peste de Siracusa,** em 395 a.C., e a **peste antonina**, que atingiu Roma em 166 d.C.

Peste do Egito (430 a.C.) - a febre tifoide matou um quarto das tropas atenienses e um quarto da população da cidade durante a Guerra do Peloponeso. Esta doença fatal debilitou o domínio de Atenas, mas a virulência completa da doença preveniu sua expansão para outras regiões, a doença exterminou seus hospedeiros a uma taxa mais rápida que a velocidade de transmissão. A causa exata da peste era por muitos anos desconhecida; em janeiro de 2006, investigadores da Universidade de Atenas analisaram dentes recuperados de uma sepultura coletiva debaixo da cidade e confirmaram a presença de bactérias responsáveis pela febre tifoide.

Peste Antonina (165–180) - possivelmente causada pela varíola trazida próximo ao Leste; matou um quarto dos infectados. Cinco milhões no total.

Peste de Cipriano (250–271) - possivelmente causada por varíola ou sarampo, iniciou-se nas províncias orientais e espalhou-se pelo Império Romano inteiro. Segundo relatado, em seu auge chegou a matar 5 000 pessoas por dia em Roma.[3]

Peste de Justiniano (541D.C). A primeira contaminação registrada de peste bubônica. Começou no Egito e chegou à Constantinopla na primavera seguinte, enquanto matava (de acordo com o cronista bizantino Procópio de Cesareia) 10 000 pessoas por dia, atingindo 40% dos habitantes da cidade. Foi eliminada até um quarto da população do oriente médio.

As 5 maiores pandemias da história

3 - A pandemia do novo coronavírus está causando medo em todo o mundo é não é para menos. O vírus causador da Covid-19 está infectando milhões de pessoas em centenas de países, com milhares de casos mortais.

3.1. Breve Explicação

Surtos de doenças repetem-se pelos séculos com algumas semelhanças tanto na forma de propagação quando de contenção destas doenças.

De acordo com a Organização Mundial de Saúde, Pandemia é um termo usado para uma determinada doença que rapidamente se espalhou por diversas partes de diversas regiões (continental ou mundial) através de uma contaminação sustentada. Neste quesito, **a gravidade da doença não é determinante e sim o seu poder de contágio e sua proliferação geográfica.**

"Pandemia não é uma palavra para ser usada à toa ou sem cuidado. É uma palavra que, se usada incorretamente, pode causar um medo irracional ou uma noção injustificada de que a luta terminou, o que leva a sofrimento e mortes desnecessários", afirmou Tedros Adhanom Ghebreyesus, diretor-geral da OMS, durante a proliferação da Covid-19 em março de 2020.

3.2. A peste negra

3.2.2. Peste negra ou bubônica

A peste negra (século XIV) foi a mais devastadora pandemia de que se teve notícia na história. Cerca de um terço da população europeia morreu vitimada pela peste.

> Daniel Neves Silva Professor de História aponta que:
>
> A **peste negra** é como ficou conhecida a **peste bubônica**, doença causada pela bactéria *Yersiniapestis*, que atingiu o continente europeu em meados do século XIV. Os historiadores acreditam que a doença surgiu em algum lugar da Ásia Central e foi levada por genoveses para o continente europeu.
>
> O resultado foi catastrófico, pois a doença atingiu praticamente todo o continente e resultou na morte de milhões de pessoas. As estimativas mais tradicionais falam que cerca de **1/3 da população europeia morreu** por causa da crise de peste negra, mas algumas estatísticas sugerem que a quantidade de mortos possa ter ultrapassado a metade da população europeia.
>
> A peste bubônica é uma doença causada pelo *Yersiniapestis*, uma bactéria que é encontrada em **pulgas que ficam em ratos contaminados**. Quando as pulgas contaminadas têm contato com seres humanos, a transmissão da doença acontece. A partir daí, a peste pode ser transmitida de humano para humano pelas secreções do corpo ou pela via respiratória.

Os historiadores acreditam que a peste negra surgiu na **Ásia Central**. Existem inúmeras teorias sobre o lugar específico onde a doença surgiu, mas a mais aceita sugere que o lugar de origem é a China e que, durante muito tempo, a peste tenha atuado exclusivamente na Ásia Central. A partir do século XIV, ela se espalhou por terra e por mar pelo Oriente.

Regiões como a Mongólia, parte da China, Síria, Mesopotâmia e Egito teriam sido atingidas no começo do século XIV, causando a **morte de cerca de 24 milhões de pessoas** nesses locais. A doença teve contato com os europeus por meio de um conflito que aconteceu em **Caffa**, colônia genovesa localizada na Crimeia (região atualmente disputada por Ucrânia e Rússia).

Em 1343, Caffa foi sitiada por tropas tártaras do Canato da Horda Dourada. O conflito seguiu com interrupções até que, em 1346, as tropas tártaras foram dizimadas por um surto de peste negra. Os tártaros decidiram utilizar a doença como arma e **lançaram cadáveres contaminados** para dentro da cidade.

O resultado foi imediato e a cidade de Caffa também começou a sucumbir perante o surto de peste. Fugindo da doença, genovenses começaram a abandonar Caffa, retornando para a Península Itálica. Nesse retorno, os genoveses levaram a enfermidade para locais como Constantinopla, Gênova e Marselha, o que resultou na disseminação por todo o continente europeu.

A partir dos **portos** no litoral mediterrâneo, a peste negra difundiu-se pela Europa. Em 1347, a doença chegou à Sicília, ilha ao sul da Península Itálica; em 1348, chegou a Marselha, sul da França; em 1349, alcançou Gênova e o norte da Itália e, partir daí, espalhou-se por toda a Europa.

A difusão dessa doença levou morte por toda o continente europeu, uma vez que ninguém sabia o que a causava. Isso naturalmente fez surgir todo tipo de especulação a respeito das causas da peste. Alguns falavam que era um castigo divino, por exemplo; outros acusavam os judeus de serem os responsáveis.

Logo os europeus identificaram que a doença era altamente contagiosa. Uma das formas de contágio é a **respiratória**, assim, uma pessoa infectada pode facilmente transmitir por via respiratória ou por suas roupas, por exemplo, a doença para outros. A peste negra atuava de maneira fulminante, e a pessoa que a contraía falecia em questão de dias.

A peste transmitida pela via respiratória é conhecida como **peste pneumônica.** Segundo o historiador Hilário Franco Júnior, a pessoa doente falecia em até três dias depois de contraí-la. Já o historiador Jacques Le Goff fala que muitas das pessoas que demonstravam os sintomas da peste **faleciam dentro de 24 horas** após manifestar os primeiros sinais.

De conformidade como relatado pelo prof. ***Joffre M. de Rezende*** temos que:

No início de 1330 o primeiro foco da peste bubônica aconteceu na China. A peste afeta principalmente roedores, mas suas pulgas podem transmitir a doença para as pessoas. Uma vez infectada, o contagio a outras pessoas ocorre de maneira extremamente rápida. A peste causa febre e um inchaço doloroso das glândulas linfáticas chamadas de bulbos, daí o seu nome. A doença pode também causar manchas na pele que apresentam primeiramente uma cor avermelhada e então se torna negra.

Como a China era um das maiores nações comerciais, foi só uma questão de tempo até que a epidemia da peste se espalhasse pela Ásia oriental e pela Europa.

Em outubro de 1347, vários navios mercantes Italianos retornaram de uma viagem ao mar negro, um dos elos no comércio com a China. Quando os navios aportaram Sicília muitos dos que estavam a bordo já estavam morrendo por causa da peste. Após alguns dias a doença se espalhava pela cidade e pelos arredores.

(...)

A doença atacava e matava com terrível rapidez. O escritor italiano Boccaccio disse que as vítimas normalmente, "*almoçavam com seus amigos e jantavam com seus ancestrais no paraíso.*"

Em agosto no ano seguinte, a peste havia se espalhado ao norte até a Inglaterra, onde as pessoas a chamavam de "A Morte Negra" por causa das manchas negras que ela causava na pele. Um terrível assassino estava solto na Europa, e a medicina medieval não tinha nada para combatê-lo.

No inverno a doença parecia desaparecer, mas somente porque as pulgas, grandes responsáveis pelo transporte da peste de pessoa para pessoa, estavam dormentes. A cada primavera a peste atacava novamente, fazendo novas vítimas. Após cinco anos 25 milhões de pessoas estavam mortas, um terço da população da Europa.

Mesmo quando o pior havia passado epidemias menores continuaram a acontecer, não só por anos, mas por séculos. Os sobreviventes viviam em medo constante do retorno da peste, e a doença não desapareceu até o século XVII.

A sociedade medieval nunca se recobrou dos resultados da praga. Tantas pessoas haviam morrido que houve sérios problemas de mão de obra em toda a Europa. Isso fez com que trabalhadores pedissem maiores salários. No fim do século XIV revoltas de camponeses aconteceram na Inglaterra, França, Bélgica e Itália.

(...)

Os documentos revelam as teorias médicas envolvendo as causas da peste e seus métodos de tratamento.

Naquele tempo a peste não se encaixava no conhecimento médico contemporâneo que em sua maioria afirmavam que doenças eram transmitidas através do "ar ruim", que geralmente possuía um cheiro nauseabundo. Para prevenir que as doenças se espalhassem era comum a terapia de aromas. Isso podia incluir a queima de incensos ou a inalação de fragrâncias, como perfumes ou flores. Isso não afetou o avanço da peste e muitos curandeiros fugiam ao primeiro sinal da doença.

A denominação "peste negra" para a peste bubônica surgiu graças a um dos momentos mais aterrorizantes da história da humanidade protagonizado pela doença:

De 1348 a 1350, a doença desceu sobre a Europa, trazida da região do Mar Negro por comerciantes genoveses, eliminando de 25 a 35% da população. Muitas aldeias desapareceram provisória ou definitivamente. Cidades tiveram sua população dizimada, como Toulouse na França, que de 30000 habitantes em 1348, contava com apenas 24000 em 1385; Florença, de 110 000 antes da peste, ficou reduzida a 50000.

A peste atingiu indiscriminadamente campo e cidade, pobres e ricos homens e mulheres adultos e crianças, sendo explicada, pelos cronistas medievais, como sendo castigo de Deus. Eram tantos os mortos que era necessário a abertura de valas comuns, como mostrada na figura, por causa da demanda, que era ainda mais intensa às segundas-feiras. Esta epidemia inspirou o livro *Decamerão*, de Giovanni Bocaccio, que viveu de 1313 a 1375. As cenas que descreve no prólogo do livro se passam na cidade de Florença, na Itália.

(...)

UMA DAS MAIORES DIFICULDADES ERA DAR SEPULTURA AOS MORTOS:

"*Para dar sepultura a grande quantidade de corpos já não era suficiente a terra sagrada junto às Igrejas; por isso passaram-se a edificar Igrejas nos cemitérios; punham-se nessas Igrejas, às centenas, os cadáveres que iam chegando; e eles eram empilhados como as mercadorias nos navios*".

Durante a epidemia, o povo, desesperado, procurava uma explicação para a calamidade. Para alguns tratava-se de castigo divino, punição dos pecados, aproximação do Apocalipse. Para outros, os culpados seriam os judeus, os quais foram perseguidos e trucidados. Somente em Borgonha, na França, foram mortos cerca de 50.000 deles. Atribuía-se, também, a disseminação da peste a pessoas que estariam contaminando as portas, bancos, paredes, com ungüento pestífero. Muitos suspeitos foram queimados vivos ou enforcados. Em Koenisberg, na Alemanha, uma criada que havia transmitido a peste a seus patrões foi enforcada depois de morta e a seguir queimada. Na Itália, o conde que governava a Calábria decretou que todo pestoso fosse conduzido ao campo para ali morrer ou sarar, e ainda confiscou os bens dos que haviam adquirido a peste.

No meio de tanto desespero e irracionalidade, houve alguns episódios edificantes. Muitos médicos se dispuseram a atender os pestosos com risco da própria vida. Adotavam para isso roupas e máscaras especiais. Alguns dentre eles evitavam aproximar-se dos enfermos. Prescreviam à distância e lancetavam os bubões com facas de até 1,80 m de comprimento. Frades capuchinhos e jesuítas cuidaram dos pestosos em Marselha, correndo todos os riscos. Foi fundada a Confraria dos Loucos, que invocava a proteção de São Sebastião para combater o medo da morte. São Roque foi escolhido o padroeiro dos pestosos. Tratava-se de um jovem que havia adquirido a peste em Roma e havia se retirado para um bosque para morrer. Foi alimentado por um cão, que lhe levava pedaços de pão e conseguiu recuperar-se.

As consequências sociais, demográficas, econômicas, culturais e religiosas dessa grande calamidade que se abateu sobre os povos da Ásia e da Europa, foram imensas. As cidades e os campos ficaram despovoados; famílias inteiras se extinguiram; casas e propriedades rurais ficaram vazias e abandonadas, sem herdeiros legais; a produção agrícola e industrial reduziu-se enormemente; houve escassez de alimentos e de bens de consumo; a nobreza se empobreceu; reduziram-se os efetivos militares e houve ascensão da burguesia que explorava o comércio. O poder da Igreja se enfraqueceu com a redução numérica do clero e houve sensíveis mudanças nos costumes e no comportamento das pessoas.

A peste negra foi a maior, mas não a última das epidemias. A doença perseverou sob a forma endêmica por muitos anos e outras epidemias menores, localizadas, foram registradas nos séculos seguintes. Citam-se como surtos mais importantes a peste de

Milão, no século XVI (190.000 mortes), a peste de Nápoles, em 1656, a peste de Londres em 1655 (70.000 mortes), a de Viena em 1713 e a de Marselha em 1720.

Entre 1894 e 1912 houve outra pandemia que teve início na Índia (11 milhões de mortes), estendendo-se à China, de onde se trasladou para a costa do Pacífico, nos Estados Unidos.

No Brasil, a peste entrou pelo porto de Santos em 1899 e propagou-se a outras cidades litorâneas. A partir de 1906 foi banida dos centros urbanos, persistindo pequenos focos endêmicos residuais na zona rural.

Varíola

4 - Podemos em breve resumo dizer que a varíola acompanhou o homem por muitos séculos, causando mortes e lesões graves e irreversíveis. Usada como arma biológica em situações de guerra, volta a ser tema de discussão no mundo exatamente por essa possibilidade, apesar de ter sido erradicada das Américas em 1971, e do mundo em 1977. Os dados acumulados durante as Campanhas de Erradicação mostram que a infecção se disseminava com relativa lentidão, através de contato muito próximo do receptor com o paciente. Infecções subclínicas em não vacinados eram raras e vacinações de bloqueio em torno de novos casos, desde que estes fossem identificados e confirmados com rapidez, eram capazes de impedir a disseminação da infecção. As transmissões indiretas através de aerossóis eram menos comuns. Vacinados mesmo uma única vez, raramente apresentavam doença grave, no caso de reinfecção. A possibilidade de uso do vírus da varíola como arma biológica deve ser considerada como real, apesar de, com base nos conhecimentos atuais, serem necessárias suspensões virais de alta potência, lançadas muito próximas das pessoas a serem atingidas em grande número.

4.1. Um pouco da história

O Dr. Dráuzio Varela em artigo publicado no site do UOL nos diz que:

> "O vírus da varíola conviveu com a humanidade por milênios. Teria surgido nos primeiros agrupamentos agrícolas, no nordeste da África, há 10 mil anos.
>
> A múmia de Ramsés V – morto em 1.156 a.C. – trazia na pele as cicatrizes das lesões características da varíola. Há evidências de que a doença já estava presente na China, nesse tempo.
>
> Introduzido na Europa no tempo dos romanos, o vírus provocou epidemias que coincidiram com os primeiros estágios da decadência do Império. A que se disseminou na época de Antonino teria provocado milhões de mortes.
>
> Altamente transmissível, a varíola ficou limitada à Eurásia até o século 15, com taxas de mortalidade que chegavam a 90%. As cruzadas levaram o vírus ao Oriente Médio, e as descobertas dos navegadores, às Américas, ao Caribe e à África, através do tráfico de escravos".

Desde sempre a varíola foi a causa de epidemias mortíferas. Teria surgido na Índia, sendo descrita na Ásia e na África desde antes da era cristã, tendo sido a responsável mais provável da epidemia misteriosa catastrófica ocorrida em Atenas que, segundo Tucídides, matou um terço da população, no ano de 430 a.C., dando início ao declínio dessa civilização democrática. A doença era anteriormente desconhecida (Hipócrates não descreve nada parecido), e desapareceu novamente a seguir. A epidemia terá surgido de novo nos séculos II e III, matando grande proporção da população totalmente não imune do Império Romano, como mais tarde faria na América.

Segundo alguns autores conceituados (o historiadorWilliam McNeil entre outros) teria sido a queda da população de Roma e do seu império devido às doenças antes desconhecidas, como varíola, sarampo e varicela, que diminuíram a população do império ao ponto de leis serem decretadas determinando a hereditariedade das profissões, postos oficiais e redução à servidão dos agricultores antes livres, dando origem ao feudalismo. Nesta situação de debilidade, os povos germanos e outros teriam encontrado a oportunidade de se estabelecer nas terras quase vazias devido à epidemia no império, de início com a aquiescência dos oficiais romanos, desesperados com a queda dos rendimentos fiscais. Só depois desta época teria sido a varíola frequente na Europa, e naturalmente atingindo as crianças não imunes, ao contrário das epidemias raras, que matam os adultos. A infecção das crianças, com morte das susceptíveis comimunidade para as sobreviventes, causa menos danos para uma civilização que a de adultos já ensinados, donde se explicam os graves problemas criados em Roma pela morte de adultos que não tinham encontrado a doença nas suas infâncias. Os vestígios do vírus variólico foram encontrados em 2016, em uma múmia infantil enterrada em uma cripta de uma igreja na Lituânia, que data de cerca de 1654.

Na China o panorama terá sido semelhante, e também era o período da Dinastia Han. Acredita-se que esta doença tenha sido "importada" da Índia (onde é adorada desde tempos imemoriais a Deusa da Varíola, Sitala) para as duas grandes civilizações dos extremos da Eurásia, e não será talvez coincidência que foi precisamente nos século I e século II que as rotas comerciais para a Índia e a rota da seda para a China foram estabelecidas pela primeira vez, ligando as três regiões com grande débito de mercadorias e comerciantes.

A varíola foi uma das principais responsáveis pela dizimação da população nativa da América após a sua importação da Europa com Colombo. No Brasil foi primeiramente referenciada em 1563 na Ilha de Itaparica causando grande número de casos e óbitos, principalmente entre os indígenas. Juntamente com o Sarampo, Varicela e outras doenças, matou muitos ameríndios, derrotando e destruindo as civilizações Asteca e Inca.

Acredita-se que a varíola tenha sido introduzida propositadamente na população nativa pelo exército de Hernán Cortés e Francisco Pizarro para derrotar as civilizações nativas da América Pré-colombiana. No caso do Império Inca, a disseminação da varíola tinha se espalhado com extrema rapidez, ocasionando a morte do Inca (imperador) e dos seus sucessores imediatos, antes mesmo dos espanhóis chegarem aos Andes. A morte do inca e seus sucessores levou o Império à guerra civil, permitindo aos espanhóis conquistá-lo em seguida.

Na Inglaterra do século XVIII a varíola era responsável por cerca de 10% dos falecimentos, e mais de um terço deste eram em crianças. Outro lugar do Velho Continente e também do Reino Unido que teve uma taxa de mortalidade com varíola como causa de morte é a vila de Foula, localizada em Shetland,uma ilha no Norte da Escócia, onde em 1700 pelo menos mais de 90% da população de Foula foi dizimada e atualmente só restam 30 habitantes e diferentemente de outras localidades do planeta, a ilha de Foula ficou com a população estável desde 1700 e ao contrário dos seres humanos, os pôneis de Foula conseguiram se reproduzir normalmente e manter a população de pôneis viva. Com isso, a varíola, fez com que Foula se tornasse o local do planeta com a maior quantidade de pôneis por habitante.

No início do século XVIII, práticas de injetar o vírus em crianças com vírus vivo da doença que eram comuns na China e no Oriente Médio foram importadas para a Europa Ocidental,começando pelo Reino Unido,julga-se que Mary Montague, que trouxe a nova técnica praticada no Império Otomano para o seu país. Para convencer os seus concidadãos, a própria família real inglesa foi inoculada publicamente. Era recolhido pus de pústulas e com algodão e com uma seringa,a secreção era injetada em uma outra pessoa. A mortalidade da doença acabou caindo para 1%,já que as crianças que estavam com seu sistema imunológico em formação,reduzindo a possibilidade de 40% de infecção da doença por contato aéreo.

Causa e vírus

4.2 Varíola foi uma doença infeciosa causada por uma de duas estirpes do vírus da varíola – *variola major* e *variola minor*. O último caso natural da doença foi diagnosticado em outubro de 1977, o que levou a Organização Mundial de Saúde a certificar a erradicação da doença em 1980. O risco de morte após contrair a doença era de cerca de 30%, sendo superior em bebés. Entre os sobreviventes, as sequelas mais comuns eram a extensa cicatrização da pele e cegueira.

Os sintomas iniciais mais comuns de varíola eram febre e vómitos. Aos sintomas iniciais seguia-se a formação de úlceras na boca e erupções cutâneas na pele. Após vários dias, as erupções cutâneas evoluíam para bolhas características, repletas de líquido e com uma depressão ao centro. Em determinado momento, as bolhas ganhavam crostas e desprendiam-se, deixando cicatrizes na pele. A doença era transmitida diretamente entre pessoas ou através do contacto com objetos contaminados. A prevenção era feita com a vacina contra a varíola. Nos casos em que a doença já tinha sido contraída, podiam ser usados alguns antivirais.

Desconhece-se a origem da varíola. As primeiras evidências da doença encontram-se em múmiasegípcias datadas do século III. Ao longo da História a doença ocorreu em surtos. Estima-se que no século XVIII morressem de varíola na Europa cerca de 400 000 pessoas por ano e que um terço dos casos resultasse em cegueira. Entre as mortes causadas por varíola estão as de três monarcas reinantes e uma rainha consorte. Estima-se que ao longo do século XX a varíola tenha causado entre 300 e 500 milhões de mortes. Em 1967 ocorriam ainda 15 milhões de casos por ano.

Em 1798, Edward Jenner descobriu que a vacinação era capaz de prevenir a varíola. Em 1967, a Organização Mundial de Saúde intensificou as medidas para erradicar a doença. A varíola é uma das duas doenças infeciosas erradicadas até à data, a par da peste bovina, erradicada em 2011.

Edward Jenner descobriu o vírus vaccinia

4.3 - No final do século XVIII, Edward Jenner, médico inglês, ao investigar em maior profundidade o fato de que ordenhadores, em contato com lesões de pele e úbere de bovinos, não se infectavam com a varíola ou apresentavam uma forma bem mais branda da doença, abriu uma nova perspectiva de controle da mesma. Com o material coletado dessas lesões, Jenner escarificava a pele de pessoas a quem desejava imunizar. A história registra o dia 14 de maio de 1796, no qual Jenner coletou material de uma lesão pustular nas mãos de uma ordenhadora de nome Sarah Nelmes e o inoculou na pele de James Phillips, vacinando-o contra a varíola (Fenner et al., 1989).

Reparou, então, que as mulheres que retiravam o leite das vacas não contraíam a varíola e acabou descobrindo que a sua imunidade devia-se à infecção não perigosa com *cowpox* (*vaccinia* o varíola bovina, da palavra em Latim para esse animal, *vacca*). Ele propagou a prática de usar a *cowpox* para a inoculação prévia do vírus *vaccinia*,descobrindo a vacina. Esse método de imunização ainda se denomina hoje vacina devido ao vírus *vaccinia*.

Em 26 de outubro de 1977, registrou-se na Somália o último caso de varíola transmitida naturalmente. Isso porque em 11 de agosto de 1978 mais um caso seria registrado, curiosamente em Londres – na Europa a varíola já se encontrava erradicada há décadas. Uma fotógrafa que trabalhava no mesmo corredor onde se manipulava o vírus da varíola veio a contrair a doença através de tubos de ventilação e morreu. O vírus hoje é guardado em dois centros governamentais bem vigiados, os Centros de Controle e Prevenção de Doenças (CDC) de Atlanta, EUA e pelo Instituto Vector em Koltsovo, na Rússia. Em 2002, no encontro anual da OMS em Genebra, na Suíça, os representantes dos 191 países-membros da organização aprovaram a recomendação de não destruir as amostras, por conta do risco de uma epidemia artificialmente gerada por extremistas. A morte de cinco pessoas por causa de antraz nos Estados Unidos, depois dos atentados de 11 de setembro em Nova York e Washington, aumentou o medo de que extremistas recorram a armas biológicas ou químicas.

Foi possível eliminar a varíola porque só os seres humanos são os únicos hospedeiros, só há um serótipo (logo a imunização protege contra 100% dos casos), e a *vaccinia* é eficaz e como vírus vivo que invade ainda que debilmente células, provoca resposta imunitária vigorosa. Além disso, a vacina é barata e estável.

No entanto, a doença voltou às manchetes de jornal, em virtude da suposição de que ela possa ser utilizada como arma biológica. Em consequência desses temores todo o pessoal militar dos EUA foi vacinado, assim como o então presidente George W. Bush.

Em 2016, com o degelo dos permafrosts árticos das áreas subpolares ou semi-subpolares mais continentais da no Extremo Norte da Europa Setentrional como a Nenétsia, onde nesses permafrosts havia cadáveres antigos (do final Século XIX e início do Século XX) com amostras antigas de vírus extremamente perigosos, datadas da mesma época dos cadáveres, acabam se tornando livres e passam a contaminar as pessoas atuais, com isso aumentando as chances da varíola retornar e voltar a gerar surtos como gerava na época da Idade Média. O temor surgiu após a morte de um menino de 12 anos em alguma parte remota, inóspita, pouco habitada e bem interiorana da Nenétsia e 20 pessoas ficarem infectadas após 75 anos sem casos graves de carbúnculo.

Amostras de vírus utilizadas para vacinação chegaram ao Brasil em torno de 1840, trazidas pelo Barão de Barbacena, sendo utilizadas principalmente na proteção de famílias nobres. Posteriormente, o cirurgião Barão de Pedro Afonso, criou um Instituto privado para o preparo de vacina antivariólica no país, sendo mais tarde encarregado pelo governo de estabelecer o Instituto Municipal Soroterápico no Rio de Janeiro, posteriormente, Instituto Oswaldo Cruz (IOC).

Pode-se concluir, portanto, que ao contrário do que geralmente se acredita, a varíola não é uma doença de altíssima letalidade e que se espalharia com grande rapidez na comunidade, se por um ato terrorista surgissem casos em uma determinada região, nem seria necessário vacinar imediatamente toda uma cidade ou todo o país. No entanto, para que seja possível uma pronta resposta no caso de surgimento de casos de varíola, é essencial o preparo dos sistemas de saúde para reconhecer casos suspeitos e coletar material para envio a laboratórios de referência, devidamente capacitados a oferecer uma rápida resposta, permitindo implantar a vacinação de bloqueio em torno do eventual caso, além da aplicação de drogas antivirais (CDC, 1999; Henderson, 1996; Korterpeter & Parker, 1999).

Não por último, assinale-se que o ressurgimento da varíola através de atos de terrorismo representaria um triste retrocesso para toda a humanidade, sob qualquer ponto de vista, considerando-se os esforços feitos por milhares de pessoas em todo o mundo para se alcançar a erradicação da varíola no nosso planeta.

Colera

5. Introducão

5.1. Vibrio cholerae é o agente causal da cólera, uma infecção ancestral, epidêmica e pandêmica, que é um dos principais problemas de saúde pública no mundo. A humanidade já passou por, pelo menos, seis pandemias de cólera e, atualmente, vive no contexto da sétima pandemia.

A cólera não teve início na Europa, mas sim na Ásia, daí ser chamada de "cólera asiática" pelos epidemiólogos. Surpreendentemente, a historiografia sobre esta doença temível, causada pelo bacilo Vibrio comma, dá maior destaque a seus efeitos sobre as populações europeias do que sobre as asiáticas. A ênfase no itinerário europeu da doença deve-se em grande parte a seu caráter epidêmico. Acrescente-se a isto o ingrediente político e social a que esteve frequentemente associada a chegada da cólera nos países europeus crises políticas e agitações populares contra os governos em razão das medidas de controle sanitário e sua ineficácia - e se compreenderá o destaque concedido pelos historiadores ao itinerário europeu do bacilo. Na Ásia teríamos a configuração de uma endemia, não de uma epidemia, termo que sugere maior gravidade do que o primeiro. Por que então "endemia" na Ásia, se o flagelo naquela região foi sempre gravíssimo? Há uma ironia perversa na resposta: os especialistas consideram o termo endemia apropriado para doenças que provocam, em média, um número estável de vítimas em certa região ou país durante muitos anos (por exemplo, dez anos ou mais). Assim, o contato de alguns séculos entre o microrganismo e as populações asiáticas, ainda que responsável por altíssimos índices de mortalidade - que perduram até os nossos dias, sobretudo na Índia -,configura uma situação endêmica, pois esses índices têm sido estáveis durante um longo período. O caráter endêmico da doença explica LUIS Antônio de Castro e Santos,Professor adjunto do Departamento de Ciências Humanas e Saúde do IMS/UERJ e pesquisador licenciado do CEBRAP.

Tem-se notícia da primeira aparição epidêmica na Europa em fins do século XII ou início do XIII. Nessa época, entretanto, outras doenças castigavam mais duramente o continente, como a lepra e a varíola. A Peste Negra seria o grande mal do século seguinte. O período de cerca de 300 anos, a partir de 1200 até os Descobrimentos, caracterizou-se pela primeira grande penetração de doenças da Ásia na Europa, atribuída por historiadores como William McNeill ao impacto dos movimentos populacionais e comerciais provocado pelo Império Mongol. Os governos imperiais mongólicos, implantados por Genghis Khan, chegaram a controlar todo o território chinês e quase toda a Rússia, bem como a Ásia Central, o Irã e o Iraque. A peregrinação do bacilo da peste bubônica *(Pasteurellapestis),* a partir dos focos primitivos no sudoeste da China e na Birmânia, fez-se através das rotas de caravanas pela Ásia até a Criméia e dali espalhou-se por toda a Europa a partir dos portos do Mediterrâneo.

Ainda que a cólera tenha feito suas primeiras vítimas nessa época de ampliação dos contatos entre Europa e Oriente, foi no século XIX que ela marcou profundamente a história da humanidade, originando-se dos seus *nichos ecológicos* na Índiaum permanente foco de reprodução do bacilo ainda em nossos dias e propagando-se da região de Bengala e do Delta do Ganges por toda a Europa e Américas.

A historiografia sobre as grandes epidemias é William McNeill quem defende este argumento raramente as examina como instâncias de *rupturas epidemiológicas,* que são rompimentos violentos no equilíbrio biológico entre microorganismos ou "microparasitas" e hospedeiros humanos. Tais *rupturas* provocam sempre choques violentos nas estruturas sociais, econômicas, culturais, políticas e demográficas. Por vezes, decorrem da própria ausência de mudanças sociais e, neste caso, poderiam ser consideradas um efeito indireto da rigidez das sociedades humanas. A Peste Negra, que se abateu sobre as populações juntamente com a Grande Fome do século XIV, é um exemplo de ruptura epidemiológica, na conceituação de McNeill.

5.2. A cólera e a Europa no século XIX

A Europa do século XIX passou por uma enorme onda de crescimento populacional, fruto da redução dos níveis de mortalidade. Em grande parte, isto se deveu ao controle da varíola, que já se iniciara desde o século XVIII pela prática mais primitiva da inoculação, mas se difundira efetivamente apenas no século seguinte, com a imunização pela vacina jenneriana. Desde as Guerras Napoleônicas, os exércitos, grandes propagadores das cadeias infecciosas, sempre que invadiam populações até então não expostas a determinadas doenças passaram a ser imunizados para impedir perdas nas próprias fileiras, que congregavam soldados de diferentes regiões de um mesmo país.

A cólera, apesar de provocar alguns surtos de mortalidade, não chegou a interromper o ritmo de crescimento populacional europeu. O século da cólera foi também o século da intensificação dos contatos entre o Velho Mundo e o Novo, em função do desenvolvimento dos transportes terrestres e marítimos. Foi, ainda, um tempo de avanços do microparasitismo e dos esforços administrativos para contê-lo, tanto no campo sanitário como no da chamada polícia médica, esta, uma espécie de instrumento da incipiente organização dos serviços sanitários para atuar junto à população no combate à cólera e outras "pestilências". Além disso, foi esse o século das primeiras medidas sanitárias *internacionais* contra a expansão de doenças como a cólera e a varíola.

Todos esses esforços esbarravam em um grande obstáculo à produção de efeitos duradouros: as limitações do saber médico. Sabe-se que até por volta de 1880, década que marca o início da era bacteriológica, o progresso médico apoiava-se em doutrinas errôneas sobre a propagação das infecções. Desde os tempos de Hipócrates (séc. V a.C), uma corrente da medicina acreditava que as doenças eram causadas por *miasmas*, emanações exaladas por águas estagnadas, cadáveres ou qualquer outra matéria em decomposição. Em contato com miasmas, pessoas suscetíveis ou enfraquecidas acabavam por cair doentes. Houve mais tarde uma teoria alternativa: era a teoria do germe, uma doutrina "contagionista" por excelência. Defendida desde o século dos Descobrimentos pelo italiano Girolamo Fracastoro, a doutrina tornou-se mais aceita do que a teoria miasmática até fins do século XVIII e deu ensejo às medidas sanitárias do *isolamento* de indivíduos e animais doentes, bem como da *quarentena* de pessoas a bordo de navios ou em lazaretos.

Porém, essas medidas foram duramente combatidas e chegaram a cair em desuso nos primeiros tempos da cólera. Em 1822, médicos franceses que pesquisavam as causas de um surto de febre amarela em Barcelona concluíram pela impossibilidade de contágio direto entre as pessoas infectadas. O xeque-mate aos contagionistas veio ao encontro do pensamento liberal, que via nas medidas de quarentena um embaraço ao livre comércio e no isolamento das pessoas uma transgressão aos direitos civis. Como não havia ainda bases científicas para que se aventasse a ação de insetos e da água como possíveis transmissores de germes nos exemplos clássicos da febre amarela e da cólera as medidas de quarentena e isolamento foram duramente combatidas e os miasmas ganharam novamente um lugar cativo no pensamento médico da época.

Mas a partir de 1850 a cólera começou a reverter a balança do saber médico em direção às teorias do contágio por germes. O primeiro sinal da mudança surgiu de um verdadeiro trabalho de "médico-detetive" feito pelo inglês John Snow. Trabalhando como se estivesse conduzindo um experimento, por tentativa e erro, o médico inglês conseguiu descobrir que um surto violento no centro da cidade de Londres, que chegou a vitimar 500 pessoas entre 31 de agosto e 10 de setembro de 1854, provinha de uma bomba d'água contaminada usada pela população local. Snow propunha-se, ainda, a demonstrar que as evacuações de um doente, ao atingirem as águas da cidade, podiam disseminar o "veneno mórbido" para a população que fizesse uso dessas águas. Não eram eflúvios e exalações pútridas os causadores da doença, dizia ele, mas sim os germes contidos na água usada para beber. Snow não identificara o bacilo causador que o médico e pesquisador alemão Robert Koch descobriria décadas mais tarde, mas suas conclusões sobre a forma indireta de contágio punham em dúvida a validade da teoria miasmática. A ciência médica de toda a Europa ainda tardaria algumas décadas para aceitar definitivamente a explicação do contágio pelos germes. Foram as pesquisas de Pasteur e Koch que inauguraram a *era bacteriológica,* no fim do século XIX.

5.3. A cólera no Brasil

No Brasil. A primeira cidade atingida pelo cólera-morbo foi Belém, em 26 de maio de 1855, quando os primeiros dois casos foram diagnosticados por um jovem médico formado pela Faculdade da Bahia. Na Junta Central de Higiene Pública (criada em 1850 em reação à entrada da febre amarela no País em 1849), tanto quanto nas poucas Juntas existentes nas Províncias, predominavam os anticontagionistas.

Nesse contexto, não seria difícil prever que, entre as ações de controle sanitário propostas por uma comissão médica especialmente criada pelo governo do Pará, *não* constava a quarentena da tripulação de um navio português apartado em Belém, da qual se sabia ter sofrido um surto mortal de cólera durante a viagem. Tão grave quanto o descaso em relação a esse foco de importação da doença foi a permissão das autoridades para que o navio prosseguisse viagem para o sul do País. Não tardou para que outras cidades costeiras fossem atingidas: em julho, Salvador, Bahia, foi acometida. Em poucos meses a doença começou a gravitar entre os portos de Salvador e o norte do País: em 1856 a epidemia já alcançara as Províncias de Sergipe, Alagoas, Rio Grande do Norte, Paraíba e Pernambuco.

O Rio de Janeiro foi, depois de Belém e Salvador, o foco mais importante de importação do cólera-morbo. Os primeiros casos foram registrados ao mesmo tempo em que as primeiras vítimas apareciam em Salvador: julho de 1855. No Rio, o presidente da Junta Central de Higiene Pública, professor Francisco de Paula Cânelido, viu-se forçado a preconizar medidas de quarentena ainda que duvidasse da ação do contágio, mas o grande movimento de navios no porto acabou por comprometer o cordão sanitário precariamente implantado em volta da cidade. As províncias, mineira e paulista foram poupadas do flagelo, que parecia esmaecer longe das áreas litorâneas. O porto paulista de Santos, entretanto, estava fadado à invasão da moléstia, ainda que ali ela não tenha se abatido com gravidade.

A cólera elegeu Porto Alegre como o ponto extremo de devastação ao sul, em novembro de 1855. Atribuiu-se a origem do foco à entrada no porto de um navio que já disseminara a doença em Santa Catarina. Uma quarentena foi imposta ao navio, mas alguns passageiros se evadiram, burlando o controle sanitário.

A devastação e o terror causados pela cólera junto à população brasileira, mais precisamente nas cidades litorâneas, onde o mal se abateu foram responsáveis pela atuação mais destacada, mas nem sempre através de métodos adequados, das Juntas central e provinciais de higiene bem como das autoridades sanitárias locais, em Conselhos de salubridade pública como o da cidade de Salvador.

À semelhança da reação inglesa ao flagelo, as autoridades brasileiras não ficaram adstritas às iniciativas de polícia médica proibição de sepultamento nas igrejas, instruções aos médicos sobre sintomas e tratamento do mal, estabelecimento de enfermarias de emergência e, mais raramente, adoção de quarentenas, mas deram atenção ao que hoje chamaríamos de saneamento básico das cidades litorâneas. No tocante ao tratamento da doença é que residiam os maiores problemas, pois, em sintonia com o saber médico da época, preconizavam-se terapêuticas ineficazes, como fricções de álcool canforado, suadouros e gotas de láudano. No tocante às obras de saneamento, medidas efetivas, como a instalação de redes de esgoto e sistemas de encanamento d'água, a partir de 1862, em algumas cidades litorâneas como o Rio de Janeiro, Recife e Santos, foi a resposta, com algum atraso, à invasão da cólera (bem como da febre amarela). A companhia City Improvements, formada em 1862, em Londres, mediante contrato para a execução no Rio de Janeiro de um sistema de esgotos, baseou-se na experiência recente de saneamento de cidades inglesas. Esta experiência foi seguida em outros centros atingidos pela cólera, como Santos e Recife, já na década de 1870.

Segundo a literatura, quase 200 mil pessoas pereceram, acometidas pela epidemia, durante 1855-1856. Esta cifra se elevaria consideravelmente se fossem incluídas as mortes ocasionadas por surtos de cólera no Ceará, Rio Grande do Norte, Paraíba, Alagoas e Pernambuco, em 1862, no Rio Grande do Sul e no Rio de Janeiro em 1867, as vítimas da Guerra do Paraguai abatidas pelo mal, os casos fatais do aparecimento da doença em Mato Grosso em 1887, na capital paulista e nas localidades do Vale do Rio Paraíba em 1894. Gradativamente, por força das novas teorias sobre contaminação e contágio e da aplicação subsequente de medidas enérgicas de quarentena e isolamento e do saneamento das cidades portuárias, a letalidade se reduziu e a cólera desapareceu das estatísticas nacionais no início deste século (para retornar ao País quase no início de um novo século).

Como em nossos dias, também no século XIX o flagelo abateu-se com violência sobre as populações mais pobres e mal alimentadas, mais propensas à utilização de águas contaminadas, excluídas das mínimas condições de higiene que o progresso urbano no Brasil já assegurava às camadas sociais mais altas. A historiografia nota a perda de milhares de negros escravos nas cidades e, particularmente no Vale do Paraíba, a perda de grande número de escravos pelos fazendeiros. A população livre, de cor, sofreu igualmente o impacto letal da moléstia. Estima-se que, de modo geral, os negros no Brasil chegaram a dois terços do total de mortos pela cólera.

Os casos da Inglaterra e do Brasil foram aqui apresentados como exemplos das relações entre cólera e organização sanitária. As vastas epidemias de cólera no século XIX tiveram impacto semelhante sobre todos os demais países atingidos, quanto à organização sanitária e aos meios de combate das sociedades humanas contra o micro parasitismo do *Vibrio comma.*

Por ocasião das investidas mais graves da doença os movimentos migratórios internacionais ainda não buscavam o Brasil. Só mais tarde, durante os anos de 1880, teve início o movimento de entrada de grandes contingentes de europeus nos portos brasileiros, que se estenderia durante várias décadas. Esse período, todavia, foi posterior às epidemias do cólera-morbo no País. Esclareça-se, no entanto, que nem sempre as minorias foram poupadas. À falta de um grande número de imigrantes durante as epidemias, a atribuição de responsabilidade pela disseminação da moléstia atingiu, por exemplo, um pequeno grupo de ferroviários irlandeses, empregados na construção do trecho inicial da Estrada de Ferro D. Pedro II (hoje Central do Brasil), próximo à Capital. Dizia-se que esses estrangeiros viviam na "intemperança" e no desregramento sexual, tornando-se por isso vítimas fáceis da cólera, disseminando-a pela população brasileira. De modo geral, o estigma do risco de contágio recaía igualmente sobre brasileiros que se julgava terem conduta moral duvidosa: nesse caso, os negros -livres ou escravos -não escapavam à discriminação.

A incursão da cólera no Brasil revelou-se também diferente da experiência europeia. A Casa de Bragança brasileira não foi incomodada por motins ou revoltas relacionados com a entrada do flagelo, como se dera, por exemplo, com os Habsburgo. A grande popularidade das doutrinas sobre os miasmas, em relação ao contagionismo, desestimulou a adoção daquelas práticas de controle sanitário responsáveis pela resistência popular na Europa. Por outro lado, mesmo quando providências mais severas de controle passaram a ser adotadas, os interesses comerciais, de pequena expressão, poucos tiveram a perder com as políticas de quarentena e outras limitações à livre circulação de bens e pessoas. Assim, tudo indica que, à proporção que a cólera seguia seu curso da Europa para as Américas, perdia gradativamente o impacto político. Despolitizava-se, por assim dizer.[3]

5.4. Cólera momento atual

Local de ocorrência: Mundial Data da informação: 01/03/2019 Fonte da informação: European Centre for Disease Prevention and Control (ECDC)

COMENTÁRIOS:

> Américas
>
> República Dominicana: Em 2019 até 19 de janeiro, a República Dominicana registrou 2 casos e nenhuma morte. Durante o mesmo período em 2018, a República Dominicana registrou 4 casos.
>
> Haiti: Em 2019 até 19 de janeiro, o Haiti registrou 90 casos, incluindo 2 mortes. Em 2018, o Haiti relatou 3.786 casos, incluindo 41 mortes. Desde o início do surto em 2010 até 19 de janeiro de 2019, o Haiti relatou 819.876 casos suspeitos, incluindo 9.791 mortes.
>
> África

3. **No Brasil, como já nos referimos, estima-se em mais de 200 mil o número de mortes causadas pelo *cholera-morbusem* todas as províncias entre 1855 e 1894. Cf. L. Santos Filho in op.cit.**

Angola: A OMS considera que o evento de cólera em Angola será encerrado. Desde o início do surto em outubro de 2018 até 1º de fevereiro de 2019, 139 casos, incluindo 2 mortes, foram relatados.

Burundi: Desde o início do surto no final de dezembro de 2018 até 10 de fevereiro de 2019, 185 casos, incluindo 2 mortes, foram relatados. Segundo a OMS, há um declínio no número de casos relatados desde o surto que atingiu o pico em 28 de janeiro de 2019.

Camarões: Até 23 de janeiro de 2019, Camarões relatou 997 casos, incluindo 58 mortes, desde o início do surto em maio de 2018. O surto está mostrando uma tendência geral decrescente. Isso representa um aumento de dois casos desde a atualização anterior do relatório.

República Democrática do Congo: Em 2019 até 3 de fevereiro, a República Democrática do Congo relatou 3.451 casos suspeitos, incluindo 86 mortes. Entre esses casos, 96 casos foram registrados na província de Kivu do Norte, que também é afetado por um surto de doença do vírus Ebola. Em 2018, 31.387 casos, incluindo 1.042 mortes, foram notificados em todo o país.

Etiópia: Em 2019 até 28 de janeiro, a Etiópia registrou 8 casos de diarreia aquosa aguda (DAT) na região de Afar. Em 2018, a Etiópia relatou 3.357 casos suspeitos de DTA nas regiões de Afar, Oromia, Somali e Tigray e na cidade de Dire Dawa.

Quênia: Em 2019, um novo surto de cólera foi notificado no Quênia. Até 18 de fevereiro de 2019, 843 casos suspeitos, incluindo 3 mortes, foram relatados nos condados de Narok, Kajiado e Nairobi. O último caso em Nairobi County foi relatado em 27 de janeiro de 2019.

Nigéria: Em 15 de janeiro de 2019, os estados de Borno e Yobe declararam o fim do surto de cólera. Em 2018, a Nigéria relatou 44.201 casos suspeitos, incluindo 836 mortes.

Somália: Até 17 de fevereiro de 2019, a OMS relatou 6.761 casos suspeitos, incluindo 46 mortes, desde dezembro de 2017.

Isto representa um aumento de 92 casos e 1 morte desde a atualização anterior em 18 de janeiro de 2019.

Tanzânia: em 2019, até 17 de fevereiro de 2019, a Tanzânia relatou 61 casos, incluindo 1 morte. O último caso relatado em Zanzibar foi em 11 de julho de 2017.

Uganda: Em 2019 até 4 de fevereiro de 2019, 54 casos suspeitos, incluindo 3 mortes, foram relatados em quatro divisões nos municípios de Kampala e Kira.

Zâmbia: Em fevereiro de 2019, um novo surto de cólera foi relatado na cidade capital de Lusaka. Até 22 de fevereiro de 2019, 7 casos, incluindo 6 confirmados, foram relatados.

Zimbabwe: Até 16 de janeiro de 2019 e desde setembro de 2018, 10.680 casos, incluindo 68 mortes, foram relatadas no país. Isto representa um aumento de 16 casos e 3 mortes desde a atualização anterior em 18 de janeiro de 2019.

Ásia

Índia: Em 4 de janeiro de 2019, as autoridades de saúde informaram 6 casos confirmados no estado de Dadra e Nagar Haveli.

Iêmen: Desde o início do surto até 22 de fevereiro de 2019, o Iêmen comunicou 1.452.674 casos suspeitos e 2.801 mortes. Isso representa um aumento de 54.530 casos e 49 mortes desde a última atualização do relatório em 18 de janeiro de 2019

Avaliação do ECDC

Os casos de cólera continuam a ser relatados no leste da África, no Chifre da África e no Golfo de Aden nos últimos meses. Surtos de cólera também foram notificados na parte ocidental da África. Apesar do número de surtos de cólera registrados em todo o mundo, todos os anos, são notificados casos entre os viajantes que retornam da UE / EEE. Neste contexto, o risco de infecção por cólera em viajantes que visitam esses países continuam baixos, embora a importação esporádica de casos na UE / EEE continue sendo possível. Em 2017, 17 casos foram reportados nos Estados-Membros da UE / EEE, enquanto 23 e 24 casos foram notificados em 2016 e 2015, respectivamente. Todos os casos tiveram deslocamentos às áreas afetadas pela cólera.

Segundo a OMS, a vacinação deve ser considerada para os viajantes com maior risco, como os trabalhadores de saúde e pessoas que por algum motivo sejam diretamente expostas. A vacinação geralmente não é recomendada para outros viajantes.

Viajantes em áreas endêmicas de cólera devem procurar orientação de clínicas de saúde em viagens para avaliar seu risco pessoal e aplicar precaução sanitária e medidas de higiene para prevenir a infecção. Estes podem incluir beber água engarrafada ou água tratada com cloro, lavar cuidadosamente frutas e legumes com água engarrafada ou clorada antes do consumo, lavar regularmente as mãos com sabão, comendo alimentos bem cozidos e evitando o consumo de produtos de frutos do mar crus.

Ações

O ECDC monitoriza globalmente os surtos de cólera através de atividades de informação epidemiológica, a fim de identificar epidemiologia e informar as autoridades de saúde pública. Os relatórios são publicados mensalmente.

A gripe espanhola

6. Inicio

A **gripe espanhola** foi uma pandemia que aconteceu entre 1918 e 1919, atingindo todos os continentes e deixando um saldo de, no mínimo, 50 milhões de mortos. Não se sabe o local de origem dela, mas sabe-se que ela se iniciou de uma mutação do vírus *Influenza*. Os primeiros casos foram registrados nos Estados Unidos.

A gripe espanhola espalhou-se pelo mundo, principalmente, por conta da movimentação de tropas no período da Primeira Guerra Mundial, tendo um impacto direto nos países que participavam desse conflito. Aqui no Brasil, ela chegou em setembro de 1918, espalhando-se por todas as regiões do país e causando a morte de 35 mil brasileiros.

No dia 4 de março de 1918, um soldado da base militar de Fort Riley, nos Estados Unidos, ficou de cama, com sintomas de uma forte **gripe**. Esse acampamento no Kansas treinava cidadãos americanos para a Primeira Guerra Mundial. Naquela semana de março, mais de 200 soldados adoeceram também. Em apenas 14 dias, mais de mil militares foram parar em hospitais — e o mal se alastrou por outros acampamentos. No pico da epidemia, mais de 1 500 militares reportaram a enfermidade em um único dia. A doença se espalhou rapidamente pelos EUA e pegou carona com os soldados americanos que embarcaram para a Europa. E de lá ganhou o mundo.

6.1. Porque Espanhola

Se a gripe espanhola surgiu ou nos Estados Unidos ou na China, por que a chamamos de gripe espanhola? O termo "espanhola" **não faz referência à suposta origem da doença**, mas sim ao fato de que a imprensa espanhola ficou conhecida por divulgar as notícias dela pelo mundo. A explicação para isso tem relação direta com a Primeira Guerra Mundial.

A gripe espanhola afetou todos os continentes do mundo e teve um impacto muito grande nos países que lutavam na Primeira Guerra Mundial. Por conta desse conflito, era necessário que as informações da doença fossem escondidas de forma a não prejudicar o moral dos soldados, não criar pânico na população e nem passar imagem de fraqueza para o adversário.

Assim, as notícias dessa gripe letal eram censuradas em grande parte dos países europeus. A Espanha, no entanto, não participava da guerra, e sua imprensa tinha liberdade para falar da doença. Isso fez com que a **cobertura espanhola ficasse conhecida no mundo**, e a pandemia passou a ser nomeada como "gripe espanhola".

6.2. Difusão da doença

A gripe espanhola alastrou-se pelo mundo em três ondas:

Primeira onda: iniciada em março de 1918;

Segunda onda: iniciada em agosto de 1918;

Terceira onda: iniciada em janeiro de 1919.

Entre essas três ondas, a **segunda ficou conhecida por ser a mais contagiosa** e por possuir os maiores índices de mortalidade. A tese aceita é a de que a doença inicialmente se espalhou pelo mundo por meio das tropas norte-americanas enviadas para a Europa para participarem da Primeira Guerra Mundial.

Uma vez estabelecida no continente europeu, a doença foi levada para o restante do mundo pelo **deslocamento de pessoas** por meio de viagens ou do sistema de transporte internacional de mercadorias. Aqui no Brasil, por exemplo, ela chegou, em setembro de 1918, por uma embarcação que veio da Inglaterra e passou por Lisboa, Recife, Salvador e Rio de Janeiro.

Todos os continentes habitados foram afetados pela gripe espanhola, e o historiador J. N. Hays alega que pouquíssimos locais, como áreas do norte da Islândia e algumas ilhas da Samoa Americana, não foram afetadas. Isso significa que **somente locais remotos conseguiram escapar** da gripe espanhola

6.3. Transmissão

O vírus por trás da pandemia é um velho conhecido nosso: o influenza H1N1.

Estudos realizados entre as décadas de 1970 e 1990 sugerem que uma nova cepa de vírus influenza surgiu em 1916 e que, por meio de mutações graduais e sucessivas, assumiu sua forma mortal em 1918.

Essa hipótese é corroborada por outro mistério da ciência: um surto de encefalite letárgica, espécie de doença do sono que foi inicialmente associada à gripe, surgido em 1916.

6.4. A gripe espanhola no Brasil

Os historiadores acreditam que a gripe espanhola tenha chegado ao Brasil em setembro de 1918, portanto durante a segunda onda da doença. A princípio, a **imprensa brasileira não deu muita importância** para o surto, mas à medida que a doença foi se espalhando, os desdobramentos do problema ganharam repercussão.

O navio inglês "Demerara", vindo de Lisboa, desembarca doentes em Recife, Salvador e Rio de Janeiro (então capital federal). No mesmo mês, marinheiros que prestaram serviço militar em Dakar, na costa atlântica da África, desembarcaram doentes no porto de Recife. Em pouco mais de duas semanas, surgiram casos de gripe em outras cidades do Nordeste e em São Paulo.

As autoridades brasileiras ouviram com descaso as notícias vindas de Portugal sobre os sofrimentos provocados pela pandemia de gripe na Europa. Acreditava-se que o oceano impediria a chegada do mal ao país. Mas, essa aposta se revelou rapidamente um engano.

Tinha-se medo de sair à rua. Em São Paulo, especialmente, quem tinha condições deixou a cidade, refugiando-se no interior, onde a gripe não tinha aparecido.

Diante do desconhecimento de medidas terapêuticas para evitar o contágio ou curar os doentes, as autoridades aconselhavam apenas que se evitassem as aglomerações.

Nos jornais multiplicavam-se receitas: cartas enviadas por leitores recomendavam pitadas de tabaco e queima de alfazema ou incenso para evitar o contágio e desinfetar o ar. Com o avanço da pandemia, sal de quinino, remédio usado no tratamento da malária e muito popular na época, passou a ser distribuído à população, mesmo sem qualquer comprovação científica de sua eficiência contra o vírus da gripe.

Todas as classes, desde os humildes trabalhadores até aqueles que gozam do maior conforto na vida, foram alcançados pelo flagelo terrível, que bem parece universal — constata o deputado Sólon de Lucena.

Nem mesmo o presidente da República é poupado. Rodrigues Alves, eleito em março de 1918, para o segundo mandato, cai de cama, "espanholado" e não toma posse. O vice, Delfim Moreira, assume interinamente em novembro, à espera da cura do titular. Rodrigues Alves, porém, morre em janeiro de 1919, e uma eleição fora de época é convocada.

7. Coronavírus

7.1. A polêmica sobre como surgiu e se espalhou

Graça intensa polêmica sobre como surgiu e se espalhou esse vírus. Com efeito, estão os cientistas polemizando entre haver surgido de mutações da natureza ou criado em laboratório.

Quando uma epidemia surge, mesmo que em um ponto distante e isolado, o mundo entra em estado de alerta. No apagar das luzes de 2019, possivelmente a partir de um pacato mercado de animais em Wuhan, na China, um vírus ainda desconhecido encontrou no corpo humano um novo hospedeiro: desde então, passou de transmissão pontual para surto, de surto para epidemia, e de epidemia para uma violenta pandemia, atingindo uma escala de contágio sem fronteiras. No rastro de sua propagação, o novo coronavírus (Covid-19) já registrou milhões de pessoas doentes e milhares de mortos, números que não param de subir.

A experiência da humanidade com doenças graves como a peste negra, a gripe espanhola mostra que as consequências de um processo generalizado de transmissão de vírus ou bactérias podem deixar para trás uma tragédia não de milhares, mas de milhões de mortes. Por isso, governos de todo o mundo têm buscado soluções para diminuir a intensidade da transmissão da Covid-19, principalmente enquanto não há vacina ou remédio de eficácia comprovada.

O nome "corona" veio a partir da observação do vírus no microscópio: sua imagem se assemelha à de uma coroa.

Existem dezenas de tipos de coronavírus a maioria deles infecta apenas animais. Mas coronavírus foram causa de duas epidemias recentes que provocavam síndromes respiratórias graves em seres humanos: a Síndrome Respiratória Aguda Grave (Sars), de 2003, e a Síndrome Respiratória do Oriente Médio (Mers), de 2015.

A atual pandemia é causada por um coronavírus novo, batizado de Sars-Cov-2, que começou a infectar humanos na cidade de Wuhan, na China, em dezembro de 2019.

A resposta sobre sua origem ainda não é definitiva essa é uma das várias questões sobre o novo coronavírus e a covid-19 que a Ciência tem tentado desvendar.

A hipótese que tem ganhado mais fôlego é de que o vírus teria sido transmitido para seres humanos pelo pangolim, um animal parecido com o tatu e ameaçado de extinção.

Recentemente, diversas teorias conspiratórias acusavam a China de ter criado o vírus propositalmente em laboratório. Por conta disso, diversas crises diplomáticas aconteceram – inclusive com o governo brasileiro.

Um vídeo publicado pela emissora italiana RAI em 2015 foi divulgado nas redes sociais dos italianos, voltando a causar uma onda de desinformação. Nas imagens, havia a informação de que os chineses estavam criando um vírus para testes em animais e para analisar as reações dos ratos e morcegos.

Em entrevista ao podcast (*Pourquoi Docteur?) o vencedor do Nobel de Medicina de 2008, pela descoberta do vírus da AIDS em 1980,* o francês Luc Montagnier, afirma que o coronavírus SARS-CoV-2, causador da covid-19, foi criado em um laboratório de Wuhan, na China. "A história de que ele surgiu em um mercado de peixes é lenda", diz.

Afirma mais o professor que:

> "o laboratório da cidade de Wuhan se especializou nesse tipo coronavírus desde o início dos anos 2000 e, apesar de ser um local de alta segurança, teria deixado escapar a nova cepa do vírus. O professor, que diz ter analisado a sequência do vírus com seu colega matemático Jean-Claude Perrez, afirma que pesquisadores indianos já haviam tentado publicar um estudo completo mostrando que o SARS-CoV-2 possui sequências do HIV, o vírus causador da AIDS.
>
> Questionado se tal mutação não poderia ser natural, Montaigner foi categórico. "Não. Esse tipo de mutação precisa de ferramentas, não acontece na natureza". Mas o cientista não acredita que os chineses tenham criado o vírus para ser uma arma biológica. "Acredito que estavam em busca de uma vacina contra o HIV e usaram um coronavírus como vetor".

7.2. COVID-19 e Medidas Provisórias 927/2020 e 936/2020

Vejamos **as principais mudanças causadas pelas Medidas Provisórias 927/2020 e 936/2020 que flexibiliza as relações trabalhistas durante o período da pandemia.**

A primeira Medida Provisória 927/2020 foi publicada no dia 23 de março, já a MP 936/2020 no dia 1º de abril.

Suspensão temporária do contrato de trabalho

Empresas com faturamento anual de até R$ 4,8 milhões podem dispensar temporariamente os empregados sem pagamento do salário, com o governo sendo responsável por 100% do seguro-desemprego que esse empregado teria direito.

Já empresas que faturam mais que R$ 4,8 milhões, ficarão responsáveis por 30% do salário, enquanto o governo pagará 70% do seguro-desemprego correspondente.

O valor do seguro desemprego recebido pelos empregados tem um teto no valor de R$ 1.813,03.

Os contratos podem ser suspensos por, no máximo, 60 dias. Nesse período, benefícios e auxílios como vale-alimentação continuarão sendo pagos e esse empregado não poderá trabalhar, nem mesmo remotamente.

Os acordos individuais devem ser registrados e enviados para o empregado com, no mínimo, 48 horas de antecedência.

Após a suspensão, o empregado terá direito à estabilidade pelo mesmo período em que ficou suspenso. Dessa forma, se ele ficou 60 dias, terá estabilidade por 120 dias. Se o colaborador for despedido durante o período de estabilidade, existe uma indenização calculada com base no período suspenso, mas não se aplica em caso de justa causa.

RECEITA BRUTA ANUAL DA EMPRESA	AJUDA COMPENSATÓRIA (EMPREGADOR)	VALOR DO BENEFÍCIO (GOVERNO)	ACORDO INDIVIDUAL	ACORDO COLETIVO
Até R$4.8 milhões	não obrigatória	100% do seguro desemprego	empregados que recebem R$3.135 ou acima de dois tetos do RGPS (R$12.202,12)*	todos os empregados
Mais de R$4.8 milhões	obrigatório 30% do salário do empregado	70% do seguro desemprego	empregados que recebem R$3.135 ou acima de dois tetos do RGPS (R$12.202,12)*	todos os empregados

Redução proporcional de jornada de trabalho e salário

A redução de salário base é proporcional à redução da jornada de trabalho. Vale ressaltar que o valor da hora de trabalho deve ser preservado, conforme CLT.

As reduções mais comuns estão acontecendo nas faixas de 25%, 50% e 70%, porém, é possível fazer reduções em outras porcentagens. Reduções diferentes que essas deverão ser negociadas com os sindicatos, sendo que não há uma contrapartida do governo para reduções inferiores a 25%.

Redução de 25%: pode ocorrer por meio de acordos individuais;

Redução de 50% ou 70%: pode ocorrer por meio de acordos individuais para cargos com salário inferior a R$ 3.135 ou superior a R$ 12.202,12. Salários intermediários necessitam de um acordo coletivo, com participação do sindicato.

Essa redução poderá ocorrer por até 90 dias. O governo se responsabiliza pelo pagamento do restante do salário, de acordo com a redução, na forma de seguro-desemprego. Nesse caso, o teto do seguro-desemprego é o mesmo descrito acima no valor de R$ 1.813,03.

É preciso ter mecanismos para garantir que seus empregados com jornada reduzida estão, de fato, trabalhando menos, em especial para as equipes que adotaram trabalho remoto.

Após a suspensão, o empregado terá direito à estabilidade pelo mesmo período em que teve sua jornada reduzida. Dessa forma, se foram 90 dias, terá estabilidade por 180 dias.

Assembleias coletivas podem ser realizadas digitalmente, com prazos reduzidos pela metade para acelerar as negociações.

Constitucionalidade da Medida Provisória 936

O STF permitiu a realização de acordos individuais para redução das jornadas e suspensão dos contratos, dispensando a participação dos sindicatos, conforme previsto na medida provisória, em decisão em plenário no dia 17 de abril.

A decisão é positiva para a preservação dos empregos no Brasil, por reduzir a burocracia e dar mais celeridade a implementação de mecanismos para redução dos custos fixos e gestão da ociosidade, e está alinhada ao texto da MP 936. Por outro lado, ela se opõe a **liminar do ministro Ricardo Lewandowski** do dia 06 de abril, que estabeleceu a obrigatoriedade de se comunicar aos sindicatos as alterações na jornada de trabalho realizadas por meio de acordos individuais.

A discrepância entre as interpretações do executivo, do STF e do Ministro Ricardo Lewandowski da Medida Provisória 936 são uma evidência da insegurança jurídica que enfrentam os empreendedores que buscam mecanismos e proteção para preservar postos de trabalho em meio à crise. Isso pode fazê-los optar por despedidas seguras ao invés da manutenção do emprego em condições de incerteza.

Home Office

Não é preciso mudar o contrato de trabalho para que todo o time trabalhe remotamente. Porém, essa mudança deve ser avisada com, pelo menos, 48 horas de antecedência. Estagiários e aprendizes também podem seguir trabalhando de forma remota.

O empregador tem 30 dias, desde o momento da migração, para **assinar um termo com seus empregados**. No documento deve ser deixado claro como acontecerá o fornecimento de equipamentos e infraestrutura para a realização do trabalho e também como será feito o reembolso de despesas como, por exemplo, internet e luz.

Os gastos relativos a essa infraestrutura e às despesas decorrentes do trabalho **não se caracterizam como salário**.

O empregador pode se comunicar por aplicativos de chat e teleconferência como WhatsApp, Skype e Slack, sem que isso seja visto como tempo à disposição, prontidão ou sobreaviso, a não ser que tenha sido previamente definido em contrato.

Os empregados que trabalham em regime de Home Office **ficam dispensados no controle de jornada**, segundo a MP.

Férias individuais

Você pode **antecipar as férias de seus empregados** avisando com, pelo menos, 48 horas de antecedência.

O período mínimo é de **5 dias**, mas você também pode antecipar as férias mesmo para quem ainda não tem direito a elas.

A medida recomenda priorizar a concessão de férias a quem pertence aos grupos de risco.

A remuneração pode ser feita até o **5º dia útil do mês seguinte** e o 1/3 das férias pode ser pago até o fim do ano, **junto com o 13º salário**.

Profissionais de saúde e de áreas consideradas essenciais podem ter suas férias e licenças não remuneradas suspensas ou adiadas.

Em caso de dispensa dos empregados, além da rescisão, é preciso pagar os valores relativos às férias.

Férias coletivas

É possível determinar férias coletivas com aviso prévio de, no mínimo 48 horas, sem a necessidade de comunicar o Ministério da Economia ou o sindicato.

Antecipação de feriados

É possível antecipar **feriados não religiosos** das três esferas – federais, estaduais e municipais – podendo ser usados para compensar o saldo do banco de horas.

Banco de horas

Se as atividades forem interrompidas, é possível criar um banco de horas para compensar esse tempo não trabalhado no futuro.

O seu time terá **18 meses para repor essas horas**, contados apenas a partir do fim do período de calamidade pública, mas essa prorrogação só poderá ser, no máximo de 2 horas por dia, sem extrapolar 10 horas totais de trabalho.

Suspensão de exigências administrativas em segurança e saúde no trabalho

A obrigatoriedade dos exames médicos, com exceção dos demissionais, **está suspensa** enquanto durar o estado de calamidade. Eles deverão ser realizados **até 60 dias após o fim desse período**, podendo também ser realizados durante a calamidade a pedido do médico do trabalho.

Os exames demissionais podem ser dispensados se o empregado realizou um exame ocupacional nos últimos 6 meses.

Treinamentos também pode ser suspensos ou acontecer à distância. Com o fim do estado de calamidade, você terá 90 dias para realizá-los.

Recolhimento do FGTS

Você **pode adiar o recolhimento do FGTS** dos meses de março, abril e maio que vencem em abril, maio e junho pode ser adiado.

Esse recolhimento poderá ser feito a partir de julho, parcelado em até 6 meses sem juros.

Para utilizar o benefício, é preciso fazer a **declaração até o dia 20 de junho**.

Em caso de demissão de empregados, será preciso recolher o FGTS normalmente.

Estão suspensos por 180 dias os prazos para defesa e recurso em processos trabalhistas e débito de FGTS.

Medidas relativas ao Covid-19

Os casos de contaminação pelo novo coronavírus **não serão considerados problemas ocupacionais**, exceto se comprovado que só ocorreram por causa do trabalho.

Empregados contaminados pelo Covid-19 **não podem ser identificados nominalmente**. O RH deve comunicar as pessoas que tiveram contato com eles e recomendar **quarentena de 14 dias**.

7.5. A medida Provisória 946/2020

O Governo Federal, no dia 8 de abril, editou mais uma Medida Provisória com o objetivo de minimizar o impacto da pandemia de coronavírus (COVID-19) na economia. A Medida Provisória 946 (MP 946), de 07 de abril de 2020, autoriza, temporariamente, o saque do Fundo de Garantia do Tempo de Serviço (FGTS).

A forma encontrada pelo Governo para permitir os novos saques foi extinguir o fundo do Programa de Integração Social (PIS) e Programa de Formação do Patrimônio do Servidor Público (PASEP), transferindo o seu patrimônio para o FGTS.

Saque temporário do FGTS

A MP 946 autoriza os trabalhadores, com contas ativas ou inativas no FGTS, a sacarem até R$ 1.045,00 (um salário mínimo), independentemente do número de contas que possua. Na hipótese de o trabalhador possuir mais de uma conta vinculada, o saque deve observar a seguinte ordem: (i) contas vinculadas de contratos de trabalho extintos, com início pela conta que tiver o menor saldo; e (ii) demais contas vinculadas, com início pela conta que tiver o menor saldo.

Os saques ocorrerão entre o dia 15 de junho e 31 de dezembro deste ano, em cronograma a ser definido pela Caixa Econômica Federal (CEF).

Os trabalhadores que possuem contas previamente abertas na CEF terão seus créditos automaticamente transferidos. Na hipótese de não desejarem sacar o recurso disponível, podem solicitar o seu cancelamento até 30 de agosto de 2020. O crédito também poderá ser transferido para conta bancária de titularidade do trabalhador de qualquer instituição financeira, sem acarretar cobrança de tarifa bancária por parte da CEF.

Extinção do PIS-PASEP

Com o objetivo de permitir os novos saques do FGTS, o Governo Federal extingue o fundo PIS/PASEP, a partir de 31 de maio deste ano, transferindo o seu patrimônio ativo e passivo para a CEF. As cotas dos participantes do fundo, no entanto, restam preservadas e passam a ser remuneradas pelos mesmos critérios do FGTS.

Vale lembrar que o fundo PIS/PASEP foi constituído por recolhimentos efetuados pelos empregadores nas contas individuais dos trabalhadores ativos entre os anos de 1971 e 1988. Depois da Constituição de 1988 estes recursos passaram a ser direcionados ao Fundo de Amparo ao Trabalhador (FAT).

Fala-se em extinção do fundo, pois os valores depositados nas contas vinculadas individuais dos participantes do fundo PIS/PASEP, mantidas pelo FGTS após a transferência para a CEF, ficarão disponíveis para saque pelo prazo de 5 (cinco) anos. A partir de 1º de junho de 2025, segundo a MP 946, as contas serão tidas como abandonadas e os recursos das contas individuais passarão à propriedade da União. As regras para pagamento do abono salarial anual do PIS/PASEP restam inalteradas.

As mesas do Senado Federal e da Câmara dos Deputados assinaram um ato conjunto, aplicável durante o período de calamidade pública, que simplifica o rito para apreciação das medidas provisórias. O ato conjunto dispensa a apreciação do texto por comissões mistas e reduz de 120 para 16 dias o prazo de validade das matérias, prevendo ainda a votação em sessões remotas dos Plenários. Assim, há expectativa de que a MP 946 já tenha sido apreciada antes da liberação dos novos saques do FGTS.

8. Conclusões

8.1 – Vimos das definições de cada um dos termos que mostram uma condição de pandemia ou endemia e estabeleceram-se quais seriam os possíveis níveis habituais da ocorrência de uma doença ou condição de saúde na população de uma determinada área, naquele período de tempo.

8.2 – Trouxemos ao conhecimento as principais epidemias que aconteceram ou foram registradas ao longo da história que causaram momentos de grande tensão e foram catalisadores de transformações em alguns casos.

8.3 – Apontamos as cinco maiores pandemias da historia.

8.4 –Vimos **as principais mudanças causadas pelas Medidas Provisórias 927/2020 e 936/2020 que flexibilizam as relações trabalhistas durante o período da pandemia do coronavírus em nosso país.**

8.5 – Por fim, vimos a medida Provisória 946/2020 do dia 8 de abril, que tem como objetivo minimizar o impacto da pandemia de coronavírus (COVID-19) na economia. Ela autoriza, temporariamente, o saque do Fundo de Garantia do Tempo de Serviço (FGTS). A forma encontrada pelo Governo para permitir os novos saques foi extinguir o fundo do Programa de Integração Social (PIS) e Programa de Formação do Patrimônio do Servidor Público (PASEP), transferindo o seu patrimônio para o FGTS.

Referências

BRAY, M.; MARTINEZ, M.; SMEE, D. F.; KEFAUER, D.; THOMPSON, E. & HUGGINS, J. W., 2000. Cifovirprotectsmiceagainstlethalaerosolorintranasalco-w-poxviruschallenge. *Journal of Infectious Diseases*, 181:10-19.

CDC (Centers for Disease Control and Prevention), 1999. *Bioterrorism Readiness Plan: A Template for Healthcare Facilities*. Atlanta: Advisory Committee on Infectious Control, CDC.

CDC (Centers for Diseases Control and Prevention), 2001. Vaccinia (smallpox) vaccine: Recommendations of the Advisory Committee on Immunization Practices (ACIP), 20001. *MMWR*, 50.

CSILLAG, C. Transmissão do cólera", Folha de S.Paulo, Caderno 7,15/3/1991, p. 2.

DIXON, C. W., 1962. *Smallpox*. London: Churchill.

EL-AD, B.; ROTH, Y. & WINDER, A., 1990. Persistenceofneutralizingantibodiesafterrevaccinationagainstsmallpox. *Journal of Infectious Diseases*, 161:446-448.

FENNER, F.; HENDERSON, D. A.; ARITA, I.; JEZEK, Z. & LADNY, I. D., 1988. *Smallpox and its Eradication*. Geneva: World Health Organization.

FENNER, F; WITTEK, R. & DUMBELL, K. R., 1989. *Orthopoxviruses*. San Diego: Academic Press.

GARRET, L., 1995. *The Coming Plague*. New York: Farrar, Straus & Giroux.

HAYS, J. N. *Epidemics and pandemics*. Their impacts on human history. Austin, Texas: Fundação Kahle, 2005. p. 386.

HAYS, J.N. Epidemics and pandemics. Their impacts on Human History. Austin, Texas: Fundação Kahle, 2005.

HENDERSON, D. A., 1996. The global status of small pox eradication. In: Seminaron Smallpox Eradication and Measles Control in Western and Central Africa, *Proceedings*, pp. 1-12. Lagos: Center for Disease Control and Prevention.

HENDERSON, D. A., 1999. Looming threat of bioterrorism. *Science*, 283:1279-1282.

HENDERSON, D. A.; INGLESBY, T. V. & BARTLETT, J. G., 1999, Smallpox as a biological weapon: Medical and public health management. *JAMA*, 281: 2127-2137.

KORTEPETER, M. G. & PARKER, G. W., 1999. Potential biological weapons threats. *Emerging Infectious Diseases*, 5:523-527.

LUBLIN-TENNENBAUM, T.; KATZENELSON, E.; EL-AD, B. & KATZ, E., 1990. Correlation between cutaneous reaction in vaccinees immunized against smallpox and antibody titer determined by plaque neutralization test and ELISA. *Viral Immunology*, 3:19-25.

MCNEILL, William. H. P/agues and .. , op. cit., cap. VI.

MCNEILL, W. H., 1976. *Plagues and People*. New York: Doubleday.

MCNEILL, William. H. Plagues and Peoples, Garden City, Nova Iorque, Anchor Books, 1976, cap. IV.

MS (Ministério da Saúde), 1973a. *Boletim da Campanha de Erradicação da Varíola*, 7(8):1-27.

MS (Ministério da Saúde), 1973b. *Boletim da Campanha de Erradicação da Varíola*, 7(18):1-5.

NEVES. Daniel Silva. Grandes epidemias da história. Encontrado no site https://brasilescola.uol.com.br/curiosidades/grandes-epidemias-da-historia.htm em: 17/04/2020.

REZENDE, Joffre Marcondes de. À Sombra do Plátano: crônicas de História da Medicina. São Paulo: Editora Unifesp, 2009, p. 75.

REZENDE. Joffre M. Europa. A peste negra na idade média. Encontrado no site https://www.passeiweb.com/estudos/sala_de_aula/historia/peste_negra_na_im, em 17/04/2020.

RYAN, K.J. Ray cg, eds. (2004). Sherris medical microbiology 4th ed.

SANTOS, L. Filho. História Geral da..., op. cit., pp. 208-11. The New 'B1ack Dealh': Cholera in Brazil, 1855-1856", Social Science History, vol. l n. 4, 1986,p. 248.

SANTOS, L. Filho. História Geral da Medicina Brasileira, vol. 2, São Paulo, Hucitec/Edusp, 1991, pp. 208-14.

SANTOS, LUIS Antônio de Castro.PHYSIS - Revista de Saúde Coletiva Vol. 4, Número 1,1994, pag. 80.

SCHATZMAYR, H. G. & MESQUITA, J. A., 1970. Examen de especímens para el diagnóstico de la viruela en un laboratorio del Brasil. *Boletín de la Oficina Sanitaria Panamericana*, 69:500-504.

SNOW, John. Sobre a Maneira de Transmissão do Cólera (Tradução realizada pela USAID, revisada), São Paulo, Hucitec, 1991.

VARELA. Dráuzio. O fantasma da varíola. Encontrado no site https://drauziovarella.uol.com.br/drauzio/artigos/o-fantasma-da-variola-artigo, em 18/04/2020.

WEHRLE, P. F.; POSCH, J.; RICHTER, K. H. & HENDERSON, D. A., 1970. Airborne out break of smallpox in a German hospital and its significance with respect to other recent outbreaks in Europe. *Bulletin of the World Health Organization*, 43: 669-679.

WHO (World Health Organization), 2001. *World Health Organization Announces Updated Guidance on Smallpox Vaccination*. 26 October 2001 <http:// www.who.int/inf-pr-2001/en/state2001-16.html>.

2

DEJÀ-VU HISTÓRICO, NORMATIVIDADE E SOCIEDADE EM MUTAÇÃO: O DIREITO EM QUARENTENA NAS MEDIDAS DE PREVENÇÃO CONTRA O COVID-19

Aloysio Corrêa da Veiga[1]
Roberta Ferme Sivolella[2]

> **"Para dizer simplesmente o que se aprende no meio dos flagelos: que há nos homens mais coisas a admirar do que a desprezar".**
>
> **Albert Camus**

I. Considerações iniciais

Naquele tempo, "era extremamente rápida a velocidade de contágio, o período de incubação era curto e o número de pessoas acometidas pela moléstia, muito elevado, como também o grau de letalidade. Os sintomas eram variados" [3]. O que também se via, "era que os diferentes sintomas da moléstia levaram a opinião médica a dividir-se quanto à forma de tratamento a adotar, fragmentando o discurso da comunidade médica" [4]. A

1. Ministro do Tribunal Superior do Trabalho. Corregedor Geral da Justiça do Trabalho.
2. Juíza auxiliar da CGJT. Juíza do Trabalho da Justiça do Trabalho da 1ª Região (RJ).
3. GOULART, Adriana da Costa. Revisitando a espanhola: a gripe pandêmica de 1918 no Rio de Janeiro. **Hist. cienc. Saúde-Manguinhos**, Rio de Janeiro, v. 12, n. 1, p. 101-142, Apr. 2005. Available from <http://www.scielo.br/scielo.php?script=sci_arttext&pid=S0104-59702005000100006&lng=en&nrm=iso>. access on 15 Apr. 2020. https://doi.org/10.1590/S0104-59702005000100006.
4. Idem.

pandemia avançava, de modo que, "rapidamente, a cidade se viu vacilar à beira de um colapso. O Correio da Manhã, na sexta feira do dia 17 de janeiro de 1919, trazia a notícia que consternara o povo brasileiro da morte do Presidente Eleito Rodrigues Alves, vitimado pela endemia e o Jornal do Commercio, de 22 de janeiro, anunciava que em Portugal a gripe pneumônica grassa violenta e as autoridades sanitárias tomaram enérgicas providências para impedir o desenvolvimento da epidemia[5] Faltavam alimentos, remédios, médicos, hospitais que recolhessem os doentes mais graves" [6]. Sem dúvidas, "era necessário emoldurar a doença para torná-la compreensível e emocionalmente mais tolerável".

A narrativa poderia muito bem se referir ao cenário mundial nos primeiros meses de 2020. Ou mesmo a um artigo escrito no futuro, contando às gerações vindouras sobre a pandemia do denominado corona vírus. Mas, na verdade, são trechos de um texto sobre a gripe espanhola de 1918. E, neste entremeio de "dejà-vu" da humanidade com uma mutação de velocidade ímpar, quase "viral", de seus costumes sociais, o direito segue como paciente ansioso por novos princípios e procedimentos capazes de lidar com a ponderação de valores do imprevisível.

II. Competência e normatividade: o Direito se equilibra em meio ao novo cenário

Não há dúvidas de que a pandemia do COVID-19 mesclou ingredientes aptos a ensejar um verdadeiro caos social e institucional: a necessidade repentina de mudança de hábitos sociais arraigados de convivência, a ausência de elementos normativos pré-estabelecidos e a promessa de letalidade, chegaram sem avisar também à comunidade jurídica, a qual assistiu, em poucas semanas, uma alteração completa de paradigmas concernentes à maneira com que os operadores do direito se relacionam com a sociedade, e ao próprio *modus operandi* do Poder Judiciário.

O isolamento social, nunca experimentado por nós, trouxe com ele uma transformação profunda na forma de relacionamento, a desenvolver mecanismos capazes de superar a distância e proporcionar, na medida do possível, o atendimento de necessidades essenciais, notadamente no que concerne o respeito aos princípios constitucionais da cidadania e da dignidade da pessoa humana.

Numa velocidade paralela à disseminação do novo vírus, Atos Normativos, Resoluções, Portarias e Recomendações de todas as esferas do Poder Judiciário tentaram coadunar a necessidade de medidas urgentes de prevenção destinadas aos usuários e prestadores de serviços judiciários, com a premência inafastável da continuidade da prestação jurisdicional. Como exemplo, no âmbito da Justiça do Trabalho, as Recomendações oriundas de sua Corregedoria Geral, indicando, ao mesmo tempo, a instituição de trabalho preferencialmente remoto, e o estabelecimento de metas de produtividade, com a manutenção, inclusive, de sessões virtuais (Recomendação CGJT 3/2020); a indicação

---

5. **In** – hemeroteca digital brasileira.
6. Ibidem.

de suspensão de prazos unicamente processuais, sem desconto nos prazos de magistrados para prolação de decisões (Recomendação CGJT 4/2020 e Recomendação 6/2020); a indicação de priorização de atos em execução, com prolação de atos decisórios (Recomendação CGJT 5/2020). Tais diretrizes seguiram o caminho que já vinha sido traçado pelo Conselho Nacional de Justiça, ao conceituar o período pandêmico como plantão extraordinário tão somente para fins de suspensão da atividade *presencial*, com plena continuidade dos serviços em trabalho remoto nas atividades consideradas essenciais, e pelo art. 3º, II dos Atos GDGSET. GP/TST de números 126 e 132 de 17 e 19 de março de 2020, respectivamente, quando enumeraram a elaboração de *despachos e decisões judiciais e administrativas como atividade essencial*, suspendendo-se somente as atividades presenciais (art. 1º dos referidos Atos).

Segundo ALVIM e DANTAS[7], cobra-se do Juiz em sua atividade cotidiana uma decisão *justa* e *funcional*, cuja solução não emerja com clareza do texto da lei, optando por uma "concretização da ideia de justiça que esteja *embutida* no sistema jurídico", de modo que o direito passe a ser compreendido sob o ângulo do papel que exerce[8].No cenário da pandemia, essa cobrança se torna mais contundente. Ao lado da produtividade crescente e altamente divulgada[9], atingida por meio dos noveis instrumentos de prestação jurisdicional como as audiências e sessões por videoconferência[10], os magistrados se confrontam com a angústia de proferir decisões rápidas, capazes de atender às novas urgências demandadas, e, ao mesmo tempo, sem parâmetro normativo estanque ou claro a nortear as medidas a serem implementadas. A cada dia, junto às mudanças exponenciais nas estatísticas de contágio e letalidade, e à dinâmica do prognóstico crescente da duração da quarentena e do isolamento social, surgem novos questionamentos, a partir de premissas básicas, como, por exemplo, a discussão acerca da competência concorrente entre a União e os demais membros da federação para estabelecer o conceito de atividades essenciais que irá nortear todo o arcabouço normativo consequente a regular o funcionamento social durante o período da pandemia. Essa foi, aliás, a discussão que permeou a primeira grande sessão Plenária do Supremo Tribunal federal por videoconferência ocorrida em 15/04/20, que tinha na pauta o julgamento das Ações Diretas de Inconstitucionalidade nºs 6.341 e 6.343, debatendo a constitucionalidade das MPs 926

---

7. ALVIM, Teresa Arruda e DANTAS, Bruno. Recurso Especial, Recurso Extraordinário e a Nova Função dos Tribunais Superiores no Direito Brasileiro. 4ª ed. rev, atualizada e ampliada. São Paulo: Thomson Reuters Revista dos Tribunais, 2017. P 54 e 55.

8. Idem.

9. Como exemplo, na Justiça do Trabalho, além dos índices divulgados pelos Tribunais Regionais, no âmbito do Tribunal Superior do Trabalho, http://www.tst.jus.br/web/guest/covid-19-atos-e-produtividade. Além disso, na Justiça Federal, os índices também têm tido divulgação ampla por meio de plataforma digital diária. Disponível em https://app.powerbi.com/view?r=eyJrIjoiM2U3M2ZlNzItZWFkOC00ZDQyLTg4YzgtOTE5NTJlNGRkODI3IiwidCI6Ijk2MzgxOWY2LWUxYTMtNDkxYy1hMWNjLTUwOTZmOTE0Y2Y0YiJ9 .

10. Vide, nesse ponto, a Portaria Nº 61 de 31/03/2020 e a Resolução 105, de 06/04/20, ambas do Conselho Nacional de Justiça, o Ato Conjunto 159/TST.GP.GVP.CGJT, de 6 de abril de 2020, no Tribunal Superior do Trabalho, e a Resolução 672/2020, de 26 de março de 2020, do Supremo Tribunal Federal.

e 927, além da Ação Direta de Inconstitucionalidade por Omissão (ADO) 56, referente à criação de programa de renda mínima emergencial, todas relacionadas ao evento pandêmico e suas enormes repercussões jurídicas.

Em verdade, o panorama atual da pandemia do COVID-19, por si só, já enseja uma situação excepcional e sem precedentes a ser lidada. E, nesse contexto, os atos normativos que regem as fórmulas legais do processo, assim como as medidas de urgência a serem aplicadas e determinadas pelo intérprete do direito, se revestem de contornos não usuais. Por se tratar de estado de calamidade decorrente de mazela ligada à saúde, sobressaem as orientações do Ministério da Saúde para respaldar as medidas de prevenção práticas, sob a competência delegada de "*promover a saúde da população mediante a integração e a construção de parcerias com os órgãos federais, as unidades da Federação, os municípios, a iniciativa privada e a sociedade, contribuindo para a melhoria da qualidade de vida e para o exercício da cidadania*" (Decreto nº 9.203, de 22 de novembro de 2017; Lei nº 8.080/1990 e Decreto nº 8.901, de 10 de outubro de 2016), e, no âmbito das relações de trabalho também em relação às medidas práticas, do Ministério da Economia, mediante os contornos definidos por meio de leis, medidas provisórias e decretos presidenciais, segundo sua área de competência. Como exemplos, a Lei 13.979/2020, o Decreto 10.282/2020 e as Medidas Provisórias 926, 927 e 936/2020.

Por óbvio, no topo da pirâmide se encontra a Constituição Federal, razão pela qual, desde o seu nascedouro, as constantes medidas governamentais editadas têm sido objeto de questionamento imediato perante o Supremo Tribunal Federal, em seu mister de Corte Constitucional. Como exemplo, além do já citado julgamento das ADIs6.341 e 6.343, a ADI 6363, na qual, debatendo a constitucionalidade da polêmica MP 936/2020, foi deferida liminar, com esclarecimento por parte do Ministro relator Ricardo Lewandowski, em sede de embargos declaratórios, no sentido de que são válidos e legítimos os acordos individuais celebrados na forma da referida medida provisória, produzindo efeitos imediatos, e subsistindo integralmente na inércia do sindicato.

No entanto, no julgamento pelo Plenário do Supremo Tribunal Federal, prevaleceu o entendimento contrário ao do Ministro Lewandowski, o do voto divergente do Ministro Alexandre de Moraes, o que levou o Plenário, por maioria, cassar a liminar então concedida.

A polêmica acerca do alcance das medidas emergenciais, e da necessidade de diálogo social e participação dos atores sociais afetos às relações de trabalho segundo sua natureza dispare originalmente desigual- permeia com maior intensidade o cotidiano do direito do trabalho. Isto porque as ditas relações, já sobremaneira flexibilizadas em suas garantias por meio da denominada reforma trabalhista de 2017, recebe duplo impacto da pandemia, já que, ao mesmo tempo em que envolvem, para a continuidade, a "quebra" do isolamento social, possibilitando ao empregado maior exposição à contaminação, também sofrem o primeiro impacto econômico visível e prenunciador da grave crise instalada, com o corte de despesas não raro calcado em grandes dispensas anunciadas. Em paralelo, a decisão acerca da continuidade das atividades laborais esbarra na sensível questão de seu papel na coletividade, mormente quando se tratam de atividades consideradas essenciais. Aqui, uma obrigação desmesurada que obste a realização de determinada atividade, sob um suposto fundamento de medida preventiva, pode ter impactos de grande vulto no meio social já desmesuradamente atingido pelas feridas do estado de calamidade instaurado.

O complexo cenário delineado indica, com perfeição, os contornos sensíveis da equação de difícil equilíbrio que envolve a atuação do Judiciário, quando da imposição de medidas que escapam à sua análise usual. Voltando à situação de outrora, nos dizeres de RANGER E SLACK[11], o cenário jurídico de exceção gerada pela pandemia acaba se tornando "uma construção intelectual que, uma vez realizada, tem sua própria história e vitalidade"[12]. Em decorrência, a percepção da realidade de crise acaba sendo "modelada por analogias nas quais a interação entre ideias não ocorre apenas em uma direção, quer de mudanças biológicas, quer de respostas intelectuais ou políticas" [13]. As negociações em torno da definição das medidas a serem tomadas e das respostas jurídicas à crise social são sempre "complexas, dependendo ao mesmo tempo de elementos cognitivos e disciplinares; de mecanismos institucionais e políticos; bem como do ajustamento ou não dos indivíduos aos modelos estabelecidos"[14].

E é exatamente sob tal ótica reside a preocupação acerca de um elemento norteador a aplanar a ansiedade social e a instabilidade jurídico-normativa que envolvem o peculiar cenário atual. Com efeito, um panorama jurídico de decisões diversas, com soluções díspares e sem um mínimo de critério uniforme, eleva a já crescente insegurança e o temor advindo da falta de isonomia generalizada. E, se em um panorama de condições sociais ditas "normais", observa-se que o risco de prolação de decisões distintas para casos homogêneos "gera incoerência ao sistema, retirando-lhe a coesão, a segurança e a previsibilidade, ofendendo o direito à isonomia na prestação jurisdicional" [15], com muito mais razão tais efeitos devem ser evitados na situação de crise extrema evidenciada. Cabe, aqui, uma pequena e inicial reflexão acerca da situação de ponderação de valores *sui generis* envolvida.

III. Do *hard case* à reserva do possível: os caminhos tortuosos da ponderação levam à necessidade de objetividade linear

Muito embora a situação jurídica trazida pelo COVID-19 não encontre precedentes similares na história recente- na medida em que a própria sociedade e sua dinâmica também não são as mesmas-, é possível se encontrar certa base de raciocínio análoga nos debates que envolvem as delicadas questões de saúde, a reserva do possível e os mecanismos hermenêutico-argumentativos que buscam solucionar as colisões de princípios envolvidos.

11. Ranger, Terence e Slack, Paul 1992 *Epidemics and ideas: essays on the historical perception of pestilence.* Cambridge, Cambridge University Press. *Apud* GOULART, Adriana. Op. cit.
12. Idem.
13. Ibidem.
14. Ibidem.
15. MENDES, Aluísio Gonçalves de Castro. Incidente de Resolução de Demanda Repetitiva: sistematização, análise e interpretação do novo instituto processual. Rio de Janeiro: 2017, XXV,p 2.

Alguns pontos de interseção são perceptíveis na análise feita pelo Supremo Tribunal Federal em alguns casos envolvendo o direito ao fornecimento de medicamentos gratuitos[16]. Em reflexão sobre o tema, o Ministro Luís Roberto Barroso assim descreveu a questão, situada na ponderação de valores:

> Aqui se chega ao ponto crucial do debate. Alguém poderia supor, a um primeiro lance de vista, que se está diante de uma colisão de valores ou de interesses que contrapõe, de um lado, o direito à vida e à saúde e, de outro, a separação de Poderes, os princípios orçamentários e a reserva do possível. A realidade, contudo, é mais dramática. O que está em jogo, na complexa ponderação aqui analisada, é o direito à vida e à saúde de uns *versus* o direito à vida e à saúde de outros. Não há solução juridicamente fácil nem moralmente simples nessa questão[17].

Por outro lado, no topo da pirâmide normativa citada, a norma constitucional que serve de base a toda a digressão jurídica acerca do direito à saúde envolvido remete ao artigo 196 da Constituição Federal, norma tida por programática, e que indica que tal garantia se dará por meio de políticas sociais e econômicas, a princípio concretizadas, portanto, por meio de mediação legislativa e dos órgãos executores de políticas públicas[18].

Ao mesmo tempo, outro artigo constitucional prevê a álea de responsabilidade do empregador no âmbito do meio ambiente de trabalho e a preservação da segurança e higidez dos prestadores de serviço. As determinações do artigo 7º da Constituição Federal, longe de colidirem com o artigo 196 já citado, reafirmam a necessidade de observância da possibilidade de concretização efetiva das medidas a serem implementadas com o viés da preservação da saúde, dentro da responsabilidade social e constitucional de cada um dos atores envolvidos. Afinal, "a visão da doença como mal público atinge a todos indistintamente, assim como a visão da saúde como um bem público cujas medidas de preservação não podem ser excludentes"[19].

O grande desafio, aqui, é pensar na judicialização da saúde como estratégia legítima, mas que deve ser orquestrada com outros mecanismos de garantia constitucional de saúde para todos, de modo que as demandas judiciais não sejam consideradas como principal instrumento deliberativo, mas em aplicação harmônica junto a um conjunto de ações por meio das quais se busque a efetividade das diretrizes constitucionais[20].

---

16. Como exemplos, STF, *DJU* 14 fev. 2007, SS 3.073/RN, Rel.ª Min.ª Ellen Gracie ; STF, *DJU* 16 mar. 2007, ADI 3.652/RR, Rel. Min. Sepúlveda Pertence; STF, *DJU* 26 out. 2004, RE 411557/DF, Rel. Min. Cezar Peluso.
17. BARROSO, Luís Roberto. Da falta de efetividade a judicialização excessiva: direito à saúde, fornecimento gratuito de medicamentos e parâmetros para a atuação judicial. *Revista Jurídica UNIJUS*, Minas Gerais, v. 15, p. 13-38, 2008.
18. Idem.
19. Cf. GOULART, Adriana. Op. cit.
20. Nesse sentido, VENTURA, Miriam et al . Judicialização da saúde, acesso à justiça e a efetividade do direito à saúde.**Physis**, Rio de Janeiro , v. 20, n. 1, p. 77-100, 2010. Availablefrom<http://www.

Vale dizer, em um panorama onde todos os marcadores sociais envolvidos são importantes, é necessário se perquirir os impactos que a medida determinada judicialmente, sob a pecha de prevenção à saúde individual, irá gerar. Utilizando-se critérios hermenêuticos e argumentativos clássicos, o afastamento de um marcador em detrimento do outro, portanto, é providência que enseja falácia consequencial e problema jurídico-pragmático de difícil solução, gerando *falseabilidade*(assim entendida a ausência de coesão entre os argumentos e o resultado pretendido, com o sistema jurídico e os efeitos observados segundo a realidade social vigente)[21] nos argumentos jurídicos eleitos, e possíveis efeitos reversos aos pretendidos. Afinal,

> ***as decisões jurídicas precisam ter sentido tanto em relação ao sistema jurídico de que se trate quanto em relação ao mundo (o que significa em relação às consequências das decisões).*** E embora a justificação de uma decisão jurídica seja sempre uma questão aberta (no sentido de que os argumentos consequencialistas - como veremos - implicam necessariamente elementos avaliativos e, portanto, subjetivos), contudo, ***também aqui, é possível falar de certa objetividade na hora de preferir uma ou outra norma, umas ou outras consequências*** (cf. MacCormick, 1987, págs. 103 e seguintes)[22] "g.n.

Assim, considerando-se que os valores envolvidos possuem a mesma hierarquia constitucional, conclui-se que não são excludentes entre si, mas devem ser utilizados como *mandados de otimização*, com a opção de menor custo social possível para a obtenção do objetivo colimado, a partir do quadro fático envolvido.[23]Como exemplo, pode-se citar a hipótese em que, estabelecida mais de uma medida de prevenção pelo órgão de saúde competente (*e.g.*, como medida de higiene, há a recomendação alternativa de "lavar as mãos frequentemente com água e sabão **ou com um desinfetante para as mãos à base de álcool 70%** e evitar tocar os olhos, o nariz e a boca com as mãos não lavadas")[24], seja imposta como medida de prevenção aquela que é mais custosa, e de

---

scielo.br/scielo.php?script=sci_arttext&pid=S0103-73312010000100006&lng=en&nrm=iso>.Acesso em 16 Abr. 2020.https://doi.org/10.1590/S0103-73312010000100006.

21. Ou, em outras palavras, entre a pretensão, e a razão, a garantia e o respaldo utilizados na argumentação. Cf. ATIENZA, Manuel. As Razões do Direito: Teorias da Argumentação Jurídica. Tradução de Maria Cristina Guimarães Cupertino. 3. ed. São Paulo: Landy, 2003.

22. ATIENZA, Manuel. Op. cit. p.128.

23. Na reflexão aprofundada no já citado artigo de autoria do Ministro Luis Roberto Barroso, "*como todas essas normas em rota de colisão têm a mesma hierarquia, não podem elas ser aplicadas na modalidade tudo ou nada, mas sim de acordo com a dimensão de peso que assumem na situação específica. Cabe à autoridade competente – que poderá ser o legislador ou o intérprete judicial – proceder à ponderação dos princípios e fatos relevantes, e não a subsunção do fato a uma regra determinada. Por isso se diz que princípios são mandados de otimização: devem ser realizados na maior intensidade possível, à vista dos demais elementos jurídicos e fáticos presentes na hipótese. Daí decorre que os direitos neles fundados são direitos prima facie – isto é, poderão ser exercidos em princípio e na medida do possível*". BARROSO, Luis Roberto. Op. cit.

24. Cf. publicação do MINISTÉRIO DA SAÚDE, "DIRETRIZES PARA DIAGNÓSTICO E TRATAMENTO DA COVID-19- 08/04/20" https://portalarquivos.saude.gov.br/images/pdf/2020/April/13/Diretrizes-COVID-13-4.pdf.

sabida escassez no mercado, atuando nesse caso o órgão jurisdicional em imputação de custo social desproporcional, onde o setor competente, detentor da *expertise* necessária para tal fixação, não o fez.

Por óbvio, o regramento de exceção expedido pelas autoridades Ministeriais não exclui as medidas preventivas já previamente estabelecidas em normativos inerentes à própria natureza de cada atividade, como ocorre, por exemplo, com as Normas Regulamentadoras de Segurança e Saúde do Trabalho. Acaso existentes, as medidas preventivas que já fazem parte do cotidiano de prevenção de acidentes e outras enfermidades em cada função, se somará àquelas específicas ao COVID-19. As decisões judiciais, sob tal prisma, devem ser calcadas nas peculiaridades de cada atividade, segundo tais normativos e em consideração aos contornos fáticos de cada caso concreto para estabelecer as medidas necessárias.

Como já dito, a essencialidade da atividade é, certamente, fator a ser considerado na avaliação da medida imposta, segundo a análise de sua repercussão social. Ainda que esta definição seja a princípio estabelecida pelo governo federal, é importante lembrar, mais uma vez, que o Supremo Tribunal Federal, ao julgar a ADI 6341, entendeu pela competência de estados e municípios para dispor sobre medidas de isolamento social relativamente aos serviços públicos e atividades essenciais. No referido julgamento de 15/04/20, foi referendada a medida cautelar deferida pelo relator, Ministro Marco Aurélio de Mello, "acrescido de interpretação conforme a Constituição ao parágrafo 9o do artigo 3º da Lei nº 13.979/20, a fim de explicitar que, preservada a atribuição de cada esfera de governo, nos termos do inciso I do artigo 198 da Constituição, o presidente da República poderá dispor, mediante decreto, sobre os serviços públicos e atividades essenciais"[25]. Acrescentou-se, ainda, importante ressalva acerca da necessidade dos entes federativos em ouvir as agências reguladoras antes da tomada de decisões que possam ter repercussões econômicas e sociais negativas, apontamento que ganha relevância em se tratando de concessionárias de serviços públicos. Em consequência, o arcabouço normativo a ser levado em conta ganha amplo leque de abrangência, envolvendo o normativo federal (incluídas as leis, Decretos presidenciais, medidas provisórias e atos expedidos pelas autoridades do Ministério da Saúde e da Economia), o estadual e o municipal, além das resoluções de agências reguladoras, conforme o caso.

De qualquer sorte, a conclusão atingida é similar ao que já se refletiu nos casos difíceis envolvendo o direito à saúde: "a atividade judicial deve guardar parcimônia e, sobretudo, deve procurar respeitar o conjunto de opções legislativas e administrativas formuladas acerca da matéria pelos órgãos institucionais competentes"[26]. Desse modo,

---

25. Cf. o julgamento por videoconferência amplamente divulgado em 15/04/20, nos autos da ADI 6341. Disponível em https://www.correiobraziliense.com.br/app/noticia/politica/2020/04/15/interna_politica,845004/stf-garante-que-estados-e-municipios-podem-decidir-sobre-isolamento-s.shtml. Acesso em 16/04/20.
26. BARROSO, Luis Roberto. Op. cit.

onde não haja lei ou ação administrativa implementando a Constituição, deve o Judiciário agir. Havendo lei e atos administrativos, e não sendo devidamente cumpridos, devem os juízes e tribunais igualmente intervir. Porém, havendo lei e atos administrativos implementando a Constituição e sendo regularmente aplicados, eventual interferência judicial deve ter a marca da autocontenção[27].

IV. Finalmente, o quadro normativo existente: panorama interno e global

Já se sabe que, uma vez que o evento pandêmico "se caracteriza como paradigma de interdependência, torna-se imperativo criar mecanismos capazes de pelo menos administrar seus impactos"[28]. Então, quais são as medidas efetivamente previstas dentro do arcabouço de regramento existente e objetivamente considerado, hábeis a pautar a atuação jurisdicional nos casos difíceis gerados pela pandemia no ambiente de trabalho?

No plano nacional, estabelecendo as atividades consideradas essenciais, o Decreto nº 10.282/2020, regulamenta a Lei nº 13.979/2020 em seu artigo 3º[29]. Não se pode

---

27. Idem.

28. GOULART, Adriana. Op. cit.

29. "Art. 3º As medidas previstas na Lei nº 13.979, de 2020, deverão resguardar o exercício e o funcionamento dos serviços públicos e atividades essenciais a que se refere o § 1º. § 1º São serviços públicos e atividades essenciais aqueles indispensáveis ao atendimento das necessidades inadiáveis da comunidade, assim considerados aqueles que, se não atendidos, colocam em perigo a sobrevivência, a saúde ou a segurança da população, tais como:

I - assistência à saúde, incluídos os serviços médicos e hospitalares;

II - assistência social e atendimento à população em estado de vulnerabilidade;

III - atividades de segurança pública e privada, incluídas a vigilância, a guarda e a custódia de presos;

IV - atividades de defesa nacional e de defesa civil;

V - transporte intermunicipal, interestadual e internacional de passageiros e o transporte de passageiros por táxi ou aplicativo;

VI - telecomunicações e internet;

VII - serviço de call center;

VIII - captação, tratamento e distribuição de água;

IX - captação e tratamento de esgoto e lixo;

X - geração, transmissão e distribuição de energia elétrica, incluído o fornecimento de suprimentos para o funcionamento e a manutenção das centrais geradoras e dos sistemas de transmissão e distribuição de energia, além de produção, transporte e distribuição de gás natural; (Redação dada pelo Decreto nº 10.292, de 2020)

XI - iluminação pública;

XII - produção, distribuição, comercialização e entrega, realizadas presencialmente ou por meio do comércio eletrônico, de produtos de saúde, higiene, alimentos e bebidas;

XIII - serviços funerários;

XIV - guarda, uso e controle de substâncias radioativas, de equipamentos e de materiais nucleares;

XV - vigilância e certificações sanitárias e fitossanitárias;

XVI - prevenção, controle e erradicação de pragas dos vegetais e de doença dos animais;

olvidar, contudo, que o mesmo artigo, em seus parágrafos 2º e 3º, estende a caracterização de essencialidade às *"atividades acessórias, de suporte e a disponibilização dos insumos necessários a cadeia produtiva relativas ao exercício e ao funcionamento dos serviços públicos e*

XVII - inspeção de alimentos, produtos e derivados de origem animal e vegetal;
XVIII - vigilância agropecuária internacional;
XIX - controle de tráfego aéreo, aquático ou terrestre;
XX - serviços de pagamento, de crédito e de saque e aporte prestados pelas instituições supervisionadas pelo Banco Central do Brasil; (Redação dada pelo Decreto nº 10.292, de 2020)
XXI - serviços postais;
XXII - transporte e entrega de cargas em geral;
XXIII - serviço relacionados à tecnologia da informação e de processamento de dados (data center) para suporte de outras atividades previstas neste Decreto;
XXIV - fiscalização tributária e aduaneira;
XXV - produção e distribuição de numerário à população e manutenção da infraestrutura tecnológica do Sistema Financeiro Nacional e do Sistema de Pagamentos Brasileiro; (Redação dada pelo Decreto nº 10.292, de 2020)
XXVI - fiscalização ambiental;
XXVII - produção de petróleo e produção, distribuição e comercialização de combustíveis, gás liquefeito de petróleo e demais derivados de petróleo; (Redação dada pelo Decreto nº 10.292, de 2020)
XXVIII - monitoramento de construções e barragens que possam acarretar risco à segurança;
XXIX - levantamento e análise de dados geológicos com vistas à garantia da segurança coletiva, notadamente por meio de alerta de riscos naturais e de cheias e inundações;
XXX - mercado de capitais e seguros;
XXXI - cuidados com animais em cativeiro;
XXXII - atividade de assessoramento em resposta às demandas que continuem em andamento e às urgentes;
XXXIII - atividades médico-periciais relacionadas com a seguridade social, compreendidas no art. 194 da Constituição; (Redação dada pelo Decreto nº 10.292, de 2020)
XXXIV - atividades médico-periciais relacionadas com a caracterização do impedimento físico, mental, intelectual ou sensorial da pessoa com deficiência, por meio da integração de equipes multiprofissionais e interdisciplinares, para fins de reconhecimento de direitos previstos em lei, em especial na Lei nº 13.146, de 6 de julho de 2015 - Estatuto da Pessoa com Deficiência; (Redação dada pelo Decreto nº 10.292, de 2020)
XXXV - outras prestações médico-periciais da carreira de Perito Médico Federal indispensáveis ao atendimento das necessidades inadiáveis da comunidade; (Redação dada pelo Decreto nº 10.292, de 2020)
XXXVI - fiscalização do trabalho; (Incluído pelo Decreto nº 10.292, de 2020)
XXXVII - atividades de pesquisa, científicas, laboratoriais ou similares relacionadas com a pandemia de que trata este Decreto; (Incluído pelo Decreto nº 10.292, de 2020)
XXXVIII - atividades de representação judicial e extrajudicial, assessoria e consultoria jurídicas exercidas pelas advocacias públicas, relacionadas à prestação regular e tempestiva dos serviços públicos; (Incluído pelo Decreto nº 10.292, de 2020)
XXXIX - atividades religiosas de qualquer natureza, obedecidas as determinações do Ministério da Saúde; e (Incluído pelo Decreto nº 10.292, de 2020)
XL - unidades lotéricas. (Incluído pelo Decreto nº 10.292, de 2020)

das atividades essenciais", vedando "*a restrição à circulação de trabalhadores que possa afetar o funcionamento de serviços públicos e atividades essenciais, e de cargas de qualquer espécie que possam acarretar desabastecimento de gêneros necessários à população"*. Tal aspecto deve ser observado pela medida judicial imposta, na medida em que a suspensão de atividade acessória ou de suporte poderá ter impacto direto naquelas atividades consideradas essenciais à população.

No âmbito do Ministério da Saúde, foi publicado documento com as "Diretrizes para o diagnóstico e tratamento da COVID-19"[30], periodicamente atualizado, em que constam como medidas de prevenção ao COVID-19, como forma de evitar a exposição ao vírus: (i) lavar as mãos frequentemente com água e sabão **ou com um desinfetante para as mãos à base de álcool 70%** e evitar tocar os olhos, o nariz e a boca com as mãos não lavadas; (ii) evitar contato próximo com as pessoas (ou seja, manter uma distância de pelo menos **1 metro** [3 pés]), principalmente daqueles que têm febre, tosse ou espirros; (iii) praticar etiqueta respiratória (ou seja, cobrir a boca e o nariz com o antebraço ao tossir ou espirrar **com lenços descartáveis**,desprezando-os imediatamente após o uso em uma lixeira fechada e higienizar as mãos em seguida; (iv) procurar atendimento médico precocemente se tiver febre, tosse e dificuldade em respirar e compartilhar histórico de viagens com o profissional médico; (v) evitar o consumo de produtos animais crus ou mal cozidos e manusear carne crua ou leite com cuidado, de acordo com as boas práticas usuais de segurança alimentar. O mesmo documento esclarece, em relação à polêmica acerca da necessidade do uso de máscaras, que "o benefício do uso da máscara pela população assintomática **ainda não está bem definido e apresenta divergências na literatura",** mas que "as máscaras podem ser usadas em alguns países **de acordo com orientações da administração da saúde pública nacional"**. Prossegue informando que "a **OMS não recomenda que pessoas assintomáticas usem máscaras** em ambientes comunitários, pois essas medidas não são efetivas", e alerta para o fato de que "o uso indiscriminado de máscara pode resultar em custos adicionais e criar uma falsa sensação de segurança, levando a população em geral a negligenciar as medidas básicas de prevenção, como a higiene das mãos", ressaltando que "o uso de máscara cirúrgica está recomendado para profissionais da área da saúde durante o atendimento a casos suspeitos de COVID-19 e pacientes sintomáticos". Como alternativa à escassez de mascaras cirúrgicas que devem ser priorizadas aos profissionais de saúde, o Ministério da Saúde indicou o uso de máscaras *de pano* pela população, que poderia ser "um método de barreira importante quando combinado aos demais cuidados de higiene". Por fim, o documento apresenta a necessidade de atendimento especial em virtude de possibilidade complicações observadas e gestantes, pacientes com doenças cardiovasculares; imunossuprimidos, pacientes oncológicos, pacientes com tuberculose, além dos amplamente divulgados pacientes com mais de 60 anos e portadores de doenças crônicas como diabetes ou hipertensão, por exemplo.

---

30. Disponível em **https://portalarquivos.saude.gov.br/images/pdf/2020/April/13/Diretrizes-COVID-13-4.pdf. Acesso em 15 de abril de 2020.**

Por sua vez, o Ministério da Economia, por meio do Ofício Circular SEI nº 1088/2020/ME, de 27 de março de 2020, ressaltou a necessidade de observância de orientações setoriais específicas de prevenção à cada atividade, indicando, como medidas de prevenção de caráter geral no trabalho as seguintes:

1. criar e divulgar protocolos para identificação e encaminhamento de trabalhadores com suspeita de contaminação pelo novo corona vírus antes de ingressar no ambiente de trabalho. **O protocolo deve incluir o acompanhamento da sintomatologia dos trabalhadores no acesso e durante as atividades nas dependências das empresas;**
2. **orientar todos trabalhadores** sobre prevenção de contágio pelo corona vírus (COVID-19) e a forma correta de higienização das mãos e demais medidas de prevenção;
3. instituir mecanismo e procedimentos para que os **trabalhadores possam reportar aos empregadores se estiverem doentes** ou experimentando sintomas;
4. Adotar procedimentos contínuos de higienização das mãos, com utilização de água e sabão em intervalos regulares. **Caso não seja possível a lavagem das mãos,** utilizar imediatamente sanitizante adequado para as mãos, como álcool 70%;
5. Evitar tocar a boca, o nariz e o rosto com as mãos;
6. Manter **distância segura** entre os trabalhadores, considerando as **orientações do Ministério da Saúde** e as **características do ambiente de trabalho;**
7. Emitir comunicações sobre evitar contatos muito próximos, como abraços, beijos e apertos de mão;
8. Adotar medidas para **diminuir a intensidade e a duração do contato pessoal entre trabalhadores e entre esses e o público externo;**
9. Priorizar **agendamentos de horários** para evitar a aglomeração e para distribuir o fluxo de pessoas;
10. Priorizar medidas para **distribuir a força de trabalho ao longo do dia,** evitando concentrá-la em um turno só;
11. **Limpar e desinfetar os locais de trabalho e áreas comuns** no intervalo entre turnos ou sempre que houver a designação de um trabalhador para ocupar o posto de trabalho de outro;
12. **Reforçar a limpeza de sanitários e vestiários**;
13. Adotar procedimentos para, na medida do possível, **evitar tocar superfícies com alta frequência de contato, como botões de elevador, maçanetas, corrimãos etc.;**
14. **Reforçar a limpeza de pontos de grande contato** como corrimões, banheiros, maçanetas, terminais de pagamento, elevadores, mesas, cadeiras etc.;
15. **Privilegiar a ventilação natural nos locais de trabalho**. No caso de aparelho de ar condicionado, evite recirculação de ar e verifique a adequação de suas manutenções preventivas e corretivas;

16. **Promover teletrabalho ou trabalho remoto**. Evitar deslocamentos de viagens e reuniões presenciais, **utilizando recurso de áudio e/ou videoconferência**; - g.n.

Como práticas setoriais específicas, elencou as seguintes:

PRATICAS QUANTO ÀS REFEIÇÕES

17. **Os trabalhadores que preparam e servem as refeições devem utilizar máscara cirúrgica e luvas, com rigorosa higiene das mãos;**

18. **Proibir o compartilhamento de copos, pratos e talheres não higienizados**, bem como qualquer outro utensílio de cozinha;

19. **Limpar e desinfetar as superfícies das mesas** após cada utilização;

20. Promover nos refeitórios **maior espaçamento entre as pessoas na fila**, orientando para que sejam evitadas conversas;

21. **Espaçar as cadeiras** para aumentar as distâncias interpessoais. Considerar **aumentar o número de turnos em que as refeições são servidas**, de modo a diminuir o número de pessoas no refeitório a cada momento;

PRÁTICAS REFERENTES AO SESMT E CIPA

22. As comissões internas de prevenção de acidentes - CIPA existentes poderão ser mantidas até o fim do período de estado de calamidade pública, podendo ser suspensos os processos eleitorais em curso;

23. Realizar as reuniões da CIPA por meio de videoconferência;

24. SESMT e CIPA, quando existentes, devem instituir e divulgar a todos os trabalhadores um plano de ação com políticas e procedimentos de orientação aos trabalhadores;

25. **Os trabalhadores de atendimento de saúde do SESMT, como enfermeiros, auxiliares e médicos, devém receber Equipamentos de Proteção Individual - EPI** de acordo com os riscos, em conformidade com as orientações do Ministério da Saúde;

PRÁTICAS REFERENTES AO TRANSPORTE DE TRABALHADORES

26. **Manter a ventilação natural dentro dos veículos através da abertura das janelas**. Quando for necessária a utilização do sistema de ar condicionado, deve-se evitar a recirculação do ar;

27. **Desinfetar regularmente os assentos e demais superfícies** do interior do veículo que são mais frequentemente tocadas pelos trabalhadores;

28. Os motoristas devem observar:

a) a **higienização do seu posto de trabalho, inclusive volantes e maçanetas do veículo;**

b) a **utilização de álcool gel ou água e sabão** para higienizar as mãos.

PRÁTICAS REFERENTES ÀS MÁSCARAS

29. **A máscara de proteção respiratória só deve ser utilizada quando indicado seu uso.** O uso indiscriminado de máscara, quando não indicado tecnicamente, pode causar a escassez do material e criar uma falsa sensação de segurança, que pode levar a negligenciar outras medidas de prevenção como a prática de higiene das mãos;

30. O uso incorreto da máscara pode prejudicar sua eficácia na redução de risco de transmissão. Sua forma de uso, manipulação e armazenamento devem seguir as recomendações do fabricante. Os **trabalhadores devem ser orientados sobre o uso correto da máscara;**

31. A máscara nunca deve ser compartilhada entre trabalhadores;

32. Pode-se considerar o uso de respiradores ou máscaras PFF2 ou N95, quando indicado seu uso, além do prazo de validade designado pelo fabricante ou sua reutilização para atendimento emergencial aos casos suspeitos ou confirmados da COVID-19, conforme NOTA TÉCNICA GVIMS/GGTES/ANVISA Nº 04/2020;

33. As empresas devem fornecer máscaras cirúrgicas à disposição de seus trabalhadores, caso haja necessidade;

SUSPENSÃO DE EXIGÊNCIAS ADMINISTRATIVAS EM SST

34. Fica **suspensa a obrigatoriedade de realização dos exames médicos ocupacionais, clínicos e complementares**, exceto dos exames demissionais durante o período de calamidade, conforme Medida Provisória Nº 927, de 22 de março de 2020, devendo ser realizados até o prazo de sessenta dias, contado da data de encerramento do estado de calamidade pública;

35. **O exame médico demissional poderá ser dispensado** caso o exame médico ocupacional mais recente tenha sido realizado há menos de 180 dias;

36. Na hipótese de o médico coordenador de programa de controle médico de saúde ocupacional considerar que a prorrogação representa risco para a saúde do empregado, o médico indicará ao empregador a necessidade de sua realização;

37. Durante o estado de calamidade pública, fica **suspensa a obrigatoriedade de realização de treinamentos periódicos e eventuais dos atuais empregados**, previstos em normas regulamentadoras de segurança e saúde no trabalho;

38. Os treinamentos periódicos e eventuais serão realizados no prazo de noventa dias, **contado da data de encerramento do estado de calamidade pública;**

39. Durante o estado de calamidade pública, todos os treinamentos previstos nas Normas Regulamentadoras (NR), de segurança e saúde do trabalho, incluindo os admissionais, **poderão ser realizados na modalidade de ensino a distância** e caberá ao empregador observar os conteúdos práticos, de modo a garantir que as atividades sejam executadas com segurança;

PRÁTICAS REFERENTES AOS TRABALHADORES PERTENCENTES A GRUPO DE RISCO

40. Os trabalhadores pertencentes a grupo de risco (**com mais de 60 anos ou com comorbidades de risco, de acordo com o Ministério da Saúde**) devem ser objeto de atenção especial**, priorizando sua permanência na própria residência em teletrabalho ou trabalho remoto;**

41. Caso seja indispensável a presença na empresa de trabalhadores pertencentes a grupo de risco, deve ser **priorizado trabalho interno, sem contato com clientes, em local reservado, arejado e higienizado ao fim de cada turno de trabalho**;

DISPOSIÇÕES GERAIS

42. **As Normas Regulamentadoras de segurança e saúde do trabalho apresentam uma série de medidas de prevenção aos trabalhadores e podem ser consultadas no sítio eletrônico enit. trabalho.gov.br/;**

43. A Secretaria de Trabalho do Ministério da Economia disponibiliza ao cidadão o serviço de informações pela Central de Atendimento Alô Trabalho, com ligação gratuita pelo telefone 158. O horário de atendimento da Central é das 7 às 19 horas, de segunda-feira a sexta-feira, exceto nos feriados nacionais.

Nota-se que, dentre as medidas determinadas, há aquelas relacionadas ao próprio empregado, em sua conduta individual de protocolo de higiene, e ao empregador, ao prover meios para que o meio de ambiente de trabalho possa se manter hígido e com a minoração do risco de contágio. O próprio dever de amplamente divulgar o protocolo de higiene individual utilizado durante a execução dos serviços, e mesmo fiscalizá-lo, poderia ser considerado como inserido no plano constitucional da obrigação prevista como direito social o artigo 7º, XXII da Constituição Federal.

No plano internacional, algumas normas merecem destaque, como a Resolução 1/2020 da CIDH- Comissão Interamericana de Direitos Humanos e as diretrizes apontadas pela Organização Internacional do Trabalho. Em relação à primeira, trata-se de recomendação direcionada aos países membros para prevenção e combate ao COVID-19, tendo por base normativa o conjunto de competências estabelecidas pelo artigo 106 do Protocolo de Buenos Aires (*"haverá uma Comissão Interamericana de Direitos Humanos que terá por principal função promover o respeito e a defesa dos direitos humanos e servir como órgão consultivo da Organização em tal matéria. Uma convenção interamericana sobre direitos humanos estabelecerá a estrutura, a competência e as normas de funcionamento da referida Comissão, bem como as dos outros órgãos encarregados de tal matéria");* o artigo 41.b da Convenção Americana sobre Direitos Humanos (*"Toda pessoa tem o direito de que se respeite sua vida. Esse direito deve ser protegido pela lei e, em geral, desde o momento da concepção. Ninguém pode ser privado da vida arbitrariamente"*), e o artigo 18.b do Estatuto da CIDH (*"A Comissão tem as seguintes atribuições com relação aos Estados membros da Organização*: (...) b. *formular recomendações aos Governos dos Estados no sentido de que adotem medidas progressivas em prol dos direitos humanos, no âmbito de sua legislação, de seus preceitos constitucionais e de seus compromissos internacionais, bem como disposições apropriadas para promover o respeito a esses direitos").*

É importante ressaltar que, sendo o Brasil signatário dos referidos Pactos internacionais, a inobservância de suas diretrizes sujeita o país a controle de convencionalidade, com equiparação de tais normas a caráter supralegal, como já assentado pelo STF em diversos julgados- (HC 87.585/TO, Pleno, Rel. Min. Marco Aurélio,

DJe 26/06/2009; RE 349.703/RS[31], HC 87.585/TO[32], e RHC nº 79.785-RJ[33], sem desconsiderar parte relevante da doutrina que concede *status* constitucional aos normativos que consideram concernentes a direitos humanos fundamentais[34].

---

31. "**a controvérsia jurídica** remeter-se-á ao exame do conflito **entre** as fontes internas **e** internacionais **(ou,** mais adequadamente, **ao diálogo** entre essas mesmas fontes), **de modo** a se permitir que, **tratando-se** de convenções internacionais de direitos humanos, **estas guardem primazia hierárquica em face** da legislação comum do Estado brasileiro, **sempre** que se registre **situação de antinomia** entre o direito interno nacional e as cláusulas decorrentes de referidos tratados internacionais.

    Após longa reflexão sobre o tema em causa, Senhora Presidente - **notadamente** a partir da decisão plenária desta Corte **na ADI 1.480-MC/DF,** Rel. Min. CELSO DE MELLO (RTJ 179/493-496) -, **julguei necessário reavaliar** certas formulações **e** premissas teóricas **que me conduziram,** então, **naquela** oportunidade, **a conferir,** aos tratados internacionais em geral **(qualquer** que fosse a matéria neles veiculada), posição juridicamente **equivalente** à das leis ordinárias. (...)**Reconheço,** no entanto, Senhora Presidente, **que há expressivas lições doutrinárias - como** aquelas ministradas por ANTÔNIO AUGUSTO CANÇADO TRINDADE (**"Tratado de Direito Internacional dos Direitos Humanos",** vol. 1/513, item n. 13, 2ª ed., 2003, Fabris), FLÁVIA PIOVESAN (**"Direitos Humanos e o Direito Constitucional Internacional",** p. 51/77, 7a ed., 2006, Saraiva), CELSO LAFER (**"A Internacionalização dos Direitos Humanos: Constituição, Racismo e Relações internacionais",** p. 16/18, 2005, Manole) **e** VALERIO DE OLIVEIRA MAZZUOLI (**"Curso de Direito Internacional Público",** p. 682/702, item n. 8, 2a ed. , 2007, RT), **dentre** outros eminentes autores - **que sustentam,** com sólida fundamentação teórica, **que os tratados internacionais de direitos humanos assumem,** na ordem positiva interna brasileira, **qualificação constitucional, acentuando,** ainda, que as convenções internacionais **em matéria** de direitos humanos, **celebradas** pelo Brasil **antes** do advento da EC nº 45/2004, **como** ocorre com o Pacto de São José da Costa Rica **revestem-se de caráter materialmente constitucional, compondo,** sob tal perspectiva, **a noção conceitual** de *bloco de constitucionalidade. (...)*

    Após muita reflexão sobre esse tema, **e não obstante** anteriores julgamentos desta Corte **de que participei** como Relator **(RTJ** 174/463-465 - **RTJ** 179/493-496), **inclino-me a acolher** essa orientação, **que atribui natureza constitucional** às convenções internacionais de direitos humanos, **reconhecendo,** para efeito de outorga **dessa especial** qualificação jurídica..."- grifos no original **(Voto do Ministro Celso de Mello, proferido no julgamento do RE 349.703/RS, Pleno, DJe 05/09/2009)**

32. Julgamento pelo Pleno, Rel. Min. Marco Aurélio, DJe 26/06/2009)

33. *Certo, com o alinhar-me ao consenso em torno da estatura infraconstitucional, na ordem positiva brasileira, dos tratados a ela incorporados, não assumo compromisso de logo - como creio ter deixado expresso no voto proferido na ADInMc 1.480 - com o entendimento, então majoritário - que, também em relação às convenções internacionais de proteção de direitos fundamentais - preserva a jurisprudência que a todos equipara hierarquicamente às leis.*

    Na ordem interna, direitos e garantias fundamentais o são, com grande frequência, precisamente porque - alçados ao texto constitucional - se erigem em limitações positivas ou negativas ao conteúdo das leis futuras, assim como à recepção das anteriores à Constituição (...).

    Se assim é, à primeira vista, parificar às leis ordinárias os tratados a que alude o art. 5º, § 2º, da Constituição, seria esvaziar de muito do seu sentido útil a inovação, que, malgrado os termos equívocos do seu enunciado, traduziu uma abertura significativa ao movimento de internacionalização dos direitos humanos." (RHC nº 79.785-RJ, Pleno, por maioria, Rel. Min. Sepúlveda Pertence, DJ 22.11.2002, vencidos os Ministros Marco Aurélio e Carlos Velloso).

34. Conforme indicou o Ministro Celso de Mello em seu voto no RE 349.703, "*a doutrina nacional tem indicado que a harmonização deve ser feita pela hierarquização, atribuindo-se aos tratados o status*

Contudo, há que se destacar que a referida Recomendação traz diretrizes programáticas, de caráter geral, e destinadas aos *Estados-membros* como entes imbuídos de *munus público,* destacando-se, dentre outras medidas, a responsabilidade dos Estados em implementar todas as medidas adequadas para proteger os direitos à vida, à saúde e às recomendações de integridade física emitidas pela OMS em observância, ainda, aos direitos humanos; a determinação de que as pessoas que continuarem a exercer suas atividades laborais devem estar protegidas dos riscos do contágio do vírus e, em geral, deve ser dada proteção adequada ao trabalho, aos salários, à liberdade de associação e à negociação coletiva, às pensões e aos outros direitos sociais interrelacionados com as esferas trabalhista e sindical; a garantia da distribuição e o acesso equitativo aos estabelecimentos de saúde, bens e serviços sem discriminação, sejam eles públicos ou privados, garantindo o atendimento de pessoas com COVID-19 e grupos desproporcionalmente afetados pela pandemia, bem como pessoas com doenças pré-existentes que as tornam especialmente vulneráveis ao vírus, não servindo a escassez de recursos como justificativa a atos diretos ou de discriminação; obrigação do Estado em assegurar o acesso a medicamentos e tecnologias de saúde necessários para lidar com contextos pandêmicos, particularmente no que diz respeito ao uso de estratégias, como a aplicação de cláusulas de flexibilidade ou exceção em regimes de propriedade intelectual, que evitem restrições a medicamentos genéricos, preços excessivos de medicamentos e vacinas, abuso do uso de patentes ou proteção exclusiva de dados de testes, além de assegurar a disponibilidade e o fornecimento oportuno de quantidades suficientes de material de biossegurança, suprimentos médicos essenciais e suplementos para o uso de pessoal de saúde, fortalecer sua formação técnica e profissional para a gestão de pandemias e crises infecciosas, garantir a proteção de seus direitos, bem como a provisão de recursos mínimos específicos para o atendimento de tais emergências em saúde. A referida Recomendação ainda reforça a impossibilidade de violação de Direitos humanos por ocasião de Estado de exceção gerado pela pandemia, além de estabelecer medidas direcionadas a grupos vulneráveis e minorias, como mulheres, afrodescendentes e indígenas, além de estabelecer o compromisso de cooperação internacional e intercâmbio de boas práticas entre os países membros.

Pela Organização Internacional do Trabalho, foi divulgado relatório denominado "Observatório da OIT: COVID-19 e o mundo do trabalho"[35], em que se estabelecem diretrizes calcadas em 4 pilares gerais: 1) Estímulo à economia e ao emprego;2) Suporte às empresas, empregos e insumos; 3) Proteção aos trabalhadores no local de trabalho; 4) Foco no diálogo social para buscar soluções.

No referido relatório, a OIT analisou os dados afetos ao panorama de impacto mundial da pandemia no mercado de trabalho e na economia, no que denominou de "*the*

---

normativo constitucional", adotando esse entendimento, entre outros, os professores Antônio Augusto Cançado Trindade, Flávia Piovesan, Celso Lafer, Valério Mazzuoli e André de Carvalho Ramos.

35. Disponível em https://www.ilo.org/brasilia/noticias/WCMS_741420/lang--pt/index.htm. Acesso em 12/04/20.

most severe crisis since the Second World War: Employment losses are rising rapidly around the world". Como projeção dos efeitos da pandemia, o mesmo diagnóstico aponta que

> "*o eventual aumento do desemprego global em 2020 dependerá substancialmente da rapidez com que a economia se recuperará na segunda metade do ano, e da eficácia com que as medidas políticas aumentarão a demanda de mão-de-obra. Tal como está, existe um alto risco de que o aumento no número global de desempregados no final de 2020 seja significativamente maior do que a projeção inicial (**25 milhões**) no primeiro Monitor da OIT. Também é provável que as perdas de produção para muitas empresas sejam devastadoras e duradouras, especialmente nos países em desenvolvimento, onde o espaço fiscal para estímulo econômico é restrito*"[36].

Como exemplos de outros dados importantes trazidos, destacam-se os seguintes apontamentos:

- O impacto da pandemia afeta 3,3 bilhões de trabalhadores;

- Existem 136 milhões de trabalhadores em atividades de assistência social e saúde humana, incluindo enfermeiros, médicos e outros profissionais de saúde, trabalhadores em instalações de assistência residencial e assistentes sociais, além de trabalhadores de apoio, como funcionários de lavanderia e limpeza, que enfrentam sérios riscos de contratar o COVID-19 no local de trabalho. Aproximadamente 70% dos empregos no setor são ocupados por mulheres;

-O choque no mercado de trabalho não é uniforme, com setores específicos sofrendo o maior impacto do colapso da atividade econômica com queda drástica no produto. São eles: atividades imobiliárias, hospedagem, serviços de alimentação e comércio varejista, que totaliizam**1,25 bilhão de trabalhadores em todo o mundo, representando quase 38% da força de trabalho global**, e que sofrerá maior diminuição de jornada de trabalho, de salário e de demissões. O relatório ainda aponta que, principalmente nos serviços de alimentação e comércio varejista, as atividades contam já comumente com baixos salários e baixa qualificação, além de contarem com baixa poucos direitos trabalhistas. **O grupo do comércio varejista e atacadista totaliza 482 milhões de trabalhadores**, dentre os quais balconistas, comerciantes, lojistas e trabalhadores em empregos relacionados. A OIT aponta, ainda, também que parte desses trabalhadores poderá ter o emprego mantido por se referirem a atividades essenciais, mas tal garantia representará também maior exposição ao risco de contrair o vírus.**O setor de hospedagens e serviços de alimentação, por sua vez, representa 144 milhões de trabalhadores**, e conta fechamento quase total em alguns países, ou declínio acentuado na demanda nos casos em que as operações podem continuar. **Mais da metade desses trabalhadores são mulheres.**

-**O setor de indústria, que emprega 463 milhões de trabalhadores**, foi duramente atingido em alguns segmentos, já que os trabalhadores são orientados a ficar em casa,

---

36. Idem.

as fábricas fecham e as cadeias de suprimento globais param. Medidas de quarentena, fechamento de lojas de varejo, pedidos cancelados e redução de salário estão suprimindo a demanda em setores importantes, como automóveis e têxteis, roupas, couro e calçados.

- **O setor de transporte, armazenamento e comunicação é responsável por 204 milhões de empregos em todo o mundo**, incluindo pilotos de aeronaves e tripulantes, motoristas, correios e outros entregadores, bem como pessoas que trabalham em armazéns que suportam transporte e cadeias de suprimentos globais. Enquanto alguns desses trabalhadores são afetados negativamente (por exemplo, os do setor aéreo), outros continuam a atender à crescente demanda por varejo *online*.

-Embora o impacto econômico ainda não tenha sido sentido na **agricultura,** o maior setor da maioria dos países em desenvolvimento, **os riscos de insegurança alimentar estão surgindo devido a medidas de contenção, incluindo o fechamento de fronteiras.** Com o tempo, os trabalhadores desse setor podem ser cada vez mais impactados, principalmente se o vírus se espalhar ainda mais pelas áreas rurais.

- A análise setorial mostra que nem todos os setores e nem todos os tipos de trabalhadores são igualmente afetados. **Também mostra que muitos dos mais afetados são aqueles que já são trabalhadores com baixos salários e têm menos acesso à cobertura de proteção social.** Como tal, isso pode ter um impacto negativo adicional na desigualdade já existente.

- Em relação aos trabalhadores na *economia informal* (assim considerados pela OIT aqueles trabalhadores assalariados sem proteção social ou outros acordos formais em empresas do setor informal e formal, trabalhadores por conta própria, como vendedores ambulantes e trabalhadores domésticos), o relatório estima que sejam **2 bilhões de pessoas** ao redor do mundo. Ressalta que tais trabalhadores carecem da proteção básica que os empregos formais geralmente fornecem, incluindo a cobertura da proteção social. Eles também são prejudicados no acesso a serviços de saúde e não têm reposição de renda se parar de trabalhar em caso de doença. Exemplifica com atividades de trabalhadores informais nas áreas urbanas, como recicladores de lixo, vendedores ambulantes e servidores de alimentos, trabalhadores da construção civil, trabalhadores de transporte e trabalhadores domésticos, que tendem a trabalhar em setores econômicos que não apenas apresentam um alto risco de infecção por vírus, mas também são diretamente afetados por medidas de bloqueio.

É importante salientar, ainda, que oBrasil é apontado no relatório como um dos três países com destaque no número de trabalhadores na economia informal afetados pelo bloqueio e outras medidas de contenção relacionadas ao COVID-19, ao lado da Índia e da Nigéria. Ressalta-se, ainda, que as normas internacionais do trabalho fornecem uma base sólida para as principais respostas políticas, as quais devem se concentrar em dois objetivos imediatos: **medidas de proteção à saúde e apoio econômico, tanto do lado da demanda quanto da oferta.**

Ainda segundo o diagnóstico do organismo internacional ligado ao mundo do trabalho em tempos de pandemia, as medidas em grande escala e integradas em todas as áreas de política são necessárias para causar impactos fortes e sustentados, e que se deve criar confiança para que, junto ao diálogo social, se dê efetividade às medidas políticas. Isso inclui alavancar o diálogo social para ajustar os pacotes de políticas, a fim de melhor atender os mais necessitados. Seria necessário, como conclusão da OIT, apoio imediato aos setores e grupos populacionais mais afetados, particularmente às empresas e trabalhadores que operam na economia informal, por meio de medidas necessárias medidas específicas e direcionadas em países com altos níveis de informalidade, incluindo transferências monetárias para apoiar aqueles que são mais afetados pelo bloqueio e redirecionamento da produção para fornecer emprego alternativo (por exemplo, para kits de EPI). Tais medidas precisariam ser complementadas por esforços para garantir o suprimento adequado de alimentos e outros itens essenciais.

É interessante ressaltar, ainda, que a OIT pontua com grande destaque a necessidade de inclusãode"organizações representativas das pessoas na economia informal" como meio de se atingir ao quarto pilar do diálogo social. Essa diretriz geral se afina com as medidas implementadas por vários países-membros.

Na França[37], por exemplo, foram adotadas medidas excepcionais no mercado de trabalho por meio da Portaria de 25 de março de 2020, em relação às regras usuais do código do trabalho, tais como: (i) adaptação das regras relativas às horas de trabalho (duração máxima aumentada para 60 horas por semana (48 horas por um período de 12 semanas consecutivas), descanso diário reduzido para 9 horas) em certos setores essenciais; (ii) pssibilidade de o empregador impor ou adiar a licença, sujeito à conclusão de um acordo com os sindicatos no nível da filial ou da empresa; (iii) organização de um sistema excepcional de assistência infantil para profissionais de saúde.O Decreto francês nº 2020-419, de 10 de abril de 2020, por sua vez, especificou os procedimentos para consultas e reuniões dos órgãos representativos dos funcionários durante o estado de emergência sanitária. Isso poderá ocorrer excepcionalmente por teleconferência ou mensagem instantânea, a fim de garantir a continuidade desses procedimentos durante esse período[38].

Na Espanha[39], o governo criou medidas para facilitar o ERTE (procedimentos de ajuste temporário de emprego), que consiste em suspensões ou reduções de contrato no horário de trabalho e no acesso aos benefícios de desemprego que não prejudicam seus

---

37. Disponível em https://www.ilo.org/global/topics/coronavirus/country-responses/lang--en/index.htm#FR. Acesso em 10/04/2020.

38. Como exemplos dos resultados obtidos com o diálogo social, o relatório da OIT elenca os seguintes casos: (i) caso Renault, em que três sindicatos concordaram com a assinatura de um "contrato de solidariedade e futuro" na França em 2 de abril de 2020. O fabricante, que fechou todas as suas fábricas lá insta, em particular, a manter 100% da remuneração dos empregados parcialmente desempregados e a negociar localmente a retomada da atividade; (ii) caso PSA: em que a gerência e quatro organizações sindicais assinaram um acordo que prevê a retenção de 100% de remuneração para os funcionários por meio de um fundo "solidariedade Covid-19"; e (iii) caso Danone, em que um acordo sobre gestão de negócios e preservação de empregos foi assinado por três sindicatos majoritários

39. Disponível em https://www.ilo.org/global/topics/coronavirus/country-responses/lang--en/index.htm#ES. Acesso em 11/04/2020.

direitos no futuro (RDL 9/2020). Entretanto, o Ministério do Trabalho e Economia Social indicou medidas hábeis a coibir possíveis abusos.São contempladas sanções para empresas que abusam da ERTE, como nos casos em que enviam solicitações com 'falsidades ou imprecisões nos dados fornecidos'. Há a previsão, ainda, especificamente para o setor de saúde e atividades correlatas como "essenciais" com a intenção de evitar o ERTE em empresas privadas nessas áreas (RLD 11/2020).

Além disso, foram implementadasas seguintes medidas[40]:

> Empresas com menos de 50 trabalhadores não precisam pagar as contribuições sociais e aquelas acima de 50 anos têm que pagar 25% delas com a contagem dos períodos correspondentes como contribuições para os trabalhadores, sendo concedida moratória de seis meses sobre as contribuições previdenciárias para os trabalhadores autônomos a partir de maio, e no caso de empresas desde abril. (RLD 11/2020)
>
> Para os trabalhadores autônomos, foi criado, ainda, um subsídio de desemprego especial (de no mínimo 661 euros por mês) para as pessoas afetadas pelo fechamento de empresas, e para as pessoas cuja produtividade decorrente da oferta de postos de trabalho e procura do mercado caiu 75% em comparação com a média mensal do semestre anterior (RDL 8/2020 e RDL 11/2020). Houve, ainda, em relação ao contrato de trabalho:
>
> Proibição de demissão objetiva devido ao COVID19 a partir de sábado, 28 de março. A compensação pela demissão passa de 20 dias por ano trabalhado (demissões objetivas) a 33 dias por ano trabalhado (demissões sem justa causa), nos termos da RDL 10/2020;
>
> • Criação de benefício de 430 euros inicialmente por um mês destinado a trabalhadores temporários cujos contratos foram extintos durante o Estado de Alarme e não contribuíram o suficiente para receber o subsídio regular de desemprego (RLD 11/2020);
>
> • Proteção temporária de contrato. As empresas não podem rescindir seus contratos temporários devido à epidemia de coronavírus (RDL 10/2020);
>
> • Ausência de interrupção do subsídio para pessoas desempregadas acima de 52 anos (RDL 8/2020);
>
> • Criação de benefício especial para os trabalhadores domésticos registrados na Previdência Social que perderam o emprego durante a crise de saúde ou cujos contratos estão suspensos. O valor desse subsídio será de 70% de sua base de contribuição e um máximo do salário mínimo interprofissional (RLD 11/2020).

Em relação ao diálogo social, a OIT indica que os "parceiros sociais" (assim consideradas as confederações sindicais CCOO e UGT e as organizações de empregadores CEOE e CEPYME) deram contribuição decisiva para as medidas adotadas, por meio de consulta para a elaboração dos dois pacotes iniciais de medidas econômicas para proteger famílias, trabalhadores, trabalhadores independentes e empresas, por meio da RDL

40. Também em relação às medidas econômicas, vide http://www.mineco.gob.es/stfls/mineco/prensa/ficheros/noticias/2020/20200319_medidas_economicas_COVID19.pdf. Acesso em 11/04/2020.

7/2020 e da RDL 8/2020. Esses parceiros sociais ativaram páginas da web específicas para informar sobre o COVID19, fornecer lançamentos de posição, guias e ferramentas[41].Além disso, há uma reunião semanal - segundas-feiras - do governo representada pelo terceiro vice-presidente e ministro de Assuntos Econômicos e Transformação Digital, o Ministro do Trabalho e Economia Social, o Ministro da Inclusão, Seguridade Social e Migração, o Ministro da Agricultura, Pesca e Alimentação, e o Ministro das Finanças, com os parceiros sociais para informar e consultar sobre as medidas a serem adotadas e o desenvolvimento das aprovadas.

Nos Estados Unidos, por fim, o CARES Act[42] e o Families First Coronovirus Response Act[43] incluem várias medidas destinadas a apoiar trabalhadores e empresas, incluindo o fornecimento de pagamentos isentos de impostos - tratados como um crédito tributário reembolsável - a indivíduos. Casais que ganham até US $ 150.000 receberão US $ 2.400, mais um adicional de US $ 500 para cada criança. Indivíduos que ganhem até US $ 75.000 receberão US $ 1.200, mais um adicional de US $ 500 para cada criança. Os pagamentos serão eliminados gradualmente para os que obtiverem maiores rendimentos.

A legislação também incluiu várias medidas para expandir o seguro-desemprego, como por exemplo: (i) criação de um novo programa de assistência ao desemprego pandêmico, para ajudar pessoas que não se qualificam para receber uma indenização regular por desemprego e que não conseguem continuar trabalhando como resultado do COVID-19, como trabalhadores autônomos e informais; (ii) fornecimento, como parte da Compensação Federal de Desemprego por Pandemia, um adicional de US $ 600 em pagamentos semanais a certos indivíduos elegíveis que recebem outros benefícios; (iii) incentivo aos estados a renunciar ao período de carênciaordinário de uma semana e fornecer 13 semanas adicionais de benefícios.

Também há a expansão temporariária a elegibilidade, a partir de 1º de abril, para licença médica paga e licença médica e familiar ampliada por motivos especificados relacionados ao COVID-19, com a previsão do reembolso a empregadores do setor privado dos EUA que possuam menos de 500 funcionários, com a concessão de créditos tributários pelo custo de fornecer licença remunerada a empregados por motivos especificados relacionados ao COVID-19, como: (i) o funcionário ou alguém que ele cuida está sujeito a uma ordem de quarentena do governo ou foi aconselhado por um profissional de saúde a se colocar em quarentena; (ii) o funcionário está com sintomas de COVID-19 e está procurando atendimento médico; ou, (iii) o funcionário está cuidando de seu filho ou filha cuja escola ou local de atendimento está fechado, ou cujo prestador de cuidados infantis não está disponível por razões relacionadas ao COVID-19.

---

41. Vide sobre o assunto https://www.ceoe.es/blog/informacion-sobre-el-covid-19/ . Acesso em 11/04/2020.
42. Disponível em https://www.whitehouse.gov/briefings-statements/president-donald-j-trump-providing-economic-relief-american-workers-families-businesses-impacted-coronavirus/. Acesso em 10 de abril de 2020.
43. Idem.

V. Considerações finais

Por tudo o que aqui já foi dito, há um sem numero de soluções possíveis, dentro de um quadro de análise jurídica combinatória que é inédito e, ao fim e ao cabo, que tem se apresentado positivo em seus resultados diários. As rápidas soluções buscadas para suprir o vazio de fontes do direito específicas e preparadas para as situações geradas pela pandemia.

Tais efeitos, que poderiam ser denominados de "distúrbios sociais e políticos" [44] geram uma desordem que pode resultar em uma "situação criadora, uma vez que torna visível os problemas, tensões e insatisfações latentes no mundo social, podendo ser também fonte de mudanças", estimulando o surgimento de "novos comportamentos tanto políticos como sociais"[45].

É necessário, contudo, certa dose de parcimônia, como aqui já se mencionou, e embasamento normativo linear. Mais até do que nos casos difíceis afetos ao direito da saúde que refogem à situação da pandemia do COVID-19, o prejuízo gerado pela falta de previsibilidade e insegurança da população- já afetada por situação que gera de *per se* temor e ansiedade pode chegar a níveis exponenciais equiparáveis à crise biológica já existente. Erros de cálculo acerca da falseabilidade e dos resultados gerados por medidas impostas sem seguir parâmetros mínimos de linearidade e objetividade não podem ocorrer.

Longe de propor uma solução definitiva a esses novos e *super hard cases,* recorre-se ao que a experiência de *dejà-vu* do início do século já demonstrou: a capacidade de estabelecer negociações em torno da definição da doença,em situações que eram sempre complexas, com "o acordo sobre a definição da doença pode prover bases para mediar compromissos ou padrões de ações administrativas"[46] deve ser sempre priorizado.

Não por acaso, os resultados positivos da criatividade jurídica consciente já forneceram respostas rápidas para a orientação da utilização de meios consensuais, nessas situações em que o direito posto não apresenta solução pronta. No âmbito Justiça do Trabalho, por exemplo, a Recomendação CSJT. GP 001/2020, já trouxe, desde no tocante à tentativa de mediação e composição relativa às situações decorrentes da contingência de pandemia, privilegiando soluções que não inviabilizem a continuidade das atividades essenciais, e atentem para a realidade concreta de cada jurisdição no segmento profissional e econômico respectivo[47]. Recomenda-se, ainda, a atuação com o apoio direto das entidades sindicais das categorias profissionais e econômicas envolvidas, dos advogados e dos membros do Ministério Público do Trabalho (MPT), também no âmbito regional dos

44. Utiliza tal expressão como efeito das endemias EVANS, Richard. Epidemics and revolution: cholera in nineteenth century Europe. 1992 In Terence Ranger e Paul Slack (orgs.). *Epidemics and ideas.* Cambridge, Cambridge University Press. Apud GOULART, Adriana. Op. cit.

45. GOULART, Adriana. Op. cit.

46. Idem.

47. Disponível em https://hdl.handle.net/20.500.12178/169693. Acesso em 16/04/2020.

Núcleos Permanentes de Métodos Consensuais de Solução de Disputas (Nupemec-JT) e dos Centros Judiciários de Métodos Consensuais de Solução de Disputas (CejuscC-JT).

Por outro lado, a atividade jurisdicional, atualmente exercida sob a forma de *smart working*, não pode se limitar, apenas e tão-somente, a decidir questões urgentes. A continuidade da prestação jurisdicional se impõe seja retomada e, conta com os meios disponibilizados pela tecnologia da informação, mediante a utilização das plataformas de teleconferência com a retomada das audiências e dos julgamentos tele presenciais, como estabeleceu o Tribunal Superior do Trabalho, nos atos conjuntos TST.GP.GVP.CGJT nº 170 e CSJT.GP.GVP.CGJT nº 5, ambos de 17 de abril de 2020.

E, se já tem sido constatado que o diálogo social é o remédio natural para lidar com o paradoxo da coexistência do isolamento social, manutenção dos postos de trabalho, e a continuidade das atividadeseconômicas[48]., o remédio de pacificação social funciona como antídoto eficaz para curar as nossas mazelas e angústias jurídicas atuais.

Referências bibliográficas

ALVIM, Teresa Arruda e DANTAS, Bruno. Recurso Especial, Recurso Extraordinário e a Nova Função dos Tribunais Superiores no Direito Brasileiro. 4ª ed. rev, atualizada e ampliada. São Paulo: Thomson Reuters Revista dos Tribunais, 2017. P 54 e 55.

ATIENZA, Manuel. As Razões do Direito: Teorias da Argumentação Jurídica. Tradução de Maria Cristina Guimarães Cupertino. 3. ed. São Paulo: Landy, 2003.

BARROSO, Luís Roberto. Da falta de efetividade a judicialização excessiva: direito à saúde, fornecimento gratuito de medicamentos e parâmetros para a atuação judicial. *Revista Jurídica UNIJUS*, Minas Gerais, v. 15, p. 13-38, 2008.

DUBERTRAND, Miriam. Pendant l'épidémie du eau coronavirus, le dialogue social continue. https://www.lemonde.fr/emploi/article/2020/04/08/pendant-le-covid--19-le-dialogue-social-continue_6035933_1698637.html. Acesso em 10/04/20.

EVANS, Richard. Epidemics and revolution: cholera in nineteenth century Europe. 1992 In Terence Ranger e Paul Slack (orgs.). *Epidemics and ideas*. Cambridge, Cambridge University Press.

GOULART, Adriana da Costa. Revisitando a espanhola: a gripe pandêmica de 1918 no Rio de Janeiro. **Hist. cienc. Saúde-Manguinhos**, Rio de Janeiro, v. 12,n. 1,p. 101-142, Apr. 2005. Disponível em <http://www.scielo.br/scielo.php?script=sci_arttext&pid=S0104-59702005000100006&lng=en&nrm=iso>. Acesso em 15 Abr. 2020. https://doi.org/10.1590/S0104-59702005000100006.

48. Extraído de assertiva de um advogado trabalhista francês, conforme matéria veiculada no Jornal Le Monde de 08/04/2020. Trad. Livre do original: *"Les négociations sociales sont le liant naturel pour mettre en œuvre l'injonction paradoxale qui nous est faite : rester chez soi, mais sans que l'activité économique ne s'arrête"*. DUBERTRAND, Miriam. **Pendant l'épidémie due au coronavirus, le dialogue social continue.**https://www.lemonde.fr/emploi/article/2020/04/08/pendant-le-covid-19-le-dialogue-social-continue_6035933_1698637.html. Acesso em 10/04/20.

MENDES, Aluísio Gonçalves de Castro. Incidente de Resolução de Demanda Repetitiva: sistematização, análise e interpretação do novo instituto processual. Rio de Janeiro: 2017, XXV, p 2.

RANGER, Terence e SLACK, Paul 1992 *Epidemics and ideas*: *essays on the historical perception of pestilence*. Cambridge, Cambridge University Press.

VENTURA, Miriam et al. Judicialização da saúde, acesso à justiça e a efetividade do direito à saúde.**Physis**, Rio de Janeiro, v. 20, n. 1, p. 77-100, 2010. Disponível em <http://www.scielo.br/scielo.php?script=sci_arttext&pid=S0103-73312010000100006&lng=en&nrm=iso>.Acesso em 16 Abr. 2020. https://doi.org/10.1590/S0103-73312010000100006.

3

INTERPRETAÇÃO JURÍDICA EM TEMPOS DE PANDEMIA

Luiz Carlos Amorim Robortella[1]
Antonio Galvão Peres[2]

> "E logo me ocorre uma frase, que vem da Idade Média, passando por Lutero e até Carnelutti, de que o jurista que é só jurista é uma pobre e triste coisa. O jurista que pensa que o Direito é tudo e que responde a tudo, na realidade não tem compreensão plena da sua missão histórica."
>
> MIGUEL REALE[3]

> "(...) a prática vela à cabeceira de todas as ideologias, ao pé do seu berço e do seu caixão."
>
> BERTOLD BRECHT[4]

1. A pandemia do coronavírus está produzindo uma catástrofe sanitária com reflexos imensuráveis no plano da política, economia, direito, relações sociais e comportamento humano.

---

1. Doutor em Direito do Trabalho (USP) – Professor do Direito do Trabalho da Faculdade de Direito da Universidade Mackenzie (1974-1995) - Professor Titular de Direito do Trabalho da Faculdade de Direito da FAAP (2000-2008) - Diretor de Relações Internacionais da Academia Brasileira de Direito do Trabalho - Titular da cadeira n. 29 da Academia Iberoamericana de Derecho del Trabajo y de la Seguridad Social. Membro do Conselho Superior de Relações de Trabalho da FIESP.
2. Doutor e Mestre em Direito do Trabalho (USP) - Professor Adjunto de Direito do Trabalho da Faculdade de Direito da Fundação Armando Álvares Penteado (2006 a 2014) – Presidente da Comissão de Direito do Trabalho do Instituto dos Advogados de São Paulo (2010 a 2012) - Membro do Instituto dos Advogados de São Paulo - Membro do Conselho Superior de Relações de Trabalho da FIESP.
3. REALE, Miguel. Direito natural e direito positivo. S. Paulo: Saraiva, 1984. p. 78.
4. *Apud* EDELMAN, Bernard. O Direito Captado pela Fotografia. Coimbra: Centelha, 1976. p. 154.

O mundo que conhecemos subitamente desapareceu.

Os impactos severos sobre nosso modo de vida e nossas instituições são de caráter global e atingirão a todos, independentemente do tipo de isolamento; horizontal - preferido pela esmagadora maioria dos países, com adaptações locais – ou vertical, dirigido apenas aos grupos de risco (idosos, cardiopatas, hipertensos, diabéticos etc).

A economia mundial se verá profundamente afetada pela implantação de novos modos de trabalhar e produzir, bem como pela inevitável redução dos padrões de consumo diante do empobrecimento geral e da falta de mobilidade gerada pelas barreiras sanitárias.

No Brasil, a estratégia escolhida foi o isolamento horizontal, com forte oposição do Presidente da República, prejudicando as ações do Ministério da Saúde, do Ministério da Economia, dos governos estaduais e municipais. Seu comportamento criou uma crise política e sanitária que exigirá enorme esforço das instituições, em especial do Poder Judiciário, nos próximos meses e até anos.

2. A Lei 13.979/20 autoriza, em seu artigo 3º, medidas para conter a pandemia como isolamento, quarentena e determinação compulsória de exames. Em 12.03.2020 foi publicada a Portaria n. 356/20 do Ministério da Saúde, regulamentando esses mecanismos.

Estados e municípios têm determinado quarentenas com fechamento de lojas, parques, praias e até rodovias, para defesa de seus cidadãos, sem coordenação com o Governo Federal, gerando conflitos que desembocam no Judiciário.

Em 20.03.2020, o Decreto Presidencial n. 10.282/20 definiu os serviços públicos e atividades essenciais. Na mesma data, o Congresso decretou estado de calamidade pública (Decreto Legislativo 6/20).

A Medida Provisória 927/20 deu tratamento especial a diversos aspectos das relações de trabalho, facilitando ajustes entre empresas e empregados, reduzindo formalidades e ampliando a autonomia da vontade.

O ponto mais polêmico da MP 927 está em seu artigo 2º,que faculta a mais ampla negociação individual entre empregado e empregador, sem delimitação de matérias.

Já foi revogado pela MP 928 o artigo 18, que admitia a suspensão do contrato de trabalho para qualificação profissional sem a garantia de renda, análoga à prevista há cerca de duas décadas na CLT (artigo 476-A), inspirada no *lay off* norte-americano.

A MP 927 tratou com timidez o papel do Estado. O Governo Federal receava criar programas mais ousados, na linha do que fizeram países desenvolvidos, e incidir em crimes de responsabilidade fiscal. Esse receio foi afastado pela liminar concedida pelo Ministro ALEXANDRE DE MORAES na ADI 6357 MC/DF, que liberou o uso de recursos financeiros para lidar com a calamidade pública sem o risco de violação de normas orçamentárias.

Nesse novo contexto surgiu a MP 936, maior pacote de proteção ao emprego já visto no país, com a potencial distribuição de mais de 51 bilhões de reais em renda diretamente aos trabalhadores, condicionada à manutenção dos empregos.

A MP 936 também admite o acordo individual como regra, exigindo a negociação coletiva apenas nas hipóteses de maior impacto na renda, conforme o engenhoso mecanismo previsto em seu artigo 12.

Na prática, se admite a negociação individual nos casos de suspensão contratual ou redução salarial na baixa renda (igual ou inferior a três salários mínimos), mas o Governo Federal compensará total ou parcialmente a perda através de um benefício emergencial (mais de 80% dos empregados nela se encontram). Por outro lado, ressalvada a hipótese do artigo 444, § 2º, da CLT, para salário superior a três vezes o mínimo se exigirá negociação coletiva, pois a repercussão do benefício emergencial será proporcionalmente menos relevante. Também se admite acordo individual para redução de até 25% da jornada e salário em qualquer faixa.

Como se vê, a calamidade está gerando medidas excepcionais, com intensa participação estatal e superposição de normas de direito privado e direito público, a exigir cuidadosa aplicação e interpretação.

No mercado de trabalho, a calamidade pública escancara muitos dilemas:

a) conciliação entre isolamento (para evitar a rápida proliferação da doença e colapso do sistema de saúde) e manutenção de serviços públicos e essenciais;
b) distribuição dos custos do isolamento; se transferidos apenas ao empregador, as consequências serão quebra de empresas e demissões em massa;
c) entraves burocráticos para a negociação coletiva, formalidades e prazos para convocação de assembleias, além da presença física prevista na maioria dos estatutos (tema enfrentado pela MP 936);
d) falta de liberdade sindical, que leva à baixa representatividade dos sindicatos, com índices pequenos de filiação;
e) oportunismo de certos sindicatos, que têm aproveitado a tormenta para exigir discutíveis contribuições[5];
f) o trabalhador é potencial doente, consumidor e muitas vezes até investidor, tendo interesse na preservação do emprego, da cadeia produtiva a longo prazo e, neste momento, dos serviços essenciais.

As políticas públicas, dentre as quais a disciplina do mercado de trabalho em face da calamidade, devem ter como prioridade a preservação da saúde – e, portanto, da vida – sem descurar dos empregos e da produção.

Neste momento, a lógica interpretativa do ordenamento jurídico não é e não pode ser a usual. Em tempos excepcionais, a interpretação é de exceção.

5. A título de ilustração, a seguinte reportagem na Folha de S. Paulo (14.04.2020): "Empresas afirmam que sindicatos cobram até R$ 500 para fechar acordo trabalhista" (https://www1.folha.uol.com.br/mercado/2020/04/empresas-afirmam-que-sindicatos-cobram-ate-r-500-para-fechar-acordo-trabalhista.shtml?origin=folha).

Todavia, respeitáveis juristas, inclusive membros do Supremo Tribunal Federal, mediante interpretação literal de incisos do artigo 7º. da Carta de 1988, têm sustentado a inconstitucionalidade de normas como o artigo 503 da CLT, que permite a redução geral de salários por motivo de força maior, mesmo sem negociação individual, assim como dos artigos 11 e 12 da MP 936, que a exigem.

Os argumentos centrais são a inafastabilidade da negociação coletiva e a indisponibilidade de certos direitos[6].

Parece-nos que não têm razão.

Para começar, a negociação exige concretamente um conflito coletivo de trabalho que, na realidade, não existe, como bem apontado por OTAVIO CALVET e ANTONIO CARLOS AGUIAR em recente estudo[7]. Há uma nítida convergência de interesses para preservação da saúde, empresas e empregos. Conforme dados apurados pelo SEBRAE e divulgados na imprensa em 09.04.2020, naquele momento mais de 600 mil empresas já haviam fechado as portas, 30% dos empresários precisaram de empréstimos para manter seus negócios e mais da metade (59,2%) tiveram pedidos negados[8].

Na prática, a resistência às medidas para conter a doença e ao mesmo tempo conformar o mercado acaba por desestimular o necessário isolamento. Afinal, muitos – empresas e trabalhadores – não suportarão a ausência de receitas por mais tempo. Há o risco de brasileiros ficarem sem saúde e sem ocupação.

O mercado é heterogêneo. Ao lado das grandes empresas estão as que mais empregam: as médias, pequenas e microempresas, com pequeno capital de giro[9] e invisíveis aos sindicatos (raramente celebram acordos coletivos, dependendo da lei e de conven-

---

6. Nesse sentido, por exemplo, o parecer divulgado em 23.03.2020 pelo Conselho Federal da OAB.

7. "No caso que ora enfrentamos, não se observa a existência de um conflito coletivo, simplesmente porque não há divergência entre os interesses de cada uma das categorias, mas convergência na necessidade de alternativas para manutenção de ambos os envolvidos, a empresa na sua atividade e o empregado na sua dignidade (sobrevivência digna).

Trata-se de mera conformação de interesses convergentes, por força (maior) de fato totalmente estranho à vontade das partes. Não há, nesse caso, barganha, mas medidas de exceção para estabilização do país. E a opção de resolução é estatal, no seu legítimo papel, para fins de enfrentamento comum da sociedade como um todo, e não apropriada para determinados contratos individuais." (AGUIAR, Antonio Carlos; CALVET, Otavio Amaral. "Negociação" individual para redução de salário e jornada de trabalho. Consultor Jurídico. 08.04.2020. (https://www.conjur.com.br/2020-abr-08/aguiar-calvet-negociacao-individual-reducao-salario-jornada).

8. O Antagonista. Economia. 09.04.2020, 21:31.

9. Trata-se de fato público e notório, mas é sempre benvinda a lição de JOSÉ PASTORE:

"Imaginem uma empresa que precisa faturar hoje para pagar as contas amanhã. Fechada, sem vendas e sem faturamento, ela só pagará suas contas se o empresário tiver uma boa poupança. Esse é o caso das grandes corporações, mas não é o que ocorre com 82% das empresas brasileiras — pequenas e médias — que respondem por uma enormidade de empregos. Pesquisas recentes do Sebrae indicam que essas empresas aguentam, no máximo, 12 dias." (PASTORE, José. O vírus não espera decisões complicadas. O Globo. 14.04.2020)

ções coletivas[10]).Ao lado dos empregados e funcionários públicos, temos informais, trabalhadores autônomos, microempreendedores individuais e microempresários à margem de qualquer proteção.

Por outro lado, a redução salarial por negociação individual prevista na MP 936 não é um negócio jurídico bilateral puro, eis que tem a participação do Estado ao complementar a parcela salarial perdida mediante benefício emergencial calculado sobre o seguro-desemprego, mitigando, na imensa maioria dos casos, o impacto sobre a renda do trabalhador.

Outro aspecto a realçar é que, havendo proporcionalidade entre jornada reduzida e remuneração, nestas hipóteses há até aumento do salário/hora por causa do benefício estatal.

Como se vê, a natureza público-privada desse arranjo impõe a mais abrangente e refinada técnica de interpretação jurídica para prevalência do interesse público sobre o individual.

3. A Constituição, como norma-fonte, tem dimensão político-jurídica transcendental. Sua interpretação rege-se por normas especiais de hermenêutica, que iluminam e inspiram o ordenamento.

O estado de calamidade pública pede interpretação especial do capítulo dos direitos sociais. Deve-se promover harmônica articulação com outros princípios e normas constitucionais, principalmente aqueles voltados aos direitos e deveres individuais e coletivos que, como se sabe, são cláusulas pétreas da Constituição (artigo 60, § 4º, IV).

Destaca-se da fundamentação da ADI 6357:

> **"IV – DA PRIMAZIA DO DIREITO À SAÚDE** A Constituição Federal de 1988 foi construída sobre alguns pilares essenciais, descritos em seu artigo 60, § 4º, as denominadas cláusulas pétreas, dentre as quais destaca-se a proteção aos direitos e garantias individuais. Apesar da amplitude do alcance da referida cláusula pétrea, considerando especialmente o extenso rol de direitos fundamentais previstos na Carta Magna, é possível depreender do próprio texto constitucional a primazia do direito à saúde.
>
> Tal primazia decorre da escolha do constituinte em expressamente privilegiar a concretização do direito à saúde, quando em conflito com outros princípios constitucionais também considerados como cláusula pétrea. Essa primazia é traduzida, exemplificativamente, na proeminência do direito à saúde e em relação à autonomia dos entes federados, nas situações descritas nos artigos 34, inciso VII, alínea "e"; e 35, inciso III, da Lei Maior.
>
> Percebe-se que, dentre todos os direitos individuais e sociais reconhecidos na Constituição Federal, o direito à saúde recebeu proteção privilegiada, distinção essa que

---

10. Em evento transmitido pelo youtube em 08.04.2020, HELIO ZYLBERSTAJN destaca que em 2017, ano com maior número de normas coletivas no Brasil, foram celebrados 47.000 instrumentos coletivos, sendo 42.000 acordos coletivos. O número é ínfimo, quando comparado aos cerca de 19 milhões de empreendimentos existentes no país (https://youtu.be/B-ON3EPcHwA).

> deriva não apenas da leitura dos dispositivos sobre intervenção, como também daqueles que veiculam garantias de financiamento da saúde e educação. Ainda com o intuito de viabilizar uma preferência de investimento, a Constituição Federal estabeleceu patamares mínimos de aplicação de recursos na área de saúde.
> É dentro desse esquadro federativo de primazia da proteção dos direitos fundamentais, especialmente no que se refere à saúde, que deve ser delimitada a possibilidade de incidência das regras fiscais já enumeradas e que, na atual situação de calamidade pública, resultaria em ofensa frontal ao direito à saúde. Nessa linha, o que se observa é que a estrutura traçada na Constituição Federal aponta para a possibilidade de flexibilização das regras fiscais quando em confronto com a ameaça tão grave à proteção e concretização do direito à saúde."

A mesma lógica se aplica aos direitos individuais dos trabalhadores quando contrapostos às medidas de prevenção à saúde e preservação dos empregos.

A interpretação demasiadamente restritiva do artigo 7º da CF implicaria, por certo, a violação de outros preceitos constitucionais, de igual ou superior relevância, como a inviolabilidade do direito à vida prevista no artigo 5º, *caput.*

Cabe citar também o artigo 196 da Constituição, ao dispor que "a saúde é direito de todos e dever do Estado, garantido mediante políticas sociais e econômicas que visem à redução do risco de doença e de outros agravos e ao acesso universal e igualitário às ações e serviços para sua promoção, proteção e recuperação".

Na análise do conjunto sistemático da Constituição deve-se adotar a hermenêutica dos princípios que inspira a jurisprudência dos valores da Suprema Corte dos Estados Unidos da América. Conforme o Procurador do Trabalho FRANCISCO GERSON MARQUES DE LIMA[11], "ao aplicar a norma, nova atividade axiológica é feita pelo hermeneuta, pois o momento histórico, as circunstâncias sócio-político-econômicas podem ter-se modificado. Então, os valores da sociedade, por terem sofrido alteração, reclamam interpretação adequada ao novo ambiente. Assim, um bem ou valor anteriormente tido como valioso pode já não possuir a mesma importância. Então, a sua aquilatação será diferente de outrora, diante dos demais valores. Pode ser até que a sociedade tenha desprezado completamente um valor considerado na norma, a qual perdera sua eficácia depois de elaborada".

O direito persegue incessantemente renovação e adequação fenomenológica, a partir da experiência jurídica, em síntese que tem como núcleo a lógica do razoável. Para CELSO LAFER[12], aludindo a ROSCOE POUND, é um processo de "engenharia social", marcado pela constante adaptação do direito à realidade mediante uma técnica de interpretação não apenas declaratória, mas constitutiva, produtiva e atualizadora.

11. LIMA, Francisco Gerson Marques de. Interpretação axiológica da Constituição sob o signo da Justiça. In: SOARES, José Ronald Cavalcante (org). Estudos de Direito Constitucional – Homenagem a Paulo Bonavides. São Paulo: LTr, 2001, p. 56-58.
12. LAFER, Celso. A reconstrução dos direitos humanos. São Paulo: Companhia das Letras, 1988, p. 57-75.

Conforme o autor, "a lógica do razoável levou o saber jurídico: a apreciar a adequação dos meios teóricos aos fins práticos a que se destinavam; a aferir a utilidade das teorias às circunstâncias em que operam; a traçar um limite ao que era desarrazoado sublinhando, de um lado, o absurdo a que levam certas posições se tomadas radicalmente, e equilibrando, de outro, pelo entrechoque de opiniões o impacto das distintas posições dos jusfilósofos".

Para o Professor MIGUEL REALE, "todo modelo social, e o jurídico em particular, é uma estrutura dinâmica e não estática: é-lhe inerente o movimento, a direção no sentido de um ou mais fins a serem solidariamente alcançados, o que demonstra ser incompreensível a experiência jurídica sem se levar em conta a sua natureza dialética"[13].

A natureza dialética de qualquer estrutura normativa pressupõe a compreensão da totalidade do sistema, mediante o diálogo entre os vários princípios e sua articulação axiológica, teleológica e fenomenológica.

Para REALE, a norma objeto da interpretação não pode ser separada dos fatos e valores que a constituem, pois surge como integração desses elementos, daí advindo a estrutura tridimensional do direito.

O ato de interpretação deve ocorrer numa estrutura que é sincrônica ou homóloga à do ato normativo; "entre um e outro não pode haver solução de continuidade; quando este se dá a vida jurídica entra em crise pela verificação da insuficiência dos modelos normativos". Por isto, dentre as regras de interpretação inclui o mestre as seguintes:

> "c) Toda interpretação jurídica dá-se necessariamente num contexto, isto é, em função da estrutura global do ordenamento (Natureza integrada do ato normativo);
>
> d) Nenhuma interpretação jurídica pode extrapolar a estrutura objetiva resultante da significação unitária e congruente dos modelos jurídicos positivos (Limites objetivos do processo hermenêutico)".

A hermenêutica jurídica, "além de esclarecer o conteúdo das regras positivas, assegura-lhes contínua atualização e operabilidade"[14].

Essa metodologia leva a uma dialética de complementaridade, que permite a combinação e harmonização de preceitos apenas aparentemente contraditórios, inclusive dentro do mesmo texto normativo, para descobrir-lhes a verdadeira dimensão e sentido.

O Ministro GILMAR MENDES, pouco antes do julgamento da medida cautelar na ADI 6363, publicou interessante artigo acerca da *jurisprudência da crise*, termo cunhado no direito comparado diante das "tensões entre o constitucionalismo e a necessária proteção de Direitos Sociais em regimes de excepcionalidade financeira".

Após apresentar alguns dos dilemas atuais, pondera que "mesmo nesses momentos, as normas jurídicas — em especial a Constituição — não podem ser encaradas como um

13. REALE, Miguel. Direito Natural/Direito Positivo. S. Paulo: Saraiva, 1984, p.45.
14. REALE, op.cit., p.48-49.

obstáculo, mas como um caminho necessário e seguro para a solução da crise". Adverte ser "fundamental prezar pela compatibilização de aparentes contradições e abertura à busca por alternativas a uma leitura fria e seca da lei, distante de uma realidade que, muitas vezes, não poderia sequer ser imaginada pelo legislador ou pelo constituinte"[15].

ALEXANDRE SOUSA PINHEIRO[16] examina a *jurisprudência de crise* do Tribunal Constitucional português e conclui:

> "A parametricidade da Constituição em tempos de crise leva a que se possa concluir que a inconstitucionalidade, na interpretação do TC, não dependa apenas do "texto", mas, também, do "contexto". Numa outra perspectiva, o que seria incompatível com a Constituição em tempos de normalidade constitucional, já o não será em tempos de memorandos e programas de assistência. Este desiderato decorre, sem dificuldade, da jurisprudência constitucional, apesar de a doutrina manter que se continua dentro de um quadro "normativo pleno"."

Tais ajustes parecem fundamentais para manter *vívida* a norma constitucional, com adequações à realidade indispensáveis para algo que se pretende perene.

4. A conciliação de preceitos constitucionais se pode completar com a aplicação do *princípio da concordância prática*.

Quando determinadas normas em cotejo *não são "in abstracto" antinômicas*, mas apenas em face do caso concreto, a atenção do intérprete, se orientada apenas a uma delas, pode implicar violação das demais.

Nas palavras de FRIEDRICH MÜLLER[17], o princípio "não formula apenas no caso da existência de contradições normativas, mas também nos casos de concorrências e colisões *e.g.* de várias normas de direitos fundamentais no sentido de uma sobreposição parcial dos seus âmbitos de vigência, a tarefa de traçar aos dois ou a todos os "bens jurídicos" (de direitos fundamentais) envolvidos as linhas de fronteira *de modo tão 'proporcional' que eles co-fundamentem também no resultado a decisão sobre o caso*".

Há casos em que a contradição não está no conjunto normativo da Constituição, mas se revela apenas perante um caso concreto, no qual mais de um bem constitucionalmente protegido deve ser ponderado, reclamando a aplicação do 'princípio da concordância prática'[18].

---

15. MENDES, Gilmar. Jurisprudência de Crise e Pensamento do Possível: caminhos constitucionais. Consultor Jurídico. 11.04.2020 (https://www.conjur.com.br/2020-abr-11/observatorio-constitucional-jurisprudencia-crise-pensamento-possivel-caminhos-solucoes-constitucionais).
16. PINHEIRO, Alexandre Sousa. A jurisprudência da crise: Tribunal Constitucional português (2011-2013). Observatório da Jurisdição Constitucional. Ano 7, no. 1, jan./jun. 2014. ISSN 1982-4564. p. 186.
17. MÜLLER, Friedrich. Métodos de trabalho do direito constitucional. São Paulo: Max Limonad, 2000. p. 86.
18. PERES, Antonio Galvão. Interpretação das normas constitucionais: aspectos trabalhistas, Juris Síntese Millennium (CD-ROM). N. 37. Porto Alegre: Síntese, set./out. 2002.

O intérprete, em tal hipótese, deve coordenar e combinar os bens jurídicos 'em conflito de forma a evitar o sacrifício (total) de uns em relação aos outros'. Tratando-se de antagonismo que envolva preceito que assegure direito fundamental, deverá este, se necessário ao deslinde do embate, prevalecer sobre os demais bens jurídicos envolvidos (*princípio da máxima efetividade*)[19].

O argumento, com amparo na lição de GUSTAVO ZAGREBELSKY, foi utilizado pelo Ministro GILMAR MENDES[20] no artigo acima citado e também em seu voto no julgamento da medida cautelar pedida na ADI 6363.

Nas relações de trabalho o *princípio da concordância prática* tem corriqueira aplicação:

a) admite-se o trabalho do artista mirim para exercício da liberdade de expressão artística, a despeito da regra do artigo 7º, XXXIII, da CF;
b) admitem-se, ao menos em certos casos, a revista de empregados e a fiscalização de equipamentos de informática, conciliando o artigo 5º, X e XII, da CF;
c) em respeito à liberdade de associação, mesmo antes do fim do imposto sindical STF e TST entendiam inexigíveis aos não-associados as contribuições assistenciais, ainda que previstas nas normas coletivas.

Nestes tempos de pandemia a mesma técnica deve ser aplicada, conciliando o direito à saúde de todos com os direitos individuais do trabalhador.

As regras de exceção das MPs 927 e 936 foram concebidas para situação de crise, em razão de *força maior*. São uma resposta à necessidade de isolamento de muitos trabalhadores, combinada com a paralisação de diversas atividades empresariais.

---

19. Veja-se a lição de CANOTILHO:

"Este princípio não deve divorciar-se de outros princípios de interpretação já referidos (princípio da unidade, princípio do efeito integrador. Reduzido ao seu núcleo essencial, o princípio da concordância prática impõe a coordenação e combinação dos bens jurídicos em conflito de forma a evitar o sacrifício (total) de uns em relação aos outros.

O campo de eleição do princípio da concordância prática tem sido até agora o dos direitos fundamentais (colisão entre direitos fundamentais ou entre direitos fundamentais e bens jurídicos constitucionalmente protegidos). Subjacente a este princípio está a idéia do igual valor dos bens constitucionais (e não uma diferença de hierarquia) que impede, como solução, o sacrifício de uns em relação aos outros, e impõe o estabelecimento de limites e condicionamentos recíprocos de forma a conseguir uma harmonização ou concordância prática entre estes bens." (CANOTILHO, José Joaquim Gomes. Direito constitucional e teoria da Constituição. Coimbra: Almedina, 2000. p. 1188).

20. Destaca-se do estudo a seguinte passagem:

"Para o professor Zagrebelsky, seria importante, nesse contexto de grande complexidade, a tentativa de se buscar, na prática, a proteção dos princípios de forma simultânea, ainda que, em teoria, esteja-se diante de valores em contradição. Daí porque afirma a importância de uma "concordância prática", a qual se realiza não por meio da "simples amputação de potencialidades constitucionais, senão principalmente mediante soluções acumulativas, combinatórias, compensatórias, que conduzam os princípios constitucionais a um desenvolvimento conjunto e não a um declínio conjunto"." (MENDES, *op. cit.*)

Nesse contexto, não parece adequado reservar exclusivamente à negociação coletiva a redução de salários e outros ajustes em caráter de emergência para enfrentar a grave e inevitável crise econômica.

É claro que a negociação coletiva deve ser priorizada, como recentemente sustentamos em outro artigo[21]. Não é realista, entretanto, considerá-la a única solução para a sobrevivência das empresas e dos empregos.

Se a atividade é paralisada para proteção da saúde pública, está caracterizado, de forma inquestionável, o motivo de força maior que autorizaria até mesmo a redução geral, por decisão unilateral do empregador, nos termos do artigo 503 da CLT, mas a MP 936 disciplinou as hipóteses de redução com racionalidade, exigindo no mínimo o acordo individual.

Quando se está diante da força maior, sua natureza jurídica e gravidade não permitem confusão com a mera conjuntura econômica desfavorável, que enseja a redução salarial, prevista na Lei 4923/65. Assim também o constituinte, ao exigir participação sindical na redução salarial, tinha os olhos postos nas crises econômicas ou financeiras cíclicas que podem acometer o empregador, a exigir o compartilhamento da solução com as entidades profissionais.

O artigo 503 da CLT tem outra finalidade. Está desde a redação original de 1943 da CLT e jamais teve declarada sua inconstitucionalidade, gozando da presunção de conformidade com a Carta de 1988. Ora, o legislador tinha exata e sensatamente como objetivo aliviar consequências de catástrofes e proteger os empregos.

A doutrina majoritária[22], que o declara ineficaz diante do princípio da irredutibilidade salarial salvo negociação coletiva, subitamente se dá conta de sua extraordinária importância neste momento crítico.

Assim, embora a MP 936 afaste toda e qualquer hipótese de redução unilateral, a nosso ver é admissível com base no mais que nunca atual artigo 503 da protecionista - e por isso mesmo criticada - CLT.Se o empregado recusar a redução, o empregador pode impô-la para propiciar a manutenção do emprego.

Estamos convencidos de que a norma jurídica deve ser válida, justa e eficaz.

Uma exigência de dificílima ou até impossível aplicação nesta conjuntura, como a negociação coletiva para suspensão contratual ou redução de jornada e salário, é o caminho para a revogação social dessa norma pelo desuso ou desrespeito sistemático.

Regras gerais e permanentes são necessárias e nesse sentido a noção de direito é estática. Mas as realidades da vida têm um dinamismo próprio e, assim, o processo de

21. PERES, Antonio Galvão; ROBORTELLA, Luiz Carlos Amorim. Coronavirus e relações de trabalho. Correio Braziliense, 17.03.2020.

22. Em obra clássica, ARNALDO LOPES SUSSEKIND conclui que "a redução do salário, ainda que em circunstância excepcionais e transitórias, só poderá ser autorizada pelos mencionados instrumentos decorrentes da negociação coletiva". (SUSSEKIND, Arnaldo Lopes. Direito constitucional do trabalho. Rio: Renovar, 2001. p. 171).

formação do direito é um processo de constante luta consigo mesmo, conforme o pensamento inexcedível de VON IHERING[23].

A eficácia da norma jurídica, no dizer de MARIA HELENA DINIZ[24], é a qualidade de produzir concretamente seus efeitos jurídicos, não só em suas relações internormativas, como também relativamente à realidade social, aos valores positivos e ao seu elaborador e destinatários.

5. O tema pode ser também enfrentado à luz da integração do direito, pela solução das *lacunas ocultas* da norma.

Este argumento, é claro, sucede logicamente os anteriores. Só se justifica quando impossível a solução pela *interpretação* das normas existentes, reclamando uma *inovação* pelo operador do direito. Dessa forma, afastado o *princípio de concordância prática* das normas constitucionais, impõe-se o preenchimento das *lacunas* do artigo 7º no tratamento do caso específico[25].

KARL ENGISH ensina que o intérprete não pode presumir pura e simplesmente uma necessária regulamentação; tem, antes de tudo, que *sentir a sua falta*, para apontar a não-existência como lacuna. O legislador, ao conceber a lei, traçaria um *plano*. Nesse plano deve o operador do direito inferir se a ausência de norma específica foi deliberada ou constitui uma deficiência[26]. Alerta que "o momento da *incongruência com um plano* ganha particular relevância como elemento do conceito de lacuna quando se trata da

---

23. IHERING, Rudolf Von. A luta pelo direito. Rio: Organização Simões, 1953, p. 33-34.

24. DINIZ, Maria Helena. Norma constitucional e seus efeitos. São Paulo: Saraiva, 1989, p. 34.

25. Veja-se o que diz KARL LARENZ:

"(...) existem casos para os quais a lei contém, por certo, uma regra aplicável segundo cada possível sentido literal e aos quais, contudo, esta regra não se ajusta segundo o seu sentido e escopo. A regra legal carece aqui de uma restrição não contida na lei e não compatível com o sentido literal possível, cuja ausência pode igualmente considerar-se uma "lacuna". "Lacuna" e "silêncio da lei" não são, portanto, pura e simplesmente o mesmo".

Mais adiante, esclarece o conceito de lacuna oculta:

"Falamos de uma lacuna "oculta" quando a lei contém precisamente uma regra aplicável a casos desta espécie, mas que, segundo o seu sentido e fim, não se ajusta a este determinado grupo de casos, porque não atende à sua especificidade, relevante para a valoração. A lacuna consiste aqui na ausência de uma restrição. Por isso, a lacuna está "oculta", porque, ao menos à primeira vista, não falta aqui uma regra aplicável.

(...)

É necessário (...) insistir em que existem lacunas de regulação tanto "patentes" como "ocultas", conforme ou não possam em absoluto inferir-se regra alguma da regulação legal para um grupo de casos que carecem de uma regulação segundo a intenção reguladora que lhe serve de base ou tenha sido realmente dada uma regra, mas não está declarada na lei uma restrição, exigida pelo seu sentido e pelo seu fim, para este grupo de casos" (LARENZ, Karl. Metodologia e ciência do direito. Lisboa: Fundação Calouste Gulbenkian, 1997. p. 525-537).

26. ENGISH, Karl. Introdução ao pensamento jurídico. Lisboa: Fundação Calouste Gulbenkian, 1988. p. 281.

ausência de disposições excepcionais", pois, nesse caso, em uma consideração meramente formal, não haveria lacuna[27].

A Constituição Federal não contém nos artigos 7º e 8º exceções para o estado de calamidade pública, mas se afiguram necessárias para enfrentamento da crise.

Em nome da viabilidade do modelo de isolamento (*lockdown* horizontal) para preservação da saúde de todos, além de regras para reequilíbrio das relações de trabalho, outras podem ser desenvolvidas:

a) facilitação da negociação coletiva com supressão temporária de seus requisitos formais, como forma e prazos de convocação de assembleias, admitindo-se inclusive consulta aos trabalhadores por meios telemáticos[28];
b) valorização da autonomia da vontade, admitindo-se a negociação individual de direitos com o objetivo de preservação dos empregos;
c) criação por negociação coletiva de regimes especiais de trabalho superando os limites de duração da CF e CLT, especialmente nas atividades essenciais, como mecanismo para reduzir o risco de contágio e número de trabalhadores expostos;
d) faculdade do empregador, no exercício do poder diretivo, de criar barreiras sanitárias, de exigir exames médicos e afastar empregados em caso de suspeita de contágio.

Trata-se aqui da aplicação do princípio da proporcionalidade. Como ensina WILLIS SANTIAGO GUERRA FILHO, o princípio da proporcionalidade em sentido estrito "determina que se estabeleça uma correspondência entre o fim a ser alcançado por uma disposição normativa e o meio empregado, a qual deve ser juridicamente a melhor possível". Isso também significa que, "mesmo havendo desvantagens para, digamos, o interesse de pessoas, individual ou coletivamente consideradas, acarretadas pela disposição normativa em apreço, as vantagens que traz para interesses de outra ordem, interesses públicos ou institucionais, superam aquelas desvantagens"[29].

---

27. Op. cit., p. 283.
28. A MP 936 finalmente enfrentou essa questão no artigo 17, II. O Ministério Público do Trabalho, atento às dificuldades, já defendia em sua nota técnica n. 6/2020 "POSSIBILITAR A FLEXIBILIZAÇÃO DOS REQUISITOS FORMAIS PARA A NEGOCIAÇÃO COLETIVA, como obrigatoriedade de assembleia presencial, diante de medidas de isolamento social e quarentena determinadas pelos órgãos públicos, podendo-se adotar meios telemáticos, céleres e eficazes para consulta aos trabalhadores e interessados" (NOTA TÉCNICA CONJUNTA Nº 06/2020 – PGT/CONALIS). O Ministério da Economia também já havia antes da MP 936 flexibilizado as exigências para registro, prescindindo da comprovação de assembleias.
29. GUERRA FILHO, Willis Santiago. Notas em torno ao princípio da proporcionalidade. In: MIRANDA, Jorge (org.). Perspectivas constitucionais nos 20 anos da Constituição de 1976. V. I. Coimbra: Coimbra Editora, 1996. p. 259

A doutrina também tem se debruçado acerca da possibilidade de renúncia a direitos fundamentais como algo inerente à titularidade desses mesmos direitos, reduzindo o paternalismo estatal.

Ensina JORGE REIS NOVAIS[30] que "nos casos de renúncia não expressamente previstos no texto constitucional – e que constituem a quase totalidade das situações concebíveis – tudo dependerá de saber se os interesses e razões constitucionalmente relevantes que jogam a favor do não enfraquecimento da posição jurídica tutelada pela norma de direito fundamental são mais fortes que as razões, também constitucionalmente relevantes, que derivam da conjugação do interesse que o particular tem na renúncia com o interesse público que deverá necessariamente preexistir a qualquer restrição de direitos fundamentais".

É nessa perspectiva que os artigos 2º da MP 927, 11 e 12 da MP 936 admitem interpretação conforme a Constituição Federal, não podendo ser declarada sua inconstitucionalidade de plano, a pretexto de violação a direitos fundamentais do trabalhador. Mais do que proteger a economia, essas medidas viabilizam o isolamento social, indispensável para evitar o colapso do sistema de saúde. Sem elas a pressão econômica para o fim do isolamento seria insustentável.

Veja-se, a propósito, a conclusão do Min. MARCO AURÉLIO DE MELLO ao rejeitar o pedido liminar na ADIN 6343:

> "O artigo 2º da Medida Provisória nº 927, de 22 de março de 2020 – e todos os demais preceitos que se diz conflitantes com a Constituição estão nela previstos – contém alusão ao estado de calamidade pública decorrente do novo coronavírus e versa que empregado e empregador poderão, buscando a manutenção do vínculo empregatício, estabelecer parâmetros. O preceito sobrepõe o acordo individual a possíveis instrumentos normativos e remete aos limites revelados na Constituição Federal. A liberdade do prestador dos serviços, especialmente em época de crise, quando a fonte do próprio sustento sofre risco, há de ser preservada, desde que não implique, como consta na cláusula final do artigo, a colocação em segundo plano de garantia constitucional. É certo que o inciso XXVI do artigo 7º da Constituição Federal, pedagogicamente, versa o reconhecimento das convenções e acordos coletivos de trabalho, quando então se tem, relativamente a convenções, ajuste formalizado por sindicato profissional e econômico e, no tocante a acordo coletivo, participação de sindicato profissional e empresa. O preceito não coloca em segundo plano a vontade do trabalhador. Sugere, isso sim, que o instrumento coletivo há de respeitar, há de ser formalizado em sentido harmônico com os respectivos interesses. Descabe, no que ficou prevista a preponderância do acordo individual escrito, voltado à preservação do liame empregatício – repita-se – ante instrumentos normativos legais e negociais, assentar, no campo da generalidade, a pecha de inconstitucionalidade."

30. NOVAIS, Jorge Reis. Renúncia a direitos fundamentais. In: MIRANDA, Jorge (org.). Perspectivas constitucionais nos 20 anos da Constituição de 1976. V. I. Coimbra: Coimbra Editora, 1996. p. 320.

Por fim, vale lembrar as normas *materialmente constitucionais* que estão no artigo 5º da LINDB e 8º da CLT, no sentido de que "na aplicação da lei, o juiz atenderá aos fins sociais a que ela se dirige e às exigências do bem comum" e de que o preenchimento de lacunas deve ser feito com a atenção para que "nenhum interesse de classe ou particular prevaleça sobre o interesse público".

Com todo o respeito à opinião daqueles que apenas enxergam a *letra* do texto constitucional, sua interpretação exige lentes especiais, especialmente à luz da calamidade.

Diversas normas de proteção individual devem ser interpretadas de forma a resguardar o bem de todos, viabilizando o *lockdown* horizontal com a máxima redução dos potenciais prejuízos.

6. No julgamento da Medida Cautelar na ADI 6363, por 7 votos a 3, prevaleceu a interpretação favorável à constitucionalidade (ou aparente constitucionalidade, pois se trata de mera cautelar) dos artigos 11 e 12 da MP 936, demonstrando a preocupação da Corte Suprema com a excepcionalidade do momento e racionalidade nos mecanismos de enfrentamento.

Não por acaso, afastada a insegurança jurídica após o julgamento do Pleno, o número de acordos para suspensão dos contratos ou redução do salário com redução proporcional da jornada cresceu em ritmo bastante acelerado. Tais acordos têm como contrapartida a garantia de emprego[31], atendendo, portanto, aos interesses de patrões, empregados e de toda a comunidade.

O tempo deve confirmar o acerto do STF, mas, neste momento, vale a máxima de JACKSON que se estende a praticamente todas as Cortes Supremas: "não pronunciamos a última palavra porque somos infalíveis, mas somos infalíveis porque dizemos a última palavra"[32].

31. Em 23.04.2020, data de conclusão deste artigo, o número já ultrapassava 3,6 milhões de empregos preservados.
32. *Apud*, VERDÚ, Pablo Lucas. El Sentimento Constitucional. Madrid: Reus, 1985. p. 105.

Seção II

OS VETORES CONSTITUCIONAIS

1

FRATERNIDADE ENQUANTO CATEGORIA CONSTITUCIONAL EM TEMPOS DE CORONAVÍRUS

Flávia Moreira Guimarães Pessoa[1]

Introdução

O presente trabalho tem por objetivo analisara Fraternidade enquanto categoria constitucional em meio a pandemia global causada pelo Coronavirus, causador da Covid-19.

A atual pandemia de Covid-19 é um marco na geopolítica mundial. Como não poderia deixar de ser, é também o desafio para os ordenamentos jurídicos de todo o mundo. Por este motivo, o presente artigo pretende desenvolver o conteúdo jurídico a um conceito universal, da Fraternidade, procurando aplicá-lo em soluções jurídicas para os casos que a pandemia apresenta.

Para atingir ao objetivo proposto, divide-se em duas partes. Na primeira, estuda-se o contexto atual da pandemia. No segundo, a fraternidade e sua afirmação jurídica. Ao final, são expostas as considerações finais sobre o tema.

---

1. Conselheira do Conselho Nacional de Justiça. Juíza do Trabalho (TRT 20ª Região). Professora do Mestrado em Direito da Universidade Federal de Sergipe e da Universidade Tiradentes. Especialista em Direito Processual pela UFSC, Mestre em Direito, Estado e Cidadania pela UGF, Doutora em Direito Público pela UFBA. Pós-Doutora em Direito do Trabalho pela UFBA. Acadêmica da Academia Brasileira de Direito do Trabalho e da Academia Sergipana de Letras Jurídicas.

1. Covid-19: A pandemia causada pelo coronavírus e suas implicações jurídicas

O primeiro caso oficial de covid-19 (coronavírus disease 2019) foi de um paciente hospitalizado no dia 12 de dezembro de 2019 em Wuhan, China.O primeiro artigo científico sobre o tema, conduzido por Wu, F., Zhao, S., Yu, B. et al. publicado na revista Nature em março de 2020, descreveu o caso de um paciente de 41 anos admitido no Hospital Central de Wuhan em 26 de dezembro. O fluido broncoalveolar continha um vírus cujo genoma mostrou uma relação filogenética com coronavírus causadores da Sars e Mers. O vírus, denominado WHCV (posteriormente 2019-nCoV e finalmente Sars-CoV-2), mostrou alta similaridade genômica com o Bat SL-CoVZC45, um vírus obtido de um morcego coletado na China. Esse resultado sugeriu que esse novo coronavírus poderia ter se originado de morcegos, um reservatório já identificado para o Sars-CoV, agente da Sars (GRUBER, 2020).

A Organização Mundial da Saúde (OMS) declarou, em 30 de janeiro de 2020, que o surto da doença causada pelo novo coronavírus (COVID-19) constitui uma Emergência de Saúde Pública de Importância Internacional. Em 11 de março de 2020, a COVID-19 foi caracterizada pela OMS como uma pandemia.

Segundo dados da OMS, foram confirmados no mundo 2.471.136 casos de COVID-19 (73.920 novos em relação ao dia anterior) e 169.006 mortes (6.058 novas em relação ao dia anterior) até 22 de abril de 2020. O Brasil, ate esta data, confirmou 45.757 casos e 2.906 mortes (OMS, 2020).

Inúmeros problemas políticos e jurídicos vêm sendo causados pela doença. No Brasil, diversas leis e medidas provisórias, sobre os mais variados ramos do direito, foram editadas. Além disso, resoluções, portarias, instruções normativas de Tribunais, do Conselho Nacional de Justiça, do Conselho Nacional do Ministério Púbico e dos Poderes Executivo Federal, Estadual e Municipal e julgamentos proferidos em Ações Coletivas com efeitos erga omnes criam um emaranhado de fontes do direito de difícil análise.

Cada nova norma traz um conjunto de arguições de suposta inconstitucionalidade, além, é claro, da dificuldade intrínseca de sua inserção do ordenamento jurídico.

Por este motivo, pretende-se, com este artigo, voltar os olhares para uma categoria jurídica universal e suas consequências: a Fraternidade, que será vista no tópico que segue.

2. A fraternidade: origens e afirmação jurídica

A fraternidade, etimologicamente, é compreendida como amor ao próximo; fraternização e união ou convivência como irmãos; harmonia, paz. Refere-se, assim, ao bom e harmônico convívio com os outros, à união de ideias e de ações, ao viver em comunidade (FERREIRA, 1999, p. 418).

A fraternidade protagonizou os ideais da Revolução Francesa, de 1789, com o lema de "liberdade, igualdade e fraternidade", e, aos poucos, foi sendo excluída, ficando em evidência aos olhos do mundo somente a "liberdade e a igualdade", as quais, com a evolução histórica, tornaram-se princípios universalmente reconhecidos e constitucionalmente assegurados.

A fraternidade encontra suas raízes na doutrina cristã e tem como fundamento a filiação comum ou paternidade universal, quando reconhece que todos os seres humanos são filhos do mesmo pai. A fraternidade, em uma perspectiva crista, destaca-se pelo universalismo das relações mantidas entre as pessoas, sem qualquer tipo de exclusão, discriminação ou barreiras sociais, políticas ou econômicas.

Conforme bem destaca Carlos Augusto Machado (2014, p. 36), "para a época em que aparece e se desenvolve a doutrina – e ainda nos dias atuais –o sentido e o alcance do amor fraterno apresentam-se como uma profunda novidade, destacando-se como dom, absolutamente gratuito, sem resquício de vinculação à utilidade ou prazer.

Ainda, ressalta Machado (2014, p. 36) que "outra importante característica do amor fraterno cristão é a universalidade". Ou seja, se trata de um amor dirigido a todos, não excludente e gratuito.

Além disso, a fraternidade também possui origem ética, portanto, não deve ser compreendida e aplicada de forma fragmentada, isolando o conteúdo ético subjacente, consequentemente a paridade (igualdade) permitira que todos fossem livres (BAGGIO, 2008, p. 36-37).

A dignidade da pessoa humana é fundamento central da fraternidade. Neste momento de pandemia, é fundamental retomar à fraternidade para a busca de uma sociedade que garanta o desenvolvimento humano integral. Nesse passo, o reconhecimento da fraternidade enquanto categoria jurídica resgata valores esquecidos, visto que o egoísmo e o individualismo são a tônica da sociedade atual. Além disso, demonstra-se que a responsabilidade é algo inerente ao ser humano, logo, não pode ser simplesmente ignorada ou transferida para o Estado.

E fundamental ressaltar a discussão sobre eventual distinção semântica entre os termos fraternidade e solidariedade, uma vez que parte da doutrina as trata como princípios idênticos.

De acordo com Ildete Regina Vale da Silva (2014, p. 117), valendo-se dos estudos de Michel Borgetto, registra que, no final do século XIX, houve uma tentativa de substituir a fraternidade pela solidariedade, por supostamente esta última apresentar vantagens conceituais.

Michel Borgetto (Apud SILVA, 2014, p. 118) enumera as vantagens dessa substituição. Primeiramente, aduz ser a solidariedade um termo que explicaria a logica da relação humana e social de forma científica. O segundo motivo seria em virtude de que a solidariedade não implicaria sentimentos, tais como amor, afetividade e subjetividade, o que enfraquecia a Fraternidade, segundo o autor, no plano político em uma sociedade dominada pelo egoísmo dos mais fortes. Terceiro, porque a solidariedade se adequaria melhor à jurisdicionalização, tornando-a mais fácil, a sua compreensão como princípio inspirador das leis, uma vez que haveria uma procedência jurídica no próprio termo.

Em que pesem os argumentos apontados, a terminologia substitutiva não prosperou, principalmente em razão de dificuldades nas publicações na língua francesa. Prevaleceu, assim, a palavra fraternidade, pois a tentativa de reduzir os elementos conceituais do termo fraternidade à expressão de sentimento não serviu para enfraquecer a compreensão da palavra no plano politico, tampouco jurídico, ao contrário, é necessária, independentemente se a sociedade está ou não dominada pelo egoísmo (SILVA, 2014, p.119).

Para alguns autores, como Dirley da Cunha Júnior (2008, p. 494), os conceitos de fraternidade e solidariedade se confundem. Ao tratar do tema, utiliza a expressão "ou", e ensina que direitos de fraternidade ou de solidariedade têm como objetivo garantir a própria existência da coletividade em face do interesse comum que une as pessoas, por isso exigem esforços e responsabilidades para sua concretização.

Conforme apanhado realizado por Renata Martins (2017, p. 25), na jurisprudência pátria as terminologias se equivalem. Cita a autora que a Ministra Carmen Lucia, na ADI 2.649-6/DF72, que tratava da (in)constitucionalidade da Lei 8.899/94, que conferia passe livre às pessoas com deficiência comprovadamente carentes, ao fundamentar seu voto pela constitucionalidade da lei, baseou-se no princípio da solidariedade, sendo que, para isso, referiu-se à sociedade fraterna. Na mesma linha, cita Renata Martins (2017, p.) que na ADI 312873, o Ministro Carlos Ayres Britto afirmou que a "solidariedade" insculpida no art. 3º, I, da CF/88, como objetivo da República Federativa do Brasil, é, em verdade, "fraternidade"

Nota-se, portanto, que doutrina e jurisprudência tratam solidariedade e fraternidade como valores semelhantes, que justificam a consagração dos direitos humanos fundamentais de terceira dimensão. No entanto, conforme ressalta Renata Martins (2017, p. 25), conquanto, a fraternidade e solidariedade guardem um núcleo essencial em comum, identificado no sentido da responsabilidade ao indivíduo ou ao Estado nas relações jurídicas, uma não pode ser reduzida à outra, sendo a fraternidade identificada com a solidariedade horizontal, ou seja surge do socorro mútuo prestado entre as pessoas, em uma relação de reciprocidade entre os sujeitos diferentes e que se coloca ao lado daquela outra forma de solidariedade, ligada à fraternidade por um vínculo de subsidiariedade, denominada "vertical", baseada na intervenção direta do Estado e dos poderes públicos em socorro das necessidades coletivas, que vai do forte ao fraco (BAGGIO, 2008a, p. 114).

Nesse mesmo sentido, ressalta Carlos Augusto Alcântara Machado (2014, p. 221) que fraternidade propaga a dimensão horizontal da solidariedade em que se define "[...] um espaço de reconhecimento de responsabilidade social com o outro, responsabilidade identificada não como uma faculdade ou como uma ação voluntaria espontânea, mas como um dever jurídico; responsabilidade ativa".

Em suma, conforme ressalta Renata Martins (2017, p. 26), embora solidariedade esteja intrinsecamente relacionada ao princípio da fraternidade, razão esta de ser utilizado diversas vezes pelos pesquisadores como sinônima de fraternidade, é necessário reafirmar que entre ambos os termos existem especificidades de significado.

Importante destacar, ainda, um novo paradigma: o Estado Fraternal, que ultrapassa aquelas concepções estatais anteriores – Estado Liberal de Direito e Estado Social de Direito –, e impõe à ordem jurídica e à atividade estatal, em todos os seus níveis, um conteúdo de transformação da realidade, compromissado com a própriasolução do problema das condições materiais de existência, não se restringindo, portanto, como o Estado Social do Direito, a uma adaptação melhorada dessas tais condições (MACHADO, 2008).

Ressalte-se que o ser humano possui necessidades básicas, exigidas em decorrência de sua própria natureza, tais como: orgânicas (como a alimentação adequada); biopsíquicas (aceitação do outro, procriação); autonomia individual (reconhecimento de si e pelos outros); comunicação; educação; entre outras. Dessa forma, o atendimento de apenas algumas destas necessidades é a mesma coisa que desconsiderar o homem em sua integralidade e a consequência dessa atitude passa, inevitavelmente pela "morte das dimensões humanas desconsideradas, ou seja, a deformação do próprio ser humano que se vê privado do exercício de faculdades fundamentais que compõem a sua humanidade, isto é, sua essência" (GOMES, 2005, p. 61).

Diante do exposto, é possível dizer que o princípio da dignidade humana como fundamento do Estado e garantidor da vida promove uma humanização do direito ou o torna mais digno, portanto, torna o direito fraterno. Por esta razão é que se aponta a fraternidade como impulsionadora para fazer frente aos efeitos danosos que podem ser produzidos pela indiferença social que caracteriza o cenáriocaótico da globalização, garantindo, assim, o desenvolvimento humano de forma plena (MARTINS, 2017, p. 36). Assim, como ressalta Clara Cardoso Machado Jaborandy, a dignidade se apresenta como condição humana interior, que no processo de reconhecimento da dignidade do outro, se exterioriza através da fraternidade (JABORANDY, 2016, p. 77).

Uma grande discussão existe quanto a afirmação jurídica da fraternidade no sistema constitucional brasileiro. Desde o seu preambulo, a Constituição Federal de 1988 proclama a instituição do Estado Democrático, destinado a assegurar o exercício de direitos fundamentais "[...] como valores supremos de uma sociedade fraterna". Nenhuma Constituição brasileira anterior à de 1988 fez menção à fraternidade em qualquer parte seu texto, o que deu margem ao assim chamado Fraternal (BRITTO, 2003).

Nesse sentido, Carlos Augusto Alcântara Machado (2014, p. 135) discorre que o legislador brasileiro consagrou no ordenamento uma moldura jurídico-constitucional de um Estado comprometido com a construção de um Estado Fraternal. Avançou, sobremaneira, porquanto foi além de um Estado puramente liberal ou social, ou até mesmo liberal-social.

O compromisso preambular, como ensina Clara Cardoso Machado Jaborandy, (2016, p. 84-85), "[...] com uma sociedade pluralista, fraterna e igualitáriacontrapõe qualquer perspectiva arbitraria, monista e opressora das liberdades individuais e assume uma obrigação com a efetividade dos direitos e deveres fundamentais". Sendo o preâmbulo fruto do Poder Constituinte originário, seria inconcebível aceitar a tese de que a sua função é puramente simbólica ou interpretativa, já que reflete, ainda em companhia da autora citada, uma nítida "[...] continuidade de sentido histórico e jusfilosófico entre a ideia fraterna e a democracia constitucional".

Sabe-se que o questionamento acerca da forca normativa do preâmbulo é recorrente. O Supremo Tribunal Federal, no julgamento da ADI N. 2.076-5/ACRE1, que teve como Relator o Ministro Carlos Velloso, optou pela tese da irrelevânciajurídica do preâmbulo, compactuando com o pensamento doutrinário dominante, que situa o Preâmbulo fora do âmbito do Direito, ao afirmar que o mesmo não tem valor normativo, desvestido de força cogente. Para a Egrégia Corte, as disposições do preambulo possuem apenas valor filosófico, político ou histórico, ao contrário do que se defende neste trabalho.

Sobre o preâmbulo da Constituição, ensina Carlos Ayres Britto:

> Por se tratar de um ante-sala ou um prefacio do corpo de dispositivos da Constituição, é o espaçopossível para o Poder Constituinte projetar, de fora para dentro da Magna Carta, a diferença entre ele e o Poder Constituído. É o momento, o momento certo, o único momento logicamente cabível para o povo dizer que se reuniu em Assembleia Constituinte, assumiu sua natureza constitucional, como condiçãologica de elaboração constitucional. Os outros momentos em que o povo legislativamente se reúne são momentos em que o povo já se paramenta ou usa a indumentária de um Poder simplesmente Constituído, porque o objetivo da reunião do povo em Poder Constituído é para elaboração de um Direito pós-Constituição. (BRITTO, 2003, p. 41-42).

Ressalte-se que o Supremo Tribunal Federal, apesar de adotar a tese da irrelevância jurídica do preâmbulo, relativizou o referido posicionamento em alguns dos seus julgados, posicionando-se no sentido de que o preâmbulo serve como vetor para interpretação do texto constitucional.

Assim, nesse viés interpretativo, a Egrégia Corte invocou o preâmbulo constitucional para aludir à necessidade de construção de uma sociedade fraterna, extraindo-se daí sua eficácia normativa. Dentre os seus julgados, alguns se destacam, como se verá da coletânea a seguir exposta, compilada por Renata Martins (2017, p. 43): a) ADI 3.768- 4/DF172 (Relatora Ministra Carmem Lucia), onde a Suprema Corte assegurou a gratuidade dos transportes públicos urbanos e semiurbanos para os idosos, reconhecendo a necessidade de garantir-lhes vida com dignidade; b) ADI 3.128173, Relator Ministro Carlos Ayres Britto, que, em declaração de voto, assentou o entendimento de que o direito em questão enquadra-se em direito fraternal, jà que exige do Estado "[...] ações afirmativas, compensatórias de desvantagens historicamente experimentadas por segmentos sociais como os dos negros, dos índios, dos portadores de deficiências e dos idosos".

Também o STJ já se manifestou sobre a fraternidade. No Habeas Corpus 461.789, relator Ministro Reynaldo Soares da Fonseca, em que se pedia a substituição de prisão preventiva por domiciliar. Paciente mãe de duas crianças, uma recém-nascida e outra com menos de 3 anos de idade. O Ministro expressamente ressaltou: "Com efeito, o regime jurídico da prisão domiciliar, especialmente no que pertine à proteção da integridade física e emocional dos filhos do agente, e as inovações trazidas pela Lei n. 13.257/2016 decorrem, indiscutivelmente, do resgate constitucional do princípio da fraternidade (Constituição Federal: preâmbulo e art. 3º)".

O mesmo Ministro Reynaldo Soares da Fonseca já se manifestou, nos autos do Habeas Corpus 466.704, em caso de Habeas Corpus impetrado em substituição a recurso ordinário em favor de mulher com 3 filhos menores de 12 anos, presa preventivamente pela suposta prática do crime de associação criminosa voltada à prática de tráfico de drogas, nos seguintes termos:

> a) O princípio da fraternidade é uma categoria jurídica e não pertence apenas às religiões ou à moral. Sua redescoberta apresenta-se como um fator de fundamental importância, tendo em vista a complexidade dos problemas sociais, jurídicos e estruturais ainda hoje enfrentados pelas democracias. A fraternidade não exclui o direito e vice-versa, mesmo porque a fraternidade enquanto valor vem sendo proclamada por diversas Constituições modernas, ao lado de outros historicamente consagrados como a igualdade e a liberdade;
>
> b) O princípio da fraternidade é um macroprincípio dos Direitos Humanos e passa a ter uma nova leitura prática, diante do constitucionalismo fraternal prometido na CF/88 (preâmbulo e art. 3º);
>
> c) O princípio da fraternidade é possível de ser concretizado também no âmbito penal, através da chamada Justiça restaurativa, do respeito aos direitos humanos e da humanização da aplicação do próprio direito penal e do correspondente processo penal. A Lei n. 13.257/2016 decorre desse resgate constitucional.

Em resumo, pode-se dizer que a afirmação jurídica da Fraternidade no Direito Brasileiro deriva do art. 1º da Declaração Universal dos Direitos Humanos de 1948, adotada pelo Brasil, e do preambulo constitucional.

Como acrescenta Carlos Augusto Alcântara Machado (2008), a fraternidade, nesse contexto, pode ser tratada como categoria jurídico-constitucional e o compromisso da República Federativa do Brasil, na condição de objetivo fundamental materializou-se em três valores: um liberal (construir uma sociedade livre); um social (construir uma sociedade justa); um fraternal: construir uma sociedade solidária.

Fixados os contornos semânticos, históricos, doutrinários e jurisprudenciais que conduziram a afirmação jurídica da fraternidade no Direito brasileiro, passa-se, no tópico seguinte, a indicar possibilidades de aplicação da fraternidade, enquanto categoria jurídica, aos conflitos decorrentes da presente pandemia.

À Guisa de Conclusão

A análise empreendida neste trabalho permite condensar as ideias aqui desenvolvidas no sentido de que a fraternidade, enquanto conceito jurídico, pode vir chamada a resolver problemas jurídicos causados pela pandemia do Covid-19.

Questões relativas a despejo por falta de pagamento de aluguel, multas e juros de contratos bancários, superendividamento do consumidor poderiam ser olhadas pelo viés da fraternidade.

Especificamente na seara trabalhista, pode-se citar o exemplo do trabalho informal levado a efeito através de plataformas digitais. Há grande divergência doutrinaria e jurisprudencial sobre o adequado enquadramento destes trabalhadores. No entanto, em momento de pandemia, há se verificar o vetor da Fraternidade, para se entender a necessidade de proteção jurídica a estes trabalhadores, para além de ajudas financeiras governamentais. Neste aspecto, é importante salientar que a fraternidade pressupõe a ajuda mútua das partes na relação jurídica e não propriamente a ajuda estatal.

Outro exemplo, também trabalhistas, seria a atuação dos sindicatos e a suspensão coletiva dos contratos de trabalho, ou repactuação provisória das clausulas, que poderiam também ser analisadas a luz da fraternidade.

Por todo o exposto, conclui-se que o aprofundamento da análise da fraternidade enquanto categoria jurídica constitucionalmente assegurada poderá trazer grandes luzes ao Direito em tempos de pandemia.

Referências

BAGGIO, Antônio Maria. A ideia de fraternidade em duas revoluções: Paris 1789 e Haiti 1791 – Pistas de pesquisa para uma compreensão da fraternidade como categoria política. In: BAGGIO, Antônio Maria (Org.). **O princípio esquecido/**1: A fraternidade na reflexão atual das ciências políticas. Tradução Durval Cordas, Iolanda Gaspar; José Maria de Almeida. São Paulo: Cidade Nova, 2008b,

BAGGIO,Antônio Maria. A fraternidade no ordenamento jurídico italiano.In: BAGGIO, Antônio Maria (Org.).**O princípio esquecido** 1: A fraternidade na reflexão atual das ciências políticas. Tradução Durval Cordas, Iolanda Gaspar, José Maria de Almeida. São Paulo: Cidade Nova, 2008a.p. 114.

BRITTO, Carlos Ayres. **Teoria da Constituição**. Rio de Janeiro: Forense, 2003

CUNHA JÚNIOR. Dirley da. **Curso de direito constitucional**. Salvador: Editora Podium, 2008, p. 494

FERREIRA, Aurélio Buarque de Holanda. **Dicionário Aurélio eletrônico**: século XXI. Rio de Janeiro: Nova Fronteira/Lexicon Informática, 1999.

GOMES, Sergio Alves. O princípio constitucional da dignidade da pessoa humana e o direito fundamental à educação. **Revista de Direito Constitucional e Internacional**, n. 51, p. 53-100, abr.-jun./2005, p.61.

GRUBER, Arthur. Covid-19: o que se sabe sobre a origem da doença. Jornal da USP. Disponível em https://jornal.usp.br/artigos/covid2-o-que-se-sabe-sobre-a-origem-da-doenca/. Acesso em 23 de abril de 2020.
JABORANDY, Clara Cardoso Machado. A fraternidade no direito constitucional brasileiro: um instrumento para proteção de direitos fundamentais transindividuais. 2016. 204f. Tese (Doutorado em Direito)-Universidade Federal da Bahia UFBA, Salvador. 2016. Disponível em: < http://repositorio.ufba.br/ri/bitstream/ri/20048/1/ CLARA%20CARDOSO %20MACHADO%20JABORANDY.pdf>. Acesso em: 23 abril 2020.

MACHADO, Carlos Augusto Alcântara. A fraternidade como categoria jurídico constitucional. In: CONGRESSO NACIONAL – "DIREITO E FRATERNIDADE"

.Movimento Comunhão e Direito. Vargem Grande Paulista (SP), 26 de janeiro de 2008. Anais...Revista Eletrônica Ciclo. Disponível em: <http://portalciclo.com.br/downloads/artigos/direito/CarlosMachado_AFraternidadeComoCategoriaJuridico-Cons titucional.pdf>. Acesso em: 23.abril 2020.

MACHADO, Carlos Augusto Alcântara. **A garantia constitucional da fraternidade: constitucionalismo fraternal.** 2014. 271f. Tese(Doutorado em Direito) – Pontifícia Universidade Católica de São Paulo (Puc/SP), São Paulo. 2014. Disponível em: http ://www.sapientia.pucsp.br/tde_busca/arquivo.php?codArquivo=17079. Acesso em 23 abri 2020.

MARTINS, Renata Mendonça Morais Barbosa Dissertaçao**O princípio da fraternidade como fundamento do desenvolvimento humano sustentável.** 2017. (Mestrado em Direito) Univesidade Tiradentes (Unit/SE) Disponivel em https://mestrados.unit.br/wp-content/uploads/sites/5/2017/06/O-PRINC%C3%8DPIO-DA-FRATERNIDADE-COMO-FUNDAMENTO.pdf. Acesso em 23 abri 2020.

ORGANIZAÇAO MUNDIAL DE SAUDE (OMS). Folha informativa – COVID-19 (doença causada pelo novo coronavírus) Disponivel: https://www.paho.org/bra/index.php?option=com_content&view=article&id=6101:covid19&Itemid=875. Acesso em 23.abril.2020.

SILVA, Ildete Regina Vale da .**Fundamento para entender a Constituição Brasileira como projeto cultural e condição para a construção de uma sociedade fraterna**. Tese (Doutorado). Universidade do Vale do Itajaí UNIVALI, Santa Catarina. 2014.

WU, F., Zhao, S., Yu, B. et al. A new coronavirus associated with human respiratory disease in China. Nature 579, 265–269 (2020). https://doi.org/10.1038/s41586-020-2008-3

2

O VETOR CONSTITUCIONAL DA SOLIDARIEDADE EM TEMPOS DE CORONAVÍRUS

Antonio Carlos Aguiar[1]

Se um indivíduo for tratado segundo o que ele é, assim permanecerá. Se for tratado como se ele já fosse aquilo que poderia ser, assim ele se tornará.
Goethe

"Nada mais profundo do que a crise gerada pelo novo coronavírus aconteceu no planeta pelo menos desde a depressão de 1929. Só uma crise real, ao menos assim percebida, pode gerar mudança em todos os níveis da sociedade. (...) Teremos recessão em vários países, contrariamente ao que pensávamos dois meses atrás, quando víamos os EUA em seu melhor momento econômico e o Brasil retomando o crescimento de forma sólida. (...) A covid-19 encerra a era industrial. Ou seja, o modelo econômico de 'mais pelo mais' – em que o conceito de escala rege o pensamento estratégico – mostra-se muito mais vulnerável com a crise. A envergadura desse ataque à humanidade deixou claro que a interdependência dos países é real, e não política. A tecnologia e a logística deste século desconstruíram fronteiras: nunca formos testemunhas de tanta colaboração científica global. (...) Na Comunidade Europeia, a explosão do vírus teve um efeito de união que nem o euro foi capaz de criar"[2]. A solidariedade está no centro de tudo neste momento, devidamente acompanhada de desejos de muita saúde, fraternidade e alteridade.

1. Advogado, Mestre e Doutor em Direito do Trabalho pela PUC-SP, Titular da Cadeira 48 da Academia Brasileira de Direito do Trabalho.
2. RIAL, Sergio. *Como um vírus transforma o mundo.* Jornal O Estado de S. Paulo, Caderno de Economia, pag. B6, sábado 04 de abril de 2020.

Quanta mudança e em tão curto espaço de tempo. Quanta interdependência solidária forçosamente trazida à nossa realidade e estranha às teorias econômicas mais radicais de mercado, que estavam na ordem mundial do dia, aproximando a humanidade dela mesmo, valorizando mais a vida do que o dinheiro, o coletivo se sobrepondo a individualidade consumista.

Uma guinada avassaladora do pêndulo relativo ao sentido da vida, para o outro lado, saindo do "mundo líquido" de Bauman, que definia que "(...) poucas coisas predeterminadas, e mesmo ainda irrevogáveis; poucas derrotas são definitivas, pouquíssimos contratempos, irreversíveis"[3] para um outro lado sólido-solidário, em que o ser humano é finito; tem fortes e contundentes derrotas, inúmeros contratempos (que fizeram literalmente o mundo parar), e irreversivelmente morre, independentemente do país rico e poderoso em que mora, do dinheiro que tem em conta corrente bancária. E, além disso tudo, perde. Perde para um inimigo ínfimo, invisível, letal e desconhecido, que não é atingido, nem eliminado pela mais alta tecnologia que até, poucos dias, era gloriosa, avassaladora e pronta para substituir a inteligência humana. Não temos mais respostas prontas para tudo e todos.

O que aconteceu?

Resgatou-se algo de solidário que estava encoberto pela penumbra pós-moderna que valorizava um arquétipo narcisista, que nos prendia à lógica individualista e manchava nossa visão, fazendo com que não enxergássemos o outromantendo-nos no vazio do"desejo de demonizar os outros (...) nas incertezas ontológicas dos de dentro".[4] Retirado esse tampão hedonista vislumbrou-se um pórtico solidário, conceitual do dever de assistência à pessoa em perigo, essência fundante da Declaração dos Direitos do Homem, direcionado à responsabilidade de cada um por seu semelhante, máxima elementar à preservação da espécie.

Os dias agora vividos são diferentes. Dias de pandemia pedem solidariedade, clareza e entendimento. Há de se preservar a individualidade, mas com foco no coletivo. Por isso, quando se impõe um isolamento social ele é feito justamente para o bem do outro e não necessária e obrigatoriamente àquele que se isola. Algo, bem diferente do individualismo que valoriza uma postura egocêntrica e exclusivista, redundando em convivência predatória.

"A igualdade é um constitutivo ético, enquanto a Diferença resulta do biológico ou também de uma História que pode ser mudada para melhor"[5]. E sabendo-se que Diferenças não significam, nem implicam exaltações a Desigualdades, acabamos por enxergar Desigualdades extremas. Que sempre estiveram aí, mas agora são notadas justamente porque foram inseridas por meio de um veio coletivo de solidariedade e dependência que nos foi encharcado pelo estado de calamidade pública. Todos precisam ficar em casa.

---

3. BAUMAN, Zygmunt. *Modernidade Líquida,* Zahar, Tradução Plínio Dentzien, Rio de Janeiro, 2011, pag. 81.
4. YOUNG, Jock. *The Exclusive Society,* Londres: Gage, 1999, p. 164.
5. CORTELLA, Mario Sergio. *Não se desespere.* Vozes. Petrópolis, RJ, 2013, p. 66.

Todos devem estar preocupados com a higienização plena. Temos de evitar o aglomeramento de pessoas. Muitos, contudo, simplesmente não podem ficar em casa. "Precisam trabalhar, ganhar o pão de cada dia, tocar a vida. Outros não têm como se isolar, vivem em habitações exíguas, sub-humanas, em bairros de densidade demográfica tão alta que as casas parecem formar um monopólio indivisível."[6] A resposta, portanto, tem de ser dada de acordo com essa conjuntura social que é real. Não é obra de ficção ou de teorias sociais ou econômicas. A pandemia é um repto à humanidade e um divisor de águas humanitário. "Nós, brasileiros, nunca estivemos dentro de uma guerra. Agora estamos. A peste chegou e com o nome de novo coronavírus".[7] Não há espaço para permeabilidade e porosidade valorativa social.

Estamos perpassando por um caminho social que se pavimentou pela lógica do "eu" (único), pautado por mutações consumistas que ignoravam o óbvio e o Óblio[8]. Uma travessia nos transforma (como se assim antes não fosse...) todos nós em iguais; reféns do desconhecido; de um "bicho desconhecido": "Que bicho será esse? Vai ver é algum parente do Bicho-papão ou do Homem do saco."[9]

E no meio dessa travessia surge exatamente uma relação de responsabilidades recíprocas, de onde sobressai-se o princípio da solidariedade, estabelecendo um vínculo entre as pessoas, em que a relação de ajuda não implica superioridade de um sobre o outro, uma vez que a alteridade é o centro modal do relacionamento social. Mais do que se ver no outro, entende-se como e sendo o outro. Há empatia por intermédio da compreensão de sentimentos e emoções do outro. Experimentam-se sensações solidárias, pois, e afinal, "a solidariedade tem seu fundamento na empatia, capital social por excelência. A empatia é uma função da personalidade, fundada no princípio da co-naturalidade, que permite o colocar-se no lugar do outro, diversamente da simpatia ou da antipatia que trazem um julgamento de valor, do que é semelhante e atende ao prazer narcisista.

O *status quo* desta trágica situação dá foco para o que já estava presente, mas encontrava-se na invisibilidade. A lupa social direciona-se para gente com quem agora "tropeçamos": dezenas de milhões de pessoas vulneráveis entraram no radar no governo com

6. NOGUEIRA, Marco Aurélio. *O pão de cada ida.* Jornal O Estado de S. Paulo, Caderno A2, sábado, 25 de abril de 2020.

7. AGUILAR, José Roberto. *O pêndulo da história.* Jornal Folha de S. Paulo. Tendência/Debates, A3, domingo 12 de abril de 2020.

8. Filme: A Ponta (original The Point), de 1971, dirigido por Fred Wolf, em que, num reino incomum, onde toda a população tem cabeça em formato de ponta, nasce um menino (exceção) chamado Óblio, que tem cabeça redonda. Não obstante sua diferença, ele tem muitos amigos. Todavia, um conde mau e ciumento, acaba por entender que Óblio é mais popular do que o seu filho. E, deste modo, resolve expulsá-lo (juntamente com o seu cachorrinho Arrow) do reino. Ele é exilado para uma floresta afastada. Contudo, lá ele acaba tendo experiências incríveis. Conhece um homem com três cabeças, abelhas gigantes, uma árvore no negócio da venda de folha e uma pedra bem-humorada. Como lição, Óblio aprende que não é necessário ter uma cabeça pontuda para ter um propósito na vida. Participação especial de Ringo Starr como narrador.

9. Bandeira, Pedro. *O Bicho-vírus.* Jornal O Estado de S. Paulo, 19 de abril de 2020, pág. H1.

a chegada do coronavírus. Cerca de 75 milhões ganharam acesso à ajuda mensal de R$ 600,00 por três meses, com base no primeiro pacote de apoio aos mais necessitados[10]."

A solidariedade além de estar imbricada na Constituição Federal, é um direito universal da humanidade, e tem como foco principal a mantença e formação dos DireitosHumanos, com viés de atenção coletiva e à melhora da qualidade e sustentabilidade daprópria vida. Neste sentido alinha-se ao princípio da dignidade humana, base de garantia social mínima para conviventes sociais, garantia constitucional que independe de merecimento pessoal ou social. Trata-se (adignidade da pessoa humana) de um "super princípio", fazendo, assim, que a solidariedade que a ela encontra-se atrelada, faça parte do rol dos direitos fundamentais.

O desenho constitucional preenche-se de um colorido caleidoscópico, como se fosse um arco-íris libertário e grávido em opções, pronto para parir umasociedade sem as amarras castradoras, sob o sopro de auspiciosos ares democráticos oxigenados por uma ampla diversidade de escolhas e opiniões, para pleno gozo do exercício dos direitos sociais e individuais, usufruto de liberdades e reconhecimento de uma sociedade pluralista e solidária.

Esses elementos coloridos, constitutivo-constitucionais, excluem borrõesantidemocráticos, como, por exemplo, a presença de uma tintura estranha, com pouca nitidez, sombreada por uma acinzentada vedação que *castra* a ação dos outros para concreção desse ideal. Mais especificamente manchas junto à tela democrática, que impedem a translucidez do cenário de garantias e liberdades constitucionais[11]. Neste cenário encontra-se alocada a solidariedade, como forma de democratizar oportunidades, a fim de valorizar a dignidade da pessoa humana.

Tempos de pandemia exigem uma concertação social. Exigem inserção, adaptação e integração, diante da "incerteza e a imprecisão. Como se semáforos no trânsito falassem e, vez por outra, na hora do rush não indicassem corretamente o momento de andar e o momento de parar."[12]

O agende de trânsito, para dar a melhor orientação e assegurar o tráfego fluido neste estado de exceção é reconhecido no direito de solidariedade, também chamado direito de terceira geração ou dimensão dos direitos fundamentais, que traz como "como nota distintiva o fato de se depreender, em princípio, da figura do homem-indivíduo como seu titular, destinando-se à proteção de grupos humanos (família, povo, nação), e caracterizando-se, consequentemente, como direito de titularidade coletiva ou difusa"[13] ou, ainda, como bem registra Bonavides, tendo por destinatário precípuo "o gênero humano mesmo, num momento expressivo de sua afirmação como valor supremos da existência concreta".[14]

---

10. *Tropeçando na informalidade.* Jornal do Estado de S. Paulo, 19 de abril de 2020, A3.
11. AGUIAR, Antonio Carlos, *Unicidade Sindical no Brasil* mito ou realidade? São Paulo: Quartier Latin, 2017, p. 28.
12. ABRANTES, Sérgio. *A Era do Imprevisto.* São Paulo: Companhia das Letras. 2017, p. 19.
13. LAFER, Celso. *A Reconstrução dos Direitos Humanos.* São Paulo: Companhia das Letras, 1991, p. 131.
14. BONAVIDES, *Curso de Direito Constitucional,* 7ª edição, São Paulo, Malheiros, 1997, p. 523.

O momento atual deixa evidente como isso tem se aplicado na prática. Aquela visão de sistema socioeconômico que funciona de forma negativa para o desenvolvimento humano e social está em xeque, uma vez que a construção e manutenção deste sistema tem como fundamento atividades de produção e consumo a pleno vapor. A conta não fecha com o mundo paralisado. Ações com propósito comum e coletivo têm se espraiado de maneira exponencial no sentido de se proteger o bem mais valioso que é a vida.

Dentro deste espectro de mudança socioeconômica algumas práticas que estavam sendo desenvolvidas em processo que gatinhava no mundo pré-coronavírus, passam a ter maior espaço e atenção.

Vejamos o exemplo da economia compartilhada. Como dito anteriormente, a cultura do "ter/ostentação" era uma máxima social própria do período pós-moderno, onde o consumo virou consumismo, foi vendido como elixir da felicidade, disparando uma busca desenfreada pelo hedonismo do "parecer", causando, como desdobramento físico, angústias, doenças psicossociais e indiferença de pessoas para com seus iguais. A economia colaborativa muda a forma como as pessoas usam os serviços e como as empresas vendem seus produtos. As pessoas são mais importantes do que produtos. Deste modo todo aquele que presta os serviços deve ter clareza da real necessidade do seu público para que possa satisfazê-lo. Isso ainda que aos poucos estava se consolidando, por meio de "lojas que viraram cafés, livrarias brechós, multimarcas, multiprodutos, lavanderias, espaço de criação e conserto de peças e outros *business* compartilhados, que de alguma forma podem compensar a diminuição da venda "de coisas", enquanto oferecem algo que as pessoas realmente querem ou precisam".[15]

"'A economia baseada nos serviços está substituindo a economia industrial', como diz Rick Jarow. Isso significa que as marcas não serão mais (apenas) sobre os seus produtos. E como pessoas vamos precisar entender como podemos servir (...). ParaJarow, devemos ampliar a nossa ideia sobre 'serviço'. É o serviço para a Terra, para a totalidade da ecoexistência, que vai reger a economia do futuro."[16].

E o futuro já chegou e em forma de calamidade, clamando por solidariedade.

A escassez de recursos própria do estado de exceção, nos faz pôr em prática princípios básicos da solidariedade, todos incluídos em várias espécies de novas economias.

Na economia compartilhada, por meio do "novo hábito" que nos obrigamos a ter, com o compartilhamento e/ou reaproveitamento de recursos. O AirbnB dava mostras de como essa prática é viável.

Uma experiência mais próxima do que se vide neste momento, vem da plataforma brasileira "tem açúcar". Reportagem do O Globo, de fevereiro de 2015, dizia: "Bater na porta do vizinho e pedir uma xícara de açúcar. Trata-se de uma técnica antiga e, algumas vezes, infalível para conhecer a vizinhança e conseguir o ingrediente emprestado". A prática é muito comum em cidades pequenas, mas pouco habitual nos grandes centros,

---

15. CARVALHAL, André. *Viva o Fim.Almanaque de um mundo novo.* Paralela. São Paulo: 2018, p..276.
16. Ob. Cit., p. 276.

onde, muitas vezes, vizinhos de porta podem nunca ter se visto. Pensando na convivência em comunidade e em consumo sustentável, a jovem Camila Carvalho, de 25 anos, criou a plataforma on-line Tem Açúcar? (www.temacucar.com), um site gratuito com a proposta de fazer com que pessoas da própria vizinhança compartilhem seus produtos domésticos, seja por meio de doações ou empréstimos.

O nome "Tem Açúcar?" surgiu porque se queria mostrar que esse tipo de coisa não era uma novidade. E o mais importante, dentro do conceito de solidariedade: uma forma de conhecer um vizinho que antes era desconhecido.

O usuário deve se cadastrar na plataforma, decidir o raio de distância com o qual deseja interagir e colocar na área de busca o item que está precisando. Depois do pedido, o site pergunta por e-mail aos vizinhos quem tem o produto a ser emprestado.O vizinho, então, responde à mensagem com as condições de uso, data de empréstimo, devoluçãoe local de encontro.

Após a devolução, os usuários fazem as avaliações um do outro para aumentar a credibilidade na plataforma, tanto de quem empresta quanto de quem pediu emprestado. As pessoas que usarem o Facebook para se conectar poderão ver os amigos em comum um do outro".[17]

No mesmo sentido outro bom exemplo vem de Amsterdam, por meio de uma "biblioteca fashion"chamada de LENA, com características bem próprias:

> "Lá você pode alugar roupas e depois devolvê-las, assim como você faz com livros nas bibliotecas. Basta fazer uma assinatura, com pagamento mensal para ter direito a uma quantidade de pontos (e cada peça está associada a uma quantidade específica de pontos). A inscrição ainda vale uma sacola da loja, para levar suas roupas sem ter que usar sacolinhas de plástico. Não importa a estação, você vai encontrar todos os tipos de roupas, para inverno, verão, sem se preocupar com a forma como elas foram feitas. Como uma biblioteca, a loja aceita doações de roupas em bom estado"[18].

Desse fluxo colaborativo despontam vários outros exemplos (de sucesso) com o propósito de geração de soluções diferenciadas e união entre as pessoas, por meio de um consumo colaborativo, como o aplicativo *Waze* e o *Yelp*, que dá dicas sobre restaurantes e lazer (atualmente indisponíveis...). De todo modo a palavra de ordem é colaboração: entre pessoas e pessoas; pessoas e marcas; marcas e marcas para realizar projetos, economizar dinheiro, promover relacionamento, interação e neste momento, como forma de sustentabilidade e sobrevivência.

Dentro desta lógica diferenciada de colaboração e solidariedade sobrelevam-se novos institutos, como as ações de *crowdfunding*, uma espécie de "vaquinha" de alcance ilimitado: para shows, reflorestamento, edição de livros, presentes de casamentos e tudo mais que a imaginação e a necessidade proporcionarem.

---

17. Disponível: https://oglobo.globo.com/economia/tem-acucar-com-22-mil-usuarios-site-brasileiro-promove-emprestimos-entre-vizinhos-15246520. Acessado em 28/04/2020, às 15:34.
18. CARVALHAL, André. *Viva o Fim.Almanaque de um mundo novo.* Paralela. São Paulo: 2018, p.279.

Esse modelo de *crowdfunding* (popularmente conhecido como "vaquinha on-line") tem se estabelecido cada vez mais no Brasil. Campanhas de toda a natureza são criadas diariamente buscando receber o financiamento das pessoas.

Neste viés solidário existe uma categoria de campanha que está se destacando por gerar resultados que salvam vidas e confortam famílias: as campanhas solidárias envolvendo pessoas físicas.

"Campanhas solidárias sempre aconteceram. Vaquinhas, rifas e até mesmo bingos eram organizados pelas comunidades e famílias, quando o objetivo era arrecadar dinheiro para realizar sonhos, pagar alguma dívida, ajudar em algum momento difícil ou, nos casos mais comuns, combater uma doença. Com a internet, as redes sociais e as plataformas de financiamento coletivo (como o Vakinha[19]), estas comunidades puderam potencializar a comunicação e alcançar valores incríveis para suas campanhas, mobilizando pessoas até mesmo fora da sua rede de contatos.

As campanhas solidárias representam boa parte dos casos de sucesso no financiamento coletivo no Brasil. Campanhas como essas são bastante críticas, exigindo segurança, agilidade e um atendimento especial das plataformas. As taxas mais baixas também ajudam as famílias a garantir que a maior parte do dinheiro arrecadado seja utilizado para o fim principal". Só em 2016,15 campanhas solidárias se destacaram nas plataformas de financiamento coletivo do Brasil. Alguns exemplos:

> a) Nathalia Santos: R$ 54.390,00, por meio de 209 doações. Esta campanha foi criada em junho de 2016, com o objetivo de arrecadar 40 mil reais para ajudar no tratamento da menina Nathalia Santos, de 16 anos, que possui uma síndrome rara, chamada de Von HipelLindau, causando tumores vasculares pelo corpo. A campanha foi criada e teve a sua meta atingida em 24 horas, fato que emocionou a todos envolvidos;
>
> b) Lorrayne Isiodoro rumos a Olímpiada Internacional de Neurociências, R$ 59.965,00 (481 doações), aluna do Colégio Pedro II – Campus Engenho Novo, buscou ajuda para representar o Brasil na 16a. International Brain Bee, na Dinamarca. Com ajuda da família, dos colegas e professores, a campanha deixou de ser apenas um movimento da comunidade local, para se tornar destaque na mídia brasileira. Foi destaque na Época, no UOL, entre outros. Ela arrecadou, viajou para a Dinamarca, competiu e retornou com um 18º lugar, dentre os 25 competidores. Foi recepcionada como uma heroína pela comunidade, e um exemplo para todos;
>
> c) R$ 60.982,00 (748 doadores). Ajuda para o Ruan, filho do Juraildo (tio do churros). Não foi apenas o nome original da campanha que chamou a atenção das pessoas. O motivo dela era realmente muito nobre. O Ruan é uma criança de 4 anos, é filho do Juraildo (o tio que vende churros na frente de uma escola, em Brasília). Em 2015, Juraildo descobriu que seu filho tem um tipo raro de câncer (Rabdomiossarcoma alveolar). Em virtude do tratamento do Ruan, o tio do churros não pode trabalhar

19. Disponível em: https://lp.vakinha.com.br/crie-sua-vaquinha/?id=organico&utm_source=google&utm_medium=cpc&utm_campaign=8567550369&utm_term=vakinha&gclid=EAIaIQobChMI4vv10o-CM6QIVUw2RCh0BeAyIEAAYASAAEgI9XvD_BwE. Acessado em 28/04/2020, às 17:53.

diariamente. Então a campanha foi criada para não apenas ajudar no tratamento do Ruan, mas também para proporcionar uma mudança de vida para a família; e

d) R$ 151.466,00. Avante Leãozinho: tratamento intensivo AVC – Nova Fase. Na segunda fase da campanha da família, que já havia sido um sucesso em 2015, o João Vicente (Leãozinho) buscava arrecadar verba para continuar o tratamento especial que pode mudar o futuro dele e da família. Em outubro de 2013, com 1 ano e 8 meses, ele entrou em colapso, com uma crise muito violenta: era um AVC isquêmico e a família descobriu que ele tem uma doença rara genética autoimune – Síndrome de SHUa. O tratamento não existe em Porto Alegre e vai ser feito a maior parte em Curitiba/PR e mais uma ida ao Chile para ser avaliado e atendido pelo criador do método. A família ficou empolgada com os resultados atingidos durante o processo e, graças a uma mobilização incrível das pessoas, a campanha conseguiu atingir (e ultrapassar) a meta."[20]

Em sentido equivalente encontra-se alojada a chamada economia solidária, pautada exatamente no "consumo solidário". Talvez o maior exemplo de sua prática seja a Wikipédia, que pode ser definida como "um conjunto de atividades econômicas – produção, distribuição, consumo, poupança e crédito – organizadas na forma de autogestão e centrada na valorização do ser humano e não do capital."[21]

Dentro de dinâmica parecida, há o Instituto Chão, organização sem fins lucrativos, que vende orgânicos em plena Vila Madalena (em São Paulo) de forma transparente, solidária e consciente. É uma proposta baseada em relações comerciais justas com todos os atores da cadeia produtiva, conectando quem produz a quem consome, sem intermediários. Tudo que está nas prateleiras e nos cestos – vegetais orgânicos, produtos de mercearia e artesanato – é oferecido pelo mesmo preço do fornecedor. Para manter o sustento do negócio e manter a infraestrutura, o cliente é convidado a pagar algo mais. A contribuição sugerida é de 30% do valor, mas as pessoas contribuem com mais ou menos, de acordo com a disponibilidade. (...) No Curto Café, um quiosque sem grandes luxos e bem aconchegante, que funciona no Terminal Rodoviário Menezes Cortês, no Rio de Janeiro, também é o cliente que decide quanto pagar pelo cafezinho. Em um quadro-negro há uma lista com as despesas do mês (como aluguel, material de limpeza, equipamentos e até internet). O objetivo é ir além da relação empresa-cliente e fortalecer os laços com o consumidor".[22]

Há ainda outras formas solidárias e criativas de economia com um viés mais social e próprio ao momento ora vivenciado de pandemia, como a economia da dádiva (*gifteconomy*) que vai justamente na contramão da cultura de ter e acumular, valorizando uma contracultura da doação, da troca. Baseia-se na generosidade e na reciprocidade, tendo como objetivo principal contribuir com a sobrevivência, o fortalecimento e a prosperi-

20. Disponível em: https://blog.vakinha.com.br/as-15-campanhas-solidarias-que-mais-arrecadaram-no-brasil-em-2016/. Acessado em 28/04/2020, às 18:03.
21. CARVALHAL, André. *Viva o Fim.Almanaque de um mundo novo*. Paralela. São Paulo: 2018, p.285.
22. Ob. cit., p. 286.

dade social. "Um exemplo é o *Burning Man*, festival que acontece no deserto do Índio, na Califórnia, onde não existe dinheiro e o ato de dar ou trocar é um dos dez princípios do festival. O público é estimulado a oferecer algo a alguém, que não necessariamente precisa ser matéria, pode ser uma ajuda, uma comida ou uma dança. Um dos propósitos desta prática é dissolver a separação. E um ponto importante é que não há necessidade de reciprocidade, ou seja, não é necessário dar algo de volta, deve-se fazer pela alegria espontânea de dar"[23].

Tem-se também a economia cocriativa, que é uma espécie de evolução da colaboração por intermédio da conexão com a rede criativa. Envolve vários públicos que se relacionam com clientes, parceiros, fornecedores de uma determinada marca, para desenvolver ou criar alguma coisa a partir de *inputs* gerados pelos participantes. A soma é que faz com que nasça o produto, generosidade e confiança são componentes geracionais de alavancagem e sustentabilidade. "A Melissa tem uma ótima história. Há mais de trinta anos ela vem calçando os pés de milhares de mulheres. Para continuar sendo desejada e estar presente na vida das meninas mais bacanas de cada lugar, a marca 'pensa globalmente e age localmente' sempre. Isso significa pesquisas personalizadas em cada praça, colaboradores com personalidades influentes (...). Em 2014, com o objetivo de aproximar meninas do Rio de Janeiro, convidou vinte meninas cariocas para cocriar uma coleção verdadeiramente carioca que traduzisse a versatilidade necessária de circular entre a praia, a cidade, o dia e a noite, sem ser um clichê ou estereótipo formado por uma visão 'de fora' do Rio. Recrutou meninas autênticas, criativas e apaixonadas pela cidade. Nem todas eram famosas ou blogueiras, mas cada uma representava um pouco do que a marca gostaria de significar. (...) As meninas colocaram mesmo a mão na massa. Foram envolvidas desde a troca de ideias e referências iniciais, desenvolvimento de *moodboards* e montagem de *mockups,* até o desenvolvimento de comunicação, de embalagem, de marketing e da festa de lançamento. O nome da coleção, Tópico Surreal, veio delas também."[24]

Fechando o círculo deste novo painel econômico de solidariedade tem-se a economia transparente, que preza por algo como "comprar sem peso na consciência", ou seja, comprar sabendo que o produto não é derivado de um trabalho análogo à escravidão, de agrotóxicos ou de outras condições que impactam o clima do planeta. Na hora da compra o consumidor tem informações precisas por categorias: orgânicos (matéria-prima certificada), *vegan* (sem testes em animais), reciclado ou europeu (110% fabricado na Europa).

Denota-se, assim, como anteriormente dito, aquilo que estava engatinhando socialmente por meio das mais variadas ramificações econômicas citadas, está se solidificando no diário da pandemia do coronavírus. Temos neste período de calamidade, ordens governamentais de restrição de circulação nas ruas, fechamento de pequenos e médios comerciantes, que sofrem para gerar caixa imediato e não piorar o cenário de desemprego no Brasil.

23. Ob. cit., p. 288.
24. Idem, p. 289-290.

No meio de tantas incertezas e dificuldades, várias iniciativas espontâneas e sem a participação de governos surgem para ajudar. Bares e restaurantes participam de campanhas de cupons de desconto. O antigo cliente, resguardado em casa, agora compra *vouchers* com desconto para consumir quando a situação se normalizar. Já grandes empresários lançaram um manifesto em que se comprometem a não demitir. Até o futebol entrou na dinâmica humanitária, com clubes e jogadores oferecendo ajuda aos setores de saúde.

"O isolamento social colocou em risco a sobrevivência principalmente de pequenos estabelecimentos e de bares e restaurantes. Vendas *on-line* e *delivery*, quando possíveis, não dão conta de compensar a falta do público. Para tentar dar um estímulo imediato de caixa na conta dos proprietários desses estabelecimentos, crescem no país campanhas de *vouchers* (cupom de desconto). O cliente paga agora e ganha um a mais para consumir quando essas casas reabrirem.

Duas grandes marcas de cerveja impulsionaram a campanha e juntaram muitos bares e restaurantes no país. A **Stella Artois** lançou o site Apoie Um Restaurante. Ali, o cliente escolhe um estabelecimento, compra um *voucher* de R$ 100, mas paga somente R$ 50. A companhia pagará a diferença de R$ 50, repassando o valor integral de R$ 100 ao bar ou restaurante. Assim que o estabelecimento reabrir, o cliente pode ir lá consumir. Até o começo de abril, quase 60 mil *vouchers* tinham sido vendidos para mais de 2.500 estabelecimentos participantes.

A **Heineken** também aderiu ao movimento de *vouchers* por meio de uma "vaquinha" virtual. Batizada de Brinde do Bem, a plataforma permite a compra de cupons entre R$ 25 e R$ 100 de estabelecimentos cadastrados. A companhia de cerveja afirma que o valor da contribuição do cliente será multiplicado por dois na hora do repasse aos bares e restaurantes.

"Como todos, estamos numa crise tremenda. Mas, na nossa área, acredito que muitos restaurantes, principalmente os pequenos, vão quebrar. Por isso, é muito importante ter um parceiro que nos ajude", escreveu Checho Gonzales, cozinheiro e proprietário dos pequenos restaurantes Mescla e Comedoria Gonzales, no Mercado de Pinheiros, em São Paulo, em suas redes sociais. Seus dois negócios participam do "Apoie Um Restaurante".

Uma startup sem fins lucrativos, criada pela empresária Vanessa Matere, 35, do bairro paulistano de Perdizes, lançou um site de cupons de desconto chamado "*Voucher* do Bem" para reunir setores de comércio local que não sejam bares e restaurantes. A plataforma tem uma lista com 80 pequenas empresas, entre lojas de roupas, acessórios, moda infantil, pet shops, cursos de idiomas, salões de beleza e estética, cabeleireiros, estúdios de pilates, lojas de assistência de celulares, óticas, tatuagens, pequenas academias, joias, bijuterias, artesanatos, decoração de ambientes, além de profissionais liberais como *personal trainners*, psicólogos e veterinários.

A inscrição é gratuita. "Como eu vi que ia fechar e não tenho *e-commerce*, pensei na plataforma, não apenas para mim, mas para ajudar as pessoas. Das aproximadamente 80 empresas que entraram, quem realmente divulgou, mandou para clientes e amigos, já conseguiu vender. As pessoas que compraram *voucher* da minha loja de roupas não são frequentadoras, elas se comoveram e quiseram de alguma forma ajudar. Foi muito legal essa descoberta de novas pessoas", diz a empresária.

No *Voucher* do Bem, o consumidor entra no site e escolhe a loja de sua preferência e o valor do *voucher* (entre R$ 50 e R$ 500). Em seguida, paga com o QR *code* ou o *link* de pagamento (para cartões e outros). Em até cinco dias úteis a pessoa recebe o *voucher* pelo e-mail e, passada a quarentena, vai ao estabelecimento fazer uso do cupom. O *voucher* também pode ser dado de presente".[25]

Enfim, a pandemia acelerou uma solidariedade que estava isolada "num cantinho do meio social" e relegada a pequenas e especiais iniciativas. Como diz a roqueira Pitty, "deu pane no sistema, alguém me desconfigurou"[26]. É hora de recomeçar. Porém, recomeçar bem e fazendo o bem. Dar luz à ética. Reconhecermo-nos no outro. Unificar esforços. Valorizar o ser, em vez do ter. Fazer parte de um coletivo estruturado e não de um individualismo mesquinho e isolado. O mundo parou. E parou num ponto que nos dá a possibilidade de respirar, pensar e agir. Façamos isso, mas de modo solidário e fraternal.

25. Disponível em: http://estudio.folha.uol.com.br/iniciativascontraocoronavirus/2020/04/1988661-uniao-para-manter-o-comercio-local-e-o-emprego.shtml. Acessado em 28/04/2020, às 19:11.

26. Pitty. Música: *Admirável chip novo.*

3

O VETOR CONSTITUCIONAL DA SEGURANÇA JURÍDICA EM TEMPOS DE CORONAVÍRUS

Tereza Aparecida Asta Gemignani[1]

— Bem sei, mas a lei?

— Ora, a lei... o que é a lei, se o Sr. major quiser?

(Memórias de um sargento de milícias)

1. Introdução

Apesar de diferentes concepções conceituais sobre o sentido do Direito, há um fio condutor comum a todas, que reconhece o Direito como importante estabilizador da vida em sociedade, pela segurança que proporciona às relações humanas. Ihering, em obra clássica sobre a matéria[2], defende que a finalidade do direito consiste em assegurar, através do poder coercitivo do Estado, "as condições vitais da sociedade".

Para um país complexo e plural como o Brasil,que desde os seus primórdios teve dificuldade em separar o público do privado, porque as relações familiares monitoravam o espaço público, promovendo a "invasão do público pelo privado, do Estado pela fa-

1. GEMIGNANI, TEREZA APARECIDA ASTA- desembargadora do trabalho, vice-presidente judicial do TRT 15, doutora em direito do trabalho pela USP; membro da Academia Nacional de Direito do Trabalho ANDT- cadeira 70.

2. IHERING, Rudolf Von- A luta pelo direito *in* Clássicos do Direito- tradução de Henrique de Carvalho. Belo Horizonte. Editora Líder. 2004. pg 271.

mília", como bem explicou Sérgio Buarque de Holanda[3] e, ademais, sempre respondeu com pouco caso e desdém ao cumprimento da lei, a Constituição Federal de 1988 teve o mérito de estabelecer parâmetros que vieram formar novo eixo de sustentação da vida democrática, que se revestiu de especial importância para avançar naedificação de novos marcos civilizatórios.

Promulgada em um momento difícil da vida nacional, acusada de agasalhar ambiguidades e contradições, a Carta de 1988 teve o mérito de costurar linhas de estabilidade num mar revolto de incertezas que, de tempos em tempos, voltam aaflorar de forma abrupta e violenta, como fratura exposta de uma sociedade ainda mal resolvida, por sua crescente complexidade e notória desigualdade.

É neste cenário que a pandemia do coronavirus surge como um complicador de grandes proporções, aumentando os desafios.

2. O princípio constitucional da segurança jurídica

A Constituição Federal de 1988 logo demonstra, nos incisos do artigo 5º, quea segurança jurídica foi inserida noeixo que sustenta o arcabouço de direitos fundamentais e, assim reiterada no *caput* do artigo 6º, que abre o capítulo dos direitos sociais, mesmo norte seguido pelo artigo 7º, aos disciplinar os direitos trabalhistas, por ser imprescindível para garantir o próprio funcionamento do sistema.

Por isso, inafastável a constatação de que a segurança jurídica constitui tema central, que confere eficácia integradora à dogmática constitucional, notadamente quando se intensificam os conflitos entre os direitos constitucionalmente assegurados, demandando novas configurações de seus diferentes núcleos de proteção, pela concordância prática, a fim de obter a máxima efetividade, como bem explicitou Canotilho.

Em obra clássica sobre o tema, Robert Alexy[4] explica que a "dogmática jurídica é, em grande medida, uma tentativa de dar uma resposta racionalmente fundamentada a questões axiológicas, que foram deixadas em aberto pelo material normativo previamente determinado".

Neste contexto, seria possível conceber a configuração dos direitos fundamentais aprisionada em conceitos estáticos? imutáveis? ou sua funcionalidade reside na razão direta da permeabilidade com as condicionantes sociais e econômicas, de um ser humano situado em um determinado tempo e lugar?

Ao abordar este desafio, o constitucionalista Gustavo Zagrebelsky trouxe para o debate o conceito de "diritto mitte", divulgado pela doutrina espanhola como "derecho

3. HOLANDA, Sergio Buarque de. Raízes do Brasil- 26ª edição. São Paulo: Companhia das Letras. 1995. Pgs. 133/134.

4. ALEXY, Robert. Teoria dos direitos fundamentais. Tradução de Virgílio Afonso da Silva.São Paulo Malheiros Editores Ltda. 2ª edição. 4ª tiragem. 2015. pg. 36.

dúctil"[5]. Pondera que não se trata de uma "ideia mesquinha e pobre de um 'justo médio', no sentido de uma *aurea mediocritas*", mas de conferir maior amplitude à vida constitucional, que exige atitudes moderadas, pautadas por uma *aurea medietas* construída por uma visão de vida e um *ethos* que, longe de ficar restrito ao mundo das ideias, considera a realidade fática em sua conjuntura de tempo e lugar.

A reflexão indica que os limites fixados pelas balizas constitucionais não podem ser estanques, devendo ser dinâmicos, assim desafiando a aplicação da proporcionalidade nesta calibração pois, quando dois princípios colidem, é preciso aferir qual deverá ter "precedência em face do outro sob determinadas condições. Sob outras condições a questão da precedência pode ser resolvida de forma oposta", como explica Robert Alexy, pontuando que conflitos "entre regras ocorrem na dimensão da validade, enquanto as colisões entre princípios – visto que só princípios válidos podem colidir- ocorrem, para além dessa dimensão, na dimensão do peso."[6]

Portanto, quando se trata de segurança jurídica, as condicionantes sociais e econômicas atuam como fatores decisivos na aferição do princípio detentor de maior peso e densidade, o que deve ser devidamente considerado quando se enfrenta uma pandemia de dimensões mundiais.

3. O desafio da instabilidade intensa

Embora a mudança seja fator intrínseco à própria vida em sociedade, nossa era contemporânea está aturdida pela frenética velocidade destas mutações, que criam um ambiente de instabilidade constante, aumentando a tensão e o conflito nas relações humanas, época que o sociólogo Zygmunt Bauman[7] denominou *modernidade líquida*, marcada pela fluidez que leva a situação de permanente conflito entre a liberdade e a igualdade.

Nas situações de calamidade, como a que ora se enfrenta, em que a sensação de medo se apodera da sociedade, o conflito entre a liberdade e a igualdade só obterá resposta se passar a considerar o princípio da solidariedade.

Em relação a tal questão, importante trazer à colação o pensamento de Ronald Dworkin[8], ao ponderar que não há direitos absolutos e, portanto, as concepções, de liberdade e igualdade devem ser aferidas de forma integrada, pois atuam como vasos comunicantes.

Acrescente-se o aumento exponencial de temperatura e pressão, provocado pela pandemia, que muda o cotidiano de todos pelo isolamento social e intensifica os níveis

5. ZAGREBELSKY, Gustavo- El derecho dúctil- ley, derechos, justicia. Tradução de Marina Gascón. Madrid: Editorial Trotta. 1995.
6. Alexy , Robert- *obra citada.* pag 94.
7. BAUMAN, Zygmunt- Modernidade líquida. Tradução Plínio Dentzien. Rio de Janeiro : Jorge Zahar Ed., 2001- pg.23-63.
8. DWORKIN, Ronald. A raposa e o porco -espinho: justiça e valor. Tradução de Marelo Brandão Cipolla. São Paulo :Editora WMF Martins Fontes., 2014. Pg. 8.

de incerteza e instabilidade no mundo do trabalho, diretamente atrelado com a necessidade de assegurar meios de sobrevivência.

Nesta senda, aflora a importância de considerar o contundente desequilíbrio do "*ceteris paribus*",[9] que provoca a alteração concomitante de várias condições que moldam a realidade fática, levando à necessidade de aferir a proporcionalidade pela calibragem fina, de modo a garantir a funcionalidade do sistema pela segurança jurídica.

Destarte, pela própria lógica da dogmática constitucional, a segurança jurídica passa a atuar como protagonista, que move o eixo central de aferição do peso dos princípios fundamentais conflitantes, cabendo ao legislador ordinário atuar sob o parâmetro da conformação, em relação às balizas fixadas pela Constituição Federal.

4. A segurança jurídica

Em 30/01/2020, a OMS declarou que a epidemia do coronavirus era uma emergência de saúde internacional e, com isso, representava risco para o mundo todo.

Em 3/2/2020, a Portaria 188 do Ministério da Saúde veio estabelecer medidas urgentes de prevenção, controle e contenção de riscos, danos e agravos à saúde pública, declarando "Emergência em saúde pública de importância nacional (ESPIN)" em decorrência do Coronavírus.

Em 06/02/2020 foi promulgada a Lei 13.979, dispondo sobre medidas de enfrentamento da emergência em saúde pública de importância internacional, decorrente do coronavirus.

Ante o agravamento da situação, em 11/03/2020, a Organização Mundial da Saúde (OMS) passou a classificar o coronavírus como uma pandemia.

O Decreto 10.282 de 20/03/2020 veio regulamentar a Lei 13.979/2020, definindo os serviços públicos e as atividades essenciais.

Decreto legislativo 06 de 20/03/2020 reconhece o estado de calamidade pública no território nacional.

Em 22/3/2020 foi editada a MP 927, que configurou esta nova situação como hipótese de força maior, nos termos do artigo 501 da CLT, estabelecendo preceitostrabalhistas para enfrentamento do estado de calamidade pública decorrente do coronavírus (**covid-19**), visando a preservação do emprego e da renda.

O novo regramento teve seu artigo 18, que tratava da possibilidade de suspensão contratual,revogado no dia seguinte (MP 928).

A matéria voltou a ser tratada pela MP 936, que veio disciplinar a suspensão do contrato de trabalho e também a redução de jornada e salário, estabelecendo no § 4º do artigo 11:

9. *Ceteris paribus* é expressão latina , de largo uso nas ciências sociais, que significa a sustentabilidade de determinado raciocínio lógico, quando se mantêm inalteradas todas as demais condições fáticas do caso em exame.

§ 4º Os acordos individuais de redução de jornada de trabalho e de salário ou de suspensão temporária do contrato de trabalho, pactuados nos termos desta Medida Provisória, deverão ser comunicados pelos empregadores ao respectivo sindicato laboral, no prazo de até dez dias corridos, contado da data de sua celebração.

Em decisão cautelar proferida na ADI 6363, o relator Min. Ricardo Lewandowiski considerou que o referido preceito violou norma constitucional, que só permite a redução salarial por negociação coletiva, *in verbis*[10]:

"Pois bem. Tudo indica que a celebração de acordos individuais 'de redução da jornada de trabalho e redução de salário ou de suspensão temporária de trabalho', cogitados na Medida Provisória em comento, sem a participação dos sindicatos de trabalhadores na negociação, parece ir de encontro ao disposto nos arts. 7, VI, XII e XVI, e 8, III e VI, da Constituição. É que "[o] acolhimento expresso pelo constituinte do princípio da irredutibilidade salarial reafirma o caráter alimentar e a essencialidade do salário no âmbito da relação jurídica de emprego", ressalvada a sua flexibilização, prevista no próprio regramento constitucional, "mediante negociação coletiva"

Por isso, considerou que "a mera previsão, na MP 936/2020, de que tais acordos "deverão ser comunicados pelos empregadores ao respectivo sindicato representativo da categoria, no prazo de até dez dias corridos" aparentemente não supre a inconstitucionalidade apontada na inicial. Isso porque a simples comunicação ao sindicato, destituída de consequências jurídicas, continua a afrontar o disposto na Constituição sobre a matéria"

Por isso, cumpre dar um mínimo de efetividade à comunicação a ser feita ao sindicato laboral na negociação. E a melhor forma de fazê-lo, a meu sentir, consiste em interpretar o texto da Medida Provisória, aqui contestada, no sentido de que os "acordos individuais" somente se convalidarão, ou seja, apenas surtirão efeitos jurídicos plenos, após a manifestação dos sindicatos dos empregados. Na ausência de manifestação destes, na forma e nos prazos estabelecidos na própria legislação laboral para a negociação coletiva, a exemplo do art. 617 da Consolidação das Leis do Trabalho8 será lícito aos interessados prosseguir diretamente na negociação até seu final.

Por isso, cumpre dar um mínimo de efetividade à comunicação a ser feita ao sindicato laboral na negociação. E a melhor forma de fazê-lo, a meu sentir, consiste em interpretar o texto da Medida Provisória, aqui contestada, no sentido **de que os "acordos individuais" somente se convalidarão, ou seja, apenas surtirão efeitos jurídicos plenos, após a manifestação dos sindicatos dos empregados. Na** ausência de manifestação destes, na forma e nos prazos estabelecidos na própria legislação laboral para a negociação coletiva, a exemplo do art. 617 da Consolidação das Leis do Trabalho, será lícito aos interessados prosseguir diretamente na negociação até seu final.

10. www.stf.jus.br- acesso em 20/04/2020.

> (...) Isso posto, com fundamento nas razões acima expendidas, defiro em parte a cautelar, ad referendum do Plenário do Supremo Tribunal Federal, para dar interpretação conforme à Constituição ao § 4º do art. 11 da Medida Provisória 936/2020, de maneira a assentar que "[os] acordos individuais de redução de jornada de trabalho e de salário ou de suspensão temporária de contrato de trabalho [...] deverão ser comunicados pelos empregadores ao respectivo sindicato laboral, no prazo de até dez dias corridos, contado da data de sua celebração", para que este, querendo, deflagre a negociação coletiva, importando sua inércia em anuência com o acordado pelas partes. Solicitem-se informações à Presidência da República. Requisitem-se a manifestação do Advogado-Geral da União e o parecer do Procurador-Geral da República. Comunique-se, com urgência. Publique-se."

Em 13/04/2020 os embargos declaratórios foram rejeitados.

Entretanto, esta decisão monocrática foi revertida pelo Plenário do STF em 17/04/2020 que, por 7 votos a 3, manteve o disposto pela MP 936, confira-se:

> "O Tribunal, por maioria, negou referendo à medida cautelar, indeferindo-a, nos termos do voto do Ministro Alexandre de Moraes, Redator para o acórdão, vencidos o Ministro Ricardo Lewandowski (Relator), que deferia em parte a cautelar, e os Ministros Edson Fachin e Rosa Weber, que a deferiam integralmente. Ausente, justificadamente, o Ministro Celso de Mello. Presidência do Ministro Dias Toffoli. Plenário, 17.04.2020 (Sessão realizada inteiramente por videoconferência - Resolução 672/2020/STF)".

Nesta mesma linha já havia anteriormente decidido o Ministro Marco Aurélio, do Supremo Tribunal Federal, ao apreciar cautelar pleiteada na Ação Direta de Inconstitucionalidade (ADI) 6342 contra dispositivos da Medida Provisória 927/2020, que autorizam medidas excepcionais em razão do estado de calamidade pública, declarado diante da pandemia do novo coronavírus (Covid-19).

Ao analisar o pedido, considerou que as normas previstas na MP 927 foram editadas com o objetivo de enfrentar estado de calamidade pública, tratando-se de legislação destinada a regulamentar relações trabalhistas em época de crise, não tendo ultrapassado os limites definidos pela Constituição Federal, indeferindo a cautelar pleiteada nos seguintes termos:

> "O artigo 2º da Medida Provisória nº 927, de 22 de março de 2020 – e todos os demais preceitos que se diz conflitantes com a Constituição estão nela previstos – contém alusão ao estado de calamidade pública decorrente do novo coronavírus e versa que empregado e empregador poderão, buscando a manutenção do vínculo empregatício, estabelecer parâmetros. O preceito sobrepõe o acordo individual a possíveis instrumentos normativos e remete aos limites revelados na Constituição Federal. A liberdade do prestador dos serviços, especialmente em época de crise, quando a fonte do próprio sustento sofre risco, há de ser preservada, desde que não implique, como consta na cláusula final do artigo, a colocação em segundo plano de garantia constitucional. É certo que o inciso XXVI do artigo 7º da Constituição

> Federal, pedagogicamente, versa o reconhecimento das convenções e acordos coletivos de trabalho, quando então se tem, relativamente a convenções, ajuste formalizado por sindicato profissional e econômico e, no tocante a acordo coletivo, participação de sindicato profissional e empresa. O preceito não coloca em segundo plano a vontade do trabalhador. Sugere, isso sim, que o instrumento coletivo há de respeitar, há de ser formalizado em sentido harmônico com os respectivos interesses. Descabe, no que ficou prevista a preponderância do acordo individual escrito, voltado à preservação do liame empregatício – repita-se – ante instrumentos normativos legais e negociais, assentar, no campo da generalidade, a pecha de inconstitucionalidade."

Portanto, as decisões até agora proferidas pelo STF indicam o reconhecimento de que o princípio da segurança jurídica não é estático, mas dinâmico, cuja interpretação deve considerar as condicionantes sociais e econômicas existentes.

Mas não é só.

Demonstram, também, que na era contemporânea os princípios constitucionais da liberdade e da igualdade devem ser sopesados em conjunto com o princípio da solidariedade, erigido no artigo 3º da Carta de 1988 como um dos fundamentos da República Federativa do Brasil. Destarte, neste momento de calamidade, em que é preciso enfrentar as consequências de uma pandemia, a análise não pode ficar restrita ao âmbito individual e coletivo, devendo considerar também o interesse público.

Interessante observar como esta perspectiva já é histórica no direito do trabalho, adotada de há muito pelo artigo 8º da CLT, ao estabelecer:

> Art. 8º As autoridades administrativas e a Justiça do Trabalho, na falta de disposições legais ou contratuais, decidirão, conforme o caso, pela jurisprudência, por analogia, por eqüidade e outros princípios e normas gerais de direito, principalmente do direito do trabalho, e, ainda, de acordo com os usos e costumes, o direito comparado, **mas sempre de maneira que nenhum interesse de classe ou particular prevaleça sobre o interesse público.**

Oportuno pontuar que esta diretriz, também adotada pela Lei de Introdução às Normas do Direito Brasileiro (LINDB) em seu artigo 5º, foi acentuada pela Lei 13.655/2018 ao acrescentar os artigos 20 e 30 àquele regramento, de modo que a matéria passou a ser regrada nos seguintes termos:

> Art. 5º Na aplicação da lei, o juiz atenderá aos fins sociais a que ela se dirige e às exigências do bem comum.
>
> Art. 20. Nas esferas administrativa, controladora e judicial, não se decidirá com base em valores jurídicos abstratos sem que sejam consideradas as consequências práticas da decisão
>
> Art. 30. As autoridades públicas devem atuar para aumentar a segurança jurídica na aplicação das normas, inclusive por meio de regulamentos, súmulas administrativas e respostas a consultas.

5. A segurança jurídica nas relações de trabalho em tempo de coronavirus

Os parâmetros da segurança jurídica nas relações de trabalho em tempos do coronavirus estão sendo traçados pelo STF, ao reconhecer que cabe ao ordenamento considerar as alterações da realidade fática, notadamente quando se reveste de importância significativa, por se tratar de uma pandemia mundial.

É dizer. Pela dicção do STF, guardião da Constituição, para que possam conservar sua eficácia, os princípios constitucionais não podem ser submetidos a uma perspectiva estática, que reduz sua estatura a meros enunciados teóricos, distanciando-os da realidade fática e concreta existente no momento em que são aplicados.

Neste contexto, a fim de evitar o comprometimento da funcionalidade, é imperioso reconhecer a atuação dinâmica dos princípios constitucionais que, pelo sopesamento, possibilitarão que os novos marcos protetivos das relações trabalhistas sejam edificados de forma a preservar o núcleo do sistema, centrado na segurança jurídica.

Para tanto, pondera Alexy, o sopesamento deve considerar "a natureza dos princípios como mandamentos de otimização: em primeiro lugar, a inexistência de relação absoluta de precedência e, em segundo lugar, sua referência a ações e situações que não são quantificáveis. Ao mesmo tempo, constituem eles a base para a resposta a objeções que se apoiam na proximidade da teoria dos princípios com a teoria dos valores".

Nesta senda, ressalta que "ao estabelecer relações concretas de precedência, a lei de colisão conduz a uma dogmática diferenciada dos direitos fundamentais específicos, isto é, não a preferências e cedências generalizantes," pois o estabelecimento de uma restrição "não é uma questão tudo-ou-nada".[11]

Isto porque, princípios são mandamentos de otimização não só em face de possibilidades jurídicas, mas também das condicionantes fáticas, de modo que não há como desconsiderar as significativas alterações do quadro fático, provocadas pela pandemia do coronavírus, que interferem no sopesamento e na calibragem dos direitos fundamentais aplicáveis.

Assim sendo, esclarece Alexy, isto "demonstra o grande papel que pode ser atribuído à discricionariedade epistêmica no exame da adequação e da necessidade" , pois significa "que a máxima da proporcionalidade em sentido estrito é deduzível do caráter principiológico das normas de direitos fundamentais"[12], de sorte que, para garantir a necessária segurança jurídica quanto "maior for o grau de não-satisfacão ou de afetação de um principio,tanto maior terá que ser a importância da satisfação do outro"[13].

Como a adequação e a necessidade se referem às possibilidades fáticas da otimização dos princípios fundamentais, os elementos fáticos inerentes ao caso concreto e específico, que marcam a excepcionalidade de uma pandemia, se revelam essenciais, tendo

---

11. ALEXY, Robert, *obra citada* pg. 99.
12. ALEXY, Robert -*obra citada* pg. 118.
13. ALEXY, Robert -*obra citada* pg 592e 593.

em vista os efeitos que provocam na perspectiva dinâmica dos direitos fundamentais envolvidos.[14]

É nesta situação fática atípica, que exsurge oportuna a reflexão de Claus-Wilhelm Canaris, ao ressaltar que os direitos fundamentais não contém apenas uma proibição do excesso, mas também a vedação de proteção insuficiente de um bem jurídico, que adquire relevância em um determinado tempo e lugar, o que ora ocorre com a necessidade de preservar empregos e meios que assegurem a subsistência alimentar do trabalhador, em tempos de pandemia.

Importante pontuar que o direito ao trabalho e a proteção contra o desemprego também encontram guarida no artigo 23 "1" da Declaração Universal dos Direitos Humanos.

Trazendo à colação o conceito formatado por Dworkin, aplicado aos direitos fundamentais questionados em uma situação de calamidade pública, oportuna a observação de Stephen Holmes e Cass Sunstein[15], ao ressaltar que "levar a sério os direitos significa levar a sério a escassez" , o que se aplica à situação de pandemia que estamos enfrentando, o que implica em escolhas alocativas dos recursos remanescentes que, necessariamente, devem considerar critérios de justiça distributiva com a devida transparência, para preservar a segurança jurídica.

Ao discorrer sobre o paradigma inerente a um modelo pautado pela "jurisprudência de valores", Willis Santiago lembra ser característico desse pensamento jurídico compreender a "norma jurídica como prescrição de um padrão avaliativo para a apreciação de casos concretos, o qual se pode fazer remontar a juízos de valor esclarecedores do sentido normativo. Esse padrão,por sua vez,estando consagrado abstratamente na norma, só vem a adquirir pleno significado quando ela e aplicada aos fatos a que se destina regular"[16]. Assim, "a tônica da discussão é dada pela perspectiva da mútua fertilização entre os procedimentos lógico-formais de análise da estrutura do sistema normativo e os estudos(pragmaticos) de sua funcionalidade em determinado contexto...".

Neste cenário, em tempos de pandemia, o vetor constitucional da segurança jurídica passa a nortear a aplicação dos novos preceitos legais, além de se revelar essencial para assegurar o respeito à dignidade humana, como valor de todos e de cada um, ante o princípio da solidariedade, que deve ser considerado para seu necessário sopesamento.

6. Conclusão

Pela complexidade dos interesses envolvidos em uma situação de calamidade pública, inafastável a constatação da importância da ponderação e do sopesamento dos princí-

14. ALEXY, Robert -*obra citada* pg 601.
15. HOLMES, Stephen; SUNSTEIN, Cass.The cost of rights:why liberty deoends on taxes. W.W. Norton & Company: New York, 1999.
16. GUERRA FILHO, Willis Santiago- Ensaios de Teoria Constitucional- 2ª edição. Rio de Janeiro. Lumen Juris- 2018. pg 32 e 42.

pios constitucionais envolvidos, que passam a garantir a efetividade de novos marcos de proteção dos bens jurídicos, a fim de superar o cenário de instabilidade e incerteza, pela segurança jurídica que cabe ao direito prover, para que seja assegurada a estabilidade da própria sociedade.

7. Referências bibliográficas

ALEXY, Robert. Teoria dos direitos fundamentais. Tradução de Virgílio Afonso da Silva. São Paulo Malheiros Editores Ltda. 2ª edição. 4ª tiragem. 2015.

BAUMAN, Zygmunt- Modernidade líquida. Tradução Plínio Dentzien. Rio de Janeiro: Jorge Zahar Ed., 2001.

DWORKIN, Ronald. A raposa e o porco -espinho: justiça e valor. Tradução de Marelo Brandão Cipolla. São Paulo :Editora WMF Martins Fontes., 2014.

GUERRA FILHO, Willis Santiago- Ensaios de Teoria Constitucional- 2ª edição. Rio de Janeiro. Lumen Juris- 2018. pg 32 e 42.

HOLANDA, Sergio Buarque de Raaízes do Brasil- 26ª edição. São Paulo: Companhia das Letras. 1995.

HOLMES, Stephen; SUNSTEIN, Cass. The cost of rights: why liberty deoends on taxes. W.W. Norton & Company: New Yorque 1999.

IHERING, Rudolf Von- A luta pelo direito *in* Clássicos do Direito- tradução deHenrique de Carvalho. Belo Horizonte. Editora Líder. 2004.

ZAGREBELSKY, Gustavo- El derecho dúctil-ley, derechos, justicia. Tradução de Marina Gascón. Madrid: Editorial Trotta. 1995.

www.stf.jus.br- acesso em 20/04/2020.

4

DIREITO FUNDAMENTAL À INFORMAÇÃO EM TEMPOS DE CORONAVÍRUS

Luiz Eduardo Gunther[1]
Marco Antônio César Villatore[2]
André Jobim de Azevedo[3]

Onde está a vida que perdemos vivendo?
Onde está a sabedoria que perdemos no conhecimento?
Onde está o conhecimento que perdemos na informação?
T.S. Eliot

---

1. Luiz Eduardo Gunther é Pós-doutor pela PUCPR e Doutor pela UFPR. Desembargador do Trabalho do TRT 9. Professor do Centro Universitário Curitiba- UNICURITIBA, Graduação e na Pós-Graduação (Mestrado em Direito). Professor Convidado do Curso da Pós-Graduação da ABDConst. Membro Titular da Cadeira nº. 09 da Academia brasileira de Direito do Trabalho, e do Conselho Editorial da Editora Juruá e do Instituto Memória e Membro do Instituto Histórico e Geográfico do Paraná. Orientador do Grupo de Pesquisa que edita a Revista Eletrônica do TRT9 (http://www.mflip.com.br/pub/escolajudicial/>)
2. Marco Antônio César Villatore é Professor do Centro Universitário Internacional – UNINTER e da Graduação e do PPGD (Mestrado e Doutorado) da Universidade Federal de Santa Catarina – UFSC. Coordenador da Especialização em Direitos e Processos do Trabalho e Previdenciário da ABDConst, Professor Convidado da Especialização da PUCRSAdvogado. Pós-doutor pela UNIROMA II – Tor-Vergata, Doutor pela UNIROMA I – Sapienza e Mestre pela PUCSP. Membro Titular da Cadeira nº. 73 da Academia brasileira de Direito do Trabalho. Membro Correspondente do Paraná da Academia Sul-Rio-Grandense de Direito do Trabalho e do Centro de Letras do Paraná. Líder do NEATES.
3. André Jobim de Azevedo. Advogado sócio de Faraco de Azevedo. Especialista em Direito Internacional Econômico e Processo Civil. Mestre em Direito pela PUCRS. Professor da Graduação e da Pós-Graduação da PUCRS desde 1990. Professor Convidado do Curso da Pós-Graduação da ABDConst. Membro Titular da Cadeira nº. 89 da Academia brasileira de Direito do Trabalho. Presidente da Câmara de Arbitragem da FEDERASUL - CAF, desde 2011. Atual Diretor Executivo; Titular da Cadeira nº. 02 da Academia Sul-Rio-Grandense de Direito do Trabalho, Ex-presidente fundador e atual diretor de Relações Internacionais; Membro do Conselho superior do Comitê de Arbitragem da OAB/RS.

1. Introdução

Estamos no meio de um furacão. O ano de 2020 se iniciou com grandes preocupações relativamente ao vírus que vinha da China. Em pouco tempo espalhou-se pela Europa, Estados Unidos, tantos outros países e,finalmente, pelo Brasil.

Há uma contagem diária de infectados, de mortos e de quem sobreviveu à COVID-19.

Quanto tempo teremos de conviver com os distanciamentos das pessoas e paralisação dos serviços, da atividade econômica, ninguém sabe.

Chegamos no mês de abril e todas as consequências da pandemia reconhecida são enigmas a serem decifrados.

Dentro de um quadro de incertezas como o que vivemos, falar de informação, do direito à informação, do dever à informação, e de assuntos correlatos, é essencial para a sobrevivência civilizada da nossa sociedade.

O que significa a palavra informação? E direito à informação, como direito fundamental, o que de fato representa para nós brasileiros?

Antes das questões semânticas, pode-se buscar nas obras de ficção respostas para a preocupação e o medoque nos assaltam diariamente. Muitas obras e autores descreveram distopias, tempos sombrios, e continuam atuais.

Na área do Direito do Trabalho um aspecto pouco lembrado é a exigência do direito à informação e, também, do dever de informação nas negociações coletivas. Qual o papel das entidades sindicais, empresas e trabalhadores nesse tema da informação quando se examinam questões laborais no tempo coletivo? Esse assunto também nos interessa muito.

2. O fenômeno da epidemia (e da pandemia!) à luz das obras de ficção na literatura

Os grandes autores da literatura foram inspiradores de estudos em muitas áreas: da medicina à engenharia, do direito à cibernética, dentre outros tantos.

O tempo que vivemos agora, onde as notícias cada vez são mais desencontradas, não há consensos, proliferam as *fakenews* e tudo nos é transmitido com velocidade, muitas vezes sem oportunidades para checar as fontes.

Nossa capacidade humana é incapaz de absorver tantas informações pela *internet*, *lives*, instagram e quejandos.

Temos direito à informação? Temos! Mas como separar o joio do trigo?

Talvez, a dificuldade de acolher as informações e reconhecê-las tenha nos levado ao mundo da ficção onde mundos sombrios são desenhados.

Pode-se destacar como maior exemplo dessa circunstância, nesse momento crítico, a lista dos livros mais vendidos no Brasil nos últimos dias. É um fenômeno a ser verificado!

Entre os dez livros mais vendidos de ficção em nosso país, durante o mês de abril[4], a metade trata de distopias. Vamos citá-los: A Revolução dos Bichos, de George Orwell; Fahrenheit 451, de Ray Bradbury; 1984, de George Orwell; Admirável Mundo Novo, de Aldous Huxley; O Amor nos Tempos de Cólera, de Gabriel García Márquez (este último com viés de epidemia). Parece incrível, mas as nossas preferencias literárias voltaram-se aos livros do passado. Há alguma coisa a ser verificada aí, um sintoma...

Peste, epidemia, ou até pandemia, não é, de fato, novidade na literatura. Como destaca Vinicius Torres Freire: "desde a Grécia Antiga, passando por Boccaccio e Camus, narrativas clássicas tematizam epidemias e os dilemas morais com que o mundo se depara em situações de calamidade, como estamos vendo agora".[5]

São dignos de menção aqui dois livros, de Daniel Defoe e Albert Camus. O primeiro, publicou o "Jornal do Ano da Peste" em 1722, um diário fictício em primeira pessoa da praga na Londres de 1665, "relato jornalístico vivo, chocante e cheio de estatísticas e medidas oficiais, motivado pela peste de Marselha de 1720".[6]

O romance "A Peste" de Albert Camus, publicado em 1947, "alterna crônica realista e meditações a respeito da vida sob a epidemia, na verdade sob alguma grande opressão".[7]

Não há, porém, como se agarrar aos livros de ficção quando a Organização Mundial da Saúde (OMS) declara "que há uma pandemia do coronavírus Sars-Cov-2 com a disseminação por mais de cem países em todos os continentes".[8]

Para o Direito (e os juristas em especial...) resta a análise do impacto social dessa pandemia e da regulação jurídica adequada.

Dentre as tantas alternativas possíveis e imagináveis, o respeito ao direito fundamental à informação é, sem dúvida, uma das mais importantes.

3. O significado do vocábulo "informação"

A palavra informação é polissêmica, por isso a necessidade de precisar o seu sentido sempre que a utilizarmos.

Em uma visão filosófica, podem-se detectar duas vertentes de interpretação. A primeira, como ação e efeito de informar, que, na linguagem escolástica, é dar uma forma a uma matéria. A segunda, o emprego, na linguagem comum, para indicar o ato pelo qual se faz conhecer alguma coisa a alguém.[9]

4. Revista VEJA. São Paulo: Editora Abril, 2020. Edição n. 2.683, ano 53, n. 17, de 22.04.2020, p. 97.
5. FREIRE, Vinícius Torres. Relatos da Peste. **Jornal Folha de São Paulo**, caderno ilustríssima, 22.03.2020, p. 5.
6. FREIRE, Vinicius Torres. *Idem, ibidem.*
7. FREIRE, Vinicius Torres. *Idem, ibidem.*
8. OMS declara pandemia e pede ações mais agressivas contra o coronavírus. Jornal **Folha de São Paulo**, 12.03.2020, p. B1.
9. SANTOS, Mário Ferreira dos. **Dicionário de Filosofia e Ciências Culturais.** São Paulo: Editora Matese, 1963. v.3, p. 794.

Na engenharia, a teoria da informação trata da transmissão de sinais eletromagnéticos por fios ou através do espaço. O termo "informação" transbordou da engenharia, contaminando primeiro a biologia (a genética), depois a bioquímica (a biologia molecular), a psicologia, a sociologia e assim por diante. Em cada um desses casos, à palavra informação foi tacitamente atribuído um significado diferente. Foram feitas, pela semântica numerosas tentativas de elucidar o significado (o conceito da palavra informação). Todas elas malograram por duas razões: a) quantidade e conteúdo da informação não estão relacionados; b) o significado não está relacionado com o conceito de probabilidade objetiva que ocorre na teoria da informação.[10]

Na informática e internet usa-se a palavra inglesa *information* para conceituar tudo que significa notícia, conhecimento ou comunicação.[11]

A evolução tecnológica legou-nos a informação pelo telégrafo, pelo rádio, pelo telefone, pelo celular. Agora falamos, ouvimos e vemos as pessoas com as quais nos comunicamos. Podemos fazer isso não apenas com o nosso interlocutor, mas também com mais pessoas, por teleconferências. A informação pode ser compartilhada entre muitas pessoas ao mesmo tempo por som e imagem.

Existem tendências e expressões que definirão nosso comportamento. O Dicionário do Futuro menciona a palavra *telearmazenamento*, significando que companhias telefônicas disponibilizarão aos seus clientes maciços recursos de armazenamento em discos rígidos, com a tecnologia de reconhecimento de voz para armazenamento de conversas, de forma digital e permanente, que poderão ser recuperadas a qualquer momento.[12]

Por esse prisma, considera-se uma teoria da informação e uma tecnologia da informação. Tornou-se possível, como sabemos, digitalizar a informação através da linguagem comum do código binário, voz, dados e vídeo puderam tornar-se fluxos de informação digitalizada, capaz de ser armazenada, manipulada e transmitida de forma barata e em grande velocidade pelos computadores digitais. Simultaneamente, a indústria eletrônica da computação e a das telecomunicações convergiram para se tornarem uma indústria global de informação.[13]

O recurso ao Dicionário Aurélio nos auxilia a saber que a palavra informação veio do latim *informatione*,que significa dados acerca de alguém ou de algo. Também representa uma comunicação ou notícia trazida ao conhecimento de uma pessoa ou do público. Quanto à teoria da informação, segundo o Dicionário, constitui "medida da

---

10. BUNGE, Mario. **Dicionário da Filosofia.** Tradução Gita K. Guinsburg. São Paulo: Perspectiva, 2002. p. 197-198.
11. SAWAYA, Márcia Regina. **Dicionário de informática e internet.** 3. ed. São Paulo: Nobel, 1999. p. 230.
12. POPCORN, Faith; HANFT, Adam. **O dicionário do futuro:** as tendências e expressões que definirão o nosso comportamento. Tradução de Maurette Brandt. Rio de Janeiro: Campus, 2002. p. 384.
13. OUTHWAITE, William; BOTTOMORE, Thomas. **Dicionário do pensamento social do século XX.** Tradução de Eduardo Francisco Alves e Álvaro Cabral. Rio de Janeiro: Jorge Zahar. Editor, 1996. p. 385.

redução da incerteza, sobre um determinado estado de coisas, por intermédio de uma mensagem".[14]

Ao analisar a sociedade em rede, Manuel Castells explicita como se caracteriza o ser na sociedade informacional. Segundo ele, os primeiros passos históricos das sociedades informacionais parecem caracterizá-las pela preeminência da identidade como seu princípio organizacional. Esclarece o autor que considera como identidade o processo pelo qual um ator social se reconhece e constrói significado "principalmente com base em determinado atributo cultural ou conjunto de atributos, a ponto de excluir uma referência mais ampla a outras estruturas sociais".[15]

Em seu trabalho mais conhecido, denominado "O Príncipe", Nicolau Maquiavel comparou a tuberculose (tísica) aos problemas do Estado, com uma argumentação peculiar:

> Da tísica dizem os médicos que, a princípio, é fácil de curar e difícil de conhecer, mas com o correr dos tempos, se não foi reconhecida e medicada, torna-se fácil de conhecer e difícil de curar. Assim se dá com as coisas do Estado: conhecendo-se os males com antecedência, o que não é dado senão aos homens prudentes, rapidamente são curados: mas quando, por se terem ignorado, se têm deixado aumentar, a ponto de serem conhecidos de todos, não haverá mais remédio àqueles males".[16]

Perdoada a agudeza da constatação, Maquiavel, sem dúvida, estava falando da prevenção, tanto da doença como dos problemas do Estado. Como saber dos problemas que estão ocorrendo ao seu início?Muito difícil, dependem de percepção, constatação e poderíamos acrescentar informação. Quando a informação é precisa, antecipada, auxilia no reconhecimento do problema e ajuda a encontrar a solução.

O que aconteceu com a COVID-19? Demoraram as informações, que nem sempre foram apresentadas de forma correta, e instalou-se a pandemia, com uma rapidez incrível.

4. A liberdade de informação e o direito fundamental à informação

Liberdade de informação, ou liberdade de emissão de pensamento não significa a mesma coisa que direito à informação.

Pontes de Miranda considerava a liberdade de emissão do pensamento essencial à inteligência humana, à vida efetiva e à vida social. No primeiro caso, porque se confessa a dúvida, ou se discute o de que se duvida, comunica-se o que se sabe e se submete aos outros

---

14. FERREIRA, Aurélio Buarque de Holanda. **Novo Aurélio Século XXI:** o dicionário da linguagem portuguesa. 3. ed. rev. ampl. Rio de Janeiro: Nova Fronteira, 1999. p. 1.109.

15. CASTELLS, Manuel. **A Sociedade em Rede**. Tradução RoneideVenancioMajer. São Paulo: Paz e Terra, 1999. p. 57-58.

16. MAQUIAVEL, Nicolau. **O Príncipe.** Tradução de Lívio Xavier. Da obra coletiva Os Pensadores. São Paulo: Nova Cultural, 1996. p. 40-41.

o que se pensa ser certo e talvez não o seja. No segundo, porque se dizem os sentimentos e se ouve quanto aos dos outros. Terceiro, porque sem ele não há o contato de uns com os outros, para a cooperação, a ação prevista e as criações ou realizações de toda ordem.[17]

Ao realizar a exegese do inciso XIV, do artigo 5º, da Constituição da República Federativa do Brasil, Alcino Pinto Falcão destaca que elevar a garantia expressa na Carta Magna foi novidade oportuna, mas esclarece que o inciso tratou de duas situações distintas. No mesmo dispositivo colocou: a) de um lado, uma franquia, que cabe aos cidadãos em geral; b) e de outro, o sigilo da fonte, quando necessário ao exercício profissional adequado à liberdade de imprensa.[18]

Na mesma obra, o autor citado afirma ser o acesso à informação uma modalidade de qualquer particular, que paga impostos – e todos, diretos ou indiretos a eles, pelo nosso regime estão sujeitos. Trata-se, pois, de uma modalidade de participar e de fiscalizar o andamento da coisa pública. Considera o acesso à informação inegavelmente um apanágio do regime democrático, quiçá seu mais importante atributo.[19]

A Constituição da República portuguesa, de 1976, bem soube distinguir e regular o tema. No art. 37, n. 1, pôs a garantia de que goza qualquer cidadão português; no art. 38, n. 3, outorgou a prerrogativa do sigilo profissional aos jornalistas, como corolário do seu direito ao acesso às fontes de informação inerente à profissão e para que esta possa ser exercida com independência e eficazmente.

Dispõe o artigo 37, que trata da liberdade de expressão e informação, da Constituição de Portugal, no seu item 1:

> Todos têm o direito de exprimir e divulgar livremente o seu pensamento pela palavra, pela imagem ou por qualquer outro meio, bem como o direito de informar, de se informar e de ser informados, sem impedimentos nem discriminações.[20]

O item 3 do art. 38, da Constituição da República portuguesa, versa sobre a liberdade de imprensa e meios de comunicação social:

> A liberdade de imprensa implica o direito dos jornalistas, nos termos da lei, ao acesso às fontes de informação e à proteção da independência e do sigilo profissionais, bem como o direito de elegerem conselhos de redação.[21]

---

17. MIRANDA, Pontes de. **Democracia, liberdade, igualdade:** os três caminhos. 2. ed. São Paulo: Saraiva, 1979. p. 348.
18. FALCÃO, Alcino Pinto. Comentários ao inciso XIV do artigo 5º. da Constituição da República Federativa do Brasil. *In* CUNHA, Fernando Whitaker da et al. **Comentários à Constituição.** Rio de Janeiro: Freitas Barros, 1990. vol. 1. p. 201.
19. FALCÃO, Alcino Pinto. *Idem, ibidem.*
20. CANOTILHO, J. J. Gomes; MOREIRA, Vital. **Constituição da República portuguesa anotada.** 2. ed. rev. ampl. Coimbra: Coimbra Editora, 1984. v.1, p. 232.
21. CANOTILHO, J. J. Gomes; MOREIRA, Vital. Ob. cit., p. 236.

Para o escopo deste texto interessa apenas a análise do art. 37, 1, onde são reconhecidos dois direitos (ou conjunto de direitos) distintos, embora concorrentes: o direito de expressão do pensamento e o direito de informação. Quanto ao primeiro, consiste no direito de não ser impedido de exprimir-se. A liberdade de expressão é uma componente da clássica liberdade de pensamento, que tem outras dimensões na liberdade de criação cultural, na liberdade de consciência e de culto, na liberdade de aprender e ensinar e, em certa medida, na liberdade de reunião e manifestação.[22]

Especificamente importa a este estudo esclarecer como os portugueses compreendem o chamado direito de informação, que integra três níveis: o direito de informar, o de se informar e o direito de ser informado.

O **direito de informar** consiste na liberdade de transmitir ou comunicar informações a outrem, de as difundir sem impedimentos, mas pode também revestir uma forma positiva, enquanto direito de informar, ou seja, direito a meios para informar.

O **direito de se informar** consiste na liberdade de recolha de informação, de procura de fontes de informação, isto é, no direito de não ser impedido de se informar.

O **direito a ser informado** é a versão positiva do direito de se informar, consistindo num direito de ser mantido adequadamente e verdadeiramenteinformado, desde logo, pelos meios de comunicação e pelos poderes públicos.[23]

A liberdade de informação, segundo ensina José Afonso da Silva, compreende a liberdade de informar e a liberdade de ser informado. A primeira coincide com a liberdade de manifestação do pensamento pela palavra, por escrito, ou por qualquer outro meio de difusão; a segunda indica o interesse sempre crescente da coletividade para que, tanto os indivíduos como a comunidade, estejam informados para o exercício consciente das liberdades públicas.[24]

Há que se fazer distinção entre liberdade de informação e direito à informação. A **liberdade de informação** compreende a procura, o acesso, o recebimento e a difusão de informações ou ideias, por qualquer meio, e sem dependência de censura, respondendo cada qual pelos abusos que cometer. Quanto ao **acesso de todos à informação** é um direito individual consignado na Constituição que também resguarda o sigilo da fonte, quando necessário ao exercício profissional.[25]

O direito de acesso à informação protege, segundo Wilson Steinmetz, as ações ou condutas de procura, levantamento, consulta, pesquisa, coleta ou recebimento de informações. A pessoa tem um direito a que os Poderes Públicos e, em certos casos, também os particulares não obstaculizem ou impeçam essas ações. Trata-se de um direito de defesa na lição desse autor, apresentando a seguinte exemplificação: um hospital privado

---

22. CANOTILHO, J. J. Gomes; MOREIRA, Vital.*Idem*, p. 234.
23. CANOTILHO, J. J. Gomes; MOREIRA, Vital. *Idem, ibidem*.
24. SILVA, José Afonso da. **Curso de Direito Constitucional Positivo**. 6. ed. rev. e ampl. São Paulo: RT, 1990. p. 217-218.
25. SILVA, José Afonso da. *Ob. Cit.*, p. 218.

que negar ao paciente acesso ao teor de seu prontuário clínico estará violando o direito fundamental de acesso à informação.[26]

Não se pode olvidar, também, da contribuição que esse direito dá para preservar e desenvolver o pluralismo político (art. 1, V), e, por consequência, o regime democrático. Assim, o direito fundamental de acesso à informação contribui para a livre formação das ideias, opiniões, avaliações, convicções e crenças da pessoa sobre assuntos ou questões de interesse público, relativos ao Estado e à sociedade civil, e de interesse individual ou de grupo, e também para o livre, consciente e responsável desenvolvimento da personalidade.[27]

Nessa linha de entendimento, Ingo Wolfgang Sarlet e Carlos Alberto Molinaroasseveram:

> O direito à informação (subjacente a liberdade à informação, modal político que o alimenta) é um direito de defesa de modo que seu titular não seja impedido de emitir ou difundir suas ideias, ideais, opiniões, sentimentos ou conhecimentos, quando opera como direito subjetivo, individual ou coletivo.[28]

No que diz respeito à sua dimensão objetiva, todavia, segundo esses mesmos autores, o direito à informação postula prestações, tanto de natureza informacional, quanto no âmbito dos deveres estatais de proteção, mediante a edição de normas de cunho procedimental e organizacional, vinculando todos os órgãos estatais, notadamente os jurisdicionais aos quais está deferido o cuidado para a concretização dos direitos e interesses postos em causa.[29]

Apresentamos, explicamos, neste item, em linhas gerais, os significados das terminologias liberdade de expressão e direito à informação, com seus importantes desdobramentos.

Adentra-se agora ao exame do impacto que o direito à informação (e seu correlato dever à informação!) gera em momento de pandemia nas negociações coletivas de trabalho.

5. O direito à informação e o dever de informar nas negociações coletivas de trabalho

Não há qualquer dúvida de que, no capitalismo, as negociações coletivas de trabalho devem não só ser reconhecidas, mas também incentivadas. Consideram-se oportuni-

26. STEINMETZ, Wilson. Comentários ao art. 5., XIV, da Constituição. *In*: CANOTILHO, J.J. Gomes et al (Coords). **Comentários à Constituição do Brasil.** São Paulo: Saraiva/Almedina, 2013. p. 301.
27. STEINMETZ, Wilson. *Idem, ibidem.*
28. SARLET, Ingo Wolfgang; MOLINARO, Carlos Alberto. Direito à informação e direito de acesso à informação como direitos fundamentais na Constituição Brasileira. **Revista da AGU**, Brasília – DF, ano XII, n. 42, p. 9-38, out/dez. 2014. p. 17.
29. SARLET, Ingo Wolfgang; MOLINARO, Carlos Alberto. *Idem, ibidem.*

dades importantes em que os entes coletivos que representam os trabalhadores (entidades sindicais obreiras) podem sentar-se à mesa de negociação e discutirem, de igual para igual, com os entes coletivos empresariais (empresas, sindicatos patronais), a melhoria das condições de trabalho dentro da empresa.

É possível reconhecer na doutrina do Direito Coletivo do Trabalho o princípio do direito à informação como um dos mais relevantes.

João de Lima Teixeira Filho registra princípios marcantes das negociações coletivas, ressaltando que esse rol não exclui a existência de outros. Os princípios que reconhece como devidos à negociação coletiva são os seguintes: inescusabilidade negocial; boa-fé; direito de informação; razoabilidade e paz social. Ao tratar do direito de informação, como princípio da negociação coletiva, assevera que "a informação faz parte da natureza mesma do processo de entendimento".[30] Como esclarece o autor no seu texto, para que a pauta de reivindicações possa ser adequadamente formulada, "os pleitos devem ser substanciados a fim de permitir a compreensão de suas razões, contrapostas, ou esclarecimentos, e dar início à negociação".[31]

Ao lado de um direito à informação, é possível, também, falar em um dever de informação. Segundo esse princípio (dever de informação) as partes se prestarão reciprocamente as informações necessárias à justificação de suas propostas e respostas. Não há dúvida que o princípio interessa mais à representação dos empregados, pois esta habitualmente sente forte carência de dados a respeito da situação econômica, financeira e comercial da empresa. Naturalmente surgem resistências patronais, "mas as informações pertinentes, direta ou indiretamente, à negociação, não podem ser negadas sem que se caracterize má-fé do negociador".[32]

Esse dever de informação pela empresa e direito à informação pelos empregados, quando da negociação coletiva, deve ser melhor explicitado. Parece sensato que sejam conhecidas as reais condições econômicas-financeiras da empresa ou dados do segmento econômico e sua capacidade de conceder determinados pleitos que os representados julgam cabíveis. Entretanto, essas informações devem ser prestadas não apenas nos momentos de dificuldade financeira (para gerar medidas de superação da crise via negociação coletiva), mas, também, sempre, nas épocas de prosperidade. Dois cuidados devem ser tomados a esse respeito, porém: a) não é crível o empregador adotar atitude de recusa às reivindicações escudando-se em informações pretensamente secretas; b) mas, também, não é possível que informações estratégicas possam colocar a empresa em risco a pretexto de terem que ver com o processo negocial.[33]

30. TEIXEIRA FILHO, João de Lima. Negociação coletiva de trabalho. *In* SÜSSEKIND, Arnaldo et al. **Instituições de Direito do Trabalho**. 21. ed. atual. São Paulo: LTr, 2003. (p. 1.166-1.205), p. 1.185.

31. TEIXEIRA FILHO, João de Lima. *Idem, ibidem.*

32. BERNARDES, Hugo Gueiros. Princípios da negociação coletiva. *In* TEIXEIRA FILHO, João de Lima (Coord.). **Relações coletivas de trabalho**: estudos em homenagem ao Ministro Arnaldo Süssekind. São Paulo: LTR, 1989. (p. 357-370). p. 361-362.

33. TEIXEIRA FILHO, João de Lima. *Ob. cit.*,p. 1.185-1.186.

A Organização Internacional do Trabalho, sobre essa temática, editou a Recomendação n. 163, "Sobre a Promoção da Negociação Coletiva" (art. 7.2.a), na qual estabelece que os empregadores, a pedido da organização de trabalhadores, devem pôr à sua disposição informações sobre a situação econômica e social da unidade negociadora e da empresa em geral, se necessárias, para negociações significativas. Portanto, essas informações devem ser **necessárias**. Por outro lado, pode-se exigir a **confidencialidade** da informação, isto é: "no caso de vir a ser prejudicial à empresa a revelação de parte dessas informações, sua comunicação pode ser condicionada ao compromisso de que será tratada como confidencial na medida do necessário".[34]

Como assinala, com precisão, João de Lima Teixeira Filho, a informação deve guardar pertinência à negociação e às matérias que nesse campo serão debatidas, e "o direito de informação não pode servir de escape para, de alguma maneira, frustrar o entendimento direto.[35]

O Conselho de Administração da Repartição Internacional do Trabalho da OIT, em 1977 (com a emenda de 2000), adotou a Declaração Tripartite de Princípios sobre as Empresas Multinacionais e a Política Social. No título que trata da negociação coletiva, item 7, sugere às empresas multinacionais (deveriam!):

> proporcionar aos representantes dos trabalhadores as informações necessárias à celebração de negociações eficazes com a entidade em questão e, de conformidade com a legislação e as práticas locais, deveriam também proporcionar informações para que os trabalhadores possam dispor de dados adequados e fidedignos sobre as atividades da unidade em que trabalham ou, quando apropriado, do conjunto da empresa.[36]

Digna de menção, ainda, é a Recomendação n. 129, da OIT, sobre as comunicações entre a direção e os trabalhadores dentro da empresa, de 1967. Merece especial atenção o artigo 15.1, ao estabelecer que as informações sejam fornecidas pela direção deveriam dirigir-se, segundo sua natureza, aos representantes dos trabalhadores e aos membros do pessoal, e compreender, na medida do possível, todas as questões de interesse para os trabalhadores que se refiram à marcha e perspectivas futuras da empresa e à situação presente e futura dos trabalhadores, na medida em que a revelação das informações não cause prejuízo às partes.[37]

Em dissertação apresentada ao Programa de Pós-Graduação em Direito pela Faculdade de Direito da Universidade Federal da Bahia, em março de 2011, Ícaro de Souza Duarte estudou o tema do "reconhecimento do direito de informação na negociação coletiva como decorrência da aplicação do princípio do da boa-fé objetiva.[38] Nesse impor-

34. SCALÉRCIO, Marcos; MINTO, Túlio Martinez. **Normas da OIT Organizadas por temas**. São Paulo: LTr, 2016. p. 377-378.
35. TEIXEIRA FILHO, João de Lima. *Ob. cit.* p. 1186.
36. GUNTHER, Luiz Eduardo. **A OIT e o Direito do Trabalho no Brasil.** Curitiba: Juruá, 2013. p. 184-190.
37. SERVAIS, Jean-Michel. Decretho Internacional del Trabajo. Buenos Aires, Heliasta, 2011. p. 124.
38. DUARTE, Ícaro de Souza. O reconhecimento do direito de informação na negociação coletiva como decorrência da aplicação do princípio do da boa-fé objetiva. Disponível em <https://repositorio.ufba.br/ri/handle/ri/10769>. Acesso em 24.04.2020>.

tante estudo, o autor procurou evidenciar o reconhecimento do direito de informação na negociação coletiva como decorrência da aplicação do princípio da boa-fé objetiva. Tanto trabalhadores quanto empregadores necessitam, no âmbito da negociação coletiva, informações sobre os fatos e acontecimentos que se relacionam aos interlocutores sociais, para que a negociação seja frutífera. A elaboração de estratégias e o manejo de argumentos racionais e lógicos dependem do domínio e conhecimento adequado dos temas e matérias objeto da negociação, para as quais é vital a informação.[39]

Considera-se, assim, que o princípio da boa-fé objetiva representa fonte originária do dever de informar, atuando nas fases pré-contratual, de execução contratual e pós-contratual, garantindo, dessa forma, o exercício de liberdade negocial entre o sindicato profissional e determinada empresa ou grupo de empresas, ou mesmo o sindicato econômico da categoria. Torna-se desse modo inquestionável afirmar-se que o dever de informação possibilita uma negociação mais justa, consciente, "que protege a saúde, a integridade, a segurança da categoria de trabalhadores envolvida, e direciona para as consequências econômicas que a relação laboral pode acarretar, isto é, melhores condições de trabalho, com a certeza de que se fez a melhor negociação.[40]

Em tempos de pandemia do novo coronavírus fica evidente o quanto é importante aplicar-se o princípio do direito à informação, com seu correspondente dever de informação. No âmbito das negociações coletivas, como se pode assinalar, o direito à informação é essencial para a continuidade empresarial e preservação dos empregos, atentando-se para a função social da propriedade, do contrato e da empresa.

Vamos agora analisar o impacto jurídico que a pandemia do coronavírus gera na proteção dos dados e no direito à informação.

6. A proteção de dados e o direito à informação em tempos de coronavírus

Ao estudarmos o direito à informação, em nossos dias, surge como um tema essencial a proteção de dados. Essa expressão surge simultaneamente com a evolução da tecnologia, que passa a captar, guardar e difundir informações através da internet, computadores e celulares, por exemplo.

No Brasil, em 2018, editou-se a Lei n. 13.709, denominada "Lei Geral de Proteção de Dados Pessoais – LGPD", que dispõe sobre o tratamento de dados pessoais, inclusive nos meios digitais, por pessoa natural ou pessoa jurídica de direito público ou privado, com os objetivos expressos de proteger: a) os direitos fundamentais de liberdade e de privacidade; b) e o livre desenvolvimento da personalidade da pessoa natural.[41]

Na obra "21 lições para o Século 21", Yuval Noah Harari afirma, no capítulo que trata do tema da igualdade, que os danos dos dados são os donos do futuro e indaga: quem é o dono dos dados? Assevera que, se quisermos evitar a concentração de toda

39. DUARTE, Ícaro de Souza. *Idem, ibidem*. p. 208.
40. DUARTE, Ícaro de Souza. *Idem, ibidem*. p. 209-210.
41. RAMOS, André de Carvalho. **Curso de Direitos Humanos.** 6. ed. São Paulo: Saraiva, 2019. p. 718.

riqueza e de todo o poder nas mãos de uma pequena elite, a chave é regulamentar a propriedade dos dados. Em sua opinião, no século XXI os dados vão suplantar tanto a terra quanto a maquinaria como o ativo mais importante, e a política será o esforço por controlar o fluxo de dados. Se os dados se concentrarem em poucas mãos, o gênero humano se dividirá em espécies diferentes.[42]

Pode-se inferir desse pensamento que a desigualdade entre as pessoas poderá se acentuar ainda mais, se providências não forem tomadas quanto ao controle de dados.

Como se pode entender aquilo que se denomina "proteção de dados"? Segundo Stefano Rodotá, proteção de dados é uma expressão de liberdade e dignidade pessoais, e como tal, não se deve tolerar que um dado seja usado de modo a transformar um indivíduo em objeto sob vigilância constante.[43]

Como podem classificar-se as técnicas de controle das mensagens? Segundo Pierre Lévy, em seu livro "A inteligência Coletiva", essas técnicas podem classificar-se em três grupos principais: somáticas, midiáticas e digitais. As **técnicas somáticas** implicam a presença efetiva, o engajamento, a energia e a sensibilidade do corpo para a produção de signos. As **tecnologias midiáticas** fixam e reproduzem as mensagens a fim de assegurar--lhes maior alcance, melhor difusão no tempo e espaço. O **sistema digital** autoriza a fabricação de mensagens, sua modificação e mesmo a interação com elas, átomo de informação por átomo de informação, *bit* por *bit*.[44]

A expressão modernidade líquida, cunhada por Zygmunt Bauman, serviu-lhe para falar também sobre a vigilância líquida. Explicita esse ator que, muitas vezes essa vigilância ocorre pela necessidade que as pessoas têm de se fazerem notar. Numa frase famosa, Hegel definiu a liberdade como uma necessidade aprendida e reconhecida. A paixão por se fazer registrar é um exemplo importante, talvez o mais gritante, dessa regra hegeliana em nossos tempos, nos quais a versão atualizada e ajustada do **cogito** de Descartes seria "sou visto (observado, notado, registrado), logo existo". Conforme a interpretação desse autor:

> A internet veio para substituir o trabalho e erguer-se e sair da invisibilidade e do esquecimento, e assim reivindicar um lugar num mundo reconhecidamente estranho e inóspito, quebrando garrafas ou gargalos.[45]

Nesse tema de proteção dos dados, normalmente ingressa o consentimento dos interessados, sua necessidade e limites, e, também, o controle das próprias informações.

---

42. HARARI, Yuval Noah. **21 lições para século 21**. Tradução Paulo Geiger. São Paulo: Companhia das Letras, 2018. p. 105-107.
43. RODOTÁ, Stefano. **A vida na sociedade da vigilância:** a privacidade hoje. Organização, seleção e apresentação de Maria Celina Brodin de Moraes.Tradução Danilo Doneda e Luciana Cabral Doneda. Rio de Janeiro: Renovar, 2008. p. 19.
44. LÉVY, Pierre. **A inteligência coletiva.** Tradução de Luiz Paulo Rouanet. São Paulo: Folha de São Paulo, 2015. p. 49-51.
45. BAUMAN, Zygmunt. **Vigilância líquida.** Tradução Carlos Alberto Medeiros. Rio de Janeiro: Zahar, 2013. p. 120-121.

Stefano Rodotá assinala que o problema dos excessos na coleta de informações e dos abusos na sua utilização pode ser enfrentado com técnicas que não confiem somente no consentimento dos interessados. Na sociedade da informação, de maneira geral, tendem a prevalecer definições funcionais da privacidade que, de diversas formas, fazem referência à possibilidade de um sujeito conhecer, controlar, endereçar e interromper o fluxo das informações a ele relacionadas. Assim a privacidade pode ser defendida, mais precisamente, como o direito de manter o controle sobre as próprias informações.[46]

Na época em que vivemos, intensamente, os reflexos da pandemia do coronavírus, como pode-se dar a proteção dos dados? Segundo Danilo Doneda, o papel das legislações de proteção de dados na garantia de liberdades individuais e coletivas ganha relevância fundamental, diante do risco de que novos usos de dados derivem para interesses não relacionados ao combate à doença. Para esse estudioso do tema:

> Em uma crise aguda como a da atual pandemia do covid-19, os dados pessoais são elementos essenciais para modelar e executar políticas públicas de contenção e controle do vírus, bem como para tornar possível que a pesquisa científica proporcione os melhores resultados no menor período de tempo.[47]

Deve-se fazer, contudo, um importante alerta, na esteira do que disse Gabriela Zanfir-Fortuna, especialista em proteção de dados, ao Jornal Folha de São Paulo, em entrevista recente. Segundo ela, o combate à Covid-19 criará sociedade rastreada como nunca. Por isso considera que existem muitos riscos e preocupações. Como, por exemplo, garantir que informações recolhidas por aplicativos nesse momento serão usadas para o fim específico de mitigar a pandemia? Segundo seus estudos, há precedentes de casos em que os dados foram usados para outros fins: os governos podem monitorar imigrações e fluxo de pessoas, por exemplo, o que fugiria do propósito de mitigar a propagação da doença.[48]

Uma situação que vem ocorrendo no Brasil, nesse momento, é o uso de dados dos celulares para verificar quem está em casa ou não. Pergunta-se então: podem os Estados, e os Municípios, rastrear dados de celulares para monitorar aglomerações? O argumento principal usado a favor dessa utilização é que os dados disponibilizados pela empresa são anônimos e que há respeito pela privacidade individual das pessoas. Posicionamentos jurídicos contrários, porém, entendem que seria uma violação à intimidade do cidadão, pois órgãos públicos e empresas privadas não poderiam invadir setor onde está este ou aquele celular. Não há, presentemente, consenso sobre o tema, o que deverá ocorrer em breve, já que há judicialização desse assunto.[49]

---

46. RODOTÁ, Stefano. *Ob. cit.*, p. 80-92.
47. DONEDA, Danilo. A proteção de dados em tempo de coronavírus. Revista Eletrônica **JOTA**, de 25.03.2020. Disponível em<https://www.jota.info/opiniao-e-analise/artigos/a-protecao-de-dados--em-tempos-de-coronavirus-25032020>. Acesso em <23.03.2020>.
48. PASSOS, Paulo. Entrevista Gabriela Zanfir-Fortuna. Jornal **Folha de São Paulo**, de 19.04.2020, p. A-14
49. BARONE, Isabelle; DESIDERI, Leonardo. Estados usam dados de celulares para monitorar aglomerações. Eles podem fazer isso? **Gazeta do Povo**, 13.04.2020. E também VILAPIANA, Tábata, Dória

Parece inquestionável que o impacto da pandemia do coronavírus também será grande na área da coleta dos dados e da sua proteção. Dada a urgênciade necessidade de decisão judicial a esse respeito, para assegurar segurança jurídica, tivemos o posicionamento do Supremo Tribunal Federal, que já vem julgando pelo sistema virtual, inclusive na área trabalhista, da Ação Direta de Inconstitucionalidade 6.363, finalizado em 17 de abril de 2020, que será motivo de outro estudo nosso desta mesma obra coletiva.

Referências

BARONE, Isabelle; DESIDERI, Leonardo. Estados usam dados de celulares para monitorar aglomerações. Eles podem fazer isso? **Gazeta do Povo**, 13.04.2020.

BAUMAN, Zygmunt. **Vigilância líquida.** Tradução Carlos Alberto Medeiros. Rio de Janeiro: Zohar, 2013.

BERNARDES, Hugo Gueiros. Princípios da negociação coletiva. *In* TEIXEIRA FILHO, João de Lima (Coord.). **Relações coletivas de trabalho**: estudos em homenagem ao Ministro Arnaldo Süssekind. São Paulo: LTr, 1989. p. 357-370.

BUNGE, Mario. **Dicionário da Filosofia.** Tradução Gita K. Guinsburg. São Paulo: Perspectiva, 2002.

CANOTILHO, J. J. Gomes; MOREIRA, Vital. **Constituição da República Portuguesa Anotada.** vol. 1.2. ed. rev. ampl. Coimbra: Coimbra Editora, 1984.

CASTELLS, Manuel. **A Sociedade em Rede**. Tradução Roneide Venancio Majer. São Paulo: Paz e Terra, 1999.

DONEDA, Danilo. A proteção de dados em tempo de coronavírus. Revista Eletrônica **JOTA**, de 25.03.2020. Disponível em<https://www.jota.info/opiniao-e-analise/artigos/a-protecao-de-dados-em-tempos-de-coronavirus-25032020>. Acesso em <23.03.2020>

DUARTE, Ícaro de Souza. O reconhecimento do direito de informação na negociação coletiva como decorrência da aplicação do princípio do da boa-fé objetiva. Disponível em <https://repositorio.ufba.br/ri/handle/ri/10769>. Acesso em <24.04.2020>

FALCÃO, Alcino Pinto. Comentários ao inciso XIV do artigo 5º. da Constituição da República Federativa do Brasil. *In* CUNHA, Fernando Whitaker da *et al.* **Comentários à Constituição.** vol. 1. Rio de Janeiro: Freitas Barros, 1990.

FERREIRA, Aurélio Buarque de Holanda. **Novo Aurélio Século XXI:** o dicionário da linguagem portuguesa. 3. ed. rev. ampl. Rio de Janeiro: Nova Fronteira, 1999.

FREIRE, Vinícius Torres. Relatos da Peste. **Jornal Folha de São Paulo**, caderno ilustríssima, 22.03.2020.

GUNTHER, Luiz Eduardo. **A OIT e o Direito do Trabalho no Brasil.** Curitiba: Juruá, 2013.

é questionado na justiça por monitoramento de celulares no Estado. **CONJUR**- Consultor Jurídico, de 14.04.2020.

HARARI, Yuval Noah. **21 lições para século 21**. Tradução Paulo Geiger. São Paulo: Companhia das Letras, 2018.

LÉVY, Pierre. **A inteligência coletiva.** Luiz Paulo Rouanet. São Paulo: Folha de São Paulo, 2015.

MAQUIAVEL, Nicolau. **O Príncipe.** Tradução de Lívio Xavier. Da obra coletiva Os Pensadores. São Paulo: Nova Cultural, 1996.

MIRANDA, Pontes de. **Democracia, liberdade, igualdade:** os três caminhos. 2. ed. São Paulo: Saraiva, 1979.

OMS declara pandemia e pede ações mais agressivas contra o coronavírus. **Jornal Folha de São Paulo**, 12.03.2020.

OUTHWAITE, William; BOTTOMORE, Thomas. **Dicionário do pensamento social do século XX.** Tradução de Eduardo Francisco Alves e Álvaro Cabral. Rio de Janeiro: Jorge Zahar. Editor, 1996.

PASSOS, Paulo. Entrevista Gabriela Zanfir-Fortuna. **Jornal Folha de São Paulo**, de 19.04.2020.

POPCORN, Faith; HANFT, Adam. **O dicionário do futuro:** as tendências e expressões que definirão o nosso comportamento. Tradução de Maurette Brandt. Rio de Janeiro: Campus, 2002.

RAMOS, André de Carvalho. **Curso de Direitos Humanos.** 6. ed. São Paulo: Saraiva, 2019.

Revista VEJA. São Paulo: Editora Abril, 2020. Edição n. 2.683, ano 53, n. 17, de 22.04.2020.

RODOTÁ, Stefano. **A vida na sociedade da vigilância:** a privacidade hoje. Organização, edição e apresentação de Maria Celina Brodin de Morais. Tradução Danilo Doneda e Luciana Cabral Donena. Rio de Janeiro: Renovar, 2008.

SANTOS, Mário Ferreira dos. **Dicionário de Filosofia e Ciências Culturais.** São Paulo: Editora Matese, 1963. v.3.

SARLET, Ingo Wolfgang; MOLINARO, Carlos Alberto. Direito à informação e direito de acesso à informação como direitos fundamentais na Constituição brasileira. **Revista da AGU**, Brasília – DF, ano XII, n. 42, p. 9-38, out/dez. 2014.

SAWAYA, Márcia Regina. **Dicionário de informática e internet.** 3. ed. São Paulo: Nobel, 1999.

SCALÉRCIO, Marcos; MINTO, Túlio Martinez. **Normas da OIT Organizadas por temas**. São Paulo: LTr, 2016.

SERVAIS, Jean-Michel. **Decretho Internacional del Trabajo**. Buenos Aires, Heliasta, 2011.

SILVA, José Afonso da. **Curso de Direito Constitucional Positivo**. 6. ed. rev. e ampl. São Paulo: RT, 1990.

STEINMETZ, Wilson. Comentários ao art. 5º., XIV, da Constituição. *In*: CANOTILHO, J.J. Gomes *et al* (Coords). **Comentários à Constituição do Brasil.** São Paulo: Saraiva/Almedina, 2013.

TEIXEIRA FILHO, João de Lima. Negociação coletiva de trabalho. *In* SÜSSEKIND, Arnaldo et al. **Instituições de Direito do Trabalho**. 21. ed. atual. São Paulo: LTr, 2003. p. 1166-1205.

VILAPIANA, Tábata. Dória é questionado na justiça por monitoramento de celulares no Estado. **CONJUR- Consultor Jurídico**, de 14.04.2020.

5

O VETOR CONSTITUCIONAL DA ISONOMIA EM TEMPOS DE CORONAVÍRUS

Eduardo Henrique Raymundo von Adamovich[1]

1. O Direito do Trabalho e o princípio da igualdade: à guisa de introdução

É certo que o idealismo de raiz constitucionalista construiu um enorme arcabouço de direitos e garantias à volta do principio da igualdade na seara das relações de trabalho subordinado e um escrito sobre esse tema poderia satisfazer ao roteiro mais em voga ao fazer um extensa preleção sobre esses direitos, relacionando-os, expondo seus fundamentos e louvando suas finalidades. Em um momento mundial difícil de crise sanitária, como aquela que ora se atravessa em função do denominado novo coronavírus, que provoca a doença chamada covid-19, abre-se imensa oportunidade para as digressões de ponderação, que constituem um exercício da difícil tarefa de conciliação do mencionado idealismo normativista com a contundência de uma realidade que atropela os fundamentos desse idealismo. Curioso é constatar-se, neste momento, o problema em que enredaram-se certas correntes doutrinárias e jurisprudenciais do Direito e do Processo do Trabalho, que tornaram-se tributárias desse idealismo constitucional e, na prática, romperam com as raízes equitativas do juslaboralismo e os fundamentos teóricos dos institutos típicos desta seara. Não raro, veem-se colhidos por arrazoados de inspiração kelseniana, que enxergam na Constituição o ápice do sistema jurídico e tudo procuram resolver ao redor das engessadas estruturas de divisão de competências e uma visão administrativista do Direito, ou aquela outra que transfere valores da democracia liberal de forma automática para as relações coletivas de trabalho, como se fosse possível fazer essa transposição sem considerar as naturezas dos institutos e as peculiaridades das relações nesta seara juslaboralista.

1. Titular da Cadeira n. 36, da Academia Brasileira de Direito do Trabalho; magistrado e professor no Rio de Janeiro.

A contundência da crise sanitária e, por consequência, econômica e social que se anuncia, com efeito, tem posto a nu a fragilidade desses caminhos até então reinantes de forma quase que indiscutível. Seria impossível, para não dizer absurdo, tentar discutir a questão da igualdade e, por ela, da isonomia no Direito do Trabalho, procurando passar ao largo do esquema tradicional imposto pelo idealismo constitucional, que é essa constante tentativa de remendar esse sistema ideal e supostamente auto-suficiente, a todo momento esgarçado pela realidade social gritantemente contrária e, agora, inquietantemente esfarrapante dessa racionalidade. É claro que sempre haverá quem diga que a questão é de simples conformação das normas e dos valores à nova realidade, num exercício de ponderação, esse tão decantado neologismo jurídico para substituir a aristotélica ideia de equidade, sublinhando a persistência dos ideais civilizatórios que aninam essa racionalidade, porém, sem disfarçarem que a cada momento se reescreve o Texto, que deveria ser maior e inarredável, lendo-o com outras lentes e mudando-lhe a cada crise o significado e o alcance, muitas vezes sem sequer alterar-lhe uma letra, um ponto sequer na sua forma escrita. A cada "renascimento" desse Texto, a cada reescrito que dele se faz, há muitas vezes uma "re-constituição", que passa ao largo dos métodos e processos democráticos legitimadores instituídos por esse próprio Texto. Em nome da democracia liberal e do Estado Social de Direito, consagra-se a sua releitura conjuntural, sem considerar no mais das vezes as peculiaridades dos institutos, das relações jurídicas e sociais envolvidas e, menos ainda, da dimensão da realidade entre essas pessoas e as coletividades que desenham. A tudo se lê sob a ótica da autonomia privada de vontade, dos direitos individuais, da liberdade de iniciativa e da democracia liberal, como que passando uma borracha sobre a visão social do Direito, que determinou a transposição de um Direito Liberal para um Direito Social.

É justamente a contundência deste momento que mostra a insuficiência desse ferramental, que sonhava transpor o Direito do Trabalho, de Direito Social, para uma espécie de "Direito Constitucional Pós-Social", prescindindo das ideias que um dia ditaram o nascimento dessa nova seara do Direito, rotulando-as, por vezes, de ultrapassadas, ou lançando sobre elas uma nódoa autoritária que não é mais do que produto do desconhecimento histórico da formação dessas ideias. Com efeito, é impossível desprezar os caminhos do Direito Social, sobretudo no momento atual. Não é possível partir de uma ideia abstrata de igualdade formal e autonomia individual de vontade na relação entre empregados e empregadores, para dessa ideia extrair a validade de pactos dessa natureza, ainda que estimulados por benefícios estatais que não deixam de mascarar o favor a uma classe em detrimento de outra. Menos ainda é possível prescindir da dimensão coletiva das relações de trabalho como força normativa reguladora da dinâmica da realidade, tentando, na iminência da força maior, a imposição de uma determinada via de solução eleita por opção ideológica do legislador. Longe está dos ideais um dia proclamados para um Estado Social de Direito todo esse quadro e, logicamente, não se pode prescindir de alguma digressão sobre as peculiaridades das relações e dos institutos nesta seara, para que se possa encontrar caminhos menos ideais e mais efetivos para a solução de alguns problemas nesse momento de grave crise.

Pode parecer insignificante, ou mesmo tautológica, a reafirmação de que, em sua dimensão real, as relações de trabalho são relações desiguais, seja no âmbito individual ou naquele outro transindividual. A doutrina e a jurisprudência até chegam a alimentar o dogma da igualdade nas relações coletivas de trabalho, entre entidades representativas dos trabalhadores e dos empregadores, mas, novamente, a realidade, sempre ela, põe em questão esse dogma, dado o poder de pressão do capital e das mudanças tecnológicas sobre as entidades sindicais. Não raro, se uma se mostra reticente em negociar aqui, a solução é transferir a empresa para ali, ou modificar o processo de produção esvaziando a representatividade sindical. Quem conhece a dimensão real das relações de trabalho sabe que nelas está longe de realizar-se o prometido equilíbrio, ou o imperativo da isonomia, e que esse desequilíbrio não desprotege somente o trabalhadores, mas, não raro, os próprios empregadores nas relações entre as empresas, entre elas e o Estado e, muitas vezes, põe a todos em relações de verdadeira simbiose mutuamente destrutiva. Em uma palavra, nesta seara juslaboralista, a desigualdade se instala como um fato e o valor ideal da igualdade ou da isonomia não se insere nela pela simples afirmação abstrata da norma, necessitando de mecanismos concretos, complexos e sutis, para a sua efetivação. Esta, por seu turno, é muito mais tópica e casuística do que abstrata e ideal, mas não deve levar ao equívoco de pensar-se que possa deixar de ser objetiva e mediana, perdendo-se em manifestações de caráter opinativo ou estritamente particular. Saber se uma norma estatal é boa ou não para os trabalhadores, ou se atende aos interesses dos empresários ou não, com efeito, não é questão de opção ideológica ou visão de mundo do intérprete ou aplicador da norma, mas da sua conformação objetiva às peculiaridades medianamente constatáveis em determinadas relações individuais ou coletivas, especificamente consideradas.

Se a desigualdade é ditada pela realidade e se a igualdade é um valor ideal que, antes de escorar-se em qualquer norma, está fundada no imperativo de equilíbrio das relações interpessoais para prevenir os litígios e solidificar os laços de união e colaboração indispensáveis aos organismos sociais humanos, o alcance desse valor não ocorre com o seu simples enunciado abstrato e, menos ainda, com a constante releitura de seu enunciado à luz de novas peculiaridades da vida social, na tentativa de preservar esse enunciando ideal em contorno dessas peculiaridades. O pressuposto fático da desigualdade há de informar a construção do conceito normativo de igualdade nesta seara e, se ignorado pelo legislador, não pode vir a sê-lo pelo intérprete ou aplicador. Assim, a desigualdade reina entre trabalhador e empregador, mas não só entre eles, como também entre os trabalhadores entre si, entre os empresários entre si e entre todos esses personagens nas suas relações coletivas. O enunciado da igualdade de todos perante a lei, que é a raiz do sistema republicano, não pode deixar de ser lido sem considerar as diversas peculiaridades das relações postas para decisão, sabendo que, em se tratando de relações individuais ou coletivas do trabalho, a preponderância da vontade ou do interesse do Estado travestido de interesse público constitui exercício de autoritarismo, ao privar os particulares da igualdade perante o Estado-Soberano e, assim, fazer letra morta de outro prometido valor, que é o da liberdade.

O interesse do Estado-Soberano não coincide necessariamente com o interesse público e as normas por vezes editadas em caráter contingencial devem passar pelo filtro que escoime delas as opções ideológicas do legislador, fazendo as vezes desse filtro não só o debate parlamentar, ou o denominado controle de constitucionalidade, mas, sobretudo, aquele outro de conformidade aos valores fundamentais que suportam o pacto político diretor daquela sociedade, cuja verificação pertence também a cada intérprete ou aplicador. Não se confunda a expressão valores fundamentais com o alargamento que mais recentemente se vem dando à ideia de direito fundamental. A pretexto de conferir-se efetividade a certos direitos, tornou-se usual enunciar categoricamente o seu caráter fundamental, o qual quase sempre reside numa construção do intérprete a partir do texto constitucional, sem ligação direta com os valores que primeiro estruturam a ordem política e social daquela determinada sociedade e, não raro, entrando em choque com outros valores ou direitos também igualmente proclamados fundamentais. Quando se fala em conformação aos valores fundamentais, o que se quer dizer é a demonstração de inexistência de conflito com aqueles valores que, de tão estruturantes e profundos, não encontram definição fácil, repousando muito mais na experiência civilizatória do que nos manuais jurídicos, como é o caso desses valores de igualdade, liberdade, justiça, solidariedade, cooperação, que estruturam a maior parte das sociedades humanas.

2. As lutas como elemento de racionalidade da igualdade na agudização das crises

A solene proclamação da igualdade formal de todos perante a lei, valor burguês por excelência, como um valor a ser observado nas relações de trabalho constitui, no mínimo, o enunciado de um paradoxo, que é aquele do trabalhador, pessoa proclamada livre pelas normas mais elevadas de Direito Internacional e que, por via de um pacto, em regra de adesão, aceita subordinar-se ao empregador. Tal enunciado demonstra, como se disse na introdução deste escrito, que a igualdade nesta seara está longe de esgotar-se na normatividade abstrata, ideal, e deve ser construída pelos intérpretes ou aplicadores das normas. Em um primeiro ponto, vem em socorro da pessoa trabalhadora o estatuto público erigido pela ordem jurídica para sua proteção, com normas de saúde e segurança e, mais diretamente no que interessa ao tema deste escrito, de isonomia e vedação dos mais diversos preconceitos e iniquidades nas relações entre os trabalhadores e empregadores, mas também entre os próprios trabalhadores. Estas, porém, são também normas e, do mesmo modo, não prescindem da sua conformação aos fatos e da sujeição à crítica valorativa para efetivação no meio social. Por isso, em Direito do Trabalho, a igualdade reside antes de tudo na força, isto é, a força política que os trabalhadores em seus movimentos sociais e mesmo de pressão em face dos empregadores conseguem reunir para cingi-los à observância daquele estatuto público protetivo. Essa força, de modo algum, significa desordem ou, menos ainda, desprezo pela ordem, mas sim a constatação de que a própria ordem abstrata, no Estado Social de Direito, para ser efetiva depende do reconhecimento desses espaços de luta e efetivação dos direitos, que passam pelos meios de pressão exercidos pelos trabalhadores, sejam eles exclusivamente trabalhistas ou não, como pode ocorrer com a junção de forças de figuras de trabalhador e consumidor, trabalhador e usuário de determinados serviços etc. São eles não só o reconhecimento do direito de greve, mas também a negociação coletiva e o exercício do direito de ação em suas diversas espécies, seja de natureza coletiva ou individual. Papel muito importante tem a cumprir também o Ministério Público do Trabalho que, como magistratura em sentido amplo, tem o dever de promover a ordem abstrata como um fato. Longe de imaginar-se que a força coletiva do operariado se esgota com o enfraquecimento da associação sindical, deve-se perceber que a Pós-Modernidade oferece outras dimensões e mecanismos de exercício da cidadania, sem excluir necessariamente a relação de exploração do trabalho e, por isso, parecendo lícito associar as diversas dimensões de demanda para o fortalecimento dos embates.

A igualdade será tão ou mais efetiva quanto for livre o exercício desses mecanismos de pressão pelos trabalhadores e, porque não, na dimensão judicial, também pelos empresários que, não raro, se veem colhidos por pleitos exagerados ou inatendíveis. Agregam-se a esse campo ainda outros instrumentos, como as denominadas CIPA, órgãos importantes em momento de crise sanitária e que podem estabelecer uma colaboração mais direta com o empresariado para preservar níveis mínimos de proteção à saúde dos trabalhadores. As entidades sindicais, a par do seu papel na negociação coletiva, têm ainda outro de igual ou maior relevância, que são o de manterem-se próximas dos trabalhadores ouvindo e recolhendo suas manifestações, queixas, sugestões e impressões, para preparar suas pautas e municiar órgãos públicos, sobretudo o Ministério Público do Trabalho, com informações para o exercício das ações que possam, em caráter de urgência, proteger os trabalhadores de perigos iminentes. Se é pouco provável que um trabalhador, num ambiente econômico de largo desemprego, se volte durante a relação de trabalho contra o empregador para protestar contra a falta de observância de normas emergenciais de higiene, é dessas entidades de proteção, aquelas sindicais, o Ministério Público, a Defensoria Pública e outras tantas entidades devotadas a essa seara, a tarefa de recolher as insatisfações, as situações de desequilíbrio e procurar, por um dos canais de efetivação de direitos nesta seara, seja a negociação individual ou coletiva, mediação, arbitragem, ações em juízo, ou mesmo exercício do direito de greve, construir a vias de reequilíbrio e reparação. Não será certamente pelo enunciado abstrato de direitos ou pela sua enfadonha repetição pública do simples enunciado, que se alcançará a pretendida efetividade. É preciso estar próximo às classes das relações de trabalho, ouvi-las e procurar compreendê-las, sabendo que a igualdade nesta seara é antes equidade do que igualdade burguesa e soluções *sui generis* podem mostrar-se mais razoáveis. De nodo algum os responsáveis por essa interlocução entre os trabalhadores e os mecanismos de efetivação da sua proteção se exoneram das suas obrigações ao pretenderem a simples efetivação da norma abstrata, sem cuidar de cunhar soluções factíveis à luz da realidade prática. Recostar-se na postulação de um ideal que se sabe, na realidade improvável de ser alcançado, é tão ou mais nocivo do que nada fazer, já que a postulação do irrealizável ou improvável somente contribuirá para o discurso de descrédito dos estatutos protetivos por meio da contundência da sua inefetividade.

A igualdade nas relações de trabalho é antes, em uma palavra, uma força que deve implantar-se no seio dessas relações; uma força que deriva daquela mesma força das lutas operárias que levaram à construção do Estado Social de Direito e que se põem em perigo com a crença numa ordem ideal irrealizável. O Direito do Trabalho, em momentos de crise, não pode descuidar-se de suas origens, que residem num Direito de acepção aristotélica, isto é, construído sob os embates da equidade e não resultado abstrato de concessões de caráter meramente proclamatório. O Direito do Trabalho, numa comparação mais perceptível para os conhecedores do Direito Romano, deve ser mais *ius* do que *lex*, isto é, mais uma proporção que se estabelece em concreto para reger as relações entre os seus sujeitos do que uma norma abstratamente proclamada e dependente da realidade fática e valorativa para efetivar-se. Não significa isso, de modo algum, desprezo pela lei, como normação prévia da generalidade dos casos, porquanto o reconhecimento da ordem é pressuposto para a instauração da justiça, mas, de igual modo, saber que o limite dessa ordem é a correta proporção, a justiça que possa restabelecer em cada situação. Quando a racionalidade que é ínsita à norma já não atende à dimensão do problema, é irracional não reconhecê-lo e insistir na reafirmação de valores de fato esvaídos.

Por isso, nestes momentos vêm à mente velhas máximas romanas cunhadas para situações dessa natureza, tais como *ad impossibilia nemo tenetur* ou *necessitas non habet legem*, todas a destacar que o limite de qualquer comando é a sua factividade, pois aquele que dela desborda é mera abstração. Aliás, em uma visão existencialista, é justamente esse imperativo da factividade que é elemento de libertação. Lembrando aquela ordem de conceitos que desafia a razão científica, como antes mencionado, a liberdade e a justiça nas relações de trabalho, verdadeiros vetores de instauração da igualdade, são intradutíveis por síntese oral ou escrita, mas antes conformam-se na objetividade dos fatos. Por isso o imperativo do exercício dos meios de luta, coletiva ou individual, judicial ou extrajudicial, como pressuposto da igualdade em momentos de crise, sabendo que, na inércia, os fatos também à injustiça conformam, tanto que a sabedoria popular lembra as máximas "o que não tem remédio, remediado está" e *mors omnia solvit*.

3. Mais especificamente a isonomia e a agudização das crises no Direito do Trabalho

A ideia de isonomia constitui, antes de tudo, um aprofundamento da ideia de igualdade. Mais do que a abstração de direitos e garantias, há o imperativo de igualdade de tratamento. Apesar de a isonomia, por sua etimologia, sugerir igualdade no plano abstrato normativo, o seu significado mais próprio é a instauração de um equilíbrio de tratamento no plano fático das relações. Em Direito do Trabalho pode-se cogitar dela tanto no plano individual quanto naquele outro coletivo, conquanto a expressão mais visível seja aquela do plano individual. Fala-se, por isso, em isonomia salarial, isonomia de tratamento, isonomia de oportunidades, isonomia entre os gêneros, entre as diversas etnias e credos religiosos e, antes de tudo, entre trabalho manual e intelectual, já que, em sociedades que, como aquelas antigas, pressupõem o desprezo aos chamados ofícios mecânicos, não se pode de resto pensar em todas as outras figuras de isonomia antes lembradas e que estão longe de esgotar uma relação que se pretendesse fazer das suas possíveis figuras. A rigor, ainda que se possam mencionar diversos incisos do art. 7º., da Constituição, contemplando normas de isonomia entre trabalhadores, não se deve olvidar que esta é antes norma de fato, que se instaura no equilíbrio das relações de trabalho. Não faz qualquer sentido, por exemplo, enunciar o direito à isonomia remuneratória entre o trabalhador homem e uma mulher, se na comparação, ambos exercem funções distintas. Pouco sentido faz também dizer, genericamente, que homens ganham mais do que mulheres ou que estas estão progredindo mais no nível de instrução do que aqueles, se tudo isso não se contextualiza à luz de parâmetros concretos de comparação. Se o enunciado constitucional das normas de isonomia, sobretudo no trabalho, representa imensa conquista histórica, cuja importância nunca pode ser negligenciada, não se pode descuidar que o teatro da efetivação da isonomia é o dos fatos, tempo e espaço, sob a crítica dos valores. Sem eles, afirmar, por exemplo, que um empregador não pode conceder determinada vantagem a um trabalhador e não aos demais, é norma que rápido se perde à luz da imensa complexidade das espécies remuneratórias nas incontáveis espécies de relações de emprego.

Tomado esse aspecto fático da isonomia, pode-se perceber que a previsão teórica de determinadas situações-tipo para serem contempladas com a paridade de tratamento tem grande importância para a estruturação dos instrumentos de tutela, mas, antes, depende da apreensão de um quadro fático para que seja objeto dessa tutela e, para tanto, não pode prescindir da atividade crítico-valorativa do intérprete. Assim como é possível falar na isonomia como vetor constitucional de direção da atividade do próprio legislador, que não pode, por exemplo, beneficiar sem a devida justificativa um grupo de pessoas em detrimento de outro, também se deve perceber que o mesmo senso crítico que se impõe ao legislador deve reproduzir-se na atuação dos intérpretes e aplicadores da lei, sejam eles membros de Poderes, agentes do Estado, doutrinadores ou meramente particulares, neste último caso debaixo da ideia da chamada eficácia horizontal dos direitos ditos fundamentais. Como verdadeiro instrumento de controle dessa atividade crítico-valorativa coloca-se a dimensão coletiva, ou transindividual, no caso do Direito do Trabalho. Se é certo que o legislador pode editar normas que desconsiderem ou negligenciem esse vetor da isonomia; se o mesmo pode fazer o Poder Judiciário, ao tomar decisões sem esse balizamento, ou ainda o próprio empresário, em favor de seus interesses egoísticos ou por mera ignorância, são os instrumentos de tutela a esses direitos, desde as ações individuais e os recursos a ela inerentes, passando pelo processo coletivo e a atuação pedagógico-formadora e reparadora do Ministério Público do Trabalho, até o exercício dos meios legítimos de pressão coletiva, como a negociação coletiva ou mesmo a greve, constituem as vias de edificação e reparação de eventuais desvios em contrário às aspirações éticas de paridade de tratamento que residem, em última análise, no fundamento maior da república, que é a igualdade. Não só a igualdade formal, mas com o manejo dessas vias, sobretudo, a igualdade material ou substancial.

Se é a medida dos fatos que dimensiona a isonomia e se esse dimensionamento se torna ainda mais problemático em situações de crise ou escassez. Num ambiente em que prepondera a necessidade de grandes contingentes e os recursos para atendê-los são limitados, a afirmação dos compromissos do aplicador das normas com aqueles preceitos isonômicos nelas estampados pode soar vazio ou de nenhum efeito, já que será inevitável que determinados direitos permaneçam insatisfeitos, ou, pior, que algumas iniquidades prevaleçam em função do extremo das necessidades. Expectativas de direitos, direitos legitimamente conquistados, obrigações contratualmente exigíveis podem tornar-se rapidamente letra morta. Em alguma medida, há exemplos históricos até mesmo da perda da credibilidade e do valor do mais alto documento de confiança, que é o papel moeda. Em momentos históricos de hiperinflação ou de bruscas mudanças políticas no Estado, houve situações em que o papel-moeda ou títulos de crédito perderam absolutamente o seu valor de troca. Assim, ações, títulos da dívida pública, debêntures, ou mesmo cheques ou notas promissórias revelaram-se da noite para o dia papéis sem qualquer valor comercial, infligindo imensas perdas aos credores, detentores desses papéis. Em outras palavras, o valor de sustentação das trocas no comércio jurídico, que é a confiança, se esvai, provocando todo um redimensionamento, um reequilíbrio das relações jurídicas. O que se pede do legislador e do juiz neste momento é, sobretudo, a decisão de equidade, revendo os valores que fundamentam as diversas relações e a comutatividade das obrigações, na tentativa de restabelecer o equilíbrio que permite exigir de cada um o desempenho da sua obrigação reestruturada, dentro da mesma força diretora da boa-fé objetiva que normalmente se esperaria e, restabelecida harmonia que justifica as obrigações mútuas, torna a poder ser esperada, afastando a oneração excessiva como argumento para a inexecução obrigacional.

É importante sublinhar, neste ponto, que não se trata de promover, no terreno do Direito das Obrigações, uma equalização das obrigações das partes contratantes, porque estas podem mesmo, a depender da razão de ser da obrigação, da função social que cumpra, pode haver mesmo desequilíbrio, o qual, contudo, não menos pode ser posto em questão por uma eventual crise, tornando excessivas as prestações para além daquele desequilíbrio originariamente contratado. Neste momento, o que se busca restabelecer é a harmonia, antes à luz do querer objetivo e da função social da obrigação. Tal constatação, pode servir para o Direito do Trabalho, no qual as relações são, por definição, desequilibradas e a crise da exploração capitalista do trabalho humano é da essência dessas relações. Caberá aqui ao legislador antes e, depois, ao intérprete, ou mesmo diretamente ao aplicador da norma nos momentos mais agudos de crise, compreender que a limitação de recursos muitas vezes não permitirá a satisfação de diversos direitos, ou mesmo que não permitirá a perfeita isonomia de tratamento, sob as suas mais diversas feições, entre os trabalhadores e, para cunhar o tratamento correto, equilibrado, deverá ter presente as diversas peculiaridades dos fatos, à luz da racionalidade objetiva e também da teoria objetiva da vontade, procurando preservar e manter vivas as funções sociais de cada instituto e presentes, o quanto mais o possível, as proteções equalizadoras asseguradas pela arcabouço normativo. Assim como não deve o legislador ou o aplicador da norma por embaixo do braço o catálogo de direitos e sair exigindo esmiuçadamente o cumprimento de cada um deles, também não deve dar um verdadeiro salto hermenêutico e passar a situar a manifestação de vontade do trabalhador na dimensão do querer meramente subjetivo, por vezes psíquico.

Não será o fato de um trabalhador, por exemplo, ter firmado acordo com seu empregador para suspensão de seu contrato ou redução de sua jornada, que permitirá afirmar que tal manifestação de vontade é perfeita, uma vez que partida de uma escolha racional do mesmo trabalhador no exercício de sua autonomia privada de vontade. Tal raciocínio, em momentos de crise, não seria válido nem mesmo no Direito Civil, sabendo-se que este também conhece a teoria objetiva da vontade e a função social do contrato subordinada à boa-fé igualmente objetiva, além de ser lá o terreno de surgimento de exceções materiais destinadas a salvaguardar uma das partes da excessiva onerosidade abruptamente surgida em razão de fatores externos imprevisíveis. Se o trabalhador adere à proposta patronal de redução de jornada ou suspensão do contrato, o faz por falta de alternativa, visto que institucionalmente premido para essa escolha, sob pena de ter de suportar os efeitos de uma ainda pior, que poderia ser a imediata perda do emprego. Assim, não se trata de uma escolha subjetiva, no exercício da autonomia de vontade, mas, antes da simples adesão em razão de um quadro de extremo desfavor social. A interpretação dessa manifestação de vontade do trabalhador, longe de poder situar-se como uma mera escolha subjetiva, há de ser vista como uma adesão a um pacto que há de ter natureza coletiva, seja ele formalizado como acordo coletivo ou não. É de natureza coletiva, porque o empregador, quando escolhe suspender os contratos, há de fazê-lo objetivamente, para toda a empresa, determinado estabelecimento, determinado setor, determinada atividade, ou, até mesmo se for em relação a determinado trabalhador específico, sempre escorado em uma causa objetivamente demonstrável e não em mera escolha discricionária. Trata-se de exercício do querer institucional patronal e, por isso, projeta-se numa dimensão que não pode ser interpretada à luz de escolhas meramente subjetivas, ou talvez até para alguns, supostamente potestativas.

Revela-se anti-isonômica a conduta do empregador que impõe, por exemplo, somente a um estabelecimento a redução de jornada e não a outro, quando ambos executam funções análogas e não há razão objetiva nenhuma para determinar essa escolha de um e não de outro. Claro que razões de ordem administrativa, financeira, econômica, da produção ou tecnológica, de volumes de vendas e peculiaridades da clientela em cada local e tantas outras poderão sempre apresentar-se e serão sempre objeto de ponderação para justificar esse querer institucional da empresa. Se ela estiver escorada nesses motivos objetivamente comprováveis, não poderá sofrer qualquer censura nesse ato. Mas, por outro lado, se faltarem essas razões objetivas, o ato poderá ser nulificado à luz do art. 9º., da CLT, já que privado de justificativa racional. É razoável também que o empregador ao fazer suas escolhas tome em consideração a situação social ou familiar de cada grupo de trabalhadores ou mesmo de um deles individualmente. Se é certo que deve manter a isonomia de tratamento entre homens e mulheres, poderia o empregador, por exemplo, optar por atribuir as atividades de serviço em domicílio, usualmente denominado pelo anglicismo de *home office* ou *home service*, primeiro ao grupo das mulheres do que aos homens, partindo do pressuposto de que, num regime de confinamento social, seriam normalmente mais demandas por filhos mantidos em casa sem aulas. Poderia também ser escolhido primeiro para a suspensão dos contratos o grupo mais idoso, mais suscetível à contaminação por determinada doença, como é o caso da covid-19 e poderiam ser escolhidos para manterem-se em plena atividade aqueles trabalhadores com maiores encargos familiares, famílias mais numerosas, com pessoas com necessidades ditas especiais e assim por diante.

É preciso lembrar também que o legislador não está liberado dos limites das normas instituidoras de tratamento isonômico no momento da concepção das normas extraordinárias e, longe de poder fazer escolhas norteadas pela religião de suas ideias, vale dizer, sua ideologia política, social ou econômica, deve manter-se fiel ao projeto de valores que se estampa ordinariamente nas normas. Não é lícito ao legislador, sem justificativa de ordem racional e objetiva, dar tratamento privilegiado a uma classe em detrimento de outra, conceder maiores favores a empregadores do que a trabalhadores, por exemplo, ou destinar vultosas quantias para socorrer empresas do ramo financeiro e deixar minguar outras tantas menores de outros ramos, privadas de um socorro mais imediato ou efetivo. Se é complexa, difícil mesmo de questionar no âmbito judicial essa ordem de escolhas do legislador, por vezes oculta na dimensão insindicável das opções políticas discricionárias, isso não exclui a possibilidade de controle pelo Poder Judiciário, no extremo oposto, pela falta de desempenho da obrigação de considerar os mencionados valores jurídicos como norteadores de suas escolhas e de procurar realizar as diversas figuras de proteção e garantias prometidas pela ordem jurídica. Não é jurídica uma medida que põe de lado o valor da isonomia na escolha para os empregos públicos, por exemplo, a pretexto de dever escolher aqueles profissionais mais acessíveis em um dado momento. Se essa escolha poderia ser justificável num momento de emergência, para evitar um mal maior iminente, já não poderia sê-lo quando se estivesse a planejar métodos de enfrentamento de uma crise sanitária, por exemplo. Toda vez que há tempo para o exercício da racionalidade e as soluções não são reclamadas para o momento mais imediato, algum nível de prestígio tem-se de conferir às normas isonômicas, ainda que não se possa fazê-lo de forma plena, como usualmente previsto na ordem jurídica. Em uma palavra, a necessidade derroga a norma na exata medida da sua premência.

4. Conclusão

A efetivação do valor da igualdade e seu corolário, que é a isonomia, não se esgota no idealismo seja ele positivista ou pós-positivista, nem a ideia de ponderação de direitos é suficiente para abstrair a natureza dos institutos e das relações, sobretudo na dimensão juslaboralista, tornando, por hipótese, a uma ótica privatista e estritamente liberal dos institutos e das relações jurídicas. O mundo ideal do Direito, da norma, não prescinde da realidade social e, tratando-se de relações de trabalho, é preciso não perder de vista os compromissos históricos em que se erguem os valores da denominada constituição do trabalho, a qual é anterior ao Texto de 1988, e deve respeitar as peculiaridades das relações de trabalho, entre as quais o caráter relativo da autonomia privada de vontade; a construção coletiva dos direitos, por via da negociação e também, por vezes, pela via das lutas também coletivas. A igualdade e, através dela, a isonomia, em Direito do Trabalho, são construções da dimensão transindividual dos direitos, assimiladas pelo legislador e, mercê das vitórias políticas da classe trabalhadora e da sua reconciliação com os valores da liberdade de iniciativa empresarial e do progresso econômico, alçadas à mais elevada dimensão normativa. O caminho que foi historicamente descrito foi aquele do real para o ideal, devendo este tornar a refletir na realidade aqueles compromisso que justificaram essa idealização. No momento em que se promove a releitura desses valores, para tornar a uma visão liberal estrita, sob imperativo a autonomia individual de vontade e da prevalência do caráter meramente subjetivo dessa vontade, o que há, antes de tudo, é o rompimento desse compromisso constitucional.

A contundência da crise sanitária decorrente da covid-19 e seus desdobramentos sociais e econômicos não são oportunidades para o esgarçamento desse rompimento, a pretexto de resolver problemas impossíveis de serem resolvidos debaixo dos patamares tornados ideais pela aludida assimilação normativa. Ao invés de promover-se um retorno a uma feição liberal estrita das relações de trabalho, pretensamente cingidas ao seu caráter obrigacional, devem-se rememorar e recuperar os instrumentos que levaram à construção do Direito do Trabalho como uma disciplina especial. Não se deve perder de vista o caráter pessoal das relações de trabalho, envolvendo o trabalhador em corpo e espírito e a necessidade coletiva de manter-se a dinâmica da produção e das trocas comerciais. É inarredável a coordenação desses valores humanísticos e econômicos, cujo estado de necessidade, ao invés de autorizar o desprezo ao primeiro em favor deste último, debaixo da crença liberal de que a manutenção da pujança econômica resolverá de futuro todos os problemas, deve orientar a preservação desses valores humanísticos no possível equilíbrio com os interesses econômicos, tecnológicos e de outras ordens. Reaparece, revigorada, neste momento a equidade, como princípio central da teoria da justiça, reavivando o imperativo do bem comum como elemento diretor da normatividade, o qual se estabelece não por opção político-ideológica, mas à luz de imperativos concretos e objetivos.

Se o Direito do Trabalho historicamente se escora no privilégio da realidade em detrimento de formalidades abstratas, a eclosão de uma crise sanitária não constitui fundamento válido para um retorno às hostes liberais estritas de pensamento, negando validade ao pensamento liberal-social ou social-democrata. Ao contrário, a contundência da crise e o restabelecimento dos valores que justificam a proteção especial às relações de trabalho, impõe encontrar, equitativamente, novos caminhos para a efetivação mesmo arcabouço valorativo, o qual será expresso na realidade social na medida do possível, sem impor o inexigível, nem apegar-se à letra tornada morta pela realidade, mas lembrando que antes dessa letra há todo um processo de construção dos direitos, que pode e deve ser reavivado. Não se trata, propriamente, de fazer nascer novos direitos e, menos ainda, de sepultar aqueles de inspiração isonômica até então imperantes, mas de cuidar para que continuem existindo na proporção que a realidade permitir, sem sofismas como o oferecimento de garantias que se sabe negadas pela mesma realidade, nem a imposição de ônus a certas classes em detrimento de outras a pretexto da inevitabilidade. Ao invés de prestigiarem-se normas ideais de organização do Estado, ou de divisão de competências, como se fossem valores intransponíveis, deve por em sobrelevo os valores humanísticos que merecem proteção.

Trata-se de reconhecer, como se disse acima, que o Direito do Trabalho foi o terreno de desenvolvimento ou ressurgimento, se é lícito empregar esse termo, de um Direito menos jurídico, ou em outras palavras, da oportunidade de voltar-se mais para uma distinção que foi precisa em Direito Romano e que foi-se perdendo para nós progressivamente, sobretudo a partir do Iluminismo, que é aquela entre *lex*, como norma abstrata voltada a reger mais especificamente as dimensões que hoje chamaríamos públicas da vida, normas parcimoniosamente editadas pelo legislador, e *ius*, como proporção de equilíbrio nas relações jurídicas, casuisticamente estabelecidas pelo trabalho dos magistrados ao analisar os diversos casos e dos jurisconsultos, ao tratarem dos diversos problemas que lhes eram apresentados para solução de acordo com a sua experiência e conhecimento. Não por acaso, o Direito Pretoriano foi, no Direito Romano, a sede de criação da maior parte das exceções até hoje conhecidas e, no momento muito relembradas, para reequilíbrio de situações de injustiça que se faziam gritantes em face da realidade concreta. Não por acaso, apesar do absurdo da convivência com a escravidão, foi esse Direito da Antiguidade que elaborou diversas ficções para franquear o trabalho de escravos, conhecendo-se mesmo em Roma os exemplos de escravos que detinham grandes fortunas no exercício de atividades financeiras.

Se à luz dos valores e compromissos éticos de nossa época muito ou quase tudo que se fazia em Roma pode parecer absurdo ou ultrapassado, não é menos verdade que o idealismo nos retirou uma capacidade que já é tempo de tentar recobrar e entender com mais perfeição a sua técnica, que é aquela da construção casuística dos direitos, sob o imperativo objetivo da ética e de valores, precisando menos do legislador e mais do intérprete e aplicador das normas, desenvolvendo-se uma percepção mais fina para as soluções sem grandes saltos valorativos e sem descuidar da realidade. A grande tarefa que se acha à frente dos juslaboralistas neste momento histórico não é passar uma borracha nos direitos sociais e lê-los com as lentes do BGB alemão de fins do século XIX, início do século XX, repaginadas sob a ótica de uma doutrina liberal estrita e tributária dos valores de uma Economia Financeira transnacional e que procura abstrair o próprio meio-ambiente como realidade limitadora, mas antes entender, com as dramáticas mensagens que essa natureza impõe, que não há igualdade, nem direitos, ou menos ainda sucesso e progresso em qualquer área, se antes não houver seres humanos para de todos os benefícios aproveitarem-se, lembrando que o Direito é antes busca da felicidade e não mais uma forma de fazer as pessoas infelizes.

6

DIREITO FUNDAMENTAL À PRECAUÇÃO EM TEMPOS DE CORONAVÍRUS

Marcelo Rodrigues Prata[1]

Introdução

A COVID-19 é uma gripezinha, mas que gerou uma histeria coletiva global, alimentada pela grande mídia.

Ora, qual a importância da morte de alguns milhares de infectados pelo novo coronavírus, comparada com a de outras milhões de pessoas que perecerão em virtude da recessão econômica provocada pela quarentena?

Na verdade, a COVID-19, em 90% dos casos, não passará de um resfriadinho. Portanto, basta o isolamento vertical de idosos e pessoas portadoras de doenças crônicas para que a economia possa continuar a funcionar normalmente.

Jovens favelados não contraem a doença.

O coronavírus tem como hospedeiros morcegos, cuja sopa faz parte da dieta chinesa, transmitindo-se assim aos seres humanos.

1. Marcelo Rodrigues Prata é Membro da Academia Brasileira de Direito do Trabalho, titular da Cadeira nº 88. Possui graduação em Direito pela Universidade Católica do Salvador. É Mestre em Direito das Relações Sociais pela PUC/SP. Aprovado no Curso de Especialização em Processo — Pós-Graduação "Lato Sensu", promovido pela Fundação Faculdade de Direito da Bahia. É Doutorando em Direito do Trabalho e da Seguridade Social pela USP. Atualmente é Juiz Titular da 29ª Vara do Trabalho de Salvador do TRT da 5ª Região. É Autor dos livros: *A prova testemunhal no processo civil e trabalhista*. São Paulo: LTr, 2005; *Anatomia do assédio moral no trabalho*. São Paulo: LTr, 2008; *O direito ambiental do trabalho numa perspectiva sistêmica*. São Paulo: LTr, 2013 e *Assédio moral no trabalho sob novo enfoque*: cyberbullying, "indústria do dano moral", carga dinâmica da prova e o futuro CPC". Juruá: Curitiba, 2014.

Aliás, o mais provável é que o coronavírus tenha sido produzido em laboratório da China, com objetivo de disseminar o socialismo pelo mundo, sob sua liderança. Afinal, se trabalhadores e consumidores não podem sair de casa, a economia capitalista entra em colapso, obrigando a intervenção do Estado em todos os aspectos da sociedade.

Alvíssaras! Encontrada a cura da COVID-19 pela hidroxicloroquina.

Essas opiniões sem qualquer fundamento científico comprovado têm sido disseminadas, enfraquecendo-se o combate à pandemia de COVID-19, reconhecida pela Organização Mundial da Saúde – OMS, em 11 de março de 2020.

No estado da ciência e da técnica atual, porém, o que se sabe é que a doença mata.

Além disso, ela se espalha muito facilmente, transmitindo-se de pessoa a pessoa. Não há remédio com eficácia testada contra o novo coronavírus. Por conseguinte, higienização, distanciamento ou isolamento social e quarentena são — pelo que se sabe até agora — as medidas eficazes para conter o avanço veloz da COVID-19. Esta última, por sua vez, provoca internações em números alarmantes, fazendo com que o sistema de saúde entre rapidamente em colapso, a prejudicar também portadores de outras doenças graves. [2]

Em 27 de abril de 2020, no Brasil, **já tinham ocorrido**4.205 mortes e 61.888 casos confirmados de COVID-19, conforme o Ministério da Saúde. Já no m**undo** havia mais de 2,9 milhão de casos confirmados e mais de 206 mil mortes — total de mortos equivalente ao provocado pelas bombas atômicas lançadas sobre Hiroshima e Nagasaki.[3]

Aliás, há casos em que não existem leitos e respiradores nas UTIs disponíveis para todos, obrigando médicos a fazer a trágica escolha entre pacientes com maior ou menor chance de sobrevivência.Por sinal, isso nos remete aos campos de extermínio, nos quais idosos e doentes eram os primeiros selecionados à câmara de gás. A propósito, há quem proponha a criação de campos de concentração para alojar os portadores da COVID-19. Tudo isso alinhado com a concepção eugênica — igualmente com ressaibo nazista — segundo a qual alguns milhares de indivíduos menos aptos devam ser sacrificados em nome da seleção dos mais aptos da espécie.

---

2. OMS. *Preguntas y respuestas sobre la enfermedad por coronavirus (COVID-19)*. Disponível em: <https://www.who.int/es/emergencies/diseases/novel-coronavirus-2019/advice-for-public/q-a-coronaviruses>. Acesso em: 12 abr. 2020.
3. ESTADÃO. *Acompanhe notícias do coronavírus em tempo real*, 27 abr. 2020. Disponível em: <https://brasil.estadao.com.br/ao-vivo/coronavirus-no-brasil>. Acesso em: 27 abr. 2020.

Por sinal, a Comissão Interamericana de Direitos Humanos (CIDH) da Organização dos Estados Americanos (OEA) adotou, em 1º de abril, a Resolução nº 01/2020: "Pandemia e direitos Humanos nas Américas", segundo a qual o enfrentamento da COVID-19 não pode obviamente se dar ao arrepio dos direitos humanos.[4-5]

1. Abordagem epistemológica da pandemia de COVID-19

A pandemia de COVID-19 trata-se evidentemente de situação hipercomplexa, catástrofe de proporções bíblicas, cujo enfrentamento sério dispensa preconceitos, teorias da conspiração, *fake news* e achismos.

Por sinal, quando se trata de problema de magnitude planetária o pensamento complexo pode nos auxiliar a tentar encará-lo. A propósito, a teoria dos sistemas luhmanniana (resumindo-se ao máximo em virtude do corte metodológico aqui imposto) defende a ideia da sociedade como sistema global, operada por intermédio da comunicação. Por sua vez, ela é composta por subsistemas sociais, a exemplo do (a) econômico, (b) político, (c) jurídico, (d) religioso, (e) científico etc. Todos operacionalmente fechados,

---

4. Por sinal, a Declaração Universal dos Direitos do Homem, adotada pela maioria da Constituições modernas, estabelece: "Artigo I - Todos os seres humanos nascem livres e iguais em dignidade e direitos. São dotados de razão e consciência e devem agir em relação uns aos outros com espírito de fraternidade. Artigo II - 1 - Todo ser humano tem capacidade para gozar os direitos e as liberdades estabelecidos nesta Declaração, sem distinção de qualquer espécie, seja de raça, cor, sexo, idioma, religião, opinião política ou de outra natureza, origem nacional ou social, riqueza, nascimento, ou qualquer outra condição. 2 - Não será também feita nenhuma distinção fundada na condição política, jurídica ou internacional do país ou território a que pertença uma pessoa, quer se trate de um território independente, sob tutela, sem governo próprio, quer sujeito a qualquer outra limitação de soberania. Artigo III - Todo ser humano tem direito à vida, à liberdade e à segurança pessoal".

5. A propósito, decidiu o Ministro Ricardo Lewandowski, em sede de embargos de declaração, proferido na ADI 6363 MC/DF: "A interpretação conforme à Constituição adotada na decisão embargada atende também à recentíssima Resolução 1/2020, da Comissão Interamericana de Direitos Humanos – CIDH, intitulada 'Pandemia e Direitos Humanos nas Américas', que exorta os Estados-membros, em seu item 5, a assegurarem o respeito aos direitos econômicos, sociais, culturais e ambientais de sua população [...]. E mais: recomenda que os Estados-membros da CIDH garantam rendas e meios de subsistência a todos os trabalhadores, priorizando a proteção dos empregos, dos salários, da liberdade de associação e da negociação coletiva, bem como outros direitos, laborais e sindicais. [...] Ora, a experiência tem demonstrado que justamente nos momentos de adversidade é que se deve conferir a máxima efetividade às normas constitucionais, sob pena de graves e, não raro, irrecuperáveis retrocessos. De forma tristemente recorrente, a história da humanidade tem revelado que, precisamente nessas ocasiões, surge a tentação de suprimir – antes mesmo de quaisquer outras providências – direitos arduamente conquistados ao longo de lutas multisseculares. Primeiro, direitos coletivos, depois sociais e, por fim, individuais. Na sequência, mergulha-se no caos! A Constituição – é claro – não foi pensada para vigorar apenas em momentos de bonança. Ao contrário, o seu fiel cumprimento se faz ainda mais necessário em situações de crise, nas quais, na feliz metáfora de Jon Elster, ela serve como o mastro a que se prendeu Ulisses para que não se perdesse em meio ao canto das sereias, pois representa a derradeira barreira de proteção dos valores básicos da sociedade contra paixões ou interesses de uma maioria ocasional (Ulisses liberto: estudos sobre racionalidade, pré-compromisso e restrições. São Paulo: UNESP, 2009)...".

consoante código binário próprio, respectivamente, (a) lucro/prejuízo; (b) interesses do governo/da oposição; (c) lícito/ilícito; (d) transcendente/imanente; (e) verdadeiro/falso etc.[6]

Nada obstante, de modo paradoxal, os subsistemas sociais são cognitivamente abertos, ou seja, sujeitos a serem perturbados pelo ruído proveniente dos demais subsistemas, situados em seu ambiente externo, por intermédio de acoplamento estrutural. [7] Essa reverberação, porém, é processada segundo a autopoiese própria de cada subsistema.[8-9] Vale dizer, os subsistemas não se adaptam, ponto a ponto, às influências externas, sob pena de perderem sua identidade própria. Na verdade, eles passam por uma autoadaptação, ou seja, filtram ruídos externos e os processam de acordo com sua autopoiese particular.[10]

Mais precisamente, o subsistema da Economia está interessado na manutenção da capacidade de realizar pagamentos, na obtenção de lucro e em evitar de prejuízos que uma quarentena inevitavelmente implica.[11-12]

Já o subsistema da Política, priorizando a manutenção do poder – obtida pela maioria parlamentar e pelas vitórias eleitorais –, preocupa-se igualmente com a possibilidade de depressão econômica e com a perda de arrecadação e desemprego que ela acarreta.

Ocorre que a pandemia da COVID-19 inverte a lógica político-econômica imediatista. Vale dizer, é a preservação de vidas humanas que deve ser priorizada agora, pois

6. LUHMANN, Niklas. *Ecological communication*. Tradução de John Bednarz, Jr. Chicago: The University of Chicago Press, 1989, passim.
7. "Os acoplamentos estruturais constituem fundamentalmente mecanismos de *interpenetrações* concentradas e duradouras entre sistemas sociais." (NEVES, Marcelo. *Transconstitucionalismo*. São Paulo: Martins Fontes, 2009, p. 35 e 37.).
8. "Refers to (autopoietic) systems that reproduce all the elementary components out of which they arise by means of a network of these elements themselves and in this way distinguish themselves from an environment — whether this takes the form of life, consciousness or (in the case of social systems) communication. Autopoiesis is the mode of reproduction of these systems." (LUHMANN, Niklas. *Ecological communication*. Ob. cit., p. 142.).
9. "La autopoiesis no nos dice que el sistema exista por sí mismo, por suas próprias fuerzas y sin ninguna aportación del entorno. Más bien lo que se dice es que la unidad del sistema y, com ella, todos los elementos que conforman el sistema son producidos por el sistema mismo." (LUHMANN, Niklas. *La ciencia de la sociedad*. Tradução de Silvia Pappe et al. México, D.F.: Anthropos, Universidad Iberoamericana e ITESO, 1996, p. 27.).
10. LUHMANN, Niklas. *La ciencia de la sociedad*. Ob. cit., p. 248.
11. LUHMANN, Niklas. *Ecological communication*. Ob. cit., p. 51-62.
12. A propósito, Faria sustenta que "... com a expansão da econometria a teoria econômica teria sido quase inteiramente tomada por visões parciais do mundo e por abstrações e modelizações matemáticas dos mercados, com pouca ou nenhuma relevância — inclusive ética e moral — para o entendimento das contingências do mundo real". (FARIA, José Eduardo. *Direito e conjuntura*. 2. ed. São Paulo: Saraiva, 2010, p. 118-119.).

não há valor mais importante do que este último para a humanidade. [13] Por isso os olhos estão voltados para o subsistema da Ciência, o único comprometido com a ampliação do conhecimento verdadeiro, capaz de oferecer prevenção, tratamento e cura para a doença referida.[14]

É certo que o subsistema científico pode parecer uma caixa-preta para os demais sistemas parciais da sociedade, porém, ele é o único que opera segundo esquema binário verdadeiro/falso em sua função distintiva de alcançar racionalmente novos conhecimentos.[15]

Assim, apenas num segundo momento dever-se-á pensar na recuperação econômica global. Aliás, e.g., como aconteceu após o fim da Segunda Grande Guerra.

Em resumo, para o subsistema social da Economia, num primeiro momento, as medidas necessárias ao combate à pandemia global da COVID-19 representam inescapável prejuízo e, por conseguinte, sofrem resistências deste sistema parcial da sociedade.Assim como para o subsistema político, cuja prioridade consiste em vencer eleições, com o fundamental apoio de uma política de crescimento econômico. Já para a sociedade em geral, com base nas verdades científicas descobertas até agora, o principal é priorizar a salvação de vidas humanas.O valor maior, sem o qual os demais perdem qualquer sentido.[16] A recuperação da economia é, sim, essencial, mas poderá ser obtida posteriormente.

Aliás, é essa ideia racional que tem sido incessantemente difundida pela grande mídia, reverberando nos subsistemas econômico e político, a obrigar governantes e empresários a rever atitudes negacionistas, cujas consequências são calamitosas e irreparáveis para a humanidade.[17]

2. Noção sobre meio ambiente de trabalho com sadia qualidade de vida

Celso Antonio Pacheco Fiorillo entende que o meio ambiente do trabalho consiste no:

---

13. "No man is an island, entire of itself; every man is a piece of the continent, a part of the main; if a clod be washed away by the sea, Europe is the less, as well as if a promontory were, as well as if a manor of thy friend's or of thine own were; any man's death diminishes me, because I am involved in mankind, and therefore never send to know for whom the bell tolls; it tolls for thee." (DONNE, John. *Meditation XVII.* The Works of John Donne. vol III. Henry Alford, ed. London: John W. Parker, 1839. 574-5. Disponível em: <http://www.luminarium.org/sevenlit/donne/meditation17.php >. Acesso em: 20 fev. 2020.).

14. LUHMANN, Niklas. *La ciencia de la sociedad.* Ob. cit., p. 114, 189, 191-192, 197, 257.

15. CAMPILONGO, Celso Fernandes. *Política, sistema jurídico e decisão judicial.* Ob. cit., p. 95, 158 e 170. LUHMANN, Niklas. *Ecological communication.* Ob. cit., p. 64-65. LUHMANN, Niklas. *Sistemas sociais*: esboço de uma teoria geral. Tradução de Antonio C. Luz Costa et al. Petrópolis: Vozes, 2016, p. 373.LUHMANN, Niklas. *La ciencia de la sociedad.* Ob. cit., p. 248.

16. Diz a CF/1988: "Art. 5º - Todos são iguais perante a lei, sem distinção de qualquer natureza, garantindo-se aos brasileiros e aos estrangeiros residentes no País a inviolabilidade do direito à vida, à liberdade, à igualdade, à segurança e à propriedade...".

17. FOLHA DE SÃO PAULO. *Sistema de saúde público "salvou minha vida", diz Boris após alta*: Premiê britânico passou três noites na UTI para tratar complicações de Covid-19. 12 abr. 2020. Disponível em: <https://www1.folha.uol.com.br/mundo/2020/04/primeiro-ministro-do-reino-unido-boris-johnson-recebe-alta-do-hospital-apos-internacao-com-coronavirus.shtml>. Acesso em: 12 abr. 2020.

Local onde as pessoas desempenham suas atividades laborais relacionadas à sua saúde, sejam remuneradas ou não, cujo equilíbrio está baseado na salubridade do meio e na ausência de agentes que comprometam a incolumidade físico-psíquica dos trabalhadores, independente da condição que ostentem (homens ou mulheres, maiores ou menores de idade, celetistas, servidores públicos, autônomos etc.).[18]

Por sua vez, Amauri Mascaro Nascimento conceitua o *meio ambiente do trabalho* como:

O complexo máquina-trabalho: as edificações do estabelecimento, equipamentos de proteção individual, iluminação, conforto térmico, instalações elétricas, condições de salubridade ou insalubridade, de periculosidade ou não, meios de preservação à fadiga, outras medidas de proteção ao trabalhador, jornadas de trabalho e horas extras, intervalos, descansos, férias, movimentação, armazenagem e manuseio de materiais que formam o conjunto de condições de trabalho etc.[19]

Aliás, o Direito Ambiental do Trabalho é um complexo de princípios, regras e institutos jurídicos que se destina a proteger o ambiente laboral, ou seja, preservar a liberdade; a dignidade; a segurança; a saúde; a higiene e a qualidade de vida da coletividade dos trabalhadores.[20]

Por sinal, o direito ao meio ambiente de trabalho de sadia qualidade de vida está previsto em uma série de dispositivos da *Lex Fundamentalis*.[21]

---

18. FIORILLO, Celso Antonio Pacheco. *Curso de direito ambiental*. 9. ed. São Paulo: Saraiva, 2008, p. 22.
19. NASCIMENTO, Amauri Mascaro. *Curso de direito do trabalho*. 20. ed. São Paulo: Saraiva, 2005, p. 491.
20. PRATA, Marcelo Rodrigues. *O direito ambiental do trabalho numa perspectiva sistêmica*: as causas da inefetividade da proteção à ambiência laboral e o que podemos fazer para combatê-la. São Paulo: LTr, 2013, p. 62-63 e 75-76.
21. Art. 1º - A República Federativa do Brasil, formada pela união indissolúvel dos Estados e Municípios e do Distrito Federal, constitui-se em Estado Democrático de Direito e tem como fundamentos: [...] III - a dignidade da pessoa humana; IV - os valores sociais do trabalho e da livre iniciativa; [...]. Art. 5º - [...]. § 1º - As normas definidoras dos direitos e garantias fundamentais têm aplicação imediata. § 2º - Os direitos e garantias expressos nesta Constituição não excluem outros decorrentes do regime e dos princípios por ela adotados, ou dos tratados internacionais em que a República Federativa do Brasil seja parte. Art. 6º - São direitos sociais a educação, a saúde, o trabalho, a moradia, o lazer, a segurança, a previdência social, a proteção à maternidade e à infância, a assistência aos desamparados, na forma desta Constituição. Art. 7º - São direitos dos trabalhadores urbanos e rurais, além de outros que visem à melhoria de sua condição social: [...] XXIII - adicional de remuneração para as atividades penosas, insalubres ou perigosas, na forma da lei; [...] XXVIII - seguro contra acidentes de trabalho, a cargo do empregador, sem excluir a indenização a que este está obrigado, quando incorrer em dolo ou culpa; [...]. Art. 170 - A ordem econômica, fundada na valorização do trabalho humano e na livre iniciativa, tem por fim assegurar a todos existência digna, conforme os ditames da justiça social, observados os seguintes princípios: [...] III - função social da propriedade; [...] VI - defesa do meio ambiente, inclusive mediante tratamento diferenciado conforme o impacto ambiental dos produtos e serviços e de seus processos de elaboração e prestação; [...]. Art. 200 - Ao sistema único de saúde compete, além de outras atribuições, nos termos da lei: [...] VIII - colaborar na proteção do meio ambiente,

Por sua vez, a Consolidação das Leis do Trabalho possui um capítulo específico sobre o *meio ambiente do trabalho* — Capítulo V do Título I, sob a denominação "Da segurança e medicina do trabalho". Além disso, a própria CLT, em seu art. 200, delega ao Executivo o poder de expedir as Normas Regulamentadoras (NR), publicadas pelo Executivo por intermédio da Secretaria de Trabalho do Ministério da Economia e contidas na Portaria nº 3.214/1978, que tratam de disposições complementares às normas sobre medicina e segurança do trabalho previstas na mesma CLT. Por outro lado, a Lei nº 6.938/1981 dispõe sobre a Política Nacional do Meio Ambiente, seus fins e mecanismos de formulação e aplicação.[22]

3. Do princípio da precaução

O princípio da precaução exige uma atitude proativa, qual seja a de, em caso de dúvida, se antecipar os riscos de lesão.[23] Isso porque ele parte do pressuposto que o meio ambiente deverá ser preservado para as gerações atuais e futuras. Desse modo, articula-se com o princípio da solidariedade intergeracional.[24] De tal sorte, na dúvida, deve-se impedir a atividade que tenha a potencialidade para causar danos à ambiência:

> Reconhece-se, dessa forma, a substituição do critério da certeza pelo critério da probabilidade, ou seja, a ausência da certeza científica absoluta no que se refere à

---

nele compreendido o do trabalho. Art. 225 - Todos têm direito ao meio ambiente ecologicamente equilibrado, bem de uso comum do povo e essencial à sadia qualidade de vida, impondo-se ao Poder Público e à coletividade o dever de defendê-lo e preservá-lo para as presentes e futuras gerações. [...] § 3º - As condutas e atividades consideradas lesivas ao meio ambiente sujeitarão os infratores, pessoas físicas ou jurídicas, a sanções penais e administrativas, independentemente da obrigação de reparar os danos causados.

22. Art. 3º - Para os fins previstos nesta Lei, entende-se por: I - meio ambiente, o conjunto de condições, leis, influências e interações de ordem física, química e biológica, que permite, abriga e rege a vida em todas as suas formas; II - degradação da qualidade ambiental, a alteração adversa das características do meio ambiente; III - poluição, a degradação da qualidade ambiental resultante de atividades que direta ou indiretamente: a) prejudiquem a saúde, a segurança e o bem-estar da população; b) criem condições adversas às atividades sociais e econômicas; c) afetem desfavoravelmente a biota; d) afetem as condições estéticas ou sanitárias do meio ambiente; e) lancem matérias ou energia em desacordo com os padrões ambientais estabelecidos; IV - poluidor, a pessoa física ou jurídica, de direito público ou privado, responsável, direta ou indiretamente, por atividade causadora de degradação ambiental; V - recursos ambientais, a atmosfera, as águas interiores, superficiais e subterrâneas, os estuários, o mar territorial, o solo, o subsolo e os elementos da biosfera. V - recursos ambientais: a atmosfera, as águas interiores, superficiais e subterrâneas, os estuários, o mar territorial, o solo, o subsolo, os elementos da biosfera, a fauna e a flora.
23. PRATA, Marcelo Rodrigues. *O direito ambiental do trabalho numa perspectiva sistêmica*. Ob. cit., p. 83-88.
24. CANOTILHO, J. J. Gomes. Direito constitucional ambiental português: tentativa de compreensão de 30 anos das gerações ambientais no direito constitucional português.In CANOTILHO, J. J. Gomes e LEITE, José Rubens Morato. (Orgs.). *Direito constitucional ambiental brasileiro*. 2. ed. São Paulo: Saraiva, 2007, p. 6-7.

> ocorrência de um dano ambiental não pode ser vista como um empecilho para a aplicação das medidas ambientais.[25]

O princípio da precaução encontra amparo no ordenamento jurídico pátrio, mais precisamente na Constituição Federal de 1988.[26]

A adoção do princípio mencionado pelo sistema jurídico provocou uma mudança de paradigma, anteriormente adotava-se o princípio privatístico segundo o qual tudo que não está proibido está permitido, atualmente, exige-se das autoridades responsáveis e das instituições envolvidas a antecipação dos futuros problemas, ou seja, uma atitude proativa, vigilante e prudente. Aliás, o princípio da precaução tem estreita relação com a teoria do risco criado pela própria atividade da empregadora — conforme o Código Civil:

Art. 927 - Aquele que, por ato ilícito (arts. 186 e 187), causar dano a outrem, fica obrigado a repará-lo.

Parágrafo único. Haverá obrigação de reparar o dano, independentemente de culpa, nos casos especificados em lei, ou quando a atividade normalmente desenvolvida pelo autor do dano implicar, por sua natureza, risco para os direitos de outrem.

No que tange ao ônus da prova, o princípio em comento implica a obrigação do réu de demonstrar que a atividade em testilha não põe em risco a saúde ou a vida do trabalhador.[27]

Noutros termos, o princípio da precaução trabalha com a ideia básica de que na dúvida se determinado ambiente é poluente, ou não, deve-se tomar as medidas de cautela possíveis de modo a evitar danos para as gerações presentes e futuras. Vale dizer, enquanto que o princípio da prevenção rege situações sabidamente perigosas ou insalubres para o trabalhador — como, v.g., risco de explosões ou incêndios,bem como exposição ao chumbo, à radiação ionizante, ao amianto etc. —, o da precaução considera o estado da ciência e da técnica atual quanto ao risco, ou não, de determinada atividade.[28]

---

25. COLOMBO, Silvana Brendler. O princípio da precaução no direito ambiental. *Jus Navigandi*, Teresina, ano 9, n. 488, 7 nov. 2004. Disponível em: <http://jus2.uol.com.br/doutrina/texto.asp?id=5879>. Acesso em: 27 maio 2010.
26. "Art. 225 - Todos têm direito ao meio ambiente ecologicamente equilibrado, bem de uso comum do povo e essencial à sadia qualidade de vida, impondo-se ao Poder Público e à coletividade o dever de defendê-lo e preservá-lo para as presentes e futuras gerações. § 1º - Para assegurar a efetividade desse direito, incumbe ao Poder Público: [...] IV - exigir, na forma da lei, para instalação de obra ou atividade potencialmente causadora de significativa degradação do meio ambiente, estudo prévio de impacto ambiental, a que se dará publicidade; V - controlar a produção, a comercialização e o emprego de técnicas, métodos e substâncias que comportem risco para a vida, a qualidade de vida e o meio ambiente; [...] VII - proteger a fauna e a flora, vedadas, na forma da lei, as práticas que coloquem em risco sua função ecológica, provoquem a extinção de espécies ou submetam os animais a crueldade ..."
27. MACHADO, Paulo Affonso Leme. *Direito ambiental brasileiro*. 18. ed. São Paulo: Malheiros, 2010, p. 89-90.
28. SADY, João José. *Direito do meio ambiente de trabalho*. São Paulo: LTr, 2000, p. 124-125.

Todavia, o respeito ao princípio da precaução exige exame de custo-benefício na adoção de determinadas medidas protetivas. Por outras palavras, é necessário que haja fundada suspeita de risco tão grave que as justifique, sob pena de se inviabilizar a atividade empresarial. A propósito, Silvana Brendler Colombo defende que deve ser levada em conta a "... relação custo e eficácia das medidas ambientais adotadas em função do princípio da precaução e também da realidade econômica, social e tecnológica do local em que se verifica a probabilidade da ocorrência do dano ambiental".[29] Por sua vez, "o custo excessivo deve ser ponderado de acordo com a realidade econômica de cada país, pois a responsabilidade ambiental é comum a todos os países, mas diferenciada".[30]

Mais precisamente sobre a pandemia global da COVID-19, já se tem ideia a respeito de suas principais formas de transmissão, taxa de internação, letalidade e medidas preventivas. Todavia, como se cuida aí de algo extremamente novo, não se pode afirmá-lo com segurança. Aliás, inicialmente pensava-se tratar-se de fenômeno localizado na China, depois passou-se a acreditar que o novo coronavírus apenas sobreviveria em países frios. Também já se afirmou que apenas idosos e doentes crônicos seriam mortalmente atingidos. Nada obstante, é consabido, as certezas mudam à medida que a nova doença avança, juntamente com estatísticas mais confiáveis a respeito. A verdade é que vivemos numa sociedade de risco, criada pelo processo de industrialização, novas tecnologias e agressões ao meio ambiente, cabendo à ciência e também à própria tecnologia encontrar meios para enfrentar a pandemia em foco, com a colaboração dos demais setores da sociedade.[31]

4. Legislação ambiental trabalhista sobre a COVID-19

Atropeladamente,uma série de medidas legislativas vêm sendo editadas para cuidar da emergência na qual nos encontramos, cuja azáfama tem levado o legislador ao limite de sua capacidade, ou seja, forçando-o, por vezes, a recuar na adoção de algumas medidas, tendo em vista que sua constitucionalidade poderia ser facilmente questionada, trazendo assim ainda mais insegurança jurídica em um momento já deveras delicado.[32]

Fazendo-se um esboço do arcabouço jurídico criado até o momento para enfrentar a COVID-19, temos que o Congresso Nacional aprovou o Decreto Legislativo nº 6, de 20 de março de 2020, reconhecendo a ocorrência do estado de calamidade pública – o que, aliás, é fato notório e como tal não depende de prova. (Art. 374, I do CPC/2015.).

29. In COLOMBO, Silvana Brendler. *O princípio da precaução no direito ambiental.* Ob. cit.

30. MACHADO, Paulo Affonso Leme. *Direito ambiental brasileiro*. Ob. cit., p. 82.

31. BECK, Ulrich. *Sociedade de risco*: rumo a uma outra modernidade. Tradução de Sebastião Nascimento. São Paulo: Ed. 34, 2010, p. 27.

32. PRATA, Marcelo Rodrigues. *Primeiras impressões sobre o impacto da pandemia de covid-19 no cumprimento de acordos judiciais trabalhistas*, 01 abr. 2020. Disponível em: <http://www.andt.org.br/f/PRIMEIRAS%20IMPRESS%C3%95ES%20SOBRE%20O%20IMPACTO%20DA%20PANDEMIA%20DE%20COVID-19%20NO%20CUMPRIMENTO%20DE%20ACORDOS%20JUDICIAIS%20TRABALHISTAS.pdf>. Acesso em: 12 abr. 2020.

Por sinal, temos a Lei nº 13.979, de 6 de fevereiro de 2020, que dispõe sobre as medidas para enfrentamento do coronavírus,autorizando autoridades a adotar medidas como isolamento, quarentena, restrição de entrada e saída do País e locomoção interestadual e intermunicipal.[33] Tais providências, aliás, consentâneas com o ora estudado princípio da precaução, de modo a se provocar um achatamento da curva no gráfico de infectados pelo coronavírus, de tal maneira que o sistema de saúde consiga se preparar a contentamento para atender todos os pacientes.

Nessa linha, foi baixada a Medida Provisória nº 927, de 22 de março de 2020, dispondo sobre medidas trabalhistas para enfrentamento dessa situação, autorizando, v.g., o teletrabalho.[34]

Conclusão

O princípio da precaução se destina à garantia de ambiente laboral com sadia qualidade de vida para as presentes e futuras gerações, cuja importância se eleva diante das incertezas trazidas pelas consequências da COVID-19. Não se nega que o art. 1º, IV da CF/1988 tem como princípio fundamental a valorização da liberdade de iniciativa, mas igualmente enaltece a dignidade do trabalho humano. A economia recuperar-se-á a seu tempo, como já ocorreu em diversas situações de catástrofes como a atual, porém, a vida humana uma vez perdida para a COVID-19 e seus desdobramentos é irrecuperável. Razão pela qual devem ser incentivadas as medidas de precaução contra a pandemia, que, por sua vez, serão naturalmente flexibilizadas à medida que a crise for sendo controlada, de modo a se permitir a retomada do crescimento econômico, tão necessário à geração de emprego e renda.

Em suma, é certo que o subsistema científico pode parecer uma caixa-preta para os demais sistemas parciais da sociedade, porém, não pode ser *tout court* ignorado, por-

33. Diz a referida Lei: "Art. 3º - Para enfrentamento da emergência de saúde pública de importância internacional decorrente do coronavírus, as autoridades poderão adotar, no âmbito de suas competências, dentre outras, as seguintes medidas: I - isolamento; II - quarentena; [...]. VI - restrição excepcional e temporária, conforme recomendação técnica e fundamentada da Agência Nacional de Vigilância Sanitária, por rodovias, portos ou aeroportos de: a) entrada e saída do País; e b) locomoção interestadual e intermunicipal; [...]. § 3º - Será considerado falta justificada ao serviço público ou à atividade laboral privada o período de ausência decorrente das medidas previstas neste artigo". E ainda: "Art. 6º-C - Não correrão os prazos processuais em desfavor dos acusados e entes privados processados em processos administrativos enquanto perdurar o estado de calamidade de que trata o Decreto Legislativo nº 6, de 2020. Parágrafo único. Fica suspenso o transcurso dos prazos prescricionais para aplicação de sanções administrativas previstas na Lei nº 8.112, de 1990, na Lei nº 9.873, de 1999, na Lei nº 12.846, de 2013, e nas demais normas aplicáveis a empregados públicos".

34. Reza esta MP: "Art. 3º - Para enfrentamento dos efeitos econômicos decorrentes do estado de calamidade pública e para preservação do emprego e da renda, poderão ser adotadas pelos empregadores, dentre outras, as seguintes medidas: I - o teletrabalho; II - a antecipação de férias individuais; III - a concessão de férias coletivas; IV - o aproveitamento e a antecipação de feriados; V - o banco de horas; VI - a suspensão de exigências administrativas em segurança e saúde no trabalho; VII - o direcionamento do trabalhador para qualificação; e VIII - o diferimento do recolhimento do Fundo de Garantia do Tempo de Serviço – FGTS".

quanto é o único que busca metodologicamente novos conhecimentos verdadeiros, com fincas na lógica, em fatos cientificamente provados, conforme o estado da ciência e da técnica atual. Isso, óbvio,não se coaduna com o messianismo inconsequente, ao arrepio do princípio da precaução. Este último, frise-se, ergue-se em importância diante da pandemia global que nos abate.

A propósito, a impactante *live* de Andrea Bocelli, na Páscoa, na Catedral de Milão vazia, retrata a solidão gerada pela pandemia. Ao mesmo tempo, porém, o sentimento e a beleza na interpretação das canções escolhidas pelo tenor nos acendem a esperança de que, oxalá, a humanidade sairá mais forte desta provação, unida por laços de sabedoria e solidariedade.

Referências

BECK, Ulrich. *Sociedade de risco*: rumo a uma outra modernidade. Tradução de Sebastião Nascimento. São Paulo: Ed. 34, 2010.

CAMPILONGO, Celso Fernandes. *Política, sistema jurídico e decisão judicial.* 2. ed. São Paulo: Saraiva, 2011.

CANOTILHO, J. J. Gomes. Direito constitucional ambiental português: tentativa de compreensão de 30 anos das gerações ambientais no direito constitucional português.In CANOTILHO, J. J. Gomes e LEITE, José Rubens Morato. (Orgs.). *Direito constitucional ambiental brasileiro.* 2. ed. São Paulo: Saraiva, 2007, p. 6-7.

COLOMBO, Silvana Brendler. O princípio da precaução no direito ambiental. *Jus Navigandi*, Teresina, ano 9, n. 488, 7 nov. 2004. Disponível em: <http://jus2.uol.com.br/doutrina/texto.asp?id=5879>. Acesso em: 27 maio 2010.

CORRÊA, Alessandra. Quem é Anthony Fauci, principal cientista dos EUA no combate ao coronavírus, que contradiz Trump sobre cloroquina. *BBC News Brasil*, 10 abril 2020. Disponível em: <https://www.bbc.com/portuguese/internacional-52239163>. Acesso em: 12 abr. 2020.

DONNE, John. *Meditation XVII.* The Works of John Donne. vol III. Henry Alford, ed. London: John W. Parker, 1839. 574-5. Disponível em: <http://www.luminarium.org/sevenlit/donne/meditation17.php >. Acesso em: 20 fev. 2020.

ESTADÃO. *Acompanhe notícias do coronavírus em tempo real*, 12 abr. 2020. Disponível em: <https://brasil.estadao.com.br/ao-vivo/coronavirus-no-brasil>. Acesso em: 12 abr. 2020.

FARIA, José Eduardo. *Direito e conjuntura.* 2. ed. São Paulo: Saraiva, 2010.

FIORILLO, Celso Antonio Pacheco. *Curso de direito ambiental.* 9. ed. São Paulo: Saraiva, 2008.

FOLHA DE SÃO PAULO. *Sistema de saúde público "salvou minha vida", diz Boris após alta*: Premiê britânico passou três noites na UTI para tratar complicações de Covid-19. 12 abr. 2020. Disponível em: <https://www1.folha.uol.com.br/mundo/2020/04/primeiro-ministro-do-reino-unido-boris-johnson-recebe-alta-do-hospital-apos-internacao-com-coronavirus.shtml>. Acesso em: 12 abr. 2020.

LUHMANN, Niklas. *La ciencia de la sociedad*. Tradução de Silvia Pappe et al. México, D.F.: Anthropos, Universidad Iberoamericana e ITESO, 1996.

______. *Sistemas sociais*: esboço de uma teoria geral. Tradução de Antonio C. Luz Costa et al. Petrópolis: Vozes, 2016.

______. *Ecological communication*. Tradução de John Bednarz, Jr. Chicago: The University of Chicago Press, 1989.

MACHADO, Paulo Affonso Leme. *Direito ambiental brasileiro*. 18. ed. São Paulo: Malheiros, 2010.

NASCIMENTO, Amauri Mascaro. *Curso de direito do trabalho*. 20. ed. São Paulo: Saraiva, 2005.

NEVES, Marcelo. *Transconstitucionalismo*. São Paulo: Martins Fontes, 2009, p. 35 e 37.).

OMS. *Preguntas y respuestas sobre la enfermedad por coronavirus (COVID-19)*. Disponível em: <https://www.who.int/es/emergencies/diseases/novel-coronavirus-2019/advice-for-public/q-a-coronaviruses>. Acesso em: 12 abr. 2020.

PRATA, Marcelo Rodrigues. *Primeiras impressões sobre o impacto da pandemia de covid-19 no cumprimento de acordos judiciais trabalhistas*, 01 abr. 2020. Disponível em: <http://www.andt.org.br/f/PRIMEIRAS%20IMPRESS%C3%95ES%20SOBRE%20O%20IMPACTO%20DA%20PANDEMIA%20DE%20COVID-19%20NO%20CUMPRIMENTO%20DE%20ACORDOS%20JUDICIAIS%20TRABALHISTAS.pdf>. Acesso em: 12 abr. 2020.

______. *O direito ambiental do trabalho numa perspectiva sistêmica*: as causas da inefetividade da proteção à ambiência laboral e o que podemos fazer para combatê-la. São Paulo: LTr, 2013.

SADY, João José. *Direito do meio ambiente de trabalho*. São Paulo: LTr, 2000.

7

DIREITO FUNDAMENTAL À PREVENÇÃO EM TEMPOS DE CORONAVÍRUS

Rosita de Nazaré Sidrim Nassar[1]

1. Introdução

Entre os anos de 1348-1353, a genialidade de Giovanni Bocaccio produziu o Decamerão (as dez jornadas), conjunto de cem novelas que teriam sido escritas por um grupo de sete moças e três rapazes, que fugindo da peste negra (1348) se abrigaram em uma vila isolada de Florença para refletir sobre a condição humana na sociedade da época.

A ideia de Bocaccio hoje se reproduz com a iniciativa do Professor Doutor Ney Maranhão ao convidar os membros da Academia Brasileira de Direito do Trabalho a refletir sobre o o direito fundamental à prevenção nestes terríveis dias de quarentena, causados pela pandemia de COVID-19, nos quais a única certeza é a de que o mundo não será mais o mesmo.

Sabe-se que o mundo conheceu outras calamidades como a que estamos a presenciar, conforme vívida síntese de Camus (2019, p. 42-43):

> [...] Atenas empestada e abandonada pelos pássaros; as cidades chinesas cheias de moribundos silenciosos; os condenados de Marselha empilhando em covas os corpos que se liquefaziam; a construção na Provença, de uma muralha para deter o vento furioso da peste; Jafa e seus mendigos horrendos; os catres úmidos e podres colados à terra batida do hospital de Constantinopla; os doentes suspensos por ganchos; o carnaval dos médicos mascarados durante a Peste Negra; os acasalamentos dos vivos nos cemitérios de Milão; as carretas de mortos na aterrada Londres; as noites e os dias em toda parte e sempre cheios de gritos intermináveis de homens.

1. Desembargadora do TRT da 8ª região - Professora da Universidade Federal do Pará – Faculdade de Direito – rnsnassar@gmail.com.

Nos tempos atuais, quando se temia a guerra nuclear, a humanidade foi surpreendida por este inimigo invisível que até esta data (12 de abril de 2020) já destruiu 112.241 vidas, muito embora a calamidade tenha sido prevista por alguns, como por exemplo Bill Gates e Barack Obama[2]. O horror produzido pela atual pandemia não é diferente dos acima descritos. São estarrecedoras as imagens que nos chegam pela televisão e rede sociais,como as de Nova Iorque, onde são abertas valas comuns e ali empilhadas urnas funerárias transportadas por enormes caminhões por carência do serviço funerário. No estado do Amazonas cadáveres estão sendo armazenados em contêineres frigoríficos, tudo isso agravado pela forma estatística de se avaliar a proporção da epidemia, pelo número de mortos, como se por trás deles não existisse uma vida amada e considerada por muitas pessoas. Esta maneira de analisar torna mais triste e deprimente a situação como bem relata Camus (2019, p.41) por meio do pensamento de seu personagem Dr. Rieux:

> Números flutuavam na sua memória e ele dizia a si mesmo que umas três dezenas de pestes que a história conheceu tinham feito perto de cem milhões de mortos. Mas que são cem milhões de mortos? Quando se fez a guerra já é muito saber o que é um morto, E visto que um homem morto só tem significado se o vemos morrer, cem milhões de cadáveres semeados ao longo da história esfumaçam-se na imaginação [...]

É diante deste quadro de medo, expectativa, sofrimento e dor, quando se manifesta não apenas o que há de bom, mas também toda a perversidade da natureza humana é que se espera que o Direito desempenhe seu papel civilizatório. Não pode deixar sem resposta os problemas e desafios que despontam na situação risco existencial oriundos da pandemia, cabe ao Direito restaurar o equilíbrio das relações sociais. Vive-se numa sociedade de risco, risco este que se potencializa ao grau máximo em razão do sistema capitalista que adotamos (LUIZ; COHN, 2006).

Neste artigo, examinar-se-á apenas o princípio da prevenção em tempos de coronavírus. Para bem compreendê-lo mister se faz algumas considerações acerca de dois princípios fundantes da República brasileira: o da da dignidade e o da valorização do trabalho insculpidos no art, 1º, III e IV da Constituição. Igualmente, importante tratar do direito ao meio ambiente ecologicamente (art. 225 da Constituição) e do direito à saúde (art.196/art.200, da Constituição do Brasil.)

2. A prevenção: significado

A prevenção e a precaução constituem princípios específicos do Direito Ambiental, os quais têm por escopo afastar o dano ambiental a fim de que não seja necessária sua reparação.

Estão implícitos no art. 225 da Constituição, embora se veja nos incisos I, IV o princípio da prevenção claramente mencionado quando exige estudo prévio de impacto

2. Profeta? Há cinco anos Bill Gates previu pandemia de coronavirus. 16-03-2020, (www.uol.com.br).

ambiental para a instalação de obra ou atividade que possa degradar o meio ambiente. Certo é que constituem a base do Direito Ambiental.

Seu fundamento está no princípio 15 da Declaração do Rio de Janeiro, votada na Conferência das Nações Unidas para o Meio Ambiente e o Desenvolvimento, realizada naquela cidade, em 1992, cuja redação é a seguinte:

> De modo a proteger o meio ambiente, o princípio da precaução deve ser amplamente observado pelos Estados, de acordo com as suas capacidades. Quando houver ameaça de danos sérios ou irreversíveis, a ausência de absoluta certeza científica não deve ser utilizada como razão para postergar medidas eficazes e economicamente viáveis para prevenir a degradação ambiental.

Na Constituição do Brasil o princípio da prevenção está contido no art. 225, *verbis*:

> Todos têm direito ao meio ambiente ecologicamente equilibrado, bem de uso comum do povo e essencial à sadia qualidade de vida, impondo-se ao poder público e à coletividade o dever de defendê-lo e preservá-lo para as presentes e futuras gerações.

Apesar de semelhantes o princípio da prevenção tem sentido diferente do princípio precaução. Este é anterior ao princípio da prevenção e consiste em tomar providências sem ter a certeza científica de que determinado fato ou circunstância seja capaz de causar dano.

O princípio da precaução incide quando os dados científicos a respeito do agente danoso são insuficientes ou contraditórios, podendo o risco ser potencial. Aplica-se para evitar mero risco, que é a possibilidade de ocorrência de situação de perigo. Visa a impedir risco de perigo abstrato.

O princípio da precaução foi introduzido na *"Charte de l' Énvironnement"* de 28.02.2005, que incluiu o meio ambiente na Constituição Francesa em plano de igualdade com os Direitos do Homem e do Cidadão de 1789 e os Direitos Econômicos e Sociais de 1946. O art, 5º da aludida Carta assim dispõe:

> Lorsque la réalisation d'un dommage, bien qu'incertaine en l'état des connaissances scientifiques, pourrait affecter de manière grave et irréversible l'environnement, les autorités publiques veillent, par application du principe de précaution et dans leurs domaines d'attributions, à la mise en oeuvre de procédures d'évaluation des risques et à l'adoption de mesures provisoires et proportionnées afin de parer à la réalisation du dommage.
>
> Quando a ocorrência de dano, embora incerto no estado do conhecimento científico, possa afetar séria e irreversívelmente o meio ambiente, as autoridades públicas garantirão, por aplicação do princípio da precaução e em suas áreas de poderes, a implementação de procedimentos de avaliação de riscos e a adoção de medidas provisórias e proporcionais para evitar a ocorrência de danos. (traduzido via Google tradutor)

O princípio da precaução de acordo com Machado (2005) apresenta as seguintes características:

> a) o dano decorrente de uma ação ou inação é incerto diante do estado dos conhecimentos científicos atuais; b) há probabilidade de efeitos graves e irreversíveis ao meio ambiente; c) o princípio comanda diretamente autoridades públicas.

Significa dizer que o Poder Público irá aplicá-lo a si mesmo, às empresas e aos cidadãos.

Salienta o mesmo autor que há duas fases na aplicação do princípio da precaução: na primeira procede-se a avaliação dos riscos e na segunda implementam-se medidas para evitar o dano.

As medidas adotadas podem ser temporárias e devem guardar proporcionalidade (MACHADO, 2005, p.71).

O princípio da precaução, de acordo com parte da doutrina, tem significado diverso do da prevenção, outros estudiosos fazem referência apenas à prevenção.

O princípio da prevenção pressupõe a certeza científica acerca do agente e dos danos que provoca. As providências são instauradas com base nos conhecimentos científicos até então produzidos sobre o assunto. Incide para evitar o dano e não apenas o risco. Deve ser aplicado quando comprovado cientificamente que determinado agente ou atividade causa danos.

Ambos os princípios podem incidir simultaneamente de forma conjugada, eis que se complementam quando se descortina o panorama trágico da calamidade pública.

No caso da pandemia que ora assola o planeta Terra, apesar de não se conhecer completamente o vírus (Covid-19), nem saber com precisão os efeitos que provoca à saúde do indivíduo, é possível implantar medidas que visem a evitar sua disseminação, com base no que a ciência médica já possui como o distanciamento social, o uso de máscaras pelas pessoas, o uso de álcool a 70% e lavagem constante das mãos. Neste caso, inexiste conhecimento científico suficiente sobre o vírus e os efeitos sobre a saúde do homem, todavia é possível tomar precaução e prevenção para que não se propague. Havendo dúvida ou incerteza relativamente ao agente danoso, medidas devem ser tomadas para impedir que se torne certeza. Em outras palavras, a responsabilidade não incide somente sobre o que se sabe, mas também sobre o que se deveria saber ou duvidar (LAVIELLE, 2001, p.145).

O princípio da prevenção e da precaução tem suas raízes em dois princípios fundantes da República brasileira: o da dignidade e o da valorização do trabalho insculpidos no art, 1º, III e IV da Constituição.

Por outro lado, guarda estreita conexão com o direito ao meio ambiente ecologicamente equilibrado, no qual se inclui o de trabalho (art. 200 da Constituição de 1988), e com o direito à saúde (art.196/art.200, da Constituição do Brasil.)

Daí porque para bem compreendê-lo, necessário se faz algumas considerações sobre as noções de dignidade, de valorização do trabalho e do direito à saúde, que lhes servem de fundamento.

3. Os princípios da dignidade, da valorização do trabalho humano e o direito à saúde

A questão da prevenção está vinculada à noção de dignidade da pessoa humana, à valorização do trabalho e ao direito saúde, sendo imperioso tecer algumas considerações sobre estes temas.

A dignidade da pessoa humana, valor supremo do constitucionalismo hodierno, é um dos princípios fundantes e estruturantes da nossa República art. 10, III, e como tal deve estar presente em todas as relações que se travam no meio social, sujeito à ordem jurídica nacional.

A expressão dignidade da pessoa humana tem conteúdo aberto, é extremamente vaga, cada um nela projeta suas convicções e valores a ponto de ser invocado pelos dois lados do litígio. Presta-se, enfim, a inúmeras indagações e controvérsias quando se tenta determinar o seu conteúdo.

A ideia de que a pessoa humana tem um valor intrínseco já era encontrada na doutrina cristã, assim como no pensamento clássico.

Coube a Immanuel Kant formular de maneira definitiva a concepção laica da dignidade, ou seja da dignidade autônoma e completa, desvinculada de um criador e não deduzível de uma percepção dos sentidos. Com ele completou-se o processo de secularização do conceito de dignidade, sem, contudo, deixar de reconhecer a profunda influência do pensamento cristão sobre as ideias kantianas (SARLET, 2010. p.37).

A concepção kantiana de dignidade parte da natureza racional do ser humano, qualidade que o distingue dos demais seres vivos e das coisas, conferindo-lhe autonomia de vontade, que é a faculdade de autodeterminação e a capacidade de agir de acordo com a representação de certas leis, fruto de valorações morais e escolhas individuais. A autonomia e dignidade estão intimamente ligadas visto que a última pode ser considerada como o próprio limite do exercício do direito de autonomia. Partindo desta premissa, Kant (1980, p.134-141) considera que:

> o Homem, e, duma maneira geral, todo o ser racional, existe como um fim em si mesmo, não simplesmente como meio para o uso arbitrário desta ou daquela vontade. Pelo contrário, em todas as suas ações, tanto nas que se dirigem a ele mesmo, como nas que se dirigem a outros seres racionais, ele tem sempre de ser considerado simultaneamente como um fim...Portanto o valor de todos os objetos que possamos adquirir pelas nossas ações é sempre condicional. Os seres cuja existência depende, não em verdade da nossa vontade, mas da natureza, têm contudo, se são seres irracionais, apenas um valor relativo como meios e por isso se chamam coisas, ao passo que os seres racionais se chamam pessoas, porque a sua natureza os distingue já como fins em si mesmos, quer dizer, como algo que não pode ser empregado como simples meio e que, por conseguinte, limita nessa medida todo o arbítrio (e é um objeto de respeito).

Enfatiza o filósofo, em outro trecho, a insubstituibilidade do ser humano:

> No reino dos fins tudo tem ou um preço ou uma dignidade. Quando uma coisa tem um preço, pode por-se em vez dela qualquer outra como equivalente; mas quando uma coisa está acima de todo o preço, e portanto não permite equivalente, então tem ela dignidade ... Esta apreciação dá pois a conhecer como dignidade o valor de uma tal disposição de espírito e põe-na infinitamente acima de todo o preço. Nunca ela poderia ser posta em cálculo ou confronto com qualquer coisa que tivesse um preço, sem de qualquer modo ferir a sua santidade (KANT, 1980, p.134-135).

Não obstante, as críticas apresentadas no decorrer dos tempos, forçoso reconhecer que as ideias de Kant marcaram decisivamente a filosofia e exerceram grande influência sobre a produção jurídica (SARLET, 2010, p.42) Por outro lado, a doutrina jurídica mais respeitada, tanto nacional como estrangeira, encontra no pensamento de Kant os elementos para conceituar e fundamentar a dignidade da pessoa humana (Idem, p.39).

A dignidade é inerente ao ser humano e o qualifica como tal, por isso dele não pode ser separada. É irrenunciável e inalienável. Não se pode pensar na hipótese de alguém pleitear que a dignidade Ihe seja concedida, uma vez que é qualidade da própria condição humana. Por isso, evidentemente não existe apenas onde o Direito a reconhece.

Conforme realça Sarlet (2010, p.49-50):

> A dignidade pode (e deve) ser reconhecida, respeitada, promovida e protegida, não podendo, contudo (no sentido ora empregado) ser criada, concedida ou retirada (embora possa ser violada), já que reconhecida e atribuída a cada ser humano como algo que Ihe é inerente.

Em última análise, ensina Sarlet (2010, p.68-69):

> É que onde não houver respeito pela vida e pela integridade física e moral do ser humano, onde as condições mínimas para uma existência digna não forem asseguradas, onde não houver limitação do poder, enfim, onde a liberdade e a autonomia, a igualdade (em direito e dignidade) e os direitos fundamentais não forem reconhecidos e minimamente assegurados, não haverá espaço para a dignidade da pessoa humana e esta (a pessoa), por sua vez poderá não passar de mero objeto de arbítrio e injustişas. Tudo, portanto, converge no sentido de que também para a ordem jurídico-constitucional a concepção do homem objeto (ou homem-instrumento), com todas as consequências que daí podem e devem ser extraídas, constitui justamente a antítese da noção de dignidade da pessoa, embora esta, à evidência, não possa ser, por sua vez, exclusivamente formulada no sentido negativo (de exclusão de atos degradantes e desumanos), já que assim se estaria a restringir demasiadamente o âmbito de proteção da dignidade.[14]

O mesmo autor apresenta proposta de conceito, destacando, porém, tratar-se de proposta em processo de reconstrução:

> Temos por dignidade da pessoa humana a qualidade intrínseca e distintiva reconhecida em cada ser humano que o faz merecedor do mesmo respeito e consideração por parte do Estado e da comunidade, implicando, neste sentido, um complexo de direitos e deveres fundamentais que assegurem a pessoa tanto contra todo e qualquer ato de cunho degradante e desumano, como venham a lhe garantir as condições existenciais mínimas para uma vida saudável, além de propiciar e promover sua participação ativa e co-responsável nos destinos da própria existência e da vida em comunhão com os demais seres humanos, mediante o devido respeito aos demais seres que integram a rede da vida (SARLET, 2010, p.70).

Qualquer que seja a atividade desenvolvida pelo empreendimento econômico, o trabalho deverá sempre promover a dignidade, o que implica em consideração e respeito ao trabalhador como ser humano, sem sujeitá-lo a condições que o humilhem e o degradem, como se ele fosse um ente inferior ou uma peça da engrenagem empresarial.

Depois da segunda grande guerra a dignidade foi erigida como valor ético indiscutível, com nova conotação, diferente daquela anteriormente apresentada quando figurou no Projeto de Constituição do Marechal Pétain (1940), durante o período de colaboração com o nazismo e em Lei Constitucional decretada por Francisco Franco (1945), no período da ditadura na Espanha (BARROSO, 2012, p.289-290).

Desde então foi inserida em todas as declarações de direito, convenções internacionais, como a Carta da ONU (1945), a Declaração Universal dos Direito do Homem (1948), a Carta Europeia (2000), o Projeto de Constituição Europeia (2004). (BARROSO, 2012, p.289-290).

O princípio da dignidade, ao ser erigido como princípio fundante irradia-se sobre toda a elaboração do Direito, porque ele é o alicerce da ordem constitucionalizada. Logo, a dignidade da pessoa humana é princípio havido como superprincípio constitucional, aquele no qual se assentam todas as escolhas políticas estratificadas no modelo de Direito plasmado na formulação textual da Constituição (ROCHA, 2004, p.38).

Como a dignidade se espraia pelo ordenamento jurídico, em sua integralidade, estendendo-se a todos os ramos do Direito, alcançando também o trabalho cujo valor social constitui, igualmente, um dos fundamentos de nossa República art.1º, IV.

Hoje, em virtude da crise ecológica, o conceito de dignidade assentado em Kant (antropocêntrico e individualista) evoluiu para alcançar seu reconhecimento para além do ser humano, estendendo-se aos animais não humanos, assim como a todas as formas de vida existentes na natureza. Admitem-se limitações aos direitos fundamentais dos humanos, com apoio no reconhecimento de interesses jurídico-constitucionais, talvez direitos, não humanos, o que se se manifesta com a proteção concedida à fauna e a flora por meio da vedação constitucional de "práticas que coloquem em risco sua função ecológica, provoquem a extinção de espécies ou submetam os animais a crueldade" (art. 225, § 1°, VII da Constituição).

O princípio da dignidade conduz à ideia do mínimo existencial, que é a garantia que todo indivíduo deve ter de lhe serem proporcionadas condições mínimas para uma existência digna.

A efetiva garantia de uma existência digna não se reduz à garantia da simples sobrevivência física, porém se estende para além do limite da pobreza absoluta. Portanto, o mínimo existencial não se confunde com o mínimo vital ou com o mínimo de sobrevivência, pois este concerne à garantia da vida humana, sem considerar as condições necessárias à sobrevivência física com dignidade. Scholler ensina que somente haverá garantia de dignidade da pessoa humana "quando for possível uma existência que permita a plena fruição dos direitos fundamentais, de modo especial, quando seja possível o pleno desenvolvimento da personalidade (SARLET, 2010, p.567).

O mínimo existencial corresponde ao núcleo essencial dos direitos fundamentais sociais, o qual é protegido contra as ingerências do Estado e da sociedade.

Existe, assim, um direito fundamental de um mínimo existencial, que, segundo expressiva doutrina européia, se apoia sobre a garantia da dignidade a pessoa humana e no dever dos órgãos estatais de realizá-la[3]. O direito e também garantia ao mínimo existencial harmoniza-se com o direito à vida e com o princípios da dignidade da pessoa humana.

Significa que se a Constituição tutela expressamente o direito à vida e a dignidade da pessoa humana, a garantia do mínimo existencial não necessita de explícito reconhecimento pela Constituição. Este é o caso da Constituição brasileira que não alude expressamente a um direito geral à garantia do mínimo existencial, mas consagra a vida como direito fundamental e tem a dignidade da pessoa humana como princípio fundante (SARLET, 2010, p. 572). A garantia do mínimo existencial se encontra implicitamente consagrada em nossa Constituição.

Busca-se o mínimo existencial nos princípios constitucionais da dignidade humana, da igualdade, do devido processo legal, na Declaração dos Direitos Humanos e nas imunidades e privilégios do cidadão. A garantia do mínimo existencial se encontra implicitamente consagrada em nossa Lei Magna (TORRES, 2009, p.36.).

A valorização do trabalho humano decorre ou está intrinsecamente ligada ao princípio da dignidade. Esta não existe quando o trabalho não é valorizado.

O art. 170 da Constituição estabelece, *verbis*. "A ordem econômica, fundada na valorização do trabalho humano e na livre iniciativa, tem por fim assegurar a todos existência digna, conforme os ditames da justiça social, observados os seguintes princípios:[...]".

Na valorização do trabalho está implícita a valorização do homem que o presta, pois o primeiro ainda não pode ser concebido sem o segundo. Significa dizer que o desenvolvimento, sobretudo econômico, não pode ser buscado com sacrifício do respeito à dignidade da pessoa que despende suas próprias energias em prol da atividade econômica. Significa dizer que a riqueza, o progresso, seja econômico, seja social não pode se fazer sobre a exploração, sobre a barbárie. Pensar assim seria verdadeiro retrocesso

3. Segundo Sarlet, a doutrina anglo-saxã conferiu fundamentação de cunho mais liberal ao mínimo existencial, considerando-o como garantia da própria liberdade. Op. Cit., p. 568.

aos primeiros tempos da industrialização, nos quais a classe trabalhadora conheceu a mais terrível degradação, fruto da exploração a que foi submetida pelos proprietários dos meios de produção, sob o olhar impassível do Estado burguês, que não intervinha em respeito a liberdade formal que o indivíduo detinha.

Mencionar esta situação nos leva à magistral observação de Anatole France: "A majestosa igualdade das leis proíbe tanto ao rico como ao pobre dormir sob pontes, de mendigar nas ruas ou furtar um pão" (MORAES FILHO, 1956, p.328).

Valorizar o trabalho significa conceder àqueles que o prestam condições que lhe permitam executar suas tarefas sem prejuízo de ordem física ou psíquica à sua saúde. Em outras palavras desenvolver suas atividades sem qualquer desrespeito ao direito fundamental à saúde, que é extensão do direito à vida. Interessante destacar neste passo a legislação dos Estados Unidos da América, a qual preconiza que o trabalho não deverá trazer prejuízo algum para a saúde do trabalhador nem redução de sua expectativa de vida (SERIE Legislativa. , 1970, EEUU.1.p.2).

O princípio da prevenção encontra-se também estreitamente vinculado ao direito à saúde.

Durante muito tempo prevaleceu o conceito negativo de saúde como ausência de doença.

Somente em 1946, o documento de criação da Organização Mundial de Saúde apresentou uma noção positiva e progressiva de saúde, definindo-a como "estado de completo bem estar físico, mental e social, e não somente a ausência de doença ou enfermidade"

De acordo com a OMS, o conceito de saúde não mais se identifica com a ausência de doença, apresenta-se com caráter holístico correspondendo ao bem estar físico, mental e social. Assim sendo, as normas que visam a sua proteção se voltam para os fatores psicossociais, notadamente aos vinculados à saúde mental do trabalhador e não mais circunscrevem-se apenas a tutelar à integridade física.

A Constituição brasileira de 1988 foi a primeira a consagrar o direito fundamental à saúde, dentre os direitos sociais (art. 6º). É, por conseguinte um direito fundamental, uma vez que se acha compreendido no Título II, que trata dos direitos e garantias fundamentais.

O art. 196 da Carta Magna estabelece que:

> A saúde é direito de todos e dever do Estado, garantido mediante políticas sociais e econômicas que visem à redução do risco de doenças e de outros agravos e ao acesso universal igualitário às ações e serviços para sua promoção, proteção e recuperação.

O dispositivo constitucional encerra uma dimensão individual e outra coletiva do direito à saúde, ou seja há um direito individual e um direito coletivo de proteção à saúde. É um direito de todos os cidadãos e, por conseguinte, de cada um individualmente considerado; de acesso universal e igualitário.

Não constitui norma meramente programática ou seja de simples indicação da diretriz a ser observada pelo poder público, mas dotada de eficácia imediata e plena.

Caracteriza-se como direito subjetivo público, consoante salientou o Ministro Celso de Mello, do Supremo Tribunal Federal, no AgR-RE nº 271.286-8/RS, quando declarou que o direito à saúde representa consequência constitucional indissociável do direito à vida e que o direito público subjetivo à saúde representa prerrogativa indisponível assegurada à generalidade das pessoas pela própria Constituição da República (art. 196).

O direito à saúde é um prolongamento do direito à vida, que abrange o direito à qualidade de vida e, portanto, ao meio ambiente ecologicamente equilibrado (art. 225 da Constituição de 1988). O direito à saúde é um prolongamento do direito à vida, que abrange o direito à qualidade de vida e, portanto, ao meio ambiente ecologicamente equilibrado (art. 225 da Constituição de 1988).

Atualmente, não é suficiente assegurar o direito de viver e de se conservar vivo. É preciso que se confira "qualidade de vida". A qualidade de vida é medida, de acordo com a Organização das Nações Unidades – ONU, pelo menos, por três fatores, dentre os quais figura a saúde. Os demais são a educação e o produto interno bruto.

A boa qualidade de vida depende da qualidade do meio ambiente.

Segundo Harvey S. Perlof, "a qualidade do meio ambiente em que a gente vive, trabalha e se diverte influi consideravelmente na própria qualidade de vida. O meio ambiente pode ser atrativo e permitir o desenvolvimento individual, ou pode ser nocivo, irritante atrofiante" (SILVA, 2004, p.24).

A qualidade de vida se converte num bem ou patrimônio. Impõe-se ao Poder Público, como dever, a preservação, recuperação ou revitalização desse patrimônio a fim de assegurar uma boa qualidade de vida, que abrange boas condições de trabalho, lazer, educação, saúde, segurança. Em suma, boas condições de bem-estar do homem e de seu desenvolvimento (SILVA, 2004, p.22).

A definição da OMS é considerada por muitos como subjetiva, utópica e poética por não fixar parâmetros objetivos para a verificação do estado de saúde, todavia, sua importância, assim como a da lei brasileira, consiste no fato de haverem destacado as influências do ambiente social na saúde.

Constata-se, assim, que o princípio da prevenção é corolário do princípio maior da dignidade, o qual, por seu turno, manifesta-se com a valorização do trabalho e com direito à vida com qualidade.

4. Pandemia do COVID-19 e o princípio da prevenção — Reflexões Finais

O novo coronavírus eclodiu em 2019, na China Central, na cidade de Wuhan cuja população está estimada em mais de 10 milhões habitantes, trata-se da sétima cidade mais populosa daquele país. O vírus se alastrou rapidamente pelo mundo. Em três meses, após o primeiro caso, o estado de pandemia foi decretado pela Organização Mundial de Saúde – OMS. Este é o estágio mais grave de disseminação de uma doença, quando ela se espraia descontroladamente, em todos os continentes.

Os epidemiologistas estimam que 60% da população mundial devem ser infectados e cerca de 45 milhões de pessoas morrerão. O vírus é 10 vezes mais mortal que a gripe H1N1 (2009/2010), sua progressão é exponencial.

O assunto não era desconhecido. Em discurso proferido no dia 2 de dezembro de 2014, o então presidente dos Estados Unidos, Barack Obama, alertou para iminência de doença mortal, em escala mundial, a ser transmitida pelo ar. Essa pandemia exigiria uma resposta planetária, com a implantação de estruturas de pesquisa e de saúde igualmente globais, permitindo identificar e isolar a doença e seus vetores rapidamente. Assim, quando aparecesse uma nova cepa de gripe, o mundo estaria preparado para combatê-la. Tratar-se-ía, a seu ver, de um investimento inteligente, próprio de um mundo globalizado.

Cinco anos atrás, em 2015, Bill Gates afirmou que a próxima catástrofe que viveríamos não adviria de ataque nuclear, mas, provavelmente, seria causada por um vírus altamente contagioso, transmitido pelo ar e por pessoas aparentemente sãs. O vírus seria capaz de matar mais de 10 milhões de pessoas nas próximas décadas. Uma epidemia é drasticamente mais avassaladora que o Ebola - que se restringiu a alguns países da África, não se transmitia pelo ar, obrigava os pacientes a ficarem acamados, reduzindo sua dispersão em áreas urbanas. Gates alertou naquela ocasião que eram baixíssimos os investimentos globais em sistemas que preparassem o mundo para combater epidemias de grandes proporções, muito embora já se dispusesse de mais progressos científicos (mapas de satélite, celulares) e avanços na biologia do que na época do Ebola. Gates afirmou ainda que teríamos condições de criar um sistema de reação global, muito bom, contando com a ciência e tecnologia. A preparação deveria ser semelhante às estratégias de guerras, para agir-se em qualquer instante. Para isso os países pobres deveriam ser dotados de sistemas de saúde fortes, corpo médico treinado, auxiliado por militares que se encarregariam da logística. Simulações deveriam ser realizadas. Por fim, disse desconhecer quanto a operação custaria em termos de orçamento, mas seria algo muito modesto se comparado aos possíveis danos, estimados pelo Banco Mundial em cerca de três trilhões de dólares, e milhões e milhões de mortos. Em contrapartida, estes investimentos trariam enormes benefícios à humanidade, principalmente na área de saúde.

Todavia, estas palavras parecem não ter produzido efeito pois, ao que se sabe, nenhuma providência foi tomada para o enfrentamento desse tipo de desastre. A pandemia causou surpresa. Só após a detecção dos primeiros casos os governos começaram a pensar no assunto, de modo que inexistiu preparação ou organização para este fim.

O Brasil, em virtude desta emergência pública internacional decorrente do COVID-19, declarou estado de calamidade pública, por meio do Decreto Legislativo nº 6/2020. Em seguida a Lei nº 13.979, de 6 de fevereiro de 2020, estabeleceu medidas de enfrentamento à emergência de saúde, dentre as quais o isolamento e a quarentena como preconiza a OMS. Ambas medidas visam diminuir a rápida proliferação da infecção e, consequentemente, o colapso do sistema de saúde e um elevado número de mortes.

A mesma lei determinou a dispensa de licitação de bens e serviços, inclusive de engenharia, e de insumos destinados ao enfrentamento da emergência de saúde pública de que trata esta Lei. Dispensou exigências para celebração dos contratos para aquisição de bens, serviços e insumos; e estabeleceu novos limites para a concessão de suprimento de fundos, por item de despesa, para as aquisições e contratações a que se refere o caput do art. 4º, quando a movimentação for realizada por meio de Cartão de Pagamento do Governo nos aludidos contratos.

A par das providências preventivas diretamente relacionadas à saúde, outras foram tomadas no propósito de reduzir o impacto da emergência sanitária na economia, com a redução de atividades produtivas, comerciais e de serviços. As novas medidas consistem em disciplina provisória das relações de trabalho para adaptá-las à excepcionalidade da situação, de modo a possibilitar a manutenção dos empreendimentos econômicos e dos direitos trabalhistas. Tais medidas foram minuciosamente e inteiramente examinadas por Guilherme Guimarães Ludwig no excelente artigo, intitulado Medidas Trabalhistas Emergenciais no Estado de Calamidade Pública: uma análise constitucional e sistemática das medidas provisórias 927, 936, 944, 945 e 946/2020.

Esta nova regulação, conforme destaca Ludwig, avançou contra Constituição e seus princípios - como o da legalidade - ao admitir a prevalência de acordos individuais sobre a lei e sobre as normas coletivas (art. 2º da MP 927); e ao ignorar a prevalência da condição mais benéfica, consagrada no art. 7ª, caput, da Constituição. Ignorou ainda o inciso XXVI, do mesmo artigo que se refere ao reconhecimento das convenções e acordos coletivos de trabalho. Esta mesma MP 927 fere outra regra constitucional, insculpida no art.8º, VI, que prevê a obrigatoriedade da participação dos sindicatos nas negociações coletivas de trabalho. Outro ponto absolutamente inaceitável é a flexibilização de normas atinentes à saúde (arts. 15/16 da MP 927), como a suspensão da obrigatoriedade de realização dos exames médicos ocupacionais, clínicos e complementares, exceto dos exames demissionais, (art. 15 da MP 927), bem como a suspensão da obrigatoriedade de realização de treinamentos periódicos e eventuais dos atuais empregados, previstos em normas regulamentadoras de segurança e saúde no trabalho, por contrariarem frontalmente o art. 196 e o art. 7º , XII, da Constituição, além de representarem infringência às Convenções 155 e 161 da OIT, ambas ratificadas pelo Brasil.

Trata-se na verdade de uma minirreforma trabalhista que é manifestação do propósito há muito defendido por alguns de eliminar o Direito do Trabalho do cenário jurídico brasileiro.

Observa o Ministro Gilmar Mendes (2020) as normas jurídicas — em especial a Constituição — em momentos como o que atravessamos na saúde pública do mundo inteiro, não podem ser encaradas como um obstáculo, mas como um caminho necessário e seguro para a solução da crise. É fundamental prezar pela compatibilização de aparentes contradições e abertura à busca por alternativas a uma leitura fria e seca da lei, distante de uma realidade que, muitas vezes, não poderia sequer ser imaginada pelo legislador ou pelo constituinte.

O homem deve ser o centro das preocupações. É titular do direito à vida, à saúde, ao meio ambiente ecologicamente equilibrado, os quais juntamente com a dignidade devem ser preservados, ao se buscarem alternativas possíveis para superar as dificuldades impostas por esta emergência sanitária. Devem ser buscadas alternativas, segundo um modo de pensar possível, diante do cenário que se descortina.

Neste sentido soluções hão de ser implementadas sem olvidar o respeito à vida, sem restrição entre jovens e idosos e sem enveredar-se por caminhos que permanecem na velha técnica de opressão: tirar direitos dos que têm menos, como se vê das medidas provisórias editadas até agora em nosso país, caracterizadas pela redução de direitos dos trabalhadores que, em sua maioria, vivem em condições de precariedade.

A lei, de maneira geral, é elaborada para períodos de normalidade, com base no que se pode prever em tempos comuns. Ocorrem, entretanto, fatos difíceis de previsão, que, quando acontecem, exigem novas formas de enfrentá-lo, sendo impossível ou inócua a aplicação de norma existente diante de situações extraordinárias.

A Administração Pública, o Judiciário e o Legislativo não podem, sob a justificativa da crise causada pela pandemia, ignorar e desrespeitar o direito fundamental à vida e à saúde. Em meio à excepcionalidade da pandemia de COVID- 19, a interpretação puramente gramatical da lei pode levar a humanidade a presenciar e enfrentar consequências catastróficas. Aliás, já estamos assistindo: são corpos empilhados nas ruas do Equador; cadáveres aguardando sepultamento ao lado de pacientes vivos; corpos guardados em contêineres e caminhões frigoríficos em muitas cidades brasileiras, a exemplo de Manaus; pessoas encontradas mortas em asilos na Inglaterra e outras desumanidades.

Para a mentalidade reinante na sociedade capitalista e de consumo, que erigiu como valor máximo o ter e não o ser, a futilidade e não a utilidade, o individualismo em lugar da solidariedade é bem difícil eleger medida de prevenção centrada, preponderantemente, na proteção do direito à saúde, como é o caso do distanciamento ou isolamento social. Solução que permite evitar-se o colapso do sistema de saúde, assegurando o acesso de maior número de pessoas ao tratamento. Neste tipo de sociedade priorizam-se as transações comerciais, as finanças, em detrimento de direitos fundamentais, impedindo a solidariedade entre as pessoas. Assim, guiados por esses anseios, fecham-se os olhos para o que aconteceu em países que se descuidaram do isolamento social e o flexibilizaram, levando ao limite o atendimento médico e hospitalar, obstando o acesso de todos os que precisam, obrigando os profissionais de saúde a escolhas tenebrosas, sobre quem deve morrer e quem deve viver. Neste ponto tem se revelado o traço mais perverso e cruel do ser humano, muitos encaram com frieza tal escolha e sustentam com a tranquilidade, que os jovens devem ser privilegiados em detrimento dos idosos. E, afinal vê-se que ninguém é realmente capaz de pensar em ninguém, ainda que seja na pior das desgraças! (CAMUS, op. Cit. p.225). Autoridades chegam a afirmar que, depois que passar a epidemia, sobrarão respiradores, ficando subentendido que se teria realizado uma despesa inútil. Revela-se então a completa falta de humanidade e de sensibilidade dos que assim avaliam a situação. A vida de todos tem idêntico valor.

A epidemia aumenta ainda mais as diferenças entre ricos e pobres, estes tornam-se mais pobres, enquanto aos ricos nada falta. Baumann (2011, p.111) assinala:

> A desigualdade lega à sociedade outro tipo de estrago: a devastação moral, a cegueira ética e a insensibilidade, a habituação à visão do sofrimento humano e o dano que os

> homens causam a outros homens todos os dias - a gradual mas implacável, paulatina e subterrânea erosão de valores que dão sentido à vida, tornam viável a coexistência humana e plausível o prazer de viver.

É preciso não esquecer que um dos objetivos fundamentais da República Federativa do Brasil é o de construir uma sociedade livre, justa e solidária. Para que este objetivo seja respeitado necessário se faz que o caminho encontrado para se enfrentar este momento difícil não privilegie um grupo social mais rico em detrimento dos mais pobres, eternizando-se e tornando-se cada vez mais acentuada a desigualdade social.

5. Referências Bibliográficas

BARROSO, L.R. **A Dignidade da Pessoa Humana no Direito Constitucional Contemporâneo.** A construção de um Conceito Jurídico à Luz da Jurisprudência Mundial. Belo Horizonte: Forum, 2012. 132 p.

BAUMANN, Z. **44 Cartas do Mundo Líquido Moderno**. Rio de Janeiro. Zahar, 2011.

CAMUS, A. **A Peste**. Tradução de Valerie Rumjanek Chaves. 27a ed. Rio de Janeiro: Record, 2019. 288 p.

KANT, I. **Fundamentação da Metafísica dos Costumes**. São Paulo:Edições 70, 1980.

LAVIEILLE, J. M. **Droit International de l'environnement**. 4° ed. Paris. Dalloz, 2001.

LUIZ, O. C.; COHN, A. **Sociedade de Risco e risco epidemiológico**. Cad. Saúde Pública, Rio de Janeiro, v.22, n.11, nov.2006.

MACHADO, P. A. L. **Direito Ambiental Brasileiro**. 13° ed.São Paulo Malheiros editores, 2005.

MENDES, G.. **Jurisprudência de Crise:caminhos para soluções constitucionais**. Consultor Jurídico 11/4/2020.

MORAES FILHO, E. **Introdução ao Direito do Trabalho**. Rio de Janeiro: Forense, 1956. 477 p.

ROCHA, C. L. A. **O Direito à Vida Digna**. Belo Horizonte: Fórum, 2004.

SARLET, I. W. **Dignidade da Pessoa Humana e Direitos Fundamentais**. Porto Alegre: Livraria do Advogado, 2010.

(SERIE Legislativa. , 1970, EEUU.1.p.2)

SILVA, J. A. **Direito Ambiental Constitucional**. 5° ed. São Paulo: Malheiros, 2004. 349p.

TORRES, R. **O Direito ao Mínimo Existencial.** Rio de Janeiro: Renovar, 2009.

8

DEVER FUNDAMENTAL DE COOPERAÇÃO EM TEMPOS DE CORONAVÍRUS

Pedro Paulo Teixeira Manus[1]
Suely Ester Gitelman[2]

Introdução

O presente artigo objetiva refletir sobre a obrigação que os contratantes no âmbito do Direito do Trabalho, que são o empregado e o empregador, além das entidades que os representam, têm de envidar todos os esforços no sentido de agir com o intuito de que o contrato de trabalho cumpra sua função social. Primeiramente, é o esforço para a manutenção dos empregados, dando oportunidade a que o empregado obtenha seu sustento e de sua família, quanto a obrigação social da empresa empregadora de proporcionar trabalho e produzir bens, objetivando o enriquecimento e o progresso de nossa sociedade.

Com este intuito alinhavamos ideias a respeito do dever fundamental de cooperação de empregado, empregador e dos entes sindicais, que há de presidir sempre a celebração e o desenvolvimento com contrato individual de trabalho e a negociação coletiva, de modo a que todos cumpram sua relevante função social.

E, se em condições de normalidade este dever há de ser o fundamento dos contratos, com mais razões num momento de crise, em que vivemos uma desgraça mundial com o vírus que a todos ameaça, tornando ainda mais importante a cooperação de todos nós.

---

1. Ministro aposentado do Tribunal Superior do Trabalho. Titular da cadeira nº 60 da Academia Brasileira de Direito do Trabalho. Professor Titular e Diretor da Faculdade de Direito da PUC-SP. Mestre em Direito do Trabalho pela Faculdade de Direito da USP e Doutor e Livre-docente em Direito das Relações Sociais pela PUC-SP.
2. Advogada militante e Professora da graduação e pós-graduação *sctricto sensu* da Faculdade de Direito da PUC-SP. Mestre e Doutora em Direito das Relações Sociais pela PUC-SP.

A situação atual em que vivemos, com o isolamento social e a impossibilidade de exercício de atividades econômicos que não se enquadrem como sendo atividade essencial (hospitais, farmácias e supermercados, entre outros), nos remete a uma leitura diversa dos próprios princípios e regras, já que a situação de calamidade que entre nós se instaurou reclama uma visão e uma atuação distinta daquelas que exercemos na normalidade, como veremos a seguir.

Desse modo convidamos todos os leitores para uma reflexão sobre a postura necessária tanto na contratação individual quanto na contratação coletiva, a respeito do dever fundamental de cooperação que há de presidir as relações entre todos os atores.

1. A relação entre empregado e empregador

Desde o surgimento dos denominados direitos de 1ª geração, como são designados os direitos do cidadão frente ao Estado, e a obrigação deste de respeitar a dignidade de toda cidadã e de todo cidadão, sempre se teve em mente a regulação da vida social em condições de normalidade.

Igualmente quando foram sendo consagrados os direitos de 2ª geração, constituídos pelo respeito pelo Estado às prestações devidas às pessoas, e a seguir cronologicamente os direitos de 3ª geração, consistentes nos direitos da coletividade, como o respeito e a proteção ao meio ambiente, igualmente a normalização destes direitos e garantias foram assegurados tendo em conta a situação de normalidade da vida em sociedade.

O avanço que a sociedade experimentou, desde o reconhecimento dos denominados direitos de 1ª geração até os nosso dias, em muitos momentos passaram por sérios embates entre os grupos sociais, e destes com a autoridade estatal, até ultrapassar-se o estado de beligerância e alcançar-se o clima de normalidade, com a consagração destes avanços consubstanciada na normatização do comportamento das pessoas físicas, jurídicas e do Estado.

Resulta, portanto, que todo ordenamento jurídico é construído tendo em conta a vida em sociedade em clima de normalidade, ainda que determinada conquista social decorra de um momento anterior de conflito. Exatamente para colocar fim ao conflito é que a sociedade passa a reconhecer direitos, deveres e garantias, como instrumentos cuja finalidade é regular a vida social em condições de paz a harmonia.

Tudo nos leva a crer que há de presidir a análise e solução de determinado conflito de interesses a aplicação do direito posto em clima de normalidade, pois a esta realidade é que a solução legal foi endereçada.

Era essa a realidade nos contratos de trabalho até hoje: observância aos ditames legais, aos princípios próprios do Direito do Trabalho e, na sua inobservância, o acesso à Justiça do Trabalho como forma de reparação dos danos causados.

Mas não estamos num período de normalidade , sim, de anormalidade: em tempos de pandemia a preocupação é a manutenção dos empregos e a busca da dignidade para aqueles que trabalham na informalidade. E para a manutenção dos empregos, o

Governo já baixou regras através de Medidas Provisórias propiciando redução de salários e de jornada de trabalho via negociação individual.

O momento atual é diferente, não havendo mais que se bradar por observância ao que a Constituição Federal estipula em termos de irredutibilidade salarial ou sua redução mediante negociação coletiva. Se não pensarmos diferente, não alcançaremos a tão almejada justiça social, também observada pela Lei Maior.

2. Os deveres dos contratantes à luz do Direito Civil e do Direito do Trabalho

Dispõe o artigo 421 do Código Civil Brasileiro que *"a liberdade de contratar será exercida em razão e nos limites da função social do contrato,"* o que significa estabelecer a diretriz que devem os contratos observar, que será sempre o benefício dos contratantes, mas sem olvidar da das ações em prol da valorização da ordem social

E o artigo 422 do mesmo Código Civil assevera que *"os contratantes são obrigados a guardar, assim na conclusão do contrato, como em sua execução, os princípios da probidade e da boa-fé."* Aqui releva o texto legal em que fundamentos há de se lastrear o contrato.

Vê-se, portanto, que o legislador civil ao estabelecer os princípios que norteiam a celebração e a execução do contrato conclama as partes à postura de cooperação mútua, para que alcancem os fins a que o contrato a de se destinar.

E mais relevante ainda é a necessidade de que os contratantes atendam à função social do contrato, que deixou de ser um negócio exclusivamente entre as partes, pois haverá de atender aos reclamos da sociedade, exigindo dos contratantes a probidade e a boa-fé.

Trata-se da evolução da antiga visão do contrato, do Código Civil de 1916, de caráter nitidamente individualista, para a nova perspectiva do Código Civil de 2002, que sublinha a importância da vida em sociedade e, portanto, do caráter social dos contratos entre nós. Assim, adequa-se o Código Civil às diretrizes da norma constitucional.

Com efeito, os princípios que nos revela o Código Civil nos artigos acima transcritos têm fundamento na Constituição Federal, cujo artigo 3º e seu inciso I afirmam que *"constituem objetivos fundamentais da República Federativa do Brasil construir uma sociedade livre, justa e solidária."*

Eis a razão para que os contratos tenham de cumprir sua função social, de modo a alcançar o objetivo de uma sociedade livre, justa e solidária.

Diga-se, ainda, que a Constituição Federal em seu artigo 170, quando cuida dos princípios gerais da atividade econômica, assevera que *"a ordem econômica, fundada na valorização do trabalho humano e na livre iniciativa, tem por fim assegurar a todos uma existência digna, conforme os ditames da justiça social."* Como vemos, os fundamentos constitucionais e legais determinam a função social dos contratos celebrados.

E no nosso âmbito do Direito do Trabalho é necessário recordar o artigo 8º da Consolidação das Leis do Trabalho que afirma: *"as autoridades administrativas e a Justiça do Trabalho, na falta de disposições legais ou contratuais, decidirão, conforme o caso, pela jurisprudência, por analogia, por equidade e outros princípio e normas gerais de direito, principalmente do trabalho e, ainda, de acordo com os usos e costumes, o direito comparado, mas sempre de maneira que nenhum interesse de classe ou particular prevaleça sobre o interesse público."*

O direcionamento dado pelo legislador é que tanto as partes, na contratação individual e coletiva, quanto as autoridades administrativas e a Justiça do Trabalho deverão atuar sempre tendo em conta a prevalência do interesse público. Esta determinação em realidade significa por outras palavras a necessária busca de uma sociedade livre, justa e solidária, como determina o artigo 3º, inciso I, do texto constitucional acima transcrito.

Para alcançar o objetivo que tanto o legislador constitucional quanto o legislador ordinário estabeleceram, que é a contratação entre empregado e empregador presidida sempre pelo interesse coletivo e pelo bem comum, é fundamental que ambos atuem com probidade e boa-fé, o que significa a necessidade de que ambos estejam imbuídos do espírito de cooperação.

É certo que há interesses conflitantes entre empregado e empregador, pois o empregado acredita que o salário que recebe está sempre aquém do esforço que faz em seu trabalho e do lucro que este proporciona à empresa. Esta, por seu turno, busca sempre diminuir o custo da remuneração devida ao empregado, por ser fator preponderante na composição do lucro que é vital à existência do empreendimento.

Lembremos que o Direito do Trabalho surgiu no século XIX exatamente como fruto dos embates entre os trabalhadores e o empregador, procurando aqueles uma forma de controlar os excessos do empregador quanto às exigências de longas jornadas de trabalho, com retribuição salarial ínfima, além da exploração de crianças, adolescentes e mulheres, pela perspectiva de aumento do lucro empresarial.

E neste embate os trabalhadores constataram que a forma de enfrentar o empregador era a sua organização como grupo, com ações coordenadas, que levavam a empresa à necessidade de negociação, sob pena de prejuízos. Eis aí o embrião do sindicato, como instrumento de organização e luta dos trabalhadores.

Desde o início destes embates até o final da 1ª Grande Guerra, no início do século XX, muitas lutas ocorreram e manifestações relevantes foram feitas, como a Encíclica *Rerum Novarum* do Papa Leão XIII e o Manifesto Comunista de Marx e Engels, que ensejaram afinal a Declaração Universal dos Direitos do Homem e a criação da Organização Internacional do Trabalho.

Inicia-se neste período uma nova fase de reconhecimento dos direitos dos trabalhadores, com a fixação dos limites da atividade empresarial como forma de respeito à dignidade da pessoa do empregado. Muita resistência houve até o reconhecimento do Direito do Trabalho com os princípios em que se assenta.

Mas passado o período inicial e consolidando-se as bases de contratação individual e coletiva no âmbito das relações entre empregados, empregadores e sindicatos, ingressamos em outra fase do desenvolvimento destas relações, quando para o sucesso na realização dos interesses de cada um residia na negociação direta. E para chegar a bom termo no processo de negociação os instrumentos fundamentais eram a probidade e a boa-fé das partes, sem o que o resultado era sempre o fracasso das tentativas de solução dos conflitos.

Em outras palavras, a prática do processo de negociação coletiva e individual revelou o surgimento do necessário dever de cooperação mútua, requisito essencial para alcançar os objetivos comuns aos contratantes.

3. As relações entre empregado e empregador em tempos de paz e em tempos de calamidade pública

Os contratos de trabalho sempre foram "livremente" pactuados entre patrões e empregados. Colocamos desta forma porque, apesar dos limites da lei (salário mínimo, jornada de trabalho, adicional de remuneração para atividades insalubres e perigosas, entre outros direitos mínimos a serem observados) o empregado não pactua, em regra, livremente seu contrato de trabalho: em resposta ao emprego oferecido, na maioria das vezes acata o horário já estipulado pelo empregador, o salário que está sendo oferecido e as demais benesses que a categoria e o empregador concedem.

E mais: no Brasil vigora a dispensa injusta, bastando o pagamento de indenização compensatória para a rescisão do contrato de trabalho por iniciativa do empregador, uma vez que até hoje não foi regulamentado, como prescrito, por lei complementar o inciso I do art. 7º da Constituição Federal, o que deixa o empregado à mercê do livre arbítrio de seu empregador.

Mas estamos vivendo tempos de calamidade pública: com o isolamento social e a proibição de funcionamento das empresas que não atuam em atividades essenciais. Inúmeras empresas já demitiram empregados, uma vez que não conseguem arcar com a folha de pagamento e encargos sem a devida fonte de lucro, que é a manutenção de sua atividade empresarial.

E é neste contexto que surgem medidas emergenciais e de conscientização social que demonstram que a união de classes, antes antagônicas, é essencial para a sobrevivência da sociedade.

Um texto publicado em 13/04/2020 na Folha de São Paulo *on line* traduz tal movimento:

> "*Manifesto lançado na internet reúne mais de 1.600 companhias e pretende manter, não só funcionários diretos, mas toda a cadeia produtiva; proposta é também ajudar pequeno negócio e autônomos.* Empresários, não demitam! Esta crise tem data para acabar." Com esse apelo, o "Movimento Não Demita" lançou um manifesto na internet para minimizar ou até evitar um colapso econômico. O grupo foi formado por 40 empresários e, em duas semanas, já reunia mais de 1.600 empresas. Todas se comprometeram a não fazer demissões pelo período de dois meses. O documento foi assinado por companhias como Alpargatas, Bradesco, BR Distribuidora, BTG Pactual, Grupo Pão de Açúcar, Itaú, Magazine Luiza, Microsoft, MRV Engenharia, Qualicorp, Santander, entre outras."[3]

3. *In Empresas se comprometem a não demitir,* Folha de São Paulo *on line*, Estúdio Folha, 13/04/2020, 10h41, http://estudio.folha.uol.com.br/iniciativascontraocoronavirus/2020/04/1988664-empre-

Temos que traçar novos objetivos: esqueçamos o que foi traçado no início do ano em termos de lucro, agora a realidade é outra. E a pandemia irá passar e as empresas precisarão novamente empregar. Esse é o momento de pensarmos de forma coletiva, deixando de lado o pensamento vigente até então de lucro a todo custo e apenas o salário ao meu empregado.

Se não mantivermos empregos ou, pelo menos, não nos preocuparmos com a alimentação e a dignidade básica dos mais vulneráveis, estaremos contribuindo para um estado de fome e pobreza generalizada, o que não condiz com os valores duramente conquistados e sedimentados por textos legais, organizações internacionais e até mesmo pela nossa consciência social.

4. O dever fundamental de cooperação em tempos de coronavírus

Ingressando a sociedade em momento diverso, isto é, na anormalidade, em decorrência de conflito generalizado, ou de fator outro, como o estado de calamidade que ora vive o mundo, em razão da epidemia do Covid-19, outro tipo de raciocínio jurídico há de se fazer, como forma de adequar a solução jurídica à nova realidade.

Surge neste momento de reflexão entre a situação de normalidade e de anormalidade, a relevância do dever fundamental de cooperação entre os sujeitos.

Lembremos a propósito que o Código de Processo Civil, ao estabelecer as regras de procedimento aplicáveis ao processo afirma em seu artigo 6º: *"todos os sujeitos do processo devem cooperar entre si para que se obtenha, em tempo razoável, decisão de mérito justa e efetiva."* Trata-se, como debate a doutrina, de importante regra a balizar a conduta de todos os envolvidos num processo judicial, o que para alguns significa que o legislador criou verdadeiro princípio, consistente no dever de cooperação.

Embora encartada a regra no Código de Processo Civil, trata-se de mandamento que se aplica à toda a sociedade nas suas variadas relações. Lembre-se que o artigo 5º do mesmo Código estabelece que "aquele que de qualquer forma participa do processo deve comportar-se de acordo com a boa-fé", o que revela o fundamento do dever de cooperação, que vem a seguir à obrigação do agir com boa-fé.

Já examinamos estes conceitos tanto na nossa Consolidação das Leis do Trabalho quanto no Código Civil, ambos alicerçados nos dispositivos constitucionais que transcrevemos anteriormente.

Portanto o dever de cooperação que deve nortear a ações dos sujeitos em todas suas relações em tempo de normalidade, tem fundamento constitucional e legal, consistindo um elemento essencial para a vida em sociedade.

---

sas-se-comprometem-a-nao-demitir.shtml?dicbo=v1-35ea769c4993db75af2ce015a1d0c94e-00de-1bb92c343ea54da674593b8cda3ac8-me2teztgmjsgmljuga2tmljumzstaljzgizwgljygi3tcojvgvtdczrrmm, acessado em 21/04/2020.

É oportuno lembrar Nelson Nery Junior e Rosa Maria de Andrade Nery[4] a respeito do princípio da boa-fé e o dever de cooperação: *"Boa-fé como expressão do princípio de cooperação. O parecer final do relator do projeto de lei que tratava do Novo CPC indica que este CPC 5º tem o mesmo propósito do CPC 6º, qual seja o de consagrar o princípio da cooperação (RSCD, p. 194), que deve nortear não só as partes litigantes, mas também os operadores do direito e auxiliares da justiça que participam do processo."* (grifei).

Como referimos, o dever fundamental de cooperação é requisito para a ação de todos para dar cumprimento ao compromisso com o bem estar que preside a vida em sociedade.

E se assim é em tempos de normalidade, o que se pode dizer sobre o dever de cooperação em tempos de anormalidade?

Lembremos que os designados "tempos de coronavírus" designam este período sombrio que vivemos, em que somos levados a guardar quarentena, para evitar contato com todas as pessoas, a fim de evitar o aumento da contaminação pelo vírus da doença Covid-19.

A propósito desta epidemia causada por esta doença, o Governo brasileiro editou o Decreto-Legislativo nº 6, de 20 de março de 2020, que reconheceu o estado de calamidade pública que vivemos. Não custa lembrar que a denominada pandemia causada pelo vírus atinge todos os países do mundo, configurando sem dúvida um estado de calamidade, causando a infecção de milhões de pessoas, e desgraçadamente causando a morte de milhares de vítimas.

Deste modo, ao falar em tempos de coronavírus estamos nos referindo ao momento de calamidade pública, diante da desgraça que se abateu sobre todo o mundo, causando pânico generalizado em todos nós, pelo risco de vida que corremos, e da possibilidade real de infecção e até de morte pela doença.

Eis porque os valores aceitos pela nossa sociedade em tempos de normalidade cedem espaço e importância a outros valores em tempo de anormalidade. Como referimos até aqui todo ordenamento jurídico, assim como seus princípios e regras, têm como norte a sociedade em tempos de normalidade.

Tratando-se de um período anormal, ou extraordinário, outros são os princípios a reger nossas ações, assim como ganham importância outros valores, como é o caso de dever de cooperação.

Já vimos que a cooperação é ação que o ordenamento impõe a todos nós nas relações com a sociedade, a fim de que se alcance o bem comum. É corolário da boa-fé e da probidade.

Deste modo, em tempo de coronavirus a cooperação assume papel de dever fundamental, como forma eficiente de enfrentamento da desgraça que se abate sobre nós,

---

4. *In Código de Processo Civil Comentado,* 17ª edição. São Paulo: Editora Revista dos Tribunais, 2018, p. 226.

Com efeito, o dever fundamental de cooperação em tempos de coronavirus decorre da importância vital de que toda a sociedade desenvolva uma ação conjunta nas várias atividades que desenvolve, como modo único para alcançar a tão almejada dignidade social.

Neste sentido, em matéria de direito do trabalho, cuidando deste triste realidade que vivemos, afirmaram Antonio Carlos Aguiar e Otavio Amaral Calvet[5], referindo-se expressamente à mudança de paradigmas na solução de conflito do trabalho, em razão da exceção decorrente da calamidade pública: *"No caso que ora enfrentamos não se observa a existência de um conflito coletivo, simplesmente porque não há divergência entre os interesses der cada uma das categorias, mas convergência na necessidade de alternativas para a manutenção de ambos os envolvidos, a empresa na sua atividade e o empregado na sua dignidade (sobrevivência digna)."*

Como bem retratam os autores, em tempos de coronavírus desaparecem os interesses contrapostos, cedendo espaço para a urgente conjugação de vontades para a sobrevivência de todos, surgindo daío dever fundamental de cooperação.

Conclusão

As relações entre empregados e patrões até hoje observadas devem ser relativizadas como forma de manutenção de empregos em tempos de pandemia, isolamento social e paralisação da maioria das atividades empresariais.

Os direitos dos trabalhadores duramente conquistados não serão esquecidos, mas nesta época precisamos repensá-los como forma de garantir a todos uma existência digna.

O dever fundamental de cooperação em tempos de coronavírus decorre da importância vital de que toda a sociedade desenvolva uma ação conjunta nas várias atividades que desenvolve, como modo única de se garantir a dignidade da pessoa humana e a justiça social.

Partes que antes tinham interesses contrapostos – patrão e empregados – hoje devem conjugar esforços para que todos passem por este período da melhor maneira possível e revejam seus conceitos para sobrevivência pós-pandemia.

Referências

AGUIAR, Antonio Carlos Aguiar e CALVET, Otavio Amaral. *Negociação individual para redução de salário e jornada de trabalho*, Consultor Jurídico, 08-04-2020.

Folha de São Paulo *on line, artigo Empresas se comprometem a não demitir,* EstúdioFolha, 13/04/2020, 10h41, http://estudio.folha.uol.com.br/iniciativascontraocoronavirus/2020/04/1988664-empresas-se-comprometem-a-nao-demitir.shtml?dicbo=v1-35ea769c4993db75af2ce015a1d0c94e-00de1bb92c343ea54da674593b8cda3ac8-me2teztgmjsgmljuga2tmljumzstaljzgizwgljygi3tcojvgvtdczrrmm, acessado em 21/04/2020.

NERY JUNIOR, Nelson e NERY, Rosa Maria de Andrade. *Código de Processo Civil Comentado,* 17ª edição. São Paulo: Editora Revista dos Tribunais, 2018.

5. *In Negociação individual para redução de salário e jornada de trabalho*, Consultor Jurídico, 08-04-2020.

9

O VETOR CONSTITUCIONAL DA LIBERDADE ECONÔMICA EM TEMPOS DE CORONAVÍRUS

Renato Rua de Almeida[1]

Introdução

No presente trabalho, pretende-se demonstrar o vetor constitucional da liberdade econômica em tempos de coronavírus (Covid-19) na realidade brasileira dos dias de hoje.

Para tanto, far-se-á numa primeira parte um estudo dos fundamentos da liberdade econômica na Constituição Federal de 1988.

Não se pretende fazer um estudo jurídico sobre a interpretação constitucional dos princípios sobre a liberdade econômica, mas uma visão dogmática da liberdade econômica.

Numa segunda parte, far-se-á um estudo sobre as formas que asseguram a liberdade econômica na crise da economia, valendo-se, para tanto, das medidas trabalhistas utilizadas por alguns países da União Europeia na tentativa de superação das crises econômicas anteriores.

Na terceira e última parte, será examinado o vetor constitucional da liberdade econômica nas medidas trabalhistas utilizadas no Brasil em tempos de coronavírus (Covid-19) para garantir a atividade econômica das empresas privadas, em especial das empresas de pequeno porte e do pleno emprego.

---

1. Advogado trabalhista em São Paulo.Professor aposentado de Direito do Trabalho da Faculdade de Direito da PUC-SP e Doutor em Direito pela Faculdade de Direito da Universidade de Paris I (Panthéon-Sorbonne).Membro da ABDT, do IBDSCJ e da UJUCASP e presidente do Instituto Jacques Maritain do Brasil (www.maritain.org.br).

I. Fundamentos da liberdade econômica na Constituição de 1988

Não se pretende fazer um estudo jurídico sobre a interpretação constitucional dos princípios sobre a liberdade econômica na Constituição Federal de 1988.

Pretende-se apenas destacar as normas constitucionais que asseguram a liberdade econômica.

O estudo aprofundado sobre a interpretação constitucional dos princípios da liberdade econômica dentro da ordem econômica há de ser feito no âmbito do direito constitucional (1).

Portanto, dentro do propósito de identificar as normas sobre a liberdade econômica no texto constitucional brasileiro, torna-se necessário, primeiramente, mencionar o Título I dos Princípios Constitucionais da Constituição Federal de 1988, onde o artigo 1º prescreve que a República Federativa do Brasil constitui-se em Estado Democrático de Direito, tendo como fundamentos, entre outros, os valores sociais do trabalho e da livre iniciativa previstos no inciso IV desse dispositivo constitucional.

Assim sendo, na raiz da República Federativa do Brasil encontra-se a livre iniciativa como substrato da liberdade econômica.

É indispensável também mencionar, nessa linha argumentativa, o Título VII da Ordem Econômica e Financeira, onde são localizados no Capítulo I os princípios gerais da atividade econômica.

Estudo aprofundado desses princípios gerais da atividade econômica foi feito pelo constitucionalista José Afonso da Silva (2), jurista e professor emérito da Faculdade de Direito da USP, ao demonstrar que a ordem econômica está fundada na livre iniciativa e na valorização do trabalho humano.

Por conseguinte, na ordem econômica brasileira a livre iniciativa é direito fundamental constitucional que garante a liberdade econômica.

Por sua vez, a liberdade econômica prevista pelo *caput* do artigo 170 do texto constitucional é complementada, dentre outros princípios, pela propriedade privada (inciso II), pela função social da propriedade (inciso III), pela livre concorrência (inciso IV), pela defesa do meio ambiente (inciso VI), pela redução das desigualdades regionais e sociais (inciso VII), pela busca do pleno emprego(inciso VIII) e pelo tratamento favorecido para as empresas de pequeno porte (inciso IX) (3).

Ademais, o parágrafo único do artigo 170 do texto constitucional assegura a todos o livre exercício de qualquer atividade econômica como desdobramento da livre iniciativa e da liberdade econômica.

Já o artigo 173 do texto constitucional garante a prevalência da atividade econômica às empresas privadas e somente será permitida a exploração direta de atividade econômica pelo Estado, quando necessária aos imperativos da segurança nacional ou a relevante interesse coletivo.

Vê-se, desta forma, uma preferência constitucional *prima facie* para que a atividade econômica seja assumida pelas empresas privadas resultantes da livre iniciativa e da liberdade econômica.

O filósofo humanista e cristão Jacques Maritain, que teve papel fundamental na aprovação da Declaração Universal dos Direitos do Homem da ONU, de 10 de dezembro de 1948 (4), afirma que são quatro as características de uma sociedade de homens livres (5).

Uma delas é ser uma sociedade pluralista, compreendendo uma pluralidade de comunidades autônomas do Estado, sendo a empresa privadauma dessas comunidades autônomas, que, na ordem econômica, tem por basea livre iniciativa e a liberdade econômica.

No entanto, Jacques Maritain, ao aprofundar sua visão sobre o conceito de empresa privada, como resultado da liberdade econômica, apresenta um componente de ordem ética no sentido de que a empresadeve ser estruturada como uma "comunidade de trabalho",com a participação dos trabalhadores na vida da empresa não só nos lucros, mas também na propriedade e na gestão.

Essa ideia de empresa privada é igualmente defendida pela Doutrina Social da Igreja Católica, especialmente na Encíclica Centesimus Annnus do Papa São João Paulo II, publicada em 1991, por ocasião da comemoração do centenário da Encíclica Rerum Novarum de 15 de maio de 1891 do Papa Leão XIII, a qual teve grande influência na criação e no desenvolvimento do direito do trabalho.

No Capítulo IV sobre a propriedade privada e o destino universal dos bens, o Papa São João Paulo II propugna na Encíclica Centesimus Annuspor uma sociedade de trabalho com a empresa livre e participativa na vida social e econômica, sendo um contraponto às empresas estatizadas do sistema socialista, em que a liberdade econômica inexiste, em desrespeito do direito natural.

Preconiza também o Papa São João Paulo II na Encíclica Centesimus Annusque a empresa sejauma "comunidade de homens", assim como Jacques Maritain chamou-a "comunidade de trabalho", em que, diz ainda o Papa São João Paulo II, "o lucro é um regulador, mas não o único e a ele deve associar a consideração de outros fatores humanos e moraisque, a longo prazo, são igualmente essenciais para a vida das empresas".

Pode-se dizer que esses valores éticos da empresa privada como "comunidade de homens" ou "comunidade de trabalho" estão previstos, ainda que de forma mitigada, pelo artigo 7º, inciso XI da Constituição Federal de 1988, ao prescrever a participação dos trabalhadores nos lucros ou resultados, e, excepcionalmente, a participação na gestão da empresa.

Em complemento, esses mesmos valores éticos estão garantidosde certa forma com a regulamentação da participação dos empregados nos lucros ou resultados da empresa privada pela Lei n. 10.101/2000, da mesma forma com a participação dos trabalhadores na gestão empresarial, nas empresas com mais de 200 empregados, com a eleição de uma comissão de representação dos empregados, na conformidade do artigo 510-A da Consolidação das Leis do Trabalho, com as suas atribuições previstas pelo artigo 510-B do mesmo diploma consolidado, destacando-se a atribuição prevista no inciso I, qual seja a de representar os empregados perante a administração da empresa, e também a atribuição prevista pelo inciso VI, que é encaminhar as reivindicações específicas dos empregados à direção da empresa.

Essas disposições consolidadas sobre a participação dos empregados na gestão das empresas com mais de 200 empregados foram oportunamente instituídas com a promulgação da Lei n. 13.467, de 13 de julho de 2017 sobre a chamada Reforma Trabalhista.

É lamentável que o sindicalismo brasileiro semicorporativista não tenha compreendidoa dimensão ética dessa inovação na vida das empresas com mais de 200 empregados, procurando, até onde se sabe, desprestigiá-la talvez por receio infundado de perda de poder, quando são entidades distintas, cabendo à representação eleita dos empregados a participação na gestão, ao passo que a representação sindical existe no ordenamento jurídico para promover a melhoria da condição social dos representados da categoria profissional como um todo.

Essa distinção é feita pela Convenção n. 135 de 1971 da OIT, já ratificada pelo Brasil,

Em conclusão dessa primeira parte, pode-se dizer que a liberdade econômica está garantida no texto constitucional brasileiro pela atividade econômica a ser exercida por excelência pela empresa privada.

Ademais, essa empresa privada deve ser democrática, isto é, eticamente estruturada na medida em que desenvolva a noção da "comunidade de homens", com a promoção da participação dos empregados nos lucros ou resultados e também na gestão empresarial, como prevê o texto constitucional brasileiro e as formas adotadas, ainda que mitigadas, pela legislação infraconstitucional.

A seguir, a segunda parte desse trabalho, em que são examinadas as formas para assegurar a liberdade econômica nas crises econômicas.

II. Formas para assegurar a liberdade econômica nas crisesda economia

Nas crises da economia, procura-se garantir a liberdade econômica, vale dizer a manutenção da atividade econômica das empresas privadas e do pleno emprego, que são os dois princípios mais importantes da ordem econômica de uma Nação democrática e pluralista como o Brasil, buscando-se, entre outras medidas, a ajuda financeira do Estado para as empresas, em especial as de pequeno porte,e também a flexibilização das leis trabalhistas.

Essa flexibilização do caráter protetivo das leis trabalhistas,de caráter imperativo e muitas vezes de ordem pública,em favor dos direitos dos trabalhadores empregados, dá-se pela sua adaptação à uma realidade momentânea provocada pela crise econômica.

No entanto, ela deve sempre respeitar os limites constitucionais de proteção dos trabalhadores, que, no caso brasileiro, são catalogados pelo artigo 7º do texto constitucional.

A propósito, esse tema foi examinado pelo professor Pedro Romano Martinez da Faculdade de Direito da Universidade de Lisboa, em Seminániopromovido pelo Tribunal Superior do Trabalho em 2016 por ocasião da comemoração dos 75 anos da Justiça do Trabalho e dos 70 anos do Tribunal Superior do Trabalho.

Na ocasião, o jurista português afirmou que, nas crises econômicas, deve-se levar em conta a recuperação da competividade das empresas, a redução do desemprego e a modificação do paradigma tradicional do direito do trabalho.

Esse fenômeno ocorreu em Portugal na crise econômica de 2011 e 2012.

Essetema foi tratado no 53º Congresso Brasileiro de Direito do Trabalho, patrocinado anualmente pela LTr Editora Ltda, então coordenado pelo saudoso professor Amauri Mascaro Nascimento, nosdias 24 a 26 de junho de 2013, no 6º Painel denominado "A crise europeia e o Direito do Trabalho".

Nos anais desse 53ºCongresso Brasileiro de Direito do Trabalho, encontra-se exposição feita por esse autor e apresentada sob o título "Justifica-se a regressão de direitos trabalhistas na Europa diante da crise ? A experiência portuguesa"

Nessa exposição, procurou-se demonstrar que o Estado português, diante da crise econômica, assumiu compromisso pela aprovação da Lei n. 23, de 25 de junhode 2012 para a instituição do Memorando da *troika* (memorando de entendimento sobre as condicionalidades da política econômica), como resultado de dois importantes acordos de concertação social, que foram o Acordo Tripartido para a Competividade e Emprego, de 22 de março de 2011 e o Compromisso para o Crescimento, Competividade e Emprego, de 18 de janeiro de 2012 (6).

Portanto, a forma encontrada por Portugal para debelar a crise econômica de 2011 e 2012 foi o Estado assumir a aprovação de uma legislação de exceção resultante da concertação social.

Ora, a concertação social é uma forma atípica de negociação coletiva, por meio da qual os parceiros sociais, empresas e sindicatos de trabalhadores, com a presença do Estado, formando um verdadeiro pacto social, procuram estabelecer normas jurídicas trabalhistas a serem validadas pela legislação estatal para o enfrentamento da crise econômica.

A propósito, o artigo 56, alínea *c* da Constituição da República Portuguesa de 1976 prevê expressamente que são direitos das associações sindicais fazer-se representar nos organismos de concertação social.

No já citado Seminário promovido pelo TST o jurista português Pedro Romano Martinez tratou da matéria em discurso intitulado "Crise econômica e reforma trabalhista na Europa", que se encontra nos anais do seminário, defendendo a negociação coletiva como caminho para superação de momentos econômicos difíceis.

Para tanto, examinou a questão em quatro países da União Europeia, que são a Alemanha, a França,a Itáliae o Portugal, e, em todos eles, a solução encontrada para o combate da crise econômica foi a aprovação de uma legislação que flexibilizou o paradigma protetor do direito do trabalho, como resultado da negociação coletiva típica e também da negociação coletiva atípica, que é a concertação social, como ocorreu em Portugal.

Portanto, o traço comum desses países da União Europeia para a superação da crise econômica foi a utilização da negociação coletiva típica e da concertação social como forma de negociação coletiva atípica, resultando numa legislação estatal que garantisse a atividade econômica das empresas privadas e o pleno emprego.

Para tanto, dois fatores do direito do trabalho coletivo foram fundamentais: liberdade sindical com maior representatividade dos trabalhadores e representação eleita dos empregados nas empresas e sua participação na gestão empresarial, para que esses representantes sentissem melhor a realidade da empresa.

A pronta legislação estatal aprovada para enfrentar a crise das empresas, em especial das empresas de pequeno porte, legitimada pela negociação coletiva e pela concertação social, foi consequência do sistema eleitoral mais representativo para as eleições parlamentares pelo voto distrital puro praticado na França ou no voto distrital mistoexistente na Alemanha.

No Brasil, durante a crise econômica de 2009, resultante da crise econômica americana, faltaramos requisitos da liberdade sindical e do sistema eleitoral mais representativo, para que fosse encontrada uma solução adequada para o enfrentamento da mencionada crise econômica.

Quanto à questão sindical, nosso sindicalismo semicorporativista é caracterizado pela unicidade sindical e pela representação monopolística da categoria profissional, em desacordo com a Convenção n. 87 de 1948 da Organização Internacional do Trabalho sobre a liberdade sindical, o que o torna pouco flexível nas negociações coletivas típicas e também na concertação social como forma de negociação coletiva atípica para superação da crise econômica (7).

Ademais, a estrutura do nosso sindicalismo impede-o de estar presente nos locais de trabalho, o que o faz desconhecer a realidade das empresas, daí sua falta de flexibilidade para negociar saídas para superaçãoda crise econômica.

Além disso, é praticamente ausente nas empresas a eleição dos representantes dos empregados para participarem da gestão empresarial, salvo nas empresas com mais de 200 empregados.

Quanto à presença do Estado, ela é dificultada pela ausência de uma negociação coletiva representativa e pela inexistência prática da concertação social como forma de negociação coletiva atípica, e ainda é dificultada pela falta de uma representatividade política da Câmara de Deputados, em razão do sistema eleitoral proporcional para as eleições legislativas, que dificulta a formação de uma maioria parlamentar harmônica ideológica e politicamente, cuja maioria é formada de forma heterogênea pelo presidencialismo de coalizão, mas com as consequências políticas nem sempre satisfatórias para a população (8).

Basta lembrar a despedida em massa de 4.200 trabalhadores em 2009 pela Embraer, sem articular medidas substitutas, como férias coletivas, redução da jornada e do salário, suspensão do contrato de trabalho, em parte por certa intransigência em negociar do Sindicato dos Metalúrgicos de São José dos Campos, representante da categoria profissional dos empregados e filiado à Central Sindical Conlutas.

O conflito coletivo foi ajuizado pelo sindicato profissional como dissídio coletivo de natureza jurídica perante o Tribunal Regional do Trabalho da 15ª Região, que julgou abusiva a despedida em massa por falta de informação e negociação prévias, com a condenação da empresa no pagamento de indenização por violação da boa-fé objetiva e seus deveres anexos de informação e negociação prevista pelos artigo 187 e 422 do Código Civil.

Essa decisão paradigmática do Tribunal Regional do Trabalho da 15ª Região no processo de dissídio coletivo de trabalho n. 00309200900015004-DC teve grande impacto em todo o Brasil nesse período de crise econômica, levando as empresas a negociarem coletivamente com os sindicatos profissionais na perspectiva de substituírem a despedida em massa por medidas alternativas e menos dramáticas para os trabalhadores como a redução da jornada e salário, suspensão do contrato de trabalho, férias coletivas e outras previstas pelo ordenamento jurídico brasileiro (9).

A Embraer conseguiu com o recurso ordinário interposto ao Tribunal Superior do Trabalho a reforma da decisão regional, afastando por maioria o caráter abusivo da despedida em massa, com o voto divergente e brilhante do relator ministro Maurício Godinho Delgado, acompanhado pelo voto da ministra Katia Arruda, da Seção de Dissídio Coletivo, no processo TST-DC 207660-2009-000-00-00-7.

O fundamento da maioria Seção de Dissídio Coletivo, ao dar provimento ao recurso ordinário, foi no sentido de que o artigo 7º,inciso I, da Constituição Federal, que trata da proteção da relação de emprego contra a despedida arbitrária ou sem justa causa depende de regulamentação por lei complementar.

Mas, nessa oportunidade, a Seção de Dissídio Coletivo do Tribunal Superior do Trabalho deixou de dar a máxima efetividade ao direito fundamental social previsto pelo artigo 7º, inciso I, da Constituição Federal de 1988, a ser interpretado e aplicado como mandamento de otimização, na linguagem de Robert Alexy (10), nos termos do artigo 5º, § 1º texto constitucionale, em razão da dimensão objetiva, que implica sua irradiação por todo o ordenado jurídico infraconstitucional, poderiao órgão colegiado do Tribunal Superior do Trabalho manter a decisão do Tribunal Regional do Trabalho da 15ª Região, conforme o voto vencido do ministro relator, valendo-se das cláusulas gerais, em especial a boa-fé objetiva e seus deveres anexos previstos nos artigos 187 e 422 do Código Civil constitucionalizado (11).

No entanto, o órgão colegiado do Tribunal Superior do Trabalho recomendou nessa decisão que, doravante, as empresas evitassem as despedidas em massanão sem antes tentarem a negociação coletiva com os sindicatos profissionais na busca de soluções alternativas e menos dramáticas para os trabalhadores.

Essa decisão, embora sem efetividade executória, reconheceu ao menos implicitamente a justeza da precedência da informação do motivo da causa objetiva da empresa e da tentativa de negociação antes que a despedida em massa se consumasse com efeitos dramáticos na vida dos trabalhadores.

Mas a Embraer não se conformou nem mesmo com essa recomendação do Tribunal Superior do Trabalho, interpondo recurso extraordinário, sob fundamento de inconstitucionalidade da decisão do Tribunal Superior do Trabalho por violação literal ao artigo 7º, inciso I, da CF/88, cuja regulamentação depende de lei complementar, aguardando-se ainda no Supremo Tribunal Federal o voto do relator ministro Marco Aurélio, a ser proferido com repercussão geral nos autos do processo RE 999435.

Na verdade, essa decisão do Supremo Tribunal Federal perde certo interesse, na medida em que a Reforma Trabalhista aprovada pela Lei n. 13.467, de 13 de julho de 2017, em razão do presidencialismo de coalizão do governo Michel Temer, prevê lamentável retrocesso social, ao prescrever no artigo 477-A, da Consolidação das Leis do

Trabalho a equiparação da despedida coletiva à despedida individual sem necessidade de autorização prévia de entidade sindical profissional ou de celebração de negociação coletiva, a menos que o próprio Supremo Tribunal Federal declare inconstitucional formalmente esse dispositivo consolidado, nas Ações Diretas de Inconstitucionalidade, que lhe foram ajuizadas, na medida em que regulamenta a matéria prevista pelo artigo 7º, inciso I, da Consolidação das Leis do Trabalho por meio de lei ordinária, quando o dispositivo do texto constitucional o exige por lei complementar (12).

Vê-se, assim, que o mais paradigmático conflito coletivo de trabalho no Brasil em época de crise econômica não tenha ainda uma solução definitiva, passados mais de 10 (dez) anos de sua eclosão,gerando insegurança jurídica, com prejuízo da produtividade da empresa e do pleno emprego, em razão da ausência da liberdade sindical e de um sistema eleitoral mais representativo para as eleições legislativas que o voto proporcionalainda atualmente existente no Brasils. Se esses dois requisitos existissem na ocasião certamente teriam concorrido para uma solução mais democrática como nos países da União Europeia.

Em conclusão dessa segunda parte, pode-se dizer que as crises econômicas nos países da União Europeia foram resolvidas pela negociação coletiva típica e pela concertação social como forma de negociação coletiva atípica, cabendo ao Estado aprovar, legitimado pelas decisões convergentes dos parceiros sociais e pela representatividade eleitoral das eleições legislativas, uma legislação trabalhista flexível para minorar os efeitos econômicos nefastos à produtividade das empresas e ao pleno emprego.

No Brasil, o principal conflito coletivo da crise econômica de 2009tornou-se, por falta de liberdade sindical e representação dos trabalhadores nos locais de trabalho e, ainda, em razão da falta de uma maior representatividade política nas eleições legislativas, umverdadeiro impasse com prejuízo do pleno emprego, transformando-se em dissídio coletivo de natureza jurídica a depender de decisões positivistas do Poder Judiciário, deixando de exprimir a justiça que o caso merecia na linha do realismo jurídico e da teoria do justo objetivo do filósofo do direito Michel Villey, saudoso professor da Faculdade de Direito da Universidade de Paris I (Panthéon-Sorbonne) (13).

Enquanto isso, no Brasil, fica-se na esperança de uma reforma completa do sistema sindical brasileiro à luz da Convenção n. 87 de 1948 da OIT sobre liberdade sindical e de uma reforma eleitoral para as eleições legislativas para uma maior representatividade política, a fim de que as crises econômicas futuras sejam solucionadas de uma forma participativa e democrática como nos países da União Europeia.

A seguir, será examinada a liberdade econômica no Brasil em tempos do novo coronavírus (Covid-19) e as medidas trabalhistas adotadas para amenizar as consequências da crise econômica nas empresas e para preservar o pleno emprego.

III. A liberdade econômica no Brasil em tempos de crise do novo coronavirus (Covid-19)

A crise econômica atual no Brasil provocada pela expansão do novo coronavírus (Covid-19), talvez seja uma das mais contundentes na história universal e no Brasil, com fortes reflexos negativos na produtividade das empresas e no pleno emprego.

Diante da inexistência de uma negociação coletiva permeável pelas razões já conhecidas da falta de liberdade sindical e da representação dos trabalhadores nos locais de trabalho, o Estado brasileiro tomou a iniciativa de enfrentamento da crise econômica e apresentou medidas provisórias fundamentadas na relevância e urgência, como exigência do artigo 62 da Constituição Federal de 1988.

Essas medidas provisórias foram fundamentadas na relevância e urgência em razão do estado de calamidade pública previsto pelo Decreto n. 6, de 20/3/2006 e da emergência de saúde pública de importância internacional decorrente do novo coronavírus (Covid-19) de que trata a Lei n. 13.979, de 6 de fevereiro de 2020.

Tais medidas provisórias implicaram a convocação e participação dos empregados, seus sindicatos profissionais e as empresas afetadas pela crise econômica, com a presença do Estado, para debelarem a crise econômica com medidas trabalhistas apropriadas.

Pode-se dizer que essas medidas tomadas pelo Estado brasileiro com a participação dos agentes sociais para o enfrentamento da crise econômica constituíram uma espécie de concertação social atípica, na medida em que a concertação social típicarepresenta um pacto social democrático entre o Estado e os agentes sociais, resultando no compromisso do Estado em transformá-lo em lei.

Nessa hipótese das medidas provisórias, o processo é invertido com o Estado tomando uma iniciativa legislativa para combater a crise econômica e disponibilizando aos agentes sociais normas legais trabalhistas flexíveis para a sobrevivência das empresas, em especial as de pequeno porte, e para a manutenção do pleno emprego.

São basicamente as Medidas Provisórias n. 927, de 22 de março de 2020 e n. 936, de 1º de abril de 2020 que apresentaram medidas trabalhistas flexíveis para mitigarem, com a participação dos empregadores, empregados e sindicatos das categorias profissionais envolvidas, os efeitos nefastos da falta da produtividade das empresas e do desemprego.

O artigo 2º da Medida Provisória n. 927, de 22 de maio de 2020 prescreve que empregadores e empregados, em razão da força maior e do interesse público, poderão celebrar acordo individual escrito, sem prejuízo da negociação coletiva, a fim de manterem o vínculo empregatício, com preponderância sobre instrumentos normativos, legais e negociados, respeitados os limites constitucionais.

Já a Medida Provisória n. 936, de 1º de abril de 2020, que instituiu o Programa Emergencial de Manutenção do Emprego e Renda, prescreve em seu artigo 3º que as medidas de ordem trabalhista a serem flexibilizadas são a redução proporcional da jornada e salário e a suspensão temporária do contrato de trabalho, com a previsão de pagamento compensatório pelo Estado aos empregados de um benefício emergencial de preservação do emprego e da renda.

Por sua vez, o artigo 12 da Medida Provisória n. 936 de 2020 prescreve, ratificando o artigo 2º da Medida Provisória n. 927 de 2020, que, por meio de acordo individual de trabalho ou pelos instrumentos da negociação coletiva de trabalho, poderão ser adotadas a redução proporcional da jornada de trabalho e salário e a suspensão do contrato de trabalho.

A grande questão jurídica que surge dessas medidas provisórias é saber se é válido o acordo individual de trabalho para reduzir proporcionalmente a jornada de trabalho e o salário, na medida em que o artigo 7º, inciso VI da Constituição Federal de 1988 prevê expressamente a irredutibilidade salarial, salvo convenção ou acordo coletivo de trabalho, afastando, consequentemente, o acordo individual do trabalho.

A propósito, o Supremo Tribunal Federal por expressiva maioria afastou a medida cautelar conferida pelo relator ministro Ricardo Lewandowski na Ação Direta de Inconstitucionalidade n. 6.363 sobre a Medida Provisória n. 963 de 2020, que pretendia a declaração de inconstitucionalidade dos dispositivos que permitem a celebração de acordo individual de trabalho para a jornada proporcional de trabalho e salário e da suspensão do contrato de trabalho.

A *ratio decidendi* da decisão do Supremo Tribunal Federal foi no sentido de que se faz necessária uma interpretação sistemática e unitária do texto constitucional, como ensina o constitucionalista português Jorge Miranda (14), em razão de ser a norma *sub judice* medida de força maior e de ordem pública, não se podendo, destarte, examinar a questão apenas sob o ângulo do artigo 7º, inciso VI, da Constituição Federal de 1988, sem levar em consideração outros valores constitucionais como aquele previsto no artigo 3º, inciso I, do texto constitucional, em que constitui objetivo fundamental da República Federativa do Brasil a constituição de uma sociedade solidária.

Ora, diante das consequências adversas entre nós da epidemia do novo coronavírus, mister se faz estabelecer a validade do acordo individual com os instrumentos da negociação coletiva, como sendo uma forma solidária e mais ágil, em especial no âmbito das empresas de pequeno porte, para a redução proporcional da jornada e salário e da suspensão temporária do contrato de trabalho (15).

Ademais a hipótese do artigo 7º, inciso VI, da Constituição Federal, ao preconizar a convenção e o acordo coletivo de trabalho de trabalho para a redução da jornada e salário, constitui, na verdade, o resultado exitoso do processo de negociação coletiva tendo em vista a superação de conflito coletivo de trabalho.

Diferente é a hipótese ora examinada, em que existe convergência de interesses entre empregadores, empregados e o próprio Estado, que garante o pagamento de benefício emergencial de preservação do emprego e da renda tendo como base de cálculo, na conformidade do disposto no artigo 6º, da Medida Provisória n. 936 de 2020, o valor mensal do seguro-desemprego a que o empregado teria direito, nos termos do artigo 5º, da Lei n. 7.998, de 1990.

Finalmente, pode-se dizer que as Medidas Provisórias em comento tiveram clara intenção de preservar a liberdade econômica prevista pela Constituição Federal de 1988 nos seus artigo 170 e seguintes sobre a ordem econômica, com a manutenção da empresa privada, em especial as de pequeno porte, por serem as que mais empregam, face à crise econômica vivenciada no Brasil nos dias de hoje.

Fica evidente essa opção de proteger a empresa privada pela Medida Provisória n. 936 de 2020, uma vez que, a teor do disposto no artigo 3º, parágrafo único, são excluídas expressamente as empresas públicas e sociedades de economia mista, inclusive suas subsidiárias, do âmbito de sua incidência, sem conflitar com a isonomia prevista pelo artigo 173, § 1º, inciso II, da Constituição Federal, na medida em que, ao garantir a atividade econômica das empresas privadas dentro dos princípios da livre iniciativa e livre concorrência face à crise econômica provocada pelo do novo coronavírus, a Medida Provisória em comento atende à preservação da liberdade econômica prevista pelo Título VII da Constituição Federal de 1988 e a prevalência da exploração da atividade econômica pela empresa privada (16).

Ademais, ao prever o artigo 12, inciso I, da Medida Provisória 936 de 2020 que as hipóteses de redução proporcional de jornada e salário e de suspensão do contrato de trabalho prescritas no artigo 3º dessa Medida Provisória em comento poderão ser celebradas por acordo individual escrito ou pelos instrumentos da negociação coletiva,quando o empregado perceber salário igual ou inferior a R$ 3.135,00, está-se contemplando especialmente as empresas de pequeno porte, cujos empregados encontram-se em grande parte nessa faixa salarial, e, assim, teriam dificuldades em obter junto aos sindicatos profissionais a celebração de acordos coletivos para redução proporcional da jornada e salário, dentre outras razões por serem empresas com administração mais simples e por ser o sindicalismo brasileiro semicorporativista com todas as consequências adversas muitas vezes apresentadas nas mesas de negociação coletiva.

Pode-se, pois, concluir que, diante da inexistência entre nós de um sindicalismo profissional estruturado à luz da Convenção n. 87 de 1948 da Organização Internacional do Trabalho, fazendo com que muitas vezes sejam inflexíveis para a celebração dos instrumentos de negociação coletiva típica e mais ainda da concertação social para a superação dos efeitos da crise econômica, as Medidas Provisórias n. 917, de 22 de março de 2020 e n. 936, de 1º de abril de 2020 apresentam soluções trabalhistas adequadas para preservação da liberdade econômica com sobrevivência das empresas privadas, em especial as de pequeno porte, e do pleno emprego.

Conclusão

Para a superação das crises econômicas e a preservação da liberdade econômica garantida constitucionalmente na ordem econômica pela prevalência da empresa privada na exploração direta da atividade econômica, são os instrumentos da negociação coletiva típica e a concertação social como forma de negociação coletiva atípica a forma ideal e utilizada em vários países da União Europeia para a superação das dificuldades advindas dessas crises econômicas, tendo em vista a manutenção da produtividade das empresas privadas e o pleno emprego.

Essas formas de solução infelizmente não se aplicaram no Brasil durante a crise econômica de 2009, pelas razões acima expostas, deixando conflitos coletivos sem soluções adequadas como o da Embraer

No Brasil atual, com a crise econômica resultante do novo coronavírus (Covid-19), em razão da falta da liberdade sindical nos termos da Convenção n. 87 de 1948 sobre a liberdade sindical, o que dificulta institucionalmente o nosso sindicalismo semicorporativista ter uma maior abertura para a negociação coletiva, coube ao Estado brasileiro encontrar forma original para promover uma espécie de concertação social atípica, com a edição de medidas provisórias estabelecendo normas trabalhistas flexíveis a serem adotadas pelos trabalhadores, sindicatos profissionais e empresários, mediante acordos individuais escritos ou mediante os instrumentos da negociação coletiva para a sobrevivência das empresas, em especial as de pequeno porte, e do pleno emprego.

Referências bibliográficas

(1)-cf. Luis Roberto Barroso, **Interpretação e aplicação da Constituição**, Editora Saraiva Ltda., São Paulo, 427 Páginas.

cf. Fabrício Antonio Cardim de Almeida, **Interpretação constitucional e os princípios da ordem econômica**, dissertação de mestrado apresentada perante a Faculdade de Direito da Universidade de São Paulo, 2009, 226 páginas.

(2)-cf. José Afonso da Silva, **Curso de Direito Constitucional Positivo**, Malheiros Editores Ltda.,São Paulo, 820 páginas.

(3)-cf. Renato Rua de Almeida, **A pequena empresa e a teoria da flexibilização diferenciada**, Revista do Advogado da Associação dos Advogados de São Paulo (AASP), São Paulo, v. 1, n. 70, 2003, págs. 72-74.

(4)-cf. André Cáceres, **Maritain o pai dos direitos do homem**, "*in*"jornal O Estado de São Paulo, *Aliás* filosofia, 15/4/2018, E3.

cf. Renato Rua de Almeida, **A influência da filosofia dos direitos humanos de Jacques Maritain nas Constituições Brasileiras**, "*in*" www.maritain.org.br, link artigos.

(5)-cf. Jacques Maritain, **Os direitos do homem e a lei natural**, Livraria José Olympio Editora, Rio de Janeiro, 152 páginas.

(6)- Renato Rua de Almeida, **Justifica-se a regressão de direitos trabalhistas na Europa diante da crise? A experiência portuguesa**, exposição feita no 6ºPainel denominado A crise europeia e o Direito do Trabalho do 53º Congresso Brasileiro de Direito do Trabalho, promovido pela LTr. Editora Ltda., São Paulo, dias 24 a 26 de junho de 2013, "*in*" www.renatoruaemarcusaquino.adv.br/publicacoes.htm

(7)-cf. Renato Rua de Almeida, **O modelo sindical brasileiro é corporativista, pós-corporativista ou semicorporativista ?**, Revista LTr. , São Paulo, ano 77, 2013, págs. 7-15.

(8)-cf. Renato Rua de Almeida,**Presidencialismo de coalizão: disfunção do sistema político brasileiro em decorrência do voto proporcional para eleições legislativas,** fala apresentada no Encontro Latino-Americano dos Institutos Jacques Maritain do Cone Sul, realizado em Córdoba, Argentina, de 7 a 9 de setembro de 2017, no Programa "Reconstruir la ciudad al servicio del hombre, "*in*"www.maritain.org.br, link artigos.

(9)-cf. Renato Rua de Almeida, **Subsiste no Brasil o direito potestativo do empregador nas despedidas em massa ?**, Revista LTr., São Paulo, ano. 73, 2009, págs. 391-393.

(10)-cf. Robert Alexy, **Direitos fundamentais,** Malheiros, São Paulo.

(11)-cf. Renato Rua de Almeida, **Eficácia dos direitos fundamentais nas relações de trabalho**, Revista LTr., ano 76, 2012, págs 647-650.

cf. Renato Rua de Almeida,**Garantia do emprego: a nova noção da estabilidade no emprego à luz da interpretação do artigo 7º, inciso I, da Constituição Federal de 1988,** Revista LTr. agosto de 2019, págs.903-907.

cf. Arion Sayão Romita, **Direitos fundamentais nas relações de trabalho**, LTr. Editora, São Paulo, 471 págs.

(12)-cf.Renato Rua de Almeida, **Eficácia dos direitos fundamentais e seus impactos teóricos e práticos nas relações de trabalho à luz das questões trazidas pela Lei n. 13.467, de 13 de julho de 2017 sobre a reforma trabalhista**, Revista Ltr., Ltr. Editora Ltda., São Paulo, agosto de 2017, págs.909-914.

(13)-cf. Michel Villey, **Filosofia do direito. Definições e fins do direito**, Atlas, São Paulo, Coleção universitária de ciências humanas, 174 págs.

(14)-cf. Jorge Miranda, **Constituição e Cidadania,** Coimbra Editora, Coimbra, 517 págs.

(15)-cf. Renato Rua de Almeida, **Medida provisória nº 936, de 1º de abril de 2020**, de 2/4/2020, "*in*" http/www.andt.org.br/acadêmicos/renato-rua-de-almeida.

(16)-cf. Renato Rua de Almeida, **Artigo 2º da MP n. 927 de 2020, que dispõe sobre medidas trabalhistas para o enfrentamento do estado de calamidade pública e de emergência de saúde pública decorrente do novo coronavírus (Covid-19)**, de13/4/2020, "*in*" http/www.andt.org.br/academicos/renato-rua-de-almeida.

10

A EDIÇÃO DE MEDIDAS PROVISÓRIAS EM TEMPOS DE CORONAVÍRUS

Manoel Jorge e Silva Neto[1]

1. Introdução

É importante salientar que as medidas provisórias foram incluídas no Texto de 1988 sob a influência da Constituição italiana de 27 de dezembro de 1947, que consagra os denominados *provvedimenti provvisori com forza di legge*, que o Governo pode adotar, sob sua exclusiva responsabilidade, quando se presenciem hipóteses extraordinárias de necessidade e de urgência[2].

Medidas provisórias se inserem no processo legislativo brasileiro?

Com rigor técnico, pode-se defender que as medidas provisórias não participariam do contexto do processo legislativo brasileiro, vez que a elas não se aplicam muitas das disposições atinentes à elaboração das leis ordinárias e complementares.

O mero e simples fato de incorporarem força de lei, desde o momento de sua edição (art. 62, *caput*), é traço a cingir de modo distinto a sua compostura jurídica em comparação às demais espécies normativas obedientes ao rito processual preconizado pela Constituição de 1988.

---

1. Subprocurador-geral do Trabalho (DF). Diretor-Geral Adjunto da Escola Superior do Ministério Público da União (ESMPU). Coordenador da Assessoria Constitucional Trabalhista da Procuradoria-Geral da República (PGR). Membro da Academia Brasileira de Direito do Trabalho (Cadeira nº 64).

2. Art. 77 da Constituição italiana: *"Il Governo non può, senza delegazione delle Camere, emanare decreti che abbiano valore di legge ordinaria. Quando, in casi straordinari di necessità e d'urgenza, il Governo adotta, sotto la sua responsabilità, provvedimenti provvisori con forza di legge, deve il giorno stesso presentarli per la conversione alle Camere che, anche se sciolte, sono appositamente convocate e si riuniscono entro cinque giorni. I decreti perdono efficacia sin dall'inizio, se non sono convertiti in legge entro sessanta giorni dalla loro pubblicazione. Le Camere possono tuttavia regolare con legge i rapporti giuridici sorti sulla base dei decreti non convertiti".*

Contudo, como estão imbricados os dispositivos que regem a edição de medidas provisórias com as demais referências da Constituição relativamente ao processo legislativo, tudo recomenda a inclusão de seu estudo conjugado ao exame da elaboração das normas no sistema do direito positivo brasileiro.

A sua base constitucional é o art. 62, *caput*: "Em caso de relevância e urgência, o Presidente da República poderá adotar medidas provisórias, com força de lei, devendo submetê-las de imediato ao Congresso Nacional".

2. Relevância e urgência em tempos de coronavírus

São dois os pressupostos a serem atendidos pelo Chefe do Executivo federal e examinados pelas Casas Legislativas e pelo Supremo Tribunal Federal (na hipótese de discussão acerca da inconstitucionalidade da medida): *relevância* e *urgência*.

Não traduzem conceitos jurídicos indeterminados, mas revelam conceitos objetivos, cuja extração do exato alcance se dará mediante o confronto do caso concreto com o comando constitucional.

O signo *relevância*, por exemplo, não pode ser acoimado de discricionário ou dotado de larga subjetividade, porquanto o órgão cometido ao controle de constitucionalidade poderá recusar a validade de MP quando o conteúdo por ela veiculado não possa ser tido por relevante.

É certo que a EC n. 32/2001 promoveu grande contenção ao Poder Executivo para editar medida provisória; mas é certo também admitir que antes da sua promulgação o Presidente da República incluiu matérias em MPs que, reconhecidamente, não poderiam ser, nem de longe, reputadas relevantes[3].

Portanto, aqui, entendemos ser viável o controle judicial da relevância da MP, bastando para isso confrontar o caso concreto àquilo que possa, de modo objetivo, ser considerado importante para o estado.

Se o pressuposto *relevância* pode ser objetivado, por maior razão ainda poderá sê-lo o pertinente à *urgência*[4].

---

3. É a seguinte a ementa do julgamento na ADIn 1.417: "Constitucional. Medida Provisória não rejeitada expressamente: Reedição: Possibilidade. Requisitos de urgência e relevância. Previdenciário: Contribuição dos Servidores ao PSS/SP. I – Reedição de medida provisória não rejeitada expressamente pelo Congresso Nacional: possibilidade. Precedentes do STF: ADIns 295-DF, 1.397-DF, 1.516-RO, 1.610-DF, 1.135-DF. II – Requisitos de urgência e relevância: caráter político: em princípio, a sua apreciação fica por conta dos Poderes Executivo e Legislativo. Todavia, se tais requisitos – relevância ou urgência – evidenciarem-se improcedentes, no controle judicial, o Tribunal deverá decidir pela ilegitimidade constitucional da medida provisória. Precedentes: ADIns 162-DF, Moreira Alves, 14-12-89; e 1.397-DF, Velloso, RDA 210/294. III – Legitimidade da cobrança da contribuição dos servidores públicos para o PSS/SP, na forma da Med. Prov. 560/94 e suas reedições. A questão da inconstitucionalidade de dispositivos das citadas medidas provisórias, que não observaram o princípio da anterioridade nonagesimal: ADIn 1.135-DF, Velloso (vencido), Pertence p/acórdão, Plenário, 13-8-97, 'DJ' de 5-12-97. Essa questão, entretanto, não é objeto desta ADIn 1.647-PA. IV – Ação direta de inconstitucionalidade julgada procedente".
4. A Suprema Corte brasileira, conquanto tenha julgado prejudicada a ação direta, concluiu, na ADIn 1.516, rel. Min. Sydney Sanches, que "a jurisprudência do S.T.F. tem considerado na competência

No âmbito do procedimento legislativo sumário, o Presidente da República é o senhor do momento para solicitar que projeto de lei tramite sob regime de urgência (§ 1º, art. 64/CF).

Em casos tais, sabe-se que a Casa Congressual terá quarenta e cinco dias para exame da proposição, além de dez dias concedidos à Casa Iniciadora para o exame das emendas introduzidas pela Casa Revisora.

Totalizam-se, portanto, cem dias, no máximo, para apreciação de projeto de lei em regime de urgência pelo Congresso Nacional.

Ora, se é assim, há critério objetivo, e fixado na própria Constituição a fornecer segurança para reconhecer quando o Presidente poderá valer-se de medida provisória: simplesmente quando a matéria veiculada na medida provisória for daquelas que não possam aguardar a apreciação ainda que seja por procedimento legislativo sumário, cujo prazo máximo para sua conclusão é de cem dias.

Fora daí, isto é, se o Presidente consuma a edição de MP para tratar de matéria que poderia ser apreciada mediante requerimento de urgência constitucional, ou, pior ainda, através de projeto de lei com tramitação ordinária, há de se concluir pela incompatibilidade vertical da medida com a Constituição.

Torna-se, contudo, absolutamente dispensável o exame dos pressupostos relevância e urgência quando a medida provisória tenha se convertido em lei[5].

E o que dizer da efetiva ocorrência dos pressupostos à edição de medidas provisórias em tempos de coronavírus?

O fato de o Congresso Nacional ter admitido o estado de calamidade pública decorrente da pandemia da COVID-19 não representa a outorga de 'cheque em branco" a fim de que o Poder Executivo federal legisle livremente por meio de medidas provisórias. De fato, o reconhecimento legislativo quanto à calamidade pública produz, de imediato, relevantíssimos efeitos no âmbito fiscal, conforme deflui do art. 65, da Lei Complementar nº 101, de 4 de maio de 2000 (Lei de Responsabilidade Fiscal)[6], mas não para a finalidade legislativa de objetar o exame ao Parlamento ou para judicialmente impedir que o Supremo Tribunal Federal analise a existência dos indigitados pressupostos.

---

da Presidência da República e do Congresso Nacional a avaliação subjetiva da urgência da Medida Provisória. 2. É de se excetuar, apenas, a hipótese em que a falta de urgência possa ser constatada objetivamente. E, no caso, não há evidência objetiva da falta de urgência, sendo a relevância da Medida Provisória incontestável".

5. STF, ADIn 1.721, rel. Min. Carlos Ayres Britto, j. em 11-10-2006.

6. Art. 65. Na ocorrência de calamidade pública reconhecida pelo Congresso Nacional, no caso da União, ou pelas Assembleias Legislativas, na hipótese dos Estados e Municípios, enquanto perdurar a situação: I - serão suspensas a contagem dos prazos e as disposições estabelecidas nos arts. 23 , 31 e 70; II - serão dispensados o atingimento dos resultados fiscais e a limitação de empenho prevista no art. 9º Parágrafo único. Aplica-se o disposto no caput no caso de estado de defesa ou de sítio, decretado na forma da Constituição.

É evidente que o pressuposto *relevância* estará atendido toda vez que o conteúdo da medida provisória editada estiver em consonância com a adoção de proposições legislativas destinadas à prática e nobilitante finalidade de debelar e/ou mitigar os efeitos da pandemia da COVID-19.

Mas, desenganadamente, a circunstância não deplora a prerrogativa parlamentar de sóbrio exame das medidas provisórias editadas com o propósito de i) afastar a disseminação pandêmica ou ii) resolver os gravíssimos problemas afetos à antedita disseminação.

Se não ocorrerem as anteditas hipóteses fáticas, não há atendimento ao pressuposto constitucional inerente à *relevância*.

E o que dizer do pressuposto atinente à *urgência*?

É certo concluir que o pressuposto *relevância*, no caso da calamidade pública ocasionada pela COVID-19, está inapelavelmente imbrincado ao pressuposto *urgência*. Isso não importa afirmar que toda relevância induzirá à urgência em tema de edição de medidas provisórias, porquanto cada pressuposto implica análise diferenciada em razão de imposições fáticas distintas.

Não é o que se sucede no caso da pandemia decorrente da COVID-19.

Se o Chefe do Poder Executivo federal se pôs em marcha para editar medida provisória por considerá-la importante à finalidade de combater o coronavírus, a circunstância não se dissocia jamais do caráter urgente da medida. É dizer: a relevância induz à urgência, mas a recíproca não é verdadeira.

Com efeito, é o campo material da medida provisória que, presa à iniciativa para combater a pandemia, torna-a relevante. Relevância que induz inexoravelmente à urgência, dadas as multitudinárias combinações de fatos que imporão a necessidade imediata, expedita, célere – ou, na linguagem constitucional, *urgente* – de edição de ato legislativo apto a evitar o adoecimento da população.

3. Vedação material às medidas provisórias e a pandemia da COVID-19

O Texto Constitucional passou a descrever, de forma minudente no § 1º do art. 62, todas as matérias vedadas à inclusão em medidas provisórias.

São elas: a) nacionalidade, cidadania, direitos políticos, partidos políticos e direito eleitoral; b) direito penal, processual penal e processual civil; c) organização do Poder Judiciário e do Ministério Público, a carreira e a garantia de seus membros; d) planos plurianuais, diretrizes orçamentárias, orçamento[7] e créditos adicionais e suplementares, ressalvado o previsto no § 3º do art. 167; e) que vise a detenção ou sequestro de bens, de poupança popular ou qualquer outro ativo financeiro; f) as reservadas à lei comple-

7. Não cabe, portanto, edição de MP em matéria orçamentária, exceto para a abertura de crédito extraordinário para atender a despesas imprevisíveis e urgentes, como as decorrentes de guerra, comoção interna ou calamidade pública (§ 3º, art. 167, da Constituição). Nem mesmo o retardo legislativo pode autorizar edição de MP em tal matéria, dada a incisiva proibição do art. 62, § 1º, I, *d*, da Constituição.

mentar e aquelas já disciplinadas por projeto de lei aprovado pelo Congresso Nacional e pendente de sanção ou veto pelo Presidente da República.

O Presidente da República editou a Medida Provisória nº 946/2020, mediante a qual promove a liberação de saques do Fundo de Garantia do Tempo de Serviço até o valor de R$ 1.045,00.

Igualmente dispõe a MP nº 946/2020 a respeito do Fundo PIS-PASEP, que foi instituído pela Lei Complementar nº 26/1975, extinguindo-os e transferindo os respectivos valores às contas vinculadas do FGTS.

A discussão que poderia se operar concerne à possibilidade de edição de medida provisória para tratar de tema objeto que fora objeto de lei complementar, à vista da vedação referida no §1º, art. 62, alínea *f*, da Constituição Federal.

Em primeiro lugar, note-se que a vedação constitucional para tratamento via MP condiz com a matéria que a Constituição de 1988, *expressamente*, põe como objeto exclusivo de lei complementar.

Assim, se a lei complementar foi editada à luz do sistema constitucional pretérito, não há fundamento algum para rejeitar a viabilidade da medida provisória, desde que idêntica vedação não colha a espécie provisória no âmbito da Constituição de 1988.

Por conseguinte, se a Constituição de 1988 não prevê, de modo expresso, o tratamento de determinada matéria por via de lei complementar, leis de tal natureza editadas *antes* do Texto Constitucional de 1988 não se inserem na proibição fixada no art. 62, § 1º, III/CF.

É assim que se pronuncia o Supremo Tribunal Federal:

"Programa de Integração Social e de Formação do Patrimônio do Servidor Público - PIS/PASEP. Medida Provisória. Superação, por sua conversão em lei, da contestação do preenchimento dos requisitos de urgência e relevância. Sendo a contribuição expressamente autorizada pelo art. 239 da Constituição, a ela não se opõem as restrições constantes dos artigos 154, I e 195, § 4º, da mesma Carta. Não compromete a autonomia do orçamento da seguridade social (CF, art. 165, § 5º, III) a atribuição, à Secretaria da Receita Federal de administração e fiscalização da contribuição em causa. Inconstitucionalidade apenas do efeito retroativo imprimido à vigência da contribuição pela parte final do art. 18 da Lei nº 8.715-98" (ADI nº 1.417/DF, Tribunal Pleno, Relator o Ministro Octavio Gallotti, DJ de 23/3/01)".

Observe-se, ainda, a seguinte decisão do STF:

> *"EMBARGOS DE DECLARAÇÃO NO AGRAVO REGIMENTAL NO RECURSO EXTRAORDINÁRIO. PIS. ALTERAÇÃO DO PRAZO PARA RECOLHIMENTO DA CONTRIBUIÇÃO. MEDIDA PROVISÓRIA N. 1.212/95, CONVERTIDA NA LEI N. 9.715/98. LEGITIMIDADE. CAUSA DE PEDIR REMOTA. CAUSA DE PEDIR PRÓXIMA. INCOMPATIBILIDADE. 1. Contribuição para o PIS. Não implica majoração da obrigação tributária nem ofensa ao princípio da anterioridade mitigada, consagrado no § 6º do artigo 195 da Constituição do Brasil, a simples mudança do prazo para recolhimento da exação, efetuada nos termos da Medida Provisória n. 1.212/95*

[Lei de conversão n. 9.715/98]. Idoneidade do texto normativo para disciplinar matéria tributária. Precedente do Pleno deste Tribunal. 2. Tem-se a improcedência do pedido próximo porque o pedido remoto não encontrou base de sustentação nos fatos que ensejaram a causa. Embargos de declaração rejeitados" (RE nº 356.476/DF-AgR-ED, Primeira Turma, Relator o Ministro Eros Grau, DJ de 23/6/06)".

E nem explícita referência à lei complementar no art. 239/CF induz à proibição, mas mero reconhecimento do fenômeno da *recepção constitucional*, como já concluiu reiteradamente o STF:

"AGRAVO REGIMENTAL NO AGRAVO DE INSTRUMENTO. TRIBUTÁRIO. CONTRIBUIÇÃO AO PROGRAMA DE INTEGRAÇÃO SOCIAL - PIS. RECEPÇÃO PELO ART. 239 DA CONSTITUIÇÃO DA REPÚBLICA. POSSIBILIDADE DE ALTERAÇÃO DA LEI COMPLEMENTAR N. 7/70 POR LEI ORDINÁRIA. PRECEDENTES. AGRAVO REGIMENTAL AO QUAL SE NEGA PROVIMENTO" (AI nº 445.671/PR-AgR, Primeira Turma, Relatora a Ministra. Cármen Lúcia, DJe de 26/6/09)". E mais: "AGRAVO REGIMENTAL EM EMBARGOS DE DECLARAÇÃO EM RECURSO EXTRAORDINÁRIO. CONSTITUCIONAL. TRIBUTÁRIO. PIS. ART. 239 DA CONSTITUIÇÃO. LEI 9.715/98. CONSTITUCIONALIDADE. AGRAVO IMPROVIDO. I - O art. 239 da Constituição da República não implicou o engessamento da contribuição ao PIS, apenas recepcionou-a expressamente, podendo ser regularmente alterada pela legislação infraconstitucional ordinária. Precedentes. II - Agravo regimental improvido" (RE nº 482.606/SP-AgR-ED, Primeira Turma, Relator Ministro Ricardo Lewandowski, DJe de 19/9/08)".

3.1. Inexistência de hierarquia entre lei complementar e lei ordinária

Outra grave atecnia que pode ofuscar a solução do problema é a defesa de existência de hierarquia entre lei complementar e lei ordinária.

Tal como se encontra positivado o art. 59, da Constituição e posicionadas as diversas normas em incisos que obedecem a numeração, poderia ser suposta a ideia de que houve escalonamento hierárquico das espécies normativas nele referidas.

A suposição não resiste a exame mais detido do enunciado.

Com evidência, exceção feita às emendas constitucionais – porque, convictamente, estão em patamar hierárquico mais elevado que as demais normas indicadas no art. 59 –, todas as restantes estão no mesmo grau hierárquico, quer se cogite de lei complementar relativamente à lei ordinária, quer desta no que se refere às medidas provisórias, decretos legislativos e às resoluções.

O fato de as leis complementares solicitarem maioria absoluta para aprovação, conforme prevê o art. 69, não lhes outorga, em absoluto, nenhuma superioridade hierárquica em relação às leis ordinárias, cujo *quorum* para aprovação se limita à maioria simples ou relativa (art. 47).

É que o legislador constituinte originário, ao reconhecer a relevância de determinados temas para a própria organização do Estado brasileiro, resolveu discipliná-los em lei complementar.

E só...

Extrair de tal locução constitucional o entendimento de que remanesce hierarquia entre elas é desconhecer o que significa estar a norma em plano hierarquicamente superior a outra.

Somente pode ser admitida hierarquia entre normas jurídicas quando a inferior busca, de modo necessário e incondicionado, o seu fundamento de validade na norma superior.

Todas as leis ordinárias recolhem da Constituição o substrato indispensável a lhes conferir validade.

O mesmo se afirme com relação às leis complementares, cujos pressupostos de validez são identicamente retirados do Texto Constitucional.

Pergunta-se, então: lei ordinária busca amparo para sua validade em lei complementar?

É claro que não!

A hierarquia normativa indica total submissão ao fundamento de validade residente na norma superior que deva sustentar a edição da espécie normativa inferior; logo, não há relação hierárquica entre lei complementar e lei ordinária[8].

De igual modo, as medidas provisórias, os decretos legislativos e as resoluções devem buscar fundamento diretamente no Texto Constitucional.

4. Prazo de vigência e medidas provisórias em tempos de coronavírus. a ultratividade de medida provisória rejeitada ou com perda de eficácia por decurso de prazo

As medidas provisórias, que terão a votação iniciada na Câmara dos Deputados (§ 8º do art. 62), vigorarão pelo prazo de sessenta dias, prorrogável por idêntico período.

Terão, assim, prazo máximo de vigência de cento e vinte dias, começando a fluir da data de sua publicação, suspendendo-se durante os períodos de recesso do Congresso Nacional (§ 4º do art. 62).

Portanto, de acordo com a linguagem constitucional, não mais se cogita da *reedição* de medida provisória, e sim de simples *prorrogação*, presumivelmente em virtude de as incontáveis reedições havidas com amparo no sistema anterior à EC n. 32/2001 terem, em verdade, instalado autêntico "trauma" institucional acerca das detestáveis reedições.

Conquanto notória a necessidade política de aprovação de medidas provisórias destinadas a combater o coronavírus, questões de ordem político-partidária poderão eventualmente impor a perda da eficácia da medida ou mesmo a sua rejeição pelo Congresso Nacional.

Em casos tais parecem surgir de forma especialmente relevantes os comandos dos §§ 3º e 11 do art. 62, da Constituição Federal.

8. É nessa linha o pronunciamento do STF (REs 419.629 e 377.457).

O § 3º do art. 62/CF prevê que "as medidas provisórias, ressalvado o disposto nos §§ 11 e 12 perderão eficácia, desde a edição, se não forem convertidas em lei no prazo de sessenta dias, prorrogável, nos termos do § 7º, uma vez por igual período, devendo o Congresso Nacional disciplinar, por decreto legislativo, as relações jurídicas delas decorrentes".

Todavia, pode suceder que o Congresso Nacional, malgrado a perda da eficácia ou mesmo a rejeição da medida provisória, não expeça o decreto legislativo a que explicitamente refere o § 3º do art. 62/CF.

Nessa hipótese, surge esclarecedor o comando do § 11 do art. 62/CF, segundo o qual "não editado o decreto legislativo a que se refere o § 3º até sessenta dias após a rejeição ou perda de eficácia de medida provisória, as relações jurídicas constituídas e decorrentes de atos praticados durante sua vigência conservar-se-ão por ela regidas".

É o fenômeno da *ultratividade normativa*, aqui com explícita referência constitucional.

Indiscutíveis a importância prática e o alcance da previsão constitucional, principalmente porque muitas alterações de contratos de trabalho podem ter sido pactuadas em período no qual esteve em vigência a medida rejeitada.

É que os indivíduos não podem ficar à espera de solução do Congresso Nacional via decreto legislativo, bastando simplesmente que a avença continue a ser disciplinada pela medida, ainda que não esteja mais em vigência.

5. Consequências da rejeição de medida provisória. impossibilidade de reedição na mesma sessão legislativa, mesmo em tempos de coronavírus

Rejeitada a medida provisória, não pode ser ela reeditada na mesma sessão legislativa (§ 10 do art. 62).

Note-se que é idêntica a disciplina na hipótese de rejeição de proposta de emenda constitucional (§ 5º do art. 60).

Relembre-se: *sessão legislativa* é o período que vai de 2 de fevereiro a 17 de julho e de 1º de agosto a 22 de dezembro (art. 57, *caput*, com redação alterada pela EC n. 50/2006).

Nesse interregno legislativo não poderá haver reedição de MP rejeitada ou que perdeu a eficácia por decurso de prazo.

O tratamento, aqui, discrepa daquele conferido a *projeto de lei* rejeitado, porquanto, nos termos do art. 67, poderá constituir objeto de nova proposição na mesma sessão legislativa mediante proposta de maioria absoluta dos membros de quaisquer das Casas do Congresso Nacional.

Mas a hipótese excepcional de calamidade pública decorrente da pandemia da COVID-19 não traz novidade alguma em tema de vedação à reedição da medida na mesma sessão legislativa.

Isso corresponde à reverência que incondicionadamente deve haver no trato de regras de processo legislativo, que visam, mesmo em situação pandêmica, o respeito à cláusula do devido processo legislativo. Tais regras consubstanciam, em síntese, o respeito à vontade geral – um dos importantes apanágios do regime democrático.

Assim é que um dos importantes desdobramentos da cláusula do devido processo legislativo é precisamente o respeito às prescrições constitucionais atinentes à regras conformadoras da elaboração legislativa no Brasil.

Nesse passo, o Presidente da República editou a Medida Provisória nº 905/2019, que trata do "Contrato Verde e Amarelo".

Não obstante, em 20/04/2020, o Chefe do Poder Executivo federal revogou a Medida Provisória nº 905/2019 pela Medida Provisória nº 955/2020.

Surge o questionamento: *revogada* a medida provisória, poderá ser *reeditada* na mesma sessão legislativa?

Tratando-se de hipótese de revogação de medida provisória, mesmo em face da redação do § 10 do art. 62/CF, que não prevê a expressa proibição para iniciativa de ato revocatório presidencial, ainda assim não caberia a reedição na mesma sessão legislativa, e isso por algumas razões realmente significativas: a) a revogação e reedição da medida provisória na mesma sessão legislativa pelo Chefe do Poder Executivo federal induziriam a nítida ofensa à cláusula da separação de poderes (art. 2º/CF), visto que o Presidente da República açambarcaria para si a atividade legislativa mediante a escolha da pauta do Parlamento brasileiro; b) certo que o § 10 do art. 62/CF não insere a revogação como causa proibitiva para reedição de medida provisória, o ato revocatório presidencial (editado para a fuga à vedação constitucional à reedição) transgrediria a cláusula do devido processo legislativo, firmada nos arts. 59 e segs., da Constituição Federal; c) se a medida provisória é iniciativa legislativa vinculada a hipóteses excepcionais amparada no signo *urgência*, é induvidoso que revogação e reedição na mesma sessão legislativa afastariam o caráter urgente da medida, porquanto não se poderá concluir que alteração inadiável do ordenamento jurídico possa ser revogada; d) mesmo a *relevância* se dissipa diante da revogação, porque ato revocatório de MP ou de qualquer outra norma jurídica consubstancia ato político que depõe contra a existência de conteúdo relevante na norma objeto de revogação; a revogação de lei ou ato com força de lei impõe, incontinente, a constatação lógico-política de que não é *relevante* o que simplesmente pode ser *revogado*, à ausência dos critérios de oportunidade e conveniência – comandantes da atuação política dos Poderes Executivo e Legislativo.

O STF se pronuncia pela impossibilidade de reedição de medida provisória quando o Presidente da República *revoga* a medida editada:

> *(...) Impossibilidade de reedição, na mesma sessão legislativa, de medida provisória revogada. Tese contrária importaria violação do princípio da separação de poderes, na medida em que o Presidente da República passaria, com tais expedientes revocatório-reedicionais de medidas provisórias, a organizar e operacionalizar a pauta dos trabalhos legislativos (...) (STF, ADIn nº 3.964-4/DF, Relator Min. Carlos Britto, julgamento em 12/12/2007).*

6. Conclusão

Após expostas as questões mais relevantes acerca do tema, é possível apresentar as seguintes conclusões:

6.1. O fato de o Congresso Nacional ter admitido o estado de calamidade pública decorrente da pandemia da COVID-19 não representa a outorga de 'cheque em branco" a fim de que o Poder Executivo federal legisle livremente por meio de medidas provisórias;

6.2. É certo concluir que o pressuposto *relevância*, no caso da calamidade pública ocasionada pela COVID-19, está inapelavelmente imbrincado ao pressuposto *urgência*;

6.3. Ao dispor a MP nº 946/2020 a respeito do Fundo PIS-PASEP, que foi instituído pela Lei Complementar nº 26/1975, extinguindo-os e transferindo os respectivos valores às contas vinculadas do FGTS, não incide a hipótese na vedação referida no §1º, art. 62, alínea *f*, da Constituição Federal, porque a proibição constitucional para tratamento via MP condiz com a matéria que a Constituição de 1988, *expressamente*, põe como objeto exclusivo de lei complementar, o que não é caso de disciplina dos referidos Fundos;

6.4. Leis complementares não são hierarquicamente superiores às leis ordinárias, visto que ambas, indistintamente, buscam os respectivos fundamentos de validade diretamente no Texto Constitucional;

6.5. Indiscutíveis a importância prática e o alcance dos comandos dos §§ 3º e 11 do art. 62/CF, principalmente porque muitas alterações de contratos de trabalho podem ter sido pactuadas em período no qual esteve em vigência a medida rejeitada ou cuja eficácia fora perdida por decurso de prazo;

6.6. A hipótese excepcional de calamidade pública decorrente da pandemia da COVID-19 não traz novidade alguma em tema de vedação à reedição da medida na mesma sessão legislativa, com o que o sistema constitucional de crise não contempla qualquer exceção;

6.7. Se a medida provisória é revogada, cuja circunstância não está explicitamente tratada no § 10 do art. 62/CF, ainda assim não caberia a reedição na mesma sessão legislativa, à luz da cláusula da separação de poderes, devido processo legislativo, ou mesmo da constatação lógico-política de que não se poderá induzir a conteúdo relevante ou urgente de norma jurídica submetida a ato político de revogação.

Brasília/DF, abril de 2020.

11

O PAPEL DO MINISTÉRIO PÚBLICO – EM ESPECIAL DO MINISTÉRIO PÚBLICO DO TRABALHO – NO ENFRENTAMENTO DE PROBLEMÁTICAS ESTRUTURAIS DECORRENTES DO CONTEXTO PANDÊMICO

Gisele Santos Fernandes Góes[1]
Ney Maranhão[2]

---

1. *Gisele Santos Fernandes Góes* é Doutora (PUC/SP). Mestre (UFPA). Professora de Direito Processual Civil (UFPA). Procuradora Regional do Trabalho da 8ª Região. Secretária Titular da Região Norte (IBDP – Instituto Brasileiro de Direito Processual). Membro do Instituto Ibero-americano de derecho procesal. Membro da Associação Norte e Nordeste de Professores de Processo - ANNEP. Membro da Associação Brasileira de Direito Processual - ABDPro. Co-fundadora do Projeto Mulheres no Processo Civil. Co-fundadora do Fórum Permanente de Processualistas do Trabalho.
2. *Ney Maranhão* é Professor de Direito do Trabalho da Universidade Federal do Pará. Professor Permanente do Programa de Pós-Graduação *Stricto Sensu* em Direito da Universidade Federal do Pará (Mestrado e Doutorado). Doutor em Direito do Trabalho pela Universidade de São Paulo, com estágio de Doutorado-Sanduíche junto à Universidade de Massachusetts (Boston/EUA). Especialista em Direito Material e Processual do Trabalho pela Universidade de Roma – La Sapienza (Itália). Mestre em Direitos Humanos pela Universidade Federal do Pará. Coordenador do Grupo de Pesquisa "Contemporaneidade e Trabalho" – GPCONTRAB (UFPA/CNPQ). Professor convidado em diversas Escolas Judiciais de Tribunais Regionais do Trabalho. Juiz Titular de Vara da Justiça do Trabalho da 8ª Região (PA-AP). Titular da Cadeira nº 30 da Academia Brasileira de Direito do Trabalho. Eleito para a Cadeira nº 25 da Academia Paraense de Letras Jurídicas. *E-mail*: ney.maranhao@gmail.com / *Facebook*: Ney Maranhão II / *Instagram*: @neymaranhao / *Youtube*: Prof. Ney Maranhão.

1. Introdução

As múltiplas transformações sociais, culturais, políticas e econômicas que foram produzidas nas últimas décadas geraram desafios para os profissionais da área jurídica, principalmente, no particular, os do Ministério Público.

A cada dia, depara-se mais e mais com demandas estruturais[3], cuja principal característica que encerram é a da complexidade, vez que não trazem um "manual do fabricante" e exigem o desenvolvimento de todo um raciocínio crítico e reflexivo que deve desaguar na adoção de medidas efetivas de solução desses litígios[4].

E a primeira indagação que emerge é a seguinte: os preceitos constitucionais e infraconstitucionais fornecem o conteúdo, alcance e limites, para o exercício do poder democrático nesses novos obstáculos?

Qual é o papel do Ministério Público? O modelo de adjudicação tradicional assentado no conflito bilateral, cujo núcleo é somente a resolução de controvérsias entre seres individuais, tendo como suporte um árbitro imparcial e que desenvolva a mera declaração do direito é suficiente?

As incertezas e complexidade dos fenômenos sociais promovem a necessidade de um constante equilíbrio, o qual pode e deve ser oferecido, por meio do Ministério Público, Poder Judiciário, Defensoria Pública, Associações, Sindicatos, a partir de vetores de um outro paradigma de adjudicação, qual seja, o de porte dialógico, em um permanente cumprimento da garantia constitucional do contraditório, amplo direito à prova, flexibilização procedimental e de parceirização em prol de um mesmo objetivo: a tutela do "bem coletivo".

Hodiernamente, os litígios se distanciam da relação bilateral e assumem característica grupal ou plurilateral ou multilateral. Emergem epicentros coletivos, como resultantes de ações conduzidas pelas organizações que têm o condão de atingir várias pessoas, sejam físicas, sejam jurídicas e, geralmente, sem perspectiva de delimitação de quantos são ou serão os implicados.

O melhor quadro sinalizado é o encaminhamento para a solução autocompositiva que atenda o maior número de envolvidos. No âmbito jurisdicional, isso demanda

---

3. Terminologia adotada na doutrina (processos estruturais, demandas estruturais, litígios estruturais ou demandas estruturantes) com base em Owen Fiss que analisa as *structural injunctions* no sistema de *common law* e trazida para o Brasil, no magistério de Sérgio Arenhart, Marco Félix Jobim e Edilson Vitorelli, primordialmente. Obras que embasam esse ensaio e estão nas referências bibliográficas e texto.
4. "Em resumo, o litígio estrutural é um litígio irradiado no qual a violação surge em decorrência do funcionamento de uma estrutura burocrática, pública ou privada, e, em virtude das características contextuais em que ocorre, sua solução exige a reestruturação do funcionamento da estrutura. Embora essa reestruturação possa ser feita de diversos modos e, frequentemente, não dependa da atuação do Poder Judiciário, ocorrendo pela atuação privada ou com a condução do Poder Executivo, se a alteração for buscada pela via do processo judicial, esse processo poderá ser caracterizado como processo estrutural" (VITORELLI, Edilson. Levando os conceitos a sério: processo estrutural, processo coletivo, processo estratégico e suas diferenças. *Revista de Processo*. vol. 284/2018, out/2018, p. 357).

atuação judicial inteiramente diversa da tradicional, cabendo ao magistrado atuar mais como um agente de negociação e de troca – e não como agente de decisão e imposição[5].

Não poderia ser diferente, assim, a postura do *Parquet*. Com efeito, o que se espera do membro ministerial também será atitude totalmente diversa da adjudicação outrora tradicional, pois, acima de tudo, hoje, deve ser ativo, comprometendo-se com a construção do caminho da pluralidade.

O paradigma estrutural, como alinhavado por Owen Fiss[6], norteia-se por problemas da modernidade, tais como o ambiental, racial, antitruste, transpondo o modelo clássico, de aporte liberal, individual, para se encampar os grupos oriundos das atividades das organizações sociais.

As atribuições das instituições se tornaram multifacetadas, convergindo para a produção de riscos permanentes na sociedade que necessita de amparo do Estado, via adjudicação de uma série de órgãos que devem estar em sintonia, para a prevenção ou correção do evento.

Logo, parte-se da premissa de que o processo estrutural é muito mais presente no cotidiano, em função do papel das incorporações e instituições, perante os novéis conflitos na sociedade.

A segunda indagação vem formatando-se: como se constitui o processo estrutural? Como o Ministério Público é um agente fundamental para os valores irradiados e imantados pela Constituição e sistema jurídico pátrio? Por meio de que técnica procedimental se inicia tudo isso?

Sob esse panorama, o processo estrutural não é de prestação única, mas de uma série de atitudes que precisam ser aprofundadas e questões complexas que demandam amplo debate, envoltas de modo transparente, para que as soluções sejam edificadas no diálogo.

2.Pandemia: COVID-19 e postura preliminar do Estado brasileiro

É de conhecimento geral que o mundo foi acometido de uma pandemia, declarada pela Organização Mundial de Saúde, decorrente do novo coronavírus (SARS-COV23), gerador da doença COVID-19. Os fatos se impõem.

Em relação à COVID-19, três circunstâncias devem ser destacadas: i) a diferença entre a velocidade de propagação da doença e do número de óbitos nos diversos países; e ii) a aparente constância no momento em que o crescimento exponencial do número de infectados passa a ser verdadeiramente percebido, aproximadamente um mês após detecção do primeiro caso, conforme foram observados países como os Estados Unidos

5. VITORELLI, Edilson. Levando os conceitos a sério: processo estrutural, processo coletivo, processo estratégico e suas diferenças. *Revista de Processo*. vol. 284/2018, out/2018, p. 342.

6. The civil rights injunction. EUA: Indiana University Press, 1978.

e Brasil, à guisa de ilustração[7]; iii) a complexidade da problemática, a envolver uma miríade de fatores técnicos/humanos e uma estrutura sanitária e sociolaboral cujo funcionamento regular revelou-se insuficiente para assimilar a contento os impactos do episódio pandêmico.

Estudos conduzidos como o do Imperial College COVID-19 Response Team, oriundo do Imperial College de Londres, o qual constitui uma das entidades de maior projeção de pesquisas na Grã-Bretanha, concluíram que devem ser consideradas estratégias de mitigação e supressão.

As estratégias de mitigação são voltadas à proteção dos idosos e no retardo do ritmo de transmissão/contágio com a prática do isolamento social vertical.

E as medidas de supressão da transmissão são as de rápida realização de maciça testagem, isolamento e distanciamento social da população de um modo geral e não mais somente dos idosos, instalando-se o isolamento social horizontal.[8]

Nesse cenário da pandemia, como o Brasil situou a questão do direito à saúde?

O Poder Legislativo, via Congresso Nacional, editou a Lei 13.979, de 06/02/2020, e estabeleceu uma série de ações com o propósito de enfrentamento da emergência de saúde pública decorrente do novo coronavírus (COVID-19). Posteriormente, reconheceu-se oficialmente a ocorrência de estado de calamidade pública no Brasil (Decreto Legislativo nº 6, de 20 de março de 2020, do Congresso Nacional).

A lei 13.979/2020 trata de quarentena e isolamento, além de posturas da Administração Pública, tais como entrada e saída do país; requisição de bens e serviços e importação de produtos sem necessidade de chancela da Anvisa. Ela prescreve também a edição de atos infralegais, especificamente do Ministério da Saúde, em prol da crise de saúde pública.

É vital frisar que as atividades consideradas "essenciais" ou segmentos econômicos e serviços públicos essenciais devem ser objeto de reserva legal, nos termos da Constituição da República em seu artigo 9º, § 1º.

O parâmetro de reserva legal para ditar quem são as atividades e serviços públicos essenciais é a lei 7.783, de 1.989, a denominada "lei de greve".

Ainda que havendo essa norma citada, o Poder Executivo compreendeu pela edição de dois decretos: Dec. 10.282, de 20/03/2020 e 10.292, de 25/03/2020, os quais não atritam com a legislação federal mencionada.

Portanto, esse foi o primeiro contexto jurídico da pandemia, em suma.

7. O mundo, em 27/04/2020, possui 3.013.840 habitantes infectados e 207.900 óbitos e o Brasil está com 63.100 habitantes infectados e 4.286 óbitos. Disponível em: https://www.worldometers.info/coronavirus/ Acesso em 27.04.2020.

8. Disponível em https://www.imperial.ac.uk/media/imperial-college/medicine/sph/ide/gidafellowships/Imperial-College-COVID19-Global-Impact-26.03.2020.pdf/ Acesso em 27.04.2020.

3. Posicionamento do Ministério Público do Trabalho: incentivo ao diálogo e expedição de Recomendações no contexto pandêmico (COVID-19)

O direito à saúde é um dos pilares cruciais da CRFB, previsto como um direito social das trabalhadoras e trabalhadores urbanos e rurais (artigo 7º, inciso XXII), além de estabelecido como direito de todos e dever do Estado (artigo 196 CRFB).

A instituição Ministério Público do Trabalho (MPT), perante a pandemia, tinha dois caminhos para fazer opção: a) ou permanecer nos padrões rotineiros que sustentam sua atuação, via denúncias, instaura notícia de fato, notificação, audiências e celebração de termo de ajustamento de conduta (TAC) ou correção das irregularidades e arquivamento ou ajuizamento de ações coletivas; ou b) instaurar procedimentos promocionais, proativamente, cujo objetivo maior seria expedir Recomendações, com esteio nas diretrizes do Ministério da Saúde, Anvisa e legislações pertinentes (até de cunho internacional), clamando pelo discurso plural do envolvimento de vários atores sociais nas atividades e serviços envolvidos.

O MPT se impôs um planejamento macroestrutural, plural, transdisciplinar, para a abertura de canal de comunicação com os setores públicos e privados essenciais na construção de um pacto concertado, sem desviar o "olhar" para o sistema normativo nacional e estrangeiro.

A recomendação se apresenta como uma técnica que viabiliza o papel do MPT não como um agente repressor, mas, sim, que instaura um despertar para a correção de condutas e prevenção de responsabilidades, como estatui o artigo 1º da Resolução do Conselho Nacional do Ministério Público (CNMP) de n. 164/17[9], em conformidade com os artigos 129, inciso II da CRFB c/c Lei Orgânica Nacional do Ministério Público (LONMP) e Lei Complementar 75/93.[10]

Nessa perspectiva, o MPT procura ser ator que fomenta o estatuto axiológico do diploma processual civil, no rumo da consensualidade, espírito cooperativo e resolução harmoniosa[11] com os outros partícipes da sociedade.

Tais recomendações não detêm caráter coercitivo, todavia podem desde logo ocasionar no destinatário a retificação do que esteja em descompasso com a estrita legalida-

---

9. Art. 1º "A recomendação é instrumento de atuação extrajudicial do Ministério Público por intermédio do qual este expõe, em ato formal, razões fáticas e jurídicas sobre determinada questão, com o objetivo de persuadir o destinatário a praticar ou deixar de praticar determinados atos em benefício da melhoria dos serviços públicos e de relevância pública ou do respeito aos interesses, direitos e bens defendidos pela instituição, atuando, assim, como instrumento de prevenção de responsabilidades ou correção de condutas.
Parágrafo único. Por depender do convencimento decorrente de sua fundamentação para ser atendida e, assim, alcançar sua plena eficácia, a recomendação não tem caráter coercitivo".

10. Art. 129, II CRFB: MP: "*zelar pelo efetivo respeito dos Poderes Públicos e dos serviços de relevância pública aos direitos assegurados nesta Constituição, promovendo as medidas necessárias à sua garantia"; art.* 27, parágrafo único, inciso IV LONMP ; e art. 6º, XX da LC 75/93.

11. Art. 3º, §§2º e 3º (métodos de solução consensual e MP) e art. 6 (cooperação) CPC.

de e, caso seja o Poder Público, pode anular o ato administrativo *ex officio*, no exercício da sua autotutela, portanto, no círculo das suas tutelas de liberdade ou, também, em caso de dúvidas e/ou divergências interpretativas, provocar o MPT para a mesa "redonda", dentro da técnica da mediação ou até da negociação.

Nesse segundo estágio que aflora a verdadeira atribuição do MPT como um incentivador na solução adequada desses litígios estruturais, sem fórmulas prontas, acabadas, mas, sim, construindo-as de "mãos dadas" com todos os envolvidos. Lembrando-se que ainda se tem a obrigatoriedade de se pautar nas normas-princípio da razoabilidade, proporcionalidade, eficiência, publicidade, motivação na resultante de respeito à dignidade da pessoa humana – especialmente, para o MPT, a dignidade dos trabalhadores[12].

Sergio Arenhart tem uma expressão totalmente acertada e feliz para explicar esse fenômeno do processo estrutural, em que a conduta do magistrado deve ser a de adoção de "provimentos em cascata".[13]

Entretanto, antes de se ingressar nesses provimentos, o que o sistema jurídico nacional oferta como "dutos" para se projetar o desencadeamento de soluções de natureza estruturante?

Não é suficiente entronizar *structural adjudication* com Owen Fiss, sem antes se perquirir algo mais intrínseco, qual seja, o papel do sistema social, especialmente, o que interessa, nesse particular, o subsistema social do direito.

Para tanto, elegeu-se a teoria dos sistemas sociais de Niklas Luhmann. O que permeia toda a temática das deliberações estruturantes é perceber que o direito é um subsistema do núcleo do sistema social. Consequentemente, a instituição Ministério Público está inserida nesse contexto sistêmico da sociedade.

O aporte sociológico de Luhmann da teoria dos sistemas demonstra que eles são fechados, autopoiéticos e autorreferenciados os subsistemas, tais como direito, economia, educação, política etc. Todos eles possuem suas estruturas internas, regras, limites, enfim, bases de constituição e desenvolvimento para a própria autorreprodução.

O elemento-chave desses subsistemas é o processo de comunicação, com característica social, porque representa o conjunto de vários sistemas psíquicos, sem localização de seres humanos, enquanto dependência do subsistema para sua sobrevivência.

O subsistema se coordena por intermédio das suas teias comunicacionais, existindo de modo independente, pois não está subordinado a seres humanos. Ele se torna atemporal e, com efeito, galga a sua reprodução. Entretanto, ele carece de sentido, onde os sistemas psíquicos, formadores de pensamentos, imprimem a interpenetração com o sistema social.

Desse modo, o subsistema não está insulado e alienado, tanto aos outros subsistemas, quanto a qualquer elemento de causalidade externa proveniente dos sistemas psí-

12. Art. 8º CPC e art. 20 da Lei de Introdução das Normas ao Direito Brasileiro (LINDB).
13. ARENHART, Sérgio Cruz. Decisões estruturais no direito processual civil brasileiro. Revista de Processo. SP: RT, ano 38, v. 225. p. 400.

quicos. A sociedade é considerada como entorno e possibilita a abertura dos subsistemas no âmbito da teoria do sistema.

A teoria do sistema abrange subsistemas que se interrelacionam e o significado produz a ponte entre o que deve ser atribuído como faixa do sistema e o que está de fora dos seus elementos, no entorno.

Dois traços são fundamentais para a teoria dos sistemas sociais: complexidade e diferenciação social.

Se o MPT é um dos concretizadores dos direitos sociais no ciclo das políticas públicas, sobretudo nas questões de saúde e segurança dos trabalhadores ou, melhor, de modo mais abrangente, do meio ambiente de trabalho[14], e como a pandemia COVID-19 é de altíssima complexidade e ínsita nessa conjuntura, nada mais apropriado do que o MPT plantar as sementes de toda uma estrada fincada no arquétipo da parceria, da união de esforços, pretendendo uma aliança em torno do que há de mais precioso, que é o direito à vida e à saúde dos trabalhadores, enfim, dos seres humanos.

O MPT, desde o *boom* da pandemia no Brasil até o dia 13/04/2020, expediu 4.977 (quatro mil e novecentos e setenta e sete) recomendações, primordialmente nos procedimentos promocionais instalados nas 24 unidades regionais do país.[15]

A recomendação no bojo do procedimento promocional tem como foco o diálogo social e a conscientização dos empregadores acerca das medidas a serem adotadas, para garantir a proteção à saúde e segurança dos trabalhadores, diante dos riscos de contágio da COVID-19.

Como o fato notório independe de prova, como prescrito pelo artigo 374, inciso I do CPC, as recomendações contemplam diretrizes de tutelas inibitórias, com o foco da prevenção em face das ameaças de contaminação de trabalhadores de vários segmentos, como os dos estabelecimentos de saúde, transporte coletivo, supermercados, agentes funerários, entregadores de plataformas digitais, dentre outros segmentos de atividades essenciais e não essenciais.

As demandas estruturais não estão para o padrão de respostas imediatas para os conflitos. Requerem um amadurecimento das instituições envolvidas, notadamente do Ministério Público e dos parceiros, como o Poder Judiciário, Executivo, Defensoria Pública, Sindicatos, Associações, Empresas etc.

Os litígios estruturais devem ater-se às respostas mediatas, pois se cercam de expectativas grupais, sociais, políticas, econômicas e jurídico-institucionais, no mínimo. A trilha deve ser progressiva e suave para o sucesso da jornada.

---

14. A visão de meio ambiente do trabalho aqui exposta detém caráter abrangente, engendrando "fomento legal direto e indiscutível para que a sociedade brasileira, incluindo juristas, compreenda, teorize e coloque em prática uma abordagem de meio ambiente ampla e complexa, apta a admitir sua *construção cultural,* sua *inspiração antropocêntrica,* sua *assimilação gestáltica,* sua *perspectiva sistêmica* e seu *alcance transdisciplinar*". MARANHÃO, Ney. Meio ambiente: Descrição Jurídico-Conceitual. In: *Revista Magister de Direito Ambiental e Urbanístico.* Vol. 66. Porto Alegre, jun-jul 2016. P. 67.

15. Dados extraídos do site www.mpt.mp.br e sua plataforma de mptdigital.

A pandemia COVID-19 causou um reinventar das instituições, revendo os seus valores e premissas, e o MPT, corretamente, lançou-se na formulação de diretrizes técnicas sadias e razoáveis, fornecendo alternativas de ação em cenário de grande insegurança e pavor.

O fomento à espontânea adesão social a suas proposições materializa o acionar de importante dinâmica de diálogo e interação entre a sociedade como um todo e o subsistema sociolaboral, criando canais institucionais de reflexão cuja validade jurídica e social se eleva diante das particularidades da vivência pandêmica, marcada por um leque de incertezas e correspondentes indecisões, públicas e privadas.

Seguramente, não haveria de se esperar que o Ministério Público, sobretudo o Ministério Público do Trabalho, adotasse postura estática, cruzando os braços no aguardo de acionamentos formais e tradicionais, como se na normalidade estivéssemos. Antes, coube-lhe, com coragem e proatividade, colaborar com propostas de solução para conflitos ligados a problemáticas estruturais – logo, graves e complexas –, colocando-se também à disposição para o diálogo sereno e construtivo e, quando necessário, também para o firme acionamento judicial buscando tutelar interesses metaindividuais de magnitude constitucional.

A ênfase dialógica, todavia, continua sendo a perspectiva prevalente. A atuação ministerial, nesse contexto pandêmico, traduz-se, em termos concretos, em técnicas autocompositivas extrajudiciais, além de cooperação pré-processual e processual, cujo encaminhamento para medidas judiciais é mesmo de pouca proporção. Veja-se que, no balanço até 13/04/2.020, ainda que com 7.565 (sete mil e quinhentas e sessenta e cinco) denúncias no âmbito do MPT, somente tinham sido ajuizadas 30 (trinta) ações coletivas (ações civis públicas) e, ao revés, já tinham sido instaurados 599 (quinhentos e noventa e nove) procedimentos promocionais, cujo *start* é com a recomendação e que culminaram na realização de mais de 100 (cem) mediações.

Com Tércio Sampaio Ferraz Junior, "a decisão é um procedimento cujo momento culminante é a resposta. A justificação da resposta constitui a questão da sua legitimidade."[16] A decisão abraçada pelo MPT está na veiculação da sua resposta que se legitima no recomendar, dialogar, mediar e assegurar a todas e todos o direito ao trabalho digno, saudável e seguro como espelho do Estado Democrático, cuja base inclui – bem se vê agora no cenário pandêmico – os direitos sociais.

Bibliografia

ARENHART, Sérgio Cruz. Decisões estruturais no direito processual civil brasileiro. Revista de Processo. SP: RT, ano 38, v. 225.

_______. A Tutela coletiva de interesses individuais: para além da proteção dos interesses individuais homogêneos. 2. Ed. SP: RT, 2014.

16. Introdução ao estudo do direito. SP: Atlas, 1989. P. 283.

ARENHART, Sérgio Cruz e JOBIM, Marco Félix. Processos Estruturais. Salvador: JusPodivm, 2017.

DICKSON, Brice. Judicial activism in Common Law Supreme Courts. Oxford: Oxford Press, 2008.

FERRAZ JR, Tércio Sampaio. Introdução ao estudo do direito. SP: Atlas, 1989.

FISS, Owen. The civil rights injunction. EUA: Indiana University Press, 1978.

________. El derecho como razón pública. Madrid: Marcial Pons, 2007.

JOBIM, Marco Félix. Medidas estruturantes. Da Suprema Corte Estadunidense ao Supremo Tribunal Federal. Porto Alegre: Livraria do Advogado, 2013.

________. Cultura, Escolas e Fases Metodológicas do Processo. 3. Ed. Porto Alegre: Livraria do Advogado, 2016.

KUHN, Thomas. A estrutura das revoluções científicas. 3.ed. RJ: Perspectiva, 1991.

LUHMANN, Niklas. Legitimação pelo procedimento. Brasília: UNB, 1980.

________. O direito da sociedade. SP: Martins Fontes, 2016.

MARANHÃO, Ney. Meio ambiente: Descrição Jurídico-Conceitual. *In* Revista Magister de Direito Ambiental e Urbanístico. Vol. 66. Porto Alegre, jun-jul 2016.

VITORELLI, Edilson. O devido processo legal coletivo: dos direitos aos litígios coletivos. 2.ed. SP: RT, 2020.

VITORELLI, Edilson. Levando os conceitos a sério: processo estrutural, processo coletivo, processo estratégico e suas diferenças. Revista de Processo. vol. 284/2018, out/2018.

Seção III

A TEORIA GERAL DO DIREITO DO TRABALHO

1

UM NOVO NORMAL PARA O DIREITO DO TRABALHO

Carolina Tupinambá Faria[1]
Marina Novellino Valverde[2]

Introdução

O objetivo do presente trabalho consiste em refletir sobre possíveis legados, para o Direito do Trabalho,da atual crise em que nos encontramos, qual seja o estado de calamidade decorrente da pandemia do Novo Coronavírus (Covid-19).

Para isso, este artigo foi organizado em cinco capítulos. O primeiro deles, busca sintetizar o contexto em que nos inserimos, permeado por regras transitórias e excepcionais. E, em seguida, cada um dos quatro capítulos restantes, apresenta considerações sobre um legado diferente. Seriam eles: o impulso às novas formas de trabalho, a validação de soluções de conflitos em âmbito interno, o reconhecimento do princípio da solidariedade e a sedimentação do parâmetro boa-fé em epicentro de controle de negócios jurídicos.

---

1. Mediadora certificada, Mestre em Direito Processual pela Universidade do Estado do Rio de Janeiro, Doutora em Direito Processual pela Universidade do Estado do Rio de Janeiro, Doutora em Direito do Trabalho e Seguridade Social pela Universidade de São Paulo, Pós-Doutora no Programa de Pós--Doutoramento em Democracia e Direitos Humanos – Direito, Política, História e Comunicação da Faculdade de Direito da Universidade de Coimbra, Professora Adjunta de Processo do Trabalho e Prática Trabalhista da Universidade do Estado do Rio de Janeiro, Professora Assistente de Direito do Trabalho da Universidade Federal do Estado do Rio de Janeiro, Membro da Academia Brasileira de Direito do Trabalho, ocupante da Cadeira n°47, Membro do Instituto Brasileiro de Direito Processual, Membro do Instituto Iberoamericano de Derecho Procesal, Membro do Instituto dos Advogados Brasileiros, Membro do Centro de Estudos Avançados de Processo, Membro da American Bar Association, Membro da Comunidad para la Investigación y el Estudio Laboral y Ocupacional (CIELO).
2. Mestranda em Direito do Trabalho e Direito Previdenciário pela Universidade do Estado do Rio de Janeiro (UERJ) e Advogada Trabalhista.

I. O contexto

Para que se possa compreender o que este artigo pretende, necessário entender o contexto em que ele foi escrito.

Sintetizar o fluxo de impactos do Covid-19 traduz-se como uma tarefa deveras árdua, considerando os seus devastadores efeitos em escala global. Portanto, o que se faz, a seguir, é uma grande condensação dos acontecimentos a ele relacionado.

No final do ano de 2019, foi descoberto novo agente do Coronavírus, após o registro de casos na China. Este, provoca a doença chamada Coronavírus (COVID-19)[3]. Devido ao seu grande potencial de contágio,em pouquíssimo tempo, o vírus ultrapassou as fronteiras daquele país e contaminou pessoas pelo mundo todo, revelando-se extremamente difícil de ser contido.Ressalta-se que não há, até o momento, vacinas autorizadas ou medicamentos comprovadamente capazes de curar os infectados

Diante disso, a Organização Mundial da Saúde (OMS)[4]passou a recomendar, como principal medida preventiva, o distanciamento social. E isso fez com que boa parte dos Governos dos Estados Nacionais passassem a obrigar as pessoas a permanecer em quarentena e determinassem a paralisação de todas as atividades não essenciais.

Isso tudo, obviamente, tem impactado na continuidade das atividades empresariais e, por conseguinte, na continuidade dos empregos. Como manter as pessoas empregadas se os empresários não têm receita?

E o problema vai além da manutenção dos empregos. O Brasil é muito mais complexo, em termos de relação de trabalho, não é feito só de empregadores e empregados. Temos os autônomos, os pejotizados, os estagiários, os aprendizes, os desempregados. Como amparar, então, todas essas pessoas? A missão é difícil.

O cenário que precede a crise desencadeada pelo Coronavírus já era complicado. A economia brasileira, apesar de se destacar entre as maiores do mundo, possui uma desigualdade social acentuada.

Em novembro de 2019, a Fundação Getúlio Vargas divulgou resultado de pesquisa sobre as mudanças nos índices de desigualdade nos sete últimos anos[5] e constatou que houve aumento persistente no segundo semestre de 2019[6].

---

3. BRASIL, Ministério da Saúde. Sobre a doença. O que é COVID-19. Disponível em:<https://coronavirus.saude.gov.br/sobre-a-doenca#o-que-e-covid>Acesso em: 22 abr. 2020.
4. As recomendações da Organização Mundial da Saúde (OMS) são sempre atualizadas em seu sítio oficial. Em 22 abr. 2020, ao acessar o link https://www.who.int/health-topics/coronavirus#tab=tab_2 as recomendações da Organização para impedir a infecção e retardar a transmissão do COVID-19 eram as seguintes: (i) Lave as mãos regularmente com água e sabão ou limpe-as com álcool; (ii) Mantenha pelo menos 1 metro de distância entre você e as pessoas que tossem ou espirram; (iii) Evite tocar seu rosto; (iv) Cubra a boca e o nariz ao tossir ou espirrar; (v) Fique em casa se não se sentir bem; (vi) Evite fumar e outras atividades que enfraquecem os pulmões; (vii) Pratique o distanciamento físico, evitando viagens desnecessárias e afastando-se de grandes grupos de pessoas.
5. NERI, Marcelo C. A Escalada da Desigualdade - *Qual foi o Impacto da Crise sobre Distribuição de Renda e Pobreza?* Rio de Janeiro. Agosto de 2019. FGV Social. Pesquisa Disponível em http://cps.fgv.br/desigualdade. Acesso em: 22 abr. 2020.
6. As conclusões são alarmantes:
   "A pesquisa mostrou que a desigualdade de renda domiciliar per capita do trabalho está aumentando há 17 trimestres consecutivos quando comparado ao mesmo mês do ano anterior. Esse é o maior

A concentração de riquezas, os altos índices de desemprego, os níveis alarmantes de violência, os sucessivos escândalos de corrupção, a insuficiência do sistema público de saúde... O Coronavírus chega ao Brasil com o potencial de agravar todo esse cenário.

Quando a ameaça do vírus se tornou mais próxima e se tomou consciência de que afetaria país, o Governo brasileiro passou a editar leis, decretos, portarias, resoluções e medidas provisórias buscando antecipar ou conter o caos.

Tudo começa com a Portaria n. 188[7], de 3 de fevereiro de 2020, a qual declarou Emergência em Saúde Pública de Importância Nacional (ESPIN) em decorrência da Infecção Humana pelo novo Coronavírus (2019-nCoV), estabelecendo o Centro de Operações de Emergências em Saúde Pública (COE-nCoV).

Conforme os casos de contaminação foram aumentando, o Poder Público passou a editar mais e mais normas.

Até que, em 20 de março de 2020, por meio do Decreto Legislativo n. 6[8], foi reconhecido para os fins do art. 65, da Lei Complementar nº 101/2000, a ocorrência do estado de calamidade pública, nos termos da solicitação do Presidente da República encaminhada por meio da Mensagem nº 93, de 18 de março de 2020.

Foi um verdadeiro divisor de águas, pois o que se sucedeu foi o início da publicação de normas em diversos ramos do direito, criando regras transitórias, excetuando a normalidade.

A lógica é simples: se as pessoas não estão podendo se deslocar, se o comércio foi fechado, se a aglomeração foi proibida, como dar continuidade às atividades empresariais? Como pagar salários? Como pagar as dívidas se as pessoas não recebem salários? Como as pessoas farão para pagar contas mensais (comida, gás, luz, telefone, creche, empregados domésticos, entre outras) se não receberem salários? Como ficam os autônomos que vendem nas aglomerações (feiras de comida, feiras de artesanato, ambulantes...)?

---

período de concentração da série histórica brasileira. Nem mesmo em 1989, o nosso pico histórico de desigualdade de renda brasileira, foi precedido por movimento de concentração por tanto períodos consecutivos.

Desde o final de 2014 até o 2º trimestre de 2019, a renda dos 50% mais pobres da população caiu 17%, a dos 10% mais ricos 3% e a dos 1% mais ricos cresceu 10%. Estamos falando de uma grande recessão na média e ganho no topo, isto significa que a base da distribuição teve quedas muito mais acentuadas que as da média.

Até 2014, o bem-estar social crescia a 6,5% ao ano (porque a renda crescia e a desigualdade caía). Contudo, em apenas 2 anos, passou a cair quase os mesmos 6,5%. Mais do que uma longa recessão seguida de lenta retomada, passamos do crescimento inclusivo à recessão excludente. A desigualdade alavanca a dramaticidade e a duração do quadro.". Ibidem. p. 24.

7. MINISTÉRIO DA SAÚDE (Brasil). Portaria nº 188, de 3 de fevereiro de 2020. Declara Emergência em Saúde Pública de importância Nacional (ESPIN) em decorrência da Infecção Humana pelo novo Coronavírus (2019-nCoV). *Diário Oficial da União*, Brasília, DF, nº 24-A, Seção: 1-Extra. p. 1.

8. SENADO FEDERAL (Brasil). Decreto Legislativo nº 6, de 2020. Reconhece, para os fins do art. 65 da Lei Complementar nº 101, de 4 de maio de 2000, a ocorrência do estado de calamidade pública, nos termos da solicitação do Presidente da República encaminhada por meio da Mensagem nº 93, de 18 de março de 2020. *Diário Oficial da União*, Brasília, DF, Edição Extra nº 55-C. p. 1.

Como ficam as empresas que não tem receita? Como as empresas pagam os credores e investidores?

As perguntas se multiplicam e as respostas não estão no Direito vigente. O momento atual demandou normas específicas.Nesse contexto, então, dentre uma série de medidas provisórias, foram publicadas algumas com o intuito de reduzir os impactos do Novo Coronavírus no âmbito das relações de trabalho.

A primeira delas, a Medida Provisória n. 927/2020, listou as principais medidas de enfrentamento dos efeitos econômicos decorrentes do estado de calamidade pública, sendo elas: o teletrabalho, a antecipação das férias individuais, a concessão de férias coletivas, o aproveitamento e a antecipação dos feriados, o banco de horas, a suspensão de exigências administrativas em segurança e saúde no trabalho, o direcionamento do trabalhador para qualificação (as regras previstas nessa MP, sobre este ponto específico, foram revogadas pela Medida Provisória n. 928/2020, recebendo nova regulamentação na MP n. 936/2020) e o diferimento do recolhimento do Fundo de Garantia do Tempo de Serviço (FGTS).

Destaca-se, ainda, a Medida Provisória n. 936/2020, que criou o Programa Emergencial de Manutenção de Emprego e da Renda e dispôs sobre medidas trabalhistas complementares de enfrentamento do estado de calamidade.

Esta segunda MP possibilitou a redução salarial combinada com redução de jornada por meio de acordo individual, o que foi motivo de muitas críticas as quais fundamentaram, inclusive, ações de declaração de inconstitucionalidade.

E aqui chegamos a um importante ponto dessa contextualização: as medidas provisórias trabalhistas (das quais duas foram citadas acima) não pretenderam inaugurar um novo Direito do Trabalho, ao revés.As flexibilizações, as possibilidades de pactuação individual, o diferimento do pagamento de verbas de natureza trabalhista e a redução na rigidez da fiscalização das normas de saúde e segurança são *status* provisórios.

Considerando que o objetivo deste artigo não é analisar as medidas de enfrentamento, mas, sim, extrair possíveis ensinamentos e mapear eventual legado do que se tem observado durante o estado de calamidade, não caberá aqui o aprofundamento de todas as disposições das referidas normas.

II. O impulso às novas formas de trabalho

Nesse confuso contexto, algumas modalidades de trabalho, que antes ocupavam um lugar secundário em nossa sociedade apareceram como solução para muitos problemas. É o que observamos acontecer com o teletrabalho, com o trabalho remoto, com o *home office* e com a prestação de serviços por meio de plataformas digitais.

É cediço que o trabalho em casa não é uma novidade. Entretanto, de fato, no Brasil, o trabalho realizado à distância por meio de tecnologias da informação e comunicação não tem tanto tempo de existência. Parece existir certo consenso histórico no sentido de que o incremento da telemática pelas empresas ocorrera a partir da crise do capitalismo sofrida na década de 1970.

Isso porque, no processo de reestruturação pós-crise, via de regra, as estratégias capitalistas envolviam: (i) a reorganização do trabalho, já que, por meio das novas tecnologias buscou-se padronizar e simplificar tarefas; e (ii) a geração de mercadorias inteiramente novas, retiradas de aspectos da vida ou da natureza que, antes, permaneciam fora do escopo das relações capitalistas. Mas as novas tecnologias não foram utilizadas somente para automatizar e para simplificar o trabalho, mas também para gerenciá-lo, independente da distância entre o patrão e o empregado[9].

Na crise desencadeada pelo Novo Coronavírus, como já mencionado, diante da ausência de cura ou vacina para o vírus, a principal forma pensada para contê-lo consiste no distanciamento social. A semelhança com os exemplos acima é cristalina: sem poder sair de casa, os empregados não podem se deslocar até o trabalho, evitando as aglomerações nos transportes e dentro dos estabelecimentos empresariais.

Para não paralisar as operações, a melhor solução que vem sendo adotada, nesse contexto atual, pelas empresas é o teletrabalho. Isso fica evidente com a Medida Provisória n. 927/2020, que em seu artigo 3º, ao listar as medidas de enfrentamento dos efeitos econômicos decorrentes do estado de calamidade pública e para preservação do emprego e da renda, coloca já em seu inciso I, o teletrabalho, seguido dos artigos 4º e 5º, que apresentam regras mais flexíveis que as previstas na Consolidação das Leis do Trabalho[10] para a adoção da modalidade do teletrabalho.

O Ministério Público do Trabalho (MPT), por meio da Nota Técnica n. 6, publicada em 22 de março de 2020, item IV, expressou seu posicionamento no sentido da priorização do teletrabalho, como principal medida de enfrentamento trabalhista. Confira-se:

> VI. PRIORIZAÇÃO DE MEIOS ALTERNATIVOS PRÉVIOS AQUALQUER PLANO DE DEMISSÃO VOLUNTÁRIA (OUEQUIVALENTE) OU DISPENSA DETRABALHADORES, com privilegiamento da negociação coletiva e/ou do diálogo com as entidades sindicais, para análise e adoção de medidas de redução de impacto na manutenção do emprego e da renda dos trabalhadores,observando-se o princípio da irredutibilidade salarial, com a obrigatoriedade de adoção gradativa de medidas de menor impacto aos trabalhadores, como:
>
> a. Adoção de trabalho remoto (teletrabalho/home office);
>
> b. Flexibilização de jornada;
>
> c. Redução de jornada e adoção de banco de horas;
>
> d. Concessão imediata de férias coletivas e individuais; sem a necessidade de pré-aviso de 30 dias de antecedência e/ou notificação de com 15 dias de antecedência para o Ministério da Economia, cientificando-se a entidade sindical representativa, antes do início das respectivas férias;

9. HUWS, Ursula. Tradução: Murillo Van der Laan. A formação do cibertariado. *Trabalho virtual em um mundo real.*Campinas, SP: Editora Unicamp, 2017. P. 11 e 12.

10. O teletrabalho foi positivado, no Brasil, por meio da Lei n. 13.467/17 (a chamada Reforma Trabalhista), que, dentre outras alterações, inseriu na CLT os artigos 75-A a 75-E, que integram um capítulo inteiramente dedicado ao teletrabalho.

e. Concessão de licença remunerada aos trabalhadores;

f. Suspensão dos contratos de trabalho (lay off), com garantia de renda;

g. Outras medidas passíveis de adoção pela respectiva empresa ou setor de atividade econômica, com especial para a garantia de renda e salários.

O claro incentivo ao teletrabalho não foi por acaso. Esta modalidade de trabalho apresenta-se como grande aliada da quarentena e da contenção da garantida crise econômica que decorreria da paralisação total de todas as empresas no mundo.

O que se pretende enfatizar neste capítulo, no entanto, vai além da importância do trabalho remoto no contexto atual. O objetivo, aqui, consiste em demonstrar que este não precisa ser um aliado exclusivo das crises, apesar de ganhar um destaque ímpar nesses momentos.

O teletrabalho já era uma realidade no Brasil muito antes de sua regulamentação, que ocorreu com a chamada Reforma Trabalhista (Lei n. 13.467/17). Apesar de não existirem dados e números oficiais de órgãos ligados à Administração Pública sobre o tema, algumas evidências são capazes de reforçar essa afirmação, por exemplo, o fato de a Sobratt (Sociedade Brasileira de Teletrabalho e Teleatividades) ter sido criada em 1999, bem como o fato de ser possível encontrar no Tribunal Superior do Trabalho julgados envolvendo discussões acerca de questões relacionadas a *home office* pretéritos à regulamentação.

Segundo pesquisa realizada pela SAP Consultoria em Recursos Humanos,[11] sobre *home office* no Brasil em 2018 (ou seja, após a regulamentação do teletrabalho)com 315 empresas, 45% já adotavam o teletrabalho, 40% não o adotavam e 15% avaliavam a sua implementação[12].

Em relação ao objetivo que as empresas declararam ter com a adoção do *home office*, 70% delas responderam que buscavam com isso melhorar a vida dos colaboradores, 63% faziam isso pensando na mobilidade urbana (redução de veículos nas ruas, tempos no trânsito, etc), 47% tem o *home office* como um benefício concedido para os empregados, 47% o fazem buscando atração e retenção de talentos, 36% pretendem com isso a redução de despesas com espaço físico e correlatas, 33% buscam no teletrabalho um aumento na produtividade, 24% acreditam que esta modalidade reduz o *turnover* e o absenteísmo, 19% objetivam colaborar com o meio ambiente reduzindo congestionamentos e poluição na região[13].

---

11. A pesquisa foi realizada pela SAP Consultoria em Recursos Humanos com parceria da SOBRATT – Sociedade Brasileira de Teletrabalho e Teleatividades, na formulação dos quesitos e na formatação dos resultados, bem como com o apoio da ABRH – ASSOCIAÇÃO BRASILEIRA DE RECURSOS HUMANOS, do GCONTT – GRUPO DE CONSULTORIA DE TELETRABALHO DA TRANDINGWORKS e da FERREIRA & RODRIGUES, junto a mais de 300 empresas de diferentes segmentos e portes, nas diversas regiões do país, que empregam mais de um milhão de pessoas.
12. Sociedade Brasileira de Teletrabalho e Teleatividades. *Pesquisa HOME OFFICE 2018*. 2018. Disponível em:http://www.sobratt.org.br/index.php/01122018-pesquisa-home-office-2018/Acesso em: 22.04.2020.
13. Ibidem.

Os dados acima revelam que muitas empresas já enxergavam múltiplas benesses relacionadas ao trabalho remoto. Portanto, a utilização do teletrabalho como medida de enfrentamento da crise atual, decorrente do alto potencial de contaminação pelo Covid-19, vem para reforçar as vantagens dessa modalidade de forma de prestação de serviços.

Sabe-se que o teletrabalho não é para todos. Nem todas as pessoas conseguem apresentar alta produtividade quando laboram remotamente, sendo certo, ainda, que nem todas as atividades são compatíveis com essa modalidade. Em tempos normais, a empresa deve promover testes de perfis e de performance para saber quem poderá trabalhar de casa, além de promover cursos e treinamentos sobre ergonomia, produtividade, etc.

Todavia, com o Covid-19, muitos empregadores foram surpreendidos e tiveram que, de uma hora para outra, colocar todos (ou quase todos) os seus colaboradores em teletrabalho. Isso, naturalmente, irá acelerar a implementação e aprimoramento do uso das tecnologias pelas empresas. Mas não é só.

Esse momento de trabalho remoto poderá servir como um teste tanto para o empregado quanto para o empregador. Afinal, se um colaborador está produzido mais em casa, se comunicando bem com os demais, se ele está mais satisfeito com o tempo que está passando com a família, o teletrabalho poderá ser uma ótima solução para ele e para a empresa após findo o estado de calamidade. Por outro lado, aqueles que encaram o *home office* como uma espécie de "férias", provavelmente terão seu perfil descartado para trabalhar remotamente.

De uma forma ou de outra este parece responder melhor às novas tendências do Direito do Trabalho. Isso porque, com as novas tecnologias e novas possibilidades de descentralização, há um espaço maior para relações de trabalho menos rígidas e subordinadas, e mais colaborativas, dentro de uma perspectiva linear e não vertical de comando.

Todas essas reflexões apontam para o fato de que o trabalho remoto responde bem às novas tendências do Direito do Trabalho. Portanto, a crise atual pode ter como possível legado o incremento dessa modalidade de labor pelas empresas, não só porque ela se revela como uma forte medida de enfrentamento em contextos de calamidade, mas porque apresenta inúmeras vantagens,as quais poderão ser exploradas em tempos de normalidade.

III. Validação de soluções de conflitos em âmbito interno

Em meio ao estado de calamidade, diante das Medidas Provisórias trabalhistas de enfrentamento, as empresas puderam adequar as soluções às suas próprias realidades. Não houve uma imposição por parte do Poder Público, aos empregadores, de uma só solução.

Nesse cenário, as empresas tiveram (e estão tendo) que ocupar um espaço importante de decisão, resolvendo os conflitos e obstáculos que se colocaram de forma autônoma. Se um empregado não possui estrutura em casa para realizar o teletrabalho e mesmo assim é colocado para laborar nessa modalidade no contexto atual, o empregador deverá fornecê-lo estrutura mínima (como um computador, internet, entre outros), sem realizar grandes testes de perfil para trabalho remoto. Esse empregado, por outro lado, poderá buscar negociar com o empregador que adiante suas férias, pois não tem interesse em trabalhar nesse momento, já que prefere priorizar o tempo com a família.

No exemplo acima fica claro o espaço de diálogo que se coloca diante dos protagonistas da relação de emprego. Não há, nesse momento, tempo ou musculatura institucional para resolver esses conflitos e impasses. As partes são obrigadas a resolver suas questões muito rápido, pois a ameaça do Covid-19 só aumenta e a crise que dela decorre igualmente.

Existe uma tendência, no Brasil, de se expelir os conflitos para a Justiça do Trabalho. Em 2019, foram recebidos 3.377.013[14] de processos pelo Judiciário trabalhista, de acordo com os dados divulgados pelo Conselho Superior da Justiça do Trabalho. A quantidade de novas ações que ingressam na Justiça do Trabalho a cada ano é enorme, apesar dos filtros inaugurados com a reforma trabalhista, revelando modelo pouco eficiente de resolução de conflitos entre empregadores e empregados.

Em contextos como o atual, por outro lado, os mecanismos internos de resolução de problemas são essenciais. O mais básico deles consiste no próprio diálogo. Mas não é o único.

Existem, no ordenamento jurídico brasileiro, alguns mecanismos que possibilitam o diálogo interno entre empregado e empregador, como a Comissão Interna de Prevenção de Acidentes (CIPA).

Outro exemplo está na Constituição Federal de 1988, em seu artigo 11[15], que garante ao trabalhador o direito fundamental social de eleger um representante dos empregados com finalidade de promover-lhes o entendimento direto com o empregador, para assegurar melhoria das condições de vida e trabalho. Este artigo foi regulamentado com a Reforma Trabalhista (Lei n. 13.467/17), que inseriu na CLT os artigos 510-A a 510-D[16].

---

14. TRIBUNAL SUPERIOR DO TRABALHO. Coordenadoria de Estatística e Pesquisa do TST. Recebidos e Julgados na Justiça do Trabalho em 2019. Disponível em: http://www.tst.jus.br/documents/18640430/e175064c-8e81-0e9e-6165-98886cb8511dAcesso em: 22 abr. 2020.
15. CF/88. Art. 11. Nas empresas de mais de duzentos empregados, é assegurada a eleição de um representante destes com a finalidade exclusiva de promover-lhes o entendimento direto com os empregadores.
16. "TÍTULO IV-A
DA REPRESENTAÇÃO DOS EMPREGADOS
(Título acrescido pela Lei nº 13.467, de 13/7/2017, publicada no DOU de 14/7/2017, em vigor 120 dias após a publicação)
Art. 510-A. Nas empresas com mais de duzentos empregados, é assegurada a eleição de uma comissão para representá-los, com a finalidade de promover-lhes o entendimento direto com os empregadores.
§ 1º A comissão será composta:
I - nas empresas com mais de duzentos e até três mil empregados, por três membros;
II - nas empresas com mais de três mil e até cinco mil empregados, por cinco membros;
III - nas empresas com mais de cinco mil empregados, por sete membros.
§ 2º No caso de a empresa possuir empregados em vários Estados da Federação e no Distrito Federal, será assegurada a eleição de uma comissão de representantes dos empregados por Estado ou no Distrito Federal, na mesma forma estabelecida no § 1º deste artigo. (Artigo acrescido pela Lei nº 13.467, de 13/7/2017, publicada no DOU de 14/7/2017, em vigor 120 dias após a publicação)
Art. 510-B. A comissão de representantes dos empregados terá as seguintes atribuições:

I - representar os empregados perante a administração da empresa;

II - aprimorar o relacionamento entre a empresa e seus empregados com base nos princípios da boa-fé e do respeito mútuo;

III - promover o diálogo e o entendimento no ambiente de trabalho com o fim de prevenir conflitos;

IV - buscar soluções para os conflitos decorrentes da relação de trabalho, de forma rápida e eficaz, visando à efetiva aplicação das normas legais e contratuais;

V - assegurar tratamento justo e imparcial aos empregados, impedindo qualquer forma de discriminação por motivo de sexo, idade, religião, opinião política ou atuação sindical;

VI - encaminhar reivindicações específicas dos empregados de seu âmbito de representação;

VII - acompanhar o cumprimento das leis trabalhistas, previdenciárias e das convenções coletivas e acordos coletivos de trabalho.

§ 1º As decisões da comissão de representantes dos empregados serão sempre colegiadas, observada a maioria simples.

§ 2º A comissão organizará sua atuação de forma independente. (Artigo acrescido pela Lei nº 13.467, de 13/7/2017, publicada no DOU de 14/7/2017, em vigor 120 dias após a publicação)

Art. 510-C. A eleição será convocada, com antecedência mínima de trinta dias, contados do término do mandato anterior, por meio de edital que deverá ser fixado na empresa, com ampla publicidade, para inscrição de candidatura.

§ 1º Será formada comissão eleitoral, integrada por cinco empregados, não candidatos, para a organização e o acompanhamento do processo eleitoral, vedada a interferência da empresa e do sindicato da categoria.

§ 2º Os empregados da empresa poderão candidatar-se, exceto aqueles com contrato de trabalho por prazo determinado, com contrato suspenso ou que estejam em período de aviso prévio, ainda que indenizado.

§ 3º Serão eleitos membros da comissão de representantes dos empregados os candidatos mais votados, em votação secreta, vedado o voto por representação.

§ 4º A comissão tomará posse no primeiro dia útil seguinte à eleição ou ao término do mandato anterior.

§ 5º Se não houver candidatos suficientes, a comissão de representantes dos empregados poderá ser formada com número de membros inferior ao previsto no art. 510-A desta Consolidação.

§ 6º Se não houver registro de candidatura, será lavrada ata e convocada nova eleição no prazo de um ano. (Artigo acrescido pela Lei nº 13.467, de 13/7/2017, publicada no DOU de 14/7/2017, em vigor 120 dias após a publicação)

Art. 510-D. O mandato dos membros da comissão de representantes dos empregados será de um ano.

§ 1º O membro que houver exercido a função de representante dos empregados na comissão não poderá ser candidato nos dois períodos subsequentes.

§ 2º O mandato de membro de comissão de representantes dos empregados não implica suspensão ou interrupção do contrato de trabalho, devendo o empregado permanecer no exercício de suas funções.

§ 3º Desde o registro da candidatura até um ano após o fim do mandato, o membro da comissão de representantes dos empregados não poderá sofrer despedida arbitrária, entendendo-se como tal a que não se fundar em motivo disciplinar, técnico, econômico ou financeiro.

§ 4º Os documentos referentes ao processo eleitoral devem ser emitidos em duas vias, as quais permanecerão sob a guarda dos empregados e da empresa pelo prazo de cinco anos, à disposição para consulta de qualquer trabalhador interessado, do Ministério Público do Trabalho e do Ministério do Trabalho. (Artigo acrescido pela Lei nº 13.467, de 13/7/2017, publicada no DOU de 14/7/2017, em vigor 120 dias após a publicação)"

Infelizmente, essa referida modalidade de representação dos trabalhadores interna não tem sido muito prestigiada. Apesar de sua regulamentação, a implementação não tem sido efetivada nas empresas. Isso tem relação com a cultura de litigiosidade que se apoia no Judiciário trabalhista para resolver todo e qualquer problema, além da pressão dos sindicatos que buscam centralizar as negociações coletivas.

Com a pandemia atual, a necessidade do diálogo entre empregador e empregado e da utilização de mecanismos internos para a rápida solução dos impasses que têm surgido, reforçou positivamente o potencial de solução de conflitos dentro do próprio ambiente em que se desenvolve a relação de trabalho.

Com o amadurecimento desses atores sociais, a negociação interna poderá ser cada vez mais explorada, após o fim do estado de calamidade, evitando-se a litigiosidade e a necessidade de invocar um terceiro, que provavelmente não conheça a realidade específica, para resolver as questões que se colocam. Como diz o bom e velho ditado: nada melhor do que lavar a roupa suja em casa...

IV. Reconhecimento do princípio da solidariedade

Apesar de muito invocado, a definição do princípio da solidariedade não é tão precisa ou pacífica.

Como bem ressalta Fábio Zambite Ibrahim, o conceito de solidariedade sofreu grandes transformações ao longo da história. O desenvolvimento inicial da solidariedade tem íntima relação com a família, no catolicismo. Com o Iluminismo, passa-se a conceber a solidariedade fundada na proteção entre iguais, pertencentes ao mesmo grupo ou cultura. Com o advento da modernidade, o fundamento passa a ser a diferença. E, na atualidade, a impessoalidade é que fundamenta esse conceito.[17]

A solidariedade, para Bruno Stigert, é mais que uma declaração moral, ela passa a orientar direitos e deveres e, nesse sentido, funciona como norte e fundamento de deveres fundamentais. A partir de um imperativo de cidadania, ela impõe aos membros de uma sociedade e ao Estado deveres de cooperação[18].

A Constituição Federal de 1988, em seu artigo 3º, apresenta seu núcleo fundamental, à medida que impõe a todos um dever de reconhecimento calcado no valor solidariedade, com o objetivo de constituir uma sociedade mais livre, igual e justa, sem preconceitos de origem, raça, sexo, cor, idade e quaisquer outras formas de discriminação.

Apesar da referida positivação e de todo o incentivo que recebe, fato é que praticar ações solidárias com estranhos não é algo tão fácil de ser concebido pelas pessoas. O que facilita a sua implementação é a expectativa do agir recíproco.

17. IBRAHIM, Fabio Zambite. A previdência social no estado contemporâneo: *fundamentos, financiamento e regulação*. Niterói, RJ: Impetus, 2011. p. 9-10.
18. SOUZA, Bruno Stigert. O constitucionalismo solidário: *responsabilidade, democracia e inclusão*. Dissertação apresentada como requisito para obtenção do título de Mestre, ao Programa de Pós-Graduação em Direito, da Universidade do Estado do Rio de Janeiro, 2010. p. 241.

Muito se fala em solidariedade no âmbito da seguridade social e no agir processual. Já no contexto da relação de trabalho, a solidariedade costumava ser associada ao princípio da proteção. No entanto, possível afirmar que, há algum tempo, esse princípio parece apontar para novas possibilidades.

Em verdade, sua aplicação pode ser um importante fator na relação entre empregado e empregador, já que o princípio da solidariedade, revela-se como instrumento equalizador dos direitos sociais.

Sabe-se que no Direito do Trabalho prevalece a concepção de que o empregado precisa de um arcabouço jurídico que o proteja para que ele alcance o mesmo nível de seu empregador, ou seja, para que haja uma igualdade de fato. Fala-se, então, no princípio da proteção ao trabalhador[19]. E, deste, decorrem outros: o princípio da interpretação *in dubio pro operario*, o princípio da prevalência da norma mais favorável ao trabalhador e o princípio da prevalência da condição mais benéfica ao trabalhador.

Todavia, a solidariedade não deve ser compreendida apenas nesse espaço.

Se concebida sob um viés mais objetivo, a solidariedade passa a significar uma proteção qualificada e cooperativa entre empregado e empregador.

Portanto, se no lugar de um protecionismo histórico e exacerbado for inserido o fator solidariedade, a arena de conflitos poderá ganhar novos contornos. Entenda, não se defende aqui o fim do princípio da proteção, mas sim a sua utilização combinada com o princípio da solidariedade.

Para facilitar a compreensão do que se expõe, imagine o seguinte exemplo: um empregado "A", exerce função de confiança em uma determinada empresa, auferindo salário de R$ 50.000,00, com elevado nível de fidúcia, supervisionando um número elevado de colaboradores. Em contraste, outro empregado. "B", que trabalha na mesma empresa, recebendo como salário o montante de R$ 3.000,00. O princípio da proteção deverá ser aplicado aos dois casos? Se sim, deverá ser aplicado exatamente da mesma forma?

O que se busca, portanto, é justamente provocar essa reflexão.

Parece mais adequado, no caso do empregado "A" pensar em um diálogo colaborativo entre ele e seu empregador. A sua elevada remuneração e nível de fidúcia permitem uma relação menos vertical e mais linear de comando. Portanto, nesse caso, talvez fizesse mais sentido pensar na prevalência do princípio da solidariedade, na medida em que tanto ele, quanto o empregador, poderiam conversar e fazer concessões para que ambos atingissem os objetivos pretendidos.

Todavia, não se refuta o uso da solidariedade no caso do empregado "B". Faz-se a ressalva, contudo, que dada a sua posição menos privilegiada, em relação ao "A", as negociações talvez não surtam um efeito tão positivo quanto pretendido por ele. No entanto, pode-se pensar em uma solidariedade entre seu grupo de iguais, representados por meio de comitês internos (como o já mencionado previsto nos artigos 510-A a 510-D da CLT), e o empregador. Assim, a solidariedade serviria melhor como parâmetro de diálogo.

19. RODRIGUEZ, Américo Plá. Princípios de Direito do Trabalho. Tradução de Wagner D. Giglio, São Paulo: LTr, 2ª ed., 1993. p. 83.

Como se sabe, o Direito do Trabalho se erigiu com base no tradicional conflito entre Capital e Trabalho. O litígio sempre foi marca registrada entre os agentes (empregado e empregador). Possível dizer que o Direito do Trabalho surge justamente da manifestação coletiva dos empregados, que, juntos, passam a reivindicar condições mínimas de trabalho, utilizando a greve como mecanismo de convencimento.

Ocorre que em momentos de crise, como o atual, os interesses contrapostos se transmutam em um interesse comum: a sobrevivência com renda mínima.

Existe uma notória relação de simbiose entre o empregador e o empregado. Isso significa que, se a redução do consumo impacta a empresa e reduz o seu caixa, necessariamente os empregados também serão afetados. Da mesma forma, se os empregados não puderem trabalhar, a continuidade das operações será afetada.

As Medidas Provisórias trabalhistas atuais, de enfrentamento do estado de calamidade decorrente do Novo Coronavírus, devem ser interpretadas dentro de um contexto específico. Dentre outras características, este contexto é marcado pela desnecessidade de negociação coletiva, como bem colocam Otavio Amaral Calvet e Antonio Carlos Aguiar. Confira-se:

> A fim de se fundamentar tal afirmativa, torna-se necessário relembrarmos o conceito de conflito coletivo, de forma a se verificar se a questão posta na atualidade advém de uma insatisfação dos trabalhadores para com os seus empregadores, em razão de um desequilíbrio econômico derivado da pactuação contratual do fornecimento contínuo da energia de trabalho, aproveitada no interesse da produção (do capital), ou de algo completamente diferente e novo.

A necessidade incontestável das empresas paralisarem e/ou reduzirem suas atividades tem a ver com medidas governamentais de preservação da vida dos membros da sociedade. E, justamente em razão desta inviabilização econômica do negócio empresarial para o bem de todos, também restaram mitigados prováveis efeitos desastrosos para o conjunto dos trabalhadores (que nada mais são que seres humanos trabalhadores), como um desemprego em massa. Daí porque essas medidas trazem contrapartidas, estas recaindo tanto sobre o empregador quanto o governo, para suprir necessidades mínimas de renda ao trabalhador, a fim de manter sua sobrevivência. Frise-se: renda, não necessariamente salário.[20]

Ressalta-se que o trecho acima foi extraído de artigo de opinião, dos mencionados autores, o qual analisava a constitucionalidade de uma das medidas de enfrentamento da pandemia atual: a possibilidade de redução de salário combinada com redução de jornada por meio de acordo de trabalho individual.

Como bem pontuam os autores, não há por que se considerar a necessidade de negociação coletiva para implementação da redução salarial no presente contexto, já que a negociação coletiva é própria de um estado de conflito de interesses, que difere do atual, de confluência.

---

20. AGUIAR, Antonio Carlos; CALVET, Otavio Amaral. "Negociação" individual para redução de salário e jornada de trabalho. Publicado em 8 abr. 2020. Disponível em: https://www.conjur.com.br/2020-abr-08/aguiar-calvet-negociacao-individual-reducao-salario-jornada Acesso em 22 abr. 2020.

Por óbvio, em condições normais, não será possível que acordos individuais realizem este tipo de transação (a menos que haja alteração na Constituição Federal vigente). O que se pretende pontuar em termos de legado consiste na possibilidade de identificação desses espaços de confluência de interesses em momentos futuros. Em outras palavras, nem sempre o conflito será o que permeará as relações de trabalho.

No contexto atual de pandemia, a solidariedade ganhou destaque, pelo fato de tanto o empregador quanto o empregado terem identificado verdadeira zona de confluência de interesses: a sobrevivência. Portanto, as soluções aplicadas no âmbito interno das companhias têm sido muito pautadas nesse princípio. Isso fica claro, por exemplo, quando se pensa na situação de um empregado que, desejando manter seu emprego, aceita reduzir temporariamente seu salário e jornada por meio de acordo individual.

O legado que aqui se projeta, portanto, diz respeito à possibilidade de o princípio da solidariedade começar a ser concebido de forma mais objetiva, transparecendo que os lados (empregador e empregado), em alguns momentos, deverão ter um espaço de retração em prol da evolução comum de ambos.

V. Sedimentação do parâmetro boa-fé em epicentro de controle de negócios jurídicos

Inicialmente, necessário reiterar que tudo que está acontecendo agora, em tempos de estado de calamidade, deve ser compreendido como um desgaste temporário e excepcional dos parâmetros do direito do trabalho, mas de forma alguma deverá ser compreendido como um novo direito do trabalho, que vai se erigir sobre a autorregulamentação individual, com os protagonistas de mãos dadas.

Dito isso, não há como se deixar de ressaltar o espaço que se cria, com a presente crise, de aproximação do direito do trabalho com o direito civil.

Faz-se necessário que o importante instrumento civilista chamado boa-fé seja utilizado como parâmetro para analisar as medidas de enfrentamento tomadas agora, eventualmente judicializadas no futuro. A reflexão faz sentido sobretudo em duas situações: (i) vício de consentimento; e (ii) abuso de direito.

O princípio da boa-fé, quando concebido em sua vertente objetiva, faz com que exsurjam os chamados deveres anexos de conduta, os quais se projetam sobre a relação jurídica obrigacional, no caso, a relação empregatícia, no intuito de instrumentalizar o correto cumprimento da obrigação principal e a satisfação dos interesses envolvidos no contrato de trabalho.

Em suma, no campo dos contratos de trabalho, ganharão especial relevo os danos advindos do descumprimento dos deveres anexos ao contrato, recorrentemente identificados pela doutrina como deveres de proteção, informação e lealdade.

Os deveres de conduta que acompanham as relações contratuais são denominados deveres anexos (*Nebenpflichten*), deveres que nasceram da observação da jurisprudência alemã ao visualizar que o contrato, por ser fonte imanente de conflitos de interesses, deveria ser guiado e, mais ainda, guiar a atuação dos contraentes conforme o princípio da boa-fé nas relações.

O dever de proteção[22] pode ser citado em trecho doutrinário irreparável:

> A violação dos deveres de proteção provoca danos que, embora não atinjam diretamente direitos subjetivos ou bens jurídicos, importam na responsabilização civil. Desta feita, desde que atingido o interesse protegido pela norma violada, caracterizado estará o dano[23].

Portanto, muito além do dever de trabalhar e de pagar salários, o contrato de trabalho significa dever de cuidado com o trabalhador, daí o risco inerente a ser tomador de serviços. Ou seja, a atividade normalmente desenvolvida pelo tomador de serviços (explorar mão de obra) implica, por sua natureza, risco para os direitos do trabalhador holisticamente considerado. Este será um dos mais importantes dos fundamentos do dever de indenizar danos eventualmente sofridos pelo empregado: violação do dever anexo de cuidado em contexto contratual de exploração de mão de obra.

Importa salientar que o direito comparado já caminha para esta conclusão, ainda que se referindo a leis protetoras e não exatamente ao dever de proteção entre sujeitos ligados por relação contratual. A ideia é proveitosa de todo modo:

> A noção de dano pela violação de dever de proteção, prevista no direito português (art. 483º/1 do Código Civil) e inspirada no direito alemão (§ 823, 2, do BGB – que impõe a obrigação de indenizar àqueles que violam a proteção de outra lei), considera ilícita e, portanto, danosa, a violação de disposição legal destinada a proteger interesses alheios. Embora a lei alemã não tenha feito referência expressa a interesses, a lei portuguesa o fez, dando maior clareza à dicção legal. Assim, a violação de uma lei destinada à proteção de outrem caracteriza, por si só, o dano[24].

Em uma sociedade baseada na troca entre capital e trabalho, o contrato é a principal forma de subsistência física do trabalhador.[25]

Nesse período de aproveitamento de mão de obra pelo capital, a preservação da dignidade humana é de responsabilidade ampla e irrestrita do tomador do serviço, que

---

21. MARQUES, Claudia Lima; BENJAMIN, Antônio Herman V.; MIRAGEM, Bruno. Comentários ao Código de defesa do consumidor. 2ª ed., rev., atual. e ampl. São Paulo: Revista dos Tribunais, 2006. p. 219.
22. "As normas de proteção não precisam estar expressas, mas implícitas no sistema jurídico. Sua identificação pode ocorrer pela via dos princípios como também pelo diálogo das fontes normativas e de categorias jurídicas afins. LEAL, Pastora do Socorro Teixeira. Dano Normativo ou de conduta pela violação de normas de proteção." In: ROSENVALD, Nelson; MILAGRES, Marcelo (coordenadores). Responsabilidade civil: novas tendências. Indaiatuba, SP: Editora Foco Jurídico, 2017. p. 230.
23. Ibidem. p. 237.
24. LEAL, Pastora do Socorro Teixeira. Dano Normativo ou de conduta pela violação de normas de proteção. In: ROSENVALD, Nelson; MILAGRES, Marcelo (coordenadores). Responsabilidade civil: novas tendências. Indaiatuba, SP: Editora Foco Jurídico, 2017. p. 236.
25. SEVERO, Valdete Souto. A hermenêutica trabalhista e o princípio do Direito do Trabalho. In: MAIOR, Jorge Luiz Souto; SEVERO, Valdete Souto (coords.). Resistência: Aportes teóricos contra o retrocesso trabalhista. 1ª ed., Editora Expressão Popular. São Paulo, 2017. p. 29.

deve tutelar o valor humano intrínseco ao trabalho, sob sua conta e risco. A lógica ganhou referência especialmente no direito francês:

> Nessa linha de raciocínio, a figura do *miseendanger* ou exposição ao risco, construída na doutrina francesa, é emblemática em revelar que "meras condutas" de exposição de bens, de interesses e de pessoas a risco de dano injusto (aquele que não deve ser suportado pela vítima) é *in reipsa*, pela própria prática em si, caracterizadora do "dano de conduta" por violação ao dever de proteção, categoria apta a engendrar um cultura jurídica de contenção, inibição ou de prevenção em face de práticas abusivas, mais ampla que a mera previsão legal de nulidade[26].

Basicamente, o que se pretende extrair de legado aqui é que os negócios jurídicos celebrados durante o período de calamidade,bem como aqueles que vierem daqui para frente, sejam analisados com base nos parâmetros modernos da boa-fé objetiva.

Isso significa, dentre outros consectários, que os oportunistas, ou seja, empresas que não estão tendo impacto negativo em suas receitas (ou até mesmo estejam tendo aumento dela, como é o caso dos supermercados e farmácias) não poderão ser beneficiadas pelas medidas de flexibilização que se colocam para o enfrentamento da pandemia. Assim como, não parece aceitável que empregados aleguem vício de consentimento na realização de acordos individuais firmados, por exemplo, para reduzir salário e jornada. Um relevante filtro ético permeará o cenário que advirá da crise enfrentada.

Conclusão

Um novo normal está para chegar.

As crises, além de profícuos espaços para criatividade, devem ser fontes de ensinamentos.

A partir dessa lógica e diante do contexto atual, marcado pelo estado de calamidade decorrente da pandemia do Novo Coronavírus, pensou-se em algumas possíveis lições que poderão ser extraídas desse momento tão difícil.

Referências bibliográficas

AGUIAR, Antonio Carlos; CALVET, Otavio Amaral. "Negociação" individual para redução de salário e jornada de trabalho. Publicado em 8 abr. 2020. Disponível em: https://www.conjur.com.br/2020-abr-08/aguiar-calvet-negociacao-individual--reducao-salario-jornada Acesso em 22 abr. 2020.

BRASIL, Ministério da Saúde. Sobre a doença. O que é COVID-19. Disponível em: <https://coronavirus.saude.gov.br/sobre-a-doenca#o-que-e-covid> Acesso em: 22 abr. 2020.

HUWS, Ursula. Tradução: Murillo Van der Laan. A formação do cibertariado. Trabalho virtual em um mundo real. Campinas, SP: Editora Unicamp, 2017.

---

26. LEAL, Pastora do Socorro Teixeira. Dano Normativo ou de conduta pela violação de normas de proteção. In: ROSENVALD, Nelson; MILAGRES, Marcelo (coordenadores). Responsabilidade civil: novas tendências. Indaiatuba, SP: Editora Foco Jurídico, 2017. p. 239.

IBRAHIM, Fabio Zambite. A previdência social no estado contemporâneo: fundamentos, financiamento e regulação. Niterói, RJ: Impetus, 2011.

LEAL, Pastora do Socorro Teixeira. Dano Normativo ou de conduta pela violação de normas de proteção. In: ROSENVALD, Nelson; MILAGRES, Marcelo (coordenadores). Responsabilidade civil: novas tendências. Indaiatuba, SP: Editora Foco Jurídico, 2017.

LEAL, Pastora do Socorro Teixeira. Dano Normativo ou de conduta pela violação de normas de proteção. In: ROSENVALD, Nelson; MILAGRES, Marcelo (coordenadores). Responsabilidade civil: novas tendências. Indaiatuba, SP: Editora Foco Jurídico, 2017.

MARQUES, Claudia Lima; BENJAMIN, Antônio Herman V.; MIRAGEM, Bruno. Comentários ao Código de defesa do consumidor. 2ª ed., rev., atual. e ampl. São Paulo: Revista dos Tribunais, 2006.

MINISTÉRIO DA SAÚDE (Brasil). Portaria nº 188, de 3 de fevereiro de 2020. Declara Emergência em Saúde Pública de importância Nacional (ESPIN) em decorrência da Infecção Humana pelo novo Coronavírus (2019-nCoV). Diário Oficial da União, Brasília, DF, nº 24-A, Seção: 1-Extra. p. 1.

NERI, Marcelo C. A Escalada da Desigualdade - Qual foi o Impacto da Crise sobre Distribuição de Renda e Pobreza? Rio de Janeiro. Agosto de 2019. FGV Social. Pesquisa Disponível em http://cps.fgv.br/desigualdade Acesso em: 22 abr. 2020.

RODRIGUEZ, Américo Plá. Princípios de Direito do Trabalho. Tradução de Wagner D. Giglio, São Paulo: LTr, 2ª ed., 1993.

SENADO FEDERAL (Brasil). Decreto Legislativo nº 6, de 2020. Reconhece, para os fins do art. 65 da Lei Complementar nº 101, de 4 de maio de 2000, a ocorrência do estado de calamidade pública, nos termos da solicitação do Presidente da República encaminhada por meio da Mensagem nº 93, de 18 de março de 2020. Diário Oficial da União, Brasília, DF, Edição Extra nº 55-C. p. 1.

SEVERO, Valdete Souto. A hermenêutica trabalhista e o princípio do Direito do Trabalho. In: MAIOR, Jorge Luiz Souto; SEVERO, Valdete Souto (coords.). Resistência: Aportes teóricos contra o retrocesso trabalhista. 1ª ed., Editora Expressão Popular. São Paulo, 2017.

SOCIEDADE BRASILEIRA DE TELETRABALHO E TELEATIVIDADES. Pesquisa HOME OFFICE 2018. 2018. Disponível em: http://www.sobratt.org.br/index.php/01122018-pesquisa-home-office-2018/ Acesso em: 22.04.2020.

SOUZA, Bruno Stigert. O constitucionalismo solidário: responsabilidade, democracia e inclusão. Dissertação apresentada como requisito para obtenção do título de Mestre, ao Programa de Pós-Graduação em Direito, da Universidade do Estado do Rio de Janeiro, 2010.

TRIBUNAL SUPERIOR DO TRABALHO. Coordenadoria de Estatística e Pesquisa do TST. Recebidos e Julgados na Justiça do Trabalho em 2019. Disponível em: http://www.tst.jus.br/documents/18640430/e175064c-8e81-0e9e-6165-98886cb8511d Acesso em: 22 abr. 2020.

2

NORMAS REGULAMENTADORAS E SAÚDE DO TRABALHADOR EM TEMPOS DE CORONAVÍRUS

José Affonso Dallegrave Neto[1]

Introdução

O Brasil é um dos recordistas mundiais em acidentes de trabalho[2]. Em flagrante paradoxo a esses dados, constata-se que o nosso país contém uma das legislações mais avançadas e pormenorizadas em matéria de saúde do trabalhador.

Logo, é possível asseverar que o problema brasileiro não é normativo, mas proveniente da cultura empresarial, mercantil e imediatista que resiste à ideia de prevenção de acidentes. A infortunística é tratada com menoscabo por parte de boa parte dos operadores jurídicos. Conforme assinalou o Min. Orozimbo Nonato, em decisão histórica do STF proferida em 1949, a lógica deve ser outra:

"É dever do empregador zelar pela segurança, saúde e higiene de seus empregados com a diligência que costuma ter com a própria integridade física e psíquica." (STF, RE n. 10.391, Rel. Min. Orozimbo Nonato, DJ 18.8.1949, p. 2.484).

1. Advogado.Mestre e doutor pela UFPR. Pós-doutor pela Universidade de Lisboa (FDUNL). Membro da Academia Brasileira de Direito do Trabalho.

2. Conforme dados oficiais do Ministério da Previdência, em 2006 o Brasil teve 503.890 acidentes, sendo 403.264 acidentes típicos, 73.981 acidentes de trajeto e 26.645 doenças ocupacionais. Em 2007 tivemos um total de 659.523 acidentes, e em 2008, 747.663 acidentes. Em 2009 foram registrados 723,5 mil acidentes do trabalho. Do total de acidentes registrados com CAT, os acidentes típicos representaram 79,7%; os de trajeto 16,9% e as doenças do trabalho 3,3%. É verdade que em 1975 o número total de acidentes chegou a 1.916.187, contudo, nos últimos cinco anos, verifica-se um aumento sensível superior a 40%. Registre-se que tais números levam em conta apenas os sinistros que sofreram notificações oficiais e as doenças em que o INSS concedeu benefício B-91. Vale dizer: os números estão subestimados.

Apesar de já ter adotado uma Política Nacional de Segurança e Saúde no Trabalho (PNSST), o Brasil ainda não ratificou a Convenção n. 187 da Organização Internacional do Trabalho (OIT), que prevê a adoção de medidas mais efetivas para a preservação de segurança e saúde. No entanto, a Convenção n. 155 da OIT que trata da segurança, saúde dos trabalhadores e o meio ambiente de trabalho, foi aprovada pelo Brasil (Decreto Legislativo n. 2/1992), cujo art. 4º, determina que a política estatal seja direcionada para "*prevenir* os acidentes e os danos à saúde que forem consequência do trabalho", observam Tereza e Daniel Gemignani[3].

A Convenção n. 161 da OIT, também aprovada pelo Brasil (Decreto Legislativo n. 86/1989), caminha em igual sentido, ao orientar, em seu art. 1º, sobre as *funções essencialmente preventivas* e os requisitos manter um ambiente "seguro e salubre, de molde a favorecer uma saúde física e mental ótima em relação com o trabalho"[4].

> AÇÃO CIVIL PÚBLICA. Para que seja garantido um meio ambiente de trabalho sadio, seguro e equilibrado, os entes públicos devem cumprir as normas de saúde, higiene e segurança do trabalho previstas em Lei, independentemente do regime jurídico e da categoria profissional de seus trabalhadores. Dentre as obrigações legais que os entes públicos devem seguir para a promoção, prevenção e efetiva proteção de um meio ambiente hígido e seguro para o conjunto de seus trabalhadores, que abrangem desde servidores até empregados e terceirizados, estão a implementação de Programa de Prevenção de Riscos Ambientais (PPRA) e de Programa de Controle Médico de Saúde Ocupacional (PCMSO), bem como o fornecimento de Equipamentos de Proteção Individual. (Inteligência das normas internacionais de direitos humanos previstas no art. 3º, "b", da Convenção 155 da OIT e art. 3º, I, da Convenção 161 da OIT; das normas constitucionais dos arts. 7º, XXII; 39, § 3º; 196, caput; 200, VIII; e 225, caput; além da jurisprudência do STF no AGR RCL 20744/SC). (TRT 12ª R.; RO 0000834-91.2018.5.12.0008; Sexta Câmara; DEJTSC 12/07/2019; Pág. 3046)

Antes de se adentrar na repercussão jurídica da Covid-19, doença causada pelo coronavírus (SARS-CoV-2), importa relembrar que para uma empresa ser condenada ao pagamento de indenização acidentária serão necessários três elementos: o dano (material ou moral) a culpa (negligência do empregador) e o nexo que liga os dois primeiros. O trinômio se aplica tanto para os danos decorrentes de acidente do trabalho como aqueles oriundos de doenças ocupacionais. Há também os casos de responsabilidade sem culpa, quando o dano do empregado for proveniente de uma atividade normal de risco (a exemplo do serviço de *motoboys*), conforme dispõe o parágrafo único do art. 927, do Código Civil. O Plenário do STF decidiu, em 5/9/2019, o RE 828040, com repercussão geral, que é constitucional a imputação de responsabilidade civil objetiva do empregador por danos decorrentes de acidentes de trabalho em atividade de risco.

3. GEMIGNANI, Tereza Aparecida Asta; GEMIGNANI, Daniel. *Meio ambiente de trabalho. Precaução e prevenção. Princípios norteadores de um novo padrão normativo.* Revista Fórum Trabalhista – RFT, Belo Horizonte, ano 1, n. 1, p. 145-166, jul./ago. 2012.
4. *Idem.*

Abordaremos com maior destaque a questão da importância do uso de EPIs, observância das normas de saúde e segurança e do treinamento dos trabalhadores para fazer uso de tais informações e ferramentas. Qualquer hesitação da empresa pode levá-la a uma condenação judicial. Logo, no assunto prevenção todo cuidado é pouco:

> Dano moral. Doença do ocupacional. Segundo o tribunal de origem, o reclamante adquiriu lesão no ombro direito em decorrência das atividades laborais executadas na reclamada, a qual lhe causou incapacidade laborativa parcial, multifuncional e permanente, no percentual de 20%, em razão da omissão e da negligência patronal, que não cumpriu o preconizado no art. 183 da CLT e na nr 17, porquanto não disponibilizou treinamento para o exercício da função e a realização de ginástica laboral e sequer juntou os documentos obrigatórios relativos ao levantamento ambiental dos riscos ergonômicos, sendo o dano moral decorrente desses fatos. (TST; ARR 1000953-71.2016.5.02.0432; Oitava Turma; DEJT 09/08/2019; Pág. 4643)

1. A culpa acidentária

O instituto da responsabilidade civil nasceu com base na culpa do agente. Assim, via de regra, ainda hoje a responsabilidade é do tipo subjetiva. Somente em casos especiais de risco aplicar-se-á a responsabilidade objetiva do agente, a qual dispensará a investigação de culpa. Diante de tais fatores e com base na melhor doutrina sobre o tema[5], é possível asseverar que a culpa patronal pode ser caracterizada de duas formas:

> a) Culpa por violação à norma legal; aqui se incluindo as normas da Constituição Federal, da CLT, dos instrumentos normativos da categoria e as Normas Regulamentadoras do Ministério do Trabalho e Emprego.
>
> b) Culpa por violação ao dever geral de cautela; aqui se incluindo os deveres de prevenção e precaução.

Observa-se que a dicção do art. 157 da CLT, incisos I e II, retrata essas duas dimensões ao dispor que cabe às empresas:

> I — cumprir e fazer cumprir as normas de segurança e medicina do trabalho;
>
> II — instruir os empregados, através de ordens de serviço, quanto às precauções a tomar no sentido de evitar acidentes do trabalho ou doenças ocupacionais.

Como se vê, no inciso I encontra-se a culpa por violação direta das normas de segurança e medicina do trabalho, e no inciso II vemos a culpa por violação ao dever geral de cautela.A Carta Constitucional, por sua vez, assegura a todo trabalhador o direito à redução dos riscos inerentes ao trabalho:

---

5. Nesse sentido mencione-se OLIVEIRA, Sebastião Geraldo de. *Indenização por acidente do trabalho ou doença ocupacional.* 2. ed. São Paulo: LTr, 2006. p. 150; e ainda CAVALIERI FILHO, Sérgio. *Programa de responsabilidade civil.* 6. ed. São Paulo: Malheiros, 2005. p. 65.

> Art. 7º: São direitos dos trabalhadores urbanos e rurais, além de outros que visem à melhoria de sua condição social:
>
> XXII — redução dos riscos inerentes ao trabalho, por meio de normas de saúde, higiene e segurança.

Com esteio nesse dispositivo, o trabalhador tem o direito fundamental de trabalhar em ambiente hígido e salubre, com redução e prevenção dos riscos concernentes à atividade laborativa, de modo a preservar sua saúde e segurança física. Tal regramento vincula o legislador e o julgador[6], tendo como destinatário o empregador no que se chama de eficácia horizontal dos direitos fundamentais.

Não se negue que entre os chamados deveres anexos de conduta existe o de proteção ao patrimônio físico, psicológico e moral do trabalhador. Nas palavras de José Cairo Júnior, impõe-se ao empregador "o dever de proporcionar segurança, higiene e saúde para os seus empregados, também denominada obrigação de custódia, dever de segurança ou cláusula de incolumidade"[7].

Nos termos do art. 389 do Código Civil[8], cada vez que o contratante descumprir uma de suas obrigações, responderá por perdas e danos. Vale dizer, o simples descumprimento de obrigação contratual leva a presunção de culpa. Tal regra aplica-se não apenas à obrigação patronal de remunerar, mas a todas as obrigações legais, coletivas e em especial àquelas que versam sobre a prevenção de acidentes e doenças ocupacionais (infortunística). É oportuno transcrever o comentário de Caio Mário Pereira acerca da tipificação da culpa por parte do agente:

> "O agente é adstrito a um certo procedimento. Partindo-se da ideia de que sua *conduta é predeterminada* pela lei ou pela convenção, o primeiro pressuposto ressalta e fica estabelecido. O segundo é a *ação voluntária* do agente em contravenção a essa conduta e em contradição com aquela norma. Ele desviou-se da normação, transgrediu a regra predeterminante. Cometeu, assim, um *erro de conduta*. Devendo seguir um rumo condicente com a norma, afastou-se dela, ainda que sem a consciência de violentá-la. Cometeu um desvio ou erro de conduta, por negligência, por desatenção, por imprudência, por omissão da observância de regras — não importa a causa. Podendo evitar ou prevenir, desviou-se da conduta imposta pela norma. E com isto causou mal ao bem jurídico alheio."[9]

Com outras palavras: o empregador tem a obrigação de zelar pela conservação da saúde de seus empregados, sendo que quanto maior for a exposição do empregado a riscos ambientais do trabalho, maior deverá ser o cuidado e a prevenção de acidentes.

---

6. MACHADO, Sidnei. *O direito à proteção ao meio ambiente de trabalho no Brasil:* os desafios para a construção de uma racionalidade normativa. São Paulo: LTr, 2001. p. 88.
7. CAIRO JÚNIOR, José. *O acidente do trabalho e a responsabilidade civil do empregador.* São Paulo: LTr, 2003. p. 69.
8. Art. 389 do CC: "Não cumprida a obrigação, responde o devedor por perdas e danos, mais juros e atualização monetária segundo índices oficiais regularmente estabelecidos, e honorários de advogado".
9. PEREIRA, Caio Mário da Silva. *Instituições de direito civil.* 20. ed. Rio de Janeiro: Forense, 2004. v. II.

2. Prevenção e Precaução

Nos casos de doença ocupacional, a culpa patronal também se caracteriza pelo simples descumprimento do dever de prevenção, ou da violação de normas de higiene, medicina e segurança do trabalho. O dever geral de cautela subdivide-se em prevenção e precaução. O primeiro encontra-se expresso em Norma Regulamentadora com força normativa. Trata-se da NR-1.7: "Cabe ao empregador: I — prevenir atos inseguros no desempenho do trabalho".

Quanto ao *Princípio da Precaução*, encontra-se consolidado e erigido no art. 15 da Declaração do Rio de Janeiro, ECO-RIO 1992, Conferência das Nações Unidas sobre o Meio Ambiente e Desenvolvimento.

> "De modo a proteger o meio ambiente, o princípio da precaução deve ser amplamente observado pelos Estados, de acordo com suas capacidades. Quando houver ameaça de danos sérios ou irreversíveis, a ausência de absoluta certeza científica não deve ser utilizada como razão para postergar medidas eficazes e económicamente viáveis para prevenir a degradação do meio ambiente".

Assim, presente o perigo de dano grave ou irreversível, a atividade ou substância há que ser evitada, ou rigorosamente controlada. Em caso de dúvida ou incerteza, também se deve agir prevenindo[10]. Interessante é a distinção doutrinária entre os *princípios da prevenção* e *da precaução*.

No primeiro, previne-se porque há certeza do dano e conhecimento científico das consequências maléficas. No segundo, o da precaução, previne-se porque não se sabe quais são as consequências maléficas da substância ou do empreendimento[11]; assim, por haver temerosa incerteza científica, deve-se existir a cautela. Marcelo Abelha Rodrigues esclarece que, enquanto a prevenção relaciona-se com "a adoção de medidas que corrijam ou evitem danos previsíveis, a precaução também age prevenindo, mas antes disso, evita-se o próprio risco ainda imprevisto"[12].

O princípio da precaução é amplamente aceito no âmbito científico e deve ser aplicado aos empregadores em relação ao meio ambiente de trabalho. Exegese do art. 225 da Carta Constitucional, que assegura a todo cidadão o direito a um meio ambiente ecologicamente equilibrado, aqui incluído o meio ambiente do trabalho (art. 200, VIII, da CF).

Ambos os princípios (prevenção e precaução) decorrem do dever geral de cautela que se espera do empregador quando se trata de saúde do trabalhador: um comportamento diligente que exceda aquele praticado pelo homem-médio, máxime porque a

10. BELFORT, Fernando José Cunha. *Meio ambiente do trabalho. Competência da justiça do trabalho.* São Paulo: LTr, 2003. p. 47.
11. BELFORT, Fernando José Cunha. *Op. cit.,* p.48.
12. RODRIGUES, Marcelo Abelha. *Elementos de direito ambiental:* parte geral. São Paulo: Revista dos Tribunais, 2005. p. 207.

observância do cumprimento da legislação, e do dever de prevenção, constituem obrigações previstas em leis:

> "Destaquem-se os seguintes trechos do precedente da SbDI-1 de lavra do ilustre relator Aloysio Corrêa da Veiga As atuais preocupações reveladas pela sociedade, no que tange às questões correlatas ao meio ambiente, às condições de trabalho, à responsabilidade social, aos valores éticos e morais, bem como a dignidade da pessoa humana, exigem do empregador estrita observância do princípio da precaução. Este princípio informa que quando houver ameaça de danos ao meio ambiente seguro e sadio do trabalho, a ausência de absoluta certeza não deve ser utilizada como meio para postergar medidas eficazes e economicamente viáveis para prevenir o dano. Mister, portanto, a adoção de critérios de prudência e vigilância a fim de evitar o dano, ainda que potencial, notadamente quando se observa as adversidades do ambiente em que o reclamante laborava. [destacado] (E-RR. 65300-32.2005.5.15.0052, DEJT 14/03/2014). Nesse contexto, constatado que o infortúnio decorreu de fato indubitavelmente ligado ao risco da atividade, em afronta aos princípios da dignidade da pessoa humana, da precaução e do dever geral de cautela que faz parte do chamado patamar mínimo civilizatório, não há óbice para que seja reconhecida a responsabilidade objetiva das empregadoras. (TST; RR 0001460-95.2012.5.15.0054; Segunda Turma; Relª Min. Maria Helena Mallmann; DEJT 18/10/2019; Pág. 2502)

Na configuração da culpa patronal não está em jogo a conduta odiosa ou moralmente reprovável do sujeito (concepção subjetivista), mas o simples descumprimento de obrigações contratuais e legais, ou do dever de prevenção do acidente (concepção objetivista). Nesse sentido, Anderson Schreiber esclarece:

> "O agente não é mais tido em culpa por ter agido de forma reprovável no sentido moral, mas simplesmente por ter deixado de empregar a diligência social média, ainda que por sua capacidade se encontre aquém deste patamar. Em outras palavras, o indivíduo pode ser considerado culpado ainda que 'tenha feito o seu melhor para evitar o dano'."[13]

Nessa esteira, ao julgador cabe efetivar todas as regras de prevenção das NRs, seja para reduzir os altos índices de acidentes, seja para cumprir a Constituição Federal.

3. Normas Regulamentadoras do MTE

A CLT contém disposições expressas no sentido de que o antigo Ministério do Trabalho e Emprego (hoje *Secretaria do Trabalho* pertencente ao Ministério da Econo-

---

13. SCHREIBER, Anderson. *Novos paradigmas da responsabilidade civil. Da erosão dos filtros da reparação à diluição dos danos.* São Paulo: Atlas, 2007. p. 35. Em igual sentido leciona Massimo Césare Bianca: "Il soggetto che tiene un comportamento non conforme ai canoni obiettivi della diligenza è in colpa anche se abbia fatto del suo meglio per evitare il danno, senza riuscirvi a causa della sua inettitudine personale (imperizia, mancanza del normale grado di intelligenza, etàavanzata, ecc.) od econômica". *Dirittocivile.* Milano: Giuffrè, 1985. v. 5, p. 157.

mia) detém competência para estabelecer normas pertinentes à prevenção de acidentes e doenças ocupacionais. São elas:

> "Art. 155. Incumbe ao órgão de âmbito nacional competente em matéria de segurança e medicina do trabalho: I — estabelecer, nos limites de sua competência, normas sobre a aplicação dos preceitos deste Capítulo, especialmente os referidos no art. 200."
>
> "Art. 200. Cabe ao Ministério do Trabalho estabelecer disposições complementares às normas de que trata este Capítulo, tendo em vista as peculiaridades de cada atividade ou setor de trabalho, especialmente sobre: I — medidas de prevenção de acidentes e os equipamentos de proteção individual em obras de construção, demolição ou reparos."

Não se ignore que tais dispositivos mantêm fina sintonia com o aludido art. 7º, XXII, da Constituição Federal. Ao julgador cabe efetivar essas regras de prevenção, seja para contribuir para a redução dos altos índices de acidentes e doenças do trabalho, seja para prestigiar a interpretação sistêmica com base no quadro axiológico e proeminente da Constituição Federal.A propósito é a decisão judicial:

> NORMA REGULAMENTADORA Nº 24 DO MINISTÉRIO DO TRABALHO. OBSERVÂNCIA COMPULSÓRIA MESMO EM PROL DOS TRABALHADORES EXTERNOS DE EMPRESAS DE TRANSPORTE. A aplicabilidade das disposições constantes na Norma Regulamentadora do Ministério do Trabalho nº 24 (Condições Sanitárias e de Conforto nos Locais de Trabalho) aos trabalhadores externos da ré que laboram dentro dos transportes coletivos (motoristas, cobradores, fiscais e outros) é medida que se impõe para garantir a concretização das disposições constitucionais que garantem um ambiente laboral saudável, seguro e higiênico (artigos 7º, XXII, 200, VIII, e 225, caput, da Constituição Federal), ainda que precisem ser feitas algumas adaptações por conta da natureza do labor desenvolvido. Vale lembrar que a referida NR foi criada em obediência ao art. 200, VII, da CLT, sendo certo, ademais, que o art. 157, I, da Consolidação das Leis do Trabalho impõe generalizadamente aos empregadores a incumbência de cumprir e fazer cumprir as normas de segurança e medicina do trabalho. Nesse sentido, a jurisprudência do TST. (TRT 7ª R.; ROT 0001911-32.2016.5.07.0013; DEJTCE 14/04/2020; Pág. 909)

Nessa esteira axiológica não restam dúvidas de que a Carta Constitucional de 1988 recepcionou a Portaria n. 3.214/78 do MTE (Ministério do Trabalho e Emprego), e suas inúmeras Normas Regulamentadoras (NRs), de observância obrigatória a todos empregadores:

> "NR-1.1. As Normas Regulamentadoras (NR), relativas à segurança e medicina do trabalho, são de observância obrigatória pelas empresas privadas e públicas e pelos órgãos públicos de administração direta e indireta, bem como pelos órgãos dos poderes legislativo e judiciário, que possuam empregados regidos pela Consolidação das Leis do Trabalho (CLT)."

Não se duvide da força normativa dessas NRs pelo simples fato delas serem Portarias do MTE e, portanto, meros Atos regulamentares do Poder Executivo. De uma adequada interpretação do sistema jurídico, verifica-se que tanto a lei (art. 200 da CLT) quanto a Constituição Federal (art. 7º, XXII) inspiram, referendam e impulsionam as aludidas NRs, conferindo-lhes indubitável e autêntica normatividade.

Exemplo de sua plena aplicabilidade ocorre nos enquadramentos de pedidos de insalubridade ou de periculosidade, nos termos da NR-15 e NR-16, respectivamente. Durante décadas a Justiça do Trabalho aplica as Normas Regulamentadoras e nunca ninguém obteve êxito na alegação de "ilegalidade" ou "ausência de força normativa". O próprio STF já pacificou esse entendimento ao editar a Súmula n. 194: "é competente o MTE para especificações das atividades insalubres".

Nesse mesmo diapasão, o tema ganha destaque na caracterização da chamada "culpa acidentária", a qual resta configurada cada vez que o empregador descumprir uma das disposições da infortunística, incluindo-se as Normas Regulamentadoras do MTE.O art. 154 da CLT preceitua que a observância das disposições sobre medicina e segurança do trabalho, previstas na Consolidação, "não desobriga as empresas do cumprimento de *outras disposições*" relativas à matéria. Como se vê, a sua abrangência é ampla e atinge qualquer tipo de norma cujo conteúdo verse sobre segurança e saúde. Cabe ao empregador obedecer toda e qualquer norma a respeito, seja ela prevista em lei, tratados internacionais, instrumento normativo da categoria ou portarias ministeriais.

Logo, as NRs do antigo MTE detêm força normativa e estão em perfeita harmonia com a ordem jurídica. Trata-se da chamada "competência normativa secundária" ou "delegação normativa", traduzida nas palavras do jurista paranaense Marçal Justen Filho como o poder atribuído constitucionalmente ao Legislativo "de transferir ao Executivo a competência para editar normas complementares àquelas derivadas da fonte legislativa"[14].

Nesse contexto, impende lembrar ser da competência privativa da União legislar sobre direito do trabalho (art. 22, I, da CF). Com efeito, considerando que a delegação normativa para estabelecer disposição complementar às normas de prevenção em acidentes encontra-se expressamente prevista em norma federal (art. 200, I, da CLT), tem-se que as NRs encontram-se revestidas de perfeita normatividade, máxime porque prestigiam o princípio da unidade da Constituição[15]. Em igual sentido é Orientação Jurisprudencial n. 345, editada pela SBDI-I do TST, em situação análoga:

---

14. JUSTEN FILHO, Marçal. *Curso de direito administrativo*. 2. ed. São Paulo: Saraiva, 2006. p. 169. Em igual sentido, OLIVEIRA, Sebastião Geraldo de. *Indenizações por acidente do trabalho ou doença ocupacional*. 4. ed. São Paulo: LTr, 2008. p. 171.

15. A fim de não pairar qualquer dúvida, cabe lembrar que o STF já examinou este tema quando da Ação Direta de Inconstitucionalidade n. 1.347-5, interposta pela CNT (Confederação Nacional de Transportes), incidente sobre os Atos que reformularam as NR-7 (PCMSO) e NR-9 (PPRA) previstas na Portaria n. 3.214/78. Além de não conhecer da aludida ADI-MC n. 1.347-5, o STF, em sua composição plena, fez questão de registrar que "a preservação da saúde da classe trabalhadora constitui um dos graves encargos de que as empresas privadas são depositárias", nos termos do que dispõe o art. 1º, IV, da Constituição Federal.

> "A exposição do empregado à radiação ionizante ou à substância radioativa enseja a percepção do adicional de periculosidade, pois a regulamentação ministerial (Portarias do Ministério do Trabalho ns. 3.393, de 17.12.1987, e 518, de 7.4.2003), ao reputar perigosa a atividade, reveste-se de plena eficácia, porquanto expedida por força de delegação legislativa contida no art. 200, *caput*, e inciso VI, da CLT. No período de 12.12.2002 a 6.4.2003, enquanto vigeu a Portaria n. 496 do Ministério do Trabalho, o empregado faz jus ao adicional de insalubridade."

4. Objetivos das Normas Regulamentadoras

Há, basicamente, sete objetivos principais contidos nas dezenas de Normas Regulamentares, assim sistematizadas[16]:

Em *primeiro lugar*, a NR-1, item 1.7, estabelece que o empregador seja obrigado a adotar medidas de prevenção contra a prática de atos e condições inseguras de trabalho, impondo a obrigação de cientificar seus empregados de todos os riscos do ambiente de trabalho, além de prevenir e limitá-los.

NR-1.7. Cabe ao empregador:

I – prevenir atos inseguros no desempenho do trabalho;

VI – adotar medidas para eliminar ou neutralizar a insalubridade e as condições inseguras de trabalho.

c) informar aos trabalhadores:

I – os riscos profissionais que possam originar-se nos locais de trabalho;

IV – os resultados das avaliações ambientais realizadas nos locais de trabalho.

Em *segundo lugar*, a NR-4 obriga o empregador a manter Serviços de Segurança e Medicina do Trabalho (SESMT) com o objetivo de promover a saúde, e proteger a integridade do trabalhador:

> "NR-4.1. As empresas privadas e públicas, os órgãos públicos da administração direta e indireta e dos poderes Legislativo e Judiciário, que possuam empregados regidos pela Consolidação das Leis do Trabalho (CLT) manterão, obrigatoriamente, Serviços Especializados em Engenharia de Segurança e em Medicina do Trabalho, com a finalidade de promover a saúde e proteger a integridade do trabalhador no local de trabalho."

Observe-se que a NR-4 especifica que os Serviços de Segurança e Medicina do Trabalho (SESMT) têm por finalidade, dentre outras, a redução e a eliminação dos riscos do trabalho:

---

16. SWIECH, Maria Ângela Szpak. Obrigações patronais quanto à segurança e saúde ocupacional. Texto inédito distribuído aos alunos do VI Ciclo de Conferências de Direito do Trabalho, intitulado *Acidente e contrato de trabalho:* dano moral e material. Curitiba: Academia Paranaense de Estudos Jurídicos, 19.9.2003, Auditório do Instituto Romeu Bacellar. p. s/n.

"NR-4.12. Compete aos profissionais integrantes dos Serviços Especializados em Engenharia de Segurança e em Medicina do Trabalho:

a) aplicar conhecimentos de Engenharia de Segurança e de Medicina do Trabalho ao ambiente de trabalho e a todos os seus componentes, inclusive máquinas e equipamentos, de modo a reduzir até eliminar os riscos ali existentes à saúde do trabalhador;

g) esclarecer e conscientizar os empregados sobre acidentes do trabalho e doenças ocupacionais, estimulando-os em favor da prevenção."

Em *terceiro lugar*, a NR-5 determina ao empregador a constituição obrigatória[17] de Comissão Interna de Prevenção de Acidentes (CIPA), também com o escopo de promover a vida e a saúde dos empregados.

"NR-5.1. A Comissão Interna de Prevenção de Acidentes (CIPA) tem como objetivo a prevenção de acidentes e doenças decorrentes do trabalho, de modo a tornar compatível permanentemente o trabalho com a preservação da vida e a promoção da saúde do trabalhador."

Observe-se que a NR-5 institui que uma das atribuições da CIPA é identificar situações de risco ao empregado, além de alertá-lo em relação a elas:

"NR-5.16. A CIPA terá por atribuição:

a) identificar os riscos do processo do trabalho, e elaborar o mapa de riscos, com a participação do maior número de trabalhadores, com assessoria do SESMT, onde houver;

d) realizar, periodicamente, verificações nos ambientes e condições de trabalho visando à identificação de situações que venham a trazer riscos para a segurança e saúde dos trabalhadores;

f) divulgar aos trabalhadores informações relativas à segurança e saúde no trabalho."

Em *quarto lugar*, a NR-6 obriga o empregador a fornecer Equipamentos de Proteção Individual (EPIs) a seus empregados, como medida de prevenção contra acidentes e doenças ocupacionais.

NR-6.3. A empresa é obrigada a fornecer aos empregados, gratuitamente, EPI adequado ao risco, em perfeito estado de conservação e funcionamento, nas seguintes circunstâncias:

a) sempre que as medidas de ordem geral não ofereçam completa proteção contra os riscos de acidentes do trabalho ou de doenças profissionais e do trabalho.

Registre-se que o art. 157 da CLT determina às empresas: "I: cumprir e fazer cumprir as normas de segurança e medicina do trabalho". Tal regra vale para o fornecimento e a fiscalização do uso de EPI, assim como aquela disposta no art. 166 da CLT:

17. Registre-se que, nos termos do item 5.6 da referida NR-5, a CIPA será composta de representantes do empregador e dos empregados, de acordo com o dimensionamento previsto no Quadro I desta NR (geralmente a partir de 20 empregados por estabelecimento, variando conforme o ramo de atividade).

> "A empresa é obrigada a fornecer aos empregados, gratuitamente, equipamento de proteção individual adequado ao risco e em perfeito estado de conservação e funcionamento sempre que as medidas de ordem geral não ofereçam completa proteção contra os riscos de acidentes e danos à saúde dos empregados."

Em *quinto lugar*, a NR-15 fixa os limites de tolerância para a exposição do trabalhador ao agente nocivo. Assim, o empregador, além da obrigação de fornecer equipamentos de proteção individual (EPIs), deve observar os limites indicados nas respectivas NRs, a exemplo da exposição ao calor, contido no "anexo 3" da NR-15.

> "As provas demonstraram que o reclamante não laborou exposto à insalubridade ou à periculosidade. A empresa forneceu EPIs, ministrando treinamento para o seu uso, bem como fiscalizando a utilização pelo empregado do equipamento de proteção individual, o qual neutralizou os agentes insalubres. (TST; ARR 0011333-22.2015.5.03.0031; Sexta Turma; Relª Min. Kátia Magalhães Arruda; DEJT 04/10/2019; Pág. 6200)

Em *sexto lugar*, a NR-7 obriga o empregador a manter Programa de Controle Médico de Saúde Ocupacional (PCMSO), também com o objetivo de promover e preservar a saúde do trabalhador:

> NR-7.1.1. Esta Norma Regulamentadora (NR) estabelece a obrigatoriedade da elaboração e implementação, por parte de todos os empregadores e instituições que admitam trabalhadores como empregados, do Programa de Controle Médico de Saúde Ocupacional (PCMSO), com o objetivo de promoção e preservação da saúde do conjunto dos seus trabalhadores.

A NR-7 determina que o empregador esteja obrigado, no desenvolvimento do PCMSO, a prevenir, rastrear e diagnosticar precocemente os agravos à saúde decorrentes do trabalho:

> "NR-7.2.3. O PCMSO deverá ter caráter de prevenção, rastreamento e diagnóstico precoce dos agravos à saúde relacionados ao trabalho, inclusive de natureza subclínica, além da constatação da existência de casos de doenças profissionais ou danos irreversíveis à saúde dos trabalhadores."

Gustavo Garcia observa que o PCMSO deverá considerar as questões incidentes sobre o indivíduo e a coletividade de trabalhadores, privilegiando o instrumental clínico-epidemiológico na abordagem da relação entre sua saúde e o trabalho[18].

Em *sétimo lugar*, a NR-9 impõe ao empregador a obrigatoriedade de desenvolver o Programa de Prevenção de Riscos Ambientais (PPRA), a fim de preservar a saúde dos empregados, por meio da identificação prévia dos elementos prejudiciais à saúde exis-

18. GARCIA, Gustavo Filipe Barbosa. *Curso de direito do trabalho*. 2. ed. São Paulo: Método, 2008. p. 709.

tentes no ambiente de trabalho. O PPRA deverá ser discutido com a CIPA (Comissão Interna de Prevenção de Acidentes), devendo estar articulado com as outras medidas de prevenção exigidas[19], inclusive com o PCMSO. Nos termos do art. 17 da MP 927, a CIPA poderá ser mantida até o fim do estado de calamidade, podendo, inclusive, ser suspenso seu eventual processo eleitoral em curso. Tudo para evitar aglomerações desnecessárias em época em que a prioridade é o isolamento domiciliar. Todavia, caso o ramo da atividade empresarial esteja em pleno funcionamento, a exemplo de hospitais e alguns supermercados, não há qualquer justificativa para suspender as atividades da CIPA. Bastará a sua adaptação, a exemplo de reuniões em teleconferências.

Sublinhe-se que a NR-9.1estabelece a obrigatoriedade da elaboração e implementação, por parte de todos os empregadores, do Programa de Prevenção de Riscos Ambientais (PPRA). A regra visa a preservação da saúde e da integridade dos trabalhadores, através da antecipação, reconhecimento, avaliação e controle de riscos ambientais no ambiente de trabalho. A mesma Norma Regulamentadora (NR-9.3.1) estabelece que o empregador antecipe e reconheça os riscos do trabalho, quando do desenvolvimento do PPRA, o qual deverá incluir as seguintes etapas:

a) antecipação e reconhecimento dos riscos;

b) estabelecimento de prioridades e metas de avaliação e controle;

c) avaliação dos riscos e da exposição dos trabalhadores;

d) implantação de medidas de controle e avaliação de sua eficácia;

e) monitoramento da exposição aos riscos;

f) registro e divulgação de dados.

Em conformidade com o regramento exposto, conclui-se que o ordenamento jurídico não só estabelece inúmeras medidas de prevenção da saúde do trabalhador, mas também impõe ao empregador a obrigação de identificar previamente os fatores de risco, eliminando-os do ambiente laboral, antes que o empregado sofra as consequências danosas advindas daqueles fatores[20]:

> ACIDENTE TIPO. CULPA CONCORRENTE. INDENIZAÇÃO DEVIDA. "Evidenciado que o autor agiu de forma imprudente no desempenho de suas atividades, eis que devidamente orientado para realizar as tarefas que lhe incumbiam. De outra parte, constata-se que havia a possibilidade de deslocar o equipamento de um local para outro, sem desconectá-lo da rede elétrica, o que demonstra que o ambiente laboral não era plenamente dotado de segurança. Corrobora o referido posicionamento o fato de o segundo reclamado, tomador dos serviços, ter deixado de carrear aos

19. OLIVEIRA, Sebastião Geraldo de. *Proteção jurídica à saúde do trabalhador*. 4. ed. São Paulo: LTr, 2002. p. 381.

20. SWIECH, Maria Ângela Szpak. *Obrigações patronais quanto à segurança e saúde ocupacional.* Texto inédito distribuído em sala de aula aos alunos do VI Ciclo de Conferências de Direito do Trabalho, intitulado *Acidente e contrato de trabalho:* dano moral e material. Curitiba: Academia Paranaense de Estudos Jurídicos, 19.9.2003. Auditório do Instituto Romeu Bacellar, p. s/n.

> autos o PPRA (Programa de Prevenção de Riscos Ambientais), bem como o SESMT (Serviços Especializados em Engenharia de Segurança e Medicina do Trabalho), ônus que lhe competia, nos termos da NR 09 do MTE. Não houve, portanto, a adoção de todas as medidas necessárias para evitar acidentes/doenças laborais pelos réus, considerando-se aqui todas as hipóteses razoavelmente previsíveis. (...) Desse modo, fixadas tais premissas, incide à espécie a hipótese de culpa concorrente prevista no artigo 945 do Código Civil Brasileiro, com consequente manutenção da condenação patronal ao pagamento das indenizações por danos morais e estéticos. (TRT 2ª R.; RO 1000247-19.2017.5.02.0088; Quarta Turma; DEJTSP 08/08/2019; Pág. 19239)

Ademais, não basta a previsão do PPRA e PCMSO, mas o apontamento e cumprimento de medidas capazes de elidir ou reduzir o risco ocupacional. Ressalte-se que a NR-9 é expressa ao considerar como *risco ambiental* todos os agentes físicos, químicos e biológicos, que possam causar danos à saúde do trabalhador[21] em razão de sua natureza, intensidade e tempo de exposição. De uma análise atenta, percebe-se que todas as normas de segurança têm o objetivo de prevenção e precaução. Contudo, elas não são exaurientes, mas exemplificativas. Representam, pois, um *minus* de proteção à saúde do trabalhador, e devem ser complementadas com o dever geral de cautela (prevenção e precaução).

5. Horas extras decorrentes de Normas Regulamentadoras

Em alguns casos a Norma Regulamentadora constitui fundamento legal até mesmo para deferir pedido de horas extras e intervalos especiais, conforme se infere da aplicação da NR-17, que, ao tratar da ergonomia, instituiu importante obrigação ao empregador quanto à redução dos riscos ocupacionais, como, por exemplo, aquelas inerentes ao processamento eletrônico de dados (digitação), disposta na alínea *c* de seu item "17.6.4".

> "17.6.4. Nas atividades de processamento eletrônico de dados deve-se, salvo o disposto em convenções e acordos coletivos de trabalho, observar o seguinte: (...) c) *O tempo efetivo de trabalho de entrada de dados não deve exceder o limite máximo de 5 (cinco) horas*, sendo que no período de tempo restante da jornada, o trabalhador poderá exercer outras atividades, observado o disposto no art. 468 da Consolidação das Leis do Trabalho, *desde que não exijam movimentos repetitivos, nem esforço visual.*"

Em igual direção é o Anexo II da NR-17, que trata do trabalho em teleatendimento e *telemarketing*:

> Item 5.3. O tempo de trabalho em efetiva atividade de teleatendimento/*telemarketing* é de, no máximo, 6 (seis) horas diárias, nele incluídas as pausas, sem prejuízo da remuneração.

21. Item 9.1.5: "Para efeito desta NR consideram-se riscos ambientais os agentes físicos, químicos e biológicos existentes nos ambientes de trabalho que, em função de sua natureza, concentração ou intensidade e tempo de exposição, são capazes de causar danos à saúde do trabalhador".

> Item 5.4. Para prevenir sobrecarga psíquica, muscular estática de pescoço, ombros, dorso e membros superiores, as empresas devem permitir a fruição de pausas de descanso e intervalos para repouso e alimentação aos trabalhadores.
>
> 5.4.1. As pausas deverão ser concedidas:
>
> a) fora do posto de trabalho;
>
> b) em 2 (dois) períodos de 10 (dez) minutos contínuos;
>
> c) após os primeiros e antes dos últimos 60 (sessenta) minutos de trabalho em atividade de teleatendimento/*telemarketing*.

Em relação ao período de pandemia, o artigo 33 da MP 927 fez questão de assinalar que não se aplicam aos trabalhadores em regime de teletrabalho (nos termos da MP), as regulamentações sobre trabalho em teleatendimento e telemarketing, dispostas nos artigos 227 a 231 da CLT que prevê jornada reduzida e intervalos especiais. Retornando o trabalhador às suas atividades normais, ou após o estado de calamidade pública, a incidência de aludidos dispositivos deve ser retomada imediatamente.

No sentido de reconhecer a força normativa e vinculante das NRs, inclusive para deferir horas extras decorrentes da inobservância dos limites de jornada e intervalos, registre-se a seguinte ementa do pretório trabalhista mineiro:

> JORNADA DE TRABALHO. INTERVALO INTRAJORNADA. PAUSAS PARA DESCANSO PREVISTAS NO ANEXO II DA NR 17. A teor do preceituado no item 5.4.4. Do Anexo II da NR 17, cabia à Reclamada comprovar que as pausas de 10 minutos previstas no item 5.4.1 da multicitada Norma Regulamentadora, assim como aquela prevista no item 5.4.2 da precitada NR, eram, de fato, usufruídas pela Reclamante, ônus do qual não se desincumbiu. Assim, devido o pagamento das respectivas parcelas (intervalo intrajornada e pausas para descanso), com adicional de 50% e reflexos como deferidos na r. Sentença. (TRT 10ª R.; ROT 0000825-04.2018.5.10.0003; Primeira Turma; DEJTDF 20/04/2020; Pág. 4008)

Observa-se que a versão original da NR-17 é de 1978. Depois ela sofreu várias atualizações (1990, 2007 e 2018), fato que demonstra a necessidade do permanente aprimoramento em relação ao estudo das normas de segurança e saúde do trabalhador. Não só isso, mas também a forte imbricação entre elas. Veja, por exemplo, a Portaria 555 que editou, em 2013, a Norma Regulamentadora nº 36 sobre a segurança e saúde no trabalho em empresas de abate e processamento de carnes e derivados. Resultado de um esforço de década do antigo Ministério do Trabalho, Fundacentro e Ministério Público do Trabalho a NR-36 visa fomentar condições seguras e saudáveis nesse ramo de atividade. Esta norma dos frigoríficos também assegura intervalos especiais de trabalho, sendo expressamente subsidiada pela NR-17, anterior e geral, conforme dispõe o seu item 36.15.1, bem como a jurisprudência de nossos tribunais:

> Frigorífico. Horas extras pela não concessão da pausa ergonômica. Aplicação da NR-17 do MTE por analogia no período anterior à incidência da NR-36. A Portaria n. 555/2013 do MTE, que aprovou a NR 36, estipulou o tempo destinado às pausas

> ergonômicas, as quais variam de 20 a 60 minutos a depender da jornada de trabalho do empregado, conforme item 36.13.2. Urge consignar, ademais, que antes mesmo da vigência da NR-36, já vigorava a NR-17, a qual estabelece normas de ergonomia no ambiente de trabalho e também visa atenuar os malefícios do labor que exige sobrecarga muscular estática ou dinâmica do pescoço, ombros, dorso e membros superiores e inferiores, razão porque há que se compreender que as disposições da NR-17 podem ser aplicadas a qualquer setor produtivo. Contudo, uma vez que esta norma regulamentadora não prevê o tempo de descanso, aplica-se, por analogia, no período anterior à incidência da NR-36 (até 18/10/2013), o teor do art. 72 da CLT, que dispõe que nos serviços de mecanografia, a cada período de 90 minutos de trabalho consecutivo corresponderá um repouso de 10 minutos. (TRT 23ª R.; ROT 0000141-81.2017.5.23.0026; Primeira Turma; DEJTMT 13/03/2020; Pág. 164)

Outro exemplo de aplicação analógica de normas de segurança, visando a efetividade dos direitos de prevenção, diz respeito às pausas dos rurícolas:

> RURÍCOLA. PAUSAS PREVISTAS NA NR-31 DO MTE. SÚMULA Nº 27 DO TRT DA 18ª REGIÃO. Tendo o autor exercido suas atividades em pé e sido submetido a sobrecarga muscular, a ele é conferido o direito às pausas previstas na NR-31 do Ministério do Trabalho. E, conforme o entendimento consubstanciado na Súmula nº 27 deste Regional, é possível a aplicação, por analogia, do artigo 72 da CLT para fins de concessão dos intervalos estabelecidos na referida Norma Regulamentadora. (TRT 18ª R.; RORSum 0010524-41.2019.5.18.0171; Primeira Turma; DJEGO 10/03/2020; Pág. 45)

6. Prevenção e treinamento em tempos de coronavírus

Por força do Decreto Legislativo n. 06, o Brasil encontra-se em Estado de Calamidade Pública desde a sua edição, em 20 de março, até o dia 31 de dezembro do mesmo ano de 2020. Esta iniciativa do Congresso Nacional propiciou maior liberdade de gestão e afrouxamento na alocação de recursos por parte do poder Executivo. Não há dúvidas de que este tempo de contágio, isolamento e medo enquadra-se no conceito de Força Maior. O instituto, conforme dispõe o art. 501 da CLT, contém um elemento objetivo (evento inevitável: o contágio do coronavírus) e outro subjetivo (ausência de culpa do empregador no tocante a sua causa). É sabido que os primeiros casos da COVID-19 ocorreram em um mercado de frutos do mar na cidade de Wuhan, na China, na virada do ano (2019/20). Especula-se que o vírus tenha como hospedeiro morcegos e pangolins, consumidos como carne exótica em algumas regiões daquele país.

A Medida Provisória n. 927, em seu primeiro artigo, dispõe que as medidas nela contidas (bem como nas MPs que lhe sucederam)poderão ser adotados pelos empregadores para preservação do emprego e renda durante o enfrentamento da calamidade. O parágrafo único deste dispositivo deixa claro o enquadramento de força maior, *verbis*:

> "O disposto nesta Medida Provisória se aplica durante o estado de calamidade pública reconhecido pelo Decreto Legislativo n. 6 de 2020 e, para fins trabalhistas, constitui hipótese de força maior, nos termos do disposto no art. 501 da CLT."

Por óbvio que o fato público prescinde de prova (art.374 do CPC[22]), contudo caberá à empresa provar que a notória pandemia afetou a continuidade dos contratos de trabalho. Assim, por exemplo, uma fábrica de álcool gel por certo não sofreu qualquer abalo, ao contrário de lojas de shopping center.

Visando flexibilizar obrigações gerais, adiar encargos e suprimir formalidades, a MP 927 também determinou a suspensão da obrigatoriedade de treinamentos periódicos e eventuais, previstos nas NRs. Neste caso, o empregador fica autorizado a realizá-los por meio de EAD (ensino à distância), ou *a posteriori:* até 90 (noventa) dias da data de encerramento do estado de calamidade (31.12.2020, conforme Decreto-Legislativo 6/20). Em se optando pelo modo remoto (EAD), caberá à empresa observar os conteúdos práticos e a garantia de que as atividades serão executadas com segurança.

Pelo princípio da aptidão da prova, caberá sempre à empresa demonstrar em juízo que não somente atendeu às disposições obrigatórias, a exemplo do fornecimento de EPI, como ministrou treinamento adequado e seguro.O TST já decidiu que o período atinente ao treinamento de prevenção, além de necessário, deve ser específico para cada tipo de atividade desempenhada pelo trabalhador, sob pena de caracterizar culpa acidentária da empresa.

> "A ré não observou a NR 12 que versa sobre as regras de segurança do equipamento, tampouco disponibilizou *treinamento específico* ao reclamante para operar e executar atividades na esteira do triper/shute do depósito de carvão. Com efeito, tendo em vista que o acidente de trabalho ocorreu no exercício da atividade laboral, evidente o nexo de causalidade entre o dano suportado pelo reclamante e o serviço prestado em favor da reclamada". (TST; RR 0000814-81.2013.5.08.0107; Segunda Turma; Rel. Min. José Roberto Freire Pimenta; DEJT 14/02/2020; Pág. 1580)

Como se vê, tanto as normativas quanto a jurisprudência dos tribunais não deixam dúvidas acerca do treinamento preventivo. Logo, a melhor interpretação destinada ao art. 16 da MP 927, é a de que este dispositivo quis apenas evitar aglomerações e movimentações desnecessárias do empregado em tempos de pandemia. Jamais a MP pretendeu cancelar a regra de treinamento, vez que, quando muito,determinou o seu cumprimento *a posteriori* ou por meio de treinamento remoto.

Caso haja o treinamento efetivo, a exemplo daqueles de combate a incêndio previsto na NR-10 para trabalhadores em eletricidade, o empregado deverá ser remunerado em relação às horas despendidas. Se realizado fora do expediente fará jus ao adicional

22. Art. 374 do CPC/15: Não dependem de prova os fatos: I - notórios; II - afirmados por uma parte e confessados pela parte contrária; III - admitidos no processo como incontroversos; IV - em cujo favor milita presunção legal de existência ou de veracidade.

de hora extra, vez que tais atividades de prevenção fazem parte do custo e do risco do empreendimento de que trata o art. 2º da CLT.

> HORAS DE TREINAMENTO. PREVISÃO EM NORMA COLETIVA DE PAGAMENTO DESSE INTERREGNO DE FORMA SIMPLES, SEM O ADICIONAL. É certo que as normas coletivas devem ser prestigiadas, contudo, não é todo direito que pode ser objeto de negociação, existindo comandos normativos de caráter cogentes, e, portanto, infensos à negociação coletiva, inserindo-se nesse rol os concernentes à duração do trabalho, incluída a respectiva remuneração, por constituir norma relacionada a higiene, saúde e segurança do trabalho. Nesse diapasão, esta Corte vem se posicionando no sentido de que é inválida a cláusula normativa que restringe o pagamento do tempo despendido em treinamento à hora normal, sem o adicional. Recurso de revista conhecido e provido. (TST; RR 0002410-68.2013.5.03.0098; Segunda Turma; Relª Min. Delaide Miranda Arantes; DEJT 30/08/2019; Pág. 1839)

Existe um princípio do direito oportuno para momentos como este de força maior: a razoabilidade. Logo, diante do conflito de direitos caberá ao intérprete ponderar os fatos em razão das circunstâncias emergenciais. O operador do direito há que ser proporcional e razoável na escolha dos interesses prevalecentes. Em tempos de intenso contágio, como o da COVID-19, a ordem jurídica aponta para a preferência quase que absoluta do isolamento domiciliar. A redução de aglomerações é medida de saúde que deverá, como regra, prevalecer sobre o interesse econômico. Constrangimento patronal sobre o empregado para banalizar este valor maior poderá ser tido como abusivo (art. 187, do Código Civil).

Por último, registre-se que pela dicção do art. 611-B da CLT as normas de saúde, higiene e segurança do trabalho foram, a rigor, consideradas disposições proeminentes não sujeitas à negociação coletiva. Contudo, de forma surpreendente, a Reforma Trabalhista (Lei 13.467/17) inseriu o parágrafo único neste mesmo artigo para excluir de sua abrangência as regras de duração e intervalos de trabalho. Senão vejamos.

> Art. 611-B. Constituem objeto ilícito de convenção coletiva ou de acordo coletivo de trabalho, exclusivamente, a supressão ou a redução dos seguintes direitos:
>
> XVII – normas de saúde, higiene e segurança do trabalho previstas em lei ou em normas regulamentadoras do Ministério do Trabalho;
>
> Parágrafo único: Regras sobre duração do trabalho e intervalos não são consideradas como normas de saúde, higiene e segurança do trabalho para os fins do disposto neste artigo.

Este dispositivo bem demonstra a opção patrimonialista que fizeram os autores da Reforma. Não é possível aplaudir tamanho retrocesso em que, até mesmo, o núcleo duro de proteção (normas de intervalos e limites de jornada) fiquem ao talante da negociação. Um esvaziamento tosco dos direitos sociais que merece todas nossas críticas. Espero que a flexibilização circunstancial propiciada pelo período de pandemia não seja capaz de deformar os direitos sociais e os princípios cardeais do Direito do Trabalho.

Referências

BELFORT, Fernando José Cunha. *Meio ambiente do trabalho. Competência da justiça do trabalho.* São Paulo: LTr, 2003.

BIANCA, Massimo Césare. *Diritto civile.* Milano: Giuffrè, v. 5, 1985.

CAIRO JÚNIOR, José. *O acidente do trabalho e a responsabilidade civil do empregador.* São Paulo: LTr, 2003.

CAVALIERI FILHO, Sérgio. *Programa de responsabilidade civil.* 6. ed. São Paulo: Malheiros, 2005.

DALLEGRAVE NETO, José Affonso. *Responsabilidade civil no Direito do Trabalho.* 6ª. Edição, SP: LTr, 2017.

GARCIA, Gustavo Filipe Barbosa. *Curso de direito do trabalho.* 2. ed. São Paulo: Método, 2008.

GEMIGNANI, Tereza Aparecida Asta; GEMIGNANI, Daniel. *Meio ambiente de trabalho. Precaução e prevenção. Princípios norteadores de um novo padrão normativo.* Revista Fórum Trabalhista — RFT, Belo Horizonte, ano 1, n. 1, p. 145-166, jul./ago. 2012.

JUSTEN FILHO, Marçal. Curso de direito administrativo. 2. ed. São Paulo: Saraiva, 2006.

MACHADO, Sidnei. *O direito à proteção ao meio ambiente de trabalho no Brasil:* os desafios para a construção de uma racionalidade normativa. São Paulo: LTr, 2001.

OLIVEIRA, Sebastião Geraldo de. *Indenização por acidente do trabalho ou doença ocupacional.* 2. ed. São Paulo: LTr, 2006.

OLIVEIRA, Sebastião Geraldo de. *Proteção jurídica à saúde do trabalhador.* 4. ed. São Paulo: LTr, 2002.

PEREIRA, Caio Mário da Silva. *Instituições de direito civil.* 20. ed. Rio de Janeiro: Forense, 2004. v. II.

RODRIGUES, Marcelo Abelha. *Elementos de direito ambiental:* parte geral. São Paulo: Revista dos Tribunais, 2005.

SCHREIBER, Anderson. *Novos paradigmas da responsabilidade civil. Da erosão dos filtros da reparação à diluição dos danos.* São Paulo: Atlas, 2007.

SWIECH, Maria Ângela Szpak. Obrigações patronais quanto à segurança e saúde ocupacional. Texto inédito distribuído aos alunos do VI Ciclo de Conferências de Direito do Trabalho, intitulado *Acidente e contrato de trabalho:* dano moral e material. Curitiba: Academia Paranaense de Estudos Jurídicos, 19.9.2003, Auditório do Instituto Romeu Bacellar. p. s/n.

3

O DEVER DE ACOMODAÇÃO RAZOÁVEL EM FAVOR DOS EMPREGADOS IMUNODEFICIENTES NOS TEMPOS DO CORONAVÍRUS

Luciano Martinez[1]

Aloísio Cristovam dos Santos Júnior[2]

1. Introdução

A disseminação, em progressão geométrica, de uma doença de imensa transmissibilidade e de elevada letalidade entre os organicamente mais vulneráveis foi o cenário

1. Professor Adjunto IV de Direito do Trabalho e da Seguridade Social da Universidade Federal da Bahia (UFBA), Mestre e Doutor em Direito do Trabalho e da Seguridade Social pela Universidade de São Paulo (USP). Pós-Doutor em Direito do Trabalho pela Pontifícia Universidade Católica do Rio Grande do Sul (PUCRS). Mestre em Direito Privado e Econômico pela UFBA. Juiz Titular da 9ª Vara do Trabalho de Salvador – Bahia.
2. Doutor em Direito pela Pontifícia Universidade Católica do Rio Grande do Sul (PUCRS). Mestre em Direito Político e Econômico pela Universidade Presbiteriana Mackenzie (UPM). Pós-doutorando em Direitos Humanos pela Universidade de Salamanca (USAL). Cumpriu estágio de doutorado (Doutorado Sanduíche) na Universidade de Coimbra (UC) como bolsista do PDEE da CAPES/MEC. Juiz Titular da 1ª Vara do Trabalho de Simões Filho - Bahia.

protagonizado pelo Coronavírus ou COVID-19 a partir dos primeiros meses do ano de 2020.

A doença provocada pelo Coronavírus teve o seu ponto de partida na China. Os primeiros estudos indicaram Wuhan, na província de Hubei, como a localidade de onde proveio a mutação viral que gerou o chamado "salto de espécies", alteração que permitiu a um vírus típico de animais, em particular de morcegos, tornar-se capaz de atacar o homem. Por essa razão, a rota de contaminação da COVID-19 pode ter sido resultado do consumo de animais selvagens, enquanto espécies exóticas, pelos chineses. O dominante mercado de bichos silvestres comercializados vivos foi, ao que tudo indica, a perfeita incubadora para esse mal jamais mapeado pelos cientistas até aquele momento. Assim emergiu o Coronavírus, e assim surgiu a pandemia.

Essa pandemia, contudo, ao contrário das anteriores, teve a especial consequência de uma rápida proliferação, capaz de levar ao colapso o sistema de saúde de qualquer país, independentemente do seu grau de desenvolvimento e de organização. Não fosse apenas isso, o fato de a pessoa infectada não apresentar sintomas imediatos da doença, demorando algum tempo até ficar debilitada, aumentou o risco de contágio nesse período em que o doente continuava a exercer as suas atividades regulares e a frequentar espaços públicos, tornando-se, por isso, e assim, um difusor inconsciente desse poderoso mal.

Diante da problemática, nenhuma estratégia mostrou-se mais eficaz ao combate ao Coronavírus do que o isolamento social de populações inteiras, contidas nos limites de suas residências, sem que sequer devessem transitar pelas casas de amigos e familiares. Paralelamente a isso, o fechamento de shopping centers, escolas, centros de convenções, barzinhos, restaurantes, entre outros espaços que propiciavam o encontro das pessoas, foi essencial para contribuir para o sucesso dessa medida de contenção e de preservação de saúde de toda a coletividade.

O grande problema de todas as estratégias engenhadas para refrear a COVID-19 estava num incoerente discurso que, a despeito de sustentar que as pessoas deveriam permanecer em casa, não lhes dava o direito subjetivo de não comparecer ao trabalho. Esse é o ponto inicial de toda a discussão que será realizada neste estudo.

2. A inexistência do suposto direito dado ao empregado de faltar ao serviço por sua própria iniciativa sob o fundamento de proteger-se do Coronavírus

Diante da difusão dos esforços no sentido de as pessoas submeterem-se a um isolamento social, a primeira e uma das mais importantes questões postas diante da pandemia do Coronavírus foi, sem dúvidas, a que diz respeito ao **absenteísmo laboral** e às suas consequências dentro dos contratos de emprego.[3]

3. Para saber mais sobre esse assunto e para compreender toda a extensão da problemática dos trabalhadores em face da COVID-19, consulte-se MARTINEZ, Luciano; POSSÍDIO, Cyntia. O trabalho nos tempos do Coronavírus. São Paulo: Saraiva, 2020.

Afinal, não é raro ver um empregado indagar se teria o direito de faltar ao serviço por sua própria iniciativa sob o fundamento de proteger-se de um vírus com elevado grau de transmissibilidade.

A resposta aqui é negativa. Não, o empregado, em regra, não tem o direito de, por sua própria iniciativa, decidir se comparecerá ou não ao trabalho para proteger-se do Coronavírus, ao menos enquanto não exista vedação imposta pelas autoridades públicas para o desenvolvimento do serviço. Não há nenhuma norma jurídica que evite por completo o trabalho presencial, a despeito de haver, como antedito, uma contraditória recomendação de as pessoas permanecerem em suas casas.

Essa negativa de direito de faltar ao serviço é constatável, porque, até determinado momento, sem que evidentemente existam determinações estatais quanto ao fechamento de empresas ou quanto à suspensão do desenvolvimento de algumas atividades, cabe imaginar a existência de um **risco controlado** se observadas as orientações gerais ditadas pela Organização Mundial de Saúde e pelo Ministério da Saúde do Brasil.

E se o risco é controlado, **não há sustentar-se que o patrão estaria, pelo simples fato de manter a sua atividade em funcionamento – quando seja lícito fazê-lo - submetendo o empregado a "correr perigo manifesto de mal considerável"** (art. 483, *c*, da CLT), impondo-lhe, por conta disso, diante de suposto desespero, uma demissão forçada, vale dizer, uma ruptura coacta do contrato de emprego para preservar um bem mais elevado do que o trabalho, que é a sua própria saúde.

Situação diversa seria visível em face da insistência do empregador em manter aberto espaços que as autoridades públicas determinaram fossem fechados. Nesses casos haveria, sim, um autêntico **direito de resistência** do trabalhador e um claro abuso de autoridade patronal.

Bons exemplos disso são notados nas creches, escolas e nos clubes sociais. Sabe-se que as autoridades municipais e estaduais de todo o país, em regra, determinaram o fechamento completo desses espaços de convívio e de entretenimento, haja vista o elevado risco de difusão da COVID-19. Nesses termos, se um empregador viesse a insistir em manter tais espaços abertos e se persistisse em ter empregados em atuação dirigida ao público externo, ele estaria, aí sim, submetendo os seus colaboradores a um risco elevado e desproporcional, e, sem dúvidas, impondo-lhes perigo manifesto de mal considerável. Isso, em tese, daria ao empregado o direito de não comparecer e de, em casos extremos, invocar a despedida indireta. À administração pública municipal, pela infração, dar-se-ia o direito de até mesmo cassar o alvará de funcionamento da empresa violadora.

Atente-se, de todo modo, que o expediente interno de empregados em empresas cujas atividades foram encerradas para o público externo, não constitui, em regra, uma violação do empregador, **salvo, é claro, se as autoridades públicas sanitárias dispuserem em sentido diverso.** Assim, embora uma escola esteja fechada para o público, nada impede, em regra, que, dentro dela, o diretor, os professores e os coordenadores pedagógicos possam estar a realizar atividades de organização do calendário escolar para futura retomada das atividades.

Esse direito de não comparecer ao trabalho pode, porém, estar lastreado em situações ainda mais extremas, conforme devidamente regulado pelo § 3º do art. 3º da Lei n. 13.979, de 6 de fevereiro de 2020, que assim dispõe:

> *Art. 3º [...]*
>
> *§ 3º Será considerado falta justificada ao serviço público ou à atividade laboral privada o período de ausência decorrente das medidas previstas neste artigo.*

E quais seriam essas medidas justificadoras da falta ao serviço público ou à atividade laboral privada? Somente elas, por ora, justificam a falta ao serviço?

O *caput* do referido art. 3º responde de forma bem detalhada, identificando que, para enfrentamento da emergência de saúde pública de importância internacional decorrente do Coronavírus, podem ser adotadas, entre outras, as medidas previstas nos seus incisos, algumas das quais configuram situações que, nos termos do referido § 3º autorizam, *ex lege*, o status de "falta justificada":

I – **isolamento** ou segregação compulsória, assim entendida a separação de **pessoas doentes ou contaminadas**, de outros, de maneira a evitar a contaminação ou a propagação do Coronavírus. Assim, o direito do empregado de não comparecer ao trabalho surge se, por alguma razão, ele, por estar contaminado, receber ordem médica de isolamento. Nesse caso, o empregado estará verdadeiramente internado, sob cuidados médicos, e em verdadeira segregação compulsória. Diante disso, o empregador há de acatar o isolamento desse seu empregado e, consequentemente, por motivos mais do que óbvios, entender como justificada a sua ausência.

Não se confunda o "isolamento individual", que, em verdade, é uma "segregação compulsória" para evitar a contaminação ou a propagação do Coronavírus, com o recomendação geral de "isolamento social", que é um comportamento voluntário, espontâneo e facultativo dos cidadãos em apoio às medidas de contenção da pandemia.

II – **quarentena**, compreendida como restrição de atividades ou separação de **pessoas suspeitas de contaminação das pessoas que não estejam doentes**, de maneira a evitar a possível contaminação ou a propagação do Coronavírus. Essa hipótese envolve empregados com suspeita de contaminação. Exemplo disso foi visível nos brasileiros que estavam em Wuhan, epicentro do surgimento do Coronavírus na China, e que foram resgatados de lá pelo governo brasileiro.

Ao chegarem à cidade de Anápolis, em Goiás, tanto os resgatados quanto os tripulantes passaram a cumprir uma quarentena de dezoito dias dentro de um hotel montado na base militar. Até que a quarentena fosse encerrada, esses trabalhadores não voltaram às suas relações de emprego. Eles permaneceram em situação de interrupção contratual, recebendo seus salários, mas sem prestar os seus serviços.

Averbe-se que, diante do isolamento e da quarentena, os empregados têm não apenas o direito, mas o **dever de afastamento do ambiente laboral**, por uma questão de segurança de toda a comunidade.

III – **determinação de realização compulsória de:**

a) exames médicos;

b) testes laboratoriais;

c) coleta de amostras clínicas;

d) vacinação e outras medidas profiláticas; ou

e) tratamentos médicos específicos, bem como

IV – **estudo ou investigação epidemiológica.**

Nessas situações, a administração pública pode impor a determinados grupos, levando em conta as características de sua prestação laboral, a realização impositiva de exame médicos, de testes laboratoriais e de outras medidas de controle e de constatação epidemiológica, o que, na prática, já ocorreu, por exemplo, com passageiros e tripulantes, prestes a desembarcar, em Cruzeiros nos quais se constatou a existência de pessoa portadora do adoecimento viral aqui em análise. Não se poderia, portanto, imaginar que um empregado a bordo de um desses cruzeiros não tivesse razões ponderosas para não ir ao trabalho.

O seu retorno das férias será, portanto, abortado.

Há, pelo contrário, muitas justificativas para não comparecer, haja vista a exigência de submetimento a testes de diversas naturezas e, até mesmo, ao isolamento ou à quarentena, referidas nos tópicos anteriores, caso inserido nas situações acima destacadas.

VI –**restrição excepcional e temporária de entrada e saída do País**, conforme recomendação técnica e fundamentada da Agência Nacional de Vigilância Sanitária (Anvisa), por rodovias, portos ou aeroportos.

Essa situação também pode atingir empregados. Imagine-se que um deles, responsável pela gestão de uma rede hoteleira, tenha seguido para uma importante reunião em Madrid, quando, então, se viu impedido de retornar à sua base de trabalho por restrição de entrada de voos no território brasileiro. Nesse caso, evidentemente, estão justificadas as suas ausências, cabendo ao empregador não apenas tolerá-las até que diplomaticamente seja solucionado o repatriamento, como também custear as despesas do seu empregado deslocado para o estrangeiro durante todo o tempo em que ele esteja constrito a ali permanecer.

Não se pode esquecer que as medidas ora referidas, interferentes na atividade laborativa, devem ser adotadas com razoabilidade pelos governos, embora seja difícil dizer o que é ou não razoável diante de um mal tão desconhecido. De todo modo, o § 2º do art. 3º da citada Lei n. 13.979, de 6 de fevereiro de 2020, é bem claro no sentido de que

> *as medidas [...] somente poderão ser determinadas com base em evidências científicas e em análises sobre as informações estratégicas em saúde e deverão ser limitadas no tempo e no espaço ao mínimo indispensável à promoção e à preservação da saúde pública.*

O equilíbrio é importante, mas é bem difícil.

Arremata-se esse tópico deixando-se claro que o empregador, entretanto, pode, **por reflexão própria**, determinar o fechamento do local de trabalho e o encerramento das atividades com a consequente assunção dos custos decorrentes do afastamento dos seus empregados. O poder diretivo patronal aí será a razão essencial da interrupção contratual, caso em que o empregador assumirá integralmente os custos dessa decisão interna.

Diz-se mais. Em verdade, e em rigor, o empregador poderá realizar controle sanitário e vedar a presença de empregados suspeitos de contaminação no ambiente de trabalho. O fundamento para esse especial modo de atuar é o **dever de proteção** imposto ao empregador. Nos termos do § 1º do art. 19 da Lei n. 8.213/91, *"a empresa é responsável pela adoção e uso das medidas coletivas e individuais de proteção e segurança da saúde do trabalhador"*, cabendo-lhe, entre essas medidas coletivas, e entre as condutas proativas que visem ao estancamento da disseminação viral, a avaliação das condições de saúde dos seus empregados e a determinação de afastamento daqueles que, a juízo dos médicos da empresas e de acordo com o sigilo profissional, sejam entendidos como inaptos de ali continuar.

O vetusto art. 157 da CLT é sempre invocável acerca desse dever de proteção, pois, conforme ali expendido:

> *[...] cabe às empresas:*
>
> *I – cumprir e fazer cumprir as normas de segurança e medicina do trabalho;*
>
> *II – instruir os empregados, através de ordens de serviço, quanto às precauções a tomar no sentido de evitar acidentes do trabalho ou doenças ocupacionais.*

E se uma das ordens patronais for a de afastamento do trabalhador suspeito de ser portador de doença infectocontagiosa, essa é uma determinação que há de ser acatada, sob pena de o empregado ser despedido por justa causa.

O art. 158 da CLT completa a lógica dessa relação entre os deveres de proteção do empregador e de colaboração do operário, ao prever que *"cabe aos empregados: I – observar as normas de segurança e medicina do trabalho"*. O parágrafo único desse dispositivo é claríssimo ao dispor que *"constitui ato faltoso do empregado a recusa injustificada [...] à observância das instruções expedidas pelo empregador"*.

Não se pode esquecer que, para além de o empregador estar obrigado a afastar empregado suspeito de ser portador de doença infectocontagiosa, cabe-lhe, preservando ao máximo possível o seu nome e imagem, informar isso aos demais trabalhadores que estiveram ombro a ombro com o companheiro adoecido para que adotem pessoalmente e junto às suas famílias as condutas de certificação do eventual contágio e as medidas profiláticas de caráter protetivo. Isso é um reflexo do importante **dever de informar**, claramente presente no § 3º do art. 19 da Lei n. 8.213/91, segundo o qual *"é dever da empresa prestar informações pormenorizadas sobre os riscos da operação a executar e do produto a manipular"*.

Evidentemente, considerando o fato de ser do patrão o risco do seu negócio, não se poderia imaginar, sem as relativizações impostas por negociações coletivas, a existência de prejuízos gerados sobre a remuneração do empregado que tenha sido preventivamente afastado do espaço de realização dos serviços. Em regra, se esse afastamento compulsório lhe foi imposto pelo empregador, caberá a este manter a dimensão da retribuição mensal, observado o seu salário-base ou, se for o caso, a dimensão duodecimal média da sua retribuição variável.

3. Os empregados imunodeficientes e demais vulneráveis orgânicos estão dispensados de comparecer ao trabalho em tempos de pandemia? Haveria em favor desse especial grupo um suposto dever de acomodação razoável?

Essa é uma questão delicada, que, entretanto, pode ser respondida mediante uma cuidadosa reflexão sobre a extensão e os limites do relevantíssimo dever de acomodação razoável (*reasonable accomodation*), também conhecido como "dever de adaptação razoável", haja vista a versão para o português da Convenção sobre os Direitos das Pessoas com Deficiência.

Pois então. Apesar de não existir propriamente um direito de gestantes, de lactantes e de doentes graves de não comparecimento ao trabalho pelo simples fato de a sociedade viver a pandemia de Coronavírus, sabe-se que a esses empregados é dada a especial proteção jurídica de realização dos seus serviços em ambiente salubre. No caso de gestantes e de lactantes há, aliás, expressa disposição normativa protetiva no art. 394-A da CLT e nos seus §§ 2º e 3º e nas razões de decidir da Ação Direta de Inconstitucionalidade 5.938/DF.[4]

Mas a pandemia do Coronavírus é evento suficiente para concluir-se que o meio ambiente de trabalho é insalubre diante da constatação de possíveis agentes biológicos agressivos?

Não nos parece assim, pois não há quanto ao Coronavírus uma insalubridade ou mesmo uma condição de risco que incida específica e unicamente no meio ambiente no trabalho. O que há, na verdade, é um risco absolutamente difuso, que se manifesta em todo o meio social em decorrência da interação humana. A gestante e a lactante, portanto, onde quer que estejam, dentro da empresa ou em deslocamento residência-trabalho-residência, estarão, igualmente, em situação de potencial dano à sua saúde.

Se houvesse – ou se, no futuro, vier a existir – a conclusão no sentido de que o Coronavírus eliminou os espaços salubres de trabalho dentro da empresa para as gestantes e para as lactantes, a solução já estará posta na lei, mais especificamente no § 3º do art. 394-A da CLT, segundo o qual:

> *quando não for possível que a gestante ou a lactante afastada [...] exerça suas atividades em local salubre na empresa, a hipótese será considerada como gravidez de risco e ensejará*

---

4. Para compreender maiores detalhes consulte-se MARTINEZ, Luciano. Curso de Direito do Trabalho. 11ª ed. São Paulo: Saraiva, 2020, p. 399-400.

> *a percepção de salário-maternidade, nos termos da Lei n. 8.213, de 24 de julho de 1991, durante todo o período de afastamento.*

Note-se, porém, que esse dispositivo, por envolver a concessão de benefício previdenciário, não comporta interpretação extensiva em favor de outros empregados, vale dizer, dos demais imunodeficientes.

Mas e se não houver conclusão de que o ambiente interno da empresa é insalubre e de que não há dentro dela (empresa) espaços salubres para acomodar os empregados em situação de vulnerabilidade orgânica, que se há de fazer?

No caso de **empregados com imunodeficiência** (*entre os quais aqueles acometidos de doenças autoimunes, a exemplo de diabetes mellitus tipo 1, artrite reumatoide e lúpus, ou portadores de moléstias que danificam o sistema imunológico e interferem na habilidade do organismo de lutar contra as infecções, a exemplo da síndrome da imunodeficiência adquirida – AIDS e de cânceres que afetam a medula óssea, como a leucemia e o linfoma*) e, por extensão conceitual, pela degenerescência natural, **de empregados com idade elevada** e, pela condição especial, **de gestantes e lactantes**, caberá ao empregador, caso tenha condições para tanto, o dever de acomodar o empregado vulnerável em posto compatível com a depreciação de sua capacidade laborativa, justamente para evitar o seu submetimento ao um perigo manifesto de mal considerável.

Mas o que seria exatamente esse "dever de acomodação razoável" e de onde ele provem?

A história do instituto tem suas bases no direito estadunidense. A imposição ao empregador do chamado *dever de acomodação razoável* ali surgiu com o objetivo claro de combater a discriminação motivada pelas crenças religiosas no âmbito laboral. Na sua origem, portanto, a acomodação razoável emergiu como um instrumento jurídico destinado a garantir a máxima efetividade da liberdade religiosa do empregado no ambiente de trabalho. O que se buscava acomodar, à época, eram as necessidades religiosas da parte mais frágil do contrato de trabalho.

É importante que se diga, ademais, que a ideia nasceu como um dos desdobramentos do movimento dos direitos civis que, embora nos seus primórdios visasse essencialmente ao enfrentamento da segregação racial, passou a ter o seu alcance ampliado de modo a incluir a luta por igualdade em favor das camadas da população que sofriam discriminações de outras espécies, a exemplo das motivadas pelas diferenças de gênero e de religião. Justamente por isso, o mais importante estatuto federal destinado a proteger os trabalhadores (empregados, candidatos a emprego e estagiários) da discriminação religiosa no ambiente de trabalho foi o Título VII da Lei dos Direitos Civis (*Civil Rights Act)*, promulgada pelo Congresso americano em 02 de julho de 1964.[5]

O referido estatuto proibiu o tratamento desigual, as ações de retaliação, os ambientes de trabalho hostis e a recusa do empregador a fazer a acomodação razoável das práticas

5. Sobre o assunto, veja-se Gregory (2001), especialmente o capítulo 15, cujo conteúdo é, em boa medida, aproveitado no presente tópico.

religiosas de seus empregados. Conquanto se aplicasse apenas às empresas com um número mínimo de 15 (quinze) empregados que operassem algum negócio relacionado ao comércio interestadual, os Estados federados também aprovaram leis, substancialmente semelhantes, que estenderam as mesmas vedações a empresas cujas atividades econômicas se limitavam à sua área territorial.

É bem verdade que em sua redação original, o Título VII não se referia especificamente ao dever de acomodação. Contudo, ainda em 1964, a primeira das diretrizes editadas pela Comissão para a Igualdade de Oportunidades de Emprego (em inglês, *United States Equal Employment Opportunity Commission*, conhecida pela sigla EEOC), criada pelo *Civil Rights Act*, determinou aos empregadores que acomodassem razoavelmente as necessidades religiosas de seus empregados, desde que isso pudesse ser feito sem grave inconveniente (*serious inconvenience*) para a condução dos negócios empresariais. Um ano depois, a Comissão reviu as suas diretrizes, substituindo a ideia de *serious inconvenience* pela de *undue hardship*, que é aqui traduzida como "encargo excessivo".[6]

Em 1972, o Congresso dos Estados Unidos acrescentou ao Título VII um dispositivo que estabeleceu expressamente o dever de acomodação. O dispositivo introduzido[7] refletiu as diretrizes da EEOC, prevendo que a prática e a observância religiosa dos empregados fossem razoavelmente acomodadas pelo empregador, a menos que este demonstrasse não ser possível fazê-lo sem encargo excessivo (*undue hardship*) para o desenvolvimento da sua atividade econômica.

Com a introdução do novo dispositivo, a tutela judicial do dever de acomodação no direito estadunidense passou a pressupor que o empregado demonstrasse que as suas crenças eram sinceras (*bona fide religious practice*) e que, além disso, teriam sido comunicadas ao empregador e que, por causa delas, passou a sofrer discriminação por parte da empresa. O empregador, por seu turno, poderia se defender demonstrando que tentou acomodar as necessidades religiosas do empregado ou que a acomodação não seria viável sem que o patrão fosse submetido a um encargo excessivo na condução de seus negócios[8].

O *duty of reasonable accommodation* não ficou, porém, encastelado no direito dos Estados Unidos, cujos tribunais construíram – e ainda têm construído – caudalosa jurisprudência sobre o tema.

---

6. Acompanha-se aqui a tradução de Machado (2010:16–17), pioneiro na lusofonia sobre o tema, ao qual já se referia na sua obra clássica sobre a liberdade religiosa (1996, p. 266).
7. redação original do dispositivo adicionado é a seguinte: "For the purpose soft his title [...] the term "religion" includes all aspects of religious observance and practice, as well as a belief, unless an employer demonstrates that he is unable to reasonably accommodate to an employee's or prospective employee's religious observance or practice without undue hardship on the conduct of the employer's business".
8. Acerca disso consulte-se JOVER, Adoración Castro. La utilización de signos de identidad religiosa en las relaciones de trabajo en el derecho de Estados Unidos. Madrid: Servicio de Publicaciones de la Facultad de derecho – Universidad Complutense de Madrid, 2005, p. 168–169.

Na década de 80, a ideia de acomodação razoável aportou no Canadá, onde paulatinamente foi se desprendendo das raízes estritamente conectadas à defesa da liberdade religiosa do empregado no ambiente de trabalho e adquiriu alcance mais amplo, passando a ser utilizada como instrumento jurídico visando à garantia da igualdade real em favor dos mais vulneráveis em diferentes âmbitos da vida social.

As bases para a ampliação dos contornos da acomodação razoável podem ser encontradas na decisão proferida pela Suprema Corte do Canadá no caso "Simpsons-Sears". Ali, embora a Corte ainda estivesse tratando da questão religiosa, ficou estabelecido que uma acomodação razoável traduz-se na aceitação social da obrigação geral de respeitar a igualdade e de tomar medidas razoáveis para protegê-la, desde que reconheça que um padrão aparentemente neutro poderia ter um efeito discriminatório sobre uma pessoa em razão de ser incompatível com as suas observâncias religiosas. [9]

A ideia deixou de ser estranha a outros ordenamentos jurídicos nacionais que receberam, no trato da questão, alguma influência do direito estadunidense ou canadense.

Atualmente, a ideia do dever de acomodação razoável tem deixado de se restringir ao ambiente de trabalho, podendo ser aplicada – com os devidos ajustes – a outros campos da vida social, a exemplo das escolas e dos serviços públicos. De igual modo, o dever de acomodação não mais se limita a proteger um grupo específico de vulneráveis (como os trabalhadores religiosos) e pode vir a ser usado para combater outras espécies de discriminação, a exemplo das motivadas pela deficiência, pelo gênero, pela idade e pela identidade étnica.

No âmbito do Direito do Trabalho, o dever de acomodação razoável pode ser conceituado como **uma regra de ação atribuída ao empregador, egressa do seu dever de proteção, que se traduz na adoção de medidas razoáveis, assim entendidas as que não lhe imponham encargo excessivo, capazes de contemporizar as necessidades do serviço às vulnerabilidades e/ou às diferenças dos empregados, especialmente diante da constatação de que uma conduta aparentemente neutra poderia produzir efeito discriminatório.**

Em rigor, contudo, o atendimento das necessidades específicas do trabalhador por meio do reconhecimento de um dever patronal de acomodação razoável é uma ideia que deve assimilada como uma consequência natural da primazia dos direitos humanos. Por outro lado, a sua relevância para a preservação da dignidade do trabalhador impõe que se lhe reconheça um campo de incidência maior do que aquele já reconhecido aos que invocam a sua identidade religiosa e às pessoas com deficiência.

4. O dever de acomodação razoável, direito social ao trabalho e dignidade do trabalhador

Na íngreme trilha dos direitos humanos, a dignidade da pessoa humana constitui, simultaneamente, ponto de partida e de chegada. Com efeito, a doutrina dos direitos

9. Sobre o assunto, vale conferir VIVES, Juan Martín. *La "acomodación razonable" de las prácticas religiosas en el ámbito laboral. Su posible aplicación al Derecho Argentino.* Buenos Aires, Sup. Const. 2012 (junio), 28/06/2012, 1 - LA LEY2012-D, 828.

humanos parte da ideia de que os humanos possuem uma dignidade essencial que os distingue de outros seres e, por conta disso, devem ser tratados como fins e não como meios, razão pela qual lhes é apanágio a titularidade de certos direitos universais e inalienáveis. De outra banda, a dignidade da pessoa humana constitui um fim que somente é alcançado plenamente – isto é, somente se concretiza no mundo dos fatos – quando os direitos humanos são respeitados, protegidos e promovidos.

Ora, a dignidade da pessoa humana não faz sentido sem que seja resguardado aos indivíduos o direito de prover o seu sustento e o de seus dependentes, o que se faz, em regra, por meio de um trabalho remunerado. Com efeito, até mesmo para que seja possível a fruição de outros direitos humanos, os indivíduos necessitam lhes sejam garantidas condições mínimas de sobrevivência. Não é sem razão, portanto, que o direito ao trabalho fulgura na constelação dos direitos humanos como um direito social da mais alta relevância e cuja concretização é sempre urgente.

Um direito social de tal magnitude não poderia jamais ser ignorado pela Declaração Universal dos Direitos Humanos (DUDH), de modo que esta, no seu artigo 23°, proclama de forma retumbante que *"toda a pessoa tem direito ao trabalho, à livre escolha do trabalho, a condições equitativas e satisfatórias de trabalho e à proteção contra o desemprego"*. No mesmo diapasão, o artigo 6º do Pacto Internacional dos Direitos Econômicos, Sociais e Culturais (PIDESC) é igualmente claro ao consagrar *"o direito de toda pessoa ter a possibilidade de ganhar a vida mediante um trabalho livremente escolhido ou aceito"*.

É certo, também, que o direito ao trabalho não se confunde com o direito ao emprego, na medida em que o trabalho assalariado não esgota todas as formas de trabalho pelos quais os indivíduos obtêm o seu sustento. Mas, sem dúvida alguma, o vínculo de emprego é, no sistema capitalista, a modalidade de relação de trabalho que desfruta de maior importância histórica e social (além de ser, ainda, a mais comum), o que, por si só, justifica que seja tomada aqui como principal foco de cogitação.

Sob tal prisma, há de registrar-se que a configuração da relação de emprego como uma relação de poder torna-a um terreno fértil para discriminações contra o trabalhador fundadas nos mais diversos motivos, inclusive na imunodeficiência.

Não há quem duvide, acredita-se, que o direito ao trabalho somente se assegura de forma plena quando todas as espécies de discriminação são banidas do ambiente laboral. Se assim for, tão importante quanto garantir aos indivíduos o direito de obter um emprego, igualmente será o de assegurar-lhes que a sua permanência no posto de trabalho não estará condicionada à necessária manutenção, durante todo o pacto laboral, de uma higidez física ou psíquica impecável, sobre-humana. Cabe garantir ao empregado que eventual manifestação de alguma condição pessoal relacionada com a saúde não o torne indesejável ao empregador pelo simples fato de isso ser um fator capaz de reduzir a lucratividade do negócio.

O que foi dito vale para qualquer época, mesmo quando não se estiver diante de uma crise de saúde global.

É certo, porém, que o problema se manifesta com maior gravidade em situações agudas como aquela produzida pela pandemia da COVID-19, que ceifou a vida de milhares de pessoas pelo mundo e pelo Brasil, vitimando prioritariamente os indivíduos imunodeficientes, sejam por conta da degenerescência trazida pelas elevadas faixas etárias, seja em virtude de entidades mórbidas eventualmente preexistentes ou adquiridas, seja ainda por força de alguma condição natural vividas, a exemplo da gravidez e da lactação.

Se um trabalhador, por seu déficit de imunidade, tem o fundado receio de expor-se ao risco de contaminação e de eventual morte pela COIVID-19, a sua pretensão dirigida ao empregador no sentido de que considere a sua condição pessoal representará, também, a promoção do direito social ao trabalho.

Tal qual a escolha de Sofia narrada na obra de William Styron, é desumano ver o trabalhador submetido à opção entre se sujeitar a um risco elevado de morte ou preservar o seu meio de subsistência. Trata-se de um sacrifício incomensurável que atenta, iniludivelmente, contra a dignidade da pessoa humana e que, exatamente por isso, no contexto do Estado Democrático e Social de Direito, não pode vicejar.

No entanto, como o poder diretivo patronal compreende inequivocamente a prerrogativa de organizar o trabalho, incluindo aí, eventualmente, medidas que restrinjam a autonomia do trabalhador, é imperioso clarificar a posição na qual se situa o empregador diante da necessidade de seus assalariados. Cabe, assim, perquirir sobre como o empregador deve se portar em face da pretensão de empregados imunodeficientes de terem as suas condições de trabalho alteradas para que se acomodem à sua necessidade de autopreservação.

Defende-se aqui que, independentemente de que haja norma legal expressa, o empregador tem o dever de acomodar a pretensão de seus empregados imunodeficientes e de alterar as suas condições de trabalho, visando à minimização do risco de contaminação pela CONVID-19, desde que isso, evidentemente, não implique dificuldades excessivas para a própria realização da atividade econômica.

Diante da problemática, pode-se argumentar que a inexistência de previsão expressa em normas legais conspiraria contra a admissibilidade de um dever de acomodação razoável nesse sentido. Este argumento, entretanto, não se sustenta, pois ignora completamente o caráter principiológico dos direitos humanos.

Um argumento que também poderia ser levantado contra o reconhecimento de tal dever patronal seria o de que, por envolver a acomodação um nível de ação positiva em favor dos empregados imunodeficientes, isso representaria um prejuízo para os seus colegas de trabalho. A acomodação, assim, poderia gerar problemas particularmente complexos, considerando-se que o princípio da igualdade imporia que aqueles que não são imunodeficientes fossem igualmente protegidos pelo direito do mesmo modo que os trabalhadores imunodeficientes.[10]

10. Uma análise mais detalhada sobre os argumentos contrários ao dever de acomodação pode ser encontrada no excelente estudo de Vickers (2008), renomada professora britânica a quem foi atribuída a redação do Relatório da Comissão Europeia sobre a Discriminação de Crença e de Religião no Emprego

Com efeito, qualquer acomodação em favor de um trabalhador específico, independentemente da espécie de necessidade acomodada, tem realmente o potencial de ser teoricamente vista como discriminação pelos demais trabalhadores. A imposição de um dever empresarial de acomodar as necessidades de alguns empregados pode, de fato, produzir a imediata criação de uma correspondente desvantagem para outros. Por exemplo, a permissão para que um empregado vendedor preste seus serviços mediante teletrabalho numa atividade comercial pode redundar em desvantagem para os outros trabalhadores que, em razão disso, tenham que se dirigir mais vezes às instalações da empresa e permanecer por algum tempo ali. O argumento pode ser reforçado, ainda, com a ideia de que a acomodação provocaria a prevalência do interesse de um único individuo sobre o interesse do grupo.

Diante disso, questiona-se: **tal argumento da criação de vantagem em favor do imunodeficiente, isoladamente, seria impeditivo da atribuição ao empregador do dever de acomodar razoavelmente as necessidades desses empregados?**

A resposta depende muito da avaliação que se faça da importância que se deve conferir à condição específica do trabalhador com déficit de imunidade. Não se pode perder de vista, em primeiro lugar, que a imunodeficiência, própria ou de terceiros com quem resida, não é uma condição pessoal escolhida pelo trabalhador. Colocá-lo na posição de ter de escolher entre a sua autopreservação ou de algum dos seus familiares e a manutenção do emprego constitui claramente uma violência que não parece justificável numa sociedade que se diz solidária.

Negar a acomodação razoável em tais casos representaria a imposição ao trabalhador imunodeficiente de uma desvantagem *a priori* com fundamento apenas no fato de ele possuir uma deficiência no seu sistema imunológico, tornando-o, assim, ainda que momentaneamente, um indesejado pela política empresarial.

Não parece, ademais, que a função social da empresa, que deve ser compreendida com um alcance que vai além da mera distribuição de renda,[11] respalde a defesa da prescindibilidade da acomodação das necessidades do trabalhador imunodeficiente. Socialmente é importante que a empresa seja, também, um lugar no qual se promova a

---

(*Report for the European Commission on Religion and Belief Discrimination in Employment,* publicado em 2007). O que foi escrito no presente tópico muito se beneficia de suas lições.

11. Que o bem-estar dos trabalhadores se inclui na função social da propriedade não é novidade no texto constitucional, pois referida no art. 186, *in verbis*:

    Art. 186. A função social é cumprida quando a propriedade rural atende, simultaneamente, segundo critérios e graus de exigência estabelecidos em lei, aos seguintes requisitos: I - aproveitamento racional e adequado;II - utilização adequada dos recursos naturais disponíveis e preservação do meio ambiente; III - observância das disposições que regulam as relações de trabalho; ***IV - exploração que favoreça o bem-estar dos proprietários e dos trabalhadores*** (destacamos).

    Naturalmente, o dispositivo em questão, posto que se reporte especificamente à propriedade rural, apresenta requisitos que servem para a aferição do cumprimento da função social de qualquer propriedade, incluindo-se, é claro, a empresa

inclusão das minorias, inclusive – *e especialmente para os fins deste estudo* – dos trabalhadores organicamente vulneráveis, vale dizer, é relevante que a empresa seja um lugar no qual a cidadania possa ser exercida de forma plena até o limite em que não haja prejuízo significativo à condução dos negócios.

Desde que se considere natural – e até mesmo compreensível – que o trabalhador imunodeficiente busca nada mais do que preservar a sua vida, será notória a fragilidade de qualquer argumento que rejeite a atribuição de tal dever ao empregador com base na ideia de que redundaria na quebra de igualdade no ambiente de trabalho. A desigualdade entre o trabalhador imunodeficiente e os demais justifica o tratamento diferenciado, a partir do entendimento de que a regra da igualdade não consiste em nada diverso de tratar desigualmente os desiguais na medida de sua desigualdade.

5. Por que os ordenamentos jurídicos têm modernamente buscado ajustar os ambientes de trabalho às pessoas com deficiência, inclusive às pessoas com imunodeficiência?

A resposta é muito clara. Há um consenso de que a asseguração da dignidade do trabalhador com deficiência demanda medidas específicas de proteção destinadas não apenas à sua inclusão no mercado de trabalho, mas também à sua adaptação ao espaço físico em que a prestação de serviços se desenvolve, constituindo uma pauta cuja relevância para a construção de uma sociedade solidária justifica a imposição à empresa dos custos decorrentes.

A inserção da pessoa com deficiência – inclusive da pessoa com imunodeficiência – na empresa, de fato, reclama uma atuação positiva do empregador que, embora represente à primeira vista um tratamento desigual, atende ao princípio da igualdade, na medida em que é flagrante a desigualdade existente entre os trabalhadores com deficiência (inclusive com imunodeficiência) e os que não o são. Ainda assim, vale lembrar que os tipos de deficiência existentes são muitos e que a acomodação das necessidades de trabalhadores com deficiência pode se dar em diversos níveis, exigindo em alguns casos medidas de pouco custo.

O exemplo serve para demonstrar que o mero argumento de que a acomodação das necessidades de seus empregados imunodeficientes representaria uma quebra do princípio isonômico **não é decisivo** para afastar o reconhecimento de um dever empresarial nas situações em que os trabalhadores vivem uma condição especial de vulnerabilidade.

Outro argumento que pode ser levantado contra a necessidade de reconhecer-se a existência de um dever empresarial é o de que o atendimento da necessidade do empregado imunodeficiente haveria de ser resolvido com a pura e simples ponderação, na medida em que o trabalhador e o empregador já teriam o dever mútuo de respeito à vida, um em relação ao outro. Não se olvide, porém, que as partes do contrato de trabalho não estão numa posição de igualdade. A inferioridade socioeconômica do trabalhador o põe, em regra, numa condição pouco favorável ao atendimento de suas necessidades. O temor de sofrer retaliações e de ser levado ao desemprego o tronam ainda mais vulnerável aos caprichos de um empregador que ignora ou que desvaloriza a sua condição pessoal de vulnerabilidade. Por isso, o dever de acomodação não afasta a necessidade da ponderação dos interesses dos empregados e dos empregadores. Apenas impõe a estes últimos o ônus argumentativo de demonstrar a impossibilidade de acomodação. Nesse sentido, o reconhecimento de um dever patronal de acomodação atende melhor ao princípio de proteção do vulnerável do que a sua negativa ou inaplicação.

Mais uma dificuldade que pode vir à tona nas discussões sobre a acomodação razoável é a de saber-se, em alguns casos, se a pretensão do trabalhador é realmente sincera, já que pode referir-se não à sua própria imunodeficiência, mas à de membros de sua família com quem convive e aos quais precisa dar atenção e assistência. Isso ocorre porque nesses casos o empregador, num primeiro momento, terá que basear a sua decisão nas informações prestadas pelo obreiro.

A dificuldade de comprovação da sinceridade da postulação de um trabalhador, contudo, não é substancialmente diferente da dificuldade de demonstrar a sinceridade de qualquer outra afirmação cuja aceitação dependa da credibilidade de seu autor. Toda vez que o conteúdo de uma afirmação se refere a uma condição subjetiva será difícil mensurar-lhe a sinceridade. Assim, supondo que alguém possa argumentar contra o dever de acomodação com base na dificuldade de aferir-se a sinceridade da pretensão do obreiro, há que se registrar que o perigo de que alguém apresente uma falsa postulação para se beneficiar de uma alteração nas condições de trabalho em nada é diferente do perigo de que alguém apresente uma falsa capacitação profissional ou do risco de que minta sobre a sua pretérita experiência de trabalho. Tais ocorrências, por seu caráter excepcional, não podem ser presumidas, sob pena de não mais haver qualquer espaço no contrato de trabalho para o princípio da boa-fé. No caso concreto, ademais, é justificável exigir que o empregado demonstre detalhadamente, mediante relatórios e outros documentos, a condição de vulnerabilidade orgânica daquele com o qual reside e em favor de quem oferece intransferível atenção. Para além disso, as sustentações insinceras merecerão a punição exemplar a ser aplicada pelo empregador no exercício do seu poder disciplinar.

Um argumento que também poderia ser oposto ao dever de acomodação é o de que ele poderia representar um custo desnecessário e não desejado para o empregador, com reflexos negativos para os resultados de sua atividade econômica, sobretudo numa época de crise. Enfim, pode-se argumentar que exigir que o empregador atenda às necessidades de seus empregados pode implicar redução dos lucros. O argumento, numa primeira análise, poderia ser rebatido com a concepção ampliada da função social da empresa que impõe o seu comprometimento com o objetivo de promoção de uma sociedade justa e solidária.

Com efeito, os fins econômicos não são os únicos que devem ser considerados na atividade empresarial. Todavia, se não há como ignorar que o dever de acomodação sempre acarreta algum custo, como sói ocorrer também com as medidas visando à inclusão de outras minorias, há maneiras de minimizá-lo, de modo a que os reflexos sobre os resultados da atividade econômica sejam os menores possíveis. É isso que nos Estados Unidos se quer dizer com acomodação "razoável". No caso concreto, ademais, a necessidade de autopreservação é inerente ao direito à vida, seguramente o mais importante dos direitos humanos.

Há que se chamar, ainda, a atenção para o fato de que **o reconhecimento do dever de acomodação não prescinde necessariamente das categorias dogmáticas da colisão de direitos fundamentais e da ponderação de interesses.** Isso é muito evidente, até porque **o recurso ao dever de acomodação não esconde o conflito.** Antes, tal recurso tem a virtude de apontar, na grande maioria dos casos, para a precedência *prima facie* da necessidade de o empregado tentar contornar o risco de morte,[12] introduzindo um importante ponto de partida para a ponderação de interesses, o que, em última análise, facilita o processo argumentativo conducente à solução da colisão.

Aliás, a noção do dever de acomodação nem mesmo guarda incompatibilidade com os princípios da proporcionalidade e da razoabilidade. A afirmação de que o empregador tem o dever de acomodar razoavelmente as condições de trabalho de seu empregado imunodeficiente, desde que não implique dificuldade excessiva à condução dos negócios, é outra forma de dizer que lhe é vedado restringir desproporcional ou irrazoavelmente a autonomia do trabalhador em busca da sua autopreservação em face de situações que o sujeitam ao risco de morte.

Anote-se, ao final deste tópico, que, apesar de o texto referir muitas vezes as palavras "empresa", "empresarial", "lucros" ou "negócios", a sistemática de acomodação razoável é, em rigor, exigível também do empregador doméstico, cabendo, porém, alguns ajustes relacionados às particularidades do trabalho desenvolvido nas unidades residenciais e também às vicissitudes de um tomador de serviços caracterizado como pessoa ou família. O mesmo se pode dizer, quanto à extensão do dever de acomodação razoável, em relação ao Estado-empregador, o qual, aliás, pela sua visibilidade, é responsável pelo oferecimento do exemplo de conduta a ser seguido pelos particulares.

Anote-se, ainda, que os trabalhadores autônomos podem ser igualmente destinatários da acomodação razoável, embora a atuação dos tomadores dos seus serviços seja menos influente do que aquela constatável dentro de uma relação de emprego, haja vista as reduzidas possibilidades de o referido tomador de serviços não ter as mesmas possibilidades de interferir no universo jurídico daqueles que atuam com autonomia, salvo se houver uma destacada dependência econômica.

Igualmente, embora isso já tenha sido anunciado em algumas passagens do texto, o empregado, especialmente nos tempos do Coronavírus, e por um imperativo de incolumidade, pode vir a pretender a acomodação razoável para preservar não apenas a sua frágil saúde diante de eventual vulnerabilidade orgânica, mas também a saúde de seus familiares, igualmente imunodeficientes, com quem resida e em favor de quem preste necessária e intransferível atenção e assistência.

12. Acompanha-se, no particular, o entendimento de STEINMETZ, Wilson (A vinculação dos particulares a direitos fundamentais. São Paulo: Malheiros, 2004, p. 224), que sustenta a precedência *prima facie* dos direitos fundamentais de conteúdo pessoal sobre a autonomia privada, impondo ao empregador o ônus argumentativo em favor da prevalência do seu poder diretivo. Tal entendimento vai ao encontro do princípio de proteção.

6. As mais importantes formas de acomodação razoável em tempos do Coronavírus e as consequências decorrentes da negativa de acomodação razoável

Entre as mais importantes formas de acomodação razoável em tempos do Coronavírus estão, sem dúvidas, a retirada dos empregados vulneráveis do contato com o público externo, a realocação deles em espaços físicos reservados da empresa e, em última análise, caso seja possível e viável, a adoção de uma sistemática de teletrabalho.

Anote-se, porque importante, que **a recusa à acomodação razoável pode vir a configurar discriminação em razão da deficiência** ou, em sentido amplo, em razão da vulnerabilidade orgânica do empregado.

A Lei n. 13.146/2015 – com possível aplicação analógica em favor de gestantes, de lactantes, de idosos e de empregados com imunodeficiência – é bem clara nesse sentido ao considerar discriminação em razão da deficiência toda forma de distinção, restrição ou exclusão, por ação ou omissão, incluindo a recusa de adaptações razoáveis e de fornecimento de tecnologias assistivas.

Veja-se o texto do § 1º do art. 4º da Lei n. 13.146/2015:

> *Art. 4º Toda pessoa com deficiência tem direito à igualdade de oportunidades com as demais pessoas e não sofrerá nenhuma espécie de discriminação.*
>
> *§ 1º Considera-se discriminação em razão da deficiência toda forma de distinção, restrição ou exclusão, por ação ou omissão, que tenha o propósito ou o efeito de prejudicar, impedir ou anular o reconhecimento ou o exercício dos direitos e das liberdades fundamentais de pessoa com deficiência, incluindo a recusa de adaptações razoáveis e de fornecimento de tecnologias assistivas.*

Assim, se o empregador tiver condições de acomodar a gestante, a lactante, o idoso ou o empregado imunodeficiente em posto compatível diante da depreciação da sua capacidade laborativa, e não o fizer, poderá, em última análise, dar causa à resolução do contrato por despedida indireta, nos termos do art. 483 da CLT, sem a exclusão de possível indenização por dano moral fundado em discriminação.

É sempre bom dizer que caberá ao empregado que invoque a inobservância do dever de acomodação razoável o ônus de provar a existência de posto de trabalho compatível com a depreciação de sua capacidade laborativa.

Por fim, nunca se deve esquecer que, para além de uma possível indenização por dano moral fundado em discriminação, haverá em favor do empregado que pretendeu a acomodação, mas não se viu atendido, a possibilidade de postular em juízo a apuração dos danos materiais que tenham sido produzidos em decorrência da negativa de uma razoável acomodação. Para bem entender a situação cabe uma ilustração:

Imagine-se que um empregado do setor administrativo de uma empresa de seguro de saúde tenha levado ao conhecimento do seu empregador, por escrito, o fato de ser o único a residir com a sua avó de mais de 80 anos de idade. Considere-se, ainda, que esse mesmo empregado tenha também demonstrado a ampla possibilidade de realização dos seus trabalhos burocráticos mediante *home office*, sem nenhum prejuízo do rendimento evidenciado em atividades presenciais.

Com base nesses elementos, suponha-se que o citado empregado, fundado no dever patronal de acomodação razoável, tenha pedido, por escrito, a alteração do regime de trabalho presencial para o teletrabalho.

Veja-se o texto da carta, que ora serve de sugestão para situações assemelhadas:

> *Estimado senhor gerente.*
>
> *Considerando o fato de eu ser o único a residir com a minha avó, que tem mais de 80 (oitenta) anos de idade (vide anexa cópia da identidade) e múltiplas comorbidades patogênicas que atingem o seu sistema imunológico (vejam-se relatórios médicos demonstrativos), e levando em conta que o meu trabalho presencial, desenvolvido em unidades hospitalares, me faz vetor de um risco acentuado à saúde a à vida dela, haja vista a pandemia do Coronavírus, SOLICITO, com lastro no dever patronal de acomodação razoável, seja-me permitida, durante o período de decretação da calamidade pública, a realização dos meus trabalhos mediante home office, sem nenhum prejuízo do rendimento evidenciado nas atividades presenciais e com amplas possibilidade de a empresa verificar e acompanhar o meu desempenho.*
>
> *Reitero que somente residimos juntos eu e a minha avó (vide anexa certidão subscrita pelo síndico do prédio) e que as circunstâncias do meu trabalho têm levado preocupação para mim e justa apreensão para ela, o que nos permite entender que a exigência da minha prestação laborável presencial nos levará – e especialmente ela - a correr perigo manifesto de mal considerável.*
>
> *Diante da urgência que o caso requerer, entenderei que o meu pedido foi deferido, caso não seja oferecida resposta a esta mensagem no prazo de 48 horas.*
>
> *Ficarei, por isso, à disposição da empresa e seguirei realizando integralmente as minhas atividades, observando o mesmo horário de trabalho, cumprindo as tarefas com o mesmo desempenho e oferecendo o serviço com idêntica qualidade.*
>
> *Certo de que contarei com a sua compreensão, subscrevo-me atenciosamente,*

Pois bem. Considere-se agora que, a despeito de não ter nenhum prejuízo por conta do acolhimento dessa pretensão, **o empregador resolveu não atender o pleito** sob o singelo argumento de que, se assim agisse, outros tantos empregados se achariam desprestigiados pelo simples fato de não conviverem com alguma pessoa imunodeficiente, o que produziria uma verdadeira babel dentro da empresa.

Por conta da rejeição do pleito do trabalhador, imagine-se que esse mesmo empregado, embora contrariado, tenha continuado a frequentar o setor administrativo do hospital no qual atendia dezenas de pessoas suspeitas e efetivamente acometidas do Coronavírus, e que, em um dos atendimentos feitos aos familiares dos internados, tenha sido infectado pela COVID-19.

Pois bem. Considere-se que esse empregado ao retornar para casa tenha infectado também a sua idosa avó e que, pela múltipla situação de imunodeficiência desta, ela tenha falecido por insuficiência respiratória produzida justamente pelo Coronavírus que tanto o empregado queria evitar.

Ora, a empresa, pela violação do dever de acomodação razoável, estaria possivelmente inserida numa demanda de responsabilização civil com elevada possibilidade de condenação por danos aos patrimônios material e imaterial do seu empregado, pois não lhe faltariam dano e nexo de causalidade para dar início ao processo com vista ao pagamento de indenização em face do Judiciário trabalhista. A negativa de atendimento ao pedido, realizado por escrito, de acomodação razoável seria, sem dúvidas, uma importante peça demonstrativa de culpabilidade do empregador e da sua omissão de acomodar uma situação que não lhe causaria nenhum encargo excessivo.

7. Conclusão

Como se disse no transcurso do texto, a relação de emprego se caracteriza, em regra, pelo poder dado ao empregador e pela sujeição constatável na condição de empregado. Justamente por isso a relação aqui em análise se trona terreno fértil para discriminações fundadas nos mais diversos motivos, inclusive, e especialmente, na imunodeficiência do trabalhador nos tempos do Coronavírus. Dessa forma, se ele, por seu déficit de imunidade, tem o fundado receio de expor-se ao risco de contaminação e de eventual morte pela COIVID-19, a sua pretensão dirigida ao empregador, no sentido de que considere a sua condição pessoal, representará, também, a promoção do direito social ao trabalho.

Assim, como o poder diretivo patronal compreende inequivocamente a prerrogativa de organizar o trabalho, incluindo aí, eventualmente, medidas que restrinjam a autonomia do trabalhador, tornou-se imperioso clarificar a posição na qual se situa o empregador diante da necessidade de seus assalariados. Coube, assim, investigar como o empregador deve se portar em face da pretensão de empregados imunodeficientes de terem as suas condições de trabalho alteradas para que se acomodem à sua necessidade de autopreservação.

Diante disso, o presente artigo defendeu a tese de que, **independentemente da existência de norma legal expressa, o empregador tem o dever de acomodar a pretensão de seus empregados imunodeficientes e de alterar as suas condições de trabalho, visando à minimização do risco de contaminação pela CONVID-19**, desde que isso, evidentemente, não implique dificuldades excessivas para a própria realização da atividade econômica, no caso de empregador-empresa.

Igualmente, sustentou-se aqui a tese de que é importante que a empresa seja um lugar no qual a cidadania possa ser exercida de forma plena até o limite em que não haja prejuízo significativo à condução dos negócios. Assim, desde que se considere natural – e até mesmo compreensível – que o trabalhador imunodeficiente busque nada mais do que preservar a sua vida, **será notória a fragilidade de qualquer argumento que rejeite a atribuição de tal dever ao empregador com base na ideia de que o seu acolhimento redundaria na quebra de igualdade no ambiente de trabalho**. A desigualdade entre o trabalhador imunodeficiente e os demais justifica o tratamento diferenciado, a partir do entendimento de que a regra da igualdade não consiste em nada diverso de tratar desigualmente os desiguais na medida de sua desigualdade.

O presente artigo conclui também que a inserção da pessoa com deficiência – inclusive da pessoa com imunodeficiência – na empresa reclama, de fato, uma atuação positiva do empregador que, embora represente à primeira vista um tratamento desigual, atende ao princípio da igualdade, na medida em que é flagrante a desigualdade existente entre os trabalhadores com deficiência (nesse âmbito incluída a imunodeficiência) e os que não o são.

Destacou-se, por fim, no texto que a retirada dos empregados vulneráveis do contato com o público externo, a realocação deles em espaços físicos reservados da empresa e, em última análise, caso seja possível e viável, a adoção de uma sistemática de teletrabalho seriam, sem dúvidas, as mais importantes formas de acomodação razoável em tempos do Coronavírus.

Em linhas finais o texto chama a atenção para o fato de que **a recusa à acomodação razoável pode vir a configurar discriminação em razão da deficiência** ou, em sentido amplo, em razão da vulnerabilidade orgânica do empregado.

O § 1º do art. 4º da Lei n. 13.146/2015 – com possível aplicação analógica em favor de qualquer empregado com imunodeficiência – é bem claro nesse sentido ao considerar discriminação em razão da deficiência toda forma de distinção, restrição ou exclusão, por ação ou omissão, incluindo a recusa de adaptações razoáveis e de fornecimento de tecnologias assistivas.

Para além de uma possível indenização por dano moral fundado em discriminação, o presente artigo também salienta que haverá em favor do empregado que pretendeu a acomodação, mas não se viu atendido, a possibilidade de postular em juízo a apuração dos danos materiais que tenham sido produzidos em decorrência da negativa de uma razoável acomodação.

Referências

GREGORY, Raymond F. *Encountering religion in the workplace:* the legal rights and responsabilities of workers and employers. Ithaca, New York: Cornell University Press, 2001.

JOVER, Adoración Castro. La utilización de signos de identidad religiosa en las relaciones de trabajo en el derecho de Estados Unidos. Madrid: Servicio de Publicaciones de la Facultad de derecho – Universidad Complutense de Madrid, 2005.

MACHADO, Jónatas Eduardo Mendes. Liberdade religiosa numa comunidade constitucional inclusiva: dos direitos da verdade aos direitos dos cidadãos. *Boletim da Faculdade de Direito da Universidade de Coimbra,* Coimbra: Coimbra Editora, 1996.

______. Liberdade e Igualdade Religiosa no Local de Trabalho – Breves apontamentos. In: MACHADO, Jónatas Eduardo Mendes... [et al.]. II Seminário Internacional sobre Políticas Públicas, Proteção ao Trabalhador e Direito Antidiscriminatório. *Cadernos da Escola Judicial do TRT da 4ª Região,* Porto Alegre: HS Editora, n. 3, p. 7-19, 2010.

MARTINEZ, Luciano. *Curso de Direito do Trabalho.* 11ª ed. São Paulo: Saraiva, 2020

______; POSSÍDIO, Cyntia. *O trabalho nos tempos do Coronavírus.* São Paulo: Saraiva, 2020.

Ontario Human Rights Commission v. Simpsons-Sears, Supreme Court of Canada, S.C.R., 5361985.

SANTOS JUNIOR, Aloísio Cristovam dos. *A liberdade de organização religiosa e o Estado laico brasileiro.* São Paulo: Mackenzie, 2007.

_______. *Liberdade religiosa e contrato de trabalho.* Niterói, RJ: Impetus, 2013.

_______. *A liberdade religiosa do empregado: a acomodação razoável das demandas religiosas do empregado enquanto dever empresarial. Rio de Janeiro: Lumen Juris, 2019.*

SARLET, Ingo Wolfgang. *A eficácia dos direitos fundamentais:* uma teoria geral dos direitos fundamentais na perspectiva constitucional. 10. ed. rev. atual. e ampl. Porto Alegre: Livraria do Advogado, 2009.

STEINMETZ, Wilson. A vinculação dos particulares a direitos fundamentais. São Paulo: Malheiros, 2004.

VICKERS, Lucy. *Religious freedom, religious discrimination and the workplace.* Oxford and Portland, Oregon: Hart Publishing, 2008.

VIVES, Juan Martín. *La "acomodación razonable" de las prácticas religiosas en el ámbito laboral. Su posible aplicación al Derecho Argentino.* Buenos Aires, Sup. Const. 2012 (junio), 28/06/2012, 1 - LA LEY2012-D, 828.

4

A COVID-19 E O ADOECIMENTO OCUPACIONAL

Cláudio Brandão[1]

Introdução

Em 1977, o cantor e compositor baiano Raul Seixas, em parceria com o compositor Cláudio Roberto, lançou a composição "O Dia em que a Terra Parou". Encabeçando álbum homônimo, a dupla se inspirou no filme de ficção científica, também homônimo, lançado em 1951. O filme, explica Renata Arruda,[2]conta a história de um alienígena que vem à Terra para trazer uma mensagem de paz e, como forma de demonstrar o seu poder, faz com que todos os aparelhos elétricos deixem de funcionar, à exceção daqueles essenciais à vida, como os de hospitais e de aviões.

Na canção, são as pessoas que, em um determinado dia, decidem espontaneamente não sair de casa e a vida para. Ainda de acordo com a análise feita por Renata Arruda,[3] "é possível que os compositores tivessem em mente o conceito de divisão social do trabalho, a partir do ponto de vista do sociólogo Émile Durkheim", segundo o qual "cada um de nós desempenha uma função fundamental para o equilíbrio da sociedade, o que deveria gerar harmonia e solidariedade entre as pessoas".

---

1. Ministro do Tribunal Superior do Trabalho. Doutorando em Ciências Jurídicas pela Universidade Autônoma de Lisboa, Mestre em Direito pela Universidade Federal da Bahia, Membro da Academia Brasileira de Direito do Trabalho (Cadeira nº 39), da Academia de Letras Jurídicas da Bahia, do Instituto Baiano de Direito do Trabalho, do Instituto Brasileiro de Direito Processual e da *Associacion Iberoamericana de Derecho del Trabajo*.
2. ARRUDA, Renata. O Dia Em Que A Terra Parou: análise da música de Raul Seixas. *Letras*. [sl], 25 mar. 2020. Disponível em <https://www.letras.mus.br/blog/o-dia-em-que-a-terra-parou-raul-seixas-analise/>. Acesso em 28 abr. 2020.
3. Id., ibid.

Quarenta e três anos depois, a vida "imitou" a criatividade da dupla e o que era "um sonho de sonhador", como diz o início da canção, tornou-se realidade em muito semelhante àquela por eles pensada. Todos viram o que parecia inimaginável:os mais conhecidos pontos turísticos da Europa, Estados Unidos e Ásia vazios, pessoas confinadas em suas residências, restrições no direito de ir e vir, saídas somente autorizadas e para lugares específicos, enfim, o mundo literalmente parou.

Duas palavras passaram a fazer parte do nosso cotidiano: COVID-19 (a enfermidade) e Coronavírus (o agente causador). Desde a distante Wuhan, na China, local onde foram detectadas as primeiras pessoas infectadas, até o Brasil foram pouco mais de dois meses e, em 26 de fevereiro de 2020, confirmou-se o primeiro caso; a partir de então, a vida nacional mudou, produziu reflexos diretos e imediatos nos mais diversos setores da sociedade, em especial no mundo do trabalho, e motivou a edição de inúmeros diplomas normativos.

Não se pretende, neste trabalho, traçar a retrospectiva de todos eles, mesmo porque consulta no sítio da internet da Presidência da República revela ultrapassar a duas centenas, entre portarias, resoluções, decretos, atos conjuntos, leis, recomendações, decretos legislativos, deliberações, instruções normativas, decisões e medidas provisórias, com destaque para duas destas últimas: as Medidas Provisórias n°s 927 e 936.[4]

Interessa à análise um dispositivo específico: o artigo 29 da Medida Provisória nº 927, de 22 de março de 2020, ora transcrito para melhor compreensão:

> Art. 29. Os casos de contaminação pelo coronavírus (covid-19) não serão considerados ocupacionais, exceto mediante comprovação do nexo causal.

Refere-se, pois, à COVID-19,"doença causada pelo coronavírus SARS-CoV-2, que apresenta um quadro clínico que varia de infecções assintomáticas a quadros respiratórios graves",[5] elevada pela Organização Mundial de Saúde à condição de pandemia mundial em 11 de março de 2020.[6]

A regra se volta a afastar a imprescindível relação de causa e efeito entre a enfermidade e o labor realizado pelo empregado.

Sentido e alcance da norma

A primeira leitura do dispositivo em foco permitiria extrair-se a compreensão de que objetivou afastar a natureza ocupacional da enfermidade, o que impõe, em primeiro lugar, averiguar em que consiste esse tipo de enfermidade e o moco como trabalho contribui ou não para a sua deflagração.

---

4. BRASIL. Presidência da República. *Legislação COVID-19*. Brasília, [2020]. Disponível em: <http://www.planalto.gov.br/CCIVIL_03/Portaria/quadro_portaria.htm>. Acesso em: 29 abr. 2020.
5. BRASIL. Ministério da Saúde. *O que é COVID-19?* Brasília, [2020]. Disponível em: <https://coronavirus.saude.gov.br/sobre-a-doenca#transmissao>. Acesso em: 29 abr. 2020.
6. Coronavírus: OMS declara pandemia. *BBC*. Brasil, 11 mar. 2020. Disponível em: <https://www.bbc.com/portuguese/geral-51842518>. Acesso em: 29 abr. 2020.

Para tanto, necessariamente há de revolver-se a regra prevista no artigo 20 da Lei nº 8.213/1991, segundo a qual as doenças ocupacionais são subdivididas em doenças profissionais e doenças do trabalho.[7]

A questão, contudo, é mais ampla, complexa e não se limita a investigar a natureza ocupacional da enfermidade, considerando o alcance do conceito de acidente do trabalho previsto na citada Lei que, ao tratar dos chamados "acidentes do trabalho por equiparação", inclui a doença proveniente de contaminação acidental (artigo 21, III[8]) e, ao se referir ao grupo de doenças que não são consideradas como do trabalho, inclui a "doença endêmica" (artigo 20, II, "d"[9]), todas elas analisadas a seguir.

Doenças profissionais

As doenças profissionais também são conhecidas como ergopatias, tecnopatias, idiopatias, doenças profissionais típicas, doenças profissionais verdadeiras ou tecnopatias propriamente ditas e definidas como as que "são produzidas ou desencadeadas pelo exercício profissional peculiar a determinada atividade".[10]

Possuem no trabalho a sua causa única, eficiente, por sua própria natureza, ou seja, insalubridade. São doenças típicas de algumas atividades, peculiares a profissões e reconhecidas pela Previdência Social.[11]

Humberto Theodoro Júnior assinala que "são conseqüências naturais de certas profissões desenvolvidas em condições *insalubres*, e que são adredemente relacionadas pelo próprio legislador".[12]

---

7. Art. 20. Consideram-se acidente do trabalho, nos termos do artigo anterior, as seguintes entidades mórbidas: I – doença profissional, assim entendida a produzida ou desencadeada pelo exercício do trabalho peculiar a determinada atividade e constante da respectiva relação elaborada pelo Ministério do Trabalho e da Previdência Social; II – doença do trabalho, assim entendida a adquirida ou desencadeada em função de condições especiais em que o trabalho é realizado e com ele se relacione diretamente, constante da relação mencionada no inciso I".

8. "Art. 21. Equiparam-se também ao acidente do trabalho, para efeitos desta Lei: [...] III — a doença proveniente de contaminação acidental do empregado no exercício de sua atividade".

9. "§ 1º Não são consideradas como doença do trabalho: [...] d) a doença endêmica adquirida por segurado habitante de região em que ela se desenvolva, salvo comprovação de que é resultante de exposição ou contato direto determinado pela natureza do trabalho".

10. MONTEIRO, Antônio Lopes; BERTAGNI, Roberto Fleury de Souza. *Acidentes do trabalho e doenças ocupacionais: conceitos, processos de conhecimento e de execução e suas questões polêmicas*. São Paulo: Saraiva, 1998, p. 11.

11. OLIVEIRA, José de. *Acidentes do trabalho: teoria, prática, jurisprudência*. São Paulo: Saraiva, 1991, p. 20.

12. THEODORO JÚNIOR, Humberto. *Acidente do trabalho e responsabilidade civil comum*. São Paulo: Saraiva, 1987, p. 6.

Hertz J. Costa diz serem as

> [...] afecções, perturbações funcionais, lesões agudas ou crônicas de que podem se vitimar os trabalhadores, por força da atividade, de um trabalho ou profissão, na manipulação de materiais empregados ou por influência das condições e processos especiais de industrialização, produzindo dano físico ou psíquico, que os incapacita para a atividade laboral.[13]

Maria Helena Diniz destaca ser uma "deficiência sofrida pelo operário, em razão de sua profissão, que o obriga a estar em contato com substâncias que debilitam o seu organismo ou exercer a sua tarefa, que envolve fato insalubre".[14]

Mozart Victor Russomano[15] afirma que, para serem assim caracterizadas, exigem a presença de algumas características patogênicas, tais como:

a) aparecimento dos sintomas de forma idêntica em vários trabalhadores que se dedicam à mesma profissão, no mesmo estabelecimento ou em estabelecimentos distintos;

b) ficar evidenciado que a doença tem como causa a atividade desenvolvida pelo trabalhador na empresa, seja pelas condições de serviço (subsolo, por exemplo), seja pelos métodos (levantamento de peso pela força muscular), seja pelos materiais utilizados (tóxicos).

São, em regra, causadas por agentes físicos, químicos ou biológicos peculiares a determinadas funções e caracterizadas, como tais, na lei. Exemplifica-se com as afecções devidas às radiações ionizantes, para os trabalhadores que executam tarefas sob a ação dos raios X; as operações de mergulho, para os mergulhadores; pneumoconiose, enfermidade pulmonar originada da inalação habitual de partículas minerais ou metálicas em suspensão, como ferro (siderose), asbesto (asbestose), algodão (bissinose); pneumonite química, intoxicação provocada pelo contato com magnésio; amianto (fibrose pulmonar); leucopenia, redução do número de leucócitos (glóbulos brancos) do sangue proveniente da intoxicação crônica por benzeno.[16]

Nessas condições, não há que se falar na COVID-19 como doença profissional, pois não há atividade em que esteja presente de maneira específica, salvo no campo da mera especulação ou elocubrações meramente teóricas, como no exemplo de pesquisadores dedicados exclusivamente a essa enfermidade, e, por isso, viesse a se tornar inerente para eles, o que, repita-se, permanece no plano meramente teórico.

Doenças do trabalho

As doenças do trabalho, por sua vez, são "aquelas desencadeadas em função de condições especiais em que o trabalho é realizado e com ele se relacionam diretamente".[17]

---

13. COSTA, Hertz J. *Acidentes do trabalho na atualidade*. Porto Alegre: Síntese, 2003, p. 76.
14. DINIZ, Maria Helena. *Curso de direito civil brasileiro: responsabilidade civil*. 7. ed. São Paulo: Saraiva, 2003, v. 17, p. 433.
15. RUSSOMANO, Mozart Victor. *Comentários à lei de acidentes do trabalho*. 3. ed. São Paulo: Revista dos Tribunais, 1970, v. I, p. 26/27.
16. PEDROTTI, Irineu Antonio. *Doenças profissionais ou do trabalho*. 2. ed. São Paulo: Universitária de Direito, 1998, *passim*.
17. MONTEIRO, Antônio Lopes; BERTAGNI, Roberto Fleury de Souza. *Acidentes do trabalho e doenças ocupacionais: conceitos, processos de conhecimento e de execução e suas questões polêmicas*. São Paulo: Saraiva, 1998, p. 11.

Também são chamadas de mesopatias, moléstias profissionais atípicas, doenças indiretamente profissionais, doenças das condições de trabalho, enfermidades profissionais indiretas, enfermidades profissionais impropriamente tidas como tais ou doenças do meio.

Não decorrem diretamente da atividade laborativa, mas são adquiridas em razão das condições em que o trabalho é realizado (pneumopatias, tuberculose, bronquites, sinusites).[18]

Não possuem no trabalho a sua causa única ou exclusiva, mas assim são classificadas porque o ambiente de trabalho é o fator que põe a causa mórbida em condições de produzir lesões incapacitantes.

Alcançam trabalhadores com ou sem qualificação profissional e são próprias das empresas que exploram a mesma atividade econômica e não necessariamente fazem parte do obreiro; estabelecem uma vinculação de natureza objetiva.[19]

"São doenças comuns, que, no entanto, numa determinada hipótese, foram, excepcionalmente, geradas pelas condições momentâneas do trabalho".[20]

Não se caracterizam pelo fato de serem próprias de determinadas atividades, mas são consideradas como acidentes do trabalho em virtude da equiparação feita pela lei.

São as que decorrem, normalmente, das condições em que o trabalho é executado, determinantes de sua eclosão ou do agravamento da saúde do empregado.

"Enquanto as doenças profissionais resultam de risco específico direto (característica do ramo de atividade), as do trabalho têm como causa ou concausa o risco específico indireto", ponderam Antônio Lopes Monteiro e Roberto Fleury de Souza Bertagni, e exemplificam com a bronquite asmática que, em regra, provém de causa genérica e pode acometer qualquer pessoa, transformando-se, contudo, naquela forma de risco para o trabalhador que exercer atividade sob condições especiais.[21]

A importância da distinção entre ambas as espécies reside exatamente nesse fato: o nexo etiológico ou causal. Nas primeiras, é presumido e dispensa o empregado da prova respectiva, resultando apenas da atividade realizada; nas segundas, há de ser demonstrada a presença do elemento causador da enfermidade no labor.

Convém registrar que o art. 20, I, da Lei n. 8.213/91 atribui a natureza ocupacional das doenças (sejam profissionais ou do trabalho) quando causadas pelos agentes patogênicos ou fatores de risco, bem como se se tratarem de doenças infecciosas e para-

18. OLIVEIRA, José de. *Acidentes do trabalho: teoria, prática, jurisprudência.* São Paulo: Saraiva, 1991, p. 2.

19. MARTINEZ, Wladimir Novaes. *Comentários à lei básica da previdência social.* 6. ed. São Paulo: LTr, 2003, p. 174.

20. THEODORO JÚNIOR, Humberto. *Acidente do trabalho e responsabilidade civil comum.* São Paulo: Saraiva, 1987, p. 7.

21. MONTEIRO, Antônio Lopes; BERTAGNI, Roberto Fleury de Souza. *Acidentes do trabalho e doenças ocupacionais: conceitos, processos de conhecimento e de execução e suas questões polêmicas.* São Paulo: Saraiva, 1998, p. 12.

sitárias relacionados no Anexo II do respectivo regulamento, aprovado pelo Decreto n. 3.048, de 6 de maio de 1999, muito embora a jurisprudência, ao longo dos anos, tenha firmado posicionamento no sentido de ser tal relação apenas de natureza exemplificativa, com fundamento na regra inserida, atualmente, no § 2º, do mencionado dispositivo.

O citado artigo 29 da MP 927/2020 contempla a possibilidade de a COVID-19 vir a ser caracterizada como doença do trabalho, sobretudo em virtude das condições em que o labor é executado, o que dependerá de prova a cargo do empregado.

Cabe mencionar, nesse aspecto, a presunção quanto ao nexo causal especificada no artigo 21-A da citada Lei,[22] na hipótese em que se encontre presente o denominado Nexo Técnico Epidemiológico Previdenciário – NTEP, que resulta da relação estatística entre a enfermidade e a atividade econômica empresarial, aferida mediante a associação entre os códigos da Classificação Internacional de Doenças – CID e da Classificação Nacional de Atividade Econômica – CNAE.

As elevadas taxas de incidência da doença servirão de parâmetro para a constatação do nexo causal ou concausal, estabelecer-se a presunção em favor do empregado quanto à origem ocupacional e a consequente inversão do ônus da prova, pois nenhuma das regras mencionadas foi alterada pela mencionada MP, que apenas e tão somente fixou a presunção geral quanto ao rompimento do nexo causal, sem adentrar na análise de situações específicas.

Acrescente-se a esse intrincado cenário jurídico a possibilidade de reconhecimento da responsabilidade objetiva, tese consagrada, há muito, na jurisprudência dos Tribunais do Trabalho e ratificada, há pouco, pelo plenário do STF, ao julgar, em 12 de março do ano em curso, o RE nº 828.040, Relator Ministro Alexandre de Moraes, e firmar a seguinte tese em repercussão geral (acórdão ainda não publicado):[23]

> O artigo 927, parágrafo único, do Código Civil é compatível com o artigo 7º, XXVIII, da Constituição Federal, sendo constitucional a responsabilização objetiva do empregador por danos decorrentes de acidentes de trabalho, nos casos especificados em lei, ou quando a atividade normalmente desenvolvida, por sua natureza, apresentar exposição habitual a risco especial, com potencialidade lesiva e implicar ao trabalhador ônus maior do que aos demais membros da coletividade.

---

22. "Art. 21-A. A perícia médica do Instituto Nacional do Seguro Social (INSS) considerará caracterizada a natureza acidentária da incapacidade quando constatar ocorrência de nexo técnico epidemiológico entre o trabalho e o agravo, decorrente da relação entre a atividade da empresa ou do empregado doméstico e a entidade mórbida motivadora da incapacidade elencada na Classificação Internacional de Doenças (CID), em conformidade com o que dispuser o regulamento. § 1º A perícia médica do INSS deixará de aplicar o disposto neste artigo quando demonstrada a inexistência do nexo de que trata o caput deste artigo. § 2º A empresa ou o empregador doméstico poderão requerer a não aplicação do nexo técnico epidemiológico, de cuja decisão caberá recurso, com efeito suspensivo, da empresa, do empregador doméstico ou do segurado ao Conselho de Recursos da Previdência Social".
23. VITAL, Danilo. Repercussão Geral. STF fixa tese sobre responsabilidade objetiva por danos a trabalhador. *Conjur*. Brasília, 12 mar. 2020. Disponível em: <https://www.conjur.com.br/2020-mar-12/stf-fixa-tese-responsabilidade-objetiva-danos-trabalhador>. Acesso em: 29 abr. 2020.

Portanto, para as pessoas que atuam diretamente no combate à pandemia, na "linha de frente" como popularmente se diz, a exposição ao risco torna-se habitual e, nesse aspecto, atrai a regra prevista no parágrafo único do Código Civil, a consequente responsabilidade objetiva do empregador e dispensa o empregado da prova da nexo causal; é suficiente demonstrar o trabalho e o local onde era realizado.

Esse argumento foi mencionado pelo Ministro Relator:[24]

> Acaba sendo ofensivo aos inúmeros trabalhadores de atividades essenciais que continuam expostos aos riscos, como enfermeiros, técnicos de enfermagem, cujo nexo poderia ser mais fácil. Mas o Brasil todo passou a dar muito mais valor aos motoboys e que dificuldade eles teriam de provar o nexo causal! Isso vai de encontro ao julgado do STF da responsabilidade objetiva.

Profissionais que atuam diretamente com pacientes portadores de vírus podem vir a se contaminar no manuseio de materiais colhidos dos pacientes ou ao lidar com pessoas doentes.

Nesse grupo encontram-se, entre outros, médicos, enfermeiros, assistentes sociais, psicólogos, odontólogos, nutricionistas, fisioterapeutas, técnicos de radiologia, técnicos de enfermagem, farmacêuticos, biomédicos,paramédicos, biólogos, desde que estejam nas atividades diretamente relacionadas atendimento aos pacientes ou atividades correlatas.

Também motoristas de ambulâncias que transportam os pacientes contaminados; maqueiros; pesquisadores; ascensoristas; motoristas de carros funerários que conduzem as vítimas fatais e os coveiros que os sepultam; vigilantes, vigias e atendentes que trabalham nas emergências hospitalares; trabalhadores que realizam a limpeza dos estabelecimentos de saúde e higienização de áreas públicas ou privadas, enfim, um amplo leque de profissionais.

Doenças provenientes de contaminação acidental

Atento para a hipótese de o empregado adquirir, acidentalmente, infecção ou doença durante a execução de sua atividade, o legislador elasteceu o conceito de infortúnio do trabalho para também alcançar a enfermidade oriunda de contaminação ocasional, modalidade que se revela extremamente importante no caso da COVID-19, pelas características de elevado grau de contágio e do acentuado número de pacientes que necessitam de atendimento em hospitais, notadamente em UTIs.

É uma das hipóteses que tipificam o acidente do trabalho por equiparação, prevista no art. 21, III, da Lei de Benefícios da Previdência Social, já referido.

---

24. POMPEU, Ana; CARNEIRO, Luiz Orlando; FREITAS, Hyndara. STF: Covid-19 pode ser doença ocupacional mesmo sem comprovar momento de contágio. *Jota*. Brasília, 29 abr. 2020. Disponível em: <https://www.jota.info/stf/do-supremo/stf-covid-19-pode-ser-doenca-ocupacional-mesmo-sem--comprovar-momento-de-contagio-29042020>. Acesso em: 29 abr. 2020.

Representa a situação de contágio, infecção ou doença adquirida pelo empregado de forma imprevista, casual, fortuita durante a execução de suas tarefas, no local e em horário de trabalho ou outra circunstância amparada pelo legislador, que amplia o conceito de infortúnio (trajeto, durante as refeições, nos intervalos, dentre outros).

Diferencia-se das hipóteses anteriores pela circunstância de o trabalhador não exercer profissão em que o risco é inerente ou atuar diretamente no local em que as condições insalubres se encontram presentes de forma habitual. A situação, como dito, envolve o contato ocasional com os agentes patogênicos.

Tupinambá Miguel Castro do Nascimento denomina-a "doença acidental", vendo-a como uma mesopatia no seu sentido mais amplo, exigindo nexo causal que vincule a contaminação acidental do empregado e o exercício do trabalho.[25]

Esses aspectos são particularmente importantes no caso da COVID-19 em virtude das múltiplas formas de contágio. Informações colhidas no sítio do Ministério da Saúde indicam que a transmissão acontece de uma pessoa doente para outra ou por contato próximo por meio de toque do aperto de mão, gotículas de saliva, espirro, tosse, catarro ou objetos ou superfícies contaminadas, como celulares, mesas, maçanetas, brinquedos, teclados de computador etc.[26]

Por outro lado, o risco é maior porque, de acordo com a Organização Mundial de Saúde (OMS), cerca de 80% dos pacientes podem ser assintomáticos, aproximadamente 20% dos casos podem requerer atendimento hospitalar por apresentarem dificuldade respiratória e, desses, aproximadamente 5% podem necessitar de suporte para o tratamento de insuficiência respiratória (suporte ventilatório).[27]

Condições de trabalho: um alerta necessário

Esse quadro de contaminação é ainda mais dramático para o pessoal da área de saúde, em virtude das características da pandemia, seja pelas peculiaridades da doença, seja pelas condições de trabalho.

Pesquisas realizadas indicam que, mesmo com o uso de equipamentos de proteção individual, inclusive máscaras, "médicos, enfermeiros e outros profissionais da área parecem tender a contrair mais o vírus que a maioria das pessoas, e talvez a desenvolver sintomas mais graves".[28] Afirma-se pela quantidade de vírus aos quais estejam expostos, faixa etária, condições preexistentes, contato frequente com outras pessoas com quadros graves

25. NASCIMENTO, Tupinambá Miguel Castro do. *Curso de direito infortunístico.* 3. ed. Porto Alegre: Sérgio Antônio Fabris, 1992, p. 60.

26. BRASIL. Ministério da Saúde. **O que é COVID-19?** Brasília, [2020]. Disponível em: <https://coronavirus.saude.gov.br/sobre-a-doenca#transmissao>. Acesso em: 29 abr. 2020

27. BRASIL. Ministério da Saúde. **O que é COVID-19?** Brasília, [2020]. Disponível em: <https://coronavirus.saude.gov.br/sobre-a-doenca#transmissao>. Acesso em: 29 abr. 2020

28. Coronavírus: por que a covid-19 afeta tanto os profissionais de saúde?*BBC.* Brasil, 11 mar. 2020. Disponível em: <https://www.bbc.com/portuguese/internacional-52119508>. Acesso em: 29 abr. 2020

de doença, grande quantidade de vírus no corpo, entre outras causas. Segundo a OMS, "um paciente em atendimento em um hospital da cidade chinesa de Wuhan, por exemplo, passou o vírus para ao menos 14 profissionais de saúde antes mesmo de ter febre".[29]

Acrescente-se a elevada carga de trabalho a que podem estar submetidos – e efetivamente estão –, de modo particular pela autorização conferida pelo artigo 26 da Medida Provisória nº 927/2020. De acordo com esse dispositivo, é permitido aos estabelecimentos de saúde, mesmo para as atividades insalubres e para a jornada de doze horas de trabalho por trinta e seis horas de descanso, prorrogar a jornada de trabalho e adotar escalas de horas suplementares nos períodos intercalados entre a décima terceira e a vigésima quarta hora do intervalo interjornadas, sem que haja penalidade administrativa, com a garantia de gozo do repouso semanal remunerado.

As horas acrescidas, nas mencionadas "escalas de horas suplementares", poderão ser compensadas em até 18 meses, isto é, um ano e meio, e a partir da data do encerramento do estado de calamidade pública, inicialmente fixado até 31 de dezembro de 2020 (artigo 1º do Decreto Legislativo nº 6, de 2020), conforme autorização concedida pelo artigo 27 da citada MP.

Significa na prática que podem permanecer no trabalho após extenuantes doze horas de intenso labor e com elevado grau de estresse, diante da difícil missão de cuidar de pessoas em situação de extrema fragilidade, trabalharem durante semanas seguidas nesse ritmo de trabalho e somente terem concedidas as horas de descanso em junho de 2022, por exemplo, situação que compromete, sobremaneira, a capacidade sensorial, aumenta em progressão geométrica o número de acidentes e, de forma semelhante, o risco potencial de contaminação.

Não é de hoje que são estudados os efeitos da fadiga no desempenho do trabalhador. Como sustentei em obra sobre a temática do infortúnio do trabalho:[30]

> Estudos realizados na Europa e nos Estados Unidos comprovam o aumento de acidentes com a elevação do número de horas de trabalho, chegando ao máximo por volta das onze horas da manhã e caindo por volta do meio-dia, com a mesma distribuição no período da tarde. Além disso, há casos de diminuição em 60% do número de acidentes quando a fábrica reduziu de doze para dez horas a jornada de trabalho, da mesma forma que variam com o índice de fadiga que, por sua vez, afeta a produção.

Nessas condições, estará o profissional sujeito em grau muito maior de probabilidade de cometer um pequeno deslize nas regras de segurança (coçar o nariz ou o olho, por exemplo) e contaminar-se. O cansaço é fator de redução das percepções sensoriais do indivíduo e aumenta a probabilidade de acidentes, ou, no caso específico, de adquirir a doença.

---

29. Coronavírus: por que a covid-19 afeta tanto os profissionais de saúde?*BBC*. Brasil, 11 mar. 2020. Disponível em: <https://www.bbc.com/portuguese/internacional-52119508>. Acesso em: 29 abr. 2020

30. BRANDÃO, Cláudio. *Acidente do Trabalho e Responsabilidade Civil do Empregador.* 3ª ed. São Paulo: LTr, 2009. p. 317-318.

Situação semelhante tem sido externada por importantes organismos internacionais e nacionais quase sob a forma de alertas para as condições de trabalho a que estão submetidos os profissionais da área de saúde. Exemplos disso são manifestações recentes da Organização Mundial de Saúde, da Associação Médica Brasileira e da Fundação Oswaldo Cruz – FIOCRUZ.

A primeira, ao lado de dedicar o Dia Mundial da Segurança e Saúde no Trabalho 2020 ao combate do surto de doenças infecciosas no trabalho, em particular a pandemia do COVID-19, de forma bastante contundente denuncia as diversas espécies de riscos a que os afetam e neles inclui, entre os principais, a exposição a patógenos; longas horas de trabalho; sofrimento psicológico; fadiga; esgotamento profissional; estigma e violência física e psicológica; reconhecimento ou suspeita tardia de COVID-19 em pacientes; trabalho em áreas de alto risco; horas excedentes de serviço; adesão abaixo do ideal às medidas de prevenção e controle de infecções, como higiene das mãos; falta ou uso inadequado de equipamento de proteção individual (EPI); treinamento inadequado ou insuficiente para patógenos respiratórios, incluindo o vírus COVID-19; exposição prolongada em áreas de unidades de saúde onde um grande número de pacientes com COVID-19 estão sendo submetidas a atendimento.[31]

A segunda, criou plataforma específica para recebimento de denúncias relacionadas à falta de equipamentos EPIs para profissionais de saúde. Nela, são relacionados os estabelecimentos de saúde em que ocorre e constam os tipos de equipamentos faltantes.[32]

A terceira, além de noticiar a subnotificação referente ao número de profissionais infectados, fato relevante que demonstra a imprecisão dos dados divulgados, traz a lume a situação de médicos, enfermeiros e agentes comunitários de saúde, entre outros, que estão atuando sem os equipamentos adequados como viseira, máscara e avental - no atendimento em geral - e máscaras N95, gorros e macacão impermeável - nas unidades de terapia intensiva e enfermarias. Além desses equipamentos de proteção individual, faltam ainda os mais básicos como luvas, álcool em gel e sabão líquido.[33]

Assim, o risco de contágio se agrava pelas condições de trabalho.

Doenças endêmicas

A terceira hipótese relacionada à situação de pandemia da COVID-19 traz a debate a sua natureza endêmica, o que poderia levar à conclusão de que não poderia ser enquadrada no conceito de doença ocupacional e, mais, afastar de plano a possibilidade

31. A OMS pede condições de trabalho saudáveis, seguras e decentes para todos os trabalhadores da saúde, em meio à pandemia de COVID-19. *OMS*. Genebra, 28 abr. 2020. Disponível em: <https://www.who.int/news-room/detail/28-04-2020-who-calls-for-healthy-safe-and-decent-working-conditions-for-all-health-workers-amidst-covid-19-pandemic>. Acesso em: 29 abr. 2020 (tradução livre do autor).

32. Faltam EPIs em todo o país. *Associação Médica Brasileira*. São Paulo, [sd]. Disponível em: <https://amb.org.br/epi/>. Acesso em: 29 abr. 2020

33. Covid-19: a saúde dos que estão na linha de frente. *FIOCRUZ*. Rio de Janeiro, 13 abr. 2020. Disponível em: <https://portal.fiocruz.br/noticia/covid-19-saude-dos-que-estao-na-linha-de-frente>. Acesso em: 29 abr. 2020

de incidência das normas de proteção em caso de contágio, em face da previsão do artigo 20, § 1º, "d", da Lei nº 8.213/1991.

A doença endêmica representa tipo de enfermidade própria de determinadas regiões do país, em especial, no Brasil, do Norte e Nordeste. É a enfermidade que "persiste em determinado território ou em certas de suas zonas; é a dependente de causas locais e grassa habitualmente num povo ou numa região; é a expressiva de uma causa habitual".[34]

Permanece atrelada ao fato de ser própria de região específica, em determinado tempo e espaço.[35]

É "peculiar, usual, comum a um povo e região",[36] podendo ser citadas como exemplo a malária (típica de regiões quentes e pantanosas) e o mal de Chagas (transmitido pelo mosquito barbeiro ou pelo Trypanosoma Cruzi).

Tem "[...] caráter de endemia; peculiar a um povo ou região; aquela que sem grandes variações de incidências ocorre constantemente em determinada região".[37]

Para Mozart Victor Russomano, caracteriza-se pela generalização, alcançando elevados índices estatísticos em região ou localidade específica de um país; é a doença que, por força das condições locais, se manifesta habitualmente na população de determinada extensão territorial.[38]

Nessas hipóteses, não há correlação entre a atividade do empregado e a enfermidade,justificada, ainda mais, com as características de pandemia da COVID-19.

Contudo, o mesmo dispositivo que repele o caráter ocupacional da doença, contém exceção na sua parte final, representada pela expressão "salvo comprovação de que é resultante de exposição ou contato direto determinado pela natureza do trabalho". Trata-se de expressa ressalva do conceito de doença ocupacional o fato de a sua aquisição haver sido ocasionada pela exposição ou contato direto com a doença em função do trabalho.

Para tanto, devem ser considerados os "fatores paralelos relacionados aos antecedentes ou à história do trabalho com a doença, duração ou tempo exposto, sensibilidade de cada pessoa.[39]

Ivan Kertzman e Luciano Dorea Martinez Carreiro, após citarem, como exemplo,a situação em que um empregado, habitante da região amazônica, é picado pelo mosquito

---

34. FARIA, Bento de; FARIA, Edmundo Bento de. *Dos acidentes do trabalho e doenças profissionais*. 2. ed. Rio de Janeiro: Freitas Bastos, [19—], p. 172.
35. CARVALHO, H. Veiga de. Acidentes do trabalho. São Paulo: Saraiva, 1963. p. 52.
36. NASCIMENTO, Tupinambá Miguel Castro do. *Curso de direito infortunístico*. 3. ed. Porto Alegre: Sérgio Antônio Fabris, 1992. p. 63.
37. PEDROTTI, Irineu Antonio. *Comentários às leis de acidentes do trabalho*: área urbana e rural. São Paulo: Universitária de Direito, 1986. p. 45.
38. RUSSOMANO, Mozart Victor. *Comentários à lei de acidentes do trabalho*. 3. ed. São Paulo: Revista dos Tribunais, 1970. v. I, p. 31.
39. PEDROTTI, Irineu Antonio. *Doenças profissionais ou do trabalho*. 2. ed. atual. e ampl. São Paulo: Universitária de Direito, 1998. p. 67.

transmissor da malária, registram que o fato pode caracterizar doença do trabalho se a exposição ao contato direto com o citado inseto se der por força do seu labor, como em relação aos "caça-mosquitos".[40]

Distingue-se da epidemia. Esta corresponde a um "surto de uma doença acidental e transitória que ataca grande número de indivíduos, ao mesmo tempo, em certo país ou região, com o caráter de extraordinário".[41]

Observa Bento de Faria que a doença de natureza endêmica pode se manifestar sob a forma epidêmica, em regiões não endêmicas, o que não permitirá afastar a circunstância excludente, em virtude do caráter de extraordinariedade,[42] como no episódio fartamente noticiado pela imprensa de ocorrência de inúmeros casos de doença de Chagas em Santa Catarina, no ano de 2005, ou, nessa fase atual da história, a COVID-19, já no estágio de pandemia.

Assim, a doença, mesmo endêmica – ou pandêmica, no caso da COVID-19 – pode ser considerada de natureza ocupacional quando resulte das condições de trabalho, como no caso de o empregado transferido de região onde não ainda não existia venha a contrair a doença por trabalhar em local em que esteja disseminada ou quando, mesmo habitando-a, não seja portador da doença e a adquira pelo fato de haver sido exposto ao contágio, como no caso específico dos profissionais de saúde ou dos trabalhadores que executam as atividades de limpeza e higienização dos estabelecimentos de saúde; motoristas de ambulância e carros funerários; trabalhadores em cemitérios, entre outros.

Significa afirmar que, anteriormente à etapa de possível contágio generalizado, se um empregado viajasse a serviço para países onde já houvesse essa forma de transmissão, não se pode afastar o caráter ocupacional, pois foi exatamente o trabalho que potencializou a condição de exposição aos fatores de contágio e de risco de contaminação.

Da mesma forma, mesmo depois, tais características se encontram presentes, muito embora possa haver diferentes formas de aferição do nexo de causalidade ou, mais precisamente, de concausalidade.

Por isso, mostra-se relevante identificar-se a data em que, no Brasil, foi declarada a situação de transmissão comunitária, o que ocorreu, oficialmente, no dia 20 de março de 2020, como informa o Ministério da Saúde, pelo fato de existirem, nessa data, 904 casos confirmados em 24 Estados da Federação, além do Distrito Federal.[43]

Antes desse fato, havia condições, pelo menos no plano teórico, de ser identificada a origem do contágio, em geral pessoas provenientes de regiões afetadas pela doença.

---

40. KERTZMAN, Ivan; CARREIRO, Luciano Dorea Martinez. *Guia prático da previdência social: tudo sobre sua aposentadoria e demais benefícios*. Salvador: Podivm, 2003. p. 66
41. FARIA, Bento de; FARIA, Edmundo Bento de. *Dos acidentes do trabalho e doenças profissionais*. 2. ed. Rio de Janeiro: Freitas Bastos, [19—], p. 172.
42. Ibid., p. 174
43. BRASIL. Ministério da Saúde. *Ministério da Saúde declara transmissão comunitária nacional.* Brasília, 20 mar. 2020. Disponível em: < https://www.saude.gov.br/noticias/agencia-saude/46568-ministerio-da-saude-declara-transmissao-comunitaria-nacional>. Acesso em: 29 abr. 2020.

Por isso, tem pertinência o alerta feita por Feijó Coimbra, relacionado à doença degenerativa, mas aplicável às doenças endêmicas, no sentido de que existirão casos em que a índole degenerativa (ou endêmica, acresça-se) da doença não impedirá que seja ela acolhida como fator de risco profissional, sendo necessário, para tanto, averiguar como o trabalho pode ter influído no aparecimento ou no agravamento do mal.[44]

Em outras palavras, se o fator trabalho nada acrescentar às possibilidades de contágio, estar-se-á diante do que se pode denominar de "doença exclusivamente endêmica" e, por conseguinte, terá plena incidência o artigo 29 da MP 927/2020; caso contrário, permanecem as regras gerais contidas na Lei 8.213/1991, até porque não foram afetadas pela nova disciplina normativa.

A decisão do STF nas ADIs nº 6342, 6344, 6346 6348, 6349, 6352 e 6354

No "apagar das luzes" da redação desse texto, ocorreu importante modificação no cenário jurídico nacional. Em 29 de abril, ao examinar o referendo da medida liminar indeferida pelo Ministro Marco Aurélio nas Ações Diretas de Inconstitucionalidade ajuizadas pelo Partido Democrático Trabalhista (ADI 6342), pela Rede Sustentabilidade (ADI 6344), pela Confederação Nacional dos Trabalhadores Metalúrgicos (ADI 6346), pelo Partido Socialista Brasileiro (ADI 6348), pelo Partido Comunista do Brasil (PCdoB), pelo Partido Socialismo e Liberdade (PSOL) e pelo Partido dos Trabalhadores (PT) conjuntamente (ADI 6349), pelo partido Solidariedade (ADI 6352) e pela Confederação Nacional dos Trabalhadores da Indústria (ADI 6354), o Plenário do Supremo Tribunal Federal suspendeu a eficácia do questionado artigo 29 da MP nº 927/2020.

Prevaleceu, no particular, a divergência apresentada pelo Ministro Alexandre de Moraes que sustentou, entre outros fundamentos, o fato de o dispositivo destoar da "finalidade da MP de compatibilizar os valores sociais do trabalho, 'perpetuando o vínculo trabalhista, com a livre iniciativa, mantendo, mesmo que abalada, a saúde financeira de milhares de empresas'".Segundo afirmou, o questionado dispositivo "ofende inúmeros trabalhadores de atividades essenciais que continuam expostos ao risco".[45]

O voto divergente foi seguido pelos Ministros Edson Fachin, Rosa Weber, Carmen Lucia, Ricardo Lewandowski, Luiz Fux e Luiz Roberto Barroso.

Portanto, pelo menos até que ocorra o julgamento definitivo do mérito das citadas ADIs, o dispositivo foi extirpado do sistema jurídico, o que faz prevalecer, no tema, as regras previstas na Lei nº 8.213/1991 destacadas acima.

---

44. COIMBRA, Feijó. *Direito previdenciário brasileiro*. 11. ed. Rio de Janeiro: Edições Trabalhistas, 2001. p. 205.

45. STF afasta trechos da MP que flexibiliza regras trabalhistas durante pandemia da Covid-19. *Supremo Tribunal Federal*. Brasília, 29 abr. 2020. Disponível em < http://portal.stf.jus.br/noticias/verNoticiaDetalhe.asp?idConteudo=442355&ori=1>. Acesso em: 29 abr. 2020.

Conclusão

Apesar da natureza pandêmica, acima, portanto, da condição de mera endemia, a COVID-19 pode ser qualificado como enfermidade de natureza ocupacional, mais precisamente doença do trabalho, para os casos dos trabalhadores que exercem as suas atividades em ambientes nos quais estejam presentes as possibilidades de contágio, como estabelecimentos de saúde, ambulâncias, necrotérios, hospitais, entre outros.

Na mesma linha, pode ser equiparada à natureza ocupacional nas situações de pessoas que, de modo acidental, venham a se contagiar.

Referências

ARRUDA, Renata. O Dia Em Que A Terra Parou: análise da música de Raul Seixas. *Letras*. [sl], 25 mar. 2020. Disponível em <https://www.letras.mus.br/blog/o-dia-em-que-a-terra-parou-raul-seixas-analise/>. Acesso em 28 abr. 2020.

BRANDÃO, Cláudio. *Acidente do Trabalho e Responsabilidade Civil do Empregador*. 3ª ed. São Paulo: LTr, 2009.

BRASIL. Ministério da Saúde. *Ministério da Saúde declara transmissão comunitária nacional*. Brasília, 20 mar. 2020. Disponível em: < https://www.saude.gov.br/noticias/agencia-saude/46568-ministerio-da-saude-declara-transmissao-comunitaria-nacional>. Acesso em: 29 abr. 2020.

BRASIL. Ministério da Saúde. *O que é COVID-19?* Brasília, [2020]. Disponível em: <https://coronavirus.saude.gov.br/sobre-a-doenca#transmissao>. Acesso em: 29 abr. 2020.

BRASIL. Presidência da República. *Legislação COVID-19*. Brasília, [2020]. Disponível em: <http://www.planalto.gov.br/CCIVIL_03/Portaria/quadro_portaria.htm>. Acesso em: 29 abr. 2020.

CARVALHO, H. Veiga de. Acidentes do trabalho. São Paulo: Saraiva, 1963.

COIMBRA, Feijó. *Direito previdenciário brasileiro*. 11. ed. Rio de Janeiro: Edições Trabalhistas, 2001.

Coronavírus: OMS declara pandemia. *BBC*. Brasil, 11 mar. 2020. Disponível em: <https://www.bbc.com/portuguese/geral-51842518>. Acesso em: 29 abr. 2020.

Coronavírus: por que a covid-19 afeta tanto os profissionais de saúde? *BBC*. Brasil, 11 mar. 2020. Disponível em: <https://www.bbc.com/portuguese/internacional-52119508>. Acesso em: 29 abr. 2020.

COSTA, Hertz J. *Acidentes do trabalho na atualidade*. Porto Alegre: Síntese, 2003, p. 76.

DINIZ, Maria Helena. *Curso de direito civil brasileiro: responsabilidade civil*. 7. ed. São Paulo: Saraiva, 2003, v. 17.

FARIA, Bento de; FARIA, Edmundo Bento de. *Dos acidentes do trabalho e doenças profissionais*. 2. ed. Rio de Janeiro: Freitas Bastos, [19—].

KERTZMAN, Ivan; CARREIRO, Luciano Dorea Martinez. *Guia prático da previdência social: tudo sobre sua aposentadoria e demais benefícios*. Salvador: Podivm, 2003.

MARTINEZ, Wladimir Novaes. *Comentários à lei básica da previdência social*. 6. ed. São Paulo: LTr, 2003.

MONTEIRO, Antônio Lopes; BERTAGNI, Roberto Fleury de Souza. *Acidentes do trabalho e doenças ocupacionais: conceitos, processos de conhecimento e de execução e suas questões polêmicas*. São Paulo: Saraiva, 1998.

NASCIMENTO, Tupinambá Miguel Castro do. *Curso de direito infortunístico*. 3. ed. Porto Alegre: Sérgio Antônio Fabris, 1992.

OLIVEIRA, José de. *Acidentes do trabalho: teoria, prática, jurisprudência*. São Paulo: Saraiva, 1991.

PEDROTTI, Irineu Antonio. *Doenças profissionais ou do trabalho*. 2. ed. atual. e ampl. São Paulo: Universitária de Direito, 1998.

POMPEU, Ana; CARNEIRO, Luiz Orlando; FREITAS, Hyndara. STF: Covid-19 pode ser doença ocupacional mesmo sem comprovar momento de contágio. *Jota*. Brasília, 29 abr. 2020. Disponível em: <https://www.jota.info/stf/do-supremo/stf-covid-19-pode-ser-doenca-ocupacional-mesmo-sem-comprovar-momento-de--contagio-29042020>. Acesso em: 29 abr. 2020.

RUSSOMANO, Mozart Victor. *Comentários à lei de acidentes do trabalho*. 3. ed. São Paulo: Revista dos Tribunais, 1970, v. I.

STF afasta trechos da MP que flexibiliza regras trabalhistas durante pandemia da Covid-19. *Supremo Tribunal Federal*. Brasília, 29 abr. 2020. Disponível em <http://portal.stf.jus.br/noticias/verNoticiaDetalhe.asp?idConteudo=442355&ori=1>. Acesso em: 29 abr. 2020.

THEODORO JÚNIOR, Humberto. *Acidente do trabalho e responsabilidade civil comum*. São Paulo: Saraiva, 1987.

VITAL, Danilo. Repercussão Geral. STF fixa tese sobre responsabilidade objetiva por danos a trabalhador. *Conjur*. Brasília, 12 mar. 2020. Disponível em: <https://www.conjur.com.br/2020-mar-12/stf-fixa-tese-responsabilidade-objetiva-danos-trabalhador>. Acesso em: 29 abr. 2020.

5

AS RESPONSABILIDADES SECURITÁRIA SOCIAL E CIVIL-TRABALHISTA NOS CASOS DE ADOECIMENTO PELO CORONAVÍRUS

Luciano Martinez[1]

1. Introdução

Fracassadas todas as tentativas de prevenção, pode ocorrer o adoecimento do trabalhador pelo Coronavírus, despertando-se, em decorrência disso e a partir de então, o sistema securitário social oferecido em atenção a esse trabalhador e também, caso sejam constatadas violações patronais, toda a disciplina capaz lastrear a pretensão de responsabilização civil do empregador quando o dano à saúde do empregado deu-se por conta de dolo ou culpa do patrão ou nas situações em que a perquirição dessa culpa seja irrelevante para determinar a responsabilização patronal objetiva[2].

Para a melhor compreensão das estruturas de **responsabilização securitária social** e de **responsabilização civil-trabalhista**, o estudo será claramente dividido a partir de

---

1. Professor Adjunto IV de Direito do Trabalho e da Seguridade Social da Universidade Federal da Bahia (UFBA), Mestre e Doutor em Direito do Trabalho e da Seguridade Social pela Universidade de São Paulo (USP). Pós-Doutor em Direito do Trabalho pela Pontifícia Universidade Católica do Rio Grande do Sul (PUCRS). Mestre em Direito Privado e Econômico pela UFBA. Juiz Titular da 9ª Vara do Trabalho de Salvador – Bahia.
2. Para saber mais sobre o assunto, consulte-se MARTINEZ, Luciano e POSSÍDIO, Cyntia. O trabalho nos tempo do Coronavírus. São Paulo: Saraiva, 2020.

uma análise da "**estrutura brasileira de responsabilização securitária social" e, mais adiante, da "estrutura brasileira de responsabilização civil-trabalhista".**

Vejam-se:

2. A estrutura brasileira de responsabilização securitária social

A palavra "seguridade" quer dizer "segurança", "proteção", "salvaguarda". Associada ao adjetivo "social", ela passa a ser expressão indicativa de um conjunto de políticas públicas assumidas pelo Estado com o objetivo de garantir aos cidadãos brasileiros e aos estrangeiros residentes no país os direitos relativos à saúde, à previdência e à assistência social. A "seguridade social" é, portanto, e em última análise, a manifestação institucional de um seguro que a própria sociedade brasileira, tendo como base o primado do trabalho e com vistas ao bem-estar e à justiça sociais, construiu para si mesma.

A previdência social é a única das três mencionadas ações protetivas que impõe a contributividade dos cidadãos que nela ingressam. Essa contributividade é obrigatória para os que trabalham, ou seja, trabalhar é evento jurídico suficiente para ativar a automática filiação a um dos regimes de previdência social e para produzir direito às prestações neles previstas.

Mas por que isso acontece? Tal ocorre porque a legislação impõe a solidariedade social de todos os que trabalham e os torna filiados obrigatórios desse seguro coletivo. Assim, mesmo contra as suas vontades pessoais, os trabalhadores são constritos a ser solidários e a custear benefícios em favor de quem, por algum motivo, não tem condições de trabalhar. Fala-se, assim, em solidariedade entre gerações ou intergeracional.

Com apoio nessa estrutura, embora observados alguns estratos que separam os trabalhadores em basicamente dois regimes previdenciários – **o regime geral da previdência social e os regimes próprios de previdência social** – pode-se dizer, em breves linhas, que a concessão de benefícios realizada mediante essa solidariedade social é feita, em regra, segundo a lógica da responsabilidade objetiva. Isso mesmo. A reparação securitária social está fundada na teoria da responsabilidade objetiva, segundo a qual, de um modo geral, não se perquire a culpa da vítima, pois o risco social é o elemento-base da resposta oferecida por toda a comunidade.

Assim, a reparação é assumida sem maiores discussões por toda coletividade, mediante o que se pode denominar de ***socialização dos riscos***, uma estratégia segundo a qual o lesado, em regra, independentemente da sua ação ou omissão, não deixa de merecer a ação prestacional do Estado. A lógica é exatamente aquela segundo a qual "a unidade é superior ao conflito" [3] ou da divisa segundo a qual "quando não existe culpado, todos somos culpados". Assim, a sociedade brasileira, mediante um compromisso constitucional, assumiu os riscos de uma eventual incapacidade laborativa daqueles que figurem como

3. Exortação Apostólica EVANGELII GAUDIUM do Santo Padre Francisco, disponível em http://w2.vatican.va/content/francesco/pt/apost_exhortations/documents/papa-francesco_esortazione-ap_20131124_evangelii-gaudium.html.

segurados de algum dos regimes de previdência social, embora exigindo, no regime geral da previdência social, o cumprimento de uma carência de doze contribuições, exceto nas situações em que a incapacidade proviesse de acidentes de qualquer natureza ou causa ou de determinadas doenças referidas em lei, entre as quais ainda não se inclui, até mesmo pela contemporaneidade, o Coronavírus.

2.1. A manutenção da qualidade de segurado durante os períodos de segregação compulsória

A proteção previdenciária do segurado que exerce atividade remunerada de filiação obrigatória ao RGPS está, automaticamente, vinculado a esse sistema, devendo contribuir regularmente. Mas se ele parar, por algum motivo, de recolher suas contribuições, estará excluído de imediato do Regime?

A resposta é negativa. O sistema permite que o segurado possa passar algum tempo sem efetuar os seus recolhimentos e, mesmo assim, continuar filiado e protegido. É o chamado "período de graça" que visa dar, por algum tempo, proteção ao trabalhador que se encontra em condição desfavorável, sem a possibilidade de recolher contribuições previdenciárias.

As situações abrangidas pelo mencionado "período de graça" estão contidas no artigo 15 da Lei 8.213/91 no que diz respeito ao regime geral da previdência social, havendo uma delas que é perfeitamente aplicável ao Coronavírus. Trata-se do disposto no art. 15, III, da Lei 8.213/1991. Consoante o referido dispositivo, mantém a qualidade de segurado até 12 meses após a cessação da segregação, o segurado acometido de doença de segregação compulsória. Esse inciso abrange quem tenha sofrido doença para qual a vigilância sanitária impõe o isolamento com o intuito de evitar a difusão da contaminação, situação perfeitamente aplicada à COVID-19. É utilizado apenas em relação a casos em que a enfermidade não conduza à concessão de auxílio-doença, o que, em rigor, somente acontece quando o segurado não tenha cumprido a carência necessária para a fruição do benefício e, cumulativamente, quando não esteja incurso nas situações que dispensam o cumprimento da carência, como é o caso de incapacidade produzida por acidentes de qualquer natureza ou causa (vide parágrafo único do art. 30 do Decreto 3.048/99) ou de incapacidade decorrente de doenças contidas numa lista interministerial.

Exatamente por isso é que se sustenta a necessidade de atualização PORTARIA INTERMINISTERIAL Nº 2.998, DE 23 DE AGOSTO DE 2001 para fazer dela constar outras tantas doenças ou afecções que, por conta de estigma, deformação, mutilação, deficiência ou outro fator que lhe confira especificidade e gravidade , mereçam tratamento particularizado, a exemplo da aqui analisada COVID-19.

2.2. O salário-enfermidade e o período de espera

O salário-enfermidade é o auxílio pecuniário que, desde o Decreto-Lei 6.905, de 26 de setembro de 1944, passou a ser devido pelas empresas em favor dos empregados enfermos, nos primeiros quinze dias de seu afastamento do trabalho[4]. A verba ora em análise é paga pelo empregador numa atividade que pode ser inserida em um autêntico "direito previdenciário patronal" para cobrir as necessidades de retribuição salarial no chamado "período de espera", vale dizer, no intervalo de tempo imposto pela legislação previdenciária para que a incapacidade laborativa do segurado seja considerada como juridicamente relevante e, por isso, autorizadora do pagamento dos benefícios por incapacidade.

Diante dessas considerações iniciais, pode-se dizer que o empregado que seja acometido por incapacidade decorrente do contágio da Covid-19 terá suas faltas abonadas e pagas pelo empregador durante o período do isolamento individual, haja vista o fato de ser deste o ônus de pagar o referido salário-enfermidade. A partir do décimo sexto dia, porém, o segurado-empregado é encaminhado para a perícia médica do INSS a fim de ali seja avaliada a eventual incapacidade remanescente para que se inicie a percepção, se for o caso, do benefício por incapacidade, normalmente o auxílio-doença.

2.3. Os benefícios por incapacidade

Diante dessas considerações iniciais, pode-se dizer que o empregado que seja acometido por incapacidade decorrente do contágio da Covid-19 terá suas faltas abonadas e pagas pelo empregador durante o período do isolamento individual, haja vista o fato de ser deste o ônus de pagar o referido salário-enfermidade.

A partir do décimo sexto dia, porém, o empregado é encaminhado para a perícia médica do INSS a fim de que ali seja avaliada a eventual incapacidade remanescente para que se inicie a percepção, se for o caso, do benefício por incapacidade, que pode ser o auxílio doença ou a aposentadoria por incapacidade permanente, antes chamada de aposentadoria por invalidez).

O tempo de duração do benefício por incapacidade é predeterminado mediante um sistema intitulado de alta programada, quando o trabalhador saberá antecipadamente a data de cessação do benefício (DCB)

A aposentadoria por incapacidade permanente terá lugar quando, além da incapacidade laborativa de caráter multiprofissional, o segurado se revelar insuscetível de reabilitação.

3. A estrutura brasileira de responsabilização civil-trabalhista

Ao lado da **responsabilidade securitária social do Estado**, de caráter social, garantidora de prestações específicas capazes de cobrir o mínimo existencial do segurado, há, em posição contraposta, a **responsabilidade civil do empregador**, de caráter individual, por meio da qual o lesado busca indenização reparatória ou compensatória pelos prejuízos que sofreu junto ao lesante, observados os limites da potência financeira ou econômica deste.

4. Para melhor compreender as estruturas do "salário-enfermidade" vejam-se os detalhes em MARTINEZ, Luciano. Curso de direito do trabalho. 11ª ed. São Paulo: Saraiva, 2020.

A reparação securitária social está arrimada na teoria da responsabilidade objetiva, segundo a qual, em regra, não se perquire a culpa da vítima. O risco aqui é o elemento-base. A reparação civil-trabalhista, por sua vez, está, em regra, lastreada na teoria da responsabilidade subjetiva, consoante a qual a culpa do empregador é significativa, salvo nos casos em que a lei expressamente admita a irrelevância da culpabilidade, a exemplo do que é visível no parágrafo único do art. 927 do Código Civil. A culpa que é o elemento-base.

O texto constitucional de 1988 deixa evidente a separação dessas duas esferas aqui consideradas quando, no seu art. 7º, XXVIII, prevê que, entre os direitos dos trabalhadores urbanos e rurais, além de outros que visam à melhoria de sua condição social, estaria o "seguro contra acidentes de trabalho, a cargo do empregador [*responsabilidade securitária social*], **sem excluir** a indenização [*responsabilidade civil-trabalhista*] a que este está obrigado, quando incorrer em dolo ou culpa".

Bem antes disso, desde 1963, data da edição da Súmula 229 do STF, essa diferença já era considerada ao dizer-se que "a indenização acidentária não exclui a do direito comum, em caso de dolo ou culpa grave do empregador".

A responsabilidade civil do empregador é, em regra, de natureza subjetiva, vale dizer, a sua constatação depende da evidência cumulativa de nexo de causalidade, do prejuízo sofrido e da culpa do lesante. Excepcionalmente, porém, a responsabilidade aqui em exame pode ter natureza objetiva, caracterizando-se pela mera constatação do nexo de causalidade e do prejuízo sofrido pelo empregado, independentemente da apuração de culpa.

3.1. O adoecimento de natureza não ocupacional

No caso do trabalhador que seja acometido pelo Coronavírus havia uma presunção de não formação do nexo de causalidade, segundo art. 29 da Medida Provisória n. 927, de 2020, que, entretanto, teve a sua eficácia suspensa pelo STF no julgamento da ADI 6346-DF. Veja-se:

> *Art. 29. Os casos de contaminação pelo coronavírus (covid-19) não serão considerados ocupacionais, exceto mediante comprovação do nexo causal.*
>
> *ADI 6346-DF. Liminar referendada em parte.*
>
> *TRIBUNAL PLENO Decisão: O Tribunal, por maioria,* ***negou referendo ao indeferimento da medida cautelar tão somente em relação aos artigos 29 e 31 da Medida Provisória 927/2020*** *e, nos termos do voto do Ministro Alexandre de Moraes, Redator para o acórdão,* ***suspendeu a eficácia desses artigos****, vencidos, em maior extensão, os Ministros Edson Fachin, Roberto Barroso, Rosa Weber e Ricardo Lewandowski, nos termos de seus votos, e os Ministros Marco Aurélio (Relator), Dias Toffoli (Presidente) e Gilmar Mendes, que referendavam integralmente o indeferimento da medida cautelar. Ausente, justificadamente, o Ministro Celso de Mello. Plenário, 29.04.2020 (Sessão realizada inteiramente por videoconferência - Resolução 672/2020/STF).*

O referido dispositivo constante do art. 29 da MP 927/2020 estava, porém, em perfeita conformidade com a legislação previdenciária que sempre se praticava diante de doenças endêmicas. Assim, se o STF entendeu que o art. 29 da referida medida provisória era inconstitucional, deveria ter declarado por arrastamento a inconstitucionalidade do § 1º, do inciso II, "d", do art. 20 da Lei n. 8.213/91 que trata exatamente do mesmo conteúdo, embora utilizando outras palavras

Para constar isso, observe-se o texto contido no referido § 1º, do inciso II, "d", do art. 20 da Lei n. 8.213/91 para chegar a essa conclusão.

Conforme se lê no citado dispositivo,

> *§ 1º Não são consideradas como doença do trabalho:*
>
> *[...]*
>
> *d) a doença endêmica[5] adquirida por segurado habitante de região em que ela se desenvolva, **salvo comprovação de que é resultante de exposição ou contato direto determinado pela natureza do trabalho**.*

Assim, nada de necessariamente ocupacional haverá de existir diante de eventual contágio do trabalhador pelo Coronavírus, **SALVO, é claro, se ficar demonstrado que a doença foi o resultado da exposição ou do contato direito determinados pela natureza do trabalho**, tal qual, aliás, se vê nos serviços prestados por médicos, enfermeiros, fisioterapeutas, maqueiros e pessoal de transporte e apoio envolvidos no atendimento dos pacientes portadores da Covid-19. Raciocínio evidentemente diferente haverá de ser praticado em relação ao contágio pelo Coronavírus de um trabalhador que atua, por exemplo, num escritório de contabilidade situado a quilômetros de distância do hospital que trata os pacientes acometidos pela Covid-19.

Há, por força do referido § 1º, do inciso II, "d", do art. 20 da Lei n. 8.213/91, assim, uma mera presunção de inexistência do nexo de causalidade, cabendo ao interes-

---

5. O dispositivo aqui em análise refere "doença endemia", e não doença "pandêmica". Isso não muda a análise jurídica sob a perspectiva do NEXO DE CAUSALIDADE. Em verdade, as diferenças entre endemia e pandemia são lastreadas apenas no comportamento das doenças numa população a ela exposta. Seus índices permitem conhecer que doenças existem habitualmente na área, no período e na população. Dessa forma, a quantidade de casos de uma doença também permite estimar sua importância para aquela população. Estão relacionados à morbidade os termos "surto", "endemia", "epidemia" e "pandemia".

   – Surto é um aumento repentino do número de casos, dentro de limites muito restritos, como uma série de casos de rubéola em uma creche, vários indivíduos com conjuntivite em um quartel ou vários bebês com infecção respiratória em um berçário de hospital. Também pode ser assim considerado o aumento do número de casos de uma doença em uma área específica, considerada livre da mesma. Por exemplo, um único caso de poliomielite no Brasil seria suficiente para configurar um surto;

   – Endemia é a ocorrência de certo número de casos controlados em determinada região;

   – Epidemia é o aumento do número de casos de determinada doença, muito acima do esperado e não delimitado a uma região;

   – Pandemia, por sua vez, compreende um número de casos de doença acima do esperado, sem respeitar limites entre países ou continentes. Os exemplos mais atuais são a AIDS e o Cornonavírus (trecho conforme "Profissionalização de auxiliares de enfermagem: cadernos do aluno: saúde coletiva / Ministério da Saúde. Secretaria de Gestão e Investimento em Saúde. Projeto de Profissionalização dos Trabalhadores da Área de Enfermagem. – 2. ed. revista – Brasília: Ministério da Saúde, Rio de Janeiro: Fiocruz, 2002")

sado fazer prova demonstrativa de que a **exposição ou o contato direito determinados pela natureza do seu trabalho tornam o nexo de causalidade mais do que evidente**. Não revelado o nexo de causalidade entre o trabalho e o agravo, o benefício concedido será o auxílio-doença previdenciário (B-31), caso constatada a incapacidade laborativa.

Diante disso, o trabalhador/segurado não terá a estabilidade prevista no art. 118 da Lei n. 8.213/91, embora não se lhe possa negar a proteção antidiscriminação prevista na Lei n. 9.029/95. A jurisprudência, aliás, tem-se servido desse dispositivo para determinar a reintegração de trabalhadores incursos em diferentes situações de discriminação, tal qual a que se pode constatar em face do egresso de auxílio-doença previdenciário (B-31). No plano da responsabilidade civil do empregador, não haverá como falar-se em indenização se não demonstrado o nexo de causalidade entre o adoecimento e o trabalho prestado para o empregador.

3.2. O adoecimento de natureza ocupacional e as possibilidades de responsabilização civil do empregador

Considerada uma análise à luz da Covid-19, cabe concluir, como já feito no item anterior, que, por presunção, o adoecimento por conta do contágio viral é não ocupacional, a despeito da decisão tomada pelo STF em suspender a eficácia do art. 29 da MP 927/2020, se mantida a disposição contida no § 1º, do inciso II, "d", do art. 20 da Lei n. 8.213/91. O trabalhador, entretanto, pode demonstrar, contrariando a presunção inicial, que o contágio foi o resultado de exposição ou contato direto determinado pela natureza do trabalho. Isso, obviamente, ocorre com os profissionais da saúde e outros que estejam atuando na linha de frente do combate à pandemia, haja vista o ofício de cuidar das pessoas contaminadas.

Nesses casos, no âmbito da responsabilidade securitária social será garantido o pagamento de benefício por incapacidade ocupacional (B-91 ou B-92) e na esfera da responsabilidade civil-trabalhista será aberta a o pretensão de pagamento de indenização por danos materiais e/ou morais contra o empregador desde que demonstrada a sua atuação culposa ou a ocorrência de responsabilidade civil objetiva.

A atuação culposa do empregador será constatável quando ele tenha agido contra a legalidade, a exemplo da situação de não fornecimento do necessário equipamento individual, ou contra o dever geral de cautela, a exemplo de ter negligenciado a relação numérica entre pacientes e profissionais de saúde, assoberbando estes a ponto de perderem a noção de cuidado no cumprimento dos protocolos anticontaminação.

A responsabilidade objetiva, ou seja, a responsabilização independentemente da apuração de culpa, será admitida nos casos especificados em lei ou, conforme decisão tomada pelo STF nos autos do RE 828.040, quando, nos termos do parágrafo único do art. 927 do Código Civil, a atividade normalmente desenvolvida por sua natureza apresentar **exposição habitual a risco especial, com potencialidade lesiva e implicar ao trabalhador ônus maior do que aos demais membros da coletividade**.

4. Conclusão

Diante do exposto, vê-se presente no ordenamento jurídico duas esferas que visam garantir o trabalhador em face do adoecimento pelo Coronavírus, despertando-se, em decorrência disso e a partir de então, o **sistema securitário social** e também, caso sejam constatadas violações patronais, toda a disciplina capaz lastrear o **sistema de responsabilização civil do empregador** quando o dano à saúde do empregado deu-se por conta de dolo ou culpa do patrão ou nas situações em que a perquirição dessa culpa seja irrelevante para determinar a responsabilização patronal objetiva.

Na esfera da responsabilidade securitária social a reparação é assumida sem maiores discussões por toda coletividade, mediante o que se pode denominar de socialização dos riscos, uma estratégia segundo a qual o lesado, em regra, independentemente da sua ação ou omissão, não deixa de merecer a ação prestacional do Estado. A lógica é exatamente aquela segundo a qual "a unidade é superior ao conflito" ou da divisa segundo a qual "quando não existe culpado, todos somos culpados". Assim, a sociedade brasileira, mediante um compromisso constitucional assume os riscos de uma eventual incapacidade laborativa e atua como o seu garante.

Na esfera da responsabilidade civil-trabalhista, a reparação é assumida pelo violador nos limites do dano causado e da sua capacidade ressarcitória. A reparação civil-trabalhista está, em regra, lastreada na teoria da responsabilidade subjetiva, consoante a qual a culpa do empregador é significativa, salvo nos casos em que a lei expressamente admita a irrelevância da culpabilidade, a exemplo do que é visível no parágrafo único do art. 927 do Código Civil.

Referências

MARTINEZ, Luciano. Curso de direito do trabalho. 11ª ed. São Paulo: Saraiva, 2020.

MARTINEZ, Luciano e POSSÍDIO, Cyntia. O trabalho nos tempo do Coronavírus. São Paulo: Saraiva, 2020.

MINISTÉRIO DA SAÚDE. Profissionalização de auxiliares de enfermagem: cadernos do aluno: saúde coletiva / Ministério da Saúde. Secretaria de Gestão e Investimento em Saúde. Projeto de Profissionalização dos Trabalhadores da Área de Enfermagem. – 2. ed. revista – Brasília: Ministério da Saúde, Rio de Janeiro: Fiocruz, 2002.

PAPA FRANCISCO. Exortação Apostólica EVANGELII GAUDIUM do Santo Padre Francisco: http://w2.vatican.va/content/francesco/pt/apost_exhortations/documents/papa-francesco_esortazione-ap_20131124_evangelii-gaudium.html.

6

A SUSPENSÃO DA PRESCRIÇÃO EM TEMPO DE CORONAVÍRUS

Ney José de Freitas[1]

1. Introdução

E aconteceu.Chegou o tempo da crise. Curiosamente, ela não veio por meio de uma guerra nuclear. Não há, de certa forma, um confronto entre nações. As grandes potências fortemente armadas não encontram motivos para demonstrar a sua força bélica. Bombas, canhões e fuzis descansam nos quartéis. A destruição de vidas veio de modo invisível. Um vírus fraco. Recoberto por uma fina camada de gordura que não resiste à água e sabão. De outro lado, entretanto, insidioso. Capaz de penetrar no organismo humano iludindo a defesa imunológica e avançar, celeremente, para as vias respiratórias com a possibilidade concreta de provocar a morte da pessoa. E a presença da morte assusta. Desperta uma profunda angústia. Uma crise existencial devastadora. Mas, também é verdade que faz nascer no homem uma capacidade reflexiva que estava escondida no seu íntimo. Peço permissão para contar um fato. Há alguns dias vi um depoimento do Professor Luiz Flávio Gomes (18/01/2020).Narrava que tinha sido submetido a um transplante de medula, em decorrência de um câncer linfático. Estava confiante no sucesso da intervenção médica. O seu depoimento é permeado de emoção. Não mais o renomado jurista e professor. Apenas uma pessoa em momento grave da sua vida. Sem o paletó e a gravata. Uma camiseta branca e um suéter jogado sobre os ombros. Dizia de modo enfático, não espere um câncer para mudar a sua vida. Atenda as coisas urgentes,

1. Mestre (PUC-PR), Doutor (UFPR) e Pós Doutor (Universidade de Salento, Itália). Desembargador do Trabalho aposentado (TRT-Paraná), onde exerceu o cargo de Corregedor e Presidente. Conselheiro do Conselheiro Nacional de Justiça (2012/2013). Professor licenciado (PUC-PR), Membro titular da cadeira nº 50 da Academia Brasileira de Direito do Trabalho. Presidente da Câmara Nacional de Arbitragem Trabalhista (CANATRA). Advogado.

importantes e descarte aquelas irrelevantes. E encerra num tom comovente: eu sempre quis organizar uma playlist. Agora consegui. Vou ouvir minhas músicas preferidas. Deixar que as notas entrem no meu corpo, como entrou um sangue novo com o transplante de medula. Não houve tempo, lamentavelmente. Dias depois estava morto (1/04/2020). Esperamos que esta crise - e elas surgem com esse objetivo - seja a oportunidade, para toda a humanidade, de uma verdadeira reforma íntima. Pois há sempre esperança e a esperança, na lição consoladora do Padre Antônio Vieira, é a mais doce companheira da alma.

2. A crise do Direito

O mundo está em crise. O Direito como manifestação cultural, fruto da vida humana não poderia escapar a esse fenômeno. Observa-se que o Direito não consegue aprisionar o fato social. É simples a razão: a sociedade é dinâmica e o Direito é estático. Diante desse descompasso é que surge a crise. É preciso afirmar, desfazendo enganos, que a crise não é deletéria na sua configuração. Embora amarga, guarda no seu bojo os benefícios da mudança. Vale dizer, toda a crise traz embutida o germe da solução. O velho, bom e atual Orlando Gomes em 1955 escreveu, repetindo lição antiga, que o direito está em mora com os fatos.[2]

Em outra oportunidade tive a ocasião de escrever que o Direito como produto da cultura, logo, confinado à dimensão humana, está sujeito, como não poderia deixar de ser, ao fenômeno da mudança. Os institutos, os conceitos jurídicos servem, por determinado tempo, e, depois, precisam, necessariamente, do sopro de uma nova perspectiva. Assim deve ser, pois, o fenômeno social não se escraviza a coletes de força, nem a esquemas teóricos, como acentua Caio Tácito, e, talvez, fosse possível acrescentar que o Direito não pode e não deve, de outra parte, tornar-se prisioneiro de molduras definitivas, fruto de uma rigidez interpretativa que não autoriza a abertura para o novo, permitindo, assim, a permanência de modelos calcificados, autênticas velharias, em total descompasso com a realidade. A mudança pode ocorrer pela via legislativa ou pelo influxo que verte de uma ação hermenêutica atualizadora.[3]

Pois bem, lançadas essas premissas teóricas: ação do tempo sobre a vida e a crise do Direito, é possível examinar o tema jurídico da prescrição diante da pandemia do novo coronavírus.

3. Tempo e Direito

O homem é um ser temporal. A filosofia fez essa constatação de há muito tempo. Contudo, embora seja uma reflexão antiga, até os dias atuais, o rolar do tempo angustia a todos que se arriscam a pensar sobre esse tema. Dela não fugiu Agostinho, Bispo de

---

2. GOMES, Orlando. A crise do direito. São Paulo: Max Limonad, 1955, p. 17.
3. DE FREITAS, Ney José. Ato administrativo: presunção de validade e a questão do ônus da prova. Belo Horizonte: Fórum, 2007, p. 15.

Hipona. Nas suas Confissões escreveu que se ninguém me pergunta eu sei o que é o tempo, mas se me perguntam, já não sei[4]. Elogiável, sem dúvida, a honestidade intelectual de Agostinho, pois, de fato, nem ele sabia naquela época, nem a ciência e a filosofia sabem na atualidade. Aliás, ironia à parte, é ainda o Bispo de Hipona quem narra que alguém, não declina o nome, quando perguntado a respeito do que fazia Deus antes de criar o mundo, logo o tempo, respondeu que Deus preparava o inferno para aqueles que querem indagar sobre coisas demasiadamente profundas. De qualquer forma, não há dúvida, o tempo rege nossa vida. Entretanto, para o efeito deste discurso científico, é indubitável a constatação de que, dentre outras formas de abordagem, interessa-nos investigar o tempo como medida da vida, pois o tempo deixa de ser uma questão da astronomia, da religião, de concepções metafísicas, para ser tornar uma questão de técnica de medida. Esse é o tempo que domina o nosso cotidiano, herança da ciência moderna e da visão de realidade dominante na nossa época[5].

A lição acima transcrita põe em destaque o fato de que a nossa mente age no tempo. Não há outra forma, pelo menos no estágio atual da humanidade, senão o desenvolvimento do nosso pensamento numa sequência linear, logo associado à contagem, o mais simples de todos os ritmos. Por este motivo, pode se afirmar que certamente não é por acaso que as palavras aritmética e ritmo vem ambas de termos gregos derivados de uma raiz comum que significava fluir[6].

É com esta concepção de tempo – medida da vida – que pretendo examinar o tema da prescrição nos dias que correm.

4. A prescrição no direito comum

A prescrição sempre atormentou a mente do jurista. No fundo o que angustia é a ação do tempo sobre a vida. Tudo deságua na certeira lição de que a passagem do tempo traz constantemente à memória a beleza e a angústia da finitude da vida humana[7].

De fato, não é possível passar ao largo dos fenômenos da natureza no que se refere à sua influência no campo do Direito, pois,dentre os acontecimentos naturais ordinários, o decurso de tempo é dos que maiores influências exercem nas relações jurídicas[8].

A respeito do binômio tempo e vida,não posso sonegar ao leitor trecho de voto do Ministro Celso de Mello, proferido no RE 929.670 do DF (Lei da Ficha Limpa) quando, reportando-se à lição de Vicente Ráo, afirma que inexiste qualquer dúvida sobre as relações anteriormente consumadas que se extinguiram durante a vigência da norma

4. SANTO AGOSTINHO, Confissões, tradução de J. Oliveira e A. Ambrósio de Pina. 24ª ed. Petrópolis:Editora Vozes, 2009, p. 278.
5. BICUDO, Maria Aparecida Viggiani. Tempo, tempo vivido e história. Bauru: EDUSC, 2003, p. 30.
6. Obra citada, p. 30.
7. FERNANDEZ, Leandro; PAMPLONA FILHO, Rodolfo. Tratado da prescrição trabalhista, aspectos teóricos e práticos. São Paulo: LTR, 2017, p. 15.
8. GOMES, Orlando. Introdução ao Direito Civil. 4ª ed.Rio de Janeiro: Forense, 1974, p. 525.

anterior, produzindo todos os efeitos que lhes eram próprios. E prossegue, ainda em referência a Vicente Ráo: A nova norma jurídica jamais poderia alcançar, para alterá-los ou destruí-los, os fatos, os atos, os direitos dele resultantes e seus efeitos praticados e esgotados sob o império da norma antiga. Porque o que foi feito, feito está para sempre. Para encerrar este trecho do aludido voto, e reafirmar a força do tempo nas relações jurídicas, cita a extraordinária alocução de Portalis a respeito da força vinculante do tempo em nossas vidas: A inviolabilidade do passado é princípio que encontra fundamento na própria natureza do ser humano, pois... o homem que não ocupa se não um ponto no tempo e no espaço, seria o mais infeliz dos seres, se não se pudesse julgar seguro nem sequer quanto a sua vida passada. O passado pode deixar dissabores, mas põe termo a todas as incertezas (...). Seria agravar a triste condição da humanidade, querer mudar, através do sistema da legislação, o sistema da natureza, procurado, para o tempo que já se foi fazer reviver as nossas dores, sem nos restituir as nossas esperanças.

Embora em outro contexto, pela beleza da forma e riqueza de conteúdo, cito, sempre, um trecho de Celso Antônio Bandeira de Mello quando, distinguindo ato e fato administrativo (e a prescrição é um fato jurídico), assere que atos jurídicos são declarações, vale dizer, enunciados; são " falas" prescritivas. O ato jurídico é uma pronúncia sobre certa coisa ou situação, dizendo como ela deve ser, fatos jurídicos não são declarações; portanto, não são prescrições, não são falas, não pronunciam coisa alguma. O fato não diz nada, apenas ocorre. A lei é que fala sobre ele. Donde a distinção entre ato jurídico e fato jurídico é simplíssima[9].

No terreno jurídico, especificamente, trata-se, sem dúvida, de uma tensão entre o exercício do direito e o transcurso do tempo. Afirma Humberto Theodoro Junior que: "No fenômeno prescricional, na verdade se confrontam dois imperativos caros ao direito: o anseio de segurança nas relações jurídicas e a busca da justiça. Quando se reconhece a pretensão – força de coagir o violador do direito a realizar a prestação a que faz jus o titular do direito violado – atua-se em nome da justiça. A busca eterna da justiça, porém, longe de realizar a plenitude da paz social, gera intranquilidade e incerteza no tráfico jurídico que urge coibir. É preciso, por isso, estabelecer um modo harmônico de convivência entre os dois valores em choque"[10]. O sistema normativo tomou partido. Escolheu, entre os valores em confronto, o imperativo da segurança jurídica e da paz social. Talvez o legislador estivesse atento ao fato de que a relação jurídica tem um destino certo: caminha, como uma atração fatal, para a extinção. Conclui com acerto Theodoro Junior: "Nessa altura, ainda que se corra o risco de cometer alguma injustiça (o que nem sempre acontecerá) a obra da prescrição consistirá, basicamente, em consolidar situações de fato que tenham perdurado por longo tempo que, em nome da segurança e da paz social, devem se tornar definitivas"[11].

De modo geral a prescrição sempre foi tratada no campo do direito civil. Este fato é de fácil compreensão. Durante um largo tempo este ramo da ciência jurídica foi o centro

---

9. DE MELLO, Celso Antônio Bandeira. Curso de Direito Administrativo. 30ª ed. São Paulo: Malheiros, 2012, p. 378.
10. THEODORO JUNIOR, Humberto. Prescrição e preclusão. Interrupção da prescrição por ato do devedor. Litigância de má fé.Parecer publicado na Revista Forense nº 429, p. 18.
11. Parecer citado, p.18.

das atenções no sítio do direito privado. Contudo, a prescrição é matéria de teoria geral do direito, portanto, não se desconhece a sua aplicação em qualquer ramo do Direito. Mas, a elaboração doutrinária nos limites do direito civil é rica influenciando os demais ramos da ciência jurídica.

Aliás, nunca se dever esquecer que no sistema legal dos romanos, conhecido como *legis actiones*, havia um rígido sistema preclusivo. Como o direito civil é legítimo herdeiro do direito romano, haveria de ser neste ramo do ordenamento jurídico onde a prescrição floresceu com maior vigor e riqueza de conteúdo.

Vale dizer: a fonte de qualquer exame sobre a prescrição há de ser o direito civil. Somente depois será possível a adequação a outras ambiências da ciência jurídica.

Por isso, sempre convém citar Clóvis. O sempre lembrado Clóvis para quem a prescrição é a perda da ação atribuída a um direito, e de toda sua capacidade defensiva, em consequência do não uso dela durante um determinado tempo[12].

Dito de outra forma, mas no mesmo sentido, o clássico Câmara Leal ensina que a prescrição é a extinção de uma ação ajuizável, em virtude da inércia do seu titular durante certo lapso de tempo, na ausência de causas preclusivas de seu curso[13].

No fundo, bem no fundo, a prescrição, na sua contagem, constitui na linguagem saborosa de Vittorio Frosini em uma verdadeira técnica de manipulação do tempo[14].

Postas estas linhas fundamentais de conjunto, passo a examinar o tema propriamente dito.

5. A suspensão da prescrição em tempo de coronavírus

É preciso atentar para uma constatação, desfazendo equívocos. A prescrição transita pelos ramos do direito material e direito processual. Aqui, o exame interessa ao direito processual e, de modo especial, ao processo do trabalho. Contudo a conexão é indispensável, pois, as causas de suspensão do instituto prescricional radicam-se no direito civil.

Pois bem. Como dito anteriormente, as obrigações nascem, provocam alterações jurídicas e se extinguem. A relação jurídica, como tudo na vida, não é perpétua. Há a necessidade imperiosa de limites para o exercício do direito. Medite-se na seguinte lição: "No campo dos direitos, dos créditos, das pretensões, também existe um limite de tempo, mas, diferentemente das outras realidades, durante o qual não se opera uma perda de força ou seu esgotamento enquanto são exercidos tais direitos. Não tendem a se enfraquecer e a desaparecer no decurso do tempo que lhe é reservado se não aproveitados, exercidos ou reclamados. Continuam íntegros e plenos durante o período de vida

12. BEVILÁQUA, Clóvis apud LOPES, Serpa. Curso de Direito Civil. 3ª ed. Rio de Janeiro: Livraria Freitas Bastos, 1961, p. 574-575.

13. LEAL, Câmara. Da prescrição e da decadência: teoria geral do direito civil. 3ª ed. Rio de Janeiro: Forense, 1978, p. 12.

14. FROSINI, Vittorio. Temporalitá e Diritto, Rivista di Diritto Civile. Imprenta: Pádova, Milani, vol. 45 n. 4, p. 431-437, luglio/ag 1999.

que a eles é destinado, podendo ser exercidos a todo o momento. No entanto, alcançado o seu termo, a ordem jurídica não mais garante sua proteção. Opera-se a extinção por obra do tempo, que é fatal e não tolera exceções. Mostra-se apropriada a observação de J. M. Leoni Lopes de Oliveira: "O tempo não espera por ninguém. O ontem é história. O amanhã é um mistério. O hoje é uma dádiva. Por isso é chamado *presente*"[15].

Não interessa, nesta quadra, refletir sobre a polêmica antiga a respeito do dilema: prescreve a pretensão ou o direito. O Código Civil em vigor perfilhou a orientação do direito alemão no sentido de que a pretensão não exercida no prazo da lei, extingue-se. A regra encontra-se estampada no artigo 189 do Código Civil. Assim, violado o direito, surge a oportunidade para o exercício do direito constitucional da ação. Se o interessado se acomoda em postura inerte, concorre para que a pretensão seja fulminada, consolidando-se a situação daquele que feriu a norma.

Assim ocorre de modo geral. Mas, nada na vida tem caráter absoluto. Em determinadas circunstâncias a lei elencou casos em que - lembre-se a manipulação do tempo a que aludiu Vittorio Frosini - o prazo da prescrição não corre. Para efeito deste discurso interessam as hipóteses de suspensão do prazo prescricional.

Em forma sintética, mas dotada de precisão e beleza, Antônio de Almeida Oliveira assevera que "É a suspensão da prescrição um obstáculo que durante algum tempo a faz dormir em favor de certas pessoas, impedindo-a de começar, ora de concluir seu curso"[16]. As causas que suspendem a prescrição estão contidas nos artigos 197 a 199 do Código Civil em vigor. Aqui a intersecção entre o direito material e o direito processual. É que, embora posta no direito material, o exercício da pretensão em juízo será manejado pela via do instrumento da jurisdição que é o processo. A matéria de suspensão prescricional em tempo de normalidade não poupa a doutrina e a jurisprudência de exercer o ofício hermenêutico, pois, surgem casos dotados de alto grau de complexidade a respeito da contagem do prazo da prescrição. É de se imaginar em situações que fogem ao correr normal da vida. Há uma premissa fundamental que deve ser observada. Os artigos 197 a 199 do Código Civil não mencionam eventos estranhos à ação humana como hipótese de obstáculo ao manejo da pretensão perante o Poder Judiciário.

Vale dizer, a pandemia do novo coronavírus - capaz de provocar a morte, fenômeno que encerra o ciclo de direitos da pessoa humana - tem vitalidade para paralisar os efeitos do tempo, de modo geral, suspendendo os efeitos da prescrição?

Penso que há um empecilho inicial que merece exame. A prescrição é matéria da reserva legal. Essa foi a opção do sistema normativo. Logo, fora da lei não ocorre suspensão da prescrição. Nesse sentido, Pontes de Miranda: "... a lei civil brasileira não falou de suspensão da prescrição se há obstáculo legal ou judicial.... Não se pode a pretexto de decorrerem da natureza das coisas ou da equidade, criar espécies de interrupção,

---

15. RIZZARDO, Arnaldo; RIZZARDOFILHO, Arnaldo; RIZZARDO, Carine Ardissone. Prescrição e decadência. 3ª ed. Rio de Janeiro: Forense, 2018, p. 1.

16. RIZZARDO, Arnaldo; RIZZARDO FILHO, Arnaldo; RIZZARDO, Carine Ardissone. Prescrição e decadência. 3ª ed. Rio de Janeiro: Forense, 2018, p. 71.

de suspensão, que não constem do Código Civil, ou de textos de lei"[17]. Essa posição de Pontes de Miranda parece não prevalecer na doutrina e na jurisprudência. A sua rigidez não se conforma com a natureza do Direito que é de alívio das tensões que se formam no seio da sociedade. Afirma Theodoro Junior que há doutores com acolhida na jurisprudência que defendem a suspensão, mesmo fora da enumeração da lei, em caso de absoluta impossibilidade de o titular da pretensão exercitá-la dentro do lapso da prescrição. Entretanto o autor adverte:"A nosso ver, a questão deve ser objeto de exame cuidadoso para não se agredir a teoria da prescrição, que se assenta sobre princípios de ordem pública, dos quais o interprete não deve se afastar sem que outros princípios equivalentes o sustentem". E prossegue:"Em princípio, portanto, não se devem acolher fatos distintos daqueles que a lei enumera para ampliar ou embaraçar a fluência da prescrição. Só a lei tem poder nesse terreno. Se não previu, portanto, certo fato como suspensivo da prescrição, o intérprete, em princípio, não deve considerá-lo"[18].

Observa-se, portanto, que a prescrição somente suspende-se por força da lei. Parece que, em princípio, não é possível resolver a questão no campo hermenêutico, por via de interpretação ampliativa. No direito estrangeiro a matéria sempre foi tratada por lei, por exemplo no Código Civil português, artigo 321, números 1 e 2; no Código de Quebec, artigo 2904; no Código Civil alemão, § 206, com variações; no Código Civil argentino, artigo 3980. De outra parte, informam Aline Miranda Valverde e Daniel Bucar em interessante artigo doutrinário, publicado no Estado de São Paulo de 15/04/2020, que em relação ao SARS-Cov-2 a norma espanhola que declarou o estado de emergência (Decreto Real 463/2020) previu expressamente a suspensão dos prazos prescricionais no tocante a qualquer pretensão enquanto durar o estado de emergência. No mesmo sentido a Lei nº 1-A/2020, de Portugal.Lamentavelmente, tal fato não ocorreu no Brasil com o Decreto Legislativo 06/2020. Houve o reconhecimento de estado de calamidade para vários efeitos sem referir-se ao prazo prescricional. E concluem os citados autores que o momento é excepcional e exige medidas da mesma natureza, não sendo razoável exigir-se dos credores que voltem o seu olhar para suas pretensões nesta altura dos acontecimentos[19].

Penso que, de fato, esta medida somente pode ser feita por lei. Mas, de outra parte, o momento é grave e excepcional e exige uma abertura hermenêutica. Em artigo publicado no informativo Conjur de 11/04/2020, o Ministro Gilmar Mendes afirma que "A atuação do Supremo Tribunal Federal nesse contexto inequivocamente demanda uma abertura hermenêutica da jurisdição constitucional à compreensão e confirmação da realidade econômica e social experimentada. Invoco mais uma vez a célebre expressão de Konrad Hesse: "Not kent kein Gebot: necessidade não conhece princípio. Daí a sua

17. MIRANDA, Pontes de. Tratado de Direito Privado. Parte Geral. São Paulo: RT, 2012. Tomo VI, p. 317.
18. THEODORO JUNIOR, Humberto. Prescrição e decadência. Rio de Janeiro: Forense, 2018, p. 115.
19. VALVERDE,Aline Miranda; BUCAR, Daniel. Prescrição e covid-19: o que pode ser feito em relação aos prazos prescricionais.Artigo publicado no Estado de São Paulo em15 de abril de 2020.

defesa enfática para que o texto constitucional contemple uma disciplina adequado do Estado de necessidade ou estado emergencial"[20].

Entretanto, essa abertura não pode ir ao extremo de permitir a suspensão, de modo geral, do prazo da prescrição. O vetor adequado,para mim foi apreendido por Theodoro Junior quando afirma que a atuação jurisdicional oferece regras importantes de onde se pode extrair princípios a respeito da prescrição, pois, embora localizada no direito material, configura, de outro lado, prazo para o manejo da pretensão em juízo, por intermédio da ação. E conclui:"A propósito, é muito ponderada a lição de Manuel A. Domingues de Andrade, extraída justamente da sistemática processual portuguesa no tratamento dos prazos peremptórios, que o Código considera fatais e que, por isso, fazem extinguir o direito da parte pelo transcurso do respectivo termo. A lei, no entanto, põe a salvo a hipótese de "justo impedimento". É o que ocorre, também, no direito processual brasileiro (CPC/2015, arts. 222 e 2235). Observa que, no âmbito do processo, alegado o impedimento, o juiz, se verificar que de fato ele ocorreu e que deve ser qualificado como justo, admitirá que a parte pratique o ato mesmo depois de vencido o prazo peremptório (entre nós: CPC/2015, art. 223). Lembra Domingues de Andrade que, para o processo, "só se considera justo impedimento o evento imprevisto e estranho à vontade da parte e que a coloque na impossibilidade de praticar o ato por si ou por mandatário". Considera justa esta solução e preconiza sua adoção, também, para os casos de prescrição. Adverte que não se deve dar a eventos como doenças, terremotos, catástrofes, cessação de serviços forenses etc., a força de suspender longos prazos prescricionais a meio caminho de sua fluência. Não seria razoável paralisar a contagem da prescrição a cada dia que a parte adoecesse ou o fórum cerrasse suas portas, se ainda há longo tempo e ampla oportunidade para o titular da pretensão cuidar do seu ajuizamento. Quando, porém, o embaraço grave e incontornável se dá nas vizinhanças do término da prescrição é razoável considerá-lo como justo motivo para impedir o trancamento do acesso da parte ao juízo. Tal como se passa com os atos do processo em geral, o juiz diante do motivo de força maior, que impediu o credor de ajuizar a ação antes de consumada a prescrição, e uma vez reconhecida a justeza do motivo, deverá reconhecer em seu favor a suspensão do prazo extintivo da pretensão, dando valor, portanto, ao ajuizamento da demanda depois do prazo legal. Para tanto, é necessário que a parte proponha a ação tão logo superado o obstáculo que a impedia de agir e que o comprove satisfatoriamente."[21]

Em outras palavras: caberá ao juiz, no caso concreto, verificar se a parte estava impossibilitada de exercer o direito de ação. Constatando o fato, poderá relevar a prescrição. Essa proposta tem a vantagem de resolver outro dilema. No fundo tudo se resume em assegurar ao cidadão o acesso à jurisdição, por meio de um processo justo. Em rigor o Poder Judiciário Nacional está em funcionamento, seja por meio digital ou tradicional. O próprio Conselho Nacional de Justiça editou a Resolução 313/2020 que instituiu

20. MENDES, Gilmar. Jurisprudência da Crise e pensamento do possível: caminhos constitucionais. Artigo publicado no informativo Conjur em 11 de abril de 2020.
21. JUNIOR, Humberto Theodoro. Prescrição e decadência. Rio de Janeiro: Forense, 2018, p. 115-116.

o regime de plantão extraordinário, visando uniformizar o funcionamento do serviço judiciário com o objetivo de evitar contágio da Covid-19. Portanto, o acesso à justiça restou garantido. É verdade que o CNJ na resolução antes citada (artigo5º) suspendeu prazos processuais. Mas tal suspensão não alcança e nem poderia alcançar os prazos prescricionais. A esse respeito Thales Silva, em artigo publicado no informativo Conjur de 29/03/2020 adverte que: "Em outras palavras, é importante que se diga que a suspensão de prazos processuais e toda essa aparente paralização dos Tribunais - como pode ser interpretado por muitos - na verdade, não interromperá o curso do prazo prescricional para o ajuizamento dessas ações judiciais, fato que deve despertar a atenção dos contribuintes de uma forma geral"[22].

Neste caso, na tensão entre o valor da segurança jurídica e o valor da justiça, deve prevalecer este último. Rodrigo Mazzei e Bernardo Azevedo, em elucidativo artigo publicado no informativo Migalhas de 31/03/2020 ensinam que: "Os argumentos delineados até aqui se encontram em consonância com um dos fundamentos basilares da prescrição, a saber: negligência do titular do direito. Este fundamento revela em verdade, a aplicação do valor justiça, segundo o qual " o tempo não pode extinguir direitos ou pretensões se o titular não foi negligente ao não exercê-lo". Não se pode imputar a pecha de negligente àquele que se viu impedido, por força maior de romper a sua inércia e, assim exercer sua pretensão perante o Judiciário. Pensar diferente significa ignorar o valor da justiça, que, ao lado da segurança jurídica representa fundamento basilar da prescrição".E concluem de modo certeiro: "O direito, de fato, socorre aos que se isolam"[23].Contudo,como no Direito tudo pode se controverter, se possível, é prudente ajuizar a demanda. Aqui se cuida de situações limite, onde a pretensão corre o risco de perecer e a parte diante da situação de fato não conseguir movimentar a máquina do Poder Judiciário por conta da pandemia.

Há verdadeiro impedimento que obsta o exercício do direito de ação. Nesse caso não se pode aludir a estado de inércia. Vencido o prazo previsto na lei, existindo condições, a parte aciona o Poder Judiciário. Em tempo de normalidade o juiz não pode, em hipótese alguma, relevar a prescrição. A lei em vigor autoriza o juiz a reconhecer a prescrição de ofício. Mas afastá-la, nunca. Parece razoável concluir que em tempo de pandemia, havendo motivo justo, em afeição ao valor da justiça, pode o magistrado descartar a prescrição e acolher a demanda. Em abono a essa tese, ainda Rodrigo Mazzei e Bernardo Azevedo indicam julgado do Superior Tribunal de Justiça onde restou destacado que, segundo a orientação jurisprudencial da Corte, é prorrogável o prazo prescricional findo no curso do recesso forense, devendo a demanda ser ajuizada no primeiro dia útil seguinte ao seu término. Admitindo-se a alteração do prazo prescricional nessa hipótese não seria justo afastar-se essa possibilidade em situação de maior gravidade.Esta forma

22. SILVA, Thales. Covid-19 e o fluxo dos prazos prescricionais em matéria Tributária. Artigo publicado no Conjur em 29 de março de 2020.

23. MAZZEI, Rodrigo; AZEVEDO, Bernardo. O direito não socorre aos que dormem. E aos que se isolam? Artigo publicado no informativo Migalhas em 31 de março de 2020.

de resolver o dissenso parece amoldar-se melhor ao sistema normativo. Vale dizer: assegura à parte o direito de natureza constitucional de ver examinada sua pretensão, sem o obstáculo da prescrição, e ao mesmo tempo preserva a integridade da ordem jurídica.

Em suma: mesmo reconhecendo-se a gravidade da pandemia trazida pelo novo coronavírus, a suspensão da prescrição não pode ser admitida de modo geral, diante do fato de que a matéria é da reserva legal. De outra parte, o Poder Judiciário, com algumas restrições, continua em funcionamento, ao menos para situações de urgência, o que afasta a alegação de bloqueio de acesso à justiça. Diante desta tensão é razoável - em prestigiamento ao valor da justiça - assentar que pode o juiz da causa relevar a prescrição, desde que demonstrado o justo impedimento para o exercício da demanda, e prosseguir no curso do processo até a sentença que deve resolver o mérito da causa.

6. Conclusão

A título de conclusão, pode-se afirmar:

O tempo rege nossa vida, e, no que interessa ao presente discurso científico, o tempo como medida da existência. O Direito, como produto da dimensão humana, sujeita-se a crise que permeia toda a atividade existente na sociedade. A crise traz embutida o germe da solução. Trata-se de fenômeno que na moderna história da ciência denomina-se mudança de paradigma.Dentre os institutos jurídicos a prescrição é o que mais sofre influência do rolar do tempo. Tem-se que, para efeito de raciocínio, a prescrição é a perda da ação atribuída a um direito, e de toda sua capacidade defensiva, em consequência do não uso dela durante determinado espaço de tempo. A suspensão da prescrição somente pode ser efetuada por meio de lei. Há que se tomar todos os cuidados para o exercício da abertura hermenêutica.O acesso à justiça, ainda que com restrições, continua aberto. O juiz em situação de normalidade pode declarar de ofício a prescrição, mas, jamais, desprezá-la. Diante de uma situação anormal e não previsível trazida pela pandemia do novo coronavírus, e diante da inequívoca demonstração da parte que não conseguiu superar o impedimento surgido, proposta a ação, pode o juiz relevar a prescrição e prosseguir no julgamento da causa.

Bibliografia

BEVILÁQUA, Clóvis apud LOPES, Serpa. **Curso de Direito Civil.** 3ª ed. Rio de Janeiro: Livraria Freitas Bastos, 1961.

BICUDO, Maria Aparecida Viggiani. **Tempo, tempo vivido e História**. Bauru: EDUSC, 2003.

DE FREITAS, Ney José. **Ato administrativo: presunção de validade e a questão do ônus da prova**. Belo Horizonte: Fórum, 2007.

DE MELLO, Celso Antônio Bandeira. **Curso de Direito Administrativo**. 30ª ed. São Paulo: Malheiros, 2012.

FERNANDEZ, Leandro; PAMPLONA FILHO, Rodolfo. **Tratado da prescrição trabalhista, aspectos teóricos e práticos.** São Paulo: LTR, 2017.

FROSINI, Vittorio Temporalitá e Diritto, Rivista di Diritto Civile. Imprenta: Pádova, Milani, vol. 45 n. 4, p. 431-437, luglio/ag 1999.

GOMES, Orlando. **A crise do direito**. São Paulo: Max Limonad, 1955.

GOMES, Orlando. **Introdução ao Direito Civil.** 4ª ed: Forense, 1974.

LEAL, CÂMARA. **Da prescrição e da decadência: teoria geral do direito civil**. 3ª ed. Rio de Janeiro: Forense, 1978.

MAZZEI, Rodrigo; AZEVEDO, Bernardo. **O direito não socorre aos que dormem. E aos que se isolam?** Artigo publicado no informativo Migalhas em 31 de março de 2020.

MENDES, Gilmar. **Jurisprudência da Crise e pensamento do possível: caminhos constitucionais.** Artigo publicado no informativo Conjur em 11 de abril de 2020.

MIRANDA, Pontes de. **Tratado de Direito Privado. Parte Geral**. São Paulo: RT, 2012. Tomo VI.

RIZZARDO, Arnaldo; RIZZARDO FILHO, Arnaldo; RIZZARDO, Carine Ardissone. **Prescrição e decadência**. 3ª ed. Rio de Janeiro: Forense, 2018, p. 71.

SANTO AGOSTINHO.**Confissões**, tradução de J. Oliveira e A. Ambrósio de Pina. 24ª ed. Petrópolis: Editora Vozes, 2009.

SILVA, Thales. **Covid-19 e o fluxo dos prazos prescricionais em matéria Tributária**. Artigo publicado no Conjur em 29 de março de 2020.

THEODORO JUNIOR, Humberto Theodoro. **Prescrição e preclusão. Interrupção da prescrição por ato do devedor. Litigância de má fé.**Parecer publicado na Revista Forense nº 429, p. 18.

THEODORO JUNIOR, Humberto. **Prescrição e decadência**. Rio de Janeiro: Forense, 2018.

VALVERDE, Aline Miranda; BUCAR, Daniel. **Prescrição e covid-19: o que pode ser feito em relação aos prazos prescricionais**.Artigo publicado no Estado de São Paulo em 15 de abril de 2020.

WHITROW, Gerald James. **O Tempo na História: Concepções do tempo da pré-história aos nossos dias**, tradução de Maria Luiza de A. Borges, Rio de Janeiro: Editora Jorge Zahar, 1993.

Seção IV

A RELAÇÃO INDIVIDUAL DE TRABALHO

1

AUSÊNCIAS AO TRABALHO EM TEMPOS DE CORONAVÍRUS

Gustavo Filipe Barbosa Garcia[1]

1. Introdução

O presente estudo tem como objetivo analisar as principais consequências do coronavírus no contrato de trabalho.

Com esse intuito, são examinadas as principais medidas que podem ser adotadas para o enfrentamento da emergência de saúde pública decorrente do coronavírus, com destaque ao isolamento e à quarentena, e suas repercussões trabalhistas.

De modo mais específico, cabe verificar o tratamento jurídico dos dias não trabalhados e os benefícios previdenciários devidos ao empregado em razão do coronavírus.

2. Medidas para enfrentamento do coronavírus

A Portaria 188, de 03 de fevereiro de 2020, do Ministério da Saúde, considerando a declaração de emergência em saúde pública de importância internacional pela Organização Mundial da Saúde, em 30 de janeiro de 2020, declarou emergência em saúde pública de importância nacional em decorrência da infecção humana pelo novo coronavírus (2019-nCoV).

A Lei 13.979, de 06 de fevereiro de 2020, com entrada em vigor na data de sua publicação, ocorrida em 07.02.2020, dispõe sobre as medidas que podem ser adotadas para

1. Livre-Docente pela Faculdade de Direito da Universidade de São Paulo. Doutor em Direito pela Faculdade de Direito da Universidade de São Paulo. Pós-Doutorado em Direito pela Universidade de Sevilla. Especialista em Direito pela Universidade de Sevilla. Membro da Academia Brasileira de Direito do Trabalho, Titular da Cadeira 27. Membro Pesquisador do IBDSCJ. Membro do Instituto Brasileiro de Direito Processual. Professor Titular do Centro Universitário do Distrito Federal. Professor da Faculdade de Direito da Universidade Presbiteriana Mackenzie. Advogado.

enfrentamento da emergência de saúde pública de importância internacional decorrente do coronavírus responsável pelo surto de 2019.

A Portaria 356, de 11 de março de 2020, do Ministério da Saúde, regulamenta o disposto na Lei 13.979, de 06 de fevereiro de 2020, que estabelece as medidas para enfrentamento da emergência de saúde pública de importância internacional em decorrência da infecção humana pelo coronavírus (COVID-19).

Frise-se que as medidas estabelecidas no referido diploma legal objetivam a proteção da coletividade (art. 1º, § 1º, da Lei 13.979/2020).

Com isso, para enfrentamento da emergência de saúde pública de importância internacional decorrente do coronavírus, podem ser adotadas, entre outras, as seguintes medidas:

I - isolamento;

II - quarentena;

III - determinação de realização compulsória de: a) exames médicos; b) testes laboratoriais; c) coleta de amostras clínicas; d) vacinação e outras medidas profiláticas; e) tratamentos médicos específicos;

IV - estudo ou investigação epidemiológica;

V - exumação, necropsia, cremação e manejo de cadáver;

VI - restrição excepcional e temporária, conforme recomendação técnica e fundamentada da Agência Nacional de Vigilância Sanitária, por rodovias, portos ou aeroportos de: a) entrada e saída do País; b) locomoção interestadual e intermunicipal;

VII - requisição de bens e serviços de pessoas naturais e jurídicas, hipótese em que será garantido o pagamento posterior de indenização justa;

VIII - autorização excepcional e temporária para a importação de produtos sujeitos à vigilância sanitária sem registro na Anvisa, desde que: a) registrados por autoridade sanitária estrangeira; b) previstos em ato do Ministério da Saúde (art. 3º da Lei 13.979/2020).

Para fins do disposto na Lei 13.979/2020, considera-se *isolamento* a separação de pessoas doentes ou contaminadas, ou de bagagens, meios de transporte, mercadorias ou encomendas postais afetadas, de outros, de maneira a evitar a contaminação ou a propagação do coronavírus (art. 2º, inciso I).

Considera-se *quarentena*, por sua vez, a restrição de atividades ou separação de pessoas suspeitas de contaminação das pessoas que não estejam doentes, ou de bagagens, contêineres, animais, meios de transporte ou mercadorias suspeitos de contaminação, de maneira a evitar a possível contaminação ou a propagação do coronavírus (art. 2º, inciso II, da Lei 13.979/2020).

De modo mais específico, a medida de *isolamento* objetiva a separação de pessoas sintomáticas ou assintomáticas, em investigação clínica e laboratorial, de maneira a evitar a propagação da infecção e transmissão local (art. 3º da Portaria 356/2020 do Ministério da Saúde).

A medida de isolamento somente pode ser determinada por prescrição médica ou por recomendação do agente de vigilância epidemiológica, por um prazo máximo de 14 dias, podendo se estender por até igual período, conforme resultado laboratorial que comprove o risco de transmissão (art. 3º, § 1º, da Portaria 356/2020).

A medida de *quarentena* tem como objetivo garantir a manutenção dos serviços de saúde em local certo e determinado (art. 4º da Portaria 356/2020 do Ministério da Saúde). Trata-se de medida de saúde pública[2] que restringe o trânsito de pessoas em determinados locais, com o objetivo de reduzir a transmissão do coronavírus[3].

A medida de quarentena será determinada mediante *ato administrativo formal e devidamente motivado* e deve ser editada por Secretário de Saúde do Estado, do Município, do Distrito Federal ou Ministro de Estado da Saúde ou superiores em cada nível de gestão, a ser publicada no Diário Oficial e amplamente divulgada pelos meios de comunicação (art. 4º, § 1º, da Portaria 356/2020).

A medida de quarentena será adotada pelo prazo de até 40 dias, podendo se estender pelo tempo necessário para reduzir a transmissão comunitária e garantir a manutenção dos serviços de saúde no território (art. 4º, § 2º, da Portaria 356/2020). A extensão do mencionado prazo da quarentena depende de prévia avaliação do Centro de Operações de Emergências em Saúde Pública (art. 4º, § 3º, da Portaria 356/2020).

De todo modo, a medida de quarentena não pode ser determinada ou mantida após o encerramento da declaração de emergência em saúde pública de importância nacional (art. 4º, § 4º, da Portaria 356/2020).

Para a aplicação das medidas de isolamento e quarentena devem ser observados os protocolos clínicos do coronavírus (COVID-19) e as diretrizes estabelecidas no Plano Nacional de Contingência Nacional para Infecção Humana novo Coronavírus (Covid-19), disponíveis no sítio eletrônico do Ministério da Saúde, com a finalidade de garantir a execução das medidas profiláticas e o tratamento necessário (art. 10 da Portaria 356/2020 do Ministério da Saúde).

O encerramento da aplicação das medidas para enfrentamento da emergência de saúde pública de importância internacional em decorrência da infecção humana pelo coronavírus (COVID-19) fica condicionado à situação de emergência de saúde pública de importância nacional, declarada por meio da Portaria 188/2020 do Ministério da Saúde (art. 12 da Portaria 356/2020 do Ministério da Saúde).

---

2. Cf. SANTOS, Iris Almeida dos; NASCIMENTO, Wanderson Flor do. As medidas de quarentena humana na saúde pública: aspectos bioéticos. *Revista Bioethikos*, Centro Universitário São Camilo, v. 8, n. 2, p. 176, abr.-jun. 2014: "Também, a quarentena, no presente caso, deve ser entendida como uma medida de saúde pública visando a conter alguma epidemia". Disponível em: <https://saocamilo-sp.br/assets/artigo/bioethikos/155563/A05.pdf>. Acesso em: 11 abr. 2020.

3. Cf. BRASIL. Ministério da Saúde. *Saúde regulamenta condições de isolamento e quarentena*, 13 de março de 2020. Disponível em: <https://www.saude.gov.br/noticias/agencia-saude/46536-saude-regulamenta-condicoes-de-isolamento-e-quarentena>. Acesso em: 11 abr. 2020.

O encerramento da emergência de saúde pública de importância nacional está condicionado à avaliação de risco realizada pela Secretaria de Vigilância em Saúde do Ministério da Saúde (art. 12, parágrafo único, da Portaria 356/2020 do Ministério da Saúde).

3. Ausência ao trabalho em razão do coronavírus

No âmbito da Organização dos Estados Americanos (OEA), a Comissão Interamericana de Direitos Humanos (CIDH) adotou a Resolução 1/2020, em 10 de abril de 2020, sobre Pandemia e Direitos Humanos nas Américas[4].

No mencionado diploma internacional, ressalta-se, na introdução, que as Américas e o mundo enfrentam atualmente uma emergência de saúde global sem precedentes causada pela pandemia do vírus que causa o COVID-19, em face da qual as medidas adotadas pelos Estados na atenção e contenção do vírus devem ter como centro o pleno respeito aos direitos humanos.

Em consonância com o item 5 da Resolução 1/2020, a Comissão Interamericana sobre Direitos Humanos formula recomendação aos governos dos Estados membros, no sentido de proteger os direitos humanos, e particularmente os direitos econômicos, sociais, culturais e ambientais (DESCA), das pessoas trabalhadoras em maior situação de risco pela pandemia e suas consequências. É importante tomar medidas que velem por assegurar ingressos econômicos (rendas) e meios de subsistência de todas as pessoas trabalhadoras, de modo que tenham igualdade de condições para cumprir as medidas de contenção e proteção durante a pandemia, assim como condições de acesso a alimentação e outros direitos essenciais. As pessoas que tenham de prosseguir realizando suas atividades laborais devem ser protegidas dos riscos de contágio do vírus e, em geral, deve-se dar adequada proteção aos trabalhos, salários, à liberdade sindical e negociação coletiva, pensões e demais direitos sociais inter-relacionados com o âmbito laboral e sindical.

Especificamente quanto ao tema em estudo, considera-se *falta justificada* ao serviço público ou à atividade laboral privada o período de ausência decorrente das medidas para enfrentamento da emergência de saúde pública de importância internacional decorrente do coronavírus (art. 3º, § 3º, da Lei 13.979/2020).

Logo, em se tratando de empregado, o período de ausência decorrente de isolamento, quarentena, determinação de realização compulsória de exames médicos, testes laboratoriais, coleta de amostras clínicas, vacinação e outras medidas profiláticas, ou tratamentos médicos específicos, estudo ou investigação epidemiológica e restrição excepcional e temporária de entrada e saída do País tem natureza de *interrupção* do contrato de trabalho, de modo que o salário é devido e o tempo de serviço, inclusive quanto ao FGTS (art. 7º, inciso III, da Constituição Federal de 1988 e Lei 8.036/1990), deve ser computado.

4. Cf. ORGANIZAÇÃO DOS ESTADOS AMERICANOS. Comissão Interamericana de Direitos Humanos. *Resolução nº 1/2020*. Pandemia e Direitos Humanos nas Américas, 10 de abril de 2020. Disponível em: <http://www.oas.org/es/cidh/decisiones/pdf/Resolucion-1-20-es.pdf>. Acesso em: 11 abr. 2020.

Da mesma forma, as contribuições previdenciárias são devidas pelo empregador, empresa e entidade equiparada, bem como pelo segurado (art. 195, incisos I, *a*, e II, da Constituição Federal de 1988) e, consequentemente, o período deve ser reconhecido como tempo de contribuição para o segurado se a contribuição for igual ou superior à contribuição mínima mensal exigida para a sua categoria, assegurado o agrupamento de contribuições (art. 195, § 14, da Constituição da República, incluído pela Emenda Constitucional 103/2019).

4. Auxílio-doença

No âmbito do Regime Geral de Previdência Social, o auxílio-doença (auxílio por incapacidade temporária) é devido ao segurado que, havendo cumprido, quando for o caso, o período de carência, ficar incapacitado para o seu trabalho ou para a sua atividade habitual por mais de 15 dias consecutivos (art. 59 da Lei 8.213/1991)[5].

A concessão do auxílio-doença, em regra, depende do período de carência de 12 contribuições mensais (art. 25, inciso I, da Lei 8.213/1991)[6].

Independe de carência a concessão de auxílio-doença nos casos de acidente de qualquer natureza ou causa e de doença profissional ou do trabalho, bem como nos casos de segurado que, após filiar-se ao Regime Geral de Previdência Social, for acometido de alguma das doenças e afecções especificadas em lista elaborada pelos Ministérios da Saúde e da Previdência Social (atualmente, Ministério da Economia), atualizada a cada três anos, de acordo com os critérios de estigma, deformação, mutilação, deficiência ou outro fator que lhe confira especificidade e gravidade que mereçam tratamento particularizado (art. 26, inciso II, da Lei 8.213/1991)[7].

Frise-se que mantém a qualidade de segurado, independentemente de contribuições, até 12 meses após cessar a segregação, o segurado acometido de doença de segregação compulsória (art. 15, inciso III, da Lei 8.213/1991). Trata-se de *período de graça* que pode ocorrer em caso de isolamento em razão de doença decorrente do coronavírus.

Na realidade, o benefício previdenciário em questão não é devido em razão de doença em si, mas sim da incapacidade temporária para o trabalho ou para a atividade

5. Cf. MARTINS, Sergio Pinto. *Direito da seguridade social.* 35. ed. São Paulo: Atlas, 2015. p. 341.

6. Cf. LEITÃO, André Studart; MEIRINHO, Augusto Grieco Sant'Anna. *Manual de direito previdenciário.* 4. ed. São Paulo: Saraiva, 2016. p. 318.

7. Conforme o art. 151 da Lei 8.213/1991: "Até que seja elaborada a lista de doenças mencionada no inciso II do art. 26, independe de carência a concessão de auxílio-doença e de aposentadoria por invalidez ao segurado que, após filiar-se ao RGPS, for acometido das seguintes doenças: tuberculose ativa, hanseníase, alienação mental, esclerose múltipla, hepatopatia grave, neoplasia maligna, cegueira, paralisia irreversível e incapacitante, cardiopatia grave, doença de *Parkinson*, espondiloartrose anquilosante, nefropatia grave, estado avançado da doença de *Paget* (osteíte deformante), síndrome da deficiência imunológica adquirida (aids) ou contaminação por radiação, com base em conclusão da medicina especializada".

habitual[8]. Confirmando o exposto, o art. 201, inciso I, da Constituição da República, com redação dada pela Emenda Constitucional 103/2019, estabelece que a Previdência Social deve atender, na forma da lei, a cobertura do evento de incapacidade temporária para o trabalho.

Logo, em caso de empregado infectado pelo coronavírus, o auxílio-doença é devido se ele estiver incapacitado temporariamente para realizar o seu trabalho habitual.

Como salienta Fábio Zambitte Ibrahim: "A doença, por si só, não garante o benefício – o evento deflagrador é a incapacidade. Pode um segurado ter uma doença, como miopia, mas nem por isso ser incapacitado"[9].

O auxílio-doença é devido ao segurado empregado a contar do 16º dia do afastamento da atividade, e, no caso dos demais segurados, a contar da data do início da incapacidade e enquanto ele permanecer incapaz (art. 60 da Lei 8.213/1991). Quando requerido por segurado afastado da atividade por mais de 30 dias, o auxílio-doença é devido a contar da data da entrada do requerimento (art. 60, § 1º, da Lei 8.213/1991)[10].

Em caso de auxílio-doença, o empregado é considerado em licença não remunerada durante o prazo desse benefício (art. 476 da CLT)[11]. Portanto, em regra, ocorre a suspensão do contrato de trabalho durante o recebimento do mencionado benefício previdenciário, pois o salário não é devido pelo empregador nesse período.

Durante os primeiros 15 dias consecutivos ao do afastamento da atividade por motivo de doença, incumbe à empresa pagar ao segurado empregado o seu salário integral (art. 60, § 3º, da Lei 8.213/1991). Nota-se que essa previsão específica não se aplica ao empregado doméstico[12]. Logo, em se tratando de segurado empregado, os primeiros 15 dias têm natureza de interrupção do contrato de trabalho.

A empresa que dispuser de serviço médico, próprio ou em convênio, terá a seu cargo o exame médico e o abono das faltas correspondentes ao período relativo aos primeiros 15 dias, somente devendo encaminhar o segurado à perícia médica da Previdência Social quando a incapacidade ultrapassar 15 dias (art. 60, § 4º, da Lei 8.213/1991)[13].

---

8. Cf. IBRAHIM, Fábio Zambitte. *Curso de direito previdenciário*. 21. ed. Rio de Janeiro: Impetus, 2015. p. 644: "O risco coberto é a incapacidade para o trabalho, oriunda de doenças ou mesmo acidentes (o nome da prestação induz a erro). Como o evento é imprevisível, tem-se aí a sua natureza não programada".
9. IBRAHIM, Fábio Zambitte. *Curso de direito previdenciário*. 21. ed. Rio de Janeiro: Impetus, 2015. p. 644.
10. Cf. GARCIA, Gustavo Filipe Barbosa. *Manual de direito previdenciário*. 3. ed. Salvador: Juspodivm, 2020. p. 451-452.
11. Cf. NASCIMENTO, Amauri Mascaro. *Curso de direito do trabalho*. 26. ed. São Paulo: Saraiva, 2011. p. 1123.
12. Cf. IBRAHIM, Fábio Zambitte. *Curso de direito previdenciário*. 21. ed. Rio de Janeiro: Impetus, 2015. p. 647.
13. Cf. Súmula 15 do TST: "Atestado médico. A justificação da ausência do empregado motivada por doença, para a percepção do salário-enfermidade e da remuneração do repouso semanal, deve observar a ordem preferencial dos atestados médicos estabelecida em lei". Cf. ainda Súmula 282 do TST:

Fica o Instituto Nacional do Seguro Social (INSS) autorizado a antecipar um salário mínimo mensal para os requerentes do benefício de auxílio-doença de que trata o art. 59 da Lei 8.213/1991, durante o período de três meses, a contar da publicação da Lei 13.982/2020 (ocorrida em 02.04.2020), ou até a realização de perícia pela Perícia Médica Federal, o que ocorrer primeiro (art. 4º da Lei 13.982/2020).

A mencionada antecipação estará condicionada: I - ao cumprimento da carência exigida para a concessão do benefício de auxílio-doença (salvo quando este independe de carência, conforme art. 26, inciso II, da Lei 8.213/1991); II - à apresentação de atestado médico, cujos requisitos e forma de análise devem ser estabelecidos em ato conjunto da Secretaria Especial de Previdência e Trabalho do Ministério da Economia e do INSS (art. 4º, parágrafo único, da Lei 13.982/2020).

Esclareça-se que o beneficiário deve ser submetido à realização de perícia pela Perícia Médica Federal, após o término do regime de plantão reduzido de atendimento nas Agências da Previdência Social: I - quando o período de afastamento da atividade, incluídos os pedidos de prorrogação, ultrapassar o prazo máximo de três meses; II - para fins de conversão da antecipação em concessão definitiva do auxílio-doença; III - quando não for possível conceder a antecipação do auxílio-doença com base no atestado médico por falta de cumprimento dos requisitos exigidos (art. 5º da Portaria Conjunta 9.381/2020, do Ministério da Economia e da Secretaria Especial de Previdência e Trabalho). Ato conjunto do Instituto Nacional do Seguro Social e da Subsecretaria da Perícia Médica Federal da Secretaria de Previdência definirá as situações em que a realização da mencionada perícia médica será dispensada.

Frise-se que a empresa pode deduzir do repasse das contribuições à Previdência Social, observado o limite máximo do salário de contribuição ao Regime Geral de Previdência Social, o valor devido, nos termos do § 3º do art. 60 da Lei 8.213/1991[14], ao segurado empregado cuja incapacidade temporária para o trabalho seja comprovadamente decorrente de sua contaminação pelo coronavírus (art. 5º da Lei 13.982/2020).

Vale dizer, a empresa pode deduzir da quantia devida de contribuições previdenciárias o valor do salário do segurado empregado relativo aos primeiros 15 dias consecutivos ao do afastamento da atividade por motivo de doença, até o limite máximo do salário de contribuição[15], quando comprovado que a incapacidade temporária para o trabalho seja decorrente da contaminação pelo coronavírus.

O período de três meses de que trata o *caput* dos arts. 4º e 5º da Lei 13.982/2020 pode ser prorrogado por ato do Poder Executivo durante o período de enfrentamento da emergência de saúde pública de importância internacional da covid-19, definida pela Lei 13.979/2020 (art. 6º da Lei 13.982/2020).

"Abono de faltas. Serviço médico da empresa. Ao serviço médico da empresa ou ao mantido por esta última mediante convênio compete abonar os primeiros 15 (quinze) dias de ausência ao trabalho".

14. "§ 3º Durante os primeiros quinze dias consecutivos ao do afastamento da atividade por motivo de doença, incumbirá à empresa pagar ao segurado empregado o seu salário integral".

15. Em 2020, o salário de contribuição não pode ser superior a R$ 6.101,06.

5. Conclusão

A Organização Mundial da Saúde declarou emergência em saúde pública de importância internacional, em 30 de janeiro de 2020, em decorrência do coronavírus. Poucos dias depois, no plano interno, foi declarada emergência em saúde pública de importância nacional.

Nesse contexto, a Lei 13.979/2020 dispõe sobre as medidas que podem ser adotadas para enfrentamento do coronavírus, destacando-se, entre outras, isolamento, quarentena, determinação de realização compulsória de exames médicos, testes laboratoriais, coleta de amostras clínicas, vacinação e outras medidas profiláticas e tratamentos médicos específicos.

Quanto ao empregado, o período de ausência decorrente das referidas medidas é considerado falta justificada, ou seja, interrupção do contrato de trabalho, com o que o salário é devido e o tempo de serviço deve ser computado.

Em caso de empregado infectado pelo coronavírus, se ele estiver incapacitado temporariamente para realizar o seu trabalho habitual, o auxílio-doença é devido a contar do 16º dia do afastamento da atividade, ocorrendo, em regra, a suspensão do contrato de trabalho durante o período de recebimento desse benefício previdenciário.

6. Referências bibliográficas

BRASIL. Ministério da Saúde. *Saúde regulamenta condições de isolamento e quarentena*, 13 de março de 2020. Disponível em: <https://www.saude.gov.br/noticias/agencia-saude/46536-saude-regulamenta-condicoes-de-isolamento-e-quarentena>. Acesso em: 11 abr. 2020.

GARCIA, Gustavo Filipe Barbosa. *Manual de direito previdenciário*. 3. ed. Salvador: Juspodivm, 2020.

IBRAHIM, Fábio Zambitte. *Curso de direito previdenciário*. 21. ed. Rio de Janeiro: Impetus, 2015.

LEITÃO, André Studart; MEIRINHO, Augusto Grieco Sant'Anna. *Manual de direito previdenciário*. 4. ed. São Paulo: Saraiva, 2016.

MARTINS, Sergio Pinto. *Direito da seguridade social*. 35. ed. São Paulo: Atlas, 2015.

NASCIMENTO, Amauri Mascaro. *Curso de direito do trabalho*. 26. ed. São Paulo: Saraiva, 2011.

ORGANIZAÇÃO DOS ESTADOS AMERICANOS. Comissão Interamericana de Direitos Humanos. *Resolução nº 1/2020*. Pandemia e Direitos Humanos nas Américas, 10 de abril de 2020. Disponível em: <http://www.oas.org/es/cidh/decisiones/pdf/Resolucion-1-20-es.pdf>. Acesso em: 11 abr. 2020.

SANTOS, Iris Almeida dos; NASCIMENTO, Wanderson Flor do. As medidas de quarentena humana na saúde pública: aspectos bioéticos. *Revista Bioethikos*, Centro Universitário São Camilo, v. 8, n. 2, p. 174-185, abr.-jun. 2014. Disponível em: <https://saocamilo-sp.br/assets/artigo/bioethikos/155563/A05.pdf>. Acesso em: 11 abr. 2020.

2

INCIDÊNCIA DO ART. 62 DA CLT EM TEMPOS DE CORONAVÍRUS

Marcelo Rodrigues Prata[1]
Eduardo Pragmácio Filho[2]

Introdução

Não há maior solidão que a dos mortos abandonados nas ruas de Quito, a reclamar atenção dos vivos, liquefazendo-se em plena luz do Sol. Aqui, porém, não se trata de peça de ficção, inspirada em *A peste*, de Albert Camus. Sim, a vida imita a arte.

A pandemia da Covid-19 atinge a todos, mas não a todos iguala. Ninguém está a salvo do insidioso coronavírus, todos podem morrer quando por ele visitados. Porém, o flagelo é enfrentado diferentemente consoante a condição socioeconômica de cada um — frisa Boaventura de Sousa Santos. Aliás, o cheiro pútrido dos cadáveres insepultos no Equador é disso prova inconteste.

1. Titular da Cadeira nº 88 da ABDT. Possui graduação em Direito pela Universidade Católica do Salvador. É Mestre em Direito das Relações Sociais pela PUC/SP. Aprovado no Curso de Especialização em Processo — Pós-Graduação "Lato Sensu", promovido pela Fundação Faculdade de Direito da Bahia. É Doutorando em Direito do Trabalho e da Seguridade Social pela USP. Atualmente é Juiz Titular da 29ª Vara do Trabalho de Salvador do TRT da 5ª Região. É Autor dos livros: A prova testemunhal no processo civil e trabalhista. São Paulo: LTr, 2005; Anatomia do assédio moral no trabalho. São Paulo: LTr, 2008; O direito ambiental do trabalho numa perspectiva sistêmica. São Paulo: LTr, 2013 e Assédio moral no trabalho sob novo enfoque: cyberbullying, "indústria do dano moral", carga dinâmica da prova e o futuro CPC". Juruá: Curitiba, 2014.
2. Doutor e Mestre em Direito do Trabalho pela PUC-SP, Especialista em Direito Empresarial pela UECE, Bacharel em Direito pela UFC, Professor do Centro Universitário FBUNI, Membro pesquisador do Getrab-USP (Grupo de Estudos em Direito Contemporâneo do Trabalho da USP). Advogado, atualmente é membro consultor da Comissão Nacional de Educação Jurídica do Conselho Federal da OAB. É Autor dos livros: A Boa-fé nas negociações coletivas trabalhistas. São Paulo: LTr, 2011; Teoria da Empresa para o direito do trabalho brasileiro. São Paulo: LTr, 2018.

Por outro lado, ainda conforme o insight genial de CAMUS, o mal traz como uma de suas consequências mais cruéis a sensação de exílio. Tanto o sentimento literal daqueles surpreendidos no estrangeiro quando de sua irrupção, quanto o psicológico dos exilados dentro do próprio país, na solidão de suas casas, ou na solidão das ruas vazias, enfrentando a peste apartados de parentes, amigos e colegas.

Aliás, exilados da proteção prevista no capítulo da duração do trabalho da CLT já se encontravam alguns trabalhadores. Vale dizer, (a) os empregados que exercem atividade externa incompatível com a fixação de horário de trabalho; (b) gerentes que ocupem função de gestor; e (c) os submetidos ao regime de teletrabalho.

Esses profissionais estão unidos, por assim dizer, pela solidão, considerando que não convivem diariamente com colegas de seu mesmo nível hierárquico. Os trabalhadores externos e os submetidos ao regime de teletrabalho sequer vivem o cotidiano da ambiência laboral. Por sua vez, o gestor geralmente trabalha em sala separada de seus subordinados, não podendo, de qualquer sorte, gozar de maior intimidade com estes últimos, uma vez que isso afetaria sua isenção profissional e autoridade, exigidas pelo princípio da hierarquia.

Aliás, essa categoria de trabalhadores está paradoxalmente muito mais sujeita a ser submetida a jornadas extenuantes de trabalho, porquanto seu desempenho é avaliado com base quase que de modo exclusivo em sua produtividade

Tal distanciamento, muito embora imposto pela realidade laboral, não está em plena consonância com a ideia de um meio ambiente do trabalho com sadia qualidade de vida — arts. 225; 200, VIII e 225, § 3º da Constituição. De tal sorte que merece atenção especial da comunidade jurídica, mais precisamente no que toca à preservação da saúde mental do trabalhador submetido a condições excepcionais de trabalho.

Não fora isso o bastante, ao contexto de distanciamento profissional determinado pelo exercício das funções referidas, soma-se agora o isolamento social imposto pela irrupção do coronavírus.

A propósito, a pandemia da Covid-19 trouxe relevantes impactos às várias dimensões das vidas das pessoas, seja na convivência familiar forçada pelas quarentenas, seja nas relações de trabalho.

Há uma produção legislativa de emergência, que vem abalando as bases normais do pensamento juslaboral brasileiro, como é o caso das medidas provisórias 927 e 936, entre as mais relevantes. Também há uma produção doutrinária frenética, por meio de lives e webinários, nas mais diversas plataformas digitais, que vem acompanhando o chamado "direito emergencial do trabalho".

O presente estudo pretende apresentar os trabalhadores indicados no artigo 62 da CLT, os excluídos do regime de duração do trabalho, abordando cada um deles (externos, gerentes e teletrabalhadores), para, em seguida, debater alguns aspectos que a pandemia da Covid-19 e a produção legislativa correspondente vêm afetando no enquadramento fático e legal desses excepcionados.

Longe de esgotar a matéria, este artigo apenas provoca e inicia o necessário debate que deve nortear todos os profissionais do direito, em um momento que se põe em xeque a sobrevivência dos empregos e da própria empresa empregadora.

1. Os excluídos das horas extras

O artigo 62 da CLT exclui alguns tipos de trabalhadores do regime de duração do trabalho. Em razão disso, em princípio, não estão sujeitos à limitação de jornada e, consequentemente, não têm direito ao recebimento das horas extras, adicional noturno nem ao tempo em que se colocam à disposição do empregador:

> Art. 62 - Não são abrangidos pelo regime previsto neste capítulo: (Redação dada pela Lei nº 8.966, de 27.12.1994)
>
> I - os empregados que exercem atividade externa incompatível com a fixação de horário de trabalho, devendo tal condição ser anotada na Carteira de Trabalho e Previdência Social e no registro de empregados; (Incluído pela Lei nº 8.966, de 27.12.1994)
>
> II - os gerentes, assim considerados os exercentes de cargos de gestão, aos quais se equiparam, para efeito do disposto neste artigo, os diretores e chefes de departamento ou filial. (Incluído pela Lei nº 8.966, de 27.12.1994)
>
> III - os empregados em regime de teletrabalho. (Incluído pela Lei nº 13.467, de 2017)
>
> Parágrafo único - O regime previsto neste capítulo será aplicável aos empregados mencionados no inciso II deste artigo, quando o salário do cargo de confiança, compreendendo a gratificação de função, se houver, for inferior ao valor do respectivo salário efetivo acrescido de 40% (quarenta por cento). (Incluído pela Lei nº 8.966, de 27.12.1994)

Há um debate doutrinário, a respeito da constitucionalidade do artigo 62 da CLT, uma vez que a Constituição garante limitação de jornada (CF, art. 7º, XIII), adicional de horas extras em, no mínimo, 50% (CF, art. 7º, XVI) e hora noturna superior à diurna (CF, art. 7º, IX), tudo isso sem qualquer limitação ou exceção. No entanto, o que vem prevalecendo em doutrina e jurisprudência é que o artigo 62 da CLT foi recepcionado, sim, pela Constituição, pois a norma geral não derroga uma norma especial.

Nesse sentido, a lição de Gustavo Filipe Barbosa Garcia, segundo qual

> [...] o entendimento que vem prevalecendo, inclusive na jurisprudência, é de que a mencionada exclusão é válida, não afrontando as normas constitucionais, por se tratar de hipóteses verdadeiramente excepcionais, muito especiais, não versadas na regra geral prevista na Constituição da República.[3]

A exclusão, por lei, do direito à limitação da jornada de trabalho, bem como do direito à remuneração pelo labor extraordinário e noturno, seria uma decorrência das próprias condições especiais em que o trabalho é desempenhado, nos casos excepcionais, previstos no art. 62 da CLT, tornando as disposições pertinentes à duração do trabalho incompatíveis com o regime diferenciado dos referidos trabalhadores.

3. GARCIA, Gustavo Filipe Barbosa. *Curso de direito do trabalho.* 10. ed. Rio de Janeiro: Forense, 2016, p. 956.

Aliás, Vólia Bomfin Cassar, com base no pensamento de Maurício Godinho Delgado, aduz que

> [...] o artigo 62 da CLT não traz regra discriminatória, que seria de todo inconstitucional. Trata-se somente de uma presunção jurídica (afastável por prova em contrário) de que a jornada não é fiscalizada, e como tal não é capaz de gerar direito a hora extra. É critério prático, não de eleição ou de discriminação. [4]

Com o mesmo entendimento comunga Luciano Martinez, ao dizer que:

> O art. 62 da CLT, portanto, parece apenas atribuir aos altos empregados, aos exercentes de serviço externo e aos teletrabalhadores o ônus de provar o trabalho em sobrejornada. Ele apenas cria uma presunção de ausência de prestação em serviço suplementar, cabendo àqueles que estão sob a sua égide, mediante os diversos meios de prova admitidos em direito, o oferecimento dos elementos capazes de demonstrar a prestação do trabalho em jornada extraordinária. [5]

É exatamente nesse ponto que há uma intercessão com o tema da pandemia da Covid-19. Em princípio, permanecem as presunções de exclusão da limitação da jornada (e consequentemente das horas extras etc.) dos gerentes, externos e teletrabalhadores. Mas, dependendo do efetivo poder de controle e fiscalização do empregador, essa presunção pode ser afastada e, com isso, tais trabalhadores podem ter direito às horas extras, adicional noturno e demais consectários oriundos da limitação da jornada.

A investigação a seguir tentará, resumidamente, abordar cada um desses trabalhadores excluídos, e como a pandemia pode, de fato, alterar o *status* jurídico desses que estão fora da limitação de jornada.

1.1. Os externos (art. 62, I da CLT)

A primeira hipótese de trabalhadores que está fora do regime de duração da jornada, conforme artigo 62, I da CLT, é a dos *externos*, para os que exercem atividade externa incompatível com a fixação de horário de trabalho. Aliás, trabalhador externo é aquele que presta seus serviços fora do estabelecimento empresarial e, em princípio, fora do alcance do poder patronal fiscalizador da jornada. São exemplos de externos: os vendedores pracistas (Lei 3.207/1957), os carteiros, os motoristas (Lei 13.103/2015 e art. 235-A e ss. da CLT), os entregadores, os motoboys (Lei 12.009/2009) etc.

Por sinal, Vólia Bomfin Cassar divide os externos em três categorias: (i) os que possuem controle de horário impossível ou de difícil mensuração; (ii) os que, apesar de

4. CASSAR, Vólia Bomfin. *Direito do trabalho*. 11. ed. Rio de Janeiro: Forense, 2015, p. 662.
5. MARTINEZ, Luciano. *Curso de direito do trabalho*. 8a. ed. São Paulo: Saraiva, 2017, p. 443.

externos, passam na empresa durante o expediente, podendo existir ou não a fiscalização; e, por fim, (iii) os externos cujas atividades são compatíveis com a fiscalização.[6]

No primeiro grupo, estão aqueles trabalhadores que estão fora dos muros das empresas e, portanto, não estão ao alcance do poder diretivo fiscalizatório do empregador, o qual não consegue saber, em princípio, se o empregado está efetivamente trabalhando ou descansando, pois não existe um controle efetivo da jornada de trabalho. É o próprio empregado quem dita o ritmo do trabalho, escolhendo hora de início e fim da atividade, além de escolher as pausas e descansos, não podendo o empregador interferir efetivamente nessa decisão, revelando aí certa autonomia por parte do empregado na organização de sua jornada. Por isso que o inciso I do artigo 62 da CLT ressalta que não estão abrangidos no capítulo da duração do trabalho os externos cuja atividade seja incompatível com a fixação de horário de trabalho.

Já no segundo grupo, estão os que, apesar de externos, passam no estabelecimento da empresa ou em outro local, a critério do empregador, durante o expediente, para reuniões ou alinhamentos. Em princípio, o simples fato de comparecer diariamente ao local de trabalho, por si só, não demonstra o efetivo controle de jornada. É necessário que haja outras formas de controle em conjunto, como relatórios detalhados, rotas preestabelecidas, quantidade mínima de tarefas etc., para retirar o trabalhador do grupo dos excluídos e, com isso, ter o direito à percepção das horas extras.

Assim, por exemplo, em época de pandemia da Covid-19, utilizando-se da mesma linha de raciocínio, o empregado externo que comparece diariamente a empresa para receber EPI, sanitizante ou instruções de saúde e segurança, esse simples fato, por si só, não desnatura sua condição de trabalhador externo sem direito às horas extras.

Por fim, no terceiro grupo, estão aqueles cujas atividades são compatíveis com a fiscalização, como é o caso dos motoristas profissionais de transporte rodoviário de pessoas e de cargas[7], que, desde 2012, têm o direito de ter a jornada controlada pelo empregador, de maneira fidedigna, mediante anotação em diário de bordo, papeleta ou ficha de trabalho externo, ou sistema e meios eletrônicos instalados nos veículos.[8] Nes-

6. CASSAR, Vólia Bomfin. *Direito do trabalho*. Ob. cit., p. 673

7. Ver artigos 235-A e seguintes da CLT e artigo 2º, V, "b" da Lei 13.103/2015 (anteriormente Lei 12.619/2012).

8. "EMBARGOS REGIDOS PELA LEI Nº 13.015/2014. HORAS EXTRAS. MOTORISTA. JORNADA EXTERNA. RASTREAMENTO POR SATÉLITE. POSSIBILIDADE DE EFETIVO CONTROLE DA JORNADA. Esta Corte vem, reiteradamente, entendendo que, havendo, na prática, a possibilidade de controle da jornada do empregado, fica afastada a incidência do artigo 62, inciso I, da CLT, fazendo jus o empregado às horas extras. Destaca-se, por outro lado, que a Lei nº 12.619, de 30 de abril de 2012, prevê expressamente a obrigatoriedade do controle, por parte do empregador, da jornada de trabalho dos motoristas profissionais, indicando, em *numerus apertus*, métodos pelos quais o controle pode ser feito (anotação em diário de bordo, papeleta ou ficha de trabalho externo ou por uso de meios eletrônicos idôneos instalados nos veículos), a critério do empregador. Logo, o controle da jornada e do tempo de direção dos motoristas é obrigatório e se faz por tacógrafo ou outro meio eletrônico idôneo (rastreamento por satélite, v.g.) ou, ainda, por papeleta, diário de bordo ou ficha de trabalho externo, estando disponíveis ao empregador essas possibilidades aqui mencionadas. Ainda

tes casos, apesar de externos, mas levando em consideração que a lei obriga as empresas a terem um controle efetivo da jornada, tais motoristas não estão enquadrados na hipótese excludente do artigo 62, I da CLT, ainda que o §13º do artigo 235-C da CLT autorize que, salvo disposição em contrário, a jornada de motorista empregado não tenha horário fixo de início, fim e intervalos.

No geral, além dessa condição fática de trabalhar externamente, a CLT exige uma formalidade que é a anotação na CTPS do empregado e no registro de empregados. Vale lembrar que, a partir do advento da Lei 13.874/2019, mais conhecida como Lei da Liberdade Econômica, as anotações na CTPS são prioritariamente digitais, o que revela, em alguma medida, uma desburocratização nas rotinas de departamento pessoal das empresas e, de certa forma, a incidência do princípio da primazia da realidade, pois essas anotações na CTPS não são da essência do ato, mas meramente um elemento probatório gerador de presunção para o julgador.

1.2. Os gerentes (art. 62, II da CLT)

A segunda hipótese de trabalhadores que está fora do regime de duração da jornada, conforme artigo 62, II da CLT, é a dos *gerentes*, assim considerados os exercentes de (en)cargos de gestão, aos quais se equiparam os diretores e chefes de departamento ou filial, geralmente chamados de empregados em "cargos de confiança".

Qualquer relação de emprego se baseia na fidúcia mútua. Todo empregado faz gestão de seu trabalho. No entanto, algumas posições detêm um grau de fidúcia e de gestão muito maior, como as ocupadas por altos empregados, ou funções de confiança, a que se refere o artigo 62, II da CLT. Nestes casos, o empregado exerce os encargos de gestão, atua com verdadeiros poderes de administração, substituindo em parte o empregador, representando-o, com competência para admitir e dispensar, aplicar sanções disciplinares, organizar e gerir a atividade empresarial. A propósito, seguindo-se a clássica definição de Mario de la Cueva, temos, com tradução nossa:

> *"Deve-se falar de empregados de confiança quando estão em jogo a existência da empresa, seus interesses fundamentais, seu êxito, sua prosperidade, a segurança de seus estabelecimentos ou a ordem essencial que deve reinar entre seus trabalhadores."* [...] *A função há de se referir de forma imediata e direta à vida mesma da empresa, a seus interesses e fins gerais...* quando se trate de *funções que se realizam em substituição ao patrão.* [...] São as pessoas que estão em contato imediato e direto com o patrão, que sabem de seus

que se alegue que a Lei nº 12.619/2012 não poderia ser aplicada ao período anterior à sua entrada em vigência, deve ser percebido que, conforme consignado no acórdão embargado, é incontroverso que havia a possibilidade de controle de jornadas por meio de rastreador instalado no caminhão. Embargos não conhecidos." (BRASIL. TST. E-RR-1126-76.2010.5.02.0318, Relator Ministro: José Roberto Freire Pimenta, Data de Julgamento: 08/02/2018, Subseção I Especializada em Dissídios Individuais, Data de Publicação: DEJT 16/02/2018.).

> problemas e de suas preocupações, que conhecem diariamente os segredos da empresa e que escutam as conversações mais íntimas.[9]

Hoje, porém, a definição citada foi temperada pela doutrina e pela jurisprudência, o ocupante de cargo de confiança não é apenas aquele que age como um verdadeiro *alter ego* do empregador — ensina ALICE MONTEIRO DE BARROS.[10] Em função do achatamento da pirâmide hierárquica no quadro funcional das empresas, o poder de gestão passou a ser mais distribuído em patamar horizontal entre diversos funcionários de alto nível. Não mais se exige que o empregado tenha poderes de representação. Por outro lado, o enquadramento do operário como o que exerce *cargo de gestão* não depende da nomenclatura formal, eleita unilateralmente pela empregadora, mas da *real natureza das funções* — ensina MARIO DE LA CUEVA.[11]

Nessa linha, diz GUSTAVO FILIPE BARBOSA GARCIA:

> A função exercida, por sua vez, apresenta grau de responsabilidade elevado, podendo inclusive colocar a empresa em risco. De todo modo, para que se possa falar do empregado gerente, tal como previsto na mencionada regra de exceção, este dever ter maior autonomia em seu trabalho, o que justificaria a ausência de controle de jornada e, por consequência, a inaplicabilidade das disposições sobre duração do trabalho.[12]

É muito difícil, no caso concreto, dizer se uma função de gerente se enquadraria ou não na hipótese do artigo 62, II da CLT. A dificuldade reside no fato de que o conjunto de tarefas que compõem uma função varia de empresa para empresa, não existindo uma fórmula pré-estabelecida. Talvez por isso que se deixou para a negociação coletiva, por exemplo, a definição do que é o "cargo de confiança", conforme se vê do item V do artigo 611-A da CLT.

Além do efetivo exercício dos autênticos poderes empresariais de gestão, a CLT impõe também outra condição, estabelecida no parágrafo único do artigo 62, que é o gerente receber uma gratificação de 40% ou ter um padrão salarial 40% superior ao do seu subordinado ou do seu salário-base. Apesar de doutrina e jurisprudência não serem unânimes quanto aos contornos e limites desta condição, esclarece GUSTAVO FILIPE BARBOSA GARCIA que:

> Não existe obrigatoriedade de receber o empregado (gerente) a gratificação de função, para se incluir na disposição do art. 62, inciso II da CLT. Mesmo assim, não havendo a referida gratificação, deve o empregado, para ser considerado verdadeiro gerente (sem direito às horas extras e demais direitos decorrentes da duração do trabalho),

9. CUEVA, Mario de la. *El nuevo derecho mexicano del trabajo*. V. I. 18. ed. México: Porrúa, 2001, p. 155-159.
10. BARROS, Alice Monteiro de. *Curso de direito do trabalho*. 5. ed. São Paulo: LTr, 2005, p. 246-247.
11. CUEVA, Mario de la. Ibidem.
12. GARCIA, Gustavo Filipe Barbosa. *Curso de direito do trabalho*. Ob. cit., p. 959.

> receber salário em valor diferenciado, em quantia consideravelmente superior ao que recebem os demais empregados. Nesse caso, não há um critério objetivo e fixo para estabelecer o valor da remuneração global, incidindo, no entanto, os princípios da proporcionalidade e da razoabilidade, na análise de cada caso concreto.[13]

Por sinal, MAURICIO GODINHO DELGADO explica que o artigo em comento estabeleceu tão somente uma presunção *juris tantum* — favorável à empregadora, mas passível de prova em contrário —, de que o empregado detentor de *cargo de gestão* e *possuidor de uma contraprestação 40% superior ao salário efetivo* não possui jornada controlada.[14] Na mesma linha advoga SÉRGIO PINTO MARTINS: "Se o empregado, porém, estiver sujeito a controle de horário, na entrada e na saída do serviço, terá direito a horas extras, inclusive o gerente, porque aí não poderá falar em liberdade total do empregado...". [15] Por outras palavras, o obreiro pode provar que mesmo sendo gerente tinha horário fiscalizado e, por conseguinte, faz jus às horas extras. [16]

É exatamente na pandemia do Covid-19 que serão explicitados ou não os poderes dos empregados a que se refere o artigo 62, II da CLT, pois é neste momento que serão revelados os autênticos poderes e encargos de gestão, como a compra de EPI e sanitizantes, a determinação da organização do trabalho de forma a evitar aglomerações, a instrução de trabalhadores quanto a saúde e segurança, bem como a aplicação de sanções disciplinares para aqueles que descumprirem as ordens de serviços da empresa nesse sentido.

1.3. Teletrabalhadores (art. 62, III da CLT)

A terceira hipótese de trabalhadores que está fora do regime de duração da jornada, conforme artigo 62, III da CLT, é a dos teletrabalhadores. Aqui, talvez, o maior impacto da pandemia do Covid-19 em relação aos excluídos do regime de duração do trabalho.

Foi a partir da Lei 13.467/2017, em vigor a partir de novembro de 2017, que o teletrabalho passou a ser regulado, consoante prescrevem os artigos 75-A e seguintes da CLT, para quem "considera-se teletrabalho a prestação de serviços preponderantemente fora das dependências do empregador, com a utilização de tecnologias de informação e de comunicação que, por sua natureza, não se constituam como trabalho externo" (CLT, art. 75-B).

À definição celetista, some-se aquela feita por CÉLIO PEREIRA OLIVEIRA NETO, em obra paradigmática sobre o tema, para quem

> [...] o teletrabalho pode ser conceituado como trabalho prestado, ao menos em parte à distância, fora da sede da organização empresarial, mediante o uso da telemática,

13. GARCIA, Gustavo Filipe Barbosa. *Curso de direito do trabalho.* Ob. cit., p. 961.
14. DELGADO, Mauricio Godinho. *Curso de direito do trabalho.* 8. ed. São Paulo: LTr, 2009, p. 336
15. MARTINS, Sergio Pinto. *Comentários à CLT.* 6. ed. São Paulo: Atlas, 2003, p. 116-117.
16. BARROS, Alice Monteiro de. *Curso de direito do trabalho.* Ob. cit., p. 640.

> com flexibilidade de jornada, e ausência de fiscalização direta, empoderando o teletrabalhador diante da auto-organização e autonomia de gestão do tempo, e em certa medida de suas atividades.[17]

A propósito, o teletrabalho permite que o trabalhador tenha jornada mais flexível, poupe tempo com deslocamentos e permaneça em maior contato físico com a família. Ademais, a empresa é favorecida com a redução de custos com energia. Aliás, a própria sociedade é beneficiada no que se refere à diminuição dos congestionamentos e da poluição ambiental.[18]

Por outro lado, a produtividade do laborista é controlada com maior rigor — até mesmo em tempo real. Não existe uma separação do *espaço-tempo* dedicado ao trabalho e ao despendido com a família e o lazer. Além disso, o teletrabalho promove o isolamento do obreiro, o que dificulta a sua ascensão profissional e desmobiliza a luta sindical por novas conquistas. Por sinal, disse a filósofa Hannah Arendt que "... o que torna a solidão insuportável é a perda do próprio eu, que pode realizar-se quando está a sós, mas cuja identidade só é confirmada pela companhia confiante e fidedigna dos meus iguais".[19] A esse respeito escreveu o psiquiatra Anthony Storr: "A confiança de que temos valor e significado como um indivíduo único é um dos bens mais preciosos que podemos possuir".[20]

Daí a necessidade de livre manifestação da vontade do trabalhador tanto para atuar no regime de teletrabalho quanto para deixar de fazê-lo, salvo em situações excepcionalíssimas, como veremos em seguida.

Por seu turno, não se pode confundir o teletrabalho (art. 75-B da CLT) com o trabalho em domicílio (art. 6º da CLT)[21]. Nem todo trabalho em domicílio é teletrabalho, da mesma forma que nem todo teletrabalho é em domicílio, muito embora ambos sejam considerados como "trabalho à distância". Há teletrabalho fora do domicílio do empregado, o que pode ocorrer em telecentros públicos ou privados, hotéis, cafeterias etc., mais importando a característica de ele ser telemático, isto é, mediado por telefone, internet e outros meios informáticos de telecomunicação.

---

17. OLIVEIRA NETO, Célio Pereira. Trabalho em ambiente virtual: causas efeitos e conformação. São Paulo: LTR, 2018, p. 89.
18. BRAMANTI, Ivani Contini. *Teletrabalho*. Manuscrito da autora, 2009, 15, f. FONSECA, Ricardo Tadeu Marques da. Saúde mental para e pelo trabalho. In: *Trabalho em Revista*, encarte de doutrina "O Trabalho" – Fascículo nº 94, dez. 2004, p. 2.480. Disponível em: <http://www.otrabalho.com.br/>. Acesso em: 18 fev. 2005. PRATA, Marcelo Rodrigues. Considerações sobre o teletrabalho. *Decisório trabalhista*, Curitiba, v. 18, n. 209, p. 7-17, dez. 2011.
19. ARENDT, Hannah. *Origens do totalitarismo*. Tradução de Roberto Raposo. São Paulo: Companhia das Letras, 2004, p. 529.
20. STORR, Anthony. *Solidão*. Tradução de Cláudia Gerpe Duarte. São Paulo: Paulus, 1996, p. 137.
21. Veja-se o que diz o art. 6º da CLT: "Não se distingue entre o trabalho realizado no estabelecimento do empregador, o executado no domicílio do empregado e o realizado a distância, desde que estejam caracterizados os pressupostos da relação de emprego. Parágrafo único. Os meios telemáticos e informatizados de comando, controle e supervisão se equiparam, para fins de subordinação jurídica, aos meios pessoais e diretos de comando, controle e supervisão do trabalho alheio."

Conforme prescreve a legislação pátria, o teletrabalho exige um contrato escrito (art. 75-C da CLT) e, em regra geral, o empregador só poderá passar o empregado do regime presencial para o teletrabalho se houver o mútuo consentimento registrado naquele contrato escrito. E a volta do tele para o presencial poderá ser feita unilateralmente pelo empregador, desde que avisado o trabalhador com 15 dias de antecedência, tudo registrado em aditivo contratual (art. 75-C, § 2º). No contrato escrito, ainda, deverão constar claramente quem vai adquirir, manter e fornecer todos os equipamentos telemáticos, insumos e despesas de infraestrutura (art. 75-D), se isso será pago diretamente pela empresa ou se o trabalhador receberá uma ajuda de custo correspondente. Por fim, o empregador deverá, expressa e ostensivamente, instruir e informar os teletrabalhadores quanto aos riscos à saúde e segurança (art. 75-E), sobretudo quanto aos riscos ergonômicos.

Ocorre que, com a pandemia da Covid-19, o governo federal editou a Medida Provisória 927, em 22 de março de 2020, e, entre as várias medidas alternativas para enfrentamento da calamidade pública, veio aquela que simplificou as regras celetistas referentes ao teletrabalho (arts. 4º e 5º da MP 927).

Em resumo, durante o prazo da pandemia, o empregador pode, unilateralmente, passar o empregado do regime presencial para o tele e vice-versa, bastando que avise ao empregado com 48h de antecedência por escrito ou por meio eletrônico (art. 4º, §2º da MP 927), sendo dispensadas também algumas formalidades quanto ao contrato escrito.

O ponto tormentoso que continua, ainda que com o advento da MP 927, é quanto à exclusão do regime de duração do trabalho dos teletrabalhadores, a que se refere o inciso III do artigo 62 da CLT, reforçado pelo §1º do artigo 4º da MP 927. Assim, em princípio, o teletrabalhador não tem direito às horas extras.

Diz-se em princípio, pois a melhor interpretação do inciso III do artigo 62 da CLT deve seguir a mesma linha dos outros dois incisos anteriores, ou seja, o que retira o teletrabalhador do regime de limitação da duração de trabalho é a ausência de controle efetivo da jornada. O fato de a redação literal do inciso III do artigo 62 não mencionar, como acontece no inciso I, a "incompatibilidade da fixação de horário de trabalho" ou algo parecido, não exclui da análise do intérprete a *ratio* da norma, que é, repita-se, a impossibilidade do exercício do poder diretivo empresarial de controle e fiscalização.

Portanto, mesmo diante da pandemia da Covid-19 e da simplificação do regime de teletrabalho advindo da MP 927, ainda assim é arriscado simplesmente não se pagar horas extras ou adicional noturno ou horas intervalares porque o empregado está em regime de teletrabalho. Ao contrário, é necessário perquirir se a empresa exige que o empregado esteja online e à disposição, se a empresa tem condições efetivas por meios remotos de controlar acessos e o tempo de efetivo labor. Se isto acontecer, a presunção do inciso III é afastada.

2. A MP 936 e o benefício emergencial para os empregados não sujeitos ao controle de jornada (Portaria 10.486/2020 da Secretaria Especial de Previdência e Trabalho do Ministério da Economia)

O Presidente da República, por meio da MP 936, de 1º de abril de 2020, instituiu o Programa Emergencial de Manutenção do Emprego e da Renda, que, em linhas gerais, durante a pandemia do Covid-19, permite que empregados e empregadores possam suspender o contrato de trabalho ou reduzir proporcionalmente a jornada e o salário, cabendo a União o pagamento de um benefício emergencial, calculado com base no seguro-desemprego, como forma de amenizar a redução dos ganhos do trabalhador e aliviar o caixa das empresas.

Apesar de a intenção do governo ser interessante, de forma a criar uma renda mínima para o empregado, durante a pandemia, houve questionamentos no STF quanto à constitucionalidade da medida provisória, especificamente na via formal de implementar o acordo (individual) para suspensão do contrato ou redução da jornada, deixando a negociação coletiva de lado para boa parte da massa de trabalhadores. No entanto, o Pleno do STF garantiu, em primeira análise, a constitucionalidade da MP 936, conforme se vê do julgamento da medida cautelar na ADI 6363, ocorrido por videoconferência em 17 de abril de 2020.[22]

Em seguida, o Secretário Especial de Previdência e Trabalho do Ministério da Economia, considerando a publicação da MP 936/2020, regulamentou o benefício emergencial (BEm) por meio da Portaria nº 10.486, publicada em 24 de abril de 2020.[23], [24] Chama a atenção o artigo 4º, §§ 2º e 3º, inciso I, veja-se:

> Art. 4º - O BEm não será devido ao empregado com redução proporcional de jornada e de salário ou suspensão do contrato de trabalho que:
>
> [...]
>
> § 2º - É vedada a celebração de acordo individual para redução proporcional de jornada de trabalho e de salário ou para suspensão temporária do contrato de trabalho com empregado que se enquadre em alguma das vedações à percepção do BEm previstas neste artigo.
>
> § 3º - O BEm não será devido caso verificada a manutenção do mesmo nível de exigência de produtividade ou de efetivo desempenho do trabalho existente durante a prestação de serviço em período anterior à redução proporcional de jornada de trabalho e de salário para os seguintes trabalhadores:
>
> I - os empregados não sujeitos a controle de jornada; [...].

Note-se que o inciso I do §3º do artigo 4º está fazendo referência indireta ao artigo 62 da CLT, especificamente aos gerentes, aos externos e aos teletrabalhadores, objeto

22. Para acesso a ADI 6363, ver http://portal.stf.jus.br/processos/detalhe.asp?incidente=5886604.
23. Para acesso a Portaria, ver http://www.in.gov.br/web/dou/-/portaria-n-10.486-de-22-de-abril-de-2020-253754485.
24. Aliás, a MP 936 delega a regulamentação do pagamento do Benefício Emergencial de Preservação do Emprego e da Renda ao Ministério da Economia (leia-se, para Secretaria Especial de Previdência e Trabalho), nos termos seguintes: "Art. 5º - Fica criado o Benefício Emergencial de Preservação do Emprego e da Renda, a ser pago nas seguintes hipóteses: I - redução proporcional de jornada de trabalho e de salário; e II - suspensão temporária do contrato de trabalho. [...] § 4º - Ato do Ministério da Economia disciplinará a forma de: I - transmissão das informações e comunicações pelo empregador; e II - concessão e pagamento do Benefício Emergencial de Preservação do Emprego e da Renda".

deste estudo, ao excepcionar o pagamento do benefício emergencial quando houver a manutenção do mesmo nível de produtividade ou de efetivo desempenho, para esses trabalhadores que não estão sujeitos ao controle de jornada.

Em outras palavras, aparentemente a intenção da portaria, neste ponto, é evitar fraudes. Ora, se o trabalhador não está sujeito ao controle de horário, em princípio, como aferir a redução proporcional de jornada e de salário?

Aqui, é importante ter em mente o seguinte: o gerente ou o externo, bem como o teletrabalhador, ao ser contratado pelo empregador, vai ganhar um salário X para empreender suas atividades em uma jornada X', cujo limite é estabelecido pelo artigo 7º, XIII da Constituição: 8h diárias e 44h semanais. Dentro dessa jornada X', o empregado excluído do regime de duração do trabalho costuma normalmente empreender um conjunto de tarefas Y. Ou seja, dentro dessas bases objetivas do contrato de trabalho, há um sinalagma: o empregado vai ganhar um salário X, para empreender um conjunto de tarefas Y, dentro de uma jornada X'.

Se houver alteração nessas bases objetivas, altera-se o sinalagma. Então, se o trabalhador terá a redução de 25% de sua remuneração (X – 25%) é porque houve a redução de 25% de sua jornada (X' – 25%). Esta é a ideia da MP 936.

Ocorre que, para os excluídos da duração do trabalho, como em princípio não há controle de jornada, fica praticamente impossível fazer uma simples correlação de diminuição proporcional de salário e jornada. Por esse motivo, é que é necessário investigar se, de fato, houve alteração nas bases objetivas do contrato, especificamente no conjunto de tarefas (Y), de modo a haver também uma simetria na diminuição da mútua dependência de obrigações no contrato de trabalho: o empregado recebe salário menor em 25% (X – 25%) com correspondente diminuição de tarefas (Y – 25%), caso contrário o benefício emergencial do governo não será devido, conforme preceitua o mencionado art. 4º, §3º, I da Portaria, pois só houve redução do salário e não houve a redução proporcional do trabalho.

Noutro giro, muito embora seja praticamente impossível verificar redução proporcional da jornada não fiscalizável (art. 62 da CLT), não se pode *tout court* relegar aos excluídos da proteção quanto à duração da jornada a novo exílio jurídico, capaz de deixá-los completamente vulneráveis diante da pandemia. Vale dizer, se a MP não cuidou de sua situação peculiar, não pode a Portaria respectiva *sic et simpliciter* excluí-los, desbordando de sua função meramente regulatória.

Não fosse o tropel legislativo que a Covid-19 provocou, muito provavelmente o legislador cuidaria da hipótese de forma racional. Assim, não procedendo com engenho e arte, obriga a doutrina a sugerir um norte para o problema. A propósito, tal situação poderia ser contornada com: (a) a redução da rota ou da área de atuação de motoristas ou vendedores; (b) o direito de permanecer off-line alguns dias por semana aos teletrabalhadores; (c) a concessão de folgas a gestores etc. Essas poderiam, v.g., ser algumas soluções criativas exigidas por uma situação de excepcionalidade tal qual a que ora enfrentamos.

Aliás, a MP 936 deveria ter tão somente criado uma moldura legislativa ampla, estimulando as partes — muito mais rentes à própria realidade de sua atividade do que a norma heterônoma estatal — à regulação negociada da matéria, ou seja, à criação de fórmulas específicas para cada situação com muito maior efetividade. Por sinal, disse ANDRÉ-JEAN ARNAUD que "a negociação traz em si mesma uma virtude salvadora que, em tempos de crise, convida ao processo de reconciliação". [25]

Frise-se, a Portaria 10.486/2020 contraria os próprios termos da MP que deveria fielmente regulamentar. Isso porque discriminatória no que toca ao pagamento do BEm e da "ajuda compensatória mensal" quanto ao trabalhador enquadrado na exceção do artigo 62 da CLT, relegado, assim, à periclitante situação de poder ser despedido a qualquer momento em virtude da crise planetária provocada pela pandemia da Covid-19.[26]

Saliente-se que a Portaria em estudo (Ato do Ministério da Economia) não tem o condão de estabelecer *contralegem* normas a serem seguidas para redução de jornada de trabalho e de salário ou da suspensão temporária de contrato de trabalho, porquanto cuida-se aí de matéria que só pode ser regulada pela Lei Federal e não por mera Portaria. A propósito, a Constituição Federal de 1988 prevê: "Art. 22 - Compete privativamente à União legislar sobre: I - direito [...] do trabalho;...". E ainda: "Art. 84 - Compete privativamente ao Presidente da República: [...] IV - sancionar, promulgar e fazer publicar as leis, bem como expedir decretos e regulamentos para sua fiel execução...".

De qualquer sorte, ressalte-se que o STF vem interpretando o dispositivo constitucional citado no sentido de que a Lei, criada pelo Poder Legislativo, qualifica-se como decisivo instrumento de garantia constitucional dos cidadãos contra os excessos do Poder Executivo. Desse modo, mera Portaria não pode investir *contra legem* ou restringir ou ampliar o seu alcance, porquanto compete-lhe apenas regulamentá-la. [27],[28] Aliás, segundo o ensino de HELY LOPES MEIRELLES, Portarias são atos administrativos internos, por meio dos quais os chefes de órgãos públicos baixam determinações a seus subordinados. Elas não obrigam os cidadãos comuns, pois que estes não se submetem ao poder hierárquico da Administração Pública.[29]

---

25. ARNAUD, André-Jean. *Governar sem fronteiras*: entre globalização e pós-globalização. Crítica da razão jurídica (vol. 2). Rio de Janeiro: Lumen Juris, 2007, p. 270.

26. Reza a MP em exame: "Art. 11 - As medidas de redução de jornada de trabalho e de salário ou de suspensão temporária de contrato de trabalho de que trata esta Medida Provisória poderão ser celebradas por meio de negociação coletiva, observado o disposto no art. 7º, no art. 8º e no § 1º deste artigo. [...] § 4º - Os acordos individuais de redução de jornada de trabalho e de salário ou de suspensão temporária do contrato de trabalho, pactuados nos termos desta Medida Provisória, deverão ser comunicados pelos empregadores ao respectivo sindicato laboral, no prazo de até dez dias corridos, contado da data de sua celebração".

27. Aí compreendida igualmente a MP, pois possui força de Lei, conferida pelo art. 62 da CF/1988.

28. ADI 1.296-MC, Rel. Min. Celso de Mello, DJ 10/08/95 e ADI 996-MC, Rel. Min. Celso de Mello, DJ 06/05/94 BRASIL. STF. *A Constituição e o Supremo*. Disponível em: <http://www.stf.gov.br/>. Acesso em: 8 jun. 2006.

29. MEIRELLES, Hely Lopes. *Direito administrativo brasileiro*. Atualizada por Eurico de Andrade Azevedo, Délcio Balestero Aleixo e José Emmanuel Burle Filho. 17. ed. São Paulo: Revista dos Tribunais, 1992, p. 147 e 167.

Em suma, o Ato do Ministério da Economia (Portaria 10.486/2020) é rebarbativo ao vedar que o trabalhador enquadrado na exceção do art. 62 da CLT possa negociar com o empregador acordo individual ou coletivo para redução proporcional de jornada de trabalho e de salário ou para suspensão temporária do contrato de trabalho. Considerando que aí se cuida de restrição não prevista na MP 936/2020. Pior. Expõe ao risco de despedida iminente todo um segmento importante da classe trabalhadora, em meio à megacrise gerada pelo coronavírus, ao arrepio do princípio da isonomia (art. 5º, *caput* da Constituição de 1988).

Em verdade, o Ato do Ministério da Economia mal consegue disfarçar aí sua intenção de conter o gasto público gerado com o pagamento do BEm, abandonando à própria sorte os trabalhadores enquadrados no art. 62 da CLT.

Conclusões

A pandemia do Covid-19 impactou sobremaneira a forma em que o trabalho é desenvolvido. Para os empregados excluídos do regime de duração do trabalho, como são os externos, os gerentes e os teletrabalhadores, a grande alteração se dá na existência de efetivo controle ou não da jornada, uma vez que há o câmbio de um trabalho presencial para virtual, mediado por meios telemáticos, os quais potencializam o poder de controle do empregador.

Como se viu, a exceção do artigo 62 da CLT não é simplesmente a exclusão total dos referidos trabalhadores do regime de horas extras, mais se tratando de uma presunção legal de que tais empregados, em princípio, estão excluídos porque não estão submetidos ao efetivo controle do poder diretivo fiscalizatório do empregador.

Uma tarefa árdua, ademais, será compatibilizar a falta de controle efetivo do labor com a possibilidade de redução proporcional do salário e jornada, conforme permite a MP 936, e está regulamentado pela Portaria 10.486/2020. A saída será estabelecer a mesma simetria que sustente o sinalagma do contrato, de modo a permanecer uma redução salarial com a correspondente redução quantitativa das tarefas.

Enfim, o debate está acontecendo, as soluções legislativas e negociais estão sendo criadas, de forma cada vez mais rápida, ao passo que o aplicador do direito deve estar atento à velocidade normativa, de forma a dar agilidade também em suas orientações.

Por sinal, Yuval Noah Harari ressalta que a proteção real não vem do fechamento de fronteiras, a chave para superarmos a crise do coronavírus vem da troca de informação científica confiável e da cooperação internacional. É com esse espírito de solidariedade que a situação dos excluídos do capítulo da duração do trabalho deve ser estudado, sob pena de compactuarmos com seu exílio de um meio ambiente do trabalho com sadia qualidade de vida.

Referências

ARENDT, Hannah. *Origens do totalitarismo*. Tradução de Roberto Raposo. São Paulo: Companhia das Letras, 2004.

ARNAUD, André-Jean. *Governar sem fronteiras*: entre globalização e pós-globalização. Crítica da razão jurídica (vol. 2). Rio de Janeiro: Lumen Juris, 2007.

BARROS, Alice Monteiro de.*Curso de direito do trabalho*. 5. ed. São Paulo: LTr, 2005.

BRAMANTI, Ivani Contini. *Teletrabalho*. Manuscrito da autora, 2009, 15, f.

BRASIL. STF. *A Constituição e o Supremo*. Disponível em: <http://www.stf.gov.br/>. Acesso em: 8 jun. 2006.

CASSAR, Vólia Bomfin. *Direito do trabalho*. 11. ed. Rio de Janeiro: Forense, 2015.

CUEVA, Mario de la. *El nuevo derecho mexicano del trabajo*. V. I. 18. ed. México: Porrúa, 2001.

DELGADO, Mauricio Godinho. *Curso de direito do trabalho*. 8. ed. São Paulo: LTr, 2009.

FONSECA, Ricardo Tadeu Marques da. Saúde mental para e pelo trabalho. In: *Trabalho em Revista*, encarte de doutrina "O Trabalho" – Fascículo nº 94, dez. 2004, p. 2.480. Disponível em: <http://www.otrabalho.com.br/>. Acesso em: 18 fev. 2005.

GARCIA, Gustavo Filipe Barbosa. *Curso de direito do trabalho*. 10. ed. Rio de Janeiro: Forense, 2016.

HARARI, Yuval Noah. *Na batalha contra o coronavírus, faltam líderes à humanidade*. Tradução de Odorico Leal. São Paulo: Companhia das Letras. 2020. *E-book*.

MARTINEZ, Luciano. *Curso de direito do trabalho*. 8. ed. São Paulo: Saraiva, 2017.

MARTINS, Sergio Pinto. *Comentários à CLT*. 6. ed. São Paulo: Atlas, 2003.

MEIRELLES, Hely Lopes. *Direito administrativo brasileiro*. Atualizada por Eurico de Andrade Azevedo, Délcio Balestero Aleixo e José Emmanuel Burle Filho. 17. ed. São Paulo: Revista dos Tribunais, 1992.

OLIVEIRA NETO, Célio Pereira. Trabalho em ambiente virtual: causas efeitos e conformação. São Paulo: LTR, 2018.

PRATA, Marcelo Rodrigues. *O direito ambiental do trabalho numa perspectiva sistêmica*: as causas da inefetividade da proteção à ambiência laboral e o que podemos fazer para combatê-la. São Paulo: LTr, 2013.

———. Considerações sobre o teletrabalho. *Decisório trabalhista*, Curitiba, v. 18, n. 209, p. 7- 7, dez. 2011.

SANTOS, Boaventura de Sousa. *A cruel pedagogia do vírus*. Coimbra: Almedina, 2020.

STORR, Anthony. *Solidão*. Tradução de Cláudia Gerpe Duarte. São Paulo: Paulus, 1996.

3

TELETRABALHO EM TEMPOS DE CALAMIDADE POR COVID-19: IMPACTO DAS MEDIDAS TRABALHISTAS DE URGÊNCIA

Gilberto Stürmer[1]
Denise Fincato[2]

1. Introdução

O teletrabalho é modalidade de prestação de serviços inequivocamente flexibilizatória: flexibiliza o tempo e o espaço do trabalho em face de seu modelo clássico, cunhado na era da Revolução Industrial.

---

1. Advogado e Parecerista. Conselheiro Seccional da OAB/RS (2013/2015). Membro do Instituto dos Advogados do Rio Grande do Sul (IARGS). Membro da Associação dos Advogados Trabalhistas de Empresas no Rio Grande do Sul (SATERGS). Titular da Cadeira nº 100 da Academia Brasileira de Direito do Trabalho. Titular da Cadeira nº 4 e Fundador da Academia Sul-Rio-grandense de Direito do Trabalho. Presidente da Academia Sul-Rio-grandense de Direito do Trabalho (2018/2020). Bacharel em Direito pela Pontifícia Universidade Católica do Rio Grande do Sul (1989), Mestre em Direito pela Pontifícia Universidade Católica do Rio Grande do Sul (2000), Doutor, em Direito do Trabalho pela Universidade Federal de Santa Catarina (2005) e Pós-Doutor em Direito pela Universidade de Sevilla (Espanha) (2014). Coordenador dos Cursos de Pós-Graduação - Especialização em Direito do Trabalho e Direito Processual do Trabalho da Escola de Direito da Pontifícia Universidade Católica do Rio Grande do Sul. Coordenador do Núcleo de Direito Público e Social da Escola de Direito da Pontifícia Universidade Católica do Rio Grande do Sul. Professor Titular de Direito do Trabalho nos Cursos de Graduação e Pós-Graduação (Especialização, Mestrado e Doutorado) na mesma Escola. Tem como principais áreas de atuação, o Direito Individual do Trabalho e o Direito Coletivo do Trabalho, e como principal linha de pesquisa, a Eficácia e Efetividade da Constituição e dos Direitos Fundamentais no Direito do Trabalho. E-mail: gsturmer@sturmer.com.br.
2. Pós-Doutora em Direito do Trabalho pela Universidad Complutense de Madrid (España). Doutora em Direito pela Universidad de Burgos (España). Visiting Researcher na Università degli Studi de Parma (Italia). Professora Pesquisadora do PPGD da PUCRS. Titular da Cadeira nº 34 da ASRDT. Advogada e Consultora Trabalhista. E-mail: dpfincato1@gmail.com.

Com o teletrabalho, que não é destinado apenas às relações de emprego – mas que aqui será estudado exclusivamente sob este prisma -, não se faz mais necessária a coabitação do empregador e de seus empregados, ao revés, seu pressuposto é a distância entre ambos. Da mesma maneira, com o teletrabalho, é possível trabalhar – sempre que a atividade o permitir – em horários aleatórios, distintos dos fabris ou até mesmo do padrão social, observando biorritmos, responsabilidades familiares ou outras condicionantes-limitantes do tempo do trabalhador, desde que se faça a mediação da distância via tecnologias de informação e comunicação.

O teletrabalho foi fenômeno construído no espaço entre a administração de empresas e a tecnologia da informação. Talvez por isto, seu conceito foi dali importado e o trato jurídico ao instituto tardou a chegar. Nas últimas duas décadas, no Brasil, embora já se pensasse sobre o assunto enquanto um fato jurídico, pouco se escrevia sobre o mesmo, refletindo-se isto na ausência de legislação acerca desta modalidade laboral.

No Brasil dos anos 2000, foram sugeridas algumas propostas legislativas e ganhou força a Lei nº 12.551/2011 que apenas tangenciou o tema, alterando o artigo 6º da CLT para modificar seu *caput*, igualando o trabalho presencial ao "trabalho a distância" (onde inserido o teletrabalho, como se verá a seguir), acrescentando-lhe também um parágrafo no qual atribuiu aos comandos e controles telemáticos eficácia idêntica aos presenciais, especialmente para fins de identificação do elemento subordinativo, caracterizador da relação empregatícia. Com isto, alguns entenderam que o teletrabalho, no Brasil, estaria suficientemente regrado, no entanto, para tal, a sociedade brasileira deveria estar acostumada a reger suas relações à luz de normas abertas, o que (ainda) não é o caso.

Destarte, seguiu-se com a necessidade de maior verticalização na minúcia legislativa do contrato. A experiência internacional era e é inequívoca ao demonstrar tal necessidade: Portugal, Espanha, Colômbia, Itália, entre outros: todos já têm alguma regulação para o teletrabalho. Enquanto a legislação brasileira não vinha, algumas empresas ou categorias supriam as lacunas legais com regulamentos empresariais e instrumentos coletivos.

Eis que em dezembro de 2016 o governo federal propõe o Projeto de Lei nº 6.787/2016, que é encaminhado à Câmara dos Deputados e ali estudado e retrabalhado por uma Comissão de Deputados por cerca de 4 meses. Na proposta originária, não figurava o teletrabalho. Ele surgiu durante o período de ausculta popular, acredita-se que, em especial, em razão das diversas reuniões (todas registradas e disponíveis no site da Câmara dos Deputados – andamento do PLC nº 38/2017) que atores sociais tiveram com dita Comissão, dentre os quais destaca-se a SOBRATT – Sociedade Brasileira de Teletrabalho e Teleatividades. Na proposta enviada ao Senado, ali aprovada e sancionada pelo Presidente da República, passam a constar alguns dispositivos que mencionam expressamente o teletrabalho que, então, passa a ter existência formal e positivada em território nacional.

Em março de 2020, com a chegada da pandemia de coronavírus ao Brasil, uma das alternativas para a continuidade de negócios e preservação de empregos de que se lançou mão foi exatamente o teletrabalho. Durante a vigência do Decreto-Legislativo nº 06/2020, que decreta Estado de Calamidade no Brasil, estima-se que uma grande parte da população trabalhadora brasileira alterará o perfil de seu contrato para a prestação remota de serviços, ensejando uma série de questionamentos e desdobramentos. Mesmo antes do vigor da Medida Provisória nº 927/2020, especialistas alertavam[3] para o potencial do teletrabalho como mecanismo que permitiria a conciliação da continuidade do trabalho com as políticas de isolamento social.

O estudo é realizado sob bases científicas, utilizando-se de método de abordagem dedutiva, métodos de procedimento histórico, comparativo, tipológico e estruturalista e método de interpretação sistemático. A pesquisa foi essencialmente bibliográfico-documental.

Enfim, é sobre o teletrabalho e sua utilização em tempos de pandemia de Coronavírus no Brasil que este estudo trata, esperando contribuir para a compreensão do tema e, com isto, oportunizar uma melhor aplicação da norma.

2. História do teletrabalho[4]

Revolver a história do teletrabalho significa mergulhar nas interações entre tecnologia e trabalho ao longo da evolução da humanidade, especialmente da tecnologia que permite o envio do trabalho ao trabalhador, que desterritorializa a relação laboral, ao menos em uma de suas vias de tráfego.

Neste tópico, o presente estudo ultrapassa os referenciais ordinários acerca do tema, que fixam na figura de Jack Nilles o surgimento do teletrabalho e, de forma apressada, lhe atribuem a "invenção" desta modalidade laboral. Em verticalização, se observa que o fenômeno tem intensa e visceral relação com um significativo objeto, fruto da evolução tecnológica: **o telégrafo óptico** também chamado **telégrafo sinaleiro**, inventado por *Claude Chappe*[5].

Cientista e pesquisador, Chappe inventou um sistema de comunicação visual, realizando sua primeira experiência pública de comunicação à distância em 1793. O sistema baseava-se nos pêndulos de relógios e consistia na instalação de duas hastes com agulhas e números móveis, no topo de edificações altas, pelas quais se poderiam trans-

3. Neste sentido, ver: https://politica.estadao.com.br/blogs/fausto-macedo/covid-19-e-relacoes-de-trabalho-planejando-a-parada/.

4. Mais informações sobre a história do teletrabalho em: FINCATO, D.P.; CRACCO, H.B; SORIA, J.S. De Chappe a Nilles: a evolução da tecnologia no trabalho e a invenção do teletrabalho – uma revisão necessária. **In: Teoria geral e mecanismos de efetividade no Brasil e na Espanha**: Tomo I / organizadores Carlos Luiz Strapazzon. Rodrigo Goldschmidt, Robison Tramontina. – Joaçaba: Editora Unoesc, 2013, p. 109-122.

5. Claude Chape: abade, engenheiro e inventor francês, nascido na cidade de Brûlon. De uma típica e rica família da nobreza francesa, chegou a enveredar-se por vida religiosa, mas foi atingido pela revolução e pela instabilidade financeira por esta gerada. Mais por necessidade que por vocação, juntou-se a seus quatro irmãos, todos então igualmente desempregados: pretendiam dar novos rumos às suas vidas e, como efeito colateral de sua atuação, deram também novos rumos à engenharia e ao mundo do trabalho. Sobre a biografia e obra de Chappe, ver mais em: http://www.telegraphe-chappe.com/chappe/portail.html.

mitir mensagens, entre elas ordens de serviços e orientações de tarefas. Entende-se que o distanciamento entre o gestor e os prestadores de serviço concretiza o **elemento geográfico**, um dos caracterizadores do teletrabalho. O **elemento organizacional** pode ser identificado no arranjo operacional em que o trabalho remoto se insere. A sua vez, o **elemento tecnológico**, inafastável à sua caracterização até os dias atuais, estaria, no caso particular, concretizado no uso do telégrafo sinaleiro, tecnologia de comunicação que levava o trabalho ao trabalhador.

Mais de um século depois (nos anos 1970), a discussão acadêmica sobre teletrabalho ganha corpo com os trabalhos de Jack Nilles, um ex-cientista aeronáutico[6], que define teletrabalho como qualquer forma de substituição dos deslocamentos relacionados ao trabalho por meio do uso de tecnologias de informação e comunicação – TIC´s, tais como os telefones e computadores. Fulcral no conceito de Nilles é a noção de substituição: os deslocamentos do trabalhador de sua residência para o empregador são substituídos (total ou parcialmente) pelo uso das tecnologias de informação e comunicação. A noção de substituição de deslocamento, aos poucos, vai sendo substituída pela noção de distância e utilização da tecnologia vem como forma de mediá-la, sem que se fale, propriamente, em deslocamentos[7].

No Brasil, o tema tarda a chegar, quer no plano teórico, quer no plano prático[8]. Para fins jurídicos, tanto mais. Como já destacado, o trabalho telemático foi admitido pela legislação brasileira apenas em 2011 e o teletrabalho somente foi formalmente reconhecido e regrado na Reforma Trabalhista, em 2017. Com a pandemia Covid-19, ganha popularidade e destaque, merecendo ênfase na Medida Provisória nº 927 de 2020, atualmente em vigor.

3. Conceito de teletrabalho

De origem etimológica grega, *tele* significa distância. O teletrabalho é modalidade especial de trabalho a distância, tipo específico, contido neste. Não à toa, o legislador reformista o colocou com requisitos específicos e formalidades intrínsecas à contratação, que o fazem um contrato de tipo especial.

No teletrabalho, conjugam-se elementos que permitem identificar algo além do mero trabalho fora do estabelecimento (sede física) do empregador. Tem-se a presença obrigatória da tecnologia da comunicação e informação, quer como ferramenta de

---

6. ALVES, R.V. Teletrabalho: um conceito complexo no Direito Brasileiro. In: **Revista da Faculdade de Direito de Uberlândia**. v. 35: 385-394, 2007.
7. Em amadurecimento à ideia de que o virtual também pode se constituir em espaço de trabalho. STEIL, A.V.; BARCIA, R.M. Um modelo para análise da prontidão organizacional para implantar o teletrabalho. In: **Revista de Administração**. São Paulo v.36, n.1, p.74-84, janeiro/março 2001.
8. Cita-se a SERPRO como das primeiras empresas a utilizar, oficialmente, o teletrabalho como forma de prestação de serviços no Brasil. Neste sentido, ver: PINTO, J. O. **Avaliação da viabilidade de implantação do teletrabalho no domicílio: um estudo de caso no SERPRO**. Dissertação de Mestrado. Florianópolis: UFSC, 2003.

trabalho, quer como mediadora da distância relacional, ou até como próprio espaço (virtual) de trabalho.

Não pode, como visto, ser singelamente equiparado ao trabalho a distância e tampouco, como se verá, ser igualado a trabalho em domicílio (*home office*), constituindo-se, portanto, em figura *sui generis*.

O teletrabalho é modalidade laboral que ultrapassa os conceitos e experiências de trabalho próprios da Revolução Industrial, situando-se na chamada era da Revolução Informacional. Com ele (e outros tantos fenômenos próprios da contemporaneidade), diversos paradigmas necessitam ser reelaborados, uma vez que o trabalho atual e futuro já é e cada vez mais será desterritorializado e atemporal.

No teletrabalho, os protagonistas da relação de emprego atuam via mecanismos telemáticos na maior parte do tempo, encontrando-se fisicamente distantes, verificando-se a presença de tecnologia da informação e comunicação como elementos inafastáveis de seu conceito e constatação.

Barros[9], neste sentido, aponta para ausência de limites do teletrabalho, que prioriza o trabalho intelectual e ultrapassa fronteiras territoriais tradicionais:

> Aliás, esta nova forma de trabalhar transcende os limites territoriais e poderá ser transregional, transnacional e transcontinental. Ela permite até mesmo a atividade em movimento. Esse tipo de trabalho é executado por pessoas com média ou alta qualificação, as quais se utilizam da informática ou da telecomunicação no exercício das atividades.

O teletrabalho não afasta a relação subordinada, como se desconfiava nos primórdios de seus estudos. A questão, aliás, foi resolvida legislativamente no Brasil ainda em 2011, com a alteração do artigo 6º da CLT que admitiu mesma eficácia presencial ao comando, supervisão e controle exercidos de forma telemática[10], não sem antes igualar o trabalho presencial ao trabalho a distância (gênero do qual o teletrabalho faz parte). Tal igualização legal-formal, no entanto, não satisfazia as peculiaridades da modalidade laboral específica, de modo que, o meio produtivo, seguia reclamando melhores definições legais e, enquanto tais não vinham, apostava em políticas (regulamentos) empresariais e instrumentos coletivos para supressão da lacuna legal.

O teletrabalho não estava contido no PL nº 6.787/2016[11]. Foi acrescido pela Comissão de Deputados que elaborou o PLC nº 38/2017, ora sancionado e às vésperas de

---

9. BARROS, A.M. de. **Curso de Direito do Trabalho**. 10 ed. São Paulo, LTr, 2016, p. 213.

10. Conjunto de serviços informáticos fornecidos através de uma rede de telecomunicações. **Dicionário Online de Português**. Disponível em: https://www.dicio.com.br/telematica/ Acessado em 31 out 2017.

11. Nesse sentido, ver histórico da Reforma Trabalhista brasileira em FINCATO, D.P. Reforma Laboral no Brasil – Tópicos. **I Colóquio Hispano-Brasileiro Direito do Trabalho e Reformas**. Disponível em e-book **https://issuu.com/unifatos/docs/i_coloquio_hispano_brasileiro_downl**. Cascavel: UNIVEL, 2017, p. 94.

entrar em vigor. Da análise do relatório da Comissão, verifica-se a atuação efetiva da SOBRATT – Sociedade Brasileira de Teletrabalho e Teleatividades -, que manteve reunião com a Comissão Legislativa supra referida no interregno da tramitação e elaboração do texto da Reforma Trabalhista, muito possivelmente contribuindo para o teor dos artigos que adiante serão analisados.

Seu conceito, no Brasil, foi firmado na legislação (art. 75-B da CLT) e, dado o foco deste estudo, reiterado no Capítulo II (art. 4º § 1º) da MP nº 927/2020.

4. O teletrabalho na legislação brasileira: regras gerais

Neste tópico, realizam-se anotações a cada um dos dispositivos da Consolidação das Leis do Trabalho que tratam especificamente sobre o teletrabalho. Seguem-se:

> **Art. 75-A. A prestação de serviços pelo empregado em regime de teletrabalho observará o disposto neste Capítulo.**

A Lei nº 13.467/2017 altera o *status quo* da igualização genérica outrora estabelecida pelo artigo 6º da Consolidação das Leis do Trabalho - CLT[12] entre o trabalho a distância e o trabalho presencial.Abre-se capítulo para acomodar a normatização do teletrabalho, a exemplo do que fez Portugal ainda em 2003[13] em seu Código do Trabalho.Há, ainda, duas outras referências ao teletrabalho dispostas no texto reformado da CLT: os artigos 62, III [14] e 611-A, VIII. O primeiro, para localizar o teletrabalho entre as formas de prestação de serviço subordinado excluídas do controle da duração de jornada e o segundo para dizê-lo tema factível de negociação coletiva.

> **Art. 75-B. Considera-se teletrabalho a prestação de serviços preponderantemente fora das dependências do empregador, com a utilização de tecnologias de informação e de comunicação que, por sua natureza, não se constituam como trabalho externo.**

---

12. Art. 6º Não se distingue entre o trabalho realizado no estabelecimento do empregador, o executado no domicílio do empregado e o realizado a distância, desde que estejam caracterizados os pressupostos da relação de emprego. (Redação dada pela Lei nº 12.551, de 2011)
Parágrafo único. Os meios telemáticos e informatizados de comando, controle e supervisão se equiparam, para fins de subordinação jurídica, aos meios pessoais e diretos de comando, controle e supervisão do trabalho alheio.

13. Código do Trabalho de Portugal, disponível em http://cite.gov.pt/pt/legis/CodTrab_LR1_004.html#L004S14, acessado em 27 set. 2017. A legislação sobre teletrabalho foi novamente alterada em 2009.

14. Em razão de sua exclusão do regime de controle da duração do trabalho, alguns doutrinadores têm entendido que os contratos em regime de teletrabalho não são suscetíveis de redução de jornada/salário (MP Nº936/2020). Neste sentido, ver BOMFIM, Volia. MP 936 – Medidas Trabalhistas para o enfrentamento da crise. Disponível em: https://www.youtube.com/watch?v=TJ-YytPp6Mw. Acessado em: 15 abr. 2020.

Parágrafo único. O comparecimento às dependências do empregador para a realização de atividades específicas que exijam a presença do empregado no estabelecimento não descaracteriza o regime de teletrabalho.

Seguindo o exemplo de ordenações estrangeiras e o próprio costume da CLT, o legislador ocupa-se em positivar a conceituação do teletrabalho, acertadamente identificando-o como mera forma diferenciada de prestar serviços. Com isto, afasta-se a ideia de que os teletrabalhadores ocupariam categoria profissional diferenciada, por exemplo, eis que qualquer atividade em que possível a transmissão/realização do trabalho pelas tecnologias de informação e comunicação torna-se passível de teletrabalho.

O dispositivo legal bem vincula os elementos caracterizadores do teletrabalho, já reiteradamente apresentados pela doutrina de forma sistematizada[15] e, em seu parágrafo único, aponta que o fato de o empregado remoto comparecer à empresa para desempenho de tarefas específicas não altera a natureza do contrato. Isto pode se dar inclusive com rotina, como é natural no teletrabalho[16], devendo apenas ser previsto no contrato entre as partes.

É importante resgatar que o teletrabalho pode ocorrer a partir de modalidades que levam em consideração o local em que **preponderantemente** estiver o teletrabalhador e a intensidade do contato telemático entre este e seu empregador. Assim, quanto ao local, o teletrabalho poderá ser classificado como[17]:

- em domicílio (*home office*): quando o trabalhador fixa o local de trabalho em sua residência, instalando ali pequena estação com acesso a meios de comunicação e utilizando de estrutura própria ou cedida pela empresa para prestar os serviços contratados.

- em centros satélites: locais para trabalho pertencentes ao empregador, que não se constituem filiais (em seu conceito civil-fiscal). Estes locais não possuem estrutura organizacional (não há chefias, subordinados, etc.), sendo meros espaços de apoio para prestação de serviços pertencentes unicamente à empregadora.

---

15. Geográfico (ou topográfico): o teletrabalhador desempenha suas atividades fora do espaço tradicional (físico) da empregadora (matriz e filiais, comumente); Tecnológico: o teletrabalhador desenvolve suas tarefas mediante o emprego de tecnologia da informação e comunicação que poderá, ainda, ser identificada como a mediadora da relação ou como o próprio espaço de trabalho; Organizativo: o empregador deverá estar organizado, em sua estrutura produtiva e de recursos humanos, para o teletrabalho, visualizando o trabalhador remoto como integrante de sua rede de empregados em todas as ações e estratégias (ambiência laboral, medicina do trabalho, capacitações e promoções, etc). Ver mais em: FINCATO, D.P. Meio Ambiente Laboral e Teletrabalho. In: **Anais do IV Congresso Ibero-Americano de Teletrabalho e Teleatividades**. Porto Alegre: Magister, 2011, p. 36-48.

16. Quando se procura tangenciar os efeitos do isolamento e marginalização estrutural do trabalhador remoto via reuniões, atividades de integração e capacitações corporativas presenciais ou mesmo admitindo flexibilidade para prestação do serviço na sede física do empregador, se assim o empregado desejar, quando quiser.

17. FINCATO, D.P. Meio Ambiente Laboral e Teletrabalho. In: **Anais do IV Congresso Ibero-Americano de Teletrabalho e Teleatividades.** Porto Alegre: Magister, 2011, p. 36-48, p. 41-42.

- em telecentros: que diferem dos anteriores pelo fato de serem compartilhados (estrutura e recursos) entre duas ou mais empresas.

- em *telecottages*: espaços (também) para trabalho, situados em regiões rurais ou de difícil acesso e, normalmente, de menor escolaridade, quase se confundindo com os telecentros, não fosse o particular de sua localização e a possibilidade de parcerias público-privadas para sua instalação (uma vez que a estrutura poderá servir, também, à educação e capacitação da população regional, contribuindo para o desenvolvimento de políticas públicas de emprego, por exemplo, notoriamente na modalidade EAD). Sua virtude é atrair mão de obra qualificada, naturalmente migrante aos grandes centros urbanos, para regiões que potencialmente sofrem com o êxodo laboral.

- móvel (ou nômade): nele não há determinação quanto ao local de prestação do serviço. Qualquer lugar pode ser espaço de trabalho, desde que o teletrabalhador disponha das ferramentas necessárias para tal (atualmente, um *smartphone* atende bem estas necessidades).

Já no tocante ao grau de conexão entre teletrabalhador e empregador, o teletrabalho pode se dar em três modalidades:

- *offline*: por alguns não mais entendida como teletrabalho, eis que a tecnologia não estaria a serviço do tráfego do trabalho, mas tão somente do trato e armazenamento dos dados e informações (matéria prima do teletrabalho), descaracterizando-o essencialmente. Ao trabalho nessas condições se poderia emprestar a proteção própria do trabalho em domicílio.

- *oneway line*: hipótese em que a comunicação é unilateral, ou seja, apenas para envio ou para recepção da tarefa/trabalho. O trabalhador, por exemplo, recebe a tarefa por e-mail, *WhatsApp* ou outro sistema eletrônico e o entrega presencialmente, por mensageiro ou pelo sistema de correios tradicional.

- *online*: é o teletrabalho por excelência. Nesta modalidade, a interatividade poderá ser imediata, síncrona e simultânea. Por vezes, inaugurando novos debates sobre o espaço de trabalho, o trabalho é desenvolvido em "*webspaces*" corporativos (intranets de acesso remoto). Registre-se, pois já existentes inúmeros estudos e demonstrações nesse sentido, que nessa modalidade de teletrabalho é possível administrar formas de controle da duração de jornada, em que pese o legislador tenha optado por excluí-lo do teletrabalho, criando presunção *juris tantum* (art. 62, III).

> **Art. 75-C. A prestação de serviços na modalidade de teletrabalho deverá constar expressamente do contrato individual de trabalho, que especificará as atividades que serão realizadas pelo empregado.**
>
> **§ 1º Poderá ser realizada a alteração entre regime presencial e de teletrabalho desde que haja mútuo acordo entre as partes, registrado em aditivo contratual.**
>
> **§ 2º Poderá ser realizada a alteração do regime de teletrabalho para o presencial por determinação do empregador, garantido prazo de transição mínimo de quinze dias, com correspondente registro em aditivo contratual.**

Atribuindo caráter especial à modalidade contratual, o legislador impõe forma à contratação do teletrabalho: expressa e, ao que se concluirá com a análise dos artigos seguintes, escrita. Diferentemente, portanto, da contratação ordinária empregatícia, não se admitirá teletrabalho (e suas benesses, como a exclusão do regime de controle da duração do trabalho) pela forma tácita. A forma expressa escrita[18] se justifica em razão da quantidade de temas que devem ser regrados de maneira inequívoca entre as partes, como adiante se verá. Na avença, deve-se registrar com a maior exatidão possível as atividades que serão realizadas pelo empregado em regime de teletrabalho. Recomenda-se, já pelo contido no dispositivo anterior, a previsão acerca das circunstâncias em que se admitirá ou exigirá que o teletrabalhador preste serviços de maneira presencial, estipulando a preponderância da atividade remota como a regra prestacional a vigorar entre as partes e deixando claro que tais episódios não descaracterizarão o contrato.

Os parágrafos preveem hipótese de variação das condições contratuais, admitindo que possa o teletrabalho surgir como opção no decurso da relação laboral ou prevendo eventual necessidade de reverter o originário regime telemático durante a contratação, volvendo-o presencial.

Neste caso, diferentemente de Portugal, em que a adoção do regime remoto se dará, por vezes, de forma impositiva ao empregador[19], no Brasil decorrerá de mútuo acordo, contido em aditivo contratual (evidentemente expresso e escrito, por lógica sistemática). Entende-se que esta alteração deva respeitar a principiologia trabalhista (tuitiva), contida no comando que impõe manter a condição mais benéfica ao trabalhador (art. 468 da CLT[20]), não afetado pela Reforma Trabalhista.

---

18. Pois, ao registrar apenas "forma expressa", o legislador deixa azo à possibilidade de sua expressão verbal.
19. Do Código de Trabalho Português: "Art. 166 [...] 1 - Pode exercer a atividade em regime de teletrabalho um trabalhador da empresa ou outro admitido para o efeito, mediante a celebração de contrato para prestação subordinada de teletrabalho. 2 - Verificadas as condições previstas no n.º 1 do artigo 195.º, **o trabalhador tem direito a passar a exercer a atividade em regime de teletrabalho**, quando este seja compatível com a atividade desempenhada. 3 — Além das situações referidas no número anterior, **o trabalhador com filho com idade até 3 anos tem direito a exercer a atividade em regime de teletrabalho**, quando este seja compatível com a atividade desempenhada e a entidade patronal disponha de recursos e meios para o efeito. 4 — **O empregador não pode opor-se** ao pedido do trabalhador nos termos dos números anteriores." "Art. 167 [...] 1 - No caso de trabalhador anteriormente vinculado ao empregador, **a duração inicial do contrato para prestação subordinada de teletrabalho não pode exceder três anos**, ou o prazo estabelecido em instrumento de regulamentação coletiva de trabalho. 2 - Qualquer das partes pode denunciar o contrato referido no número anterior durante os primeiros 30 dias da sua execução. 3 - Cessando o contrato para prestação subordinada de teletrabalho, o trabalhador retoma a prestação de trabalho, nos termos acordados ou nos previstos em instrumento de regulamentação coletiva de trabalho". Disponível em: http://cite.gov.pt/pt/legis/CodTrab_LR1_004.html#L004S14 Acessado em 28 set. 2017 (grifou-se)
20. Art. 468 - Nos contratos individuais de trabalho só é lícita a alteração das respectivas condições por mútuo consentimento, e ainda assim desde que não resultem, direta ou indiretamente, prejuízos ao empregado, sob pena de nulidade da cláusula infringente desta garantia. Parágrafo único - Não se considera alteração unilateral a determinação do empregador para que o respectivo empregado reverta ao cargo efetivo, anteriormente ocupado, deixando o exercício de função de confiança.

A alteração[21] pelo empregador do regime de teletrabalho para trabalho presencial não pressupõe mútuo acordo[22], mas aviso prévio mínimo de 15 dias, a ser expresso e escrito em aditivo contratual e com finalidade de permitir tempo de "transição", segundo o texto legal. Esta situação parece aproximar-se da lógica da "reversão" do cargo de confiança à atividade antecedente, circunstância prevista no parágrafo único do artigo 468 da CLT (precitado), obviamente não se aplicando a hermenêutica à hipótese de teletrabalho originário. Ou seja, pela disposição legal, o exercício do teletrabalho não gera direito adquirido, não incorpora condição de forma perene e é reversível nos limites da necessidade e do interesse empresarial. Vislumbra-se aqui espaço de possível tensão em eventuais demandas judiciais, em razão do previsto no art. 468 da CLT que, aportado a um caso em concreto, pode revelar circunstância em que o teletrabalho será a condição mais benéfica ao trabalhador ou que sua reversão por iniciativa patronal gere prejuízos (diretos ou indiretos, na locução normativa) ao empregado. Entende-se que a hermenêutica retro mencionada, de imperativa proteção, no tocante a empregados que se enquadrem no perfil do artigo 444 § único da CLT[23] (os chamados hipersuficientes), será fragilizada em razão da emancipação que se lhes atribui na Reforma Trabalhista (com a prevalência da autonomia da vontade individual), salvo comprovado vício de vontade.

> **Art. 75-D. As disposições relativas à responsabilidade pela aquisição, manutenção ou fornecimento dos equipamentos tecnológicos e da infraestrutura necessária e adequada à prestação do trabalho remoto, bem como ao reembolso de despesas arcadas pelo empregado, serão previstas em contrato escrito.**
>
> **Parágrafo único. As utilidades mencionadas no caput deste artigo não integram a remuneração do empregado.**

O legislador atribui às partes o direito-dever de dispor acerca da aquisição, manutenção ou fornecimento dos equipamentos e infraestrutura para o teletrabalho, devendo ser estas cláusulas obrigatórias nos contratos respectivos. Entende-se que se as partes assim não dispuserem, pela lógica protetiva laboral, aliada ao fato de que, genericamente, é do

---

21. Pela redação, não se pode afirmar que esta alteração importa em reversão ao trabalho presencial anteriormente desempenhado pelo ora teletrabalhador. Ao revés, entende-se que poderá o empregador, se assim entender pertinente ao arranjo de seus meios produtivos, extinguir postos de trabalho remoto, a modalidade remota de trabalho em seu empreendimento ou determinar que um teletrabalhador específico preste serviços presencialmente.
22. Como ocorre em Portugal, art. 166 "[...] 6 - O trabalhador em regime de teletrabalho pode passar a trabalhar no regime dos demais trabalhadores da empresa, a título definitivo ou por período determinado, **mediante acordo escrito com o empregador**". Disponível em: http://cite.gov.pt/pt/legis/CodTrab_LR1_004.html#L004S14. Acessado em 28 set. 2017 (grifou-se).
23. Art. 444. [...] Parágrafo único. A livre estipulação a que se refere o *caput* deste artigo aplica-se às hipóteses previstas no art. 611-A desta Consolidação, com a mesma eficácia legal e preponderância sobre os instrumentos coletivos, no caso de empregado portador de diploma de nível superior e que perceba salário mensal igual ou superior a duas vezes o limite máximo dos benefícios do Regime Geral de Previdência Social.

empregador o risco do empreendimento[24], em eventual demanda judicial será atribuído ao empregador o dever de ressarcir os custos eventualmente arcados pelo teletrabalhador na composição da infraestrutura necessária à prestação do trabalho remoto, incluindo-se aí a aquisição e manutenção de equipamentos informáticos.

Mas o legislador também cita as despesas eventualmente arcadas pelo empregado, apontando que poderão ser *reembolsadas* pelo empregador. Que despesas seriam estas? A doutrina costuma apontar, como mais comumente arguíveis, os acréscimos nos encargos domésticos ordinários a que o trabalhador remoto será submetido por passar a laborar desde sua casa. Cita-se como exemplo, elevações nas despesas de energia elétrica, no consumo de gás, na telefonia e no uso da internet. Como despesas extraordinárias, tem-se o custeio de passagens e hospedagens necessárias à participação do teletrabalhador em momentos laborais presenciais obrigatórios (reuniões, capacitações, integrações). Veja-se que também nesta hipótese deve a contratação ser suficiente e exauriente: para além de prever o máximo possível das despesas, também se deve estimar valores-teto e sistema de reembolso, se assim for o pacto entre as partes (pois, inclusive, se pode pactuar no sentido de que a empresa não as reembolsará).

De toda a sorte, se entregues bens, custeados serviços ou ressarcidas despesas ao empregado, tais "utilidades" não serão consideradas verbas de natureza salarial e não integrarão a remuneração do trabalhador, a exemplo do que já acontece com os benefícios previstos no artigo 458 § 2° da CLT[25] ou com a Participação nos Lucros e Resultados disciplinada pela Lei n° 10.101/2000[26].

> **Art. 75-E. O empregador deverá instruir os empregados, de maneira expressa e ostensiva, quanto às precauções a tomar a fim de evitar doenças e acidentes de trabalho.**
>
> **Parágrafo único. O empregado deverá assinar termo de responsabilidade comprometendo-se a seguir as instruções fornecidas pelo empregador.**

24. Art. 2° da CLT: "Considera-se empregador a empresa, individual ou coletiva, que, **assumindo os riscos da atividade econômica**, admite, assalaria e dirige a prestação pessoal de serviços", recordando que a direção da prestação pessoal de serviços pode se dar por meio telemático para os fins de caracterização da subordinação, segundo o que estabelece o artigo 6° da CLT.

25. Art. 458 – [...]§ 2o Para os efeitos previstos neste artigo, não serão consideradas como salário as seguintes utilidades concedidas pelo empregador: I – vestuários, equipamentos e outros acessórios fornecidos aos empregados e utilizados no local de trabalho, para a prestação do serviço; II – educação, em estabelecimento de ensino próprio ou de terceiros, compreendendo os valores relativos a matrícula, mensalidade, anuidade, livros e material didático; III – transporte destinado ao deslocamento para o trabalho e retorno, em percurso servido ou não por transporte público; IV – assistência médica, hospitalar e odontológica, prestada diretamente ou mediante seguro-saúde; V – seguros de vida e de acidentes pessoais; VI – previdência privada;VII – (VETADO) VIII - o valor correspondente ao vale-cultura. Disponível em: http://cltonline.blogspot.com/2010/02/art-458.html#ixzz4u1k5x1zf.

26. Lei n° 10.101/2000 – Dispõe sobre a Participação dos trabalhadores nos lucros ou resultados da empresa e dá outras providências. Disponível em: http://www.planalto.gov.br/ccivil_03/leis/L10101.htm. Acessado em 31 out 2017.

Uma das grandes preocupações com o trabalho remoto é a questão do controle da boa ambiência laboral, que deve seguir ditames de equilíbrio e salubridade idênticos ao espaço presencial, atribuindo o Judiciário tal responsabilidade ao empregador, tradicionalmente. Nesta perspectiva, já existe julgado do Tribunal Regional da 3ª Região (Minas Gerais)[27] acerca de demanda que envolveu trabalho em domicílio e doença ocupacional (não propriamente teletrabalho, sendo o paradigma válido para fins didáticos).

Destarte, percebe-se que o legislador reformista segue a lógica da CLT, que no artigo 157 determina que o empregador instrua seus empregados acerca dos riscos do trabalho e do ambiente de labor, educando-os para a precaução.

No entanto, este dever de orientação para a higiene, saúde e segurança do/no trabalho, não pode se resumir à elaboração e entrega ao empregado de um manual de boas práticas, genéricas e estáticas. Ao revés, a instrução a que alude o dispositivo deve ser entendida de forma mais abrangente e protetiva à relação, gerando garantias ao empregado e ao empregador. Assim, instruir deve ser compreendido como um conceito dinâmico e constante, de conteúdo mutante, tanto quanto o ambiente e os métodos de trabalho. Daí concluir-se que, de tempos em tempos, deva o empregador realizar alguma inspeção do ambiente laboral, assim como deva se precaver dos acidentes e doenças laborais decorrentes, prevendo e registrando atitudes necessárias nesse sentido em uma gama ampla de documentos, tais como o Programa de Prevenção de Riscos Ambientais – PPRA e o Programa de Controle Médico e Saúde Ocupacional – PCMSO, entre outros.

---

27. EMENTA: INDENIZAÇÃO POR DANOS MORAIS. DOENÇA PROFISSIONAL. CULPA DO EMPREGADOR. EMPREGADO EM DOMICÍLIO. O fato de o empregado trabalhar em domicílio não constitui, por si só, motivo para eximir o empregador da observância das normas de segurança e medicina do trabalho, colocando o trabalhador à margem d**a proteção legal que deve abranger "todos os locais de trabalho", sem distinção** (artigo 154 da CLT). É certo que não há como exigir do empregador, em semelhante circunstância, a fiscalização cotidiana dos serviços prestados, inclusive quanto à efetiva observância pelo empregado das normas de segurança e medicina, mesmo porque a casa é asilo inviolável do indivíduo, ninguém nela podendo penetrar sem o consentimento do morador, salvo em caso de flagrante delito ou desastre, ou para prestar socorro, ou, durante o dia, por determinação judicial, nos termos da garantia estatuída no artigo 5º, inciso XI, da Constituição Federal. Essa particularidade, sem dúvida, constitui elemento que vai interferir na gradação da culpa do empregador em relação a eventual doença profissional constatada, mas **não permite isentá-lo do cumprimento de obrigações mínimas, como a de instruir os empregados quanto às precauções a tomar no sentido de evitar acidentes do trabalho ou doenças ocupacionais**, nos termos do artigo 157, II, da CLT, além de fornecer mobiliário adequado, orientando o empregado quanto à postura correta (artigo 199 da CLT), pausas para descanso, etc. Verificado o descumprimento dessas obrigações primordiais pelo empregador, em face da sua omissão negligente no tocante aos cuidados com a saúde da empregada, é inegável a sua culpa no surgimento da doença profissional constatada, incidindo sua responsabilidade pela compensação do dano moral sofrido pela obreira. (grifou-se) - TRT-00208-2006-143-03-00-2-RO – Disponível em https://trt-3.jusbrasil.com.br/jurisprudencia/129546658/recurso-ordinario-trabalhista-ro-1626808-00208-2006-143-03-00-2 Acessado em 28 set 2017.

A partir dos comentários supra, bem como do pleno domínio sobre o histórico e regulamentação do teletrabalho no Brasil, é possível tecer algumas linhas conclusivas sobre seu funcionamento em território nacional.

5. O teletrabalho em tempos de covid19: impactos do "direito do trabalho de emergência"

Ultrapassadas as questões históricas e conceituais sobre teletrabalho, e examinadas as suas regras gerais no ordenamento jurídico brasileiro, parte-se para o teletrabalho em tempos de calamidade pública, decorrente do COVID-19.

Antes, contudo, é necessário traçar um panorama geral sobre a doença.

Segundo o Ministério da Saúde do Brasil[28], o COVID-19 é uma doença causada pelo coronavírus SARS-CoV-2, que apresenta um quadro clínico que varia de infecções assintomáticas a quadros respiratórios graves. De acordo com a Organização Mundial de Saúde (OMS), a maioria dos pacientes de COVID-19 (cerca de 80%) podem ser assintomáticos e cerca de 20% dos casos podem requerer atendimento hospitalar por apresentarem dificuldade respiratória e, desses casos, 5% podem necessitar de suporte para o tratamento da insuficiência respiratória.

Coronavírus é uma família de vírus que causam infecções respiratórias. O novo agente do coronavírus foi descoberto em 31/10/19, após casos registrados na China. Provoca a doença chamada de coronavírus (COVID-19)[29].

Os primeiros casos no Brasil ocorreram no final de janeiro de 2020[30]. Já em 06 de fevereiro de 2020, foi publicada a Lei nº 13.979, que dispõe sobre as medidas para enfrentamento da emergência de saúde pública de importância internacional decorrente do coronavírus responsável pelo surto de 2019.

A lei conceituou "isolamento", como separação de pessoas doentes ou contaminadas, ou de bagagens meios de transporte, mercadorias ou encomendas postais afetadas, de outros, de maneira a evitar a contaminação ou a propagação do coronavírus (art. 2º, I). Foi também definida a "quarentena" como restrição de atividades ou separação de pessoas suspeitas de contaminação das pessoas que não estejam doentes, ou de bagagens, contêineres, animais, meios de transporte ou mercadorias suspeitos de contaminação, de maneira a evitar possível contaminação ou propagação do coronavírus (art. 2º, II). A lei seguiu as definições estabelecidas no Regulamento Sanitário Internacional.

Como reflexo trabalhista, a lei definiu que é considerada falta justificada ao serviço público ou à atividade laboral privada, o período de ausência decorrente das medidas previstas na lei (art. 3º, § 3º).

---

28. Mais informações no site do Ministério da Saúde. Disponível em https://coronavirus.saude.gov.br/. Acesso em 18/04/20.
29. Mais informações no site do Ministério da Saúde. Disponível em https://coronavirus.saude.gov.br/. Acesso em 18/04/20.
30. Mais informações no site do Ministério da Saúde. Disponível em https://coronavirus.saude.gov.br/. Acesso em 18/04/20.

No dia 20 de março de 2020, o Congresso Nacional expediu o Decreto Legislativo nº 6, reconhecendo o estado de calamidade pública, nos termos da solicitação do Presidente da República.

A Secretaria Especial de Previdência e Trabalho do Ministério da Economia, expediu o Ofício Circular SEI nº 1088/2020 ME, em 27 de março de 2020, com orientações gerais aos trabalhadores e empregadores em razão da pandemia da COVID-19. Tais medidas contemplam questões como práticas de boa higiene e conduta, práticas quanto às refeições, práticas referentes às Comissões Internas de Prevenção de Acidentes (CIPAs) e aos Serviços Especializados em Engenharia de Segurança e em Medicina do Trabalho (SESMT), práticas referentes às máscaras, suspensão de exigências administrativas em saúde e segurança do trabalho, como exames médicos e, ainda, práticas referentes aos trabalhadores pertencentes ao grupo de risco.

A partir destes documentos básicos e iniciais, vieram à lume diversos outros atos do Poder Público, a fim de regular e definir políticas públicas nas diversas áreas.

No que diz respeito ao Direito do Trabalho, foi criado o Programa Emergencial de Manutenção do Emprego e da Renda (PEMER). O objetivo, como definido pela Secretaria Especial de Previdência e Trabalho[31] foi o de preservar 8,5 milhões de empregos, além da requisição de 3,2 milhões de outros benefícios, com o total de 24,5 milhões de beneficiados, trabalhadores no regime da CLT.

A ideia geral foi de preservar o emprego e a renda, viabilizar a atividade econômica, diante da diminuição das atividades e reduzir o impacto social em razão das consequências do estado de calamidade pública e de emergência de saúde pública.

Nesse contexto, foram editadas diversas Medidas Provisórias, uma vez que claramente presentes os requisitos de relevância e urgência previstos no art. 62 da Constituição da República[32].

Em relação ao Direito do Trabalho, as principais Medidas Provisórias editadas foram a 927, de 22 de março de 2020 e a 936, de 01 de abril de 2020.

A MP nº 927/20 refere, no seu artigo 1º, que dispõe sobre as medidas trabalhistas que poderão ser adotadas pelos empregadores para preservação do emprego e da renda e para enfrentamento do estado de calamidade pública reconhecido pelo Decreto Legislativo nº 6, de 20 de março de 2020, e da emergência de saúde pública de importância internacional decorrente do coronavírus (COVID-19), decretada pelo Ministro de Estado da Saúde, em 03 de fevereiro de 2020, nos termos do disposto na Lei nº 13.979, de 06 de fevereiro de 2020. A aplicação da referida MP se dará durante o estado de calamidade

31. Mais informações em: https://www.gov.br/pt-br/noticias/trabalho-e-previdencia/2020/03/servicos-da-secretaria-especial-de-previdencia-e-trabalho-podem-ser-acessados-pela-internet.

32. Art. 62. Em caso de relevância e urgência, o Presidente da República poderá adotar medidas provisórias, com força de lei, devendo submetê-las de imediato ao Congresso Nacional, que, estando em recesso, será convocado extraordinariamente para se reunir no prazo de cinco dias.

pública e, para fins trabalhistas, constitui hipótese de força maior, nos termos do art. 501 da CLT[33].

Referida MP, estabeleceu no seu art. 3º que, para enfrentamento dos efeitos econômicos decorrentes do estado de calamidade pública e para a preservação do emprego e da renda, poderão ser adotadas pelos empregadores, dentre outras, as seguintes medidas: teletrabalho[34], antecipação de férias individuais, concessão de férias coletivas, aproveitamento e antecipação de feriados, baco de horas, suspensão de exigências administrativas em segurança e saúde no trabalho, direcionamento do trabalhador para qualificação[35] e diferimento do recolhimento do Fundo de Garantia do Tempo de Serviço (FGTS).

A Medida Provisória n° 936, de 01 de abril de 2020, instituiu o Programa Emergencial de Manutenção do Emprego e da Renda e dispôs sobre medidas trabalhistas complementares para enfrentamento do estado de calamidade pública reconhecido pelo Decreto Legislativo nº 6/20 e da emergência de saúde pública de importância internacional decorrente do coronavírus (COVID-19), de que trata a Lei nº 13.970/20.

Como antes referido, a MP nº 936/20 tem como objetivos a preservação do emprego e da renda, a garantia de continuidade das atividades laborais e empresariais, e a redução do impacto social decorrente das consequências do estado de calamidade pública e de emergência de saúde pública (art. 2º).

As medidas do Programa Emergencial de Preservação do Emprego e da Renda, definidas no art. 3º da MP nº 926/20, são as seguintes: pagamento de Benefício Emergencial de Preservação do Emprego e da Renda, a redução proporcional de jornada de trabalho e salários, e a suspensão temporária do contrato de trabalho.

A MP foi objeto da Ação Direta de Inconstitucionalidade nº 6.363 DF, ajuizada pelo partido político Rede Sustentabilidade. Em resumo, o requerente sustentou que a MP viola os arts. 7º, VI, XIII e XXVI, e 8º, III e VI, da Constituição da República. Foi postulada Medida Cautelar, deferida em parte pelo Ministro Ricardo Lewandowski, em 06 de abril de 2020, e confirmada após o ingresso de Embargos de Declaração pela Advocacia Geral da União. Foi designada sessão do Pleno para 16/04/20 e, proferido o voto do Relator, a sessão se seguiu em 17/04/20, com decisão por maioria (7X3), pela constitucionalidade da Medida Provisória na sua íntegra. Votaram pela constitucionalidade os Ministros Alexandre de Moraes (que abriu a divergência), Luís Roberto Barroso, Luiz Fux, Carmen Lúcia Antunes da Rocha, Gilmar Mendes, Marco Aurélio Mello e o Presidente da Corte, Dias Toffoli.

Feitas as considerações preliminares de natureza jurídico-trabalhista sobre a calamidade pública e o panorama jurídico daí decorrente, passa-se ao exame do teletrabalho previsto na MP nº 927/20, nos artigos 4º e 5º, dispositivo por dispositivo.

---

33. Art. 501. Entende-se como força maior todo acontecimento inevitável, em relação à vontade do empregador, e para realização do qual este não concorreu, direta ou indiretamente.

34. Tema deste artigo e cujos dispositivos são examinados detalhadamente, tanto na regra geral (CLT), quanto na MP Nº927/20.

35. A suspensão do contrato de trabalho prevista no art. 18 da MP Nº927/20, foi revogada pela MP Nº928/20 e, posteriormente regulada pela MP Nº936/20.

É importante registrar que não há incompatibilidade entre a CLT, nos seus artigos 75-A a 75-E e os artigos 4º e 5º da MP nº 927/20. É que a regra geral do teletrabalho continua sendo a da CLT. O teletrabalho previsto na MP nº 927/20 diz respeito apenas e tão somente à alteração do trabalho presencial para o teletrabalho e vice-versa no período de vigência da calamidade pública decorrente do Covid-19.

Os dispositivos da MP que tratam do teletrabalho são os seguintes:

> **Artigo 4º. Durante o estado de calamidade pública a que se refere o art. 1º, o empregador poderá, a seu critério, alterar o regime de trabalho presencial para o teletrabalho, o trabalho remoto ou outro tipo de trabalho à distância e determinar o retorno ao regime de trabalho presencial, independentemente da existência de acordos individuais ou coletivos, dispensado o registro prévio no contrato individual de trabalho.**

Examina-se o dispositivo por partes. Veja-se que as disposições nele previstas poderão ocorrer apenas e tão somente durante o estado de calamidade pública. Neste caso, o direito potestativo do empregador prevalece. Nos termos do artigo 2º[36], da CLT, o empregador dirige a prestação pessoal de serviço. Não há falar em alteração contratual lesiva[37], uma vez que a autorização decorre de políticas públicas[38] que visam conter o possível contágio dos empregados com o vírus em ambientes com muitas pessoas.

A alteração, a critério do empregador[39], diz respeito ao regime de trabalho, do presencial para o teletrabalho, o trabalho remoto ou outro tipo de trabalho à distância, bem como determinar o retorno ao regime de trabalho presencial[40].

---

36. Art. 2º. Considera-se empregador a empresa, individual ou coletiva que, assumindo os riscos da atividade econômica, admite, assalaria e dirige a prestação pessoal de serviço.
37. Inaplicável, no caso, a regra do artigo 468 da CLT, que assim dispõe: Nos contratos individuais de trabalho só é lícita a alteração das respectivas condições, por mútuo consentimento, e, ainda assim, desde que não resultem, direta ou indiretamente, prejuízos ao empregado, sob pena de nulidade da clausula infringente desta garantia.
38. Lei nº 13.979/20, Decreto Legislativo nº 5/20 e, especificamente, a MP nº 927/20.
39. Caso peculiar é verificado na Ação Civil Pública nº 0020269-39.2020.5.04.0029, ajuizada pelo Sindicato dos Empregados em Escritórios e Empresas de Serviços Contábeis do Estado do Rio Grande do Sul (SINDESC/RS) em face de RSO Serviços Contábeis EIRELI, com o objetivo de forçar a demandada a implantar o sistema de teletrabalho. O pedido teve liminar deferida, que tomou por base a legislação federal vigente e, ainda mais, o conjunto de normativas municipais específicas para a COVID-19 (em especial no Decreto-Lei Municipal nº 20.525/2020, art. 2º§ 4º, que dispõe: "*§ 4º Os escritórios de contabilidade que não puderem realizar todas as suas atividades imediatamente de forma remota, poderão, até o dia 27 de março de 2020, funcionar com até 30% (trinta por cento) do total de seus empregados deforma presencial.*"). No particular, entendeu o julgador que o art. 4º *caput* da MP nº 927/2020 não afastava a possibilidade da iniciativa dos empregados para a alteração do regime de trabalho (do presencial para o teletrabalho).
40. Como visto no tópico 2 deste artigo, o teletrabalho consiste na prestação de serviços **preponderantemente** fora das dependências do empregador, com a utilização de tecnologias de informação e de comunicação que, por sua natureza, não se constituam como trabalho externo.

É importante ressaltar que a alteração ora referida não depende da existência de acordos individuais ou coletivos e nem do registro prévio da alteração no contrato individual de trabalho. Isto porque o período é curto e as necessidades são prementes, devendo ser afastada qualquer burocracia que retire a eficácia pretendida.

> **§ 1º. Para fins do disposto nesta Medida Provisória, considera-se teletrabalho, trabalho remoto ou trabalho à distância, a prestação de serviços preponderantemente ou totalmente fora das dependências do empregador, com a utilização de tecnólogas de informação e comunicação que, por sua natureza não configurem trabalho externo, aplicável o disposto no inciso III do caput do art. 62 da Consolidação das Leis do Trabalho, aprovada pelo Decreto-Lei nº 5.452, de 1943.**

A Medida Provisória está denominando teletrabalho todo e qualquer trabalho realizado fora das dependências do empregador, mesmo aquele trabalho que tecnicamente não o é.

O trabalho remoto e o trabalho à distância, bem como o trabalho em domicílio[41] (*home office*) não constituem, necessariamente, teletrabalho.

Apesar do inciso III, do art. 3º, da MP nº 927/20 ter se utilizado da expressão "teletrabalho", espécie de trabalho à distância, na verdade, toda e qualquer modalidade de trabalho à distância, mesmo que trabalho em domicílio em sentido estrito[42], pode ser utilizada como alternativa para enfrentamento da pandemia do Covid-19[43]

> **§ 2º. A alteração de que trata o caput será notificada ao empregado com antecedência de, no mínimo, quarenta e oito horas, por escrito ou por meio eletrônico.**

É certo que, diante do quadro de calamidade pública, como já referido, prepondera o direito potestativo do empregador, que dirige a prestação do trabalho, de alterar o regime de trabalho dos seus empregados de presencial para teletrabalho[44] e vice-versa.

Por outro lado, a direção do trabalho pelo empregador não se confunde com o fato de que a alteração deve ser noticiada com prazo razoável. Dada a necessidade premente, a MP fixou este prazo em, no mínimo, quarenta e oito horas. Assim, tanto a alteração do regime de trabalho presencial para teletrabalho, quanto o retorno para o presencial, não

41. Ver art. 6º da CLT: Não se distingue entre o trabalho realizado no estabelecimento do empregador, o executado no domicílio do empregado e o realizado à distância, desde que estejam caracterizados os pressupostos da relação de emprego.

42. Nesse sentido: Costureiras de favelas paulistanas trabalham em "home office". Disponível em: http://www.anf.org.br/costureiras-de-favelas-paulistanas-trabalham-em-home-office/. Acessado em 20 abr. 2020.

43. Nesse sentido, ver Souza Júnior, Antonio Umberto; Gaspar, Danilo Gonçalves; Coelho, Fabiano; e Miziara, Raphael, in "Medida Provisória 927/2020 comentada artigo por artigo". Revista dos Tribunais, 2020, p. 61.

44. Feitas as explicações conceituais necessárias, passa-se a denomina teletrabalho, o trabalho à distância, como prevê a MP Nº927/20.

seguem a regra geral da CLT, de quinze dias (art. 75-C, § 2º). Neste caso, em função da calamidade pública, reitera-se, o prazo necessariamente deve ser reduzido.

> **§ 3º. As disposições relativas à responsabilidade pela aquisição, pela manutenção ou pelo fornecimento dos equipamentos tecnológicos e de infraestrutura necessária e adequada à prestação do teletrabalho, trabalho remoto ou trabalho à distância e ao reembolso de despesas arcadas pelo empregado serão previstas em contrato escrito, firmado previamente ou no prazo de trinta dias, contado da data da mudança do regime de trabalho.**

A Medida Provisória, de forma clara, determina que a aquisição, manutenção e fornecimento de equipamentos e infraestrutura para a realização do teletrabalho deve estar prevista em contrato. Tal disposição não se confunde com a alteração contratual. Aqui, o caso, é deixar claro o que é responsabilidade de quem. É claro que, em regra e até por razoabilidade, equipamentos e infraestrutura especiais, qùe não são comuns, devem ser fornecidos pelo empregador. De todo modo, tais disposições devem estar expressas no contrato.

Por outro lado, a Medida Provisória determinou que o contrato que tratar das disposições relativas a equipamentos e infraestrutura, deve ter sua forma por escrito, firmado previamente, em até trinta dias, contados da mudança do regime de trabalho.

> **§ 4º. Na hipótese de o empregado não possuir os equipamentos tecnológicos e a infraestrutura necessária e adequada à prestação do teletrabalho, do trabalho remoto ou do trabalho à distância:**
>
> **I – o empregador poderá fornecer os equipamentos em regime de comodato e pagar por serviços de infraestrutura, que não caracterizarão verba de natureza salarial; ou**
>
> **II – na impossibilidade de fornecimento do regime de comodato de que trata o inciso I, o período da jornada de trabalho será computado como tempo de trabalho à disposição do empregador.**

Examina-se o § 4º em conjunto com o § 3º, mas em partes. Neste dispositivo é aberta a hipótese de o empregado não possuir os equipamentos tecnológicos e a infraestrutura necessária e adequada à prestação do teletrabalho, o que, não raramente, é comum. Nesses casos, o empregador poderá (não deverá) fornecer os equipamentos em regime de comodato[45], bem como, poderá (não deverá) pagar os serviços de infraestrutura, tais como luz, internet, etc., não caracterizando tal pagamento, verba de natureza salarial, o que é lógico por se tratar de valores recebidos para o trabalho e não pelo trabalho[46].

45. Código Civil, art. 579. O comodato é o empréstimo gratuito de coisas não fungíveis. Perfaz-se com a tradição do objeto.

46. CLT, art. 458, § 2º. Para os fins previstos neste artigo, não serão consideradas como salário as seguintes utilidades concedidas pelo empregador:

Pode ocorrer, contudo, de o empregador também não ter condições de oferecer equipamentos em regime de comodato aos seus empregados. Neste caso, mesmo não havendo como realizar as atividades necessárias, o período caracterizar-se-á como tempo à disposição do empregador. Não poderia ser diferente, já que o risco da atividade econômica é do empregador. Neste sentido, o art. 4º, da CLT, dispõe: "Considera-se como de serviço efetivo o período em que o empregado esteja à disposição do empregador, aguardando ou executando ordens, salvo disposição especial expressamente consignada."

> **§ 5º. O tempo de uso de aplicativos e programas de comunicação fora da jornada de trabalho normal do empregado não constitui tempo à disposição, regime de prontidão ou de sobreaviso, exceto se houver previsão em acordo individual ou coletivo.**

Veja-se que o dispositivo trata da utilização de aplicativos e programas de comunicação fora da jornada normal do empregado. De qualquer forma, considerando que os empregados em regime de teletrabalho não estão sujeitos às regras de limites de jornada, pagamento de horas extras, pagamento de sobreaviso[47][48] ou horas de prontidão[49][50], salvo previsão em acordo individual ou coletivo, parece desnecessário e ineficaz o parágrafo 5º.

Pode-se, por outro lado, interpretar o comando de forma reversa, isto é, que o contrato de trabalho ou a norma coletiva podem prever o pagamento dos adicionais nele referidos, ainda que haja sua dispensa por força do art. 62, inciso III da CLT.

> **Art. 5º. Fica permitida a adoção do regime de teletrabalho, trabalho remoto ou trabalho à distância para estagiários e aprendizes, nos termos do disposto neste Capítulo.**

A regra geral da CLT sobre teletrabalho não exclui estagiários e aprendizes. Ainda que estagiário seja regulado por lei própria[51] e a relação de fato existente sequer possa ser

I – vestuários, equipamentos e outros acessórios fornecidos aos empregados e utilizados no local de trabalho, para a prestação do serviço.

47. CLT, art. 244, § 2º. Considera-se de "sobreaviso" o empregado efetivo, que permanecer em sua própria casa, aguardando a qualquer momento o chamado para o serviço. Cada escala de "sobreaviso" será, no máximo, de vinte e quatro horas. As horas de "sobreaviso", para todos os efeitos, serão contadas à razão de 1/3 (um terço) do salário normal.
48. Embora na seção V do Capítulo I, do Título III, da CLT, que trata dos ferroviários, o sobreaviso se estende, por analogia, a outras atividades.
49. CLT, art. 244, § 3º. Considera-se de "prontidão" o empregado que ficar nas dependências da Estrada, aguardando ordens. A escala de "prontidão" será, no máximo, de doze horas. As horas de "prontidão" serão, para todos os efeitos, contadas à razão de 2/3 (dois terços) do salário-hora normal.
50. Embora na seção V do Capítulo I, do Título III, da CLT, que trata dos ferroviários, a prontidão se estende, por analogia, a outras atividades.
51. Lei nº11.788/2008. Disponível em http://www.planalto.gov.br/ccivil_03/_ato2007-2010/2008/lei/l11788.htm. Acessado em 20 abr. 2020.

dita trabalhista[52], há aspectos do trabalho subordinado que a ele se aplicam. O aprendiz, por outro lado, está regulado na própria CLT, nos artigos 428 a 435.

Trata-se, no caso, de excesso de zelo. Se não houvesse tal previsão, os aprendizes, ainda assim, poderiam prestar teletrabalho. Poder-se-ia, talvez, ter dúvidas quanto ao estagiário. De todo modo, como referido no comando legal, os estagiários poderão realizar as suas atividades em regime de teletrabalho.

A MP nº927/20 não tratou das precauções que o empregado deve tomar para evitar doenças e acidentes de trabalho. Assim, aplica-se aos casos de teletrabalho decorrentes da calamidade pública pelo Covid-19, a regra geral constante do art. 75-E e parágrafo único, da CLT.

> **Art. 33. Não se aplicam aos trabalhadores em regime de teletrabalho, nos termos do disposto neste Medida Provisória, as regulamentações sobre trabalho em teleatendimento e telemarketing, dispostas na Seção II, do capítulo I, do Título III, da Consolidação das Leis do Trabalho, aprovada pelo Decreto-Lei nº 5.452.**

O dispositivo está contido no Capítulo X da Medida Provisória nº 927/20, que trata de outras disposições em matéria trabalhista.

É claro que o teletrabalho não se confunde com as atividades relacionadas ao trabalho de teleatendimento e ao trabalho de telemarketing. A disciplina normativa dessas atividades encontra-se nos arts. 227 a 231 da CLT e presume-se que a MP pretendeu afastar eventual e esdrúxula compreensão de que aos trabalhadores em regime de teletrabalho se aplicaria a jornada diária de 6 (seis) horas, bem como os descansos especiais contidos na CLT.

> **Art. 62 - Não são abrangidos pelo regime previsto neste capítulo: [...]**
> **III - os empregados em regime de teletrabalho.**

O comando do artigo 62, inciso III, da CLT, se aplica ao teletrabalho previsto na regra geral (arts.75-A a 75-E, da CLT) e, também ao teletrabalho do regime de exceção decorrente da calamidade pública pelo Covid-19 e normatizado na MP nº 927/20.

Embora não fosse necessário, o § 1º, do art. 4º da MP Nº927/20, já examinado, dispõe expressamente sobre a aplicação do art. 62, inciso III, da CLT, no caso.

Assim, o empregado em regime de teletrabalho em função da pandemia do coronavírus, não registrará horário e não terá direito ao adicional de horas extras

6. Conclusão

O teletrabalho é modalidade contratual com a gênese da Revolução Informacional. Seus fundamentos são diversos do trabalho concebido e regido na Revolução Industrial

52. Art. 1º da Lei 11.788/2008: "Estágio é **ato educativo escolar supervisionado** [...]" grifou-se.

e, por isto, carecia verdadeiramente de regulamentação própria. Equivocou-se o legislador nacional, em 2011, ao declarar a equiparação de tratamento entre trabalho presencial e trabalho a distância o que, atualmente, vê-se corrigido com o correto destaque ao teletrabalho na CLT.

O teletrabalho é tipo do gênero trabalho a distância enquanto o teletrabalho em domicílio é tipo do gênero teletrabalho. De onde se conclui que não é correto utilizar como sinônimo de teletrabalho quer a expressão trabalho a distância, quer trabalho em domicílio (e sua variante *home office*) pois são, essencialmente, institutos diversos.

No teletrabalho, o centro das constatações e consequências da relação de emprego deixa de ser o local de trabalho e a compra de horas do dia do empregado.

O empregador se polariza, ramifica, estende sua presença e alcance a qualquer local onde a comunicação possa chegar (e, com ela, o trabalho). O empregado passa a efetivamente vender seu trabalho e os padrões remuneratórios migram do salário-hora para o salário-produtividade, alterando culturas, diálogos negociais e contratos.

O tempo do trabalho, portanto, deixa de ser tão relevante, o que pode ser positivo, inclusive ao empregado, que passa a ver viável a consecução de sua antiga vindicação pela conciliação digna de suas diversas dimensões vivenciais. No teletrabalho, não há compra de tempo, não há jornada a cumprir. O teletrabalho é atemporal e flexível.

Como a tecnologia não vê fronteiras geográficas, o teletrabalho permite muitos transbordamentos (municipais, regionais, nacionais) e isto leva ao repensar dos modelos contratuais e ao alerta para a necessidade de entidades internacionais fortes e representativas, que garantam a efetividade e eficácia das avenças e dos mínimos existenciais.

Em âmbito nacional, embora com diversos anos de atraso (inclusive em comparação com países sul-americanos), o Brasil finalmente regra as relações de teletrabalho, reconhecendo o fenômeno, quando subordinado, como tipo especial de contrato de trabalho e impondo, para sua validade, a forma escrita. Seguindo a lógica reformista, delega, às partes, em diversos momentos, a decisão sobre questões afetas ao estabelecimento e dinâmica do ajuste (equipamentos e despesas, p.ex.) e impõe ao empregador o dever de instruir o empregado em regime de teletrabalho sobre saúde e segurança no (tele)trabalho.

Assim, tomando por referência experiências de outras nações, mas sem copiá-las, o Brasil constrói seu próprio modelo e ingressa no rol dos países que dispõe de regulamentação para o teletrabalho via norma positivada.

Ao que a prática forense indica, entretanto, o instituto em sua novel regulação passa por período de testagem corporativa e, no tocante às controvérsias deduzidas perante o Poder Judiciário, ainda é de se acompanhar a leitura que se dará, em especial, aos momentos de ajustes individuais admitidos pelo legislador, fora dos contornos do art. 444 em seu parágrafo único da CLT, o que só recomenda a continuidade de seu estudo.

O modelo, no entanto, teve que ser adaptado às necessidades do período de calamidade pública decorrente do Covid-19, onde o tempo é escasso e tudo deve ser realizado com maior brevidade, sob pena de perder-se a efetividade e, com ela, empregos e vidas. Daí dizer-se que a MP nº 927/2020 não criou nada com relação ao teletrabalho, apenas amenizou formalidades da CLT (arts. 75-A a 75-E) antagônicas ao momento de urgência.

É certo, portanto, que não há incompatibilidade entre as regras sobre teletrabalho previstas na CLT e as regras sobre teletrabalho previstas na MP nº 927/20.

É o começo de um novo tempo, tempo em que ainda é possível se perceber que "nem tudo é igual a tudo", apesar da liquidez das relações e da velocidade nos avanços tecnológicos, indutores naturais da massificação humana.

Referências bibliográficas

ALVES, R.V. Teletrabalho: um conceito complexo no Direito Brasileiro. In: **Revista da Faculdade de Direito de Uberlândia.** v. 35: 385-394, 2007.

BARROS, A.M. de. **Curso de Direito do Trabalho**. 10 ed. São Paulo, LTr, 2016,

CASSAR, Vólia Bomfim; *et all.*. MP 936 – Medidas Trabalhistas para o enfrentamento da crise. Disponível em: https://www.youtube.com/watch?v=TJ-YytPp6Mw. Acessado em 15 abr. 2020.

CHAPPE, C. **Sítio sobre Claude Chappe**. (17--). Disponível em: <www.claudechappe.fr>. Acesso em: 20 out. 2012.

FINCATO, D. P. et al. Saúde, higiene e segurança no teletrabalho: reflexos e dilemas no contexto da dignidade da pessoa humana trabalhadora. In: **Direitos fundamentais & justiça**, v. 9, p. 101-123, 2009.

FINCATO, D. P. Teletrabalho transnacional, dumping social e a rerum novarum: reflexões. In: GÜNTHER, L. E.; VILLATORE, M. A.C. (Org.). **Rerum novarum: estudos em homenagem aos 120 anos de Encíclica Papal**. Porto Alegre: Juruá, 2011.

FINCATO, D. P. Teletrabalho: aproximações epistemológicas. In: **Revista Magister de Direito Trabalhista e Previdenciário**, v. 31, p. 34-40, 2009.

FINCATO, D. P. Teletrabalho: aproximações epistemológicas. In: **Revista Magister Direito Empresarial, Concorrencial e do Consumidor**, v. 26, p. 68-72, 2009.

FINCATO, D. P. Teletrabalho: estudos para regulamentação a partir do direito comparado. In: FINCATO, D. P. (Org.). **Novas tecnologias e relações de trabalho: Reflexões.** Porto Alegre: Magister, 2011.

FINCATO, D. P. Teletrabalho: uma análise juslaboral. In: **Estudos Jurídicos**, São Leopoldo, v. 36, n. 96, p. 137-160, 2003.

FINCATO, D. P. Teletrabalho: uma análise juslaboral. In: **Justiça do Trabalho**, Porto Alegre, v. 236, p. 40-56, 2003.

FINCATO, D. P. Trabalho e tecnologia: reflexões. In: FINCATO; D. P.; MATTE, M.; GUIMARAES, C. I. S. (Org.). **Direito e tecnologia: reflexões sociojurídicas**. Porto alegre: Livraria do Advogado, 2014.

FINCATO, D. P.; CRACCO NETO, H. B. Teletrabalho: de Chappe a Nilles. In: **Justiça do Trabalho**, v. 358, p. 52, 2013.

FINCATO, D. P.; NASCIMENTO, C. B. Teletrabalho e Direitos Fundamentais Sociais: entre a modernidade sólida e a pós-modernidade líquida. In: **Direitos Fundamentais & Justiça**, v. 7, p. 196-215, 2013.

FINCATO, D. P.; OLICHESKI, A. T. Globalização e direitos fundamentais sociais. In: FINCATO, D. P. F. (Org.). In: **Novas tecnologias e relações de trabalho: reflexões.** Porto Alegre: Magister, 2011.

FINCATO, D.P. Meio Ambiente Laboral e Teletrabalho. In**: Anais do IV Congresso Ibero-Americano de Teletrabalho e Teleatividades**. Porto Alegre: Magister, 2011, p. 36-48.

FINCATO, D.P.; CRACCO, H.B; SORIA, J.S. **DE CHAPPE A NILLES: A EVOLUÇÃO DA TECNOLOGIA NO TRABALHO E A INVENÇÃO DO TELETRABALHO – UMA REVISÃO NECESSÁRIA. In:** Teoria geral e mecanismos de efetividade no Brasil e na Espanha : Tomo I / organizadores Carlos Luiz Strapazzon. Rodrigo Goldschmidt, Robinson Tramontina. – Joaçaba: Editora Unoesc, 2013, p. 109-122.

FINCATO, D.P.; STURMER, Gilberto. **A Reforma Trabalhista Simplificada**: Comentários à Lei nº13.467/2017. Porto Alegre: Edipucrs, 2019.

GILLE, B. **Histories des techniques**. Paris: Pléiade, 1978.

HISTORIA DE LAS TELECOMUNICACIONES. 2006. Disponível em: <http://histel.com/z_histel/biografias.php?id_nombre=34>.

PINTO, J. O. **Avaliação da viabilidade de implantação do teletrabalho no domicílio: um estudo de caso no SERPRO**. Dissertação de Mestrado. Florianópolis: UFSC, 2003.

SÓ BIOGRAFIAS. *Claude Chappe*. 2011. Disponível em: <http://www.dec.ufcg.edu.br/ biografias/ClaudeCh.html>. Acesso em: 07 jun. 2014.

SOUZA JÚNIOR, Antonio Umberto; GASPAR, Danilo Gonçalves; COELHO, Fabiano; MIZIARA, Raphael. **Medida Provisória 927/2020 comentada artigo por artigo.** São Paulo: RT Thomson Reuters (white paper gratuito), 2020.

STEIL, A.V.; BARCIA, R.M. Um modelo para análise da prontidão organizacional para implantar o teletrabalho. In: **Revista de Administração**, São Paulo v.36, n.1, p.74-84, janeiro/março 2001.

STÜRMER, GILBERTO. **Direito Constitucional do Trabalho no Brasil.** São Paulo: Atlas, 2014.

STÜRMER, GILBERTO. As implicações legais do home office: tire suas dúvidas. Caderno de Economia. **Jornal Zero Hora**. Disponível em https://gauchazh.clicrbs.com.br/economia/noticia/2020/04/as-implicacoes-legais-do-home-office-tire-suas-duvidas-ck8uqkrxr01zr01ntql47mm2r.html. Acessado em 20 abr. 2020.

4

FÉRIAS EM TEMPOS DE COVID-19: ANÁLISE DA MP N. 927/2020 À LUZ DOS NOVOS PRINCÍPIOS CONTRATUAIS

Paulo Régis Machado Botelho[1]

1. Introdução

A perplexidade que assola o mundo diante de uma pandemia sobre a qual não se sabe a exatidão, as origens, os contornos e os efeitos no ser humano, tem provocado repercussões catastróficas na saúde pública e na economia da quase totalidade dos países.

O novo coronavírus, que desencadeou a pandemia da Covid-19, não distingue países, sejam ricos ou pobres, potências nucleares ou não, pois se impõe arrogantemente, sorrateiramente, quebrando a higidez física e mental dos cidadãos.

As autoridades de saúde pública guiadas pela Organização Mundial de Saúde (OMS) travam uma batalha cruenta com um inimigo desconhecido na tentativa de minorar as consequências sobre a saúde das pessoas, impondo em regra o isolamento social e a quarentena.

A iniciativa visa permitir que o aparelho estatal possa se preparar adequadamente para receber os infectados pelo vírus, acolhendo-os nos hospitais e prestando-lhes um acompanhamento digno, a fim de permitir uma pronta recuperação do cidadão.

Ao mesmo tempo, paralelamente, os cientistas seguem debruçados sobre o problema, buscando soluções para combater o novo coronavírus. A vacina é objeto de pesquisa incessante, entretanto, os prognósticos em curto prazo não são animadores. Fala-se que

1. Doutor em Direito do Trabalho pela Pontifícia Universidade Católica de São Paulo (PUC-SP). Professor da Universidade de Fortaleza (UNIFOR). Desembargador do Tribunal Regional do Trabalho da 7ª Região (TRT-7). Membro da Academia Brasileira de Direito do Trabalho (ANDT).

ela poderá surgir em até um ano, prazo excessivamente longo, o que causará enormes dissabores para as pessoas que deverão conviver com as incertezas fincadas em remédios paliativos sem comprovação cientifica séria e efetiva.

No meio deste turbilhão, em que a principal preocupação deve ser a saúde pública, surge o problema econômico. As empresas em grande parte enfraquecidas pelo caos da pandemia buscam apoio dos governos para se manterem ativas e preservarem os empregos.

As pequenas e médias empresas, em regra, sofrem de forma mais aguda a crise atual provocada pela crise sanitária derivada da Covid-19.

Os trabalhadores autônomos informais são afetados de forma violenta, perdendo a renda diária que lhes proporcionam o sustento. Os empregados formais, diante da perspectiva de ficarem desempregados, sofrem perturbações psíquicas sufocantes.

Diante disso, o governo federal editou várias medidas provisórias tratando de diversos aspectos relacionados à pandemia. As Medidas Provisórias n. 927/2020 e n. 936/2020 regulam o trabalho subordinado, dispondo sobre vários institutos pertinentes à relação jurídica de emprego.

Dentre as matérias tratadas está a questão relacionada às férias dos trabalhadores.

A Medida Provisória n. 927/2020 disciplina nos arts. 6º a 12 a concessão e o gozo das férias individuais e coletivas durante o transcurso da pandemia de forma diversa do tratamento normativo estampado na Consolidação das Leis do Trabalho (CLT), aprovado pelo Decreto-Lei n. 5.452, de 1º de maio de 1943.

No presente artigo discorreremos acerca das novas regras surgidas no cenário jurídico provenientes da MP n. 927/2020, pertinentes ao instituto das férias e seus desdobramentos, na execução do contrato de trabalho à luz dos novos princípios contratuais albergados no Código Civil Brasileiro, aprovado pela Lei n. 10.446, de 10 de janeiro de 2002.

A teoria do diálogo das fontes permitirá que se aborde o regramento das férias embutido na MP n. 927/2020 com os olhos voltados para a nova trilogia principiológica dos contratos.

Desnecessário mencionar que a análise interpretativa premida pela inovação legislativa e pela velocidade dos fatos representa um primeiro olhar, sujeito às mais variadas críticas.

Não obstante, não deixaremos de cumprir a missão, expondo de forma clara nosso pensamento guiado pela ponderação dos valores e princípios que solidificam o direito do trabalho.

2. Evolução legislativa da regulação das férias

A gênese civilizatória legal das férias se deu na Inglaterra em 1872, alcançando os operários da indústria, conforme aponta Arnaldo Süssekind, em sua obra 'Instituições de Direito do Trabalho'[2].

2. SÜSSEKIND, Arnaldo. **Instituições de direito do trabalho**. 11. ed. São Paulo: LTr., 1991, p. 775.

No desenrolar da história, paulatinamente, outros países, com maior ênfase após a Primeira Guerra Mundial, passaram a dispor sobre a necessidade de os trabalhadores cessarem a prestação laborativa durante um período contínuo a fim de proporcionar uma recuperação física e mental.

Mozart Victor Russomano cita exemplos anteriores, "como a lei de 1821, da Dinamarca, que concedeu repouso aos empregados domésticos, no mês de novembro de cada ano, durante uma semana, e a lei francesa de 1853, que reconheceu o direito a férias ao funcionário público, com duração de quinze dias",[3] entretanto, de pequena abrangência quando comparada com a lei inglesa, que englobava todos os operários da indústria. A Revolução Industrial foi o motor que propiciou uma abordagem crítica acerca da possibilidade de concessão das férias pela via legal.

A bondade de parte dos industriais que optavam até então por possibilitar uma pausa contínua nas tarefas desenvolvidas pelos trabalhadores não atendia mais aos desejos gerais da classe trabalhadora.

No Brasil, como marco histórico, embora não se trate de norma legal, temos o pioneirismo do ato do Ministério da Agricultura, Comércio e Obras públicas, em 1889, que concedeu quinze dias de férias para os funcionários vinculados àquele órgão.

Em 1925 surge o marco legal, com a Lei n. 4.582, que passou a dispor sobre o gozo de férias por quinze dias para os empregados em geral. Na sequência, foram promulgadas outras leis, regulando a concessão de férias de forma especial para determinadas categorias.

Em 1943, a Consolidação das Leis do Trabalho disciplinou o instituto das férias, tratando dos vários aspectos necessários para o seu gozo e fruição. Na evolução legislativa, percebemos que em 1977 houve uma mudança significativa com a promulgação da Lei n. 1.535/1977, que alterou vários artigos da CLT, notadamente o elastecimento do período de férias para 30 dias corridos.

Após a alteração legal referenciada, ocorreram modificações pontuais. A Reforma Trabalhista aprovada pela Lei n. 13.467/2017 trouxe algumas novas disposições acerca do tema.

No entanto, a polêmica atual se deve às disposições encartadas na Medida Provisória n. 927/2020, que estabeleceu normas específicas acerca do instituto aplicáveis enquanto perdurar a crise sanitária decorrente da pandemia da Covid-19.

3. Natureza jurídica das férias

Segundo a manifestação de Antônio Ferreira Cesarino Júnior,

> a natureza jurídica das férias anuais remuneradas é dupla: a) para o empregador, a de uma obrigação de fazer e de dar; de fazer: consentir no afastamento do empregado

3. RUSSOMANO, Mozart Victor. **Curso de direito do trabalho**. 4. ed. Curitiba: Juruá, 1991, pp. 307-308.

> durante o período mínimo fixado pela lei e de dar: pagar-lhe o salário equivalente; b) para o empregado é ao mesmo tempo um direito, o de exigir o cumprimento das mencionadas obrigações do empregador, e uma obrigação, a de abster-se de trabalhar durante o período das férias. É lógico que desta obrigação surge para o empregador um direito, que é o de exigir o seu cumprimento[4].

O posicionamento do renomado autor não merece reparos. As férias representam sob a ótica do empregado um direito de primeira grandeza com patamar constitucional, que assume uma importância vital para o restabelecimento das forças física e mental. Por outro lado, concomitantemente, surge para o trabalhador a obrigação de não exercer nenhuma atividade durante o período de gozo das férias.

A doutrina costuma fazer referência a uma excepcionalidade quanto a esta obrigação, caso o empregado possua outro emprego.

No que se refere ao empregador, percebe-se que a obrigação se traduz em fazer e dar. A obrigação de fazer impõe ao empregador a indicação do lapso de tempo em que as férias serão gozadas, enquanto a obrigação de dar possibilita ao trabalhador o recebimento do salário no transcurso do descanso anual, acrescido de 1/3 constitucional.

José Augusto Rodrigues Pinto lança um olhar peculiar sobre o tema destacando os ângulos do contrato e dos sujeitos[5]. É interessante a abordagem, pois, além dos sujeitos, as férias representam uma interrupção contratual, o que envolve aspectos contratuais.

4. As férias nas normas da organização internacional do trabalho

A importância da Organização Internacional do Trabalho (OIT) para a consolidação dos direitos às férias por parte dos empregados é inegável, pois desde a sua criação através do Tratado de Versalhes (1919) este organismo internacional tem se dedicado à temática.

---

4. CESARINO JUNIOR, Antônio Ferreira. **Direito social**. v. I. 2. ed. São Paulo: LTr., 1993, p. 328.
5. PINTO, José Augusto Rodrigues. **Curso de direito individual do trabalho**. São Paulo: LTr., 1994, pp. 384-385.

   "A nosso modesto entender, a inteligência da natureza jurídica das férias anuais remuneradas, embora complexa, primástica ou multifacetada, se exibe com grande simplicidade, mediante um processo de decomposição de sua estrutura. Para levá-lo a termo, devemos olhar essa figura jurídica desde dois ângulos diversos de observação: o do contrato, e o dos sujeitos, desdobrado inevitavelmente em dois, o empregado e o empregador. Sob o ângulo de observação do contrato individual, as férias anuais são uma suspensão parcial ou interrupção executiva do ajuste. Do ponto de vista do empregado, são uma obrigação de não fazer, posto que durante o afastamento se acha ele proibido de trabalhar para o empregador que o afastou. Por último, do ângulo de análise do empregador, uma obrigação cumulativa de dar e fazer, visto ser-lhe impostos o pagamento da remuneração e o afastamento do trabalho. Ainda é possível aduzir, do ponto de vista do empregador, quanto ao momento de conceder o gozo do direito, tratar-se de uma faculdade condicionada, porquanto lhe incumbe fixar, unilateralmente, o início do repouso, sob a sanção de remuneração dobrada e concessão pela autoridade judicial, se exceder o prazo de exercício da própria faculdade".

Atualmente, a Convenção n. 132 da OIT, aprovada em 1993 e ratificada pelo Brasil em 1999, é o instrumento de maior relevância dedicado ao instituto das férias.

A natureza de norma supralegal implica na sua aplicação às relações de emprego vivenciadas no Brasil. Não obstante, cabe ao intérprete, quando da comparação com a legislação local sobre a matéria, aplicar o princípio da norma mais favorável, ou seja, preservar o normativo interno quando este dispõe de maneira mais satisfatória para o empregado.

As normas internacionais provenientes da OIT, em regra, estabelecem disposições gerais sobre determinado assunto da seara trabalhista, garantindo um patamar mínimo de direitos, sem impossibilitar que os países membros estabeleçam regramentos com mais vantagens para a classe trabalhadora.

O Ministro do Tribunal Superior do Trabalho Augusto César Leite de Carvalho, ao tratar do assunto em debate, faz alusão à teoria do conglobamento e ao caráter da supralegalidade das normas internacionais declarada pelo Supremo Tribunal Federal. No entanto, conclui: "os dispositivos da Convenção 132 preservam a força normativa da lei nacional, quando mais favorável ao trabalhador"[6].

Portanto, quando da colisão entre os normativos da convenção internacional da OIT e da CLT, prevalecerão as normas oriundas da fonte que regule de forma mais positiva os interesses dos empregados. Alice Monteiro de Barros lembra da abordagem divergente das duas fontes citadas, acerca da retribuição de férias proporcionais para os empregados que pedem demissão antes de completar um ano no emprego[7].

Na análise integral da Convenção n. 132 da OIT observamos outros pontos colidentes com as disposições celetistas, entretanto, em face do objetivo deste artigo, não nos estenderemos sobre o assunto.

5. A instrumentalização dos novos princípios contratuais para a resolução de questões trabalhistas decorrentes da COVID-19

Os novos princípios contratuais são frutos da nova ordem constitucional implantada em 1988, em que o princípio da dignidade humana ocupa o mais alto grau no patamar hierárquico das normas.

A nova realidade constitucional comungada com o Código Civil de 2002 permitiu que novos princípios de cunho social fossem aplicados ao direito contratual.

A nova codificação civil marcada pela socialidade deriva da opção do constituinte pelo Estado Social. Esta é a razão pela qual a permanência isolada dos princípios clássicos da autonomia da vontade, da força obrigatória dos contratos e da relatividade contratual no direito contratual não se harmoniza com os novos valores constitucionais[8].

6. CARVALHO, Augusto César Leite de. **Direito do trabalho** – curso e discurso. São Paulo: LTr., 2016, p. 287.
7. BARROS, Alice Monteiro de. **Curso de direito do trabalho** – curso e discurso. São Paulo: LTr., 2016, p. 700.
8. BOTELHO, Paulo Régis Machado. **A influência das cláusulas gerais na formação, execução e extinção do contrato de trabalho**. São Paulo: Quartier Latin, 2018, pp. 90-91.

Os princípios clássicos contratuais não feneceram com a chegada dos novos princípios contratuais de cunho social, conforme adverte Antônio Junqueira de Azevedo: "os princípios anteriores não devem ser considerados abolidos pelos novos tempos, mas certamente deve-se dizer que viram seu número aumentado pelos três novos princípios. Quais são esses novos princípios? A boa-fé objetiva, o equilíbrio econômico do contrato e a função social do contrato"[9].

A trilogia que compõe os novos princípios contratuais permite ao cientista do direito, ao examinar os pactos contratuais, manejar os princípios clássicos e contemporâneos, de forma a optar por uma solução justa, que não fira a dignidade do ser humano.

A função social do contrato, a boa fé-objetiva e o equilíbrio contratual como novos princípios do direito contratual proporcionam um instrumental indispensável ao magistrado, para o exame das controvérsias decorrentes da execução do contrato de trabalho em tempos de calamidade pública.

Dito isto, aflora no Brasil uma pandemia arrasadora (Covid-19), nunca vista antes, que abala de forma significativa a sociedade. Empresas são tragadas pela crise, ficando na iminência de fecharem as portas e, com isso, extinguirem postos de trabalho.

A calamidade pública foi declarada pelo Congresso Nacional através do Decreto Legislativo n. 6/2020, permitindo ao governo federal tomar as providências necessárias para amenizar a crise. Nos Estados e nos Municípios, de forma complementar, os governos têm seguido a mesma trilha.

No âmbito do governo central, utilizando as medidas provisórias, a Presidência da República editou uma série de medidas que a urgência e a necessidade clamavam, no intuito de evitar um caos econômico sem precedentes. Os empregados, na iminência de perderem seus empregos e inflarem o número alarmante de desempregados, esperavam uma iniciativa do governo para que mantivessem os seus salários.

Na seara trabalhista foi editada a MP n. 927/2020 que estabelece normativos regulatórios da relação de emprego no transcurso da crise pandêmica. A intervenção estatal era necessária, entretanto, discute-se no mundo acadêmico a forma e o conteúdo desta intervenção.

No foco deste trabalho enfrentaremos a temática das férias individuais e coletivas à luz dos novos princípios contratuais. A boa-fé objetiva, a função social do contrato e o equilíbrio contratual servirão de suporte para a análise de situações fáticas que surgirão quando da aplicação das normas previstas na MP n. 927/2020.

O exame tópico de cada artigo disciplinador das férias individuais e coletivas contidas na referida MP levará em conta as normas celetistas e os novos princípios contratuais permitindo ao intérprete a busca do justo objetivo ancorado nas lições de Michel Villey,

9. AZEVEDO, Antônio Junqueira de. Princípios do novo direito contratual e desregulamentação do mercado, direito de exclusividade nas relações contratuais de fornecimento, função social do contrato e responsabilidade aquiliana do terceiro que contribui para inadimplemento contratual. **Revista dos Tribunais**, n. 750, São Paulo, abr. 1998, p. 116.

sempre lembradas pelo professor Renato Rua de Almeida, em suas aulas no curso de doutorado em Direito do Trabalho na Pontifícia Universidade Católica de São Paulo (PUC-SP).

6. A MP n. 927/2020 e seus desdobramentos

6.1. Antecipação das férias (Artigo 6º)

Os artigos 6º a 12 tratam do instituto das férias durante o estado de calamidade pública que se estenderá até 31 de dezembro de 2020.

O artigo 6º da MP n. 927/2020 normatiza vários aspectos relacionados à concessão das férias – sua finalidade maior é permitir a antecipação das férias sem as amarras expostas na CLT.

Inicialmente, a MP permite que o prazo de comunicação das férias ao empregado se concretize com antecedência de 48 horas, o que contrasta com o prazo mínimo de 30 dias encartado na CLT. Diante da crise vivenciada, pensamos que seria razoável ao menos cinco dias de antecedência efetivada por escrito ou por meio eletrônico, para que o empregado possa organizar-se para gozo e fruição das férias. As férias individuais se diferem das férias coletivas. A urgência e a necessidade não é a mesma, por isso reputo o prazo de comunicação de 48 horas suficiente para a concessão das férias coletivas e insuficiente para as férias individuais.

A comunicação por meio eletrônico é outra inovação derivada da modernidade que se adéqua integralmente ao momento pandêmico.

As férias gozadas poderão ser fracionadas em períodos não inferiores a cinco dias. Não obstante, o art. 6º, § 1º, I, silencia acerca da quantidade de vezes que as férias poderão ser divididas. Entendemos que o intérprete deve optar pela regulação contida na CLT de forma supletiva, que prevê o máximo de três fracionamentos. A CLT é norma geral enquanto a MP n. 927/2020 é norma especial.

A anuência do empregado para o fracionamento exigido na CLT é dispensável na MP n. 927/2020, pois o *caput* do artigo 6º menciona que o empregador informará a antecipação das férias, enquanto o § 1º, I, afirma que as férias não poderão ser gozadas em período inferior a cinco dias.

A determinação do período em que os empregados gozarão as férias continua a ser prerrogativa do empregador, entretanto, durante o período de pandemia ela é fortalecida pela possibilidade de fracionamento das férias, independentemente da vontade do empregado.

No que concerne aos períodos aquisitivos em curso, a MP permite que o empregador conceda as férias de forma unilateral, mesmo que o empregado não tenha implementado o direito ao gozo das férias e sem considerar sua vontade.

E vai mais além: permite, por negociação individual, a antecipação dos períodos futuros de férias, quando os períodos aquisitivos nem sequer iniciaram.

A pandemia da Covid-19 é o pano de fundo para as inovações legislativas, contudo, não pode servir de fundamento para anular por inteiro o direito constitucional ao descanso anual.

Conforme ensina Elson Gottschalk, férias é o "direito de o empregado interromper o trabalho por iniciativa do empregador, durante um período variável em cada ano, sem perda da remuneração, cumpridas certas condições de tempo no ano anterior, a fim de atender aos deveres da restauração orgânica e de vida social"[10].

Evidentemente, diante da pandemia, o convívio social se resumirá a uma maior interação no âmbito familiar. No entanto, a restauração orgânica ocorrida a cada ano do trabalho ficará prejudicada. A possibilidade do descanso anual se acumular em três períodos em curtos espaços de tempo, e por consequência, futuramente sufocar a pausa anual, atenta de forma violenta com a finalidade maior do instituto em destaque. É concretamente a negação do próprio direito encartado na Constituição Federal.

A antecipação das férias por ato do empregador, portanto, se resume a três situações:

(A) Gozo das férias antecipadas durante a pandemia pertinentes aos períodos aquisitivos completos. O prejuízo sofrido pelo empregado que não poderá usufruir do seu lazer é compensado pela manutenção do emprego. Tal possibilidade, não desejável, mas compreensível pela excepcionalidade da crise, permitirá um fôlego ao empregador.

(B) Gozo das férias antecipadas durante a pandemia concernentes ao período aquisitivo em curso. Entendemos que nesta situação, faltando alguns meses para a implementação de um novo período aquisitivo, nada impede que o empregador possa utilizar o permissivo legal para determinar a concessão das férias. Essa possibilidade, aliás, é aventada quando se trata de férias coletivas.

(C) Gozo das férias antecipadas durante a pandemia relativas aos períodos aquisitivos que não se iniciaram. A terceira hipótese, mesmo com a concordância do empregado, é nula de pleno direito, pois na prática se traduziria em renúncia ao direito de férias. O empregador diante da excepcionalidade pode optar por outras alternativas (suspensão do contrato, diminuição da jornada e do salário, licença remunerada, etc.) menos prejudiciais ao empregado. O equilíbrio contratual é impactado fenecendo a própria finalidade precípua das férias.

Outro aspecto interessante envolve o ato de recusa do empregado à antecipação das férias pelo empregador.

Nas duas primeiras situações, entendemos que a recusa implicará na configuração da justa causa para o rompimento do contrato de trabalho pelo empregador. A excepcionalidade da pandemia justifica o ato do empregador. Na seara do futebol, mesmo antes da publicação da MP n. 927/2020 o Fortaleza Esporte Clube já tinha antecipado as férias dos seus jogadores, que mesmo podendo ser caracterizadas como coletivas, representam, na prática, uma alternativa razoável para enfrentar o problema.

10. GOMES, Orlando; GOTTSCHALK, Elson. **Curso de direito do trabalho.** Atualizado por José Augusto Rodrigues Pinto. 16. ed. Rio de Janeiro: Forense, 2001, p. 297.

Na terceira situação, pensamos que o empregado pode recusar a antecipação das férias sem sofrer os malefícios da dispensa por justa causa (aliás, uma alternativa para o empregador). O empregado não pode ser compelido a aceitar negociar algo que não integra seu patrimônio jurídico. E mais, com claro sufocamento do próprio direito de férias.

Como reflexão, surge outro aspecto que pode render controvérsia jurídica. Imaginemos que o empregador se utilize dessa antecipação permitida pela MP n. 927/2020 para conceder as férias dos seus empregados, e logo após o gozo, promova a ruptura contratual. Diante deste modo de agir, estaria ancorado na boa-fé objetiva?

Neste caso, a fundamentação utilizada para o desligamento, embasada na realidade fática, é que servirá para o intérprete solucionar o problema. A empresa pode ter sofrido abalos continuados que dificultam a manutenção no todo ou em parte dos postos de trabalho, o que justificaria o ato resilitório. Por outro lado, a simples ruptura contratual, sem qualquer motivação, amparada apenas no poder potestativo, ofende a boa-fé objetiva. O empregado foi sacrificado, pois teve suas férias antecipadas para o período da pandemia para ter a compensação de manter o emprego, e, no entanto, na sequência, perdeu seu posto de trabalho.

É necessário lembrar que durante o transcurso das férias antecipadas, o empregado pode ser acometido por alguma doença, inclusive pelo novo coronavírus, o que prejudicaria o gozo de férias. A Convenção n.132 da OIT dispõe que, se isso acontecer, não serão computados como dias de férias aqueles que o empregado estaria impossibilitado de usufruí-las (artigo 6.2).

Por fim, para fechar este tópico, indagamos: é possível surgirem questionamentos sobre a possibilidade do empregador compensar o pagamento das férias antecipadas, decorrente dos períodos aquisitivos incompletos, quando o pacto for extinto por vontade própria antes da aquisição do direito pelo empregado?

A boa-fé objetiva, o equilíbrio contratual e a função social do contrato servirão de suporte para o hermeneuta avaliar a situação caso a caso. No contexto dos aspectos factuais existem argumentos razoáveis favoráveis e contrários à possibilidade de decote das verbas rescisórias amparadas nas antecipações de valores efetivadas pelo empregador. O risco do negócio, o enriquecimento sem causa, a situação econômica da empresa, o setor ou ramo de atuação do ente empresarial, etc., devem ser sopesados pelo intérprete, em comunhão com a trilogia contratual acima referenciada.

6.2. Suspensão das férias (Artigo 7º)

A suspensão das férias ou das licenças não remuneradas dos profissionais da área de saúde ou daqueles que desempenham funções essenciais durante o período de calamidade pública, preferencialmente com antecedência de 48 horas, atende ao interesse público que se sobrepõe ao interesse individual.

A medida é necessária, pois é evidente que diante de uma crise na saúde pública provocada por uma pandemia que causa superlotação em postos de saúde e hospitais, não seria crível que os empregadores ficassem impedidos de convocar os profissionais em gozo de férias ou licenças não remuneradas para atuarem emergencialmente. A realidade se impõe, imperando o profissionalismo e a solidariedade destes profissionais para amenizar a gravidade do problema.

A disposição é louvável. Oportunamente, os empregados que tiveram as suspensões das férias ou a cessação das licenças não remuneradas, superada a crise, deverão ter prioridade quanto ao retorno das condições de trabalho anteriores à pandemia.

A empatia da sociedade com estes profissionais reconhecendo o esforço sobre-humano no cuidado com a vida do cidadão ficará registrada na história e representará um ganho espiritual de elevado valor.

6.3. Prazo para pagamento do terço de férias (Artigo 8º)

O artigo 8º da MP n. 927/2020 estipula que durante o estado de calamidade pública, o empregador poderá efetivar o pagamento do terço de férias, previsto no art. 7º, XVII, da Carta Magna de 1988, até o dia 20 de dezembro do respectivo ano da concessão do repouso anual.

O terço de férias foi uma inovação constitucional, surgida com a Constituição Federal de 1988, como forma de prover o empregado com uma soma maior de dinheiro para fazer frente aos maiores gastos durante o repouso anual.

O empregado em férias, em tese, tem despesas com passeios, viagens, recreação, que oneram o seu orçamento, razão pela qual o terço de férias cumpre uma função de extrema importância para concretizar a finalidade do instituto em destaque.

Não há, entretanto, como confundir o terço de férias (artigo 7º, XVII, Constituição Federal de 1988) com o abono de férias previsto no artigo 143 da CLT. O direito previsto no diploma consolidado é mera faculdade do empregado em converter um terço do seu período de gozo de férias em dinheiro. A constitucionalidade do abono de férias é questionada por parte da doutrina, conforme se percebe no posicionamento de Amauri Mascaro Nascimento ao tratar do referido instituto[11].

A Constituição Federal de 1988 realmente não recepcionou o artigo 143 da CLT, pois o empregado, segundo o artigo 7º, XVII, tem direito ao "gozo de férias anuais remuneradas", o que colide com a possibilidade de conversão de parte das férias em pecúnia. Aliás, vozes abalizadas da doutrina asseguram que o principal objetivo do constituinte com a criação do terço de férias foi acabar com o abono de férias previsto na CLT, sem prejudicar materialmente o empregado. A prática das relações trabalhistas deixou claro que o empregado, antes de 1988, ficava tentado a vender parte das férias (um terço do período de gozo), como forma de obter maiores recursos durante sua fruição. Não

11. NASCIMENTO, Amauri Mascaro. **Curso de direito do trabalho**. 24. ed. São Paulo: Saraiva, 2009, p. 1181. "O direito do empregado é ao gozo de férias, com o que parece atritar-se com a Constituição o abono de férias, que é a conversão do direito de gozar em direito de receber um pagamento por transformação da obrigação; nesse caso, há razões de sobra para a declaração da inconstitucionalidade do abono de férias previsto na CLT (art.143)."

obstante, mesmo após a promulgação da Constituição Federal de 1988, a classe trabalhadora continua utilizando o artigo 143 da CLT, ao arrepio da interpretação teleológica e histórica da Carta Magna.

A MP n. 927/2020, ao permitir que o pagamento das férias ocorra até o dia 20 de dezembro do ano da concessão, visa dar folga orçamentária para o empregador manter a saúde financeira do seu negócio.

A questão suscita dúvidas, pois, como se sabe, o pagamento das férias, segundo o artigo 145 da CLT, deverá ser realizado até dois dias antes do seu início. O terço constitucional será somado à remuneração no momento do adimplemento do instituto das férias.

Pergunta-se: é possível postergar o pagamento na forma prevista na MP n. 927/2020?

Pensamos que a concessão das férias durante o período de fechamento das atividades empresariais por ato das autoridades (Federal, Estaduais, Municipais) legitima a prorrogação do prazo do pagamento do terço constitucional, haja vista que o empregado não arcará com despesas provenientes do usufruto do lazer.

No entanto, quando a fruição das férias ocorrer durante o prazo de calamidade pública, previsto no Decreto Legislativo n. 6/2020, em que as empresas estejam funcionando normalmente, notadamente as empresas da área de turismo, entendemos que a disposição atrita com a norma constitucional prevista no artigo 7º, XVII, pois descaracteriza a finalidade do terço de férias.

E mais, é necessário abrir os olhos para a realidade e observar que empresas que não sofreram nenhum abalo financeiro (farmácias, supermercados, etc.) não deveriam ser beneficiadas por um permissivo legal que tem o intuito de preservar a saúde financeira de empregadores e consequentemente dos postos de trabalho.

A realidade não se encaixa no horizonte normativo!

Por outro lado, a empresa que usa o dispositivo da postergação do pagamento do terço de férias sinaliza para o empregado que o contrato de trabalho seguirá seu curso normal pelo menos até o dia 20 de dezembro do respectivo ano do gozo de férias. A mudança de planos repentina desmotivada por parte do empregador significará uma quebra de expectativa legítima do trabalhador à luz da boa-fé objetiva.

O parágrafo único do artigo 8º da MP n. 927/2020 estabelece que a conversão de um terço de férias em abono pecuniário durante o estado pandêmico ficará sujeito à concordância do empregador. A norma em referência é perfeita, não merece qualquer reparo de ordem doutrinária.

Inicialmente, observa-se que a possibilidade de conversão de parte das férias em pecúnia não foi recepcionada pela Constituição Federal. Ultrapassada a questão, no contexto do quadro de calamidade pública, seria um despropósito obrigar o empregador a comprar parte das férias dos empregados.

Na verdade, independentemente de situação excepcional, como é o caso da força maior decorrente da Covid-19, compelir o empregador (na forma do artigo 143 da

CLT) a comprar parte das férias do empregado, mesmo sem interesse, se traduz em séria ofensa a sua livre manifestação de vontade, sem a existência da mínima fundamentação que legitime o ato legal autoritário.

6.4. Remuneração das férias (Artigos 9º e 10º)

A MP n. 927/2020 regulamenta o pagamento das férias de forma diversa do art. 145 da CLT, prevendo que o valor alusivo à remuneração poderá ser efetuado até o quinto dia útil do mês subsequente ao seu início, ou seja, o empregado começará o gozo das suas férias sem receber o pagamento relativo a esse período.

O propósito da norma insculpida no artigo 145 da CLT – que prevê o pagamento das férias até dois dias antes do início do respectivo período – é proporcionar antecipadamente recursos para o empregado poder usar seu direito da melhor maneira que lhe aprouver. No período pandêmico, notadamente durante o isolamento social e a quarentena, a liberdade de escolha do empregado é restringida, assim como os gastos decorrentes do usufruto do lazer. Portanto, não vislumbramos, em um primeiro olhar, prejuízo de grande monta ao empregado. Sob outro ângulo, permitirá que o empregador com problemas financeiros se organize para enfrentar a crise. O equilíbrio contratual em face da Covid-19 será mantido.

No entanto, ultrapassado o período crítico, com a reabertura das empresas, o caso muda de figura, pois o empregado não terá como usufruir as férias sem dinheiro. Digamos que uma determinada empresa programe as férias do seu empregado para o mês de setembro de 2020, época em que oxalá as possibilidades de lazer tenham voltado ao normal. Como ele poderá usufruir as férias para a recuperação física e mental sem condições financeiras?

É claro que o instituto não vai cumprir sua finalidade. A declaração de calamidade pública seguirá até 31 de dezembro de 2020, nos termos do Decreto Legislativo n. 6/2020, razão pela qual a compatibilidade e a legitimidade da norma encartada no artigo 8º da MP, no nosso entender, só se justificaria durante o restrito tempo do isolamento social e da quarentena, com o fechamento das empresas. A excepcionalidade da calamidade pública só serve de fundamento legitimador para postergar a remuneração das férias quando a concessão ocorrer durante o período crítico da pandemia.

Em regra, portanto, mantemos as mesmas ressalvas relativas ao elastecimento do prazo de pagamento do terço de férias, mesmo diante do lapso temporal mais curto para o empregador fazer frente ao desembolso da remuneração das férias.

Necessário pontuar que o empregador, mesmo diante do caos pandêmico, receberá ajuda do governo federal, caso opte pela suspensão contratual (prazo máximo de sessenta dias) ou pela redução da jornada e dos salários (prazo máximo de noventa dias), ficando o ente público estatal responsável pelo todo ou parte do pagamento dos salários dos empregados. Ademais, pensamos que não só a ajuda do governo federal como também o uso dos diversos dispositivos da MP n. 927/2020 deveriam ficar atrelados à real impossibilidade financeira do ente empresarial arcar com os custos dos empregados.

Importante lembrar que, conforme dispõe o artigo 2º da CLT, os riscos do negócio cabem ao empregador, que usufrui os lucros e arca com os prejuízos em tempos de normalidade. O fato de a força maior decorrente da pandemia da Covid-19 justificar a flexibilidade das normas e das interpretações, pela imprevisibilidade do acontecimento, não permite que um dos sujeitos da relação de emprego sofra de forma mais aguda os efeitos deletérios da crise econômica. Na verdade, o pequeno ou médio empresário é que está legitimado a receber apoio do governo federal, pois os grandes grupos econômicos com ganhos estratosféricos, nos termos da divulgação dos seus balanços financeiros, poderiam perfeitamente suportar as dificuldades do momento, sendo solidários com os trabalhadores e com a própria sociedade.

No que toca ao artigo 10, tem-se a previsão de que por ocasião da ruptura contratual, o empregador pagará os haveres rescisórios e os valores ainda não adimplidos das férias. A norma em comento não merece maiores divagações, pois não seria crível que o empregador usasse o seu poder potestativo de resilir o pacto laboral, sem o respectivo pagamento de todas as parcelas rescisórias.

É claro que a norma se refere à possibilidade de o empregador ter adiado o pagamento do terço de férias para 20 de dezembro do ano do desate contratual ou da própria remuneração para o mês seguinte. De toda sorte, percebe-se que a regra referenciada é totalmente dispensável.

7. Férias coletivas (Artigos 11 e 12)

As férias coletivas "são as concedidas simultaneamente há vários empregados. A sua implantação, entre nós, derivou do reconhecimento de que a empresa, diante da conjuntura econômica desfavorável, pode se ver premida ou a cessar provisoriamente as suas atividades ou a diminuir o ritmo respectivo", conforme assinala Octavio Bueno Magano[12]. O empregador detém a prerrogativa de utilizar o instituto das férias coletivas quando entender ser conveniente para o funcionamento do seu negócio. Momentos de retração econômica, crise no setor de atuação, falta de insumos, realização de obras na sua sede, mudanças no parque industrial, novos equipamentos, etc., são alguns motivos que podem implicar na decisão das empresas de concederem férias coletivas aos seus empregados.

As férias coletivas podem alcançar todos os empregados ou parte deles, pois o estabelecimento como um todo ou apenas setores dele podem ser fechados, o que a diferencia das férias individuais.

É uma opção legislativa encartada na CLT, e agora também disciplinada na MP n. 927/2020, muito interessante e necessária ao empregador. A pandemia da Covid-19 que motivou a edição da MP tem impedido o regular funcionamento das empresas, fazendo com que a concessão de férias coletivas seja mais um instrumento à disposição do gestor empresarial para suplantar o caos econômico.

12. MAGANO, Octavio Bueno. **Direito tutelar do trabalho**. v. 4. 2. ed. São Paulo: LTr., 1992, p. 91.

A sua concessão não se submete aos prazos e períodos previstos na CLT. A comunicação de acordo com a MP é dirigida apenas aos empregados com antecedência de 48 horas, se diferenciando das disposições celetistas, que exigem o prazo máximo de quinze dias de antecedência para que a comunicação da concessão seja encaminhada aos empregados, aos sindicatos e ao Ministério da Economia.

É natural em tempos de Covid-19 que os prazos alusivos à ciência dos empregados da intenção do empregador em conceder férias coletivas sejam encurtados, pois a agilidade nas tomadas das decisões é um dos elementos para enfrentar a crise. No entanto, percebemos que a dispensa da comunicação aos sindicatos e ao Ministério da Economia poderia ter sido evitada, mesmo porque nenhum prejuízo traria ao empregador. O departamento jurídico da empresa deve orientar o setor de recursos humanos para preservar a comunicação aos entes, pois é um fator que valoriza a transparência e serve para compor a base de dados do Ministério da Economia, contribuindo para estabelecer políticas públicas na área trabalhista.

A MP também dispõe no artigo 11 que não se aplica o limite máximo de períodos anuais e o limite mínimo de dias corridos previstos na CLT, ou seja, as férias coletivas podem ultrapassar dois períodos anuais, como também infringir o limite mínimo de cinco dias corridos. A necessidade de uma flexibilidade maior se justifica. Diante da crise, o gestor não tem elementos concretos para tomar uma decisão acerca dos dias pertinentes às férias coletivas, tampouco da quantidade de períodos necessários de fruição. O vírus ainda está sendo decifrado. Não se sabe ao certo a velocidade de contaminação e sua virulência, que pode atingir com mais força determinada região do país. Acrescente-se o fato de os governos estabelecerem abruptamente decretos de fechamento de atividades empresariais, aliado à possibilidade futura de o vírus provocar uma nova onda de contaminação, mesmo tendo ultrapassado o período crítico.

A MP n. 927/2020 silencia sobre a possibilidade do adiamento do pagamento da remuneração e do terço de férias quando da implementação das férias coletivas. Diante do vácuo legislativo, deve-se interpretar que os mesmos fundamentos que motivaram postergar o pagamento no caso das férias individuais servem para acolher o entendimento de aplicação analógica dos normativos previstos no artigo 8º da MP, quando se tratar de férias coletivas. As empresas diante da pandemia, ao concederem férias coletivas, teriam que dispor de uma soma de recursos significativos para fazer frente ao pagamento da remuneração e do terço de férias, sem uma programação orçamentária prévia. No entanto, fazemos as mesmas ressalvas relativas ao momento da concessão no transcurso do estado de calamidade (até 31/12/2020), manifestadas em relação às férias individuais.

Por outro lado, não existe na CLT disciplina específica relativa aos prazos de pagamentos da remuneração e do terço de férias, que poderiam supletivamente ser observados diante da omissão da MP. Por derradeiro, reafirmamos que o artigo 8º regula tão somente as férias individuais, pois o parágrafo único do artigo faz alusão à venda de férias; condição claramente incompatível com as férias coletivas gozadas durante a Covid-19, razão pela qual apenas uma interpretação extensiva analógica fundamentaria a aplicação do artigo 8º nesses casos.

As férias coletivas são uma alternativa utilizada para o enfrentamento dos efeitos econômicos decorrentes do estado de calamidade pública provocado pela Covid-19, mesmo antes da edição da MP n. 927/2020. O Tribunal Regional do Trabalho da 7ª Região, em 20 de março de 2020, através da Central de Conciliações (CEJUSC), homologou um acordo entre os sindicatos representativos da área da construção civil que estabeleceu férias coletivas de 15 dias. É um exemplo emblemático de compreensão e sensibilidade dos atores sociais, que escolheram o diálogo ampliado através de suas entidades sindicais para superarem a crise econômica.

Por conseguinte, nos alinhamos aos que entendem que o encurtamento do prazo de comunicação aos empregados (48 horas), a possibilidade de fruição das férias coletivas além de dois períodos e a inexigência de limites mínimos de dias corridos estão amparados na excepcionalidade do momento vivenciado nas relações laborais.

8. Considerações finais

A MP n. 927/2020 é extremamente oportuna e imprescindível para dar sustentabilidade às relações trabalhistas durante o período pandêmico da Covid-19. As alternativas oferecidas ao empregador durante a crise econômica, elencadas no artigo 3º, somadas às normas atinentes à redução do salário, da jornada e da suspensão contratual previstas na MP n. 936/2020, permitem a continuidade do seu negócio, mantendo seus empregados nos postos de trabalho.

O manejo das normas deve ser conduzido com razoabilidade e prudência, uma vez que os interesses patronais devem ser conciliados com os interesses da classe trabalhadora, porquanto a solidariedade dos atores sociais é a chave para superarmos as enormes dificuldades provenientes da pandemia Covid-19. A negociação coletiva demonstraria a maturidade das entidades sindicais em buscar soluções conjuntas para os problemas advindos da recessão econômica, o que daria maior legitimidade às alterações contratuais efetivadas ao longo da turbulência pandêmica.

Determinados dispositivos relacionados às férias contidos na MP n. 927/2020 estão dissociados da sua natureza e poderão no futuro repercutir de forma intensa em ações trabalhistas ajuizadas perante a Justiça do Trabalho. As situações fáticas que surgirão em decorrência da aplicação das normas alusivas às férias individuais e coletivas, elencadas na MP n. 927/2020, exigirão do operador jurídico uma interpretação coerente, lógica, sistemática e finalística de todo o conjunto normativo que regula o instituto das férias, de maneira a extrair as soluções mais adequadas para o estado de força maior decorrente da crise da Covid-19.

Para o enfrentamento das questões jurídico-trabalhistas daí decorrentes, será indispensável analisar as normas sobre férias contidas na MP n. 927/2020 de forma conjugada com as normas gerais da CLT, as normas da OIT e os novos princípios contratuais incorporados pelo Código Civil de 2002, sobretudo os da boa-fé objetiva, do equilíbrio econômico do contrato e da função social do contrato, tudo sendo interpretado conforme os valores e as normas fundamentais estabelecidos na Constituição Federal de 1988.

A excepcionalidade da pandemia, conforme demonstrado, não deve – e nem pode – aniquilar o instituto das férias. Os atos de gestão devem ser guiados pela boa-fé objetiva, pelo equilíbrio contratual e pela perspectiva da função social do contrato e da própria empresa.

Imprescindível ter a fé necessária de que a crise vai passar, permitindo que o capital e o trabalho, imbuídos do espírito de solidariedade e fortalecidos no contexto das dificuldades, encontrem soluções justas e equilibradas para a sequência dos seus destinos. Vida que segue!

Referências

AZEVEDO, Antônio Junqueira de. Princípios do novo direito contratual e desregulamentação do mercado, direito de exclusividade nas relações contratuais de fornecimento, função social do contrato e responsabilidade aquiliana do terceiro que contribui para inadimplemento contratual. **Revista dos Tribunais**, n. 750, São Paulo, abr. 1998.

BARROS, Alice Monteiro de. **Curso de direito do trabalho** – curso e discurso. São Paulo: LTr., 2016.

BOTELHO, Paulo Régis Machado. **A influência das cláusulas gerais na formação, execução e extinção do contrato de trabalho**. São Paulo: Quartier Latin, 2018.

CARVALHO, Augusto César Leite de. **Direito do trabalho** – curso e discurso. São Paulo: LTr., 2016.

CESARINO JUNIOR, Antônio Ferreira. **Direito social**. v. I. 2. ed. São Paulo: LTr., 1993.

GOMES, Orlando; GOTTSCHALK, Elson. **Curso de direito do trabalho.** Atualizado por José Augusto Rodrigues Pinto. 16. ed. Rio de Janeiro: Forense, 2001.

MAGANO, Octavio Bueno. **Direito tutelar do trabalho.** v. 4. 2. ed. São Paulo: LTr., 1992.

NASCIMENTO, Amauri Mascaro. **Curso de direito do trabalho.** 24. ed. São Paulo: Saraiva, 2009.

PINTO, José Augusto Rodrigues. **Curso de direito individual do trabalho**. São Paulo: LTr., 1994.

RUSSOMANO, Mozart Victor. **Curso de direito do trabalho**. 4. ed. Curitiba: Juruá, 1991.

SÜSSEKIND, Arnaldo. **Instituições de direito do trabalho**. 11. ed. São Paulo: LTr., 1991.

5

LIMITES DA NEGOCIAÇÃO INDIVIDUAL EM TEMPOS DE CORONAVÍRUS

Thereza C. Nahas[1]
Yone Frediani[2]

1. Do Negócio Jurídico

A abordagem do tema exige a recordação da conceito fundamental e clássico do direito que reside no fato jurídico e, posteriormente, na relação ou no negócio jurídico, porque só a partir a existência do fato jurídico relevante haverá a incidência da norma.

Dessa forma, acontecimentos relevantes que possam produzir efeitos no âmbito da vida do homem são denominados fatos jurídicos que criam, modificam ou extinguem direitos, lembrando-se, também, que o mundo do direito ou mundo jurídico se encontra fundado no processo de adaptação social do homem para viver em harmonia no meio social.

Com efeito, ao deixar o núcleo familiar, a criança deverá adaptar-se à escola e sua consequente disciplina de comportamento; o jovem ou adulto ao ingressar no mundo do trabalho haverá de adaptar-se às regras contratuais impostas por seu empregador; o cidadão por sua vez, necessita comportar-se na sociedade em que vive de maneira idônea e ética e assim, de igual forma no mundo econômico, político, religioso, etc.

A sociedade, desde seu nascimento encontra-se em permanente mutação; costumes antigos foram substituídos por novas práticas exigindo a adaptação do cidadão.

---

1. Membro da Academia Brasileira de Direito do Trabalho, titular da Cadeira nº 43, Juíza do Trabalho, Doutora em Direito e Pesquisadora, Coordenadora da Revista de Direito do Trabalho e Seguridade Social. http://lattes.cnpq.br/2361402097260893.
2. Membro da Academia Brasileira de Direito do Trabalho Titular da Cadeira nº 54, Mestre e Doutora pela PUC/SP. Professora e Desembargadora aposentada do TRT 2. CV: http://lattes.cnpq.br/71743038488237998.

Recentemente, a pandemia provocada pelo covid 19 introduziu um novo fato jurídico relevante – o isolamento social, exigindo a adaptação do homem às regras de isolamento para preservação da vida e saúde da sociedade.

Fatos jurídicos em sentido amplo são representados por acontecimentos nos quais verificou-se a interferência da vontade do homem (atos jurídicos), em oposição aos fatos jurídicos em sentido estrito ou naturais, capazes de gerar, modificar, conservar, transferir ou extinguir relações jurídicas.

Assim sendo o negócio jurídico constitui uma subclassificação da relação jurídica que determina um vínculo entre sujeitos, na conformidade do disposto no ordenamento legal.

As relações jurídicas surgem quando um sujeito ou diversos sujeitos manifestam suas vontades, gerando consequências jurídicas, advindo deste fato o negócio jurídico.

Na conformidade da regra contida no art. 104 do CC, a validade do negócio jurídico exige :

a) agente capaz; na órbita civil, as pessoas consideradas absolutamente incapazes serão representadas e os relativamente incapazes serão assistidos na celebração do negócio;
b) objeto lícito, possível, determinado ou determinável;
c) forma prescrita ou não defesa em lei.

Negócios jurídicos específicos envolvendo o Direito do Trabalho encontram-se representados através da celebração do contrato individual de trabalho, dos acordos e convenções coletivas de trabalho, a seguir especificadas.

2. Negociação Individual e Coletiva

2.1. Negociação individual

Expressão máxima da negociação individual na área trabalhista surge com a celebração do contrato de trabalho, por meio do qual empregado, pessoa física, capaz e empregador, pessoa física ou jurídica, por meio de um acordo de vontades ajustam a prestação de serviços de forma subordinada.

Assim sendo, o contrato de trabalho fundado na autonomia da vontade manifestada pelos contratantes gera obrigações recíprocas pois em face da prestação dos serviços ajustados, obriga-se o empregador ao pagamento do salário pactuado.

Não obstante a manifestação da vontade das partes, constitui o contrato de trabalho um pacto através do qual, regra geral, o consentimento do empregado é manifestado por adesão, porque o empregado aderente, aceita as condições que lhes são propostas pelo empregador tais como cumprimento de jornada, fixação do salário, tarefas que serão cumpridas, etc., já que salvo as exceções legalmente previstas, sua celebração não exige formalidades especiais, diante das regras contidas nos arts. 442/3 da CLT.

A lei nº 13.467/17, também conhecida como reforma trabalhista, dentre as inúmeras alterações introduzidas inseriu, expressamente, a figura da contratação do trabalhador autônomo, afastando deste a qualidade de empregado segundo o disposto no art. 3º da Consolidação, visto que, em condições normais o prestador de serviços autônomo não se encontra subordinado ao tomador dos serviços contratados, visto agir com liberdade na administração de seu tempo e execução das tarefas pactuadas.

O mesmo diploma legal apontado manteve a redação do art. 444 da CLT, que ao tratar da celebração do contrato de trabalho, facultou às partes, segundo a regra contida no § único, a possibilidade de o trabalhador negociar, diretamente com a empresa, seu contrato de trabalho, desde que portador de diploma de nível superior e desde que receba salário mensal igual ou acima de duas vezes o limite máximo dos benefícios do Regime Geral de Previdência Social, permitindo, portanto, que o contrato individual tenha prevalência sobre a lei ou norma coletiva.

Verifica-se que a inovação legal conferiu maior liberdade às partes na negociação do contrato de trabalho, concedendo ao empregado a possibilidade de estabelecer individualmente ajustes sobre banco de horas, função de confiança, intervalo intrajornada, enquadramento do adicional de insalubridade, prêmios de incentivo, modalidade de registro de jornada etc., de acordo com a regra inserta no art. 611-A da CLT.

A denominada classe dos empregados hipersuficientes criada com a reforma trabalhista com a justificativa e objetivos de conceder às partes maior liberdade na negociação do contrato, introduziu, legalmente, a igualdade entre os contratantes na manifestação da vontade, colidindo, salvo melhor juízo, com os aspectos gerais da proteção social, considerando que desde sua origem, o Direito do Trabalho foi edificado com a função primordial de proteger os trabalhadores considerados a parte frágil na relação de emprego.

Considerando que anteriormente à reforma trabalhista eram frequentes as lides em que se discutia a validade ou não de determinado ajuste contratual, buscou o legislador reformista eliminar a insegurança jurídica existente para as empresas mediante o fortalecimento da negociação individual realizada entre empregado e empregador, com a possibilidade permitir o exercício da livre estipulação das cláusulas contratuais pelas partes com amplo prestígio à autonomia da vontade manifestada pelo prestador de serviços.

Portanto, passou-se a permitir que os denominados hipersuficientes celebrassem acordos individuais, com a mesma eficácia legal e com prevalência sobre o instrumento coletivo, introduzindo, dessa forma, a negociação individual entre as partes envolvendo questões que, no passado, somente poderiam ser negociadas através de norma coletiva.

Como exemplo, tome-se a situação concreta em que, se o acordo individual e a norma coletiva estabelecerem regras diversas sobre o mesmo tema, será aplicado o ajuste contido no instrumento individual, ainda que referida estipulação não seja considerada a mais benéfica ao empregado mesmo na existência norma coletiva, validando, integralmente, a negociação individual praticada pelas partes.

Na mesma linha de atuação e com a finalidade de prestigiar-se a negociação individual com prevalência da autonomia da vontade manifestada pelo trabalhador, permitiu-se a negociação, pelas partes, para a rescisão do contrato de trabalho por acordo, que, anteriormente à reforma trabalhista não reunia a mínima possibilidade de permitir as partes a negociação direta e individual quanto à rescisão de um contrato de trabalho, sabendo-se que na prática, uma parte considerável dos pedidos de demissão formulados tinham por objetivo único a movimentação do FGTS.

Dessa forma, permitiu-se a celebração de acordo entre as contratantes com o objetivo de rescisão do contrato de trabalho mantido, facultando a regra contida no art. 855-B/E da CLT, possam as partes submetê-lo à homologação pelo Judiciário Especializado que, ao examinar os termos e condições do acordo celebrado para rescisão extrajudicial do pacto laboral homologue a avença garantindo segurança e efetividade do ato para ambas as partes.

Com tais considerações a respeito da matéria constata-se a introdução de uma nova visão do princípio protetor e da interpretação das normas aplicáveis à relação de emprego, constituindo o acordo individual direto entre empregador e empregado, uma maneira de flexibilização das relações entre ambos.

2.2. Negociação coletiva

Considerando que o ordenamento legal não consegue acompanhar com a mesma rapidez as alterações que ocorrem na sociedade e no mercado de trabalho, situações concretas surgem em que o desafio imposto para a manutenção da harmonia da relação entre empregados e empregadores será a solução de seus conflitos coletivos por meio da negociação coletiva, com o estabelecimento de condições ajustadas diretamente pelas partes através do diálogo.

A negociação coletiva representa tipo de solução de conflitos, sendo de tal importância conhecida e praticada no mundo global que tem servido de modelo adotado por inúmeros dos países integrantes da Organização para Cooperação e Desenvolvimento Econômico (OCDE).

Com efeito, a negociação coletiva tem por finalidade a concessão de direitos, condições de trabalho e/ou benefícios aos trabalhadores que não se encontram previstos nas normas legais e que por este motivo, são negociados diretamente entre as partes.

Dessa forma, a negociação coletiva constitui negócio jurídico anterior à materialização das vontades das partes, considerada fonte do direito do trabalho, que reproduz a dinâmica social dos interesses profissionais e que se concretiza a partir do preenchimento de determinados requisitos legais.

Portanto, importante distinguir negociação coletiva dos instrumentos coletivamente ajustados, quais sejam, acordos ou convenções, por corresponder ao procedimento prévio que visa obter um resultado direto de determinados interesses de cunho profissional, citando-se como exemplos a majoração salarial, fixação de PLR, cesta básica, etc.

São sujeitos da negociação coletiva os denominados sujeitos coletivos, empresas, sindicatos patronais e sindicatos de trabalhadores que materializam seus ajustes por meio do acordo coletivo ou convenção coletiva de trabalho.

O acordo coletivo corresponde ao negócio jurídico firmado entre empresa ou grupo de empresas e sindicato de empregados, portanto tem um âmbito restrito e aplicável somente aos contratantes.

A convenção coletiva corresponde ao instrumento celebrado entre sindicatos, de um lado o patronal e de outro dos empregados, possuindo abrangência mais ampla que o acordo por envolver toda a categoria participante da celebração da mesma.

Ambos os instrumentos normativos, acordo e convenção coletiva encontram-se inseridos no art. 7º, XXVI da Lei Maior, bem assim a atribuição conferida aos sindicatos como defensores dos direitos e interesses coletivos ou individuais da categoria que representa em questões administrativas ou judiciais, sendo obrigatória sua participação nas negociações coletivas em face do disposto no art. 8º, III e IV, do texto constitucional.

Sob o enfoque infraconstitucional, as regras contidas no art. 611 da CLT e seu § 1º delimitam o conceito e abrangência de tais instrumentos normativos e o art. 616, do mesmo diploma legal impõe a participação de tais entidades na negociação coletiva vedando-lhes a recusa a tal procedimento.

A reforma trabalhista dentre várias alterações sobre a matéria, inseriu o art. 611-B que elenca direitos trabalhistas que não podem ser alterados por negociação coletiva.

A determinação do isolamento social decorrente da contaminação pelo coronavírus, os impactos da doença no seio da sociedade e na economia por força da determinação de interrupção de boa parte das atividades empresariais, industriais e da prestação de serviços (hotéis, restaurantes, aviação comercial, comércio, etc.) provocaram ajustes entre as categorias econômica e de trabalhadores envolvendo a redução da jornada de trabalho e salários, bem assim, a suspensão dos contratos de trabalho.

Importante ressaltar que não obstante a regra contida no art. 7º, VI, que impõe que a redução salarial seja negociada com a participação da entidade sindical por meio de acordo ou convenção coletiva, a situação atípica instalada no país em face da pandemia global sofrida e por meio das Medidas Provisórias 927 e 936 que tratam, respectivamente da possibilidade de implantação do teletrabalho, antecipação de férias e feriados, etc., bem como possibilitou que a redução da jornada e dos salários e a suspensão do contrato de trabalho pudessem ser concretizadas por acordo individual direto entre empregado e empregador, como forma rápida de adequação dos contratos de trabalho em vigor com o objetivo de evitar demissões de trabalhadores nesse período em que o funcionamento da atividade economia encontra-se afetada pelo coronavírus e consequentes limitações e restrições impostas a bem da saúde da população.

Via de consequência, a atual situação atípica, imprevista e de caráter emergencial, exige a adoção de medidas ou práticas igualmente excepcionais para se tentar minimizar os efeitos negativos da crise, dentre elas a possibilidade de acordo individual direto entre empregado e empregador nos casos de redução da jornada e salário.

De igual forma, também foi o caráter excepcional, atípico e emergencial da pandemia global que determinou restrições na circulação da população, priorizando o direito à vida, bem mais importante do ser humano, previsto no caput do art. 5º da Carta Maior.

No plano internacional, verifica-se que a retomada das atividades econômicas começa a ser realizada em alguns países de forma escalonada, ressaltando-se a importante participação dos sindicatos nesta fase.

Não seria demais lembrar que em períodos de prosperidade da atividade econômica, a negociação coletiva não encontra óbices para ser concretizada entre trabalhadores e empregadores.

Porém, em momento de crise econômica, dificuldades financeiras, instabilidades políticas, etc., empresas buscam diminuir suas despesas fixas com a consequente eliminação de postos de trabalho, esquecendo-se que a superação das dificuldades sofridas e a retomada de sua produção necessitará, por certo, do instrumento da negociação coletiva como meio ideal de ajuste de interesses entre as classes patronal e profissional.

Importante referência merecem os inúmeros tratados internacionais que tratam da negociação coletiva, destacando-se as Convenções 98 e 154 da Organização Internacional do Trabalho, ambas ratificadas pelo Brasil.

3. Alteração contratual e fatos extraordinários – a possibilidade de limitação ou redução de direitos fundamentais

Harari[3] com seu espírito absolutamente irrepreensível observa que a epidemia do coronavírus é um grande teste de cidadania não sendo demasiado afirmar que certamente se experimenta a maior crise que esta geração está suportando. Observa a rapidez do desenvolvimento tecnológico e pontua a necessidade de se utilizar a tecnologia em beneficio da preservação da nossa dignidade, não devendo servir para legitimar ações que importarão em recursos que viabilizara a vigilância em beneficio da manutenção de sistemas autoritários ou voltados a espalhar a hegemonia de ditaduras ou violações a direitos mínimos, mas sim servir a união global que será necessária ao melhoramento das condições de vida de todas as pessoas. O vírus COVID-19 demonstrou que as crises desencadeadas são de natureza global e implicam em uma necessária solidariedade global para que as soluções sejam eficazes e permitam que todas as nações e povos possam usufruir de resultados que irão beneficiar a todos.

A crise causada pela pandemia provocou uma ruptura abrupta não somente entre costumes e certas culturas, mas principalmente entre modelos tradicionalmente existentes na sociedade e nas relações em geral. Caminhávamos para a reestruturação do direito do trabalho em que havia a crença de alguns profissionais, da dispensabilidade do trabalho humano pelos robôs, fato este que se propunha desmistificar pelo fato de que não seria a tecnologia que substituiria o trabalhador. O que verdadeiramente ocorreu, foi justamente ao contrário, isto é, uma mudança das organizações empresariais e das atividades produtivas, bem como do modo de vida e da sociedade de consumo que provocou a aparecimento das chamadas *classe dos precariados* aparentada desde a década de 80. Os trabalhadores invisíveis ocuparam o cenário, cujo foco se centrava na tecnologia e todas as suas variantes. Estamos em meio a revolução digital, nominada pelo Fórum

3. HARARI, Yuval Noah, *o mundo depois do coronavirus.*

Econômico Mundial de 4ª Revolução industrial [4] e a expectativa que tínhamos era de que as mudanças mais radicais nas relações de trabalho e econômicas ocorressem até 2030 em um processo gradativo e natural. A previsão do MacKinsey Global Institute apontava que o cenário até 2030 seria fatalmente atingido pela automação e tecnologia[5].

No Brasil as discussões giravam em torno da necessidade de se proteger o trabalhador e os postos de trabalho na mesma medida que haveria a necessidade de modernizar relações para se adequarem as novas organizações empresariais, o que implicaria em maior flexibilidade nas relações.

Em meio às circunstâncias supostamente previsíveis, o imprevisível ocorreu: a pandemia intimidou a todos, o medo da morte e a necessidade de salvar-se ante o risco invisível de um vírus letal e com alta capacidade de contaminação, levou a população ao isolamento social e confinamento, alterando abruptamente a rotina de trabalho e a vida privada de todos. Tais medidas seriam necessárias para conservação dos maiores bens de todos quais sejam, a vida e a saúde. A ordem é "ficar em casa". As relações sociais tiveram que ser limitadas e um elemento interessante ganhou o centro das atenções em todas as classes sociais: o ser humano não pode ser substituído por maquinas; sem a presença do trabalhador as empresas não podem sobreviver, fato este que já havia sido relatado no informe da OIT que aponta que 40% dos empregadores que participaram das entrevistas para o informe assinalaram a escassez de trabalhadores qualificados, principal fundamento para os postos de trabalho vagos; e 60% afirmaram que os recém graduados não estão devidamente preparados para o mercado de trabalho, o que significa a necessidade do capital humano na organização empresarial. Por outras palavras, os trabalhadores são parte da engrenagem empresarial; o ser humano se distingue de todas as outras espécies vivas pela capacidade de pensar. O mito ruiu: a ausência do trabalhador pode inviabilizar que os segmentos se sustentem ou continuem a desenvolver a atividade econômica; ainda que as máquinas sejam necessárias, há uma natural dependência dos seres humanos para que toda a atividade funcione. As formas de trabalho à distância e com uso de tecnologia ganharam o cenário brasileiro (para nos restringirmos ao nosso limite territorial) de uma maneira dolorosa, uma vez que a maioria das pessoas e empresas não estavam preparadas e estruturadas para subordinarem-se as formas alternativas, cujo desenho parecia um ideal a ser atingido num espaço de tempo mais distante. É necessário que haja

---

4. The First Industrial Revolution used water and steam power to mechanize production. The Second used electric power to create mass production. The Third used electronics and information technology to automate production. Now a Fourth Industrial Revolution is building on the Third, the digital revolution that has been occurring since the middle of the last century. It is characterized by a fusion of technologies that is blurring the lines between the physical, digital, and biological spheres (The First Industrial Revolution used water and steam power to mechanize production. The Second used electric power to create mass production. The Third used electronics and information technology to automate production. Now a Fourth Industrial Revolution is building on the Third, the digital revolution that has been occurring since the middle of the last century. It is characterized by a fusion of technologies that is blurring the lines between the physical, digital, and biological spheres).

5. https://www.mckinsey.com/featured-insights/future-of-work/jobs-lost-jobs-gained-what-the-future-of-work-will-mean-for-jobs-skills-and-wages.

uma união entre governo, empregadores e trabalhadores para que a máquina econômica continue e produzir riqueza e para que o desenvolvimento social seja possível.

É dentro deste contexto que foram publicadas várias medidas destinadas a tutela das relações de trabalho e da manutenção da renda do trabalhador e é dentro das opções legislativas, que as discussões se acirram e aflora a polêmica sobre o estreito conflito entre a possibilidade de limitação de direitos fundamentais. Isto é, em época de pandemia, estado de exceção ou fatos extraordinários, há necessidade de medidas emergenciais, também de natureza extraordinária que, em muitas vezes vão conflitar com garantias constitucionais ou internacionais mínimas.

O cenário atual nos da conta de que houve uma grave afetação no mundo do trabalho e empresarial, paralisando 81% da força de trabalho, estimando a OIT que no segundo semestre de 2020 6,7% da força de trabalho será reduzida, atingindo 195 milhões de trabalhadores a tempo completo. O Brasil tem a prestação de serviços como uma das atividades principais. Se considerarmos que os setores mais atingidos são a manufatura, alimentação, turismo e comércio. Seguramente as pequenas e médias empresas são as mais afetadas, não obstante sejam elas que empregam 52% dos trabalhadores com vínculos formais e os pequenos negócios respondem por 37% da economia[6] .

Todos estes fatores, somados a outros não menos importantes, levaram o governo brasileiro, à semelhança do que ocorre em outros países, a tomar medidas para a contenção da crise e, especificamente no tema que nos debruçamos, a adotar medidas destinadas a manutenção do emprego e da renda.

É justamente no conteúdo das leis adotadas que começa o embate quanto ao limite (ou não) da negociação individual e também de sua extensão e constitucionalidade, sobre a coletiva. O fundamento todo, no entanto, está na natureza fundamental do direito e a possibilidade de sofrer ou não restrição ou suspensão.

3.1. Breves considerações sobre direitos fundamentais

Os direitos humanos passaram a ser objeto de proteção, justamente porque houve muitas violações ao ser humano. Os direitos humanos surgem no século XVIII e tem uma origem ocidental. Aparecem nas sociedades metropolitanas europeias, quando 4/5 da população do mundo estava colonizada por estas mesmas sociedades; e foi desenvolvido para se concretizar nestas sociedades metropolitanas e não nas colônias. Disso resultou que, tudo que se passava nas colônias não interferiu na formação dos direitos humanos. Daí porque a ordem política e econômica não interferiam nas colônias e os direitos humanos foram formados tomando por base o modelo das sociedade das cidades europeias da época e não nas colônias. Daí a famosa expressão *Ultra aequinoxialem non peccari* (além do Equador não existe pecado), inserida na musica *Não existe pecado ao Sul*

6. NAHAS, Thereza C & MARTINEZ, Luciano, *Considerações sobre as medidas adotadas pelo Brasil para solucionar os impactos da pandemia do COVID-19 sobre os contrato de trabalho e no Campo da Seguridade Social e da prevenção de riscos laborais,* disponível em www.cielolaboral.com, acesso em março de 2020.

do Equador[7]. Foi com a revolução francesa e americana que os direitos humanos adquiriram visibilidade, conferindo uma forma de emancipação social. A partir dai, em nome de direitos humanos se realizaram muitas ações que violaram e, ainda, violam direitos humanos, mas alcançou-se muitos progressos sociais. Há muitas linguagens e versões de direitos humanos, mas o que não se pode negar é que os direitos humanos são hegemônicos, não há ninguém contra os direitos humanos[8]. O cuidado que se tem que ter em mente é de não permitir que em nome de direitos humanos se viole *direitos humanos*.

A formação do direito do trabalho no século XIX emergiu como um dos grandes direitos da questão social, ante a necessidade social e representa uma maneira de se alcançar a igualdade social. O direito do trabalho foi o meio encontrado pelo Estado para tentar reduzir as desigualdades e estreitar o abismo que existe entre dois parceiros desiguais, quais sejam o trabalhador e empregador. Mas, não se olvide, que isso tais diferenças que se buscava compensar era um privilégio existente do *outro lado,* do lado das cidades, pois o que vigorava nas colônias era o direito penal, fato este que leva a Boaventura Santos refletir sobre as contradições legitimadoras dos direitos humanos[9]. Tal estado de coisas somente alterou-se com a evolução da sociedade e a independência das colônias que haviam sido conquistadas na sua grande maioria em todo o mundo.

O marco internacional da reação dos cidadãos europeus aos abuso cometidos pelos Estados absolutista e imperialistas que violavam incontroladamente direitos naturais, foi a Declaração dos Direitos do Homem e do Cidadão em 1789, por aqui, se reconheceu um freio dirigido as ações do Estado que deveria ter o dever de respeitar todas as camadas sociais e não somente certas elites como o fez a Magna Carta de 1250. Numa apertada síntese como ensina André Molina, "os direitos naturais que no inicio eram reconhecidos nas declarações foram incluídos nas constituições e, depois, em tratados internacionais. Quando positivados nas Constituições são conceituadas como direitos fundamentais, enquanto previstos em normas internacionais como direitos humanos"[10].

O que importa considerar é que o Estado de bem-estar social implementado na década de 50 contribuiu para o desenvolvimento deste conceito cuja interpretação não

7. "Chico encontrou o antigo ditado europeu no livro do seu pai, *Raízes do Brasil.* Sérgio Buarque de Holanda observa, na obra, que a máxima corria pela Europa e foi registrada pelo cronista Barlaeus em 1641. O holandês explicava: "É como se a linha que divide o mundo em dois hemisférios também separasse a virtude do vício". Claro. Ocupado por desbravadores com espírito de aventura, este trópico era visto no Velho Mundo como verdadeiro antro de perdição. Já para os estrangeiros exploradores, estas terras sem instituições sociais nem religiosas eram o paraíso da utopia e liberdade, onde nada era proibido" (PESCIOTTA, Natália, *Atrás da Música,* disponível em https://atrasdamusica.tumblr.com/post/93062884100/n%C3%A3o-existe-pecado-do-lado-de-baixo-do-equador, acesso em março de 2020.

8. SOUZA SANTOS, Boventura de, palestra sobre direitos humanos proferida em Gramado (RS) em 2012, disponível em https://youtu.be/L3OFA-15Udk, acesso em março de 2020.

9. SOUZA SANTOS, Boaventura de, palestra sobre direitos humanos.

10. ARAÚJO MOLINA, André, *Os Direitos fundamentais na pós-modernidade -o futuro do direito e do processo do trabalho,* Lumem Juirs Ed, Rio de Janeiro, 2017, p. 21.

pode ser feita sem que se considere a sociedade industrial e a pós-industrial. Emeterio Guevarra esclarece que "después de la Segunda Guerra Mundial se inicia una oleada de argumentaciones en pro y en contra de la industrialización y a partir de los ochenta se habla de sociedades postindustriales, para referirse a aquellos países que superan la manufactura para reconvertir sus fábricas sustituyendo la mano de obra con máquinas y robots industriales"[11]. Assim que as dimensões dos direitos fundamentais vão variar de acordo com cada período da história, de modo que as noções de individuo e de coletividade sofrerão os impactos do desenvolvimento social e econômico, sendo atingidos brutalmente pela acentuação da globalização em todos os seus tentáculos.

A sociedade pós-industrial, caracterizada principalmente pela superação da atividade manufaturada e pela conversão das fabricas que substituíram a mão de obra humana por robôs, trouxe um progresso jamais visto. Todavia, na mesma medida foram responsáveis pela acentuação da desigualdade, bem como pela exclusão dos mais pobres, numa roda viciada que permitiu que as camadas mais favorecidas, agora formadas por trabalhadores com bons salários e profissionais da classe média, chamados de novos ricos, passou a defender a justiça e a aproximação social. Na década de 80 iniciou-se o questionamento da política liberal e o debilitamento do estado social em razão da imensa degradação ambiental[12]. O regime de bem-estar social mudou drasticamente e a sociedade industrial não guarda relação de identidade nenhuma com a pós-industrial: "La sociedad postindustrial es, primordialmente, una sociedad de servicios; y, a la par que la estructura social coetánea se ha hecho depender del también nuevo orden tecno-económico, la nueva sociedad ha invertido los viejos principios calvinistas del ahorro, el trabajo duro y de la esperanza de gratificación para un mundo futuro y trascendente. La sociedad, y con ella la vida, está ahora dominada por la cultura del disfrute inmediato. Domina, o parece así al menos, la atención a la distribución sobre el impulso a la producción; se impone la venta por encima de la fabricación, y la cultura, como escribiría Bell, se ha hecho primordialmente hedonista, preocupada por el juego, la pompa y el placer. Y es que los nuevos riesgos de la sociedad postindustrial provienen principalmente de la revolución que se está desarrollando tanto en los mercados de trabajo como en las familias. Se necesita urgentemente una concepción mejor de qué es lo que hoy mueve el comportamiento de la familia y del empleo en el sector servicios. En estas líneas de análisis se esconde la hipótesis clara: la economía familiar es el alfa y la omega de cualquier solución de los principales dilemas postindustriales, y el más importante

---

11. Guevara, Emeterio. El mundo del trabajo en las sociedades del mañana (Spanish Edition) . Unknown. Edição do Kindle.

12. Lembra Josep Fontana que "aunque los efectos más visibles de las crisis se superasen al poco tiempo, "la sensación de prosperidad general no habría ya de volver nunca". Más allá de lo que mostraban los indicadores de la coyuntura había otros cambios estructurales que iban a durar y que son los que han llevado a fijar en estos años el inicio de lo que Paul Krugman llama "la gran divergencia", un fenómeno en el que seguimos inmersos en la actualidad y que tal vez haya que considerar como la característica más importante de la historia del ultimo cuarto del siglo XX y que comienzos del XXI" (*Por el bien del Imperio – Una historia del Mundo desde 1945,* ed. Pasado & Presente, Barcelona (Espanha), 2011, p. 565).

«fundamento social» de las economías postindustriales. Así se está justificado el examen de los riesgos sociales y el estado del bienestar; de la familia como consumidora y productora de bienestar; el funcionamiento de los mercados de trabajo y de lo que mueve el empleo en el sector servicios. Al examinar el paso de un orden social conocido -llamado capitalismo del bienestar-a otro -llamado sociedad postindustrial-cuyos contornos se están desarrollando. Los fenómenos que configuran el tema unificador son: la igualdad, los riesgos, los puestos de trabajo y la «nueva economía política»"[13].

O processo crescente da globalização e a inter-relação entre os países viabiliza a harmonização dos sistemas jurídicos, bem como a interpretação dos direitos humanos, fundamentais e sociais a partir do paradigma internacional o que garante a intenção de se lograr um mundo menos desigual, eliminando-se a pobreza e alcançando estandares de proteção para os núcleos duros dos direitos considerados universais, entre eles as normas destinadas a tutela do trabalho e ao trabalhador.

É dentro deste contexto, da crise econômica, de saúde e social em que o Brasil também está inserido[14], que o governo nacional publicou várias medidas para conter os impactos da COVID-19 nas relações econômicas e sociais e, é neste cenário que se encontra a discussão sobre a constitucionalidade ou não das negociações individuais entre trabalhadores e empregadores para solucionar questões relativas aos contratos de trabalho, cujo conteúdo foi disciplinado pelas medidas provisórias 927, de 22.03.2020; e 936, de 01.04.2020.

4. Algumas linhas sobre a controvérsia Constitucional das MP's 927 e 936

No contexto da crise econômica e social as medidas brasileiras para contenção da COVID-19 começaram a ser publicadas em 03.02.2020 com a Portaria nº 188 que declarou emergência de saúde publica de importância nacional. Em 06.02.2020 vieram as medidas para enfrentamento da emergência dispostas na Lei 13.979 que previu a possibilidade de isolamento e quarentena, bem como atribuiu aos Estados a competência para declarar as medidas que fossem necessárias ao controle da contaminação, fixando um rol exemplificativo e situações que poderiam ser adotadas, entre elas, além das aqui já relatadas, a realização compulsória de exames médicos, teste laboratoriais, coleta de amostrar e vacinação.

O primeiro caso diagnosticado no Brasil ocorreu em 26/2, na mesma época havia mais 20 casso sendo investigados e 59 suspeitos[15]. Mas, foi após o carnaval que os governos e a população de modo geral se deram conta a gravidade da situação e houve o au-

13. Guevara, Emeterio. El mundo del trabajo en las sociedades del mañana (Spanish Edition) . Unknown. Edição do Kindle.

14. CONVID-19: want you need to know about the coronavirus pandemic on 27 April, disponível em https://www.weforum.org/agenda/2020/04/covid-19-what-you-need-to-know-about-the-coronavirus-pandemic-on-27-april/, acesso abril de 2020.

15. Informação disponível em https://g1.globo.com/ciencia-e-saude/noticia/2020/02/26/ministerio-da-saude-fala-sobre-caso-possivel-paciente-com-coronavirus.ghtml, acesso em abril de 2020.

mento do numero de casos com a decretação da medida de calamidade púbica. Importa lembrar que as declarações internacionais de ONU e o aumento da contaminação na maioria dos países do mundo com fechamento de fronteiras e redução de circulação em razão do isolamento, acabou por interferir de maneira absolutamente rápida nas consequências que as medidas adotadas impactaram os diversos setores e a vida da população em todos os cantos do mundo.

E dentro de espírito de medo e terror que a população se trancou em casa, os setores públicos e privados fecharam suas portas e a ameaça ao mercado de emprego, negócios e comércio em todas as suas variantes se viram ameaçados. A crise não era financeira, à semelhança do que ocorreu em 2008, mas sim a crise da saúde. Impõe uma ação e interferência necessária do Estado, ao contrário de toda a teoria liberal pregada pelos economistas e implementada pela década de 70. As reformas que o governa nacional pretendia implementar para vencer a recessão a qual o Brasil estava submergido desde 2015, acabaram por ser procrastinadas. O momento é de estabelecer um sistema que poderá garantir, ou ao menos reduzir os riscos, de maior contração da economia pós-crise COVID-19. A previsão é de que o PIB brasileiro encolha -5% neste ano, o que implica em dizer que a produção de riqueza será menor, as pessoas empobrecerão, presume-se que a desigualdade social aumente e que as relações se precarizem (ainda mais).

Não é nossa intenção discutir no âmbito deste trabalho a relação entre a pobreza, precarização e desigualdade social com nível de emprego e economia. Tão somente passar por estas breves linhas para justificar o contexto da publicação das medidas provisórias 927, de 22.3.2020; e 936, de 01.4.2020.

Tais medidas foram destinadas especificamente a regulamentação flexível das relações de trabalho com objetivo especifico de assegurar o emprego e a renda enquanto durar a situação de emergência de saúde publica, em principio prevista para terminar no final de dezembro de 2020.

No que concerne a forma como as alterações contratuais flexíveis ocorreram e podem ainda seguir se verificando, há uma nítida e expressa manifestação do legislador pelos acordos individuais e, em várias passagens deixa claro que a negociação individual terá valor absoluto preferindo qualquer outro. Ricardo Pereira em suas pontuais considerações sobre o tema lembra que "a Constituição de 1988 estabelece uma espécie de reserva negocial para a prática de vários atos por intermédio de convenções ou acordo coletivos, como a redução dos salários. Esses instrumentos coletivos exigem a participação obrigatória dos sindicatos na negociação coletiva. O reconhecimento das convenções e acordos coletivos corresponde a uma garantia institucional, encomendando ao legislador um sistema de relações coletivas que funcione satisfatoriamente, e também a direitos subjetivos dos trabalhadores enquanto coletividade"[16].

16. MACEDO DE BRITO PEREIRA, Ricardo José, *Covid-19 e a morte da negociação coletiva*, disponivel em https://www.jota.info/opiniao-e-analise/artigos/covid-19-e-a-morte-da-negociacao-coletiva-27042020 acesso em abril de 2020.

A discussão teve inicio com a publicação da MP 926 que previu medidas como teletrabalho, bando de horas e compensações de feriados e ganhou seu maior calor com a MP 937 que dispôs sobre a possibilidade de se fixar jornada de trabalho ***e*** salários e suspensão temporária do contato de trabalho, viabilizando que, exceto no caso da redução salarial e de jornada superior a 25% para trabalhadores que percebam salário igual a R$3.135,00 e inferior a R$12.202,12 que a negociação necessária terá que ser coletiva, as demais situações poderão ser acordadas por negociação individual.

A medida foi questionada junto ao STF por meio da ADIN 6363 e o Relator Ministro Ricardo Lewandowski concedeu em parte a liminar na cautelar para com fundamento nas razões acima expendidas, defiro em parte a cautelar, ad referendum do Plenário do Supremo Tribunal Federal, para dar interpretação conforme à Constituição ao § 4º do art. 11 da Medida Provisória 936/2020, de maneira a assentar que "[os] acordos individuais de redução de jornada de trabalho e de salário ou de suspensão temporária de contrato de trabalho [...] deverão ser comunicados pelos empregadores ao respectivo sindicato laboral, no prazo de até dez dias corridos, contado da data de sua celebração", para que este, querendo, deflagre a negociação coletiva, importando sua inércia em anuência com o acordado pelas partes[17]. Desta decisão houve recurso de embargos de declaração que foram rejeitados, mas proferiu *interpretação conforme à Constituição ao § 4º do art. 11 da Medida Provisória 936/2020, de maneira a assentar que '[os] acordos individuais de redução de jornada de trabalho e de salário ou de suspensão temporária de contrato de trabalho [...] deverão ser comunicados pelos empregadores ao respectivo sindicato laboral, no prazo de até dez dias corridos, contado da data de sua celebração', para que este, querendo, deflagre a negociação coletiva. Nesse ínterim, são válidos e legítimos os acordos individuais celebrados na forma da MP 936/2020, os quais produzem efeitos imediatos, valendo não só no prazo de 10 dias previsto para a comunicação ao sindicato, como também nos prazos estabelecidos no Título VI da Consolidação das Leis do Trabalho, agora reduzidos pela metade pelo art. 17, III, daquele ato presidencial. Ressalvo, contudo, a possibilidade de adesão, por parte do empregado, à convenção ou acordo coletivo posteriormente firmados, os quais prevalecerão sobre os acordos individuais, naquilo que com eles conflitarem, observando-se o princípio da norma mais favorável. Na inércia do sindicato, subsistirão integralmente os acordos individuais tal como pactuados originalmente pelas partes*[18].

No calor da publicação da medida provisória 926, Thereza Nahas observou que "se os sindicatos tiveram suas bases econômicas afetadas pela reforma de 2017, é certo que o momento presente é o ideal para que se mostrem como entidades indispensáveis ao equilíbrio das relações, demonstrando que a importância de sua existência é fundamental para o diálogo social em benefício de todos os trabalhadores, sejam eles sindicalizados ou não. São os sindicatos os legítimos representantes dos interesses dos trabalhadores e,

---

17. Disponível em http://www.stf.jus.br/arquivo/cms/noticiaNoticiaStf/anexo/ADI6363.pdf, Acesso em abril de 2020.

18. Disponível em http://www.stf.jus.br/portal/cms/verNoticiaDetalhe.asp?idConteudo=441245, acesso em abril de 2020.

como os agentes de saúde são indispensáveis ao atendimento da massa de pacientes enfermos, são eles a alma e o timão que apontará as melhores soluções, contribuindo para que não se concretize o receio dos empregados de que a crise desencadeada pela disseminação do vírus COVIT-19 possa provocar a perda de 40 milhões de postos de trabalho. Certamente os negócios pequenos e seus trabalhadores, serão os primeiros a amargar os prejuízos econômicos deste difícil momento e a inexistência de uma ação concertada entre Governo, Entidades Sindicais e Empresas a nível nacional, tão somente viabilizará que, quando se contenha o vírus, nova enfermidade possa surgir para os trabalhadores, cunhada pela precarização, informalidade, violência, desemprego e aumento da pobreza efeitos estes muito mais profundos do que o causado pela crise de 2008 que levou o País a uma grave recessão em 2015, cenário este que ainda não havíamos recuperado"[19].

A questão que se coloca, não se restringe tão somente a flexibilidade das matérias relativas à flexibilização de jornada e salário, mas também para outras alterações contratuais em tempo de pandemia, como ocorre com a negociação das férias, se haveria e legalidade de manifestações de vontades individuais em concurso com a coletiva. É certo que a Constituição Federal assegura que reduções salariais e de jornadas devem ser negociadas coletivamente e, reiteramos o que sustenta Ricardo Pereira, há uma reserva negocial nela estabelecida. Mas a pergunta que se faz é, se em tempos de calamidade publica, direitos fundamentais podem ser limitados ou suspensos.

Como lembra Canotilho, a constitucionalização do estado de exceção faze parte da história das constituições do século XIX e está relacionada a ao estado de necessidade. Lembra o constitucionalista português que "desde o antigo direito romano que se fala em *jus extremae necessitatis* e em *salus rei publica suprema lex esto* para expressar a existência de um direito de exceção nos casos de crise do Estado e das colectividades organizadas (*res publica)*. Por outro lado, o direito de necessidade constitucional encontra expressões paralelas no âmbito do direito internacional (ex: estado de guerra), do direito penal (ex.: legítima defesa), do direito civil (ex.; legitima defesa e direito de resistência) e direito administrativo (ex.: estado de necessidade administrativa)"[20].

Assim, também, a Constituição Federal tem um Titulo Especifico (Titulo V, art. 136 e seguintes) destinado aos Estados de Defesa e de Sítio, permitindo que o presidente da república, após a oitiva do Conselho da República e do Conselho de Defesa, possa decretar *estado de defesa para preservar ou prontamente restabelecer, em locais restritos e determinados, a ordem pública ou a paz social ameaçadas por grave e iminente instabilidade institucional ou atingidas por calamidades de grandes proporções na natureza.* Vai mais longe o legislador permitindo que se restrinja certos direitos, como por exemplo a liberdade de reunião.

---

19. NAHAS, Thereza, *Tempos de Crise: A Vez Dos Sindicatos no Marco da Medidas para Conter a Crise Social e Econômica: primeiras impressões sobre a MP 927/2020,* disponivel em https://www.thomsonreuters.com.br/pt/juridico/blog/tempos-de-crise-a-vez-dos-sindicatos-no-marco-de-medidas-para-conter-a-crise-social-e-economica-primeiras-impressoes-sobre-a-mp-927-2020.html, acesso em abril de 2020.
20. GOMES CANOTILHO, JJ, *Direito Constitucional e Teoria da Constituição,* ed. Almedina, Lisboa (Portugal), 2ª ed., 1998, P. 963.

No âmbito da negociação contratual ou respectivas alterações permitidas pelas medidas excepcionais, há um aparente *empoderamento* do poder jurídico do empregador, pois em diversas passagens das leis há a referencia ao ato unilateral do empregador em determinar certas medidas, como por exemplo, no banco de horas, nas férias ou mesmo na redução de jornada e salário. Antes de perguntar sobre a constitucionalidade da negociação individual há, como já afirmado acima, um precedente a ela que se trata da igualdade na manifestação de vontade quanto ao ajuste.

A situação tratada pelas medidas de urgência, estabelecem um sistema em que para a concretização de qualquer das possibilidades por elas autorizadas dependerá de um ato volitivo do empregador, desprezando-se a vontade do trabalhador. É oportuno lembrar que o "poder jurídico se distingue do direito subjetivo porque, neste, o sujeito ativo exerce a pretensão em seu próprio proveito, enquanto, no primeiro, o ato e praticado no interesse do sujeito passivo ou do grupo social, sempre, pelo menos, no interesse de um sujeito distinto do titular do poder. Quem exerce poder age no interesse de outrem. Ex: poder de comando do empregador. O empresário exercer o pode de comando em proveito do interesse da empresa ou, em ultima análise em favor da coletividade, por ser ele necessário à organização do trabalho na empresa"[21].

O tema então, não estaria necessariamente no contexto validade do ato por uma questão de forma, mas seria mais proveitoso que se questionasse se houve manifestação livre de vontade para a realização do negócio jurídico. A resposta esta nas próprias medidas de emergência: nenhuma das partes manifesta livremente a vontade de submeter-se ou não as leis dispostas para a contenção da situação de emergência, o que há é uma subordinação de ambas as partes contratuais e um ato imperativo cuja determinação é fechar as portas dos estabelecimentos e de tudo aquilo que não esteja enquadrado naquilo que se considera atividade essencial. Portanto, a manifestação de vontade esta circunscrita a limites que foram impostos não só liberdade de trabalho mas também a liberdade econômica em geral, o que já representa uma restrição a dois direitos fundamentais assegurados na Carta Constitucional mas que estão respaldados por outros fundamentos da mesma grandeza que é a prevalência dos direitos humanos e a cooperação entre os povos para o progresso da humanidade (art. 4º, II e IX). Como já dissemos, os direitos humanos podem ter variações de interpretações, mas há um consenso hegemônico de que a saúde e a vida guardam são, inquestionavelmente, bens assegurados de forma universal. Por fim, entendeu a ONU pelo apelo a todos os países para que concretizassem uma aliança universal, pois somente a união entre todos os Estados num espírito de colaboração mútua será capaz de trazer de volta o progresso de todos os povos, a paz e tranquilidade que os países necessitam para promover o desenvolvimento econômico e social sustentável.

Portanto, a excepcionalidade da situação autoriza que o poder de direção se *acentue* mediante duas condições, (i) que seja dirigida ao objetivo de garantir o emprego e a

21. SAYAO ROMITA, Arion, *Poderes do Empregador e Ideologia,* Revista TRT 8ª Região, Belém (Pará), v. 48, nº 94, p. 1-456 jan/junh2015, pp. 129-130.

renda e, para isso o governo federal está subsidiando financeiramente várias ações e programas na intenção de auxiliar as medidas implementadas pela organização empresarial para cumprimento do objetivo; (ii) que a flexibilidade admitida respeite o núcleo duro de direitos e que temporalmente e que esteja temporalmente limitada ao tempo necessário para atender a situação de emergência e extraordinária.

Isso implica em dizer que a limitação ou suspensão de algumas condições estão permitidas pela Carta Constitucional, razão esta que, quiçá justifique a ressalva na decisão liminar da ADIN observar que Carta Constitucional guarda, de fato, esta chamada reserva coletiva, mas que diante das circunstâncias, é absolutamente possível a flexibilidade de algumas situações, ainda que inerentes a direitos fundamentais. Reportando-nos novamente a Canotilho, "as situações de necessidade constitucional pressupõem a possibilidade de restrições mais intensas dos direitos fundamentais do que aquelas que constitucionalmente ao admitidas em situações de normalidade. O instrumento ou medida classicamente admitido é a suspensão coletiva de direitos (...). Esta suspensão colectiva está rodeada de cautelas tendentes a evitar o aproveitamento das situações de exceção para se introduzirem medidas abusivas ou excessivas. Deste modo estabelece-se: (1) Proibição absoluta de suspensão de alguns direitos, liberdades e garantias e de alguns princípios constitucionais (....) . É o que se chama, na terminologia alemã, *diktaturfeste Grundrechte*, ou seja, "direitos fundamentais garantidos ou firmados contra a didatura" ou, noutra terminologia, mas contraída, de *direitos invioláveis*. (2) Exigência de *especificação* dos direitos, liberdades e garantis afectados pela declaração do estado de emergência ou estado de sítio (....). Subjacente a esta exigência está a conhecida máxima *enumeratio ergo limitatio*. Consequentemente, todos os direitos que não foram enumerados na declaração do estado de sítio, ficam fora das medidas restritivas de exceção. (3) *Proibição do excesso*, devendo observar-se os princípios da adequação, necessidade e proporcionalidade relativamente às medidas restritivas. (4) *Limitação* temporal (...) pois a suspensão dos direitos, liberdade e garantis não pode prolongar-se por mais de 15 dias embora se admita a renovação por períodos com igual limite"[22].

Portanto, outra não pode ser a conclusão que não a de aceitar certas restrições a direitos sociais fundamentais, entre ele a restrição a própria negociação coletiva em razão da urgência das medidas. Não quer isso dizer que se houver excessos no conteúdo da negociação esta não poderá ser invalidade e restituída a situação ao estado anterior ou reconstituída a esfera patrimonial e/ou moral do trabalhador que for vitima da violação. O requisito forma não ganhou grandes atenções do legislador que certamente se concentrou na necessidade premente de tentar manter emprego e renda em um pais que, à época da decretação da medida já contava com quase 12 milhões de trabalhadores desempregados, bem como que segundo dados do SEBRAE de 2018 tem-se que no Estado de São Paulo 98% dos pequenos e médios negócios movimentam a economia paulista. Cinquenta por cento dos empregos formais estão nestas empresas. O número dos pequenos negócios empresariais no Brasil equivale a 37%, 6,4 milhões em números

22. GOMES CANOTILHO, JJ, *Direito Constitucional*.... p. 977-978.

reais. As Micro e Pequenas Empresas respondem por 52% dos trabalhadores com carteira assinada, isto é, pelos empregos formais . Dois mil e dezenove registrou mais de 8 milhões de microempreendedores, o que representa um crescimento de 120% em cinco anos. Não obstante o número de desempregados segundo os números apresentados pelo IBGE relativos ao 4º trimestre de 2019 chegou a 11,6 milhões, os desalentados somam 4,6 milhões e a taxa de mão de obra subutilizada em torno de 23%, tudo para o mesmo período.

Esse quadro representa que o País, antes de ser impacto pela crise que tem sido considerada a jamais vista e que exige soluções e respostas também não previstas[23], autoriza que, em beneficio da vida e da saúde, sejam sacrificados alguns direitos, como por exemplo, o direito de mobilidade, que sofreu sérias restrições por ato legislativo, não somente no Brasil, mas em todo o mundo.

É certo que os sindicatos "tiveram suas bases econômicas afetadas pela reforma de 2017, é certo que o momento presente é o ideal para que se mostrem como entidades indispensáveis ao equilíbrio das relações, demonstrando que a importância de sua existência é fundamental para o diálogo social em benefício de todos os trabalhadores, sejam eles sindicalizados ou não. São os sindicatos os legítimos representantes dos interesses dos trabalhadores e, como os agentes de saúde são indispensáveis ao atendimento da massa de pacientes enfermos, são eles a alma e o timão que apontará as melhores soluções, contribuindo para que não se concretize o receio dos empregados de que a crise desencadeada pela disseminação da COVID-19 possa provocar a perda de 40 milhões de postos de trabalho"[24]. Todavia, não se pode ignorar que com a extraordinariedade da situação, certamente não conseguiriam atender no curto espaço que tiveram para fazer, o numero de micro e pequenos empregadores, respeitando-se a realidade de cada um deles e os longínquos rincões que muitos deles se encontram fincados e estabelecidos.

Por fim, importa apontar que o próprio ministro relator acabo por flexibilizar, se não pelas razoes aqui expostas por outras muitos semelhantes, o direito a negociação, citando a Resolução nº 1/2020 da Comissão Interamericana de Direitos Humanos que , sem deixar de tutelar os direito sociais, culturais, ambientais e econômicos, e sem dirigir-se diretamente a questão da legalidade dos ajustes individuais, mas abarcando o grande leque dos direitos fundamentais e as clausulas duras da Carta Interamericana de Direitos Humanos outros pactos sociais supranacionais, pondera que os Estados devem garantir-se de:

23. "Há algum tempo, venho dizendo que esta é uma ' ***crise como nenhuma outra***'. E ela de fato é: Mais complexa, com choques interligados na nossa saúde e em nossas economias que praticamente paralisaram nossas vidas; Mais incerta, pois estamos aprendendo apenas gradativamente como enfrentar o novo vírus, tornar o isolamento mais eficaz e iniciar a retomada de nossas economias;Verdadeiramente global. As pandemias não respeitam fronteiras, e os choques econômicos que elas provocam também não". (GEORGIEVA, Kristalina, *Uma crise global como nenhuma outra exige uma resposta global como*", disponivel em https://www.imf.org/pt/News/Articles/2020/04/20/blog-md-a-global-crisis-like-no-other-needs-a-global-response-like-no-other, acesso em abril de 2020).

24. NAHAS, Thereza, *Tempos de Crise*.

> "*Asegurar que en caso de establecerse un estado de excepción: i) se justifique que existe una excepcionalidad de la situación de emergencia en cuanto a su gravedad, inminencia e intensidad que constituye una amenaza real a la independencia o seguridad del Estado; ii) la suspensión de algunos derechos y garantías sea únicamente por el tiempo estrictamente limitado a las exigencias de la situación; iii) las disposiciones que sean adoptadas resulten proporcionales, en particular, que la suspensión de derechos o garantías constituya el único medio para hacer frente a la situación, que no pueda ser enfrentada mediante el uso de las atribuciones ordinarias de las autoridades estatales, y que las medidas adoptadas no generen una mayor afectación al derecho que sea suspendido en comparación con el beneficio obtenido; y iv) las disposiciones adoptadas no sean incompatibles con las demás obligaciones que impone el derecho internacional, y no entrañen discriminación alguna fundada, en particular, con motivos de raza, color, sexo, idioma, religión u origen social*".

Não se trata de desrespeitar direitos humanos, ao contrário a saúde e um direito autônomo, isto é, um bem cuja responsabilidade de conservação e proteção e um dever do Estado. Corolariamente é necessário adotar-se medidas e estratégias, como a das políticas publicas que estejam relacionadas a contenção e controle da pandemia e as medidas que importam em restrição de direitos para que seja possível a concretização destes objetivos devem respeitar o princípio da proporcionalidade e legalidade; e, por fim, deve haver transparência, com a garantia do direito de informação tanto as pessoas individuais como as coletividades.

É certo que, o fato de permitir-se que as negociações sejam concretizadas pela via individual, não retirará o eventual controle judicial ou extrajudicial, ínsitos a qualquer negócio jurídico. Caberá ao Judiciário, caso a questão lhe seja posta, a apreciação do conteúdo de cada um os negócios que forem entabulados, sejam eles escritos ou tácitos, individuais ou coletivos, esperando-se que simplesmente de a resposta adequada sem que esteja preso a formalidade do instrumento levando em conta os usos e costumes de cada região, comunidade e tipo de relação jurídica trabalhista que se lhe seja apresentada.

Referências Bibliográficas

ALONSO OLEA, Manuel & CASAS BAAMONDE, Maria Emilia, *Derecho del Trabajo,* 24ª ed, Thomson Civitas, Madri (Espanha), 2006.

ARAÚJO MOLINA, André, *Os Direitos fundamentais na pós-modernidade -o futuro do direito e do processo do trabalho,* Lumem Juirs Ed, Rio de Janeiro, 2017.

_______. *Teoria dos Princípios Trabalhistas,* ed. Atlas, São Paulo, 2013.

BARROS MONTEIRO, Alice, *Curso de Direito do Trabalho*. São Paulo, LTR 2017.

Brito Filho, José Claudio Monteiro de. Direito Sindical. São Paulo, LTR 2019.

FONTANA, Josep, *Por el bien del Imperio – Una historia del Mundo desde 1945,* ed. Pasado & Presente, Barcelona (Espanha), 2011.

GUEVARA, Emeterio. El mundo del trabajo en las sociedades del mañana (Spanish Edition). Unknown. Edição do Kindle.

GOMES CANOTILHO, JJ, *Direito Constitucional e Teoria da Constituição,* ed. Almedina, Lisboa (Portugal), 2ª ed., 1998.

HOBSBAWM, Eric, *Mundos do Trabalho: novos estudos sobre a história operária,* ed. Paz & Terra, São Paulo, 2015.

GEORGIEVA, Kristalina, *Uma crise global como nenhuma outra exige uma resposta global como",* disponivel em https://www.imf.org/pt/News/Articles/2020/04/20/blog-md-a-global-crisis-like-no-other-needs-a-global-response-like-no-other, acesso em abril de 2020.

MACEDO DE BRITO PEREIRA, Ricardo José, *Covid-19 e a morte da negociação coletiva,* disponivel em https://www.jota.info/opiniao-e-analise/artigos/covid-19-e--a-morte-da-negociacao-coletiva-27042020 acesso em abril de 2020.

MARTINEZ, Luciano, BOUCINHAS, Jorge, SALINO DE MOURA EÇA, Vitor, *A reforma trabalhista na visão da Academia Brasileira de Direito do Trabalho*. Porto Alegre, Lex Magister 2018.

NAHAS. Thereza C *Tempos de Crise: A Vez Dos Sindicatos no Marco da Medidas para Conter a Crise Social e Econômica: primeiras impressões sobre a MP 927/2020,* disponivel em https://www.thomsonreuters.com.br/pt/juridico/blog/tempos-de--crise-a-vez-dos-sindicatos-no-marco-de-medidas-para-conter-a-crise-social-e-economica-primeiras-impressoes-sobre-a-mp-927-2020.html, acesso em abril de 2020.

_______. *O Novo Direito do Trabalho- Institutos Fundamentais,* ed. RT, São Paulo, 2017.

NAHAS, Thereza, PEREIRA, Leone, MIZIARA Raphael, *CLT Comparada Urgente*. São Paulo, Thomson Reuters Revista dos Tribunais, 2017.

NAHAS, Thereza C & MARTINEZ, Luciano, *Considerações sobre as medidas adotadas pelo Brasil para solucionar os impactos da pandemia do COVID-19 sobre os contrato de trabalho e no Campo da Seguridade Social e da prevenção de riscos laborais,* disponível em www.cielolaboral.com, acesso em março de 2020.

Nascimento, Amauri Mascaro. Compêndio de Direito Sindical. São Paulo, LTR 2003.

Pinto, José Augusto Rodrigues. Martinez, Luciano. Mannrich, Nelson. Dicionário Brasileiro de Direito do Trabalho. São Paulo, LTR, 2013.

SAYAO ROMITA, Arion, *Proteçao e Nível de Civilização,* Revista TRT 8ª Região, Belém (Pará), v. 48, nº 95, p. 1-421, jul/dez/2015.

_______.*Poderes do Empregador e Ideologia,* Revista TRT 8ª Região, Belém (Pará), v. 48, nº 94, p. 1-456 jan/junh2015.

SOUZA SANTOS, Boaventura de, palestra sobre direitos humanos proferida em Gramado (RS) em 2012, disponível em https://youtu.be/L3OFA-15Udk, acesso em março de 2020.

6

VALIDADE CONSTITUCIONAL DE ACORDO INDIVIDUAL E REDUÇÕES DE CARGA HORÁRIA E DE SALÁRIOS

André Jobim de Azevedo[1]
Luiz Eduardo Gunther[2]
Marco Antônio César Villatore[3]

1. Introdução

Alguns associam a tempos de guerra, outros ao apocalipse. Em 11 de março de 2020 a Organização Mundial da Saúde (OMS)[4] declarou, por seu Diretor-Geral, Tedros Adha-

---

1. Advogado sócio de Faraco de Azevedo. Especialista em Direito Internacional Econômico e Processo Civil. Mestre em Direito pela PUCRS. Professor da Graduação e da Pós-Graduação da PUCRS desde 1990. Professor Convidado do Curso da Pós-Graduação da ABDConst. Membro Titular da Cadeira nº. 89 da Academia brasileira de Direito do Trabalho. Presidente da Câmara de Arbitragem da FEDERASUL - CAF, desde 2011. Atual Diretor Executivo; Titular da Cadeira nº. 02 da Academia Sul-Rio-Grandense de Direito do Trabalho, Ex-presidente fundador e atual diretor de Relações Internacionais; Membro do Conselho superior do Comitê de Arbitragem da OAB/RS.
2. Desembargador do Trabalho no TRT9. Pós-Doutor pela PUCPR. Professor do Centro Universitário Curitiba – UNICURITIBA, Graduação e na Pós-Graduação (Mestrado em Direito). Professor Convidado do Curso da Pós-Graduação da ABDConst. Membro do Conselho Editorial da Revista Jurídica do UNICURITIBA, do Instituto Memória – Centro de Estudos da Contemporaneidade e da Editora JM. Membro Titular da Cadeira nº. 09 da Academia brasileira de Direito do Trabalho e Membro do Instituto Histórico e Geográfico do Paraná. Orientador do Grupo de Pesquisa que edita a Revista Eletrônica do TRT9 (http://www.mflip.com.br/pub/escolajudicial/>).
3. Advogado. Professor Universitário do UNINTER e do Programa das Graduação e Pós-Graduação da UFSC - Mestrado e Doutorado em Direito, Coordenador da Especialização em Direitos e Processos do Trabalho e Previdenciário da ABDConst, Professor Convidado da Especialização da PUCRS, Pós-Doutor em Direito Econômico da Universidade de Roma II – Tor Vergata, Doutor em Direito do Trabalho, Previdenciário e Sindical da Universidade de Roma I – Sapienza, Mestre em Direito pela PUCSP. Membro Titular da Cadeira nº. 73 da Academia brasileira de Direito do Trabalho. Membro Correspondente do Paraná da Academia Sul-Rio-Grandense de Direito do Trabalho.
4. Sistema Universidade Aberta do SUS (UNA-SUS). Organização Mundial de Saúde declara pandemia do novo Coronavírus. https://www.unasus.gov.br/noticia/organizacao-mundial-de-saude-declara-pandemia-de-coronavirus. Acessado em 22 de abril de 2020.

nom, que elevou o estado de contaminação do novel coronavírus - COVID19 como Pandemia, identificando que mais de 115 países já haviam declarado terem casos de infecção comprovados. Alguns afirmam que tardou a decretação, outros que acautelou o alarme mundial: o fato é que o novo vírus disseminava pelo mundo de maneira assustadora.

Asseverou[5] ainda que "a OMS tem tratado da disseminação [do Covid-19] em uma escala de tempo muito curta, e estamos muito preocupados com os níveis alarmantes de contaminação e, também, de falta de ação", referindo aos governos, em manifestação pública na sede da Organização, em Genebra, nas atualizações sobre a doença.

O mundo perplexo passa a lidar com uma ameaça em nível planetário de contornos invisíveis, pois viral, de consequências devastadoras. Se a Gripe espanhola tomou mais de 20 anos para espalhar pelo mundo, hoje os tempos são outros. A velocidade e intensidade da circulação de pessoas, mercadorias, bens e serviços, todos com potencial vetorial de transmissão, acendeu luz de alerta máximo à novidade global.

Em algumas soberanas nações talvez tardiamente, de vez que amargaram milhares de mortos por conta do inimigo invisível, imprevisível e incontrolável. Ainda hoje, alguns meses após, a perplexidade permanece. A ciência ainda não foi capaz de debelar a moléstia, ou mesmo de apresentar respostas medicamentosas ou vacinais capazes de contê-la.

O mundo paralisa e o isolamento se apresenta com a medida de melhor eficácia capaz de reduzir efeitos da avassaladora contaminação. Os países enfrentam decretações de estados de emergência e de calamidade pública. A imposição de quarentena se replica mundo afora. Fecham-se fronteiras. Repatriam-se cidadãos. Congelamento do comércio internacional. No Brasil a decretação vem por meio do Decreto Presidencial, que reconhece a dramática situação e sucedem normas por meio de Medidas Provisórias, abaixo abordadas, que buscam proteger as pessoas e suas vidas econômicas.

Com o isolamento generalizado, e a determinação de que as pessoas permanecessem em suas casas, a economia despenca. As atividades que puderam passaram a se realizar por meios telemáticos e à distância. Avoluma-se a prática de trabalho à distância, remoto, virtual, *on line, home offices.*

O mundo do trabalho entra em choque, tal qual a economia, consequentemente. Em um país como o nosso o significado é cruelmente catastrófico, isto porque o trabalho informal, sem qualquer proteção impera.

Ao lado da epidemia de saúde, a observação da economia se impõe, como forma mínima de garantir sobrevivência aos cidadãos. Para agravar o cenário as estruturas médica, previdenciária e hospitalar anunciam colapso.

O Estado se põe a legislar buscando adequação mínima ao fenômeno e libera empresas e pessoas de obrigações consigo decorrentes de obrigações de naturezas tributária e congêneres. Busca se preparar para o que se aproxima, que sequer tem delineamento claro.

5. *Ibidem.*

A necessidade de proteção ao trabalho, com o exercício de sobrevivência, de natureza alimentar se impõe e são editadas Medidas Provisórias para reger a turbulência. São respostas reativas à pandemia decorrente do coronavírus. Elas objetivam a manutenção dos empregos e renda na emergência de saúde pública. São regras para atravessar a "tempestade", que como tal hora destas passará. Não se sabe como, nem com quantas vítimas. São regências urgentes sobre as relações de trabalho e de emprego, sendo estas o foco deste estudo. Basicamente as Medidas Provisórias nº. 927, nº. 936, nº. 944 a nº. 947, instituindo inclusive programa emergencial de suporte a empregos, tudo em ambiente que mal retomava sua economia e melhora de ambiente de negócios, ainda promessa para os próximos meses.

Não é possível deixar de referir que este tipo normativo (Medidas Provisórias) tem imediata vigência mas que se sujeita à validação pelo Congresso Nacional em prazo posterior. Tal é absolutamente relevante referir, quando ainda sem essa ratificação estava o Parlamento por votar a Medida Provisória nº. 905, de 11 de novembro de 2019, sendo que foi revogada pela Medida Provisória nº. 955, de 20 de abril de 2020, como se este fato pudesse autorizar nova publicação[6] ainda no mesmo ano legislativo, como proíbe o artigo 62 e parágrafos da Constituição de 1988, como se afirmou na imprensa.

Neste particular ainda há de se realçar a insegurança jurídica que se vive e que decorre de instabilidade também normativa no país, pressuposto básico para o seguro desenvolvimento econômico e das relações de trabalho.

O desafio não é pequeno. A missão hercúlea, mas antes de avançar não se pode deixar de festejar nossas características humanas. Neste estado de coisas o Brasil positivamente tem apresentado incontáveis manifestações de solidariedade e ajuda real aos menos providos, aos quais tem sido alcançados deste alimento a suporte emocional e em favor das redes hospitalares e da assistência social que, sem estes, não suportarão a demanda que se aproxima. São pessoas físicas, empresas, instituições de todas as ordens e naturezas, públicas e privadas, e até governos que tem se mostrado capazes de em momento de extrema dificuldade com o presente de participar nesta verdadeira corrente social do bem.

2. Base normativa

a) LEI COMPLEMENTAR Nº. 101, DE 04 DE MAIO DE 2000 - ESTADO DE CALAMIDADE - DECRETO LEGISLATIVO Nº. 6, DE 20 DE MARÇO DE 2020

Antes mesmo da declaração de Pandemia pelo coronavírus da OMS (11 de março) o país por meio deste Decreto Legislativo de origem Presidencial foi promulgado no âmbito de nosso país, que reconheceu o estado de calamidade pública, para fins da Lei Complementar nº. 101/2000, termos da solicitação do Presidente da República,

6. Foco Político. Jair Bolsonaro vai reeditar a MP 905. https://diarioprime.com.br/blogs/focopolitico/politicos-nas-redes/jair-bolsonaro-vai-reeditar-a-mp-905/. Acessado em 22 de abril de 2020.

encaminhada por meio da mensagem nº. 93 (18/mar/2020) reconhecendo o estado de calamidade pública até 31 de dezembro de 2020. Por esse constitui Comissão Mista no Âmbito do Congresso Nacional composta de 6 Deputados Federais e 6 Senadores da República com o objetivo de acompanhar a situação fiscal e a execução orçamentária e financeira das medidas relacionas à emergência de saúde pública internacional relacionada ao COVID19, de pronto autorizando a realização dos trabalhos pelo meio virtual.

B) MEDIDA PROVISÓRIA Nº. 927 - MEDIDAS TRABALHISTAS DE ENFRENTAMENTO DO ESTADO DE CALAMIDADE DE 22/MAR/2020

As Medidas Provisórias de autoria do Presidente da República se seguiram em várias áreas de atuação do estado e do direito, de naturezas fiscal, financeira e trabalhista, sendo esta última que interessa à esta avaliação, sendo a primeira a acima epigrafada, efetivamente dotadas de relevância e urgência a legitimar o instrumento normativo utilizado.

Importante registrar que em 22 de março a MP nº. 928, revogou o artigo 18 da presente, como se analisará.

Tratou de medidas alternativas trabalhistas para enfrentamento do estado de calamidade pública decretado e da emergência de saúde pública relacionada e pelo Ministro da Saúde em 3 de fevereiro de 2020, nos termos do disposto pela Lei nº. 13.979, de 6 de fevereiro de 2020 que, particularmente, tratou das medidas mais focadas em saúde pública e médicas para o enfrentamento médico-previdenciário e genericamente de saúde pública, como isolamento, quarentena, competências, o que deixamos ao largo da presente avaliação.

Voltando à Medida Provisória em tela, esta traz medidas que podem ser adotadas pelos empregadores para preservação do emprego e renda e para o enfrentamento do estado de calamidade reconhecido e em curso, constituindo em hipótese de força maior nos termos do artigo 501 da CLT. Autorizou a celebração de acordo individual escrito a fim de garantir a permanência do vínculo empregatício, "que terá preponderância sobre os demais instrumentos normativos, legais e negociais, respeitados os limites constitucionais, sendo, sem dúvida alguma, a mais debatida medida no conjunto de novas regras trazidas pelas Medidas Provisórias.

Foram inúmeras as discussões, até que em data de 17 de abril de 2020, o Supremo Tribunal Federal, em julgamento da Medida Cautelar à ADI nº. 6.363/2020, em seu plenário, decidiu pela constitucionalidade da autorização de contratação individual referida. Essa importante questão será adiante tratada em item próprio, do maior relevo.

A Medida Provisória possibilitou a adoção pelo empregador das seguintes medidas:

I - o teletrabalho;

II - a antecipação de férias individuais;

III - a concessão de férias coletivas;

IV - o aproveitamento e a antecipação de feriados;

V - o banco de horas;

VI - a suspensão de exigências administrativas em segurança e saúde no trabalho;

VII - o direcionamento do trabalhador para qualificação; e

VIII - o diferimento do recolhimento do Fundo de Garantia do Tempo de Serviço - FGTS.

O teletrabalho instituído pela Lei nº. 13.467/2017, acrescentando um inciso terceiro ao artigo 62 da CLT, que os excluía do regime de jornada previsto pelo Capítulo segundo, da duração da jornada, ora veio disciplinado, para regrá-lo durante o período da calamidade.

Tanto neste específico direito, quanto em outros tantos, desde já pode-se notar que novas regências aplicáveis à excepcional momento do país, pelo menos serão "balões de ensaio" para a regência futura, senão se tornarem de fato e de direito aplicáveis no período pós-pandemia.

O teletrabalho é um dos significativos exemplos de antecipação de tecnologia, por assim afirmar. Situações que de fato já se praticavam, ainda restritamente, passaram por conta das medidas de isolamento, forçar e ensejar a aplicação dos mesmos de maneira disseminada. O futuro evolutivo das relações de trabalho se antecipa por necessidade. Os instrumentos de comunicação qualificam-se e são tendentemente utilizados por todos. Note-se, exemplificativamente, o fenômeno das "lives", que se proliferam de maneira impressionante. Outro exemplo a necessidade de se ministrar aulas "on line", à distância, neste momento imprescindíveis, ou, ainda, as teleconsultas médicas. Não se pode deixar de levantar a dúvida acerca da eficiência acadêmica de aulas "on line" e à distância especialmente em formação de graduação. Parece que a figura do professor presencial tem papel superior e capaz em relação aos telemáticos.

A Medida Provisória nº. 927 possibilita ao empregador, a seu critério, alterar o regime de trabalho presencial para o trabalho remoto ou outro tipo de trabalho à distância, bem como determinar a reversão dos mesmos, o retorno ao presencial, independentemente da existência de acordos individuais e coletivos, dispensando o registro prévio da alteração no contrato de trabalho. Deste o trabalhador deverá ser notificado com, no mínimo 48 horas de antecedência, por escrito, mas também facultado meio eletrônico, como convém.

Importante pensar neste momento, já decidido pelo STF, como se analisará adiante, a possibilidade de redução de jornada e de salário por acordo individual, que a situação emergencial relativiza todo o sistema e regras, por exemplo, neste caso, o *caput* do artigo 468 da CLT.

Considerou estes trabalhos longe das vistas do empregador como prestação de serviços "preponderante ou totalmente fora das dependências do empregador, com a utilização de tecnologias da informação e comunicação que, por sua natureza, não configurem trabalho externo", aplicável o disposto no inciso III do *caput* do artigo 62 da CLT.

Remeteu a contrato escrito firmado previamente ou no prazo de trinta dias a contar da mudança, a disposição acerca do estabelecimento dessa modalidade relativamente à infraestrutura necessária e adequada, das despesas havidas, fornecimento e manutenção dos equipamentos tecnológicos.

Quando o empregado não possuir estes pressupostos o empregador poderá fornecer os equipamentos em regime de comodato e pagar pelos serviços de infraestrutura, sem que tais configurem salário. Na impossibilidade do oferecimento do regime de comodato, o período da jornada normal de trabalho será computado como tempo de trabalho à disposição do empregador.

Disciplinou ainda que o tempo de uso de aplicativos e programas de comunicação fora da jornada de trabalho normal do empregado não constitui tempo à disposição, regime de prontidão ou de sobreaviso, exceto se houver previsão em acordo individual ou coletivo.

Essas modalidades de trabalho foram autorizadas igualmente aos estagiários e aprendizes.

A MP autorizou ainda a antecipação de férias individuais com regência emergencial distinta das regras celetistas, consideradas a situação de emergência e de Calamidade pública, excepcionalmente regendo a paralisação. Priorizou ainda, no particular, os trabalhadores de grupo de risco do Covid-19.

Particularizou o manejo de férias e de licenças não remuneradas durante o período das funções tidas por essenciais e dos trabalhadores da saúde.

Regrou igualmente as férias coletivas, com regramento igualmente relativizado por conta da excepcionalidade, como por exemplo, dispensando a comunicação prévia aos Sindicatos e aos órgãos locais do Ministério da Economia, ao qual hoje se atrelam as relações de trabalho em razão da extinção do Ministério próprio recentemente havida na reforma administrativa.

Criou a possibilidade, no período excepcional, de antecipação de feriados não religiosos por determinação do empregador e notificação em prazos específicos, os quais poderão ser utilizados para compensação do saldo de banco de horas, sendo que o caso de feriados religiosos depende de concordância formal do empregado.

Autorizou ainda a interrupção das atividades pelo empregador e a constituição de regime especial de compensação de jornada, por meio de banco de horas, em favor do empregador ou do empregado, estabelecido por meio de acordo coletivo ou individual formal, para a compensação no prazo de até dezoito meses, contado da data de encerramento do estado de calamidade pública, também disciplinando a mesma.

Suspendeu ainda exigências administrativas em segurança e saúde no trabalho como a de realização dos exames médicos ocupacionais, clínicos e complementares, exceto dos exames demissionais, com detalhamento pontual dos casos, que aqui não se avaliará.

Suspendeu a obrigatoriedade de realização de treinamentos periódicos e eventuais dos atuais empregados, previstos em normas regulamentadoras de segurança e saúde no trabalho. Ensejou, contudo a realização destes na modalidade de ensino a distância.

As Comissões internas de prevenção de acidentes (CIPA) poderão ser mantidas até o encerramento do estado de calamidade pública e os processos eleitorais em curso poderão ser suspensos.

Como explicado ao início superveniente a Medida Provisória nº. 828, do dia 22 de março, revogou todo o Capitulo VII que tratava do direcionamento do trabalhador para qualificação, com suspensão do contrato de trabalho.

Suspendeu também a exigibilidade do recolhimento do FGTS pelos empregadores, referente às competências de março, abril e maio de 2020, com vencimento em abril, maio e junho de 2020, respectivamente, de maneira ampla e deu outra providência no particular. Assinala-se a suspensão da contagem do prazo prescricional dos débitos relativos a contribuições do FGTS pelo prazo de cento e vinte dias, contado da data de entrada em vigor da MP.

Ainda permitiu aos estabelecimentos de saúde, mediante acordo individual escrito, mesmo para as atividades insalubres e para a jornada de doze horas de trabalho por trinta e seis horas de descanso tivesse específica e particular regência.

Durante o período de cento e oitenta dias, contado da data de entrada em vigor da Medida Provisória, os prazos processuais para apresentação de defesa e recurso no âmbito de processos administrativos originados a partir de autos de infração trabalhistas e notificações de débito de FGTS ficam suspensos.

Definiu que os casos de contaminação pelo coronavírus (Covid-19) não serão considerados ocupacionais, exceto mediante comprovação do nexo causal, por óbvio aqui não podem ser incluídos os casos de contaminação de profissionais da saúde.

Ensejou ainda que os Acordos e as Convenções Coletivos de Trabalho vencidos ou vincendos, no prazo de cento e oitenta dias, contado da data de entrada em vigor da Medida Provisória, poderão ser prorrogados, a critério do empregador, pelo prazo de noventa dias, após o termo final deste prazo.

Reiterou a forma orientadora das fiscalizações do trabalho determinando que durante período de cento e oitenta dias, contado da data de entrada em vigor da Medida Provisória, os Auditores Fiscais do Trabalho do Ministério da Economia atuarão de maneira orientadora, exceto quanto à algumas irregularidades lá elencadas (falta de anotação de CTPS denunciada, trabalho escravo ou análogo à escravidão, infantil, etc.).

Expressamente estendeu o nela disciplinado ao trabalho temporário, e hoje terceirizado também (Lei nº. 6.019/1974 e Lei nº. 13.429/2017), ao empregado rural (Lei nº. 5.889/1973) e aos domésticos (Lei Complementar nº. 150/2015).

Excluiu a aplicação aos trabalhadores em regime de teletrabalho, nos termos do disposto na Medida Provisória, as regulamentações sobre trabalho em teleatendimento e telemarketing, dispostas na seção II do Capítulo I do Título III da CLT.

Finalmente em disposições finais convalidou as medidas trabalhistas adotadas pelos empregadores que não contrariem a Medida Provisória em referência, tomadas no período dos trinta dias anteriores à data de vigência.

C) MEDIDA PROVISÓRIA Nº. 936 - INSTITUI O PROGRAMA EMERGENCIAL DE RENDA E MEDIDAS TRABALHISTAS COMPLEMENTARES AO ENFRENTAMENTO

Nesta Medida Provisória institui o Programa Emergencial de Manutenção do Emprego e da Renda e dispõe sobre medidas trabalhistas complementares para enfrentamento do estado de calamidade pública reconhecido pelo Decreto Legislativo nº. 6, de 20 de março de 2020, e da emergência de saúde pública de importância internacional decorrente do coronavírus (de que trata a Lei nº. 13.979, de 06 de fevereiro de 2020.

O referido o Programa Emergencial de Manutenção do Emprego e da Renda, objetivou a preservação o emprego e a renda, a garantia da continuidade das atividades laborais e empresariais e a redução do impacto social decorrente das consequências do estado de calamidade pública e de emergência de saúde pública.

Aqui não se abordará com profundidade a questão do pagamento de benefício emergencial diretamente, mas focamos o presente na redução proporcional de jornada de trabalho e de salários; e alguma abordagem à respeito da suspensão temporária do contrato de trabalho.

De pronto a exclusão expressa de que não se aplica, no âmbito da União, dos Estados, do Distrito Federal e dos Municípios, aos órgãos da administração pública direta e indireta, às empresas públicas e sociedades de economia mista, inclusive às suas subsidiárias, e aos Organismos Internacionais.

Criado o Benefício Emergencial de Preservação do Emprego e da Renda, que será custeado com recursos da União, será pago nas hipóteses de redução proporcional de jornada de trabalho e de salário; e suspensão temporária do contrato de trabalho.

O Benefício Emergencial de Preservação do Emprego e da Renda será de prestação mensal e devido a partir da data do início da redução da jornada de trabalho e de salário ou da suspensão temporária do contrato de trabalho, observadas detalhadas disposições lá postas.

Impôs ao empregador prestação de informações, pena de ficar responsável pelo pagamento da remuneração no valor anterior à redução da jornada de trabalho e de salário ou da suspensão temporária do contrato de trabalho do empregado, inclusive dos respectivos encargos sociais, até a que informação seja prestada.

O recebimento do Benefício Emergencial de Preservação do Emprego e da Renda não impede a concessão e não altera o valor do seguro-desemprego a que o empregado vier a ter direito, desde que cumpridos os requisitos previstos na Lei nº. 7.998/1990 e Resoluções do CODEFAT, no momento de eventual dispensa.

O valor do Benefício Emergencial de Preservação do Emprego e da Renda terá como base de cálculo o valor mensal do seguro-desemprego a que o empregado teria direito, nos termos da lei com detalhadas disposições específicas.

Durante o estado de calamidade pública, o empregador poderá acordar a redução proporcional da jornada de trabalho e de salário de seus empregados, por até noventa dias, observados os seguintes requisitos:

> I - preservação do valor do salário-hora de trabalho;
>
> II - pactuação por acordo individual escrito entre empregador e empregado, que será encaminhado ao empregado com antecedência de, no mínimo, dois dias corridos; e

> III - redução da jornada de trabalho e de salário, exclusivamente, nos seguintes percentuais:
>
> a) vinte e cinco por cento;
>
> b) cinquenta por cento; ou
>
> c) setenta por cento.

Estatuiu ainda que a jornada de trabalho e o salário pago anteriormente serão restabelecidos no prazo de dois dias corridos, contado:

> I - da cessação do estado de calamidade pública;
>
> II - da data estabelecida no acordo individual como termo de encerramento do período e redução pactuado; ou
>
> III - da data de comunicação do empregador que informe ao empregado sobre a sua decisão de antecipar o fim do período de redução pactuado.

Tratou ainda da possibilidade de o empregador acordar a suspensão temporária do contrato de trabalho de seus empregados, pelo prazo máximo de sessenta dias, que poderá ser fracionado em até dois períodos de trinta dias.

Como instrumentalização asseverou que a suspensão temporária do contrato de trabalho será pactuada por acordo individual escrito entre empregador e empregado com detalhamento procedimental de sua ocorrência e de restabelecimento do regime anterior. Suspensão essa que somente se caracterizará se não houver a realização de trabalho, ainda que nas modalidades distanciais em geral.

> § 5º. A empresa que tiver auferido, no ano-calendário de 2019, receita bruta superior a R$ 4.800.000,00 (quatro milhões e oitocentos mil reais), somente poderá suspender o contrato de trabalho de seus empregados mediante o pagamento de ajuda compensatória mensal no valor de trinta por cento do valor do salário do empregado, durante o período da suspensão temporária de trabalho pactuado, observado o disposto no *caput* e no art. 9º.

Criou limites de receitas das empresas para a possibilidade de condições especiais (artigo 8º., § 5º., da MP), dentre de outras disposições, agora aqui não tratadas.

De interesse referir que o Benefício Emergencial de Preservação do Emprego e da Renda poderá ser acumulado com o pagamento, pelo empregador, de ajuda compensatória mensal, em decorrência da redução de jornada de trabalho e de salário ou da suspensão temporária de contrato de trabalho de que trata esta Medida Provisória.

Inclui a ajuda compensatória mensal do programa que deverá ter o valor definido no acordo individual pactuado ou em negociação coletiva, natureza indenizatória, não integrará a base de cálculo do imposto sobre a renda retido na fonte ou da declaração de ajuste anual do imposto sobre a renda da pessoa física do empregado, não integrará a base de cálculo da contribuição previdenciária e dos demais tributos incidentes sobre a folha de salários, não integrará a base de cálculo do valor devido ao FGTS e poderá ser excluída do lucro líquido para fins de determinação do imposto sobre a renda da pessoa jurídica e da Contribuição Social sobre o Lucro Líquido das pessoas jurídicas tributadas pelo lucro real.

Expressamente na hipótese de redução proporcional de jornada e de salário, a ajuda compensatória prevista no *caput* não integrará o salário devido pelo empregador

De suma importância reflexa o reconhecimento de garantia provisória no emprego ao empregado que receber o Benefício Emergencial de Preservação do Emprego e da Renda, de que trata o artigo 5º., em decorrência da redução da jornada de trabalho e de salário ou da suspensão temporária do contrato de trabalho durante o período acordado de redução da jornada de trabalho e de salário ou de suspensão temporária do contrato de trabalho; e, após o restabelecimento da jornada de trabalho e de salário ou do encerramento da suspensão temporária do contrato de trabalho, por período equivalente ao acordado para a redução ou a suspensão.

A dispensa sem justa causa que ocorrer durante o período de garantia provisória no emprego sujeitará o empregador ao pagamento, além das parcelas rescisórias previstas na legislação em vigor, de indenização em valores distintos previstos no artigo 10, § 1º., incisos I, II e III, e que não se aplica o ora abordado às hipóteses de pedido de dispensa ou dispensa por justa causa.

Estabeleceu ainda que as medidas de redução de jornada de trabalho e de salário ou de suspensão temporária de contrato de trabalho de que trata a Medida Provisória poderão ser celebradas por meio de negociação coletiva, observado o disposto no art. 7º., no art. 8º. e no § 1º. do artigo 11, todos desta MP.

A Convenção ou o Acordo Coletivos de Trabalho poderão estabelecer percentuais de redução de jornada de trabalho e de salário diversos dos previstos no inciso III do *caput* do art. 7º.

As Convenções ou os Acordos Coletivos de Trabalho celebrados anteriormente poderão ser renegociados para adequação de seus termos, no prazo de dez dias corridos, contado da data de publicação da Medida Provisória.

Os Acordos Individuais de redução de jornada de trabalho e de salário ou de suspensão temporária do contrato de trabalho, pactuados nos termos da Medida Provisória, deverão ser comunicados pelos empregadores ao respectivo sindicato laboral, no prazo de até dez dias corridos, contado da data de sua celebração.

As medidas de que trata o artigo 3º. da Medida Provisória serão implementadas por meio de Acordo Individual ou de Negociação Coletiva aos empregados, categorizando os trabalhadores a partir de seus salários e de sua qualificação:

> I - com salário igual ou inferior a R$ 3.135,00 (três mil cento e trinta e cinco reais), ou seja, três salários mínimos vigentes no Brasil; ou
>
> II - portadores de diploma de nível superior e que percebam salário mensal igual ou superior a duas vezes o limite máximo dos benefícios do Regime Geral de Previdência Social, atualmente R$ 12.202,12 (doze mil, duzentos e dois reais e doze centavos).

Ainda regrou que para os empregados não enquadrados no *caput* do artigo 12, as medidas previstas no artigo 3º somente poderão ser estabelecidas por Convenção ou Acordo Coletivos de Trabalho, ressalvada a redução de jornada de trabalho e de salário de vinte e cinco por cento, prevista na alínea "a" do inciso III do *caput* do art. 7º., que poderá ser pactuada por Acordo Individual.

Limitou que a redução proporcional de jornada de trabalho e de salário ou a suspensão temporária do contrato de trabalho, quando adotadas, deverão resguardar o exercício e o funcionamento dos serviços públicos e das atividades essenciais de que tratam a Lei nº. 7.783/1989 (Lei de Greve) e a Lei nº. 13.979/2020 (que dispõe sobre as medidas para enfrentamento da emergência de saúde pública de importância internacional decorrente do coronavírus responsável pelo surto de 2019).

Deu outras providências de fiscalização e penalização em seu artigo 14 e parágrafo único.

Alcançou a regência expressamente aos contratos de aprendizagem e de jornada parcial.

Limitou o tempo máximo de redução proporcional de jornada e de salário e de suspensão temporária do contrato de trabalho, ainda que sucessivos, a noventa dias, respeitado o prazo máximo de que trata o art. 8º., de 60 dias.

Incluiu a possibilidade de utilização de meios eletrônicos para atendimento dos requisitos formais previstos no Título VI da CLT, inclusive para convocação, deliberação, decisão, formalização e publicidade de Convenção ou de Acordo Coletivos de Trabalho, inclusive reduzindo ainda à metade os prazos lá previstos.

Alcançou ao empregado intermitente já formalizado o benefício emergencial mensal no valor de R$ 600,00 (seiscentos reais), pelo período de três meses.

D) MEDIDA PROVISÓRIA Nº. 944 - INSTITUI O PROGRAMA EMERGENCIAL DE SUPORTE A EMPREGOS

Aqui instituído Programa Emergencial de Suporte a Empregos, destinado à realização de operações de crédito com empresários, sociedades empresárias e sociedades cooperativas, excetuadas as sociedades de crédito, com a finalidade de pagamento de folha salarial de seus empregados, com alguns aspectos de interesse ao presente artigo trabalhista, com destinação de linhas de crédito para folha de pagamento.

Cria com contra obrigação aos valores a obrigação de garantia provisória de emprego determinando que não pode não rescindir, sem justa causa, o contrato de trabalho de seus empregados no período compreendido entre a data da contratação da linha de crédito e o sexagésimo dia após o recebimento da última parcela da linha de crédito.

Impõe que os recursos sejam utilizados exclusivamente para o processamento das folhas de pagamento dos contratantes.

Autoriza que, para fins de contratação das operações de crédito no âmbito do Programa Emergencial de Suporte a Empregos, as instituições financeiras privadas e públicas estaduais participantes ficam dispensadas de observar o artigo 362 da CLT (ao que aqui não interessa) e outras disposições relativas à certificação de ausência de débitos.

E) MEDIDA PROVISÓRIA Nº. 945 - MEDIDAS TEMPORÁRIAS NO ÂMBITO DO SETOR PORTUÁRIO E CESSÃO DE PÁTIOS MILITARES DE 04/ABRIL/2020

Aqui o ato provisório presidencial (MP) trata das matérias acima constantes e de nosso interesse – relativo - a questão do trabalhador portuário.

Proíbe que, o Órgão Gestor de Mão de Obra não poderá escalar trabalhador portuário avulso nas seguintes hipóteses em que o mesmo apresentar os seguintes sintomas, acompanhados ou não de febre, ou outros estabelecidos em ato do Poder Executivo federal, compatíveis com a Covid-19:

a) tosse seca;

b) dor de garganta; ou

c) dificuldade respiratória;

II - quando o trabalhador for diagnosticado com a covid-19 ou submetido a medidas de isolamento domiciliar por coabitação com pessoa diagnosticada com a covid-19;

III - quando a trabalhadora estiver gestante ou lactante;

IV - quando o trabalhador tiver idade igual ou superior a sessenta anos; ou

V - quando o trabalhador tiver sido diagnosticado com:

a) imunodeficiência;

b) doença respiratória; ou

c) doença preexistente crônica ou grave, como doença cardiovascular, respiratória ou metabólica.

Crê-se que, por ainda sobreviver o Sindicato na intervenção do trabalho avulso, devam igualmente ser aplicadas as restrições ao mesmo nas hipóteses em que ainda convoca mão de obra, e, portanto, procedimentos a si aplicáveis.

Impõe ainda aos gestores de mão de obra portuária realização de informações à autoridade portuária semanalmente lista atualizada de trabalhadores portuários avulsos que estejam impedidos de ser escalados, acompanhada de documentação comprobatória a ser realizada por meio de atestado médico ou outra forma estabelecida em ato do Poder Executivo federal.

Impõe também aos trabalhadores que informe sua condição de saúde, documentando, e podendo fazê-lo por meios eletrônicos, bem como imediata informação de alteração de suas condições

Garante ainda que enquanto persistir o impedimento de escalação, o trabalhador portuário avulso terá direito ao recebimento de indenização compensatória mensal no valor correspondente a cinquenta por cento sobre a média mensal recebida por ele por intermédio do Órgão Gestor de Mão de Obra entre 1º. de outubro de 2019 e 31 de março de 2020.

O pagamento da indenização será custeado pelo operador portuário ou por qualquer tomador de serviço que requisitar trabalhador portuário avulso ao Órgão Gestor de Mão de Obra, a indicar que a MP se aplica aos Sindicatos Portuários ou outros.

Assevera que o benefício a ser pago aos trabalhadores portuários avulsos terá natureza indenizatória, não integrará a base de cálculo da contribuição previdenciária e dos demais tributos incidentes sobre a folha de salários, não integrará a base de cálculo do valor devido ao Fundo de Garantia do Tempo de Serviço (FGTS).

Não terá direito à indenização de que trata este artigo, ainda que estejam impedidos de concorrer à escala, os trabalhadores portuários avulsos que estiverem em gozo de qualquer benefício do Regime Geral de Previdência Social ou de regime próprio de previdência social.

Abre espaço para novas espécies de trabalho ao autorizar que na hipótese de indisponibilidade de trabalhadores portuários avulsos para atendimento às requisições, os operadores portuários que não forem atendidos poderão contratar livremente trabalhadores com vínculo empregatício por tempo determinado para a realização de serviços de capatazia, bloco, estiva, conferência de carga, conserto de carga e vigilância de embarcações.

Assim considerou indisponibilidade de trabalhadores portuários qualquer causa que resulte no não atendimento imediato às requisições apresentadas pelos operadores portuários ao Órgão Gestor de Mão de Obra, tais como greves, movimentos de paralisação e operação-padrão.

A contratação de trabalhadores portuários com vínculo empregatício com fundamento nesta disposição não poderá exceder o prazo de doze meses.

F) LEI Nº. 4.923, DE 23/DEZ/1965

A discussão da temática impõe igualmente avaliação da matéria contida na Lei nº. 4.923/1965, onde constam regras cuja aplicação aos tempos Pandêmicos se discute.

Inicia por determinar a comunicação de dispensa ou admissão à antiga Delegacia Regional do Trabalho (DRT), órgão hoje não mais existente, porém com substituto administrativo no Ministério da Economia, ou, onde houver, na Secretaria de Desenvolvimento e Emprego.

Do maior interesse o artigo 2º. e seus parágrafos que abordam a excepcionalidade da conjuntura econômica, assim dispondo expressamente:

> Artigo 2º. - A empresa que, em face de conjuntura econômica, devidamente comprovada, se encontrar em condições que recomendem, transitoriamente, a redução da jornada normal ou do número de dias do trabalho, poderá fazê-lo, mediante prévio acordo com a entidade sindical representativa dos seus empregados, homologado pela Delegacia Regional do Trabalho, por prazo certo, não excedente de 3 (três) meses, prorrogável, nas mesmas condições, se ainda indispensável, e sempre de modo que a redução do salário mensal resultante não seja superior a 25% (vinte e cinco por cento) do salário contratual, respeitado o salário-mínimo regional e reduzidas proporcionalmente a remuneração e as gratificações de gerentes e diretores.

> § 1º. - Para o fim de deliberar sobre o acordo, a entidade sindical profissional convocará assembleia geral dos empregados diretamente interessados, sindicalizados ou não, que decidirão por maioria de votos, obedecidas as normas estatutárias.
>
> § 2º. - Não havendo acordo, poderá a empresa submeter o caso à Justiça do Trabalho, por intermédio da Junta de Conciliação e Julgamento ou, em sua falta, do Juiz de Direito, com jurisdição na localidade. Da decisão de primeira instância caberá recurso ordinário, no prazo de 10 (dez) dias, para o Tribunal Regional do Trabalho da correspondente Região, sem efeito suspensivo.
>
> § 3º. - A redução de que trata o artigo não é considerada alteração unilateral do contrato individual de trabalho para os efeitos do disposto no art. 468 da Consolidação das Leis do Trabalho.

Vê-se que são regência e procedimentos bem distintos do emergente momento COVID 19. Inclusive, como abaixo, tratando de autorização, comissão, custeio, absolutamente ineficaz nas urgência e regência atuais.

O artigo 3º. e alguns parágrafos dispõem que as empresas que tiverem autorização para redução de tempo de trabalho, nos termos do artigo 2º. e seus parágrafos, não poderão, até 6 (seis) meses depois da cessação desse regime admitir novos empregados, antes de readmitirem os que tenham sido dispensados pelos motivos que haja justificado a citada redução ou comprovarem que não atenderam, no prazo de 8 (oito) dias, ao chamado para a readmissão.

> § 2º. - Será motivo de cancelamento do pagamento do auxílio a recusa, por parte do desempregado, de outro emprego apropriado ou de readmissão, na hipótese prevista no art. 3º. na empresa de que tiver sido dispensado.
>
> § 3º. - O auxílio a que se refere o § 1º. não é acumulável com o salário nem com quaisquer dos benefícios concedidos pela Previdência Social, não sendo, outrossim, devido quando o trabalhador tiver renda própria de qualquer natureza que lhe assegure a subsistência.
>
> (...)
>
> § 5º. Nos casos de emergência ou de grave situação social, poderá o Fundo de Assistência ao Desempregado, a que se refere o artigo 6º. e mediante expressa autorização do Ministro do Trabalho e Previdência Social, prestar ajuda financeira a trabalhadores desempregados, na hipótese da impossibilidade do seu reemprego imediato.

Não nos parece, de fato possível a aplicação da vetusta norma.

G) ARTIGOS 501 A 504 DA CLT

Também no espectro das discussões da situação de emergência e da calamidade pública que enfrentamos estão as normas celetistas acima.

O capítulo VIII, "DA FORÇA MAIOR" é inaugurado com a conceituação de força maior como sendo todo acontecimento inevitável, em relação à vontade do empregador, e para a realização do qual este não concorreu diretamente ou indiretamente. A imprevidência do empregador exclui essa razão de força maior.

Exclui ainda essa conceituação quando a ocorrência do motivo, não afetar substancialmente, nem for suscetível de afetar, em tais condições, as situações econômica e financeira da empresa, não se aplicando o capítulo.

O artigo 502, nesta hipótese de força maior que determine a extinção da empresa, ou de um de seus estabelecimentos que trabalhe o empregado, assegura indenização nos seguintes moldes, quando despedido.

Se estável, nos termos do artigo 477 e 478 da CLT, não a tendo, metade da que seria devida em caso de rescisão sem juta causa, e no contrato por prazo determinado, igualmente reduzida à metade.

O artigo 503 da CLT, assevera a licitude, em caso de força maior ou de prejuízos comprovadamente havidos a redução geral dos salários dos empregados da empresa proporcionalmente aos salários de cada um, não podendo, entretanto, ser superior a 25%, respeitado, em qualquer caso o salário mínimo da região. Cessados os efeitos decorrente do motivo de força maior, garante o restabelecimento dos salários reduzidos.

Por fim, mesmo parece ser a situação atual, penalizando a falsa alegação garantindo reintegração aos estáveis e complementação indenizatória aos não estáveis, bem com o pagamento a ambos da remuneração atrasada...

3. Situação emergencial de saúde pública e proteção constitucional

A situação pandêmica que nos aflige levou à decretação de calamidade pública pelo Estado brasileiro reconhecendo tal condição que se apresenta em todas as partes do globo.

É a proteção ao país e seus cidadãos, a partir desse reconhecimento pela organização mundial da saúde que fundamente a decisão e normatização.

Com ela sobrevém restrições de caráter individual e coletivo por conta da prática de isolamento social que se impõe como medida única capaz, no momento de sobrestar e bloquear a disseminação do Covid-19 país a fora, como no mundo já devastadoramente levou à dezenas de milhares de óbitos, sem que a ciência médica ainda tenha apresentado outro enfrentamento.

Como consequência a necessidade de manejo desta paralização sobre as atividades econômicas, o trabalho e os empregos. Sem produzir, sem vender, sem prestar serviços não há geração de renda, nem para o cumprimento das obrigações salariais.

Por exceção alguns poucos setores terão, ao invés, crescimento e aumento de demanda, o que no entanto não é a condição da imensa maioria dos negócios, que com urgência precisam reduzir suas atividades e procedimentos e perdem condição de sobrevivência e pagamento de seus empregados, para o que a solução normativa precisa ser aplicada.

A Constituição da República Federativa do Brasil, Carta Magna de regência normativa do país assegura valores e consagra como fundamentos a dignidade da pessoa humana, os valores sociais do trabalho e da livre iniciativa, em seu artigo 1º., incisos III e IV, ainda realçando a solidariedade, o desenvolvimento nacional e o bem de todos (artigo 3º., I, II e IV), função social da empresa (artigo 5º., XXIII).

Em seu artigo 170, assevera que a ordem econômica se funda na valorização do trabalho humano e na livre iniciativa a fim de assegurar a todos existência digna, redução das desigualdades e busca do pleno emprego (*caput* e incisos II, VII e VIII).

No artigo 196 consagra a saúde com direito de todos e dever do Estado, garantindo mediante políticas sociais e econômicas redução de risco de doença.

Estas são algumas normas constitucionais que se aplicam ao tema e tempo presente, norteadores da ação estatal, todos de idêntica estatura normativa, o que faz com que sejam sopesados e proporcionalizados no caso concreto de incidência.

Em particular, de invocação necessária ao artigo 7º., inciso VI, irredutibilidade salarial, salvo o disposto em Convenção ou Acordo Coletivos de Trabalho.

Todas são normativas inafastáveis para a condução e regência normal do país. No entanto, estamos em estado de Emergência e de decretada calamidade pública, que impõe observação e práticas urgentes e eficientes no sentido da minoração e enfrentamento do problema.

Providências tardias não são eficientes e desservem ao propósito.

Ponto central da discussão é a de a possibilidade constante na MP nº. 936 de redução de jornada com consequente redução de salário e saber se ela feriria a norma constitucional referida.

Outra questão é relativa à forma prevista na medida provisória e que poderia configurar agressão à previsão constitucional, que fala em instrumento coletivo.

O que aqui deve ser marcado é que toda e qualquer avaliação, interpretação e compreensão jurídica e interpretativa deve ser realizada de maneira absolutamente distinta daquelas que se aplicaria em tempos de normalidade. É a emergência que assim impõe, é a urgência que assim impõe, sob pena de imprestabilidade da aplicação e ineficiência do resultado.

O que está em jogo é o bem maior de todos: a vida humana, e esta percepção deve nortear os movimentos em tempos de pandemia. É e nome dela que se justificam medidas extraordinárias como as que estão sendo postas em práticas.

É em nome da vida que se impõe interpretações excepcionalmente relativizadas e flexibilizadas. É inafastável a conclusão de compatibilidade teórica e ampla das medidas postas e a situação que vivemos.

Nesse sentido para realçar a importância dessa relativização, indicamos a leitura do texto da Acadêmica Sonia Mascaro Nascimento[7], onde realça o enorme potencial de ocasionar significativa perda de empregos se não vem a avaliadas as novas regras, dia 14 de abril, às 17:14h., em suas redes sociais, e a inexistência de óbice legal ou constitucional à redução de jornada com correspondente redução salarial.

7. NASCIMENTO, Sonia Mascaro. Covid-19- redução de salário e jornada. Constitucionalidade. http://www.andt.org.br/f/COVID-19-%20REDU%C3%87%C3%83O%20DE%20SALARIO%20E%20JORNADA.%20CONSTITUCIONALIDADE.pdf Acessado em 22 de abril de 2020.

4. Decisão do Supremo Tribunal Federal (STF) em medida cautelar

O enosado cipoal normativo, a dificultar a apreciação das regras incidentes e suas interpretações, tem como suporte o Supremo Tribunal Federal a definir questões fundamentais, e que orientam dúvidas profundas. Nesse particular é indisfarçável a intensa atuação do órgão jurisdicional maior, complementando a nebulosa atividade legislativa, sem o qual, maior seria a insegurança jurídica campeante no país.

Neste passo, o partido político Rede Sustentabilidade, em data de 02 de abril de 2020, ajuizou Ação Declaratória de Inconstitucionalidade (ADI) assim buscando afastar a MP nº. 936/2020 que tomou o número ADI nº. 6.363[8], no que atribuía agressão aos dispositivos constitucionais constantes dos artigos 7º., VI, XIII e XXVI, e 8º., III e VI, da Constituição de 1988, tidos por violados por conta das regências provisórias dos artigos 7º., II; 8º., §§ 1º., 3º., II; 9º., § 1º., I e 11 *caput* da Medida Provisória, basicamente por haver dispensados Convenção ou Acordo Coletivos prévios.

Distribuída ao Ministro Ricardo Lewandowski, em julgamento liminar monocrático deferiu a proteção parcialmente, realizando interpretação conforme a CRFB ao parágrafo 4º. do artigo11 da MP. Determinou que os acordos individuais de redução de jornada de trabalho e de salário ou de suspensão temporário do pacto laboral deveriam ser comunicados pelos empregadores aos sindicatos profissionais, no prazo de até dez dias corridos, de sua celebração, para caso queira, deflagre a negociação coletiva.

Intervieram inúmeras entidades na condição de "amicus Curiae".

Interpostos embargos declaratórios, em 13 de abril, pela Advocacia Geral da união, os rejeitou, sem alterar o teor no Juízo singular, mas esclareceu que a validade de acordo individual firmado (pretéritos e futuros), apesar de produzir efeitos imediatos, estaria condicionada inocorrência de negociação coletiva superveniente que viesse a modificá-lo, no todo ou em parte.

Levado a julgamento virtual em plenário dia16 de abril, o mesmo, por questões técnicas do julgamento por vídeo conferência teve sua conclusão postergada para o dia 17 de abril. Gize-se que se a estrutura tecnológica do STF falha... o que se dirá a dos jurisdicionados (sem falar nas precárias condições de sinal de internet no país inteiro), aos quais, cada vez mais se impôs açodada informatização...

O Plenário do Supremo Tribunal Federal (STF) manteve a eficácia da regra da Medida Provisória nº.936/2020 que autoriza a que a redução da jornada de trabalho e do salário ou a suspensão temporária do contrato de trabalhos se dê por meio de acordos individuais em razão da pandemia do novo coronavírus, independentemente da anuência dos sindicatos da categoria. Decisão que pareceu acertada por tudo de excepcional e emergencial que estamos vivendo.

8. Notícias STF. STF mantém possibilidade de redução de salários por acordo individual em decorrência da pandemia. http://www.stf.jus.br/portal/cms/verNoticiaDetalhe.asp?idConteudo=441651. Acessado em 22 de abril de 2020.

O julgamento realizado por vídeo conferência como acima lembrado concluiu, por maioria de votos, e não referendou a medida cautelar. A divergência aberta pelo Ministro Alexandre de Morais prevaleceu.

Sustentou que em razão da excepcionalidade que estamos atravessando é razoável a realização de acordo individual, que garante renda mínima e mantém o vínculo de emprego. As condições postas na liminar, de fato, geraram enorme insegurança jurídica e enorme possibilidade de perda do emprego. Afastou a ausência de conflito entre empregados e empregadores, nem fere princípios constitucionais, pela necessidade emergencial de manutenção dos empregos. Viu ainda consonância com as proteções constitucionais, acima referidas neste texto, notadamente dignidade do trabalhador e manutenção do emprego. Referiu ao importante atrelamento da redução à garantia de emprego correspondente.

Com ele votaram os Ministros Roberto Barroso, Luiz Fux, Cármen Lúcia, Gilmar Mendes, Marco Aurélio e Dias Toffoli (Presidente).

Votaram vencidos, além do Relator, o Ministro Edson Fachin e a Ministra Rosa Weber. Fachin votou pelo deferimento integral da cautelar assim como a Ministra Rosa Weber.

Dessa forma, restou definida a possibilidade de realização da redução salarial de acordo com a MP, pela via do Acordo Individual.

5. Considerações finais

muito haveria de se analisar no presente artigo, mas que enfoca, basicamente, a tumultuada ocorrência de necessidade de normatização de relações de trabalho em inesperados tempos de pandemia.

Lembre-se que estamos a discutir e assim o foi a ADI nº. 6.363, o teor de Medida Provisória, no caso a nº. 936/2020, basicamente, que instituiu Programa Emergencial de Manutenção do Emprego e da Renda o qual ainda se sujeitará ao crivo do Congresso Nacional. Produz efeitos até que seja convertido em Lei, afastada, caduque ou seja revogada, tal qual a recente revogação da MP nº. 905/2019 (que instituía o Contrato Verde e Amarelo).

Neste particular, indispensável a leitura do texto, sempre preciso e contundente do Acadêmico Gustavo Filipe Barbosa Garcia[9], ao avaliar a questão da revogação da MP 205, cuja conclusão acerca do cenário atua de insegurança aqui se afeiçoam:

> "Caso uma nova Medida Provisória seja editada na atual sessão legislativa, ao versar sobre matéria tratada na Medida Provisória 905/2019, poderá ter a sua constituciona-

9. GARCIA, Gustavo Filipe Barbosa. Medida Provisória 905: revogação e proibição de reedição. https://www.conjur.com.br/2020-abr-25/gustavo-garcia-mp-905-revogacao-proibicao-reedicao Acessado em 24 de abril de 2020.

> lidade formal questionada, inclusive perante o Supremo Tribunal Federal, em razão da vedação de reedição estabelecida no § 10 do art. 62 da Constituição Federal de 1988.
>
> Como se pode notar, a edição de diversas medidas provisórias, sobre temas variados e complexos, inclusive com o objetivo de revogação de uma por outra, tem gerado nítida instabilidade legislativa e consequente insegurança jurídica".

A par das regras das Medidas Provisórias que decorrem, nestes momentos, de relevância e de urgência próprias do tipo normativo, antes de encerrar, não é possível deixar de visitar as disposições noveis da Lei de Introdução às Normas de Direito brasileiro (a antiga LICC, Lei de Introdução ao Código Civil – Decreto-Lei nº. 4.657/1942).

A Lei nº. 13.655/2018 que incluiu no Decreto referido (LICC) novas orientações, trouxe disposições sobre segurança jurídica e eficiência na criação e na aplicação do Direito Público, importantíssimas, diga-se de passagem em tempos de tantas medidas emergenciais e de enormes incertezas.

Impôs aos julgamentos judiciais que não se decida com base em valores jurídicos abstratos sem que sejam consideradas as consequências práticas da decisão. Preciso par ao julgamento do STF, impondo ainda que a motivação demonstre a necessidade e a adequação da medida imposta, inclusive em razão das possíveis alternativas.

Impôs considerar os obstáculos e as dificuldades reais do gestor e as consequências práticas da decisão, bem como que a revisão, quanto à validade de ato, contrato, ajuste, todas a servir com precisão à discussão, a que especificamente realçando as regras de distanciamento/isolamento social, fechamento de atividades, suspensão de negócios. Daí decorrem enormes, quiçá insuperáveis obstáculos ao simples contato com as entidades sindicais, à negociação coletiva, à realização de assembleias entre os interessados, tidas circunstâncias premidas pela urgência e calamidade em curso.

Não se tem, senão como aplicação legítima e devida a possibilidade de redução de jornada e de salários – preservado o valor hora - em momento absolutamente extraordinário na vida do mundo e do país impondo a todos sacrifícios enormes.

Bem julgada a matéria pelo STF, entendendo não haver qualquer infração constitucional na novel regência. Esclareça-se que a vedação constitucional à redução salarial e que se autoriza por meio de negociação coletiva é a verdadeira redução do salário sem redução da jornada, que não é objeto da MP nº. 936/2020.

Que veio ainda acompanhada de importante garantia de emprego de forma de manter renda e o próprio vínculo sobrevivencial.

Tudo decorrente da pandemia, com forte efeito econômico sobre a atividade econômica e os empregos, devendo sim ser a atividade empresarial objeto dessa possibilidade protetiva sobrevivencial, por assim afirmar.

Nesse sentido, inclusive há precedente no STF (RE 563851, 2ª. Turma, DJe 27/03/2008), sobre os direitos sociais integrantes do art. 7º. da CRFB, concluindo que, mesmo quando não há ressalvas expressas, eles não detêm caráter absoluto. Conclusão razoável, quando o próprio artigo 7º. estabelece jornadas ordinárias máximas e permite a prestação de horas extras.

Enfrentar situações extraordinárias e emergenciais sob este prisma é uma necessidade e que a todos deve conduzir, na certeza de que a vida em breve retornará ao seu curso normal, ainda que com um novo normal daqui decorrente.

6. Referências

Foco Político. Jair Bolsonaro vai reeditar a MP 905. https://diarioprime.com.br/blogs/focopolitico/politicos-nas-redes/jair-bolsonaro-vai-reeditar-a-mp-905/. Acessado em 22 de abril de 2020.

GARCIA, Gustavo Filipe Barbosa. Medida Provisória 905: revogação e proibição de reedição. https://www.conjur.com.br/2020-abr-25/gustavo-garcia-mp-905-revogacao-proibicao-reedicao Acessado em 24 de abril de 2020.

NASCIMENTO, Sonia Mascaro. Covid-19- redução de salário e jornada. Constitucionalidade. http://www.andt.org.br/f/COVID-19-%20REDU%C3%87%C3%83O%20DE%20SALARIO%20E%20JORNADA.%20CONSTITUCIONALIDADE.pdf Acessado em 22 de abril de 2020.

Notícias STF. STF mantém possibilidade de redução de salários por acordo individual em decorrência da pandemia. http://www.stf.jus.br/portal/cms/verNoticiaDetalhe.asp?idConteudo=441651. Acessado em 22 de abril de 2020.

Sistema Universidade Aberta do SUS (UNA-SUS). Organização Mundial de Saúde declara pandemia do novo Coronavírus. https://www.unasus.gov.br/noticia/organizacao-mundial-de-saude-declara-pandemia-de-coronavirus. Acessado em 22 de abril de 2020.

7

COVID-19 – REDUÇÃO DE SALÁRIO E JORNADA. CONSTITUCIONALIDADE

Sônia A. C. Mascaro Nascimento[1]

Atualmente, o mundo sofre os reflexos de vírus descoberto em dezembro de 2019, em Wuhan, na China, o COVID-19. Essa realidade provoca impactos diretos na economia mundial, o que, consequentemente, influencia diretamente as relações de trabalho, colocando em risco a manutenção dos empregos.

Diante do panorama traçado, o Governo Federal implementou medidas de promoção e proteção dos postos de trabalho e da saúde financeira dos empregadores. Dentre elas, foi editada a MP n.º 936,de 1º.04.20.

A priori, insta salientar que a MP 936/20 estabelece como um de seus objetivos a manutenção do emprego e da renda (art. 2º, I), adotando como uma das medidas possíveis a redução proporcional da jornada de trabalho e salário (art. 3º, II), preservando o salário-hora do empregado (art. 7º, I), o qual receberá, ainda, o Benefício Emergencial de Preservação do Emprego e da Renda, custeado pela União (art. 5º).

Em 02.04.20, foi ajuizada Ação Declaratória de Inconstitucionalidade contra a MP 936/20 (ADI 6363), a qual se embasou, fundamentalmente, na violação dos artigos 7º,VI, XIII e XXVI, e 8º, III e VI, da Constituição Federal, em virtude das previsões constantes nos artigos 7º, II; 8º, §§1º, 3º, II; 9º, §1º, I e 11 *caput* da Medida Provisória, que não observariam a imprescindibilidade da negociação coletiva para fins de redutibilidade salarial. Foi deferida, em parte, a medida liminar, para conferir interpretação conforme a Constituição ao §4º do art. 11 da MP 936/20, estabelecendo que os acordos individuais de redução de jornada de trabalho e de salário ou de suspensão temporário do pacto laboral deverão ser <u>comunicados</u> pelos empregadores aos sindicatos profissio-

1. Desembargadora Federal do Trabalho. Mestre e Doutora pela USP. Membro da ABDT. Co-Autora do livro "Iniciação ao Direito do Trabalho". Autora de artigos e livros.

nais, no prazo de até dez dias corridos, de sua celebração, para caso queira, deflagre a negociação coletiva.

Nova decisão proferida em 13.04.2020, em razão de Embargos Declaratórios opostos pelo Advogado Geral da União, não alterou o teor do *decisum*. Além de previsão expressa de rejeição do recurso interposto, ficou esclarecido que a validade do acordo individual firmado, apesar de produzir efeitos imediatos, está condicionada à inexistência de negociação coletiva superveniente, conforme se observa da transcrição parcial do julgado:

> "[...] os eventuais acordos individuais já celebrados – e ainda por firmar – entre empregadores e empregados produzem efeitos imediatos, a partir de sua assinatura pelas partes, inclusive e especialmente para os fins de pagamento do benefício emergencial no prazo estipulado, ressalvada a superveniência de negociação coletiva que venha a modificá-los, no todo ou em parte."

Analisando-se o disposto nos incisos VI e XIII do art. 7º da Constituição Federal, verifica-se a inexistência de qualquer impeditivo à redução salarial acompanhada de diminuição proporcional da carga horária, especialmente em momento excepcional como o presente. O que se veda é que, sem prévia negociação coletiva, ocorra a pura e simples redução, desprovida da correspondente modificação da jornada, providência que não se confunde com aquela adotada pela MP 936/20.

Trata-se, portanto, de regra de paridade e não há redução de salário, conciliando-se a diminuição da atividade econômica empresarial com a redução de jornada de trabalho, sem qualquer alteração no salário-hora do empregado. Aliás, não se visualiza qualquer violação ao inciso XIII do art. 7º da CF, visto que sequer se discute compensação de jornada.

E mais: na medida do possível, a perda salarial será complementada pelo benefício assistencial custeado pelo governo. Tais medidas encontram-se em perfeita harmonia com os preceitos constitucionais do valor social do trabalho e livre iniciativa, dignidade da pessoa humana, solidariedade, promoção do bem comum, função social da empresa, justiça social, existência digna, redução das desigualdades e busca pelo pleno emprego (CF, art. 1º, III e IV; 3º, I e IV; 5º, XXIII; 170, "*caput*", III, VII e VIII).

No mesmo sentido, a Declaração Universal de Direitos Humanos (art. XXIII, "1") prevê o direito ao trabalho e à proteção contra o desemprego.

A questão foi regulada pelo artigo 503 da CLT – na minha ótica, recepcionado pela Constituição Federal – e, posteriormente, pelo art. 2º da Lei n.º 4.923/65 (aplicado pelas Cortes Trabalhistas, inclusive o C. TST), o qual exigiu, concomitantemente à redução salarial, a diminuição proporcional de jornada e a prévia negociação coletiva – ou eventual suprimento judicial no caso de injustificada recusa.

Ante o teor da Lei n.º 4.923/65, há de se concluir que foi recepcionada pela Carta Magna de 1988, na medida em que, consideradas circunstâncias ordinárias, observa-se que foi estabelecido patamar mais protetivo, trazendo condicionante não imposta pelo texto constitucional (a necessidade de prévia negociação coletiva para a redução salarial, acompanhada da proporcional diminuição da jornada de trabalho). Como o requisito não encontra assento constitucional, não há óbice para que leis ordinárias ou medidas provisórias promovam alterações neste particular.

Ressalte-se que, em vista de situações fáticas excepcionais ou diferenciadas (como a atual crise de saúde pública), deve-se permitir a adaptação ou redução temporária do patamar dos direitos sociais, ressalvando-se, apenas, o mínimo existencial, com a finalidade de dar concreção a outros valores centrais da ordem jurídica, em prol de toda a coletividade. Nesse sentido, o Tribunal Constitucional Português respaldou medidas legislativas implementadas pelo governo em decorrência das repercussões da crise econômica de 2008, a exemplo da redução de pensões (Processo 72/11 - Acórdão 396/2011 - Plenário – Rel. Cons. Joaquim de Sousa Ribeiro).

Feitas estas considerações, vale assinalar que, ainda que se confira distinta interpretação ao art. 7º da CF e se entenda pela necessidade de acordo coletivo para a redução salarial com proporcional diminuição da jornada, também é possível chegar à conclusão de que a MP 936 é compatível com o texto constitucional, notadamente diante da possibilidade de flexibilização de direitos sociais e da viabilidade de adaptações ou reduções temporárias via acordo individual de direitos fundadas em situações extraordinárias.

A propósito, trata-se de mera harmonização de valores constitucionais igualmente amparados pela Constituição Federal. Diante da colisão entre direitos trabalhistas individualmente considerados e a preservação do emprego, constata-se que, embora a MP 936/2020 sacrifique parcialmente os primeiros, consegue, ao final, atingir maior grau de concreção de valores constitucionalmente assegurados.

Ademais, a própria jurisprudência do C. Supremo Tribunal Federal (RE 563851, 2ª Turma, DJe 27/03/2008), a respeito de direitos sociais elencados no art. 7º da CF, revela que, mesmo quando não há ressalvas expressas, eles não detêm caráter absoluto. Um exemplo bastante notório encontra-se no art. 7º, XVI, da CF/88, que prevê o direito ao pagamento de horas extras quando há labor acima da 8º hora diária e/ou 44ª semanal.

Todavia, o inciso II do art. 62 da Consolidação das Leis do Trabalho, por exemplo, excetua desta regra os exercentes do cargo de confiança ou gerência, o que foi considerado recepcionado pela Subseção I Especializada em Dissídios Individuais do C. TST (E-RR-540991-54.1999.5.05.5555, DEJT 06/06/2003), não obstante a ausência de previsão desta exceção no texto constitucional. Em síntese, o posicionamento é que o inciso XVI do art. 7º estabelece apenas a regra geral, o que não impede que a legislação ordinária preveja excepcionalidades, logicamente, fundadas no objetivo de se resguardar valores igualmente enaltecidos pela ordem constitucional (como a preservação do emprego) e observado o mínimo existencial.

Também não se deve olvidar que, diante das recentes alterações trazidas pela Lei. 13.655/18 à Lei de Introdução às Normas do Direito Brasileiro, o Poder Judiciário deve atentar-se para as consequências práticas de suas decisões. No caso, a experiência comum revela a incomunicabilidade de muitas entidades sindicais e a dificuldade de contatá-las, especialmente por micro e pequenas empresas.

Além disso, existe procedimento próprio para aprovação de acordo coletivo pelas assembleias da categoria, sem contar a duração natural das tratativas entre as empresas e os dirigentes sindicais. E não se pode deixar de admitir que a demora que lhe é inerente mostra-se incompatível com a situação emergencial vivenciada pela maioria dos empregadores em razão da crise decorrente da pandemia do COVID-19.

Assim, a inobservância das disposições previstas na MP 936 tem o potencial de ocasionar significativa perda de empregos em território brasileiro, o que, portanto, deve ser evitado. Não se trata, pois, de raciocínio exclusivamente utilitarista, uma vez que também se está a concretizar valor central da ordem jurídica, isto é, a busca pelo pleno emprego e sua preservação. Isto porque de nada vale a preservação absoluta de todos os direitos dos empregados, se ensejará o risco de que uma parte considerável dos trabalhadores perca o emprego, deixando de usufruir de qualquer um deles.

Aliás, a MP 936, inclusive, mostra-se protetiva, porque, além da preservação do salário, garante o recebimento de auxílio emergencial correspondente a um percentual do seguro-desemprego, e, ainda excluiu-se da possibilidade de acordo individual os trabalhadores que recebem entre R$3.135,00 (três salários mínimos) e R$12.202,12 (duas vezes o teto do Regime Geral de Previdência Social), pois, ainda com o valor do auxílio emergencial, teriam uma substancial redução de renda, o que se procurou evitar.

Desta forma, conclui-se que:

a) As políticas adotadas pela Medida Provisória n.º 936/20 têm como finalidade assegurar direitos básicos de preservação do emprego e proteção contra o desemprego, além de concretizar valores centrais da CF/88;

b) Inexiste vedação constitucional à possibilidade de redução salarial com proporcional diminuição da jornada de trabalho por acordo meramente individual, uma vez que não há a previsão de que deva haver prévia negociação coletiva;

c) Atualmente, a redução salarial, com proporcional diminuição da jornada de trabalho, é regulada pela Lei n.º 4.923/65, não havendo óbice para que leis ordinárias ou medidas provisórias promovam alterações neste particular;

d) Os direitos sociais não possuem caráter absoluto e, em situação específica, o C. TST e o E. STF já reconheceram que, embora o inciso XIII do art. 7º da CF não faça ressalva ao direito às horas extras, o inciso II do art. 62 da CLT foi recepcionado pela *Carta Magna*, pois estabelece exceção, devidamente justificada;

8

GARANTIAS PROVISÓRIAS DE EMPREGO NO MARCO DAS MEDIDAS PROVISÓRIAS DA COVID-19

Jorge Cavalcanti Boucinhas Filho[1]

Introdução

Após a substituição definitiva do regime de estabilidade decenal pelo do Fundo de Garantia do Tempo de Serviço (FGTS), passou a prevalecer no Brasil o chamado regime de *dismissal at will*, segundo o qual o empregador pode, em regra, dispensar o empregado apenas assegurando-lhe o pagamento correto de suas verbas rescisórias. A rigidez do emprego completamente protegido contra dispensas sem justa causa deu então lugar a o regime em que a proteção assegurada ao trabalhador se baseia no encarecimento de sua dispensa na medida em que aumenta o seu tempo de casa e o montante de suas contribuições para o FGTS.

A regulamentação do aviso prévio proporcional ao tempo de serviço pela Lei 12.506 encareceu a dispensa sem justa causa dos empregados brasileiros, mas reforçou a já muito propagada ideia de que a única proteção possível ao trabalhador brasileiro é fazer a sua dispensa pesar no bolso do seu empregador.

Diante da crise deflagrada pela pandemia do COVID 19 o governo brasileiro consagrou, mais uma vez, essa concepção. Enquanto países como Argentina e Itália proibiram qualquer dispensa durante a pandemia, o Brasil optou por regulamentar sutis restrições ao poder potestativo de dispensa do empregador.

---

1. Titular da Cadeira n. 21 da Academia Brasileira de Direito do Trabalho. Diretor Geral da Escola Superior de Advocacia da OAB SP (2019-2021). Vice-Presidente da Comissão de Direito do Trabalho do IASP. Professor da Fundação Getúlio Vargas e da Universidade São Judas Tadeu. Mestre e doutor em Direito do Trabalho pela USP. Pós-doutor em Direito pela Universidade de Nantes, França.

Elas consistem basicamente em garantias provisórias de emprego relativamente curtas, prevista nas Medidas Provisórias 936 e 944, que, inclusive, podem ser transformadas em indenizações compensatórias.

A estas restrições deve-se adicionar à vedação às dispensas discriminatórias, sobre a discorrer-se-á no próximo item. Na sequência analisar-se-á as vedações à dispensas criadas pelas normas do Executivo destinadas ao enfrentamento do estado de calamidade pública provocado pelo Coronavírus.

2. Riscos de alegação de dispensa discriminatória

A vulnerabilidade do empregado portador do vírus HIV e a necessidade de tutelá-lo para coibir situações de discriminação são, há muito, percebidas e discutidas judicialmente em todo o mundo. No início da segunda metade dos anos noventa do século passado, a *Corte Suprema de Justicia da Argentina* decidiu que "toda restricción o limitación al derecho del trabajo, en aquellos casos en que las consecuencias de la infección del vírus VIH no afecten concretamente las aptitudes laborales o no se hayan agotado las posibles asignaciones de tareas acorde a la aptitud del agente, ni comprometa la salud de terceros, costituye una conducta discriminatória que el orden jurídico deve hacer cesar por médios idóneos".[2]

Não obstante reconheça a possibilidade de um empregado ser discriminado por estar acometido pelo vírus HIV, o julgado em questão permite que se conclua pela licitude da dispensa quando suas aptidões laborais sejam prejudicadas pela doença ou quando o seu estado de saúde comprometa a saúde de terceiros. A tutela nele defendida não pode, portanto, ser considerada plena.

Propondo solução muito mais ampla, Wagner Gusmão Reis Jr. Defendeu, em obra publicada em 2005, que "merece determinação judicial assecuratória, a garantia de emprego, através de estabilidade, aos portadores do vírus da AIDS"[3].

A pretendida estabilidade jamais foi regulamentada, contudo, a jurisprudência trabalhista acabou construindo outro mecanismo de proteção, baseado numa presunção *juris tantum* de discriminação sempre que o empregador dispensar o empregado quando ciente de seu estado de saúde.

Essa presunção resultaria na reintegração ou indenização compensatória do trabalhador enfermo em razão de a dispensa ser discriminatória e, portanto, nula.

Em julgamento proferido nos idos de 2007, antes de ser alçada ao cargo de Ministra da mais alta corte brasileira, Rosa Maria Weber, relatou decisão que, por maioria, invalidou rescisão contratual, consignando que

2. CSJN, 17 de dezembro de 1996, B.,R.E. c Polícia Federal Argentina s amparo, LL, 1997-D-253. Apud FANJUL, Aurelio José. Discriminación por enfermedad em el derecho laboral. Buenos Aires: Astrea, 2014, p. 99.
3. REIS JÚNIOR, Wagner Gusmão. *Garantia de emprego ao portador do vírus da AIDS*. Rio de Janeiro: Lumen Juris, 2005, p. 73.

> (...) O fato de que o sistema jurídico pátrio não contempla, ainda, a estabilidade no emprego para o portador do vírus da AIDS não impede o julgador trabalhista de valer-se da prerrogativa inserta no art. 8º da Consolidação das Leis do Trabalho, para aplicar à espécie os princípios gerais do direito.Notadamente os princípios constitucionais assecuratórios do direito àvida, ao trabalho e à dignidade, insculpidos nos arts. 1º, incisos III e IV; 3º, inciso IV; 5º, caput e XLI, 170 e 193 da Carta Política, além da previsão do art. 7º, inciso I, também da Constituição Federal, que veda a despedida arbitrária. EEDRR 7608900-33.2003.5.02.0900 - Min. Rosa Maria Weber Candiota da Rosa DJ 30.11.2007/J-06.08.2007 - Decisão por maioria

Noutro julgado de grande relevância, o Ministro Horácio de Senna Pires, trilhando caminho semelhante, decidiu que

> (...) a inexistência de texto de lei prevendo a estabilidade do trabalhador infectado pelo vírus HIV não impede a sua reintegração no serviço, já que comprovado que a rescisão foi motivada por atos de discriminação, em evidente afronta aos princípios gerais do direito, especialmente no que se refere às garantias constitucionais do direito à vida, ao trabalho, à dignidade da pessoa humana e à igualdade (artigos 1º, III e IV; 3º, IV; 5º, caput e XLI, 7º, I, 170 e 193 da Constituição Federal). ERR 36600-18.2000.5.15.0021 - Min. Horácio Raymundo de Senna Pires. DEJT 14.11.2008/J–06.11.2008 - Decisão unânime

Esses e outros julgados prolatados no mesmo sentido embasaram a edição da Súmula 443 do Tribunal Superior do Trabalho[4]. Com a sua edição, pôs-se fim a um antigo

---

4. A relação completa de julgados que resultaram na Súmula 443 do Tribunal Superior do Trabalho é a seguinte: ERR 36600-18.2000.5.15.0021 - Min. Horácio Raymundo de Senna Pires DEJT 14.11.2008/J–06.11.2008 - Decisão unânime; EEDRR 7608900-33.2003.5.02.0900 - Min. Rosa Maria Weber Candiota da Rosa, DJ 30.11.2007/J-06.08.2007 - Decisão por maioria; ERR 439041-20.1998.5.02.5555 - Min. João Oreste Dalazen DJ 23.05.2003/J-05.05.2003 - Decisão unânime; ERR 217791-22.1995.5.09.5555 - Red. Min. Vantuil Abdala, DJ 02.06.2000/J-07.02.2000 - Decisão por maioria; ERR 205359-36.1995.5.03.5555 - Min. Leonaldo Silva DJ 14.05.1999/J-27.04.1999 - Decisão unânime; RR 119500-97.2002.5.09.0007, 1ªT - Min. Lelio Bentes Corrêa DEJT 23.03.2012/J-03.08.2011 - Decisão unânime; RR 61600-92.2005.5.04.0201, 1ªT - Min. Lelio Bentes Corrêa, DEJT 01.07.2011/J-22.06.2011 - Decisão unânime; RR 18900-65.2003.5.15.0072, 1ªT - Min. Luiz Philippe Vieira de Mello Filho DEJT 06.08.2010/J-17.03.2010 - Decisão unânime; RR 1400-20.2004.5.02.0037, 1ªT - Min. Dora Maria da Costa; DJ 07.12.2007/J-07.11.2007 - Decisão unânime; RR 1017500-36.2007.5.11.0018, 2ªT - Min. Renato de Lacerda Paiva, DEJT 16.03.2012/J-07.03.2012 - Decisão unânime; RR 105500-32.2008.5.04.0101, 3ªT - Min. Rosa Maria Weber Candiota da Rosa DEJT 05.08.2011/J-29.06.2011 - Decisão por maioria; RR 721340-83.2006.5.12.0035, 3ªT - Min. Rosa Maria Weber Candiota da Rosa, DEJT 22.10.2010/J-26.05.2010 - Decisão unânime; RR 45800-33.2002.5.02.0056, 3ªT - Min. Alberto Luiz Bresciani de Fontan Pereira, DEJT 05.06.2009/J-13.05.2009 - Decisão unânime; RR 104600-17.2002.5.02.0036, 3ªT - Min. Carlos Alberto Reis de Paula, DEJT 03.10.2008/J-20.08.2008 - Decisão unânime; RR 90600-77.2004.5.04.0006, 3ªT - Min. Maria Cristina Irigoyen Peduzzi DJ 10.11.2006/J-18.10.2006 - Decisão unânime; RR 9951200-06.2006.5.09.0025, 4ªT - Min. Maria de Assis Calsing, DEJT 19.03.2010/J-10.03.2010 - Decisão unânime; RR 5093300-91.2002.5.02.0902,

entendimento de que caberia ao empregado comprovar que a sua dispensa fora motivada pela doença e não ao empregador comprovar o contrário[5].

A Súmula, contudo, consolida a presunção de discriminação não apenas para os empregados portadores do vírus HIV, mas para todo aquele portador de uma doença que suscite estigma ou preconceito. É importante, portanto, conceituar e definir as duas expressões. Estigma, segundo o dicionário Aurélio da língua portuguesa, é "cicatriz, marca, sinal; sinal infamante, ferrete, sinal natural do corpo, marca infamante, vergonhosa"[6]. Preconceito, por sua vez, segundo a mesma obra, consiste em qualquer "conceito ou opinião formados antecipadamente, sem maior ponderação ou conhecimento dos fatos; ideia preconcebida. Julgamento ou opinião formada sem se levar em conta o fato que os conteste"[7].

Segundo a OIT[8] o preconceito consiste em uma ideia preconcebida, um conceito ou opinião formada antecipadamente, uma predisposição negativa dirigida a pessoas, grupos de pessoas ou instituições sociais[9]. A discriminação, por outro lado, é o ato de tratar as pessoas de forma diferenciada e menos favorável a partir de critérios injustificáveis[10].

Percebe-se, a partir desses conceitos, que a Súmula 443 estabeleceu uma regra para o combate da discriminação baseada em diversas doenças e não apenas para o combate

---

4ªT - Min. Antônio José de Barros Levenhagen, DJ 22.04.2005/J-09.03.2005 - Decisão por maioria; RR 112900-36.2005.5.02.0432, 5ªT - Min. Katia Magalhães Arruda DEJT 06.05.2011/J-26.04.2011 - Decisão unânime; RR 171300-82.2005.5.02.0031, 5ªT - Min. João Batista Brito Pereira, DEJT 15.10.2010/J-06.10.2010 - Decisão unânime; RR 221500-10.2008.5.02.0057, 6ªT - Min. Aloysio Corrêa da Veiga DEJT 24.02.2012/J-08.02.2012 - Decisão unânime; RR 317800-64.2008.5.12.0054 ,6ªT - Min. Maurício Godinho Delgado DEJT 10.06.2011/J-01.06.2011 - Decisão unânime; RR 140700-19.2004.5.02.0062, 7ªT - Min. Guilherme Augusto Caputo Bastos DEJT 19.12.2008/J-26.11.2008 - Decisão unânime.

5. "RECURSO ORDINÁRIO. EMPREGADO PORTADOR DO VÍRUS HIV. DESPEDIDA NÃO ARBITRÁRIA. A despeito dos aspectos humanitários que envolvem a questão, não logrou contudo a recorrente comprovar a tese de que seu desligamento dos quadros da empresa se deu de forma arbitrária e discriminatória. Ademais, por ocasião de seu despedimento, houve igualmente a rescisão de contrato de trabalho mantido com outros empregados, o que afasta o pretenso ato único e isolado, alegado pela recorrente. Recurso ordinário a que se nega provimento." (TRT 2ª Reg., 12ª T., Proc. RO nº 00850200500302009, Rel. Juiz Nelson Nazar, Ac. n. 20060808785, julg. em 05.10.06 *in* DJSP de 20.10.06)
6. FERREIRA, Aurélio Buarque de Holanda. Novo Dicionário Aurélio da língua portuguesa. 3ª ed. Curitiba: Positiva, 2004, p. 829.
7. FERREIRA, Aurélio Buarque de Holanda. Novo Dicionário Aurélio da língua portuguesa. 3ª ed. Curitiba: Positiva, 2004, p. 1617.
8. ORGANIZAÇÃO INTERNACIONAL DO TRABALHO (OIT). Manual de Capacitação e informação sobre gênero, raça, pobreza e emprego: guia para o leitor, v. 2. Brasília: OIT, 2005, pp. 53-54.
9. ORGANIZAÇÃO INTERNACIONAL DO TRABALHO (OIT). Manual de Capacitação e informação sobre gênero, raça, pobreza e emprego: guia para o leitor, v. 2. Brasília: OIT, 2005, pp. 53-54.
10.

da discriminação aos portadores do vírus da AIDS. Ela pode ser utilizada para presumir a dispensa de trabalhadores acometidos de vitiligo, hanseníase e outras doenças que apresentem estigmas visíveis, e por trabalhadores acometidos de sífilis, gonorreia e outras doenças que gerem preconceito.

A despeito da clareza do texto do verbete, teve grande e injustificada repercussão decisão da Subseção de Dissídios Individuais do Tribunal Superior do Trabalho, que considerou discriminatória a dispensa de trabalhador acometido de neoplasia maligna:

> AGRAVO DE INSTRUMENTO EM RECURSO DE REVISTA. ACÓRDÃO PUBLICADO NA VIGÊNCIA DA LEI Nº 13.015/2014. PRELIMINAR DE NULIDADE POR NEGATIVA DE PRESTAÇÃO JURISDICIONAL. Com fundamento no artigo 282, § 2º, do CPC de 2015, deixa-se de examinar a preliminar em epígrafe. DISPENSA DISCRIMINATÓRIA PRESUMIDA. CÂNCER. Em razão de provável contrariedade à Súmula nº 443 do TST, dá-se provimento ao agravo de instrumento para determinar o prosseguimento do recurso de revista. Agravo de instrumento provido. RECURSO DE REVISTA. DISPENSA DISCRIMINATÓRIA PRESUMIDA. CÂNCER. O Tribunal Regional, valendo-se da presunção relativa, juris tantun, a que se refere a Súmula nº 443 do TST, reconheceu o caráter discriminatório da dispensa do reclamante e determinou sua reintegração ao emprego, por entender que o empregador não logrou comprovar que "a escolha do outro trabalhador, em detrimento do recorrente, vitimado de doença grave, tenha parâmetro diverso à própria existência da moléstia". Ocorre que, embora o poder diretivo do empregador não seja ilimitado, é fundamental presumir a boa-fé patronal no exercício regular do seu direito de dispensar, sem justa causa, seus empregados. Nesse passo, entende este Relator que, conquanto o câncer, em geral, seja doença grave, não necessariamente gera estigma e preconceito de modo a atrair, por si só, a aplicação da Súmula nº 443/TST. Contudo, a SDBI-1 do TST, na sessão do dia 4/4/2019, ao julgar o processo nº TST-E-ED-RR-68-29.2014.5.09.0245, por maioria, decidiu em sentido contrário. Sendo assim, patenteado no acórdão regional que o reclamante está acometido por câncer de próstata, passa a ser do empregador o ônus de comprovar que a dispensa sem justa não foi discriminatória, consoante a Súmula nº 443/TST e o recente julgado da SBDI-1. No caso autos, extrai-se das premissas fáticas delineadas pelo TRT que a presunção relativa de dispensa discriminatória foi ilidida por prova em contrário, haja vista o registro de que o reclamante ficou afastado do trabalho por "bastante tempo", tendo o reclamado contratado outro profissional para ficar em lugar. Em razão do afastamento prolongado do reclamante, o empregador se viu na necessidade de contratar substituto, inexistindo obrigação legal de, após o fim da licença médica do reclamante, permanecer com dois empregados ou de despedir um trabalhador para dar sequência ao contrato que estava suspenso. Precedente da SBDI-1 (E-RR-465-58.2015.5.09.0664, Relator Ministro: Cláudio Mascarenhas Brandão, DEJT de 26/10/2018). Ademais, consta do acórdão impugnado que o reclamante confessou não ter sofrido preconceito ou discriminação pelo reclamado em razão de sua doença durante a vigência de seu contrato. Ciente da moléstia, o reclamado permitiu que o reclamante frequentasse o local de trabalho, almoçasse no centro de treinamento, e, espontaneamente, manteve o pagamento dos salários não exigíveis no período do afastamento, aspectos que favorecem a desconstituição da presunção

> relativa de dispensa discriminatória. Recurso de revista conhecido e provido. (TST - RR: 10018979020165020006, Relator: Breno Medeiros, Data de Julgamento: 19/06/2019, 5ª Turma, Data de Publicação: DEJT 28/06/2019)[11]

A polêmica aventada foi a de que o câncer, em geral, não obstante seja doença grave, não necessariamente gera estigma e preconceito de modo a atrair, por si só, a aplicação da Súmula nº 443/TST. Com efeito, a reação natural diante da notícia do adoecimento por neoplasia maligna é uma demonstração de simpatia e não de repúdio, ou outra manifestação de preconceito. Se é verdade que a reação mais comum diante da notícia da infecção pelo vírus HIV é questionar o comportamento sexual e social da vítima, a reação natural diante do diagnóstico de neoplasia maligna é questionar porque, entre tantas outras pessoas no mundo, justamente aquela pessoa adoeceu. Se a AIDS e as outras doenças sexualmente transmissíveis geram preconceito em grande parte por estarem associadas a um comportamento sexual pouco cuidadoso, o mesmo não pode ser dito em relação ao câncer, muito associado à predisposições genéticas do que a um determinado comportamento censurável.[12]

É preciso, contudo, relembrar que a Súmula não se refere apenas à preconceito, mas também à estigma. E as diversas formas de câncer provocam sim, diversos estigmas como emagrecimento acentuado, queda de cabelos como efeito colateral da quimioterapia e da radioterapia, debilidade física, fraqueza crônica, náuseas e outros sinais e manifestações visíveis. Além de muitas ausências ao empregado para submissão a tratamentos bastante agressivos e com muitos efeitos colaterais.

Reforçando a conclusão de que a Súmula 443 também gera presunção para situações em que a doença gere apenas estigma, mas não preconceito, há um dos precedentes que fundamentou a sua edição[13]:

---

11. Constou do registro da Ata os seguintes esclarecimentos: CERTIFICO que a Subseção I Especializada em Dissídios Individuais do Tribunal Superior do Trabalho, em Sessão Ordinária hoje realizada, sob a presidência do Exmo. Ministro Presidente João Batista Brito Pereira, com participação dos Exmos. Ministros Márcio Eurico Vitral Amaro, Relator, Renato de Lacerda Paiva, Lelio Bentes Corrêa, Luiz Philippe Vieira de Mello Filho, Alberto Luiz Bresciani de Fontan Pereira, Walmir Oliveira da Costa, Augusto César Leite de Carvalho, José Roberto Freire Pimenta, Hugo Carlos Scheuermann, Cláudio Mascarenhas Brandão, Breno Medeiros, Alexandre Luiz Ramos e do Exmo. Subprocurador-Geral do Trabalho, Dr. Wiliam Sebastião Bedone, DECIDIU, por unanimidade, conhecer do recurso de embargos por divergência jurisprudencial e, no mérito, por maioria, negar-lhe provimento, vencidos os Exmos. Ministros Márcio Eurico Vitral Amaro, relator, Breno Medeiros e Alexandre Luiz Ramos. Obs.: I - Redigirá o acórdão o Exmo. Ministro Cláudio Mascarenhas Brandão; II - Juntará voto vencido ao pé do acórdão o Exmo. Ministro Márcio Eurico Vitral Amaro, com adesão dos Exmos. Ministros Breno Medeiros e Alexandre Luiz Ramos aos fundamentos do voto de Sua Excelência; III - Falou pelo Embargado(a) o Dr. Leonardo Lemes da Silva e pelo Embargante o Dr. Fernando Hugo Rabello Miranda; IV – A Exma. Ministra Maria Cristina Irigoyen Peduzzi não participou do julgamento em razão de impedimento.
12. Exceção pode ser feita à associação entre o câncer de pulmão e prática de tabagismo.
13. Abre-se aqui um parêntese. Um erro corriqueiro e que precisa ser evitado é o de interpretar as súmulas como textos legais, extraindo conclusões de sua redação. A única forma segura de interpretá-las é analisando os precedentes que resultaram na sua edição.

NULIDADE DO ATO DEMISSIONAL. EMPREGADO ACOMETIDO DE DOENÇA GRAVE - NEOPLASIA NODULAR EPITELIOIDE. DISPENSA DISCRIMINATÓRIA E ARBITRÁRIA. 1. Não se reconhece ofensa aos artigos 7º, I, da Constituição da República e 10, II, do Ato das Disposições Constitucionais Transitórias em face de decisão por meio da qual se determinou a reintegração no emprego de empregado portador de doença grave - neoplasia nodular epitelioide, porquanto tais normas não outorgam permissão ao empregador para proceder a dispensa discriminatória e arbitrária de empregado portador de doença grave. Ao contrário, o legislador constituinte assegurou o direito à relação de emprego protegida contra dispensa arbitrária. A dispensa imotivada de empregado portador de doença grave autoriza presumir, em tese, seu caráter discriminatório e arbitrário, incumbindo ao empregador produzir prova da existência de outros motivos lícitos para a prática do ato, o que não ocorreu no caso em exame. 2. A circunstância de o sistema jurídico pátrio não contemplar a garantia provisória no emprego em tais hipóteses não impede o julgador de valer-se da prerrogativa consagrada no artigo 8º da Consolidação das Leis do Trabalho para aplicar à espécie os princípios gerais do Direito, notadamente os princípios constitucionais assecuratórios do direito à vida, ao trabalho, à dignidade da pessoa humana e a não discriminação, insculpidos nos artigos 1º, III e IV, 3º, IV, 5º, cabeça e XLI, 170 e 193 da Constituição da República, além da previsão contida nos artigos 5º, cabeça e 7º, I, da Lei Magna, que vedam a despedida arbitrária. 3. Entendimento consentâneo com a normativa internacional, especialmente a Convenção n.º 111, de 1958, sobre Discriminação em Matéria de Emprego e Ocupação (ratificada pelo Brasil em 26.11.1965 e promulgada mediante o Decreto n.º 62.150, de 19.01.1968). 4. Frise-se, ademais, que a jurisprudência predominante no âmbito deste Tribunal Superior respalda tal entendimento, ao presumir arbitrária e discriminatória a demissão de empregado portador de moléstia grave (HIV/AIDS). 5. Recurso de revista de que não se conhece. RR 119500-97.2002.5.09.0007, 1ªT - Min. Lelio Bentes Corrêa DEJT 23.03.2012/J-03.08.2011 - Decisão unânime.

Não é demais ressaltar que nesse julgamento unânime de 2011, o Ministro Lélio Bentes reconheceu a um paciente acometido de neoplasia nodular epitelioide o direito à reintegração, por considerar ter sido a sua dispensa arbitrária e discriminatória. Tendo ele sido relacionado como um dos precedentes que fundamentou a Súmula 443 do Tribunal Superior do Trabalho, a consequência natural e lógica é reconhecer que esta e outras formas de neoplasias malignas, doenças que embora não suscitem preconceito, geram estigmas mencionados no verbete e a dispensa dos trabalhadores eventualmente acometidos por elas deve ser presumida discriminatória e permitir a reintegração da vítima.

Ainda não se sabe ao certo como o judiciário reagirá a possíveis alegações de dispensa discriminatória em razão da contaminação pelo COVID 19, mas se há algo certo é de que a doença em questão já tem gerado muitos questionamentos sobre o tema. Em 27 de fevereiro do corrente ano, a Organização das Nações Unidas pediu que o mundo combata discriminação relacionada ao coronavírus[14].

14. https://exame.abril.com.br/mundo/onu-pede-que-mundo-combata-discriminacao-relacionada-ao-coronavirus/.

Há muitas notícias de discriminação contra asiáticos, em especial chineses, em razão da pandemia do Coronavírus[15].Para evitar, portanto, futuras demandas judiciais baseada em alegações de discriminação em razão do coronavírus, é recomendável que, dentro do possível, se evite dispensar quem adoecer de COVID – 19 ou apresentar suspeitas de contaminação.

Sendo certo, no entanto, que a vítima de enfermidade infamante não tem nenhum tipo de estabilidade, sendo a reintegração feita na forma da Lei 9.029 e Súmula 443 uma decorrência de uma nulidade decorrente de uma presunção de discriminação, as empresas sempre poderão demonstrar a sua boa-fé ao formalizar a dispensa. O simples fato de o diagnóstico ser posterior à dispensa é, registre-se, elemento suficiente para evidenciar que a dispensa não decorreu da doença. Como a presunção gera inversão do ônus da prova, é preciso que a empresa que quiser afastá-la evidencie que a enfermidade era desconhecida no momento da comunicação da dispensa.

3. Garantias provisórias de emprego instituídas durante o período de calamidade pública

Como já ressaltado, diferente do que ocorreu noutros países, no Brasil não se suspendeu toda e qualquer dispensa durante o período de distanciamento social determinado pelo governo. Foram estabelecidas, contudo, duas modalidades de garantia provisória de emprego, cada uma com seu requisito e fundamento próprio.

A primeira consta da Medida Provisória 927 que reconheceu a garantia provisória no emprego ao empregado que receber o Benefício Emergencial de Preservação do Emprego e da Renda, em decorrência da redução da jornada de trabalho e de salário ou da suspensão temporária do contrato de trabalho. A proteção ao empregado durará todo o período acordado de redução da jornada de trabalho e de salário ou de suspensão temporária do contrato de trabalho e se estenderá por período equivalente ao acordado para a redução ou a suspensão após o restabelecimento da jornada de trabalho e de salário ou do encerramento da suspensão temporária do contrato de trabalho.

O empregador que não respeitar a determinação e a dispensa sem justa causa do empregado que receber o Benefício Emergencial de Preservação do Emprego e da Renda sujeitar-se-á ao pagamento das parcelas rescisórias previstas na legislação em vigor e de uma indenização no valor de cinquenta por cento do salário a que o empregado teria direito no período de garantia provisória no emprego, na hipótese de redução de jornada de trabalho e de salário igual ou superior a vinte e cinco por cento e inferior a cinquenta por cento, a setenta e cinco por cento do salário a que o empregado teria direito no período de garantia provisória no emprego, na hipótese de redução de jornada de trabalho e de salário igual ou superior a cinquenta por cento e inferior a setenta por cento e a cem por cento do salário a que o empregado teria direito no período de garantia provisória no

15. https://g1.globo.com/mundo/noticia/2020/01/30/banidos-de-hoteis-excluidos-de-escolas-vitimas-de-comentarios-racistas-coronavirus-provoca-histeria-mundial-contra-chineses.ghtml.

emprego, caso a redução de jornada de trabalho e de salário tenha sido estabelecida em percentual superior a setenta por cento ou em caso de suspensão temporária do contrato de trabalho.

Como acontece em todas as situações de estabilidade e de garantia provisória de emprego, a medida não impede o pedido de demissão, nem tampouco a dispensa por justa causa do empregado.

A segunda garantia provisória de emprego criada durante o estado de calamidade decretado pelo governo através da Medida Provisória 944 tutela os empregados das empresas que apresentaram receita bruta superior a R$ 360.000,00 (trezentos e sessenta mil reais) e igual ou inferior a R$ 10.000.000,00 (dez milhões de reais) no ano de 2019 e aderiram ao chamado Programa Emergencial de Suporte a Empregos, que garante uma linha de crédito específica para financiar a totalidade de sua folha de pagamento do contratante, pelo período de dois meses, limitadas ao valor equivalente a até duas vezes o salário-mínimo por empregado. Entre as exigências para a liberação desse crédito está o compromisso de não rescindir, sem justa causa, o contrato de trabalho de seus empregados no período compreendido entre a data da contratação da linha de crédito e o sexagésimo dia após o recebimento da última parcela da linha de crédito. Com isso, todos os empregados da empresa em questão restarão protegidos contra a dispensa sem justa causa.

4. Conclusão

O Estado de Calamidade Pública gerado pelo COVID 19 impactará sobremaneira a economia brasileira nos próximos anos. A crise, por ele instaurada certamente impactará a economia e, por conseguinte, o mercado de trabalho no Brasil, que há alguns anos já apresentava uma taxa de desemprego de dois dígitos. É difícil mensurar a dimensão do impacto que as medidas de distanciamento social provocarão na grande massa de trabalhadores brasileiros. O prognóstico, contudo, é muito ruim. Se é certo que os comandantes da economia brasileira agiram bem ao abandonar suas ideias liberais inspiradas em Adam Smith e Milton Friedman, e adotar políticas Keynesianas para tentar minorar os impactos da crise, suas soluções para a preservação dos postos de trabalho são tímidas. Poucos serão os postos de trabalho efetivamente protegidos por elas. Só nos resta torcer para que as políticas assistenciais e os mecanismos de renda garantida consigam efetivamente manter um patamar de consumo adequado para que a retomada da economia seja rápida e novos postos de trabalho sejam criados rapidamente.

9

IMPREVISÃO, FORÇA MAIOR, FATO DO PRÍNCIPE E AS NORMAS EXCEPCIONAIS E TEMPORÁRIAS PARA ENFRENTAMENTO DOS IMPACTOS DA COVID-19 NAS RELAÇÕES DE TRABALHO

Alexandre Agra Belmonte[1]

1. Introdução

A Consolidação das Leis do Trabalho foi editada em 1943. Isso ocorreu em pleno Estado Social, que sucedeu à doutrina do Estado Liberal que informou o Código Civil de 1916.

Assim, a CLT não diferia do Código Civil apenas pela matéria e natureza protecionista da regulação trabalhista. Apesar da determinação de aplicação subsidiária do direito comum na omissão da CLT, os diplomas trabalhista e civil eram distintos porque ocorreram em ambientes e sob políticas de Estado absolutamente diferentes.

Pela natureza da regulação, a CLT absorveu as doutrinas sociais de proteção ao hipossuficiente, consolidadas nas convenções da OIT, órgão criado em 1919 pelo Tratado de Versalhes, visando a pacificação da 1ª grande Guerra e, no ensejo, da Questão Social, que interferia na paz interna dos países europeus. E por ser mais moderna, se por um lado vedava alterações contratuais prejudiciais ao trabalhador, por outro abria exceções não apenas à imprevisão, como também a dificuldades financeiras empresariais.

1. O autor é Ministro do Tribunal Superior do Trabalho, doutor em Direito e Presidente da Academia Brasileira de Direito do Trabalho e Vice-Presidente da Academia Nacional de Direito Desportivo.

Essas exceções decorreram de dois importantes fatos da época: 1) o primeiro, da CLT ter sido produzida durante os horrores da Segunda Guerra Mundial e da consequente instabilidade econômica do momento, com reflexos no mercado; 2) o segundo, da percepção, diante daquele ambiente, da importância econômica e social da preservação das atividades empresariais como geradoras de tributos e oportunidades, entre elas a preservação dos empregos como meio de subsistência dos trabalhadores.

Com efeito, sensível às instabilidades econômicas, a CLT já admitia a revisão das sentenças normativas em virtude de modificação das circunstâncias que as ditaram (art.873).

Finalmente, a CLT permitiu, no art. 503, *caput*, que por motivo de força maior capaz de afetar de forma significativa a situação econômica e financeira da empresa, pudesse ser feita redução salarial de 25% por ato unilateral, de forma proporcional à redução da jornada.

Mais tarde, reconhecendo o legislador os impactos da variação da moeda no poder de compra e da possibilidade de alteração das condições empresariais que possibilitaram ajustes em normas coletivas, com base no Decreto-lei nº 229, de 28.2.1967, o § 3º do art. 614 da CLT limitou a duração dos acordos e convenções coletivas a dois anos, admitindo o art. 615, com a redação dada pelo mesmo decreto acima referido, a prorrogação, revisão, denúncia ou revogação total ou parcial do pactuado em acordo ou convenção coletiva.

Com a evolução da sociedade e da conscientização do papel e importância dos sindicatos nas relações coletivas de trabalho, a Lei nº 4.923/1965 revogou parcial e tacitamente o art.503, da CLT, para admitir a redução salarial, com redução proporcional de jornada por motivo de força maior prevista no diploma celetário ou de conjuntura econômica, mas mediante negociação coletiva como condição e se, frustrada, conforme fixação por decisão judicial.

A Constituição Federal de 1988 consolidou a necessidade de participação dos sindicatos nas questões de interesse coletivo, exigindo negociação para efeito de redução salarial e alteração de jornada de trabalho.

Em 2004 a reforma do Judiciário extinguiu o dissídio coletivo obrigatório, reforçando mais uma vez a norma constitucional que exige a negociação coletiva como pressuposto de alterações contratuais significativas, mormente diante do que dispõe o art.468, da CLT.

No mesmo sentido, a Lei nº 11.101/2005, de recuperação de empresas e de administração de suas quebras, não permite ao juízo universal decidir sobre a redução salarial necessária ao enfrentamento da crise financeira da empresa, sem prévia negociação coletiva para o ajuste.

Enfim, a legislação trabalhista identifica como um dos pressupostos autorizadores de alteração contratual a onerosidade excessiva decorrente de fatores imprevistos, que resultem em dificuldade econômica geral e/ou financeira empresarial, a exemplo da força maior (art.501, da CLT).

A Consolidação das Leis do Trabalho também prevê como caso de imprevisibilidade o fato do príncipe, decorrente de ato governamental de paralisação temporária ou definitiva de atividades empresariais (art.486) e a alteração de circunstâncias que tornem injustas ou inaplicáveis as condições ajustadas em norma coletiva (art.873).

No entanto, a legislação trabalhista permite alteração do pactuado diante de fatores inevitáveis, ainda que previsíveis, desde que mediante autorização legal, a exemplo das Leis nºs. 4.923/1965 e 11.101/2005, antes mencionadas.

Outras hipóteses identificáveis de fatores inevitáveis, ainda que previsíveis, decorrem da interpretação sistemática da lei.

Com efeito, a jurisprudência trabalhista admite a diminuição de turmas do professor em caso de falta de alunos para formá-las. E a doutrina sugere a revisão salarial proporcional, na base, na hipótese de automação que importe em redução da jornada de trabalho, como também na hipótese de introdução de tecnologia assistencial ao trabalhador, que lhe diminua consideravelmente o tempo gasto na produção, comparativamente ao anteriormente despendido sem a tecnologia, o que triplicaria ou quadruplicaria a remuneração do trabalhador, desequilibrando as condições contratuais originais.

Diante da COVID-19, que levou à paralisação parcial ou total de empresas, com reflexos inclusive na receita destinada ao pagamento dos trabalhadores, foram editadas Medidas Provisórias para enfretamento do grave problema econômico e social, notadamente as de números 927, 936 e 944/2020, têm sido indagado: a) a natureza jurídica dos impactos da COVID-19 nas relações de trabalho como motivo de força maior; b) frente à determinação de governos estaduais e municipais de proibição temporária de funcionamento de inúmeras atividades, se se trata de força maior governamental, ou seja, de fato do príncipe, com os efeitos previstos no art.486, da CLT, de responsabilidade governamental pela indenização correspondente aos danos causados; c) se a empresa, optando pelas soluções previstas na Medida Provisória nº 927/2020, por exemplo, antecipação de férias, pode cumular com as previstas na Medida Provisória nº 936/2020, para a obtenção de Benefício Emergencial; d) se, não optando a empresa, ou não tendo antes das referidas Medidas Provisórias optado por nenhuma das soluções previstas nas referidas Medidas Provisórias, pode despedir o trabalhador pagando indenização por metade, ou se pode desconsiderar a dispensa ocorrida e então optar pelas soluções previstas na Medida Provisória nº 936/2020, reduzindo os salários proporcionalmente às jornadas reduzidas ou suspendendo temporariamente os contratos; e) se tendo optado a empresa pela redução ou suspensão do contrato, e resolve então despedir o trabalhador, a indenização devida é por metade; se incidirá indenização normal mais indenização acrescida por metade, ou indenização por metade mais indenização por metade; f) se fazendo acordos individuais com parte dos trabalhadores para redução salarial, pode fazê-lo com outros para suspensão do contrato; g) se apesar do disposto na Medida Provisória nº , o empregador está liberado de cumprir as normas de saúde e segurança do trabalho e se a COVID-19 pode vir a ser caracterizada como doença do trabalho ou ocupacional; h) se fere a Constituição, que se refere ao direito a férias anuais, a concessão de férias cumulativamente antecipadas num mesmo ano, e se a sua concessão corresponderá a descanso, eis que o trabalhador, confinado, não poderá usufruir das férias para ir a um cinema, teatro, clube, fazer uma viagem ou se reunir com amigos e familiares.

2. A Teoria da Imprevisão e sua aplicação nas relações de trabalho

O Código Civil de 2002 alterou, substancialmente, as diretrizes do código anterior, de 1916, inspirado no liberalismo. Preserva a liberdade de contratar, mas a submete aos princípios da probidade e boa-fé (art.422, CC), em atenção à função social interna e externa do contrato (art.421, CC).

Outrossim, em respeito à autonomia das partes na autorregulação de seus interesses privados, o diploma civil é fundado no princípio da obrigatoriedade dos pactos. Mas considerando que os atos e negócios jurídicos são estabelecidos dentro de um contexto de razoável previsibilidade dos efeitos jurídicos pretendidos pelas partes, legais ou escolhidos, excepciona, com base na cláusula *rebus sic stantibus*, essa obrigatoriedade, para admitir alterações diante de fatores extraordinários ou de excepcional imprevisibilidade ou inevitabilidade suscetíveis de desequilibrar a prestação de uma das partes em relação à contraprestação da outra.

O Código Civil de 1916 só admitia a revisão dos contratos ou desoneração das partes diante da força maior ou do caso fortuito. Já o Código de 2002 expressamente prevê a possibilidade de resolução ou revisão dos contratos também nas hipóteses de outros fatores excepcionais ou extraordinários (arts.317, 478, 479 e 480); nas de mera justiça comutativa (arts.413); ou então nos casos de malícia (arts.156 e 157). A onerosidade excessiva, em todos esses casos, é o efeito injusto, de desequilíbrio nas prestações das partes, que autoriza a incidência da cláusula *rebus sic stantibus*.

A Lei de Liberdade Econômica inseriu no Código Civil norma que restringe a possibilidade de revisão a situações excepcionais e especificamente autorizadas, sempre considerada a alocação de riscos definida pelas partes, a exemplo dos contratos aleatórios (art.421-A). Daí decorre que o motivo revisional precisa ser causa excepcional imprevista ou então especificamente autorizada por lei.

Nas relações de trabalho, orientadas pelo princípio da continuidade, não apenas a manutenção dos contratos em caso de sucessão empresarial é fator decorrente, como também a manutenção dos empregos frente a dificuldades conjunturais econômicas e/ou financeiras e da empresa, sendo, entre dois bens jurídicos relevantes, mais importante, diante das circunstâncias em que se verificarem, a inevitabilidade da situação do que a sua imprevisibilidade. É o que ocorre nos casos previstos nos arts.503, da CLT e nas hipóteses de que tratam as Leis nºs. 4.923/1865 e 11.101/2005,

Outro caso orientado pela mesma ideia é aquele antes mencionado, de redução do número de turmas do professor, como decorrência da redução de alunos. Aqui, faz interpretação sistemática e analógica *iuris* das normas trabalhistas.

De qualquer sorte, o caso fortuito, a força maior e o fato do príncipe são os fatores ao mesmo tempo imprevistos e inevitáveis, contidos na Teoria da Imprevisão, e que, verificados, atuam de forma a interferir na dinâmica dos contratos de trabalho.

Para os efeitos jurídicos contratuais, evento imprevisto é o evento inesperado e que atua de forma inevitável, de forma a alterar de forma significativa o equilíbrio da prestação esperada por uma das partes, em confronto com a contraprestação ajustada, tornando o pactuado injusto para a parte excessivamente onerada.

Frente à COVID-19, que impactou o desenvolvimento normal de várias atividades negociais, influindo na receita empresarial destinada a satisfazer os salários, os investimentos, as demais obrigações, inclusive tributárias e o lucro para reinvestimento e remuneração dos sócios ou acionistas, indaga-se a sua natureza jurídica.

A indagação é relevante.

Nas relações civis os fatos extraordinários geralmente excluem a responsabilidade, resolvendo as obrigações, sem ônus para as partes. Por exceção, no entanto, podem levar à revisão do pactuado. O mesmo acontece nas relações trabalhistas?

Outro motivo de relevância na indagação está no fato de que a CLT não faz menção ao caso fortuito. Refere-se apenas à força maior. Determina o pagamento de indenização por metade no rompimento do contrato por motivo de força maior (fortuito humano), sendo de se indagar se na hipótese de encerramento das atividades de uma empresa por motivos naturais essa indenização é devida. Não o é, por exemplo, no caso de falecimento do trabalhador, sem responsabilidade do empregador, que exclui direito de indenização à família do trabalhador. Daí questiona-se em que categoria e com quais efeitos a COVI-19 interfere nas relações jurídicas de trabalho.

Por fim, a partir do momento em que a CLT, no art.486, atribui à autoridade governamental a responsabilidade financeira pela paralisação ou cessação de atividade empresarial por decisão administrativa, fica a dúvida se ela compreenderia os atos governamentais regionais e locais de fechamento temporário de atividades empresariais, ou a recomendação do governo federal de observância da quarentena.

Não bastasse tudo isso, dispõe o art.501, §1º, da CLT, que a imprevidência do empregador afasta o motivo de força maior para os efeitos dos dispositivos da CLT a ela relacionados. Pelo que o empregador que não toma as medidas cabíveis ao afastamento do trabalhador ou à redução de pessoal num mesmo ambiente para minimizar as consequências da COVID-19, mormente em relação ao grupo de risco, torna-se, por imprevidência, concausador da contaminação que venha a atingir o trabalhador?

Passemos então à análise da força maior, do caso fortuito e do *factum principis*, porque eles são os fatores extraordinários imprevistos e inevitáveis contidos na Teoria da Imprevisão, para que possamos identificar qual deles, e como, atua no caso da COVID-19 e os respectivos efeitos.

3. Caso fortuito (fortuito natural) externo e interno

Caso fortuito ou fortuito natural é o evento extraordinário da natureza, imprevisível e inevitável, que cria ou interfere numa relação jurídica, alterando-a ou extinguindo-a. Como exemplo, um incêndio por fato natural acidental, que leva à destruição de estabelecimento onde trabalhava o empregado, ou a morte do empregado, atingido por um raio enquanto trabalhava a céu aberto, numa região onde é rara a ocorrência de raios.[2]

2. BELMONTE, Alexandre Agra. Instituições Civis no Direito do Trabalho, 5ª edição, Salvador, Juspodivm.

Nas hipóteses em que a lei não atribui expressamente a responsabilidade, apesar da ocorrência do fortuito, os efeitos serão variados conforme se trate de fortuito natural externo ou interno.

A diferença está em que o fortuito interno não exclui a responsabilidade, enquanto o fortuito externo geralmente a exclui.

Leciona SERGIO CAVALIERI FILHO[3], *"Entende-se por fortuito interno o fato imprevisível e, por isso, inevitável, que se liga à organização da empresa, que se relaciona com os riscos da atividade"*. Prosseguindo, fornece como exemplos o estouro de um pneu do ônibus, o incêndio do veículo, o mal súbito do motorista, o defeito de concepção de produto destinado ao consumo, ou seja, fatos ligados à organização do negócio.

Já o fortuito externo, ensina, *"é também fato imprevisível e inevitável, mas estranho à organização do negócio*", fornecendo como exemplos tempestades e enchentes.

Conclui que a presunção de responsabilidade do transportador e do fabricante ou fornecedor é tão forte, que somente o fortuito externo, correspondente a fato estranho à empresa e sem qualquer ligação com a organização do negócio, é capaz de exonerar do dever de indenizar.

Se um motorista de uma empresa está dirigindo o veículo funcional em condições normais de segurança e um raio abre uma cratera na via de rolamento, ocasionado um acidente com o automóvel da empresa, que é tragado pelo imenso buraco e vem a falecer, o empregador não é responsável pelo acidente. É hipótese de caso fortuito externo, decorrente de um fator da natureza, que interrompe o nexo causal, por não se vislumbrar uma conduta causadora do dano ou um responsável que titularize um ato ou omissão imputáveis. Em outras palavras, o raio é, nas circunstâncias da atividade, estranho ao risco de acidentes ordinários na autoestrada e assim elimina a imputação do fato ao empresário.

Contudo, em ocorrendo fortuito interno, a solução será outra. Se o trabalhador a céu aberto é atingido por um raio em região de ocorrência desse fenômeno natural sem que a empresa conte com coberturas de proteção nas épocas de incidência do fortuito, o empregador responde pelo dano. Ou seja, em se tratando de fatos previsíveis, corriqueiros à atividade, podem ser controlados, contornados e gerenciados. E por isso mesmo ingressa internamente na relação entre empregado e empregador, por não ser a ela estranho que nas circunstâncias um raio possa atingir o trabalhador.

4. Força maior (fortuito humano) externo e interno

Força maior é o fato humano alheio e transcendente à vontade das partes, sem possibilidade de imputação a pessoa determinada, com concentração da ocorrência em relação ao acontecimento em si mesmo, e que vem a interferir numa relação jurídica sem possibilidade de ser evitado, como invasão de território, guerra ou guerra civil, pânico coletivo, racionamento de energia elétrica.[4]

---

3. Programa de Responsabilidade Civil, 8ª edição, Atlas, São Paulo, pp.176 e 302.
4. BELMONTE, Alexandre Agra. Instituições Civis no Direito do Trabalho, 5ª edição, Salvador, Jus Podium.

No entanto, a força maior pode ser externa e interna.

Observa FÁBIO ULHOA COELHO[5], se um jovem vem a falecer em virtude de ter sido atingido por um raio num show de rock, não há responsabilidade do empresário que promove o espetáculo, o que, no entanto, não ocorre se vem a falecer por ter sido pisoteado por outros espectadores que abandonavam o local quando o palco incendiou--se, eis que o defeito no serviço não é fator excludente.

O racionamento de energia elétrica, em relação ao qual poderia o empregador ter se aparelhado para evitar os efeitos, adequando-se, quer por meio de aluguel de gerador, quer através de outras medidas, é caso de força maior interna, cujos efeitos decorrem de imprevidência do empregador (art.501, §1º, CLT).

Todavia, se em razão de pânico coletivo ocorrido no estabelecimento do empregador e por ele não causado, em ambiente ou atividade que não é de risco e um trabalhador é pisoteado e falece, a empresa não é responsável, por se tratar de força maior externa, que em regra não ingressa na relação interna entre empregado e empregador, ou seja, na dinâmica do negócio.

Utilizando o mesmo exemplo já citado, se em razão de pânico coletivo ocorrido no estabelecimento do empregador, um trabalhador é pisoteado e falece, a empresa será responsável se o dano for decorrente do fato do estabelecimento não ter áreas de escape em caso de incêndio ou tumulto. Trata-se de força maior interna, cuja imprevidência do empregador ingressa na relação jurídica então mantida com o falecido.

Enfim, no fortuito humano interno, há imprevidência do ofensor, que não exclui a sua responsabilidade, ex-vi do art.501, caput e §1º, da CLT, *verbis*:

> *Art. 501 – "Entende-se como força maior todo acontecimento inevitável, em relação à vontade do empregador, e para a realização do qual este não concorreu, direta ou indiretamente.*
> *§ 1º - A imprevidência do empregador exclui a razão de força maior."*

Nos termos do art. 502, da CLT, *"Ocorrendo motivo de força maior que determine a extinção da empresa, ou de um dos estabelecimentos em que trabalhe o empregado, é assegurada a este, quando despedido, uma indenização na forma seguinte: I - sendo estável, nos termos dos arts. 477 e 478; II - não tendo direito à estabilidade, metade da que seria devida em caso de rescisão sem justa causa; III - havendo contrato por prazo determinado, aquela a que se refere o art. 479 desta Lei, reduzida igualmente à metade."*

Conforme art. 61, *caput*, "Ocorrendo necessidade imperiosa, poderá a duração do trabalho exceder do limite legal ou convencionado, seja para fazer face a motivo de força maior, seja para atender à realização ou conclusão de serviços inadiáveis ou cuja inexecução possa acarretar prejuízo manifesto.

"§ 3º - Sempre que ocorrer interrupção do trabalho, resultante de causas acidentais, ou de força maior, que determinem a impossibilidade de sua realização, a duração do traba-

5. Curso de Direito Civil, vol.02, Saraiva, 2ª edição, 2004, p.252.

lho poderá ser prorrogada pelo tempo necessário até o máximo de 2 (duas) horas, durante o número de dias indispensáveis à recuperação do tempo perdido, desde que não exceda de 10 (dez) horas diárias, em período não superior a 45 (quarenta e cinco) dias por ano, sujeita essa recuperação à prévia autorização da autoridade competente."

Essa possibilidade de exigir a prestação de horas extras independentemente de acordo individual ou coletivo, ou seja, por *jus variandi,* decorre do fato da força maior.

5. *Factum principis* externo e interno

Fato do príncipe é o ato unilateral da autoridade pública - municipal, estadual ou federal - capaz de alterar ou extinguir relações jurídicas privadas já constituídas, para atendimento ao interesse público, a exemplo da desapropriação.

Cuida-se de espécie de força maior, de efeitos inevitáveis, qualificada pela origem: autoridade administrativa, no exercício do interesse público.

Numa conceituação mais ampla, abrange as leis que tornam ilícito o exercício de uma atividade, como ocorreu com os bingos.

No Direito do Trabalho, *factum principis* é o evento extraordinário e inevitável, transitório ou definitivo, causado por ato governamental federal, estadual ou municipal, que influi numa relação jurídica, modificando-a, paralisando-a ou terminando-a (art.486, caput, CLT). Como exemplo, a cessação de uma atividade ou o fechamento, por determinados meses, de uma rua, por ato de autoridade governamental, para a construção de um viaduto, importando na impossibilidade de operação do estabelecimento onde trabalha o empregado, até a conclusão das obras.

O fato do príncipe também pode ser externo e interno.

O fato do príncipe externo interfere na relação jurídica privada, mas transfere à autoridade pública a responsabilidade da indenização, a exemplo da desapropriação.

Já o fato do príncipe interno conserva a responsabilidade nas mãos do sujeito passivo da relação jurídica por ele afetada. Como exemplos, a interdição ou fechamento de estabelecimento ou prédio que ponha em risco os seus usuários.

No *factum prin*cipis, a autoridade causadora fica responsável pelo ressarcimento dos danos causados (art.486, da CLT), exceto em se tratando de *factum prin*cipis interno, por exemplo, a interdição ou fechamento de estabelecimento que põe em risco a segurança ou saúde dos trabalhadores.

6. As Medidas Provisórias nºs. 927/2020, 936/2020 e 944/2020

Investigaremos todos os questionamentos feitos, ao adentrarmos nas normas previstas nas Medidas Provisórias nºs. 927 e 936/2020.

A Medida Provisória nº 927/2020 regula as alternativas trabalhistas adotáveis por empregados e empregadores para enfrentamento do estado de calamidade pública e de emergência da saúde pública decorrente da COVID-19: teletrabalho; antecipação de férias individuais; concessão de férias coletivas; aproveitamento e a antecipação de feriados; banco de horas; suspensão de exigências administrativas em segurança e saúde no trabalho; e direcionamento do trabalhador para qualificação e o diferimento do recolhimento do Fundo de Garantia do Tempo de Serviço - FGTS.

Já a Medida Provisória nº 936/2020 apresenta medidas trabalhistas complementares: a redução proporcional de jornada de trabalho e de salários e a suspensão temporária do contrato de trabalho, mediante relativa complementação ou substituição, conforme o caso, pelo pagamento de Benefício Emergencial de Preservação do Emprego e da Renda, que tem por base o valor do seguro desemprego.

Uma das condições para utilização dos instrumentos previstos nas referidas Medidas Provisórias é o não despedimento dos empregados sem justa causa.

Finalmente, a Medida Provisória nº 944/2020 institui o programa emergencial de suporte a empregos para pessoas jurídicas com receita bruta anual superior a R$360.000,00 e igual ou inferior a R$10.000.000,00, estabelecendo linhas de crédito para empresários, sociedades empresárias e sociedades cooperativas, excetuadas as sociedades de crédito, com a finalidade de pagamento da folha salarial de seus empregados pelo período de dois meses, limitadas a até duas vezes o salário mínimo por empregado. A taxa de juros é de 3,75% ao ano sobre o valor concedido, com prazo de 36 meses para pagamento e carência de seis meses para início do pagamento, com vencimento antecipado da dívida se ocorrer despedimento sem justa causa entre a data da contratação da linha de crédito e o sexagésimo dia após o recebimento da última parcela da linha de crédito, sob pena de vencimento antecipado da dívida.

7. Natureza jurídica do estado de calamidade pública e de emergência da saúde pública frente ao Direito do Trabalho

No parágrafo único do artigo 1º, a MPV nº 927/2020 define como de força maior o estado de calamidade pública e de emergência da saúde pública.

Na verdade, por cuidar-se de evento que tem origem na natureza, a COVID-19, um vírus que diretamente provocou a pandemia com efeitos jurídicos nas relações de trabalho, tecnicamente é hipótese de caso fortuito ou fortuito natural.

Nos termos do referido do art. 501, *caput*, celetário, *"Entende-se como força maior todo acontecimento inevitável, em relação à vontade do empregador, e para a realização do qual este não concorreu, direta ou indiretamente."*

Inexistindo na Consolidação das Leis do Trabalho qualquer norma regulando de forma geral a caracterização e efeitos do caso fortuito, percebe-se que ela, na verdade, não faz distinção entre fortuito natural e fortuito humano, pelo que a definição de força maior, prevista na CLT, engloba o caso fortuito, exceto nas hipóteses em que o legislador pontualmente atribui ao fortuito natural efeitos diferenciados (a exemplo da morte do empregador quando pessoa física – art.483, §2º, CLT e de fortuitos naturais ordinários, a exemplo da gravidez, que gera estabilidade, e da doença endêmica, que provoca sucessivamente, a interrupção e a suspensão do contrato).

Ao contrário das relações civis, na seara trabalhista a força maior geralmente não tem efeito liberatório e nem exclui a responsabilidade. Isto porque a teoria trabalhista do risco, estampada no art.2º, *caput*, da CLT, impõe severas limitações à isenção da responsabilidade patronal, verbis:

> *Art. 2º - Considera-se empregador a empresa, individual ou coletiva, que, assumindo os riscos da atividade econômica, admite, assalaria e dirige a prestação pessoal de serviço.*(g.f.)

Via de consequência, o motivo de força maior que importe em paralisação temporária da atividade empresarial ou do estabelecimento, não autoriza o empregador a suspender o pagamento do salário do trabalhador (art.61, §3º, da CLT).

De igual sorte, um incêndio causado por fortuito natural (um raio não absorvido pelo melhor pararaios existente no mercado) ou por fortuito humano (por centenas de manifestantes envolvidos em tumulto externo), que venha a importar na perda do estabelecimento em que o empregado trabalhava, não exime a empresa de indenizá-lo.

Assim ocorre em razão do disposto no já referido art.2º, *caput*, da CLT.

No entanto, essa indenização é devida por metade (art.502, §2º, da CLT). Isto porque, em que pese a imputação legal de responsabilidade patronal, se o empregador não teve culpa no evento, o empregado muito menos. Dai que a indenização devida resulta de divisão entre empregado e empregador do prejuízo causado pela força maior. E no caso de paralisação temporária do trabalho por motivos casuais, o empregado não trabalha, faz jus à remuneração integral no interregno, mas depois lhe pode ser cobrada a prestação de horas extras no limite legal, para recuperação do tempo perdido (art.61, §3º, da CLT). A MP 927/2020 flexibilizou esse prazo, adequando-o aos tempos da COVID-19.

Note-se que o legislador não exige a imprevisibilidade do acontecimento. Contenta-se com a inevitabilidade e com não ter o empregador de alguma forma concorrido para a sua verificação (fortuito externo).

De igual sorte, a necessidade de redução da jornada normal ou do número de dias do trabalho ditadas pela conjuntura como previsto na Lei nº 4.923/1965 ou medidas que levem à redução salarial para efeito de recuperação da empresa (Lei nº 11.101/2005) também não exigem a imprevisibilidade, bastando a inevitabilidade da redução para permitir a continuidade da empresa, como medida de preservação dos empregos.

O § 2º do art.501da CLT exige, no entanto, para a caracterização do fortuito natural ou humano, que ele afete a situação econômica e financeira da empresa.

Diante do fato notório do risco da COVID-19, a ponto da legislação ter se preocupado, de forma emergencial, a flexibilizar os diversos instrumentos existentes na legislação jurídicos, com ajuste direcionado a evitar o desemprego, está claro que fica dispensada, para todos os efeitos, a comprovação de afetação da situação econômica e financeira da empresa. Presumem-se, *iure et de iure*, os atropelos econômicos e financeiros que atingem todos os setores produtivos e todos os trabalhadores.

O §1º do art. 501, CLT, esclarece que o motivo de força maior é descartado diante da imprevidência do empregador.

Como já antes referido, esse dispositivo não atua nas situações previstas na Lei nº 4.923/1965 e 11.101/2005. Aplica-se a fatos como falta de preparo da empresa para enfrentar um racionamento de energia, previamente divulgado.

Portanto, não há como aplicar-se o dispositivo diante de uma situação como a da COVID-19, exceto nas hipóteses em que o empregador, desatendendo as recomendações do Ministério da Saúde e do fechamento do comércio, bares, restaurantes, cinemas, teatros e casas de shows, obriga o trabalhador a prestar serviços, arriscando-o à contaminação, notadamente aqueles pertencentes ao grupo de risco.

Por outro lado, como vários governos estaduais e prefeituras determinaram a paralisação das atividades empresariais, ressalvadas as essenciais, discute-se se a hipótese na seria de fato do príncipe, ou seja, de força maior externa, qualificada pela origem governamental do ato impeditivo administrativo de paralisação da empresa, hipótese em que, nos termos do art.486, da CLT, a responsabilidade pelos custos da paralisação seria da autoridade governamental.

O governo precisa mesmo participar dos efeitos devastadores desse infortúnio, ajudando na sobrevivência das empresas e dos trabalhadores, que são os pilares da produção, comercialização e distribuição de produtos, prestação de serviços e comercialização no mercado. É o que busca fazer por meio das Medidas Provisórias nºs. 936 e 944/2020. Mas, evidentemente, a sua responsabilidade social e econômica, em princípio, não decorre de fato do príncipe. As ações de governo regionais e locais de fechamento temporário de empresas foram determinadas por fatores excepcionais externos e de saúde pública, que transcendem o mero ato administrativo habitual de interesse público.

No art. 2º, a MP 927/2020 estabelece que durante o estado de calamidade pública a que se refere o art. 1º empregado e empregador poderão celebrar acordo individual escrito, a fim de garantir a permanência do vínculo empregatício, que terá preponderância sobre os demais instrumentos normativos, legais e negociais, respeitados os limites estabelecidos na Constituição.

Como as medidas ali previstas são destinadas à preservação do emprego e da renda durante o estado de calamidade pública decorrente da COVID-19, a intenção do legislador foi a de possibilitar, em caráter de urgência, que por meio desses acordos individuais pudesse o empregador, preservando os empregos, prontamente organizar a sua atividade. E para isso extraordinariamente flexibilizou as normas celetárias.

8. As alternativas previstas na MPV nº 927/2020

A MP 927 apresenta como alternativas para o período de calamidade pública: o teletrabalho; a antecipação de férias individuais; a concessão de férias coletivas; o aproveitamento e a antecipação de feriados; o banco de horas; a suspensão de exigências administrativas em segurança e saúde no trabalho; o direcionamento do trabalhador para qualificação; e o diferimento do recolhimento do Fundo de Garantia do Tempo de Serviço – FGTS (art. 3º. I a VIII).

8.1. Teletrabalho

A MPV 927/2020 permite alterar por acordo individual o regime de trabalho presencial para o de teletrabalho; o trabalho remoto ou outro tipo de trabalho à distância; e determinar o retorno ao regime de trabalho presencial, independentemente da existência de acordos individuais ou coletivos, dispensado o registro prévio da alteração no contrato individual de trabalho (art.4º, *caput*).

A MPV andou bem ao permitir essas alterações por mero *jus variandi*, dada a situação emergencial, que não condiz com o enfrentamento de burocracias. O que não impede e tudo aconselha para evitar-se riscos diante de situações específicas, a regulação por meio de acordo ou convenção coletiva de trabalho.

A respeito, o art.8º, § 4º, da MPV 936/2020, estatui que se durante o período de suspensão temporária do contrato de trabalho o empregado mantiver as atividades de trabalho, ainda que parcialmente, por meio de teletrabalho, trabalho remoto ou trabalho à distância, ficará descaracterizada a suspensão temporária do contrato de trabalho, e o empregador estará sujeito: ao pagamento imediato da remuneração e dos encargos sociais referentes a todo o período; às penalidades previstas na legislação em vigor; e às sanções previstas em convenção ou em acordo coletivo.

8.2. Férias individuais

Relativamente às férias individuais, a MPV 927/2020 admite, também por *jus variandi*, a flexibilização em relação à norma legal durante o período de calamidade pública, estatuindo que o empregador informará ao empregado sobre a antecipação de suas férias com antecedência de, no mínimo, quarenta e oito horas, por escrito ou por meio eletrônico, com a indicação do período a ser gozado pelo empregado. Apenas ressalva que as férias não poderão ser gozadas em períodos inferiores a cinco dias corridos; que poderão ser concedidas por ato do empregador, ainda que o período aquisitivo a elas relativo não tenha transcorrido; e que serão priorizados os trabalhadores que pertençam ao grupo de risco do novo coronavirus. E adicionalmente, permite que empregado e empregador possam negociar a antecipação de períodos futuros de férias, mediante acordo individual escrito (art.6º, *caput* e §§).

O problema é que as férias do trabalhador são, pela Constituição Federal, anuais e várias antecipações futuras, cumuladas num mesmo ano e com mobilidade restrita para usufruto do lazer, não atende o objetivo das férias (art.7º, XVII, CF).

Todavia, o momento é de sacrifício e solidariedade. E o empregador traz menos prejuízo ao trabalhador quando opta em conceder antecipação de férias, preservando os ganhos do empregado, em vez de reduzir o salário ou suspender o contrato, hipótese em que mesmo com a atuação do Benefício Emergencial reduz o valor da contraprestação inerente ao contrato de trabalho.

8.3. Férias coletivas

Durante o estado de calamidade pública a MP permite que o empregador conceda, a seu critério, férias coletivas, devendo apenas notificar o conjunto de empregados afetados com antecedência de, no mínimo, quarenta e oito horas, não exigindo a aplicação do limite máximo de períodos anuais e o limite mínimo de dias corridos previstos na CLT (art.11).

A dispensa da comunicação prévia ao órgão local do Ministério da Economia e aos sindicatos representativos da categoria profissional atende aos fins emergenciais da situação (art.12).

Tanto a antecipação ou concessão de férias individuais, como as coletivas sem a observância das burocracias legais necessárias em tempos normais, são medidas emergenciais e cabíveis, destinadas a contornar a paralisação da atividade em decorrência da pandemia e evitar o desemprego. Repete-se aqui o que foi dito em relação às férias individuais. Dos males, a preservação do valor do salário e a preservação do emprego compensa o sacrifício.

8.4. Antecipação dos feriados

De igual sorte, boa a medida de, durante o estado de calamidade pública, possibilitar aos empregadores antecipar o gozo de feriados não religiosos federais, estaduais, distritais e municipais, mediante notificação, por escrito ou por meio eletrônico, ao conjunto de empregados beneficiados com antecedência de, no mínimo, quarenta e oito horas, com indicação expressa dos feriados aproveitados, tudo com possibilidade de utilização para compensação do saldo em banco de horas (art.13). Também preserva os ganhos e evita a despedida.

8.5. Banco de horas e recuperação posterior do tempo perdido com paralisação

O art.14 da MPV nº 927 flexibiliza a CLT, elastecendo o prazo de recuperação de 45 dias por ano, previsto no art.61, §3º, do diploma trabalhista, do tempo perdido com paralisação por motivo de forma maior, e o conjuga com o banco de horas. Estabelece o novel dispositivo, em caráter temporário:

> *Art. 14. Durante o estado de calamidade pública a que se refere o art. 1º, ficam autorizadas a interrupção das atividades pelo empregador e a constituição de regime especial de compensação de jornada, por meio de banco de horas, em favor do empregador ou do empregado, estabelecido por meio de acordo coletivo ou individual formal, para a compensação no prazo de até dezoito meses, contado da data de encerramento do estado de calamidade pública.*
>
> *§ 1º A compensação de tempo para recuperação do período interrompido poderá ser feita mediante prorrogação de jornada em até duas horas, que não poderá exceder dez horas diárias.*
>
> *§ 2º A compensação do saldo de horas poderá ser determinada pelo empregador independentemente de convenção coletiva ou acordo individual ou coletivo.*

A medida também é bem vinda, porque preserva os ganhos salariais e evita a despedida.

8.6. Prorrogação com compensação

O art.26 da MPV nº 927 permite a prorrogação de jornada de trabalho e a adoção e prorrogação de horas em escalas por acordo individual.

A medida é necessária tanto para os empresários que, ao contrário dos demais, precisam ter a atividade em funcionamento extra, para atender demandas do mercado (fabricação de máscaras, respiradores, médicos e pessoal da saúde), como também para aqueles que precisam adotar revezamento e turnos entre os empregados para evitar a presença simultânea dos trabalhadores no mesmo ambiente.

8.7. Suspensão da exigibilidade de recolhimento do FGTS

Por fim, a MP determinou a suspensão da exigibilidade do recolhimento do FGTS pelos empregadores, referente às competências de março, abril e maio de 2020, com vencimento em abril, maio e junho de 2020, respectivamente, com compensação escalonada posterior (arts. 19 e 20), como forma de dar fôlego às empresas para enfrentamento do período de calamidade.

9. As alternativas previstas na MPV nº 936/2020

O art.18 da MPV nº 927/2020, que cuidava do direcionamento do trabalhador para qualificação, flexibilizando o art.476-A, da CLT, foi revogado pela Presidência da República e, em substituição, foi apresentada a Medida Provisória n° 936/2020.

Outrossim, a MPV nº 936 trouxe outras alternativas, desta feita com participação direta do governo no auxílio aos empresários e trabalhadores, entre elas a redução de jornada com redução do salário, a suspensão do contrato de trabalho e a criação do Benefício Emergencial de Preservação do Emprego e da Renda para complementação ou substituição do salário do trabalhador.

Diferentemente da Medida Provisória nº 927/2020, os empresários que optarem pelas alternativas previstas na MPV nº 936/2020 ficam impedidos de despedir os trabalhadores com os quais fizerem acordos individuais ou coletivos, pelo prazo previsto na Medida Provisória.

Outrossim, constituirá fraude à lei o empresário que adotar as alternativas constantes da Medida Provisória nº 927/2020, concedendo, por exemplo, antecipação de férias individuais ou coletivas, e depois resolver cumular essas alternativas com redução de jornada com redução salarial ou suspensão do contrato.

9.1. Direcionamento para qualificação

Dispõe o art.17 da MPV nº 936/2020, no inciso I, que o curso ou o programa de qualificação profissional de que trata o art. 476-A da Consolidação das Leis do Trabalho poderá ser oferecido pelo empregador exclusivamente na modalidade não presencial, e terá duração não inferior a um mês e nem superior a três meses.

A respeito, a MPV reduziu, durante o período de calamidade, o curso ou programa de qualificação oferecido como opção de suspensão contratual.

No caso, se adotada a solução, aplicam-se à hipótese as normas previstas na MPV, já acima comentadas, sobre suspensão temporária do contrato, e não as da CLT. Ou seja, durante a suspensão o empregador poderá aproveitar para qualificar o trabalhador, com garantia de emprego do trabalhador.

O Benefício Emergencial de Preservação do Emprego e da Renda não será devido ao empregado que já esteja em gozo da bolsa de qualificação profissional de que trata o art. 2º-A da Lei nº 7.998, de 1990, que regulamenta o art.476-A, da CLT.

Não teria sentido o trabalhador cumular o Benefício Emergencial previsto na MPV 936/2020 com a bolsa de qualificação profissional custeada pelo Fundo de Amparo ao Trabalhador - FAT, referente ao trabalhador que já esteja com o contrato de trabalho suspenso para participação em curso ou programa de qualificação profissional como previsto em condições e prazo no art.476-A, da CLT.

9.2. Redução salarial

O limite estabelecido na CLT para a redução salarial de caráter geral é de 25%, tendo como fatos geradores a força maior ou prejuízos financeiros devidamente comprovados, bastando o *jus variandi* para a alteração contratual até dos efeitos da força maior (art.503, *caput*, da CLT).

A norma foi revogada por lei posterior, de nº 4.923/1965, que exige apenas comprovadas dificuldades financeiras, derivadas de conjuntura econômica, estabelecendo o limite 25% de redução, mas com contrapartida de redução proporcional da jornada.

Como a Constituição não estabelece limite de redução salarial proporcional à redução da jornada, percentual distinto do previsto na Lei nº 4.923/1965 pode ser instituído por lei ou negociado entre as categorias econômica e profissional. A MP nº 936/2020 o fez, de forma transitória e em caráter emergencial.

Logo, em relação aos percentuais previstos no art.7º, III, da MP 936/2020, nada tem de inconstitucional a possibilidade do empregador acordar a redução da jornada de trabalho e de salário, exclusivamente, nos seguintes percentuais: a) vinte e cinco por cento; b) cinquenta por cento; ou c) setenta por cento.

O problema está no art.7º, II, ao designar o acordo individual como suficiente para o ajuste.

Pela interpretação literal da Constituição Federal, esse ajuste exige negociação coletiva. Só por acordo ou convenção coletiva poderia ser viabilizado (art.7º, VI e VIII, CF).

Aplicada a mesma literalidade, para o hipersuficiente previsto no art.444, parágrafo único, CLT, também haveria necessidade de ajuste por negociação coletiva.

Apreciando a questão e interpretando sistematicamente a Constituição, provocado, entendeu o STF, por maioria, diante da inusitada crise causada pela pandemia; da urgência do empregador organizar a sua atividade empresarial, paralisando-a ou reduzindo-a em tempo ou quantitativo, pela constitucionalidade das normas que autorizam a negociação individual para quem aufere até R$3.135,00 mensais ou para quem recebe salário mensal a partir de R$12.102,00, bastando a comunicação posterior ao sindicato da categoria profissional (art.11, §4º, da MPV).

De qualquer sorte, restará descaracterizado o acordo quanto aos respectivos efeitos, se o empregador valer-se da norma para a redução e, não obstante, impuser ao trabalhador a jornada normal de trabalho, ainda que por meio de trabalho à distância ou lhe exigir a prestação de horas extras.

Relativamente ao acordo de redução, indaga-se se alcança os exercentes de cargo de confiança previstos no art.62, II, da CLT.

Evidentemente, não, independentemente de serem ou não hipersuficientes. Pelo fato do gestor não ter jornada definida, a redução torna-se inviável. Não bastasse e é a justificativa mais contundente, os gestores, em épocas de crise são os trabalhadores que, pelas circunstâncias, são os mais acionados pelo empregador. Poderá, neste caso, o empregador ajustar com o gestor, em caso de paralisação total e temporária da atividade empresarial, a suspensão temporária do contrato ou despedi-lo, mediante indenização por metade.

Para compensar a redução salarial que beneficia o empregador, foi criado o Benefício Emergencial de Preservação do Emprego e da Renda, custeado com recursos da União, que beneficia o empregado (art.5º, I).

O referido benefício só será devido nas reduções a partir de 25% da jornada, com a correspondente redução do salário.

Será devido nos percentuais: de vinte e cinco por cento sobre a base de cálculo para a redução de jornada e de salário igual ou superior a vinte e cinco por cento e inferior a cinquenta por cento; de cinquenta por cento sobre a base de cálculo para a redução de jornada e de salário igual ou superior a cinquenta por cento e inferior a setenta por cento; e de setenta por cento sobre a base de cálculo para a redução de jornada e de salário superior a setenta por cento.

A opção pela redução da jornada de trabalho com redução do salário mediante complementação salarial com o Benefício Emergencial de Preservação do Emprego e da Renda, importará em garantia provisória do emprego durante o período acordado de redução da jornada de trabalho e de salário e após o restabelecimento da jornada de trabalho e de salário, por período equivalente ao acordado para a redução (art.10, I e II, da MPV 936).

O Benefício Emergencial de Preservação do Emprego e da Renda será pago ao empregado independentemente do cumprimento de qualquer período aquisitivo; do tempo de vínculo empregatício; e do número de salários recebidos (art.6º, § 1º, I a III).

O Benefício Emergencial de Preservação do Emprego e da Renda não será devido ao empregado que esteja: ocupando cargo ou emprego público, cargo em comissão de livre nomeação e exoneração ou titular de mandato eletivo; ou em gozo: a) de benefício de prestação continuada do Regime Geral de Previdência Social ou dos Regimes Próprios de Previdência Social, ressalvado o disposto no parágrafo único do art. 124 da Lei nº 8.213, de 24 de julho de 1991; do seguro-desemprego, em qualquer de suas modalidades; e da bolsa de qualificação profissional de que trata o art. 2º-A da Lei nº 7.998, de 1990 (art.6º, §2º, I e II, a a c).

A ajuda compensatória mensal deverá ter o valor definido no acordo individual pactuado ou em negociação coletiva; terá natureza indenizatória; não integrará a base de cálculo do imposto sobre a renda retido na fonte ou da declaração de ajuste anual do imposto sobre a renda da pessoa física do empregado; não integrará a base de cálculo da contribuição previdenciária e dos demais tributos incidentes sobre a folha de salários; não integrará a base de cálculo do valor devido ao Fundo de Garantia do Tempo de Serviço - FGTS, instituído pela Lei nº 8.036, de 11 de maio de 1990, e pela Lei Complementar nº 150, de 1º de junho de 2015; e poderá ser excluída do lucro líquido para fins de determinação do imposto sobre a renda da pessoa jurídica e da Contribuição Social sobre o Lucro Líquido das pessoas jurídicas tributadas pelo lucro real (art.9º, §1º, I a VI).

A ajuda compensatória prevista não integrará o salário devido pelo empregador (art.9º, §2º).

O referido benefício, atendida a exigência de informação ao Ministério da Economia, da redução da jornada de trabalho e de salário, no prazo de dez dias, contado da data da celebração do acordo, consistirá em prestação mensal, devida a partir da data do início da redução da jornada de trabalho e de salário, com a primeira parcela paga trinta dias após o ajuste (incisos I e II do art.5º da MPV 936).

Caso não informe, o empregador ficará responsável pelo pagamento da remuneração no valor anterior à redução da jornada de trabalho e de salário, inclusive dos respectivos encargos sociais, até a que informação seja prestada (§3º, I).

Se vier a informação em data posterior aos dez dias estabelecidos em lei, o prazo para pagamento do benefício observará a data em que a informação tenha sido efetivamente prestada, para pagamento nos trinta dias seguintes, e será devido pelo restante do período pactuado (§ 3º, II e III).

O valor do Benefício Emergencial de Preservação do Emprego e da Renda terá como base de cálculo o valor mensal do seguro-desemprego a que o empregado teria direito se despedido fosse (art.6º, *caput*), aplicando-se sobre ela o percentual da redução (art.6º, I).

O empregado com mais de um vínculo formal de emprego poderá receber cumulativamente um Benefício Emergencial de Preservação do Emprego e da Renda para cada vínculo com redução proporcional de jornada de trabalho e de salário (§3º do art.6º).

A redução da jornada e do salário, temporária, cessará no prazo de dois dias corridos, contado: da cessação do estado de calamidade pública; da data estabelecida no acordo individual como termo de encerramento do período e redução pactuado; ou da data de comunicação do empregador que informe ao empregado sobre a sua decisão de antecipar o fim do período de redução pactuado (parágrafo único do art.7º da MPV).

A dispensa sem justa causa que ocorrer durante o período de garantia provisória no emprego previsto no caput sujeitará o empregador ao pagamento, além das parcelas rescisórias previstas na legislação em vigor, de indenização no valor de: cinquenta por cento do salário a que o empregado teria direito no período de garantia provisória no emprego e de salário igual ou superior a vinte e cinco por cento e inferior a cinquenta por cento; setenta e cinco por cento do salário a que o empregado teria direito no período de garantia provisória no emprego e de salário igual ou superior a cinquenta por cento e inferior a setenta por cento; ou cem por cento do salário a que o empregado teria direito no período de garantia provisória no emprego, e de salário em percentual superior a setenta por cento (art.10, §1º, I a III).

9.3. Suspensão temporária do contrato de trabalho

Estabelece o art.8º, *caput*, da MP 936/2020 a possibilidade do empregador acordar a suspensão temporária do contrato de trabalho de seus empregados, pelo prazo máximo de sessenta dias, que poderá ser fracionado em até dois períodos de trinta dias.

A suspensão pode ser total, em caso de paralisação do negócio, ou parcial, referente a um ou alguns setores da empresa.

O art. 8º, §1º, designa o acordo individual como suficiente para o ajuste. Não havendo exigência constitucional de negociação coletiva para a hipótese, é lícita a negociação individual?

Se pela Constituição a negociação coletiva é exigível para redução salarial, obviamente é exigível para que não se pague salário nenhum durante a suspensão do contrato não causada pelo trabalhador.

De qualquer sorte, o STF já se pronunciou a respeito da constitucionalidade da medida mediante acordo individual para as faixas salariais previstas na MP 936/2020, com a substituição parcial ou total do salário pelo Benefício Emergencial governamental, correspondente ao valor do seguro desemprego. As empresas com receita bruta superior a R$ 4.800.000,00 precisarão arcar com 30% do salário devido, atuando o benefício somente em relação à parcela excedente.

Removido o obstáculo, será possível ao empregador exigir do trabalhar horas extraordinárias compensatórias do tempo perdido com a paralisação (§3º do art.61, que não se confunde com a situação do §2º, ambos da CLT).

Durante o período de suspensão temporária do contrato, o empregado fará jus a todos os benefícios concedidos pelo empregador aos seus empregados e ficará autorizado a recolher para o Regime Geral de Previdência Social na qualidade de segurado facultativo (§2º, I e II da MPV 936).

Para compensar a suspensão contratual, foi criado o Benefício Emergencial de Preservação do Emprego e da Renda, custeado com recursos da União, que beneficia o empregado (art.5º, II).

O empregado com mais de um vínculo formal de emprego poderá receber cumulativamente um Benefício Emergencial de Preservação do Emprego e da Renda para cada vínculo com suspensão temporária do contrato de trabalho (§3º do art.6º).

O Benefício Emergencial de Preservação do Emprego e da Renda não será devido ao empregado que esteja: ocupando cargo ou emprego público, cargo em comissão de livre nomeação e exoneração ou titular de mandato eletivo; ou em gozo: a) de benefício de prestação continuada do Regime Geral de Previdência Social ou dos Regimes Próprios de Previdência Social, ressalvado o disposto no parágrafo único do art. 124 da Lei nº 8.213, de 24 de julho de 1991; do seguro-desemprego, em qualquer de suas modalidades; e da bolsa de qualificação profissional de que trata o art. 2º-A da Lei nº 7.998, de 1990 (art.6º, §2º, I e II, a a c).

A opção pela suspensão temporária mediante complementação salarial com o Benefício Emergencial de Preservação do Emprego e da Renda, importará em garantia provisória do emprego durante o período acordado suspensão temporária do contrato e após o encerramento da suspensão, por período equivalente ao acordado para a suspensão (art.10, I e II).

A ajuda compensatória mensal deverá ter o valor definido no acordo individual pactuado ou em negociação coletiva; terá natureza indenizatória; não integrará a base de cálculo do imposto sobre a renda retido na fonte ou da declaração de ajuste anual do imposto sobre a renda da pessoa física do empregado; não integrará a base de cálculo da contribuição previdenciária e dos demais tributos incidentes sobre a folha de salários; não integrará a base de cálculo do valor devido ao Fundo de Garantia do Tempo de Serviço - FGTS, instituído pela Lei nº 8.036, de 11 de maio de 1990, e pela Lei Complementar nº 150, de 1º de junho de 2015; e poderá ser excluída do lucro líquido para fins de determinação do imposto sobre a renda da pessoa jurídica e da Contribuição Social sobre o Lucro Líquido das pessoas jurídicas tributadas pelo lucro real (art.9º, §1º, I a VI).

Para valer-se do expediente da suspensão temporária contratual, o empregador não poderá manter as atividades de trabalho do empregado, ainda que parcialmente, por meio de teletrabalho, trabalho remoto ou trabalho à distância. Se assim o fizer, ficará descaracterizada a suspensão temporária do contrato de trabalho, e o empregador estará sujeito: ao pagamento imediato da remuneração e dos encargos sociais referentes a todo o período; às penalidades previstas na legislação em vigor; e às sanções previstas em convenção ou em acordo coletivo (art.8º, §4º, I a III da MPV 936).

O Benefício Emergencial de Preservação do Emprego e da Renda, atendida a exigência de informação ao Ministério da Economia, da redução da jornada de trabalho e de salário, no prazo de dez dias, contado da data da celebração do acordo, consistirá em prestação mensal, devida a partir da data do início da suspensão temporária do contrato de trabalho, com a primeira parcela paga trinta dias após o ajuste (art.5º, §2º, I e II da MPV 936).

Caso não informe, o empregador ficará responsável pelo pagamento da remuneração no valor anterior à suspensão, inclusive dos respectivos encargos sociais, até a que informação seja prestada (§3º, I).

Se a informação for encaminhada pela empresa em data posterior aos dez dias estabelecidos em lei, o prazo para pagamento do benefício observará a data em que tenha sido efetivamente prestada, para pagamento nos trinta dias seguintes, e o benefício será devido pelo restante do período pactuado (§ 3º, II e III), respondendo a empresa pelo pagamento normal da remuneração e encargos incidentes quanto ao período antecedente à efetiva prestação da informação (§3º, I).

O valor do Benefício Emergencial de Preservação do Emprego e da Renda terá como base de cálculo o valor mensal do seguro-desemprego a que o empregado teria direito se despedido fosse (art.6º, *caput*).

Para as empresas com receita bruta inferior a R$4.800.000,00 no ano-calendário de 2019, o benefício será devido em montante equivalente a cem por cento do valor mensal do seguro-desemprego a que o empregado teria direito se despedido fosse (art.6º, II, a).

Todavia, em se tratando de empresa que tiver auferido, no ano-calendário de 2019, receita bruta superior a R$ 4.800.000,00 (quatro milhões e oitocentos mil reais), somente poderá suspender o contrato de trabalho de seus empregados mediante o pagamento de ajuda compensatória mensal no valor de trinta por cento do valor do salário do empregado (art.6º, II, b).

Independentemente do prazo previsto para a suspensão do contrato, ele será restabelecido no prazo de dois dias corridos, contados: da cessação do estado de calamidade pública; da data estabelecida no acordo individual como termo de encerramento do período e suspensão pactuado; ou da data de comunicação do empregador que informe ao empregado sobre a sua decisão de antecipar o fim do período de suspensão pactuado (art.8º, §3º, I a III).

A dispensa sem justa causa que ocorrer durante o período de garantia provisória no emprego previsto no caput sujeitará o empregador ao pagamento, além das parcelas rescisórias previstas na legislação em vigor, de indenização no valor de cem por cento do salário a que o empregado teria direito no período de garantia provisória no emprego (art.10, §1º, III).

9.4. *Jus variandi* entre redução e suspensão

Nos termos do art.16 da MPV 936/2020, o empregador pode substituir o sistema de redução de jornada com redução salarial proporcional pela suspensão do contrato, ou vice-versa, dependendo dos efeitos da COVID-19 no funcionamento do seu negócio.

9.5. Redução com suspensão

Não foi prevista pelo legislador, mas quem pode o mais, o *jus variandi* entre redução e suspensão ou vice-versa, pode o menos: nos casos de suspensão parcial de algum ou alguns setores da empresa, nada impede que o empregador, cumulativamente, acerte com os trabalhadores dos demais setores a redução das jornadas com redução proporcional dos salários.

10. Despedida sem justa causa e efeitos

A empresa que diante da COVID-19 imediatamente precisou encerrar as suas atividades ou diminuir o quadro de pessoal, pagará aos trabalhadores a indenização por metade, prevista no art.503, da CLT, sem incidência de aviso prévio.

O aviso prévio é uma comunicação prévia que deve se antecipadamente feita nos contratos por tempo indeterminado, para prevenir as partes do fato do rompimento contratual. A falta do aviso importa em indenização.

Frente a causas imprevistas, essa comunicação é inócua e indevida. Como avisar com antecedência, ainda mais proporcional ao tempo de serviço em relação ao trabalhador, diante de uma situação emergencial que importa na necessidade imediata do rompimento? Assim como não é devido nos casos em que o contrato por prazo determinado chega ao fim e não é renovado, também não é devido quando precisa ser imediatamente rompido sem culpa das partes.

Todavia, se a empresa optou por uma das alternativas previstas na MP nº 927/2020, também pagará ao empregado a indenização prevista no art.503, II, da CLT, mas agora com incidência do aviso prévio, por ter criado a expectativa da continuidade do contrato.

Se a empresa opta pelas soluções previstas na Medida Provisória nº 936 (suspensão ou redução salarial), fica impedida de despedir o empregado no prazo legal por ela criado como de garantia. E se o fizer, precisará pagar indenização por inteiro, acrescida de 50%, sem prejuízo da indenização substitutiva do aviso prévio.

11. Valor devido em caso de despedida

Além da indenização por metade, prevista em lei, questiona-se se todas as parcelas decorrentes da terminação do contrato são devidas por metade.

A indagação é interessante, porque no distrato e na culpa recíproca essa divisão incide.

No entanto, no caso da força maior outra deve ser a interpretação. A indenização que incide sobre o FGTS é devida por metade; aviso prévio é incabível; a gratificação natalina é devida, inteira ou proporcional, porque adquirida dia a dia após 15 dias; as férias já adquiridas são devidas por inteiro; e as férias proporcionais são devidas por metade, porque não se deveu à responsabilidade do empregador o óbice para a sua aquisição, dividindo assim as partes o prejuízo.

Na hipótese do empregador optar pela redução salarial ou pela suspensão do contrato e vier a despedir o trabalhador, incidirá indenização por inteiro (se não despediu de início, optando por outras soluções que deram direito à garantia de emprego, não poderá mais se valer da possibilidade prevista no art.502, da CLT) mais 50% a título de indenização pela quebra da garantia de emprego, como previsto na MP.

A interpretação de que devido seria apenas indenização de 50% não tem lógica. Faria atuar simplesmente o art.502, da CLT, como se o trabalhador não tivesse agora acrescido ao seu patrimônio adquirido a garantia de emprego.

12. Conclusão

Inegavelmente, os efeitos da COVID-19 no funcionamento das atividades empresariais devem ser caracterizados como motivo de fortuito natural, apesar da genérica conceituação trabalhista de força maior.

A determinação governamental de paralisação de negócios, por motivo de saúde pública, não pode ser apontada como fato do príncipe, este ligado apenas a atos administrativos de interesse público de origem normal, e não os excepcionais, derivados, como ocorre no presente momento, de calamidade pública originada de fato da natureza e não de necessidade pública.

Os instrumentos previstos nas Medidas Provisórias nºs. 927/2020, 936/2020 e 944/2020, temporários, foram necessários para flexibilização da CLT e para propiciar recursos às empresas para manutenção dos empregados neste período de calamidade pública. Consistem em soluções que podem ser utilizadas para enfrentamento deste período difícil tanto para o empregado como para o empregador.

Simplesmente impor os pagamentos salariais em atividades que precisaram ser suspensas por um período entre sessenta e noventa dias, constituiria para as empresas ônus excessivo. A fórmula encontrada foi a melhor saída.

Elogiável, portanto, tanto a complementação financeira governamental de suporte ao trabalhador em caso de redução de jornada com redução proporcional de salário, como na hipótese de suspensão do contrato, e a linha de crédito aberta com juros subsidiados e prazo elástico para pagamento. E é objeto de aplausos a garantia provisória do emprego durante o período de suspensão ou de redução, como forma de evitar o desemprego.

Criticável, no entanto, como tem ocorrido nas recentes alterações legislativas e ainda que possa ser constitucional, o expediente de relegar a atuação do sindicato a segundo plano. Em vez de, a exemplo dos demais países, prestigiar o sindicato como veículo de diálogo e negociação em situações como essa, de evidente caráter coletivo, as Medidas Provisórias autorizam acordos individuais exatamente para os trabalhadores mais frágeis na relação de emprego, que são os hiper hipossuficientes (nominados assim mesmo e que pela presumida baixa qualificação profissional não têm voz solitária), que auferem até R$3.135,00 mensais.

Para além da CODIV-19, será preciso reformular não apenas o modelo de legislação trabalhista existente, pouco afeito às transformações do mundo do trabalho, como também as políticas públicas, que são fatores exógenos ao relacionamento individual ou coletivo de trabalho.

A necessidade de intervenção governamental em relação aos informais demonstrou que é passada a hora de preocupar-se com a inclusão de mais de 50% de trabalhadores no mercado formal, trabalhadores esses que estão socialmente desprotegidos. E que também não geram tributos para o governo, sobrecarregando os demais contribuintes.

Objeto de preocupação também estende-se aos semidependentes, igualmente desprotegidos e aos demais trabalhadores, estes diante do avanço das novas tecnologias, substitutivas do trabalho humano, num país que ainda não possui regulamentação contra os riscos da automação.

Dar proteção apenas aos subordinados, relegando uma imensa massa de trabalhadores à desproteção não é o melhor caminho. O mercado, por si só, não resolve essa questão. A passividade levará, inevitavelmente, a uma convulsão social.

Por outro lado, a educação é o caminho natural para o país não mais depender apenas de exportações e *commodities*, mas de venda de tecnologia e de inserção de boa parte de trabalhadores no mundo do conhecimento. Esse fator é exógeno. Nenhuma legislação trabalhista funcionará a contento em termos de absorção no mercado, se não atuarmos na educação de forma relativamente rápida e eficiente para a diminuição da desigualdade social, que não tem apenas essa como uma das causas.

Na compatibilização da lei trabalhista aos novos tempos, o tratamento diferenciado entre pequenas, médias e grande empresas se impõem. As pequenas não têm como suportar a incidência de uma mesma legislação trabalhista, o que propicia quebras e fraudes.

Por fim, a solidariedade é um princípio constitucional. As liberdades de reunião e de associação estão nela contidos. Reformular o sistema sindical e prestigiar os sindicatos é uma imposição democrática e inteligente de obtenção de um parceiro no diálogo das relações de trabalho. Os sindicatos não servem apenas para reivindicação, mas também para mediação.

Enfim, a opção pela exclusão dos sindicatos em relação a uma grande parcela de trabalhadores nessa COVID-19 terá como efeito perverso um grande questionamento na Justiça do Trabalho, que independe da questão constitucional, aumentando significativamente a judicialização.

Bibliografia

BELMONTE, Alexandre Agra. Instituições Civis no Direito do Trabalho, 5ª edição, Salvador, Juspodivm.

BRASIL, STF. MEDIDA CAUTELAR NA AÇÃO DIRETA DE INCONSTITUCIONALIDADE nº 6.363, DISTRITO FEDERAL. In http://portal.stf.jus.br/processos/detalhe.asp?incidente=5886604. Consulta feita em 22/04/2020.

CAVALLIERI FILHO, Sérgio. Programa de Responsabilidade Civil, 8ª edição, Atlas, São Paulo.

COELHO, FÁBIO ULHÔA. Curso de Direito Civil, vol.02, 2ª edição, Saraiva, 2004.

FONSECA, Arnoldo Medeiros da. Caso Fortuito e Teoria da Imprevisão, 3ª ed., revista e atualizada, Forense, Rio Janeiro, 1958.

10

COVID-19: FORÇA MAIOR E FATO DO PRÍNCIPE

Georgenor de Sousa Franco Filho[1]
Ney Maranhão[2]

1. Vetores Gerais da Medida Provisória nº 927/2020

A pandemia do coronavírus (covid-19) levou ao reconhecimento oficial da ocorrência de **estado de calamidade pública** no Brasil (Decreto Legislativo nº 6, de 20 de março de 2020, do Congresso Nacional). Essa medida, além de flexibilizar limites orçamentários, permitindo a destinação excepcional de mais recursos à saúde sem cometimento de crime de responsabilidade fiscal, também legitima a instauração de regimes jurídicos urgentes e provisórios visando a refrear os impactos da situação calamitosa.

Particularmente, no caso da pandemia por coronavírus, esses impactos são amplos, profundos e ainda incalculáveis. A técnica de máximo confinamento social, aplicada para minorar a impressionante celeridade de propagação do vírus, gerou sérias repercussões no campo das relações de trabalho. A questão foi bem além da simples possibilidade de demissões em massa. O que está em jogo é o fechamento de uma miríade de empresas, sobretudo a bancarrota de micro, pequenas e médias empresas, o que seria uma verdadeira catástrofe socioeconômica.

1. *Georgenor de Sousa Franco Filho* é Desembargador do Trabalho de carreira do TRT da 8ª Região. Doutor em Direito pela Universidade de São Paulo Presidente Honorário da Academia Brasileira de Direito do Trabalho. Membro de Número da Academia Iberoamericana de Derecho del Trabajo y de la Seguridad Social. Professor da Universidade da Amazônia (Graduação e Pós-graduação). Professor da UNAMA (Graduação e Pós-graduação).

2. *Ney Maranhão* é Juiz Titular de Vara da Justiça do Trabalho da 8ª Região. Doutor em Direito pela Universidade de São Paulo. Membro da Academia Brasileira de Direito do Trabalho. Professor da Universidade Federal do Pará (Graduação e Pós-graduação).

À vista desse cenário delicadíssimo, a Presidência da República, arrimada nos evidentes requisitos da urgência e necessidade, publicou a Medida Provisória nº 927, de 22 de março de 2020, dispondo sobre medidas trabalhistas para enfrentamento do estado de calamidade pública reconhecido pelo Decreto Legislativo nº 6, de 20 de março de 2020, e da emergência de saúde pública de importância internacional decorrente do coronavírus.

A leitura atenta da MP 927/2020 revela que o Governo Brasileiro decidiu enfrentar as repercussões trabalhistas da calamidade pública alicerçado, pelo menos, em quatro vetores gerais: 1) Estabelecimento do escopo nuclear de **máxima manutenção do emprego e da renda**; 2) Reconhecimento de que o estado de calamidade pública induz **hipótese jurídica de força maior**; 3) Priorização da **negociação individual entre empregados e empregadores**; 4) Promoção de **intensa flexibilização contratual**. Trata-se de regência extraordinária e provisória; verdadeiramente emergencial. Um regime jurídico de crise.

2. Breve Registro: Sociedade em Rede. Fluxo Virtual de Manifestações Técnicas

A vivência social em rede, ritmada por engenhosos recursos de tecnologia de informação e comunicação, tem demandado navegação massiva de informações em meio ao imenso mar do mundo virtual. No campo ciência do direito, diante da urgência da situação e de inúmeras polêmicas exegéticas, especialmente em relação à MP 927/2020, o debate corre livre e solto em redes sociais. Opiniões técnicas de temas complexos são exigidas em tempo real, não raro gerando açodamentos. Em contrapartida, bons debates científicos são oportunizados em grupos virtuais recheado de especialistas, muitos de rico contorno multidisciplinar, permitindo consumo instantâneo de pontos de vista diferenciados em uma extensão e velocidade sem precedentes.

Não seremos mais os mesmos como pessoas, grupos e instituições, quando essa tempestade passar. Surgirá uma nova sociedade: a sociedade *pós-pandemia*. Muita coisa vai mudar. Publicações técnicas, por exemplo, precisarão ser repensadas. Esperar seis meses para a publicação de um artigo em uma revista qualificada é coisa impensada para os problemas urgentes de hoje. Não sem razão, já há citações em textos científicos de manifestações técnicas emitidas no Youtube, no Telegram, no WhatsApp, no Facebook e mesmo em *lives* do Instagram. O fluxo virtual de informações técnicas é prazeroso, embora por vezes enlouquecedor.

Também podemos admitir que, quando a humanidade acordar desse surpreendente pesadelo, tudo continuará rigorosamente igual. Os ambiciosos continuarão querendo mais. Os pobres e os esquecidos continuarão ao relento. Os ricos continuarão a contar seus muitos e muitos tostões. A inveja, o despeito, o descaso, a maldade continuarão a figurar nos armários e nos escaninhos da vida dos sobreviventes. Não duvidemos, como afirmamos alhures, que não existe ficção, a não ser ela própria (a ficção) que não passa de uma ficção da verdade futura[3].

3. Ver, por todos: FRANCO FILHO, Georgenor de Sousa. O teletrabalho após a reforma trabalhista. **Revista de Direito do Trabalho** (São Paulo), v. 45-200, pp. 135-144, 2019.

De todo modo, os problemas são gravíssimos e as dúvidas interpretativas são muitas. Por isso, a peculiaridade da situação incentiva-nos a também participar dessa sociedade em rede e contribuir com algumas reflexões sobre temas pontuais muito debatidos nos últimos dias.

3. MP 927/2020. A Polêmica Questão da Força Maior

Como já destacado, a MP 927/2020 institui regência jurídica extraordinária e provisória. Já por isso, dispõe o parágrafo único do art. 1º da MP 927/2020:

> "O disposto nesta Medida Provisória se aplica durante o estado de calamidade pública reconhecido pelo Decreto Legislativo nº 6, de 2020, e, para fins trabalhistas, constitui hipótese de força maior, nos termos do disposto no art. 501 da Consolidação das Leis do Trabalho, aprovada pelo Decreto-Lei nº 5.452, de 1º de maio de 1943".

De início, perceba-se o relevante fato de que a MP 927/2020, para fins trabalhistas, reconhece que o vigente **estado de calamidade pública** induz hipótese jurídica de **força maior**. E mais: reconhece-o "nos termos do disposto no art. 501 da Consolidação das Leis do Trabalho".

Isso significa que enquanto estivermos mergulhados no presente estado de calamidade pública, reconhecido pelo Decreto Legislativo nº 6, de 20 de março de 2020, os contratos de trabalho brasileiros estarão sujeitos à regência jurídica peculiar ao instituto da força maior, tal qual regulada em artigo específico do Texto Consolidado.

Aqui, não se perca de vista o **sutil viés restritivo** do texto: segundo a MP 927/2020, o estado oficial de calamidade pública, sob o específico ângulo juslaboral, de fato, é reconhecido como hipótese de força maior. Entretanto, identifica-o, explicitamente, apenas com a específica hipótese de força maior agasalhada no **art. 501 da CLT**.

Estabelecida essa premissa, vejamos a redação dessa disposição legal:

> "Art. 501 - Entende-se como força maior todo acontecimento inevitável, em relação à vontade do empregador, e para a realização do qual este não concorreu, direta ou indiretamente.
>
> § 1º - A imprevidência do empregador exclui a razão de força maior.
>
> § 2º - À ocorrência do motivo de força maior que não afetar substancialmente, nem for suscetível de afetar, em tais condições, a situação econômica e financeira da empresa, não se aplicam as restrições desta Lei referentes ao disposto neste Capítulo".

Recorde-se, desde logo, que a CLT não se preocupa em distinguir *caso fortuito* de *força maior*. Ambos são subsumidos, pois, na expressão generalizante "força maior", constituindo gênero a acomodar as seguintes espécies: força maior *stricto sensu*, caso fortuito e o polêmico fato do príncipe. Os arts. 501 a 504 da CLT versam sobre as duas primeiras hipóteses. A terceira recebe regramento diferenciado, a teor do art. 486 da CLT.

Pois bem. O art. 501 da CLT cuida da força maior em geral. Nele, temos três requisitos, pelo menos, todos focados no empregador. São dois requisitos *objetivos:* a

inevitabilidade do evento e a **impactação econômico-financeira substancial**. O requisito *subjetivo* reside na **completa ausência de culpa patronal**. O primeiro e o último requisitos estão inscritos no caput do art. 501 da CLT. O outro requisito encontra-se no § 2º do citado preceito de lei.

Logo, força maior, nessa acepção inicial, traduz-se como episódio inevitável gerador de afetação substancial da saúde econômico-financeira da empresa, para cujo acontecimento o empregador não deu qualquer causa, direta ou indireta. Esse último aspecto é reiterado no § 1º do mesmo artigo, ao dispor que "a imprevidência do empregador exclui a razão de força maior". Trata-se, enfim, de acontecimento completamente incontornável, expressivamente lesivo e inteiramente alheio à dinâmica empresarial.

Segundo a lei, essa moldura fática já é suficiente, por exemplo, para a excepcional exigência de prática de horas extras sem necessidade de anuência do empregado (CLT, art. 61), esterilizando, assim, a regência jurídica ordinária sobre o tema, que, salutarmente, exige tal concordância (CLT, art. 59, caput). Afinal, em linha de princípio, não é o empregador quem tem direito à prática de sobrelabor, mas o empregado quem tem o direito de não suplantar sua jornada normal (CRFB, art. 7º, XIII).

No caso, porém, encara-se situação episódica e incontornável, verdadeiro fato imperioso que bagunça a organização empresarial e atropela a rotina obreira. Natural, pois, que a prática das horas extras se imponha como fato necessário para amenizar ou mesmo evitar considerável prejuízo patronal. Aqui, bem se vê, inverte-se a lógica, sendo direito do empregador invocar o dever de colaboração de seus obreiros em situação circunstancial e inevitável, como retirar produtos de um galpão repentinamente alagado. Estamos diante da **força maior simples.**

O art. 502 da CLT, por sua vez, trata de uma modalidade diferente de força maior. Agrega-se elemento novo, de elevada tensão, àqueles requisitos do art. 501. Confira-se:

> "Ocorrendo motivo de força maior que determine a extinção da empresa, ou de um dos estabelecimentos em que trabalhe o empregado, é assegurada a este, quando despedido, uma indenização na forma seguinte:
>
> I - sendo estável, nos termos dos arts. 477 e 478;
>
> II - não tendo direito à estabilidade, metade da que seria devida em caso de rescisão sem justa causa;
>
> III - havendo contrato por prazo determinado, aquela a que se refere o art. 479 desta Lei, reduzida igualmente à metade.

Não bastará, agora, que esse evento seja inevitável, expressivamente afetador da saúde financeira do empregador, que em nada deverá ter contribuído para seu advento, direta ou indiretamente. Observe-se que, nesse caso, a intensidade dessa afetação econômico-financeira alcance patamar tão considerável que inexoravelmente conduza à extinção da atividade empresarial, no todo ou em parte. Em termos diretos: a empresa é "engolida" pelo episódio.

Exsurge, assim, caso de **força maior qualificada**, porque gerador de impacto financeiramente tão desastroso que constituirá causa determinante para o próprio encerramento da atividade empresarial. Perceba-se: a decisão de findar contratos de trabalho é mera consequência de uma deliberação anterior atestadora do fim do próprio mister empresarial. Portanto, tanto o empregador quanto os empregados são vítimas do evento consubstanciado em força maior. Segundo a lei, para configuração desse patamar gravíssimo, basta a incontornável necessidade de fechamento de um dos estabelecimentos patronais.

Atingido esse dramático estado de estrangulamento financeiro, a ponto de fazer soçobrar o empreendimento empresarial e, por consequência, extinguir contratos de trabalho, exsurge diante dos envolvidos a seguinte diretriz legal: **i)** de um lado, atendendo ao polo obreiro, o legislador confere à extinção contratual efeitos de dispensa imotivada; **ii)** por outro, atendendo ao polo patronal, o legislador estabelece redução pela metade da "indenização" resolutiva devida (art. 502 da CLT), amortizando, em alguma medida, a dívida. Daí percebe-se que, no Direito do Trabalho, a força maior não desonera o empregador da obrigação de pagar haveres rescisórios; mitiga-a apenas, em uma espécie de distribuição equânime do ônus do acontecimento lesivo, constituindo exemplo de previsão celetista excetiva ao clássico vetor jurídico de que os riscos do empreendimento recaem sobre os ombros do empregador (CLT, art. 2º).

A CLT passa, então, a regrar três situações legitimadoras do pagamento dessa indenização, aplicando-se, em todas, aquela diretriz.

A primeira cuida da hipótese do trabalhador que goza da antiga estabilidade decenal, conquistada por expressivo tempo de serviço (inciso I). Essa estabilidade (a única verdadeira estabilidade do Direito do Trabalho no âmbito privado; as chamadas "estabilidades provisórias" nada mais são do que garantias temporárias de emprego) é direito provavelmente inexistente na vida real do mundo do trabalho, porquanto é crível que não existam mais trabalhadores com esse verdadeiro direito resilitório. Mas, como está vigente a norma, devemos considerar que, como portador de estabilidade decenal, a força maior atrai efeitos de dispensa imotivada, mas confere a seu beneficiário o direito de receber apenas a indenização assegurada nos artigos 477 e 478, representando, assim, apenas metade do que esse obreiro faria jus em circunstâncias normais, quando se imporia indenização dobrada (art. 497 da CLT).

A segunda situação concerne ao empregado submetido a contrato por prazo indeterminado não portador de estabilidade decenal (inciso II). Nesse caso, a lei, uma vez mais, faz valer aquela reportada diretriz isonômica: para fins rescisórios, confere à extinção contratual decorrente de força maior qualificada o mesmo efeito jurídico da resilição por iniciativa patronal (dispensa imotivada do empregado), todavia concede a benesse de reduzir pela metade a correspondente "indenização" devida. Em seguida, regência similar está prevista para empregados que pactuem contratos de trabalho por prazo determinado (inclusive os contratados por experiência). Nesse caso, será devida a indenização prevista para essas hipóteses (art. 479), mas reduzida à metade (inciso III).

Veja-se que a CLT, no art. 502, a todo momento se reporta a "indenização". Isso significa que esse corte pela metade não atingirá a todas as parcelas resilitórias. Por óbvio, de pronto, **verbas resilitórias de natureza salarial** estarão inteiramente blindadas do cutelo legal redutor, como é o caso, por exemplo, da gratificação natalina (integral ou proporcional), bem como de eventuais salários retidos e saldo de salário – esses sobretudo porque se destinam a tão-só contraprestacionar labor já realizado, evitando-se, assim, enriquecimento sem causa.

E quanto a **verbas resilitórias de natureza indenizatória**? Em caso de força maior qualificada, estariam todas sujeitas à redução pela metade?

Recordemos que o art. 502 contém a redação original da CLT de 1943, donde, ao se referir à "indenização" que seria devida, reduzida pela metade, "em caso de rescisão sem justa causa" (art. 502, inciso II), o Texto Consolidado tinha em mira a indenização que à época era reservada ao empregado desprovido da antiga estabilidade decenal, porém ainda protegido pelo regime por tempo de serviço, hoje superado pelo regime único do FGTS. Para o caso, impunha-se a indenização então prevista na redação anterior do caput do art. 477 da CLT. Ocorre que essa sistemática foi indiscutivelmente suplantada pelo regime do FGTS, sobretudo com o advento da Constituição, que o generalizou de maneira obrigatória (art. 7º, inciso III). A propósito, não à toa, recentemente, a Lei nº 13.467/2017 promoveu nova redação à cabeça desse dispositivo, finalmente suprimindo essa previsão.

Por conta desse fator de atualização histórico-jurídica, convém que o intérprete se prenda, agora, mais ao espírito que à letra do art. 502 da CLT, mantendo-se sensível ao fato de que, na interpretação e aplicação da lei, cumpre que se atenda aos fins sociais a que ela se dirige e às exigências do bem comum (art. 5º da LINDB).

Ora, quanto a essa específica questão, de saída, se afigura indene de dúvidas que, com o novo regime constitucional, a indenização reportada por aquele dispositivo passou a ser aquela prevista no art. 10, inciso I, do ADCT, hoje incrustada no art. 18, § 1º, da Lei nº 8.036/1990, qual seja, a multa de 40% (quarenta por cento) do FGTS, com as sabidas modificações que a reduzem em casos específicos (rescisão por acordo, por exemplo). Logo, aplicando-se o redutor, a inferência jurídica natural é a de que, para a situação de força maior, o empregador acararia com apenas 20% (vinte por cento) dessa verba indenizatória. A evidência técnica dessa assertiva é tal vívida que, com a nova ordem constitucional, em pouco tempo foi reconhecida pelo próprio legislador (Lei nº 8.036/1990, art. 18, § 2º).

Noutro quadrante, vigora polêmica quanto à pertinência da figura do aviso prévio, nessa situação. Polêmica dupla, vale dizer: seria devido aviso prévio na hipótese de força maior? Ainda que cabível, incidiria a técnica da mitigação de responsabilidade patronal, reduzindo-o pela metade do valor devido?

Quanto ao primeiro questionamento, em Direito do Trabalho, vale rememorar que a extinção da empresa ou de seus estabelecimentos, como regra e por si, não tem o condão de elidir a responsabilidade patronal pelo aviso prévio, na medida em que evento presumivelmente ligado a riscos naturais do empreendimento empresarial (CLT, art. 2º). Por sua razoabilidade e coerência sistêmica, essa diretriz se estabilizou na jurisprudência, como se vê da Súmula nº 44 do TST, assim vazada: "A cessação da atividade da empresa, com o pagamento da indenização, simples ou em dobro, não exclui, por si só, o direito do empregado ao aviso prévio".

Seguramente, esse vetor interpretativo foi construído para aquelas circunstâncias vivenciadas em condições normais de temperatura e pressão, tornando compreensível vincular a extinção da empresa com riscos intrínsecos a qualquer atividade empresarial. O ponto, então, é: esse comando haverá de ser aplicado também na especial hipótese de força maior qualificada (CLT, art. 502)?

Temos que a resposta seja afirmativa, já que o próprio legislador confere à extinção contratual por força maior efeitos de dispensa imotivada, típica hipótese legal de concessão do aviso prévio (art. 487 da CLT). Aliás, o princípio protetivo norteia a regência jurídica do aviso prévio de maneira tão intensa que esse direito resistirá mesmo à extinção contratual por falta grave obreira na hipótese de culpa recíproca, embora reduzido à metade (Súmula nº 14 do TST), isso sem falar que também se imporá na abrupta resolução contratual por falta grave patronal (art. 487, § 4º, da CLT), sem contar, também, que, como já referido, a cessação da atividade empresarial, por si, também não elimina tal direito (Súmula nº 44 do TST).

Diante de um quadro desse nível, portador de imponente carga protetiva, parece-nos desarrazoado defender a não existência do direito ao aviso prévio indenizado na hipótese de força maior qualificada. É que, se ressoa manso e pacífico que tal verba prevalecerá mesmo no cometimento de justa causa pelo empregado, por que também não caberia quando o encerramento contratual se perpetrou sem qualquer culpa obreira? Não há razão para acreditar que, sob a ótica do acerto rescisório, a força maior seja mais prejudicial ao trabalhador que um seu cometimento de falta grave. Mais ainda: por que não incidiria se a própria regência jurídica específica ao tema explicitamente faz equivalência de efeitos rescisórios entre a força maior qualificada e a extinção contratual por pura iniciativa patronal desmotivada? Logo, por razoável inferência jurídica, temos que caberá aviso prévio na hipótese de força maior qualificada.

Entretanto, a mesma diretriz legal que legitima o cabimento do aviso prévio para essa peculiar situação, atendendo, de um lado, ao princípio protetivo, também estabelece, em contrapartida, medida protetiva da empresa, igualmente vítima de episódio calamitoso inevitável, sem relação com sua conduta (direta ou indireta). Por isso, na hipótese de força maior qualificada, caberá aviso prévio, **todavia reduzido à metade**.

Nessa senda, as mesmíssimas razões aplicar-se-ão às **férias proporcionais** (indenizadas), haja vista que também tipicamente jungidas à hipótese de extinção imotivada por iniciativa patronal, sendo que, igualmente, haverão de ser **reduzidas à metade**. Diferentemente, as **férias integrais (simples ou dobradas)** deverão ser pagas **na íntegra**, por terem já sido incorporadas ao patrimônio jurídico do trabalhador antes mesmo do fatídico episódio ensejador da força maior qualificada.

Em síntese: **na hipótese de força maior qualificada, porque inexoravelmente extintiva de contratos, deverá o empregador arcar com o pagamento de todas as verbas rescisórias, na íntegra, salvo, por expressa disposição legal, a multa do FGTS e, por razoável inferência jurídica, o aviso prévio e as férias proporcionais, que serão indenizados pela metade**.

Retomemos, agora, ponto relevante para nossas reflexões. Como vimos, a MP 927/2020, para fins trabalhistas, reconhece que o vigente estado de calamidade pública induz hipótese jurídica de força maior. E mais: reconhece-o "nos termos do disposto no art. 501 da Consolidação das Leis do Trabalho" (art. 1º, parágrafo único). Logo, reconheceu apenas a força maior simples (art. 501), mas não a força maior qualificada (art. 502), exatamente a que produz repercussões nas verbas rescisórias. **Em palavras mais diretas**: mesmo na vigência do estado de calamidade pública, a força maior avassaladora, hábil a extinguir a atividade empresarial, no todo ou em parte, dependerá de evidências fáticas concretas, não podendo ser presumida *ex vi legis*.

Isso significa, em termos práticos, que a simples oficialidade do estado de calamidade pública e a mera vigência da MP 927/2020, **por si só**, não representam autorização técnico-legal redutora de verbas em eventuais rescisões contratuais – máxime no que refere a empresas que tenham apenas reduzido ou suspendido provisoriamente suas atividades.

Por fim, cabe um rápido registro sobre o art. 503 da CLT, que também tem suscitado dúvidas. Veja-se que enquanto no art. 502 da CLT temos a regência jurídica para a calamitosa situação de inescapável encerramento da atividade empresarial, no art. 503 encontramos a regência jurídica para a hipótese da viabilidade de sua manutenção, ainda que em circunstâncias dramáticas. Com efeito, assim preceitua o dispositivo:

> "Art. 503 - É lícita, em caso de força maior ou prejuízos devidamente comprovados, a redução geral dos salários dos empregados da empresa, proporcionalmente aos salários de cada um, não podendo, entretanto, ser superior a 25% (vinte e cinco por cento), respeitado, em qualquer caso, o salário mínimo da região.
>
> Parágrafo único - Cessados os efeitos decorrentes do motivo de força maior, é garantido o restabelecimento dos salários reduzidos".

Embora o STF nunca tenha declarado sua incompatibilidade constitucional, alguns doutrinadores entendem que esse dispositivo não foi recepcionado pela Constituição da República quando permite a redução salarial por ato unilateral do empregador. Deveras, nossa Lei Fundamental fixou que, em linha de princípio, como medida excepcionalíssima que é, a redutibilidade salarial só pode ser viabilizada por negociação coletiva (art. 7º, VI). Recentemente, o legislador infraconstitucional acresceu ainda outro elemento protetivo da classe trabalhadora, no particular do tema da blindagem salarial: mesmo que na hipótese de negociação coletiva, a redutibilidade salarial só será lícita se envolver também a proteção dos empregados contra dispensa imotivada durante o prazo de vigência do instrumento coletivo (CLT, art. 611-A, § 3º). Reiteremos, todavia, que, até hoje, a Suprema Corte não considerou incompatível com o Texto Máximo o art. 503 consolidado.

Assim, mesmo no regime jurídico de crise vivenciado pelo estado de calamidade pública e ainda que diante dos termos da MP 927/2020, será ilícita não apenas a decisão empresarial unilateral, mas também a própria pactuação individual redutora de salário, simplesmente. E mais: mesmo a pactuação coletiva com esse escopo redutor, ainda que silenciosa a respeito, conterá necessária **cláusula implícita de garantia de emprego** pelo período de sua vigência, a uma, porque a regência jurídica *ordinária* (CLT, art. 611-A, §

3º) não foi esterilizada pela MP 927/2020, naquilo com ela compatível, e, a duas, porque a preservação dos vínculos de emprego constitui escopo nuclear da regência jurídica *extraordinária* por ela estabelecida, indo mesmo ao encontro não apenas de seu espírito como também de sua letra (vide arts. 1º, caput, e 2º, da MP 927/2020).

No tocante ao percentual-limite de 25% do salário, preceituado no art. 503 da CLT, nada impede que, mediante sadia negociação coletiva, os próprios atores sociais, diante de situação socioeconômica peculiar e conhecedores a fundo da específica realidade de suas categorias, pactuem percentual maior, como 30% ou 40%, mediante contrapartida razoável. Afinal, o Texto Magno também fomenta a **democratização do poder normativo**, com o correspondente respeito à **autonomia privada coletiva**, por meio do reconhecimento das convenções e acordos coletivos de trabalho (art. 7º, XXVI). Note-se, entretanto, que a regra consolidada sobreviverá, não por outra razão, para fins de impedir que coletivamente a redução seja maior que 25%, quando houver acordo individual fixando esse limite, com garantia de emprego e sob a égide da MP 927/2020.

4. MP 927/2020. A Polêmica Questão do Fato do Príncipe

O fechamento de shoppings, cinemas e comércio em geral por atos de autoridades públicas em razão da pandemia tem suscitado acirrada discussão jurídica a respeito de eventual responsabilização estatal por fato do príncipe, espécie de força maior. Na órbita trabalhista, o fenômeno está regido no 486 do Texto Celetista, onde, de fato, vê-se atribuída alguma responsabilidade estatal pelo prejuízo advindo ao empregador. Confira-se:

> "Art. 486 - No caso de paralisação temporária ou definitiva do trabalho, motivada por ato de autoridade municipal, estadual ou federal, ou pela promulgação de lei ou resolução que impossibilite a continuação da atividade, prevalecerá o pagamento da indenização, que ficará a cargo do governo responsável".

O dispositivo transcrito atribui à autoridade pública responsável por paralisação (temporária ou definitiva) das atividades laborais o dever de pagar "indenização" ao trabalhador, mediante prévio procedimento assegurador de contraditório e ampla defesa. Eis, então, a questão perturbadora: **haveria mesmo responsabilidade estatal direta por verba(s) trabalhista(s) no contexto pandêmico dos dias atuais?**

Importa esclarecer que esse dispositivo exprime **dupla excepcionalidade jurídica**. Em primeiro lugar, porque mitiga – e não anula – o vetor juslaboral tradicional de que os riscos do empreendimento correm por exclusiva conta do empregador (CLT, art. 2º). Em segundo, porque atribui incomum responsabilidade trabalhista a ente público que não integra a relação de trabalho, direta ou indiretamente, envolvendo atingimento do erário público. Ora, se para qualquer disposição normativa impositora de excepcionalidade jurídica a diretriz hermenêutica clássica demanda firme exegese restritiva, o que se deve imaginar quando detentora de duplo caráter excetivo? À luz dessa linha de raciocínio, é possível reconhecer que o art. 486 da CLT há de receber **interpretação maximamente restritiva**.

É exatamente o que tem feito a *doutrina* ao reduzir seu campo de incidência prática a um quadro fático reduzidíssimo, quase sempre apontando a hipótese do fenômeno da *desa-*

propriação, a atingir, por exemplo, áreas submersas na construção de hidroelétricas, ou para fins de reforma agrária, medida pública ensejadora de danos ao empregador a pressupor ato de conveniência e oportunidade administrativa[4]. A pena doutrinária também esclarece, com inteira razão, que flutuações cambiais, crises financeiras e mesmo alterações legislativas, ainda que impositoras de prejuízos ao empresariado, redundando no encerramento de contratos de trabalho, não implicam força maior[5] – logo, igualmente, fato do príncipe, já que espécie –, porque diretamente relacionadas com riscos naturais de qualquer empreendimento, que a lei impõe sejam suportados pelo próprio empregador (CLT, art. 2º).

A *jurisprudência* tem convalidado essa linha de austeridade hermenêutica. Confira-se este julgado: "Não há que se falar em *factum principis* quando a ação do poder público visa resguardar o interesse maior da população, atingido pelo inadimplemento da empresa" (TST, RR 5.931/86.8, Rel.: Min. Norberto Silveira, Ac. 3ª Turma 2.610/87)". Diversos outros prestam a mesma sinalização jurídica restritiva. A propósito, nem se queira encontrar decisão judicial perfeitamente afinada com a realidade presente. Missão impossível, haja vista que a pandemia do coronavírus (covid-19) tem se revelado evento de impacto social, político e econômico verdadeiramente sem precedentes. Por isso, há de se perguntar: haveria tal responsabilidade estatal nas circunstâncias do presente estado de calamidade pública? Melhor: existiriam razões plausíveis na atualidade para se promover inflexão nessa cristalizada confluência hermenêutica restritiva a respeito do tema?

Afirma-se, basicamente, para legitimar tal responsabilidade no atual cenário pandêmico, que a administração pública teria agido por ato discricionário, mediante juízo de conveniência e oportunidade, provocando fechamento de atividades lícitas diante de evento para o qual o empresariado não deu causa, direta ou indireta, frisando-se, inclusive, que o artigo transcrito não faz distinção se o ato público lesivo é praticado em atenção a interesse público primário.

Temos, porém, que talvez a questão central não seja propriamente se a ação estatal foi materializada por ato administrativo vinculado ou discricionário. O cenário pandêmico por covid-19 desafia essa singela estruturação teórica. Ao que tudo indica, em verdade, a peculiaridade da situação nunca se enquadraria em um ou outro. Realmente, como falar de ato administrativo *vinculado* se as circunstâncias que nos assolam nunca foram antes previstas? Estádios de futebol e universidades estão virando hospitais. Até as rigorosas leis de controle do orçamento público existentes estão sendo legitimamente repensadas e flexibilizadas pelo próprio Supremo Tribunal Federal, conforme decisão recente do Ministro Alexandre de Moraes (despacho na MC-ADI 6.357-DF, de 29.3.2020). Ou seja, não é que apenas estejamos desprovidos de regras a respeito – o que deveria nortear a ação estatal vinculada. As que temos claramente não nos servem mais para bem enfrentar essa atípica situação.

Igualmente, como falar de ato administrativo *discricionário* se, no caso, embora agindo por conveniência (razoabilidade da medida restritiva) e oportunidade (urgência

4. MARTINEZ, Luciano. **Curso de Direito do Trabalho**. 10. ed. São Paulo: Saraiva, 2019, p. 754.
5. CASSAR, Vólia Bomfim. **Direito do Trabalho**. 14. ed. São Paulo: Método, 2017, p. 995.

da medida restritiva), a administração pública o fez sem o clássico requisito teórico lógico e palmar para atos desse jaez – **liberdade** –? Ora, a autoridade pública foi tão impactada quanto empregados e empregadores. TODOS fomos impactados. O episódio lesivo inevitável – pandemia – revelou-se inexorável também para a própria administração pública. A inevitabilidade foi sistêmica e massiva. Não estamos diante da clássica hipótese de fato do príncipe, onde a administração pondera interesses e decide tecnicamente, mediante fria e atenta aferição prévia de conveniência e oportunidade. No caso da pandemia do covid-19, a administração precisou tomar decisões seríssimas e urgentes em um lapso temporal mínimo mediante balizas científicas ainda em construção. Como todos e cada um de nós, foi arrastada pela dureza das circunstâncias e por uma avalanche de informações sinalizadoras de que uma tragédia humana se aproximava qual *tsunami*. O "príncipe" não foi aquele príncipe dos livros: altivo, seguro e poderoso. Em essência, o príncipe foi mesmo príncipe?

Importante registrar, desde logo, que a implantação da técnica de confinamento social não precisa da certeza científica quanto à sua real eficácia como pressuposto de ação estatal. Basta a orientação técnica das autoridades competentes, especialmente do campo da saúde, acerca do uso dessa medida como instrumento razoável e urgente de mínimo controle sanitário, **segundo o conhecimento científico do momento**. Afinal, quanto ao coronavírus, há mais incertezas que certezas científicas. Não percamos de vista que estamos em uma sociedade do risco (Ulrich Beck). Há, por ora, medidas essencialmente precaucionais.

Na esteira desse raciocínio, a administração pública teve o **dever de agir**, mas, aqui, não em razão da certeza, mas da *incerteza* científica. Age, pois, escudada não com alicerce no princípio da prevenção, mas da **precaução**. Por isso, raciocínios jurídicos ávidos por certezas científicas, neste momento, estarão descontextualizados da realidade contemporânea. Exemplo disso é a assertiva de que outros países usaram técnicas diferentes de refreamento da pandemia ou o argumento de que mesmo no Brasil houve implantação, pelas autoridades públicas, de medidas restritivas diferentes, em momentos diversos e lugares variados. São, porém, discrepâncias e tergiversações naturais, quando desconhecemos por completo o que enfrentamos.

Talvez a situação em debate envolva mais uma questão de nexo causal que de avaliação culposa de ação, eficácia técnica da medida aplicada, discricionaridade do juízo estatal ou ainda licitude da atividade empresarial. A ação estatal foi a causa única e exclusiva do prejuízo empresarial? Incide essa responsabilidade por fato do príncipe mesmo em cenário de concausalidade? Haveria mesmo nexo de causalidade em abrupto cenário pandêmico cuja fonte virótica é cientificamente desconhecida? Verdadeiramente, o que fechou as portas do comércio foi a administração pública ou a pandemia? Se nenhuma medida restritiva fosse tomada e a propagação do covid-19 se alastrasse livremente, as empresas continuariam com suas portas abertas normalmente mesmo quando cada família acomodasse pelo menos um familiar infectado, doente e, o pior, morto? Precisamos refletir seriamente sobre isso.

Uma coisa é certa: cabe-nos interpretar o art. 486 da CLT e múltiplas são as opiniões, cada uma buscando melhores fundamentos. Quais as suas balizas? A nosso ver, o fato do príncipe nele contido, tratando-se de espécie de força maior canalizadora de dupla excepcionalidade jurídica, a demandar interpretação maximamente restritiva, pressuporá a inevitabilidade do episódio frente à empresa e seus empregados, *mas não frente à administração pública*. Igualmente, demandará que esse ato estatal, ainda que buscando atingir algum interesse público, implique intencionalidade de *prejudicar* o diretamente afetado. Mais que isso, também esse ato público lesivo cuidará de se sustentar como *causa determinante única e exclusiva* do prejuízo. Parece-nos que na vigente pandemia do covid-19 esses pressupostos, até certo ponto naturais e lógicos, não estão presentes, porque também o administrador público é vítima da inexorabilidade do episódio pandêmico, verdadeira causa direta e única da tragédia socioeconômica, bem assim porque longe de agir em prejuízo, atuou em *benefício* não apenas do empresariado e de seus empregados, mas de toda a sociedade.

E, aqui, convenhamos, talvez o legítimo interesse privado patronal de ver amortizado seu prejuízo material não deva prevalecer frente ao **genuíno interesse público** norteador da ação estatal refreadora da propagação do coronavírus, em situação sem precedentes, fático ou normativo (**CLT, art. 8º**).

O tema, com toda a sua imensa complexidade, está em aberto. Muitos debates acadêmicos estão sendo e continuarão a ser enfrentados no campo do Direito, em geral, e do Direito do Trabalho, em particular. No entanto, o imperioso, o necessário, o indispensável é preservar a humanidade de todas as formas e por todos os meios adequados.

Quando essa fase trágica da história da humanidade passar, certamente haverá um mundo novo no velho mundo nosso de cada dia. Esperemos que o respeito à dignidade da pessoa humana, ao cabo, seja o nosso grande norte e que nos preservemos para o novo amanhã.

11

O FATO DO PRÍNCIPE E AS NORMAS ADMINISTRATIVAS DE SUSPENSÃO DE FUNCIONAMENTO DE ESTABELECIMENTOS NA PANDEMIA DO COVID-19

Guilherme Guimarães Ludwig[1]

1. Introdução

Com o reconhecimento do surto do novo coronavírus (COVID-19), inicialmente como emergência de saúde pública de importância internacional e posteriormente como uma pandemia pela Organização Mundial da Saúde, várias iniciativas executivas e legislativas foram adotadas pelas autoridades brasileiras. Nas distintas esferas da federação, Tais medidas visaram especialmente a garantir o direito fundamental à saúde diante da necessidade de isolamento social no país.

O presente estudo destina-se à caracterização no Direito do Trabalho dos efeitos trabalhistas das normas estaduais e municipais que regulam a suspensão temporária de funcionamento de estabelecimentos, quanto ao possível reconhecimento do fato do príncipe, em consonância com sua previsão na legislação trabalhista e seu tratamento na jurisprudência especializada.

---

1. Doutor e Mestre em Direito pela Universidade Federal da Bahia – UFBA, Extensão universitária em Economia do Trabalho pelo CESIT/UNICAMP, Professor de Direito e Processo do Trabalho na Universidade do Estado da Bahia – UNEB, Juiz do Trabalho na 5ª Região, Titular da Cadeira 62 da Academia Brasileira de Direito do Trabalho.

Para tanto, inicialmente faz-se necessário traçar, ainda que em visão panorâmica, o contexto fático que conduziu à edição das normas administrativas suspensivas. Em seguida, será revisitada a distinção entre força maior e fato do príncipe, com aportes doutrinários e de julgados do Tribunal Superior do Trabalho. Por fim, apresentar-se-á uma proposta de enquadramento normativo no âmbito justrabalhista das normas administrativas objeto do estudo.

2. Contexto fático de edição das normas administrativas suspensivas

Em 30 de janeiro de 2020, a Organização Mundial de Saúde declarou que o surto do novo coronavírus (COVID-19) surgido na China constituía uma emergência de saúde pública de importância internacional, o mais alto nível de alerta, conforme o Regulamento Sanitário Internacional. Expressava ali, como maior preocupação, a potencialidade do vírus em se espalhar para países com sistemas de saúde mais fracos e mal preparados[2].

Mais adiante, em 11 de março de 2020, a mesma entidade caracterizou esta doença infecciosa como uma pandemia, diante de sua ocorrência simultânea em vários países e regiões do mundo. Na ocasião, o número de casos fora da China tinha aumentado 13 vezes, enquanto foi triplicado o número de países afetados: 118.000 casos em 114 países, com o óbito, até então, de 4.291 pessoas[3]. A partir dali, o surto apenas aumentou em proporção. Em 24 de abril de 2020, eram 2.724.809 casos em 213 países, com 187.847 mortes[4]. No Brasil, conforme informação do Ministério da Saúde, 52.995 casos confirmados com 3.670 mortes, em 24 de abril de 2020[5].

A propagação do vírus causador da COVID-19 pode acontecer de pessoa para pessoa, pela respiração de gotículas do nariz ou da boca que se espalham em caso de tosse ou espirro de alguém contaminado. Tais gotículas podem também cair em superfícies e objetos próximos, o que permite igualmente a disseminação quando há contato pelas mãos de outras pessoas, que, por sua vez, se contagiam ao tocar os próprios olhos, nariz

2. WORLD HEALTH ORGANIZATION. *Director-General's statement on IHR Emergency Committee on Novel Coronavirus (2019-nCoV)*. Genebra, 30.jan.2020. Disponível em: <https://www.who.int/dg/speeches/detail/who-director-general-s-statement-on-ihr-emergency-committee-on-novel-coronavirus-(2019-ncov)>. Acesso em: 24 abr. 2020.
3. WORLD HEALTH ORGANIZATION. *Director-General's opening remarks at the media briefing on COVID-19 - 30 March 2020*. Genebra, 13.mar.2020. Disponível em: <https://www.who.int/dg/speeches/detail/who-director-general-s-statement-on-ihr-emergency-committee-on-novel-coronavirus-(2019-ncov)>. Acesso em: 24 abr. 2020.
4. WORLD HEALTH ORGANIZATION. *Coronavirus disease (COVID-19) outbreak situation*. Genebra, 01 abr. 2020. Disponível em: <https://www.who.int/emergencies/diseases/novel-coronavirus-2019>. Acesso em: 24 abr. 2020.
5. BRASIL. Ministério da Saúde. *Coronavírus*: Brasil registra 52.995 casos e 3.670 mortes. Brasília, 24.abr.2020. Disponível em: <https://www.saude.gov.br/noticias/agencia-saude/46784-coronavirus-brasil-registra-52-995-casos-e-3-670-mortes>. Acesso em: 24 abr. 2020.

ou boca[6]. No Brasil, devido ao fato deste alto risco de contágio e dos insuficientes recursos médicos e hospitalares, as autoridades médicas passaram a entender o isolamento social como estratégia fundamental para não sobrecarregar os sistemas de saúde, reduzindo a demanda e tornando assim administrável a pandemia.

Foi editada a Lei 13.979, de 06 de março de 2020, que dispõe sobre as medidas para enfrentamento da emergência de saúde pública de importância internacional decorrente do coronavírus. Neste diploma foi previsto que, para tanto, as autoridades poderiam adotar, no âmbito de suas competências, entre outras restrições, o isolamento e a quarentena (art. 3º).

A produção em diversos setores foi interrompida ou reduzida, o que, combinado com a diminuição do consumo na sociedade, terminou por gerar um profundo impacto nas empresas e nas relações de trabalho. A situação de urgência passou a reclamar uma regulação temporária que ajustasse as normas trabalhistas ao cenário excepcional, de forma a garantir simultaneamente os direitos trabalhistas e a sustentabilidade do empreendimento. Neste contexto foram editadas, até a data de publicação deste trabalho, as Medidas Provisórias 927, 936, 944, 945 e 946/2020.

No mesmo cenário de urgência, autoridades estaduais e municipais ditaram normas de controle e contenção de danos à saúde pública, por meio de medidas temporárias para evitar a disseminação da doença.

Por meio do Decreto nº 32280, de 23 de março de 2020, no âmbito do Município de Salvador/BA, a mero título de ilustração, foi estabelecida, a suspensão por quinze dias do funcionamento de: a) casas de show e espetáculos de qualquer natureza; b) boates, danceterias, salões de dança; c) casas de festa e eventos; d) clínicas de estética e salões de beleza; e) bares, restaurantes e lanchonetes; f) lojas de conveniência situadas em postos de combustível, assegurada nos dois últimos grupos a entrega em domicílio, desde que com estrutura e logística adequadas (art. 1º, *caput* e §1º)[7].

Tais normas refletem a necessidade de isolamento social diante da facilidade de propagação do novo coronavírus (COVID-19), mas vem causando inequívoco impacto na viabilidade econômica dos empreendimentos empresariais e nas relações de emprego daqueles que ali laboram, o que demanda neste ponto revisitar, dentro do corte proposto deste estudo, os conceitos jurídico-trabalhistas de força maior e de fato do príncipe.

3. Revisitando a força maior e o fato do príncipe na perspectiva justrabalhista

De acordo com a Consolidação das Leis do Trabalho, a força maior ocorre diante de qualquer acontecimento inevitável em relação à vontade do empregador, para o qual

6. ORGANIZAÇÃO PAN-AMERICANA DE SAÚDE/BRASIL. *Folha informativa – COVID-19 (doença causada pelo novo coronavírus)*. Atual. Em 30 de março de 2020. Brasília, 30 mar. 2020. Disponível em: <https://www.paho.org/bra/index.php?option=com_content&view=article&id=6101:covid19&Itemid=875>. Acesso em: 24 abr. 2020.

7. SALVADOR. Decreto nº 32280, de 23 de 03 de 2020. Disponível em: <https://www.legisweb.com.br/legislacao/?id=391448>. Acesso em: 24 abr. 2020.

não tenha este concorrido, ainda que de maneira indireta, mas que seja suscetível de necessariamente afetar a situação econômica e financeira da empresa (CLT, art. 501, *caput* e §§1º e 2º). Segundo José Augusto Rodrigues Pinto e Rodolfo Pamplona Filho, "força maior é o fato jurídico, stricto sensu, extraordinário ou irresistível, por ser originário da natureza, que produz prejuízo"[8].

O extraordinário é o que escapa ao estado de incerteza próprio de um negócio sujeito à lógica e às intempéries do mercado. Segundo o Tribunal Superior do Trabalho, não pode ser configurado como força maior algo que está inserido nos riscos do empreendimento do empregador, tal como eventual ruptura do contrato de prestação de serviços terceirizados[9].

Em outra mão, o evento extraordinário deve impossibilitar, por si só, o cumprimento da obrigação trabalhista, sem que haja meios ao empregador de evitar ou impedir seus efeitos. Neste sentido, a título de exemplo, também tem entendido a referida Corte superior que, uma vez apontado o estado falimentar da empresa, para que seja reconhecida a existência de força maior é necessário que fique evidenciado que o empregador não tenha dado causa direta ou indiretamente à crise[10].

---

8. PINTO, José Augusto Rodrigues; PAMPLONA FILHO, Rodolfo. *Repertório de conceitos trabalhistas*. v.I. Direitos individuais. São Paulo: LTr, 2000, p. 290.
9. AGRAVO DE INSTRUMENTO EM RECURSO DE REVISTA. INTERPOSIÇÃO NA VIGÊNCIA DO CPC/1973 E ANTES DA LEI N.º 13.015/2014. MULTAS DOS ARTS. 467 E 477 DA CLT. Diante dos termos do art. 2.º , caput , da CLT, o empregador assume os riscos da atividade econômica. No caso, a alegada ruptura do contrato de prestação de serviços firmado com o Município de Abreu de Lima se insere nos riscos do empreendimento, não configurando força maior, na forma do art. 501 da CLT . Assim, sendo incontroverso que não houve o pagamento de quaisquer verbas rescisórias ao trabalhador, afigura-se acertada a imposição das multas dos arts. 467 e 477 da CLT. [...]. Agravo de Instrumento conhecido e não provido (AIRR-915-04.2011.5.06.0121, 1ª Turma, Relator Ministro Luiz José Dezena da Silva, DEJT 29/03/2019).
10. I - AGRAVO DE INSTRUMENTO. RECURSO DE REVISTA INTERPOSTO PELAS MASSA FALIDA DE S.A. (VIAÇÃO AÉREA RIO-GRANDENSE) E OUTRAS ANTES DA VIGÊNCIA DAS LEIS NºS 13.015/2014 E 13.467/2017 E DA INSTRUÇÃO NORMATIVA Nº 40 DO TST. [...] DIFERENÇAS SALARIAIS PELA APLICAÇÃO DOS REAJUSTES NORMATIVOS. 1 - De acordo com o art. 501, caput, da CLT, considera-se força maior "todo acontecimento inevitável, em relação à vontade do empregador, e para a realização do qual este não concorreu, direta ou indiretamente". Já o § 1º do art. 11 da Lei nº 7.238/84 assegura que "a imprevidência do empregador exclui a razão de força maior". 2 - Assim, diante de uma situação de crise econômico-financeira na empresa, é necessária a apuração dos fatores desencadeadores, e, uma vez constatada a participação, ainda que indireta, da empregadora como causa dessa crise, não fica caracteriza a força maior. 3 - No caso, conforme expôs o TRT, a reclamada não comprovou nos autos que o seu estado falimentar tenha origem em caso de força maior. Consignou, ainda, que a recorrente não comprovou pela via processual própria (ação de cumprimento) a incapacidade econômica capaz de eximi-la da incidência dos reajustes previstos nas normas coletivas. Esses fundamentos de natureza processual não são desconstituídos no recurso de revista. 4 - Acrescente-se que é vedado à empresa transferir ao trabalhador os riscos da atividade econômica (art. 2°, caput, da CLT), 5 - O art. 503 da CLT trata da possibilidade da redução salarial pela empresa em caso de força maior, a qual não foi comprovada, nos autos, ressaltando-se que se discute no caso concreto é concessão ou não de reajustes. 6 - Agravo de instrumento a que se nega

Quanto aos efeitos jurídicos da força maior, no Direito Civil é certo que o devedor fica legalmente desobrigado de responder pelos correspondentes prejuízos, se expressamente não se houver por eles responsabilizado (CC, art. 393). No âmbito do Direito do Trabalho, entretanto, como cabem ao empregador devedor os riscos econômicos do empreendimento na assimétrica relação (CLT, art. 2º), a norma tutelar garante determinados direitos ao credor. Deste modo, caso a força maior acarrete a extinção da empresa ou de um dos estabelecimentos, será ainda assim assegurado ao empregado uma indenização paga pelo empregador.

Em caso de contrato por tempo indeterminado, esta poderá ser quantificada: a) no caso de empregado detentor da antiga estabilidade decenal, na razão de um mês de remuneração por ano de serviço efetivo, ou por ano e fração igual ou superior a seis meses; b) do contrário, correspondente à metade desta indenização que seria devida em caso de rescisão sem justa causa. Por outro lado, em se tratando de contrato por tempo determinado, o empregado fará jus a indenização igual à metade da remuneração a que teria direito até o termo final previsto do contrato[11] (CLT, art. 502). Também é reduzida pela metade a indenização de 40% sobre os depósitos de FGTS (Lei 8.036/90, art. 18, §2º).

Observe-se que a indenização para os contratos por tempo indeterminado era quantificada nos termos dos arts. 477 e 478 da CLT, no modelo anterior à Constituição Federal de 1988[12]. Tais dispositivos, no entanto, não foram recepcionados pela Carta Magna atual, que, ao acolher o FGTS como regime único obrigatório, afastou definitivamente a estabilidade decenal, ressalvado o direito adquirido dos empregados que tinham preenchido o requisito legal. Cabe pontuar ainda que o *caput* do art. 477 teve recentemente sua redação integralmente substituída pela Lei 13.467/2017.

Tratando-se de norma restritiva de direito do empregado e considerando o princípio *in dubio pro misero*, não cabe uma interpretação extensiva que abarque qualquer outra verba, rescisória ou não. Como bem enfatiza Délio Maranhão, a força maior "impede a continuação do contrato e não o pagamento de um crédito devido pelo trabalho passado"[13]. Em outras palavras, as verbas cujo direito foi sendo adquirido ao longo da execução do contrato de emprego tampouco são afetadas pelo evento.

---

provimento. [...]. (ARR-144900-34.2008.5.01.0005, Relatora Ministra: Kátia Magalhães Arruda, Data de Julgamento: 6/6/2018, 6ª Turma, Data de Publicação: DEJT 8/6/2018). Também no mesmo sentido: ARR-63400-52.2008.5.01.0002, 2ª Turma, Relator Ministro José Roberto Freire Pimenta, DEJT 03/05/2019.

11. CLT, art. 479. Nos contratos que tenham termo estipulado, o empregador que, sem justa causa, despedir o empregado será obrigado a pagar-lhe, a titulo de indenização, e por metade, a remuneração a que teria direito até o termo do contrato.

12. *CLT, art. 477. É assegurado a todo empregado, não existindo prazo estipulado para a terminação do respectivo contrato, e quando não haja ele dado motivo para cessação das relações de trabalho, o direto de haver do empregador uma indenização, paga na base da maior remuneração que tenha percebido na mesma empresa.*

    CLT, art. 478. A indenização devida pela rescisão de contrato por prazo indeterminado será de 1 (um) mês de remuneração por ano de serviço efetivo, ou por ano e fração igual ou superior a 6 (seis) meses.

13. MARANHÃO, Délio. *Direito do trabalho*. 2.ed. Rio de Janeiro: Fundação Getúlio Vargas, 1971, p. 244.

No caso de força maior sem a extinção da empresa ou de um dos estabelecimentos, mas com comprovados prejuízos que possam inviabilizar a continuidade do negócio se mantidos nos moldes originais, é autorizado – apenas enquanto durar o fato gerador – que possam ser reduzidos os salários, não podendo, entretanto, o decréscimo ser superior a 25% e desde que respeitado o patamar do salário mínimo legal (CLT, art. 503).

Considerando, porém, que é garantida constitucionalmente a irredutibilidade do salário, salvo o disposto em convenção ou acordo coletivo (art. 7º, VI), a recepção constitucional do dispositivo celetista em questão requer atualmente que se reconheça a obrigatoriedade de prévia autorização pela negociação coletiva para a aludida redução. Não por outro motivo, a norma que trata de ajustes de redução salarial (Lei 13.189/2015, arts. 2º, 4º, 5º e 6º) posterior à Constituição Federal de 1988, resguarda a necessidade de prévia negociação coletiva que autorize aquelas medidas. Em última análise, este imperativo constitucional torna praticamente inócua a disciplina específica do art. 503, uma vez que o recurso à negociação coletiva, inclusive para esta finalidade específica, independe evidentemente da configuração da força maior.

Aliás, a própria Consolidação das Leis do Trabalho conta com dispositivo genérico sobre o tema, que prescreve que negociação coletiva que verse sobre a redução salarial deverá necessariamente contar com a previsão de proteção dos empregados contra a dispensa imotivada durante o seu prazo de vigência (CLT, art. 611-A, §3º).

Logo, tendo em vista que a garantia do salário mínimo também foi elevada ao patamar constitucional na Carta de 1988, (art. 7º, IV), a única norma tutelar realmente remanescente do art. 503 da CLT é a proibição de que a redução salarial na hipótese seja superior a 25%, limite máximo que deverá ser observado em caso de convenção ou acordo coletivos celebrados por ocasião desta hipótese.

O fato do príncipe (ou ato da autoridade, ou "*factum principis*"), por sua vez, corresponde a uma espécie de força maior, na qual também se afigura a impossibilidade de continuidade da atividade empresarial, por uma paralisação temporária ou definitiva do trabalho, mas desta vez ocasionada pela Administração Pública. Na hipótese, a ação estatal poderá se configurar como ato de autoridade municipal, estadual ou federal, ou ainda pela promulgação de lei ou resolução, o que transfere a responsabilidade pelo pagamento de uma indenização para o Poder Público (Art. 486). São fundamentais para configuração da hipótese normativa a imprevisibilidade do fato e o nexo causal entre o ato administrativo e o prejuízo, sem que o empregador tenha contribuído com culpa.

O Tribunal Superior do Trabalho tem entendimento, porém, de que o fato do príncipe se distingue do poder da Administração Pública de salvaguardar o interesse público, ao realizar, por exemplo, fiscalização e interdição de estabelecimentos que não atuem dentro dos limites da Lei. Ou seja, quando atua estritamente para reparar o ilícito. Neste caso, porque o empregador deu causa culposamente à interdição promovida pelo Poder Público, deve assumir a responsabilidade pelos encargos trabalhistas, como parte dos riscos do empreendimento[14].

No mesmo sentido, a Corte afastou o fato do príncipe em razão da Medida Provisória 168/2004, que proibiu a exploração de todas as modalidades de jogos de bingo, determinando o fechamento dos estabelecimentos. Considerou o fundamento de que, como a exploração significava o descumprimento da Lei 9.981/2001, havia plena previsibilidade acerca da extinção da atividade desenvolvida[15].

Também rejeitou a configuração do fato do príncipe quando a atuação estatal implicava apenas em cumprimento de norma que reconhecia direito, como, por exemplo, quando reconhecera a obrigação do empregador de pagar as diferenças da indenização de 40% sobre os depósitos do FGTS, decorrentes dos expurgos inflacionários[16].

---

14. "FACTUM PRINCIPIS". CONFIGURAÇÃO. REVOLVIMENTO DE FATOS E PROVAS. NULIDADE NÃO CARACTERIZADA. Não se confunde o fato do príncipe com o poder conferido à Administração Pública, tendo sempre em vista a preservação do interesse público, de fiscalizar e interditar estabelecimentos de saúde que não atuem dentro dos limites da Lei. Se a Reclamada, por sua exclusiva culpa, deu causa à interdição perpetrada pelo órgão fiscalizador, deve assumir a responsabilidade por sua incúria, na administração do negócio. O próprio art. 501 da CLT, em seu § 1º, dispõe que "a imprevidência do empregador exclui a razão de força maior". Descabida, portanto, a evocação do § 1º do art. 486 daquele Texto, que remanesce incólume. Sendo esta a realidade delineada no acórdão regional, impossível o conhecimento do recurso de revista, que se concentra na avaliação do direito posto em discussão. Assim, em tal via, já não são revolvidos fatos e provas, campo em que remanesce soberana a instância regional. Esta é a inteligência do Enunciado 126 do TST. Recurso de revista não conhecido (RR-723431-36.2001.5.09.5555, 3ª Turma, Relator Juiz Convocado Alberto Luiz Bresciani de Fontan Pereira, DEJT 26/09/2003).
15. RECURSO DE REVISTA - INDEFERIMENTO DO PEDIDO DE CHAMAMENTO DA UNIÃO PARA COMPOR A LIDE – FATO DO PRÍNCIPE – BINGO – PREVISIBILIDADE DA PROSCRIÇÃO DA ATIVIDADE A intervenção do Poder Público pela edição da Medida Provisória nº 168/2004, que determinou o fechamento das casas de bingo, objetivou simplesmente disciplinar, diante do descumprimento da Lei Federal nº 9.981/2001, a atividade de exploração de jogos de bingo cuja prática já era considerada ilícita, o que torna absolutamente previsível a extinção da atividade desenvolvida. Correta a decisão que indefere o pedido de chamamento à lide da União, não havendo falar em violação do artigo 5º, inciso II, XXXV, XXXVII e LV, da Constituição da República. (...) (RR-102040-24.2005.5.04.0010, 8ª Turma, Relatora Ministra Maria Cristina Irigoyen Peduzzi, DEJT 04/04/2008). No mesmo sentido: AIRR-24440-39.2005.5.02.0023, 1ª Turma, Relatora Juíza Convocada Dora Costa, DEJT 25/05/2007; AIRR-244840-09.2004.5.12.0036, 5ª Turma, Relatora Juíza Convocada Rosa Maria Weber Candiota da Rosa, DEJT 26/08/2005).
16. IDEM E FACTUM PRINCIPIS . A obrigação de pagamento das diferenças da multa do FGTS, conforme disposto na OJ nº 341 da SBDI-1 deste c. TST, são do ex-empregador e compõe o risco de seu empreendimento, não podendo o empregado arcar com o prejuízo. O art. 486 da CLT se refere apenas às hipóteses de paralisação da atividade provocada por ato da administração pública não sendo esse o caso dos autos, tendo em vista que se trata de cumprimento de norma legal que reconheceu o direito à correção dos depósitos do FGTS. Reconhecida a responsabilidade da reclamada pelos fundamentos acima aduzidos, não encontra guarida a tese de chamamento da CEF à lide, pois, conforme exaustivamente exposto, o pagamento da multa é de responsabilidade exclusiva do empregador. Portanto, não é o caso de factum principis. O fato de o empregador depositar percentual de 5% somados a 10% do FGTS não configura bis in idem, porque tais valores não são devidos ao

No caso do fato do príncipe, a indenização que fica a cargo do Poder Público corresponde às mesmas previstas para a força maior, não cabendo interpretação extensiva[17]. Noutros termos, não cabe aqui a transferência para o ente público da responsabilidade pelo pagamento nem de verbas vencidas anteriormente à cessação, nem tampouco de qualquer outra rescisória além das indenizações referidas no art. 486 da CLT. Todas estas obrigações remanescem com o empregador.

Traçadas estas breves considerações acerca da força maior e do fato do príncipe no domínio jurídico-trabalhista, cabe agora investigar o enquadramento normativo possível da suspensão temporária do funcionamento de estabelecimentos fixada em normas estaduais e municipais, buscando subsídios iniciais na doutrina do Direito Administrativo, no que tange à configuração do eventual exercício discricionário dos poderes da Administração.

4. Discricionariedade e conceitos indeterminados

É certo que as normas administrativas sob análise (os decretos de suspensão de funcionamento) não mais que disciplinam as consequências necessárias ao enfrentamento de uma emergência de saúde pública de caráter global, uma pandemia que afeta indistintamente toda a sociedade como algo extraordinário e irresistível.

Há, deste modo, em princípio, manifesto dever da Administração Pública de agir com eficiência para garantir inequívoco interesse público, o que permite perquirir se realmente existe espaço jurídico para o reconhecimento do fato do príncipe.

Para solucionar a questão, cabe investigar se a ação estatal versada implica em exercício discricionário das atribuições administrativas, vale dizer, se há efetivamente alguma margem de escolha na concretização do interesse público e da eficiência administrativa – conceitos indeterminados. Torna-se necessária, portanto, em caráter prejudicial, uma análise da relação entre este tipo conceito (em abstrato) e a discricionariedade.

Na doutrina, há quem entenda que o exercício do poder discricionário é decorrência necessária do trabalho interpretativo com o conceito indeterminado, sob o fundamento de que o suposto fático da norma que o contenha admite várias soluções corretas, em detrimento logicamente da possibilidade controle. Haveria, portanto, vinculação conceitual entre os dois fenômenos, que, ao final, representariam dois enfoques de uma mesma e única figura jurídica.

---

trabalhador, mas ao próprio fundo. A contribuição social imposta pela Lei Complementar 110/2001 pretendeu recompor apenas o saldo da conta do FGTS, formado pelos depósitos periódicos feitos na vigência dos contratos de trabalho. Recurso de revista não conhecido (RR-20300-13.2003.5.02.0255, 6ª Turma, Relator Ministro Aloysio Corrêa da Veiga, DEJT 14/08/2009). Também neste sentido: RR-6800-37.2004.5.15.0042, 6ª Turma, Relator Ministro Augusto César Leite de Carvalho, DEJT 19/11/2010; RR-18900-61.2003.5.02.0255, 4ª Turma, Relatora Ministra Maria de Assis Calsing, DEJT 12/11/2010.

17. CARRION, Valentim. *Comentários à Consolidação das Leis do Trabalho*. 32.ed. atual. por Eduardo Carrion. São Paulo: Saraiva, 2007, p.393.

A primeira manifestação da denominada teoria da multivalência, segundo relata António Francisco de Sousa, surgiu com Bernatzik na Áustria de 1886, quando propôs que certos conceitos indeterminados apenas poderiam ser preenchidos a partir de um complexo processo de interpretação em cadeia, que denominava de "discricionariedade técnica". Não existindo, para este último autor, critérios seguros de interpretação e de controle deste processo, a saída seria considerar que os conceitos indeterminados atribuiriam discricionariedade à autoridade administrativa[18].

Conquanto não tenha sido tese predominante nos países germânicos, na Alemanha do pós-Guerra a teoria da multivalência teve seus seguidores e foi defendida principalmente por Ernst Forsthoff, que situou os conceitos de valor em contraponto aos controles empíricos, sendo que, enquanto estes reclamariam uma simples operação lógica para fixar o seu real conteúdo, os conceitos de valor, pelo contrário, demandariam uma conduta de eleição no quadro de uma realização de valores, o que justificaria assim a discricionariedade[19].

Em solo brasileiro, argumenta Celso Antônio Bandeira de Mello que os conceitos dos quais faz uso a lei, ou dizem respeito ao mundo da natureza; ou, pelo contrário, ao da cultura, da causalidade ou do valor. Aqueles primeiros, porquanto determináveis no plano das ciências que se embasam no valor teorético da verdade, são unissignificativos. Quanto aos conceitos atinentes ao mundo da razão prática e da sensibilidade, são plurissignificativos, se ressentindo de certa fluidez e de alguma incerteza. Como a norma não pode se furtar a manipular conceitos destas duas ordens, ora traz em si delimitações rigorosas e objetivas, ora abriga em seu bojo a indeterminação e a fluidez dos conceitos práticos. A discricionariedade assistiria precisamente neste último campo; enquanto a vinculação, ao primeiro[20]. Segundo este autor, "a discrição administrativa pode residir na hipótese da norma, no caso da ausência de indicação explícita do pressuposto de fato, ou no caso de o pressuposto de fato ter sido descrito através de palavras que recobrem conceitos vagos, fluidos ou imprecisos"[21].

Há também quem entenda, porém, que o conceito indeterminado não implica em exercício de poder discricionário, na medida em que o suposto fático da norma que contém aquele conceito apenas admite uma única solução correta para fixação de seu conteúdo.

De acordo com António Francisco de Sousa, o contraponto marcante a Bernatzik foi, ainda em solo austríaco, representado por Friedrich Tezner. Para este último, qual-

18. SOUSA, António Francisco de. *Conceitos indeterminados no direito administrativo*. Coimbra: Almedina, 1994, p.34-35.

19. *SOUSA, António Francisco de. Conceitos indeterminados no direito administrativo. Coimbra: Almedina, 1994*, p.41-42.

20. BANDEIRA DE MELLO, Celso Antônio. *Curso de direito administrativo*. 26.ed. rev. e atual. São Paulo: Malheiros, 2009, p.956.

21. BANDEIRA DE MELLO, Celso Antônio. *Discricionariedade e controle jurisdicional*. 2.ed. São Paulo: Malheiros, 1993, p.20.

quer conceito legal, ao qual fossem enquadrados fatos, poderia pressupor cadeias de pensamento altamente complexas, havendo apenas uma diferença do grau de insegurança da palavra entre os conceitos determinados e os indeterminados[22].

Segundo Eduardo García de Enterria e Tomás-Ramón Fernández, os conceitos indeterminados não acarretam o exercício de poder discricionário. Quanto a estes, a norma não lhes estipula com exatidão os limites justamente porque tais não admitem rigorosa quantificação ou determinação, sendo, porém, manifesto que estas hipóteses de realidade admitem ser determinadas no momento da aplicação. Ademais, se referindo a hipóteses concretas, a aplicação de tais conceitos não admite mais que uma solução. Noutras palavras, "a indeterminação do enunciado não se traduz em uma indeterminação das aplicações do mesmo, as quais só permitem uma 'unidade de solução justa' em cada caso".

Trata-se da aplicação da própria norma, pois, por intermédio de um processo intelectivo de compreensão, certas circunstâncias reais são subsumidas em uma categoria normativa, não obstante sua imprecisão de limites e sem a interferência da vontade pura e simples do aplicador. Pelo contrário, a conduta discricionária aceita uma pluralidade de soluções ou alternativas igualmente justas ou mesmo entre indiferentes jurídicos, na medida em que a correspondente decisão estaria fundada em critérios extrajurídicos (de oportunidade, econômicos, entre outros), remetidos ao julgamento subjetivo do agente público[23].

O exercício de um poder discricionário pode até estar associado à previsão de um conceito indeterminado, mas esta associação jamais será considerada, em termos abstratos, uma relação genérica e necessária a abranger todas as hipóteses de manifestação destes dois fenômenos jurídicos. Isso porque, estando no âmbito do suposto fático, a plurissignificância dos conceitos indeterminados não interfere na consequência jurídica que lhe seja correlacionada.

Ademais, a aparente existência de vários sentidos possíveis, aceitáveis e razoáveis para um mesmo conceito indeterminado, tal como nos casos do interesse público ou da eficiência administrativa – no que diz respeito às normas administrativas objeto deste estudo –, não autoriza a entender que haja ou possa haver rigorosamente uma escolha discricionária do agente público.

5. Enquadramento normativo da suspensão de funcionamento empresarial

Com base nas premissas supra, é possível concluir que não há uma escolha propriamente discricionária da Administração Pública quanto a proceder ou não à suspensão, mas um autêntico dever de salvaguardar o interesse público com eficiência, vinculado ao

22. SOUSA, António Francisco de. *Conceitos indeterminados no direito administrativo*. Coimbra: Almedina, 1994, p.35.

23. GARCÍA DE ENTERRIA, Eduardo; FERNÁNDEZ, Tomás-Ramón. *Curso de direito administrativo*. Tradução de Arnaldo Setti. São Paulo: Revista dos Tribunais, 1990, p.393-394.

ordenamento jurídico brasileiro. Em última análise, tais normas são vetorizadas pelo texto constitucional que preconiza a saúde como "*direito de todos e dever do Estado, garantido mediante políticas sociais e econômicas que visem à redução do risco de doença e de outros agravos e ao acesso universal e igualitário às ações e serviços para sua promoção, proteção e recuperação* (art. 196)". Neste passo, cumpre recordar que, conforme o entendimento no Supremo Tribunal Federal,

> O direito à saúde – além de qualificar-se como direito fundamental que assiste a todas as pessoas – representa consequência constitucional indissociável do direito à vida. O Poder Público, qualquer que seja a esfera institucional de sua atuação no plano da organização federativa brasileira, não pode mostrar-se indiferente ao problema da saúde da população, sob pena de incidir, ainda que por censurável omissão, em grave comportamento inconstitucional. A interpretação da norma programática não pode transformá-la em promessa constitucional inconsequente[24].

Atendendo aos parâmetros técnicos estabelecidos pelas autoridades médicas, a determinação de suspensão de funcionamento de estabelecimentos concretiza, em plena conformidade com os cânones da eficiência administrativa, o dever fundamental do Estado de garantir a saúde de toda sociedade, na medida em que fomenta o isolamento social temporário como estratégia de evitar a sobrecarrega dos recursos limitados do sistema de saúde – a única solução admitida –. Noutros termos, foram potencializados, na melhor medida possível, de acordo com as circunstâncias fáticas e jurídicas que envolviam o caso concreto, os meios idôneos para a efetivação da solução que melhor atende ao interesse público.

Diogo de Figueiredo Moreira Neto explica que a eficiência é o verdadeiro desafio a ser superado pela Administração Pública, em prol da busca pela mais razoável e menos conflituosa orientação científica, sem simpatias políticas ou emocionais, mas apenas pautada pela preservação da liberdade e pela realização dos direitos fundamentais, tendo em mira o desenvolvimento econômico e social[25].

Nesta perspectiva, o agir estatal eficiente se configura como uma manifestação do próprio Estado Democrático de Direito, regido pelas diretrizes de proporcionalidade que impõem sempre equilíbrio numa relação de custo e benefício. Esta mesma eficiência sempre deve ser reconhecida como inerente a qualquer norma jurídica emanada deste Estado de Direito, seja a geral e abstrata oriunda do Poder Legislativo, seja a individual e concreta decorrente da atuação da Administração Pública[26].

---

24. RE 271.286-AgR, Rel. Min. Celso de Mello, julgamento em 12-9- 2000, Segunda Turma, DJ de 24-11-2000.
25. MOREIRA NETO, Diogo de Figueiredo. *Quatro paradigmas do direito administrativo pós-moderno*: legitimidade, finalidade, eficiência, resultados. Belo Horizonte: Fórum, 2008, p.121-122.
26. LUDWIG, Guilherme Guimarães. Legalidade e Eficiência a Administração Pública. *Revista Eletrônica do Tribunal Regional do Trabalho da Bahia*, Salvador, Escola Judicial, ano 3, n.5, dezembro, 2014. Disponível em: <http://escolajudicial.trt5.jus.br>. Acesso em: 24 abr. 2020, p.91.

O que traz legitimidade à conduta da Administração Pública, conforme ensina Cármen Lúcia Antunes Rocha, é "*a realização efetiva e eficiente de interesse público determinado, demonstrado e exposto concretamente em cada situação administrativa e que se identifica, na maioria das vezes, com a prestação do serviço público*". A finalidade é elemento essencial do princípio da juridicidade, já que a Administração Pública não atua porque quer, mas pelo dever de atingir o fim previsto no ordenamento jurídico. É a legitimidade do interesse público que fundamenta a validade do cometimento público[27].

A Administração Pública, para Onofre Alves Batista Júnior, encontra-se vinculada à busca pelo bem comum e à necessidade de assegurar a dignidade humana aos cidadãos, motivo pelo qual deve fomentar o arranjo otimizado de interesses públicos envolvidos no caso concreto, atuando de forma eficiente nas prestações estatais que garantam condições mínimas de existência digna[28].

Logo, na hipótese em tela, os regramentos estaduais e municipais nada mais fazem do que, a partir dos critérios técnicos estabelecidos pela ciência médica e parametrizados pela eficiência administrativa, cumprir estritamente as normas que concretizam e garantem o direito fundamental à saúde (CF, art. 196), inclusive, na perspectiva trabalhista, pela redução dos riscos inerentes ao trabalho (CF, art. 7º, XXII), o que afasta o reconhecimento de fato do príncipe.

Por outro lado, quanto à força maior (em sentido lato) e pelo que já se analisou até aqui, não há dúvida que a pandemia do surto do novo coronavírus (COVID-19) corresponde a um "*acontecimento inevitável, em relação à vontade do empregador, e para a realização do qual este não concorreu, direta ou indiretamente* (CLT, art. 501)" – o que, aliás, é expressamente reconhecido na antes citada Medida Provisória 927/2020:

> O disposto nesta Medida Provisória se aplica durante o estado de calamidade pública reconhecido pelo Decreto Legislativo nº 6, de 2020, e, para fins trabalhistas, constitui hipótese de força maior, nos termos do disposto no art. 501 da Consolidação das Leis do Trabalho, aprovada pelo Decreto-Lei nº 5.452, de 1º de maio de 1943 (MP 927/2020, art. 1º, parágrafo único).

É necessário, entretanto, avaliar caso a caso, inclusive e especialmente considerando o porte e a saúde financeira de cada empresa, se a suspensão temporária das atividades pode "*afetar substancialmente (...)* [ou ser] *(...) suscetível de afetar, em tais condições, a situação econômica e financeira da empresa*" (CLT, art. 501, §2º), como é legalmente exigido para se permitir o recursos às medidas restritivas de direitos trabalhistas. Observe-se, por exemplo, que, quanto maior o porte do empregador, maior tende a ser proporcionalmente sua possibilidade de garantir o emprego e a integralidade dos direitos trabalhistas de seus empregados durante a situação temporária de emergência de saúde pública.

---

27. ROCHA, Cármen Lúcia Antunes. *Princípios constitucionais da administração pública*. Belo Horizonte: Del Rey, 1994, p.110-111.
28. BATISTA JÚNIOR, Onofre Alves. *Princípio constitucional da eficiência administrativa*. Belo Horizonte: Mandamentos, 2004, p. 129-130.

Não é demais lembrar que a exposição de motivos da Medida Provisória 927, além de reconhecer a pandemia do novo coronavírus como um evento de força maior, também informa sua justificativa em termos da "*necessidade de implementação de medidas urgentes e imediatas de isolamento dos trabalhadores em suas residências, com a manutenção, na medida do possível, dos vínculos trabalhistas, com segurança jurídica*". Isso implica genericamente, em princípio, mais garantias em favor do empregador, justamente para manter, em patamares controláveis, a situação econômica e financeira da empresa.

No entanto, uma vez efetivamente demonstrada a afetação substancial (ou sua suscetibilidade) da situação econômica e financeira da empresa, deverá ser ainda ser evidenciado o pressuposto objetivo da extinção da empresa ou de um dos estabelecimentos, caso excepcional em que será permitida a restrição da indenização pela despedida sem justa causa ou pela rescisão antecipada do contrato por tempo determinado, mas com o pagamento integral de todas as demais verbas pendentes (CLT art. 502).

É certo que, ainda que não haja rigorosamente a extinção da empresa ou de estabelecimento, todavia em um cenário de prejuízos objetivamente comprovados pela suspensão das atividades empresariais é cabível, pelo recurso à negociação coletiva, a fixação de regras especiais que permitam garantir a viabilidade futura do negócio e a manutenção dos empregos e dos direitos trabalhistas dos empregados.

Trata-se aqui de concessões recíprocas temporárias mediante convenção ou acordo coletivos, que levem em conta a realidade daquelas relações de trabalho normatizadas e do impacto específico da crise naquele empreendimento ou na própria categoria econômica. Na hipótese, em caso de previsão negocial de eventual redução salarial – que não poderá ser superior a 25% (CLT, art. 503) –, necessariamente deverá ser acoplada norma de proteção dos empregados contra a dispensa imotivada durante o período de vigência (CLT, art. 611-A, §3º).

Por último, cabe a ressalva de que, na análise de cada caso concreto em suas circunstâncias, em que pese a distinção ora reconhecida entre a natureza da força maior (exterior e superior à vontade os contratantes) e a do fato do príncipe, deve ser observada a hipótese de possíveis excessos ou equívocos que tenham transposto o estrito limite que separa a natureza das duas figuras, de modo a excepcionalmente ser configurada a responsabilidade da Administração Pública.

6. Conclusões

Diante do quanto exposto, é possível concluir que:

1. As normas administrativas de suspensão de funcionamento de estabelecimentos refletem a necessidade de isolamento social diante da facilidade de propagação do novo coronavírus (COVID-19), mas vêm causando inequívoco impacto na viabilidade econômica dos empreendimentos empresariais e nas relações de emprego daqueles que ali laboram, a reclamar o correto enquadramento nas normas trabalhistas tutelares.
2. A jurisprudência do Tribunal Superior do Trabalho tem afastado o fato do príncipe em hipóteses em que a atuação da Administração Pública, por inter-

médio de atos executivos ou legislativos, visa precipuamente a salvaguardar o interesse público, a reparar o ilícito ou implica simples cumprimento de norma anterior que reconhecia o direito.

3. A aparente existência de vários sentidos possíveis, aceitáveis e razoáveis para um mesmo conceito indeterminado, tal como nos casos do interesse público ou da eficiência administrativa – no que diz respeito às normas administrativas objeto deste estudo –, não autoriza a entender que haja ou possa haver rigorosamente uma escolha discricionária do agente público.
4. É afastada a hipótese de fato do príncipe quando não existe uma escolha propriamente discricionária da Administração Pública quanto a proceder ou não à suspensão de funcionamento de estabelecimentos, mas sim um autêntico dever vinculado ao ordenamento jurídico brasileiro, cujas normas são vetorizadas pela Constituição, que preconiza a saúde como direito de todos e dever do Estado, como no caso da pandemia do novo coronavírus (COVID-19).
5. A pandemia em foco corresponde a um acontecimento inevitável, em relação à vontade do empregador e para a realização do qual este não concorreu. Não obstante, é necessário avaliar casuisticamente, inclusive considerando o porte e a saúde financeira de cada empresa, se a suspensão temporária das atividades pode afetar substancialmente ou ser suscetível de afetar a situação econômica e financeira da empresa, para fins de configuração da força maior trabalhista.
6. Em que pese a distinção ora reconhecida entre a natureza da força maior e a do fato do príncipe, na análise de cada caso concreto deve ser observada a hipótese de possíveis excessos ou equívocos que tenham transposto o estrito limite que separa a natureza das duas figuras, de modo a excepcionalmente ser configurada a responsabilidade da Administração Pública.

7 REFERÊNCIAS

BANDEIRA DE MELLO, Celso Antônio. *Curso de direito administrativo*. 26.ed. rev. e atual. São Paulo: Malheiros, 2009.

______. *Discricionariedade e controle jurisdicional*. 2.ed. São Paulo: Malheiros, 1993.

BATISTA JÚNIOR, Onofre Alves. *Princípio constitucional da eficiência administrativa*. Belo Horizonte: Mandamentos, 2004.

BRASIL. Ministério da Saúde. *Coronavírus*: Brasil registra 52.995 casos e 3.670 mortes. Brasília, 24.abr.2020. Disponível em: <https://www.saude.gov.br/noticias/agencia-saude/46784-coronavirus-brasil-registra-52-995-casos-e-3-670-mortes>. Acesso em: 24 abr. 2020.

CARRION, Valentim. *Comentários à Consolidação das Leis do Trabalho*. 32.ed. atual. por Eduardo Carrion. São Paulo: Saraiva, 2007.

GARCÍA DE ENTERRIA, Eduardo; FERNÁNDEZ, Tomás-Ramón. *Curso de direito administrativo*. Tradução de Arnaldo Setti. São Paulo: Revista dos Tribunais, 1990.

LUDWIG, Guilherme Guimarães. Legalidade e Eficiência a Administração Pública. *Revista Eletrônica do Tribunal Regional do Trabalho da Bahia*, Salvador, Escola Judicial, ano 3, n.5, dezembro, 2014, p.81-91. Disponível em: <http://escolajudicial.trt5.jus.br>. Acesso em: 24 abr. 2020.

MARANHÃO, Délio. *Direito do trabalho*. 2.ed. Rio de Janeiro: Fundação Getúlio Vargas, 1971.

MOREIRA NETO, Diogo de Figueiredo. *Quatro paradigmas do direito administrativo pós-moderno*: legitimidade, finalidade, eficiência, resultados. Belo Horizonte: Fórum, 2008.

ORGANIZAÇÃO PAN-AMERICANA DE SAÚDE/BRASIL. *Folha informativa – COVID-19 (doença causada pelo novo coronavírus)*. Atual. Em 30 de março de 2020. Brasília, 30 mar. 2020. Disponível em: <https://www.paho.org/bra/index.php?option=com_content&view=article&id=6101:covid19&Itemid=875>. Acesso em: 24 abr. 2020.

PINTO, José Augusto Rodrigues; PAMPLONA FILHO, Rodolfo. *Repertório de conceitos trabalhistas*. v.I. Direitos individuais. São Paulo: LTr, 2000.

ROCHA, Cármen Lúcia Antunes. *Princípios constitucionais da administração pública*. Belo Horizonte: Del Rey, 1994.

SALVADOR. *Decreto nº 32280*, de 23 de 03 de 2020. Disponível em: <https://www.legisweb.com.br/legislacao/?id=391448>. Acesso em: 24 abr. 2020.

SOUSA, António Francisco de. *Conceitos indeterminados no direito administrativo*. Coimbra: Almedina, 1994.

WORLD HEALTH ORGANIZATION. *Coronavirus disease (COVID-19) outbreak situation*. Genebra, 01 abr. 2020. Disponível em: <https://www.who.int/emergencies/diseases/novel-coronavirus-2019>. Acesso em: 24 abr. 2020.

______. *Director-General's opening remarks at the media briefing on COVID-19 - 30 March 2020*. Genebra, 13.mar.2020. Disponível em: <https://www.who.int/dg/speeches/detail/who-director-general-s-statement-on-ihr-emergency-committee-on-novel-coronavirus-(2019-ncov)>. Acesso em: 24 abr. 2020.

______. *Director-General's statement on IHR Emergency Committee on Novel Coronavirus (2019-nCoV)*. Genebra, 30.jan.2020. Disponível em: <https://www.who.int/dg/speeches/detail/who-director-general-s-statement-on-ihr-emergency-committee-on-novel-coronavirus-(2019-ncov)>. Acesso em: 24 abr. 2020.

12

SAQUE DE FGTS EM TEMPOS DE CORONAVÍRUS

Carolina Tupinambá[1]
Otavio Amaral Calvet[2]

I. Introdução

A calamidade pública reconhecida pela Decreto Legislativo no 06 de 20 de março de 2020 despertou diversos questionamentos quanto aos direitos trabalhistas, uma vez que, direta ou indiretamente, o isolamento social determinado pelas autoridades públicas afetou o funcionamento das empresas.

Desde a possibilidade de mecanismos para manutenção do emprego e até a sua extinção, os intérpretes do Direito do Trabalho vivem o enorme desafio de buscar dentro

1. Pós-Doutora no Programa de Pós-Doutoramento em Democracia e Direitos Humanos – Direito, Política, História e Comunicação da Faculdade de Direito da Universidade de Coimbra. Doutora em Direito Processual pela Universidade do Estado do Rio de Janeiro. Doutora em Direito do Trabalho e Seguridade Social pela Universidade de São Paulo. Mestre em Direito Processual pela Universidade do Estado do Rio de Janeiro. Professora Adjunta de Processo do Trabalho e Prática Trabalhista da Universidade do Estado do Rio de Janeiro. Professora Assistente de Direito do Trabalho da Universidade Federal do Estado do Rio de Janeiro. Membro da Academia Brasileira de Direito do Trabalho, ocupante da Cadeira n°47. Membro do Instituto Brasileiro de Direito Processual. Membro do Instituto Iberoamericano de Derecho Procesal. Membro do Instituto dos Advogados Brasileiros. Membro do Centro de Estudos Avançados de Processo. Membro da American Bar Association. Membro da Comunidad para la Investigación y el Estudio Laboral y Ocupacional (CIELO). Mediadora certificada. Autora de livros e artigos na área trabalhista. carolina@tupinambaadvogados.com.br.
2. Doutor e Mestre em Direito pela Pontifícia Universidade Católica de São Paulo, Juiz Titular de Vara do Trabalho, Professor e Coordenador Pedagógico do Complexo de Ensino Renato Saraiva e do Digital Calvet, Membro honorário do Instituto dos Advogados Brasileiros, Presidente da ABMT Associação Brasileira de Magistrados do Trabalho. Autor de livros e artigos na área trabalhista. otaviocalvet@gmail.com.

das regras tradicionais e das medidas excepcionais editadas através de medidas provisórias, soluções que possam garantir a efetividade da tutela trabalhista ao ser humano trabalhador paralelamente à garantia de sobrevivência da própria atividade empresarial, para que os efeitos da pandemia sejam amenizados, afetando o mínimo possível o desenvolvimento econômico do país.

Entre os vários questionamentos, a viabilidade do saque de FGTS surge como possível alternativa para contribuir na manutenção de renda aos trabalhadores, inicialmente a partir da extinção de contratos de trabalho, por dispensa imotivada, força maior ou fato do príncipe, passando pela liberação motivada pelo estado de calamidade pública e chegando ao regramento especial contido na Medida Provisória nº 946, de 07 de abril de 2020.

Este artigo pretende analisar cada uma dessas hipóteses de movimentação do FGTS pelo trabalhador, abordando tanto aspectos materiais quanto processuais e procedimentais acerca da questão.

II. A origem do fundo de garantia do tempo de serviço

A Constituição Federal enumera em seu art. 7º uma série de direitos dos trabalhadores, dentre os quais o fundo de garantia do tempo de serviço.[3]

Criado em meados da década de 1960, o regime do FGTS introduziu nova disciplina legal afeta ao tempo de serviço do empregado, que, a partir de então, poderia optar pelo regime da estabilidade decenal, detalhado na Consolidação das Leis do Trabalho, ou pelo regime do fundo de garantia.

Eram dois sistemas paralelos, com repercussões diferenciadas na extinção do contrato de trabalho. Cabia ao empregado - aliás, na prática, ao empregador - escolher entre um deles. Aqueles que optassem pelo regime do FGTS não poderiam adquirir o direito à estabilidade no emprego e vice-versa.

A estabilidade, como forma de proteção à relação de emprego contra a despedida arbitrária ou imotivada, obstava o exercício, pelo empregador, do direito à rescisão do contrato de trabalho. Seria pressuposto de aquisição da estabilidade decenal a prestação de serviços, em uma mesma empresa, por mais de dez anos, entendendo-se por tempo de serviço todo o tempo em que o empregado estivesse à disposição do empregador. Somente nos casos de falta grave, apurada mediante instauração de inquérito judicial, ou de força maior, compreendida esta última como toda circunstância imprevisível ou inevitável, é que estaria o empregador autorizado a proceder à extinção do contrato de trabalho do empregado estável.

Por outro lado, ao optar pelo FGTS, o empregado não mais poderia adquirir o direito à estabilidade no emprego. A nova sistemática engendrada pelo regime do FGTS facilitaria a ruptura do contrato de trabalho sem justo motivo.

3. "Art. 7º São direitos dos trabalhadores urbanos e rurais, além de outros que visem à melhoria de sua condição social: (...) III – fundo de garantia do tempo de serviço".

Com a superveniência da Constituição de 1988, a opção, já na prática inexistente, perdeu por completo a razão de ser, uma vez definitivamente extinto o sistema da estabilidade decenal para novos contratos. A partir de então, para todos os contratos de trabalho celebrados, aplicar-se-ia o regime do FGTS.

III. A regulamentação e as bases do sistema do fundo de garantia do tempo de serviço

Criado pela Lei 5.107/1966, o sistema do FGTS é hoje regulado pela Lei nº 8.036/1990.

Formado a partir de depósitos mensais efetuadas pelo empregador em conta do empregado junto à Caixa Econômica Federal, à proporção de 8% sobre a remuneração percebida, o FGTS ilustra um crédito trabalhista concebido para amparar o trabalhador, por exemplo, na ruptura abrupta e sem justificativa do contrato.

Em âmbito coletivo, por seu turno, o montante gerado pelas contribuições é aplicado pelo Estado na consecução das mais variadas políticas públicas, a exemplo da construção de habitações populares e obras de saneamento básico, contribuindo, em tese, para efetivar direitos de conteúdo social e programático.

IV. A natureza jurídica do FGTS

A natureza jurídica do Fundo de Garantia de Tempo de Serviço é tema um tanto quanto controvertido na doutrina.

Via de regra se sustenta possuir natureza de tributo ou contribuição parafiscal, uma vez compulsório, previsto em lei e recolhido pelo Estado, com a finalidade de constituir fundo econômico para financiar o sistema financeiro de habitação – SFH. Para Sergio Pinto[4], por exemplo, tratar-se-ia de contribuição social de intervenção no domínio econômico, cobrada com fundamento no art. 149 da Constituição, sendo espécie do gênero tributo. O próprio autor, de toda sorte, ressalva a dificuldade de se especificar a real natureza jurídica do FGTS, uma vez ser diversa a perspectiva do mesmo instituto sob o ponto de vista do empregado. Em suma, acaba por concluir que a parcela ostentaria natureza múltipla ou híbrida, admitida a multiplicidade de enfoques de cada um dos atores sociais envolvidos.

Outra corrente defende que o fundo teria natureza previdenciária, não podendo ser considerado tributo, mas imposição estatal.

Autores diversos defendem ter natureza de indenização; de prêmio por tempo de serviço; de contribuição social; de salário atual; de compensação; e até salário socializado ou fundo social,porque devido pela sociedade ao trabalhador.

Arnaldo Süssekind ensina que o FGTS tenha natureza jurídica de salário diferido por ser um direito adquirido no presente, dependente de realização de condição futura

4. MARTINS, Sergio Pinto. *Direito do Trabalho*. 14. ed. São Paulo: Atlas, 2001, p. 394-398.

para sua movimentação.[5] O enquadramento explicaria, inclusive, o impedimento legal constante do art. 2º, § 2º, da Lei nº 8.036/90 à penhora das contas vinculadas do FGTS.

Carlos Henrique Bezerra Leite entende que o FGTS tem natureza dúplice: indenizatória, uma vez que surgiu para substituir a estabilidade; e parafiscal, pois cobrado compulsoriamente do empregador pelo Estado, sendo os recursos do Fundo destinados à sociedade para fins de financiamento da construção de moradias populares, saneamento básico e infraestrutura urbana.[6] Destaca ainda que, para o STF, o FGTS, não tem natureza contratual, mas, sim, estatutária, por decorrer da Lei e por ela ser disciplinado, não havendo direito adquirido a regime jurídico. [7]

Vólia Bomfim Cassar entende que, para o empregado, o FGTS tem natureza jurídica de direito à contribuição de caráter salarial, equiparando-se a uma poupança forçada. Já para o empregador, a verba ilustraria uma obrigação, enquanto, para a sociedade seria uma contribuição de caráter social. Daí decorreria, sua natureza múltipla ou híbrida.[8]

Para Mauricio Godinho Delgado, o FGTS é instituto de natureza multidimensional, complexa, com preponderante estrutura e fins justrabalhistas combinados a seu caráter social de destinação variada, tipificada em lei, formando instituto unitário.[9]Para o autor, haveria, no mínimo, uma tríplice dimensão de estrutura e objetivos próprios do FGTS apta a gerar relações jurídicas próprias. Primeiramente, a relação empregatícia, pela qual o empregador é obrigado a efetuar os recolhimentos e o empregado é credor. Em outra perspectiva, o vínculo entre empregador e Estado, em que o primeiro tem o dever de realizar os recolhimentos e o segundo de cobrá-los. Finalmente, a relação entre o Estado, como gestor e aplicador dos recursos oriundos do fundo social constituído pela totalidade dos recursos do FGTS e a comunidade que deve ser beneficiária pela destinação social do instituto. Assim, o ímpar caráter multidimensional revelaria a natureza jurídica do relevante instituto.

Ao lado das perspectivas doutrinárias, em 25/10/2012, o plenário do Supremo Tribunal Federal reconheceu a Repercussão Geral no ARE 709212, no qual se discutia o prazo prescricional aplicável à cobrança judicial dos valores devidos a título de FGTS. No julgamento, a definição justamente da natureza jurídica do Fundo revelou-se pre-

---

5. SÜSSEKIND, Arnaldo. *Curso de Direito do Trabalho*. Rio de Janeiro: Renovar, 2002, p. 349-350. apud. CASSAR, Vólia Bomfim. *Direito do trabalho*. 11 ed. Rio de Janeiro: Forense; São Paulo: MÉTODO, 2015. p. 1153 - 1154.
6. LEITE, Carlos Henrique Bezerra. *Curso de direito do trabalho*. 9. ed. São Paulo : Saraiva Educação, 2018.
7. STF-RE 226.855 – Rel. Min. Moreira Alves – j. 31.08.2000 – Plenário – DJ 13.10.2000.
8. CASSAR, Vólia Bomfim. *Direito do trabalho*. 11 ed. Rio de Janeiro: Forense; São Paulo: MÉTODO, 2015. p. 1153 - 1154.
9. DELGADO, Mauricio Godinho. *Curso de direito do trabalho*. 16. ed. rev. e ampl. São Paulo: LTr, 2017. p. 1448 -1449.

missa relevante na construção da tese. O instituto foi concebido como um **direito de índole social e trabalhista.**Confira-se:

> "(...) Em virtude do disposto no art. 20 da Lei 5.107/1966, segundo o qual a cobrança judicial e administrativa dos valores devidos ao FGTS deveria ocorrer de modo análogo à cobrança das **contribuições previdenciárias e com os mesmos privilégios, o Tribunal Superior do Trabalho inclinou-se pela tese de que o FGTS teria natureza previdenciária e, portanto, a ele seria aplicável o disposto no art. 144 da Lei 3.807**, de 26 de agosto de 1960 (Lei Orgânica da Previdência Social), que fixava o prazo de trinta anos para a cobrança das contribuições previdenciárias.
>
> Após a Constituição de 1988, foi promulgada a Lei 8.036, de 11 de maio de 1990, que deu nova disciplina ao FGTS. (...)
>
> Desde então, **tornaram-se desarrazoadas as teses anteriormente sustentadas, segundo as quais o FGTS teria natureza híbrida, tributária, previdenciária, de salário diferido, de indenização, etc.**
>
> **Trata-se, em verdade, de direito dos trabalhadores brasileiros (não só dos empregados, portanto), consubstanciado na criação de um "pecúlio permanente", que pode ser sacado pelos seus titulares em diversas circunstâncias legalmente definidas (cf. art. 20 da Lei 8.036/1995).**
>
> Consoante salientado por José Afonso da Silva, não se trata mais, como em sua gênese, de uma alternativa à estabilidade (para essa finalidade, foi criado o seguro-desemprego), mas de **um direito autônomo** (SILVA, José Afonso. Comentário Contextual à Constituição. 4ª Ed. São Paulo: Malheiros, 2007, p. 191).
>
> (...)
>
> Trata-se, como se vê, de **direito de natureza complexa e multifacetada, haja vista demandar a edição de normas de organização e procedimento** que têm o escopo de viabilizar a sua fruição, por intermédio, inclusive, da definição de órgãos e entidades competentes para a sua gestão e da imposição de deveres, obrigações e prerrogativas não apenas aos particulares, mas também ao Poder Público. Cuida-se de verdadeira garantia de caráter institucional, dotada de âmbito de proteção marcadamente normativo (PIEROTH/SCHLINK, Grundrechte: Staatsrecht II. Heidelberg: C.F. Müller, 1995, p. 53).
>
> Nesse sentido, cumpre registrar que, **mesmo anteriormente à Constituição de 1988, o Supremo Tribunal Federal já havia afastado a tese do suposto caráter tributário ou previdenciário das contribuições devidas ao Fundo, salientando ser o FGTS um direito de índole social e trabalhista.**
>
> Por ocasião do julgamento do Recurso Extraordinário 100.249-2, Rel. Min. Oscar Corrêa, Red. p/Acórdão Min. Néri da Silveira, DJ 1.7.1988, o Plenário desta Corte deixou assentado o seguinte entendimento:
>
> "Fundo de Garantia por Tempo de Serviço. Sua natureza jurídica. Constituição, art. 165, XIII. Lei 5.107, de 13.9.1966. As contribuições para o FGTS não se caracterizam como crédito tributário ou contribuições a tributo comparáveis. Sua sede está no art. 165, XIII, da Constituição. Assegura-se ao trabalhador estabilidade, ou fundo de garantia equivalente. Dessa garantia, de índole social, promana, assim, a exigibilidade pelo trabalhador do pagamento do FGTS, quando despedido, na forma prevista em

> lei. Cuida-se de um direito do trabalhador. Dá-lhe o Estado garantia desse pagamento. A contribuição pelo empregador, no caso, deflui do fato de ser ele o sujeito passivo da obrigação, de natureza trabalhista e social, que encontra, na regra constitucional aludida, sua fonte. A atuação do Estado, ou de órgão da Administração Pública, em prol do recolhimento da contribuição do FGTS, não implica torná-lo titular de direito à contribuição, mas, apenas, decorre do cumprimento, pelo Poder Público, de obrigação de fiscalizar e tutelar a garantia assegurada ao empregado optante pelo FGTS. Não exige o Estado, quando aciona o empregador, valores a serem recolhidos ao Erário, como receita pública. **Não há, aí, contribuição de natureza fiscal ou parafiscal.** Os depósitos de FGTS pressupõem vínculo jurídico, com disciplina de Direito do Trabalho. Não se aplica às contribuições do FGTS o disposto nos arts. 173 e 174, do CTN. Recurso extraordinário conhecido, por ofensa ao art. 165, XIII, da Constituição, e provido, para afastar a prescrição qüinqüenal da ação."
>
> (...)
>
> Verifica-se, pois, que, em relação à natureza jurídica do FGTS, a jurisprudência do Supremo Tribunal Federal revela-se, de fato, consentânea com o disposto na Constituição de 1988. (...)"[10]

Em suma, a natureza jurídica do FGTS à luz da Constituição de 1988 corresponde a um direito trabalhista e social do trabalhador brasileiro.

V. Saque pela extinção do contrato de trabalho: dispensa imotivada, por força maior e por fato do príncipe

Os recursos do FGTS são provenientes dos saldos depositados pelos empregadores nas contas vinculadas dos trabalhadores – 8% incidente sobre a remuneração mensal do empregado – bem como de outros recursos incorporados ao Fundo, tais como os resultantes de eventuais saldos apurados nos termos do art. 12, § 4º, da Lei n. 8.036/90; as dotações orçamentárias específicas; as multas, a correção monetária e o juros moratórios; além do resultado das aplicações dos recursos do próprio fundo[11].

Como é cediço, a conta vinculada somente poderá ser movimentada nas hipóteses *numerus clausus* consignadas no art. 20 da Lei nº 8.036/90. Neste capítulo, pretende-se abordar a hipótese de saque pela extinção do contrato por força maior ou fato do príncipe:

> Art. 20. A conta vinculada do trabalhador no FGTS poderá ser movimentada nas seguintes situações:
>
> I - despedida sem justa causa, inclusive a indireta, de culpa recíproca e de força maior;

10. ARE 709212, Relator(a): Min. GILMAR MENDES, Tribunal Pleno, julgado em 13/11/2014, ACÓRDÃO ELETRÔNICO REPERCUSSÃO GERAL - MÉRITO DJe-032 DIVULG 18-02-2015 PUBLIC 19-02-2015.
11. BEZERRA LEITE, Carlos Henrique. **Curso de Direito do trabalho.** 11. ed. São Paulo: Saraiva. p. 678-679, 2019.

> (...)
>
> II - extinção total da empresa, fechamento de quaisquer de seus estabelecimentos, filiais ou agências, supressão de parte de suas atividades, declaração de nulidade do contrato de trabalho nas condições do art. 19-A, ou ainda falecimento do empregador individual sempre que qualquer dessas ocorrências implique rescisão de contrato de trabalho, comprovada por declaração escrita da empresa, suprida, quando for o caso, por decisão judicial transitada em julgado;
>
> (...)
>
> § 1º A regulamentação das situações previstas nos incisos I e II assegurar que a retirada a que faz jus o trabalhador corresponda aos depósitos efetuados na conta vinculada durante o período de vigência do último contrato de trabalho, acrescida de juros e atualização monetária, deduzidos os saques.
>
> (...)

Certamente, a disseminação do Coronavírus pelo mundo, causador da doença COVID-19, declarada como pandemia global pela Organização Mundial da Saúde no dia 11 de março de 2020 justifica a regra acima compilada.

Aliás, o estado de calamidade pública foi expressamente reconhecido pelo Decreto Legislativo nº 6/20. Mais que isso. A situação de emergência de saúde pública de importância internacional decorrente do Coronavírus foi decretada pela Lei Federal nº 13.979/20, a qual configurou a hipótese como circunstância de força maior, classificação igualmente adotada pelos termos do artigo 1º da Medida Provisória n. 927/20, cujo parágrafo único consigna que "O disposto nesta Medida Provisória se aplica durante o estado de calamidade pública reconhecido pelo Decreto Legislativo nº 6, de 2020, e, para fins trabalhistas, constitui hipótese de força maior, nos termos do disposto no art. 501 da Consolidação das Leis do Trabalho, aprovada pelo Decreto-Lei nº 5.452, de 1º de maio de 1943".

Em outras palavras, para fins trabalhistas, a MP 927/2020 reconhece que o vigente estado de calamidade pública induz hipótese jurídica de força maior, identificada no art. 501 da CLT, que reza:

> Art. 501 - Entende-se como força maior todo acontecimento inevitável, em relação à vontade do empregador, e para a realização do qual este não concorreu, direta ou indiretamente.
>
> § 1º - A imprevidência do empregador exclui a razão de força maior.
>
> § 2º - À ocorrência do motivo de força maior que não afetar substancialmente, nem for suscetível de afetar, em tais condições, a situação econômica e financeira da empresa não se aplicam as restrições desta Lei referentes ao disposto neste Capítulo.

Repare-se que a CLT não se preocupa em distinguir caso fortuito de força maior, como de praxe o faz o Direito Civil. Via de regra, costuma-se dizer que o caso fortuito seria o acontecimento natural, ou o evento derivado da força na natureza, ou o fato das coisas, enquanto a força maior seria originada de fato de outrem, tal como guerras ou *factum principis*, este último especificamente quando o ato seja emanado de autoridade.

A CLT dispõe sobre a extinção do contrato de trabalho por força maior e fato do príncipe em dispositivos diferentes, respectivamente:

> Art. 502 - Ocorrendo motivo de força maior que determine a extinção da empresa, ou de um dos estabelecimentos em que trabalhe o empregado, é assegurada a este, quando despedido, uma indenização na forma seguinte:
>
> I - sendo estável, nos termos dos arts. 477 e 478;
>
> II - não tendo direito à estabilidade, metade da que seria devida em caso de rescisão sem justa causa;
>
> III - havendo contrato por prazo determinado, aquela a que se refere o art. 479 desta Lei, reduzida igualmente à metade.
>
> Art. 486 - No caso de paralisação temporária ou definitiva do trabalho, motivada por ato de autoridade municipal, estadual ou federal, ou pela promulgação de lei ou resolução que impossibilite a continuação da atividade, prevalecerá o pagamento da indenização, que ficará a cargo do governo responsável.
>
> § 1º - Sempre que o empregador invocar em sua defesa o preceito do presente artigo, o tribunal do trabalho competente notificará a pessoa de direito público apontada como responsável pela paralisação do trabalho, para que, no prazo de 30 (trinta) dias, alegue o que entender devido, passando a figurar no processo como chamada à autoria. (Incluído pelo Decreto-lei nº 6.110, de 16.12.1943)
>
> § 2º - Sempre que a parte interessada, firmada em documento hábil, invocar defesa baseada na disposição deste artigo e indicar qual o juiz competente, será ouvida a parte contrária, para, dentro de 3 (três) dias, falar sobre essa alegação. (Redação dada pela Lei nº 1.530, de 26.12.1951)
>
> § 3º - Verificada qual a autoridade responsável, a Junta de Conciliação ou Juiz dar-se-á por incompetente, remetendo os autos ao Juiz Privativo da Fazenda, perante o qual correrá o feito nos termos previstos no processo comum. (Incluído pela Lei nº 1.530, de 26.12.1951)

Em ambos os casos de extinção contratual, tanto o empregador quanto os empregados percebem-se como vítimas de evento consubstanciado em força maior de tal grandeza que, para configuração desse patamar, resta inexorável a necessidade de fechamento de um dos estabelecimentos patronais.

Extinto o contrato nesse contexto, como os riscos do empreendimento recaem sobre os ombros do empregador, serão devidas as seguintes verbas rescisórias: (i) saldo de salário, (ii) férias vencidas e proporcionais; e (iii) 13º proporcional e indenização.

A extinção do contrato por prazo indeterminado não portador de estabilidade decenal, prevista no inciso II do artigo 502 da CLT confere ao empregador a benesse de reduzir pela metade a "indenização" devida. Nos contratos de trabalho por prazo determinado, por sua vez, será devida a indenização prevista no artigo 479 igualmente reduzida à metade.

Certamente que a "indenização" tratada pelos dispositivos compilados será aquela prevista no artigo 18, da Lei nº 8.036/1990, com esclarece o próprio parágrafo segundo:

> Art. 18. Ocorrendo rescisão do contrato de trabalho, por parte do empregador, ficará este obrigado a depositar na conta vinculada do trabalhador no FGTS os valores relativos aos depósitos referentes ao mês da rescisão e ao imediatamente anterior, que ainda não houver sido recolhido, sem prejuízo das cominações legais.
>
> § 1º Na hipótese de despedida pelo empregador sem justa causa, depositará este, na conta vinculada do trabalhador no FGTS, importância igual a quarenta por cento do montante de todos os depósitos realizados na conta vinculada durante a vigência do contrato de trabalho, atualizados monetariamente e acrescidos dos respectivos juros.

A responsabilidade patronal pelo pagamento de aviso prévio restará elidida em contexto de absoluta imprevisão, não obstante alguns autores defendam que a assunção dos riscos pelo empregador seja o suficiente para justificar ser devido o respectivo pagamento, posição que parece encontrar suporte no enunciado de súmula n. 44 do Tribunal Superior do Trabalho[12]

Portanto, a parcela indenizatória devida pela metade na hipótese de extinção contratual por força maior de contratos de trabalho por tempo indeterminado será mesmo, unicamente, a multa sobre o saldo da conta vinculada[13].

O artigo 486 da CLT vai um pouco além e reza que a tal metade será paga pelo "governo responsável" nas hipóteses derivadas de *factum principis*. O fechamento de *shoppings*, cinemas e comércio em geral por atos de autoridades públicas em razão da pandemia tem sido, neste contexto, remetida à eventual responsabilização estatal por fato do príncipe, espécie de força maior. Tal interpretação não parece adequada. Em verdade, a ação do poder público tem objetivado apenas resguardar o interesse maior da população, o bem comum, enfim. O "príncipe", ao determinar o fechamento de determinados empreendimentos tem apenas feito prevalecer o genuíno interesse público norteador que deve ser da ação estatal.

A sistemática para o levantamento dos valores do FGTS do "saque-rescisão" por extinção do contrato parece dispensar tutela jurisdicional, devendo o pedido ser feito

---

12. Súmula nº 44 do TST

    AVISO PRÉVIO (mantida) - Res. 121/2003, DJ 19, 20 e 21.11.2003

    A cessação da atividade da empresa, com o pagamento da indenização, simples ou em dobro, não exclui, por si só, o direito do empregado ao aviso prévio.

13. Em sentido absolutamente diferente ao que se sustenta, o artigo de Georgenor de Sousa Franco Filho e Ney Maranhão: "Em síntese: na hipótese de força maior qualificada, porque inexoravelmente extintiva de contratos, deverá o empregador arcar com o pagamento de todas as verbas rescisórias, na íntegra, salvo, por expressa disposição legal, a multa do FGTS e, por razoável inferência jurídica, o aviso prévio e as férias proporcionais, que serão indenizados pela metade." COVID-19: FORÇA MAIOR E FATO DO PRÍNCIPE publicado em http://www.andt.org.br/f/COVID-19%20-%20FOR%C3%87A%20MAIOR%20E%20FATO%20DO%20PR%C3%8DNCIPE.pdf acesso em 25 de abril de 2020.

diretamente em uma agência da Caixa na forma do parágrafo 18º do artigo 20, da Lei n. 8.036/90:

> § 18. É indispensável o comparecimento pessoal do titular da conta vinculada para o pagamento da retirada nas hipóteses previstas nos incisos I, II, III, VIII, IX e X deste artigo, salvo em caso de grave moléstia comprovada por perícia médica, quando será paga a procurador especialmente constituído para esse fim.

Entretanto, destaca-se questão interessante quanto à formalidade estipulada no art. 18, §2º da Lei n. 8036/90, segundo o qual "quando ocorrer despedida por culpa recíproca ou força maior, reconhecida pela Justiça do Trabalho, o percentual de que trata o § 1º será de 20 (vinte) por cento", ou seja, aparentemente, pelo texto legal, também é possível aferir que para o saque junto à Caixa Econômica Federal haveria prévia necessidade de reconhecimento judicial do motivo de força maior.

Embora uma interpretação literal conduza a tal conclusão, deve-se observar que a força maior prescinde de reconhecimento judicial para autorização do saque da conta vinculada, pois caso o empregador tenha informado erroneamente, ou fraudulentamente, a força maior, a consequência jurídica seria o reconhecimento de dispensa imotivada o que, por óbvio igualmente autorizaria o saque pelo empregado administrativamente.

A exigência legal, portanto, somente pode ser interpretada no contexto de impedir que o empregador, abusando da configuração de força maior, efetue o depósito de apenas 20% a título de indenização compensatória prejudicando o trabalhador e, nunca, para que o empregado sofra restrições ao montante de sua conta vinculada após a extinção do contrato.

Assim, totalmente desnecessário o uso da via judicial para que seja viabilizada a movimentação da conta vinculada.

Obstáculos burocráticos ao saque, entretanto, eram colocados pelo próprio órgão competente, conforme antiga versão do Manual de Orientação da CEF que, em seu item 2.2, dispunha como documentação necessária para o saque[14]:

> "DOCUMENTOS DE COMPROVAÇÃO
>
> Certidão ou cópia de sentença irrecorrível da Justiça do Trabalho, e apresentação de TRCT (para as rescisões de contrato de trabalho efetuadas até 31/01/2013), THRCT ou TQRCT (para as rescisões de contrato de trabalho formalizadas até 10/11/2017), quando houver; ou
>
> Certidão ou cópia de sentença irrecorrível da Justiça do Trabalho, e original e cópia da CTPS das páginas (folha de rosto/verso e página do contrato de trabalho) para as rescisões de contrato formalizadas a partir 11/11/2017; e

14. http://www.caixa.gov.br/Downloads/fgts-manuais-e-cartilhas-operacionais/Manual_FGTS_Movimentacao_da_Conta_Vinculada_V10.pdf (acesso 25..04.2020).

Certidão ou cópia de sentença judicial transitada em julgado e atas das assembleias que deliberaram pela nomeação, no caso de diretor não empregado"

Ora, exigir de empregador e empregados, durante o período de calamidade pública já reconhecido pelo nosso ordenamento jurídico a busca do Poder Judiciário contraria, inclusive, a presunção da ocorrência de força maior, já estabelecida pela Medida Provisória n. 927 e, ainda, o princípio da boa-fé, que deve ser o norteador de todas as relações excepcionais advinda do período da pandemia[15].

Observando tais argumentos, a CEF editou a versão 11 de seu Manual, que não mais exige a juntada de documentação comprobatória de decisão da Justiça do Trabalho, autorizando, portanto, o saque pela via meramente administrativa, a saber:

> **"2.2 CÓDIGO DE SAQUE 02/02M – RESCISÃO POR CULPA RECÍPROCA OU FORÇA MAIOR**
> **RECONHECIDA PELA JUSTIÇA DO TRABALHO**
>
> - BENEFICIÁRIO I: Trabalhador ou diretor não empregado
>
> - MOTIVO
>
> - Rescisão do contrato de trabalho, inclusive por prazo determinado, por obra certa ou do contrato de experiência, por motivo de culpa recíproca ou de força maior, reconhecida pela justiça do trabalho.
>
> - DOCUMENTOS DE COMPROVAÇÃO
>
> - Original e cópia da CTPS das páginas (folha de rosto/verso e página do contrato de trabalho) para as rescisões de contratos de trabalho formalizadas a partir 11/11/2017, desde que o empregador tenha comunicado à CAIXA a data/código de movimentação pelo Conectividade Social ou na Guia de Recolhimento Rescisório; ou

15. Nesse sentido, em 28 de abril de 2020, o Dr. Alberto Balazeiro, procurador-geral do Trabalho, noticiou que "(...) A Caixa Econômica Federal estava exigindo que os trabalhadores demitidos com fundamento em força maior, em razão da pandemia do Covid-19, ingressassem em juízo para sacar os respectivos valores e para gozar do benefício do seguro-desemprego.

A partir de interlocução com a CEF, realizada por Coordenação do GT e da CONAFRET, em reuniões das quais participei pessoalmente, a CEF reconsiderou sua interpretação inicial para, em relação ao seguro-desemprego, não ser mais exigido o ingresso de ação judicial para gozo do benefício. Quanto ao saque da multa sobre os valores do FGTS, a Caixa Econômica informou que não será mais exigida a sentença judicial, enquanto documento necessário para liberação dos valores , e que será publicada no DOU a respectiva circular para informar a alteração do manual CEF/FGTS, a fim de não mais constar a exigência desse documento.

A articulação realizada também resultou no estabelecimento de fluxo de atuação junto à SIT/Divisão FGTS, que será comunicada eletronicamente dos pedidos de FGTS realizados em razão de dispensas sob o fundamento da situação de pandemia, a fim de deflagrarem ação fiscal em hipóteses de indícios de fraudes. O MPT também poderá ser cientificado dessa ocorrência, isto é, das dispensas eventualmente realizadas por setores econômicos não atingidos por repercussões da pandemia e que tentem se utilizar desse mecanismo para redução de encargos, notadamente da multa de 40% para 20% , a fim de adotar as medidas cabíveis.(..)". A circular, até o momento da entrega do presente artigo ainda não teria sido publicada.

- Atas do Conselho de Administração que deliberaram pela nomeação e pelo afastamento do diretor não empregado; cópia do Contrato Social e respectivas alterações registradas no Cartório de Registro de Títulos e Documentos ou na Junta Comercial, ou ato próprio da autoridade competente publicado em Diário Oficial. Os documentos devem ser apresentados em via original e cópia, para confronto e autenticação no ato do recebimento, ou por meio de cópia autenticada."

VI. Saque em decorrência de calamidade pública e a autorização temporária conforme MP N. 946

O inciso XVI[16] do art. 20 da Lei 8036/90 dispõe justamente sobre a possibilidade de movimentação da conta do FGTS em questões de calamidade pública, força maior ou caso fortuito.

Nesse cenário, a Justiça do Trabalho tem recebido alguns pedidos de concessão de liminares para o saque imediato do FGTS com fulcro no Decreto Legislativo nº 6/2020.

A primeira questão a ser enfrentada, no tema, diz respeito à competência da Justiça do Trabalho para liberação do FGTS por tal motivo.

Em decisão recente, no processo nº ATOrd 0000302-93.2020.5.07.0006 que tramita na 6ª Vara do Trabalho de Fortaleza, a Juíza Titular – Milena Moreira de Sousa – em 15 de abril de 2020 – entendeu pela incompetência da Justiça do Trabalho nos seguintes termos:

> "(...) Cumpre observar, quanto ao argumento de que a reclamante faz jus à liberação de FGTS com base no estado de calamidade pública reconhecido pelo Decreto Legislativo nº 06/2020, que **incumbe à Justiça Federal a competência para processar e julgar os pedidos de liberação de FGTS com fundamento no art. 20, XVI da Lei 8.036/1990, uma vez que não decorre de lide trabalhista, conforme art. 114 da Constituição Federal, o que deve ser feito na Justiça Federal em face da Caixa Econômica.**
>
> Registre-se, por oportuno, que se encontra em vigor a Medida Provisória nº 946/2020, por meio da qual serão disponibilizados valores do Fundo de Garantia do Tempo

16. Art. 20: **A conta vinculada do trabalhador no FGTS poderá ser movimentada nas seguintes situações:**
XVI - **necessidade pessoal, cuja urgência e gravidade decorra de desastre natural**, conforme disposto em regulamento, observadas as seguintes condições:
a) o trabalhador deverá ser residente em áreas comprovadamente atingidas de Município ou do Distrito Federal em situação de emergência ou em estado de calamidade pública, formalmente reconhecidos pelo Governo Federal;
b) a solicitação de movimentação da conta vinculada será admitida até 90 (noventa) dias após a publicação do ato de reconhecimento, pelo Governo Federal, **da situação de emergência ou de estado de calamidade pública**; e
c) o valor máximo do saque da conta vinculada será definido na forma do regulamento. (grifos nossos)

> de Serviço em favor de cada trabalhador com saldo fundiário retido, de forma administrativa, a teor do art. 6º da MP.
>
> Isso posto, REJEITO, neste momento processual, o pedido liminar, reservando-me a faculdade inserta no art. 296 do novo CPC". (grifos nossos)

A competência da Justiça do Trabalho, estabelecida quanto à matéria, pressupõe que as questões postas para sua análise sejam oriundas das relações de trabalho, ou seja, que o direito discutido em juízo seja de natureza trabalhista.

Tendo em vista que o STF, como já dito acima, reconheceu a natureza trabalhista e social do FGTS, há de fato a possibilidade de se admitir os requerimentos dirigidos à Justiça do Trabalho para saque por motivo de calamidade pública, seja em decorrência de lide em face da CEF, seja por procedimento de jurisdição voluntária, este amplamente admitido pelo próprio Tribunal Superior do Trabalho, citando-se exemplificativamente a decisão proferida no RR - 170-30.2016.5.23.0071:

> **"RECURSO DE REVISTA. RITO SUMARÍSSIMO . APELO SOB A ÉGIDE DA LEI 13.015/2014. COMPETÊNCIA DA JUSTIÇA DO TRABALHO. FGTS. EXPEDIÇÃO DE ALVARÁ PARA LEVANTAMENTO DO FGTS. SUCESSORES DO TRABALHADOR FALECIDO. REQUISITOS DO ART. 896, § 1º-A, DA CLT , ATENDIDOS.** Com o cancelamento da Súmula 176 desta Corte, em razão da superveniência da Emenda Constitucional 45/2004, a discussão quanto à competência material acerca da expedição de alvará para saque do FGTS, quando estabelecida a relação processual diretamente entre o trabalhador titular da conta vinculada e a CEF, na qualidade de órgão gestor do FGTS, sem que haja demanda entre empregado e empregador, encontra-se superada nesta Corte. Observa-se a competência material da Justiça do Trabalho para apreciar pretensão de ex-empregado de expedição de alvará judicial para fins de saque dos depósitos do FGTS junto à Caixa Econômica Federal - CEF, porquanto o pleito decorre de uma relação emprego, o que enseja a aplicação do art. 114, I, da Constituição Federal, com a redação dada pela Emenda Constitucional 45/04. Ressalte-se que o fato da presente ação ter sido proposta pelos sucessores do *de cujus* , trabalhador que deixou conta vinculada do FGTS em seu nome, não tem o condão de afastar a competência material da Justiça do Trabalho para analisar o pedido de expedição de alvará para levantamento do FGTS. Recurso de revista conhecido e provido."

Vale ressaltar que, embora a natureza jurídica da CEF pudesse ensejar a fixação da competência em razão da pessoa para a Justiça Federal, certo é que o critério material de fixação de competência é preferencial, nada justificando, portanto, após o reconhecimento da natureza trabalhista e social do FGTS pelo Supremo o deslocamento desta competência.

A segunda questão relevante diz respeito à possibilidade de, em lide em face do empregador, ser formulada a pretensão de saque com base na calamidade pública.

No **ROT 0101212-53.2018.5.01.0043, a Desembargadora Federal do Trabalho da 7ª Turma do TRT1 – Raquel de Oliveira Maciel – proferiu despacho em**

26/03/2020, que autorizou a um empregado o levantamento do saque do FGTS. Segue:

> "Tendo em vista que o FGTS é direito dos trabalhadores, nos termos do art. 7º, III,da Constituição Federal; que o art. 20, XVI, alínea a, da Lei 8.036/90 autoriza a movimentação da conta de FGTS dos trabalhadores residentes em áreas de calamidade pública; que o Decreto Legislativo 6/20, **reconhece o estado de calamidade pública decorrente da pandemia de coronavírus (Covid-19); que estão suspensas as sessões de julgamento neste Tribunal por conta desta mesma pandemia, impactando de forma negativa no tempo razoável do processo e, por fim, que a liberação do FGTS não prejudica qualquer direito da parte empregadora, expeça-se alvará ao Autor para saque do montante depositado em sua conta vinculada de FGTS.Ciência às partes por Diário Eletrônico**, ressaltando-se que o Autor deverá imprimir o alvará e levá-lo a qualquer agência da Caixa Econômica Federal no Estado do Rio de Janeiro para sacar o FGTS.Após, retornem concluso" (grifos nossos)

O entendimento fixado pela ilustre desembargadora, salvo melhor juízo, não encontra amparo no ordenamento jurídico por dois motivos principais, um de ordem processual, outro de ordem material.

No âmbito do Processo do Trabalho, embora seja reconhecido que o juiz deve atuar sempre em prol da efetividade, não se pode aceitar que haja qualquer tipo de decisão *extra petita*, muito menos praticada de ofício.

As ações em trâmite na Justiça do Trabalho, ajuizadas antes do advento da pandemia, em nenhum momento discutiam referido motivo de saque do FGTS. Em outras palavras, não faz parte da lide qualquer pretensão neste sentido, sendo portanto uma inovação do objeto de cognição sem sequer a integração do pretenso real interessado passivo na questão: a CEF.

Determinar o juiz do trabalho, no bojo de uma ação em que se discute outras matérias, o levantamento do FGTS por alvará, como determinação unilateral junto à CEF, sequer permite que o órgão possa atuar como fiscalizador e gestor do fundo, vez que em alvará judicial não há necessariamente a indicação do motivo do saque, mas apenas a ordem judicial.

Já nas ações ajuizadas após o início da pandemia com esta pretensão deduzida, ou seja, o saque por motivo de calamidade pública, o polo passivo não deve ser composto pelo empregador, que nenhum poder possui acerca da liberação por tal motivo, cabendo, na pior das hipóteses, ajuizamento de demanda em face da própria CEF caso haja recusa na liberação administrativa ao trabalhador, não sendo, novamente, possível ao juiz simplesmente (muito menos de ofício) determinar a expedição de alvará.

De qualquer sorte, importante observar que o TST, em decisão do ARR nº 16632.2019.5.14.0008 publicada em 16/04/2020, entendeu pela impossibilidade de concessão de tutelas liminares para a expedição de alvará de FGTS devido à vedação legal estabelecida no art. 29-B da Lei 8.036/90. *In verbis:*

"(...) Consoante petição apresentada às fls. 360/368 (Pet - 69853-08/2020), o Reclamante, UELITON DO NASCIMENTO SANTOS, **requer o deferimento de tutela antecipada, com base nos artigos 294 e 300 do CPC, a fim de que seja determinada a expedição de alvará para levantamento dos valores do FGTS depositados.**

Aduz que, no caso, foi reconhecida a rescisão indireta do contrato de trabalho pelo Tribunal Regional, em razão do não recolhimento do FGTS durante vários meses, fato incontroverso nos autos, observando que os respectivos valores já foram depositados pela Demandada.

Argumenta ser patente a necessidade obreira de levantamento imediato dos valores do FGTS, uma vez que notórias as dificuldades enfrentadas pelo Autor, na condição de desempregado, em face da pandemia causada pelo coronavírus (COVID-19), que resultou na declaração do estado de calamidade pública no país (Decreto Legislativo nº 06, de 20/03/2020), ressaltando ademais a edição da Medida Provisória nº 946, de 07/04/2020, que disciplina o saque do FGTS previsto no art. 20, XVI, da Lei 8.036/90.

Afirma que, nesse contexto, indubitável que foram preenchidos os requisitos para o deferimento da tutela de urgência de cunho satisfativo (CPC, art. 300), salientando a probabilidade do direito em debate, bem como o perigo de dano e risco à perda do resultado útil do processo.

Requer, por tais argumentos, **a antecipação dos efeitos da tutela para que seja expedido alvará para levantamento dos valores do FGTS.**

Assim resumida a espécie, examino o requerimento de tutela de urgência.

O Tribunal Regional manteve a sentença quanto ao reconhecimento da rescisão indireta do contrato de trabalho, em face da ausência de recolhimento de depósitos do FGTS por seis meses, informando que os valores devidos foram depositados pela Demandada após o ajuizamento da presente ação.

O recurso de revista interposto pela Reclamada, sobre o tema -RESCISÃO INDIRETA-, não foi conhecido, por se encontrar o acórdão recorrido em consonância com a jurisprudência desta Corte (decisão monocrática às fls. 341/359), observando-se que a Reclamada ainda não foi intimidada da mencionada decisão.

Nada obstante, ainda que se considere plausível a pretensão incidental deduzida, não se afigura possível deferi-la, considerando o teor do artigo 29-B da Lei 8.036/90, que dispõe, expressamente, ser incabível medida liminar, no procedimento cautelar ou em quaisquer outras ações de natureza cautelar ou preventiva, bem como a antecipação de tutela que implique saque ou movimentação da conta vinculada do FGTS.

(...) Há, portanto, vedação legal expressa que impede o acolhimento da pretensão.

(...) Nesse contexto, considerando a expressa vedação legal (art. 29-B da Lei 8.036/90), **não se vislumbra a configuração dos requisitos para a concessão da tutela de urgência pleiteada, nos termos do art. 300 do CPC.** Pelo exposto, INDEFIRO A TUTELA PROVISÓRIA DE URGÊNCIA requerida. Publique-se". (TST - ARR: 1663220195140008, Relator: Douglas Alencar Rodrigues, Data de Publicação: DEJT 16/04/2020)

No que concerne ao Direito Material, como medida de enfrentamento ao COVID-19, houve a edição da Medida Provisória nº 946/2020 em 07 de abril de 2020, dispondo sobre a extinção do Fundo Pis-Pasep com a transferência de seu patrimônio para o FGTS, além de outras providências, constituindo mais uma medida cujo objetivo seja fornecer a empregadores e trabalhadores meios alternativos para manutenção da renda durante o estado de calamidade pública.

Tal medida regulamentou o citado artigo 20, XVI da Lei n. 8.036/90 nos seguintes termos:

> Art. 6º: **Fica disponível, para fins do disposto no inciso XVI do caput do art. 20 da Lei nº 8.036, de 1990, aos titulares de conta vinculada do FGTS, a partir de 15 de junho de 2020 e até 31 de dezembro de 2020, em razão do enfrentamento do estado de calamidade pública reconhecido pelo Decreto Legislativo nº 6, de 20 de março de 2020, e da emergência de saúde pública de importância internacional decorrente da pandemia de coronavírus (covid-19)**, de que trata a Lei nº 13.979, de 6 de fevereiro de 2020, **o saque de recursos até o limite de R$ 1.045,00 (mil e quarenta e cinco reais) por trabalhador.**

Ora, tratando-se de norma posterior, regulamentando expressamente a matéria atinente ao saque do FGTS por motivo de calamidade pública, resta evidente que não mais se torna possível qualquer tipo de liberação do fundo ao trabalhador em razão da pandemia do coronavírus, fora dos estritos termos da MP 946, sendo certo que deve ser observado não apenas o limite de saque quando o período para sua realização, sendo equivocado, por via judicial, que um único trabalhador possa se beneficiar de saque em valor superior de forma a desfalcar o fundo que serve a todos, o que se traduziria em nítida quebra do princípio da solidariedade.

Ademais, deve o intérprete considerar que a MP 946 constitui mais um esforço do Governo Federal para minimizar os impactos da pandemia no mundo do trabalhado, somando-se às medidas constantes na MP 927 e na MP 936, esta última permitindo, a partir de meados de abril, 90 dias de redução salarial conjugada com suspensão do contrato mediante a percepção de Benefício Emergencial custeado pela União, de forma que, nitidamente, o saque do FGTS a partir de 15 de junho de 2020 por motivo da calamidade teve o condão de viabilizar mais um mês de renda ao trabalhador após as possibilidades previstas nas demais medidas provisórias.

Logo, o Poder Judiciário não deve, neste contexto, exacerbar do exercício de seu mister, adotando a necessária autocontenção para não ruir o complexo arcabouço de medidas adotadas excepcionalmente, e de forma urgente, pelo Governo a fim de preservar a finalidade traçada pelo administrador público.

Conclui-se, portanto, que o saque do FGTS calcado no estado de calamidade pública somente pode se dar nos exatos termos da MP n. 946, sendo requerido administrativamente e, no caso de resistência da CEF, abrindo-se ao trabalhador a possibilidade de ajuizar ação trabalhista perante a Justiça do Trabalho para resolver eventual lide com aquela entidade.

Vale registrar que, caso o titular da conta vinculada na CEF possua mais de uma conta, o saque deve ser efetuado primeiro sobre as contas relativas a contrato de trabalho extinto e de menor saldo e, depois, perante as demais contas vinculadas, na mesma ordem de saldo (art. 6º, §1º da MP 946)[17]

Finalmente, estabelece a MP em questão que os saques serão efetuados conforme cronograma de atendimento, critérios e forma estabelecidos pela CEF, permitindo o crédito automático para a conta de depósitos de poupança de titularidade do trabalhador, tudo de acordo com o art. 6º, §3º da MP 946.

VII. Conclusão

Sabedores que a matéria constitui um dos temas mais caros aos trabalhadores para viabilizar renda durante o período de calamidade pública decorrente da pandemia, o presente artigo pretendeu esclarecer os pontos que, na prática, mais têm apresentado dúvidas aos cidadãos, fixando-se os seguintes pontos a título de conclusão:

- o FGTS foi criado como alternativa ao regime da estabilidade decenal, possuindo inicialmente natureza híbrida, conforme entendimento majoritário.

- Com a Constituição de 1988 a verba passa a ostentar natureza jurídica nitidamente trabalhista e social, nos termos do entendimento fixado pelo STF (ARE709212, 25/10/2012);

- a extinção do contrato de trabalho, durante o estado de calamidade pública, por dispensa imotivada, por força maior ou por fato do príncipe, autoriza o saque do FGTS diretamente pela via administrativa perante a CEF, não sendo necessário ajuizar ação trabalhista, pois o artigo 18, §2º da Lei 8036/90 deve ser interpretado a partir da presunção da ocorrência de força maior e pelo princípio da boa-fé;

- eventual obstáculo pela CEF para liberação do FGTS enseja ação trabalhista em face da própria CEF (ou procedimento de jurisdição voluntária) para acesso aos depósitos pelo trabalhador, sendo admissível também ação entre empregado e empregador com a finalidade de declaração da força maior para comprovação junto à CEF;

- a competência da Justiça do Trabalho em razão da matéria atrai as lides em face da CEF para movimentação da conta vinculada pelo trabalhador, os procedimento de jurisdição voluntária neste sentido e, ainda, as ações entre empregado e empregador que tenham tal pretensão;

- o saque do FGTS pelo art. 20, XVI da Lei 8036/90 (por motivo de calamidade pública) não pode ocorrer por determinação de ofício de magistrado trabalhista em autos pendentes que não tratam desta matéria, em observância aos limites da lide, nem

17. Art. 6º, § 1º Na hipótese de o titular possuir mais de uma conta vinculada, o saque de que trata o caput será feito na seguinte ordem: I - contas vinculadas relativas a contratos de trabalho extintos, com início pela conta que tiver o menor saldo; e II - demais contas vinculadas, com início pela conta que tiver o menor saldo.

podem ocorrer fora dos limites estipulados na MP 946 de 07 de abril de 2020 (mormente quanto ao período de saque e limite de valor);

- o saque por motivo de calamidade pública autorizado pela MP 946 deve ser realizado administrativamente, sendo possível, inclusive, transferência direta para conta poupança do trabalhador, nos termos da regulamentação específica.

Seção V

A RELAÇÃO COLETIVA DE TRABALHO

1

SINDICALISMO E PANDEMIA: REFLEXÕES CRÍTICAS

Ney Maranhão[1]
Felipe Prata Mendes[2]

1. Introdução

O mundo do trabalho está passando por um momento sem precedentes na história. Inúmeras são as consequências provocadas pela pandemia, tanto no âmbito individual como no coletivo. As medidas editadas pelas autoridades públicas buscam, por vários caminhos, manter os empregos e a renda dos trabalhadores, garantir a continuidade das atividades empresariais e reduzir os impactos socioeconômicos provocados pelo estado de calamidade pública.

---

1. *Ney Maranhão* é Professor de Direito do Trabalho da Universidade Federal do Pará. Professor Permanente do Programa de Pós-Graduação *Stricto Sensu* em Direito da Universidade Federal do Pará (Mestrado e Doutorado). Doutor em Direito do Trabalho pela Universidade de São Paulo, com estágio de Doutorado-Sanduíche junto à Universidade de Massachusetts (Boston/EUA). Especialista em Direito Material e Processual do Trabalho pela Universidade de Roma – La Sapienza (Itália). Mestre em Direitos Humanos pela Universidade Federal do Pará. Coordenador do Grupo de Pesquisa "Contemporaneidade e Trabalho" – GPCONTRAB (UFPA/CNPQ). Professor convidado em diversas Escolas Judiciais de Tribunais Regionais do Trabalho. Juiz Titular de Vara da Justiça do Trabalho da 8ª Região (PA-AP). Titular da Cadeira nº 30 da Academia Brasileira de Direito do Trabalho. Eleito para a Cadeira nº 25 da Academia Paraense de Letras Jurídicas. *E-mail*: ney.maranhao@gmail.com / *Facebook*: Ney Maranhão II / *Instagram*: @neymaranhao / *Youtube*: Prof. Ney Maranhão.
2. *Felipe Mendes* é Professor de Direito do Trabalho e de Processo do Trabalho do Centro Universitário do Estado do Pará (CESUPA). Coordenador da Pós-Graduação em Direito Material e Processual do Trabalho do Centro Universitário do Estado do Pará. Doutorando em Direito do Trabalho pela Pontifícia Universidade Católica de São Paulo. Mestre em Direito, Políticas Públicas e Desenvolvimento Regional pelo Centro Universitário do Pará - CESUPA. Especialista em Direito e Processo do Trabalho pela Fundação Getúlio Vargas/São Paulo. Advogado. *E-mail:* felipe@mendesadv.com / *Instagram:* @felipepmendess.

O alcance desses objetivos, porém, não depende apenas de atos das autoridades públicas. É necessário que as entidades privadas estejam preparadas para lidar com os desafios impostos pelo momento. Dentre essas, destacam-se os sindicatos, que são reconhecidos, pelo texto constitucional brasileiro, como os legítimos representantes das categorias profissionais e econômicas, cabendo-lhes a defesa dos respectivos interesses.

O poder de representação conferido pela Constituição Federal, todavia, não é suficiente para a efetiva representatividade dos interesses dos representados. No plano fático, constata-se, atualmente, uma desorganização e uma desarticulação no movimento operário. Os sindicatos, em geral, não encontram meios eficazes para obter a adesão dos trabalhadores, tampouco para organizar uma luta coordenada contra os problemas econômicos e sociais.

Em tempos de normalidade, são inúmeras as consequências provocadas pelo cenário retratado. Mas essas fragilidades, infelizmente, potencializam-se nos momentos de crise, motivo pelo qual é imperioso refletir sobre a figura dos sindicatos em meio aos impactos trabalhistas provocados pela disseminação do novo coronavírus. Posto isso, o objetivo da presente pesquisa é analisar o papel do sindicalismo no contexto da pandemia, tanto sob o ponto de vista estrutural, como no que concerne ao exercício das funções precípuas das entidades sindicais.

Para cumprir a proposta delineada, o escrito analisará, em um primeiro momento, o modelo de organização brasileiro, com destaque para as suas limitações de ordem estrutural. Em seguida, apresentar-se-ão alguns dos reflexos provocados pela reforma trabalhista, que promoveu alteração parcial no modelo consagrado. Por fim, demonstrar-se-á como o contexto de pandemia, ao tempo em que explicita e até acirra tais fragilidades, também representa oportunidade ímpar para que o sindicalismo brasileiro resgate sua representatividade coletiva e sua legitimidade social.

2. O modelo de organização sindical brasileiro como obstáculo ao pleno desenvolvimento das negociações coletivas

O estado de calamidade pública decorrente do novo coronavírus escancara as fragilidades inerentes às relações coletivas de trabalho no Brasil. Seria impossível a superação dessa fase difícil sem qualquer sequela, mas, com bases mais sólidas, os efeitos negativos sobre os atores envolvidos seriam menos severos.

É cediço que alguns sindicatos, no Brasil, não estão assumindo papel de protagonismo diante das consequências provocadas pela COVID-19 nas atividades laborais e empresariais. Isso se deve a vários fatores. Em alguns casos, pela falta de estrutura das entidades sindicais, incapazes de atender à massiva demanda por negociações coletivas. Em outros, pelas atitudes reprováveis de dirigentes, que condicionam a celebração das normas coletivas ao pagamento de valores ilícitos.

Esses problemas, evidenciados no contexto da crise, em boa medida, podem ser entendidos a partir de uma análise do modelo de organização sindical brasileiro, que não atende, de forma plena, o princípio da liberdade sindical[3], a constituir uma das bases do conceito de trabalho decente, consagrado pela Declaração da Organização Internacional do Trabalho (OIT) Sobre os Princípios e Direitos Fundamentais no Trabalho[4].

A ideia de liberdade sindical abrange tanto o plano individual, como o coletivo, seja para disciplinar a afiliação, a desfiliação ou a não afiliação a um sindicato, seja para regular o direito do trabalhador de se agregar a outros para formar uma entidade.

Como se sabe, a liberdade sindical possui conteúdo complexo, abrangendo aspectos individuais e coletivos, uma vez que, ao mesmo tempo em que concede prerrogativas a cada trabalhador e empregador, carrega consigo um feixe de liberdades coletivas que salvaguardam as entidades sindicais.

É necessário perquirir a relação entre um modelo de organização sindical que não garanta a liberdade de forma plena e os prejuízos que esse fator gera às negociações coletivas. De plano, afirma-se que a forma como os sindicatos se estruturam está intimamente ligada ao exercício da função negocial, que representa mister nuclear das entidades sindicais.

Uma das dimensões da liberdade sindical é a liberdade de exercício das funções que, nas palavras de Brito Filho (2019), preserva o direito das entidades sindicais de empreender as ações necessárias ao cumprimento de suas finalidades, garantindo que sejam praticados atos adequados à defesa dos interesses dos representados.

A liberdade de exercício das funções faz-se necessária porque a liberdade sindical é, como destaca Uriarte (1989), um direito de atividade. O aspecto associativo carece de sentido sem a existência de um posterior direito de exercício das funções sindicais.

As instituições, sem dúvida, geram reflexos sobre a ação individual e sobre os resultados coletivos. Nesse sentido, não se deve ignorar que o estágio atual do sindicalismo brasileiro é condicionado, fortemente, por fatores institucionais e organizativos (TAVARES DE ALMEIDA, 1996).

Sob o prisma constitucional, a organização sindical é regulada pelo artigo 8º, inciso II, que dispõe:

> Art. 8º É livre a associação profissional ou sindical, observado o seguinte:
>
> II – é vedada a criação de mais de uma organização sindical, em qualquer grau, representativa de categoria profissional ou econômica, na mesma base territorial, que será definida pelos trabalhadores ou empregadores interessados, não podendo ser inferior à área de um Município;

3. Sobre as dimensões da liberdade sindical, consultar: Brito Filho, 2019.
4. Embora a liberdade sindical tenha sido incluída no conceito de trabalho decente em 1998, a OIT editou, em 1948, a Convenção n. 87, chamada de "Convenção sobre a liberdade sindical e a proteção ao direito de sindicalização", que não foi adotada pelo Brasil, sendo o país o único membro da Organização na América do Sul que não a ratificou.

O fato, porém, é que a Constituição da República consagra uma organização sindical híbrida, que alterna garantias de autonomia sindical com instrumentos de controle da atividade dos sindicatos. Dito isso, explorar-se-ão os aspectos que marcam o modelo de organização sindical brasileiro consagrado no supracitado artigo.

2.1. Unicidade sindical

A vedação à existência de mais de uma entidade sindical, representativa de categoria profissional ou econômica, é conhecida como unicidade sindical.

Em relação à unicidade, vale destacar, primeiramente, que esse termo não é sinônimo de unidade. Unidade, bem se sabe, é a característica do que é um, uniforme, representando a ideia de coesão ou harmonia. Unicidade, por outro lado, significa a condição do que é único. Percebe-se, já dessa distinção, um sutil e incômodo traço arbitrário permeando a ideia-base de unicidade.

Naturalmente, no âmbito propriamente jurídico, mais precisamente no tocante ao Direito Coletivo, também se vislumbram diferenças entre unidade e unicidade sindical reveladoras da mesma sutileza semântica. Delgado(2015, p. 86), por exemplo, explica a unicidade como:

> Previsão normativa obrigatória de existência de um único sindicato representativo dos correspondentes obreiros, (...) imperativa do tipo de sindicato passível de organização na sociedade, vedando-se a existência de entidades sindicais concorrentes ou de outros tipos sindicais (...) A segunda expressão (unidade) traduz a estruturação ou operação unitárias dos sindicatos, em sua prática, fruto de sua maturidade e não de imposição legal.

A unicidade sindical, como se vê, está associada a uma imposição, uma obrigatoriedade, enquanto a unidade é resultado de uma maturação, uma confluência natural geradora de benfazeja harmonia associativa não decorrente de qualquer mandamento legal ou constitucional. Na primeira, a união é talhada a fórceps, sendo resultado direto do arbítrio de um terceiro. Na segunda, deflui como expressão de uma natural convergência de interesses e propósitos por partes dos próprios integrantes da categoria em um cenário de máxima liberdade pessoal e associativa.

Assim, fica difícil vislumbrar plena e verdadeira liberdade sindical em um contexto de unicidade. Deveras, segundo Pamplona (2013, p. 64), "a unicidade sindical impede, quanto ao sentido individualístico, que se configure a liberdade sindical na plenitude, já que se impede que o trabalhador possa filiar-se a outro sindicato, caso queira".

Brito Filho (2019) ressalta que, em um contexto de unicidade sindical, a liberdade de escolha de trabalhadores e empregadores é totalmente reduzida, pois se limita à adesão ao único sindicato fundado, cuja simples existência tem suficiente força jurídica para refrear qualquer mínimo ímpeto concorrencial.

A liberdade de escolha é incompatível com a imposição de existência de apenas um sindicato, representativo de determinada categoria, em uma mesma base territorial.

Desse modo, a Constituição acabou por adotar, segundo Pinto (1995), simultaneamente, princípios que se repelem: liberdade sindical e unicidade sindical. A unicidade representa uma amarra, especialmente direcionada à classe trabalhadora, que impede que ela busque seus interesses de forma verdadeiramente autônoma.

Ora, esse obstáculo imposto pela organização sindical gera natural distanciamento entre as entidades e a base de representados, que se desnuda em momentos de crise. Em um cenário marcado por sindicatos fortes, próximos de sua base e capazes de capitanear um sistema de negociação coletiva bem estruturado, certamente as entidades sindicais seriam lembradas, de plano, por todos os atores sociais atingidos pelos reflexos da pandemia. Todavia, o que se percebe é que, constantemente, ou os sindicatos são ignorados ou a sua atuação é relegada a um momento posterior.

Não se deseja, aqui, atribuir esse "esquecimento" a somente um fator, mas é preciso que exista uma autocrítica capaz de identificar que as bases do sindicalismo brasileiro, construídas desde a década de 1930, são importantes para a compreensão do contexto atual. Afinal, os sindicatos não podem ser considerados como fins em si mesmos e, sim, como meios para a satisfação dos interesses dos representados. A legitimidade de sua existência e atuação estará sempre diretamente relacionada com seu real poder de, limpidamente, espelhar os anseios da categoria que representa.

Se não bastassem as fragilidades do sistema de unicidade, o modelo brasileiro não oferece outro critério de agregação que esteja fora da definição de categoria. Eis outro grave problema na estrutura sindical brasileira.

2.2. Sindicalização por categoria

O conceito de categoria tem feição sociológica, antecedendo a qualquer construção jurídica. O Direito, ao utilizar essa terminologia para delinear o instituto basilar da organização sindical do Brasil, confere-lhe aspectos formalmente jurídicos. A noção de categoria, no âmbito do Direito Sindical, possui seus contornos definidos pela legislação, consoante a qual é uma espécie de interesse que impulsiona a reunião dos indivíduos em determinado grupo.

A Consolidação das Leis do Trabalho (CLT) prevê, no artigo 511, que "os limites de identidade, similaridade ou conexidade fixam as dimensões dentro das quais a categoria econômica ou profissional é homogênea e a associação é natural".

No sistema brasileiro, a categoria surge de forma obrigatória, uma vez que, historicamente, foi moldada de acordo com os desígnios políticos estatais. As categorias econômicas e profissionais formam-se de acordo com o âmbito de atividade onde estão enquadrados os empregadores[5].

A finalidade buscada pela CLT era garantir uma suposta naturalidade das associações, tanto de trabalhadores, como de empregadores. O desiderato original era o

5. A exceção é relativa à chamada categoria profissional diferenciada, que, segundo o art. 511 da CLT, "é aquela formada por empregados que exerçam profissões ou funções diferenciadas por força de estatutos profissionais especiais ou, em consequência de condições de vida singulares".

reconhecimento, pelo Estado, de formalização a agregados sociais que, naturalmente, formar-se-iam.

A normatização, porém, como salienta Pamplona Filho (2013), força uma pretensa coesão que pode não existir na realidade concreta. A CLT define que a categoria é "homogênea", levando em consideração somente os limites de identidade, similaridade ou conexidade da atividade econômica ou profissional, sem oportunizar qualquer outra modalidade de interação entre os grupos de trabalhadores e empregadores. Além disso, soa contraditória a imposição de uma associação "natural", pois esse adjetivo não se compatibiliza com qualquer tipo de imposição. Mais uma vez, sob a justificativa de tutelar a liberdade, cristaliza-se, antes, o arbítrio.

Pamplona Filho (2013) prossegue seu raciocínio, afirmando que não é preciso que haja qualquer proximidade entre os sujeitos para que exista uma categoria. Apenas a semelhança é destacada como critério agregador e essa semelhança não precisa nem ser real, sendo suficiente que seja suposta. No caso das disposições legais brasileiras acerca do sindicato, essa aproximação é suposta, uma vez que a categoria é presumida em lei como "homogênea". Trata-se de uma presunção absoluta, pois não se admite outra aglutinação sindical que não se embase na ideia imposta de categoria.

Destarte, a CLT, ao estabelecer a definição de categoria, não leva em conta as possibilidades de interação entre as pessoas, limitando-se a afirmar que a categoria redunda em uma associação "natural" – em verdade, "coativamente" natural.

Ora, a definição de categoria como parâmetro de organização sindical vai de encontro ao ideal de representatividade, isto é, de uma efetiva representação, pois impede que os indivíduos formem, livremente, suas entidades, visando à defesa de seus interesses.

Como a ideia de categoria dispensa qualquer manifestação fática, percebe-se que os interesses dos empregados e dos empregadores ficam, em muitas situações, desconectados, porquanto além de o modelo contemplar um sindicato único, a organização é rígida, não havendo, pois, garantia de liberdade sindical de forma plena.

Ademais, o modelo brasileiro impõe inúmeras dificuldades de ordem prática, impedindo que a união dos trabalhadores ocorra de modo mais espontâneo.

Como destaca Brito Filho (2019), o modelo de organização sindical brasileiro, marcado pela unicidade sindical e pela sindicalização por categoria, é mais uma restrição à livre organização das entidades, não estando em conformidade com o princípio da liberdade sindical porque, no mundo livre, os trabalhadores decidem como vão se organizar, podendo fazê-lo por profissão, por empresa ou por atividade, dentre outras formas.

É natural que existam variações de interesses, dentro de uma mesma categoria, de modo que a sua adoção como o único critério de agrupamento é incapaz de abarcar a multiplicação de centros de interesses. Ademais, a sindicalização por categoria impede a mobilidade dos trabalhadores de uma entidade para outra, bem como sua união de forma mais espontânea.

Para agravar ainda mais a situação, como destaca Manus (2001), as categorias econômicas e profissionais se submetem ao critério geográfico da "base territorial". É que, além de o texto constitucional estabelecer que só é permitida a criação de um sindicato em cada base territorial, estabelece, também, o Município como a base territorial mínima. Esse conjunto de limitações provoca uma fragmentação do movimento operário, abrindo espaço para controle da atuação sindical.

Fica inviabilizado, por exemplo, o sindicato por empresa. O sistema imobiliza, em todas as frentes, a vontade coletiva, que não pode moldar a constituição dos sindicatos de acordo com os critérios que entenda mais eficazes na consecução dos seus objetivos.

O fato é que a imposição prévia, pelo texto constitucional, da forma de organização dos grupos, em nada contribui para a formação de uma identidade coletiva. O caráter constitutivo da representação deve se exercer, no âmbito dos sindicatos, a partir de uma perspectiva pluralista, que não condiz com a determinação, pelo texto constitucional, de uma única forma de agregação dos trabalhadores para a formação dos sindicatos.

Com o advento da reforma trabalhista, um dos pilares do modelo de organização sindical foi desconstituído, mas isso não significou avanço nas relações sindicais, como será analisado na próxima seção.

3. A reforma trabalhista e o agravamento dos problemas pretéritos

A contribuição sindical obrigatória configurava-se como mais uma afronta à liberdade sindical, em seu aspecto negativo, uma vez que, mesmo aqueles que optavam pela não filiação, eram atingidos pela cobrança de um valor compulsório. A liberdade de não filiação, em sua essência, deve ser acompanhada da liberdade de não contribuição.

A lei 13.467/2017 (denominada lei da "reforma trabalhista") extinguiu a obrigatoriedade da contribuição sindical, ao estabelecer, no art. 578 da CLT, que o seu pagamento está condicionado à prévia e expressa autorização dos participantes das categorias econômicas e profissionais[6]. Mesmo por negociação coletiva, não se poderá autorizar qualquer cobrança ou desconto salarial sem expressa e prévia anuência do trabalhador (CLT, art. 611-B, XXVI). Sem dúvida, trata-se de expressivo passo rumo à plena liberdade sindical.

Entretanto, tais medidas, por mais que estejam em conformidade com as bases do princípio da liberdade sindical, não têm o condão de, isoladamente, modificar as bases do sindicalismo brasileiro. Ao contrário, a extinção da contribuição, sem uma reforma sindical plena, agravou os problemas que já existiam, pois os sindicatos, malgrado deixando de usufruir de sua principal fonte de arrecadação financeira, mantiveram a obrigação de exercer as funções representativa e negocial em prol do interesse de todos, filiados ou não.

Veja-se que no julgamento da Ação Direta de Inconstitucionalidade 5794 (STF/ ADI 5794. Rel.: Ministro Edson Fachin, decisão em 29/06/2018), em que foi reconhecida a constitucionalidade da extinção da obrigatoriedade da contribuição sindical, o Ministro Luís Roberto Barroso destacou que o passo necessário e coerente com o fim

6. No julgamento da ADI 5794, ocorrido no dia 29 de junho de 2018, o STF declarou a constitucionalidade da extinção da obrigatoriedade da contribuição sindical.

da contribuição sindical é a extirpação da unicidade sindical, sob pena de manter um modelo "capenga". A reforma do modelo não poderia ocorrer apenas parcialmente.

Acresce-se a isso o fato de que a reforma trabalhista tem como uma de suas principais bases a prevalência do negociado sobre o legislado, que se materializa na possibilidade de as normas coletivas prevalecerem, em detrimento dos dispositivos contidos nas fontes heterônomas, no que diz respeito a determinadas matérias (CLT, art. 611-A).

Porém, esquece-se, com frequência, que a negociação precisa ocorrer com quem defenda, efetivamente, os interesses dos trabalhadores. Nesse sentido, não cabia uma reforma trabalhista ampla sem que, antes, fosse promovida ampla reforma sindical, com a revisão da dinâmica das relações sindicais e a progressiva ampliação dos canais democráticos na distribuição do poder entre os atores que compõem tal dinâmica.

Essa inversão na ordem almejada das modificações está sendo colocada à prova no momento de crise. No plano normativo, são muitas as possibilidades de atuação dos sindicatos, mas, no plano fático, não existem as condições necessárias para que as entidades sindicais assumam um papel de protagonismo no enfrentamento dos reflexos trabalhistas decorrentes da pandemia.

Um outro fato importante precisa ser registrado: os sindicatos estão cada vez mais distantes do cotidiano das empresas, o que impede uma maior aproximação dos trabalhadores. É muito restrita a relação orgânica entre os sindicatos e os trabalhadores nos ambientes de trabalho. A manutenção da institucionalidade sindical vigente acaba por excluir os obreiros de toda forma de participação no cotidiano dos sindicatos.

Essa situação acabou se agravando com a regulação legal das comissões de representação de empregados, o que fora promovido pela Lei 13.467/2017. Não bastasse toda a problemática ínsita à estrutural sindical brasileira e o abrupto corte da principal fonte de custeio sindical, à revelia de uma prévia, necessária e ampla reforma sindical, o legislador reformista achou ainda por bem criar entidade obreira paralela à sindical, dotando-as de poderes para profunda imersão no cotidiano das empresas.

Para tanto, essa comissão, cuja existência é assegurada nas empresas com mais de duzentos empregados (CLT, art. 510-A, caput), detém poderes para representar os empregados perante a administração da empresa, aprimorar o relacionamento entre a empresa e seus empregados, prevenir e solucionar conflitos, encaminhar reivindicações específicas dos empregados, auxiliar no equilíbrio do meio ambiente do trabalho e até fiscalizar o cumprimentos de disposições legais e convencionais (CLT, art. 510-B, incisos I a VII).

Teoricamente, as comissões de representação dos empregados, no tocante às suas atribuições, não concorrem com a entidade sindical – a propósito, assim o disse, explicitamente, a MP 808, ao enxertar um provisório art. 510-E ao Texto Consolidado[7]. Pelo contrário, deveriam sincronizar suas atuações, fortalecendo-se mutuamente em benefí-

7. A MP 808, de 14 de novembro de 2017, teve seu prazo de vigência encerrado no dia 23 de abril de 2018.

cio de toda a classe trabalhadora. Contudo, o que se tem verificado é a inexistência de qualquer articulação entre entidades sindicais e formas alternativas de representação dos trabalhadores nas empresas.

Com efeito, o sindicato, no Brasil, como ensina Brito Filho (2019), organiza-se mesmo fora dos muros da empresa, esterilizando esse papel de complementação que bem poderia ser sadiamente alinhavado com as comissões de representação obreira, tendentes a suprir lacunas surgidas em virtude do fato de o sindicato ter uma base de atuação superior ao âmbito empresarial. A Convenção n. 135 da OIT, no art. 5º, ratifica essa necessidade de se estabelecer uma relação de parceria, ao prescrever:

> Quando uma empresa contar ao mesmo tempo com representantes sindicais e representantes eleitos, medidas adequadas deverão ser tomadas, cada vez que for necessário, para garantir que a presença de representantes eleitos não venha a ser utilizada para o enfraquecimento da situação dos sindicatos interessados ou de seus representantes e para incentivar a cooperação, relativa a todas as questões pertinentes, entre os representantes eleitos, por uma Parte, e os sindicatos interessados e seus representantes, por outra Parte.

Sem dúvida, o estreitamento desses laços implicaria em um fortalecimento dos próprios sindicatos, ao mesmo tempo em que proporcionaria, para os trabalhadores, distintos caminhos viáveis para a solução de seus problemas. Trata-se, a bem da verdade, de uma via de mão dupla, pois o desenvolvimento das comissões nos locais de trabalho também depende de um modelo de organização sindical consistente, exatamente o contrário do vigente.

Em contextos extremos, como o vivenciado na crise pandêmica de 2020, essa conexão geraria soluções criativas e inteligentes, capazes de promover uma adaptação às peculiaridades das atividades econômicas e que, ao mesmo tempo, contribuam para a manutenção dos postos de trabalho e das atividades empresariais.

Uma atuação consistente dos sindicatos pode constituir interessante vetor de estímulo à adesão sindical. Nos momentos de crise, surgem grandes oportunidades, mas os atores precisam estar preparados para agarrá-las.

Não se pode olvidar, ainda, que a Lei 13.467/2017 inseriu parágrafo único ao tradicional art. 444 da CLT, criando a polêmica figura do trabalhador "hipersuficiente", assim considerado aquele portador de diploma de nível superior e que perceba salário mensal igual ou superior a duas vezes o limite máximo dos benefícios do Regime Geral de Previdência Social. Para esse obreiro, a CLT passou a conferir amplos poderes negociais diretos com o empregador, a ponto dessa pactuação individual ter prevalência não apenas sobre a lei, mas até sobre normas coletivas, alcançando o mesmo nível de eficácia jurídica das transações alinhavadas a nível sindical[8].

---

8. A respeito da possível inconstitucionalidade e mesmo inconvencionalidade desse dispositivo, confira-se: SOUZA JÚNIOR, Antonio Umberto de; SOUZA, Fabiano Coelho de; MARANHÃO, Ney;

Isso significa, em outras palavras, que a chamada "reforma trabalhista" não apenas fragilizou os entes sindicais com o fim da obrigatoriedade da contribuição sindical e instituiu entidades representativas da classe trabalhadora paralelas à estrutura sindical, mas também operou criticável desidratação dos poderes representativo e negocial, tradicionalmente reservados a entes sindicais.

4. O cenário pandêmico como fator de agudização da crise sindical brasileira

A repentina vivência pandêmica que o mundo experimenta decerto dará à luz a uma nova sociedade. Quando tudo isso passar, não voltaremos às vidas que tínhamos antes, sobretudo porque não seremos mais os mesmos. As pessoas, as instituições e a sociedade adentrarão em uma "nova normalidade", assimilando práticas inéditas, refundando antigos conceitos e promovendo novas significações.

A crueza e dramaticidade da presente quadra fática chacoalha fortemente a estrutura jurídica que construímos, inclusive aquelas redes jurídicas especialmente voltadas para reger com mínima justiça períodos de intensa crise. A flexibilização de regras normativas até então inflexíveis, como aquelas contidas na Lei de Responsabilidade Fiscal, bem demonstra a gravidade da situação. Não à toa, o ministro Alexandre de Moraes, do Supremo Tribunal Federal, concedeu cautelar para afastar a exigência de demonstração de adequação e compensação orçamentárias durante a pandemia do novo coronavírus (ADI 6357, decisão monocrática em 29 de março de 2020).

Recorde-se, também, da Proposta de Emenda à Constituição 10/20, a chamada "PEC do orçamento de guerra", que, ao tempo da escrita deste texto, corre celeremente no Congresso Nacional exatamente para promover alterações na Constituição da República, visando a permitir, entre outras medidas, a separação dos gastos realizados para o combate à Covid-19 do Orçamento Geral da União (OGU), com processos mais rápidos para compras, obras e contratações de pessoal temporário e serviços. Trata-se, verdadeiramente, como se vê, de situação sem precedentes.

Por conta disso, a tragédia pandêmica tem trazido à tona a insuficiência de nossas malhas jurídicas especialmente destinadas a tempos de crise. Um desses mecanismos jurídicos de crise é aquele contido no art. 7º, inciso VI, da Constituição Federal, ao estabelecer o direito dos trabalhadores à irredutibilidade salarial, salvo o disposto em negociação coletiva. Como a Medida Provisória 936/2020 permitiu acordos individuais redutores de salário proporcionalmente à redução de jornada (art. 7º), a questão, inevitavelmente, exigiu pronta manifestação do Supremo Tribunal Federal, discussão materializada na Ação Direita de Inconstitucionalidade 6363, sob a relatoria do Ministro Ricardo Lewandowski.

Ao apreciar o pedido liminar, pontuou o ilustre Ministro que, diante de acordos individuais redutores de salário, a simples comunicação ao sindicato acerca dessas avenças,

---

AZEVEDO NETO, Platon Teixeira de. **Reforma trabalhista**: análise comparativa e crítica da Lei nº 13.467/2017 e da MP nº 808/2017. 2. ed. São Paulo: Editora Rideel, 2018.

destituída de quaisquer consequências jurídicas, afrontava o disposto na Constituição Federal sobre a matéria, cumprindo dar um mínimo de efetividade à comunicação a ser feita ao sindicato laboral. Afirmou, em seguida, que "os 'acordos individuais' somente se convalidarão, ou seja, apenas surtirão efeitos jurídicos plenos, após a manifestação dos sindicatos dos empregados", pelo que deferiu, em parte, o pedido cautelar formulado pelo partido político Rede Sustentabilidade, autor da ação. Por fim, decidiu:

> "(...) Isso posto, (...) defiro em parte a cautelar, *ad referendum* do Plenário do Supremo Tribunal Federal, para dar interpretação conforme à Constituição ao § 4º do art. 11 da Medida Provisória 936/2020, de maneira a assentar que "[os] acordos individuais de redução de jornada de trabalho e de salário ou de suspensão temporária de contrato de trabalho [...] deverão ser comunicados pelos empregadores ao respectivo sindicato laboral, no prazo de até dez dias corridos, contado da data de sua celebração", para que este, querendo, deflagre a negociação coletiva, importando sua inércia em anuência com o acordado pelas partes" (STF/ADI 6363, Rel.: Ministro Ricardo Lewandowski, decisão em 06/04/2020).

Opostos embargos de declaração, o Ministro Ricardo Lewandowski rapidamente os rejeitou, embora prestando importantes esclarecimentos (STF/ADI 6363, Rel.: Ministro Ricardo Lewandowski, decisão em 13/04/2020). Em síntese: i) esclareceu que nenhum dos dispositivos da MP 936 teve sua eficácia suspensa pela decisão liminar; ii) esclareceu que acordos individuais portam efeitos jurídicos *imediatos* (salvo advento de norma coletiva modificadora mais benéfica) e *plenos* (inclusive para fins de percepção do benefício emergencial); iii) esclareceu que apenas explicitava as "reais intenções" da Presidência da República, admitindo que, naturalmente, mesmo o Governo não pressuporia um papel sindical meramente arquivista, mas, sim, fiscalizatório (poderá, depois do crivo, concordar [silenciando] ou discordar [negociando ou judicializando]), aspecto que se confirmaria no próprio texto da MP 936, quando promoveu redução pela metade, por exemplo, dos prazos do art. 617 da CLT.

Em termos sintéticos, o Ministro Ricardo Lewandowski, recuando sutilmente de sua convicção jurídica anterior, passou a reconhecer, na decisão que rejeitou os embargos, que o arranjo normativo da MP 936, no particular da discussão, não afrontou o art. 7º, VI, da CRFB, sendo que os acordos individuais redutores de salário deteriam, sim, plena e imediata validade jurídica, independentemente de qualquer manifestação sindical omissiva ou comissiva. Insistiu, porém, que se devesse emprestar alguma serventia jurídica à comunicação aos sindicatos no que diz respeito aos acordos individuais formulados, dever patronal já contido no § 4º do art. 11 da MP 936/2020.

Do que se depreende, seria uma espécie de reconhecimento de que apenas se dinamizou – e não se afastou – a técnica constitucional protetiva mediante a aceitação de que a participação sindical, apenas nestes específicos tempos de coronavírus, se dê *a posteriori* ao invés de *a priori* (algo como uma *dinamização* da técnica protetiva), mantendo-se incólume, nessa leitura, o núcleo daquele dispositivo constitucional. Curiosamente, tanto autor quanto réu, nas manifestações orais, convergiram para a manutenção da decisão liminar, após aqueles esclarecimentos prestados quando da rejeição dos embargos declaratórios.

Essa tese, porém, sequer foi debatida no Plenário do Supremo Tribunal Federal. E o mais surpreendente: o que se seguiu foi uma impiedosa sequência de votos inteiramente conflitantes com aquele estabelecido pelo Ministro Relator, perante o qual as partes até já tinham anuído – que, como referimos, *acolhia parcialmente* o pedido cautelar. Ocorreu que, na coleta dos votos dos demais Ministros, as discussões acabaram mesmo se centrando na valia jurídica, ou não, *tout court*, dos tais acordos individuais. Com efeito, de um lado, postaram-se aqueles que entendiam que a violação ao art. 7º, VI, era flagrante, não comportando se creditar qualquer validade jurídica a acordos individuais redutores de salário – e, por consequência, *acolhiam integralmente* o pleito cautelar.

Para outros, porém, nem conflito coletivo havia, senão que presumida confluência de interesses, no sentido de um excepcional esforço solidário das classes econômica e profissional com vistas à manutenção de empregos e renda, o que afastaria a necessidade, no caso, de prévio instrumento coletivo autorizador da redução salarial, oferecendo-se ainda interpretação sistemática envolvendo diversos outros dispositivos constitucionais-- e, por corolário, *rejeitavam integralmente* o pedido cautelar

Desse modo, depois de duas sessões de julgamento, por maioria de votos, decidiu--se não ratificar a liminar concedida, reconhecendo-se, enfim, a excepcional validade jurídica de acordos individuais redutores de salário nos termos da MP 936/2020 e no específico período de calamidade pública decorrente da covid-19. O mérito da ação ainda será apreciado, oportunamente, mas tudo indica que todas as cartas já foram postas à mesa e essa decisão do Plenário, em sede de análise de liminar, acabará sendo reiterada ao final, quando da apreciação meritória.

Importa referir, por oportuno, que, ao longo dos debates, foram lançadas duras críticas ao sindicalismo brasileiro, asseverando-se, também, sua impossibilidade de atuar a tempo e modo suficientes para a pacificação social e a célere percepção do benefício emergencial criado pelo Governo.

As críticas tecidas por alguns Ministros do STF ao sindicalismo brasileiro, por ocasião da apreciação da liminar na ADI 6363, não são inéditas na história do Tribunal. No julgamento da Ação Direta de Inconstitucionalidade 5794 (STF/ADI 5794. Rel.: Ministro Edson Fachin, decisão em 29/06/2018), alguns Ministros realçaram sérios problemas na atuação das entidades sindicais. Em seu voto, por exemplo, o Ministro Luiz Fux identificara uma atuação, de muitos sindicatos, não vinculada à satisfação dos membros da categoria interessada, clamando por uma ação orientada no sentido de perseguir os efetivos interesses dos trabalhadores, a fim de atraírem mais adeptos. O Ministro Luís Roberto Barroso, de sua parte, fazendo menção honrosa aos sindicatos que cumprem seu papel, afirmou que muitas entidades não prestam um serviço de qualidade.

Todavia, é bom registrar que o julgamento do STF na ADI 6363 validou a tese de plena validade jurídica de acordos individuais redutores de salário no específico contexto pandêmico decorrente da covid-19, sem qualquer necessidade de prévia ou mesmo posterior chancela sindical. Entretanto, em nenhum momento ficou assentado que aos sindicatos pátrios não estaria reservado qualquer papel nesse excepcional arranjo normativo.

De fato, há até quem argumente que, neste brutal cenário pandêmico, se a Constituição Federal fosse cumprida na sua gramaticalidade, com reduções salariais somente viabilizadas via instrumentos coletivos, acender-se-ia intensa conturbação social decorrente da evidente incapacidade técnico-logística dos entes sindicais, o que, ao fim e ao cabo, resultaria no sepultamento da atividade sindical brasileira por sua pública certificação de ineficiência institucional. Sob esse ângulo, a MP 936/2020, cuja regência acabou sendo ratificada pelo Plenário do STF, longe de prejudicar, em verdade teria beneficiado os sindicatos, livrando-os de tamanha responsabilidade imediata e conferindo incrível oportunidade para atuarem, mesmo que *a posteriori*, com mais fôlego e tranquilidade.

Para outros, porém, a simples validação de acordos individuais redutores de salário, à revelia do texto constitucional, representou não apenas perigoso acinte à ordem jurídico-constitucional estabelecida, mas, também, por si, já esse próprio e temido sepultamento, na medida em que relegou a atividade sindical a um aspecto secundário onde a Constituição Federal, explicitamente, conferiu-lhe enorme prestígio.

Sem apontar com quem estaria a razão e independente da decisão do STF, o fato é que os sindicatos continuam, sim, detendo papel relevante, seja porque assim a Constituição Federal continua a dizer, seja porque a gravidade dos fatos atuais assim continua a demandar, cabendo-lhes resgatar não apenas sua representatividade coletiva, mas sobretudo sua legitimidade social, atuando célere e proativamente para viabilizar instrumentos coletivos adequados à realidade de cada categoria e setor empresarial, construindo uma rede jurídica suficientemente segura e substancialmente mais protetiva em benefício de seus substituídos e colaborando, assim, para a construção coletiva de um mínimo de paz social enquanto atravessamos esse deserto tão perigoso e escaldante.

Exemplos negativos, como a exigência de pagamentos financeiros como requisito de atuação sindical, decerto constituem uma exceção, devendo ser reprimidos com severidade, na medida em que se configuram como atos antissindicais. Não é esse, de fato, o caminho mais sábio. Ao invés de perguntar "o que vocês têm a me oferecer?", deveriam esses sindicatos se questionar: "o que eu tenho a oferecer?". Afinal, se os sindicatos perderem esta histórica oportunidade, aí, sim, correrão o risco de serem tidos como entes irremediavelmente desnecessários na sociedade contemporânea.

Por isso, ressoa oportuno conferir o mínimo de eficácia jurídica ao disposto no § 4º do art. 11 da MP 936/2020, ao preceituar que "os acordos individuais de redução de jornada de trabalho e de salário ou de suspensão temporária do contrato de trabalho, pactuados nos termos desta Medida Provisória, deverão ser comunicados pelos empregadores ao respectivo sindicato laboral, no prazo de até dez dias corridos, contado da data de sua celebração". Não, é claro, para vincular a essa comunicação a validade jurídica dos acordos individuais redutores de salário – tese, como se viu, até então afastada pelo Plenário do STF, em sede de apreciação de liminar na ADI 6363.

Asseveramos isso – a insistência nesse mínimo de eficácia a ser emprestada ao citado dispositivo, sob outro prisma, porém – porque o que caiu no STF foi a tese de que essa comunicação constituía condição de possibilidade para a plena validade jurídica dos acordos individuais redutores de salário. Em nenhum momento, porém, se estabeleceu qualquer amarra à plena atuação sindical a partir daí, no exercício regular de suas funções, mais especificamente a possibilidade de o sindicato, no cumprimento de seu múnus constitucional e nada obstante tais pactuações individuais, exercitar, *a posteriori* e com rigor, suas funções negociais e fiscalizatórias, melhorando o patamar sociojurídico dos integrantes de sua categoria ou mesmo judicializando casos específicos reveladores de fraudes (vício de consentimento ou subscrição por empresa financeiramente não afetada pela pandemia).

Já por isso, temos que a injustificada relutância patronal em dar cumprimento ao disposto ao § 4º do art. 11 da MP 936/2020, deixando de comunicar ao sindicato, em dez dias, a respeito dos acordos individuais redutores de salário ou suspensivos de contratos, bem poderá ser tida como conduta antissindical, a redundar, em determinadas circunstâncias, não apenas na imposição do dever de reparar danos morais coletivos, no âmbito do direito coletivo do trabalho, mas, também, a justificar até mesmo a inversão do ônus da prova, em caso, por exemplo, de ação judicial denunciadora de vícios de consentimentos quanto ao acordo individual entabulado, no âmbito do processo do trabalho.

No que concerne especificamente à função sindical negocial e o cenário pandêmico, convém também traçar algumas linhas. Ora, a função negocial é das mais importantes atribuídas aos sindicatos. Um dos princípios basilares do Direito Coletivo do Trabalho é o da interveniência sindical nas negociações coletivas, que promove os sindicatos como atores obrigatórios do processo de celebração dos acordos e convenções coletivas.

Todavia, paradoxalmente, não houve, ao longo da história, investimento, por parte das entidades, voltado para o aprimoramento do exercício dessa importante atribuição, em seus vários níveis. Muitas vezes, motivados por diversas razões, inclusive culturais, os entes sindicais procuram a resolução dos conflitos pelo caminho mais fácil, qual seja, o encaminhamento da resolução para a Justiça do Trabalho. O texto constitucional, todavia, priorizou, claramente, o caminho mais difícil, porém mais engrandecedor, que é o da resolução pela via da autocomposição (art. 114, §§ 1º e 2º).

O aprofundamento do processo negocial não é tarefa simples, haja vista exigir intenso preparo técnico. Os dirigentes e aqueles que negociam pelos sindicatos precisam se qualificar, buscando cursos e treinamentos que desenvolvam suas aptidões técnico-negociais. Ao mesmo tempo, é necessário o desenvolvimento de habilidades comportamentais, que auxiliam no momento da negociação. Muitas dessas habilidades, como a proatividade, a boa comunicação e a capacidade de trabalhar sob pressão são essenciais em um momento de crise, com o vivido em 2020.

O resultado positivo de qualquer trabalho complexo é consequência de uma trajetória bem desenvolvida. Para quem opta pelo caminho menos difícil, fica complicado atingir o posicionamento adequado em momentos de crise, sobretudo em cenário pandêmico. Para os sindicatos que optaram pelo caminho mais difícil (mas recompensador), certamente a condição é muito mais favorável para poder fazer frente aos desafios que se apresentam, o que os confere uma concreta possibilidade de construir malha jurídica mais atrativa a seus substituídos e, assim, conquistar mais adeptos. De todo modo, como salienta Enoque Ribeiro dos Santos (2018), é impossível desenvolver a negociação coletiva sem desenvolver o sindicalismo. A criatura não se desenvolve sem as mãos do criador.

Feitas essas pontuações, cabe registrar, ainda no âmbito do cenário pandêmico, que as Medidas Provisórias publicadas pelo Presidente da República não apenas secundarizaram as entidades sindicais, senão que também solenemente desprezaram as comissões representativas de empregados. Há de se destacar, neste ponto de nossas reflexões: sindicatos fortes e comissões representativas atuantes, com ambas se complementando em sincrônica atuação, ofereceriam um valiosíssimo suporte social para auxiliar empresários na prevenção e solução de diversos conflitos próprios ao cenário pandêmico. Por certo, muitas das problemáticas relacionadas à difícil aplicação das medidas trabalhistas contidas nas MPs 927 e 936, tais como a massiva/repentina migração de obreiros para o regime de teletrabalho e a incômoda intensificação do labor no setor de saúde, bem poderiam ter sido minimizadas através de uma ação cooperativa e coordenada dessas entidades representativas.

De mais a mais, a pandemia da covid-19 também propiciou que o sindicalismo brasileiro se confrontasse com exigências da contemporaneidade, sobretudo quanto à instantaneidade da informação e simplificação de procedimentos. A respeito, uma das lições que ficará consiste na convicção de uma necessária desburocratização da dinâmica deliberativa da categoria e do próprio procedimento negocial, bem assim o estabelecimento de regras claras e seguras para atuação célere em tempos trágicos e mesmo de reiterado confinamento social.

Nesse particular, evidencia-se outra fragilidade do sistema sindical brasileiro: sua incisiva dissonância com o século XXI. Deveras, a pandemia também levantou a importante questão da pouquíssima inserção digital do sindicalismo brasileiro, de maneira a se permitir, por exemplo, de maneira generalizada e corriqueira, consultas, reuniões, deliberações e votações através de mecanismos telemáticos, valendo-se das aparentemente ilimitadas ondas da internet. Há de se pensar a legitimação de mecanismos e aparatos tecnológicos na cotidianidade da dinâmica sindical pátria, o que, sem dúvida, acabará também atraindo a questão do nível de inclusão digital de seus representados e da própria população brasileira – que, a propósito, será levado a outro patamar após a experiência de massivo exercício do teletrabalho, legitimada pela MP 927/2020.

Não se esqueça, ademais, da urgente necessidade de adaptação sindical no que refere às novas roupagens contratuais trabalhistas, típicas do capitalismo de plataforma. Veja-se, por exemplo, as intrigantes plataformas digitais onde o trabalho se terceiriza mediante convocatória aberta a uma audiência geograficamente dispersa (*crowdwork*).

O fenômeno impõe reflexão não apenas quanto à real capacidade de mobilização sindical envolvedora de trabalhadores que não apenas estão dispersos, mas verdadeiramente espalhados por todo o globo, a atrair o enorme desafio de uma esperada atuação sindical em rede, a nível internacional, circunstância perante a qual a OIT, publicamente, manifestou recente preocupação (OIT, 2019). Como a pandemia também revelou a fragilidade de nossas barreiras geográficas e territoriais, certamente essa temática haverá de ser debatida com maior profundidade em tempo breve. Como se vê, são problemáticas complexas, mas cujo urgente enfrentamento afigura-se mesmo inevitável.

Em verdade, a dificuldade de adaptação dos sindicatos aos tempos atuais, embora tenha sido exposta pela pandemia, também não é uma novidade. No julgamento da ADI 5794, o ministro do Supremo Tribunal Federal, Alexandre de Moraes, demonstrou grande preocupação com a não modernização da estrutura sindical, que, segundo o mesmo, deve ser baseada na competência e eficiência das entidades, para que possam ampliar sua representatividade e atuação perante as bases, angariando o apoio dos representados de forma real. Muitos dirigentes, por exemplo, não dominam as modernas ferramentas de comunicação, o que dificulta a aproximação dos representados, bem como a condução do processo de negociação.

A crise pandêmica evidenciou ainda outro problema da regência jurídico-sindical brasileira: a excessiva formalidade no tocante ao procedimento de negociação coletiva. Não à toa, a MP 936/2020, no período oficial de reconhecido estado de calamidade pública, reduziu pela metade os prazos previstos no Título VI da Consolidação das Leis do Trabalho, pertinente às negociações coletivas, bem como permitiu a utilização de meios eletrônicos para atendimento dos requisitos formais desse mesmo Título VI da CLT, inclusive para convocação, deliberação, decisão, formalização e publicidade de convenção ou de acordo coletivo de trabalho (art. 17, II e III).

Enfim, a pandemia não criou, mas, sim, escancarou uma multiplicidade de fragilidades do sindicalismo brasileiro. Algumas são antigas e estruturais; outras, culturais e mesmo circunstanciais. Outras ainda decerto decorrem dos novos tempos. Todas, porém, relevantes, especialmente quando, hodiernamente, descortina-se cenário fático-jurídico extremamente desafiador aos sindicatos, em suas mais variadas frentes de atuação, no Brasil e no mundo.

5. Considerações Finais

As dificuldades enfrentadas pelos sindicatos, sobretudo no presente contexto pandêmico, são de múltiplas ordens e se originaram em momentos diferentes da história brasileira. Em linhas gerais, identificamos problemas estruturais, que se originaram em um passado distante; igualmente, dificuldades que remontam a um passado recente, com as modificações implementadas pela reforma trabalhista; além de problemas mais atuais, expostos circunstancialmente pela crise decorrente da pandemia, alguns já até relativamente antevistos nas vigorosas alterações disruptivas que têm marcado este animado século XXI.

De fato, a estrutura sindical brasileira porta incongruências intrinsecamente graves já desde longos tempos, passando desde sua concepção originária de presença marcantemente estatal. É vero: a moldura estabelecida na Constituição Federal de 1988 para a dinâmica sindical brasileira recebeu avanços democráticos, todavia o sistema jurídico como um todo manteve sérios fatores restritivos da verdadeira liberdade sindical, tal como a unicidade sindical, sem olvidar, também, da contribuição sindical obrigatória e da organização rigidamente estabelecida na ideia de categoria. Ora, a força do movimento sindical resulta da capacidade de arregimentação dos trabalhadores e não da imposição de um monopólio de representação e da forma de agregação dos trabalhadores.

A reforma trabalhista, de sua parte, trouxe impactos severos no sindicalismo brasileiro ao promover, abruptamente, a facultatividade da contribuição sindical, sem prévia reestruturação do modelo sindical brasileiro firmado a nível constitucional. Criou, ainda, entes representativos de obreiros paralelos à atuação sindical e fomentou, ademais, a negociação individual de força jurídica sobrepujante sobre disposições legais e convencionais, quanto a uma determinada parcela de trabalhadores, desidratando ainda mais a força do sindicalismo brasileiro.

A tragicidade do cenário pandêmico ora vivenciado trouxe à luz a extrema fragilidade dos entes sindicais brasileiros como agentes preparados para atender às demandas especiais do momento. Problemas jurídico-estruturais, de gestão, culturais e mesmo circunstanciais, além da incômoda pouca inserção digital, acabaram contribuindo com a convicção da Presidência da República, depois convalidada pelo STF, no sentido de que aos sindicatos caberia um papel relativamente secundário nas sérias problemáticas sociojurídicas advindas com a pandemia da covid-19.

O contexto descrito parece apocalíptico, mas, em verdade, não há dúvidas de que os sindicatos têm plenas condições de remover alguns desses obstáculos. Não se pode olvidar que as entidades sindicais exerceram um papel fundamental na redemocratização do país, superando adversidades que pareciam insuperáveis. Relembrar os fatos pretéritos é importante para que os dirigentes sindicais tenham consciência da sua responsabilidade e da importância da sua atuação para a pacificação social e maior democratização nas relações de trabalho. O primeiro passo para tanto é a autocrítica, capaz de identificar e reconhecer que tão grandes quanto os desafios externos são os problemas internos.

A crise que os sindicatos enfrentam não significa que eles não tenham mais qualquer função na democracia, mas que devem reinventar-se, habilitando-se para resgatarem seus expressivos papeis de liderança institucional e representação coletiva no seio da sociedade brasileira, honrando a importância a eles atribuída pelo texto constitucional brasileiro.

Entretanto, impõe-se asseverar que, para problemas de múltiplas origens e fatores, a resolução não pode perpassar apenas pela reinvenção dos sindicatos. Autoridades públicas, responsáveis pela construção das disposições jurídicas, inclusive no âmbito constitucional, precisam redesenhar o espectro normativo a fim de garantir a liberdade sindical plena. Não basta o reconhecimento das convenções e acordos coletivos de trabalho, previsto no art. 7º, XXVI, da Constituição Federal. Os sindicatos precisam ser reconhecidos, verdadeiramente, por entes públicos e privados, como sujeitos fundamentais para o Estado Democrático de Direito.

Referências

BRITO FILHO, José Cláudio Monteiro de. **Direito Sindical**. 8. ed. São Paulo: LTr, 2019.

DELGADO, Maurício Godinho. **Direito Coletivo do Trabalho**. 6 ed. São Paulo: LTr, 2015.

DOS SANTOS, Enoque Ribeiro. **Negociação coletiva de trabalho**. 3. ed. Rio de Janeiro: Forense, 2018.

MANUS, Pedro Paulo Teixeira. **Negociação coletiva e contrato individual de trabalho**. São Paulo: Atlas, 2001.

OIT. **Las plataformas digitales y el futuro del trabajo**: cómo fomentar el trabajo decente en ul mundo digital. Ginebra: OIT, 2019.

PAMPLONA FILHO, Rodolfo. **Pluralidade sindical e democracia**. 2. ed. São Paulo: LTr, 2013.

PINTO, Almir Pazzianotto. **A velha questão sindical e outros temas**. São Paulo: LTr, 1995.

SOUZA JÚNIOR, Antonio Umberto de; SOUZA, Fabiano Coelho de; MARANHÃO, Ney; AZEVEDO NETO, Platon Teixeira de. **Reforma trabalhista**: análise comparativa e crítica da Lei nº 13.467/2017 e da MP nº 808/2017. 2. ed. São Paulo: Editora Rideel, 2018.

TAVARES DE ALMEIDA, Maria Hermínia. **Crise econômica e interesses organizados**: o sindicalismo no Brasil nos anos 80. São Paulo: Edusp, 1996.

URIARTE, Oscar Ermida. **Liberdade sindical**: normas internacionais, regulação estatal e autonomia. In: TEIXEIRA FILHO, João de Lima (Coord.). Relações coletivas de trabalho. São Paulo: LTr, 1989.

2

ATUAÇÃO SINDICAL EM TEMPOS DE CORONAVÍRUS

Joselita Nepomuceno Borba[1]

Breves considerações

Foi como num sonho... no dia em que a terra parou... no dia em que todas as pessoas do planeta inteiro resolveram que ninguém ia sair de casa[2].

Incrédula uma geração inteira, que, só de longe, em um passado distante e remoto, ouvira falar em semelhante ameaça à vida humana: "peste negra"[3] e "gripe espanhola"[4], testemunha a estagnação do mundo, ameaçado por um ser invisível, maléfico, altamente contagioso e mortal: o COVID-19[5].

---

1. Da Academia Brasileira de Direito do Trabalho, titular da cadeira nº 8.
2. Como profetizara o visionário poeta Raul Seixas, na canção "*O dia que a terra parou*".
3. Colhe-se de enciclopédia global, disponível na rede mundial de computadores, que a "Peste Negra", também conhecida como "Peste Bubónica", "Grande Peste" ou "Peste", foi a pandemia mais devastadora registrada na história humana, tendo resultado na morte de 75 a 200 milhões de pessoas na Eurásia, atingindo o pico na Europa entre os anos de 1347 e 1351. [...]A Peste Negra provavelmente teve a sua origem na Ásia Central ou na Ásia Oriental, de onde viajou ao longo da Rota da Seda, atingindo a Crimeia em 1343. De lá, era provavelmente transportada por pulgas que viviam nos ratos que viajavam em navios mercantes genoveses, espalhando-se por toda a bacia do Mediterrâneo, atingindo o resto da Europa através da península italiana. Estima-se que a "Peste Negra" tenha matado entre 30% a 60% da população da Europa. https://pt.wikipedia.org/wiki/Peste_Negra.
4. Da mesma forma, a "G**ripe espanhola",** dizimou 1/3 da população mundial - Esse nome que recebeu uma **pandemia** de vírus influenza que se espalhou pelo mundo entre **1918 e 1919**. Os historiadores e especialistas da área da saúde até hoje não sabem o local exato onde aquele novo tipo de gripe surgiu. O surto em plena **Primeira Guerra Mundial** e espalhou-se rapidamente pelo mundo, causando a morte de cerca de **50 milhões de pessoas**, embora algumas estatísticas falem em até 100 milhões de mortos.https://brasilescola.uol.com.br/historiag/i-guerra-mundial-gripe-espanhola-inimigos-visiveis-invisiveis.htm.
5. https://www.who.int/es/dg/speeches/detail/who-director-general-s-statement-on-ihr-emergency-committee-on-novel-coronavirus-(2019-ncov).

Logo o mundo,seguindo orientação da Organização Mundial da Saúde (OMS)[6], como que em uma incontida cascata revolta, levou os diversos governos a declarar estado de emergência de saúde e calamidade pública, como o fizera o Brasil. Era preciso poupar vidas ou recuperar a saúde de quem foi atingido pela doença altamente contagiosa e letal. Para tanto, foi determinado o isolamento social, com paralização de diversas atividades econômicas, mantidas as essenciais, mesmo assim com cuidados específicos para proteger os profissionais envolvidos no esforço para garantir atendimento à saúde e ao abastecimento.

E, como é público e notório, o governante do país ou da região que duvidou do potencial da letalidade do agressor, experimentou colapso no sistema de saúde, com incontável número de mortes, enquanto os que acreditaram nas providências de contenção ou impuseram barreiras sanitárias enfrentaram problemas menos caóticos.

Imerso nesse mundo atípico, o direito positivo não poderia ficar alheio. Afinal, o direito não é dádiva ou produto da natureza, ao contrário, advém da atividade humana e só existe enquanto produzido[7]. Como construção do homem, o jurídico é sentido e significação que se empresta a determinados atos dos homens[8], daí a norma objeto da interpretação não pode ser separada dos fatos e valores que a constituem[9].

No âmbito das relações de trabalho, com medidas de contensão social e quarentena decretada,os reflexos foram imediatos, substancialmente afetadas direta ou diretamente, seja pela impossibilidade de manutenção da maioria das atividades empresariais, seja pela redução da demanda e do consumo.

Sem atividade, as micro e pequenas empresas, maiores empregadores do Brasil, não têm capacidade de pagar salário; sem salário, principal fonte de subsistência, empregados isolados não têm como sobreviver.

Vivenciando-se a repentina realidade, experimentada em âmbito global, a Organização Mundial da Saúde (OMS) cuidou de sugerir providências urgentes e incitar à ação humanitária, notadamente em defesa dos vulneráveis, com atenção especial aos países subdesenvolvidos ou em desenvolvimento.

Para se enfrentar o cenário, assentado no drama humano, tem-se como certo que ideologia, valores pessoais, visão política e social, preceitos inerentes à condição de cida-

---

6. https://www.paho.org/bra/index.php?option=com_content&view=article&id=6100:oms-declara-emergencia-de-saude-publica-de-importancia-internacional-em-relacao-a-novo-coronavirus&Itemid=812.
7. Sobre o tema conferir, entre outros, Calmon de Passos. *Direito, poder, justiça e processo: julgando os que nos julgam.* Rio de Janeiro:Forense Universitária, 2005, p.15.
8. Joselita Nepomuceno Borba. *Efetividade da Tutela Coletiva.* São Paulo:LTr, 2008, p. 31.
9. Cf. Luís Carlos Robortella e Antônio Peres Galvão.*Coronavírus e relações de trabalho. Paradigmas de interpretação em tempos de calamidade publica.in* Comentários a MP 927/2020 e 936/2020. Medidas urgentes visando a estabilidade das relações de trabalho. (cood.) Guilherme Miguel Gantus. eBook. https://www.amazon.com.br/dp/B0877B7TQB/ref=cm_sw_r_wa_apa_i_lD2MEbE6MNWTZ.

dão devem, mesmo que por um instante, ceder espaço à técnica, como ora tenta-se fazer no desenvolvimento deste ensaio, como forma essencial e indispensável a uma maior efetividade à dignidade humana.

O certo é que, em meio à instabilidade política que coloca à prova as instituições brasileiras, o Governo Federal, cético e após breve vacilo, tomou providências para repatriar brasileiros que se encontravam no epicentro da pandemia[10], entre outras medidas.

Depois, convenceu-se de que era premente a necessidade de concentrar esforços não só campo da saúde, da economia, da infraestrutura, mas também na esfera trabalhista, passando a adotar medidas para o enfrentamento sistêmico desse estado de emergência em saúde pública determinado pelo novo coronavírus (COVID-19).

Nessa direção, entre outras providências,editou-se o Decreto Legislativo nº 6, de 20 de março de 2020 e a Lei nº 13.979, de 06 de fevereiro de 2020, com diretrizes para que, de modo previsível e homogêneo, as pessoas pudessem enfrentar os tempos de pandemia.

Mas, a só regulação da vida em sociedade não era suficiente, pois não apenas o cidadão inserido no mercado formal de trabalho (empregado) necessitava de garantir a subsistência (salário), mas indistintamente todo cidadão: desempregado, subempregado, autônomo, informal, chefe de família, enfim, todo aquele que perdeu sua fonte de subsistência.

Era preciso voltar-se ao cidadão.

Consciente - e vislumbrando o todo - o Governo Federal editou a Medida Provisória nº 927, de22 de março de 2020[11], dispondo sobre medidas trabalhistas para o enfrentamento do estado de calamidade pública e da emergência de saúde pública decorrente do coronavírus (covid-19) e a Medida provisória nº 936, de 1º de abril de 2020[12], instituindo programa emergencial de manutenção do emprego e renda, além de medidas trabalhistas complementares para enfrentamento do reconhecido estado de emergência de saúde pública decorrente do coronavírus (COVID-19).

---

10. https://www.noticiasaominuto.com/mundo/1406168/brasil-ira-repatriar-todos-os-seus-cidadaos-que-quiserem-sair-de-wuhan.

11. Previu a MP. 927 a possibilidade de alteração contratual, por iniciativa do empregador, para implantar o modo de trabalho (teletrabalho, trabalho remoto, utilizando-se meio telemático); de antecipação de férias individuais ou coletivas, com prioridade para grupo de risco; de suspensão do contrato de trabalho mediante acordo individual escrito; de antecipação de feriados não religiosos; de flexibilização de jornada por acordo individual em estabelecimentos de saúde; previsão de o empregador conceder ajuda financeira ou benefícios em valores para o período de afastamento, a serem negociados pelas partes, entre outros. http://www.planalto.gov.br/ccivil_03/_ato2019-2022/2020/Mpv/mpv927.htm.

12. Em meio à crise na saúde e incertezas jurídicas, em meio insegurança à generalizada, a Medida Provisória nº 936, buscou complementar a normativa anterior, pertinentes às relações de trabalho, notadamente no âmbito de segurança e saúde no ambiente de trabalho e, ainda, entre outras medidas, as inerentes à paralização de atividades, férias coletivas, licença remunerada, redução de salário, teletrabalho e rescisão do contrato de trabalho. http://www.planalto.gov.br/ccivil_03/_Ato2019-2022/2020/Mpv/mpv936.htm.

Outras Medidas Provisórias foram editadas, disciplinando importantes questões de apoio e logística no contexto da crise: uma, instituindo programa de suporte a empregos[13]; outra,dispondo sobre medidas temporárias em resposta à pandemia decorrente da covid-19, no setor portuário e cessão de pátios sob administração militar[14].

Enquanto isso, o Congresso Nacional agiu, apreciando projeto de lei nº 1.066/2020[15], instituindo "renda básica de emergência", com previsão de benefício de R$600,00 mensais a trabalhadores informais e pessoas em geral que preenchessem requisitos legais (Lei nº 8.972/93, art. 20 e art. 20-A).

Em meio à profusão da chamada "legislação de crise" um aspecto atraiu a atenção: o sindicato não foi chamado a atuar. A flexibilização de direitos trabalhistas, em tempos de pandemia, poderia ser por meio de acordo individual entre empregado e empregador.

Isso seria possível sem afronta direta à Constituição Federal? O sistema jurídico permite flexibilizar direitos sociais, mesmo em tempos de calamidade, sem a participação do sindicato? Qual a função do sindicato em tempos de COVID-19? Haveria razão plausível para o sindicato não ser chamado a exercer sua função? Os interesses em jogo não se fazem conflituosos, vale dizer, nesse estado de crise não faz presente conflito entre capital e trabalho, mas convergência de interesses, em que, por um lado, o empregador quer salvar o seu negócio, por outro, o empregado preservar o emprego e, ainda, por sua vez, o governo tenciona evitar desemprego em massa, com consequência desastrosa para a economia?

Tantos, pois, são os questionamentos a serem enfrentados, ainda que superficialmente, sem desviar a atenção de aspecto fundamental: papel do sindicato, que, por determinação constitucional, tem a missão de defender os interesses individuais e coletivos dos trabalhadores, administrativa e judicialmente[16], e que, a "legislação de crise", deixou à margem.

Assim, com ligeira e substancial variante na visão do poeta,o mundo parou (não por vontade da pessoa) por imperiosa necessidade de preservar vidas, o sonho se tornou realidade, competindo-me diante desse quadro fazer breve reflexão sobre o papel do sindicato.

---

13. MP. 944, de 03.04.2020 http://www.planalto.gov.br/ccivil_03/_Ato2019-2022/2020/Mpv/mpv944.htm.
14. MP. 945, de 04.04.2020. http://www.planalto.gov.br/ccivil_03/_Ato2019-2022/2020/Mpv/mpv945.htm.
15. Projeto de Lei que altera a Lei nº 8.742, de 7 de dezembro de 1993, da Organização da Assistência Social, para dispor sobre parâmetros adicionais de caracterização da situação de vulnerabilidade social, para fins de elegibilidade ao Benefício de Prestação Continuada (BPC), e estabelece medidas excepcionais de proteção social a serem adotadas durante o período de enfrentamento da emergência de saúde pública de importância internacional decorrente do coronavírus (COVID-19).http://www6g.senado.leg.br/busca/?q=projeto+de+lei+n.+1066.
16. Constituição Federal, art. 8º, III.

1. Reconhecimento do sindicato como agente essencial à democracia e seu papel

Sindicato é pessoa jurídica de natureza associativa de caráter trabalhista, constituído para defesa de interesse de seus associados e para regular condições de trabalho[17].

Com embrião plantado na Revolução Industrial[18], ao longo do tempo, a associação, que tem por finalidade proteger os interesses profissionais de quem a integra, ganha reconhecimento pelo destacado papel e pela fundamental atuação frente à realidade social, econômica e política contemporânea[19].

Firma-se o sindicato como instituição com função de mitigar a fraqueza individual do empregado frente ao patrão, transformando-se em ente associativo juridicamente relevante na defesa e melhoria de condições de trabalho.

Decorre dessa realidade a firme posição de Délio Maranhão[20], quando afirma que o sindicato é elemento imprescindível para o desenvolvimento e à vida democrática, não sem experimentar revezes em razão de ideologias e regimes de exceção, como mostra o exemplo pretérito do movimento corporativista, com repercussões que se espraiaram e que persistem, ainda que parcialmente, no nosso sistema constitucional.

No entanto, apesar da anomalia do sistema sindical brasileiro, o que não se pode negar é a importância do sindicato como expressão mais atual de promoção coletiva dos trabalhadores[21]. Evidencia-se também como instituição essencial à democracia com destacado relevo em causas humanitárias, econômicas e políticas[22], sendo de toda pertinência a palavra de Nestor de Buen[23] para quem "entender a vida sindical à margem da vida política é impossível".

Com esse perfil, para além da "questão social", o sindicato internacionaliza-se e ganha *status* de direito fundamental, figurando nos textos de diversas constituições[24], ao

---

17. Cf. Joselita Nepomuceno Borba. *Legitimidade concorrente na defesa dos direitos e interesses coletivos e difusos:sindicato, associação, Ministério Público, entes não sindicais.* São Paulo:LTr.2013 p. 143

18. Conforme Mariani F., deixando-se de lado discussões sobre os mais remotos antecedentes, a origem do sindicato tem matriz histórica na "questão social", resultado do conflito entre as classes sociais, especialmente, entre trabalhadores e empregadores. (Mariani, L. *Compendio de dirrito sindacale.* 11ª edição. Sedizione Simone, 2003, p.5).

19. Alfredo Montoya Melgar. *Derecho del Trbajo.* 19ª edição. Madrid:Tecnos. 1998, p. 110.

20. *Direito do Trabalho. in* Délio Maranhão e Luiz Inácio B. Carvalho. Rio de Janeiro:Editora Fundação Getúlio Vargas, 1993. 17ª edição. p.308.

21. Cf. expressão de Alfredo Montoya Melgar. *Derecho del Trabajo*, op.cit. p. 109.

22. Segada Vianna. *Direito Coletivo do Trabalho.* São Paulo:LTr.1972. p.29.

23. Nestor de Buen L. *Organización y funcionamento de los sindicatos.* 2ª edição. México: Porrúa, p. 136-137.

24. Do passado histórico do sindicato, tem-se que "no final do século XIX, começam a ser editadas leis, reconhecendo o sindicato sem restrições. Generaliza-se o reconhecimento: a França despreza movimento de reação voltado às tradições anteriores e, com a edição da Lei Waldeck-Rousseau (1884), derroga a Lei *Le Chapelier* e o art. 416 do Código Penal; na Inglaterra, lei sindical de 1871 põe fim à consideração

tempo em que, sob o abrigo da Organização Internacional do Trabalho (OIT), consagra a primeira das liberdades públicas: a de livre associação[25].

O sindicato tem, portanto, destacado papel não só nas relações de trabalho, mas na vida social, não havendo dúvida na doutrina[26] de que, a despeito de outras funções, seu principal papel é a negociação coletiva.

2. Sindicato no sistema jurídico brasileiro. Monopólio da representação

O sindicato, por natureza, é associação voluntária e espontânea, estruturado como coletividade de indivíduos que se unem para alcançar objetivo comum: melhores condições de trabalho para os representados.

O seu fundamento normativo tem assento no princípio geral da liberdade de associação, conforme disposto na Convenção nº 87, da OIT.

Decorrem daí características naturais do sindicato que é a liberdade, a autonomia e o autogoverno, não se admitindo sob qualquer pretexto a intervenção do Poder Público na organização e na atividade sindical.

Entretanto, oportuna a observação de Nestor de Buen[27], no sentido de que a liberdade sindical tem estreita correlação com o sistema democrático. Neste, a interferência do Estado na vida sindical é nula. Entretanto, pondera o mencionado jurista, que pode a liberdade sindical não existir ou ser mitigada, a depender de como cada Estado lida com a liberdade sindical, de forma que tanto "maior liberdade sindical, menor regulamentação" e quanto "menor liberdade sindical, maior regulamentação"[28], havendo, na sua percepção, relação necessária entre liberdade sindical e regulamento.

---

de sindicato como organização criminal ou como entidade civilmente ilícita; nos Estados Unidos, a lei *Cayton Act* (1914) afasta a possibilidade de proibir a existência de organizações sindicais" (Cf. Joselita Nepomuceno Borba. *Legitimidade concorrente,*op.cit. p. 146). Ainda sobre o marco evolutivo, destaca Alfredo Montoya Melgar, que plenitude do reconhecimento do sindicato pelo Estado se alcança quando os direitos sindicais básicos são reconhecidos pelas Constituições: Constituição mexicana de 1917, Constituição alemã de Weimar de 1919, Constituição Federal da Alemanha, de 1949; Constituição francesa, de 1958; Constituição italiana, de 1947 e Constituição espanhola, de 1978, quando os Estados não só reconhecem o direito à fundação e filiação sindicais, mas elevam tais direitos à categoria de fundamentais dentro da comunidade nacional. (*Derecho del Trabajo,*op.cit. p. 113-114).

25. Na luta incessante pela democracia e condições de trabalho dignas, o sindicato consagra a primeira das liberdades públicas. Nesse sentido, consultar Renato Rua de Almeida (*As contribuições sindicais e a composição da diretoria versos autonomia. in*:Revista Pós-Graduação em Direito da PUC--SP, n. 1, Direito, São Paulo: Max Limonad, p. 174), para quem, em decorrência da relevância, é considerada pela Constituição da OIT como fundamental à sua própria existência (*Da intervenção administrativa em sindicato. A estrutura da CLT em face das normas internacionais.in*: Revista LTr, n. 38, São Paulo, p. 795).
26. Cf. NASCIMENTO, Amauri Mascaro. *Compêndio de direito sindical.* 2. ed. São Paulo: LTr, 2000. p. 268; MELGAR, Alfredo Montoya. *Derecho del trabajo.* 19. ed. Madrid: Tecnos, 1998. p.112.
27. *Organización y funcionamento de los sindicatos,* op.cit. p. 147.
28. Ibidem, p. 147

Particularmente no Brasil, embora a Constituição Federal de 1988, tenha assegurado ao sindicato liberdade de organização, reconhecendo-lhe a importante função de proteção dos interesses coletivos relacionados à atividade trabalhista, manteve características do sindicato corporativo, como poder de tributar, unicidade sindical e poder normativo.

A liberdade sindical no nosso sistema jurídico, portanto, não é plena e irrestrita, o que, aliás, torna-a incompatível com a Convenção n. 87 da OIT.

Ainda que a Reforma Trabalhista, implantada pela Lei nº 13.647/2017, tenha modificado substancialmente a fonte de custeio do sindicato, tornando facultativa a contribuição sindical (ex-imposto sindical), ainda permanece tanto a unicidade sindical quanto o poder normativo.

Por isso, frente a esse paradoxo, toda legislação que disciplinava um sindicato atrelado ao Estado continua em plena vigência, exceto no que implicar, de alguma forma, ingerência do Estado na organização sindical e em seu custeio.

Apesar do importante avanço experimentado pela liberdade associativa, ainda persiste (aparente) monopólio de representação em virtude da sobrevivência do sindicato único[29].

Evidente o arraigado corporativismo, inoculado na vida sindical, notadamente no terceiro quarto do Século XX, levou à proliferação de sindicatos[30] sem representatividade.

---

29. [...] "é vedada a criação de mais de uma organização sindical, em qualquer grau, representativa de categoria profissional ou econômica, na mesma base territorial, que será definida pelos trabalhadores ou empregadores interessados, não podendo ser inferior à área de um Município" (CF. art. 8º, II).

30. Passa de 17.000 o número de sindicatos com registro ativo no Ministério do Trabalho. http://www3.mte.gov.br/sistemas/cnes/relatorios/painel/GraficoTipo.asp#. Com base nessa realidade, reportando-se ao reconhecimento legal dado às centrais sindicais, Adalberto Cardoso, Diretor do Instituto de Estudos Sociais e Políticos (IESP) da Universidade Estadual do Rio de Janeiro, ao tratar da "ação sindical em números", reporta-se a números e expõe o que chamou de "mercado sindical", nesses termos: "Antes de mais nada, é útil lembrar que havia no Brasil, em 2013, pouco mais de dez mil sindicatos de trabalhadores com registro ativo no Ministério do Trabalho em Emprego (MTE), e quase cinco mil de empregadores. Havia, também, três mil entidades de trabalhadores com registros ainda por serem validados pelo MTE. Dos sindicatos ativos de trabalhadores, 75% eram filiados a uma das centrais sindicais existentes, e dos que eram filiados, 30% estavam na Central Única dos Trabalhadores (CUT), 22% na Força Sindical, 14% na Nova Central Sindical dos Trabalhadores (NTSC) e outros 14% na União Geral dos Trabalhadores (UGT). Os demais se distribuíam por outras oito centrais sindicais. O registro dos sindicatos no Cadastro Nacional de Entidades Sindicais (CNES), do MTE, voluntário por lei, acaba sendo compulsório para aqueles que pretendem acesso ao imposto sindical, já que decisão do Tribunal Superior do Trabalho (TST) de 2002 atribuiu ao ministério a faculdade de "zelar pela unicidade sindical" prevista na Constituição de 1988 (Cardoso e Lage, 2007). Além disso, a legislação de 2008 facultou o acesso das centrais sindicais a uma fatia (10%) do mesmo imposto, repartido entre elas segundo o número de sindicatos filiados. Isso estimulou o movimento de registro das entidades sindicais no mesmo sistema do MTE, no qual informam, também, a qual central se filiam. Mudanças no âmbito da lei, portanto, estimularam um novo processo de alinhamento do "mercado sindical" no país, fazendo com que a maioria dos sindicatos existentes se vinculasse a uma das centrais que disputam a lealdade das entidades de base. Ou seja, a disputa pelo imposto sindical tornou esse mercado ainda mais competitivo, com várias organizações mudando de mãos em eleições concorridas,

Esses acabaram sendo apelidados de "pelegos", "amarelos" ou simplesmente "inúteis", na expressão de Luís Carlos Robortella e Antônio Peres Galvão[31].

A essa anomalia funcional do sindicato brasileiro– e, por óbvio, estrutural – alia-se, ainda, o fato de o sindicalismo,de forma geral, enfrentar conjuntura de adversidades, oriundas das transformações no mundo do trabalho, ocasionadas por avanços tecnológicos, pela mundialização da economia e pela da reengenharia empresarial, cita-se, ainda, fatores da maior relevância nos dias atuais: o desamparo ao desemprego, ao trabalho informal, as novas formas atípicas de trabalho e a precarização das relações de trabalho.

Ora, em ambiente de baixa representatividade sindical, e mais, em tempos de transição de sistema de custeio do sindicato de obrigatório para facultativo, em que está se adaptando à nova forma, seria razoável o trabalhador esperar pela ação sindical (e a referência aqui, reafirma-se, é ao sindicato "pelego", "amarelo" ou "inútil", que infelizmente é a maioria), enquanto presencia seu vínculo empregatício ser consumido pela situação de força maior?

Seria razoável esperar, na emergência, por um sindicato que, porventura, viesse se mostrar sem o necessário comprometimento com a causa social, comprovadamente ausente ou negligente ou omisso, na defesa dos interesses dos integrantes da categoria?

Haveria de se zelar por um privilégio sindical em detrimentos da efetiva garantia de direitos fundamentais dos trabalhadores, entre os quais autodeterminação, saúde, emprego, meio de subsistência mínimo para sobrevivência do trabalhador e de sua família?

Sem atenção aos mais expressivos valores constitucionais, ponderando-os frente à realidade que se apresenta, à situação concreta, a efetiva tutela, sem dúvida, apresentará desfocada.

Certamente a Constituição Federal, lei fundamental que é, será o porto seguro do Estado de Direito Democrático, como o nosso. E não se ignora que a Carta da República repartiu competências, incumbindo ao sindicato não mera faculdade, mas o dever de defender os interesses ou direitos de seus representados[32].

O sindicato tem, sim, representação legal. No entanto, o sistema deve operar em harmonia, apresentando-se a hermenêutica como elemento essencial de interação, máxime em tempos de exceção, a fim de se realizar, na maior medida, a vontade da Constituição.

Partindo-se da premissa maior – realizar a vontade da Constituição – não se pode perder de vista também que a Carta da República de 1988 trouxe o legado das modernas

fruto da competição entre as entidades de cúpula". Acesso em 27.04.2020 http://repositorio.ipea.gov.br/bitstream/11058/3765/1/bmt56_nt01_sindicatos_brasil.pdf.

31. Disponível em https://www.poder360.com.br/opiniao/justica/pandemia-e-pandemonio-juridico-por-amorim-robortella-e-galvao-peres/.

32. CF. Art. 8º É livre a associação profissional ou sindical, observado o seguinte: [...] III - ao sindicato cabe a defesa dos direitos e interesses coletivos ou individuais da categoria, inclusive em questões judiciais ou administrativas.

constituições, que é ser principiológica e normativa de direitos e garantias fundamentais, os quais devem ser garantidos na maior medida do possível.

Acompanhando-se abalizada doutrina de Ingo Sarlet, há de se ressaltar, ainda, que a Constituição brasileira, no seu pluralismo, "advém basicamente do seu caráter marcadamente compromissário, já que o Constituinte, na redação final dada ao texto, optou por acolher e conciliar posições e reivindicações nem sempre afinadas entre si, resultantes das fortes pressões políticas exercidas pela diversas tendências envolvidas pelo processo Constituinte"[33].

Assim, frente à arquitetura do sistema constitucional, não seria de toda pertinência indagar se há espaço para privilégio de representação de trabalhadores apenas por sindicato?A representação legal repele qualquer outra?

Acredita-se que não.

Isso porque,a Constituição Federal assegurou, com ênfase, o princípio da dignidade humana e, também, outros: valor social do trabalho e da livre iniciativa, liberdade, autodeterminação, associação, representação sindical.

Chega, então, o momento em que, diante do caso revelador de aparente conflito, decidir qual o princípio ou o valor a prevalecer: dignidade humana do cidadão trabalhador ou o monopólio da representação sindical?

Por ora, fica assentado, com apoio em sólida e consistente hermenêutica constitucional[34], que o só fato de a ordem constitucional colocar em relevo a dignidade já seria suficiente para, em um juízo de ponderação, concluir-se acerca da prevalência da dignidade sobre o monopólio da representação sindical, convicção que se potencializa se se levar em conta outras garantias como direito social ao trabalho, autodeterminação, liberdade de associação e de reunião, só para exemplificar.

Assim, mesmo diante de um modelo jurídico que garante a unicidade sindical, sem chance – se observada a literalidade do texto legal - para o trabalhador exercer sua liberdade e autodeterminação na escolha do seu representante, a hermenêutica conduz à impossibilidade de se manter um privilégio em detrimento da efetiva defesa de direitos e garantias de integrantes de categoria profissional violados ou ameaçados de lesão.

Não fosse a utilização do juízo de ponderação, reverencia-se, em adendo, o pensamento de Amauri Mascaro Nascimento[35]. Com respaldo na doutrina italiana, recorda

33. SARLET Ingo Wolfgang. *A eficácia dos direitos fundamentais,* Porto Alegre:Livraria do advogado.2007,8ª edição, p. 77.

34. Conferir por todos Interpretação no Direito do Trabalho, Washington Luiz da Trindade (Regras de aplicação e de interpretação no Direito do Trabalho, São Paulo:LTr, 1995) e no Direito Constitucional, Luis Roberto Barroso (Interpretação e aplicação da Constituição, São Paulo:Saraiva,7ª edição 2ª tiragem, 2010); Celso Ribeiro Bastos (Hermenêutica e Interpretação Constitucional, São Paulo:Malheiros Editores, 4ª edição, 2014); Eros Roberto Grau, *Ensaio e discurso sobre a interpretação/aplicação do direito,* São Paulo:Malheiros Editores, 4ª edição, 2006).

35. *Compêndio de direito sindical.* 4ª edição. São Paulo:LTr, 2005, p.189.

o saudoso mestre que representação é "critério de qualificação ou de seleção de um sujeito coletivo", vale dizer, a legitimação é natural, fruto da autonomia da vontade.

Daí porque, "entre a representação imposta pela lei e a natural, esta deve prevalecer, até porque nem tudo que é legal é legítimo. Legal é o poder de representar, mas ilegítimo é o monopólio com finalidade que não seja a de assegurar direitos ou defendê-los eficazmente"[36].

Nesse contexto – e de acordo com princípios instrumentais de interpretação constitucional[37] -, acredita-se ser a mais adequada a interpretação capaz de, no plano individual ou coletivo,assegurar uma democracia social, plural e participativa, tendente à realização, na maior medida, dos reconhecidos direitos constitucionais das massas, típico fenômeno século XX e, da mesma forma, no maior grau possível os direitos individuais.

Sopesados direitos e garantias individuais constitucionais *versus* direito coletivo constitucional de representação sindical,a prevalência pode ser dos direitos e garantias individuais, a despeito da importância dos elevados valores coletivos, até porque estes continuam intactos na moldura constitucional, apenas cedem para, *in concreto*, dar lugar a outro valor de igual ou maior estatura. Na aplicação, um princípio não aniquila o outro: ambos preservam seu vigor no sistema constitucional.

Inobstante tal assertiva, na doutrina reina viva divergência, na medida em que, uns defendem a representação dos trabalhadores como privilégio do sindicato[38], outros não[39]; para estes a legitimidade seria concorrente com entes associativos não sindicais[40].

Recorda-se, por oportuno, que Ivani Contini Bramante[41], há muito, sinalizava para a inexistência de monopólio de representação, pela possibilidade trazida pela lei de greve para, excepcionalmente, os trabalhadores formarem Comissão para representar os interesses da categoria inorganizada em sindicato nas negociações ou perante a Justiça do Trabalho (Lei nº 7.783/89, art. 4º, § 5º).

Não fosse o precedente da citada lei de greve, a jurisprudência[42] vem consolidando tese acerca da inexistência de monopólio na representação sindical.

---

36. Joselita Nepomuceno Borba. *Legitimidade concorrente...* op.cit. p. 171.
37. Luis Roberto Barroso. *Interpretação e aplicação da Constituição,* op.cit. p.370.
38. Reinaldo Francisco Fernandes. *A legitimação para as demandas coletivas no processo do trabalho. A legitimidade sindical privilegiada.* USP:Dissertação de Mestrado. 2010. p.109.
39. Fernando Alves de Oliveira. *O sindicalismo brasileiro clama por socorro: um alerta aos sindicalistas e aos contribuintes dos sindicatos.* São Paulo: LTr, 2001, p. 5.
40. Tese defendida na Pontifícia Universidade Católica de São Paulo (PUC/SP) em 2008, com o título: "*A representação fragmentada do sindicato, com possibilidade de legitimidade concorrente*".
41. *A legitimação para instauração de dissídio coletivo.* Jornal do Congresso, São Paulo:LTr, 1993.
42. Da jurisprudência do Tribunal Superior do Trabalho (TST) destaca-se: (i) ao julgar questão envolvendo acordo coletivo de trabalho 2004/2005 (cláusula 4ª), firmado entre Sindicato dos Petroleiros e a Petrobras, prevendo progressão funcional para empregados da ativa, ficando os inativos sem direito ao acréscimo salarial. Diante do **visível prejuízo causado pelo sindicato à categoria dos aposentados** o Tribunal Superior do Trabalho (TST) firmou entendimento no sentido de que a vantagem constituiu aumento geral de salário e, por isso, devia ser estendida também à complementação de aposentadoria

O Tribunal Superior do Trabalho (TST), sem negar eficácia ao art. 8º, III, da Constituição Federal, admite que, na hipótese de certeza da inoperância ou comprovada recusa ou omissão do sindicato a legitimidade é concorrente; se, no entanto, o caso for de interesses conflitantes,a legitimidade se esvai[43].

Como se vê, desfaz-se em juízo de ponderação o aparente conflito de princípios, para prevalecer valores constitucionais que visam à dignidade humana. Aniquilar essa carga de valores em prol de um monopólio não teria sentido nem foi este o objetivo do legislador constituinte"[44].

Nesse ambiente caótico, imposto pela grave crise de emergência de saúde pública, Maria Cristina Peduzzi, com autoridade de quem defendeu tese sobre dignidade, materializada no título *O princípio da dignidade da pessoa humana: na perspectiva do direito como integridade*[45],respondendo à imprensa sobre medidas emergenciais do Governo Federal, afirmou que compartilha da visão de que, na hipótese, "o princípio da dignidade da pessoa humana está absolutamente atendido"[46].

Portanto, sem compatibilizar bens e valores constitucionais, tendo como baliza a unicidade da Constituição, não se chegará a conclusão, no sentido de que, excepcionalmente, inexiste monopólio de representação sindical[47]. Nesse caso, interesses envolvidos

dos inativos (cf. OJ-SDI1T-62). (ii) No 01253-2008-016-05-00-4-RT ficou evidente que o **sindicato que causou o prejuízo não tem legitimidade para defender os inativos em razão do visível choque de interesses**. Não fosse oconflito interesses, diante da omissão ou recusa do sindicato, a jurisprudência, numa posição de vanguarda, vem admitindo a produção de norma coletiva por entes não sindicais. Na verdade, embora controvertida a matéria, o TST vem admitindo a supressão da vontade coletiva quando evidenciada recusa à negociação. Foi o que ocorreu nos autos do processo ROAD 045.784/2002-900-09-00.0, em que o Ministro Relator deixou consignado que **se o sindicato não cumpriu a "atribuição que dá sentido à sua existência, que é ser o verdadeiro representante da categoria e em nome dela tentar, por todos os meios lícitos e sensatos, obter melhorias de condições de trabalho"**, o privilégio da representação deixa de existir. Em outro julgamento, ratifica o TST o seu entendimento ao **validar acordo coletivo de trabalho firmado diretamente entre empregador e empregados, sem intermediação do sindicato da categoria profissional**, por ficarem demonstradas a livre manifestação de vontade dos empregados em assembleia e a efetiva recusa da entidade sindical em consultar a coletividade interessada (ROAA 746/2002-000-12-00.8). E mais, a **falta de razoabilidade na negociação coletiva, que impede a solução do impasse, em prejuízo para os trabalhadores**, também tem sido motivo para o TST validar norma coletiva. Diante de dificuldades financeiras do empregador e da recusa do Sindicato da categoria profissional, e respectiva Federação, negociarem, os empregados instituíram comissão de negociação, firmaram acordo, validado pela mais alta instância trabalhista (RODC 163/2005-000-03-00.9). [negritos acrescidos ao original]

43.

44. Joselita Nepomuceno Borba. *Legitimidade concorrente*... p. 215.

45. Maria Cristina Irigoyen Peduzzi. *O princípio da dignidade da pessoa humana: na perspectiva do direito como integridade,* São Paulo:LTr. 2009.

46. https://www.folhavitoria.com.br/economia/noticia/04/2020/dignidade-do-trabalhador-esta-atendida-diz-presidente-do-tst "Dignidade do trabalhador está atendida", diz presidente do TST.

47. Tese defendida por nos defendida, corporificada no título "*Legitimidade concorrente ...*", op.cit. p. 215

poderão ser defendidos por ente não sindical ou diretamente por quem vai suportar possível lesão.

3. Necessidade de o sindicato assumir sua relevante função de agente social em meio ao estado de força maior. Declínio e rumo para um despertar respaldado pela lei

Não falta convicção acerca da importância do sindicato, mas, para não ver sua representação compartilhada com outros entes não sindicais precisa exercer sua função.

Todavia, vencida a questão da anomalia do sistema, há de se perquirir se, como outrora, em tempos de seu florescimento e de sua consolidação, ainda exerce sua atividade com o mesmo vigor.

A resposta nos é dada por Oscar Ermida Uriarte[48], na constatação de que o sindicato ingressou no século XXI, enfrentando grave crise. As razões, diz o jurista[49], são oriundas de várias causas, vindo a primeira para da política neoliberal do século XX, que, como nunca, soube pender para a individualização das relações laborais; por um lado, pela saída do Estado da regulamentação protetora do trabalhador individual e, por outro, pela intervenção estatal na regulação restritiva ou limitativa da ação coletiva; em ambas as hipóteses, até o limite do politicamente possível.

Também Amauri Mascaro Nascimento[50] afirma que o fenômeno da globalização – e seus reflexos nas relações de trabalho – tem sido determinante na desconstrução do movimento sindical.

Alia-se a tais causas (ambiente de flexibilização da legislação trabalhista e tendência de privatização da seguridade social – próprias do neoliberalismo) a debilidade da posição dos trabalhadores – e suas organizações – em decorrência não só desse ambiente individualista ou não solidário, mas, também, da introdução massiva de tecnologias substitutivas de mão de obra, gerando desemprego e segmentando a base sindical.

Debilitado e atordoado, presencia ainda o sindicato crise de credibilidade e, em consequência, o decréscimo da taxa de associação e redução de fonte de custeio, o que potencializa necessidade de encontrar forma de soerguer.

Frente às vicissitudes, para Mário Pasco Cosmópolis[51], o "pecado mortal" do sindicato foi não perceber – e buscar ampliar sua representatividade – até porque a realidade se apresenta, mostrando que em muitos países os desocupados ou subempregados

---

48. *Sindicatos em libertad sindical.* Montevideu:Fundación de Cultura Universitária. 5ª edição. 2016, p. 191-192.

49. Ibidem, p. 192.

50. NASCIMENTO, Amauri Mascaro. *Compêndio de direito sindical.* 4. ed. São Paulo: LTr, 2005. p. 66-67.

51. *A organização sindical do século XXI, in* O Direito do Trabalho e da Seguridade Social nos países Ibero-Americanos e Itália. (Coord: Cassio Mesquita Barros,Domingos Sávio Zainaghi e Yone Frediani), Curitiba: Decisório Trabalhista Editora, 2008, p. 401.

são em maior número do que aqueles que possuem empregos formais[52] insistindo em representar exclusivamente aqueles que têm emprego.

É, portanto, em meio a esse "caldeirão efervescente", na expressão de Reginaldo Melhado[53], que a crise tem sua gênese, a exigir dos sindicatos novas e mais amplas formas de organização e estruturas mais abertas, que viabilizem não só espaços maiores à participação das representações de trabalhadores, mas que agreguem também outros setores da comunidade, como os informais, os autônomos, os temporários e os aposentados[54].

Dessa forma, como já afirmara[55], "para o sindicato não dar as costas à realidade social, acentuando-se mais e mais seu declínio, cumpre a ele empreender esforços voltados à realização do bem comum, que imponha não o choque ou tensão que nada transforma, mas a mobilização de toda sociedade e do Estado em busca de meios que permitam o desenvolvimento econômico, a preservação da empresa (e, portanto, dos postos de trabalho), enfim, a efetiva proteção do interesses dos trabalhadores". Ou, na síntese de Nelson Mannrich[56], a atuação sindical há de ser marcada hoje por forte apelo ao diálogo social.

No que tange ao modelo sindical brasileiro, a necessidade de o sindicato se adequar aos tempos atuais é urgente, imperiosa e de maior alcance a fim de, afastando os resquícios do corporativismo, implantar a liberdade sindical.

É certo que,a já referida Reforma Trabalhista de 2017[57], eliminou a obrigatoriedade da contribuição sindical, mas ainda persistem a unicidade sindical e o poder normativo, retroalimentando o paradoxo: liberdade de organização *versus* unicidade sindical, com previsão de os conflitos coletivos de natureza econômica poderem ser decididos pelo Judiciário.

E assim, andando lado a lado com a ambiguidade, caminha a realidade a revelar, fato público e notório, em muitas das vezes, um sindicato sem o devido e necessário comprometimento com a causa social.

Inobstante as vicissitudes e anomalias do nosso sistema, a atuação sindical foi – e será – decisiva no enfrentamento de crise, a fim de minimizar seus efeitos, sejam econômicos, como os de 2008, sejam os decorrentes do estado de emergência em saúde pública provocados pelo novo coronavírus (COVID-19).

Aliás, é nesse momento que o sindicato, entidade civil de tamanha estatura, deve exercer sua função, seja na negociação coletiva,a fim de amenizar o flagelo do trabalha-

52. Mário Pasco Cosmópolis. A organização sindical no século XX, op.cit, p. 401.
53. MELHADO, Reginaldo. Os sindicatos e a mundialização do capital: desafios, horizontes e utopias. *in*:Tarcio Vidotti e José Francisco da Motta Peixoto Giordani (coord.). *Direito coletivo do trabalho em uma sociedade pós-industrial*. São Paulo: LTr, 2003, p. 81-82.
54. Amauri Mascaro Nascimento. *Compendio...cit* p.69.
55. Joselita Nepomuceno Borba. *Legitimidade concorrente...* p.166.
56. *Sindicato e crise econômica: heróis ou vilões? in* Arion Saião Romita *et al* (coord)Revista Magister de Direito do Trabalho, Magister, nº 41, mar./abr, 2011 p.15.
57. Lei nº 13.467/2017.

dor, seja exercendo seu papel como ator social, participando do diálogo social acerca de importantes questões do direito do trabalho.

Se é assim, não necessita o sindicato de menção ou autorização legal, notadamente se se trata de "legislação de crise" - Medida Provisória - para, diante do reconhecido estado de força maior, exercer seu relevante papel na vida social.

O seu agir, em qualquer situação (normalidade ou calamidade), está respaldado pela Constituição Federal e seus atos normativos (acordo ou convenção coletiva) reconhecidos constitucionalmente[58], de forma que a lei que ingerir na atuação do sindicato é inconstitucional e a lei que não fizer menção inadmissível, só pela omissão, inferir proibição de atuar. Da mesma forma, lei que valida a vontade individual não derroga a vontade coletiva; se ambas atuarem concomitante, prevalece o que for mais vantajoso, conforme princípio elementar do Direito do Trabalho.

Por isso, firme é a convicção de que, mesmo que Medida Provisória tenha, em contexto de crise, previsto validade da negociação individual diretamente entre patrão e empregado, por si, não seria causa para a letargia sindical ou inoperância do sindicato ou causa para possível inconstitucionalidade.

Entretanto, se futuramente deparar-se com acordo individual pactuado com menores condições que as previstas em norma coletiva, prevalecem estas, e não as piores negociadas diretamente. Ou seja, a vontade coletiva prevalece sobre a vontade individual.

O campo de atuação do sindicato é – e está - livre, de forma que, antes de tudo, deve ter consciência de que é representante legal da categoria e defensor dos interesses de seus integrantes e que, para tanto, tem assegurada garantia constitucional da liberdade e da validade de seus atos.

Inexiste razão plausível para inércia, ainda mais em meio a calamidade que se avizinhava, quando o agir deveria ser pronto e urgente, como, aliás, o fizera diversos sindicatos representativos antes mesmo da edição de Medidas Provisórias.

Questão relevante, portanto, não é o desprezo da "legislação de crise" à função sindical, mas a inércia, o alheamento, a desatenção do sindicato, que leva, por óbvio, à inação.

4. Entre a crise gerada pelo COVID-19 do plano global ou local: legislação de suporte e a exposição da fragilidade do sindicato

Como abordado inicialmente, o ambiente de crise, gerada pelo surto do novo coronavirus (COVID-19), além de fato público e notório, foi declarado pela Organização Mundial de Saúde (OMS) estado de emergência de saúde pública de importância internacional, o mais alto nível de alerta daquele ente da Organização das Nações Unidas (ONU), para, a partir do estado de pandemia, buscar coordenação, cooperação e solidariedade global com o propósito de interromper a propagação do vírus.

58. CF. art. 8º, III; art. 7º.

Prontamente a Organização Internacional do Trabalho (OIT), agência multilateral da Organização das Nações Unidas (ONU) para questões trabalhistas, pediu adoção de medidas urgentes e em larga escala, com o propósito de proteger os trabalhadores no local de trabalho, estimular a economia e o emprego e garantir postos de trabalho e renda.

Medidas coordenadas mais largas, que contemplassem ampla proteção social, não só com apoio à manutenção do emprego, mas também com suporte financeiro e desoneração fiscal, especialmente micro, pequena e média empresa, além de grupos formados por trabalhadores autônomos, subempregados, desempregados, informais, jovens, mulheres e imigrantes[59].

Deparando-se a OIT com múltiplos e os mais variados questionamentos, relacionados às normas internacionais do trabalho e o COVID-19, esclareceu didática e exaustivamente acerca de medidas jurídicas ou políticas que poderiam ser adotadas, lembrando que as normas internacionais do trabalho já proporcionam uma base de comprovada eficiência em resposta a aspecto de política, voltada para uma recuperação sustentável e equitativa, como também, deixou claro que tais normas trabalhistas são ponto de referência no contexto de resposta à crise provocada pelo COVID-19[60].

Sob a perspectiva da Organização, portanto, o conjunto da normativa que se formou no século passado[61], examinada periodicamente e revisada, cada vez que necessário, dá resposta à evolução do mundo do trabalho, com o propósito de proteger os trabalhadores e sem perder de vista as necessidades das empresas. E assim, todos os instrumentos jurídicos da OIT estabelecem um quadro básico de normas sociais mínimas acordadas por todos os atores da economia mundial, de forma que os países poderão implementar padrões mais altos de proteção e medidas ampliadas a fim de mitigar as repercussões da crise[62].

Para o Conselho de Administração da OIT as Convenções essenciais para o enfrentamento da crise são as que tratam de direitos fundamentais do trabalhador: liberdade de associação e liberdade sindical, reconhecimento efetivo do direito a negociação coletiva, eliminação de todas as formas de trabalho forçado ou obrigatório, abolição efetiva do trabalho infantil,eliminação da discriminação em matéria de em-

59. Rorix Javier Nuñez e Iván Jiménez Uribe. Prologo. Guía de Medidas Laborales frente al covid-19 em Iberoamérica. Bogotá:Tirant Lo Blanch. 2020.

60. As normas da OIT e o COVID-9 (coronavírus)-Perguntas frequentes. https://www.ilo.org/wcmsp5/groups/public/---ed_norm/---normes/documents/publication/wcms_739939.pdf.

61. Sobre a importância da normativa, destacou a OIT no referido documento que, em 2019, por ocasião da Declaração do Centenário da OIT para o Futuro do Trabalho, reafirmou-se que a elaboração, a promoção, a ratificação e o controle do cumprimento das normas internacionais do trabalho, tinha importância fundamental para a OIT.

62. https://www.ilo.org/wcmsp5/groups/public/---ed_norm/---normes/documents/publication/wcms_739939.pdf. Cf. página 5 do documento.

prego e ocupação[63], além de outras Convenções que se revestem da maior importância para a governança[64].

Contando com normativa básica para o plano global, e frente à situação concreta do estado caótico e de força maior, cuidou o Brasil de buscar solução conjunta e comunitária para enfrentar a emergência, objetivando não só conter a propagação da enfermidade, mas preservar o emprego e a renda e, também, garantira continuidade das atividades empresariais.

Na tentativa de contornar os efeitos do COVID-19,começa a ser produzida a "legislação da crise".

A Portaria nº 188, de 03 de fevereiro de 2020, do Ministério da Saúde, declara emergência em saúde pública de importância nacional, em decorrência da infecção humana pelo novo coronavírus (COVID-19), seguida do Decreto Legislativo nº 6, de 20 de março de 2020, reconhecendo estado de calamidade, decorrente da emergência em saúde pública de importância internacional decorrente do (COVID-19).

A Lei nº 13.979, de 06 de fevereiro de 2020, dispõe sobre medidas para o enfrentamento da emergência, objetivando a proteção da coletividade, com determinação para cumprimento de quarentena e de isolamento social, além de providências inerentes ao campo da saúde (art. 3º).

Em adendo às medidas urgentes e necessárias à preservação, controle e contenção dos riscos, danos e agravos à saúde pública, foi editada Medida Provisória nº 927, de 22 de março de 2020, com medidas trabalhistas, a fim de, amenizando danos à economia, preservar o emprego e a renda durante o período excepcional, conforme Exposição de Motivos[65].

Assim, estritamente para o período de força maior[66]"qualificado", na precisa adjetivação de Georgenor de Souza Franco Filho e Ney Maranhão[67],foram flexibilizadas

---

63. Direitos fundamentais: Convenção nº 87 – Liberdade sindical e proteção ao direito de sindicalização; Convenção nº 98 – Direito de sindicalização e de negociação coletiva; Convenção nº 29 – Trabalho forçado; Convenção nº 105 – Abolição do trabalho forçado; Convenção nº 138 - Idade mínima; Convenção nº 182 - Piores formas de trabalho infantil; Convenção nº 100 – Igualdade de remuneração; Convenção nº 111 – Discriminação (emprego e ocupação). https://www.ilo.org/global/standards/introduction-to-international-labour-standards/conventions-and-recommendations/lang--es/index.htm.

64. Instrumentos prioritários de governança: Convenção nº 81 – Inspeção do trabalho; Convenção nº 122 – Política de emprego; Convenção nº 129 – Inspeção do trabalho (agricultura); Convenção nº 144 – Consulta tripartite (normas internacionais do trabalho). https://www.ilo.org/global/standards/introduction-to-international-labour-standards/conventions-and-recommendations/lang--es/index.htm

65. EM nº 00081/2020 ME, de 22.03.2020.

66. Nos termos do art. 501, da CLT, "Entende-se como força maior todo acontecimento inevitável, em relação à vontade do empregador, e para a realização do qual este não concorreu, direta ou indiretamente", hipótese em que "É lícita, em caso de força maior ou prejuízos devidamente comprovados, a redução geral dos salários dos empregados da empresa, proporcionalmente aos salários de cada um, não podendo, entretanto, ser superior a 25% (vinte e cinco por cento), respeitado, em qualquer caso, o salário mínimo da região", conforme dicção do art. 503 consolidado.

67. Diante da polêmica questão de força maior, trazida pela MP. nº 927, Georgenor de Souza Franco Filho e Ney Maranhão trazem relevantes esclarecimentos, quando afirmam que, na hipótese, não se trata de **força maior simples,** de que cuida a CLT, mas de "**força maior qualificada**",porque capaz, não de

alguns aspectos trabalhistas,estando entre as alternativas postas para o enfrentamento da crise, a adoção pelo empregador do teletrabalho, além da possibilidade de conceder férias individuais e coletivas, antecipar feriados, instituir banco de horas e encaminhar o trabalhador para qualificação profissional e, ainda, a possibilidade de acordo individual entre patrão e empregado com preponderância sobre outros instrumentos normativos, legais e negociais.

Diante da gravidade da ameaça à saúde pública, o bem a ser protegido com maior relevância foi a vida. Por isso, obedecendo a determinações de autoridades federais, estaduais e municipais, contidas em normativas próprias, a atividade não essencial parou. No rastro das determinações aflorou-se extrema urgência em assegurar efetivo meio de sobrevivência a todos os cidadãos que dependem de seu trabalho como meio de subsistência e não só daqueles que possuem emprego.

Já não estava mais em risco apenas a saúde pública, mas também a estabilidade econômica e social,seja pelo desamparo social, seja pela queda na atividade econômica, seja pelo risco iminente de dispensa em massa.

O capital e o trabalho, talvez como nunca,viram-se clamando por providências para a própria sobrevivência.

Diante desse quadro, o Governo Federal, como forma de mitigar os danos sociais e econômicos – e sabedor de que não poderia deixar o cidadão à própria sorte - e nem manter isolados os trabalhadores em suas residências sem meio de subsistência -editou a Medida Provisória nº 936, de 1º de abril de 2020, dessa vez, instituindo programa emergencial de manutenção do emprego e da renda, além de medidas trabalhistas complementares ao enfrentamento do estado de calamidade.

O objetivo da Medida Provisória nº 936, conforme consta de seus termos,foi preservar emprego e renda, garantir a continuidade das atividades laborais e empresariais e reduzir o impacto social pelo estado de calamidade e emergência de saúde. Para tanto, instituiu pagamento de benefício emergencial e flexibilizou jornada e salário, além de contemplar a possibilidade de suspensão temporária do contrato de trabalho.

Ou seja, o raio de proteção foi amplo: subsistência para quem enfrentou flexibilização de jornada e salário, bem como para quem teve o contrato suspenso ou quem estava privado dele (o desempregado), subempregado, informal ou autônomo.

Esses dois instrumentos (MP. nº 927 e MP. nº 936), entre outros que tratam de questões mais específicas (MP 944[68] e MP 945[69]), até o momento,formam o sistema jurídico do contexto de crise, chamada de "legislação de crise".

---

afetar a saúde financeira da empresa, mas gerador de impacto financeiro tão desastroso que constituirá causa determinante para o próprio encerramento da atividade empresarial", (COVID-19: FORÇA MAIOR E FTO DO PRINCIPE, p. 4-5). Disponível em http://www.andt.org.br/f/COVID-19%20-%20FOR%C3%87A%20MAIOR%20E%20FATO%20DO%20PR%C3%8DNCIPE.pdf.

68. Institui o Programa Emergencial de Suporte a Empregos.

69. Dispõe sobre medidas temporárias em resposta à pandemia decorrente da covid-19 no âmbito do setor portuário e sobre a cessão de pátios sob administração militar.

Como se vê, extrai-seda normativa internacional, a recomendação para que se cumpram direitos fundamentais assegurados nas Convenções,declarativos a direitos humanos. Entre elas, a primeira é a de nº 87, não contemplada pela normativa constitucional brasileira. Essa omissão tem reflexos negativos importantes na representação dos trabalhadores nacionais.

De fato, a liberdade sindical é o primeiro dos direitos fundamentais. Como legítimo representante dos trabalhadores - e agindo com autonomia -, está o sindicato apto mais que ninguém a defender os interesses dos representados, notadamente em contexto de crise como a que se enfrenta.

Quando a atenção se volta para o sistema nacional a realidade é outra: inexistência de liberdade e sindicatos frágeis, em regra.

Tanto que ao abordar a questão da organização sindical brasileira Luís Carlos Robortella não tem dúvida de que o "modelo sindical corporativista de unicidade sindical, amarrado a categorias previamente definidas, mesmo com a supressão da contribuição obrigatória continua a ferir compromissos internacionais assumidos pelo Brasil: o art. 16 do Pacto de São José da Costa Rica, o art. 22 , § 1º, do Pacto de Direitos Civis e Políticos da ONU (1966) e o art. 8º, *a*, Pacto Internacional de Direitos Econômicos, Sociais e Culturais da ONU (1966)"[70].

Mais uma vez se recorre a doutrina de Luís Carlos Robortella, quando, em precisa e oportuna reflexão acerca do direito coletivo na Reforma Trabalhista de 2017, registrou: "Os críticos da reforma não entendem o papel do Estado, dos sindicatos e das empresas nas relações de trabalho do século XXI. Duvidam da capacidade negociadora das partes. Não percebem que a realidade se revoltou contra a CLT e lhe deu as costas. Não enxergam o mercado informal, que institui a pior das flexibilidades. Não se interessam pelos desempregados, mas apenas pelos empregados com carteira assinada"[71].

Essa a realidade.

Não seria o momento, então, diante da ênfase dada pela OIT à liberdade sindical, de união da comunidade acadêmica para implantar a liberdade sindical?

Trilhar o caminho da liberdade, deixando para a história resquícios de uma regulação que tende ao controle autoritário sobre a liberdade, indesejada intervenção que só alimenta a debilidade sindical, como, aliás,não nos deixa esquecer Sergio Gamonal Contreras[72].

70. *Perspectivas do Direito Coletivo com a Reforma de 2019. in* Revista da Academia Brasileira de Direito do Trabalho (ABDT). São Paulo:LTr. 2017. nº 22. p.151.

71. Ibidem, p.153.

72. *Derecho colectivo del trabajo.* Santiago: Abeledo Perrot. 2ª edição. 2011. p.57.

Não seria a oportunidade de retomar os esforços da comunidade jurídica nacional de outrora e de tempos recentes[73] para, vencida a pandemia, concretizar o ideal da liberdade como forma de revigorar o sindicato por meio da representatividade natural?

Por ora, o desafio!

5. Autonomia sindical e condição para agir: protagonismo. Democracia *versus* prática antissindical

O sindicato, com a autonomia que detém, está habilitado a exercer o protagonismo que a sociedade dele espera. O exercício da função sindical nesse momento de crise, melhor e mais efetivo, como assegura Raimundo Simão de Mello, seria o "diálogo social maduro e responsável na busca de soluções conjuntas para o bem comum"[74].

Entretanto, uma das grandes questões advindas com a edição da Medida Provisória nº 927 foi, sem sobra de dúvida, a previsão da possibilidade do acordo individual entre patrão e empregado (MP. nº 927, art. 2º), sem participação sindical.

Motivo?

Falta de consciência do importante papel do sindicato, ou não; descuido do Governo Federal ao redigir o ato, ou não; excepcional urgência ante a necessidade de se preservar empregos, ou não, o certo é que a ausência da representação sindical para, de forma complementar, construir a "legislação de crise" trouxe à tona muitas conjecturas.

Não raro ouviu-se que o sindicato,para participar do processo de negociação emergencial, condicionaria sua participação ao custeio sindical[75], consistindo o fator condi-

---

73. Georgenor de Sousa Franco Filho recorda a falta de comprometimento com necessárias reformas trabalhistas, quando faz referência ao fato de "Diversas tentativas de mudança legislativa foram feitas. Todas infrutíferas. Nada deu certo porque acredito que tenha faltado coragem parlamentar e houveram discussões estéreis que não levaram a nada. Em 2008, quando presidente da Academia Brasileira de Direito do Trabalho, designei comissão presidida por Amauri Mascaro Nascimento e composta por Nelson Mannrich e Luís Carlos Amorim Robortella, que elaborou um alentado anteprojeto de Lei de Relações Individuais do Trabalho. Igualmente não deu resultado e não passou de mais um documento para discussões em nível Acadêmico". (*Reforma trabalhista: O futuro do trabalho, do Direito do Trabalho e da Justiça do Trabalho. in* Revista da Academia Brasileira de Direito do Trabalho (ABDT). São Paulo:LTr. 2017. nº 22, p.85).

74. *Negociações coletivas na crise do coronavírus,* disponível em https://www.conjur.com.br/2020-abr-17/negociacoes-coletivas-crise-coronavirus.

75. https://www1.folha.uol.com.br/mercado/2020/04/empresas-afirmam-que-sindicatos-cobram-ate-r-500-para-fechar-acordo-trabalhista.shtml - De matéria assinada por Fernanda Irigatte, publicada no Jornal A Folha de São Paulo, de 14.04.2020, consta que "Empresas que aderiram ao programa do governo federal que permite a redução de salário e jornada e suspensão de contratos relatam ter recebido cobranças de até R$240,00 por funcionário para que os sindicatos de trabalhadores dessem o aval aos acordos". Ainda segundo a matéria "A prática, segundo especialistas, é ilegal. Associações patronais falam também em cobrança de R$500,00 por empresa e de percentuais da folha de pagamento entre 4% e 5 %". Diante da voracidade de certos sindicatos, potencializada por decisão liminar do Ministro Ricardo Lewandowski (ADIn nº 6363), no sentido de que o acordo individual somente teria validade se passasse pelo crivo do sindicato, a Associação Brasileira de Bares e Restaurantes (Abrasel) e a Associação

cionante na exigência de pagamento de valor fixo pela empresa (prática antissindical) ou do retorno da contribuição sindical de forma impositiva (ilegal)[76], o que gerou o alerta de membros do Governo Federal no sentido de que o "momento era de salvar vidas, salvar empregos, não o momento de se lucrar com a crise ou nada do tipo"[77].

Inconcebível prática, até no meio sindical, provocou repúdio, com notícia de que a atitude ilegal e antissindical seria denunciada[78].

Por ora, a certeza evidente é aquela sentida – e injustificada - ausência do sindicato na concertação social ou mesmo na defesa efetiva dos interesses dos trabalhadores.

E nem se esvaem as conjecturas postas, apresentam-se outras, de natureza diversa: qual a razão para o sindicato ser deixado à margem? Seria sua fragilidade? Seria o estado de emergência que não recomendaria perder tempo com formalidades que envolvem a negociação coletiva e o consequente ajuste (acordo ou convenção)? Seria receio de o sindicato colocar entrave à negociação?

Nada justifica!

O que se esperava – e espera – é a participação do sindicato, como importante ator social que é, em medidas tendentes ao socorro imediato do trabalhador, da empresa e da sociedade. Aliás, em ambiente de calamidade pública, diante da impossibilidade de assegurar o *status quo*, o que todos almejam é a sobrevivência.

Daí o retorno à doutrina de Raimundo Simão de Mello[79], quando, sintetizando o sentir da comunidade acadêmica,assegura que o diálogo social seria o meio mais apro-

---

dos Lojistas de Shoppings (Alshop), ainda segundo a mesma matéria, denunciaram a cobrança ilegal. A reação, segundo a jornalista, levou as centrais sindicais, em nota conjunta, a orientarem os sindicatos associados a não fazer a cobrança no momento.

76. https://abrasel.com.br/noticias/noticias/decisoes-abusivas-de-sindicatos-aceleram-demissoes-no-brasil-durante-a-crise-do-coronavirus/Sindicatos laborais de diversas cidades estão cobrando taxas ou impondo condições abusivas para validar acordos individuais após decisão do ministro do Supremo, Ricardo Lewandowski.

77. https://abrasel.com.br/noticias/noticias/decisoes-abusivas-de-sindicatos-aceleram-demissoes-no-brasil-durante-a-crise-do-coronavirus/Durante webinar, os secretários do Ministério da Economia, Bruno Bianco e Bruno Dalcolmo, foram claros em seus recados: "esse é o momento de salvar vidas, salvar empregos. Não é o momento de se lucrar com a crise ou nada do tipo".

78. Ainda da matéria jornalística assinada por Fernanda Inrigatte, observa-se que "As seis centrais sindicais orientaram os sindicatos associados a não fazer qualquer cobrança no momento. Em nota conjunta, CUT (Central Única dos Trabalhadores), Força Sindical, CSB (Confederação dos Sindicatos do Brasil), UGT (União Geral dos Trabalhadores), CTB (Confederação dos Trabalhadores do Brasil) e NCST (Nova Central) disseram considerar a cobrança criminosa e que sindicatos serão denunciados ao MPT (Ministério Público do Trabalho) caso insistam na prática.O "pedágio" para aderir ao programa do governo é mais um capítulo da luta do sistema sindical brasileiro por receitas, iniciado em 2018 com a decisão do governo Michel Temer (PMDB) de acabar com o imposto sindical" https://www1.folha.uol.com.br/mercado/2020/04/empresas-afirmam-que-sindicatos-cobram-ate-r-500-para-fechar-acordo-trabalhista.shtml.

79. *Negociações coletivas na crise do coronavírus,* disponível em https://www.conjur.com.br/2020-abr-17/negociacoes-coletivas-crise-coronavirus.

priado na "busca de soluções conjuntas para o bem comum e, particularmente, para amenizar os males decorrentes dessa pandemia, que está atingindo a todos, especialmente castigando os mais pobres e vulneráveis, incluindo os trabalhadores de baixa renda".

Nesse agir, o histórico conflito de interesses entre capital e trabalho,não existe, como, aliás, afirmam Antônio Carlos Aguiar e Otávio Calvet[80]. Para os citados juristas, no estado de calamidade pública vivenciado, inexiste "conflito coletivo de trabalho que exige a negociação coletiva"[81].

Ainda que não se tenha tal percepção, o certo é que a ideia de conflito, se não desaparece, mas fica mitigada e, assim, a concertação social seria mais apropriada.

Mas, essa é uma visão que não encontra unanimidade no ambiente jurídico[82], sendo digno de registro percalços deparados por sindicatos representativos - são exceção, sim, mas existem - na sua atuação, inclusive com judicialização, sob o argumento de que aditivo à convenção coletiva de trabalho vigente, firmado antes da edição da Medida Provisória nº 927, era prejudicial aos trabalhadores e não atendia a requisito formal relativo à observância de prazo para realização de assembleia, a fim de os representados autorizarem a negociação emergencial.

Portanto, em situações pontuais, antes mesmo da "legislação de crise", com medidas para o enfrentamento da emergência em saúde pública decorrente do coronavírus (COVID-19), inúmeros sindicatos prontamente se lançaram ao campo da negociação coletiva emergencial[83], ainda que, lamentavelmente, com injustificável ingerência do poder público na atuação sindical dos poucos entes atuantes.

---

80. Justificam os juristas a assertiva, por entender necessário relembrarem "o conceito de conflito coletivo, de forma a se verificar se a questão posta na atualidade advém de uma insatisfação dos trabalhadores para com os seus empregadores, em razão de um desequilíbrio econômico derivado da pactuação contratual do fornecimento contínuo da energia de trabalho, aproveitada no interesse da produção (do capital), ou de algo completamente diferente e novo". *in Negociação individual para redução de salário e jornada de trabalho*. Disponível em https://www.conjur.com.br/2020-abr-08/aguiar-calvet-negociacao-individual-reducao-salario-jornada.

81. Ibidem.

82. MPT-PRT2.Notícia de Fato nº 001624.2020.02.000 / NF nº 001846.2020.02.000/1-138. Em audiência por videoconferência, em 07.04.2020, constou da Ata de Audiência, recomendação para os sindicatos (de empregados x de empregadores) não aplicarem o aditivo, considerado inválido, e que continuassem negociação coletiva, saindo notificados para: (1) que empresas do setor sejam orientadas a aguardarem o resultado da negociação coletiva entre categorias profissional e econômica, com base nas recentes alterações legislativas, para adoção de quaisquer medidas relacionadas a direitos trabalhistas, especialmente dispensas, suspensões de contrato, redução de salários e jornada; (2) que os sindicatos promovam a negociação coletiva, observando os parâmetros mínimos legislativos, com efetiva consulta às categorias profissional e econômica, mediante realizações de assembleias, conforme os estatutos sindicais e ante a impossibilidade de reunião física , que sejam viabilizadas por meios telemáticos; (3) que a norma coletiva, observados os requisitos legais, seja juntada aos autos no prazo de 10 dias.

83. HYPERLINK "https://extra.globo.com/noticias/economia/sindicatos-assinam-acordos-emergenciais-para-reducao-de-jornada-de-trabalho-salario-24313339.html" https://extra.globo.com/noticias/economia/sindicatos-assinam-acordos-emergenciais-para-reducao-de-jornada-de-trabalho-salario-24313339.html - No Rio de Janeiro sindicatos assinam acordos emergenciais para redução de jornada de trabalho e salário para

E assim agiram prontamente os sindicatos que sabiam que, com a decretada emergência em saúde pública, a empresa não estaria apta a assegurar as mesmas condições de trabalho ou mesmo manter o contrato de trabalho, ficando o empregado sem o emprego, ou seja, tinham plena consciência de que deveriam agir pela manutenção do emprego e garantia dos meios de subsistência a seus representados.

Era tempo de ceder a fim de evitar mal maior: desemprego em massa.

Todavia, além da difícil negociação para preservar o emprego e assegurar o mínimo de renda para a sobrevivência, houve situações em que o sindicato foi acusado de desrespeitar direitos fundamentais do trabalhador. Isso ocorreu em algumas situações, porque cláusula normativa previa compensação de salário com proporcional redução de jornada ou a suspensão contratual com pagamento de valor equivalente à metade do piso salarial.

A acusação foi levada a juízo[84], potencializando-se a insegurança jurídica, a configurar enfrentamento de,verdadeiramente, "pandemia ou pandemônio", a que se referiu ensaio assinado por Luís Carlos Robortella e Antônio Galvão Peres"[85].

A firme atuação do Estado,ainda que em defesa da integridade da ordem jurídica,sequer levou em consideração disposições da Medida Provisória nº 927,editada após a assinatura do aditivo anulado, que igualmente dispôs sobre a possibilidade de flexibilizar jornada com proporcional redução de salário ou a suspensão do contrato de trabalho.

Ou seja, logo após a atuação sindical foi editada a "legislação de crise", dispondo sobre a possibilidade de flexibilizar direitos – os mesmos direitos contemplados nas cláusulas da norma coletiva questionada. Dessa forma, da vislumbrada ilegalidade restou a acusação de negociação *in pejus* e aspecto de democracia interna sindical[86].

Em outras palavras, o procedimento do Poder Público colocou o sindicato como representante, e não como substituto processual, subtraindo-lhe a garantia constitucional (representação), interferindo claramente na atuação sindical, ignorando regras do estatuto sindical relativamente a prazos (em caso de emergência, o estatuto não pode prevê a redução ou eliminação de prazos ou mesmo a dispensa de burocracia, por mais

evitar demissões, no setor da construção civil e de bares e restaurantes. Em São Paulo o mesmo ocorreu com o Sindicato dos trabalhadores no comércio hoteleiro e similares de São Paulo e Região (SINTHORESP).

84. ACP, ajuizada no dia 16.04.2020, sob nº 1000433-90.2020.5.02.0038, pelo Ministério Público do Trabalho/Procuradoria Regional da 2ª Região contra Sindicato dos empregados no comércio hoteleiro e similares de São Paulo, Sindicato de Hotéis Restaurantes Bares e similares de São Paulo, Federação de Hotéis Restaurantes Bares e Similares do Estado de São Paulo e CNTUR Confederação Nacional de Turismo.

85. https://www.poder360.com.br/opiniao/justica/pandemia-e-pandemonio-juridico-por-amorim-robortella-e-galvao-peres/.

86. Diante da alegação do Ministério Público do Trabalho, na causa de pedir, de que foram firmados aditivos à convenção coletiva de trabalho entre sindicatos, em decorrência da COVID-19, cujos termos seriam prejudiciais aos trabalhadores, sem nenhuma contrapartida, além de serem os aditivos firmados pelos sindicatos de empregado e de empresas de forma irregular e sem legitimidade para tanto, tutela inibitória de urgência foi deferida pela Justiça do Trabalho.

relevante que pareça?), além de duvidar da capacidade negocial (aditivo à convenção coletiva sem contrapartida), não encontra respaldo na ordem jurídica[87].

Ainda que não se ignore a anomalia do sistema sindical brasileiro, admitindo a existência, em regra, de sindicatos frágeis e pouco representativos, como se vê no item 4, supra, nada justifica a intervenção na atividade sindical, mesmo sob a percepção de que, assim como o trabalhador a quem se dirige o relevante princípio protetor, o sindicato, por não saber ou não está apto a discernir o que é melhor para seus representados, também precisa de tutela.

Não é demais lembrar, como o fizera Nelson Mannrich, reproduzindo doutrina de Ives Gandra Martins da Silva Filho, que ultimamente a imparcialidade do Órgão do Ministério Público, mesmo com poder de polícia administrativa e da prerrogativa para agir em juízo conferido constitucionalmente[88], "vem se perdendo ultimamente, "pela 'ideologização de segmentos do Ministério Público, que confundem a defesa da ordem jurídica a com a defesa exclusiva dos trabalhadores, afeta aos sindicatos'". [89]

Numa pertinente reflexão constata o citado professor: "Aliás, observam-se, ultimamente, duras intervenções do Ministério Público no processo de negociação, felizmente de forma pontual, tendo chegado mesmo a obter liminar, em determinada ação civil pública, para impedir a celebração de convenção coletiva, quando, ao contrário, deveria fomentar o aprimoramento da negociação"[90].

---

87. Vício insanável, declarado pela Justiça do Trabalho, em medida cautelar de urgência de autoria do MPT, teve como fundamento: [...] "Requer a concessão de **tutela inibitória de urgência** para que os termos aditivos não produzam efeitos sem que aja convocada assembleia específica para tratar das medidas ali previstas, bem como aprovação em negociação coletiva correspondente. Requer, também tutela inibitória consistente na obrigação de não fazer, para que os sindicatos sem questão não venham a firmar novos termos aditivos sem a que as medias necessárias sejam observadas, quais sejam, a convocação de assembleia geral específica e negociação coletiva posterior. Requer ainda, seja determinado aos sindicatos a imediata comunicação aos empregadores de que as medidas previstas nos termos aditivos não produzirão efeitos até final negociação coletiva precedida de convocação de assembleia geral. Os termos aditivos firmados deveriam observar as formalidades pertinentes à convenção coletiva de trabalho, no tocante ao conhecimento das categorias envolvidas e à própria convocação de assembleia específica para essa finalidade. A aprovação constante do item 14 da ata de assembleia realizada em 20/05/2019 (ID32da333) para constituição de comissão negociadora com poderes para conciliar, assinar acordos e convenções coletivas e termos aditivos às convenções coletivas se sobrepõe ao disposto no art. 615 da CLT, que dispões que os processos de revisão, denúncia ou revogação, total ou parcial devem ser procedidos de assembleia geral [...] Se as alterações de normas coletivas, com previsões própria de determinada categoria, necessitam de prévia convocação de assembleia para legitimar as propostas, assim também aquelas que tem por objeto a supressão ou mitigação de direitos constitucionais e legais e não tão somente de benefícios d e normas coletivas. As entidades sindicais pactuaram os termos aditivos sem a observância das formalidades necessárias. Tal irregularidade, demonstra documentalmente e de plano, acarreta vício de invalidade dos respectivos termos aditivos [...], tudo conforme inicial e decisão, no formato pdf, fornecida pelas partes.
88. CF. art. 129, III.
89. *in* Enoque Ribeiro dos Santos. *Prefácio.* O microssistema de tutela coletiva: Precarização Trabalhista. São Paulo: LTr, 2012, p.19.
90. *in* Enoque Ribeiro dos Santos. *Prefácio.*, p. 19.

Por vezes, e longe de retratar o todo institucional[91], distanciamento da realidade, indisponibilidade para a mediação de conflitos, sobreposição da necessidade de se cumprir democracia sindical mínima, com inflexível aplicação de regras próprias de tempos de normalidade, ao invés de solidificar a democracia delegada, acaba por aniquilar direitos dos representados.

Imagine o sindicato que, emergencialmente, negocia condições de trabalho em meio a declarado estado de calamidade pública qualificada, a fim de evitar desemprego em massa e, a seguir, defronta-se com nulidade do ato normativo, sem chance, sequer, de buscar *ad referendum* autorização assemblear da categoria? Simplesmente considerado irregular e "leonino".

Em busca de razão plausível à mínima compreensão, colhe-se da doutrina italiana[92] a constatação de que o referendo não ocorre no vácuo, está ligado a algum ato precedente (como decisão de conselho, solicitação de grupo de trabalhadores, previsão em estatuto sindical etc) e, ainda que constitua experiências difíceis, são bem-vindas,mesmo em tempos de normalidade. E por estar falando de tempos normais lembra Bruno Manghi, que a solução democrática para a utilização de tal recurso exige, mais cedo ou mais tarde, uma revisão do sistema de representações e dos instrumentos ordinários de decisão.

Nesse contexto, há de se recordar a convicção de José Carlos Arouca[93], para quem, não resta dúvida que a prática antissindical pode vir também do Poder Judiciário – e com maior certeza do agente do Estado na esfera administrativa -, em razão da politização que carrega o Direito Sindical e da liberdade do juiz, com o peso se seus valores[94], na subsunção do direito aos fatos.

---

91. Não resta dúvida que possível falta de temperança ou excesso no agir é pontual, vez que a Instituição, alinhada com as recomendações da OIT emitiu Nota Técnica Conjunta PGT/CONALIS, nº 06, de 22.03.2020. Dos termos desta Nota consta que, diante do quadro socioeconômico decorrente da COVID-19, o Ministério Público do Trabalho reputa essencial medidas para proteção do emprego e da ocupação, bem como de sustentabilidade das atividades econômicas das empresas, de forma que os atores sociais, entre outros, deveriam observar a "promoção de diálogo social tripartite, consoante preconizado pela OIT", observar a "primazia da negociação coletiva e/ou diálogo com as entidades sindicais", além de privilegiar "métodos de autocomposição de conflitos", tudo conforme itens I, VII e XI, do mencionado texto. Prosseguindo na elevada missão de defensor da ordem jurídica (CF. art. 127), dia 28.04.2020, editou Norma Técnica sobre a Medida Provisória nº 927, intentando obter, respeitada a independência funcional que é assegurada ao Órgão agente, homogeneidade de interpretação acerca "legislação de crise". Da mesma forma, a Associação Nacional dos Procuradores do Trabalho (ANPT), divulgou Nota Pública, externando preocupação com a falta de previsão de atuação sindical na flexibilização de direitos prevista inicialmente na MP nº 927 e complementada pela MP. nº 936.
92. MANGHI, Bruno. *Democrazia minima: regole e costumi del nostro sindacalismo, in* Potere e responsabilità e Democrazia Minima: contributo allo studio della democrazia nel sindacato.Roma: Edizioni Lavoro. 1981 p. 35.
93. *Organização sindical no Brasil: passado-presente-futuro(?)* São Paulo:Ltr. 2013, p.392.
94. A partir de uma visão ampla, após profunda reflexão, indaga Washington Luiz da Trindade se o mundo da hermenêutica não seria "o sentimento dessa universal fragilidade humana que acena para o perdão e para a solidariedade", ou, "enfim, para ver além das aparências"? Em resposta diz o citado magistrado "A questão da hermenêutica é, preliminarmente, uma questão epistemológica na busca de o que convém para salvar a principiologia do valor universal na miríade de casos concretos, de homem a homem,

Ora, requerer – e obter provimento judicial – invalidando norma decorrente de negociação coletiva, além da afronta direta a preceitos constitucionais, configurada estaria também conduta antissindical, assim compreendidas "práticas desleais como toda ação ou omissão que atente contra a liberdade sindical, especialmente aquelas que afetam a negociação coletiva, seus procedimentos e o direito de greve", na conceituação de Sergio Gamonal Contreras[95].

Mas, se não há liberdade sindical plena no sistema nacional, como então configurar conduta antissindical por agente público na esfera administrativa ou na judicial?

Decerto, o sindicato brasileiro ainda não goza de liberdade plena, mas aquela assegurada pela Constituição Federal - organização e atuação - é suficiente para não ser ele impedido de realizar toda atividade relativa à defesa dos interesses dos membros da organização[96], por ser o exercício da atividade sindical, como afirma Cesar Toledo Corsi[97], a dimensão mais dinâmica da liberdade sindical. Exatamente dentro dessa dimensão é que se encontra a faculdade de agir do sindicato no exercício de sua função primordial: negociação coletiva em defesa dos interesses dos representados.

E assim, segue o paradoxo: ou o sindicato brasileiro não despertou da inércia ou enfrenta o descrédito do poder público.

O tempo oportuniza, com certeza, o recompor da democracia sindical e da ordem jurídica, todavia, prejuízos suportados pela aplicação da norma destinada a reger relações trabalhistas em tempos "normais"às relações em tempos "anormais" de pandemia, causa dano de difícil ou impossível reparação. Os mais vulneráveis são os que mais sofrem as desastrosas consequências da paralisação total ou parcial da atividade econômica.

A realidade vivida, apesar das nuances, não diminui a certeza da constatação: o sindicato é essencial à vida em sociedade, como direito humano que é. Independentemente de anomalias do sistema ou vicissitudes eventualmente enfrentadas, nada e ninguém deve – ou pode – cercear a legitima atuação do sindicato.

Em defesa de interesses de representados ou no campo da concertação social, máxime em tempos de calamidade e estado de emergência de saúde pública, a proteção primordial a ser perseguida pelo ente sindical – e por todos os atores sociais - é a vida e, por óbvio, a integridade física, com manutenção de meio de sobrevivência.

A reconhecida necessidade de protagonismo do sindicato não deve se conter nos limites da representação de interesses de integrantes da categoria, mas espraiar-se até o diálogo social.

---

de comunidade a comunidade, guardando seus mitos, suas crenças, seu modo de ser e agir segundo as circunstâncias" e, em arremate, constata que "O hermeneuta vive essas tensões, "viajando" para o seio do axiológica principal, mesmo que, para tanto, haja de torcer a vontade do Profeta, do Papa, dos Líderes Políticos, porque, em verdade, em verdade, a Justiça em si mesma é *um valor revolucionário"*. (O *weltanschauung* da hermenêutica. São Paulo:LTr. Revista da Academia Nacional de Direito do Trabalho [atual da Academia Nacional de Direito do Trabalho – ABDT]: O Direito e o Processo do Trabalho em Transformação e outros estudos, nº 16, 2008, p. 206-217.

95. *Derecho colectivo del trabajo.* Santiago: Abeledo Perrot. *2ª edição. 2011*, p. 468.

96. Cf. Gamonal Contreras. *Derecho colectivo del trabajo.* op.cit. p.96.

97. *Tutela de la libertad sindical.* Santiago: Abeledo Perrot/Thomson Reuters. 2013, p.29.

6. Para o sindicato agir faz-se necessária previsão legal?

O sindicato tem reconhecido papel e deve assumir seu protagonismo.

Entretanto, a "legislação de crise", mais especificamente o art. 2º, da MP. nº 927, assegurou que "Durante o estado de calamidade pública a que se refere o art. 1º, o empregado e o empregador poderão celebrar acordo individual escrito", com preponderância sobre "os demais instrumentos normativos, legais e negociais".

Essa previsão legal subsistiria se confrontados direitos e garantias individuais e coletivas de *status* constitucional com princípios norteadores do Direito do Trabalho?

Ou, posta a questão de outra forma, para o sindicato atuar é necessário lei autorizar?

Acredita-se que o primeiro aspecto a se observar é que, do mesmo dispositivo legal, vem o alerta de que "os limites estabelecidos na Constituição" devem ser respeitados.

Portanto, em hipótese alguma, como relembrado pela "legislação de crise" a Constituição deve ser ignorada.

E, a propósito, a matéria controvertida tem assento constitucional, tanto a legitimidade do sindicato para agir - e expresso reconhecimento de seu ato -, quanto a possibilidade de flexibilizar jornada e salário[98].

A par disto, a suspensão do contrato de trabalho encontra respaldo na ordem infraconstitucional[99].

O sistema jurídico oferece, pois, condição suficiente para o sindicato atuar, independentemente de autorização legal específica, assim como agiram determinados sindicatos, antes mesmo da edição da MP nº 927.

Se tem autonomia e condição para atuar livremente, com maior razão deveria fazê-lo em tempos de coronavírus (COVID-19).

A inércia na atuação sindical, a que se observa, não vem de restrição imposta pela "legislação de crise", mas de sua desconformidade com a Convenção nº 87 da OIT, que leva, com exceção, por óbvio, à fragilidade e inoperância por falta de representatividade.

Ademais, acredita-se que esse momento excepcional se revela como oportunidade marcante para o sindicato brasileiro recuperar seu espaço, se fortalecer e assumir seu papel como entidade essencial ao exercício da democracia.

De qualquer forma, abstraindo-se a razão (ou razões) determinante para não contemplação da vontade coletiva pela Medida Provisória nº 927, o certo é que o dispositivo legal[100] de duvidosa constitucionalidade passou pelo crivo do Supremo Tribunal Federal

---

98. CF. arts. 8º, III; 7º, VI, XIII, XXVI.

99. Conf. Capítulo V da CLT – Da suspensão e da interrupção arts. 471-476-A.

100. Medida Provisória nº 927, art. 2º - Durante o estado de calamidade pública a que se refere o art. 1º, o empregado e o empregador poderão celebrar acordo individual escrito, a fim de garantir a permanência do vínculo empregatício, que terá preponderância sobre os demais instrumentos normativos, legais e negociais, respeitados os limites estabelecidos na Constituição.

(STF). A Corte, cautelarmente, declarou sua conformidade com a Constituição, como se abordará a seguir.

Resta, então, deduzir que o sindicato, para exercer sua função, não necessita de autorização ou permissão legal. Suas garantias permanecem intactas, competindo-lhe apenas a exercer a missão constitucional na negociação normal, emergencial ou na concertação social.

No mais, agir é ato de vontade. Suficiente o querer. Respeitada a Constituição Federal, não há possibilidade de qualquer interferência na vontade coletiva[101]. E ainda, para que as condições de trabalho negociadas – e constantes de instrumentos normativos -prevaleçam sobre a vontade individual dos representados, suficiente que sejam mais favoráveis.

7. A lógica interpretativa da "legislação de crise" e jurisprudência correlata

Como anota a doutrina, bem sintetizada por Luís Carlos Robortella e Antônio Galvão Peres, "O direito não é neutro. A lei deve ser útil à sociedade na prosperidade e na catástrofe e, para isto, existem técnicas interpretativas"[102]. Em tempos excepcionais, prosseguem os citados juristas[103], "A lógica interpretativa dessas normas não é e não pode ser a usual" a interpretação é a de "exceção".

Vale-se aqui também da oportuna e abalizada doutrina de Antônio Carlos Aguiar e Otavio Calvet[104]. Com a atenção voltada à necessidade de negociação coletiva, ou não, no contexto da MP. nº 927, constatam: "em 'condições normais de temperatura e pressão', em tese, a Constituição da República exigiria sempre a via da negociação coletiva como forma de se estabelecer a redução de salários".

Decerto, a situação excepcional está gerando medidas igualmente excepcionais, medidas temporárias e excepcionais, em resposta à COVID-19, daí porque a partir da certeza de que a Constituição tem dimensão tridimensional que ilumina e inspira o ordenamento jurídico[105], há de se manejar, em processo de hermenêutica, cuidadosa articulação de instrumental de interpretação, notadamente princípios constitucionais de interpretação constitucional para, a partir de um todo, eleger o valor constitucional de maior peso a ser preservado.

---

101. CF. art. 8º, I - "a lei não poderá exigir autorização do Estado para a fundação de sindicato, ressalvado o registro no órgão competente, vedadas ao Poder Público a interferência e a intervenção na organização sindical".

102. *Pandemia e pandemônio jurídico, por Amorim Robortela e Galvão Peres,* disponível em https://www.poder360.com.br/opiniao/justica/pandemia-e-pandemonio-juridico-por-amorim-robortella-e-galvao-peres/.

103. Ibidem.

104. "Negociação" individual para redução de salário e jornada de trabalho. Disponível em https://www.conjur.com.br/2020-abr-08/aguiar-calvet-negociacao-individual-reducao-salario-jornada

105. *Pandemia e pandemônio jurídico.* cit. https://www.poder360.com.br/opiniao/justica/pandemia-e-pandemonio-juridico-por-amorim-robortella-e-galvao-peres/.

Eis que, no universo do sistema jurídico nacional – constitucional e infraconstitucional – o sindicato não obteve condição de ente associativo totalmente livre, revelando-se "inúteis", na expressão de Luis Carlos Robortella e Antônio Galvão Peres[106], sequer se dando conta, com exceção, da catástrofe que se avizinhava e a todos atingia.

Aspecto digno de registro é que, proposital ou não, no enfrentamento da Reforma Trabalhista de 2017, e agora no contexto da crise gerada pela COVID-19, o sindicato foi deixado à margem, como se desprovido de autonomia coletiva, no todo, e de autonomia negocial, no particular.

Ilustra bem tal percepção a precisa e oportuna reflexão de Luís Carlos Robortella[107], acerca do distanciamento do sindicato brasileiro da realidade que o cerca, como também da constatação de Antônio Carlos Aguiar e Otávio Calvet[108] de premente necessidade, em meio ao caos, de uma visão sob a ótica global e concreta do estado de força maior instalada.

Inobstante isso, em meio ao acalorado debate que se instalou na comunidade jurídica decorrente da "legislação de crise", menor parte dos juristas, mas nem por isso irrelevante, teme que se aproveite da oportunidade para se implementar retrocesso social, com incorporação definitiva da flexibilização do período de força maior aos contratos de trabalho.

São os adeptos da "teoria do oportunismo", na medida em que se valeriam os oportunistas do momento de calamidade pública para concretizar redução de direitos que não se alcançaria em termos normais, sem atentar para o que, no seu todo, assegura a Constituição Federal e sem acreditar nos princípios da ***boa-fé, razoabilidade*** e ***transparência***.

Entretanto, o que não se concebe é ignorar o estado de calamidade e legislação correlata, devendo-se acreditar, mais que nunca, nos postulados da Constituição Federal.

Partindo-se dessa premissa, sem amarras, à vontade individual e à vontade coletiva, podem ser postas em prática, enquanto o Judiciário permanece à postos para, cumprindo seu papel, extirpar o que estiver em desacordo com o sistema jurídico.

O certo é que, sem a exata compreensão da gravidade do estado de perigo por que passa a humanidade – e nós também – com o propósito de vencer tempos sombrios, todos os integrantes da comunidade jurídica haverão de atentar para a aplicação da lei dos tempos de força maior, excepcionais, temporárias e próprias do momento excepcional.

Aqui, mais uma vez, socorre-se da maestria de Luís Carlos Robortella e Antônio Peres, quando, amparados na doutrina de Celso Lafer e Miguel Reale, colocam em relevo que "O ato de interpretação deve ocorrer numa estrutura que é sincrônica ou homóloga à do ato normativo; 'entre um e outro não pode haver solução de continuidade;

---

106. *Pandemia e pandemônio jurídico,* cit.https://www.poder360.com.br/opiniao/justica/pandemia-e-pandemonio-juridico-por-amorim-robortella-e-galvao-peres/.

107. *Perspectiva do Direito Coletivo com a Reforma de 2017,* op cit. p.153.

108.

quando este se dá a vida jurídica entra em crise pela verificação da insuficiência dos modelos normativos'"[109].

Na atividade hermenêutica segue-se o alerta de Celso Ribeiro Bastos, para quem "é seguro advertir que uma das missões que o intérprete possui é a de ordenar a pluralidade de elementos interpretativos que existem à sua disposição"[110], sendo que "os princípios constitucionais também ingressam no processo de interpretação"[111], notadamente os princípios da presunção de constitucionalidade das leis e dos atos do Poder Público, da interpretação conforme a Constituição, da unidade da Constituição, da razoabilidade e da proporcionalidade e da efetividade, conforme sistematização de Luís Roberto Barroso[112].

Mais próximo do mundo do trabalho - e suas relações - Ives Gandra Martins da Silva Filho[113], indagado sobre desafios em cenário de COVID-19 e de crise econômica, disse o Ministro que, além de a Justiça do Trabalho continuar funcionando em serviço remoto, outro desafio seria "decidir com rapidez e ponderação as demandas que recebe, percebendo que a fragilização não é apensas dos trabalhadores, mas também dos empregadores, não se podendo desconhecer que a lei deverá ser aplicada levando em conta a força maior advinda da pandemia, com quadro inimaginado pelo legislador"[114].

Acresça-se a tais diretrizes que norteiam, dando precisa direção ao intérprete, o valor ético na busca da verdade, não a que é fixada pela tradição ou decorrente de revelação divina, mas exclusivamente a verdade que se apresenta como fruto do esforço racional do ser humano[115].

Afinal, com o relevo dado por Miguel Reale Junior, "O direito é reflexo da compreensão de vida em um determinado momento histórico-cultural"[116], referindo-se o citado jurista à sua doutrina corporificada no título "*Antijuricidade concreta*", é enfático em ao afirmar que "uma consciência jurídica relativa a cada momento histórico, sendo o direito um instrumento condicionador da realização concreta destes valores"[117].

Como afirmado em considerações supra, o direito não é dádiva, não é neutro, ao revés, é próprio de momento histórico e, por isso, sua aplicação aos fatos da vida, em

109. *Coronavirus e relações de trabalho. Paradigmas de Interpretação em tempos de calamidade pública*, op.cit, p. 7.

110. *Hermenêutica e interpretação constitucional*. São Paulo:Malheiros, 4ª edição. 2014. p.120. "Os instrumentais hermenêuticos de que se fala aqui são aquelas fórmulas compreendidas como os expedientes, procedimentos, recursos de interpretação fornecidos pela teoria do Direito".

111. Idem p.121.

112. *Interpretação e Aplicação da Constituição*. São Paulo:Saraiva.7ª edição, 2ª tiragem, 2010.

113. https://www.conjur.com.br/2020-abr-26/entrevista-ives-gandra-silva-martins-filho-ministro-tst

114. Ives Gandra Martins da Silva Filho. Entrevista. 26.04.2020, Conjur.com.br, *cit.*

115. Cf. Fábio Konder Comparato. *Ética: direito, moral e religião no mundo*. São Paulo: Companhia das Letras. 3ª edição, 2016, p.699.

116. *O escravo como não sujeito no direito brasileiro do Séc. XIX*", Código. Dimensão histórica e desafio contemporâneo. Estudos em Homenagem ao Professor Paolo Grossi. Porto Alegre:Sergio Antonio Fabris Editor. 2013. P. 148.

117. Ibidem, p. 149.

perfeita sintonia na subsunção, condiciona a realização concreta dos valores daquele momento histórico.

Por isso, acompanhando-se o posicionamento lançado em estudo de referência, já mencionado[118], é oportuno reafirmar que "estado de calamidade pública exige interpretação especial do capítulo dos direitos sociais dos trabalhadores", devendo-se "promover cuidadosa articulação com outros princípios e normas constitucionais, principalmente aqueles voltados aos direitos e deveres individuais e coletivos que, como se sabe, são cláusulas pétreas da Constituição (artigo 60, § 4º, IV)".

Se, como visto, o direito é reflexo da compreensão da vida em um determinado momento histórico-cultural e instrumento condicionador da realização concreta de valores, agiu com acerto o Supremo Tribunal Federal (STF) quando, em sessão realizada por videoconferência, concluiu pela constitucionalidade da regra do art. 2º da MP. nº 927[119].

De fato, a dúvida sobre a constitucionalidade da Medida Provisória que, em meio à força maior decretada, prevê possibilidade de acordo individual entre empregado e empregador com a finalidade de resguardar o emprego, foi levada à Corte constitucional por meio de ação direta de inconstitucionalidade (ADIn) nº 6363[120].

Abstraindo-se a incerteza e, por óbvio, a insegurança jurídica gerada pela concessão de liminar pelo Ministro Relator[121], decisão essa integrada por outra em decorrência de embargos de declaração[122], o STF, pela maioria de seus Ministros, não referendou a

118. *Coronavirus e relações de trabalho. Paradigmas de Interpretação em tempos de calamidade pública*, op.cit, p. 4.

119. http://portal.stf.jus.br/noticias/verNoticiaDetalhe.asp?idConteudo=441651&ori=1.

120. http://portal.stf.jus.br/processos/detalhe.asp?incidente=5886604.

121. *Ad referendum* do Tribunal o Ministro Ricardo Lewandowski, em 06.04.2020, deferiu liminar, cuja conclusão foi lançada nos seguintes termos: "(...) Isso posto, com fundamento nas razões acima expendidas, defiro em parte a cautelar, ad referendum do Plenário do Supremo Tribunal Federal, para dar interpretação conforme à Constituição ao § 4º do art. 11 da Medida Provisória 936/2020, de maneira a assentar que "[os] acordos individuais de redução de jornada de trabalho e de salário ou de suspensão temporária de contrato de trabalho [...] deverão ser comunicados pelos empregadores ao respectivo sindicato laboral, no prazo de até dez dias corridos, contado da data de sua celebração", para que este, querendo, deflagre a negociação coletiva, importando sua inércia em anuência com o acordado pelas partes. Disponível em http://portal.stf.jus.br/processos/detalhe.asp?incidente=5886604

122. Embora prestando relevantes esclarecimentos o Ministro Relator, em 13.04.2020, concluiu: "(...) Em conclusão, conheço do recurso, nos termos do art. 1.024, § 2º, do CPC, admitindo a legitimidade do Advogado-Geral da União para opor os embargos declaratórios, porém os rejeito, por entender que não se encontram presentes os vícios apontados, sem prejuízo dos esclarecimentos supra explicitados". A seguir, na sessão plenária de 17.04.2020, o Ministro relatou fundamentou decisão em que mantinha a liminar deferida, nos seguintes termos extraídos da justificativa de voto "... deferia em parte a cautelar "para dar interpretação conforme à Constituição ao § 4º do art. 11 da Medida Provisória 936/2020, de maneira a assentar que '[os] acordos individuais de redução de jornada de trabalho e de salário ou de suspensão temporária de contrato de trabalho [...] deverão ser comunicados pelos empregadores ao respectivo sindicato laboral, no prazo de até dez dias corridos, contado da data de sua celebração', para que este, querendo, deflagre a negociação coletiva. Nesse ínterim, são válidos e legítimos os

medida liminar, afastando, pois, a necessidade de aval dos sindicatos para celebração de acordo entre patrão e empregado[123].

O Supremo Tribunal Federal (STF), mantendo eficácia da referida Medida Provisória, chancelou a possibilidade de redução de salário com proporcional redução de horário ou a suspensão temporária do contrato de trabalho por meio de acordos individuais em decorrência da pandemia pelo novo coronavírus, independentemente da participação do sindicato.

Ao conduzir voto de divergência, acatada por maioria[124], o Ministro Alexandre de Moraes,atento ao momento excepcional, entendeu razoável a previsão de acordo individual, na medida em que garante renda mínima ao trabalhador, preserva o vínculo empregatício até o fim da crise e assegura garantia de emprego por 90 dias a partir do retorno ao trabalho, além deixar claro que "a exigência de atuação do sindicato, abrindo negociação coletiva ou não se manifestando no prazo legal, geraria insegurança jurídica e aumentaria o risco de desemprego".

E mais, acrescentou o Ministro na justificação de voto, "a regra não fere princípios constitucionais, pois não há conflito entre empregados e empregadores, mas uma convergência sobre a necessidade de manutenção da atividade empresarial e do emprego", por isso, considerou que, "diante da excepcionalidade e da limitação temporal, a regra está em consonância com a proteção constitucional à dignidade do trabalhador e à manutenção do emprego"[125].

Daí concluiu a Corte, por maioria, pela conformidade do preceito legal questionado com a Constituição.

Ponderáveis também foram os fundamentos, embora vencidos, sobre a prevalência da supremacia da Constituição, lançados pelo Ministro Relator, quando no plenário da

---

acordos individuais celebrados na forma da MP 936/2020, os quais produzem efeitos imediatos, valendo não só no prazo de 10 dias previsto para a comunicação ao sindicato, como também nos prazos estabelecidos no Título VI da Consolidação das Leis do Trabalho, agora reduzidos pela metade pelo art. 17, III, daquele ato presidencial. Ressalvo, contudo, a possibilidade de adesão, por parte do empregado, à convenção ou acordo coletivo posteriormente firmados, os quais prevalecerão sobre os acordos individuais, naquilo que com eles conflitarem, observando-se o princípio da norma mais favorável. Na inércia do sindicato, subsistirão integralmente os acordos individuais tal como pactuados originalmente pelas partes", o julgamento foi suspenso." http://portal.stf.jus.br/processos/detalhe.asp?incidente=5886604.

123. Da certidão de julgamento consta que " O Tribunal, por maioria, negou referendo à medida cautelar, indeferindo-a, nos termos do voto do Ministro Alexandre de Moraes, Redator para o acórdão, vencidos o Ministro Ricardo Lewandowski (Relator), que deferia em parte a cautelar, e os Ministros Edson Fachin e Rosa Weber, que a deferiam integralmente [...])". http://portal.stf.jus.br/processos/detalhe.asp?incidente=5886604.

124. Conforme divulgado pelo portal de notícias do STF, sob o título: "Julgamento de liminar que determina consulta a sindicato para acordos de redução salarial continua nesta sexta (17)", disponível em http://portal.stf.jus.br/noticias/verNoticiaDetalhe.asp?idConteudo=441544&ori=1.

125. Conferir essas referências no portal STF-Notícias, sob o título: "Julgamento de liminar que determina consulta a sindicato para acordos de redução salarial continua nesta sexta (17)", disponível em http://portal.stf.jus.br/noticias/verNoticiaDetalhe.asp?idConteudo=441544&ori=1.

Corte, reiterando a decisão liminar, não teve dúvida de que, após a comunicação aos sindicatos dos acordos individuais previstos na norma excepcional, as entidades deveriam se manifestar sobre sua validade, valendo o silêncio do sindicato, após o decurso dos prazos legais, como anuência com o acordo[126].

Com essas superficiais considerações, mas necessárias ao enfrentamento do tema proposto – e considerando que não há espaço para aprofundar discussões sobre a constitucionalidade, ou não, da "legislação da crise" -, certo é que a manifestação do STF sobre a questão traz alguma segurança jurídica para implementação das medidas emergenciais editadas até o momento.

Alguma segurança jurídica, por certo, vez que não se pode esquecer, que a manifestação da Corte se deu em juízo acautelatório, somente podendo afirmar sobre estabilidade e segurança jurídica ao final, com julgamento do mérito da questão.

Conclusão

A atuação sindical, no Brasil, é daquelas tormentosas questões que, ainda, entre a tese e a antítese, não logrou, para o bem da sociedade, chegar a uma síntese, ou seja, à tão almejada implantação da liberdade sindical.

Liberdade de organização, liberdade de agir, liberdade para representar, enfim, "liberdade" ampla e irrestrita tal qual recomendado pela Organização Internacional do Trabalho (OIT).

A liberdade, condição necessária para fortalecimento da representação, ao invés de enfraquecer o sindicato como pensam aqueles que defendem o sindicato atrelado à base territorial, com privilégio de representação legal, fortalece o ente associativo, na medida em que com a atuação, os resultados colhidos e a proximidade do representado, tudo leva ao reconhecimento e à contrapartida, ponto tão sensível: o custeio.

Agora, de uma coisa não se tem dúvida: com a liberdade sindical ampla só os verdadeiros sindicatos sobreviverão. A inflação de "sindicato por conveniência" de alguns tende a desaparecer no correr do tempo.

Como se reconhece também que, a despeito das constatações acerca de sindicatos débeis e inoperantes, existem sindicatos representativos. Inclusive, em ambiente de crise, agiram imediatamente em defesa de seus representados.

Se essa fosse a regra – e não a exceção – toda controvérsia acerca da constitucionalidade, ou não, da "legislação de crise" perderia sentido. Ganhava o trabalhador, ganharia a sociedade.

Mas, enquanto isso, por causa de privilégio de representação - e de prováveis consequências - a que se acredita ser fato decisivo para baixa representatividade, reina a insegurança jurídica.

---

126. Conferir essas referências no portal STF-Notícias, sob o título: "Julgamento de liminar que determina consulta a sindicato para acordos de redução salarial continua nesta sexta (17)", disponível em http://portal.stf.jus.br/noticias/verNoticiaDetalhe.asp?idConteudo=441544&ori=1.

Portanto, o estado de emergência de saúde e calamidade pública vivenciado serviu para trazer à toma, à toda evidência, premente necessidade de se implantar a liberdade sindical no nosso sistema. Trata-se de anseio há muito reclamado, mas sem forças e condições, até o momento, de quebrar a resistência de tantos.

Agora, fato é que, em tempos de COVID-19, a falta de atuação sindical foi mais sentida, entretanto, a debilidade vem de há muito.

A atuação do sindicato não depende de previsão expressa em lei para autorizá-lo a agir, ao revés, a função negocial é a razão maior de sua existência.

Por isso, a despeito de a "lei de crise" ter ignorado a vontade coletiva, só por isso, não estava impedido de atuar, como atuaram sindicatos representativos, mesmo antes das medidas editadas.

Aqueles que atuaram, por certo, se voltassem à mesa de negociação, seria apenas para adequar o instrumento normativo firmado emergencialmente aos ditames de Medidas Provisórias editadas posteriormente.

Sem reforma sindical, verdadeiro pressuposto para efetiva reforma trabalhista, deixando-se prevalecer interesses cartorários sobre os interesses coletivos, o circulo vicioso permanece com todo vigor: o sindicato faz de conta que representa, o trabalhador, em regra, o desconhece, e a sociedade, por sua vez, duvida da capacidade negociadora das partes (sindicato fraco x trabalhador hipossuficiente x Estado presente).

Sob essa perspectiva, e considerando um dos princípios elementares do Direito do Trabalho, – condição mais benéfica – a qualquer tempo(antes ou na vigência da "legislação de crise") em que o sindicato negociar melhores condições de trabalho, prevalecem estas e não as pactuadas em contrato individual.

Por fim, não se pode ignorar, como constatado na condução do voto divergente – e tese vencedora - quando do julgamento da ADIn nº 6363, que na hipótese sequer havia verdadeiro conflito de interesses entre empregados e empregadores, mas convergência sobre a necessidade de, por um lado, manter a atividade empresarial, por outro, salvar empregos.

Mesmo assim, não se admite a ausência do sindicato nas negociações. Embora seja possível afirmar sobre uma conflituosidade rarefeita, ainda falta a realização da justiça social.

Isso porque, não há dúvida, o maior empregador no nosso país (a micro, pequena e até a média empresa), sem suporte de caixa, pereceria, assim como os empregos. Mas, a grande empresa, presumindo-se detentora de sólida situação financeira, poderia não ter a mesma necessidade de flexibilizar direitos que aquelas.

E aí, somente o sindicato tem condição de negociar a não flexibilização ou em que medida ela deveria ocorrer, de forma que, utilizando-se dos princípios da transparência, razoabilidade e boa-fé, as condições de trabalho, *in concreto*, seriam equacionadas da melhor forma tanto para o trabalhador quanto para a empresa.

Em ligeiras palavras: urge a reforma sindical, para viabilizar a Convenção nº 87, da OIT. Essa agenda é de extrema urgência e nesse sentido devem ser retomados os esforços que, outrora, não vingaram.

Enfim, fica a inabalável convicção, respaldada nas palavras do Ministro Luiz Fux[127], do Supremo Tribunal Federal, para quem "nesse quadro sem retoques, a tarefa do Judiciário é fazer escolhas trágicas, máxime porque tudo é novo e surpreendente", de forma que os juízes "devem ser responsivos ao provo e mensurar as consequências de suas decisões". E explica o magistrado: "não é hora de apregoarmos a *máxima 'dura lex, sed lex'*; ao revés, obedecer o sábio aforisma de Santo Agostinho: '*necessitas non habet legem*'. Vale dizer: Diante da necessidade, deve cessar a letra fria da lei".

Por tudo, a liberdade! Isso mesmo, aquele enigma a que se referiu Platão:

> Conheço bem o homem, diz Deus,
> Fui eu que o fiz. É um ser curioso,
> Porque nele atua a liberdade, que é o mistério dos mistérios[128].

Salvador/BA, outono de 2020

Bibliografia utilizada e/ou consultada

ALMEIDA, Renato Rua. *As contribuições sindicais e a composição da diretoria versos autonomia. in*: Revista Pós-Graduação em Direito da PUC--SP, n. 1, Direito, São Paulo: Max Limonad.

_____. *Da intervenção administrativa em sindicato. A estrutura da CLT em face das normas internacionais. in*: Revista LTr, n. 38, São Paulo.

AROUCA, José Carlos. *Organização sindical no Brasil: passado-presente-futuro(?)* São Paulo: Ltr. 2013.

BARROSO, Luís Roberto. *Interpretação e aplicação da Constituição,* São Paulo:Saraiva,7ª edição 2ª tiragem, 2010.

BASTOS, Celso Ribeiro Bastos. *Hermenêutica e Interpretação Constitucional.* São Paulo:Malheiros Editores, 4ª edição, 2014.

BORBA, Joselita Nepomuceno. *Efetividade da Tutela Coletiva.* São Paulo:LTr, 2008.

_____. *Legitimidade concorrente na defesa dos direitos e interesses coletivos e difusos: sindicato, associação, Ministério Público, entes não sindicais.* São Paulo:LTr.2013.

BRAMANTE, Ivani Contini. A legitimação para instauração de dissídio coletivo. Jornal do Congresso, São Paulo:LTr, 1993.

CALMON DE PASSOS. *Direito, poder, justiça e processo: julgando os que nos julgam.* Rio de Janeiro:Forense Universitária, 2005.

COMPARATO, Fábio Konder. Ética: direito, moral e religião no mundo. São Paulo: Companhia das Letras. 3ª edição, 2016.

127. *A lição de Santo Agostinho.* Jornal A Folha de São Paulo. Opinião. 10.04.2020. Disponível em:https://www1.folha.uol.com.br/opiniao/2020/04/a-licao-de-santo-agostinho.shtml.

128. Do filósofo Platão. *O Banquete, apud* Fábio Konder Comparato. *Ética*... op.cit. 698-699.

CONTRERAS, Sergio Gamonal. *Derecho colectivo del trabajo.* Santiago: Abeledo Perrot. *2ª edição. 2011.*

CORSI, Cesar Toledo. *Tutela de la libertad sindical.* Santiago: Abeledo Perrot/Thomson Reuters. 2013.

COSMÓPOLIS, Mário Pasco. *A organização sindical do século XXI, in* O Direito do Trabalho e da Seguridade Social nos países Ibero-Americanos e Itália. (Coord: Cassio Mesquita Barros,Domingos Sávio Zainaghi e Yone Frediani), Curitiba: Decisório Trabalhista Editora, 2008.

ETALA, Carlos Alberto. *Derecho colectivo del trabajo. Associaciones sindicales. Convenios colectivos. Conlictos. Conciliación y arbitraje. Huelga.* Bogotá:Astrea Editora. 2017.

FERNANDES, Reinaldo Francisco. *A legitimação para as demandas coletivas no processo do trabalho. A legitimidade sindical privilegiada.* USP:Dissertação de Mestrado. 2010.

FRANCO FILHO, Georgenor de Souza. *Reforma trabalhista: O futuro do trabalho, do Direito do Trabalho e da Justiça do Trabalho. in* Revista da Academia Brasileira de Direito do Trabalho (ABDT). São Paulo:LTr. 2017. nº 22.

FRANCO FILHO, Georgenor de Sousa. MARANHÃO, Ney. COVID-19: *FORÇA MAIOR E FTO DO PRINCIPE.* Disponível site ABDT.

GRAU, Eros Roberto. *Ensaio e discurso sobre a interpretação/aplicação do direito,* São Paulo:Malheiros Editores, 4ª edição, 2006.

MANGHI, Bruno. *Democrazia mínima: regole e costumi del nostro sindacalismo, in* Potere e esponsabilità e Democrazia Minima: contributo allo studio dela democrazia nel sindacato. Roma: Edizioni Lavoro. 1981.

MANNRICH, Nelson. *Sindicato e crise econômica: heróis ou vilões? in* Arion Saião Romita *et al* (coord) Revista Magister de Direito do Trabalho, Magister, nº 41.

_____. *Reforma Trabalhista. Que reforma? in* Reforma Trabalhista. Aspectos relevantes. (Coord.) Antonio Carlo Aguiar, São Paulo: Editora Quartier Latin do Brasil, 2017.

MARANHÃO, Délio. i*n* Délio Maranhão e Luiz Inácio B. Carvalho. Rio de Janeiro:Editora Fundação Getúlio Vargas, 1993. 17ª edição.

MARIANI, L. *Compendio de dirrito sindacale.* 11ª edição. Sedizione Simone, 2003.

MELGAR, Alfredo Montoya. *Derecho del Trabajo.* 19ª edição. Madrid: Tecnos. 1998.

MELHADO, Reginaldo. Os sindicatos e a mundialização do capital: desafios, horizontes e utopias. *in:*Tarcio Vidotti e José Francisco da Motta Peixoto Giordani (coord.). *Direito coletivo do trabalho em uma sociedade pós-industrial.* São Paulo: LTr, 2003

NASCIMENTO, Amauri Mascaro. *Compêndio de direito sindical.* 2. ed. São Paulo: LTr, 2000.

NESTOR de Buen L. *Organización y funcionamento de los sindicatos.* 2ª edição. México: Porrúa.

NUÑEZ, Rorix Javier e URIBE, Iván Jiménez. Prologo. *Guía de Medidas Laborales frente al covid-19 em Iberoamérica.* Bogotá: Tirant Lo Blanch. 2020.

OLIVEIRA, Fernando Alves de. *O sindicalismo brasileiro clama por socorro: um alerta aos sindicalistas e aos contribuintes dos sindicatos.* São Paulo: LTr, 2001.

PEDUZZI, Maria Cristina Irigoyen. *O princípio da dignidade da pessoa humana: na perspectiva do direito como integridade,* São Paulo:LTr. 2009.

REALE Jr., Miguel. *O escravo como não sujeito no direito brasileiro do Séc. XIX",* Código. Dimensão histórica e desafio contemporâneo. Estudos em Homenagem ao Professor Paolo Grossi. Porto Alegre:Sergio Antonio Fabris Editor. 2013.

ROBORTELLA, Luís Carlos. *Perspectivas do Direito Coletivo com a Reforma de 2019. in* Revista da Academia Brasileira de Direito do Trabalho (ABDT). São Paulo:LTr. 2017. nº 22.

ROBORTELLA, Luís Carlos e PERES, Antônio Galvão. *Coronavírus e relações de trabalho. Paradigmas de interpretação em tempos de calamidade pública. in* Comentários a MP 927/2020 e 936/2020. Medidas urgentes visando à estabilidade das relações de trabalho. (coord.) Guilherme Miguel Gantus. eBook. https://www.amazon.com.br/dp/B0877B7TQB/ref=cm_sw_r_wa_apa_i_lD2MEbE6MNWTZ.

_____. *Pandemia e pandemônio jurídico, por Amorim Robortela e Galvão Peres.*

SARLET Ingo Wolfgang. *A eficácia dos direitos fundamentais,* Porto Alegre:Livraria do advogado.2007,8ª edição.

TRINDADE, Washington Luiz da. *Regras de aplicação e de interpretação no Direito do Trabalho*, São Paulo:LTr, 1995.

URIARTE,Oscar Ermida. *Sindicatos em libertad sindical.* Montevideu: Fundación de Cultura Universitária. 5ª edição. 2016.

VIANNA, Segadas. *Direito Coletivo do Trabalho.* São Paulo:LTr.1972.

Espaço de domínio público:

http://portal.stf.jus.br/jurisprudencia/.

http://portal.stf.jus.br/noticias/verNoticiaDetalhe.asp?idConteudo=441651&ori=1.

http://portal.stf.jus.br/processos/detalhe.asp?incidente=5886604.

http://www.tst.jus.br/.

http://www.andt.org.br/f/COVID-19%20-%20FOR%C3%87A%20MAIOR%20E%20FATO%20DO%20PR%C3%8DNCIPE.pdf.

http://www4.planalto.gov.br/legislacao/.

http://www.planalto.gov.br/ccivil_03/_ato2019-2022/2020/Mpv/mpv927.htm.

http://www.planalto.gov.br/ccivil_03/_Ato2019-2022/2020/Mpv/mpv936.htm.

http://www.planalto.gov.br/ccivil_03/_Ato2019-2022/2020/Mpv/mpv945.htmhttp://www6g.senado.leg.br/busca/?q=projeto+de+lei+n.+1066.

https://www.ilo.org/global/standards/introduction-to-international-labour-standards/conventions-and-recommendations/lang--es/index.htm.

https://www.ilo.org/wcmsp5/groups/public/---ed_norm/---normes/documents/publication/wcms_739939.pdf.

https://www.who.int/es/dg/speeches/detail/who-director-general-s-statement-on-ihr-emergency-committee-on-novel-coronavirus-(2019-ncov).

https://www.paho.org/bra/index.php?option=com_content&view=article&id=6100:oms-declara-emergencia-de-saude-publica-de-importancia-internacional-em-relacao-a-novo-coronavirus&Itemid=812.

https://www.noticiasaominuto.com/mundo/1406168/brasil-ira-repatriar-todos-os-seus-cidadaos-que-quiserem-sair-de-wuhan.

https://www.conjur.com.br/2020-abr-26/entrevista-ives-gandra-silva-martins-filho-ministro-tst.

https://www.conjur.com.br/2020-abr-17/negociacoes-coletivas-crise-coronavirus.

https://www.conjur.com.br/2020-abr-08/aguiar-calvet-negociacao-individual-reducao-salario-jornada.

https://www1.folha.uol.com.br/mercado/2020/04/empresas-afirmam-que-sindicatos-cobram-ate-r-500-para-fechar-acordo-trabalhista.shtml.

https://www1.folha.uol.com.br/opiniao/2020/04/a-licao-de-santo-agostinho.shtml.

https://www.folhavitoria.com.br/economia/noticia/04/2020/dignidade-do-trabalhador-esta-atendida-diz-presidente-do-tst.

https://extra.globo.com/noticias/economia/sindicatos-assinam-acordos-emergenciais-para-reducao-de-jornada-de-trabalho-salario-24313339.html.

https://www.poder360.com.br/opiniao/justica/pandemia-e-pandemonio-juridico-por-amorim-robortella-e-galvao-peres/.

https://abrasel.com.br/noticias/noticias/decisoes-abusivas-de-sindicatos-aceleram-demissoes-no-brasil-durante-a-crise-do-coronavirus/.

https://pt.wikipedia.org/wiki/Peste_Negra.

https://brasilescola.uol.com.br/historiag/i-guerra-mundial-gripe-espanhola-inimigos-visiveis-invisiveis.htm.

https://brasilescola.uol.com.br/historiag/i-guerra-mundial-gripe-espanhola-inimigos-visiveis-invisiveis.htm.

3

A LIMITAÇÃO DA ATUAÇÃO SINDICAL EM TEMPOS DE PANDEMIA

Ricardo Pereira de Freitas Guimarães[1]

1. Introdução

Desde fevereiro de 2020 nosso país em companhia de boa parte do mundo atravessa situação inimaginável. Referimo-nos à crise sanitária causada pela presença do violento vírus COVID19, que está a desafiar até mesmo os maiores cientistas do planeta terra que buscam de forma desesperada compreender a atuação de referido vírus que, a princípio, parece se modificar o tempo todo e ataca humanos de diversas formas diferentes, atingindo principalmente a parte respiratória.

O fácil contágio unido ao tempo de sobrevivência do vírus no ar acabou por criar política própria de isolamento social, com o objetivo de evitar o contágio em grande escala de uma só vez, de modo a inviabilizar o atendimento médico por ausência de estrutura e vagas nos hospitais para o atendimento da comunidade em geral.

O delicado quadro social retirou crianças das escolas, esvaziou cultos religiosos, pois fim aos encontros nos bares e restaurantes ao cair da tarde, inviabilizou as atividades físicas a céu aberto nos parques, fechou áreas comuns de lazer em condomínios, tornando raro de vermos pessoas nas ruas, e quando as vemos, notamos o medo do contágio em seus olhos, que muitas vezes representam a única parte descoberta de seu corpo, coberto por luvas, máscaras e todo tipo de proteção.

Esse isolamento social transformou mães em professoras, filhos em verdadeiros companheiros, revelou a importância da família, nos fez parar para sentir saudades, nos deu o sentido da ausência de tocar o familiar e o amigo querido que distante se encontra.

---

1. Advogado. Especialista, mestre e doutor pela PUC-SP. Professor da especialização da PUC-SP (COGEAE). Professor dos programas de mestrado e doutorado da FADISP-SP. Titular da cadeira 81 da Academia Brasileira de Direito do Trabalho.

A dita quarentena, como é conhecido referido isolamento, nos fez e nos faz vivenciar até o momento vários sentimentos não experimentados com essa profundidade, atingindo o homem de forma isolada e a sociedade como um todo, igualando a sociedade independente de raça, credo, poder financeiro e gênero.

Classificada como Pandemia pela OMS, a doença viral que ora se apresentou ao mundo, foi capaz ainda de diminuir a atividade empresarial bem como limitar o desenvolvimento e continuidade do trabalho humano, tornando em certa medida inoperante a constância da relação de trabalho.

Nesse cenário, o brevíssimo texto tem por objeto tentar em poucas linhas externar a importância e/ou limitação da atuação sindical – legítimos e verdadeiros representantes das categorias dos trabalhadores – e seus limites de contribuição ao contexto histórico que vivenciamos.

2. Sindicatos e sua importância

As relações de trabalho calcadas na assimetria entre empregados e empregadores, consubstanciada sobretudo no elemento subordinação, recebeu ao longo do trato histórico construção de representatividade dos trabalhadores pelos seus sindicatos com objetivo único de pela via coletiva levar aos empregadores as angustias dos trabalhadores, necessidades de melhoria nas condições de trabalho, implementação de proteção ao trabalho, evitando assim eventual abuso do empregador com seus subordinados empregados.

Essa construção histórica carregada de evidente simbolismo e de extrema necessidade ao mundo do trabalho sempre foi reconhecida como fundamental para o sadio relacionamento entre empregados e empregadores.

Em termos simples, verifica-se que essa função sindical própria, acabou por revelar e criar a necessidade das negociações coletivas de trabalho, em que empregadores ouvindo reivindicações e necessidades dos trabalhadores passaram a firmar através de documento escrito parâmetros claros de negociações coletivas celebradas, seja pela via de acordos coletivos ou convenções coletivas. As primeiras, relacionam-se ao texto escrito válido entre empresa e sindicado, e já a segunda, celebrada entre uma categoria de empregados (denominada de categoria profissional) e de outro lado dos sindicatos que representam os empregadores (denominada de categoria econômica).

O texto celetista é claro ao reconhecer desde 1967 a atividade sindical e sua representação, através do sistema confederativo, vejamos:

> **"Art. 611 - Convenção Coletiva de Trabalho é o acôrdo de caráter normativo, pelo qual dois ou mais Sindicatos representativos de categorias econômicas e profissionais estipulam condições de trabalho aplicáveis, no âmbito das respectivas representações, às relações individuais de trabalho.**
>
> **§ 1º É facultado aos Sindicatos representativos de categorias profissionais celebrar Acordos Coletivos com uma ou mais emprêsas da correspondente categoria econômica, que estipulem condições de trabalho, aplicáveis no âmbito da emprêsa ou das acordantes respectivas relações de trabalho**

> **§ 2º As Federações e, na falta desta, as Confederações representativas de categorias econômicas ou profissionais poderão celebrar convenções coletivas de trabalho para reger as relações das categorias a elas vinculadas, inorganizadas em Sindicatos, no âmbito de suas representações".**

Esses documentos oriundos de negociações coletivas, em regra, simbolizavam sempre conquistas dos trabalhadores, pois possuem a ideia de melhoria das condições de trabalho. A importância é tão grande que o Professor Arnaldo Süssekind chegou a reconhecer a natureza jurídica desses instrumentos celebrados como de "lei delegadas". Noutras palavras, referidos instrumentos possuem por escopo inviabilizar o retrocesso social, e prevalecem sobre a própria lei, na hipótese de apresentarem melhores condições de trabalho, acima da linha mínima de dignidade do trabalhador, pela singela aplicação do princípio da norma mais favorável que norteia as relações de emprego.

A recente reforma trabalhista (lei 13.467/2017), renovou o propósito e a relevância da atuação sindical no Brasil ao tencionar a validade do negociado sobre o legislado em inúmeras hipóteses, como destaca o artigo 611-A da CLT:

> **"Art. 611-A. A convenção coletiva e o acordo coletivo de trabalho têm prevalência sobre a lei quando, entre outros, dispuserem sobre:**
>
> **I - pacto quanto à jornada de trabalho, observados os limites constitucionais;**
>
> **II - banco de horas anual;**
>
> **III - intervalo intrajornada, respeitado o limite mínimo de trinta minutos para jornadas superiores a seis horas;**
>
> **IV - adesão ao Programa Seguro-Emprego (PSE), de que trata a Lei nº 13.189, de 19 de novembro de 2015**
>
> **V - plano de cargos, salários e funções compatíveis com a condição pessoal do empregado, bem como identificação dos cargos que se enquadram como funções de confiança;**
>
> **VI - regulamento empresarial;**
>
> **VII - representante dos trabalhadores no local de trabalho**
>
> **VIII - teletrabalho, regime de sobreaviso, e trabalho intermitente**
>
> **IX - remuneração por produtividade, incluídas as gorjetas percebidas pelo empregado, e remuneração por desempenho individual;**
>
> **X - modalidade de registro de jornada de trabalho;**
>
> **XI - troca do dia de feriado;**
>
> **XII - enquadramento do grau de insalubridade;**
>
> **XIII - prorrogação de jornada em ambientes insalubres, sem licença prévia das autoridades competentes do Ministério do Trabalho;**
>
> **XIV - prêmios de incentivo em bens ou serviços, eventualmente concedidos em programas de incentivo;**
>
> **XV - participação nos lucros ou resultados da empresa".**

Verifica-se de forma indelével que a reforma trabalhista na seara infraconstitucional veio a fortificar à atuação sindical, reconhecendo mais uma vez sua vital importância na cadeia de relacionamento capital X trabalho.

Observe-se que desde 1988 a Constituição Federal revela em várias passagens a importância da atuação sindical, indicando o sindicato como o ator social responsável e com legitimidade para falar em nome dos trabalhadores nas negociações coletivas de trabalho, vejamos o texto:

> **"Art. 7º São direitos dos trabalhadores urbanos e rurais, além de outros que visem à melhoria de sua condição social:**
>
> **(omissis)**
>
> **XXVI - reconhecimento das convenções e acordos coletivos de trabalho";**

A própria legislação infraconstitucional e o texto constitucional tornam indene de dúvidas – numa interpretação conforme - a carta cedida ao sindicato como legítimo representante da categoria para negociar e firmar os instrumentos coletivos, apresentando ainda – na hipótese da legislação infraconstitucional – todos os trâmites para que se firme o acordo ou a convenção coletiva estampados nos artigos da própria CLT, através de assembleia geral com os prazos e quórum fixados em lei.

É bem verdade que o artigo 611-B da CLT acabou por impor certos limites à atividade sindical, considerando que negociações coletivas não podem atuar em alguns campos que denomina a lei de "objetos ilícitos", visando proteção do direito ao exercício da greve, seguro desemprego, salário família, salário mínimo, licença maternidade e paternidade, normas de saúde e higiene, atividades penosas, perigosas e insalubre, entre outras, o que sinaliza que o conteúdo das bases negociais não possui amplitude absoluta, podendo sofrer restrições de atuação.

Reconhecido de forma objetiva o cenário da atuação sindical, cabe agora avaliarmos as limitações sofridas quanto a esse exercício provenientes das regras temporais governamentais criadas para o enfrentamento da pandemia pelo mundo do trabalho.

3. Medidas legislativas em razão da pandemia

Declarado o estado de calamidade pública pelo Decreto Legislativo nº6 em 20 de março de 2020 e em consequência da emergência de saúde pública oriunda da pululante contaminação da população pelo COVID19, se valendo de sua prerrogativa constitucional, sua Exa., o Presidente da República Federativa do Brasil, adotou por primeiro, como lhe faculta o artigo 62 da Constituição Federal, a Medida Provisória 927 de 22 de março de 2020, que possui como objetivo a preservação do emprego e da renda.

Aqui, de plano, um ponto de importante reflexão, pois já no artigo 1º a MP 927 revela que suas previsões com força de lei, possuem interesse direto na preservação de emprego e da renda, não deixando passar ao largo a intencionalidade do texto, que com esse objetivo deve ser avaliado. De outro giro, a nós parece desnecessário tratar de eventual invalidade formal do ato, pois é fato público e notório que o elemento "emergência" para a adoção de medida provisória está reconhecido factualmente no tecido social, indicando a própria MP se tratar de força maior.

Diz o artigo 2º da Medida Provisória:

> **"Art. 2º Durante o estado de calamidade pública a que se refere o art. 1º, o empregado e o empregador poderão celebrar acordo individual escrito, a fim de garantir a permanência do vínculo empregatício, que terá preponderância sobre os demais instrumentos normativos, legais e negociais, respeitados os limites estabelecidos na Constituição".(grifamos)**

Num primeiro momento, a leitura do texto do artigo 2º da medida Provisória aparenta não afastar eventual atuação sindical nos moldes estampados pelo texto constitucional já aqui destacados, preservando o que chamamos de núcleo duro dos direitos fundamentais no que se refere a representação sindical. Contudo, após indicar algumas alterações que podem ser realizadas pelo empregador a sorrelfa do empregado constantes no artigo 3º, como: antecipação de férias individuais e coletivas, antecipação de feriados, banco de horas, direcionamento do trabalhador para qualificação, alterações do regime presencial para o teletrabalho, já se nota até mesmo uma invasão naquilo que seria ilícito para o próprio sindicato negociar. Referimo-nos ao inciso VI do artigo 3º da Medida Provisória, que permite "a suspensão de exigências administrativas em medicina e segurança do trabalho", temática que o inciso XVII do artigo 611-B trata como ilícito até mesmo para negociação coletiva.

Ao longo do texto da Medida Provisória, observa-se não só a prevalência do acordo individual sobre o acordo coletivo, mas de forma indireta a própria substituição das negociações sedimentadas pela via dos acordos ou convenções coletivas até então entabuladas dentro da representatividade sindical. Noutras palavras, a Medida Provisória substitui acordos e convenções coletivas celebradas por acordos individuais.

Tal fato se observa com clareza no artigo 4º de referida Medida Provisória que assim dispõe ao tratar do teletrabalho:

> **Art. 4º Durante o estado de calamidade pública a que se refere o art. 1º, o empregador poderá, a seu critério, alterar o regime de trabalho presencial para o teletrabalho, o trabalho remoto ou outro tipo de trabalho a distância e determinar o retorno ao regime de trabalho presencial, independentemente da existência de acordos individuais ou coletivos, dispensado o registro prévio da alteração no contrato individual de trabalho.(grifamos)**

Ao tratar das férias coletivas e individuais (artigos 6º a 12º) a Medida Provisória dispensa a notícia ao sindicato das férias coletivas expressamente prevista no artigo 139 da CLT, reduz significativamente a comunicação das férias pelo empregador para 48 horas, permite a negociação de períodos futuros, limita a apenas 5 dias o tempo mínimo de férias (observe-se que o número de férias nessa proporção também é tratado como objeto ilícito de negociação sindical), sem qualquer atuação sindical.

Afasta-se, portanto, a atuação sindical de forma ampla, ao utilizar para cada tema objeto da Medida as seguintes expressões, que destacamos apenas como exemplo entre outras:

> **"Art. 6º Durante o estado de calamidade pública a que se refere o art. 1º, o empregador informará ao empregado sobre a antecipação de suas férias com antecedência de, no mínimo, quarenta e oito horas, por escrito ou por meio eletrônico, com a indicação do período a ser gozado pelo empregado".(grifamos)**
>
> **"Art. 8º Para as férias concedidas durante o estado de calamidade pública a que se refere o art. 1º, o empregador poderá optar por efetuar o pagamento do adicional de um terço de férias após sua concessão, até a data em que é devida a gratificação natalina prevista no art. 1º da Lei nº 4.749, de 12 de agosto de 1965".(grifamos)**
>
> **"Art. 9º O pagamento da remuneração das férias concedidas em razão do estado de calamidade pública a que se refere o art. 1º poderá ser efetuado até o quinto dia útil do mês subsequente ao início do gozo das férias, não aplicável o disposto no art. 145 da Consolidação das Leis do Trabalho, aprovada pelo Decreto-Lei nº 5.452, de 1943".(grifamos)**
>
> **"Art. 13. Durante o estado de calamidade pública, os empregadores poderão antecipar o gozo de feriados não religiosos federais, estaduais, distritais e municipais e deverão notificar, por escrito ou por meio eletrônico, o conjunto de empregados beneficiados com antecedência de, no mínimo, quarenta e oito horas, mediante indicação expressa dos feriados aproveitados". (grifamos)**
>
> **"Art. 14. Durante o estado de calamidade pública a que se refere o art. 1º, ficam autorizadas a interrupção das atividades pelo empregador e a constituição de regime especial de compensação de jornada, por meio de banco de horas, em favor do empregador ou do empregado, estabelecido por meio de acordo coletivo ou individual formal, para a compensação no prazo de até dezoito meses, contado da data de encerramento do estado de calamidade pública".(grifamos)**
>
> **"Art. 26. Durante o de estado de calamidade pública a que se refere o art. 1º, é permitido aos estabelecimentos de saúde, mediante acordo individual escrito, mesmo para as atividades insalubres e para a jornada de doze horas de trabalho por trinta e seis horas de descanso": (grifamos)**

Vê-se que referida Medida Provisória, possivelmente, pela extrema emergência, acabou por deixar diretamente entre empregados e empregadores a solução para as inúmeras situações em que seria importante a atuação sindical, e em outras, nulificando os próprios instrumentos coletivos já existentes, e por último, avançando em certa medida em aspectos denominados como ilícitos para a própria atuação sindical, como tentamos demonstrar.

Dias depois, em 1º de abril de 2020, adota-se outra Medida Provisória, agora a MP 936/2020, com os mesmos pré-requisitos da MP 937/2020, ou seja, calamidade pública e estado de emergência, somando agora a Lei 13.979 de 6 de fevereiro de 2020 que trata da emergência de saúde pública internacional, buscando de igual forma preservar o emprego e a renda.

Referida Medida Provisória é fixada em três pilares no nosso sentir, participação do governo ao criar o Benefício Emergencial de Preservação de Emprego e Renda, a participação dos empregados com eventual redução do tempo de trabalho e de seu salário (com proibição da redução do salário/hora de trabalho), e a participação do empresário na manutenção dos empregos – ainda que com característica indenizatória - pelo período de sacrifício dos empregados em razão da Medida Provisória.

Aqui, digno de nota, ainda com as imperfeições que possam ser apontadas, da tripartição participativa desses atores atingidos pelo regramento temporal imposto.

Saliente-se que o parágrafo 3º do artigo 5º estabelece responsabilidade do empregador pelo pagamento integral de salários caso não informe o Ministério da Economia dos acordos celebrados nos prazos fixados na Medida Provisória. Reserva ainda aos empregados o direito a celebração do acordo independente do tempo de trabalho já prestado, bem como garante o exercício ao recebimento do seguro desemprego independentemente das regras temporais entabuladas.

De igual sorte a Medida Provisória acabou por privilegiar os acordos individuais, ou seja, as negociações individuais em detrimento das negociações coletivas, salvo algumas exceções que serão aqui transcritas. Vejamos os ditames da Medida Provisória que sustentam nossa alegação:

> **"Art. 7º Durante o estado de calamidade pública a que se refere o art. 1º, <u>o empregador poderá acordar</u> a redução proporcional da jornada de trabalho e de salário de seus empregados, por até noventa dias, observados os seguintes requisitos": (grifamos)**
>
> **"Art. 8º Durante o estado de calamidade pública a que se refere o art. 1º, <u>o empregador poderá acordar</u> a suspensão temporária do contrato de trabalho de seus empregados, pelo prazo máximo de sessenta dias, que poderá ser fracionado em até dois períodos de trinta dias".(grifamos)**
>
> **"§ 1º <u>A suspensão temporária do contrato de trabalho será pactuada por acordo individual escrito entre empregador e empregado,</u> que será encaminhado ao empregado com antecedência de, no mínimo, dois dias corridos".(grifamos)**

O parágrafo 5º do artigo 8º procura limitar a suspensão contratual – medida extrema- privilegiando empregadores de menor receita e exigindo o pagamento daqueles empresários que auferiram maior receita que R$ 4.800.000,00 (quatro milhões e oitocentos mil reais) no ano de 2019, de implemento no montante de 30% (trinta por cento) do valor do salário do empregado sob a rubrica de ajuda compensatória mensal, livre de encargos. Vejamos o texto:

> **"§ 5º A empresa que tiver auferido, no ano-calendário de 2019, receita bruta superior a R$ 4.800.000,00 (quatro milhões e oitocentos mil reais), somente poderá suspender o contrato de trabalho de seus empregados mediante o pagamento de ajuda compensatória mensal no valor de trinta por cento do valor do salário do empregado, durante o período da suspensão temporária de trabalho pactuado, observado o disposto no caput e no art. 9º".**

Verifica-se a possibilidade de cumulação do Benefício Emergencial com a ajuda compensatória, aparecendo no texto da Medida Provisória a possibilidade da participação sindical, vejamos:

> **"I - deverá ter o valor definido no acordo individual pactuado ou em negociação coletiva";**

De igual sorte o artigo 11º da Medida Provisória revela a possibilidade de atuação sindical:

> **"Art. 11. As medidas de redução de jornada de trabalho e de salário ou de suspensão temporária de contrato de trabalho de que trata esta Medida Provisória poderão ser celebradas por meio de negociação coletiva, observado o disposto no art. 7º, no art. 8º e no § 1º deste artigo"**

Inclusive quanto aos percentuais:

> **§ 1º A convenção ou o acordo coletivo de trabalho poderão estabelecer percentuais de redução de jornada de trabalho e de salário diversos dos previstos no inciso III do caput do art. 7º.**

Nesse cenário parece evidente quer concordemos ou não, que a atuação sindical foi afastada ou mitigada pelas regras temporais das Medidas Provisórias adotadas, cabendo agora identificar se referida construção é passível de justificativa ou não no cenário jurídico do nosso ordenamento.

Em razão de honestidade intelectual, cabe pontuar que a construção que se faz, tal qual as Medidas Provisórias, são de certo modo emergenciais, ou seja, visam apresentar uma ideia ao mundo jurídico para reflexões, portanto passíveis de encontros e desencontros de pensamento. Registre-se aqui, que tal qual uma obra de arte, visões em sentido diverso ou mesmo oposto ao que aqui se enuncia, são dignas de encômios e respeito, tendo em vista representarem de igual modo um protocolo de intenções de raciocínio.

4. A Constituição Federal e interpretação

Como já destacado alhures não há qualquer dúvida sobre a legitimidade e representatividade sindical fixada no texto constitucional como direito fundamental, inclusive e principalmente quando tratamos de redução salarial.

O texto da Carta Maior é de claridade solar:

> **"Art. 7º São direitos dos trabalhadores urbanos e rurais, além de outros que visem à melhoria de sua condição social:**
>
> **(omissis)**
>
> **VI - irredutibilidade do salário, salvo o disposto em convenção ou acordo coletivo;**
> **(omissis)**

> **XIII - duração do trabalho normal não superior a oito horas diárias e quarenta e quatro semanais, facultada a compensação de horários e a redução da jornada, mediante acordo ou convenção coletiva de trabalho";**
>
> **"Art. 8º É livre a associação profissional ou sindical, observado o seguinte:**
>
> **(omissis)**
>
> **III - ao sindicato cabe a defesa dos direitos e interesses coletivos ou individuais da categoria, inclusive em questões judiciais ou administrativas;**
>
> **(omissis)**
>
> **VI - é obrigatória a participação dos sindicatos nas negociações coletivas de trabalho";**

Nesse aspecto, as questões que se apresentam com teor dialético dizem respeito aos seguintes questionamentos: com o advento das Medidas Provisórias, que mitigam ou afastam claramente a atuação sindical em determinadas hipóteses já aventadas, seria possível a limitação ou não dessa representatividade e legitimidade sindical? Essa representatividade e legitimidade é absoluta?

O Supremo Tribunal Federal na ADIn 6363, em momento cautelar e em decisão de cognição sumária, entendeu que possível seria referido afastamento sindical ou mitigação em algumas oportunidades pela via das Medidas Provisórias, justamente por entender que há um momento de excepcionalidade.

Referidas questões possuem um grau de complexidade elevadíssima, mas cumpre a nós a difícil tarefa de tentar ao menos iniciar um caminho, que pode não ser o melhor, para tentar elucidar as questões.

A nova experiência Constitucional do 2º pós-guerra nos trouxe algumas lições, sobretudo pelo afastamento do direito enquanto sinônimo de texto da lei, atraindo sua interpretação de sentido, ou seja, o sentido do direito, em verdadeira oposição ao legalismo, atraídos pela jurisprudência dos valores, afastando então a simples verificação lógico-formal, inclusive quanto a própria constituição, principalmente na Alemanha.

Tais pensamentos se devem a dinâmica de estudos do professor Gustav Radbruch com seu axiologismo jurídico-cultural, dizendo que o direito deveria se curvar ao justo e não ao que textualmente diz a lei.

Radbruch entendia que a transcendentalidade do direito era encontrada nos valores que verdadeiramente regem a objetividade do nosso pensamento, e nesse cenário, chegava o professor a considerar muitas vezes a lei escrita como um "não direito" nos casos extremos de violações dos valores, sendo tal postura conhecida como "fórmula radbruch" pela história.

Evidente que a principal crítica se deu quanto ao relativismo do pensamento, como o fizeram Nicolai Hartmann e Max Scheler, que discutiam uma análise objetiva dos valores. Essas ideias despertaram nos estudiosos a tentativa de uma nova interpretação do direito.

Nascia então uma crítica ao positivismo normativista de Kelsen, principalmente através do texto encontrado na obra "O conceito de direito" de Hart, que perguntava: o que é o direito?

Dizia Hart que toda expressão linguística possui em seu bojo um núcleo duro de significado e uma zona cinzenta, e que quanto ao núcleo duro, o que chamava de *easy cases,* a solução era fácil, contudo, haveria uma zona cinzenta para os chamados *hard cases,* e ocorrendo essa última hipótese, a analogia com os casos simples ou *easy cases* deveria ser utilizada. Aqui residiria a discricionariedade, tese combatida por Dworkin que defendia a ausência de discricionariedade dos juízes.

Digno de nota relembrar que o positivismo normativista do século XX (diferente do legalista do século XIX) trabalha com uma análise semântico-sintática do direito, reconhecendo o problema dos inúmeros significados.

Contudo, para nós, essa análise não se sustenta mais após a chegada do pensamento pós-positivista, que parte de um novo conceito de norma, que passa a não ser vista mais como simples existência semântica e abstrata, se tornando concreta e produto da própria linguagem, se afastando do texto normativo, portanto, a sentença não é mais um produto simples de subsunção. Nesse aspecto não se fala mais na vontade do legislador (*voluntas legislatoris*) ou da lei (*voluntas legis*), a decisão judicial se afasta do simples silogismo e há evidente diferença entre texto e norma, sendo essa a interpretação do texto.

Essa inclusive a concepção adotada por Friedrich Muller em sua teoria estruturante do direito que chega a dizer como já mencionamos em outra oportunidade "normatividade significa a propriedade dinâmica da ordem jurídica de influenciar a realidade e de ser". Trata referido autor do programa da norma e do âmbito normativo. O primeiro diz respeito a assimilação dos dados linguísticos e o segundo momento trata da intermediação linguístico-jurídica de dados primariamente não linguísticos. Noutras palavras a norma surge apenas em sua completude na solução do caso real ou fictício.

Em síntese, a interpretação jurídica é influenciada de forma direta e impermeável pela historicidade, pois o texto legal altera-se frequentemente em virtude do momento histórico, tanto é verdade que sem qualquer alteração constitucional, observamos em inúmeros países novas interpretações, inclusive constitucionais. Apenas a título exemplificativo, basta observar a completa alteração da significação de igualdade entre raças produzida pela Suprema Corte Norte Americana em seus recentes julgamentos, como nos casos *Plessy vs. Ferguson* em que admitiu o fator de *discrimen* em benefício dos brancos durante o transporte ferroviário (separados, mas iguais) e, posteriormente, no julgamento do caso *Brown vs. Board of Education* alterou para afastar o *discrimen* racial, considerando inconstitucional o então regime *"jim crow"* que atuava na completa discriminação de asiáticos e afro-americanos.

Com todo respeito aos pensamentos divergentes, não há mais espaço para se acreditar na presente quadra histórica, na simplista ideia de que a segurança jurídica está no texto frio da lei e que isso seria capaz de criar coro com a sociedade jurídica. De outro lado e com a mesma importância, não há mais tempo para se preocupar apenas com a distinção classificatória-estrutural entre regras e princípios, que ocupam páginas e páginas de obras, e sim ativar o raciocínio para sua integração com o conceito de norma jurídica. Os princípios jamais aparecerão com a mesma objetividade das regras, simplesmente porque trazem com eles a dimensão de exaustiva fundamentação e vivência prática histórica.

Diz o artigo 5º parágrafo 2º da Constituição Federal:

> **§ 2º Os direitos e garantias expressos nesta Constituição não excluem outros decorrentes do regime e dos princípios por ela adotados, ou dos tratados internacionais em que a República Federativa do Brasil seja parte.** (grifamos)

De outro lado pelo parágrafo 1º do artigo 5º:

> **§ 1º As normas definidoras dos direitos e garantias fundamentais têm aplicação imediata.**

Então não resta dúvida de que a Constituição Federal autoriza a sua aplicação em completa harmonia com princípios e de forma imediata quando trata de direitos e garantias fundamentais.

Claro ainda está que referidas garantias podem ser ponderadas ou sopesadas conjugadas com o princípio da proporcionalidade.

Por outro lado, a tese por nós aqui defendida é reforçada pela própria disposição do artigo 489 do Código de Processo Civil que trata das fundamentações das decisões judiciais que dispõe:

> **"§ 2º No caso de colisão entre normas, o juiz deve justificar o objeto e os critérios gerais da ponderação efetuada, enunciando as razões que autorizam a interferência na norma afastada e as premissas fáticas que fundamentam a conclusão". (grifamos)**

Nesse cenário, a nós parece que está em jogo não apenas a ponderação de garantias fundamentais entre livre iniciativa e a representatividade sindical, e sim, garantias maiores, como à saúde, ao direito de ir e vir, à dignidade da pessoa humana, à construção de uma sociedade livre, justa e solidária, promoção do bem-estar de todos, à defesa da paz, entre outros constantes no texto constitucional.

Some-se ao cenário jurídico a imensa dificuldade em celebrar instrumentos coletivos com a rapidez necessária, seja pela inviabilidade de deslocamento, seja pela falta de ferramentas tecnológicas de grande parte dos cidadãos, seja pela ausência de sindicatos em inúmeras localidades, seja pelas dimensões do nosso amado Brasil.

Apenas para sepultar o tema, dados demonstram que em 2017, ano em que realizamos o maior número de negociações coletivas, chegamos ao número de pouco mais de 40 mil negociações celebradas, sendo que em quase sua totalidade acordos coletivos, ou seja, num cenário de quase 20 milhões de empresas, o número de negociações dá o tom do que seria esperar até que todos chegassem a um denominador comum em suas negociações.

Continuo a afirmar que o ator social constitucionalmente reconhecido para as negociações é o sindicato, mas, na excepcionalidade como a que passamos hoje, acredito que a ponderação deva ser realizada de modo a dar preponderância a outros valores e garantias constitucionais igualmente ou, no caso, de maior importância que a representatividade sindical no momento.

Como diz o autor Yuval Noah Harari em várias passagens e dando inúmeros exemplos em sua obra "Sapiens", não podemos conviver com a criação de categorias imaginadas ou hierarquias imaginadas, pois a experiência social histórica nos mostra o grande equívoco que advém dessa forma de pensamento ao apostar "todas as fichas" numa única forma do pensar.

É como penso.

4

REDUÇÃO SALARIAL EM TEMPOS DE CORONAVÍRUS: ATUAÇÃO SINDICAL COMO MEDIDA DE JUSTIÇA

José Claudio Monteiro de Brito Filho[1]

1. Introdução

A pandemia do COVID-19, mais conhecida como pandemia do coronavírus, não tem produzido, no mundo, somente uma crise sanitária sem precedentes no passado recente. Tem, também, produzido reflexos drásticos na economia mundial.

O Brasil não está imune. Como o isolamento social, até aqui voluntário, salvo algumas medidas de força — parte delas claramente inconstitucionais — de autoridades estaduais e municipais, especialmente em matéria de circulação de pessoas, tem sido a estratégia adotada por grande contingente da população, e por força de diversas restrições à atividade econômica, adotadas também nos planos locais e estaduais, é notório que a economia desacelerou.

E a pandemia, aqui, ainda se encontra em progressão. Em 16 de abril de 2020, conforme dados do Ministério da Saúde (BRASIL: Ministério da Saúde, 2020), o Brasil contava com 30.425 casos da Covid-19, com 1.924 mortes e letalidade de 6,3%, havendo a real expectativa de que a crise sanitária seja de grandes proporções, e que a economia brasileira sofra de forma intensa os impactos daquela.

Por conta desse cenário, e como forma de proteger, ainda que parcialmente, a atividade produtiva e os sujeitos da relação de emprego, o Estado Brasileiro, pelo Poder Executivo e, também, pelo Poder Legislativo, vem produzindo atos normativos e criando políticas públicas.

---

1. Doutor em Direito pela PUC/SP. Vice-coordenador do PPGD e Editor-chefe da Revista Jurídica do CESUPA. Titular da Cadeira nº 26 da ABDT.

Parte desse conjunto de medidas está contida na Medida Provisória nº 936, de 1º de abril de 2020 (MP 936/2020), sobressaindo a possibilidade, em alguns casos, dependendo do valor da contraprestação percebida pelo trabalhador, de haver pactuação por acordo individual para a redução dos salários.

Contra essa possibilidade insurgiu-se, por meio de Ação Direta de Inconstitucionalidade com pedido de Medida Cautelar que tomou o nº 6.363 - Distrito Federal, o Partido Político Rede sustentabilidade.

A ação foi distribuída ao Ministro Ricardo Lewandowski que, no dia 6 de abril de 2020, proferiu decisão acolhendo em parte o pedido de Medida Cautelar para:

> [...]ad referendum do Plenário do Supremo Tribunal Federal, para dar interpretação conforme à Constituição ao § 4º do art. 11 da Medida Provisória 936/2020, de maneira a assentar que "[os] acordos individuais de redução de jornada de trabalho e de salário ou de suspensão temporária de contrato de trabalho [...] deverão ser comunicados pelos empregadores ao respectivo sindicato laboral, no prazo de até dez dias corridos, contado da data de sua celebração", para que este, querendo, deflagre a negociação coletiva, importando sua inércia em anuência com o acordado pelas partes.

Mais à frente, o Relator, decidindo embargos de declaração apresentados pela AGU, decidiu por rejeitá-los, embora, em verdade, tenha elastecido a decisão anterior, dando plena validade aos acordos individuais, salvo quando eventual contratação coletiva fosse mais favorável aos trabalhadores.

A liminar, posteriormente, em 16 de abril de 2020, foi enfrentada pelo Plenário da Corte, tendo o Ministro Relator, em seu voto, sustentado que fosse mantida a liminar por ele inicialmente deferida, sendo a sessão suspensa. Retomado o julgamento em 17 de abril de 2020, decidiu o Tribunal, por maioria (7x3), conduzindo a divergência o Ministro Alexandre de Moraes, por negar a medida cautelar (STF, 2020).

O objetivo deste breve ensaio é analisar a possibilidade de redução de salários pela via individual, prevista na MP 936/2020, e aceita na decisão acima indicada, sob um duplo prisma de justiça. A primeira, centrada em uma análise jurídica, no tocante à sua constitucionalidade; a segunda, no plano filosófico político, verificando se esta é a mais justa forma de distribuir os encargos decorrentes da desaceleração da atividade produtiva em razão da pandemia do COVID-19.

A hipótese de trabalho é a de que as previsões da MP 936/2020 e a decisão do Supremo Tribunal Federal são injustas, tanto sob o prisma da constitucionalidade quanto sob o ângulo da justa distribuição dos encargos.

Metodologicamente, trata-se de uma análise teórico-normativa, que se servirá da Filosofia e do Direito para interpretar o ato normativo e a decisão judicial em discussão. O marco teórico utilizado é a teoria da justiça como equidade, de John Rawls (2008).

O texto, está dividido em quatro itens, sendo o primeiro esta Introdução. No item dois é analisada a constitucionalidade, no plano substantivo, da MP e da decisão judicial e, em seguida, no item três, a justiça na distribuição dos encargos decorrentes desses dois instrumentos. Finalizando, na Conclusão, verificamos se a hipótese de trabalho pode ser confirmada.

É um texto curto, apropriado para uma discussão que apenas inicia, senão no caso concreto, com certeza no indicativo de que, a partir desta crise, vem-se argumentando no sentido da flexibilização de direitos fundamentais, e essa é uma questão que exige reflexões a respeito de até onde é possível desconsiderar o acordo básico da sociedade e, ao mesmo tempo, construir uma sociedade estável e justa.

2. Redução de salários pela via individual: constitucionalidade

Prescreve o artigo 7º, da Constituição da República, no inciso VI, que salários somente podem ser reduzidos mediante contratação coletiva (convenção ou acordo coletivo de trabalho).

Trata-se a disposição de direito fundamental dos trabalhadores e, por isso, sendo considerado direito básico e insuscetível de violação, de contrariedade por norma infraconstitucional.

Para Dworkin (2014), não obstante sua discussão esteja mais centrada nas liberdades[2], os direitos, quando reconhecida a sua condição de básicos, constituem-se em trunfos dos indivíduos contra qualquer ação estatal, quer seja pela via da negação direta de sua satisfação, mas, também, parece-nos, quando o Estado legisla no sentido de negá-los em favor de quem quer que seja. Também lembrando este autor, e para usar expressão consagrada desde o seu primeiro livro, publicado pela primeira vez em 1977 (DWORKIN, 2002), são direitos para serem levados a sério[3].

Só isso, parece-nos, já invalida qualquer disposição contrária a respeito, independentemente de qualquer condicionante ou situação. Ora, as disposições da MP 936/2020 que motivam a presente discussão prescrevem exatamente o contrário, ou seja, a possibilidade de redução de salários pela via individual.

Não é, obviamente, possível, pela clareza da disposição constitucional que veda a conduta, ainda que a motivação seja considerada relevante, no caso a necessidade de disciplinar as relações jurídicas entre trabalhadores e empregadores durante o período da pandemia, e em momento de paralisação, em grande escala, da atividade produtiva.

Notemos, não obstante, que a prescrição constitucional é de todo razoável e compatível com a assimetria que existe, em termos de poder de negociação, entre trabalhadores e empregadores na esfera individual.

---

2. Para o caso brasileiro, que reconhece como fundamentais tantos os direitos de liberdade como os assim denominados Direitos Sociais, é correto entender que os ensinamentos de Dworkin são válidos para todos os direitos, quer de liberdade, quer de igualdade.

3. Interessante que, quando se trata de direitos de liberdade, ou garantias, o não descumprimento é menor, sendo considerado o respeito mais natural. É o caso, por exemplo, da proibição de pena de morte, salvo única hipótese expressamente aceita, que é o de guerra declarada, como se verifica no artigo 5º, XLVII, "a", da CRFB. Os direitos de igualdade, no Brasil, por outro lado, não recebem idêntico tratamento, como é o caso que estamos discutindo.

De fato, o surgimento das primeiras formas de união dos trabalhadores, que evoluiu para a ideia contemporânea de sindicato levou em consideração o reconhecimento dessa assimetria, que pode ser compensada, ao menos em parte, por um ente que, aglutinando a vontade da coletividade, fala por ela.

A voz dos trabalhadores, então, nas negociações, é sempre uma voz coletiva, única forma de impedir que, em uma relação desigual, o poder econômico maior do empregador transforme negociação em pura e simples imposição.

Assim tem sido desde os primórdios do sindicalismo, como se vê, por exemplo, com Thompson (1987), na Inglaterra, que deve ser considerada o berço da união dos trabalhadores em organizações que, depois, findaram por ser denominadas de sindicatos.

Permitir que essa ideia consolidada há muito tempo, e constitucionalizada, no caso brasileiro, seja revertida é aceitar que a relação de emprego não é mais uma relação em que há um sujeito especialmente protegido, o que contraria a própria razão de existir de um conjunto normativo construído a partir dessa ideia.

A respeito dessa questão, e falando do princípio da proteção, Delgado (2019, p. 233) afirma que:

> o Direito do Trabalho estrutura em seu interior [...] uma teia de proteção à parte vulnerável e hipossuficiente na relação empregatícia — o obreiro —, visando ratificar (ou atenuar), no plano jurídico, o desequilíbrio inerente ao plano fático do contrato de trabalho.

E a decisão caminhou em idêntica direção, pois reconheceu a validade da Medida Provisória 936/2020.

Em assim preceituando, a decisão também afrontou a Constituição da República, não obstante as ponderadas razões que a motivaram.

Ressaltamos que nem a hipótese do artigo 617 da CLT poderia ser aventada, pois, o artigo 8º, VI, da Constituição da República, tão claro quanto os anteriormente citados, não abre a possibilidade da negociação direta, ainda que no plano coletivo, o que revela que a disposição do texto consolidado não foi recepcionada pela ordem constitucional instituída em 1988.

É o que temos defendido (BRITO FILHO, 2019), não obstante exista quem defenda em sentido oposto, como De Luca (1991), e existam decisões do Tribunal Superior do Trabalho que reconheçam a constitucionalidade do artigo 617, como no processo TST-RO-8281-17.2010.5.02.0000.

Note-se que não se trata aqui de fazer uma defesa da atuação sindical no Brasil, no plano prático. Temos defendido, desde sempre, que o modelo de sindicalização é ruim e produz sindicatos que não representam os trabalhadores (BRITO FILHO, 1996; 2019). Trata-se, isso sim, de reconhecer que a representação por sindicato é um direito fundamental dos trabalhadores, em se tratando de redução de salários e de jornada, e que isto deve ser respeitado, quer gostemos ou não da forma como se conduzem.

Por fim, ainda no aspecto jurídico, queremos aduzir que é inconstitucional permitir a redução de salários em qualquer hipótese das admitidas no artigo 12, incisos I e II, da Medida Provisória nº 936/2020, pois, o texto constitucional, no artigo 7ºa, VI, não distingue os trabalhadores fixando como fator de discrímen o valor de seus salários.

3. A MP 936 e a distribuição dos encargos na crise da atividade produtiva em razão da pandemia do coronavírus

A MP 936/2020, todavia, não caminhou somente na direção da inconstitucionalidade, não solucionada na decisão na medida cautelar na ADI 6363 – DF, como vimos no item anterior.

Ela, também, distribuiu os encargos mais pesados aos sujeitos mais débeis sob o prisma econômico, pois eles suportarão a perda parcial de seus salários sem uma negociação em condições de equilíbrio, pois, defenda-se ou não a possibilidade de afrontar o artigo 7º, VI, da Constituição da República, em qualquer circunstância, não há como não reconhecer que os trabalhadores são o elo mais frágil, economicamente falando, da relação de emprego.

É certo que há uma crise decorrente da pandemia do COVID-19, com reflexos negativos para a atividade produtiva, sendo ainda certo que esses reflexos atingirão o Estado e toda a sociedade, incluindo os trabalhadores, mas, será justo que, justamente os que têm menos sofram os maiores encargos?

Quando discutimos as teorias da justiça, discutimos a mais justa forma de distribuir os direitos entre os integrantes da sociedade, a partir de dois ideais políticos: a liberdade e a igualdade.

Para os que acreditam que os dois ideais são relevantes e devem ser os direitos deles decorrentes distribuídos a todos, a melhor concepção de justiça é o denominado liberalismo igualitário, inaugurado por John Rawls, em 1971, com livro denominado Uma teoria da justiça (2008), pois reconhece ambos os ideais, prevê sua distribuição a todos, e leva em consideração as particularidades de cada um.

Para Rawls, enquanto os direitos de liberdade devem ser distribuídos de forma igual a todos os integrantes da sociedade, os de igualdade não, pois, como se vão constituir no alicerce necessário a cada um dos indivíduos, de onde partirão para buscar o cumprimento de seus projetos de vida, é preciso que sua concessão leve em consideração os que mais precisarão desses direitos, que são os menos favorecidos.

Isso consta expressamente no segundo princípio de justiça de Rawls, também chamado de princípio da diferença, e que prescreve, na sua formulação original, o seguinte:

> Segundo: as desigualdades sociais e econômicas devem estar dispostas de tal modo que tanto (a) se possa razoavelmente esperar que se estabeleçam em benefício de todos como (b) estejam vinculadas a cargos e posições acessíveis a todos (RAWLS, 2008, p. 75).

Mais adiante, mas, na mesma obra, Rawls (2008, p. 376), apresentando uma formulação mais elaborada e clara do princípio, registra sua opção pela concessão que leve em conta os menos favorecidos.

É que, qualquer concessão de direitos de igualdade que atenda às necessidades básicas dos menos favorecidos certamente contemplará as necessidades básicas dos que têm mais, pois esses últimos já têm uma base, um alicerce mais sólido do que os primeiros.

Os direitos, dessa forma, assim como a distribuição dos encargos entre os indivíduos, levam em consideração as necessidades dos menos favorecidos. Podemos dizer, dessa feita, que os sujeitos protegidos, na teoria de Rawls, em relação aos direitos de igualdade, são os que têm menos.

Por esse prisma, uma norma que distribui aos menos favorecidos os maiores encargos, como é o caso da MP 936/2020, inverte a lógica da distribuição justa dos direitos de igualdade, privilegiando os que estão em melhor situação, só podendo ser considerada injusta.

De certa forma a edição da norma é coerente com a concepção filosófica-política hoje presente no Poder Executivo, ao menos em matéria econômica, que é a concepção libertária.

Essa concepção tem em Nozick (2009) seu grande expoente, e defende que somente a liberdade é suficiente para a construção de uma sociedade justa, assim como que não cabe ao Estado interferir nas relações privadas, salvo para prevenir os ilícitos e garantir os contratos. Nesse sentido, natural prever a possibilidade de redução de salários pela via da contratação individual, não interferindo o Estado na qualidade da "negociação".

Para agravar essa distribuição injusta está o fato de que todos os governos findam por adotar um comportamento utilitarista[4], produzindo normas e políticas que atendam o que consideram sejam as necessidades majoritárias da população. Como a ideia, agora, é a de que a crise sanitária tem precedência, atendendo à necessidade mais básica da população, sendo conveniente o isolamento social, ainda que parcial, os direitos dos trabalhadores que sofrerão os encargos de um ajuste de natureza individual, que são, considerando o universo de cidadãos, uma minoria, não obstante uma minoria significativa, não são considerados prioritários.

Ocorre que o texto constitucional brasileiro não consagra essa forma limitada de distribuição de direitos baseada somente nos direitos de liberdade, nem a desconsideração de um direito fundamental dos trabalhadores, em um confronto real com o direito à saúde, mas, que poderia ser resolvido de outra forma, sem atribuir os maiores encargos aos menos favorecidos. Pelo contrário, reconhece os direitos de igualdade, chamados de direitos sociais, como também fundamentais, e todos os direitos sociais, sem gradação, pelo que a compatibilidade com uma concepção de justiça específica, caso exista, é com o liberalismo igualitário e, para essa corrente, distribuir os encargos mais pesados aos que têm menos é injusto.

Encerrando o item, cabe registrar que, embora não cause surpresa a opção do Poder Executivo, idêntica conclusão não existe em relação ao Poder Judiciário, pois, sendo o Supremo Tribunal Federal o guardião da Constituição da República e dos direitos fun-

4. Para compreender o pensamento utilitarista sugerimos a leitura de Mill (2005) e Kymlicka (2006).

damentais lá previstos, entendemos que a decisão pode ser tida como sendo motivo de perplexidade.

Rejeitar a inconstitucionalidade da MP 936/2020 por argumentos de natureza mais factual que jurídicos, permitindo que os trabalhadores possam ter contra si imposta a redução salarial sem a presença do sindicato que os represente, sabedores que são os que vivem de sua força de trabalho os que menos têm, afigura-nos uma decisão que não adota a melhor ideia de justiça, aqui com significado de justiça distributiva, que é a melhor (mais justa) forma de distribuir direitos entre os integrantes da sociedade, repetindo a ideia expressa ao início do item.

4. Conclusão

Feitas as considerações nos itens acima, já é possível concluirmos.

A MP 936/2020, ao permitir, em alguns casos, a redução dos salários pela via individual, dispensando a necessidade de negociação e contratação coletivas, claramente afrontou o artigo 7º, inciso VI, da Constituição da República.

A decisão do Supremo Tribunal Federal, embora por maioria, caminhou em idêntico sentido, ao negar a medida cautelar pretendida pelo Partido Rede Sustentabilidade na ADI com MC 6363/2020, aceitando que é possível contratar individualmente as reduções. Não corrigiu, dessa feita, a evidente inconstitucionalidade das disposições a respeito contidas na MP 936/2020.

De igual modo, ao distribuir os maiores encargos ao sujeito protegido pelo Direito do Trabalho, e mais fraco do ponto de vista econômico, a MP 936/2020 não atuou levando em conta que uma distribuição de direitos só pode, para buscar a menor desigualdade possível, levar em consideração a proteção prioritária dos menos favorecidos. O STF referendou essa inversão.

A MP 936/2020, dessa feita, em relação às disposições que permitem a redução de salários pela via da contratação individual, contempla uma dupla injustiça, tanto pela sua inconstitucionalidade, como pela distribuição desequilibrada dos encargos aos atores sociais, com prejuízos para os que têm menos. A decisão cautelar na ADI 6.363 - DF, inadvertidamente, tomou igual direção.

Note-se que a injustiça se dá ao arrepio de disposição que prescreve direito fundamental dos trabalhadores, e que deveria ser preservado, o que torna a situação mais grave, principalmente quando se considera que, sendo os trabalhadores os economicamente mais débeis, deveriam ser os últimos a sofrer os efeitos da crise na atividade produtiva, ou os que deveriam sofrer menos, pois tanto o Estado quanto os empregadores têm maiores condições de suportar esse fardo.

Essa medida, a propósito, traz a todos nós a possibilidade de um futuro não desejado, tanto em termos de produção normativa quanto de decisões judiciais, que é a de que, talvez, estejamos a entrar em uma era de enfraquecimento dos direitos fundamentais, desrespeitando o acordo básico que deveria reger nossas vidas em relação ao que temos de mais caro.

Ainda resta a palavra do Parlamento, que ainda não apreciou a MP 936/2020 no momento em que este texto é finalizado: 18 de abril de 2020. Pode ser que o Congresso Nacional ainda corrija essa e outras agressões aos direitos fundamentais, que é o que desejamos, ainda que sem muita esperança.

Referências

BRASIL: Ministério da Saúde. Disponível em: https://portalarquivos.saude.gov.br/images/pdf/2020/April/17/2020-04-16---BE10---Boletim-do-COE-21h.pdf. Acesso em: 17 de abril de 2020.

BRITO FILHO, José Claudio Monteiro de. **A sindicalização no serviço público**. Curitiba; GENESIS, 1996.

BRITO FILHO, José Claudio Monteiro de. **Direito sindical**. 8. ed. São Paulo: LTr, 2019.

DELGADO, Maurício Godinho. **Curso de direito do trabalho**. 18. ed. São Paulo: LTr, 2019.

DE LUCA, Carlos Moreira. **Convenção coletiva do trabalho**: um estudo comparativo: a convenção coletiva do trabalho no Brasil e o contrato coletivo de trabalho na Itália. São Paulo: LTr, 1991.

DWORKIN, Ronald. **Levando os direitos a sério**. Tradução de Nelson Boeira. São Paulo: Martins Fontes, 2002.

DWORKIN, Ronald. **A raposa e o porco-espinho**: justiça e valor. Tradução de Marcelo Brandão Cipolla. São Paulo: Editora WMF Martins fontes, 2014.

KYMLICKA, Will. **Filosofia política contemporânea**: uma introdução. Tradução de Luís Carlos Borges. São Paulo: Martins Fontes, 2006.

MILL, John Stuart. **Utilitarismo**. Tradução de F. J. Azevedo Gonçalves. Lisboa – Portugal: Gradiva, 2005.

NOZICK, Robert. **Anarquia, estado e utopia**. Lisboa – Portugal: Edições 70, 2009.

RAWLS, John. **Uma teoria da justiça**. 3ed. Tradução de Jussara Simões. São Paulo: Martins Fontes, 2008.

STF. ADI com MC nº 6363 – DF. Disponível em http://www.stf.jus.br/portal/peticaoInicial/verPeticaoInicial.asp?base=ADIN&s1=6363&processo=6363. Acesso em: 17 de abril de 2020.

THOMPSON, Edward Palmer. **A formação da classe operária inglesa**. Rio de janeiro: Paz e Terra, v. 3, 1987.

5

PROCEDIMENTO NEGOCIAL COLETIVO EM TEMPOS DE CORONAVÍRUS

Bento Herculano Duarte Neto[1]

"A arte da negociação é talvez o que mais profundamente distingue o homem dos animais, e é esta arte e esta vontade de negociar que fez com que o homem evoluísse, elevando--o acima dos outros animais." (Harry Martinson, Prêmio Nobel de Literatura)

1. Breves considerações introdutórias. O mundo não será mais o mesmo. As MPs e o Direito de Emergência

Ditado popular, a nosso ver, significa sabedoria popular, e um deles diz que é melhor um mau acordo do que uma boa briga. Será? Já opinando, nem sempre, mas quase sempre, o que acaba por não retirar a sabedoria da 'voz do povo'.

As relações de trabalho, sob a modalidade 'emprego', encetam uma inexorável assimetria, com raríssimas exceções, na medida em que o trabalhador resta em posição de inferioridade frente ao tomador de seu serviço, por uma razão muito simples 'a lei de mercado'. Enquanto houver mais gente buscando emprego do que emprego sendo ofertado, a realidade é a que todos conhecemos, não sendo fictícia a posição de superioridade do empregador. Isso sem falar da subordinação determinada expressamente ao abrir da legislação trabalhista.

1. Titular da Cadeira n. 13 da Academia Brasileira de Direito do Trabalho, Professor Titular de Direito do Trabalho da Universidade Federal do Rio Grande do Norte, Desembargador Presidente e Corregedor do Tribunal Regional do Trabalho da 21ª Região, Doutor e Mestre em Direito das Relações Sociais pela Pontifícia Universidade Católica de São Paulo.

Mas tudo isso nós sabemos, e aqui não se trata de voz de lamento, mas de mera reafirmação do óbvio, para que possamos dar uma estrutura lógica ao objeto deste estudo, na verdade uma abordagem superficial inerente a um estado de emergência, que demandou um Direito de emergência. Estamos a escrever durante a pandemia do Coronavírus e da COVID19, a maior crise de nossa geração e de várias gerações que a precedem. Aliás, a crise sanitária e humanitária; econômica, social e de costumes, afeta todas as gerações e todas as pessoas, umas mais e outras menos, alguns povos em maior ou menor intensidade, mas não se nega seu alcance global. Enfim, o mundo não mais é nem será o mesmo.

A enfrentar a pandemia, os governos precisam agir em duas frentes, que são intrinsecamente relacionadas e igualmente importantes, contudo havendo de se ter priorização. A primeira questão é: como se preservar as vidas; a segunda questão é: como preservar a sobrevivência dos sobreviventes. Medidas normativas de emergência naturalmente se impuseram e ainda se impõem notadamente no campo da máxima preservação da renda e do emprego, pois sem uma sanidade financeira as vidas ficam, por igual, ameaçadas. No Brasil não foi diferente.

Nesse contexto, veio a 'Lei do Coronavoucher' e dezenas de Medidas Provisórias, substanciando o chamado 'Direito de Emergência', com centro na área trabalhista, realçando-se a não exclusividade da preocupação normativa. As MPs, por suas vezes, trazem, em seus bojos, algo que é essencial para que saiamos com o mínimo possível de seqüelas dessa terrível crise; a negociação entre empregados e empregadores, ou seja, o diálogo.

Entrementes, esse diálogo pode se dar sob duas modalidades; a individual e a coletiva, esta com a efetiva participação dos entes sindicais, aqui se referindo à interveniência dos sindicatos de trabalhadores. Mas nem sempre as normas de emergência privilegiaram a negociação em ambiente coletivo, o que gerou muita discussão, infelizmente descambando, muitas vezes, para o campo ideológico político, além da provocação do Excelso STF.

Então, as perguntas são (em sequência aleatória): As MPs agiram corretamente ao privilegiar, de certo modo, a negociação individual? Como o instituto da negociação coletiva está posicionado na Constitucional Federal e na ordem infraconstitucional? A Lei n. 13.467/2017 (Reforma Trabalhista) trouxe a prevalência do negociado sobre o legislado, mas há contradição das MPs na medida em que o negociado ali referido é no âmbito coletivo? A situação emergencial justifica edições normativas extravagantes, até com invocação ao denominado 'realismo jurídico'? As MPs favorecem, especificamente, algum dos 'lados' na relação entre capital e trabalho? As MPs são boas e/ou suficientes?

2. A negociação coletiva na Constituição Federal de 1988

Para se tratar da negociação coletiva em tempos de crise e de pandemia, faz-se *mister* que façamos um *tour*, ainda que *express*, sobre o instituto, notadamente no ambiente constitucional, ainda que não descuremos do tratamento dado no ambiente infraconstitucional.

A Carta Magna de 1988 traz referência expressa ao instituto da negociação coletiva laboral em 6 (seis) dispositivos, sendo 4 (quatro) deles no artigo 7º, que trata dos direitos individuais, e 2 (dois) no artigo 8º, que trata dos direitos coletivos do trabalho, assentando a maior parte de seus princípios.

No art. 7º se prevêem, enquanto direitos dos trabalhadores (no caso, dos empregados):

VI - irredutibilidade do salário, salvo o disposto em convenção ou acordo coletivo;

XIII - duração do trabalho normal não superior a oito horas diárias e quarenta e quatro semanais, facultada a compensação de horários e a redução da jornada, mediante acordo ou convenção coletiva de trabalho;

XIV - jornada de seis horas para o trabalho realizado em turnos ininterruptos de revezamento, salvo negociação coletiva;

XXVI - reconhecimento das convenções e acordos coletivos de trabalho.

Já no art. 8º, ao tempo em que o *caput* prevê ser livre a associação profissional ou sindical, seu inc. III diz que "ao sindicato cabe a defesa dos direitos e interesses coletivos ou individuais da categoria, inclusive em questões judiciais ou administrativas" e o inc. VI dispõe, categoricamente, que "é obrigatória a participação dos sindicatos nas negociações coletivas de trabalho". O comando do inc. III remete, inequivocamente, à negociação coletiva.

Portanto, em meio a uma improdutiva celeuma sobre a viabilidade da negociação coletiva em tempos de Coronavírus, não se pode negar que o instituto restou amplamente prestigiado pelo Constituinte de 1988, por múltiplas razões, mas sob uma premissa principal: a negociação direta entre os atores da relação jurídica de trabalho, com a assistência dos sindicatos profissionais, a eliminar, em tese, a assimetria entre o capital e o trabalho, configura um caminho mais saudável para tão relevante aspecto da vida social.

Muito rapidamente comentemos cada um dos dispositivos retro lançados, não sem antes emergir a Teoria de ***Peter Häberle***, que entende a Constituição como um processo público, enquanto consistente em uma lei necessária, mas fragmentada, indeterminada e carecida de interpretação, decorrendo que a 'verdadeira' Constituição será o resultado – temporário e historicamente condicionado – de um processo de interpretação conduzido à luz da publicidade.[2] Nesse contexto, não se pode por igual olvidar o critério hermenêutico sistemático como um dos que melhor se enquadra para se entender a dimensão jurídica dada à negociação coletiva por força constitucional.

O inc. IV, ao prever, inovadoramente, a possibilidade de redução de salários, inclusive na contramão de outros dispositivos constitucionais dirigidos a categorias específicas (servidores, magistrados), fez ver que a negociação coletiva certamente não pode tudo, até porque os direitos trabalhistas são (eram?) protegidos pelo princípio da irrenuncia-

2. Apud Gilmar Ferreira Mendes et al. Curso de Direito Constitucional.2 ed. São Paulo: Saraiva, 2008, p. 07.

bilidade (cogência) (imperatividade). E observe-se que a redução salarial aqui prevista independendo de eventual redução de jornada, desde que respeitada a regra do salário mínimo (princípio da suficiência).

O inc. XIII, ainda que gerando dúvida interpretativa quanto ao acordo, se individual ou coletivo,[3] é expresso na autorização de se ter jornada além das 8 diárias, desde que observada a carga semanal máxima, mediante negociação coletiva. Como é cediço, o dispositivo não trata da questão do banco de horas e do regime de turnos (12x 36, *e.g.*), matéria disciplinada pela legislação infraconstitucional.

O inc. XIV do art. 7º, por sua vez, trouxe uma inovação, ao beneficiar os trabalhadores submetidos a trabalho em turnos, revezando-se entre estes. Quer dizer, é destinatário da vantagem o empregado que trabalha certo tempo no turno matutino ou vespertino e em outra época labora à noite, desde que, no exemplo dado, a troca de turno não ocorra apenas esporadicamente. O empregado, nesse caso, faz jus a uma jornada máxima aquém da 'normal', no caso a 6 horas diárias. Mas o constituinte quis excepcionar tal vantagem - a nosso sentir plenamente justificada, por razões inclusive fisiológicas - contudo condicionando a perda do benefício a uma eventual negociação coletiva. Tal previsão demonstra, com clarividência, o prestígio concedido ao ajuste coletivo no ordenamento jurídico laboral pátrio, já em sede constitucional.

O inc. XXVI do art. 7º, ademais, consagra, genericamente, o reconhecimento das convenções e dos acordos coletivos de trabalho. Interessante que tal direito está contido no art. 7º constitucional, mas poderia estar retratado também nos artigos seguintes, ao se tratar do direito coletivo.

Justamente na esfera das relações coletivas de trabalho, disciplinadas constitucionalmente do art. 8º ao art. 11, dois dispositivos sobressaem-se.

O inc. III do art. 8º, ao dizer que "ao sindicato cabe a defesa dos direitos e interesses coletivos ou individuais da categoria, inclusive em questões judiciais ou administrativas", claramente remete ao campo da negociação coletiva, ecoando firmemente que a discussão de condições de trabalho situa-se como principal tarefa dos entes sindicais. Grife-se, o que pode passar despercebido, que a negociação coletiva consiste em prerrogativa das entidades sindicais e não daquelas 'meramente' profissionais.

Por derradeiro, também se apresenta palmar a conclusão de que, ao estipular, pelo inc. VI do art. 8º, que "é obrigatória a participação dos sindicatos nas negociações coletivas de trabalho", o constituinte reiterou sua preocupação em dar efetividade e prestígio à negociação direta coletiva. Realce-se o entendimento do C. TST, a nosso ver acertado, no sentido de que a obrigatoriedade da participação sindical, e não como mero assistente, mas como representante, diz respeito apenas aos sindicatos profissionais, podendo uma empresa prescindir da presença do ente patronal, quando se visa a acordo coletivo.

3. A jurisprudência pacificou-se no sentido de que o acordo individual é suficiente para se ter jornada além das 8 diárias desde que no limite das 44 semanais.

Enfim, além de ser não ser novidade a negociação coletiva de relações de trabalho, até a Lei n. 13.467/2017 apenas sob a perspectiva da norma mais favorável, o instituto em comento ganhou novo status com o advento da Carta Magna de 1988.

3. A negociação coletiva na legislação infraconstitucional

São diversos os dispositivos legais que prevêem a negociação coletiva em ambiente constitucional, seja na CLT, seja fora dela.

Na CLT, a Seção que trata da jornada de trabalho faz referência expressa à negociação coletiva.

O art. 59 consolidado, com redação dada pela Lei n.13.467/2017 (Lei da Reforma Trabalhista), dispõe que "A duração diária do trabalho poderá ser acrescida de horas extras, em número não excedente de duas, por acordo individual, convenção coletiva ou acordo coletivo de trabalho". O seu § 2º, por sua vez, prescreve que "Poderá ser dispensado o acréscimo de salário se, por força de acordo ou convenção coletiva de trabalho, o excesso de horas em um dia for compensado pela correspondente diminuição em outro dia, de maneira que não exceda, no período máximo de um ano, à soma das jornadas semanais de trabalho previstas, nem seja ultrapassado o limite máximo de dez horas diárias" (Redação pela Medida Provisória nº 2.164-41, de 2001).[4]

Já o art. 59-A, da CLT, diz que, "Em exceção ao disposto no art. 59 desta Consolidação, é facultado às partes, mediante acordo individual escrito, convenção coletiva ou acordo coletivo de trabalho, estabelecer horário de trabalho de doze horas seguidas por trinta e seis horas ininterruptas de descanso, observados ou indenizados os intervalos para repouso e alimentação".

Na legislação não consolidada, traga-se à baila a Lei n. 10.101, de 19 de dezembro de 2000, que regulamentou a participação nos lucros ou resultados, com a conversão da Medida Provisória n. 1.982-77, o art. 2º condicionando o instituto à negociação coletiva, *verbis*:

> "A participação nos lucros ou resultados será objeto de negociação entre a empresa e seus empregados, mediante um dos procedimentos a seguir descritos, escolhidos pelas partes de comum acordo:
>
> I - comissão paritária escolhida pelas partes, integrada, também, por um representante indicado pelo sindicato da respectiva categoria; (Redação dada pela Lei nº 12.832, de 2013)
>
> II - convenção ou acordo coletivo".

4. § 5º O banco de horas de que trata o § 2o deste artigo poderá ser pactuado por acordo individual escrito, desde que a compensação ocorra no período máximo de seis meses. (Incluído pela Lei nº 13.467, de 2017)

Como aqui não há a pretensão de sermos exaustivos, até poderíamos ficar apenas com os exemplos dados, a demonstrar que a legislação infraconstitucional não resta imune à relevância da negociação coletiva. Contudo, conforme é do conhecimento geral, a abrangente reforma feita na legislação trabalhista pátria e, porque não dizer, em nosso sistema de relações de trabalho, veio com o advento da Lei n. 13.467, com vigência a partir de 11 de novembro de 2017. E, particularmente, com o novel art. 611-A da CLT, a ensejar a mudança de paradigma na conformação normativa laboral do Brasil. Em que pesem opiniões divergentes, a nosso sentir o eixo central deixou de ser o legislado para ser o negociado (coletivamente), mormente um plantel expressivo de normas cogentes tenha sido preservado, principalmente por força da Constituição de 88.

Reza o novel art. 611-A a prevalência da convenção coletiva ou do acordo coletivo de trabalho sobre a lei quando, entre outros, dispuserem sobre: I - pactos quanto à jornada de trabalho, observados os limites constitucionais; II - banco de horas anual; III - intervalo intrajornada, respeitado o limite mínimo de trinta minutos para jornadas superiores a seis horas; IV - adesão ao Programa Seguro-Emprego (PSE), de que trata a Lei no 13.189, de 19 de novembro de 2015; V - plano de cargos, salários e funções compatíveis com a condição pessoal do empregado, bem como identificação dos cargos que se enquadram como funções de confiança; VI - regulamento empresarial; VII - representante dos trabalhadores no local de trabalho; VIII - teletrabalho, regime de sobreaviso, e trabalho intermitente; IX - remuneração por produtividade, incluídas as gorjetas percebidas pelo empregado, e remuneração por desempenho individual; X - modalidade de registro de jornada de trabalho; XI - troca do dia de feriado; XII - enquadramento do grau de insalubridade; XIII - prorrogação de jornada em ambientes insalubres, sem licença prévia das autoridades competentes do Ministério do Trabalho; XIV - prêmios de incentivo em bens ou serviços, eventualmente concedidos em programas de incentivo; XV - participação nos lucros ou resultados da empresa.

E, a arrematar, como se não bastasse o art. 611-A e seus incisos, o § 3º do citado artigo prevê que, "No exame de convenção coletiva ou acordo coletivo de trabalho, a Justiça do Trabalho analisará exclusivamente a conformidade dos elementos essenciais do negócio jurídico, respeitado o disposto no art. 104 da Lei no 10.406, de 10 de janeiro de 2002 (Código Civil), e balizará sua atuação pelo princípio da intervenção mínima na autonomia da vontade coletiva".

Passando ao largo da questão da juridicidade e do acerto não só do § 3º como da própria Lei n. 13.467/2017, o *cavalo de pau* dado no Direito do Trabalho pátrio foi centralizado no art. 611-A da CLT e no prestígio sem precedentes, em nossa ordem jurídica, concedida à negociação coletiva laboral.

4. A pandemia da COVID19 e as ações governamentais: perspectiva geral

"E agora, José? A festa acabou, a luz apagou, o povo sumiu, a noite esfriou. E agora, José?"

Esses versos de Carlos Drummond de Andrade poderiam se enquadrar, perfeitamente, no quadro de perplexidade enfrentado pelas pessoas e pelo Estado, ao agravamento do quadro pandêmico. O que fazer? Pergunta comum às empresas, aos trabalhadores e ao Estado. No Brasil, no particular, com um governo federal auto-afirmado liberal na economia, teoricamente não se comportaria intervenções mais bruscas nas relações (econômicas) privadas. Porém, como é notório, algo haveria de ser feito, sob pena de uma catástrofe de dimensões imensuráveis. Os malefícios sociais e econômicos – sem falar nos sanitários – são inevitáveis, mas podem ser abrandados, por pior que seja a situação. Sempre pode ser pior, conforme os fatos atuais têm demonstrado, de local para local.

Por isso, não se trata de se pregar um Estado Social ou de se ter uma visão Keynesiana[5] do papel do Estado, mas a omissão governamental, face ao estado de coisas atual, em tempos de Coronavírus, significaria uma destruição sob as mais diversas perspectivas.

Assim, além dos Decretos Estaduais e Municipais, cuja competência foi ratificada (em decisão provisória) pelo Excelso STF, da *Lei do Coronavoucher*[6] e de outras leis promulgadas pelo Poder Legislativo, o Exmo. Sr. Presidente da República editou, até 15 de abril de 2020, 28 medidas provisórias para enfrentar a pandemia.

Dentre essas medidas provisórias, boa parte se enquadra no âmbito trabalhista, diretamente ou não, centralmente ou não, exclusivamente ou não, preponderantemente ou não, de forma mais eficaz ou não. Podemos destacar 4 delas: as MPs 927, 936, 944 e 946.

A MP n. 944 instituiu o Programa Emergencial de Suporte a Empregos, criando linhas de créditos para pessoas com determinado faturamento em 2019, com o objetivo específico de financiar as folhas de pagamento, em contrapartida fixando garantia de emprego. A MP n. 946, por sua vez, extinguiu o Fundo PIS-Pasep, instituído pela Lei Complementar nº 26/75, transferindo o seu patrimônio para o Fundo de Garantia do Tempo de Serviço.[7]

Entrementes, aprofundaremos a análise apenas das MPs ns. 927 e 936, que trouxeram medidas paliativas, mas também outras de caráter estrutural, com o inequívoco objetivo da manutenção da renda e do emprego. Tais diplomas encerram a questão da negociação coletiva – e não só ela,mas também a individual e outras medidas mesmo unilaterais pelo empregador -, objeto desta pesquisa.

E, antes que enfrentemos o uso e tratamento da negociação direta no âmbito das MPs ns. 927 e 936, há de se fincar o acerto contido em suas edições, por óbvio não

---

5. Keynesianismo consiste no conjunto de teorias e medidas propostas pelo economista John Maynard Keynes (1883-1946), defendendo, dentro dos parâmetros do mercado livre capitalista, a necessidade de se ter uma forte intervenção econômica do Estado com o objetivo principal de garantir o pleno emprego e manter o controle da inflação.
6. Lei n. 13.982, de 2 de abril de 2020, que altera a Lei nº 8.742, de 7 de dezembro de 1993, para dispor sobre parâmetros adicionais de caracterização da situação de vulnerabilidade social para fins de elegibilidade ao benefício de prestação continuada (BPC), e estabelece medidas excepcionais de proteção social a serem adotadas durante o período de enfrentamento da emergência de saúde pública de importância internacional decorrente do coronavírus (Covid-19) responsável pelo surto de 2019, a que se refere a Lei nº 13.979, de 6 de fevereiro de 2020.
7. Há discussão sobre a possibilidade de extinção do PIS/PASEP senão por lei complementar.

sendo elas imunes a críticas e certamente imperfeitas, mas necessárias, a proteger as empresas mas também o trabalho.

Não custa lembrar que o valor social do trabalho, ao lado da livre iniciativa, situa-se no abrir de nossa Carta Magna, em seu art. 1º, inc.IV. E a preservação de tal valor é vetor inexorável do princípio da dignidade da pessoa humana, para alguns o único em posição de supremacia *a priori*.

Nunca é demais trazer o pensamento de ***Ronald Dworkin***, para quem as regras possuem uma dimensão de validade, sendo que os princípios possuem uma dimensão de peso. De tal sorte, o valor social do trabalho, como postulado principiológico que o é, situado em ambiente constitucional, constitui alicerce mais que suficiente para as medidas tomadas em período de emergência. Ademais, a nosso ver a MP n. 927 e, precipuamente, a n. 936, constituiu mapa traçado com o objetivo de preservar o valor social do trabalho e a livre iniciativa. Mas daí vem a questão: a negociação coletiva foi rota encontrada para se atingir o objetivo pretendido (o que estaria em conformidade com a legislação pré-pandemia)?

5. Medida Provisória n. 927. Medidas paliativas

A MP n. 927, de 22 de março de 2020, "Dispõe sobre as medidas trabalhistas para enfrentamento do estado de calamidade pública reconhecido pelo Decreto Legislativo nº 6, de 20 de março de 2020, e da emergência de saúde pública de importância internacional decorrente do coronavírus (covid-19), e dá outras providências".

A Medida Provisória n. 927, conforme já sinalizado, trouxe aquilo que chamamos de medidas paliativas para o enfrentamento da COVID19. Contudo, já o seu art. 2º polemiza, ao dispor que "Durante o estado de calamidade pública a que se refere o art. 1º, o empregado e o empregador poderão celebrar acordo individual escrito, a fim de garantir a permanência do vínculo empregatício, que terá preponderância sobre os demais instrumentos normativos, legais e negociais, respeitados os limites estabelecidos na Constituição".

Ora, a teor do exposto nos capítulos anteriores, com ênfase na valorização da negociação coletiva enquanto mecanismo para corrigir ou, pelo menos, amenizar a assimetria entre empregados e patrões, como se colocar a negociação individual acima da coletiva? E observe-se que a norma é aberta, na medida em que visa "garantir a permanência do vínculo empregatício". E nunca é demais repetir o caput do art. 611-A da CLT, ao prever que "A convenção coletiva e o acordo coletivo de trabalho têm prevalência sobre a lei ...".

Com efeito, não se apresenta outra justificativa para a norma senão o raciocínio de que, para se enfrentar de forma mais eficaz a crise de emprego gerada pela pandemia, medidas mais diretas e rápidas haveriam de ser viabilizadas, pressupondo-se que o ajuste individual funciona melhor, nas circunstâncias, que a negociação coletiva.

Registre-se o escólio doutrinário de **Vólia Bomfim Cassar**, para quem é o caso da aplicação do § 1º do art. 2º da Lei de Introdução às Normas do Direito Brasileiro – LINDB, que preceitua que "A lei posterior revoga a anterior quando expressamente o declare, quando seja com ela incompatível ou quando regule inteiramente a matéria de que tratava a lei anterior". Segundo a citada doutrina, tal "entendimento se coaduna com o princípio da prevalência da saúde pública sobre o interesse individual, prevalência do coletivo sobre o particular, da solidariedade, da preservação e função social da empresa, subprincípio da função social da empresa (art. 170 da CF)".[8]

O art. 3º da MP n. 927, por outro lado, dispõe:

> "Para enfrentamento dos efeitos econômicos decorrentes do estado de calamidade pública e para preservação do emprego e da renda, poderão ser adotadas pelos empregadores, dentre outras, as seguintes medidas:
>
> I - o teletrabalho;
>
> II - a antecipação de férias individuais;
>
> III - a concessão de férias coletivas;
>
> IV - o aproveitamento e a antecipação de feriados;
>
> V - o banco de horas;
>
> VI - a suspensão de exigências administrativas em segurança e saúde no trabalho;
>
> VII - o direcionamento do trabalhador para qualificação; e
>
> VIII - o diferimento do recolhimento do Fundo de Garantia do Tempo de Serviço - FGTS."

Nos artigos seguintes, disciplinando cada um dos incisos, a medida provisória prevê 03 espécies de atuações (soluções): ato unilateral do empregador, ajuste individual e ajuste coletivo.

Quanto ao trabalho não presencial, a MP optou pelo caminho da alteração por ato unilateral do empregador: "o empregador poderá, a seu critério, alterar o regime de trabalho presencial para o teletrabalho, o trabalho remoto ou outro tipo de trabalho a distância e determinar o retorno ao regime de trabalho presencial, independentemente da existência de acordos individuais ou coletivos." Chama à atenção a parte final do dispositivo, quando registra que "independentemente da existência de acordos individuais ou coletivos". Quer dizer, ainda que um eventual acordo coletivo imponha a obrigação de concordância pelo empregado, tal norma (contrato) resta revogada pela MP.

No tocante às férias individuais, a MP permite que o empregador antecipe unilateralmente o usufruto de período ainda que não transcorrido o período aquisitivo. Períodos posteriores também poderão ser antecipados, mas aqui perante chancela do empregado, mais uma vez dispensada a anuência de entidade de representação coletiva. As férias coletivas dependem da vontade exclusiva do empregador.

Os feriados civis, conforme a MP, podem ser antecipados por vontade do empregador, os religiosos, dependendo da concordância individual de cada empregado.

A interessar ao objeto desta pesquisa, temos, por fim, o instituto do banco de horas, que é o único que faz remissão à negociação coletiva.

8. Breves comentários à MP 927/20 e aos impactos do COVID-19 nas relações de emprego (divulgação em ambiente virtual).

Reza o art. 14 da MP n. 927 que, "Durante o estado de calamidade pública a que se refere o art. 1º, ficam autorizadas a interrupção das atividades pelo empregador e a constituição de regime especial de compensação de jornada, por meio de banco de horas, em favor do empregador ou do empregado, estabelecido por meio de acordo coletivo ou individual formal, para a compensação no prazo de até dezoito meses, contado da data de encerramento do estado de calamidade pública".

Veja-se que continuou a se permitir banco de horas por ajuste individual, na esteira da legislação pré-pandemia, reformada pela Lei n. 13.467/2017,[9] mas de se frisar que a MP fez referência expressa ao ajuste coletivo – embora fale em acordo coletivo, logicamente há de se permitir também a convenção coletiva -, até porque, como soa lógico, se há permissão em se negociar na esfera individual há de se validar o pacto coletivo. A diferença reside nos prazos, pois o § 5º do art. 59 da CLT, inserido pela Reforma Trabalhista, permite o banco de horas por acordo individual desde que no âmbito temporal de 06 meses, enquanto o banco de horas firmado por contrato coletivo pode ter duração de até um ano; já a MP n. 927 prevê compensação, não importa sob qual modalidade tenha se feito o ajuste, em até 18 meses após o encerramento da pandemia.

Todavia, o § 2º do art. 14 da MP n. 927 reza que "A compensação do saldo de horas poderá ser determinada pelo empregador independentemente de convenção coletiva ou acordo individual ou coletivo".

Esse parágrafo, sem dúvida, é de duvidosa constitucionalidade, como bem observam **Rodrigo Dias da Fonseca** e **Cleber Martins Sales**, na hipótese de "conflito entre a vontade do empregador e a disposição coletiva, no que pertine à forma como a compensação ocorrerá, ante a valorização dos acordos e convenções coletivas, na Carta Magna (art. 7º, inc. XXVI), elevados que foram a direitos fundamentais dos empregados".[10]

O ponto é: o princípio da norma mais favorável restou superado pelas circunstâncias de enfrentarmos uma pandemia instauradora de uma crise sem precedentes? E há de se diferençar quando a norma coletiva vem posteriormente ao quadro pandêmico, o que dificulta, ainda mais, a aceitação da aplicação literal (integral) do § 2º. Mas enfrentaremos essa questão, de forma detida, nos capítulos à frente.

E se destaque que o Ministro Marco Aurélio Mello, do Excelso Supremo Tribunal Federal, em apreciação de pedidos de liminares formulados em sede de Ações Diretas de Inconstitucionalidade (ADIns ns. 6.342, 6.344,6.346, 6.348, 6.349, 6.352 e 6.354), manteve integralmente a MP n. 927, fundamentando que, em tempos de crise "não se pode presumir ofensa à cidadania, à dignidade humana e ao Estado Democrático de Direito por serem esses meros institutos abstratos". *Data venia*, discordamos em parte da afirmação do Ministro Marco Aurélio Mello, pela sua abrangência, o que será, por igual, aprofundado no capítulo vindouro. Nesse sentido, posteriormente, o Plenário do E. STF decidiu, por maioria, suspender dois artigos da MP n. 927; o 29, rezando que os

9. V. CLT, art. 59, §§ 2º e 5º.

10. Comentários à Medida Provisória n. 927, de 22 de março de 2020 – Análise artigo por artigo (divulgação em ambiente virtual).

casos de contaminação pelo coronavírus (covid-19) não seriam considerados ocupacionais, exceto mediante comprovação do nexo causal, e o 31, que suspendia a atuação dos auditores fiscais do trabalho por 180 dias

6. Medida Provisória n. 936. Redução salarial e suspensão do contrato de trabalho (lay-off). Prescindibilidade da negociação coletiva. Julgamento do pedido de liminar na ADin n. 6.63

A Medida Provisória n. 936, nas palavras e denominação do texto normativo, instituiu "o Programa Emergencial de Manutenção do Emprego e da Renda e dispõe sobre medidas trabalhistas complementares para enfrentamento do estado de calamidade pública reconhecido pelo Decreto Legislativo nº 6, de 20 de março de 2020, e da emergência de saúde pública de importância internacional decorrente do coronavírus (covid-19)".

De plano, registrem-se os 03 objetivos da MP, a teor de seu art. 2º: I - preservar o emprego e a renda; II - garantir a continuidade das atividades laborais e empresariais; e III - reduzir o impacto social decorrente das consequências do estado de calamidade pública e de emergência de saúde pública. A nosso ver, os 3 objetivos assentados no dispositivo coincidem inclusive em conteúdo, não se tratando de mera relação intrínseca.

Já o art. 3º prevê os mecanismos a serem utilizados para se atingir os objetivos traçados no art. 2º: I - o pagamento de Benefício Emergencial de Preservação do Emprego e da Renda; II - a redução proporcional de jornada de trabalho e de salários; e III - a suspensão temporária do contrato de trabalho.

Diversamente da MP n. 927, que apontou expressamente seus destinatários, a MP n. 936 indicou aqueles excluídos: empregados públicos de qualquer órgão da Administração, os empregados das subsidiárias destas e os de organismo internacionais. Ao deixar de fora os empregados das empresas públicas e das sociedades de economia mista, vozes apontam violação ao art. 173, II, da Constituição da República, que as submete ao regime jurídico das empresas privadas.[11] A nossa voz não se inclui dentre as que se assim falam, por verificarmos constitucional o comando normativo. Entendemos, ademais, o que não é pacífico, que os empregados excluídos do capítulo da CLT que trata "Da Duração do Trabalho", ou seja, os externos, de confiança e os teletrabalhadores, mesmo não sujeitos a controle, também podem se beneficiar da MP n. 936. Mas são questões laterais ao presente estudo. Importa-nos, centralmente, abordar o tratamento dado à negociação coletiva no âmbito da MP n. 936. Na verdade, enfocar-se-ão as hipóteses de redução salarial e de jornada, e a de suspensão temporária do contrato de trabalho.

---

11. Art. 173. Ressalvados os casos previstos nesta Constituição, a exploração direta de atividade econômica pelo Estado só será permitida quando necessária aos imperativos da segurança nacional ou a relevante interesse coletivo, conforme definidos em lei. ... II - a sujeição ao regime jurídico próprio das empresas privadas, inclusive quanto aos direitos e obrigações civis, comerciais, trabalhistas e tributários. (Incluído pela Emenda Constitucional nº 19, de 1998).

O BEPER (Benefício Emergencial de Preservação de Emprego e Renda), pago com recursos da União, incidirá nas hipóteses de redução proporcional de jornada de trabalho e de salário; e de suspensão temporária do contrato de trabalho (art. 5º).

Redução proporcional de jornada de trabalho e de salários. No tocante à redução simultânea e simétrica de jornada e de salário, o art. 7º da MP n. 936 prevê que, "Durante o estado de calamidade pública a que se refere o art. 1º, o empregador poderá acordar a redução proporcional da jornada de trabalho e de salário de seus empregados, por até noventa dias observados os seguintes requisitos: I - preservação do valor do salário-hora de trabalho; II - pactuação por acordo individual escrito entre empregador e empregado, que será encaminhado ao empregado com antecedência de, no mínimo, dois dias corridos; e III - redução da jornada de trabalho e de salário, exclusivamente, nos seguintes percentuais: a) vinte e cinco por cento; b) cinquenta por cento; ou c) setenta por cento".

De tal sorte, a assertiva normativa fala "o empregador poderá acertar", em princípio deixando em aberto a modalidade do ajuste, se individual ou coletiva, ou se ambas permitidas, nos parecendo que, nesta hipótese, se pode negociar individualmente, por óbvio poderá fazê-lo com o ente coletivo. Todavia, dois dispositivos à frente espancam qualquer dúvida a respeito do conteúdo da norma.

A um, o art. 11 da MP n. 936 dispõe que "As medidas de redução de jornada de trabalho e de salário ou de suspensão temporária de contrato de trabalho de que trata esta Medida Provisória **poderão** ser celebradas por meio de negociação coletiva, observado o disposto no art. 7º, no art. 8º e no § 1º deste artigo". (grifo nosso)

Em sede de interpretação sistemática da MP, se o art. 7º é lacônico e diz que o empregador "poderá", o art. 11 o complementa, dizendo que a negociação pode ser coletiva. Ora, se só se pudesse negociar coletivamente, o art. 11 haveria de ser "as medidas de redução ... **'deverão'** ser celebradas por meio de negociação coletiva".

A dois, o § 4º do mesmo art. 11 determina que "Os acordos individuais de redução de jornada de trabalho e de salário ou de suspensão temporária do contrato de trabalho, pactuados nos termos desta Medida Provisória, deverão ser comunicados pelos empregadores ao respectivo sindicato laboral, no prazo de até dez dias corridos, contado da data de sua celebração".

Portanto, deixando a discussão sobre o acerto social e a constitucionalidade do texto normativo, não há qualquer dúvida que restou permitido o ajuste individual para a implementação da redução proporcional entre jornada e salário.

Suspensão temporária do contrato de trabalho. No que concerne ao instituto da suspensão do contrato, pouco se difere do abordado quanto à redução de jornada e salário.

O art. 8º da MP n. 936 dispõe que "Durante o estado de calamidade pública a que se refere o art. 1º, o empregador poderá acordar a suspensão temporária do contrato de trabalho de seus empregados, pelo prazo máximo de sessenta dias, que poderá ser fracionado em até dois períodos de trinta dias". Ou seja, invoca-se o art. 11, *caput* e § 4º, que estão inseridos na Seção "Das disposições comuns às medidas do Programa Emergencial de Manutenção do Emprego e da Renda".

Repise-se, pois, que se diz que a negociação **'poderá'** ser coletiva e quando celebrada nos termos do art. 8º demanda comunicação ao ente sindical respectivo. Mas quanto à suspensão há um acréscimo, pois o § 1º do art. 8º é expresso, rezando que "A suspensão temporária do contrato de trabalho será pactuada por acordo individual escrito entre empregador e empregado, que será encaminhado ao empregado com antecedência de, no mínimo, dois dias corridos".

Observe-se que, nesse ponto, apresenta-se uma certa atecnia no texto legal, na medida em que o art. 8º é impositivo, dizendo que a suspensão **'será'** pactuada por acordo individual,mas o *caput* do art. 11 abre, expressa e categoricamente, a janela para a negociação coletiva – e não vemos como poderia ser diferente.

A MP à luz da Constituição da República e da legislação infraconstitucional. Coerência? Plausibilidade? Emergência? Constitucionalidade? São divergentes as opiniões quanto à viabilidade do permissivo do ajuste individual para o implemento da redução de jornada/salário ou da suspensão contratual. O ponto mais relevante na questão nos parece ser o debate concernente à constitucionalidade da norma. Contudo, haveremos de também abordar e opinar sobre a conveniência e a coerência das 'inovações'.

Gustavo Filipe Barbosa Garcia entende que, em matéria de redução salarial, mesmo que acompanhada da redução de jornada de trabalho, a determinação constitucional é expressa, no sentido da irredutibilidade, *salvo* o disposto em convenção ou acordo coletivo (art. 7º, inc. VI, da CR). E diz ele: "a previsão normativa, inserida no sistema constitucional, pode nem sempre satisfazer todas as opiniões, interesses e anseios, pode desagradar alguns, mas deve ser observada, sob pena de se caminhar para a instauração de regime de exceção, rompendo-se com a ordem jurídica constitucional".[12]

E arremata o citado jurista: "A ressalva estabelecida pela Constituição quanto à irredutibilidade de salário, em si, tem evidente natureza normativa de regra jurídica, não podendo ser ampliada ou contornada pelo intérprete por meio de argumentos comoventes ou técnicas que tenham como objetivo alcançar certo resultado pretendido, que se defenda como o mais justo e razoável, mas que é distinto do comando constitucional".[13]

Guilherme Ludwig, por sua vez, em artigo publicado também em ambiente virtual, vai além à abordagem, ao dizer que, "não por outro motivo, as normas anteriores que tratam de ajustes de redução salarial (Lei n. 13.189/2015, arts. 2º, 4º, 5º e 6º) e de suspensão contratual (CLT, art. 476-A, incluído pela MP 2.164-41/2001), posteriores à CF de 1988, resguardaram a necessidade de prévia negociação coletiva que autorize aquelas medidas". **Guilherme Ludwig** colaciona as doutrina de Maurício Godinho Delgado e de Orlando Gomes e Elson Gottschalk, o primeiro delimitando o objetivo da irredutibilidade salarial, os co-autores Gomes e Gottschalk acentuando o vício de consentimento inerente ao trabalhador, sob ameaça de desemprego.

---

12. Redução de salário e respeito à ordem jurídica no Estado Democrático de Direito. Publicado em ambiente virtual.
13. Idem.

Na lição de **Guilherme Ludwig**, não só a permissibilidade de acordo individual afronta o art. 7º, inc. VI, da Constituição, como o art. 12 da MP n. 936 viola o princípio da isonomia (art. 5º, caput), ao tratar especialmente os empregados submetidos a certas condições:

> Art. 12. As medidas de que trata o art. 3º serão implementadas por meio de acordo individual ou de negociação coletiva aos empregados:
> I - com salário igual ou inferior a R$ 3.135,00 (três mil cento e trinta e cinco reais); ou
> II - portadores de diploma de nível superior e que percebam salário mensal igual ou superior a duas vezes o limite máximo dos benefícios do Regime Geral de Previdência Social.

Destaque-se que o parágrafo único do art. 12 determina que "Para os empregados não enquadrados no caput, as medidas previstas no art. 3º somente poderão ser estabelecidas por convenção ou acordo coletivo, ressalvada a redução de jornada de trabalho e de salário de vinte e cinco por cento, prevista na alínea "a" do inciso III do caput do art. 7º, que poderá ser pactuada por acordo individual".

De fato, soa estranho que aqueles que recebem salário menor, no caso até R$ 3.135,00 (três mil, cento e trinta e cinco reais), possam sofrer redução por meio de ajuste individual, enquanto aqueles que ganham acima de tal valor não prescindam de chancela coletiva. Em tese, quanto menor a remuneração, maior será a 'assimetria entre as vontades'. Mas naturalmente o legislador usou de uma linha de raciocínio, talvez o da necessidade de se proteger mais rapidamente aqueles de menor faixa salarial que, infelizmente, são a maioria. Quanto aos chamados hiper suficientes – remunerados além do dobro do teto da previdência e portadores de diploma de nível superior - a negociação individual vem sendo permitida desde a Lei n. 13.467/2017 (Reforma Trabalhista).

A defender a maior agilidade das negociações coletivas, o autor invoca a possibilidade de utilização de meios eletrônicos para atendimento dos requisitos formais previstos no Título VI da CLT, que trata dos acordos e convenções coletivas, assim como propõe a redução pela metade dos prazos ali consignados.

Em sentido contrário, o professor **Renato Rua de Almeida**, também em artigo publicado em ambiente virtual, argumenta que na hipótese da MP n. 936 não se trata de negociação coletiva típica, nela visando-se "à garantia de emprego e renda para os trabalhadores de maneira geral, sobretudo nas pequenas e médias empresas, garantidoras maiores que são do objetivo de pleno emprego, e também a viabilidade da atividade econômica dessas empresas". E argumenta ainda com a prevalência do interesse público e acrescenta que a MP n. 936 garante aos trabalhadores a contrapartida necessária com a vedação da dispensa imotivada durante a vigência desses acordos individuais de trabalho.

Na verdade, como acentua **Vólia Bomfim Cassar**, a irredutibilidade salarial decorre não somente do princípio tutelar do trabalhador, como do *pacta sunt servanda*.[14] As

14. Inc. VI - Irredutibilidade do salário, salvo o disposto em convenção ou acordo coletivo. *In* Comentários à Constituição de 1988 em matéria de direitos trabalhistas. Coord. Luciano Martinez e João de Lima Teixeira Filho. São Paulo: LTr, 2019, p. 108.

exceções estavam previstas no art. 503 da CLT e no art. 2º da Lei n. 4.923/65, anteriores à Constituição, autorizando redução unilateral na hipótese de força maior. Entretanto, como conclui a renomada jurista, tais dispositivos não foram recepcionados pela Carta Magna de 1988, que exige negociação coletiva para a redução salarial que, diga-se de passagem, sequer exige a diminuição correspondente da carga horária, havendo de se observar o princípio da suficiência (salário mínimo).

Destarte, no que se refere ao *pacta sunt servanda*, a repactuação bilateral, em tese não importando a modalidade, se individual ou coletiva, elimina o entrave da suposta violação à autonomia da vontade. O cerne da discussão, diga-se sem arrodeios, está realmente na questão constitucional, por sua vez motivada em atenuar a indiscutível assimetria entre trabalhadores e empregadores.

Em nosso sentir, comungando com o pensamento de **Vólia Bomfim Cassar**,[15] a redução de salários e a suspensão temporária dos contratos ofereceu, como contrapartida, a garantia de empregos, com isso possuindo "finalidade pública, coletiva e social". Ainda que, no caso do *lay-off*, suspendam-se os pactos, o empregado recebe um benefício emergencial que, mesmo não tendo natureza salarial e implicando, muitas vezes, em perda de renda, não deixa de representar um socorro financeiro e, o que nos importa, a retomada de seu contrato ao final da pandemia, pois a MP, em seu art. 10, fala expressamente em garantia provisória de emprego.[16]

Mas qual o porquê de se permitir, no particular, a redução de jornadas e salários por avenças individuais? Qual o fundamento de licitude (constitucionalidade) da pre-

---

15. Comentários à Medida Provisória 936. Artigo publicado em ambiente virtual.

16. Art. 10. Fica reconhecida a garantia provisória no emprego ao empregado que receber o Benefício Emergencial de Preservação do Emprego e da Renda, de que trata o art. 5º, em decorrência da redução da jornada de trabalho e de salário ou da suspensão temporária do contrato de trabalho de que trata esta Medida Provisória, nos seguintes termos:

    I - durante o período acordado de redução da jornada de trabalho e de salário ou de suspensão temporária do contrato de trabalho; e

    II - após o restabelecimento da jornada de trabalho e de salário ou do encerramento da suspensão temporária do contrato de trabalho, por período equivalente ao acordado para a redução ou a suspensão.

    § 1º A dispensa sem justa causa que ocorrer durante o período de garantia provisória no emprego previsto no caput sujeitará o empregador ao pagamento, além das parcelas rescisórias previstas na legislação em vigor, de indenização no valor de:

    I - cinquenta por cento do salário a que o empregado teria direito no período de garantia provisória no emprego, na hipótese de redução de jornada de trabalho e de salário igual ou superior a vinte e cinco por cento e inferior a cinquenta por cento;

    II - setenta e cinco por cento do salário a que o empregado teria direito no período de garantia provisória no emprego, na hipótese de redução de jornada de trabalho e de salário igual ou superior a cinquenta por cento e inferior a setenta por cento; ou

    III - cem por cento do salário a que o empregado teria direito no período de garantia provisória no emprego, nas hipóteses de redução de jornada de trabalho e de salário em percentual superior a setenta por cento ou de suspensão temporária do contrato de trabalho.

    § 2º O disposto neste artigo não se aplica às hipóteses de dispensa a pedido ou por justa causa do empregado.

visão contida na MP n. 936? A resposta, a nosso sentir, implica em uma discussão mais profunda e travada no âmbito justamente da Constituição de 1988.

Como bem acentua ainda **Vólia Bomfim Cassar**, cabe ao Estado garantir o pleno emprego (art. 170, VIII), manter a estabilidade da economia (art. 170, caput), permitir o exercício da função social da empresa (art. 170, III), proteger os valores sociais do trabalho e da livre iniciativa (art. 1º, IV), além de garantir uma sociedade solidária e justa, com desenvolvimento social, promovendo o bem de todos (art. 3º).[17]

Tais princípios, no momento em que vivemos de gravíssima crise sanitária, econômica e social, colidem com a regra constitucional da irredutibilidade salarial, exceto mediante negociação coletiva. Explique-se.

Não haveremos de concordar com argumentos a nosso ver desconectados com a realidade, tipo o de que, sendo muitos os sindicatos de trabalhadores, a empresa teria dificuldade de negociar com milhares de entidades sindicais. Ora, não há tal exigência na lei, pois o acordo coletivo implica na negociação apenas com o sindicato obreiro equivalente à atividade econômica e, eventualmente, com aqueles representativos das chamadas categorias diferenciadas. Portanto, com a devida vênia, esse argumento, lançado inclusive por ocasião do julgamento da ADin n. 6.363 (na apreciação pelo Plenário de liminar concedida pelo Relator), incorre em claro equívoco. Também não podemos concordar com o argumento (igualmente usado no citado julgamento), ainda que o fato seja verdadeiro, que os sindicatos trabalhistas pátrios muitas vezes têm atuação falha. *Concessa venia*, enveredar por tal raciocínio significa retirar, por completo, a legitimidade (não só política) de nossas organizações sindicais.

O fato concreto é que a exigência de mero ajuste individual para a redução salarial e para o *lay-off*, sob nossa ótica, vai ao encontro de uma maior agilidade, por sua vez coerente com o sentido da MP. Relembrem-se os seus objetivos, fincados no art. 2º: I - preservar o emprego e a renda; II - garantir a continuidade das atividades laborais e empresariais; e III - reduzir o impacto social decorrente das consequências do estado de calamidade pública e de emergência de saúde pública.

De tal sorte, e não vislumbramos outra escapatória, estamos a nos defrontar com a hipótese de conflito de normas, ultimando, para solucionar o imbróglio, a técnica da ponderação (sopesamento) (balanceamento), bem delineada por **Robert Alexy**.[18][19]

Considerando que a norma contida no inc. VI do art. 7º tem natureza de princípio e não de regra, caminhamos com a doutrina de **Daniel Sarmento**, no sentido de que "Na ponderação, a restrição imposta a cada interesse em jogo, num caso de conflito entre princípios constitucionais, só se justificará na medida em que: (a) mostrar-se apta a

17. Idem.

18. Teoria dos direitos fundamentais ... .

19. Criador da Teoria dos Princípios, esta podendo se definir, de forma superficial, como método de solução de casos jurídicos complexos, adotado inicialmente pelo tribunal constitucional alemão, mas que se difundiu rapidamente, considerado de enorme atualidade. Paulo Bonavides, analisando a teoria de Alexy, observa coincidência com a Teoria dos Valores.

garantir a sobrevivência do interesse contraposto; (b) não houver solução menos gravosa, e (c) o benefício logrado com a restrição a um interesse compensar o grau de sacrifício imposto ao interesse antagônico."[20]

Logo, pela urgência de se combater os efeitos do COVID19 na empregabilidade, com dados pré-pandemia já alarmantes, com cerca de 12,5 milhões de desempregados no Brasil, afora o contingente fenomenal de ocupados informalmente, e considerando-se o texto normativo como um todo, concluímos pela viabilidade constitucional da permissão de negociação individual para a redução de salários. Problemas outros eventualmente surgirão como a possibilidade de uma empresa ou categoria (econômica), uma vez já firmados diversos acordos individuais, subscreverem pactos coletivos, o que será tratado no tópico a seguir.

Julgamento do pedido de liminar na Ação Direta de Inconstitucionalidade n. 6.363/2020. Decisão do Relator. Cassação pelo Plenário. Fundamentos de constitucionalidade admitidos. A encerrar a abordagem quanto à constitucionalidade da MP n. 936, no tocante ao ajuste individual para a redução de salários, não se pode deixar de abordar a discussão travada no âmbito da Ação Direta de Inconstitucionalidade ingressada pelo partido político Rede Sustentabilidade perante o Supremo Tribunal Federal, alegando violação aos arts. 7º, VI, XIII e XXVI, e 8º, III e VI, da Constituição.[21]

Com efeito, o ministro Ricardo Lewandowski, Relator do processo, deferiu em parte a medida cautelar requerida, para estabelecer, em decisão conforme a Carta Magna, que os acordos individuais de redução de jornada de trabalho e de salário ou de suspensão temporária de contrato de trabalho previstos na Medida Provisória n. 936/2020 somente seriam considerados válidos se os sindicatos de trabalhadores fossem notificados em até 10 dias corridos, nos termos da própria MP (11, § 4º), cabendo aos entes sindicais se manifestarem sobre a validade do ajuste e, eventualmente, deflagrando a negociação coletiva respectiva. Conforme a decisão, a não manifestação do sindicato, na forma e nos prazos estabelecidos na legislação trabalhista, representando anuência com o acordo individual.

---

20. **A ponderação de interesses na Constituição Federal**. 1. ed. Rio de Janeiro: Lumen Juris, 2000, p. 96.

21. **Art. 7º São direitos dos trabalhadores urbanos e rurais, além de outros que visem à melhoria de sua condição social: ... VI - irredutibilidade do salário, salvo o disposto em convenção ou acordo coletivo ... XIII - duração do trabalho normal não superior a oito horas diárias e quarenta e quatro semanais, facultada a compensação de horários e a redução da jornada, mediante acordo ou convenção coletiva de trabalho ... XXVI - reconhecimento das convenções e acordos coletivos de trabalho.**

    Art. 8º É livre a associação profissional ou sindical, observado o seguinte: I - a lei não poderá exigir autorização do Estado para a fundação de sindicato, ressalvado o registro no órgão competente, vedadas ao Poder Público a interferência e a intervenção na organização sindical; III - ao sindicato cabe a defesa dos direitos e interesses coletivos ou individuais da categoria, inclusive em questões judiciais ou administrativas ... VI - é obrigatória a participação dos sindicatos nas negociações coletivas de trabalho.

Eis o art. 11, § 4º, da MP n. 936: Os acordos individuais de redução de jornada de trabalho e de salário ou de suspensão temporária do contrato de trabalho, pactuados nos termos desta Medida Provisória, deverão ser comunicados pelos empregadores ao respectivo sindicato laboral, no prazo de até dez dias corridos, contado da data de sua celebração.

Como restou notório, a decisão - provisória - do ministro Ricardo Lewandowski alcançou grande repercussão na mídia, com severos ataques, sob a acusação de possivelmente gerar insegurança jurídica e desemprego, desfavorecendo as empresas e mesmo os trabalhadores.

A decisão atacada fundou-se no argumento de que a celebração de acordos individuais com a finalidade apontada, sem a participação das entidades sindicais, 'pareceu' (por se tratar de decisão cautelar) afrontar direitos e garantias individuais dos trabalhadores que são cláusulas pétreas da Constituição Federal. O Relator destacou que o constituinte originário estabeleceu o princípio da irredutibilidade salarial em razão de seu caráter alimentar, autorizando sua flexibilização unicamente mediante negociação coletiva. Segundo o ministro Ricardo Lewandowski, a assimetria do poder de barganha que caracteriza as negociações entre empregador e empregado permite antever que disposições legais ou contratuais que venham a reduzir o equilíbrio entre as partes da relação de trabalho "certamente, resultarão em ofensa ao princípio da dignidade da pessoa e ao postulado da valorização do trabalho humano" (artigos 1º, incisos III e IV, e 170, caput, da Constituição). Ressaltou ainda que, diante das graves proporções assumidas pela pandemia da Covid-19, necessário agir-se com cautela, visando resguardar os direitos dos trabalhadores e, ao mesmo tempo, evitar retrocessos.

Posteriormente, em sede de embargos de declaração interpostos pela Advocacia Geral da União, o eminente ministro, rejeitando os embargos, esclareceu que os acordos individuais já celebrados entre empregadores e empregados continuavam válidos, podendo o sindicato vir a modificar ou, ainda, invalidar a tratativa individual posteriormente à sua notificação. Enfatizou-se a necessidade do máximo aproveitamento dos atos normativos, no caso a medida provisória vergastada.

Ocorre que o Plenário do E. STF não referendou a medida cautelar deferida pelo ministro Ricardo Lewandowski, prevalecendo a divergência aberta pelo ministro Alexandre de Moraes, no sentido de que, em razão do momento excepcional, a previsão de acordo individual é razoável, pois garante uma renda mínima ao trabalhador e preserva o vínculo de emprego ao fim da crise. Segundo argumentou o citado ministro, a exigência de atuação do sindicato, abrindo negociação coletiva ou não se manifestando no prazo legal, geraria insegurança jurídica e aumentaria o risco de desemprego. Ainda conforme o entendimento esposado pelo ministro Alexandre de Moraes, a regra não fere princípios constitucionais, pois não há conflito entre empregados e empregadores, mas uma convergência sobre a necessidade de manutenção da atividade empresarial e do emprego; diante da excepcionalidade e da limitação temporal, a regra está em consonância com a proteção constitucional à dignidade do trabalho e à manutenção do emprego. O ministro Alexandre de Moraes, por derradeiro, destacou a proteção ao trabalhador que firmar o acordo individual, pois além da garantia do retorno ao salário normal após 90 dias, gozará de estabilidade por mais 90 dias.

Os ministros Rosa Weber e Edson Fachin restaram vencidos, pois concediam a liminar em maior extensão que o Relator, acompanhando o voto divergente do ministro Alexandre de Moraes posicionaram-se os ministros Dias Toffoli, Luiz Fux, Marco Aurélio Mello, Gilmar Mendes, Carmén Lúcia e Luis Roberto Barroso.

O interessante é que o autor da ação, no caso o Partido Rede Sustentabilidade, mesmo com o deferimento parcial da liminar, na sessão de julgamento pelo Plenário se disse de acordo com a extensão dada pelo Relator e, por outro lado, a Advocacia Geral da União afirmou conformar-se com a decisão prolatada. O ataque à liminar veio apenas por parte dos *amici curiae* habilitados, seja em favor da impugnação pedindo o deferimento total da medida cautelar intentada, seja com o pedido de cassação da liminar, o que acabou sendo a tese vencedora.

Em um debate bastante rico, o Relator sustentou que, principalmente em situação excepcional como a que se vive, não há de se permitir a aplicação normativa acrítica em relação à Constituição. Uma coisa que chama a atenção é que, tanto a petição inicial do autor como a manifestação da AGU invocam como fundamentos o postulado do valor social do trabalho, contudo com percepções antagônicas.

Destarte, prevaleceu a idéia de que a MP, ainda que, a nosso ver em confronto com a literalidade do inc. VI do art. 7º da Constituição, em uma melhor hermenêutica constitucional coaduna-se com o texto constitucional. Chamou a nossa atenção o argumento do ministro Luiz Fux, invocando o 'realismo jurídico' da Escola de Massachusetts , teoria criada por Oliver Wendell Holmes Jr., polêmico ex-integrante da Suprema Corte Norte-Americana.[22]Tal teoria embasa-se no pragmatismo e no ceticismo, tendo sido esse, sob nossa percepção, o caminho escolhido pelo Plenário do E. STF, por voto de maioria.

Ora, se ao empregador abre-se a porta da despedida imotivada, qual o porquê de não se permitir a redução de direitos, com o 'paliativo' de, ao menos, manter-se o vínculo empregatício?

Não se pode desprezar que, não somente o inc. VI do art. 7º sinaliza, em tese, violação constitucional, como os demais dispositivos invocados na petição inicial da ADIn n. 6.363 colocam em xeque o texto normativo infraconstitucional. A prerrogativa dada aos sindicatos de defender os interesses da categoria (8º, III), por exemplo, e em princípio, também socorre a impugnação efetuada.

Todavia, ao final e ao cabo prevaleceu mais do que a tese, diríamos que a convicção de que o texto da MP n. 936 não colide com qualquer dispositivo constitucional, em um contexto sistêmico e de ponderação de bens, na medida em que se busca, em tempos de coronavírus, acima de tudo a manutenção dos postos de trabalho e a minimização

22. Segundo o professor Arnaldo Sampaio de Moraes Godoy, Oliver Holmes foi, indiscutivelmente, "o maior nome do pensamento jurídico norte-americano, ao qual imprimiu percepções e soluções práticas e pragmáticas, distanciando-se de problemas conceituais e metafísicos que marcavam (e marcam) o pensamento jurídico europeu" (O realismo jurídico em Oliver Wendell Holmes Jr., *in* Revista de Informação Legislativa).

dos danos por ele causados. Rogamos, contudo, que prevaleça também o pensamento de que as circunstâncias de fato atuais justificam a hermenêutica fixada pelo STF, não se estabelecendo a compreensão de que a negociação coletiva não mais é o melhor caminho para se atenuar a insofismável assimetria de forças entre empregados e empregadores, em geral quase a tornar fictícia a ideia de uma ampla e autêntica manifestação de vontades numa perspectiva de bilateralidade.

7. Conclusões

i. Estamos a viver um momento emergencial, requerendo a adoção de medidas urgentes e emergenciais, inclusive no campo normativo estatal;

ii. A Assembleia Constituinte de 1988 consagrou uma maior relevância ao instituto da negociação coletiva, inclusive permitindo a redução de salários, sem condicioná-la à redução de jornada. Tal assertiva pode ser depreendida de outros dispositivos constitucionais, como o que fala em turnos de revezamento;

iii. A legislação infraconstitucional também aponta no sentido da valorização da negociação coletiva;

iv. A MP n. 927 trouxe, em seu bojo, medidas paliativas contra os efeitos trabalhistas da COVID19, autorizando a flexibilização de alguns direitos trabalhistas, a partir de ato unilateral do empregador. Em segundo plano, condicionou a apontada flexibilização (diminuição) de direitos à negociação individual entre patrões e trabalhadores;

v. A MP n. 936 atacou de forma estrutural as consequências nocivas da pandemia, buscando abrandar os impactos sociais dela, centrando esforços na manutenção de emprego e renda, preservando-se as relações contratuais. Foram previstas as hipóteses de redução de salário e de jornada, e de suspensão temporária dos contratos, com a manutenção de contratos e o oferecimento de garantia de emprego;

vi. Na contramão do prestígio concedido à negociação coletiva por força da Constituição de 1988, e também em paradoxo com a Lei n. 13.467/2017, que realizou uma ampla reforma trabalhista no Brasil justamente a partir do novel art. 611-A da CLT, que valorizou os acordos e as convenções coletivas, a MP n. 936 deixou ao alvitre do ajuste individual as hipóteses de redução salarial e de suspensão do contrato. A MP faz previsão de comunicação posterior aos sindicatos, porém sem explicitar as conseqüências jurídicas de tal comunicação;

vii. A MP n. 936 foi impugnada parcialmente perante o STF, por meio de Ação Direta de Inconstitucionalidade, ocasião em que a Suprema Corte decidiu - ao apreciar referendo sobre liminar concedida pelo Relator - que a permissibilidade de redução salarial por meio de acordos individuais entre trabalhadores e empregadores não viola qualquer dispositivo constitucional, considerando-se o objetivo central da medida provisória, qual seja, a preservação de empregos e de renda. Prevaleceram a técnica de ponderação de bens e a preocupação em se abrandar os trágicos efeitos trabalhistas da pandemia. Uma quantidade extraordinária de acordos individuais já foi registrada no Ministério da Economia (até 22 de abril, mais de 2,5 milhões).

viii. Espera-se que, ultrapassado o período emergencial, que demandou uma hermenêutica construída atentando-se às circunstâncias, não se perca de vista a impossibilidade de superação de valores previstos constitucionalmente. O instituto da negociação coletiva há de retomar o natural caminho do prestígio e valorização. A assimetria entre trabalhadores e empregadores encontra na negociação coletiva e na cogência parcial da legislação os elementos capazes de garantir o valor social do trabalho e, por conseqüência, a dignidade da pessoa humana, sem concretização de retrocesso social.

6

GREVE AMBIENTAL EM TEMPOS DE CORONAVÍRUS

Raimundo Simão de Melo[1]

1. Introdução

A greve, independentemente do tratamento legal que lhe dê cada país é, antes de tudo, um fato social, porque decorre da manifestação de vontade dos trabalhadores interessados em fazer uso do instrumento para defenderem interesses e direitos da categoria.

Quando a greve era regida pela Lei n. 4.330/64, que na prática negava o exercício de manifestação pelos trabalhadores, estes, mesmo sabendo dos riscos que corriam, que o movimento poderia ser considerado ilegal pela Justiça do Trabalho, mesmo assim faziam paralisações do trabalho, buscando o atendimento de reivindicações resistidas por seus empregadores.

No Brasil de hoje o tratamento sobre a greve está na Constituição Federal, que no artigo 9º assegura de forma ampla o direito de greve aos trabalhadores, a quem compete decidir sobre a oportunidade de exercê-lo e sobre os interesses que devam por meio dele defender. Entre esses interesses, como parece induvidoso, inclui-se a vida humana.

A par desta formulação e por conta da crise do coronavírus,coube fazer algumas breves reflexões neste trabalho. É que, mesmo na crise desse vírus, que está tirando a paz da humanidade,a Organização Mundial da Saúde - OMS, profissionais da ciência médica e autoridades municipais, estaduais e federais estão aconselhando a maior parte das pessoas a se recolherem em suas casas temporariamente, para evitar a contaminação

1. Doutor e Mestre em Direito das Relações Sociais pela PUC/SP. Professor Titular do Centro Universitário - UDF (Mestrado em Direito das Relações Sociais e Trabalhistas) e na Faculdade de Direito de São Bernardo do Campo/SP (Pós-Graduação em Direito e Relações do Trabalho). Consultor Jurídico e Advogado. Procurador Regional do Trabalho aposentado. Membro da Academia Brasileira de Direito do Trabalho.

e transmissão do referido vírus. Todavia, outras pessoas precisam trabalhar para salvar vidas, principalmente os profissionais da área de saúde.

A pandemia do coronavírus pegou o mundo de surpresa, que não estava preparado para combatê-lo. Assim, faltam equipamentos médicos, leitos hospitalares, insumos, dinheiro e até profissionais para o tratamento das pessoas infectadas.Os profissionais da saúde, que arriscam suas vidas para salvar pessoas, nem sempre recebem os necessários cuidados de proteção para suas vidas.

Assim, surge a importante indagação a ser enfrentada neste breve trabalho: se uma instituição médica não fornecer os Equipamentos de Proteção Individual (EPIs) necessários para atendimento dos casos suspeitos e confirmados de Covid-19, os profissionais da saúde, mesmo com o propósito de salvar vidas, são obrigados a trabalhar sem proteção? Se isto acontecer, que instrumentos legais podem usar para defender suas vidas?

A resposta a essas indagações, em especial para os trabalhadores da saúde, com as devidas adaptações, aplica-se para os demais trabalhadores que continuam trabalhando, também para salvar vidas e a própria economia do país, como motoristas de ônibus, caminhoneiros, trabalhadores da segurança, entre outras categorias que exercem atividades essenciais para a população.

2. A greve na lei brasileira

A compreensão da greve no Brasil está relacionada diretamente com a história evolutiva do modelo de liberdade e autonomia sindicais no nosso país ao longo do tempo, desde a primeira lei a tratar do assunto, que foi o Código Penal de 1890, o qual considerava crime o seu exercício, punindo o autor com pena de 1 a 3 meses de detenção. A Constituição Federal de 1937 consignou no art. 139 que "a greve e o *lockout* são declarados recursos antissociais, nocivos ao trabalho e ao capital e incompatíveis com os superiores interesses da produção nacional". A Constituição de 1946 dizia (art. 158) que "é reconhecido o direito de greve, cujo exercício a Lei regulará" e a Carta de 1967, elaborada durante o regime de ditadura militar trilhou o mesmo caminho, não permitindo a greve nos serviços públicos e atividades essenciais.

O Código Penal de 1940 puniu a greve seguida de perturbação da ordem pública ou contrária ao interesse coletivo no art. 201, estabelecendo que "participar de suspensão ou abandono coletivo de trabalho, provocando a interrupção de obra pública ou serviço de interesse coletivo: Pena – detenção, de seis meses a dois anos, e multa"

Várias foram as Leis e Decretos-Leis que trataram sobre a greve no Brasil até 1988, sendo exemplos a Lei n. 35/35, que considerou a greve como delito e a CLT, na redação original, que também a considerou como delito, nos arts. 723 e 724.A Lei n. 4.330/64 permitiu a greve nas atividades normais, porém, com tantas restrições que na prática tornava impossível ser considerado legal seu exercício. Quando ocorriam greves na vigência dessa lei era comum o Estado responder com a ocupações e intervenções nos sindicatos, cassações e punições de dirigentes sindicais, como represálias aos movimentos trabalhistas.

Com a Constituição Federal de 1988, que na parte trabalhista-sindical teve motivação nas greves iniciadas no ABC paulista na década de 1970, um novo modelo de relações de trabalho foi implementado no Brasil, estabelecendo-se (art. 8º, inc. I) que "a lei não poderá exigir autorização do Estado para a fundação de sindicato, ressalvado o registro no órgão competente, vedadas ao Poder Público a interferência e a intervenção na organização sindical". No tocante à greve o art. 9º da Constituição Federal passou a admiti-la de forma ampla e geral, agora como direito fundamental de manifestação dos trabalhadores, proibindo-a apenas em relação aos militares.

Com efeito, estabelece o art. 9º da Constituição Federal que "é assegurado o direito de greve, competindo aos trabalhadores decidir sobre a oportunidade de exercê-lo e sobre os interesses que devam por meio dele defender". No § 1º deste artigo constou que "A Lei definirá os serviços ou atividades essenciais e disporá sobre o atendimento das necessidades inadiáveis da comunidade" e no § 2º que "Os abusos cometidos sujeitam os responsáveis às penas da lei".O art. 37 da Lei Maior garante ao servidor público o direito à livre associação sindical (inc, VI) e o direito de greve, o qual será exercido nos termos e nos limites definidos em lei específica (inc. VII). Somente para os militares, de forma explícita o art. 142 da Constituição (inc. IV) proibiu a sindicalização e o direito de greve.

A partir desse necessário histórico legal sobre a greve, farei a seguir sucinta abordagem de alguns aspectos do direito de greve no Brasil, considerando, ainda, a Lei n. 7.783/89, que regulamentou seu exercício nas atividades privadas e nos serviços essenciais.

3. Interesses tuteláveis pela greve

O Comitê de Liberdade Sindical e a Comissão de Peritos da Organização Internacional do Trabalho (OIT) têm rejeitado a tese de que o direito de greve deva limitar-se aos conflitos de trabalho suscetíveis de finalizar uma convenção coletiva de trabalho. Para esses órgãos as reivindicações a se defender com a greve podem ser de três categorias, a saber:

a) as de natureza trabalhista, que buscam garantir ou melhorar as condições de trabalho e de vida dos trabalhadores;

b) as de natureza sindical, que buscam garantir e desenvolver os direitos das organizações sindicais e de seus dirigentes;

c) as de natureza política, que têm por fim, embora indiretamente, a defesa dos interesses econômicos e sociais dos trabalhadores.

Quanto às duas primeiras categorias de interesses não se põe em dúvida a legitimidade do instrumento da greve no Brasil. Todavia, com relação à última categoria existem divergências, que devem ser resolvidas pela leitura e interpretação da Constituição Federal de 1988.

Com efeito, embora a Carta Constitucional brasileira tenha reconhecido o direito de greve como um direito amplo e fundamental dos trabalhadores, parte da doutrina trabalhista e da jurisprudência tem procurado restringir o seu uso a partir da definição que lhe deu o art. 2º da Lei n. 7.783/89, que a direciona ao empregado e ao empregador na relação estrita trabalhista.

É que, enquanto o art. 9º da Constituição Federal diz que a greve é um direito do trabalhador e "a ele compete decidir sobre a oportunidade de exercê-lo e sobre o direito a ser tutelado", referida lei regulamentadora restringe seu exercício à tutela de direitos apenas trabalhistas, quando se refere à paralisação de serviço de empregador (art. 1º). Observe-se, nesse sentido, a seguinte manifestação doutrinária:

> "A locução 'interesses', não acompanhada da qualificação desses interesses, é ambígua. Pode-se pensar, com razão, que tais interesses são os que podem ter o cidadão comum, enquanto membro da comunidade social. Mas esses interesses não podem ser outros senão os do trabalhador enquanto sujeito de um contrato de trabalho, membro do pessoal de uma empresa. Há de se distinguir entre trabalhador enquanto cidadão e cidadão enquanto trabalhador. Interpretação contrária poderia chegar até à afirmação de que a greve defende interesses de todo tipo, sejam trabalhistas, sejam políticos. Se recorrermos à interpretação sistemática, o apoio à conclusão que circunscreve a greve à defesa de interesses profissionais apresenta-se mais consistente"[2].

Mas a questão é que uma lei ordinária não pode mudar a essência de um direito assegurado pela Lei Maior, que depois de muitos anos em que o instituto da greve foi negado aos trabalhadores, numa verdadeira aclamação do desejo da sociedade reprimida, fez a nova Carta incluir no seu texto esse direito fundamental.

Certamente não se trata a greve de um direito absoluto, porque não existe direito absoluto num Estado Democrático de Direito. Neste, os direitos do cidadão devem conviver harmoniosamente, sendo que a greve representa um dos aspectos mais importantes da liberdade sindical reconhecida pelo art. 8º da Constituição Federal, como prega a melhor doutrina. Neste ponto ensina José Afonso da Silva que: "A Constituição assegura o direito de greve, por si própria (art. 9º). Não o subordina a eventual previsão em lei. É certo que isso não impede que a Lei defina os procedimentos do seu exercício, como exigência de assembleia sindical que a declare, de *quórum* para decidi-la e para definir abusos e respectivas penas. Mas a Lei não pode restringir o direito mesmo, nem quanto à oportunidade de exercê-lo nem sobre os interesses que, por meio dele, devam ser defendidos. Tais decisões competem aos trabalhadores, e só a eles. Diz-se que a melhor regulamentação do direito de greve é a que não existe. Lei que venha a existir deverá ser de proteção do direito de greve, não deve ir no sentido de sua limitação, mas de sua garantia e proteção. Quer dizer, os trabalhadores podem declarar greves reivindicatórias, objetivando a melhoria das condições de trabalho, ou greves de solidariedade, em apoio a outras categorias ou grupos reprimidos, ou greves políticas, com o fim de

2. BARROS, Cássio Mesquita de. *Responsabilidade civil do sindicato na greve,* p. 34.

conseguir as transformações econômico-sociais que a sociedade requeira, ou greves de protestos" (grifados)[3].

A conclusão, diante do texto do art. 9º da Constituição Federal, é de que os trabalhadores podem fazer greve, mesmo que seu objeto não seja a defesa estrita de direitos meramente trabalhistas, porque ele diz que "é assegurado o direito de greve, competindo aos trabalhadores decidir sobre a oportunidade de exercê-lo e sobre os interesses que devam por meio dele defender" (art. 9º, *caput*).

Na mesma ordem, aplica-se a ideia do Comitê de liberdade sindical da OIT, que afirma poderem os trabalhadores e suas organizações manifestar seu descontentamento com questões econômicas e sociais que guardem relação com os interesses dos trabalhadores, num âmbito mais amplo que o dos conflitos de trabalho susceptíveis de resultar numa convenção coletiva de trabalho (*ibidem*, § 484), devendo a ação dos trabalhadores limitar-se a expressar um protesto e não ter por objetivo perturbar a tranquilidade pública (OIT, 1979, § 450).

4. Greve nos serviços e atividades essenciais

Antes da Carta constitucional de 1988 a greve nos serviços e atividades essenciais era proibida com rigor (Lei n. 4.330/64, Decreto-Lei n. 1.632/78 e Lei n. 6.620/78). Todavia, a Constituição Federal de 1988 passou a assegurar o direito de greve também nesses serviços e atividades, dizendo apenas que "a lei definirá tais atividades e disporá sobre o atendimento das necessidades inadiáveis da população" (art. 9º, § 1º), de maneira que os direitos do cidadão, constitucionalmente assegurados, também sejam respeitados.

A Lei n. 7.783/89 define serviços e atividades essenciais nos seguintes termos:

> Art. 10. São considerados serviços ou atividades essenciais:
>
> I – tratamento e abastecimento de água; produção e distribuição de energia elétrica, gás e combustíveis;
>
> II – assistência médica e hospitalar;
>
> III – distribuição e comercialização de medicamentos e alimentos;
>
> IV – funerários;
>
> V – transporte coletivo;
>
> VI – captação e tratamento de esgoto e lixo;
>
> VII – telecomunicações;
>
> VIII – guarda, uso e controle de substâncias radioativas, equipamentos e materiais nucleares;
>
> IX – processamento de dados ligados a serviços essenciais;
>
> X – controle de tráfego aéreo;
>
> XI – compensação bancária.

3. Op. cit., p. 268.

O art. 11 dessa lei diz que "Nos serviços ou atividades essenciais, os sindicatos, os empregadores e os trabalhadores ficam obrigados, de comum acordo, a garantir, durante a greve, a prestação dos serviços indispensáveis ao atendimento das necessidades inadiáveis da comunidade" e que (Parágrafo único) "São necessidades inadiáveis da comunidade aquelas que, não atendidas, coloquem em perigo iminente a sobrevivência, a saúde ou a segurança da população".

Observa-se que num andar evolutivo o constituinte de 1988 estabeleceu como postulado democrático o direito de greve, inclusive nas atividades e serviços essenciais, bem como para os servidores públicos, proibindo-a apenas para os militares (CF, arts. 9º, 37, VII e 142, § 5º). Esse direito, entretanto, foi consagrado sob o pálio da responsabilidade pelos abusos cometidos (§ 2º, do art. 9º) mediante algumas restrições especiais nos serviços e atividades essenciais (§ 1º do aludido art. 9º e Lei n. 7.783/89) para resguardar direitos constitucionais dos cidadãos, porque a greve é um importante direito, mas não absoluto, encontrando restrições nos demais direitos assegurados à sociedade, devendo ser utilizado em atividade essencial ao asseguramento da sobrevivência, saúde e segurança da comunidade, como *ultima ratio*, ou seja, como remédio extremo"[4].

Mas é preciso haver ponderação, porque no dia a dia ocorrem greves que colocam em confronto dois direitos fundamentais: o direito de greve, usado para defender a vida dos trabalhadores que a utilizam, reivindicando condições adequadas de trabalho para o exercício da própria atividade essencial, e o direito da população ao transporte coletivo, aos serviços de saúde etc. Não é fácil a solução. No entanto, não se pode anular nem um dos direitos, mas, compatibilizá-los no caso concreto.

5. Limites ao direito de greve

Num Estado Democrático de Direitos não existem direitos absolutos. A greve não é um direito absoluto, mas é um direito social fundamental dos trabalhadores. No seu exercício devem respeitar os direitos do cidadão constitucionalmente tutelados: vida, saúde, liberdade, segurança etc. Deve, assim, haver uma harmonização entre o direito de greve e os demais direitos fundamentais da pessoa humana, colocando-se aquele exatamente a serviço destes, como é a hipótese da proteção e defesa do meio ambiente do trabalho e da saúde dos trabalhadores, entre outros de semelhante envergadura. Desta forma, os limites ao direito de greve estão assim elencados:

a) nos serviços ou atividades essenciais, que não podem ser paralisados 100%;

b) no atendimento das necessidades inadiáveis da população, nos serviços ou atividades essenciais;

c) na punição aos abusos cometidos por conta do exercício da greve;

d) na limitação à greve do servidor público, a qual, de acordo com a Constituição Federal (art. 37, inciso VII) compete à lei específica a ser votada pelo Congresso Nacional;

e) na proibição da greve para o servidor público militar (art. 142, inciso IV).

---

4. *Raimundo Simão de Melo*. O Ministério Público do Trabalho e as greves em atividades essenciais, p. 356 e ss.

Essas restrições, bem como aquelas de natureza formal, inscritas na Lei n. 7.783/89 não desnaturam a essência do direito fundamental de greve, mas apenas o colocam como instrumento de defesa dos trabalhadores em harmonia com os demais direitos e liberdades constitucionais dos demais cidadãos, o que é normal num Estado Democrático de Direito, em que os direitos e liberdades devem complementar-se mutuamente.

Mas também não se pode, por razões preconceituosas, criar empecilhos intransponíveis ao exercício do direito fundamental de greve.

Desse modo, o direito de greve, como direito fundamental, não deve ser banalizado, porque ele existe para ser utilizado pelos trabalhadores sempre que necessário, como efetiva forma de solução dos conflitos coletivos de trabalho, quando não for mais possível o diálogo social entre empregados e empregadores.

6. Greve ambiental

Como assegura a Constituição Federal de 1988, a greve é um instrumento de autodefesa conferido aos trabalhadores para a defesa de seus direitos e interesses, na busca de melhores condições de trabalho e de vida. Um dos mais importantes direitos dos trabalhadores nas relações de trabalho, induvidosamente, diz respeito à salubridade do meio ambiente do trabalho, que visa garantir o direito à saúde e à vida.

Para defender direitos e interesses, entre eles, a vida, a Constituição Federal de 1988 assegura aos trabalhadores o uso da greve. Para esta situação trata-se de uma greve ambiental, que é "a paralisação coletiva ou individual, temporária, parcial ou total da prestação de trabalho a um tomador, qualquer que seja a relação de trabalho, com a finalidade de preservar e defender o meio ambiente do trabalho e a saúde do trabalhador" (Conforme nosso "A greve no direito brasileiro", p. 123. 4ª Ed. São Paulo: LTr, 2017).

A denominação greve ambiental tem importância no momento de afirmação teórica sobre referido instrumento de defesa do meio ambiente laboral, o qual, por inseguro e inadequado em nosso país, em muitas empresas, tem sido responsável por muitos acidentes e doenças ocupacionais que prejudicam os trabalhadores, as empresas e a sociedade.

Com a greve ambiental se visa assegurar ambiente de trabalho seguro e saudável, direito fundamental na categoria dos direitos humanos, como consagra a Constituição Federal do Brasil nos artigos 7º e inc. XXII ("São direitos dos trabalhadores urbanos e rurais, além de outros que visem à melhoria de sua condição social: ... redução dos riscos inerentes ao trabalho, por meio de normas de saúde, higiene e segurança") e 225 ("Todos têm direito ao meio ambiente ecologicamente equilibrado, bem de uso comum do povo e essencial à sadia qualidade de vida, impondo-se ao Poder Público e à coletividade o dever de defendê-lo e preservá-lo para as presentes e futuras gerações").

Como preconizou Amauri Mascaro Nascimento ("Comentários à Lei de Greve", p. 26, LTR, São Paulo, 1989) a greve "é um direito básico do trabalhador, tão relevante, no plano coletivo, como os principais direitos fundamentais da pessoa, no nível individual. Trata-se, portanto, de um direito fundamental do homem social, competindo aos trabalhadores decidir sobre a oportunidade de exercê-lo e sobre os interesses que devam por meio dele defender". E se assim o é, indubitável a importância desse instrumento democrático na defesa e proteção do mais importante direito da pessoa humana.

Com efeito, estabelece o art. 161 da CLT que no caso de risco grave e iminente para o trabalhador poderá ser interditado estabelecimento, setor de serviço, máquina ou equipamento e que (§ 6º) durante a paralisação dos serviços, em decorrência da interdição ou embargo, os empregados receberão os salários como se estivessem em efetivo exercício.

O art. 229 da Constituição do Estado de São Paulo, ao cuidar do meio ambiente do trabalho assegura no § 2º que "Em condições de risco grave ou iminente no local de trabalho, será lícito ao empregado interromper suas atividades, sem prejuízo de quaisquer direitos, até a eliminação do risco".

A Convenção n. 155 da OIT, promulgada pelo Brasil, estabelece no art. 19 que "Deverão ser adotadas disposições, em nível de empresa, em virtude das quais: ... f) o trabalhador informará imediatamente o seu superior hierárquico direto sobre qualquer situação de trabalho que, a seu ver e por motivos razoáveis, envolva um perigo iminente e grave para sua vida ou sua saúde; enquanto o empregador não tiver tomado medidas corretivas, se forem necessárias, não poderá exigir dos trabalhadores a sua volta a uma situação de trabalho onde exista, em caráter contínuo, um perigo grave ou iminente para sua vida ou sua saúde".

Como se vê, é farta a legislação brasileira assegurando a suspensão das atividades laborais, seja por ato de autoridade, seja por iniciativa dos trabalhadores, diante de situação de risco grave e iminente para sua saúde e vida e que, em razão disso, não devem eles ser punidos de nenhuma forma, nem sofrer desconto nos salários enquanto a situação não for resolvida, porque em tal situação o contrato de trabalho permanece interrompido.

Portanto, como assegura a lei brasileira, é direito do trabalhador não trabalhar em situação de risco grave e iminente para sua vida, o mais fundamental dos direitos do homem.

O que diferencia a greve ambiental de uma greve comum são os requisitos de validade daquela, pelo que, devemos considerar dois tipos de situações motivadoras de uma greve ambiental: a de riscos comuns e a de riscos graves e iminentes.

Na primeira situação incluem-se os riscos em que os trabalhadores reivindicam melhores e adequadas condições gerais de trabalho, como a implantação do PPRA - Programa de Prevenção de Riscos Ambientais, a criação e instalação da CIPA, a eliminação ou diminuição de agentes físicos, químicos ou biológicos causadores de doenças do trabalho pela longa exposição.

Na segunda situação são incluídos os riscos graves e iminentes, em que o perigo para a saúde, integridade física e vida do trabalhador é provável e não apenas possível. É o risco incontroverso causador de acidentes e de doenças, sem possibilidade de serem evitados, a não ser que haja sua imediata eliminação para afastar gravame para a saúde e vida dos trabalhadores.

Na primeira situação são exigidos os requisitos normais da lei de greve, enquanto que na segunda, diante do risco grave e iminente, não se pode exigir o cumprimento dos requisitos formais da lei de greve, cuja razão é simples e lógica: não há tempo para atendimento de tais requisitos, porque os trabalhadores estão diante de risco grave e iminente de vida e podem morrer a qualquer momento diante da gravidade da situação. Portanto, não devem depender, para a defesa do mais importante bem humano, do cumprimento de pressupostos formais.

O C. TST já manifestou entendimento sobre a greve ambiental, reconhecendo a desnecessidade, para o seu exercício, do cumprimento dos requisitos formais da Lei n. 7.783/89, afirmando que "Outro diferencial são os pressupostos de validade da greve ambiental, cuja finalidade é implementar adequadas e seguras condições de trabalho, enquanto bem de uso comum do povo. O objetivo específico de tutela é a saúde e a qualidade de vida do trabalhador. Nessa esteira, a Greve Ambiental, segundo a doutrina, pode ser invocada sem o preenchimento dos requisitos previstos na Lei 7.783/89, visto que se trata de direito fundamental do trabalhador. ... De tal sorte, sob qualquer angulação, a greve ambiental deve ser considerada como um direito fundamental do trabalhador, passível de ser exercido, sem maiores exigências, desde que haja grave ou iminente risco laboral nos fatos em questão, insista-se" (Proc. n. TST-RO-0010178-77.2015.5.03.0000, Rela. Min. Dora Maria da Costa Ministra Relatora, 14/12/2015).

A razão é que, o direito à interrupção imediata dos serviços, no caso de risco grave e iminente para a saúde e vida do trabalhador, inclusive com a interdição de estabelecimento, setor de serviço, máquina ou equipamento está assegurado fartamente na lei brasileira (Conforme arts. 161 da CLT e 229 da Constituição do Estado de São Paulo - além de outras Constituições estaduais -, no item 3.5 da NR 3 da Portaria n. 3.214/77 e a na Convenção n. 155 da OIT, tratado de direitos humanos assinado pelo Brasil).

7. Greve ambiental em tempos de coronavírus

Por conta do novo coronavírus a humanidade está vivenciando grave crise sanitária, econômica e social, com consequências nas atividades econômicas e nos empregos, o que exige de todos grande exercício de solidariedade, cidadania e respeito aos direitos humanos. Para tanto, o melhor e mais efetivo remédio é o diálogo social maduro e responsável na busca de soluções conjuntas para o bem comum e, particularmente, para amenizar os males decorrentes dessa pandemia, que está atingindo a todos, sem exceção.

A situação demonstra que a humanidade está à prova, a vida humana sob risco, as economias mundiais estão em queda e, em consequência disso, o capital global vai ter que rever suas formas de ação, talvez com outro olhar para as questões sociais e para os valores humanitários, incluindo a necessidade de se assegurar trabalho seguro e digno.

A pandemia do novo coronavírus espalha-se rapidamente por todo o Brasil e exige isolamento social como medida mais importante no momento, único meio de desacelerar a transmissão do vírus e seu contágio galopante. Por conta do risco à saúde e à sobrevivência das pessoas é necessário esse isolamento temporário da maior parte dos seres humanos. Por isso, grande parte dos trabalhadores deve ficar em casa. Mas outra parte precisa trabalhar para salvar a vida dos outros, como os trabalhadores de hospitais, clínicas médicas, farmácias, clínicas odontológicas, transporte público, táxis e aplicativos de transporte, transportadoras e armazéns, empresas de *telemarketing*, *petshops*, *deliverys*, supermercados, mercados, açougues, padarias, limpeza pública, bancas de jornal, bancos, lotéricas, correspondentes bancários, postos de combustível e fábricas, por exemplo.

Aos sindicatos de trabalhadores cabe, neste momento, buscar assegurar condições adequadas de trabalho para os heróis que estão arriscando suas vidas pelos outros, mostrando para os tomadores de serviços que esses trabalhadores precisam receber os devidos cuidados, porque os riscos a que estão expostos não são de qualquer natureza; são riscos graves e iminentes. Vejam, por exemplo, os trabalhadores da saúde, que no mundo inteiro estão adoecendo e muitos morrendo por falta de EPIs e demais condições de trabalho adequados nos seus dia a dia de trabalho. É verdade que até EPIs podem faltar, como está acontecendo, mas as providências, por isso, devem ser urgentes e criativas, passando necessariamente pelo diálogo franco entre empregados e empregadores, cabendo a estes, mais do que nunca, informar corretamente aos trabalhadores sobre os riscos a que estes estão expostos.

A Lei n. 8.213/91, no art. 19, §§ 1º e 3º, estabelece que "a empresa é responsável pela adoção e uso das medidas coletivas e individuais de proteção e segurança da saúde do trabalhador" e que "é dever da empresa prestar informações pormenorizadas sobre os riscos da operação a executar e do produto a manipular".

A informação sobre os riscos laborais é da maior importância, pois não basta ao empregador adotar medidas preventivas coletivas e individuais, se os trabalhadores, principais sujeitos, não tiverem conhecimento e consciência dos riscos a que estão expostos. Para isso, porém, é necessário que se organizem por meio dos sindicatos, das CIPAs e demais órgãos de representação para fazerem valer seus direitos, pois ainda existem muitos empregadores que têm como única preocupação a obtenção de lucro a qualquer custo e esquecem da proteção da saúde dos seus trabalhadores.

Não resta dúvida, pois, de que é direito fundamental dos trabalhadores e obrigação dos empregadores e tomadores de serviços prestarem informações pormenorizadas sobre os riscos decorrentes da transmissão do coronavírus e adotar todas as medidas de prevenção para evitar a contaminação nos ambientes de trabalho, porque a covid-19 está tirando a vida de muitos trabalhadores que adquirem a doença por falta de cuidados preventivos, que aumenta o já existente risco de contaminação. Exemplo incontroverso disso são os trabalhadores da saúde, que estão expostos a riscos graves e iminentes e que em muitos casos não estão recebendo os EPIs necessários para a execução de suas tarefas.

Conforme recomendações do próprio Ministério da Saúde os profissionais que atendem casos suspeitos e confirmados de Covid-19 devem ter insumos necessários para higiene das mãos (com água e sabonete líquido ou preparação alcoólica a 70%) e vestir os seguintes EPIs: óculos de proteção ou protetor facial; máscara cirúrgica; avental; luvas de procedimentos cirúrgicos; gorro (para procedimentos que geram aerossóis); máscaras N95, FFP2 ou equivalente ao realizarem procedimentos geradores de aerossóis, como intubação ou aspiração traqueal, ventilação mecânica invasiva e não invasiva, ressuscitação cardiopulmonar, ventilação manual antes da intubação e coletas de amostras nasotraqueais.

Pela lei é dever da instituição que usufrui do trabalho dos profissionais da saúde fornecer os Equipamentos de Proteção Individual (EPIs) específicos a esses profissionais que atendem as pessoas suspeitas ou com confirmação de Covid-19.

E se a instituição não fornecer os Equipamentos de Proteção Individual (EPIs) necessários para atendimento dos casos suspeitos e confirmados de Covid-19 os profissionais da saúde, mesmo assim, com o propósito de salvar vidas, são obrigados a trabalhar sem proteção? Eis a importante questão suscitada neste trabalho.

Decorre do direito natural e tem agasalho no direito positivo brasileiro, que ninguém é obrigado a trabalhar colocando suas saúde e vida em risco grave e iminente, mesmo que seja para salvar outras vidas! No caso da saúde, o artigo 22 do Código de Ética dos Profissionais de Enfermagem estabelece que o profissional pode se recusar a executar atividades que não sejam de sua competência técnica, científica, ética e legal ou que não ofereçam segurança ao profissional, à pessoa, à família e à coletividade.

Esse direito está assegurado a todos os trabalhadores na Lei Maior brasileira e em normas infraconstitucionais, como visto acima, porque ninguém é obrigado a colocar sua vida em risco, sabendo desse risco. Assim, para a recusa ao trabalho sem EPIs adequados há respaldo ético e legal. Porém é importante que haja denúncia sobre a falta desses EPIs, inclusive perante o sindicato de classe e o registro de elementos que comprovem a falta de condições de segurança para o trabalho dos profissionais da saúde e de outras categorias de trabalhadores essenciais.

Ou seja, qualquer pessoa que esteja trabalhando durante a crise do coronavírus, arriscando-se a ser contaminada na prestação de serviços em benefício de um empregador ou tomador de serviços, tem o direito de ser bem informada dos riscos, da forma como deve exercer sua atividade com o menor risco e de receber EPIs adequados para a situação.

É claro que não são somente os profissionais da saúde que têm direito a receber Equipamentos de Proteção Individual (EPIs) específicos. Na verdade, todos os trabalhadores em atividade durante a crise de propagação do coronavírus têm o direito de receber EPIs adequados para suas atividades, de acordo com as características e peculiaridades das mesmas. Em contrapartida, todos os tomadores de serviços têm que estar atentos e buscar informações nos serviços de saúde da sua cidade para saber o que fazer em termos de prevenção do coronavírus e quais equipamentos devem fornecer aos seus trabalhadores para evitar a contaminação.

Assim, encaixa-se em reivindicações dos trabalhadores em geral, por meio dos seus sindicato ou do Ministério Público do Trabalho, por exemplo, o fornecimento pelo empregador, antes do início da jornada de trabalho, para cada um dos empregados, com respectivo recibo de entrega, máscaras eficazes a protegerem do contágio pelo coronavírus, álcool gel antisséptico 70% para higienização, luvas para proteção, orientação adequada dos empregados, por meios em que seja possível a comprovação documental, sobre a utilização dos equipamentos de proteção referidos, a correta forma de lavar as mãos e a importância de não compartilharem os itens de uso pessoal, manter o ambiente de trabalho limpo e arejado, não enviar os empregados para locais com alto risco de contágio, exceto em situação de excepcional interesse público, entre outras providências, que são verificadas em cada caso concreto e conforme a atividade desenvolvida.

Esses direitos e outros, para prevenção do coronavírus nos locais de trabalho, estão assegurados na lei brasileira, mas a questão que vem surgindo na prática é sobre sua efetividade, ou seja, se os empregadores e tomadores de serviços estão cumprindo ou não suas obrigações. Se não estão, o que podem fazer os trabalhadores?

A resposta, no ponto do trabalho a que chegamos é simples e objetiva: se não forem fornecidos pelos empregadores e tomadores de serviços os Equipamentos de Proteção Individual (EPIs) específicos e adequados para cada situação e não adotadas demais providências preventivas necessárias, os trabalhadores não são obrigados a trabalhar e colocar em risco grave e iminente suas vidas, mesmo que seja para salvar outras vidas. Aqui pode até haver um conflito entre o direito à vida de quem trabalha e o direito à vida das demais pessoas, prevalecendo, como parece ser óbvio e natural, a vida de quem sai de casa, do necessário isolamento, para trabalhar em prol dos outros seres humanos.

Em tais situações os trabalhadores podem se recusar a trabalhar individual ou coletivamente, tratando-se, neste último caso, de greve ambiental, situação em que, por se tratar de risco grave e iminente, não será necessário sequer cumprir os requisitos formais da lei de greve, porque, à evidência, não haverá tempo para tanto, porque num primeiro e único contato com portador do vírus, sem EPIs adequados, o trabalhador poderá se contaminar, adoecer e morrer!

É claro que neste momento da grave pandemia do coronavírus, o menos aconselhável é a paralisação do trabalho de quem está à frente das atividades essenciais, mas para isso deve haver grande empenho das empresas e dos órgãos governamentais, para que haja pronta e precisa proteção desses trabalhadores, que não estão no isolamento, para trabalhar em benefício do restante da população.

Para evitar a paralisação do trabalho e prevenir os riscos para esses trabalhadores, entra também o importante papel dos sindicatos profissionais, conversando com seus representados e obtendo informações sobre as condições de trabalho para poderem cobrar dos empregadores e tomadores de serviços as providências necessárias, de forma rápida. Se providências não forem tomadas pelos responsáveis, devem os sindicatos e os próprios trabalhadores denunciar as situações perante órgão estatais, como o Ministério Público do Trabalho, que vem agindo na busca da rápida solução dos problemas, visando salvar vidas na dita pandemia.

Se for necessário, cabe aos trabalhadores, aos seus sindicatos e ao Ministério Público do Trabalho ajuizar medidas judiciais cabíveis perante a Justiça do Trabalho, buscando a implementação das medidas de prevenção dos riscos de contágio do coronavírus. A esta, cabe, sem demora e afastando formalidades processuais menores, apreciar pleitos para preservar a vida dos trabalhadores e, ao mesmo tempo, evitar paralisações do trabalho, que será mais prejudicial num momento em que o maior objetivo de todos deve ser contribuir para a não proliferação da pandemia do coronavírus.

Em caso recente o TRT da 2ª Região concedeu tutela de urgência para determinar à Companhia do Metropolitano de São Paulo - METRO (Proc. DC n. 1000766-59.2020.5.02.0000): **a**) que a suscitada suspenda as exigências e procedimentos previstos na norma interna (Ato AP 62/2020) e libere imediatamente das atividades presenciais os trabalhadores, inclusive aqueles terceirizados que prestam serviços nas plataformas e bilheterias, enquadrados no grupo de risco (assim compreendido os idosos com 60 anos ou mais, hipertensos, cardíacos, asmáticos, doentes renais e fumantes com deficiência respiratória e quadro de imunodeficiência), assegurando-se todos os direitos e benefícios do contrato de trabalho; **b**) que sejam fornecidos os equipamentos de proteção individuais a todos os trabalhadores, inclusive terceirizados (álcool gel e máscaras), especialmente nos locais de maior exposição; 8.1. A suscitada fica condenada ao pagamento da multa diária de R$ 50.000,00 (cinquenta mil reais) cumulativa, na hipótese de descumprimento de cada um dos itens acima ("a" e "b")".

Fundamentou o regional que a "A Organização Mundial de Saúde declarou pandemia de coronavírus em decorrência do aumento no número de casos em escala mundial. Em São Paulo, nas últimas horas, os casos de COVID-19 sofreram um acréscimo significativo, sendo que o próprio governador declarou estado de calamidade pública, o que evidencia a gravidade da situação" e que, "Considerando, pois, o atual contexto fático e jurídico, independentemente de qualquer questionamento jurídico 'a priori', seja sobre a competência e/ou o cabimento da presente Medida, impõe-se observar o risco a que são submetidos os trabalhadores que integram o chamado 'Grupo de Risco' se continuarem a ter de trabalhar com aglomerações nas proporções existentes atualmente no metrô e sem os equipamentos indispensáveis".

Não obstante essa fundamentação o C. TST cassou a liminar do regional "ao entender que não cabia ao TRT da 2ª Região (SP) deferir liminar com provimento condenatório em dissídio de natureza jurídica" (Processo n. SLS-1000317-58.2020.5.00.0000).

Enfrentando essa interessante questão Ricardo José Macedo de Britto Pereira discorreu no artigo "Dissídio coletivo e a tutela do direito fundamental à saúde e segurança no trabalho" (https://www.jota.info/opiniao-e-analise/artigos/dissidio-coletivo-e-a-tutela-do-direito-fundamental-a-saude-e-seguranca-no-trabalho-13042020), ponderando que "A solução da questão sobre ser o dissídio coletivo realmente viável para veicular demandas por medidas preventivas de saúde, higiene e segurança encontra-se no artigo 83 do CDC. Ali, estabelece-se que para a defesa dos interesses e direitos difusos, coletivos e individuais homogêneos, 'são admissíveis todas as espécies de ações capazes de propiciar sua adequada e efetiva tutela'. Da mesma forma, a legislação processual civil consagra o acesso à justiça como acesso a direitos, por meio do impulso ao exame meritório, de forma célere e com a colaboração de todos os atores (art. 4º e 6º, CPC). Ou seja, o aspecto formal cede à efetividade da tutela dos direitos; a segurança jurídica, por sua vez, só se realiza com a resolução dos problemas levados ao Judiciário. Portanto, o dissídio coletivo é instrumento hábil para adoção de providências necessárias à tutela coletiva do direito fundamental à saúde, segurança e higiene no trabalho".

A ponderação do Professor e Subprocurador-geral do Trabalho Ricardo José Macedo chama à reflexão, principalmente num momento excepcional de vida ou morte, que requer de todos, incluindo o Poder Judiciário, soluções que assegurem os direitos fundamentais de urgente efetivação, como o direito à vida. Nessa linha o ministro Ricardo Lewandowski iniciou a fundamentação de sua decisão em medida cautelar deferida nos autos da ADI 6.363/20, registrando que tempos excepcionais exigem, sim, medidas excepcionais; mas não podem justificar a insensatez constitucional, nem tampouco a tábula rasa dos direitos fundamentais, âncora primeira para as águas profundas do autoritarismo.

São naturais as divergências de interpretação das normas jurídicas, principalmente no momento em que estamos vivendo, pegos todos de surpresa da noite para o dia, por conta de um inimigo oculto, que pela sua assombrosa letalidade pode até mesmo prejudicar reflexões mais profundas sobre a aplicação das normas jurídicas aos casos urgentes que se apresentam para decisões judiciais.

Mas neste cenário de crise do coronavírus, a Justiça do Trabalho, como um todo, vem adotando providências judiciais importantes para salvar vidas. Esta vem sendo sua tônica.

Foi o que ocorreu no Processo n. ATOrd - 0000556-18.2016.5.21.0006, com decisão deferindo a cessão de uso do espaço físico de um imóvel em que funcionava o Hotel Parque da Costeira, em Natal/RN, para utilização como Hospital de Campanha para o tratamento dos pacientes em condições intermediárias para o COVID-19. O imóvel acima referido aguarda leilão judicial para a quitação de passivo trabalhista e de débitos federais, além de outros. Seu fechamento definitivo se deu em setembro de 2019 e o imóvel se encontra em estado de deterioração, mas agora vai servir de apoio para tratamento das vítimas do coronavírus.

A decisão foi criativa e corajosa, a qual não prejudica ninguém, uma vez que a venda desse imóvel em praça pública vai demorar. Enquanto isso, a sociedade será beneficiada pelo seu uso para salvar vidas neste momento de crise que coloca em risco a vida das pessoas.

Noutra importante decisão de Tutela Antecipada antecedente (Proc. n. 0000203-98.2020.5.12.0034) a Justiça do Trabalho deferiu em favor dos trabalhadores: **a**) o fornecimento, antes do início da jornada, para cada um dos empregados arrolados nas condições referidas na exordial, com respectivo recibo de entrega, máscaras eficazes a proteger do contágio pelo Coronavírus, álcool gel antisséptico 70% para higienização, e luvas para proteção; **b**) a orientar os empregados, por meios em que seja possível a comprovação documental, sobre a utilização dos equipamentos de proteção referidos, a correta forma de lavar as mãos e a importância de não compartilhar os itens de uso pessoal; **c**) a manter o ambiente de trabalho limpo e arejado; **d**) a não enviar os empregados para locais com alto risco de contágio, exceto em situação de excepcional interesse público.

Eis a Justiça do Trabalho, como órgão do Poder Judiciário, cumprindo importante papel na dianteira dos graves temas de interessa geral da sociedade, ajudando a salvar vidas. É isso que todos têm que fazer, sejam os órgãos do Estado, as empresas, os trabalhadores, os sindicatos e toda a sociedade, cada um contribuindo da forma que puder, porque o objetivo maior neste grave momento é salvar vidas humanas. Depois de passada a crise se volta ao estado normal de antes, mas com a ponderação de levar em conta duras e importantes lições deixadas pela crise do coronavírus para os futuros rumos da humanidade.

8. Bibliografia

AIRES, Mariella Carvalho de Freitas. *Direito de greve ambiental.* Goiânia: Universidade Católica de Goiás, 2008.

ANTUNES, Ricardo. *A rebeldia do trabalho* — o confronto operário no ABC paulista: as greves de 1978/80. Campinas: Ensaio, 1988.

BARROS, Cássio Mesquita de. Responsabilidade civil do sindicato na greve. *Revista Síntese Trabalhista*, Porto Alegre, n. 98, p. 14 e ss., 1997.

BONCIANI, Mário *et al.Saúde, ambiente e contrato coletivo de trabalho.* São Paulo: LTr, 1996.

CANOTILHO, José Joaquim Gomes; MOREIRA, Vital. *Constituição da República portuguesa anotada*. 3. ed. Coimbra: Coimbra, 1991.

COELHO, Elaine D'avila. *Embargos, interdição e greve em face do meio ambiente do trabalho*. Monografia de conclusão do módulo Direito Ambiental II, do curso de mestrado — PUC/SP. São Paulo: PUC, 1995.

FIGUEIREDO, Guilherme José Purvin de. *Direito ambiental e a saúde dos trabalhadores.* São Paulo: LTr, 2000.

FIORILLO, Celso Antônio Pacheco. *Curso de direito ambiental brasileiro*. São Paulo: Saraiva, 2000.

FRANCO FILHO, Georgenor de Sousa. *Liberdade sindical e direito de greve no direito comparado*. São Paulo: LTr, 1992.

FREDIANI, Yone. *Greve nos serviços essenciais à luz da Constituição Federal de 1988.* São Paulo: LTr, 2001.

LEITE, Carlos Henrique Bezerra. *A greve como direito fundamental.* Curitiba: Juruá, 2000.

MELO, Raimundo Simão de. *Direito ambiental do trabalho e a saúde do trabalhador.* 5ª Ed. São Paulo: LTr, 2013.

______. *A greve no direito brasileiro*. 4ª Ed. São Paulo: LTr, 2017.

______. O Ministério Público do Trabalho e as greves em atividades essenciais. *Revista LTr*, São Paulo, ano 59, n. 3, p. 356 e ss., mar. 1995.

NASCIMENTO, Amauri Mascaro. *Comentários à Lei de Greve*. São Paulo: LTr, 1989.

SILVA, José Afonso da. *Curso de direito constitucional positivo*. 5. ed. São Paulo: Revista dos Tribunais, 1989.

VIANNA, José de Segadas. *Greve.* Rio de Janeiro: Renovar, 1986.

Seção VI

OS CONTRATOS ESPECIAIS

1

TRABALHADOR DOMÉSTICO EM TEMPOS DE CORONAVÍRUS[1]

André Jobim de Azevedo[2]
Luiz Eduardo Gunther[3]
Marco Antônio César Villatore[4]

---

1. A base do presente trabalho se encontra em alguns trabalhos nossos: VILLATORE, Marco Antônio César. Novidades socioeconômicas sobre empregados domésticos na Organização Internacional do Trabalho e nos Estados Partes do MERCOSUL. Revista de Processo do Trabalho e Sindicalismo, v. 5, p. 38-58, 2014; VILLATORE, Marco Antônio César. Inovações no Direito do Trabalho Doméstico. Curitiba: Juruá Editora, 2016; VILLATORE, Marco Antônio César; VILLATORE, Patricia Calvo. Preocupante aumento de casos de transtornos mentais e comportamentais e sua relação com o trabalho. In: XXVIII ENCONTRO NACIONAL DO CONPEDI GOIÂNIA - GO, 2019, Goiânia. Constitucionalismo Crítico, Políticas Públicas e Desenvolvimento Inclusivo, 2019. p. 06-23, file:///C:/Users/User/AppData/Local/Temp/22qPoqOvTnz8476n.pdf. Acessado em 22 de abril de 2020.
2. Advogado sócio de Faraco de Azevedo. Especialista em Direito Internacional Econômico e Processo Civil. Mestre em Direito pela PUCRS. Professor da Graduação e da Pós-Graduação da PUCRS desde 1990. Professor Convidado do Curso da Pós-Graduação da ABDConst. Membro Titular da Cadeira nº. 89 da Academia brasileira de Direito do Trabalho. Presidente da Câmara de Arbitragem da FEDERASUL - CAF, desde 2011. Atual Diretor Executivo; Titular da Cadeira nº. 02 da Academia Sul-Rio-Grandense de Direito do Trabalho, Ex-presidente fundador e atual diretor de Relações Internacionais; Membro do Conselho superior do Comitê de Arbitragem da OAB/RS.
3. Desembargador do Trabalho no TRT9. Pós-Doutor pela PUCPR. Professor do Centro Universitário Curitiba – UNICURITIBA, Graduação e na Pós-Graduação (Mestrado em Direito). Professor Convidado do Curso da Pós-Graduação da ABDConst. Membro do Conselho Editorial da Revista Jurídica do UNICURITIBA, do Instituto Memória – Centro de Estudos da Contemporaneidade e da Editora JM. Membro Titular da Cadeira nº. 09 da Academia brasileira de Direito do Trabalho e Membro do Instituto Histórico e Geográfico do Paraná. Orientador do Grupo de Pesquisa que edita a Revista Eletrônica do TRT9 (http://www.mflip.com.br/pub/escolajudicial/>).
4. Advogado. Professor Universitário do UNINTER e do Programa das Graduação e Pós-Graduação da UFSC - Mestrado e Doutorado em Direito, Coordenador da Especialização em Direitos e Processos do Trabalho e Previdenciário da ABDConst, Professor Convidado da Especialização da PUCRS, Pós-Doutor em Direito Econômico da Universidade de Roma II – Tor Vergata, Doutor em Direito do Trabalho, Previdenciário e Sindical da Universidade de Roma I – Sapienza, Mestre em Direito pela

1. Introdução

Gostaríamos de agradecer aos Amigos e Confrades, Alexandre Agra Belmonte (Presidente da Academia brasileira de Direito do Trabalho), Titular da Cadeira nº. 02; Luciano Martinez, Titular da Cadeira nº. 52, e Ney Maranhão, Titular da Cadeira nº.30, o honroso convite para participarmos desta obra coletiva tão importante.

Contrariamente ao que se pense o trabalho doméstico e, por consequência, os deveres e os direitos das partes relacionadas a esta relação, não são de fácil compreensão para quem se propõe a estudá-los de maneira científica e sistemática, ainda mais neste momento de crises sanitária e econômica, causada pela decretação de pandemia pelo coronavírus, denominado COVID-19.

Além da legislação geral, importante lembrar ainda as diferenças existentes entre os empregados domésticos e os com aplicabilidade completa da Consolidação das Leis do Trabalho.

Por fim analisaremos os Projetos de Lei em tramitação urgente no Congresso Nacional para os empregados domésticos em tempo de novo coronavírus.

Não se pode olvidar que o trabalho desenvolvido para o ambiente familiar é, sem sombra de dúvida, alvo de uma fidúcia especial, em que o empregado partilha, muitas vezes, da intimidade do seu empregador, não havendo como se tratar tal contrato da mesma forma que as atividades profissionais desenvolvidas no meio empresarial.

2. Diferenças ainda existentes

A tutela ao trabalhador doméstico evoluiu rapidamente nos anos de 2013, com a publicação da Emenda Constitucional nº. 72, mas também em 2015, com a Lei Complementar nº. 150, trazendo uma série de Direitos e, no último caso, pelo artigo 19, a aplicação subsidiária da CLT, revogando a antiga exclusão encontrada no seu artigo 7º., letra "a".

A Ministra Delaíde Alves Miranda Arantes afirmou o seguinte:

> A implementação da igualdade de direitos e tratamento para os trabalhadores domésticos teve como alavanca importante a aprovação da Convenção 189 e da Recomendação 201, da OIT, durante a 100ª. Conferência do organismo em Genebra, da qual tive a honra de participar ao lado de Ministros do Tribunal Superior do Trabalho, Ministros de Estado, integrantes do Governo Federal e de entidades de classe[5].

PUCSP. Membro Titular da Cadeira nº. 73 da Academia brasileira de Direito do Trabalho. Membro Correspondente do Paraná da Academia Sul-Rio-Grandense de Direito do Trabalho.

5. ARANTES, Delaíde Alves Miranda. Trabalho decente para os trabalhadores domésticos do Brasil e do mundo. *In*: Trabalho doméstico: Teoria e Prática da Emenda Constitucional 72, de 2013. GUNTHER, Luiz Eduardo; MANDALOZZO, Silvana Souza Netto (Coord.); BUSNARDO, Juliana Cristina; VILLATORE, Marco Antônio César (Org.). Curitiba: Juruá, 2013, v. 1, p. 83-86. p. 84.

Nancy Mahra de Medeiros Nicolas Oliveira explica

> que nos cem anos entre a abolição da escravatura e a Constituição de 1988 o legislador brasileiro pouco se ocupou das relações de trabalho doméstico, e, com isto, postergaram-se no tempo os efeitos sociais, econômicos e jurídicos da gênese escravocrata do trabalho doméstico, que passou incólume ao longo do século XX[6].

Lorena de Mello Rezende Colnago também analisa a influência da Convenção da OIT para nascimento de nova legislação protetiva ao empregado doméstico no Brasil:

> O Brasil, aproveitando o cenário político internacional, promulgou a EC 72, de 2 de abril de 2013, equiparando os direitos dos trabalhadores domésticos aos demais empregados. Sob essa perspectiva, procuramos refletir sobre a influência da Convenção 189 da OIT no Brasil, com especial atenção às alterações realizadas pela recente reforma constitucional[7].

Vamos analisar, portanto, problemas encontrados na comparação entre os direitos dos empregados domésticos e dos empregados celetistas.

2.1. Penhora

Um dos pontos mais graves encontrados na Lei Complementar nº. 150/2015 é o seu artigo 46, que revoga o inciso I do artigo 3º da Lei nº. 8.009, de 29 de março de 1990 (que dispõe sobre impenhorabilidade de bem de família). Poucas são as garantias que o empregado doméstico consiga executar uma Reclamação Trabalhista e com a revogação da supracitada exceção, dificultou muito tal efetividade.

Nossa interpretação foi a seguinte[8]:

> Tal situação se agrava a partir do momento em que houve a revogação do artigo 3º., *caput* e inciso I da Lei nº.8.009/1990, que possibilitava a execução de bem de família do empregador doméstico, uma das garantias de penhora de bens que fossem duplicados ou aceitos para esse fim. Sabe-se da dificuldade de execução de empregadores pessoas jurídicas, em razão de terem contas zeradas e nenhum bem em seu nome.

6. OLIVEIRA, Nancy Mahra de Medeiros Nicolas. Trabalho doméstico no contexto econômico e socioambiental brasileiro: desigualdades e paradoxos na regulação normativa. Dissertação (Mestrado) - Pontifícia Universidade Católica do Paraná, Curitiba, 2012. p. 46.

7. COLNAGO, Lorena de Mello Rezende. O trabalho doméstico: primeiras impressões da Emenda Constitucional 72/2013. *In*: Trabalho doméstico: Teoria e Prática da Emenda Constitucional 72, de 2013. GUNTHER, Luiz Eduardo; MANDALOZZO, Silvana Souza Netto (Coord.); BUSNARDO, Juliana Cristina; VILLATORE, Marco Antônio César (Org.). Curitiba: Juruá, 2013, v. 1, p. 195-211. p. 195.

8. VILLATORE, Marco Antônio César. Inovações no Direito do Trabalho Doméstico. Curitiba: Juruá Editora, 2016. p. 72.

Imagine-se a situação de pessoa física ou família (empregador doméstico), com problemas econômicos, deles não se podendo penhorar bens particulares e/ou conta salário.

Imagine-se agora com a crise social gerada com o COVID-19, em que muitas pessoas perdem o poder de renda, muitas vezes o emprego ou têm seu contrato flexibilizado.

2.2. Fundo de garantia do tempo de serviço (FGTS)

Já comentamos[9] em outro trabalho que "a partir de 2015, tal direito passou a ser obrigatório e, além dos 8% normais, o empregador é obrigado a depositar 3,2% a título de multa por dispensa sem justa causa". Continuamos a afirmar que "tal percentual obrigatório, mês a mês, é muito interessante, pois é comum que o empregador doméstico dispense o seu empregado em razão de problemas econômicos e, como tal, dificilmente terá condições de pagar 40% sobre o saldo a que este teria direito pelo valor do FGTS. Como exemplo: um empregado recebe R$ 1.500,00 ao mês. Ao fim de um ano de trabalho, terá depositado em seu FGTS o valor acima, e, é claro, com algum acréscimo em razão de aplicação (8% ao mês x 12 meses = um salário). Caso ele trabalhe por 10 anos para o mesmo empregador, e lembrando-se que a cada ano ele receberá um aumento salarial, conforme artigo 7º., inciso IV, da Constituição de 1988 (ou piso salarial para quem não tem piso, nos Estados que pratiquem lei estadual com base na Lei Complementar nº.103/2000, (...), somente a título de multa pela rescisão injustificada), o empregador teria de desembolsar mais de R$ 6.000,00, ou seja, quase uma impossibilidade de assim o fazer, devido ao problema econômico em que certamente se encontra".

Imagine a situação atual encontrada com COVID-19, pois muitas famílias inteiras estão impossibilitadas a auferir renda, formal ou informalmente, tendo ou não auxílio de R$ 600,00 ou até duas parcelas deste valor, sendo que o se pagava para doméstico ou cuidador de crianças ou de idosos, com a talvez futura determinação de isolamento social completo, geraria um problema completo econômico gerado pelo, no nosso entender, bem fundamental mais importante, que é saúde de nossa população.

Citamos[10] anteriormente que o problema maior, que ainda ocorre, é o seguinte:

> Com base nos §§ 2º e 3º do artigo 22 da Lei Complementar nº.150/2015, referendado na cartilha do simples doméstico (http://www.esocial.gov.br/doc/cartilha-simples-domestico.pdf)[11], há um aviso de que, se o empregado se demitir, o empregador doméstico poderá retirar o valor dos 3,2% depositado e reajustado, e sendo por culpa recíproca, retirará metade do valor a esse título, pois parte da culpa da rescisão contratual será sua e parte do empregado. Problema existe no caso de o empregado doméstico se demitir porque o empregador está praticando uma falta grave que impossibilita a

9. *Ibidem*. p. 72.
10. *Ibidem*. p. 72 e 73.
11. Cartilha Simples Doméstico. http://www.esocial.gov.br/doc/cartilha-simples-domestico.pdf. Acessado em 22 de abril de 2020.

continuidade do vínculo empregatício. Neste caso, a orientação que se dá é a de se procurar um advogado trabalhista para acionar o empregador, sendo que nesta reclamatória trabalhista ele alertará para o Juízo proibir a retirada do montante da conta vinculada do empregado até que seja julgado o caso em concreto em sua totalidade. Existe, inclusive, previsão legal de se acionar o empregador e de continuar trabalhando normalmente no parágrafo 2º. do artigo 483 da CLT, nos casos das letras "d" e "g".

A atual legislação sobre FGTS (Lei nº.8.036/1990) pode ser aplicada em sua integralidade, inclusive na questão sobre a retirada antecipada de valores, conforme seu artigo 20 e subitens. Aqui convém inclusive alertar a possibilidade de interpretação de saque imediato de parte do saldo do trabalhador na CAIXA, em razão da pandemia do novo coronavírus, tendo por base o próprio supracitado artigo, com atualização pela Lei nº. 10.878/2004:

> Art. 20. A conta vinculada do trabalhador no FGTS poderá ser movimentada nas seguintes situações: (...)
>
> XVI - necessidade pessoal, cuja urgência e gravidade decorra de desastre natural, conforme disposto em regulamento, observadas as seguintes condições:
>
> a) o trabalhador deverá ser residente em áreas comprovadamente atingidas de Município ou do Distrito Federal em situação de emergência ou em estado de calamidade pública, formalmente reconhecidos pelo Governo Federal;
>
> b) a solicitação de movimentação da conta vinculada será admitida até 90 (noventa) dias após a publicação do ato de reconhecimento, pelo Governo Federal, da situação de emergência ou de estado de calamidade pública; e
>
> c) o valor máximo do saque da conta vinculada será definido na forma do regulamento.

O prazo estabelecido na letra "b", de 90 dias, após a publicação do ato de reconhecimento, pelo Governo Federal, da situação de emergência ou de estado de calamidade pública, acabam em 15 de junho de 2020 no caso de Curitiba[12] (cidade em que residem dois autores) e na cidade de Porto Alegre[13] (cidade de residência do gaúcho André Jobim de Azevedo), pois a situação de emergência foi decretada em 17 de março de 2020.

Em relação à alínea "c" supracitada, convém transcrever o artigo 4º. do Decreto nº. 5.113/2004, modificado pelo Decreto nº. 7.664/2012:

> Art. 4º O valor do saque será equivalente ao saldo existente na conta vinculada, na data da solicitação, limitado à quantia correspondente a R$ 6.220,00 (seis mil duzentos

12. Curitiba – Notícias. Greca decreta situação de emergência em saúde para combater coronavírus. https://www.curitiba.pr.gov.br/noticias/greca-decreta-situacao-de-emergencia-em-saude-para-combater-coronavirus/55285. Acessado em 22 de abril de 2020.

13. Jornal Zero Hora. Porto Alegre é a primeira cidade do país a ter decreto de emergência reconhecido pelo governo federal. https://gauchazh.clicrbs.com.br/porto-alegre/noticia/2020/04/porto-alegre-e-a-primeira-cidade-do-pais-a-ter-decreto-de-emergencia-reconhecido-pelo-governo-federal-ck8iqlsc300sj01o5bbwmw1tp.html. Acessado em 22 de abril de 2020.

> e vinte reais), por evento caracterizado como desastre natural, desde que o intervalo entre uma movimentação e outra não seja inferior a doze meses.

O empregado doméstico, portanto, teve benefícios e prejuízos no instituto do FGTS.

2.3. Seguro-desemprego

Da mesma forma que o supracitado direito, o referido instituto, que nasceu com a Lei nº.7.998/1990, agora é obrigatório para o empregado doméstico. Na Lei nº.10.208/2001, caso o empregador doméstico inserisse seu empregado no FGTS junto à Caixa Econômica Federal, que é o Órgão Gestor tanto do FGTS quanto do Seguro--desemprego, ele passaria a ter direito, dependendo do número de meses trabalhados como doméstico, por um período mínimo de 15 meses nos últimos 24 meses contados da dispensa sem justa causa, também como estabelecido na Resolução CODEFAT nº. 754, de 26.08.2015.

Note-se que o primeiro problema de diferenças em desfavor do empregado doméstico já ocorre no período mínimo de meses de trabalho para ter direito ao seguro--desemprego, conforme artigo 3º., inciso I e alínea "a" da Lei nº. 7.998/1990, incluído pela Lei nº. 13.134/2015[14]:

> Art. 3º. Terá direito à percepção do seguro-desemprego o trabalhador dispensado sem justa causa que comprove: I - ter recebido salários de pessoa jurídica ou de pessoa física a ela equiparada, relativos a: a) pelo menos 12 (doze) meses nos últimos 18 (dezoito) meses imediatamente anteriores à data de dispensa, quando da primeira solicitação; b) pelo menos 9 (nove) meses nos últimos 12 (doze) meses imediatamente anteriores à data de dispensa, quando da segunda solicitação; e c) cada um dos 6 (seis) meses imediatamente anteriores à data de dispensa, quando das demais solicitações;

Como os Legisladores puderam afirmar que estavam igualando os empregados domésticos aos empregados regidos pela CLT, quando fizeram o prazo inicial de 15 meses de trabalho enquanto o normal era de 6 meses, depois 12 meses.

Pior ainda, o empregado doméstico tem direito a três parcelas fixas de um salário mínimo, copiando-se o que ocorre com o trabalhador retirado do serviço análogo à escravidão, conforme artigo 2º.-C da Lei nº. 7.998/1990. Legisladores afirmaram que estavam tirando o empregado doméstico do trabalho escravo, mas em verdade o colocaram na mesma situação, equiparando-o, até porque além do Projeto de Lei do doméstico

14. SEGURO-DESEMPREGO – ATUALIZAÇÃO Conforme Lei 13.134/2015 e Considerações Geral. http://www.informanet.com.br/Prodinfo/boletim/2015/trabalhista/seguro_desemprego_atualizacao_27_2015.php Acessado em 22 de abril de 2020.

(PLS 224/2013) e a expropriação de propriedades rurais e urbanas em que se constate a prática de trabalho escravo (PLS 432/2013), foram muitas vezes votados juntos.[15]

No artigo 28 da Lei Complementar nº.150/2015, há a informação de que

> para se habilitar ao benefício do seguro-desemprego, o trabalhador doméstico deverá apresentar ao órgão competente do Ministério do Trabalho e Emprego: I - Carteira de Trabalho e Previdência Social, na qual deverão constar a anotação do contrato de trabalho doméstico e a data de dispensa, de modo a comprovar o vínculo empregatício, como empregado doméstico, durante pelo menos 15 (quinze) meses nos últimos 24 (vinte e quatro) meses; II - termo de rescisão do contrato de trabalho; III - declaração de que não está em gozo de benefício de prestação continuada da Previdência Social, exceto auxílio-acidente e pensão por morte; e IV - declaração de que não possui renda própria de qualquer natureza suficiente à sua manutenção e de sua família.

O legislador, em junho de 2015, novamente comparou o empregado doméstico ao trabalhador resgatado da situação análoga à escravidão ao estabelecer no seu artigo 29 que "o seguro-desemprego deverá ser requerido de 7 (sete) a 90 (noventa) dias contados da data de dispensa", de forma diversa à encontrada para o empregado denominado no site da CAIXA[16], como sendo "trabalhador formal" ou também ao "pescador artesanal", cujo prazo é de 7 a 120 dias.

2.4. Ilegitimidade de representação sindical de empregador doméstico

Um outro tema que continua a diferenciar empregado doméstico de empregado celetista é o da representação sindical de empregadores, pois juridicamente, tal fato é impossível, visto que o serviço doméstico possui finalidade não lucrativa, conforme o *caput* do artigo 1º., da Lei Complementar nº. 150/2015, o que conflita diretamente com o artigo 511, § 1º. da CLT, na qual trata de uma categoria econômica, ou seja, impossibilitando o Sindicato de Empregadores e, por consequência, o de empregados, mas tão somente como Associação de Classe, não se inserindo ao caso em tela.

Esta conceituação do *caput* do artigo 1º., da Lei Complementar nº. 150/2015 está praticamente presente nos mesmos termos na Lei nº. 8.212/1991, em seu artigo 12, inciso II, ao indicar como um dos segurados obrigatórios da Previdência Social "aquele que presta serviço de natureza contínua à pessoa ou à família, no âmbito residencial desta, em atividades sem fins lucrativos".

15. Agência Senado. Comissão tenta retomar exame de emendas a projetos sobre emprego doméstico e trabalho escravo. https://www12.senado.leg.br/noticias/materias/2014/07/03/comissao-tenta-retomar-exame-de-emendas-a-projetos-sobre-emprego-domestico-e-trabalho-escravo. Acessado em 22 de abril de 2020.

16. Seguro-desemprego. Assistência financeira temporária para o trabalhador desempregado. http://www.caixa.gov.br/beneficios-trabalhador/seguro-desemprego/Paginas/default.aspx. Acessado em 22 de abril de 2020.

A definição de Sindicato, para Octávio Bueno Magano, é: "a associação de pessoas físicas ou jurídicas, que exercem atividade profissional ou econômica, para a defesa dos respectivos interesses"[17].

O conceito de "categoria econômica" encontra-se no art. 511, § 1º. da Consolidação das Leis do Trabalho, tendo o seguinte teor:

> Art. 511 (...) § 1º. – A solidariedade de interesses econômicos dos que empreendem atividades idênticas, similares ou conexas, constitui o vínculo social básico que se denomina categoria econômica.

O § 2º. do mesmo artigo da CLT conceitua, por sua vez, a categoria profissional:

> art. 511 (...) § 2º. – A similitude de condições de vida oriunda da profissão ou trabalho em comum, em situação de emprego na mesma atividade econômica ou em atividades econômicas similares ou conexas, compõe a expressão social elementar compreendida como categoria profissional.

Uma das principais características do vínculo empregatício doméstico é a finalidade não lucrativa, que conflita diretamente com a definição de categoria econômica encontrada no artigo 511, § 1°. da Consolidação das Leis do Trabalho.

Sergio Pinto Martins[18] nos explicava antes da Emenda Constitucional nº. 72/2013, que inseriu o inciso XXVI ao artigo 7º., que:

> no entanto, o empregador doméstico não está submetido a uma categoria econômica, porque, por definição, não exerce atividade econômica. Isso impede, portanto a possibilidade de serem estabelecidos direitos trabalhistas aos domésticos, justamente porque na convenção coletiva se necessita de sindicatos de empregadores domésticos, e estes não exercem atividade econômica, além de o acordo ser celebrado com empresa, e o empregador doméstico não é uma empresa, que considera uma atividade organizada para a produção com o fito de lucros".

Odonel Urbano Gonçales[19] conclui que

> nada obstante a liberdade de se associarem e formarem sindicatos, empregados e empregadores domésticos não têm base legal para solucionar conflitos coletivos de trabalho por meio de instrumentos que tenham como essência normatividade. Não se pode enquadrar os empregadores como categoria "econômica", porquanto o ponto

17. MAGANO, Octávio Bueno. Direito Coletivo do Trabalho - Manual de Direito do Trabalho. Volume III, 3ª. ed., São Paulo, LTr Editora, 1993. p. 96.
18. MARTINS, Sergio Pinto. Manual do Trabalho Doméstico. São Paulo, Malheiros Editores, 1996. p. 80.
19. GONÇALES, Odonel Urbano. Manual do Empregado e do Empregador Doméstico. São Paulo: LTr, 1997. p. 118-119.

nodal ou nevrálgico do trabalho doméstico reside precisamente na inexistência de lucro, voltado e dirigido para o âmbito familiar.

Segundo Octacílio P. Silva, "sempre houve defensores da sindicalização dos domésticos, inclusive com a simples ratificação da Convenção nº. 87, da OIT. No que se refere ao direito mexicano, '*De La Cueva* propõe que aos domésticos se estendam os benefícios da sindicalização e da contratação coletiva (O novo direito..., p. 548). Parece que essa ideia choca com o princípio, implícito na regulamentação do sindicalismo, e expresso pelo que se refere à contratação coletiva (art. 386) que exige a existência de uma empresa como elemento essencial'[20]. Como se nota, as opiniões em contrário destacam, sobretudo, a dificuldade de sindicalização pela falta de concentração em determinado núcleo laboral (empresa). No entanto, é tendência moderna a extensão, aos domésticos, não só a sindicalização, mas todos os direitos trabalhistas, individuais e coletivos, inclusive a greve"[21].

Entende-se que, para se formalizar uma Convenção Coletiva do Trabalho, assim como para se instaurar um Dissídio Coletivo, deve haver bipolaridade de partes, ou seja, sindicato de empregado e sindicato de empregador. Com a inexistência de qualquer uma dessas partes fica prejudicada a negociação e a formação destes documentos normativos coletivos, o que é o caso do doméstico.

A questão que traz algumas ponderações importantes é que com a redação da Emenda Constitucional nº. 72/2013, incluiu-se aos empregados domésticos o direito ao reconhecimento de Acordos e Convenções Coletivos de Trabalho (artigo 7º., inciso XXVI, através do parágrafo único do próprio artigo).

Com isso, há quem comente que pelo fato de serem reconhecidos os documentos normativos coletivos se passou a reconhecer as entidades sindicais do contrato doméstico.

Pela Emenda Constitucional nº. 72/2013, a Carta Constitucional de 1988 passou a assegurar aos empregados domésticos o direito a Acordos e Convenções Coletivos, positivado no artigo 7º., XXVI, de acordo com o seu parágrafo único, mas, em verdade, tal situação é parcial, pois só admissível por meio de Acordo, jamais Convenção.

Jorge Cavalcanti Boucinhas Filho e Rúbia Zanotelli de Alvarenga explicam que

6. Sindicalização das Empregadas domésticas

> Durante muito tempo se questionou doutrinariamente o direito das domésticas à sindicalização e, sobretudo, à elaboração de acordos e normas coletivas. Os sindicatos de empregados domésticos criados, embora formalmente registrados e instituídos, não

20. DE BUEN L., Nestor. Derecho del trabajo. México: Porrúa, 1976. p. 425.
21. SILVA, Octacílio P. *Empregados Domésticos. In:* Curso de Direito do Trabalho - Estudos em Memória de Célio Goyatá, obra sob a coordenação de Alice Monteiro de Barros. Volume I, 2. ed., São Paulo, LTr Editora, 1994. p. 374-375.

> eram reconhecidos porque a categoria patronal correspondente não exerce atividade econômica e o modelo de sindicalização brasileiro é instituído a partir da categoria econômica do empregador. Essa conclusão era extraída da literalidade do artigo 511, §§ 1º. e 2º. da CLT que estatuem, respectivamente, que "a solidariedade de interesses econômicos dos que empreendem atividades idênticas, similares ou conexas, constitui o vínculo social básico que se denomina categoria econômica" e que "A similitude de condições de vida oriunda da profissão ou trabalho em comum em situação de emprego na mesma atividade econômica ou em atividades econômicas similares ou conexas, compõe a expressão social elementar compreendida como categoria profissional".
>
> Ao se assegurar ao empregado doméstico o direito "ao reconhecimento das convenções e acordos coletivos de trabalho (art. 7º., inc. XXVI)", a Emenda Constitucional n. 72 encerrou qualquer discussão remanescente acerca da possibilidade de sindicalização dos empregados domésticos e de seu direito a negociação coletiva e a regulamentação por norma coletiva. Qualquer interpretação do artigo 511 de forma a restringir esse direito é doravante incompatível com o novo texto constitucional e, portanto, inaceitável[22].

A questão, porém, deve ser analisada de forma mais ampla, pois se assim fosse, o inciso V (piso salarial) do artigo 7º. da Constituição de 1988 deveria ser reconhecido também, além do fato de que foi analisada a obrigatoriedade de se pagar contribuição sindical obrigatória e, depois, retirada do Projeto de Lei. Neste ponto se pode entender que pelo fato de não haver qualquer proibição legal e porque o artigo 19 da Lei Complementar nº. 150/2015 permite a utilização da CLT no que não for conflitante, pelo menos o sindicato de empregados domésticos poderia cobrar o valor de um dia de salário dos empregados, pois a partir de junho de 2015 pode homologar as rescisões contratuais de domésticos que tenham trabalhado por mais de um ano para o mesmo empregador (conforme artigo 477 e parágrafos da CLT), além do fato de que podem elaborar acordos coletivos de trabalho diretamente com o empregador doméstico.

Porque o artigo 8º. e parágrafos da Constituição de 1988 não foi estendido aos sindicatos dos empregados e empregadores domésticos também? Demonstra-se aqui que o legislador realmente não se preocupou com a inserção do Direito Coletivo do Trabalho aos sindicatos de empregado e do hipotético sindicato de empregador doméstico.

Sobre as entidades sindicais existentes no Brasil, convém frisar que em 1936 foi criada, em São Paulo, a primeira associação de trabalhadoras domésticas da qual se tem notícia, liderada por D. Laudelina de Campos Melo. Posteriormente surgiram sindicatos em todo o país, culminando com criação da Federação Nacional das Trabalhadoras Domésticas (FENATRAD), em 1997[23], que é filiada à Central Única dos Trabalhadores-

---

22. BOUCINHAS FILHO, Jorge Cavalcanti; ALVARENGA, Rúbia Zanotelli de. *O ambiente de trabalho, a doença e o acidente do trabalho e os desafios para empregadores e empregados domésticos*. *In*: Trabalho doméstico: Teoria e Prática da Emenda Constitucional 72, de 2013. GUNTHER, Luiz Eduardo; MANDALOZZO, Silvana Souza Netto (Coord.); BUSNARDO, Juliana Cristina; VILLATORE, Marco Antônio César (Org.). Curitiba: Juruá, 2013, v. 1, p. 125-149. p. 146.
23. http://www.fenatrad.org.br/site/vivamus-consequat-urna-eget-magna-ornare/ Acessado em 22 de abril de 2020.

-CUT e integrada por trinta e oito sindicatos de base. Sua presidente Creuza Maria Oliveira entende que

> não se trata só de igualdade de direitos, mas de inclusão e reparação histórica, diante dos absurdos já vivenciados por essas cerca de 8 milhões de trabalhadoras domésticas do país. A justiça social está sendo feita para uma categoria que tem papel importante na construção deste país[24].

Importante também analisar o entendimento esposado por Georgenor de Sousa Franco Filho:

> **NEGOCIAÇÃO COLETIVA**
>
> O inciso XXVI - *reconhecimento das convenções e acordos coletivos de trabalho*– remete a um dos mais importantes aspectos do Direito do Trabalho: convenções e acordos coletivos é o resultado do direito de negociação coletiva. Foram reconhecidas na relação de emprego doméstico.
>
> Entendemos que, embora digna de encômios a negociação coletiva, quando se cuida de trabalho doméstico, é difícil identificar os empregadores domésticos aos quais vão se aplicar essas normas. Ora, um acordo coletivo de trabalho é negociado entre sindicato de trabalhadores e empresa e, até onde se sabe, não existe *empresa* doméstica no Brasil. E, admitindo virem a ser negociadas convenções coletivas entre sindicatos patronal e de trabalhadores, a quem se aplicará a norma fruto dessa negociação? Ora, potencialmente, todas as residências deste país podem ter empregados domésticos.
>
> Impende observar que existem espalhados pelo Brasil sindicatos de empregadores e de empregados domésticos. Em São Paulo, o Sindicato dos Empregadores Domésticos do Estado de São Paulo, fundado a 6.1.1989, identifica-se como *o sindicato pioneiro em nível mundial que representa os patrões domésticos*[25], e existe também o Sindicato dos Trabalhadores Domésticos do Município de São Paulo, criado em 1990[26], e uma Federação das Empregadas e Trabalhadores Domésticos do Estado de São Paulo[27].
>
> Temos nessa relação de trabalho duas figuras: o empregador doméstico, pessoa física, que não exerce atividade econômica ou lucrativa, e o empregado doméstico, também pessoa física, que desenvolve seu mister na residência do empregador (art. 1º da Lei n. 5859/72). Ora, não há *categoria econômica*, nem existe *empresa doméstica*, nesse tipo de relação de trabalho. Como já assinalamos anteriormente, *é a realidade ou então se pode "fazer de conta" que não é*[28].

24. OLIVEIRA, Creuza Maria. *Uma reparação histórica. In:* http://www.ceafro.ufba.br/web/index.php/noticias/exibir/203 Acessado em 22 de abril de 2020.
25. Conforme http://www.sedesp.com.br/. Acessado em 22 de abril de 2020.
26. Conforme http://stdmsp.com/main.html?src=%2F#1,0. Acessado em 22 de abril de 2020.
27. Conforme http://www.federacaodomesticas.com.br/site/index.php. Acessado em 22 de abril de 2020.
28. FRANCO FILHO, Georgenor de Sousa. *A EMENDA CONSTITUCIONAL N. 72/2013 E O FUTURO DO TRABALHO DOMÉSTICO. In*: Trabalho doméstico: Teoria e Prática da Emenda Constitucional 72, de 2013. GUNTHER, Luiz Eduardo; MANDALOZZO, Silvana Souza Netto

Vale registrar, portanto, que não há impedimento algum para a existência de organismos de representação de trabalhadores domésticos, pois prestam eles importantes funções de conscientização e de orientação de tão importante classe de obreiros, além de poderem elaborar Acordos Coletivos de Trabalho.

Para não restar qualquer dúvida, transcrevemos uma das várias decisões nesse sentido:

> *"Doméstico – Convenção Coletiva de Trabalho – Os sindicatos dos empregados e empregadores domésticos são juridicamente incapazes para celebrarem convenção coletiva de trabalho, porquanto não representam uma categoria profissional ou econômica. Isto porque um dos requisitos para que se caracterize a figura do empregador, enquanto pertencente a uma categoria econômica, é exatamente o exercício de uma atividade lucrativa (art. 2º, da CLT), situação inexistente para o empregador doméstico. Da mesma forma, para a caracterização do empregado doméstico torna-se fundamental que os serviços prestados não guardem qualquer vinculação com a atividade econômica porventura desenvolvida pelo empregador, o que seria inadmissível para considerá-lo como categoria profissional. Assim, incensurável a r. sentença ao rejeitar os pedidos decorrentes de convenção coletiva de trabalho firmada pelos sindicatos dos empregados e empregadores domésticos." (TRT - 9ª Reg., RO 11.715/98, Ac. 7.156/99, 5ª T., Relator Juiz Luiz Felipe Haj Mussi, DJPR de 16.04.1999).*

Com a não possibilidade de existência de entidade sindical de empregador doméstico juridicamente, há um problema para o reconhecimento de Convenção Coletiva de Trabalho, mas são exemplos no Brasil:

a) a Convenção Coletiva de Trabalho entre o Sindicato dos Empregados Domésticos de Araucária e Região e o Sindicato dos Empregadores de Empregadas e Empregados Domésticos do Paraná, firmada em 2009 (ou seja, não mais em vigor pela regra de tempo máximo de 2 anos de documento normativo coletivo da categoria, conforme artigo 614, parágrafo 3º. da Consolidação das Leis do Trabalho). O piso salarial nesta época era de R$ 610,12[29].

Já, após a Emenda Constitucional nº.72/2013 outras entidades sindicais firmaram Convenções Coletivas de Trabalho:

b) o Sindicato das Empregadas Domésticas e Trabalhadores Domésticos de Jundiaí e Região e o Sindicato dos Empregadores Domésticos de Campinas e Região pactuaram, para o ano de 2014, o direito ao piso salarial regional: R$ 810,00[30];

(Coord.); BUSNARDO, Juliana Cristina; VILLATORE, Marco Antônio César (Org.). Curitiba: Juruá, 2013, v. 1, p. 93-112. p. 101.

29. http://www.diap.org.br/index.php?option=com_content&view=article&id=9920:pr-governo-assina-convencao-coletiva-do-trabalho-domestico-terca-14 Acessado em 22 de abril de 2020.

30. http://www.domesticalegal.org.br/CCT_2014_SEDCAR.pdf Acessado em 22 de abril de 2020.

c) a realizada em 2015 pelo Sindicato das Empregadas e Trabalhadores Domésticos da Grande São Paulo e o Sindicato dos Empregadores Domésticos do Estado de São Paulo – SEDESP. A normativa coletiva fixou o piso salarial em R$ 980,00[31].

A análise desta questão se torna mais fácil ao se demonstrarem as decisões sobre ajuizamento de Dissídio Coletivo do Trabalho:

> IMPOSSIBILIDADE JURIDICA DO PEDIDO. DISSIDIO DE DOMESTICOS CONTRA SINDICATO PATRONAL. IMPOSSIBILIDADE PORQUE NÃO SE APLICA AOS DOMESTICOS O INSTITUTO DO DISSIDIO COLETIVO. EMPREGADOR DOMÉSTICO NÃO E CATEGORIA ECONOMICA" (TST - ACÓRDÃO Nº. 589 - DECISÃO: 20/10/1992 - RODC Nº. 33588/1991 – 2ª. REGIÃO - RECURSO ORDINARIO EM DISSIDIO COLETIVO - SEÇÃO ESPECIALIZADA EM DISSIDIOS COLETIVOS - DJ 11/12/1992, p. 23782 – RELATOR MINISTRO MARCELO PIMENTEL).
>
> (...)
>
> DISSÍDIO COLETIVO - SINDICATO DE TRABALHADORES DOMÉSTICOS - IMPOSSIBILIDADE JURÍDICA - A categoria dos trabalhadores domésticos é, ainda, uma categoria limitada no que tange a direitos coletivos e individuais, não lhe tendo sido assegurado, no que tange àqueles, o reconhecimento dos acordos e convenções coletivas (art. 7º., parágrafo único, da Carta Magna), que afasta, por incompatibilidade lógica, a possibilidade de negociação coletiva e, finalmente, de chegar-se ao estágio final do ajuizamento da ação coletiva (art. 114, § 2º.). (TST - RO-DC 112.868/94.7 - Ac. SDC 1.271/1994 - Rel. Min. Manoel Mendes de Freitas - DJU 25.11.1994, p. 32.402)[32].
>
> (...)
>
> EMPREGADO DOMÉSTICO – APLICAÇÃO DE NORMA COLETIVA – IMPOSSIBILIDADE - A Constituição Federal de 1.988 resguardou a unicidade sindical e o regime de sindicalização por categoria profissional e econômica. Sabemos, outrossim, que nem todas as categorias têm acesso à negociação coletiva, e.g., funcionários públicos. Ora, os empregados domésticos também fazem parte daquelas categorias profissionais impossibilitadas de firmarem instrumentos coletivos, eis que, no caso específico, inexiste a "categoria econômica" dos empregadores domésticos. Portanto, falta à pretensão do recorrente a possibilidade jurídica, na medida que o art. 7º, parágrafo único, da Magna Carta, não inclui, dentre os direitos assegurados aos trabalhadores domésticos, o da celebração de acordos e convenções (inciso XXVI) e, por decorrência lógica, o da instauração de dissídios coletivos. (PROCESSO TRT/15ª

---

31. http://sindomestica.com.br/cct2015.pdf Acessado em 22 de abril de 2020.
32. http://www.consumidorbrasil.com.br/consumidorbrasil/textos/domestico/jurisprudencia.htm Acessado em 22 de abril de 2020.

REGIÃO, RECURSO ORDINÁRIO EM PROCEDIMENTO SUMARÍSSIMO Nº. 40515/2004-ROPS-7, NUMERAÇÃO ÚNICA: 00197-2004-017-15-00-9)[33].

Sobre o assunto, explica Georgenor de Sousa Franco Filho:

> Ademais, haverá dificuldade para ajuizamento de um dissídio coletivo perante a Justiça do Trabalho. O empregador doméstico não é identificável. Potencialmente, como referimos, todos podem ser empregadores domésticos, inclusive os próprios empregados domésticos, que contratam pessoas para cuidar de sua residência enquanto vão trabalhar na casa de terceiros. Ademais, não existe categoria econômica contraposta à categoria profissional, porque o empregador doméstico não é aquele definido no art. 2º da CLT[34], nem a atividade do empregado doméstico se assemelha com a do empregador para ser confrontado com ele.
>
> A existência de sindicatos de empregadores domésticos e de empregados domésticos, entendemos, não lhes garante o direito de ajuizamento de dissídios coletivos, e, a eventual negociação coletiva que venham a realizar não possibilitará, por impossibilidade de identificação concreta de seus destinatários, a aplicação das normas que celebrarem[35].

Nota-se que tais decisões são antigas e a Justiça do Trabalho poderia utilizar, por analogia, entidades sindicais rurais para proprietário rural individual, como explicam Edésio Passos e André Passos[36]:

> Ao contrário daqueles que consideravam impossível a organização sindical dos empregadores antes da EC 72, assim como decisões no mesmo sentido do TST e TRTs, agora, faz-se o reconhecimento de acordos e convenções coletivas de trabalho aos empregados domésticos, há possibilidade dos empregadores domésticos organizarem-se em entidade sindical. Ocorre similitude constitucional com a organização em sindicato dos integrantes de entidades rurais – o proprietário rural individual – e de colônias de pescadores – o pescador individualmente considerado – com a observação de que a lei terá que estabelecer regulamentação específica (parágrafo único do art. 8º CF/88).

---

33. http://trt-15.jusbrasil.com.br/jurisprudencia/4570660/recurso-ordinario-em-procedimento-sumarissimo-ro-45721-sp-045721-2004/inteiro-teor-101674392 Acessado em 22 de abril de 2020.
34. Artigo 2º. - Considera-se empregador a empresa, individual ou coletiva, que, assumindo os riscos da atividade econômica, admite, assalaria e dirige a prestação pessoal de serviço.
35. FRANCO FILHO, Georgenor de Sousa. *A EMENDA CONSTITUCIONAL N. 72/2013 E O FUTURO DO TRABALHO DOMÉSTICO*. *In*: Trabalho doméstico: Teoria e Prática da Emenda Constitucional 72, de 2013. GUNTHER, Luiz Eduardo; MANDALOZZO, Silvana Souza Netto (Coord.); BUSNARDO, Juliana Cristina; VILLATORE, Marco Antônio César (Org.). Curitiba: Juruá, 2013, v. 1, p. 93-112. p. 101.
36. PASSOS, Edésio; PASSOS, André. *O trabalho doméstico e a Emenda Constitucional 72: Resgate, igualdade, perdão, responsabilidade*. *In*: Trabalho doméstico: Teoria e Prática da Emenda Constitucional 72, de 2013. GUNTHER, Luiz Eduardo; MANDALOZZO, Silvana Souza Netto (Coord.); BUSNARDO, Juliana Cristina; VILLATORE, Marco Antônio César (Org.). Curitiba: Juruá, 2013, v. 1, p. 69-82. p. 77.

Luciano Augusto de Toledo Coelho e Jordane Núbia Limberger[37] também entendem a dificuldade, finalizando item de seu livro da seguinte maneira: "em suma, a nosso ver, as possibilidades de um instrumento coletivo entre empregados e empregadores domésticos são menos amplas que aquelas possíveis para as demais categorias".

Já com relação aos Acordos Coletivos de Trabalho não há qualquer empecilho para fazê-los, até porque o artigo 7º., XXVI, da Constituição de 1988 assim já permitiu, não gerando mais qualquer dúvida do reconhecimento do sindicato de empregados domésticos como entidade representativa sindical obreira.

Com isso, entendemos que ainda é impossível ter uma Convenção Coletiva de Trabalho entre Sindicatos de Empregados e Empregadores Domésticos, o que tornará mais difícil para o empregador a utilização das novas legislações neste período de crise, tais como o banco de horas, as reduções de carga horária e de salários. No que se refere às reduções de carga horária e de salários, proporcionalmente, quando o empregado receber entre R$ 3.135,00 (três salários mínimos) e R$ 12.202,12 (duas vezes o Teto do INSS), pois somente seria permitido por Acordo Individual quando a diminuição fosse de até 25%. No caso de percentual superior, como 50 ou 70%, haverá a necessidade de Acordo Coletivo de Trabalho, conforme Medida Provisória nº. 936/2020.

Para superar esta barreira de forma totalmente aplicável aos sujeitos da relação doméstica, existe o artigo 617 da CLT, que permite negociação indireta. Pois ao se apresentar o Acordo Coletivo à entidade sindical de empregados, caso esta seja omissa por mais de 8 dias, abre-se a possibilidade de negociar diretamente com os empregados, através de uma Assembleia criada para tal fim.

Como os temas das outras legislações que surgiram em razão do COVID-19 serão trabalhadas por outros Amigas e Amigos Acadêmicos, somente convém frisar que se aplicam aos empregados domésticos, conforme supracitado.

Em resumo são as seguintes:

A) MP - Estado de Calamidade Decreto Legislativo 6, de 20/mar/2020;

B) MP 927 - Medidas Trabalhistas enfrentamento do estado de calamidade, de 22/mar/2020;

C) MP 936 - Institui o Programa Emergencial de renda e medidas trabalhistas complementares ao enfrentamento, de 01/abril/2020;

D) MP 944 - Institui o Programam Emergencial de Suporte a Empregos, de 04/abril/2020;

E) MP 945 - Medidas temporárias no âmbito do setor portuário e cessão de pátios militares, de 04/abril/2020.

37. COELHO, Luciano Augusto de Toledo; LIMBERGER, Jordane Núbia. Inovações legais no contrato de trabalho doméstico. Curitiba: Instituto Memória, 2017. p. 136.

3. Tentativas legislativas no brasil sobre empregados domésticos em tempo do novo coronavírus - proteção do trabalhador

Importante analisar alguns reflexos da crise trazida pelo novo coronavírus e as consequências a toda uma sociedade.

Neste período de crise na saúde e, com consequência, na economia, justifica a intervenção estatal, em razão do aumento da desigualdade e dos custos sociais, além do risco de morte.

O desemprego sempre foi um dos problemas mais sérios, sendo uma falácia se afirmar em pleno emprego, que é uma promessa do Estado Social. Mais importante que o lucro irracional, ou a manutenção constante nesse sentido, é se pensar em ter o lucro, é claro, mas se cuidando do trabalhador, para manutenção de um meio ambiente laboral saudável.

Preocupante, também, é o fenômeno do "desalentado", denominado por aquela pessoa que parou de procurar emprego ou um trabalho, de tanto tempo que buscou uma atividade e não encontrou.

O Estado deve se preocupar com todos estes fenômenos sociais, pois o adoecimento de qualquer cidadão será sentido por toda a sociedade, tendo em vista o sistema de bem estar social ("welfare state"), em que o Instituto Nacional de Seguro Social promove a tríade de Previdência, Assistência Social e Saúde, estas duas, para todos.

Sobre os que laboram, o meio ambiente possui uma natureza abrangente e interdisciplinar, conforme Norma Padilha.[38]

Celso Antonio Pacheco Fiorillo[39] explica que o ambiente de trabalho é:

> (...) o local onde as pessoas desempenham suas atividades laborais, sejam remuneradas ou não, cujo equilíbrio está baseado na salubridade do meio e na ausência de agentes que comprometam a incolumidade físico-psíquica dos trabalhadores, independente da condição que ostentem (homens ou mulheres, maiores ou menores de idade (...).

Nesse sentido, o meio ambiente do trabalho é onde se desenvolvem as atividades do trabalho humano.[40] Assim, considerando que este ambiente faz parte do meio ambiente geral[41], para que a qualidade de vida seja alcançada de modo equilibrado e satisfatório, faz-se necessária a qualidade no trabalho.

---

38. PADILHA, Norma Sueli. Do meio ambiente do trabalho equilibrado. São Paulo: LTr, 2002. p. 21
39. FIORILLO, Celso Antonio Pacheco. Curso de direito ambiental brasileiro. 5. ed. São Paulo: Saraiva, 2004. p. 22-23.
40. ROCHA, Júlio César de Sá da. Direito ambiental e meio ambiente do trabalho. Dano, prevenção e proteção jurídica. São Paulo: LTr, 1997. p. 30.
41. OLIVEIRA, Sebastião Geraldo de. Proteção jurídica à saúde do trabalhador. 4. ed. São Paulo: LTr, 2002, p. 129.

O Confrade Sebastião Geraldo de Oliveira entende que "é impossível alcançar qualidade de vida sem ter qualidade no trabalho, nem se pode atingir meio ambiente equilibrado e sustentável, ignorando o meio ambiente de trabalho".[42]

Assim, pode-se compreender que o meio ambiente do trabalho tem por objetivo a qualidade de vida do trabalhador e o alcance de seu bem-estar, de modo que não se restringe apenas aos aspectos das relações trabalhistas.[43]

O Pacto Internacional dos Direitos Sociais, Econômicos e Culturais, primeiro documento internacional a se referir ao direito ao meio ambiente saudável, instituiu, em seu artigo "12.1", que é "direito de toda pessoa de desfrutar o mais elevado nível possível de saúde física e mental através da melhoria de todos os aspectos de higiene do trabalho e do meio ambiente".

O artigo III da Declaração Universal dos Direitos Humanos enuncia que toda pessoa tem direito à vida, à liberdade, bem como a um meio ambiente equilibrado.

A Organização Internacional do Trabalho (OIT)[44], que no ano passado fez 100 anos de sua criação, com o Tratado de Versalhes (Tratado da Paz finalizando a Primeira Grande Guerra Mundial), editou a Convenção nº.155, em 1981, estabelecendo que todos os seus membros devem formular, pôr em prática e reexaminar uma política nacional coerente em matéria de segurança e saúde dos trabalhadores e o meio ambiente de trabalho, sendo que o seu objetivo é prevenir os acidentes e os danos à saúde que decorrerem do trabalho, que tenham relação com a atividade de trabalho, ou que se apresentem durante o trabalho, de modo a reduzir ao mínimo as causas dos riscos inerentes ao meio ambiente de trabalho.

A OIT[45] determina que a saúde "abrange não só a ausência de afecções ou de doenças, mas também os elementos físicos e mentais que afetam a saúde e estão diretamente relacionados com a segurança e a higiene no trabalho".

De acordo com a Organização Mundial da Saúde (OMS)[46], que, assim como a OIT faz parte da Organização das Nações Unidas, é fundamental para a promoção da saúde mental um ambiente que respeite e proteja os direitos básicos civis, políticos, socioeconômicos e culturais de cada ser humano.

Ademais, a saúde abrange elementos físicos e mentais que a afetem e que podem estar diretamente ligados ao trabalho. As doenças mentais podem se desenvolver não apenas através de problemas relacionados às emoções, interações interpessoais ou comportamentais, mas também por meio de relações culturais, econômicas e, em especial, pelas condições de trabalho.

---

42. OLIVEIRA, Sebastião Geraldo de. Ob. cit. p. 129.

43. ROSSIT, Liliana Allodi. O meio ambiente do trabalho no direito ambiental brasileiro. São Paulo: LTr, 2003. p. 67.

44. ORGANIZAÇÃO Internacional do Trabalho. Convenção n. 155. Disponível em: <https://www.ilo.org/brasilia/convencoes/WCMS_236163/lang--pt/index.htm>. Acesso em 22 de abril de 2020.

45. *Ibidem.*

46. NAÇÕES Unidas no Brasil. Saúde mental depende de bem-estar físico e social, diz OMS em dia mundial. Publicado em 10/10/2016. Disponível em: <https://nacoesunidas.org/saude-mental-depende-de-bem-estarfisico-e-social-diz-oms-em-dia-mundial/>. Acesso em 22 de abril de 2020.

Igualmente, segundo a Organização Mundial da Saúde (OMS)[47]:

> Determinants of mental health and mental disorders include not only individual attributes such as the ability to manage one's thoughts, emotions, behaviors and interactions with others, but also social, cultural, economic, political and environmental factors such as national policies, social protection, living standards, working conditions, and community social supports.

Essencial analisar a forma de organização social do homem para que se compreenda o motivo da incidência de transtornos mentais e comportamentais sobre a sociedade. O homem, a partir da ascensão da sociedade burguesa, conforme Maria Silvia Bolguese[48], tratando-se da submissão do homem aos critérios de organização social.

Uma expressão grande da onerosidade e da sobrecarga do indivíduo é representada pela depressão, bem como pela síndrome do *burnout*. Assim, a depressão pode ser definida como uma patologia. Conforme dados da Organização Mundial da Saúde (OMS), a depressão é colocada como uma das "cinco principais doenças do mundo em custo para a pessoa e a sociedade, ao lado de doenças cardiovasculares, câncer, hipertensão e diabetes", conforme Breno Serson.[49]

É sabido que com o isolamento social, muitos empregados domésticos estão sendo dispensados e outros tantos estão com receio de logo perderem seus empregos formais.

Pior ainda é a situação dos prestadores de serviços diaristas, pois nestes casos houve uma diminuição enorme dos trabalhos, fazendo com que tenham iniciado uma situação de problemas mentais e até físicos, pela falta de alimentação digna, mesmo porque nem todos terão acesso aos benefícios do Governo brasileiro.

Nos ensinamentos de Gilmar Ferreira Mendes o artigo 6º. da Constituição de 1988 prevê direitos fundamentais sociais, e especifica conteúdo e forma de prestação (artigos 196, 201, 203, 205, 215,217, entre outros)[50], nisto realça a atenção que o enfrentamento ao art. 200, II e V, propostos aqui para análise sob alguns aspectos integradores ao entendimento de proteção à saúde do trabalhador, encontram-se entre estes "outros".

---

47. ORGANIZAÇÃO Mundial da Saúde. Mental health action plan: 2013-2020. Genebra, p. 9. Disponível em: <http://apps.who.int/iris/bitstream/handle/10665/89966/9789241506021_eng.pdf;jsessionid=9F0414462EBF826 55E8A2AF2BE07087C?sequence=1>. Acesso em 22 de abril de 2020. Os determinantes da saúde mental e dos transtornos mentais e comportamentais incluem não apenas atributos individuais, como a capacidade de gerenciar pensamentos, emoções, comportamentos e interações com outros, mas também fatores sociais, culturais, econômicos, políticos e ambientais, como políticas nacionais, proteção social, padrões, condições de trabalho e suporte social da comunidade. (tradução literal do autor).
48. BOLGUESE, Maria Silvia. Depressão & Doença Nervosa Moderna. São Paulo: Via Lettera: Fapesp, 2004. p. 29.
49. SERSON, Breno. Transtornos de ansiedade, estresse e depressões: conhecer e tratar. São Paulo: MG Editores, 2016. p. 26.
50. MENDES, Gilmar Ferreira. Curso de Direito Constitucional/ Gilmar Ferreira Mendes, Paulo Gustavo Gonet Branco. – 6. ed. rev. e atual. – São Paulo: Saraiva, 2011. p. 685.

A saúde do trabalhador está entre os direitos sociais[51] e alguns dentre estes também são determinantes e condicionantes de saúde[52], assim a alimentação, o trabalho, a moradia, o transporte, o lazer.

Afirma Gilmar Ferreira Mendes[53]:

> *"Algumas normas constantes do catálogo de direitos previsto no art. 7º, CF, indicam que o constituinte pretendeu explicitar, em verdade, um dever geral de proteção por parte do legislador (Schutzpflicht)".*

Entre estas normas constitucionais se encontra o art. 7º., XXII com o sentido de um dever geral de proteção.

O *caput* do artigo 200, além de incisos II, V e VIII, da Constituição de 1988 define competências do Sistema Único de Saúde (SUS), remetendo aos termos da Lei, que é a de nº. 8.080/1990[54] que regula os serviços de saúde incluindo os privados, e nestes incluídos os estabelecidos no art. 162 da CLT.

---

51. CAPÍTULO II
DOS DIREITOS SOCIAIS
Art. 6º. São direitos sociais a educação, a saúde, a alimentação, o trabalho, a moradia, o transporte, o lazer, a segurança, a previdência social, a proteção à maternidade e à infância, a assistência aos desamparados, na forma desta Constituição.
Art. 7º. São direitos dos trabalhadores urbanos e rurais, além de outros que visem à melhoria de sua condição social: (...)
XXII - redução dos riscos inerentes ao trabalho, por meio de normas de saúde, higiene e segurança;
XXIII - adicional de remuneração para as atividades penosas, insalubres ou perigosas, na forma da lei; (...)
XXVIII - seguro contra acidentes de trabalho, a cargo do empregador, sem excluir a indenização a que este está obrigado, quando incorrer em dolo ou culpa

52. Lei nº. 8.080/1990. Art. 3º Os níveis de saúde expressam a organização social e econômica do País, tendo a saúde como determinantes e condicionantes, entre outros, a alimentação, a moradia, o saneamento básico, o meio ambiente, o trabalho, a renda, a educação, a atividade física, o transporte, o lazer e o acesso aos bens e serviços essenciais.

53. MENDES, Gilmar Ferreira. Curso de Direito Constitucional/ Gilmar Ferreira Mendes, Paulo Gustavo Gonet Branco. 6. ed. rev. e atual. – São Paulo: Saraiva, 2011. p. 684.

54. Lei nº. 8.080, de 19 de setembro de 1990
Dispõe sobre as condições para a promoção, proteção e recuperação da saúde, a organização e o funcionamento dos serviços correspondentes e dá outras providências.
DISPOSIÇÃO PRELIMINAR
Art. 1º. Esta lei regula, em todo o território nacional, as ações e serviços de saúde, executados isolada ou conjuntamente, em caráter permanente ou eventual, por pessoas naturais ou jurídicas de direito Público ou privado.
TÍTULO I
DAS DISPOSIÇÕES GERAIS
Art. 2º. A saúde é um direito fundamental do ser humano, devendo o Estado prover as condições indispensáveis ao seu pleno exercício.
§ 1º. O dever do Estado de garantir a saúde consiste na formulação e execução de políticas econômicas e sociais que visem à redução de riscos de doenças e de outros agravos e no estabelecimento de condições

O § 2º. do artigo 2º. da Lei nº. 8.080/1990 determina que não está excluído o dever das pessoas, da família, das empresas e da sociedade, de modo que o dever de proteção não se restringe ao estado.

Outro fato trazido na Lei nº. 8.080/1990, no seu artigo 2º., parágrafo único[55], são os aspectos relativos às ações garantidoras de condições de bem-estar físico, mental e social através de políticas econômicas e sociais. Cabe ressaltar que estas têm íntima relação, tanto com ações de prevenção, como com ações de assistência à saúde, de modo que se adentra à dimensão cogente sobre a temática do processo saúde-doença.

Dentro do sentido de proteção geral extrai-se na dimensão da saúde que o estado, na esfera do SUS, tem o objetivo para identificação e divulgação dos fatores condicionantes e determinantes de saúde[56], e, para a identificação está vinculado ao instrumento ciência que é metodológico na produção de conhecimento.

Os Projetos de Lei em tramitação na Câmara dos Deputados, em urgência, trazem possíveis determinações sobre garantia de emprego enquanto perdurar o novo coronavírus, além de outras orientações, inclusive em relação à licença ou dispensa do comparecimento do empregado doméstico ao local de trabalho, mas somente transcreveremos no anexo (Capítulo 6), pois como não foram votados até o presente momento (dia 24 de abril de 2020), dificilmente o serão, tendo em vista que a crise já se encontra em mais de um mês e logo (o que se espera) não terá mais efeito. De qualquer forma convém ler cada um dos quatro Projetos de Lei, abaixo.

---

que assegurem acesso universal e igualitário às ações e aos serviços para a sua promoção, proteção e recuperação.

§ 2º. O dever do Estado não exclui o das pessoas, da família, das empresas e da sociedade.

55. Parágrafo único. Dizem respeito também à saúde as ações que, por força do disposto no artigo anterior, se destinam a garantir às pessoas e à coletividade condições de bem-estar físico, mental e social.
TÍTULO II
DO SISTEMA ÚNICO DE SAÚDE
DISPOSIÇÃO PRELIMINAR
Art. 4º. O conjunto de ações e serviços de saúde, prestados por órgãos e instituições públicas federais, estaduais e municipais, da Administração direta e indireta e das fundações mantidas pelo Poder Público, constitui o Sistema Único de Saúde (SUS).
§ 1º. Estão incluídas no disposto neste artigo as instituições públicas federais, estaduais e municipais de controle de qualidade, pesquisa e produção de insumos, medicamentos, inclusive de sangue e hemoderivados, e de equipamentos para saúde.
§ 2º. A iniciativa privada poderá participar do Sistema Único de Saúde (SUS), em caráter complementar.

56. CAPÍTULO I
Dos Objetivos e Atribuições
Art. 5º. São objetivos do Sistema Único de Saúde SUS:
I - a identificação e divulgação dos fatores condicionantes e determinantes da saúde;
II - a formulação de política de saúde destinada a promover, nos campos econômico e social, a observância do disposto no § 1º. do art. 2º. desta lei;
III - a assistência às pessoas por intermédio de ações de promoção, proteção e recuperação da saúde, com a realização integrada das ações assistenciais e das atividades preventivas.

4. Considerações finais

Na questão econômica, muitos empregados domésticos serão dispensados, e o mais triste será verificar que em muitas das vezes, tais resilições contratuais ocorrerão por impossibilidade de a família pagar tais direitos que, frisa-se, são o mínimo que a digna atividade, assim como um Professor ou um Presidente, deveriam receber.

Concorde-se ou não com as tais incompatibilidades alegadas pelo Constituinte, fato é que o cenário jurídico que acomodou a realidade dos empregados domésticos até o início do ano de 2020 pode ser classificado ainda como precário, especialmente se comparado com os empregados em geral – os chamados celetistas.

Como consequência das crises, muitas pessoas perdem o vínculo formal de trabalho, e ao mesmo tempo, não conseguem encontrar uma porta de retorno, e ainda, a manutenção de sua subsistência, em virtude dos preços dos produtos básicos, encarece. Deve-se, então, averiguar qual a repercussão do abalo da economia mundial no âmbito social e empresarial, inclusive verificando como o Direito do Trabalho pode auxiliar empregados e empregadores na superação da crise.

Pretende-se ainda demonstrar que há uma íntima relação entre crise econômica e as profundas alterações do mercado de trabalho e, consequentemente, do Direito de Trabalho, cujo debate e discussão são importantes.

Apesar de a crise ter sido reflexo de uma doença contagiosa, por óbvio que suas consequências são sentidas no mundo do trabalho, esperamos que não pelo tempo que se alardeia, de 10 anos, porque deslocam, ou melhor, transferem, os empregos das áreas onde há um Direito Laboral mais estruturado para aquelas onde há menos proteção nos menores custos de produção, bem como de menor compromisso com a custo social e a transferência de renda.

Espera-se que a experiência que todos vivemos, limpando as suas próprias residências, em razão do isolamento social, seja importante fator para se igualar os trabalhadores domésticos a todos os demais empregados. Nada melhor que se pensar na importância do trabalho dessa importante categoria e nos desgastes físico e mental que todos sofrem.

5. Referências

Agência Senado. Comissão tenta retomar exame de emendas a projetos sobre emprego doméstico e trabalho escravo. https://www12.senado.leg.br/noticias/materias/2014/07/03/comissao-tenta-retomar-exame-de-emendas-a-projetos-sobre-emprego-domestico-e-trabalho-escravo. Acessado em 22 de abril de 2020.

ARANTES, Delaíde Alves Miranda. Trabalho decente para os trabalhadores domésticos do Brasil e do mundo. *In*: Trabalho doméstico: Teoria e Prática da Emenda Constitucional 72, de 2013. GUNTHER, Luiz Eduardo; MANDALOZZO, Silvana Souza Netto (Coord.); BUSNARDO, Juliana Cristina; VILLATORE, Marco Antônio César (Org.). Curitiba: Juruá, 2013, v. 1, p. 83-86

BOLGUESE, Maria Silvia. Depressão & Doença Nervosa Moderna. São Paulo: Via Lettera: Fapesp, 2004.

BOUCINHAS FILHO, Jorge Cavalcanti; ALVARENGA, Rúbia Zanotelli de. O ambiente de trabalho, a doença e o acidente do trabalho e os desafios para empregadores e empregados domésticos. *In*: Trabalho doméstico: Teoria e Prática da Emenda Constitucional 72, de 2013. GUNTHER, Luiz Eduardo; MANDALOZZO, Silvana Souza Netto (Coord.); BUSNARDO, Juliana Cristina; VILLATORE, Marco Antônio César (Org.). Curitiba: Juruá, 2013, v. 1, p. 125-149, p. 146.

Câmara de Deputados. Projeto de Lei n. 798/2020, pelo Deputado Idilvan Alencar (PDT/CE). https://www.camara.leg.br/proposicoesWeb/prop_mostrarintegra?codteor=1869745&filename=Tramitacao-PL+798/2020. Acessado em 22 de abril de 2020.

Câmara de Deputados. Projeto de Lei n. 931/2020, pelos Deputados Valmir Assunção (PT-BA) e Professora Rosa Neide (PT-MT). https://www.camara.leg.br/proposicoesWeb/prop_mostrarintegra?codteor=1870180&filename=Tramitacao-PL+931/2020. Acessado em 22 de abril de 2020.

Câmara de Deputados. Projeto de Lei n. 993/2020, pela Deputada Benedita da Silva (PT-RJ). https://www.camara.leg.br/proposicoesWeb/prop_mostrarintegra?codteor=1870634&filename=Tramitacao-PL+993/2020. Acessado em 22 de abril de 2020.

Câmara de Deputados. Projeto de Lei n. 1.134/2020, pelo Deputado Carlos Veras (PT/PE). https://www.camara.leg.br/proposicoesWeb/prop_mostrarintegra?codteor=1871063&filename=Tramitacao-PL+1134/2020. Acessado em 22 de abril de 2020.

Cartilha Simples Doméstico. http://www.esocial.gov.br/doc/cartilha-simples-domestico.pdf. Acessado em 22 de abril de 2020.

COELHO, Luciano Augusto de Toledo; LIMBERGER, Jordane Núbia. Inovações legais no contrato de trabalho doméstico. Curitiba: Instituto Memória, 2017.

COLNAGO, Lorena de Mello Rezende. O trabalho doméstico: primeiras impressões da Emenda Constitucional 72/2013. *In*: Trabalho doméstico: Teoria e Prática da Emenda Constitucional 72, de 2013. GUNTHER, Luiz Eduardo; MANDALOZZO, Silvana Souza Netto (Coord.); BUSNARDO, Juliana Cristina; VILLATORE, Marco Antônio César (Org.). Curitiba: Juruá, 2013, v. 1, p. 195-211

Curitiba Notícias. Greca decreta situação de emergência em saúde para combater coronavírus. https://www.curitiba.pr.gov.br/noticias/greca-decreta-situacao-de-emergencia-em-saude-para-combater-coronavirus/55285. Acessado em 22 de abril de 2020.

DE BUEN L., Nestor. Derecho del trabajo. México: Porrúa, 1976.

FIORILLO, Celso Antonio Pacheco. Curso de direito ambiental brasileiro. 5. ed. São Paulo: Saraiva, 2004.

FRANCO FILHO, Georgenor de Sousa. A EMENDA CONSTITUCIONAL N. 72/2013 E O FUTURO DO TRABALHO DOMÉSTICO. *In*: Trabalho doméstico: Teoria e Prática da Emenda Constitucional 72, de 2013. GUNTHER, Luiz Eduardo; MANDALOZZO, Silvana Souza Netto (Coord.); BUSNARDO,

Juliana Cristina; VILLATORE, Marco Antônio César (Org.). Curitiba: Juruá, 2013, v. 1, p. 93-112.

GONÇALES, Odonel Urbano. Manual do Empregado e do Empregador Doméstico. São Paulo: LTr, 1997.

Jornal Zero Hora. Porto Alegre é a primeira cidade do país a ter decreto de emergência reconhecido pelo governo federal. https://gauchazh.clicrbs.com.br/porto-alegre/noticia/2020/04/porto-alegre-e-a-primeira-cidade-do-pais-a-ter-decreto-de-emergencia-reconhecido-pelo-governo-federal-ck8iqlsc300sj01o5bbwmw1tp.html. Acessado em 22 de abril de 2020.

MAGANO, Octávio Bueno. Direito Coletivo do Trabalho - Manual de Direito do Trabalho. Volume III, 3. ed., São Paulo, LTr Editora, 1993.

MARTINS, Sergio Pinto. Manual do Trabalho Doméstico. São Paulo, Malheiros Editores, 1996.

MENDES, Gilmar Ferreira. Curso de Direito Constitucional/ Gilmar Ferreira Mendes, Paulo Gustavo Gonet Branco. 6. ed. rev. e atual. – São Paulo: Saraiva, 2011.

Nações Unidas no Brasil. Saúde mental depende de bem-estar físico e social, diz OMS em dia mundial. Publicado em 10/10/2016. Disponível em: <https://nacoesunidas.org/saude-mental-depende-de-bem-estarfisico-e-social-diz-oms-em-dia-mundial/>. Acesso em 22 de abril de 2020.

OLIVEIRA, Creuza Maria. *Uma reparação histórica. In:* http://www.ceafro.ufba.br/web/index.php/noticias/exibir/203 Acessado em 22 de abril de 2020.

OLIVEIRA, Nancy Mahra de Medeiros Nicolas. Trabalho doméstico no contexto econômico e socioambiental brasileiro: desigualdades e paradoxos na regulação normativa. Dissertação (Mestrado) - Pontifícia Universidade Católica do Paraná, Curitiba, 2012.

OLIVEIRA, Sebastião Geraldo de. Proteção jurídica à saúde do trabalhador. 4. ed. São Paulo: LTr, 2002.

ORGANIZAÇÃO Internacional do Trabalho. Convenção n. 155. Disponível em: <https://www.ilo.org/brasilia/convencoes/WCMS_236163/lang--pt/index.htm>. Acesso em 22 de abril de 2020.

ORGANIZAÇÃO Mundial da Saúde. Mental health action plan: 2013-2020. Genebra, p. 9. Disponível em: <http://apps.who.int/iris/bitstream/handle/10665/89966/9789241506021_eng.pdf;jsessionid=9F0414462EBF82655E8A2AF2BE07087C?sequence=1>. Acesso em 22 de abril de 2020.

PADILHA, Norma Sueli. Do meio ambiente do trabalho equilibrado. São Paulo: LTr, 2002.

PASSOS, Edésio; PASSOS, André. O trabalho doméstico e a Emenda Constitucional 72: Resgate, igualdade, perdão, responsabilidade. *In*: Trabalho doméstico: Teoria e Prática da Emenda Constitucional 72, de 2013. GUNTHER, Luiz Eduardo; MANDALOZZO, Silvana Souza Netto (Coord.); BUSNARDO, Juliana Cristina; VILLATORE, Marco Antônio César (Org.). Curitiba: Juruá, 2013, v. 1, p. 69-82

ROCHA, Júlio César de Sá da. Direito ambiental e meio ambiente do trabalho. Dano, prevenção e proteção jurídica. São Paulo: LTr, 1997.

ROSSIT, Liliana Allodi. O meio ambiente do trabalho no direito ambiental brasileiro. São Paulo: LTr, 2003.

Seguro-desemprego. Assistência financeira temporária para o trabalhador desempregado. http://www.caixa.gov.br/beneficios-trabalhador/seguro-desemprego/Paginas/default.aspx. Acessado em 22 de abril de 2020.

SEGURO-DESEMPREGO – ATUALIZAÇÃO Conforme Lei 13.134/2015 e Considerações Geral. http://www.informanet.com.br/Prodinfo/boletim/2015/trabalhista/seguro_desemprego_atualizacao_27_2015.php Acessado em 22 de abril de 2020.

SERSON, Breno. Transtornos de ansiedade, estresse e depressões: conhecer e tratar. São Paulo: MG ditores, 2016.

SILVA, Octacílio P. Empregados Domésticos. *In:* Curso de Direito do Trabalho - Estudos em Memória de Célio Goyatá, obra sob a coordenação de Alice Monteiro de Barros. Volume I, 2. ed., São Paulo, LTr Editora, 1994.

VILLATORE, Marco Antônio César; VILLATORE, Patricia Calvo. Preocupante aumento de casos de transtornos mentais e comportamentais e sua relação com o trabalho. In: XXVIII ENCONTRO NACIONAL DO CONPEDI GOIÂNIA - GO, 2019, Goiânia. Constitucionalismo Crítico, Políticas Públicas e Desenvolvimento Inclusivo, 2019. p. 06-23, file:///C:/Users/User/AppData/Local/Temp/22qPoqOvTnz8476n.pdf. Acessado em 22 de abril de 2020.

VILLATORE, Marco Antônio César. Inovações no Direito do Trabalho Doméstico. Curitiba: Juruá Editora, 2016.

VILLATORE, Marco Antônio César. Novidades socioeconômicas sobre empregados domésticos na Organização Internacional do Trabalho e nos Estados Partes do MERCOSUL. Revista de Processo do Trabalho e Sindicalismo, v. 5, p. 38-58, 2014.

6. PROJETOS DE LEI EM TRAMITAÇÃO NA CÂMARA DOS DEPUTADOS

a) Mesa Diretora (MESA)	
20/03/2020	· Apresentação do Projeto de Lei nº. 798/2020, pelo Deputado Idilvan Alencar (PDT/CE)[57], que "altera Lei nº. 13.979, de 06 de fevereiro de 2020, para estabelecer proteção aos trabalhadores domésticos

57. Câmara de Deputados. Projeto de Lei n. 798/2020, pelo Deputado Idilvan Alencar (PDT/CE). https://www.camara.leg.br/proposicoesWeb/prop_mostrarintegra?codteor=1869745&filename=Tramitacao-PL+798/2020. Acessado em 22 de abril de 2020.

PROJETO DE LEI Nº. , de 2020

(Do Sr. IDILVAN ALENCAR)

Altera Lei nº. 13.979, de 06 de fevereiro de 2020, para estabelecer proteção aos trabalhadores domésticos

O Congresso Nacional decreta:

Art. 1º. O Art. 3º. da Lei nº. 13.979, de 06 de fevereiro de 2020 passa a vigorar com a seguinte redação:

"Art. 3º. ......

§ 8º. O empregado doméstico, na forma definida no Art. 1º. da Lei Complementar nº. 150, de 1º. de junho de 2015, poderá se afastar do trabalho enquanto vigorarem medidas previstas neste artigo para algum morador ou frequentador habitual da residência de trabalho."

Art. 2º. Esta lei entra em vigor na data de sua publicação.

JUSTIFICAÇÃO

A Organização Mundial da Saúde declarou que estamos em uma pandemia global do COVID-19, um vírus que provoca uma doença que causa febre e problemas respiratórios, podendo levar a óbito. A doença teve origem na China e se espalhou pelo mundo, tendo também chegado ao Brasil. Inicialmente, as contaminações no Brasil foram de pessoas que viajaram para o exterior e contraíram a doença. Chegando ao país, outras pessoas tiveram contato com a pessoa e com o vírus e contraíram a doença. Interromper a disseminação do vírus ou retardar a velocidade de sua propagação é o objetivo das ações previstas na Lei nº. 13.979/2020, que prevê medidas como isolamento, quarentena e a determinação compulsória de exames, testes, vacina, coleta de amostras e tratamentos específico.

Os trabalhadores domésticos têm uma situação específica, pois trabalha na residência de famílias que podem ter membros cumprindo medida de isolamento ou quarentena na própria casa, oferecendo risco de contágio. No marco jurídico vigente, a empregada doméstica não pode se ausentar do trabalho se um morador ou frequentador eventual da casa estiver sob alguma das medidas previstas no Art. 3º. da Lei nº. 13.979/2020.

Esta alteração legal visa proteger a saúde dos trabalhadores doméstico e a proliferação do vírus entre os familiares, vizinhos e membros da família.

Sala das Sessões, em de de 2020.

Deputado IDILVAN ALENCAR

b) Plenário (PLEN)	
24/03/2020	· Apresentação do Projeto de Lei n. 931/2020, pelos Deputados Valmir Assunção (PT-BA) e Professora Rosa Neide (PT-MT)[58], que: "institui a obrigatoriedade de dispensa das trabalhadoras domésticas e diaristas em caso de estado de calamidade pública e emergência declarada sem prejuízo da remuneração mensal, bem como de todos os direitos trabalhistas e previdenciários".

58. Câmara de Deputados. Projeto de Lei n. 931/2020, pelos Deputados Valmir Assunção (PT-BA) e Professora Rosa Neide (PT-MT). https://www.camara.leg.br/proposicoesWeb/prop_mostrarintegra?codteor=1870180&filename=Tramitacao-PL+931/2020. Acessado em 22 de abril de 2020.

PROJETO DE LEI Nº.

(Do Deputado Valmir Assunção)

Institui a obrigatoriedade de dispensa das trabalhadoras domésticas e diaristas em caso de estado de calamidade pública e emergência declarada sem prejuízo da remuneração mensal, bem como de todos os direitos trabalhistas e previdenciários.

O CONGRESSO NACIONAL decreta:

Art. 1º. Esta lei propõe a dispensa de trabalhadores/as domésticos/as em caso de estado de calamidade pública e emergência declarada.

Art. 2º. É de responsabilidade do Poder Público a garantia da proteção da saúde, dos direitos trabalhistas, previdenciários e da vida das trabalhadoras e trabalhadores domésticos, conforme art. 3º. e incisos e art. 7º., I, da Constituição da República Federativa do Brasil de 1988.

Art. 3º. Inclua-se ao Art. 3º. da lei 13.979/2020, o parágrafo 8º. que passará a vigorar com a seguinte redação:

"Art. 3º. ....

§ 8º. Fica dispensada de comparecer ao local de trabalho as/os trabalhadoras/es domésticas/os e diaristas, no período que durar a condição de isolamento social, quarentena ou quaisquer restrições previstas nesta lei, sem prejuízo ao recebimento salarial e os demais direitos trabalhistas.

I - Que se estabeleça a partir da dispensa da trabalhadora doméstica a licença remunerada e ou antecipação de férias, bem como a estabilidade de trabalho enquanto perdurar as medidas de contenção.

II - Que se estabeleça a garantia de renda mínima temporária as diaristas e trabalhadoras domésticas sem carteira assinada e sem inscrição no INSS, durante o cumprimento das determinações legais, sem prejuízo de possíveis benefícios ulteriores e/ou posteriores."

Art. 4º. O empregador que venha a descumprir o estipulado nesta legislação e na lei 13.979/2020 e seus atos regulamentadores, deverá arcar com adicional de insalubridade e periculosidade, sem prejuízo da aplicação de multa diária.

§ 1º. Caberá aos estados e municípios por meio dos órgãos competentes a efetivação e fiscalização do cumprimento desta lei.

Art. 5º. Esta lei vigorará enquanto perdurar o estado de calamidade e emergência declarada.

Art. 6º. Esta lei entra em vigor na data de sua publicação.

JUSTIFICAÇÃO

As trabalhadoras domésticas e diaristas configuram a maior categoria de trabalho feminino, com mais de 6,4 milhões de trabalhadoras/es, sendo que 95% são mulheres e destas majoritariamente negras, pobres e com idade avançada. Mesmo após os 60 anos muitas domésticas continuam trabalhando para garantirem a subsistência mínima de suas famílias.

Das mais de 6 milhões de trabalhadoras, apenas 1,76 milhão laboram com carteira assinada, 4,4 milhões são informais sem nenhuma cobertura previdenciária. Mais de 2 milhões são diaristas, recebem quando prestam serviços e geralmente são orientadas a se cadastrarem como Microempreendedor Individual-MEI e, assim, terem acesso a sonhada aposentadoria (IBGE,2020).

A precariedade a que a categoria está submetida, longos e penosos deslocamentos em transportes públicos lotados em grandes distancias até o local do trabalho, jornadas diárias extenuantes, doenças crônicas como hipertensão, diabetes e problemas cardíacos. Estes são apenas alguns dos inúmeros fatores que as colocam como um grupo vulnerável diante de um quadro de calamidade e emergência como o vivenciado em todo o mundo neste momento.

Do ponto de vista da economia sofrem com redução salarial, milhares de trabalhadoras ganham menos de um salário mínimo, sem assinatura nas carteiras, arrimo de família e usuárias de programas sociais reforçando diariamente o descumprimento aos direitos garantidos pela Convenção 189 da OIT, Constituição Federal de 1988 e a Lei Complementar 150/2015.

Ao instituir a obrigatoriedade de dispensa das trabalhadoras domésticas e diaristas em caso de estado de calamidade pública e emergência declarada sem prejuízo dos direitos trabalhistas e previdenciários esta lei se propõe a minimizar estes descumprimentos em períodos tão drásticos, ao tempo que visa garantir o cumprimento irrestrito dos direitos fundamentais preconizada na nossa Carta Magna.

Neste diapasão, em decorrência da preocupação da contenção do avanço do novo coronavírus, várias atividades profissionais e econômicas já deixaram de ser desempenhadas devido à determinação das autoridades públicas.

Pelas razões supracitadas, deve-se salientar que as trabalhadoras domésticas e diaristas são colocadas como alvo de maior exposição, devendo o Poder Público se responsabilizar com a proteção dos direitos básicos da categoria que há muito tanto contribui para a sustentação do país.

Diante do exposto, consideramos emergencial a aprovação integral deste texto.

Valmir Assunção

Deputado Federal PT/BA

c) Plenário (PLEN)	
25/03/2020	· Apresentação do Projeto de Lei n. 993/2020, pela Deputada Benedita da Silva (PT-RJ)[59], que: "dispõe sobre regras aplicáveis ao trabalho doméstico em razão das medidas para enfrentamento da emergência de saúde pública de importância internacional decorrente do novo coronavírus identificado como SARS-CoV-2, e dá outras providências".

PROJETO DE LEI N. , DE 2020.

(Da Sra. BENEDITA DA SILVA)

Dispõe sobre regras aplicáveis ao trabalho doméstico em razão das medidas para enfrentamento da emergência de saúde pública de importância internacional decorrente do novo coronavírus identificado como SARS-CoV-2, e dá outras providências.

O Congresso Nacional decreta:

Art. 1º. Essa Lei dispõe sobre o afastamento do empregado doméstico do serviço, sem prejuízo do emprego e do salário, a garantia de renda mínima para quem exerce atividades de trabalho

59. Câmara de Deputados. Projeto de Lei n. 993/2020, pela Deputada Benedita da Silva (PT-RJ). https://www.camara.leg.br/proposicoesWeb/prop_mostrarintegra?codteor=1870634&filename=Tramitacao-PL+993/2020. Acessado em 22 de abril de 2020.

doméstico sem vínculo empregatício e a dispensa do período de carência para a concessão de benefícios previdenciários em razão das medidas para enfrentamento da emergência de saúde pública de importância internacional decorrente do novo coronavírus identificado como SARS-COV-2.

Art. 2º. É garantido a estabilidade na categoria profissional de trabalho doméstico, sem prejuízo do salário, enquanto perdurar as medidas para contenção da pandemia do novo coronavírus identificado como SARS-COV-2.

§ 1º. Em caso de descumprimento do disposto no *caput*, além das verbas rescisórias previstas em lei, o empregador terá de indenizar o empregado doméstico no valor correspondente à soma das remunerações mensais a que teria direito desde a data da dispensa até o término do período das medidas para enfrentamento da emergência de saúde pública doSARS-COV-2.

§ 2º. O empregado doméstico poderá se ausentar do serviço pelo período de duração das medidas para enfrentamento da emergência de saúde pública de importância internacional decorrente do novo coronavírus.

§ 3º. Trabalhadores pertencentes a grupos de risco, assim considerados pelos atos oficiais, em especial as pessoas maiores de 60 anos, portadores de doenças crônicas, que tenham sido submetido a intervenções cirúrgicas, gestantes, lactantes ou aqueles que fazem tratamento de saúde que cause diminuição da imunidade, terão prioridade na dispensa do trabalho, sem prejuízo da remuneração.

§ 4º. Se o período de ausência ao trabalho for superior a 30 (trinta) dias consecutivos as partes poderão acordar a antecipação das férias.

§ 5º. O empregador doméstico que cumprir o disposto no *caput* e no § 2º. poderá descontar em sua declaração de imposto de renda pessoa física do exercício de 2021, ano-calendário de 2020 o valor equivalente à contribuição previdenciária patronal recolhida à Previdência Social incidente sobre o valor da remuneração do empregado por seis meses.

Art. 3º. Fica criado o Auxílio emergencial Pecuniário, no valor de um salário mínimo mensal, pago às pessoas que exercem atividades pertinentes ao trabalho doméstico, pelo prazo de cento e vinte dias, como garantia da renda mínima diante do afastamento de suas atividades, em decorrência do estado de emergência internacional pelo novo coronavírus identificado como SARS-COV-2, desde que não percebam benefícios previdenciários de natureza permanente.

Parágrafo único. Os recursos necessários ao atendimento do previsto no art. 3.-A correrão por conta do Fundo de Amparo ao Trabalhador (FAT), regulamentado pela Lei 7.998, de 11 de janeiro de 1990 e de recursos oriundos da União direcionados ao enfrentamento da pandemia.

Art. 4º. Em caso de contaminação pelo novo coronavírus identificado como SARS-COV-2 ou da pessoa ter contraído a doença identificada como Covid-19, por atestado médico que determinar o afastamento do trabalho, o segurado fica desobrigado a submeter-se à perícia médica oficial devendo ser concedido o auxílio-doença pelo Regime Geral de Previdência Social a ser pago em até quinze dias da data de apresentação do atestado médico e requerimento do benefício.

Parágrafo único. No caso do afastamento de segurado-empregado ser de até quinze dias, o empregador deverá pagar o salário correspondente ao período de afastamento, devendo a Previdência Social ressarci-lo pelo sistema do sistema (*sic*) eletrônico de registro das obrigações trabalhistas, previdenciárias e fiscais denominado Simples Doméstico ou o que lhe substitua.

Art. 5º. O Ministério da Saúde e demais órgãos sob sua coordenação deverão realizar campanhas de informação específicas destinadas a quem atua no trabalho doméstico e que tenham atuação como cuidadores de pessoas com conteúdos sobre cuidados e prevenção e riscos de contaminação pelo coronavírus causador da atual pandemia, bem como deverá informar periodicamente o número de profissionais de trabalho doméstico sob suspeita ou confirmados em contaminação do vírus.

Art. 6º. Na hipótese da permanência dos empregados domésticos, diaristas ou cuidadores nos domicílios, deverá ser garantido o aceso irrestrito às condutas preventivas de higiene pessoal no local de trabalho (lavagem de mãos, disponibilização de álcool gel, máscara, se for o caso) e a limpeza e higienização adequadas no ambiente laboral, sob pena de aplicação de multa de que trata o inciso II do art. 634-A e observado o disposto no art. 634-B, ambos do Decreto-Lei nº. 5.452, de 1º. de maio de 1943.

Parágrafo único. É vedado efetuar descontos no salário ou diária por fornecimento dos equipamentos ou produtos de que trata este artigo ou correspondente a transporte alternativo em substituição ao uso do transporte coletivo público.

Art. 7º. Independente da carência definida nos artigos 24 e 25 da Lei 8.213, de 24 de julho de 1991, fica assegurada a concessão de benefícios previdenciários às seguradas vinculadas ao Regime Geral de Previdência Social, sob qualquer forma de vínculo, no período de vigência dos atos das autoridades pública federal, estadual, distrital ou municipal que impuserem quarentena ou isolamento para a população como medida para enfrentamento da emergência de saúde pública de importância internacional decorrente do novo coronavírus.

Parágrafo único. O segurado contribuinte individual ou microempreendedor individual regulado pela Lei Complementar 123, de 2016, que exerça atividades pertinentes ao trabalho doméstico fica isento do recolhimento previdenciário por quatro meses do ano de 2020, contabilizado o período para todos os efeitos, inclusive o de carência, de que trata a Lei 8.213, de 24 de julho de 1991.

Art. 8º. Esta lei entra em vigor na data de sua publicação.

JUSTIFICAÇÃO

Temos vivido um período de grande conturbação no mundo e, especialmente, no Brasil em razão da pandemia de coronavírus que nos assola.

Várias medidas estão sendo implementadas para tentar conter o avanço dessa doença. De fato, atos têm sido expedidos pelas autoridades federal, estaduais, distrital e municipais e todos eles têm apresentado um componente comum de se estabelecer uma quarentena das pessoas, restringindo-se, o máximo possível, o contado entre os indivíduos, visando impedir a contaminação em massa pelo vírus.

Com isso, temos visto determinações de fechamento de vários estabelecimentos, sendo os respectivos empregados dispensados de comparecer ao serviço e orientados a permanecerem em suas residências.

É preciso esclarecer que essa realidade também atinge a categoria das trabalhadoras domésticas e das pessoas que prestam serviço como diarista. Contudo, não temos visto orientações ou determinações relacionadas à proteção da saúde dos integrantes dessas categorias, bem como determinações legais que garantam os direitos trabalhistas e remuneração das diaristas durante o período das medidas para enfrentamento da emergência de saúde pública de importância internacional decorrente do novo coronavírus identificado como SARS-COV-2. Com isso, grande contingente de trabalhadoras (*sic*) domésticos domésticas (*sic*) e diaristas têm sido dispensado do trabalho ante o receio de seus empregadores de contágio da doença ou até mesmo obrigando-as a continuarem exercendo as suas atividades por não terem outra fonte de renda e garantia de se afastarem do trabalho gozando de remuneração.

As notícias divulgadas pela imprensa nos dão conta de que estão sendo elaboradas medidas para proteger os empregados em geral, cujos estabelecimentos em que trabalham estão tendo que cerrar as portas por imposição das autoridades públicas. Não vemos notícias, todavia, de que medidas análogas estejam sendo pensadas para as trabalhadoras domésticas e diaristas de forma a cumprir com as determinações legais e compromissos internacionais assumidos pelo Estado brasileiro ao ratificar a Convenção 189 da OIT e promulgar a Emenda Constitucional 72/2013 e a Lei Complementar 150/2015.

É inconcebível que uma das categorias que reúne mais de 7 milhões de trabalhadoras, com maioria de mulheres negras e pobres, e fazendo parte dos primeiros dados estatísticos de casos de contaminação e de óbitos não esteja recebendo a atenção devida do Poder Público para proporcionar-lhes proteção e não se tornarem vetor de contaminação.

Nesse contexto, estamos apresentando uma proposta para permitir o afastamento do empregado doméstico do serviço, sem prejuízo do emprego e do salário, a garantia de renda mínima para quem exerce atividades de trabalho doméstico sem vínculo empregatício e a dispensa do período de carência para a concessão de benefícios previdenciários. Incluímos regras visando a transparência dos dados sobre casos suspeitos ou de contaminação da SARS-COV-2 que envolvam essas trabalhadoras. Além disso, estabelecemos dispositivo para o Ministério da Saúde e demais órgãos sob sua coordenação realizem campanhas de informação específicas para as trabalhadoras domésticas, diaristas e cuidadoras de idosos e pessoas com deficiência.

Em relação às diaristas, que já somam mais de dois milhões de mulheres em todo o Brasil, tivemos a preocupação de assegurar uma renda mínima para aquelas não inscritas no sistema de previdência social, bem como dispensar, no caso daquelas que contribuem como autônomas ou com inscrição no MEI, do cumprimento de carência para gozo dos benefícios previdenciários necessários (por exemplo, a concessão do auxílio-doença em um eventual contágio) para sua proteção e o devido cumprimento das restrições e quarentena impostas pelas autoridades estatais.

Estamos certas de que essa medida contribuirá para a diminuição dos efeitos negativos da pandemia de coronavírus. Por esse motivo é que esperamos contar com o apoio de nossos Pares para a aprovação do presente projeto de lei.

Sala das Sessões, em de março de 2020.

Deputada BENEDITA DA SILVA

PT-RJ

Mesa Diretora (MESA)	
30/03/2020	· Apresentação do Projeto de Lei n. 1.134/2020, pelo Deputado Carlos Veras (PT/PE)[60], que "estabelece garantia de emprego ou pagamento de seguro-desemprego às empregadas domésticas, aos empregados de micro e pequenas empresas e aos pescadores artesanais".

60. Câmara de Deputados. Projeto de Lei n. 1.134/2020, pelo Deputado Carlos Veras (PT/PE). https://www.camara.leg.br/proposicoesWeb/prop_mostrarintegra?codteor=1871063&filename=Tramitacao-PL+1134/2020. Acessado em 22 de abril de 2020.

PROJETO DE LEI N. , DE 2020.

(Do Sr. Carlos Veras)

Estabelece garantia de emprego ou pagamento de seguro-desemprego às empregadas domésticas, aos empregados de micro e pequenas empresas e aos pescadores artesanais.

O Congresso Nacional decreta:

Art. 1º. No período de vigência do estado de calamidade pública reconhecido pelo Decreto Legislativo n. 6, de 2020, é garantida a estabilidade provisória dos empregados e empregadas domésticas, período em que o empregador ficará isento da contribuição previdenciária prevista no art. 24, da Lei 8.212, de 24 de julho de 1991.

§ 1º. Em caso de descumprimento do previsto no *caput*, o empregador doméstico pagará multa de uma remuneração mensal, além do aviso prévio.

§ 2º. Em caso de dispensa, sem prejuízo do disposto no parágrafo anterior, o empregado e a empregada doméstica farão *jus* ao seguro-desemprego previstos no art. 26 da Lei Complementar n. 150, de 1º de junho de 2015, ainda que não tenham preenchido o período aquisitivo previsto no inciso I, do art. 28,da mesma lei, ou que tenham usufruído do benefício e não tenham preenchido novo período aquisitivo.

Art. 2º. No período de vigência do estado de calamidade pública reconhecido pelo Decreto Legislativo n. 6, de 2020, é garantida a estabilidade provisória aos empregados de micro e pequenas empresas.

§ 1º. Nos meses de março, abril, maio e junho de 2020 serão pagas prestações de seguro-desemprego com o valor calculado nos termos da Lei n. 7.998, de 11 de janeiro de 1990, ainda que os empregados não tenham preenchido os requisitos do art. 3º. daquela lei, cabendo à empresa a complementação da remuneração, se houver.

§ 2º. Nos 6 (seis) meses subsequentes, a remuneração voltará a ser integralmente paga pelo empregador.

§ 3º. Caso necessário, a empresa terá acesso a crédito do Governo Federal para o pagamento da remuneração do período posterior ao do seguro-desemprego, a ser restituído em 24 (vinte e quatro) meses após o fim do estado de calamidade pública, sem incidência de juros e correção monetária.

Art. 3º. No período de vigência do estado de calamidade pública reconhecido pelo Decreto Legislativo n. 6, de 2020, é garantido o pagamento do seguro-defeso aos pescadores artesanais, pelo período de 3 (três meses), além do já usufruído ou em andamento.

JUSTIFICAÇÃO

No Brasil, são mais de 6 milhões de trabalhadores e trabalhadoras domésticas. Certamente, há milhões de pessoas que dependem dessas pessoas. Assim, a manutenção dos empregos, nesse momento, é essencial para que possam enfrentar esse crítico período da pandemia do novo coronavírus (Covid-19).

Ainda, deve-se manter as demais garantias já conquistadas na Lei Complementar n. 150/15, estendendo-se o seguro-desemprego e dispensando-se algumas exigências previstas na legislação devido à situação excepcional. Por outro lado, o empregador ficaria dispensado de recolher a contribuição previdenciária patronal nesse período, sem prejuízo do já proposto no Projeto de Lei n. 966, de 2020, para, após o fim da calamidade pública, permitir-se a dedução desse valor na base de cálculo do imposto de renda.

Para os empregados de micro e pequenas empresas, é necessário estabelecer garantias de emprego, dividindo-se a responsabilidade entre Governo e empresa. Assim, a proposição é que se garanta a estabilidade, mas com a contribuição do Estado através do pagamento temporário do seguro-desemprego, mesmo que o empregado não tenha preenchido os requisitos previstos regularmente, uma vez mais por tratar-se de um momento absolutamente diferenciado na realidade brasileira.

No caso de o empregado receber remuneração maior que a parcela do seguro-desemprego a que ele tem direito, a empresa arcaria coma diferença.

Se a empresa continuar com dificuldade para pagar a folha de pagamento, ela poderá buscar crédito junto ao Governo Federal para manter sua atividade econômica, para que se preservemos empregos.

Neste momento de absoluta necessidade de assegurar a saúde do povo brasileiro, manter os empregos e a capacidade das micro e pequenas empresas de continuar suas atividades é medida urgente e necessária e, para isso, o apoio financeiro do governo federal a este setor, que é um dos maiores empregadores do país, é essencial.

Em todos os casos, entende-se pela necessidade de superação das condições previstas nas leis específicas (lei do seguro-desemprego e lei dos domésticos), para ampliar o acesso aos benefícios, considerando a gravidade da situação vivenciada pelos trabalhadores mais vulneráveis.

Os pescadores artesanais terão dificuldades de comercializar o pescado, razão pela qual é necessário estender o período do seguro-defeso ou criar novo período para os que tiveram encerrado o período da proibição da pesca. É uma atividade muito vulnerável porque depende da imediata venda, diferentemente da pesca em escala industrial que tem condições de armazenamento do pescado para posterior comercialização e suporte financeiro a médio prazo.

Sala das Sessões,   de março de 2020.

Dep. Carlos Veras
PT/PE

2

TRABALHO PORTUÁRIO E ATIVIDADE AEROPORTUÁRIA: APONTAMENTOS SOBRE AS MPS N. 925 E 945/2020

Georgenor de Sousa Franco Filho[1]

1. Introdução

Nos últimos tempos, temos tido extremas e sufocantes mudanças no mundo, inclusive no mundo do trabalho. Um vírus egoísta vem infernizando a vida de todos os habitantes deste planeta. Deram-lhe o nome científico de Covid-19, e, por conta desse *monstro*, estamos a viver uma terceira guerra mundial cujo inimigo a ser enfrentado não é outro ser humano, como foram todas as guerras travadas ao longo da história.

O mundo enfrenta uma guerra contra um inimigo cruel, desconhecido, que se encontra em lugar incerto e não sabido e, ao mesmo tempo, em todos os lugares. É difícil saber o que fazer, como fazer, para que fazer e até quando fazer...

Assim, em todos os países, os Governos locais vêm produzindo normas legais para tentar, de alguma forma, estabilizar as relações sociais e garantir, com o mínimo de dignidade, a vida humana.

---

1. Desembargador do Trabalho de carreira do TRT da 8ª Região, Doutor em Direito Internacional pela Faculdade de Direito da Universidade de São Paulo, Doutor *Honoris Causa* e Professor Titular de Direito Internacional e do Trabalho da Universidade da Amazônia, Presidente Honorário da Academia Brasileira de Direito do Trabalho, Membro da Número da Academia Ibero-Americana de Derecho del Trabajo y de la Seguridad Social, Membro da Academia Paraense de Letras, da Academia Paraense de Letras Jurídicas, da Academia Brasileira de Direito da Seguridade Social e Conda Asociación Ibero-Americana de Derecho del Trabajo y de la Seguridad Social.

Outra forma não poderia ser a adotada no Brasil, onde, desde março, dia-a-dia, surgem novos atos tentar criar instrumentos para ajudar a superar essa terrível e apavorante crise, classificada pela Organização Mundial de Saúde como pandemia, e que, a rigor, criou para todos um verdadeiro pandemônio de incertezas e dúvidas quanto ao futuro de todos.

A situação é gravíssima, tanto que foi reconhecido estado de calamidade pública no país, pelo Decreto Legislativo nº 6, de 20 de março de 2020, e da emergência de saúde pública de importância internacional decorrente do coronavírus, o Covid-19.

Dentre as muitas tentativas de ajudar a minimizar os danos causados por essa tragédia, o Poder Executivo brasileiro editou a Medida Provisória (MP) n. 945, de 4.4.2020, com *medidas temporárias em resposta à pandemia decorrente da covid-19 no âmbito do setor portuário e sobre a cessão de pátios sob administração militar*. Antes, editara a MP n. 925, de 18.3.2020, cuidando de *medidas emergenciais para a aviação civil brasileira em razão da pandemia da Covid-19*, sobre o segundo tema.

Iremos examinar ambas em seguida, dividindo este breve estudo em duas partes. Na primeira, cuidaremos do trabalho nos portos brasileiros. Na segunda, sobre a atividade aeroportuária, que sofreu pontual modificação.

Antes, devemos lembrar que a MP n. 945/2020 tem a finalidade de adotar medidas temporários para garantir atividade essencial dos portos e aeroportos militares brasileiros, no período em que durar o estado de calamidade pública, até 31.12.2020. É a regra de seu art. 1º. Cuida, basicamente, no respeitando à atividade portuária, ao trabalho em instalações dessa natureza, compreendo os trabalhadores descritos no art. 40 da Lei n. 12.815, de 5.6.2013, a nossa "Lei dos Portos". Assim são os que desenvolvem atividade de capatazia, estiva, conferência de carga conserto de carga, vigilância de embarcação e bloco (que é limpeza e conservação de embarcações mercantes e de seus tanques), como está descrito no § 1º do mesmo art. 40.

2. Trabalho nos portos

O setor portuário é essencial para a economia nacional e do movimento nessas áreas temos 95% do comércio exterior brasileiro, alcançando, em média, R$ 293 bilhões/ano, o que representa 14,2% do PIB brasileiro, conforme indicado na exposição de motivos da Medida em exame.

O Brasil, reconhecidamente grande exportador de produtos de origem agrícola-pecuária, tem 100% das cargas do agronegócio movimentadas nos portos brasileiros. Assim, é induvidosa a necessidade de se atentar para as questões nesse setor.

Afim de atingir sua finalidade, o *caput* do art. 2º dessa norma legal indicado quem está excluído do trabalho portuário. Em resumo, são as pessoas que apresentem sintomas da doença ou que integrem o chamado *grupo de risco*.

A Medida em exame cuida de duas figuras específicas: o operador portuário e o Órgão Gestor de Mão-de-Obra (OGMO). Aquele (operador portuário) é descrito, no art. 2º, n. XIII, da Lei n. 12.815/13, como a *pessoa jurídica pré-qualificada para exercer as ati-*

vidades de movimentação de passageiros ou movimentação e armazenagem de mercadorias, destinadas ou provenientes de transporte aquaviário, dentro da área do porto organizado. O OGMO é o órgão que os operadores portuários devem constituir nos portos organizados para cuidar da gestão dessa mão-de-obra (art. 32, da Lei n. 12.815/13). Quando se tratar de trabalhador avulso portuário, a incumbência do OGMO abrange uma variedade de tarefas, desde sanções disciplinares e formação e treinamento multifuncional dos trabalhadores até arrecadação e repasse de contribuição e aplicação de normas de saúde, higiene e segurança no trabalho, dentre outras (art. 33 da mesma lei).

Na MP n. 945/2020, o OGMO é responsável por elaborar as escalas dos trabalhadores portuários, devendo excluído dessa convocação: os trabalhadores que apresentarem os seguintes sintomas, acompanhados ou não de febre, ou outros estabelecidos em ato do Poder Executivo federal, compatíveis com a covid-19: a) tosse seca; b) dor de garganta; ou c) dificuldade respiratória. Também não pode convocar: trabalhador diagnosticado com a covid-19 ou submetido a medidas de isolamento domiciliar por coabitação com pessoa diagnosticada com a covid-19; trabalhadora estiver gestante ou lactante; trabalhador com idade igual ou superior a sessenta anos; ou trabalhador diagnosticado com imunodeficiência, doença respiratória, ou doença preexistente crônica ou grave, como doença cardiovascular, respiratória ou metabólica.

A cada semana, o OGMO deve encaminhar à autoridade portuária a lista atualizada dos portuários avulsos impedidos de ser escalados, com a documentação comprobatória de suas condições, conforme previsto no *caput* referido (§ 1º do art. 2º). Esse trabalhador estará suspenso de suas atividades e, portanto, não receberá nenhuma contraprestação pecuniária.

É aqui que entra o direito do avulso durante o período dessa suspensão, conforme contempla o art. 3º. O trabalhador, com efeito, receberá uma indenização compensatória mensal, correspondente a média mensal do que recebeu do OGMO no período de 1-10-2019 a 31-3-2020 (*caput*). Esse valor será custeado pelo operador portuário ou pelo tomador do serviço, que repassa os *quanta* ao OGMO, que é o responsável por elaborar os cálculos, e também por arrecadar e repassar aos beneficiários o valor das indenizações respectivas (§§ 1º e 2º).

Deve ser observado que esse benefício não é salário, não tendo natureza remuneratória, mas indenizatória. Por esse motivo sobre seu valor não incide nenhuma espécie de tributação. Não pode ser atingido pelo imposto sobre a renda, não serve de base de cálculo para qualquer recolhimento previdenciário, nem para que sejam efetuados depósitos na conta vinculada do FGTS do trabalhador. É a clara regra do § 6º do art. 3º da Medida Provisória em comento.

Alguns trabalhadores avulsos não possuem direito à percepção, como prescreve o § 7º do art. 3º da Medida Provisória. Assim, não receberá a indenização aquele que recebe outro benefício previdenciário ou que esteja percebendo o benefício assistencial previsto no art. 10-A Lei n. 9.179/98. Consoante esse art. 10-A, aos portuários avulsos maiores de 60 anos é assegurado um benefício mensal no valor de um salário mínimo, desde que não cumpram requisitos para obtenção de aposentadoria por invalidez, por idade, por tempo de serviço ou especial (arts. 42, 48, 52 e 57 da Lei n. 8.213, de 24.7.1991), porque o parágrafo único do mesmo art. 10-A veda a acumulação com qualquer outro no âmbito da seguridade social ou de outro regime, salvo de assistência médica e de pensão especial de natureza indenizatória.

Ocorrendo afastamento de número elevado de trabalhadores, poderá ocorrer de não haver disponibilidade de avulsos para atender às requisições dos operadores portuários, e, com isso, prejudicar o funcionamento das instalações. O legislador, preocupado com eventuais danos futuros, previu, no art. 4º da Medida Provisória que, em situação que tal, ooperador pode contratar outros trabalhadores com vínculo empregatício, por prazo determinado, de até doze meses, para as atividades descritas acima (capatazia, estiva, conferência, consertação, vigilância e bloco).

É importante observar que o parágrafo único do art. 4ª em comento refere que essa indispnibilidade pode ser *qualquer causa que resulte no não atendimento imediato às requisições apresentadas pelos operadores portuários ao* OGMO, e enumera, exemplificativamente, greves, movimentos de paralisação e operação-padrão. Parece que estaríamos ante uma conduta antissindical do legislador, violando, assim, o art. 8º da Constituição, além de, por esses motivos, fugir da finalidade mesma da medida provisória. Acreditamos que outros motivos podem justificar a existência de indisponibilidade de trabalhadores e a liberação para contratar temporários e uma delas seria a lamentável contaminação de um elevadíssimo número de avulsos por esse vírus, impossibilitando sua atividade.

A necessidade de reduzir a circulação de pessoas nas cidades levou a ser adotada medida que poderia ter sido aplicada há muito mais tempo. A escalação do trabalhador portuário avulso, em sistema de rodizio, que é efetuada pelo OGMO, passa, agora, a ser por meio eletrônico, inviolável e tecnicamente seguro, e modo que não precisará mais habilitar-se comparecendo pessoalmente ao posto de escalação, proibida expressamente a escalação presencial (art. 5º e §§ 1º a 3º, da Lei n. 9.719, de 27.11.98, com a redação dada pela MP n. 945/2020).

É importante ressaltar que, ao contrário do que poderia aparentar, não se trata de dar tratamento discriminatório aos eventuais excluídos da Medida Provisória ou mesmo daqueles que por ela estão abrangidos. Ao contrário. O que está sendo feito por esta MP e por tantas outras é providência necessária para a preservação das pessoas, nos termos previstos no Regulamento Sanitário Internacional, adotado em 2005 pela Organização Mundial de Saúde, e que está em vigor desde 15 de junho de 2007. E, registre-se, esse Regulamento é lei no Brasil, porque ratificado por nosso país e promulgado pelo Decreto n. 10.212, de 31 de janeiro deste ano, poucos dias antes de essa pandemia atingir o país.

Impende assinalar, por indispensável, que a importância do setor portuário merece detida atenção, e, no Pará, onde existe um dos maiores volumes de exportação de alumínio do Brasil, o Porto de Vila do Conde, na cidade de Barcarena, registrou a ocorrência de dois casos de estivadores diagnosticados com essa grave enfermidade, conforme o ofício SETEMEP 023/2020, de 14.4. 2020, que o Sindicato dos Estivadores e Trabalhadores em Estiva de Minérios do Estado do Pará (SETEMEP) endereçou aos Operadores Portuários do Estado do Pará (Albrás/Alunorte, Ocrim, Novad, BF Fortship, Norte Operações, Norte Trading, Movimento, MS Terraplenagem, Matapi, Serveporto), SINDOPAR – Sindicato dos Operadores Portuários do Pará e OGMO de Belém e Vila do Conde), denunciando a ausência de equipamentos de proteção individual e o perigo de contaminação nessas áreas, solicitando providências.

De outro lado, em São Paulo, o Sindicato dos Operários e Trabalhadores Portuários em Geral nas Administrações dos Portos e Terminais Privativos e Retroportos do Estado de São Paulo – SINTRAPORT ajuizou, perante o TRT da 2ª Região (Proc. TutCautAnt 1001013-40.2020.5.02.0000. Relator: Celso Ricardo Peel Furtado de Oliveira), Tutela Cautelar em Caráter Antecedente em face de Sindicato dos Operadores Portuários do Estado de São Paulo – SOPESP e Órgão Gestor da Mão de Obra de Santos, a fim de suspensão da determinação do requerido de não contratação de trabalhadores avulsos com mais de 60 anos, com fundamento na MP n. 945/2020. Pretendia a declaração de inconstitucionalidade da dita medida porque estaria havendo violação do art. 7º, XXXIV, da Constituição, ao discriminar trabalhador com vínculo empregatício do trabalhador avulso e não poderia ser feita essa distinção, devendo, ao revés, ter sido permitida a contratação de maiores de 60 anos desde que mediante negociação coletiva, intermediada pelo Sindicato. Na decisão de 15.4.2020, o Desembargador Relator deferiu a medida determinar apenas que os Operadores Portuários representados pelo Sindicato dos Operadores Portuários do Estado de São Paulo, caso necessitem contratar trabalhadores fora do sistema OGMO (art. 4º, MP 945), observem a idade limite de 60 anos, considerando incólume a legislação em apreço.

Em rápidas pinceladas, essas são as regras mais relevantes cuidadas pela MP n. 945/2020, no que respeita ao trabalho portuário avulso.

3. Atividade aeroportuária

Especificamente, o art. 10 da MP n. 945/2020 dedica-se à atividade aeroportuária, consignando:

> *Art. 10 - Fica autorizada a cessão de uso especial de pátios sob administração militar, a título gratuito, às pessoas jurídicas prestadoras de serviço de transporte aéreo público, nacionais, a título precário, durante o período do estado de calamidade pública decorrente da pandemia da* ***covid-19****.*

É a segunda Medida Provisória que se dedica à atividade aeroportuária nessa fase dramática da vida humana. Anteriormente, a Medida Provisória n. 925, de 18.3.2020, cuidava de medidas emergenciais para a aviação civil brasileira, relativamente aos contratos de concessão de aeroportos, quanto às contribuições fixas e variáveis cujos vencimentos foram prorrogados para 18 de dezembro de 2020 (art. 2º).

A mesma MP n. 925/2020 tratou dos direitos dos consumidores (os eventuais futuros passageiros), registrando que será de doze meses o prazo para reembolso do valor relativo à compra de passagens aéreas, de acordo com o serviço contratado e mantida a assistência material (art. 3º, *caput*), ficando esses consumidores isentos de penalidades contratuais (§ 1º), regra válida para todos os contratos de transporte aéreo firmados até 31 de dezembro, quanto findo o estado de calamidade pública (§ 2º).

Quanto à MP 945/2020, temos que, nesses difíceis tempos pandêmicos que atravessamos, é notória a redução substancial de numero de vôos internos e internacionais, seja para fins de negócios, seja para a agradável prática de lazer e turismo. As viagens foram canceladas. Os programas de passeios foram adiados sem data previsível. Os hotéis estão fechando. As agências de turismo estão desativando suas atiidades. Todos estão – ou deveriam estar - confinados em suas residências, com medo da praga desconhecida, algo que poderia se assemelhar à décima praga do Egito, a da morte dos primogênitos, descrita no Livro do Êxodo (Êx., 11, 1-10).

Esse recolhimento obrigatório e necessário ocasionou a redução incrível e imprevista referida acima, envolvendo diversas atividades interligadas. Assim, o número de vôos no Brasil, segundo a exposição de motivos da MP n. 945/2020, reduziu em 85% nos domésticos e em 95% nos internacionais. Em outros termos, o número de aeronaves estacionadas de modo mais permanente nos aeroportos brasileiros, por vezes num mesmo aeroporto, elevou-se a tal número que houve necessidade da intervenção do Estado.

Na exposição de motivos ao Presidente da República, é anotado ser preciso *considerar que haverá a necessidade de grande número de posições de estacionamento para a permanência das aeronaves dessas empresas aéreas em solo por período ainda indefinido. Isso implicará em custos extraordinários para as empresas aéreas em um momento em que suas receitas estão sendo consideravelmente impactadas e reduzidas, gerando um alto risco de saída das companhias aéreas do mercado, sem paralelo na economia nacional.*

Assim considerando, o *caput* do art. 10 da MP n. 945/2020 autoriza a cessão de uso especial, a título gratuito, sem qualquer ônus, portanto, de pátios sob administração militar a pessoa jurídica prestador de serviço de transporte aéreo público nacional durante o período em que permanecer o país em estado de calamidade pública. Essas pessoas jurídicas tratadas no art. 10 são as empresas aéreas objeto da Resolução n. 440, de 9.8.2017, da ANAC (art. 2º, III).

É responsabilidade do Comando da Aeronáutica a determinação da cessão de uso de células do espaço físico, mediante termo, com as condições e a finalidade de sua realização, assinado pela empresa cessionária (art. 10, §§ 1º e 2º).

Por outro lado, essa cessão não acarretará ônus para a União e todas as atividades que as empresas cessionárias desenvolverem correrão a sua conta (§ 4º), ficando sujeitas às condições existentes ou estabelecidas pelo Comando da Aeronáutica, face a segurança dessas instalações militares (§ 5º).

Por fim, da mesma forma como a União fica isenta de quaisquer danos causados às aeronaves estacionadas nesses espaços ou a terceiros, pela cessão de uso especial (§ 6º), as empresas cessionárias devem zelar pela conservação do imóvel e serão responsáveis por danos ou prejuízos que causar (§ 7º).

4. Tentando concluir

Existe um ponto que poderá ser objeto de questionamento, qual o da vigência da Medida Provisória em comento. Poderia estar violando o art. 62 da Constituição considerando que seu art. 9º garante seus efeitos por 120 dias, e o parágrafo único trata de uma eventual prorrogação *por ato do Poder Executivo federal.* Sem aprofundar nessa temática, de índole estritamente constitucional, parece-nos inadequada essa previsão de efeitos por 120 dias, da mesma forma como a possibilidade de prorrogação. A uma, as medidas provisórias valem por sessenta dias. A duas, ao Presidente do Congresso cabe prorrogar sua vigência inicial por igual período. A três, seus efeitos, se não for convertida em lei, serão objeto de disciplina também pelo Parlamento.

Enfim, é o que temos, dentre as incontáveis medidas provisórias que têm surpreendido o Brasil e seu povo nos últimos tempos pandêmicos. Vivemos no pandemônio da pandemia. Em meio ao temor de não sabermos o que acontecerá amanhã, porque o futuro é rigorosa e verdadeiramente incerto. Nas suas Confissões, Santo Agostinho escreveu: *o passado já não existe e o futuro ainda não existe* (Liv. XI, XV.18). Então, sabemos o que ocorreu no passado (peste negra e gripe espanhola, para ficar em dois exemplos). Estamos vivendo esse presente dantesco onde curvas ascendentes de contaminados e de vítimas fatais desse desconhecido.

Desde 2018, temos insistido em que ficção é apenas uma antecipação da realidade futura e desconhecida. Reiteramos isso em artigo publicado em periódico no Brasil (Revista de Direito do Trabalho. São Paulo, v. 45-200, pp. 135-144, 2019), e em palestra proferida na Universidade de Lisboa, em setembro de 2019.

Escrevemos, em uma rede social da Internet sobre essa dicotomia ficção x realidade. As invenções de Leonardo da Vinci, em pleno século XV, poderiam ser incluídas como ficções: helicóptero, paraquedas, roupas de mergulho, máquina voadora, metralhadora, tanque de guerra. Mas, enfim, são invenções. Exemplificamos, então, o que foi referido antes: era ficção a clonagem que Mary Shelley descreveu em "Frankenstein". Era ficção quando Júlio Verne escreveu "20.000 mil léguas submarinas" e o *Nautilus* foi às profundezas oceânicas com o *Capitão Nemo*, e "Viagem a Lua", mesmo através de uma bala de canhão. Era ficção quando Monteiro Lobato escreveu "O Presidente Negro" e falou de trabalho remoto. Depois, Albert Camus escreveu "A peste", e, 1947, descrevendo uma terrível epidemia de peste que dizimou parte da população de Orã, na Argélia, no pós guerra, com mortes e enterros em massa (assim temos visto na realidade terrível do dia-a-dia). Menos distante, Steven Soderbergh, em 2011, dirigiu o filme de suspense *Contágio*, nada mais do que uma *ficção* sobre um vírus que se origina na China, provavelmente de um animal silvestre, entra em contato com seres humanos e, em poucos dias, já infecta centenas de pessoas em diversos países (o Covid-19 surgiu em Wuhan, na China). Tudo isso *era* ficção. Exato, tudo *era*... E era porque tudo isso existe hoje. Existe clonagem. Temos submarinos. O homem foi à Lua. O teletrabalho existe. Existe o novo coronavírus. E os funerais são coletivos em sepulturas também coletivas. E, agora, mandamos que todos fiquemos em casa para sobreviver. Será a décima praga de Moisés?

Esse isolamento, pouco importa sua apresentação, horizontal ou vertical, certamente não é diagonal nem perpendicular, mas poderia ser paralelo, de modo que o vírus passasse ao largo da humanidade, e estaríamos correndo menos perigo. Talvez, passada essa praga, a humanidade renasça diferente do que era. Ou, uma pena, teremos que amargar mais experiências dolorosas para aprender a viver, conviver e respeitar o homem.

O tempo, senhor da razão, dirá...

3

TRABALHADORES DE APLICATIVOS E DIREITO À SAÚDE EM TEMPO DE CORONAVÍRUS

Sandro Nahmias Melo[1]

1. Tempos modernos e... difíceis

O futuro das máquinas pensantes chegou, em especial o futuro da inteligência artificial e de seus algoritmos[2]. No século XXI, os algoritmos, apesar de invisíveis, são onipresentes. Algoritmos gerenciam dinheiro, relacionamentos – de amizade até os mais íntimos –, lazer e, como não, trabalho. O trabalho tem sofrido constante intervenção e vigilância das **IAs**. Pesquisas têm demonstrado, no Brasil de 2020, o crescimento significativo do trabalho intermediado por aplicativos, estes, por sua vez, gerenciados por **algoritmos**: transporte de pessoas, refeições e documentos; serviços especializados em aulas particulares, consultas médicas e até goleiros para viabilizar a pelada de final de

---

1. Juiz do Trabalho Titular – TRT da 11ª Região. Mestre e Doutor em Direito das Relações Sociais pela PUC-SP. Professor Adjunto da Universidade do Estado do Amazonas (Graduação e Mestrado). Membro da Academia Brasileira de Direito do Trabalho (cadeira 20). Presidente da Associação dos Magistrados da Justiça do Trabalho da 11ª Região – AM e RR (Biênio 2019-2021).

2. "Hoje, a IA está em vários lugares, mas de uma forma invisível. "Se você usa rede social, está usando inteligência artificial", diz a professora Solange Rezende. Além disso, está nos assistentes pessoais, nos aparelhos eletrônicos, no Spotify e logo nos carros que usaremos – os autônomos". COELHO, Carlos. "Máquina pensante desafia fronteiras da tecnologia". 17.06.2016. Gazeta do povo. Disponível em <https://www.gazetadopovo.com.br/economia/inteligencia-artificial/maquina-pensante-desafia-fronteiras-da-tecnologia-bgs1ui5dcfgbwckmeqo3r38n6>. Acesso em 20.04.2020.

semana. A lista tem crescido na proporção inversa da economia e do emprego formal.[3]

Os aplicativos além conectados ao trabalho informal, também têm afetado a atividade de algumas profissões: taxista, operador de telemarketing, corretores de bolsa de valores, entre tantas outras. Ora, nos dias de hoje, até nosso agente de viagens é um algoritmo que nos sugere rotas, passagens, estadia, seguro e locação de veículos, sendo todo o negócio celebrado via *smartphone*, sem qualquer contato humano. Mais uma profissão sob risco de extinção. Feita esta constatação, algumas questões subsistem. Qual é participação dos onipresentes algoritmos nos serviços onde a **ação humana** é, ainda, essencial? São intermediários ou gestores de serviços? Mais importante, como é considerado o elemento humano na função e objetivos dos algoritmos?

Importante considerar ainda que, em tempos da pandemia COVID-19, o isolamento social se tornou um privilégio de poucos. **#Fiqueemcasa,** não se contamine e, qualquer coisa, peça para entregar. Os serviços de entrega, **nestes tempos difíceis**, tornaram-se atividades essenciais e cresceram exponencialmente. A título de exemplo, a plataforma de transporte de alimentos **iFood**, que opera em mais de 1 mil cidades em todo o Brasil, recebeu em março de 2020 175 mil inscrições de candidatos interessados em atuar como entregadores da plataforma ante 85 mil em fevereiro do mesmo ano[4]. Completamente expostos ao risco de contaminação pelo coronavírus, entregadores de aplicativos estão encurralados entre a necessidade econômica, os riscos de atividade e uma "parceria" desigual. O trabalhador por aplicativos do século XXI tem a mesma liberdade do trabalhador da 1ª Revolução Industrial: trabalhar em ambiente de risco 10, 12[5] horas por dia para sobreviver ou não trabalhar. A ideia de "parceria" defendida pelas plataformas de aplicativos encontra ressonância com a realidade fática? A prestação de serviços é realmente marcada por total autonomia e, portanto, desonera a plataforma de qualquer responsabilidade com os riscos à saúde do trabalhador? Parecem-nos negativas as respostas. Se não, vejamos nós.

2. Algoritmo e inteligência artificial

Esclareça-se que os algoritmos, na informática, constituem uma representação matemática de um processo para a realização de uma tarefa, tal qual uma receita de bolo[6]. Um verdadeiro passo a passo, em fluxograma estruturado, para tomada de decisões que permitirão a

---

3. NEDER, Vinicius. Aumento do trabalho por conta própria pode ser estrutural, relacionado a aplicativos, aponta o Ipea. O Estado de S. Paulo. 12 de dez. de 2019. Disponível em: <https://economia.estadao.com.br/noticias/geral,aumento-do-trabalho-por-conta-propria-pode-ser-estrutural-relacionado-a-aplicativos-aponta-ipea,70003123328.> Acesso em 20.02.2020.
4. MELLO, Gabriela. Candidatos a entregador do Ifood mais que dobram após coronavírus. Reuters. 01.04.2020. Disponível em: < https://economia.uol.com.br/noticias/reuters/2020/04/01/candidatos-a-entregador-do-ifood-mais-que-dobram-apos-coronavirus.htm> Acesso em 24.04.2020.
5. Só muito recentemente a UBER propôs limitar a jornada de trabalho diária do motorista em 12 horas. Disponível em https://www.uol.com.br/tilt/noticias/redacao/2020/03/04/uber-lanca-ferramenta-que-impede-motorista-de-dirigir-por-mais-de-12-horas.htm. Acesso em 20.03.2020
6. ELIAS, Paulo Sá. Algoritmos, inteligência artificial e o direito. Disponível em <file:///C:/Users/home/Desktop/EU,%20ALGORÍTIMO/algoritmos-inteligencia-artificial.pdf.> Acesso em 21.02.2020.

conclusão da tarefa. E dentre as tarefas mais executadas por aplicativos no Brasil, o destaque é reservado para o transporte de pessoas, onde a proeminência do Uber é indiscutível, gerando a até mesmo o neologismo ***Uberização***[7]. Aqui uma pergunta se impõe: quais são as diretrizes para o cumprimento da tarefa a que se propõe o algoritmo que rege a plataforma Uber, bem como de outros de igual natureza? Quais as "leis internas" que governam o fluxograma? E como essas leis consideram o elemento humano da equação: o motorista?

Isaac Asimov, ao escrever o livro "Eu, Robô"[8] e, obrigatoriamente, ao tratar de inteligência artificial, propôs as três leis da robótica. Importante destacar que estas leis têm um grande paradigma: o ser humano. A primeira lei determina que: "*um robô não pode ferir um ser humano ou, por inação, permitir que um ser humano sofra algum mal*"; a segunda estabelece que "*um robô deve obedecer às ordens que lhe sejam dadas por seres humanos exceto nos casos em que tais ordens entrem em conflito com a Primeira Lei*"; a terceira e última lei dispõe que "*um robô deve proteger sua própria existência desde que tal proteção não entre e conflito com a Primeira ou Segunda Leis*". As leis foram imaginadas como passo a passo de segurança na relação entre humanos e robôs. Na prática, tratam do relacionamento da inteligência humana com a inteligência artificial. Feito este registro, importa perguntar se tais leis teriam incidência no mundo atual dos aplicativos? dos algoritmos? estes considerados como base para o estabelecimento de uma inteligência artificial? Diante das evidências atuais, parece-nos negativa a resposta. Se não, vejamos nós.

A intermediação dos serviços de transporte por plataformas, com gerenciamento de serviços humanos por algoritmos, tem uma marca distintiva: a ausência de visualização de uma figura humana na gerência dos serviços. Do ponto de vista da execução de uma tarefa, qual a diferença entre uma agência física – cooperativa ou não – que oferece serviços de transporte e um aplicativo com objetivo idêntico? Não é outra senão a dificuldade de identificação de uma figura humana na gerência. A intermediação pela plataforma, entretanto, com serviço gerenciado pelo algoritmo, não elimina a figura de um gestor humano, programador ou dono da plataforma.

A falta de visualização de um gestor humano coopera com a percepção – estruturalmente equivocada – de que o motorista de aplicativo tem total autonomia no desenvolvimento do seu trabalho, já que não responde a ninguém – humanamente considerado. O motorista de aplicativo, segundo estudo detalhado do Ministério Público do Trabalho[9], tem sua atividade coordenada sim. Ponto. A obrigação no cumprimento de inúmeras regras é evidência disso.[10]

---

7. Cf. FELICIANO, Guilherme Guimarães; PASQUALETO, Olívia de Quintana Figueiredo. (Re) descobrindo o direito do trabalho: Gig economy, uberização do trabalho e outras reflexões. JOTA. 6 de maio de 2019. Disponível em <https://www.jota.info/opiniao-e-analise/colunas/juizo-de-valor/redescobrindo-o-direito-do-trabalho-06052019> Acesso em 20.02.2020.

8. ASIMOV, Isaac. Eu, Robô. Tradução Aline Storto Pereira. São Paulo: Aleph, 2014.

9. http://csb.org.br/wp-content/uploads/2019/01/CONAFRET_WEB-compressed.pdf. Acesso em 20.02.2020.

10. Segundo André Zipperer o motorista da Uber tem "proibição de ficar on-line na plataforma e ter uma taxa aceitação menor do que a taxa referência da(s) cidade(s) nas quais atua; proibição de aceitar viagens e ter uma taxa de cancelamento maior do que a taxa referência da(s) cidade(s) nas quais atua

3. *Uberização* e as leis dos algoritmos

Os serviços intermediados por plataformas, nos dias de hoje, desconectaram-se dos ideais que pautaram os primórdios da chamada economia de compartilhamento. O ideal – romântico – de uso compartilhado e sem custo de furadeiras, bicicletas e outros bens ociosos, permaneceu...romântico. O poder multiplicador da internet "transformou pequenos grupos de compartilhamento com foco comunitário e sem fins lucrativos em ... pequenos grupos de compartilhamento com foco comunitário"[11]. Os aplicativos que nasceram sob o ideal de compartilhamento sem ônus seguem hoje a lógica do ditado popular inglês "o que é seu é meu, o que é meu é meu". A título de exemplo, os serviços de entrega já não mais simbolizam "uma ajuda entre vizinhos"; tornaram-se aplicativos onde o lucro é auferido através do trabalho barato e sem condições de segurança, onde a "economia dos bicos" prevalece.

Precursores da economia de compartilhamento não aceitam a Uber como parte do movimento, mas, como já exposto alhures, é inevitável reconhecer que a plataforma, quer pelo protagonismo quer pelo gigantismo, tornou-se a grande referência da economia de compartilhamento, dando origem ao neologismo *Uberização*. Nos aplicativos disponíveis *on-line* encontramos o "uber disso" e "uber daquilo" em uma verdadeira pletora de serviços variados. Na prestação de serviços, entretanto, não há o compartilhamento efetivo de lucros e custos do empreendimento.

Apesar das plataformas defenderem a ideia de trabalho por conveniência dos "parceiros", podendo estes trabalhar quando e quanto quiserem, esta "liberdade" conflita com o dever de cumprir objetivos definidos na programação do serviço, como fazer um número mínimo de corridas – estas sem limite máximo – , bem como não poder exceder determinado limite de cancelamento de viagens[12], tudo isso decidido de forma unilateral pelo algoritmo. A liberdade de decidir é a mesma para qualquer outro desempregado diante da oferta de um emprego aquém das suas expectativas: submissão, subordinação ou o mundo sem trabalho.

Os algoritmos que ditam o processo de precarização do trabalho humano são regidos por leis internas. Não há, entretanto, a preponderância do paradigma humano. Nestas leis, diferentemente das de Asimov, o homem não é o protagonista. Segundo as evidências do passo a passo dos algoritmos, no Brasil, pode-se inferir a adoção também de três leis, que, em essência, parecem ditar que: 1ª - *o algoritmo deve coordenar o passo a passo do serviço humano, com eficiência, para que a tarefa final seja cumprida e repetida em número sempre crescente*; 2ª – *toda coordenação dos serviços humanos deverá ser processada de forma indetectável, sendo reiteradamente informada a condição de "parceiro" ao*

(...)".ZIPPERER, André Gonçalves. A intermediação de trabalho via plataformas digitais: repensando o direito do trabalho a partir das novas realidades do século XXI. São Paulo: LTr, 2019, pag. 78

11. SLEE, Tom. Uberização: a nova onda do trabalho precarizado. Tradução de João Peres. São Paulo: Editora Elefante, 2017, p. 14.

12. ZIPPERER, André Gonçalves. A intermediação de trabalho via plataformas digitais: repensando o direito do trabalho a partir das novas realidades do século XXI. São Paulo: LTr, 2019, pag. 78.

prestador-humano, bem como ao tomador de serviços; 3ª – *a execução da 1ª e 2ª leis ocorrerá independentemente de prejuízos materiais ou pessoais do prestador- humano*. Nesta última norma, temos a irrelevância, para o cumprimento da tarefa, dos custos (depreciação do veículo, valor do combustível, multas, acidentes, etc..) e, em especial, riscos à saúde em tempos de pandemia suportados exclusivamente pelo prestador de serviços humano.

Abstraídas as leis acima presumidas, poderá se defender que ninguém está obrigado a ter o seu trabalho gerenciado por um aplicativo ou, mesmo trabalhando, que não está obrigado a se submeter às suas exigências, em especial a arriscar contaminação pelo COVID-19 em uma longa rotina de trabalho para ter renda suficiente para subsistir. Ora, a liberdade de decidir é a mesma de qualquer desempregado diante da oferta de um emprego: submissão ou o mundo sem trabalho. O trabalhador por aplicativos, em tempos de pandemia, tem a mesma liberdade do trabalhador da 1ª Revolução Industrial: **trabalhar em ambiente com riscos à sua saúde para sobreviver ou não trabalhar.**

Aqui se faz necessária definição de uma fronteira, o estabelecimento de um limite. Apesar do vínculo de emprego ser de difícil visualização quando o serviço é gerenciado por um algoritmo invisível[13], apesar de serem variadas as rotinas de cada prestador de serviço – em linhas de diferença tênue tais quais aquelas que separaram um vendedor empregado de um vendedor autônomo –, apesar de não serem necessariamente aplicáveis as normas da CLT, é certo que o trabalhador de aplicativo não é um sujeito desprovido de direitos. Tem direitos fundamentais, entre eles o da dignidade da pessoa humana e de sadia qualidade de vida no meio ambiente do trabalho. A linha dessa fronteira deve ser o reconhecimento de um piso vital mínimo de direitos, bem como de responsabilidade da plataforma com a higidez do meio ambiente de trabalho do obreiro.

4. O meio ambiente de trabalho em tempos de pandemia

Como já observado em outra oportunidade na obra “Meio ambiente do trabalho: direito fundamental”[14] o conceito de meio ambiente é amplo não está adstrito ao local, ao espaço, ao lugar onde o trabalhador exerce suas atividades. **Ele é constituído por todos os elementos que compõem as condições (materiais e imateriais, físicas ou psíquicas) de trabalho de uma pessoa.**

Mais importante, o conceito de trabalho humano ou de trabalhador, para fins da definição do meio ambiente do trabalho, não está atrelado necessariamente à uma relação de emprego subjacente e sim à uma atividade produtiva. **Todos aqueles que prestam trabalho** têm o direito fundamental de realizá-lo em um local seguro e saudável, nos termos do art. 200, VIII, c/c art. 225 da CF/88, tanto o empregado clássico quanto os trabalhadores autônomos, terceirizados, informais, eventuais e outros. Todos, enfim, que disponibilizam sua energia física e mental para o benefício de outrem, inseridos

13. http://www.stj.jus.br/sites/portalp/Paginas/Comunicacao/Noticias/Motorista-de-aplicativo-e-trabalhador-autonomo--e-acao-contra-empresa-compete-a-Justica-comum.aspx. Acesso em 26.02.2020.
14. MELO, Sandro Nahmias. Meio Ambiente do Trabalho: Direito Fundamental. São Paulo: LTr, 2001.

em uma dinâmica produtiva. O conceito de meio ambiente do trabalho deve abranger, sobretudo, as relações interpessoais – relações subjetivas – especialmente as hierárquicas e subordinativas, pois a defesa desse bem ambiental espraia-se, em primeiro plano, na totalidade de reflexos na saúde física e mental do trabalhador.

Assim, ainda que prevalentes as ideias – desconectadas da realidade – de "parceria", de autonomia total na prestação de serviços do trabalhador de aplicativo, este tem direito à sadia qualidade de vida no meio ambiente do trabalho, incumbindo à plataforma o dever de zelar pelas condições de saúde e segurança no desenvolvimento da tarefa. Neste sentido, decisão judicial em ação civil pública, com abrangência nacional, obrigou as plataformas **iFood** e **Rappi** a fornecerem materiais de higienização aos entregadores de mercadorias e refeições. Além disso, as empresas foram obrigadas a oferecer espaços para a higienização de veículos, *bags* que transportam as mercadorias, capacetes e jaquetas, bem como credenciar serviços de higienização. Por fim, a decisão determinou que as plataformas digitais repassassem o equivalente à média dos valores diários pagos nos 15 dias anteriores à decisão, garantindo, pelo menos, o pagamento de um salário mínimo mensal. A medida compreendeu trabalhadores que integram grupos de alto risco (como os maiores de 60 anos, os portadores de doenças crônicas, os imunocomprometidos, as gestantes, e os afastados por suspeita ou efetiva contaminação pelo vírus).[15]

O risco do trabalho desenvolvido em serviços de entrega durante a pandemia não é pequeno. O depoimento de trabalhador desta área é revelador:

> "Minha mãe a todo momento me pede para parar: 'Para, para, para'. Insiste nessa ideia de eu parar, e eu insisto na ideia de que preciso continuar trabalhando", desabafa o entregador que começou uma mobilização para que as empresas de aplicativo distribuam álcool em gel e alimentação aos entregadores. Com medo de contrair o vírus na rua e levá-lo para a filha de 2 anos e a avó debilitada, de 86, Paulo vê-se encurralado diante da necessidade e do risco"[16]

Esta realidade aguda, entretanto, como apontado alhures, não encontra sensibilidade humana na gestão do serviço realizada por um algoritmo:

> "No último dia 21, data do seu aniversário de 31 anos e, em meio à crise do coronavírus, Paulo teve um problema, não conseguiu dialogar com o robô da Uber Eats e acabou bloqueado pelo app. 'Um robô não é um ser orgânico, humano, que vai entender todas as situações, que é o aniversário do motoboy, por exemplo, que o motoboy precisa muito e que informou sobre o ocorrido. Eles não querem saber,

---

15. Agencia Brasil. 05.04.2020. Disponível em https://economia.uol.com.br/noticias/redacao/2020/04/05/apps-de-comida-devem-garantir-assistencia-a-entregadores-contaminados.htm Acesso em 20.04.2020.
16. Change.org. 01.04.2020. Realidade da pandemia encurrala motoboys de aplicativos de delivery. Disponível em <https://www.huffpostbrasil.com/entry/delivery-motoboy_br_5e83fbd8c5b6871702a699cd>. Acesso em 20.04.2020.

simplesmente veem a automatização e bloqueiam', diz. Além dessa empresa, há cerca de 9 meses o rapaz também faz entregas para o iFood e Rappi"[17]

Conclui-se, após as digressões supra, que o direito à sadia qualidade de vida **de todo trabalhador, empregado ou não** (art. 225 cc inc. VIII, art. 200 CF/88) **se estende ao trabalhador de aplicativos, em especial em tempos de pandemia**. Aqui deve prevalecer, na obrigação das plataformas em prover EPIs e condições seguras de trabalho, o princípio ambiental da prevenção.

5. Piso vital mínimo

O trabalhador de aplicativos – ainda que considerado autônomo – não é sujeito desprovido de direitos. Como observado alhures, tem direitos fundamentais, entre eles o da dignidade da pessoa humana e de sadia qualidade de vida no meio ambiente do trabalho. Entende-se que a linha de fronteira deve ser o reconhecimento de um piso vital mínimo de direitos, correspondentes às necessidades básicas de todo trabalhador, sem o quais a dignidade - como pessoa - e a sadia qualidade de vida, estarão sendo sistematicamente negadas ao trabalhador de aplicativo.

A título de proposta de reconhecimento, que independe de ação legislativa, defende-se que este piso vital mínimo encontra sua ressonância nas próprias raízes do Direito do Trabalho. A gênese do direito do trabalho está indissociavelmente ligada ao início da luta pelo direito a uma jornada de trabalho com limite. O próprio inc. XIII, art. 7º da Constituição da República estabelece a diretriz de que todo o trabalhador tem direito a uma jornada de trabalho com limite diário. Não é legalmente admissível que o algoritmo, gerenciador das tarefas do trabalhador humano, permita, ou pior, estimule jornadas diárias de 12 horas trabalho. O limite constitucional de 8 horas diárias deve ser observado, observadas as exceções previstas constitucionalmente.

Ainda como proposta de reconhecimento, temos o princípio geral de responsabilidade no ordenamento jurídico pátrio, plenamente aplicável aos acidentes e afastamentos do trabalhador de aplicativo, decorrentes de seu labor. Esta deve recair sobre o gestor do negócio, dono do algoritmo, que lucra, até o momento, sem risco algum. A título de exemplo, o custo com o tratamento médico de motociclistas de aplicativos, entregadores em tempos de pandemia, tem sido suportado integralmente pelo SUS, pelo Estado. Imperiosa nestes casos, tal qual INSS faz em caso de acidentes de trabalho de empregados[18], é a ação regressiva proposta pelo Estado. Só no município de São Paulo os valores ressarcidos seriam, pelo número de acidentes, milionários[19].

---

17. Change.org. 01.04.2020. Realidade da pandemia encurrala motoboys de aplicativos de delivery. Disponível em <https://www.huffpostbrasil.com/entry/delivery-motoboy_br_5e83fbd8c5b6871702a699cd>. Acesso em 20.04.2020.

18. Disponível em <https://www.jota.info/paywall?redirect_to=//www.jota.info/opiniao-e-analise/artigos/acao-regressiva-previdenciaria-uma-realidade-09022017.> Acesso em 26.02.2020.

19. Disponível em <https://agora.folha.uol.com.br/sao-paulo/2019/11/acidentes-com-motociclistas-aumentam-30-na-regiao-central-de-sp.shtml>. Acesso em 26.02.2020.

Por fim, em tempos de pandemia, os riscos da atividade – gerenciada por frios algoritmos – não podem ser suportados integralmente pelo "parceiro" trabalhador. As plataformas que gerenciam o trabalho, em especial, dos entregadores, devem assumir a responsabilidade em garantir o direito fundamental de sadia qualidade de vida no meio ambiente do trabalho do mesmo.

6. Considerações finais

Os algoritmos são onipresentes na prestação de serviços por aplicativos. Nas atividades onde a ação humana é essencial, em especial nos serviços de transporte de cargas e pessoas, a falta de visualização de um gestor humano tem cooperado com a percepção – estruturalmente equivocada – de que o trabalhador de aplicativo tem total autonomia no desenvolvimento do seu trabalho, já que não responde a ninguém – humanamente considerado. Estes algoritmos que ditam um processo de precarização do trabalho humano são regidos por leis internas. Não há, entretanto, a preocupação com o elemento humano.

Em tempos de pandemia o trabalhador de aplicativos de entrega está completamente exposto ao risco de contaminação pelo coronavírus, encurralado entre a necessidade econômica, os riscos de atividade e uma "parceria" desigual. Neste particular, apesar do vínculo de emprego ser de difícil visualização quando o serviço é gerenciado por um algoritmo invisível, apesar de não serem necessariamente aplicáveis as normas da CLT, é certo que o trabalhador de aplicativo não é um sujeito desprovido de direitos. Tem direitos fundamentais, entre eles o da dignidade da pessoa humana e de sadia qualidade de vida no meio ambiente do trabalho.

Defende-se que próprio inc. XIII, art. 7º da Constituição da República estabelece a diretriz de que todo o trabalhador tem direito a uma jornada de trabalho com limite diário. O limite constitucional de 8 horas diárias deve ser observado para o trabalhador de aplicativos.

Por fim, em tempos de pandemia, os riscos da atividade – gerenciada por frios algoritmos – não podem ser suportados integralmente pelo "parceiro" trabalhador. As plataformas que gerenciam o trabalho, em especial, dos entregadores, devem assumir a responsabilidade em garantir o direito fundamental de sadia qualidade de vida no meio ambiente do trabalho do mesmo.

Referências

ASIMOV, ISAAC. **Eu, Robô**. Tradução Aline Storto Pereira. São Paulo: Aleph, 2014.

COELHO, Carlos. "Máquina pensante desafia fronteiras da tecnologia". 17.06.2016. Gazeta do povo. Disponível em <https://www.gazetadopovo.com.br/economia/inteligencia-artificial/maquina-pensante-desafia-fronteiras-da-tecnologia-bgs1ui5dcfgbwckmeqo3r38n6>. Acesso em 20.04.2020.

CASTILHO, Paulo Cesar Baria de. **Subordinação por algoritmo nas relações de trabalho.**

Revolução tecnológica permite novas formas de controle sobre o empregado. Jota info. 17.06.2019.

Disponível em: <https://www.jota.info/paywall?redirect_to=//www.jota.info/opiniao-e--analise/artigos/subordinacao-por-algoritmo-nas-relacoes-de-trabalho-17062019.> Acesso em 02.04.2020.

MELO, Sandro Nahmias. RODRIGUES, Karen Rosendo de Almeida Leite. **Direito à Desconexão do Trabalho**. Com análise crítica da Reforma Trabalhista (Lei n. 13.467/2017). Teletrabalho, Novas tecnologias e Dano Existencial. São Paulo: LTr, 2018.

_______; **Meio Ambiente do Trabalho: Direito Fundamental**. São Paulo: LTr, 2001.

NEDER, Vinicius. A**umento do trabalho por conta própria pode ser estrutural, relacionado a aplicativos, aponta o Ipea**. O Estado de S. Paulo. 12 de dez. de 2019. Disponível em: <https://economia.estadao.com.br/noticias/geral,aumento--do-trabalho-por-conta-propria-pode-ser-estrutural-relacionado-a-aplicativos-aponta-ipea,70003123328.> Acesso em 20.02.2020.

SLEE, Tom. **Uberização: a nova onda do trabalho precarizado**. Tradução de João Peres. São Paulo: Editora Elefante, 2017.

ZIPPERER, André Gonçalves. **A intermediação de trabalho via plataformas digitais: repensando o direito do trabalho a partir das novas realidades do século XXI**. São Paulo: LTr, 2019.

4

IMPACTOS TRABALHISTAS DO CANCELAMENTO DE SERVIÇOS, RESERVAS E EVENTOS DOS SETORES DE TURISMO E CULTURA EM TEMPOS DE PANDEMIA (COVID-19). MEDIDA PROVISÓRIA Nº 948/2020

Vicente José Malheiros da Fonseca[1]

1. Introdução

Em tempos de pandemia e declaração de estado de calamidade pública, que afeta a vida e a saúde da humanidade, em virtude do novo Coronavírus (Covid-19), os estudiosos do Direito do Trabalho, diante da complexidade da realidade social, defrontam-se com as frequentes alterações legislativas para tentarem compreender e interpretar o novo arcabouço jurídico, inclusive em face do momento inegavelmente excepcional, sem abandonar os princípios e valores assegurados na Constituição da República e na doutrina sedimentada ao longo da história da civilização humana.

---

1. *Vicente José Malheiros da Fonseca* é Desembargador do Trabalho de carreira, Decano e ex-Presidente do Tribunal Regional do Trabalho da 8ª Região (Belém-PA). Professor Emérito da Universidade da Amazônia (UNAMA). Compositor. Membro da Associação dos Magistrados Brasileiros, da Associação Nacional dos Magistrados da Justiça do Trabalho, da Associação dos Magistrados da Justiça do Trabalho da 8ª Região, da Academia Brasileira de Direito do Trabalho, da Academia Paraense de Música, da Academia de Letras e Artes de Santarém, do Instituto Histórico e Geográfico do Pará, do Instituto Histórico e Geográfico do Tapajós, da Academia Luminescência Brasileira, da Academia de Música do Brasil e da Academia de Musicologia do Brasil. Membro Honorário do Instituto dos Advogados do Pará.

É, pois, nesse contexto que a Academia Brasileira de Direito do Trabalho conclama os seus membros para a elaboração desta obra coletiva que aborda diversos temas, como os impactos trabalhistas do cancelamento de serviços, reservas e eventos dos setores de turismo e cultura, particularmente à luz da Medida Provisória nº 948, de 08 de abril de 2020, publicada em edição extraordinária do Diário Oficial da União nessa mesma data.

2. Medidas Provisórias. Rito sumário

Em regra, as Medidas Provisórias, editadas pelo Presidente da República, têm validade imediata pelo prazo de sessenta (60) dias. Entretanto, precisam ser aprovadas pelo Congresso Nacional.

Nesse sentido, o art. 62 da Constituição da República de 1988.

As medidas provisórias, ressalvado o disposto nos §§ 11 e 12 do art. 62 da Lei Fundamental, perderão eficácia, desde a edição, se não forem convertidas em lei no prazo de sessenta (60) dias, prorrogável, nos termos do § 7º desse preceito constitucional, uma vez por igual período, devendo o Congresso Nacional disciplinar, por decreto legislativo, as relações jurídicas delas decorrentes.

Não editado o decreto legislativo a que se refere a Carta Magna até sessenta (60) dias após a rejeição ou perda de eficácia de medida provisória, as relações jurídicas constituídas e decorrentes de atos praticados durante sua vigência conservar-se-ão por ela regidas.

Aprovado projeto de lei de conversão alterando o texto original da medida provisória, esta manter-se-á integralmente em vigor até que seja sancionado ou vetado o projeto.

Ocorre que o Congresso Nacional aprovou um rito simplificado para tramitação das medidas provisórias durante a pandemia do Coronavírus (Covid-19).

O prazo de validade das medidas provisórias, durante o período de pandemia, foi reduzido de cento e vinte (120) para dezesseis (16) dias.

O rito sumário estabelece também a apreciação direta pelos Plenários das Casas, sem a necessidade de passar pelas comissões mistas.

Esse novo rito cumpre decisão liminar proferida pelo Ministro Alexandre de Moraes, do Supremo Tribunal Federal, que autorizou alterações no processo de exame de medidas provisórias no Parlamento brasileiro. O Ato Conjunto das Mesas da Câmara dos Deputados e do Senado Federal nº 1/2020 foi publicado na edição de 1º de abril de 2020 do Diário Oficial da União.

Esse novo modelo excepcional aplica-se às medidas provisórias editadas durante o período de estado de emergência e que ainda não tenham recebido parecer aprovado em comissão mista. O Decreto de calamidade pública, provocado pela pandemia do Coronavírus (Covid-19), foi aprovado pelo Senado em 20 de março de 2020. Diversas medidas provisórias foram editadas desde então.

Conforme o novo rito sumário, as medidas provisórias serão relatadas por um Deputado e um Senador nos Plenários da Câmara Federal e do Senado da República, em substituição à comissão mista de parlamentares.

O prazo para a apresentação de emendas é de apenas dois (2) dias. Em seguida, a matéria deve ser imediatamente encaminhada por meio eletrônico à Câmara Federal, onde inicia a sua tramitação.

A Câmara Federal tem o prazo de nove (9) dias, da vigência da MP, para encaminhá-la ao exame do Senado, que deve votar a medida até o décimo quarto (14º) dia. Caso o Senado altere a matéria, a Câmara tem somente dois (2) dias para apreciar as mudanças.

As medidas provisórias pendentes de parecer na comissão mista devem ser encaminhadas à Câmara Federal, a fim de que o parecer seja proferido em Plenário.

Todos os atos de instrução já realizados em relação às medidas provisórias (como, por exemplo, a designação de relatores e eventuais pareceres já votados na comissão mista) permanecem válidos.

Caso a Câmara Federal e o Senado não consigam votar a medida provisória no prazo de dezesseis (16) dias, cabe ao Presidente do Congresso Nacional decidir se a matéria deve ser prorrogada.

É oportuno registrar que a apreciação das medidas provisórias por comissão mista é prevista no artigo 62 da Constituição da República, conforme já foi assinado.

Todavia, o preceito constitucional não era rigorosamente cumprido pelo Congresso Nacional, pois uma Resolução do Parlamento permitia que, esgotado o prazo para apreciação pela comissão mista, o Parlamento apreciasse a medida provisória diretamente pelo Plenário, apenas com o parecer do relator.

No ano de 2012, o Supremo Tribunal Federal declarou inconstitucional (ADI 4.029) a Resolução que permitia esse exame direto pelo Plenário, o que obrigou que as medidas provisórias fossem analisadas por comissão mista antes de seu encaminhamento ao Plenário.

Atualmente, com a liminar prolatada pelo ministro Alexandre de Moraes, do STF, o Congresso Nacional pode realizar a análise direta, como procedia até 2012.

3. Exposição de Motivos. Medida Provisória nº 948/2020

Na **Exposição de Motivos** à Medida Provisória nº 948/2020, subscrita pelo Sr. Marcelo Henrique Teixeira Dias, Ministro do Turismo do Brasil (EMI nº00009/2020 MTur MJSP, de 31 de março de 2020), consta:

> "2. Esta proposta de Medida Provisória decorre dos fortes prejuízos que a pandemia do covid-19 está ocasionando no setor de prestação de serviços turísticos no Brasil. De acordo com a Associação Latino Americana e do Caribe de Transporte Aéreo (ALTA) e dos representantes das Companhias Aéreas Internacionais do Brasil, a disseminação do covid-19 está impactando o transporte aéreo e tornou-se um grande teste para o turismo e para as economias globais. Vários governos têm reduzido unilateralmente os voos de determinados países e regiões, gerando um impacto maior em toda a indústria. Em conformidade com a referida Associação, o setor está diante da pior

crise da história da aviação e do turismo, que sem dúvida gerará uma das maiores crises econômicas globais.

3.Sublinhando isso, a Nota Técnica n.º 11/2020/CGEMM/DPDC/SENACON/MJ ressalta que, de janeiro a novembro de 2019, o índice de atividades turísticas no Brasil cresceu, contudo com a pandemia de Covid-19, o turismo foi o setor econômico que mais sentiu rapidamente os efeitos negativos, considerando o fechamento de aeroportos, cancelamentos de voos e suspensão das atividades e de deslocamento em muitas unidades da Federação. Informa, ainda, que os números apresentados pelas entidades representativas do setor, em relação aos impactos negativos, são alarmantes.

4.Ainda assim o setor de turismo faturou em 2019, R$ 238,6 bilhões, considerando as atividades de hospedagem e similares, bares e restaurantes, transporte de passageiros, agências de turismo, cultura e lazer. O número de pessoas formalmente empregadas nas atividades turísticas totalizou 2.983.080 trabalhadores.

5.Entidades representativas do setor tem a indicação de taxas de cancelamento de viagens que já ultrapassam 85% (oitenta e cinco por cento) no mês de março de 2020. Se considerado o mês de março do ano de 2019, que o setor apresentou faturamento de R$ 19,2 bilhões de reais, os impactos negativos agora serão nas mesmas proporções reais, incontestáveis e tristes, dificultando qualquer visão de sustentabilidade dos negócios, haja vista a imprevisibilidade de novos faturamentos.

6.Somente os setores de hotelaria e de parques temáticos e entretenimento, são responsáveis por 380.000 (trezentos e oitenta mil) empregos diretos, em conformidade com o Cadastro Geral de Empregados e Desempregados (CAGED). O salário médio desses trabalhadores é de R$ 1.450,00 (mil quatrocentos e cinquenta reais). Ressalta-se que as entidades representativas desses setores manifestaram a intenção de conceder licença para 90% dos empregados, o que totaliza 342.000 (trezentos e quarenta e dois mil) empregados.

7.O setor de eventos é responsável por cerca de 25 milhões de empregos (diretos e indiretos), e por um faturamento anual de cerca de 936 bilhões por ano. As restrições de aglomerações de pessoas, em virtude da pandemia do covid-19, impactarão diretamente e negativamente todo o setor, inclusive a classe artística, que é um importante fomentador do turismo e da cultura no Brasil.

8.Vale destacar que, diante dessa situação, em carta aberta, a World Travel & Tourism Council -WTTC estima que 75 milhões de empregos estão em risco globalmente (a previsão anterior era de 50 milhões). Afirma que viagens são a espinha dorsal de muitas economias ao redor do mundo, considerando que elas geram riquezas e investimentos internos, cria empregos e estimula todos os demais setores. Ratifica que Viagens e Turismo colaboram com 10,4% do PIB global e 320 milhões de empregos no mundo e que esse setor é responsável por criar um em cada cinco novos empregos e, por oito anos consecutivos, cresceu mais que a economia mundial.

9.A mesma carta supracitada solicita aos governos de todos os países que tomem ações imediatas para assegurar a sobrevivência desse setor tão importante para a geração de empregos e ressalta que qualquer demora irá custar milhões de empregos perdidos e prejuízos incalculáveis ao redor do mundo.

10.Diante disso, as entidades que representam os setores de turismo e eventos pleiteiam a adoção de medidas urgentes para o enfrentamento da crise em andamento, que está ocasionando o cancelamento de inúmeras reservas realizadas nos estabelecimentos hoteleiros, cancelamentos de pacotes turísticos e cruzeiros aquaviários, fechamento temporário de parques temáticos, e reduzindo drasticamente o fluxo de passageiros transportados pelas Companhias Aéreas, além do cancelamento de inúmeros eventos. Esta crise está impactando diretamente no fluxo de caixa das empresas, ameaçando a permanência das mesmas no mercado.

11.É neste cenário que essa minuta de Medida Provisória propõe que os prestadores de serviços e sociedades empresárias dos setores de turismo e cultura, não tenham obrigatoriedade de reembolsar valores já pagos pelo consumidor, referentes a serviços, reservas e eventos cancelados, em virtude do estado de emergência em saúde internacional decorrente do surto da covid-19, desde que: I) remarquem os serviços, reservas e eventos cancelados; II) disponibilizem crédito para uso ou abatimento na compra de novos ou outros serviços, reservas e eventos, disponíveis nas respectivas empresas; ou III) realizem outro acordo a ser formalizado com o consumidor. A proposta prevê que as três opções disponibilizadas aos prestadores de serviços e sociedades empresárias, em caso de cancelamento de serviços, reservas e eventos, em virtude do estado de emergência em saúde internacional decorrente do surto da covid-19, serão sem qualquer custo adicional, taxa ou multa ao consumidor, desde que a solicitação seja efetuada no prazo de noventa dias, a contar da publicação da Medida Provisória. Há, ainda, a opção de o prestador de serviços ou sociedade empresária restituir o valor recebido ao consumidor, sujeito a penalidades contratuais, se existentes, no prazo de até doze meses, a contar do encerramento do estado de emergência em saúde pública de importância nacional decorrente da covid-19, estabelecido pela Portaria MS nº 188, de 3 de fevereiro de 2020.

12. A proposta de MP prevê, também, benefícios aos artistas já contratados que forem impactados por cancelamentos de eventos, inclusive de shows, eventos culturais, rodeios e espetáculos musicais e de artes cênicas. O texto exclui a obrigação de reembolso imediato de valores dos serviços ou cachês já pagos, desde que o evento seja remarcado ou os valores pagos sejam utilizados para prestação de outros serviços equivalentes, no período de até doze meses, encerramento do estado de emergência em saúde pública de importância nacional decorrente da covid-19. Estabelece que, caso esses artistas não prestem os serviços contratados no prazo previsto ou o evento não seja remarcado, deverão restituir o valor recebido, sujeito a penalidades contratuais.

13. Por fim, a proposta considera que as relações de consumo afetadas pelo estado de emergência em saúde internacional decorrente do surto da covid-19 caracterizam hipóteses de caso fortuito ou força maior, não ensejando danos morais, aplicação de multa, ou outras penalidades na forma do art. 56 da Lei nº 8.078, de 11 de setembro de 1990.

14. É importante frisar que a matéria não prejudica ao consumidor, considerando que em caso de cancelamento de serviços, reservas e eventos, em virtude do estado de emergência em saúde internacional decorrente do surto da covid-19, o mesmo poderá optar por remarcar os serviços, reservas e eventos cancelados; ou utilizar crédito para abatimento na compra de novos ou outros serviços, reservas e eventos, disponíveis nas respectivas empresas; ou realizar outro acordo a ser formalizado com o prestador de serviços, sem qualquer custo adicional, taxa ou multa ao consumidor, desde que a solicitação seja efetuada no prazo de noventa dias, a contar da publi-

cação da Medida Provisória. O consumidor poderá, ainda, ser restituído do valor pago, sujeito a penalidades contratuais, no prazo de até doze meses, encerramento do estado de emergência em saúde pública de importância nacional decorrente da covid-19, caso não for possível utilizar as demais opções citadas. Ao mesmo tempo, as matérias propostas possibilitam que os prestadores de serviços turísticos e sociedades empresárias, dos setores de turismo e cultura, tenham condições de sobrevivência e manutenção de empregos.

15. Entende-se, também, que em caráter temporário e excepcional, a exclusão da obrigação de reembolso imediato de valores dos serviços ou cachês dos artistas já contratados, que forem impactados por cancelamento de eventos culturais, inclusive de shows, rodeios e espetáculos musicais e de arte cênicas, visa preservar a realização desses eventos, encerramento do estado de emergência em saúde pública de importância nacional decorrente da covid-19. Ao mesmo tempo, caso os artistas não prestem os serviços contratados no prazo previsto, assegura ao contratante a restituição do valor recebido, sujeito a penalidades contratuais.

16. Assim, considerando esse cenário de dificuldades econômicas ocasionadas pela pandemia do covid-19, é indubitável que a relevância e a urgência se configuram neste projeto de Medida Provisória, em conformidade com o art. 62 da Constituição Federal de 1988, sendo sua edição de relevância e urgência para que a cadeia produtiva do setor turístico e o setor de cultura e eventos não enfrentem um colapso econômico ainda de maior impacto.

17. A medida também está em consonância com o art. 180 da Constituição supracitada, que determina que a União, Estados e Municípios deverão promover e incentivar o turismo como fator de desenvolvimento social e econômico, com os objetivos da Política Nacional de Turismo, instituída pelo art. 5º da Lei nº 11.771, de 17 de setembro de 2008 e com a Lei nº 8.313, de 23 de dezembro de 1991, que institui o Programa Nacional de Apoio à Cultura (Pronac). Ressalta-se, ainda, que o projeto em questão não acarretará qualquer despesa para a União.

18. Conclui-se que a situação extraordinária de calamidade pública, reconhecida pelo Governo Federal, em virtude do estado de emergência em saúde internacional decorrente do surto da covid-19, se caracteriza como caso fortuito ou força maior. É uma situação inédita no mundo. Assim, julga-se que não se pode atribuir nexo de causalidade às partes contratantes, já que nenhuma delas deu causa aos cancelamentos e remarcações de que trata essa proposta de Medida Provisória.

19. Fica evidente, portanto, que a proposta de MP ora analisada foi concebida como forma de minimizar os efeitos negativos causados nas cadeias produtivas do turismo e da cultura, relacionados ao estado de emergência em saúde internacional, decorrente do surto da covid-19 e fazer com que esses setores voltem a crescer após o fim desta situação excepcional, fortalecendo a economia e gerando emprego e renda para o País".

4. Cancelamento de serviços, de reservas e de eventos dos setores de turismo e cultura. Calamidade pública (Covid-19). Medida Provisória nº 948/2020

Se houver cancelamento de serviços, de reservas e de eventos dos setores de turismo e cultura em razão do estado de calamidade pública reconhecido pelo Decreto Legislativo nº 6, de 20 de março de 2020, e da emergência de saúde pública de importância internacional decorrente do Coronavírus (Covid-19), o prestador de serviços ou a empresa pode, se assim o desejar e tiver condições, reembolsar as quantias pagas pelo consumidor.

Todavia, a Medida Provisória nº 948/2020 estabelece que, na hipótese de cancelamento de serviços, de reservas e de eventos, incluídos shows e espetáculos, o prestador de serviços ou a sociedade empresária não serão obrigados a reembolsar os valores pagos pelo consumidor, desde que assegurem algumas condições fixadas nessa legislação, previstas em caráter alternativo: I - a **remarcação** dos serviços, das reservas e dos eventos cancelados; II - a **disponibilização** de crédito para **uso ou abatimento** na compra de outros serviços, reservas e eventos, disponíveis nas respectivas empresas; ou III - outro **acordo** a ser formalizado com o consumidor.

A MP nº 948/2020 não cuida do modo como pode ser formalizado esse acordo.

Contudo, numa época de pandemia, com isolamento social, considera-se razoável a formalização de acordo por meio eletrônico, telemático ou virtual.

Essas operações serão implementadas "sem custo adicional, taxa ou multa ao consumidor", muito embora o cancelamento dos serviços, de reservas e de eventos possa acarretar, por evidente, prejuízos, em vários aspectos, para o consumidor. Basta imaginar o caso de um compromisso profissional, científico, social ou familiar praticamente inadiável, com inúmeros reflexos, inclusive para a vida, a saúde ou a segurança do consumidor, clientes ou pacientes.

Não obstante, esse "privilégio" relativo à isenção de custo adicional, taxa ou multa, somente será observado se a solicitação, pelo consumidor, for efetuada no prazo de **noventa (90) dias**, contado da data de entrada em vigor da Medida Provisória, publicada no Diário Oficial da União, em 08 de abril de 2020. Portanto, esse prazo se encerra no dia 06 de julho de 2020.

A **disponibilização** de crédito para **uso ou abatimento** na compra de outros serviços, reservas e eventos, disponíveis nas respectivas empresas, poderá ser utilizado pelo consumidor no prazo de **doze (12) meses**, contado da data de encerramento do estado de calamidade pública reconhecido pelo Decreto Legislativo nº 6/2020, previsto para a data de 31 de dezembro de 2020, daí porque o prazo de doze (12) meses, no caso, termina em 31 de dezembro de 2021.

Nesse ponto, parece haver uma situação de desequilíbrio e insegurança para o consumidor, pois nem sempre é possível antever o futuro, que atualmente se apresenta ainda mais incerto em virtude do tempo de propagação do vírus, das consequências da pandemia do Coronavírus (Covid-19) e a retomada da economia, das atividades laborais, do turismo e do lazer.

De fato, enquanto as empresas dispõem do longo prazo que se estende até 31 de dezembro de 2021 para reembolso do crédito, uso ou abatimento na aquisição de serviços, reservas e eventos, o consumidor possui apenas 90 dias, até 06 de julho de 2020, para solicitar o pagamento desse crédito.

Portanto, há necessidade de harmonizar essa relação consumerista, a fim de permitir maior equilíbrio, considerando os princípios da boa-fé, o que, por certo, carece de um processo educativo da sociedade, de empresas e consumidores.

Como a MP nº 948/2020 ainda depende de exame do Congresso Nacional, o Parlamento brasileiro poderá aperfeiçoar tal norma, nesse e em outros pontos, como, por exemplo, a hipótese de pagamentos a prazo ou em parcelas, realizados pelo consumidor.

A Medida Provisória nº 948/2020 prevê que na hipótese de **remarcação** dos serviços, das reservas e dos eventos cancelados, devem ser observadas as seguintes condições: I - **a sazonalidade e os valores** dos serviços originalmente contratados; e II - o **prazo de doze meses**, contado da data de encerramento do estado de calamidade pública reconhecido pelo Decreto Legislativo nº 6/2020.

Isso significa que os serviços, reservas e eventos cancelados devem ser remarcados, no prazo fixado na nova legislação, em época semelhante (por exemplo, em alta estação, em baixa estação, na primavera, no verão, no período de férias, na época do Natal), no ano subsequente, e observados os mesmos valores dos serviços originalmente contratados.

Se não foi possível concretizar o ajuste para **remarcação** dos serviços, das reservas e dos eventos cancelados; **disponibilização** de crédito para **uso ou abatimento** na compra de outros serviços, reservas e eventos, disponíveis nas respectivas empresas; ou outro **acordo** a ser formalizado com o consumidor, o prestador de serviços ou a sociedade empresária deverá **restituir** o valor recebido ao consumidor, **atualizado** monetariamente pelo Índice Nacional de Preços ao Consumidor Amplo Especial - IPCA-E, no prazo de doze (12) meses, contado desde 31 de dezembro de 2020, data de encerramento do estado de calamidade pública reconhecido pelo Decreto Legislativo nº 6/2020, ou seja, até 31 de dezembro de 2021, observadas as cláusulas contratuais.

5. Lei nº 11.771/2008. Cinemas, teatros, plataformas digitais de vendas de ingressos pela internet

Essas normas também devem ser aplicadas a prestadores de serviços turísticos e sociedades empresárias a que se refere o art. 21 da **Lei nº 11.771, de 17 de setembro de 2008**; e a cinemas, teatros e plataformas digitais de vendas de ingressos pela internet.

A Lei nº 11.771/2008 dispõe sobre a Política Nacional de Turismo, define as atribuições do Governo Federal no planejamento, desenvolvimento e estímulo ao setor turístico; revoga a Lei nº 6.505, de 13 de dezembro de 1977, o Decreto-Lei nº 2.294, de 21 de novembro de 1986, e dispositivos da Lei nº 8.181, de 28 de março de 1991.

O art. 21 da Lei nº 11.771/2008 estabelece que se consideram **prestadores de serviços turísticos**, para os fins dessa Lei, as sociedades empresárias, sociedades simples, os empresários individuais e os serviços sociais autônomos que prestem serviços turísticos remunerados e que exerçam as seguintes atividades econômicas relacionadas à cadeia produtiva do turismo:I - meios de hospedagem;II - agências de turismo; III - transportadoras turísticas; IV - organizadoras de eventos; V - parques temáticos; eVI - acampamentos turísticos.

Poderão ser cadastradas no Ministério do Turismo, atendidas as condições próprias, as sociedades empresárias que prestem os seguintes serviços: I - restaurantes, cafeterias, bares e similares; II - centros ou locais destinados a convenções e/ou a feiras e a exposições e similares; III - parques temáticos aquáticos e empreendimentos dotados de equipamentos de entretenimento e lazer; IV - marinas e empreendimentos de apoio ao turismo náutico ou à pesca desportiva; V - casas de espetáculos e equipamentos de animação turística; VI - organizadores, promotores e prestadores de serviços de infraestrutura, locação de equipamentos e montadoras de feiras de negócios, exposições e eventos; VII - locadoras de veículos para turistas; e VIII - prestadores de serviços especializados na realização e promoção das diversas modalidades dos segmentos turísticos, inclusive atrações turísticas e empresas de planejamento, bem como a prática de suas atividades.

Convém assinalar que, para fins da Lei nº 11.771/2008, considera-se turismo as atividades realizadas por pessoas físicas durante viagens e estadas em lugares diferentes do seu entorno habitual, por um período inferior a 1 (um) ano, com finalidade de lazer, negócios ou outras.

As viagens e estadas de que trata a citada lei devem gerar movimentação econômica, **trabalho, emprego, renda** e receitas públicas, constituindo-se instrumento de desenvolvimento econômico e social, promoção e diversidade cultural e preservação da biodiversidade.

Caberá ao Ministério do Turismo estabelecer a Política Nacional de Turismo, planejar, fomentar, regulamentar, coordenar e fiscalizar a atividade turística, bem como promover e divulgar institucionalmente o turismo em âmbito nacional e internacional.

O poder público atuará, mediante apoio técnico, logístico e financeiro, na consolidação do turismo como importante fator de desenvolvimento sustentável, de distribuição de renda, de**geração de emprego** e da conservação do patrimônio natural, cultural e turístico brasileiro.

Vale destacar, ainda, que a a Política Nacional de Turismo, segundo a referida Lei nº 11.771/2008, tem por objetivos, dentre outros: (1) democratizar e propiciar o acesso ao turismo no País a todos os segmentos populacionais, contribuindo para a elevação do bem-estar geral; (2) reduzir as disparidades sociais e econômicas de ordem regional, promovendo a inclusão social pelo **crescimento da oferta de trabalho e melhor distribuição de renda**; e (3) promover a formação, o aperfeiçoamento, a qualificação e a capacitação de recursos humanos para a área do turismo, bem como a implementação de políticas que viabilizem a colocação profissional no **mercado de trabalho**.

Pela mesma Lei nº 11.771/2008, foi criado o Comitê Interministerial de Facilitação Turística, com a finalidade de compatibilizar a execução da Política Nacional de Turismo e a consecução das metas do PNT com as demais políticas públicas, de forma que os planos, programas e projetos das diversas áreas do Governo Federal venham a incentivar, tais como: (1) a formação, a capacitação profissional, a qualificação, o treinamento e a reciclagem de **mão-de-obra** para o setor turístico e sua colocação no **mercado de trabalho**; (2) XII - a **geração de empregos**.

Os prestadores de serviços turísticos estão obrigados ao **cadastro no Ministério do Turismo**, na forma e nas condições fixadas naquela Lei e na sua regulamentação.

As filiais são igualmente sujeitas ao cadastro no Ministério do Turismo, exceto no caso de estande de serviço de agências de turismo instalado em local destinado a abrigar evento de caráter temporário e cujo funcionamento se restrinja ao período de sua realização.

Cabe ao Ministério do Turismo expedir certificado para cada cadastro deferido, inclusive de filiais, correspondente ao objeto das atividades turísticas a serem exercidas.

Somente poderão prestar serviços de turismo a terceiros, ou intermediá-los, os prestadores de serviços turísticos aludidos na Lei nº 11.771/2008, quando devidamente cadastrados no Ministério do Turismo. O cadastro terá validade de 2 (dois) anos, contados da data de emissão do certificado.

Essa exigência não se aplica aos serviços de transporte aéreo.

As medidas emergenciais para a aviação civil brasileira em razão da pandemia do Coronavírus (Covid-19) é objeto da Medida Provisória nº 925, de 18 de março de 2020.

A falta de cumprimento dos preceitos fixados na mencionada legislação, sujeita os prestadores de serviços turísticos, observado o contraditório e a ampla defesa, às seguintes **penalidades**: I - advertência por escrito; II - multa; III - cancelamento da classificação; IV - interdição de local, atividade, instalação, estabelecimento empresarial, empreendimento ou equipamento; e V - cancelamento do cadastro.

Porém, cabe pedido de reconsideração, no prazo de 10 (dez) dias, contados a partir da efetiva ciência pelo interessado, à autoridade que houver proferido a decisão de aplicar a penalidade, a qual decidirá no prazo de 5 (cinco) dias.

Em caso de indeferimento, o interessado poderá, no prazo de 10 (dez) dias, contados da ciência da decisão, apresentar recurso hierárquico, com efeito suspensivo, para uma junta de recursos, com composição tripartite formada por 1 (um) representante dos empregadores, 1 (um)**representante dos empregados**, ambos escolhidos entre as associações de classe componentes do Conselho Nacional de Turismo, e 1 (um) representante do Ministério do Turismo.

Os critérios para composição e a forma de atuação da junta de recursos serão regulamentados pelo Poder Executivo.

6. Artistas e cachês

A Medida Provisória nº 948/2020 ainda trata da situação dos **artistas já contratados**, até a data de sua edição (08 de abril de 2020), que forem impactados por cancelamentos de eventos, incluídos shows, rodeios, espetáculos musicais e de artes cênicas e os profissionais contratados para a realização destes eventos também **não** terão obrigação de reembolsar imediatamente os valores dos serviços ou cachês, desde que o evento seja **remarcado**, no prazo de doze (12) meses, contado da data de encerramento do estado de calamidade pública reconhecido pelo Decreto Legislativo nº 6/2020, isto é, até 31 de dezembro de 2021.

Na hipótese de **os artistas e os demais profissionais** contratados para a realização dos eventos, nos termos da MP nº 948/2020, não prestarem os serviços contratados no prazo previsto, o valor recebido será restituído, **atualizado** monetariamente pelo IPCA-E, no prazo de doze (12) meses, contado da data de encerramento do estado de calamidade pública reconhecido pelo Decreto Legislativo nº 6/2020, ou seja, 31 de dezembro de 2021, observadas as disposições contratuais.

Normalmente, os eventos artísticos ou culturais, sobretudo quando realizados ao espaço público, atraem uma plateia de milhares de indivíduos.

Por isso, vários Estados e Municípios brasileiros editaram Decretos para proibir a realização de eventos que acarretem aglomeração de pessoas. O setor de transporte de passageiros também ficou muito restrito em virtude da pandemia do Coronavírus (Covid-19).

O isolamento social, porém, não impede atividades criativas de artistas do mundo inteiro em apresentações, via internet, tão apreciadas por seus admiradores.

7. Impactos na economia, nas relações trabalhistas e na sociedade

Inúmeros serviços, reservas e eventos relacionados ao turismo e à cultura foram cancelados e não há certeza do momento em que poderão ser retomados.

Essa situação excepcional atinge diretamente a economia, as empresas, os trabalhadores e a população em geral.

Portanto, a matéria primordial da MP nº 948/2020 é a impossibilidade do cumprimento de obrigações de fazer decorrentes de contratos de consumo, em virtude de fatos relacionados à pandemia do novo Coronavírus (Covid-19).

Assim, o caso não se confunde com as hipóteses de responsabilidade civil do fornecedor por fato nem por vício do produto ou do serviço, de que trata o Código de Defesa do Consumidor (artigos 18 a 25 da Lei nº 8.078, de 11 de setembro de 1990, que dispõe sobre a proteção do consumidor ou Código de Defesa do Consumidor – CDC).

Algum dano sofrido pelo consumidor, nesta situação, seria resultante da ausência do serviço ou de sua inexecução.

O Código de Defesa do Consumidor, no entanto, não contém norma específica para a hipótese em tela, o que poderia atrair a aplicação das regras gerais do Código Civil Brasileiro (direito comum).

Fica a dúvida se seria possível invocar o art. 35 do Código de Defesa do Consumidor, que dispõe no sentido de que se o fornecedor de produtos ou serviços recusar cumprimento à oferta, apresentação ou publicidade, o consumidor poderá, alternativamente e à sua livre escolha: I – exigir o cumprimento forçado da obrigação, nos termos da oferta, apresentação ou publicidade; II – aceitar outro produto ou prestação de serviço equivalente; III – rescindir o contrato, com direito à restituição de quantia eventualmente antecipada, monetariamente atualizada, e a perdas e danos.

Entretanto, o citado dispositivo do CDC não se aplica à hipótese sob exame, haja vista que, a rigor, não estamos diante de uma **recusa** (ato de manifestação de livre vontade) do fornecedor, mas de impossibilidade sem culpa, ou seja um fato que não decorre da vontade de quaisquer dos contratantes.

Desse modo, poderia ser aplicado, em tese, o art. 248 do Código Civil, que determina a resolução da obrigação ("Se a prestação do fato tornar-se impossível sem culpa do devedor, resolver-se-á a obrigação; se por culpa dele, responderá por perdas e danos").

Resolvida a obrigação, deveria haver a restituição dos valores pagos, a fim de que se restabeleça o estado anterior, evitando-se o enriquecimento sem causa.

Por isso, o art. 2º da MP nº 948/2020 fixa alternativas à resolução do contrato, muito embora a sua redação não seja tecnicamente adequada.

De todo modo, é razoável interpretar que se trata de uma obrigação facultativa, cuja escolha cabe ao devedor, ou seja, ao fornecedor, na hipótese ventilada.

Com efeito, o prestador de serviços ou a empresa pode, se assim o desejar e tiver condições, reembolsar as quantias pagas pelo consumidor, conforme já assinalamos.

Mas a Medida Provisória nº 948/2020 permite que, na hipótese de cancelamento de serviços, de reservas e de eventos, incluídos shows e espetáculos, o prestador de serviços ou a sociedade empresária não serão obrigados a reembolsar os valores pagos pelo consumidor, desde que assegurem algumas condições fixadas nessa legislação, previstas em caráter alternativo: I - a **remarcação** dos serviços, das reservas e dos eventos cancelados; II - a **disponibilização** de crédito para **uso ou abatimento** na compra de outros serviços, reservas e eventos, disponíveis nas respectivas empresas; ou III - outro **acordo** a ser formalizado com o consumidor.

No caso de o prestador de serviços ou a sociedade empresária optar por garantir ao consumidor todas ou algumas das alternativas previstas na MP nº 948/2020, caberá ao consumidor escolher a sua preferência, sem custo adicional, taxa ou multa, no prazo de 90 dias, contado da vigência dessa Medida Provisória, 08 de abril de 2020, o que importa, para o consumidor, uma obrigação alternativa.

O direito de escolha atribuído ao consumidor, pela MP nº 948/2020, não exclui a possibilidade de o fornecedor optar, desde logo, pela restituição dos valores atualizados, justamente porque se trata de obrigação facultativa do fornecedor. É dizer: a prestação devida é a restituição. Todavia, atribui-se ao devedor a faculdade de substituí-la pelas prestações alternativas previstas na aludida norma.

Na essência, a MP nº 9848/2020, em seu art. 4º, estabelece uma espécie de *flexibilização* do disposto no art. 248 do Código Civil Brasileiro ("Se a prestação do fato tornar-se impossível sem culpa do devedor, resolver-se-á a obrigação; se por culpa dele, responderá por perdas e danos").

Pela legislação civil, o artista, por exemplo, também está obrigado a restituir os valores dos serviços ou cachês, sob pena de sanção pelo descumprimento.

Porém, nos termos da MP nº 948/2020, o artista pode optar por remarcar o evento no prazo de doze (12) meses, a partir do encerramento do estado de calamidade pública adotado pelo Decreto Legislativo nº 6/2020, isto é, até 31 de dezembro de 2020.

Em caráter facultativo, se não realizar o evento, no aludido prazo, fica obrigado a restituir ao contratante os valores dos serviços ou cachês, atualizados monetariamente pelo IPCA-E, no prazo de doze (12) meses contado da data do encerramento do estado de calamidade pública reconhecido pelo Decreto Legislativo nº 6/2020 (até 31 de dezembro de 2021).

Todavia, o artista pode, desde logo, optar pela restituição dos valores pagos, sem necessidade de utilizar as alternativas previstas na MP nº 948/2020.

8. Repercussões na imprensa

O jornal digital "**Diário do Comércio**", de Belo Horizonte (MG), publica a seguinte matéria, sob o título "**MP cria alternativas para reembolso de pacotes turísticos cancelados**", em 10 de abril de 2020, que transcrevo:

> Para o sócio do escritório Manucci Advogados, **Day Neves Bezerra Neto**, a MP 948 é importante para dar o mínimo de ordenamento e previsibilidade para as relações de consumo abaladas pelo Covid-19 no setor do turismo. A medida, porém, não resolve todas as situações.
>
> "A MP contempla boa parte das situações e oferece às empresas um parâmetro de atuação. Seria terrível se cada caso fosse parar na Justiça. Ganhando um prazo para negociar e também para pagar aquilo que não for possível ser negociado elas podem se organizar. Visto assim, isso é importante e positivo para a cadeia produtiva, mas nem tudo cabe nesse escopo", explica Bezerra Neto.
>
> A medida provisória não diz nada relativo especificamente aos **intercâmbios**, por exemplo, que costumam ter serviços contratados em **moeda estrangeira**. Também nessa modalidade de turismo – que era crescente no Brasil – muitos contratos são intermediados por empresas brasileiras para os serviços serem prestados por empresas estrangeiras. A MP é **omissa** nesses casos.
>
> "Um ponto que não deve passar desapercebido é que, geralmente, legislamos sobre o presente e, dessa vez, estamos legislando sobre um futuro que ninguém sabe como será. Uma agência que vendeu um pacote de viagem, por exemplo, mas o hotel foi à falência, o que ela pode fazer? De quem é a responsabilidade se ela não pode prestar o mesmo serviço? Essas são questões que vão aparecer e precisam ser pensadas. A saída, acredito, esteja na colaboração entre os pares. Vai ser mais necessário do que nunca enxergar em antigos concorrentes, parceiros. Mas isso não invalida a MP como uma importante ferramenta para dar o mínimo de previsibilidade ao mercado", analisa o advogado.
>
> É na negociação e na colaboração que também aposta o CEO da plataforma de reservas VisitNow e consultor, Bruno Guimarães. Para ele, a MP toca em pontos importantes, principalmente para os hotéis executivos que cobravam antecipado pelo bloqueio de datas.
>
> "O problema de todo mundo agora é o fluxo de caixa. Quem tem algum fluxo está usando para pagar funcionários e fornecedores, e para manter o mínimo da operação funcionando. Mesmo que o estabelecimento feche, existe sempre um custo mínimo. Essa MP abre uma possibilidade de **negociação** com um mínimo de ordenamento entre as empresas e os clientes. Isso é extremamente importante nesse momento", avalia Guimarães.
>
> https://diariodocomercio.com.br/negocios/mp-cria-alternativas-para-reembolso-de-pacotes-turisticos-cancelados/

Em outra matéria divulgada na Internet (*Panrotas – Mercado*), na data da publicação da MP nº 948/2020, sob o título "**MP 948: Turismo poderá reembolsar clientes 12 meses após pandemia**", lê-se:

> "Todos os esforços do governo federal neste momento são para salvar as vidas dos brasileiros, mas precisamos cuidar para que esse setor, que é responsável por **milhares de empregos** no país, se torne sustentável após esse período de crise", afirmou o ministro [do Turismo].
>
> Ainda segundo Álvaro Antônio, "em um momento adverso como este, é preciso trabalhar para que as perdas não sejam ainda maiores. É necessário pensar no depois também e garantir o direito dos consumidores e empreendedores e esse conjunto de medidas é para garantir o futuro do nosso turismo e da nossa cultura".
>
> Segundo entidades do setor, a taxa de cancelamento de viagens em março ultrapassou os 85%, reforçando que o turismo é um dos segmentos mais afetados pelo surto da covid-19.
>
> https://www.panrotas.com.br/mercado/economia-e-politica/2020/04/mp-948-turismo-podera-reembolsar-clientes-12-meses-apos-pandemia_172692.html

9. Danos morais

A Medida Provisória nº 948/2020, entretanto, contém um dispositivo que merece especial atenção.

Trata-se de seu **artigo 5º**, assim redigido:

> As relações de consumo regidas por esta Medida Provisória caracterizam hipóteses de caso fortuito ou força maior e **não** ensejam **danos morais**, aplicação de multa ou outras penalidades, nos termos do disposto no art. 56 da Lei nº 8.078, de 11 de setembro de 1990.

Sobre esse tema **Felipe Quintella escreveu os seguintes comentários, no artigo "*Considerações sobre a Medida Provisória (MP) nº 948*", publicado no** Blog GEN Jurídico (Grupo Editorial Nacional), **em 09 de abril de 2020:**

> Por fim, é imprescindível comentar o art. 5º da MP, o qual contém uma falha técnica grave.
>
> (...)
>
> A infeliz redação estabelece que *as relações de consumo* de que trata a MP "*caracterizam hipóteses de caso fortuito ou força maior*".
>
> Ora, na verdade, o que se pode extrair de sentido da norma é que *se reconhece que a impossibilidade de cumprimento dos contratos de consumo a que se refere a MP decorreu de **caso fortuito ou força maior***– fatos relativos à pandemia, e, por conseguinte, não imputáveis ao fornecedor.
>
> E, nesse sentido, não havendo **responsabilidade do fornecedor** – pela ***ausência* de nexo de causalidade**– aí sim, naturalmente, não há que se pensar em indenização de danos, ou de aplicação das sanções previstas no art. 56 do CDC.
>
> http://genjuridico.com.br/2020/04/09/medida-provisoria-948/

10. Força maior ou caso fortuito. *Pacta sunt servanda. Rebus sic stantibus.* Teoria da imprevisão

É inquestionável que vivemos uma situação realmente extraordinária e imprevisível, que caracteriza autêntico estado de calamidade pública mundial provocado pela pandemia do Coronavírus (Covid-19), não obstante os contratos de seguro.

Como se sabe, pelos princípios da boa-fé, da probidade e da força obrigatória dos contatos as obrigações assumidas devem ser cumpridas: *pacta sunt servanda.*

Porém, nem sempre os fatos permanecem no mesmo estado da época da contratação, pois as circunstâncias podem sofrer relevantes alterações, como a hipótese de ocorrer excessiva onerosidade a uma das partes, capaz de justificar a revisão do pacto original e mudança em suas cláusulas primitivas, a fim de manter o necessário equilíbrio, entre os contratantes, verificado na época do ajuste. Daí a cláusula de exceção conhecida como *rebus sic stantibus.*

Geraldo Evangelista Lopes, no artigo "*As cláusulas pacta sunt servanda e rebus sic stantibus e suas consequências jurídicas*", publicado na Revista digital Âmbito Jurídico, em 1º de dezembro de 2017, assim se pronuncia:

> A origem da cláusula *rebus sic stantibus* data de período muito antigo, sem precisão, não há como delimitar ou estabelecer uma data específica do início de sua aplicação.
>
> Porém, ao que tudo indica, nos escritos de São Tomás de Aquino já se debruçavam, com sensibilidade, aos estudos sobre as alterações das condições para o cumprimento estabelecidos em promessas; apesar de haverem obrigações assumidas e que estas deveriam ser respeitadas, na hipótese de alteração das anteriores condições estabelecidas, estas poderiam ser mitigadas para não causar onerosidade excessiva a uma das partes. Assim, surge o pensamento de que ocorrendo mudanças extremas nas condições antes estabelecidas, "estas só devem ser cumpridas se lícitas e se imudadas as condições das partes, bem como as circunstâncias exteriores". (FIUZA, 2016).
>
> Tem-se que a maioria dos autores a tratar desse tema têm origem romana, nos escritos dos juristas romanos Cícero, Sêneca, Paulo e Africano já se podia ver a preocupação e a necessidade de tratar desse assunto, para adequação dos contratos a realidade que se vivia.
>
> (...)
>
> O princípio de *pacta sunt servanda* destina-se a preservar a autonomia da vontade declarada, incluindo a liberdade de firmar o contrato em causa, bem como a segurança da relação jurídica subjacente. (SUBTIL, 2012, p. 32).
>
> Na revisão contratual (*rebus sic stantibus*), não se pretende a declaração de nulidade do contrato, mas sim a garantia da execução equitativa do acordo firmado, como efeito de cláusulas *rebus sic stantibus*, que constitui uma excepção ao *pacta sunt servanda.* (SUBTIL, 2012, p. 34)
>
> (...)
>
> A doutrina muito contribuiu para utilização de referidas cláusulas, com a criação da **teoria da imprevisão**, que vislumbra a possibilidade de mitigação das cláusulas de cumprimento do contrato em detrimento da obrigatoriedade do cumprimento deste.

Tal teoria previa que sempre que ocorresse mudanças nas circunstâncias que envolveram o momento da criação das cláusulas desse contrato e, de certa forma com essas mudanças, uma das partes sofresse prejuízo demasiado, estaria ali um justo motivo para a aplicação desta teoria.

"Entre nós, a teoria em tela foi adaptada e difundida por **Arnoldo Medeiros da Fonseca**, com o nome de teoria da imprevisão, em sua obra ***Caso fortuito e teoria da imprevisão***. Em razão da forte resistência oposta à teoria revisionista, o referido autor incluiu o requisito da imprevisibilidade, para possibilitar a sua adoção. Assim, não era mais suficiente a ocorrência de um fato **extraordinário**, para justificar a alteração contratual. Passou a ser exigido que fosse também **imprevisível**. É por essa razão que os tribunais não aceitam a inflação e alterações na economia como causa para a revisão dos contratos. Tais fenômenos são considerados previsíveis entre nós. A teoria da imprevisão consiste, portanto, na possibilidade de desfazimento ou revisão forçada do contrato quando, por **eventos imprevisíveis e extraordinários**, a prestação de uma das partes tornar-se exageradamente onerosa – o que, na prática, é viabilizado pela aplicação da **cláusula *rebus sic stantibus***, inicialmente referida". (GONÇALVES, 2012, p. 52/53).

(...)

Conclusão

Com os avanços tecnológicos e a globalização, a possibilidade de previsão de acontecimentos imprevisíveis é muito maior.

Não que a aplicação das cláusulas deixe de ter importância mas, certamente haverá novas mudanças de paradigmas. Os reflexos que determinados contratos privados têm sobre a sociedade faz com que ocorra maior interesse estatal em buscar soluções para as divergências que surjam; daí que de maior legalidade se reveste a **mitigação e flexibilização dos contratos.**

Não há mais espaço na sociedade para contratos engessados que propiciem a fartura de um em detrimento de outrem ou de uma sociedade, em especial quando referida fartura é oriunda de causas, cada dia mais comum, mas ainda envoltas em **mudanças bruscas e imprevisíveis**.

https://ambitojuridico.com.br/cadernos/direito-civil/as-clausulas-pacta-sunt-servanda-e-rebus-sic-stantibus-e-suas-consequencias-juridicas/

O **Código Civil Brasileiro de 2002** possui diversos dispositivos que regulam a matéria, tais como:

Art. 248. Se a prestação do fato tornar-se **impossível sem culpa do devedor**, resolver-se-á a obrigação; se por culpa dele, responderá por perdas e danos.

Art. 317. Quando, por motivos **imprevisíveis**, sobrevier desproporção manifesta entre o valor da prestação devida e o do momento de sua execução, poderá o juiz corrigi-lo, a pedido da parte, de modo que assegure, quanto possível, o valor real da prestação.

> Art. 393. O devedor não responde pelos prejuízos resultantes de **caso fortuito ou força maior**, se expressamente não se houver por eles responsabilizado.
>
> Parágrafo único. O caso **fortuito ou de força maior** verifica-se no fato necessário, cujos efeitos não era possível evitar ou impedir.
>
> Art. 399. O devedor em mora responde pela impossibilidade da prestação, embora essa impossibilidade resulte de **caso fortuito ou de força maior**, se estes ocorrerem durante o atraso; salvo se provar isenção de culpa, ou que o dano sobreviria ainda quando a obrigação fosse oportunamente desempenhada.
>
> Art. 422. Os contratantes são obrigados a guardar, assim na conclusão do contrato, como em sua execução, os **princípios de probidade e boa-fé.**
>
> Art. 427. A proposta de contrato obriga o proponente, **se o contrário não resultar dos termos dela**, da natureza do negócio, ou das circunstâncias do caso.
>
> Art. 478. Nos contratos de execução continuada ou diferida, se a prestação de uma das partes se tornar **excessivamente onerosa**, com extrema vantagem para a outra, em virtude de **acontecimentos extraordinários e imprevisíveis**, poderá o devedor pedir a resolução do contrato. Os efeitos da sentença que a decretar retroagirão à data da citação.
>
> Art. 479. A resolução poderá ser **evitada**, oferecendo-se o réu a **modificar** equitativamente as condições do contrato.
>
> Art. 480. Se no contrato as obrigações couberem a apenas uma das partes, poderá ela pleitear que a sua prestação seja reduzida, ou alterado o modo de executá-la, a fim de **evitar a onerosidade excessiva**.
>
> Art. 607. O **contrato de prestação de serviço** acaba com a morte de qualquer das partes. Termina, ainda, pelo escoamento do prazo, pela conclusão da obra, pela rescisão do contrato mediante aviso prévio, por inadimplemento de qualquer das partes ou pela **impossibilidade da continuação do contrato, motivada por força maior**.

O **Código Civil Português** igualmente regula a matéria, nomeadamente nos artigos 227 (*culpa na formação dos contratos*); 406 (*eficácia dos contratos*); e 437 (*condições de admissibilidade*), dentre outros.

Do mesmo modo, o **Código de Defesa do Consumidor (CDC)**, instituído pela Lei nº. 8.078/1990:

> Art. 6º São direitos básicos do consumidor:
>
> V - a modificação das cláusulas contratuais que estabeleçam **prestações desproporcionais ou sua revisão em razão de fatos supervenientes que as tornem excessivamente onerosas.**
>
> Art. 51. São **nulas** de pleno direito, entre outras, as cláusulas contratuais relativas ao fornecimento de produtos e serviços que [seguem-se diversos incisos que tratam das chamadas "**cláusulas abusivas**"]
>
> (...)
>
> § 1º **Presume-se exagerada**, entre outros casos, a vantagem que:

III - se mostra **excessivamente onerosa para o consumidor**, considerando-se a natureza e conteúdo do contrato, o interesse das partes e outras circunstâncias peculiares ao caso.

§ 2° A nulidade de uma **cláusula contratual abusiva não invalida o contrato**, exceto quando de sua ausência, apesar dos esforços de integração, decorrer **ônus excessivo a qualquer das partes**.

A **Consolidação das Leis do Trabalho (CLT)**, aprovada pelo Decreto-Lei nº 5.452, de 1º de maio de 1943, também possui normas que cuidam da "força maior":

Art. 61 - Ocorrendo necessidade imperiosa, poderá a **duração do trabalho** exceder do limite legal ou convencionado, seja para fazer face a **motivo de força maior**, seja para atender à realização ou conclusão de serviços inadiáveis ou cuja inexecução possa acarretar prejuízo manifesto.

§ 3º - Sempre que ocorrer **interrupção do trabalho**, resultante de causas acidentais, ou de **força maior**, que determinem a impossibilidade de sua realização, a **duração do trabalho poderá ser prorrogada** pelo tempo necessário até o máximo de 2 (duas) horas, durante o número de dias indispensáveis à recuperação do tempo perdido, desde que não exceda de 10 (dez) horas diárias, em período superior a 45 (quarenta e cinco) dias por ano, sujeita essa recuperação à prévia autorização da autoridade competente.

Art. 492 - O empregado que contar mais de 10 (dez) anos de serviço na mesma empresa não poderá ser despedido senão por motivo de falta grave ou circunstância de **força maior**, devidamente comprovadas. cinco) dias por ano, sujeita essa recuperação à prévia autorização da autoridade competente [*Observação*: a "estabilidade decenal" dos empregados foi extinta no Brasil].

Art. 497 - Extinguindo-se a empresa, sem a ocorrência de motivo de **força maior**, ao empregado estável despedido é garantida a indenização por rescisão do contrato por prazo indeterminado, paga em dobro.

Art. 498 - Em caso de fechamento do estabelecimento, filial ou agência, ou supressão necessária de atividade, sem ocorrência de motivo de **força maior**, é assegurado aos empregados estáveis, que ali exerçam suas funções, direito à indenização, na forma do artigo anterior.

Art. 501 - Entende-se como **força maior** todo **acontecimento inevitável**, em relação à vontade do empregador, e para a realização do qual este não concorreu, direta ou indiretamente.

§ 1º - A *imprevidência* do empregador exclui a razão de **força maior**.

§ 2º - À ocorrência do motivo de **força maior** que não afetar substancialmente, nem for suscetível de afetar, em tais condições, a situação econômica e financeira da empresa **não** se aplicam as restrições desta Lei referentes ao disposto neste Capítulo.

Art. 502 - Ocorrendo motivo de **força maior** que determine a extinção da empresa, ou de um dos estabelecimentos em que trabalhe o empregado, é assegurada a este, quando despedido, uma indenização na forma seguinte:

I - sendo estável, nos termos dos arts. 477 e 478;

II - não tendo direito à estabilidade, metade da que seria devida em caso de rescisão sem justa causa;

> III - havendo contrato por prazo determinado, aquela a que se refere o art. 479 desta Lei, reduzida igualmente à metade.
>
> Art. 503 - É lícita, em caso de **força maior** ou prejuízos devidamente comprovados, a **redução geral dos salários** dos empregados da empresa, proporcionalmente aos salários de cada um, não podendo, entretanto, ser superior a 25% (vinte e cinco por cento), respeitado, em qualquer caso, o salário mínimo da região.
>
> Parágrafo único - Cessados os efeitos decorrentes do motivo de **força maior**, é garantido o restabelecimento dos salários reduzidos.
>
> Art. 504 - Comprovada a falsa alegação do motivo de **força maior**, é garantida a reintegração aos empregados estáveis, e aos não-estáveis o complemento da indenização já percebida, assegurado a ambos o pagamento da remuneração atrasada.

A Lei nº 4.923, de 23 de dezembro de 1965, alterou, em parte, o art. 503 da CLT, ao estabelecer, em seu art. 2º:

> A empresa que, em face de **conjuntura econômica, devidamente comprovada**, se encontrar em condições que recomendem, transitoriamente, a redução da jornada normal ou do número de dias do trabalho, poderá fazê-lo, **mediante prévio acordo com a entidade sindical representativa dos seus empregados**, homologado pela Delegacia Regional do Trabalho, por prazo certo, não excedente de 3 (três) meses, prorrogável, nas mesmas condições, se ainda indispensável, e sempre de modo que a redução do salário mensal resultante não seja superior a 25% (vinte e cinco por cento) do salário contratual, respeitado o salário-mínimo regional e reduzidas proporcionalmente a remuneração e as gratificações de gerentes e diretores.

No artigo intitulado de "*Caso fortuito ou força maior? A hermenêutica responde*", publicado na revista digital Âmbito Jurídico, em 1º de novembro de 2009, **Osvaldo Alves Silva Junior** discorre:

> **Introdução**
>
> Ainda paira no direito pátrio grandes controvérsias a respeito do assunto. Muitos autores e doutrinadores entendem que **caso fortuito e força maior** são a mesma coisa, outros definem que *caso fortuito* é todo acontecimento que **foge ao controle humano**, embora reflita diretamente no mundo fático, e consequentemente, pode haver interações jurídicas. Existem ainda aqueles que definem *força maior* como atos ou criações humanas ou modificações no *status quo* reinante antes do próprio acontecimento. Esses conceitos são aplicados, basicamente da mesma forma, mas inversamente por outros autores não menos renomados, conforme estudo a seguir.
>
> Importante ressaltar que as controvérsias são tantas até hoje, que, fato em concreto, existem leis que suprimem os dois termos, adotando um **sinônimo** que procura reunir os dois princípios, ou a utilização de um único termo com sentido global. Um bom exemplo é a Lei nº 5772/71, o antigo Código de Propriedade Industrial, que foi ab-rogado pela Lei nº 9279/96. No Código de Propriedade Industrial, art. 49, caput, era adotado o seguinte termo: "Salvo motivo de força maior comprovado, caducará o privilégio, *ex officio* ou mediante requerimento de qualquer interessado, ..." (grifo

nosso). No caso em tela, o termo "força maior" era utilizado em sentido *lato sensu*, englobando neste o conceito de caso fortuito. Na Lei nº 9279/96, que a ab-rogou, não desejando o legislador incorrer no mesmo erro, decidiu, sem critério hermenêutico, abolir o termo e utilizou um sinônimo, procurando abarcar os dois sentidos sob um mesmo tema novamente, conforme o art. 221, §1º: "reputa-se justa causa o evento imprevisto, alheio à vontade da parte e que a impediu de praticar o ato" (sobre os recursos). No art. 143, §§ 1º. e 2º. utiliza-se de outro sinônimo em substituição: §1º.: "Não ocorrerá caducidade se o titular justificar o desuso da marca por razões legítimas; (...) o titular será intimado (...) por razões legítimas" (grifo nosso). O que vem a ser razões legítimas? O que vem a ser evento imprevisto? São meros sinônimos que procuram fundir os termos caso **fortuito e força maior**, que são totalmente distintos. Para o bom entendimento sobre o tema, torna-se necessário uma volta ao passado, para o século V d. C.

1 Histórico

O presente estudo tem como fontes, registros históricos do Império Romano, mais precisamente das obras compiladas no governo do Imperador Justiniano (482-565 d.C.). Justiniano foi elevado ao trono do Império Romano do Oriente em 1 de agosto de 527, com o nome de Flávio Anício Justiniano Magno. Tinha como um dos fundamentos do seu governo o objetivo de criar uma codificação com boa parte de toda a obra legislativa criada desde os primórdios do colossal Império Romano. Para isso contava com as constituições imperiais reunidas nos Códigos Gregoriano, Hermogeniano, Teodosiano, além das novelas e os textos produzidos pelos jurisconsultos. Como essas fontes se encontravam desordenadas até então, constituiu primeiramente uma comissão de juristas para reunir as principais Constituições Imperiais, que eram as leis emanadas pelos imperadores. Esta obra ficou pronta em 529 d.C. e foi publicada com o nome de Codex. Infelizmente, esta obra se perdeu com o tempo; sabemos que existiu através de relatos históricos, mas não chegou ao nosso tempo, devido, possivelmente as guerras que ocorreriam durante todos os séculos posteriores. O que nos chegou foi um Codex revisado em 534 d.C., já com influência das Institutas.

Em 530, de forma mais ousada, Justiniano determinou a seleção de todas as obras dos jurisconsultos clássicos, encarregando a direção da comissão a Triboniano, neste trabalho hercúleo.

As obras dos jurisconsultos clássicos foram baseadas nas atividades desenvolvidas pelos magistrados e pelos pretores peregrinos, que atuavam como são chamados hoje os juízes leigos. Os pretores atuavam diretamente nos territórios conquistados e utilizavam-se dos formulários, ou seja, codificações de despachos e sentenças mais comuns, já pré-estabelecidos, como hoje se faz em diversos órgãos cartoriais da administração pública, onde a figura do profissional de direito não é requisito essencial.

Naturalmente, sempre ocorriam novos casos, frutos de uma sociedade em eterna evolução, e estas questões os pretores traziam aos magistrados. Desta forma o direito evoluía, junto com a doutrina criada pela interação tripartite – magistrado, pretor peregrino e jurisconsultos. Todos os éditos elaborados pelos pretores foram codificados pelo jurista Sálvio Juliano, por volta do ano 130 d.C., conforme diretriz emanada pelo imperador Adriano, tamanha a importância destes trabalhos jurisprudenciais para o Império romano. Entretanto, assim como hoje, este *ius honorarium* não tinha força de lei, mas exercia o importante papel de alavanca de mudanças para a derrogação ou ab-rogação da lei.

Em relação ao Digesto ou Pandectas, a comissão chefiada por Triboniano atingiu o feito surpreendente de terminá-lo num prazo de três anos, composto de cinquenta livros, nos quais são encontrados trechos de mais de dois mil livros de jurisconsultos clássicos. Anos depois, foi elaborada as Institutiones por influência da obra de Gaio, do século II a. C., e publicado em 533 d. C. por Triboniano, Teófilo e Doroteu. E, por último, Justiniano editou diversas leis, as *novellae constituniones*, a fim de completar as obras e adequá-las ao império do Oriente. Desta forma, Justiniano criou o denominado *Corpus Iuris Civilis*, composto pelo Codex, o Digesto, as Institutas e as Novelas.

Portanto, desta forma foi codificada boa parte de toda obra jurídica romana e preservado à posteridade este incrível compêndio que influencia todo mundo, notadamente nas relações de controle estatal. E, em relação aos dois temas elencados neste ensaio, é certo afirmar que a delimitação conceitual está contida no Digesto, através das obras de Gaio e Ulpiano, que trataremos a seguir.

2 Gaio e Ulpiano

Gaio e Domicio Ulpiano foram os principais jurisconsultos do Império Romano, sendo o Digesto composto de 1/3 da obra deste. Na obra, diversos temas de direito civil foram conceituados, dentre eles os de **caso fortuito e força maior.** Gaio assim descreveu força maior: "*vis maior est cui humana infirmitas resistire non postest*". Traduzindo a frase, podemos depreender que força maior é aquela a que a fraqueza **humana** não pode resistir. Assim sendo, é entendido como sendo um fato imprevisível, **resultante da ação humana**, gerando efeitos jurídicos, independente da vontade das partes. Orlando de Almeida Secco assim leciona:

"*A **força maior** evidencia um acontecimento resultante do ato alheio (fato de outrem) que sugere os meios de que se dispõe para evitá-lo, isto é, além das próprias forças que o indivíduo possua para se contrapor, sendo exemplos: guerra, greve, revolução, invasão de território, sentença judicial específica que impeça o cumprimento da obrigação assumida, desapropriação etc." Ou seja, todos os atos ou ações humanas que se tornem obstáculos a outrem, impedindo-os de agir ou cumprir com seus direitos ou deveres*".

Sobre o termo **caso fortuito**, Domicio Ulpiano assim o conceituou: "*Fortuitus casus est, qui nullo humano consilio praevideri potest*". Traduzida a frase o conceito seria: caso fortuito é **aquele que não pode ser previsto por nenhum meio humano**. Em outras palavras seria todo acontecimento de **ordem natural que gera efeitos no mundo jurídico**. Podemos dar como exemplo as erupções vulcânicas, os terremotos, estiagem, inundação por meio de chuvas abundantes (e não por represas construídas artificialmente), quedas de raio, aluvião etc.

Assim estando os termos bem definidos, a partir da conceituação romana, abordaremos agora as discordâncias na doutrina nacional.

3 Distinção entre os termos

São bastante comuns os casos em que os indivíduos sofram prejuízos tendo como gênese os **fatos imprevisíveis**, os quais não podem impedir ou muitas vezes prevê-los. E, havendo uma falta de conhecimento da origem dos termos "caso fortuito" e "força maior" por doutrinadores civilistas, passou a existir uma verdadeira dialética sobre quando e como adotar os termos. José dos Santos Carvalho Filho, assim explica:

> "*São fatos imprevisíveis aqueles eventos que constituem o que a doutrina tem denominado de **força maior e de caso fortuito**. Não distinguiremos estas categorias, visto que há grande divergência doutrinária na caracterização de cada um dos eventos. Alguns autores entendem que a **força maior** é o acontecimento originário da **vontade do homem**, como é o caso da greve, por exemplo, sendo o **caso fortuito** o evento produzido **pela natureza**, como os terremotos, as tempestades, os raios e os trovões*".
>
> Na corrente que segue a orientação do Digesto romano, podemos citar autores como Diógenes Gasparini, Antônio Queiroz Telles, Hely Lopes Meirelles. Entretanto, outros autores, como Maria Sylvia di Pietro, Lucia Valle Figueiredo e Celso Antônio Bandeira de Mello, entendem que a conceituação é **inversa**, entrando em choque com o "*Iuris Corpus Civilis*", caracterizando uma **divergência hermenêutica**. Ainda existe uma **terceira corrente**, em que figuram Orlando Gomes e José dos Santos Carvalho Filho, que pensam que o melhor é o agrupamento dos termos, por considerarem **idênticos os seus efeitos**. Na realidade, os efeitos em nada são parecidos, pois havendo a responsabilidade objetiva do Estado, por danos causados por seus agentes, como construção de pontes, túneis, enfim, serviços de engenharia, resta ao Estado indenizar o indivíduo ou a sociedade em caso de ato que configure **força maior**, conforme art. 37, § 6º da Constituição Federal, pela **Teoria do Risco Administrativo**.
>
> Desta forma, finalizo o presente ensaio, com o objetivo de deixar mais transparente a origem dos termos e contribuir para a construção de conceituações baseadas em fontes seguras e históricas, respeitando a historicidade e a hermenêutica, como instrumentos metodológicos e científicos adequados.
>
> https://ambitojuridico.com.br/cadernos/direito-civil/caso-fortuito-ou-forca-maior-a--hermeneutica-responde/

A pandemia resultante do Coronavírus (Covid-19), que provocou estado de calamidade pública mundial, não teve origem diretamente na manifestação de vontade, por culpa ou dolo, de ato humano.

Logo, pode ser considerada uma situação que caracteriza, *latu sensu*, motivo de força maior (ou caso fortuito).

11. Ainda sobre os danos morais

Retornemos, pois, à questão do art. **5º da MP nº 948/2020**, segundo o qual – repita-se – "as relações de consumo regidas por esta Medida Provisória caracterizam hipóteses de caso fortuito ou força maior e **não** ensejam **danos morais**, aplicação de multa ou outras penalidades, nos termos do disposto no art. 56 da Lei nº 8.078, de 11 de setembro de 1990".

O citado dispositivo não seria propriamente inconstitucional. A declaração de inconstitucionalidade deve ser evitada quando é possível adotar interpretação razoável e adequada à norma jurídica, à luz dos princípios e valores jurídicos e hermenêuticos.

Em síntese, o dano moral não pode ser tratado "*in abstracto*", mas no exame de cada **caso concreto**, conforme os fatos e as circunstâncias, nos moldes, *verbi gratia*, da verificação do cometimento de falta grave que possa ensejar a dispensa, por justa causa, do empregado (art. 482 da CLT), que exige a análise de fatos e provas da situação em sua concretude, à luz das provas do processo.

Por conseguinte, não é tecnicamente adequado afirmar-se, como o faz a MP n° 948/2020, que "as relações de consumo regidas por esta Medida Provisória caracterizam hipóteses de caso fortuito ou força maior e **não** ensejam **danos morais**, aplicação de multa ou outras penalidades, nos termos do disposto no art. 56 da Lei nº 8.078...".

Com efeito, há variadas hipóteses que podem ocorrer, nas relações de consumo, mesmo durante o período da pandemia resultante do Coronavírus (Covid-19), capazes de caracterizar danos morais, aplicação de multa e outras penalidades legais ou contratuais.

Basta mencionar, a título de exemplo, eventual tratamento indigno dispensado ao consumidor, durante a pandemia, como ofensas graves, inclusive por meio de comunicações eletrônicas ou telemáticas; ou deixar o consumidor aguardando em linha numa chamada telefônica, por longas horas, sem qualquer atenção etc.

12. Ferramentas para a efetiva proteção e defesa do consumidor. Mediação pelos "Procons"

A MP nº 948/2020, certamente elaborada às pressas, em face da emergência que impõe o estado de calamidade pública, trata, genericamente, de situações gerais, mas não diz como resolver diversos problemas práticos.

Portanto, é recomendável criar **ferramentas** capazes de implementar a efetiva defesa do consumidor, inclusive por intermédio do sítio "*consumidor.gov.br*" e, especialmente, por meio dos "**PROCONS**" (Programa de Proteção e Defesa do Consumidor, representado por fundação organizacional responsável por ajudar a mediar os conflitos entre os consumidores e os fornecedores de produtos e serviços), desde que estejam adequadamente preparados para essa importante tarefa, sobretudo na solução de conflitos de interesse dos consumidores, em momento tão delicado para a vida e a saúde de brasileiros e estrangeiros que residem em nosso país.

Um papel de suma relevância, no âmbito dos "Procons", seria, por exemplo, a **mediação** dos conflitos, sem necessidade de chegar ao Poder Judiciário.

Afinal, a maior **capilaridade** dos "Procons", que atuam nos Estados e Municípios, em especial, estão mais habilitados para a mediação desde as capitais até as longínquas localidades do território pátrio, de tamanho continental, até porque a realidade entre as regiões brasileiras é muito diversificada e apresenta peculiaridades bem distintas.

Essa alternativa extrajudicial evitaria, ainda, a **judicialização** das pendências de interesse dos consumidores, o que, por certo, reduz o tempo solução do conflito e o seu custo (custas, honorários etc.).

Também é aconselhável haver harmonia e solidariedade entre União, Estados, Distrito Federal, Municípios e Sociedade Civil nas ações necessárias.

13. Impactos trabalhistas. Leque de abrangência da MP nº 948/2020. Considerações finais

Como se percebe, é bastante **amplo** o leque de abrangência da Medida Provisória nº 948/2020, que dispõe sobre o cancelamento de serviços, de reservas e de eventos dos setores de turismo e cultura em razão do estado de calamidade pública reconhecido pelo Decreto Legislativo nº 6, de 20 de março de 2020, e da emergência de saúde pública de importância internacional decorrente do Coronavírus (Covid-19).

De fato, as circunstâncias envolvidas nesse cenário não se limitam apenas aos consumidores, pois atingem inúmeras outras relações jurídicas, inclusive no âmbito do **Direito do Trabalho**, na medida em que milhares de trabalhadores das mais variadas categorias e espécies, subordinados ou não, empresários em geral e, enfim, a sociedade, são afetados pelo cancelamento de serviços, de reservas e de eventos dos setores de turismo e cultura, por força da pandemia do Coronavírus (Covid-19).

Trata-se, portanto, de adotar uma abordagem holística sobre o tema, em face da multidisciplinaridade da matéria.

A histórica tem revelado que é possível tirar algum proveito das situações de **crise**, mesmo em casos de tragédias, guerras ou pandemias, no âmbito da medicina, da engenharia, da economia, do direito e outros setores de atividade humana.

Mas não há dúvida de que a pandemia do Coronavírus (Covid-19) pode agravar os problemas das empresas e dos trabalhadores, notadamente o índice de desemprego, que, por evidente, afeta a economia, pois o trabalhador, consoante já se disse, é o consumidor por excelência.

Aliás, a crise atinge os trabalhadores em geral e não apenas o empregado com CTPS anotada, mas também aquele que labora em regime de para-subordinação, o que atua em teletrabalho, o que presta serviços mediante plataformas digitais (como, v. g., a *Uber* e outras), o trabalhador eventual, profissional liberal, o trabalhador intermitente, o trabalhador informal, o autônomo, o microempresário, o microempreendedor individual (MEI) etc.

É necessário também refletir sobre a possibilidade de a empresa ficar sujeita a insolvência, recuperação judicial ou falência, nesse momento crítico.

Outro problema prático seria como resolver o caso de pagamento de aluguel em locação de imóvel para uma empresa de eventos ou de empresas instaladas nos Shoppings Center, durante o período de calamidade pública reconhecida pelo Decreto Legislativo nº 6/2020. O aluguel seria suspenso ou reduzido durante a pandemia? É mais uma dúvida para os estudiosos do Direito.

Esses problemas afetam não apenas os consumidores como também a classe trabalhadora, pois são *impactos* praticamente inevitáveis nas relações trabalhistas.

Por isso, a MP nº 948/2020 deve ser examinada **em conjunto** com as demais normas editadas em razão da pandemia do Coronavírus (Cobid-19), especialmente a legislação que dispõe sobre as relações entre o capital e o trabalho, como diversas Medidas Provisórias publicadas durante o período de calamidade pública.

Em suma, o Estado deve proteger o consumidor, trabalhador, a livre iniciativa e a sociedade, particularmente em momento de crise.

Não há dúvida de que o mundo não será o mesmo no "pós-pandemia", daí porque devemos nos preocupar com o momento atual e também com o futuro, para a construção de uma sociedade mais justa e solidária.

14. Referências bibliográficas

BEZERRA NETO, Day Neves. Artigo publicado no "Diário do Comércio", de Belo Horizonte (MG): "*MP cria alternativas para reembolso de pacotes turísticos cancelados*", em 10 de abril de 2020.

Exposição de Motivos: Medida Provisória nº 948/2020.

LOPES, Geraldo Evangelista. Artigo publicado na Revista digital Âmbito Jurídico: "*As cláusulas pacta sunt servanda e rebus sic stantibus e suas consequências jurídicas*", em 1º de dezembro de 2017.

MP 948: Turismo poderá reembolsar clientes 12 meses após pandemia: matéria publicada no Panrotas – Mercado (Internet), em 08 de abril de 2020.

QUINTELLA, Felipe. Artigo publicado no Blog GEN Jurídico (Grupo Editorial Nacional): **"*Considerações sobre a Medida Provisória (MP) nº 948*", em 09 de abril de 2020.**

SILVA JUNIOR, Osvaldo Alves. Artigo publicado na Revista digital Âmbito Jurídico: "*Caso fortuito ou força maior? A hermenêutica responde*", em 1º de novembro de 2009.

Seção VII

O PROCESSO DO TRABALHO

1

ALGUNS IMPACTOS DA PANDEMIA DO CORONAVÍRUS NO PROCESSO DO TRABALHO

Bruno Freire[1]
Patrícia Brandão[2]

1. Introdução

O surgimento do Coronavírus ensejou impactos inimagináveis às relações de trabalho e à sociedade como um todo. Diante do crescente número de contaminados e dos riscos à saúde da população, resta mantido o alerta das autoridades sanitárias e de toda a população, que passa a adotar medidas preventivas, no intuito de conter a proliferação do vírus.

Sob tal perspectiva, diante da excepcionalidade de uma realidade transformada, há sempre a necessidade da intervenção estatal. Inicia-se, portanto, o processo de edição de leis, decretos regulamentadores e medidas provisórias, com a finalidade precípua de previsão e implantação de medidas de prevenção necessárias, que chegam a envolver a liberdade de locomoção dos cidadãos.

E, no que tange à função estatal de solução dos conflitos, quais os impactos que teremos nas relações jurídicas processuais?

---

1. Advogado. Mestre e Doutor na PUC-Pontifícia Universidade Católica de São Paulo. Professor Adjunto de Teoria Geral do Processo na UERJ - Universidade do Estado do Rio de Janeiro. Membro da Cadeira n. 68 da Academia Brasileira de Direito do Trabalho. Membro e Diretor do Instituto Brasileiro de Direito Processual (Diretoria de Direito Processual do Trabalho).

2. Advogada com atuação na área de saúde, especialista em Direito e Processo do Trabalho pela Universidade Católica do Salvador (Ucsal), Mestranda em Direito pela Universidade Federal da Bahia (UFBA).

Inicialmente, audiências, sessões e prazos são provisoriamente suspensos, passando os servidores e advogados a trabalharem em regime de *home office*, pelo meio facilitador do processo eletrônico (PJe), como forma de prevenir o contágio, em respeito à determinação governamental de isolamento social.

Outras providências processuais, além da suspensão dos prazos processuais, são adotadas para manutenção do isolamento social, o que inclui os julgamentos e audiências por vídeo conferência.

Nesse breve artigo buscamos analisar de forma crítica esses impactos da Pandemia no processo do trabalho.

2. Repercussões da Pandemia do Coronavírus no Processo: suspensão dos prazos ou da relação processual?

O Conselho Nacional de Justiça (CNJ) determinou a adoção de regime de plantão extraordinário em todo o Poder Judiciário Nacional, até o dia 30 de abril de 2020 (com possibilidade de prorrogação), para uniformizar o funcionamento dos serviços judiciários, em virtude da pandemia do Coronavírus. Além disso, foi determinada, pelas portarias 53, de 12 de março de 2020, e 63, de 17 de março de 2020, a implantação do trabalho remoto por 30 dias – medida que acaba de ser estendida pela portaria 77, de 13 de abril de 2020, por tempo indeterminado.

A Resolução nº 313, de 19 de março de 2020, surgiu como uma forma de precaução à contaminação do Coronavírus e preocupação com a observância da garantia de Acesso à Justiça nesse período de emergência em saúde pública. O seu art. 5º determina que *"ficam suspensos os prazos processuais a contar da publicação desta Resolução, até o dia 30 de abril de 2020"*. Mas, diante da situação emergencial, a suspensão não deveria partir de toda relação jurídica processual, ao invés de abarcar apenas os prazos processuais?

A CLT prevê a suspensão do processo apenas no art. 799, que trata da exceção de impedimento e suspeição:

> Art. 799 - Nas causas da jurisdição da Justiça do Trabalho, somente podem ser opostas, com suspensão do feito, as exceções de suspeição ou incompetência.
>
> § 1º - As demais exceções serão alegadas como matéria de defesa.
>
> § 2º - Das decisões sobre exceções de suspeição e incompetência, salvo, quanto a estas, se terminativas do feito, não caberá recurso, podendo, no entanto, as partes alegá-las novamente no recurso que couber da decisão final.

Há, também, uma previsão de suspensão do julgamento, por motivo de força maior, no art. 844, parágrafo 1º, do texto celetista:

> Art. 844. § 1º Ocorrendo motivo relevante, poderá o juiz suspender o julgamento, designando nova audiência.

No tema da suspensão de prazos ou do processo, pois, é preciso se socorrer da aplicação do processo comum supletivamente. Nesse diapasão, o art. 313, do Código de

Processo Civil, prevê a suspensão de todo o processo para hipóteses de força maior, *in verbis*: "Suspende-se o processo: IV- por motivo de força maior".

A regra, pois, se aplica ao processo do trabalho, no qual também não se admite a prática de atos processuais durante a suspensão do processo, salvo aqueles reputados urgentes, como já decidiu o TRT da 13ª Região, na aplicação do antigo dispositivo correspondente ao art. 313, do atual CPC:

> PROCESSO SUSPENSO POR DETERMINAÇAO DO JUÍZO. Nos termos do art. 266 do CPC, durante a suspensão do processo é defeso praticar qualquer ato processual, exceto os urgentes. Se o ato praticado não tiver sido em caráter emergencial, este será nulo. Recurso ordinário a que se dá provimento para determinar que se mantenha a suspensão do processo até que se dê o trânsito em julgado da decisão a ser proferida na reclamação trabalhista ajuizada perante a 2ª Vara do Trabalho de João Pessoa/PB. (TRT-13 – RO: 88893 PB 00479.2005.004.13.00-1, relator: Francisco de Assis Carvalho e Silva, Data de Julgamento: 13.6.2006, Tribunal Pleno, Data de Publicação: 22.7.2006)

A situação que vivemos atualmente se enquadra perfeitamente como uma hipótese para a suspensão do processo, uma vez que a pandemia decorrente do Coronavírus consiste em um motivo de força maior que poderá ensejar a paralisação do processo, em situações em que a sua tramitação possa trazer, não somente prejuízo para as partes, mas risco para saúde de todos os sujeitos processuais e demais agentes da jurisdição.

A força maior deve ser concebida como um evento alheio à vontade dos sujeitos processuais e de natureza insuperável, a exemplo de epidemias e calamidade pública, tal qual o que se afigura no presente momento, que poderá ensejar a suspensão do processo na forma do art. 313, inciso VI, do diploma processual civil.

Assim, em determinadas circunstâncias, é preferível ou, minimamente razoável, que se promova a cessação do regular andamento processual por certo tempo, como uma opção derivada de causas de ordem jurídica, lógica e física. No cenário apresentado, a causa deve ser analisada, além das três hipóteses aventadas, como de saúde pública, diante dos riscos de contágio presentes pelo contato das partes em alguns atos processuais.

Não há dúvida de que o processo é estruturado para transcorrer sem paralisações, pois qualquer pausa, para a melhor doutrina, enseja uma crise no procedimento[3], afinal a etimologia da palavra "processo" tem origem no latim "procedere", que significa a ação de avançar, ir para frente.

Assim, para a suspensão do processo, é necessária uma decisão fundamentada do juiz nesse sentido, por meio de pedido de qualquer das partes ou, até mesmo, de ofício, diante do interesse público presente na busca da correta e efetiva prestação jurisdicional.

Outras questões também são relevantes no tocante a esse delicado tema. O fato, por exemplo, de o processo estar suspenso não tem o condão de obstar os efeitos de sua

3. NEVES, Daniel Amorim Assumpção. Manual de direito processual civil. Volume único. 11. ed. Salvador: Ed. JusPodivm, 2019. p. 569.

existência no mundo jurídico, no que tange ao vínculo jurídico da relação processual, como muito bem ressalta Humberto Theodoro Junior:

> "ao contrário dos fatos extintivos, no caso de simples suspensão, tão logo cesse o efeito do evento extraordinário que a causou, a movimentação do processo se restabelece normalmente. Na verdade, a suspensão inibe o andamento do feito, mas não elimina o vínculo jurídico emanado da relação processual, que, mesmo inerte, continua a subsistir com toda sua eficácia"[4].

Nesse mesmo sentido, Fredie Didier Jr. destaca, por exemplo, a permanência dos efeitos jurídicos da litispendência e da alienação do bem litigioso: "o curso do procedimento pode, em razão de certos fatos, ficar suspenso temporariamente; esse fenômeno é chamado de suspensão do processo. A suspensão do processo não significa a suspensão dos efeitos jurídicos do processo (efeitos da litispendência); não há suspensão do conteúdo eficacial da relação jurídica processual. Não obstante suspenso o processo, a coisa ou direito ainda é litigioso, permitindo a incidência do art. 42 do CPC"[5].

Outra questão lógica no tocante à suspensão do processo ou dos prazos processuais na hipótese de força maior, desta vez pertinente ao aspecto temporal, reside no fato de a paralisação ficar condicionada à cessação do evento irresistível e inevitável que a originou. E, durante tal período, atos processuais reputados urgentes poderem e deverem ser praticados, como visto no julgado do TRT da 13ª Região acima transcrito.

Quanto ao término da suspensão e, por consequência, à retomada da prática dos atos processuais, Humberto Theodoro Jr. aponta que "o término da suspensão é automático naqueles casos em que haja um momento preciso, fixado na própria *lei* (como na hipótese de exceção de incompetência), ou no *ato judicial* que a decretou (como no caso em que se defere a paralisação do feito por prazo determinado). Sendo, porém, impreciso o termo da suspensão (tal como se passa em situação de motivo de força maior), a retomada da marcha e dos prazos processuais dependerá de uma nova deliberação judicial e da consequente intimação das partes"[6].

No tocante à possibilidade da prática de atos urgentes, o art. 314, do Código de Processo Civil, aplicado supletivamente ao processo do trabalho, é claro no sentido de que "durante a suspensão é vedado praticar qualquer ato processual, podendo o juiz, todavia, determinar a realização de atos urgentes, a fim de evitar dano irreparável, salvo no caso de arguição de impedimento e de suspeição".

Na hipótese de prática de ato que não seja reputado urgente, é imperativo registrar a premissa na qual se consubstancia a teoria das nulidades, qual seja, o ato será nulo apenas quando a violação da forma implicar nos fins de justiça do processo, frustrando o alcance do seu fim ou ocasionando prejuízo. Caso contrário, será válido.[7]

4. THEODORO JR., Humberto. *Curso de Direito Processual Civil*. vol. I. Rio de Janeiro: Forense, 2014.
5. DIDIER JR., Fredie. *Curso de Direito Processual Civil*. vol. 1. Salvador: Juspodivm, 2014. p. 627.
6. THEODORO JR., Humberto. *Curso de Direito Processual Civil*. vol. I. Rio de Janeiro: Forense, 2014.
7. MITIDIERO, Daniel. Código de Processo Civil comentado. São Paulo: RT, 2008. p. 238/239.

Assim, "o defeito do ato processual somente gera nulidade se houver prejuízo. Partindo da premissa de que a vedação à prática de atos processuais durante a paralisação do processo decorre da garantia do devido processo legal, sendo esta regra que dá efetividade à segurança jurídica e ao contraditório, só haverá invalidade se esses bens jurídicos forem afetados"[8].

Os atos urgentes fogem da regra de suspensão, pois poderão ser determinados mesmo no período de suspensão do processo, justamente porque visam evitar o perecimento do direito ou graves prejuízos decorrentes do decurso do tempo.

Como a suspensão decretada pelo CNJ é somente dos prazos processuais e, para suspensão de todo o processo há necessidade de requerimento das partes e decisão do juiz da causa, com o fim de evitar os prejuízos decorrentes do decurso do tempo, alguns Tribunais Trabalhistas estão se valendo da prática de alguns atos processuais, como audiências e julgamentos, por vídeo conferencia.

Tal opção é válida para as partes? Há o respeito à ampla defesa, contraditório e ao devido processo legal? Quais as consequências da adoção dessa modalidade de prática de atos processuais?

3. A opção legislativa pela prática de atos processuais eletrônicos. Julgamentos e Audiências por Videoconferência. Críticas da Advocacia

Os atos processuais são atos jurídicos praticados pelos sujeitos da relação jurídica processual, a partir do qual se criam, extinguem-se ou modificam-se situações jurídicas substanciais no ambiente do processo judicial.

Flávio Luiz Yarshell aponta que "os atos processuais são espécies do gênero ato jurídico lato sensu, o que significa dizer que são atos voluntários, isto é, resultantes de uma vontade especialmente direcionada para a produção de um determinado efeito. Porém, conquanto apresentem este aspecto, não tem — ao menos como regra — seu conteúdo e efeitos determinados a partir da vontade dos sujeitos do processo (...) os atos processuais têm seu conteúdo e efeitos previamente estabelecidos pela lei, que determina o alcance das posições jurídicas que resultam da relação processual"[9].

O art. 188 do atual CPC[10] repete regra do CPC/73 quanto à forma dos atos processuais. Embora o artigo mencione que os atos independem de forma específica, o que vige é a tipicidade de forma, porque o dispositivo legal expressamente ressalva a hipótese de previsão legal específica. Assim, o artigo ora comentado deve ser lido como regra que enuncia a tipicidade das formas dos atos processuais, vigorando a atipicidade apenas para os atos nos quais não haja forma predeterminada, desde que preencham a finalidade essencial do ato.

8. DIDIER JR., Fredie. *Curso de Direito Processual Civil.* vol. 1. Salvador: Juspodivm, 2014. p. 638.

9. YARSHELL, Flávio Luiz. *Curso de Direito Processual Civil.* Vol. I. São Paulo: Marcial Pons, 2014. p. 321.

10. Art. 188: "Os atos e termos processuais independem de forma determinada, salvo quando a lei expressamente a exigir, considerando-se válidos os que, realizados de outro modo, lhe preencham a finalidade essencial.

Além da finalidade do ato, que leva à aplicação da instrumentalidade das formas, desde que atingido o fim do ato processual, a validade do ato processual deve ser conjugada com o princípio do contraditório e do devido processo legal.

Flávio Yarshell pontua que "a associação entre tipicidade e forma do ato processual deve se harmonizar com a ideia de que o procedimento é instrumento do contraditório — que é a exigência de participação dos destinatários do provimento estatal, de sorte a legitimar o ato imperativo"[11].

Em suma, serão válidos os atos atípicos, desde que atendam a finalidade e respeitem o contraditório e devido processo legal, o que abrange a ampla defesa.

A tipicidade das formas dos atos processuais também tem aplicação no processo do trabalho, como se observa dos dispositivos da CLT abaixo transcritos, embora não tenham sido atualizados para acompanhar os avanços tecnológicos, especificamente o processo eletrônico:

> Art. 771, CLT – Os atos e termos processuais poderão ser escritos a tinta, datilografados ou a carimbo.
>
> Art. 772, CLT – Os atos e termos processuais, que devam ser assinados pelas partes interessadas, quando estas, por motivo justificado, não possam fazê-lo, serão firmados a rogo, na presença de 2 (duas) testemunhas, sempre que não houver procurador legalmente constituído.
>
> Art. 787, CLT – A reclamação escrita deverá ser formulada em 2 (duas) vias e desde logo acompanhada dos documentos em que se fundar.

A validade de atos atípicos, desde que atendam a finalidade e respeitem o contraditório, também se aplica nessa seara processual. Exemplo disso é a previsão de defesa oral no art. 897[12], da Consolidação das Leis do Trabalho, e a aceitação no cotidiano forense de apresentação da contestação de forma escrita.

Pois bem. E os atos processuais eletrônicos? E as audiências e julgamentos por vídeo conferência?

A Lei n. 11.419/2006 instituiu a informatização do processo judicial, com previsão do uso de meio eletrônico para a tramitação de processos judiciais, prática e comunicação de atos processuais.

O novo Código de Processo Civil trata a disciplina legal relativa aos processos virtuais, dispondo na Seção II, Capítulo I, Título I do Livro IV, sobre as regras para "Prática Eletrônica de Atos Processuais", mantendo muitas regras da Lei n. 11.419/2006.

O processo do trabalho também acompanhou essa evolução tecnológica. Desde 2001, durante a presidência do Ministro Almir Pazzianotto Pinto, por meio do trabalho das equipes de informática do Tribunal Superior do Trabalho, iniciou-se a modernização

11. YARSHELL, Flávio Luiz. *Curso de Direito Processual Civil*. vol. I. São Paulo: Marcial Pons, 2014. p. 313.

12. Art. 897, CLT: Não havendo acordo, o reclamado terá vinte minutos para aduzir sua defesa, após a leitura da reclamação, quando esta não for dispensada por ambas as partes.

da Justiça do Trabalho pelo Projeto de Implantação do Sistema Integrado de Gestão da Informação Jurisdicional.

Após a Lei n. 11.419/06, que disciplinou o uso de meios eletrônicos na tramitação dos processos judiciais, o Conselho Superior da Justiça do Trabalho publicou a Resolução n. 94/2012, que institui, no âmbito da Justiça do Trabalho, o sistema de processo judicial eletrônico, conhecido como PJe-JT.

A implantação do PJe-JT ocorreu de forma gradual e uniforme na Justiça do Trabalho. Ele abrange todos os Tribunais Regionais do Trabalho que somam, ao todo, 24 Cortes Laborais.

Conforme já consignou a presidência do C. TST[13], o "processo eletrônico, além de agilizar e dar maior segurança e confiabilidade ao trâmite, propicia economia anual da ordem de R$ 11 milhões, entre despesas com armazenamento, transporte, correios, mão-de-obra terceirizada, mensagens, papéis e outros materiais diretamente relacionados à existência de processos físicos".

Além das vantagens econômicas acima, como o processo eletrônico mitiga o contato físico dos sujeitos processuais e, assim, o procedimento virtual se encaixa perfeitamente ao atual momento de isolamento imposto em razão da Pandemia do Coronavírus.

Assim, o CNJ, por meio da Portaria nº 61, de 31 de março de 2020, instituiu a plataforma emergencial de videoconferência para realização de audiências e sessões de julgamento nos órgãos do Poder Judiciário, diante da imposição do isolamento social decorrente da pandemia do Coronavírus.

Diante de tal cenário, alguns tribunais do país passaram a adotar e regulamentar audiências e sessões por videoconferência, visando, sobretudo, dar efetividade ao princípio da celeridade processual.

O Supremo Tribunal Federal, em sessão administrativa do dia 18 de março, decidiu que todas as sessões de julgamento do plenário da Corte seriam realizadas virtualmente, tendo em vista a Pandemia do Coronavírus.

Nota-se, pois, crescente adesão dos Tribunais Trabalhistas ao referido modelo, a exemplo do Tribunal Regional do Trabalho da 2ª Região, que determinou a designação de audiências ou sessões telepresenciais, a partir de 04 de maio do corrente ano.

É preciso perquirir, entretanto, se tal modelo atende aos princípios da publicidade, devido processo legal, contraditório e da ampla defesa e, assim, se as partes terão ou não um processo efetivo e de resultados, nesse novo modelo que se adota durante a pandemia do coronavírus.

Carlos Henrique Bezerra Leite enxerga muitas vantagens para o processo eletrônico, que o distingue do processo físico, tais como:

> Ampla publicidade, pois os autos do processo eletrônico ficam disponíveis na rede mundial de computadores, internet, qualquer pessoa, de qualquer lugar, poderá ver a situação de um processo e ler seu conteúdo na íntegra (desde que não se trata de um processo que tramite em segredo de justiça).

13. Disponível em: <http://www.tst.jus.br/> Acesso em: 27 abr. 2015.

> Velocidade, na medida em que o PJe encontra-se em plena sintonia com o princípio da duração razoável do processo (CF, art. 5º, LXXVIII), com nítida economia de tempo com a prática de atos processuais, como citações, intimações etc.
>
> Comodidade, uma vez que a utilização da *internet* para o conhecimento e prática dos atos processuais implica maior comodidade para os usuários. Com efeito, os magistrados poderão despachar em gabinetes virtuais sem necessidade de levar "os autos para casa" e os advogados não precisarão comparecer às Secretarias ou Cartórios para "fazer carga" dos autos.
>
> Facilidade de acesso às informações, porquanto no PJe as informações contidas no processo são facilmente acessadas por qualquer pessoa.
>
> Digitalização dos autos, pois o PJe não utiliza o papel como meio físico. Assim, todos os documentos que compõem o caderno processual eletrônico devem ser digitalizados para serem juntados aos autos virtuais.
>
> Segurança e autenticidade, na medida em que as informações inseridas no sistema ficam sob a responsabilidade de guarda do setor da Tecnologia da Informação, que tem condições de monitorar a veracidade e autenticidade das informações e dos usuários do sistema.[14]

A despeito das vantagens oferecidas pelo processo eletrônico e atos por videoconferência, temos dúvidas se uma sustentação oral realizada por meio de tal procedimento produz o mesmo efeito que o contato físico dos sujeitos processuais nas sessões de julgamento e audiências e, assim, se estarão efetivamente assegurados os princípios do devido processo legal, contraditório e da ampla defesa às partes.

Não se pode olvidar, por exemplo, que no último dia 15/04 do corrente ano, a Associação dos Advogados de São Paulo, vigilante aos possíveis problemas que poderão surgir com a aplicação do Ato TRT-SP GP nº 07/2020, apresentou críticas aos atos processuais realizados por vídeo conferência.

Tais críticas são sustentadas na ausência de total inclusão digital, notadamente em relação às partes, testemunhas e, em alguns casos, da própria advocacia; o risco de contaminação dos depoimentos das partes e das testemunhas com interferências externas, em ambiente não controlado e não acompanhado de uma autoridade judiciária; a dificuldade no acompanhamento das atas de audiência durante as sessões, bem como a dificuldade da parte Reclamada na obtenção da documentação necessária à elaboração e instrução da defesa; a responsabilidade exclusiva do advogado em relação à qualidade da conexão, instalação e utilização do aplicativo do CNJ; a não regulamentação das audiências para entrega de Memoriais em segundo grau e, por fim, a exiguidade da *vacatio legis*.

A preocupação da advocacia paulistana é pertinente e deve ser analisada com parcimônia pelas autoridades judiciárias.

Nesse diapasão, os advogados encaminharam proposta ao Tribunal do Trabalho de São Paulo para revisão do texto do Ato nº 07/2020, a fim de que a) seja facultado às

14. BEZERRA LEITE, Carlos Henrique. *Curso de direito processual do trabalho*. 12. ed. São Paulo: LTr, 2014. p. 426.

partes apresentar oposição fundamentada à realização das audiências telepresenciais; b) que as audiências telepresenciais sejam realizadas apenas para fins de conciliação, sem a obrigatoriedade de participação das partes, facultando-se ao Magistrado, neste caso, conceder prazo à parte reclamada para apresentação da Defesa e documentos; c) inibição de audiências nos casos envolvendo entes da administração pública e matéria exclusivamente de direito; c) que as audiências UNAs e de INSTRUÇÃO sejam realizadas exclusivamente em ambiente presencial, sendo, pois, diferidas para o período de retorno do funcionamento das unidades judiciárias; d) que nos casos de indisponibilidade de conexão e outros problemas técnicos, seja a sessão suspensa e adiada para nova data, devolvendo-se às partes o direito de praticar os atos interrompidos ou não realizados, sem aplicação de nenhuma penalidade.

Sob esta perspectiva, diante de todas as polêmicas apresentadas acerca do tema, especialmente de dúvidas sobre a efetiva observância dos princípios do devido processo legal, contraditório e da ampla defesa no novo formato de julgamentos adotado, restaria às partes que desejassem se esquivar da prática de tais atos por videoconferência, se valer de outro caminho previsto no Diploma Processual Civil: o negócio jurídico processual.

4. Um caminho a ser seguido: negócios jurídicos processuais

Uma das mais importantes novidades do diploma processual civil é o resgate da liberdade e da autonomia da vontade das partes em relação aos atos jurídicos processuais, com a previsão expressa da possibilidade de celebração de negócios jurídicos processuais, positivada como cláusula geral no artigo 190:

> "versando o processo sobre direito que admitam a autocomposição, é lícito às partes plenamente capazes estipular mudanças no procedimento para ajustá-lo às especificidades da causa e convencionar sobre os seus ônus, poderes, faculdades e deveres processuais, antes ou durante o processo.

A existência de negócios jurídicos processuais não é inovação do novo Código, porque já contávamos, na égide do CPC/73, com algumas figuras semelhantes, como a eleição de foro, a suspensão convencionada do processo, dentre outros. A inovação consiste no reforço de tais institutos já existentes, na criação de novos negócios jurídicos processuais típicos e na inserção de uma regra geral que permita às partes celebrar negócios jurídicos atípicos.

Leonardo Carneiro da Cunha destacou que:

> O novo CPC brasileiro mantém vários dos negócios jurídicos típicos previstos no atual CPC. Realmente, há, no novo CPC, da mesma forma que existem no CPC/1973, negócios processuais típicos. As partes podem eleger o foro competente (NCPC, art.63), convencionar a suspensão do processo (NCPC, art. 314, II), negociar o adiamento da audiência (NCPC, art. 369, I), acordar sobre a distribuição diversa do ônus da prova (NCPC, art. 380, §§ 3º e 4º), convencionar que a liquidação da sentença seja por arbitramento (NCPC, art. 523, I). Essas — e outras aqui não mencionadas — são hipóteses de negócios processuais típicos. Além deles, prevê outros novos, a saber:

> a) redução de prazos peremptórios; (...) b) calendário processual (...), c) perícia consensual (...) d) audiência de saneamento e organização em cooperação com as partes (...) ; e) acordo de saneamento (...) ; f) desistência do documento cuja falsidade foi arguida (...).[15]

Paralelamente a tais negócios típicos, a lei processual institui a cláusula geral de negociação, permitindo, com base nos princípios da adequação e da colaboração, que as partes estipulem: 1) mudanças no procedimento para ajustá-lo às especificidades da causa; e 2) convencionem sobre os seus ônus, poderes, faculdades e deveres processuais, antes ou durante o processo.

Há, portanto, duas espécies de negócios processuais: a primeira, consistente na mudança do procedimento, que pode ser ajustado à especificidade da causa; a segunda, de forma mais ampla, de negociação sobre os ônus, poderes, faculdades e deveres processuais.

E, ainda, o negócio jurídico pode ser bilateral — ajustado apenas entre as partes[16] — ou plurilateral, conforme haja necessidade de integração da manifestação de vontade do juiz, como é o caso do calendário processual (CPC, art. 191, § 1º).

Ainda, o negócio processual pode ser fixado antes ou durante a pendência do processo judicial. Leonardo Carneiro da Cunha aponta que "admite-se, como se percebe, que, num negócio ou contrato celebrado antes mesmo de existir o processo, as partes já estabeleçam determinadas regras processuais a serem observadas, caso sobrevenha algum litígio e seja proposta demanda judicial a esse respeito. O negócio processual pode, por outro lado, ser celebrado no próprio processo, em qualquer etapa, seja no início, ou na audiência de saneamento ou, até mesmo, no âmbito recursal"[17].

Os limites para a celebração do negócio jurídico processual são diversos, embora não se tenha desenvolvido até o presente momento — haja vista o curto espaço de tempo — uma teoria muito precisa. É evidente que o negócio jurídico processual não pode contrariar as normas fundamentais do processo, o que, aliás, foi objeto do Enunciado n. 6 do Fórum Permanente de Processualistas Civis[18].

Não se admitem convenções, ademais, em relação a direitos que não admitem autocomposição, por não estarem situados na esfera de disposição das partes. Não podem

---

15. CUNHA, Leonardo Carneiro da. *Negócios jurídicos processuais no processo civil brasileiro*. Texto preparado e apresentado no I Congresso Peru-Brasil de Direito Processual, em Lima, no Peru, em novembro de 2014. Disponível em: <ufpe.academia.edu/LeonardoCarneirodaCunha>. Acesso em: 3 fev. 2015.
16. Neste caso, entende o Fórum Permanente de Processualistas Civis que: Salvo nos casos expressamente previstos em lei, os negócios processuais do caput do art. 191 não dependem de homologação judicial (Enunciado n. 113).
17. CUNHA, Leonardo Carneiro da. *Negócios jurídicos processuais no processo civil brasileiro*. Texto preparado e apresentado no I Congresso Peru-Brasil de Direito Processual, em Lima, no Peru, em novembro de 2014. Disponível em: <ufpe.academia.edu/LeonardoCarneirodaCunha>. Acesso em: 3 fev. 2015.
18. Enunciado n. 6: O negócio jurídico processual não pode afastar os deveres inerentes à boa-fé e à cooperação.

as partes convencionar, deste modo, sobre posições jurídicas de terceiros, sobre direitos que afetem o interesse público, social, entre outros.

Apresentamos esses aspectos do instituto, pois nos parece que seja um caminho para partes de um processo trabalhista que não pretendem se submeter às audiências e julgamentos por videoconferência, firmando negócio jurídico processual nesse sentido[19].

A despeito da posição contrária adotada pelo Tribunal Superior do Trabalho na Instruçao Normativa n. 39, entendemos que se aplicam plenamento ao processo do trabalho as convenções processuais.

Lógico que tais convenções somente serão aplicadas com rigoroso acompanhamento e autorização do magistrado trabalhista, diante da rotineira hipossuficiência do empregado em relação ao empregador, o que é mitigado nos dissídios coletivos diante da presença dos sindicatos e, nos dissídios individuais, pela atuação dos advogados.

Com o intuito de equilibrar a autonomia da vontade das partes e o interesse público, a figura do juiz do trabalho ganha relevância na seara processual laboral, pois é ele quem faz o exame da validade do negócio jurídico – que pressupõe a coexistência de i) agente capaz; ii) objeto lícito, possível determinado ou determinável; iii) forma prescrita ou não defesa em lei -, embora nada possa apreciar acerca da conveniência do acordo.

Há muitos exemplos de negócios jurídicos processuais, como o calendário processual (art. 191, §§1º e 2º, do CPC), o adiamento negociado da audiência (art. 362, I, do CPC) e, especialmente sobre o tema aqui tratado, o acordo para a suspensão do processo (at. 313, II, do CPC).

As partes que não se sintam à vontade, pois, para participar de audiência ou julgamentos por videoconferência, têm dois caminhos a seguir: i) pedir a suspensão do processo, como visto no capítulo anterior, individualmente, em razão do inciso VI (motivo de força maior) ou, por ambas as partes, com base no inciso II (convenção processual para simplesmente suspender o processo); ou ii) realizar convenção processual com base no art. 190 do CPC, para que os atos processuais relativos às audiências e julgamentos não sejam realizados por videoconferência, aguardando a realização de audiências físicas para produção das provas orais e sessões físicas para realização de sustentação oral.

Em qualquer situação, seja na suspensão do processo em razão de força maior (pandemia do coronavírus) ou negócio jurídico processual para a não realização de audiências e julgamentos por videoconferência, o pleito estará condicionado à homologação e decisão do juiz do trabalho.

5. Conclusão

A pandemia do coronavírus alterou a realidade de toda a sociedade com o isolamento imposto pelo governo, o que traz impactos em todos os segmentos sociais, inclusive nos processos judiciais.

19. É digno de registro o enunciado n. 131 do III FPPC-Rio: Aplica-se ao processo do trabalho o disposto no art. 191 no que se refere à flexibilidade do procedimento por proposta das partes, inclusive quanto aos prazos.

Diante de tal realidade, o CNJ determinou a suspensão dos prazos processuais, o que, em nossa opinião, pode ter um efeito mais amplo, qual seja, a suspensão de todo o processo, desde que por meio de ato judicial de ofício ou decisão em atendimento a requerimento das partes.

Nesse período de suspensão dos prazos processuais ou mesmo de todo o processo, atos reputados urgentes poderão e deverão se praticados e, além dessa situação, não poderá ser olvidada a teoria da nulidade dos atos processuais, pois se o ato praticado nesse período de paralisação do processo não impuser prejuízo às partes, deverá ser validado.

A nova realidade vivenciada com a pandemia do coronavírus também ensejou a adoção, por Tribunais do Trabalho, de audiências e julgamentos por videoconferência, o que resultou em grande resistência por parte da advocacia, seja em razão de os efeitos dos atos presenciais acarretarem uma melhor observância da ampla defesa e do contraditório, seja em função de questões como ausência de inclusão digital, contaminação de prova oral, dificuldade de acompanhamento de atas, questões de conexão e instalação de aplicativos e não regulamentação de entrega de memoriais.

Nesse cenário, as partes que não se sintam à vontade para participar de atos processuais por videoconferência poderão pedir a suspensão do processo em razão da força maior (art. 313, VI, CPC) ou postularem a suspensão do processo por convenção processual (art. 313, II), ou, ainda, a não realização de atos processuais por vídeo conferencia no processo em que são partes, por meio também de negócio jurídico processual (art.190, CPC), uma vez que entendemos ser plenamente aplicado o instituto no processo do trabalho, desde que com o acompanhamento e homologação do magistrado trabalhista.

6. Referências Bibliográficas

BEZERRA LEITE, Carlos Henrique. *Curso de direito processual do trabalho.* 12. ed. São Paulo: LTr, 2014.

CUNHA, Leonardo Carneiro da. *Negócios jurídicos processuais no processo civil brasileiro.* Texto preparado e apresentado no I Congresso Peru-Brasil de Direito Processual, em Lima, no Peru, em novembro de 2014. Disponível em: <ufpe.academia.edu/LeonardoCarneirodaCunha>. Acesso em: 3 fev. 2015.

DIDIER JR., Fredie. *Curso de Direito Processual Civil.* vol. 1. Salvador: Juspodivm, 2014.

DIDIER JR., Fredie. Ensaios sobre os negócios jurídicos processuais. Salvador: Editora JusPodivm, 2018.

MITIDIERO, Daniel. Código de Processo Civil comentado. São Paulo: RT, 2008.

NEVES, Daniel Amorim Assumpção. Manual de direito processual civil. Volume único. 11. ed. Salvador: Ed. JusPodivm, 2019.

THEODORO JR., Humberto. Curso de direito processual civil. 47. ed. Rio de Janeiro: Forense, 2007.

THEODORO JR., Humberto. *Curso de Direito Processual Civil.* vol. I. Rio de Janeiro: Forense, 2014.

YARSHELL, Flávio Luiz. *Curso de Direito Processual Civil.* Vol. I. São Paulo: Marcial Pons, 2014.

Disponível em <https://www1.folha.uol.com.br/poder/2020/03/supremo-libera-julgamento-virtual-para-todos-os-casos-em-crise-do-coronavirus.shtml> Acesso em 16 abr. 2020.

Disponível em <https://ww2.trt2.jus.br/noticias//noticias/noticia/news/trt-da-2-regiao--regulamenta-audiencias-e-sessoes-por videoconferencia/?tx_news_pi1%5Bcontroller%5D=News&tx_news_pi1%5Baction%5D=detail&cHash=9279558536fcfdf1a8dd9b30cdf11e8c> Acesso em 16 abr. 2020.

2

CONTAGEM DE PRAZOS PROCESSUAIS DURANTE A COVID-19

Vitor Salino de Moura Eça[1]

Introdução

O tema da contagem de prazos processuais é dos mais traiçoeiros na ciência jurídica. Todos os cultores do direito têm certeza que sabem muito bem o assunto, mas inexiste um só dia nos tribunais brasileiros que ele não seja exaustivamente debatido, dando ensejo a variadas interpretações e outras tantas inconformidades.

A pandemia do COVID-19 fez com que o governo do Brasil reconhecesse o estado de calamidade pública, que veio junto com a determinação de isolamento social em todo o país. E por esta razão o Conselho Nacional de Justiça – CNJ fez expedir a Resolução 313/20, suspendendo os prazos processuais.

Naturalmente que o tema dos prazos é tratado na lei processual trabalhista e suplementado na lei geral, o código de processo civil. A norma considera as ocorrências de força maior, se ocupada da suspensão de prazos, mas não a partir de uma pandemia.

---

1. Pós-doutor em Direito Processual Comparado pela Universidad Castilla-La Mancha, na Espanha. Pós-doutor em Direito Processual Internacional na Universidad de Talca – Chile. Juiz do Trabalho no TRT/3. Professor Adjunto IV da PUC-Minas (CAPES 6), lecionando nos cursos de mestrado e doutorado em Direito, na área de Direito Processual, onde é Líder do Grupo de Pesquisa *Direito Processual Comparado*. Professor visitante em diversas universidades nacionais e estrangeiras. Professor conferencista na ENFAM e na ENAMAT. Pesquisador junto ao Centro Europeo y Latinoamericano para el Diálogo Social – CELDS – España e ao Centro de Estudios de Derecho del Trabajo y de la Seguridad Social – CENTRASS - Chile. Membro efetivo, dentre outras, das seguintes sociedades: Academia Brasileira de Direito da Seguridade Social – ABDSS; Academia Brasileira de Direito do Trabalho – ABDT; Associação Brasileira de Direito Processual – ABDPro; Instituto Brasileiro de Direito Processual – IBDP; Asociación Iberoamericana de Derecho del Trabajo y de la Seguridad Social – AIDTSS, e da Societé Internationale de Droit du Travail et de la Sécurité Sociale.

Por certo que podemos conjugar tais fatos e chegarmos a uma conclusão, assim como a regra instituída pelo CNJ estabelece claramente a suspensão dos prazos processuais no interregno que declara.

A ideia aqui é exibir com nitidez a normatividade que se ocupa com a contagem dos prazos processuais, mas sobretudo com os seus efeitos, em linha com a melhor doutrina regente, a fim de minimizar o risco preclusivo concretamente demarcado. Vejamos, pois, os fatos processuais mais controvertidos.

Atos processuais cronológicos e a contagem dos prazos

A norma processual estabelece que os atos processuais serão realizados nos prazos prescritos em lei, e que quando esta for omissa, o juiz determinará os prazos em consideração à complexidade do ato.

A CLT disciplina a contagem dos prazos nos artigos 775, 775-A e 776, sendo contados apenas os dias úteis. Sabe-se que quando a lei ou o juiz não determinar prazo, as intimações somente obrigarão a comparecimento após decorridas quarenta e oito horas, e ainda que inexistindo preceito legal ou prazo determinado pelo juiz, será de cinco dias o prazo para a prática de ato processual a cargo da parte, conforme o artigo 218/CPC, utilizado supletivamente, por força dos artigos 769/CLT, c/c o artigo 15/CPC.

Convém lembrar, a fim de afastar qualquer dúvida, que é considerado tempestivo o ato praticado antes do termo inicial do prazo, bem como durante a suspensão de prazos.

Na contagem de prazos processuais em dias, estabelecido por lei ou pelo juiz, computar-se-ão somente os dias úteis, nos moldes do referido artigo 775/CLT.

Dentro do tema da contagem de prazos jamais podemos nos olvidar da sistemática atinente à contagem específica dos prazos no processo eletrônico. Neste espaço, as intimações ocorrem no DEJT, sendo realizada no dia em que o intimando efetivar a consulta eletrônica ao teor da intimação, ou quando decorrido o prazo de dez dias corridos, estes contados a partir do envio da intimação, porque a matéria é regida por lei especial - §§ 1º a 3º, do artigo 5º, da Lei 11.419/2006 – regente do PJe, daí porque prevalece sobre a regra geral – CPC, a teor do inciso V, do artigo 231/CPC.

Diante disso, temos que a contagem desse prazo, de dez dias, é corrida, e não em dias úteis, porquanto a lei específica assim determina.

Suspensão de prazos e seus efeitos

A norma processual trata da suspensão de prazos durante o recesso forense, aduzindo que o interregno suspende o curso do prazo processual nos dias compreendidos entre 20 de dezembro e 20 de janeiro, inclusive, no espaço cronológico conhecido como recesso forense. E mais, que ressalvadas as férias individuais e os feriados instituídos por lei, os juízes, os membros do Ministério Público, e da Advocacia Pública e privada, assim como os auxiliares da Justiça podem exercer suas atribuições durante o referido período normalmente. É, pois, uma faculdade o descanso, mas não uma proibição de se trabalhar, e a consequência processual é que o dever de atendimento aos comandos judiciais somente volta a fluir depois de 20 de janeiro.

O recesso é disciplinado no artigo 62, I, da Lei 5.010/66, originariamente destinada para a Justiça Federal, mas aplicável à Justiça do Trabalho por força do inciso II, da Súmula 262/TST. No entanto, há uma inconsistência entre a regra retro referida e o artigo 220, do CPC, o que motivou a Resolução 244/CNJ, ficando assim entendido: de 20 de dezembro a 6 de janeiro não há expediente forense, e a prática de atos processuais fica suspensa, salvo as medidas de extrema urgência. E de 7 a 20 de janeiro ficam suspensos os prazos, as audiências e as sessões, mantendo-se o expediente forense normal.

A suspensão do curso do prazo por obstáculo criado em detrimento da parte ou ocorrendo qualquer das hipóteses do artigo 313/CPC – suspensão do processo, deve o prazo ser restituído por tempo igual ao que faltava para sua complementação.

Anote-se que uma vez decorrido o prazo, extingue-se o direito de praticar ou de emendar o ato processual, independentemente de declaração judicial, ficando assegurado, porém, à parte provar que não o realizou por justa causa. E considera-se justa causa o evento alheio à vontade da parte e que a impediu de praticar o ato por si ou por mandatário.

Verificada a justa causa, deve o juiz permitir à parte a prática do ato no prazo que lhe assinar.

Na contagem dos prazos, como regra, nos moldes dos artigos 775/CLT e 224/CPC, salvo disposição em contrário, os prazos são contados excluindo o dia do começo e incluindo o dia do vencimento. E convém por bom sentido de que os dias do começo e do vencimento do prazo serão protraídos para o primeiro dia útil seguinte, se coincidirem com dia em que o expediente forense for encerrado antes ou iniciado depois da hora normal ou houver indisponibilidade da comunicação eletrônica.

Considera-se como data de publicação o primeiro dia útil seguinte ao da disponibilização da informação no Diário Eletrônico da Justiça do Trabalho – DEJT, sendo que a contagem do prazo terá início no primeiro dia útil que seguir ao da publicação.

Vale ressaltar ainda que a parte pode renunciar ao prazo estabelecido exclusivamente em seu favor, desde que o faça de maneira expressa.

O juiz também se sujeita a prazos, que ficam assim fixados: 5 dias para despachos; 10 dias para decisões interlocutórias e 30 dias para as sentenças.

Diz o artigo 227/CPC que em qualquer grau de jurisdição, havendo motivo justificado, pode o juiz exceder, por igual tempo, os prazos a que está submetido, e a regra se aplica na Justiça do Trabalho à omissão celetista no particular.

Ao tempo dos autos físicos – processos de papel – e segue assim nos casos remanescentes, os serventuários também têm prazos para juntar as petições e fazer os autos conclusos para deliberação judicial. No entanto, nos processos em autos eletrônicos – PJe, a juntada de petições ou de manifestações em geral ocorre de forma automática, independentemente de ato de serventuário da justiça, indo o requerimento direto para a caixa de entrada do magistrado no sistema eletrônico.

Convém relembrar que o prazo para a parte, do procurador, da Advocacia Pública e do Ministério Público do Trabalho é contado da citação, da intimação ou da notificação.

Vamos pontuar ainda que, salvo disposição em sentido diverso, considera-se dia do começo do prazo: a) a data de juntada aos autos do AR – aviso de recebimento, quando a citação ou a intimação for pelo correio; b) a data de juntada aos autos do mandado cumprido, quando a citação ou a intimação for por oficial de justiça; c) a data de ocorrência da citação ou da intimação, quando ela se der por ato do secretário da VT; d) o dia útil seguinte ao fim da dilação assinada pelo juiz, quando a citação ou a intimação for por edital; e) o dia útil seguinte à consulta ao teor da citação ou da intimação ou ao término do prazo para que a consulta se dê, quando a citação ou a intimação for eletrônica; f) a data de juntada do comunicado de que trata o artigo 232/CPCou, não havendo esse, a data de juntada da carta aos autos de origem devidamente cumprida, quando a citação ou a intimação se realizar em cumprimento de carta; g) a data de publicação, quando a intimação se der pelo DEJT; h) o dia da carga, quando a intimação se der por meio da retirada dos autos físicos da secretaria, conforme artigo 778/CLT.

Finalmente anote-se que não estão suspensos apenas os atos processuais a serem praticados dentro do processo, estando igualmente suspensos aqueles exarados no processo nas que dependem de iniciativa das partes e seus procurados como um comando válido e de efeitos processuais. E isso é tão relevante que, à guisa de exemplo, isso pode significar o próprio cumprimento da sentença.

Suspensão do processo

A suspensão do processo é um instituto jurídico diferente da suspensão de prazos, no entanto, em todas as vezes em que o processo estiver suspenso os prazos processuais também estarão.

O processo se suspende na forma do artigo 313/CPC, aplicável ao processo do trabalho, com base no artigo 769/CLT. E isso ocorre nas seguintes hipóteses: a) pela morte ou pela perda da capacidade processual de qualquer das partes, de seu representante legal ou de seu procurador; b) pela convenção das partes; c) pela arguição de impedimento ou de suspeição; d) pela admissão de incidente de resolução de demandas repetitivas; e) quando a sentença de mérito depender do julgamento de outra causa ou da declaração de existência ou de inexistência de relação jurídica que constitua o objeto principal de outro processo pendente, ou ainda quando tiver de ser proferida somente após a verificação de determinado fato ou a produção de certa prova, requisitada a outro juízo; f) por motivo de força maior; g) pelo parto ou pela concessão de adoção, quando a advogada responsável pelo processo constituir a única patrona da causa; h) quando o advogado responsável pelo processo constituir o único patrono da causa e tornar-se pai e, por fim, nos demais casos regulados em lei.

Lembre-se ainda, diante da fatalidade do momento, que falecido o réu, cabe ao juiz ordenar a intimação do autor para que promova a citação do respectivo espólio, de quem for o sucessor ou, se for o caso, dos herdeiros, no prazo que designar; e falecido o autor e sendo transmissível o direito em litígio, determinará a intimação de seu espólio, de quem for o sucessor ou, se for o caso, dos herdeiros, pelos meios de divulgação que reputar mais adequados, para que manifestem interesse na sucessão processual e promovam a respectiva habilitação no prazo designado, sob pena de extinção do processo sem resolução de mérito.

O procurador das partes também está sujeito aos mesmos riscos, e lei processual é tolerante quanto a isso, aduzindo que no caso de morte do procurador de qualquer das partes, ainda que iniciada a audiência de instrução e julgamento, o juiz deve determinar que a parte constitua novo mandatário, no prazo de quinze dias, ao final do qual extinguirá o processo sem resolução de mérito, se o autor não nomear novo mandatário, ou ordenará o prosseguimento do processo à revelia do réu, se falecido o procurador deste.

Vedação legal da prática de atos processuais

Segundo o disposto no § 2º, do artigo 775-A/CLT, c/c o artigo 314/CPC, durante a suspensão do processo é vedado praticar qualquer ato processual, podendo o juiz, todavia, determinar a realização de atos urgentes a fim de evitar dano irreparável, salvo no caso de arguição de impedimento e de suspeição.

Esta regra tende a ser aplicada com mais parcimônia na atualidade, pois evidentemente ela foi idealizada a época do processo de papel, eis que em ambiente eletrônico as pessoas podem se ativar no processo independente de deslocamento físico ou comparecimento da unidade judiciária.

Sendo esta a realidade, mediante interlocução entre todos os interessados e decisão interlocutória devidamente lastrado nos autos, as partes e o julgador podem convencionar validamente quais os passos processuais podem ser praticados, mediante convenção processual. Lado outro, se algum dos interessados tiver impossibilitado de atuar ou não desejar ver o processo impulsionado pode opor-se à prática dos atos processuais com arrimo no artigo 314/CPC.

É muito importante que o processo jamais avance sem a plena concordância dos interessados, eis que pode ser que algum dos atores processuais possa não estar bem, com internamento hospitalar ou não, e este fato invalidar a tentativa de avanço processual.

Conclusão

As normas processuais brasileiras até aqui não dispuseram especificamente sobre o que acontece com os prazos do processo em tempos de pandemia, sendo provável que numa alteração normativa vindoura esta e outras circunstâncias de excepcionalidade venham a ser contempladas. No entanto, o fato do CPC ou da CLT não dispor sobre o assunto é um bom sinal, pois indica que esses males são inusuais entre nós, entretanto, a anomia exige um esforço maior do hermeneuta.

A fim de balizar a atuação do profissional do direito podemos afirmar em conclusão que enquanto perdurar o estado de calamidade, o isolamento social e a portaria do CNJ os prazos estarão suspensos, lembrando que a força maior segue ensejando a suspensão do processo e, por conseguinte, dos prazos, mas este fato depende de reconhecimento judicial.

A regra de suspensão dos prazos processuais importa na ausência de fluência no interregno em que ocorrer a suspensão, voltando a correr no primeiro dia útil depois da paralisação, sendo aproveitáveis apenas os dias remanescentes.

A prática de atos virtuais e por videoconferência – audiências e sessões já é uma realidade e tende a se elastecer no processo brasileiro, mas os interessados podem requerer que o passo processual somente venha a ser perpetrado oportunamente, quando for possível o comparecimento pessoal e assim retirar o feito específico das possibilidades de ativação à distância.

Esta prática tende a mitigar os efeitos do artigo 314/CPC, que impede a prática de atos processuais durante a suspensão de prazos, abrindo espaço para a convenção processual para a prática de atos processuais, no entanto esta depende de expressa e prévia concordância de todos os atores processuais.

Referências Bibliográficas

EÇA, Vitor Salino de Moura. ***Direito Processual do Trabalho***. São Paulo. LTr. 2019.

MARTINEZ, Luciano; BOUCINHAS FILHO, Jorge Cavalcanti & FREIRE e SILVA, Bruno. Coord. Curso *de Direito Processual do Trabalho.* São Paulo. LTr. 2019.

3

REPERCUSSÕES DO FATO DO PRÍNCIPE NO PROCESSO DO TRABALHO: PRIMEIRAS IMPRESSÕES CIENTÍFICAS

Sérgio Torres Teixeira[1]
Ney Maranhão[2]
Felipe Bernardes[3]

1. Introdução

A situação pandêmica vivenciada no Brasil e no mundo em função da Covid-19 tem gerado efeitos jurídicos em múltiplas dimensões, inclusive e especialmente no âmbito das relações laborais. Um dos temas que tem suscitado forte debate é a possibilidade de configuração do chamado "fato do príncipe", regulado no art. 486 da Consolidação

1. *Sérgio Torres Teixeira* é Doutor em Direito. Desembargador do TRT6. Professor da Universidade Federal de Pernambuco e da Universidade Católica de Pernambuco. Diretor da Escola Superior da Magistratura do Trabalho da 6ª Região. Membro da Academia Brasileira de Direito do Trabalho.
2. *Ney Maranhão* é Professor de Direito do Trabalho da Universidade Federal do Pará. Professor Permanente do Programa de Pós-Graduação *Stricto Sensu* em Direito da Universidade Federal do Pará (Mestrado e Doutorado). Doutor em Direito do Trabalho pela Universidade de São Paulo, com estágio de Doutorado-Sanduíche junto à Universidade de Massachusetts (Boston/EUA). Especialista em Direito Material e Processual do Trabalho pela Universidade de Roma – La Sapienza (Itália). Mestre em Direitos Humanos pela Universidade Federal do Pará. Coordenador do Grupo de Pesquisa "Contemporaneidade e Trabalho" – GPCONTRAB (UFPA/CNPQ). Professor convidado em diversas Escolas Judiciais de Tribunais Regionais do Trabalho. Juiz Titular de Vara da Justiça do Trabalho da 8ª Região (PA-AP). Titular da Cadeira nº 30 da Academia Brasileira de Direito do Trabalho. Eleito para a Cadeira nº 25 da Academia Paraense de Letras Jurídicas. E-mail: ney.maranhao@gmail.com / Facebook: Ney Maranhão II / Youtube: Prof. Ney Maranhão / Instagram: @neymaranhao
3. *Felipe Bernardes* é Juiz do Trabalho no Tribunal Regional do Trabalho da 1ª Região. Professor convidado em Escolas Judiciais de Tribunais Regionais do Trabalho e em pós-graduações.

das Leis do Trabalho, em processos trabalhistas nos quais é objeto de pretensão o pagamento de verbas rescisórias em face da terminação do contrato de emprego durante o período da pandemia do novo coronavírus.

Nesse contexto, partindo da premissa de que o tema certamente será objeto de alegação e decisão em inúmeros processos judiciais, torna-se necessário investigar qual(is) o(s) mecanismo(s) processual(is) pertinente(s) para fazê-lo. Além disso, importante investigar quem seria o legitimado para arguir o fato do príncipe: apenas o autor, somente o réu ou ambos? Necessário, ainda, analisar o procedimento a ser adotado, incluindo recursos eventualmente cabíveis e a questão das despesas processuais envolvidas.

No presente estudo, responderemos a tais indagações, deixando claro que nosso objetivo não é analisar se a situação da pandemia configura, ou não, fato do príncipe, no plano do direito material. Nosso objetivo consiste tão somente em investigar aspectos processuais inerentes à respectiva alegação em processos trabalhistas.

Para atingir tal desiderato, partiremos da análise histórica do instituto da denunciação da lide, desde as suas origens até os dias atuais, o que permitirá melhor compreender o alcance do art. 486 da Consolidação das Leis do Trabalho. Demonstraremos como, ao longo dos séculos, determinados paradigmas foram rompidos, bem como a necessidade atual de superar mais um aspecto da tradição processual a respeito.

Estudaremos, ainda, o posicionamento da jurisprudência trabalhista a respeito da denunciação da lide; a existência de lacuna ontológica sobre a alegação de fato do príncipe no processo do trabalho; a possibilidade, ou não, de uso do instituto do chamamento ao processo e a aplicação do princípio da fungibilidade; a pertinência de aplicação da sistemática do art. 338 do CPC (espécie de nomeação à autoria); e a problemática da arguição do fato do príncipe pelo autor, já na petição inicial; além de questões outras.

Nossa pretensão vai longe de buscar exaurir o tema, senão que apenas lançar luzes iniciais sobre as repercussões da alegação do fato do príncipe no âmbito do processo do trabalho.

2. Resgate histórico da figura do "chamamento à autoria" contida no art. 486, § 1º, da CLT: das Ordenações Afonsinas ao Código de Processo Civil de 1939

A regência processual celetista da alegação patronal de fato do príncipe, enquanto tese jurídica viabilizadora da excepcional imposição da responsabilidade patrimonial de terceiro (poder público) pela satisfação de parcela das verbas rescisórias, traz a enigmática menção de que essa terceira pessoa passará a figurar no processo como "chamada à autoria" (CLT, art. 486, § 1º, *in fine*). Como inexiste tal técnica interventiva de terceiros na ciência processual contemporânea, impõe-se realizar algum resgate histórico da questão.

As Ordenações Afonsinas (Livro III, Título XVI), promulgadas no ano de 1467 d.C., e as Ordenações Manuelinas (Livro III, Título XXXI), vigentes a partir de 1521 d.C., constituem o embrião legislativo da intervenção de terceiros na tradição luso-brasileira. Tais diplomas legislativos mencionavam as hipóteses em que "haveriam de ter lugar as autorias", estabelecendo procedimento em que se discutisse a evicção de "cousas móveis ou de raiz".

Já nas Ordenações Filipinas (sancionadas no longínquo ano de 1595 e aplicadas a partir de 1603), em seu Livro III, Título XLIV, ficou clara a aplicabilidade do instituto da intervenção de terceiros nas hipóteses de evicção, sendo certo que o "chamado à autoria" (denunciado à lide, na linguagem processual dos dias atuais) seria sucessor processual do "chamante" (atual denunciante).

O Regulamento nº 737/1850, aplicável inicialmente apenas às causas comerciais – e, posteriormente, estendido para os processos cíveis em geral, por força do Regulamento 763, assinado pelo Marechal Deodoro da Fonseca em 19 de setembro de 1890 – continuou associando a intervenção de terceiros às lides envolvendo direitos reais sobre coisas e prevendo a sucessão processual do réu originário pelo "chamado à autoria"[4].

Abstraído o período em que, por força da Constituição de 1891 – a qual admitia a competência dos Estados da Federação para editarem leis em matéria processual –, houve a vigência de alguns Códigos de Processo Estaduais, o tema da intervenção de terceiros voltou a ser regulado no Código de Processo Civil brasileiro de 1939 nos mesmos moldes da velha tradição lusitana: o *chamamento à autoria* era pertinente em demandas acerca de coisas ou direitos reais (art. 95 do CPC/1939), sendo de iniciativa do autor ou do réu, como forma de resguardar-se dos riscos da evicção, enquanto a *nomeação à autoria* era a modalidade de intervenção de terceiro a ser utilizada por iniciativa da parte ré quando esta estivesse na posse, em nome de outrem, da coisa demandada (art. 99 do CPC/1939).

Apesar de algumas semelhanças e o compartilhamento parcial de um mesmo procedimento delineado pelo legislador de 1939, essas duas modalidades de intervenção de terceiros apresentavam objetivos distintos. O chamamento à autoria do artigo 95 e a nomeação à autoria do artigo 99 do citado diploma processual merecem, portanto, análises específicas.

No *chamamento à autoria*, em sendo a iniciativa do autor, o alienante ou "chamado" ("denunciado" na terminologia exposta no § 3º do art. 95) seria notificado para assumir a direção da causa e alterar o teor da peça vestibular (§1º do mesmo artigo); em sendo de iniciativa do réu, seria promovida a citação do "chamado" para que o mesmo integrasse o polo passivo da relação processual. Se o "chamado" não comparecesse ao processo em qualquer uma dessas hipóteses, caberia àquele que chamou "defender a causa até final, sob pena de perder o direito a evicção" (art. 98 do CPC/1939). E, na hipótese do chamamento à autoria de iniciativa do réu, após a citação do "alienante/chamado/denunciado", "vindo a juízo o denunciado, receberá o processo no estado em que este se achar, e a causa com ele prosseguirá, sendo defeso ao autor litigar com o denunciante" (art. 97 do CPC/1939). Agora, se nesta última hipótese o chamado à autoria atendesse à convocação judicial apenas para comparecer e reconhecer a procedência do pedido do autor, o réu "denunciante" poderia prosseguir na defesa.

---

4. A redação do Regulamento nº 737/1850, em português arcaico, no ponto em que interessa ao presente estudo, previa: "art. 112. Compete a autoria somente áquelle que possue em seu proprio nome. (...) Art. 115. Vindo a Juizo o chamado á autoria, com elle proseguirá a causa sem que seja licita ao autor a escolha de litigar com o réo principal, ou com o chamado á autoria".

Na *nomeação à autoria* do artigo 99 do CPC/1939, por seu turno, uma vez promovida a citação do "nomeado", qualquer um de dois possíveis cenários poderiam surgir. Se o "nomeado" comparecesse a juízo assumindo a qualidade de proprietário ou possuidor indireto da coisa demandada em face ao réu possuidor, aquele assumiria a posição deste último no polo passivo da relação processual. Agora, em não comparecendo a pessoa indicada pela parte ré ou no caso de responder mediante a negativa da qualidade que lhe foi atribuída pelo réu, a parte autora poderia prosseguir no processo em face a um litisconsórcio passivo formado incidentalmente pelo "nomeante" e pelo "nomeado" (parágrafo único do art. 99 do CPC/1939).

Tanto na hipótese do chamamento à autoria provocado pelo réu nos moldes do artigo 95 do CPC/2015, como no caso da nomeação à autoria disciplinada no artigo 99 do mesmo diploma processual (esta última modalidade sendo de iniciativa exclusiva da parte ré), quando a materialização da participação do "chamado" ou do "nomeado" resultasse no respectivo terceiro interveniente assumindo a posição do seu denunciante, o fenômeno processual operado implicava verdadeira sucessão de partes dentro da relação processual.

Nesse sentido, à luz da disciplina do CPC de 1939, quando promovido o chamamento à autoria de iniciativa da parte ré ou então quando concretizada a nomeação à autoria, e o resultado fosse a integração à relação processual do respectivo terceiro denunciado (seja o "chamado", seja o "nomeado"), poderia ocorrer qualquer uma de duas situações: a) a formação incidental de um litisconsórcio no polo passivo da relação processual, como ocorria quando o chamado/denunciado se limitasse a confessar o pedido formulado pelo autor ou quando o nomeado/denunciado não comparecesse ou se restringisse a negar a qualidade que lhe era atribuída pelo réu/denunciante; e b) uma verdadeira extromissão de parte, com o réu originário sendo sucedido pelo chamado ou nomeado, com a consequente assunção de todas as incumbências e responsabilidades da defesa que em princípio incumbia ao réu primitivo.

A doutrina deixava claro que, sob a vigência do CPC/1939, a convocação do terceiro não representava "uma ação regressiva no mesmo processo, mas sim uma autêntica 'sucessão subjetiva no processo', pela qual o denunciado assumia a posição do denunciante"; e que este até poderia permanecer no processo em hipóteses como litisconsorte, "mas então como assistente litisconsorcial do chamado, operando-se real 'substituição processual'"[5].

3. A denunciação da lide e a nomeação à autoria nos sistemas do CPC/1973 e do CPC/2015

O legislador de 1973 promoveu uma primeira ruptura com essa antiquíssima tradição, em regramento que se perpetuava havia mais de 500 anos: primeiro, estruturou de forma mais técnica as duas modalidades de intervenção de terceiros, intitulando de *denun-*

5. Cf. CARNEIRO, Athos Gusmão. *Intervenção de Terceiros.* 15ª ed. São Paulo: Saraiva, 2003, p.98.

ciação da lide a figura descendente do chamamento à autoria do artigo 95 do Código de 1939 e mantendo a denominação *nomeação à autoria* para a outra espécie, esta derivada da figura homônima disciplinada pelo artigo 99 do mesmo álbum processual, então sucedido pelo Código de Processo Civil de 1973 (Lei nº 5.869 de 11 de janeiro de 1973).

A figura da nomeação à autoria foi disciplinada minuciosamente pelos artigos 62 a 69 do CPC de 1973. A nova modalidade, de iniciativa privativa do réu, tal qual a nomeação à autoria do artigo 99 do CPC/1939, era cabível em duas hipótese: a) ao proprietário ou possuidor, quando o réu originário, detendo a coisa litigiosa em nome alheio, fosse demandado em nome próprio (art. 62 do CPC/1973); e b) ao terceiro que, segundo o réu primitivo, emitiu uma ordem ou concedeu uma instrução que foi seguida pelo proprietário ou titular de um direito sobre a coisa e que resultou em prejuízo cuja reparação está sendo pleiteada em ação indenizatória (art. 63 do CPC/1973).

De intricado modelo procedimental, o instituto acabou sendo de difícil manuseio prático diante das exigências técnicas de sua operacionalização. E por um motivo óbvio: a extromissão de partes, com a sucessão do nomeante pelo nomeado, exigia uma consensualidade de difícil obtenção.

De fato, os artigos 65 e 66 do CPC de 1973 dificultavam sobremaneira a integralização dessa sucessão por exigir, quanto à proposta do réu originário, a anuência tanto do autor como do nomeado. Primeiro, a parte autora precisava concordar com a nomeação, sob pena da mesma ficar sem efeito (art. 65). Depois, o próprio nomeado teria que anuir ao admitir a qualidade que lhe foi atribuída pelo nomeante para então ocorrer a extromissão de parte e o nomeado suceder ao nomeante, ficando sem validade a nomeação se o nomeado negasse tal qualidade, com o processo então prosseguindo contra o nomeante (art. 66).

A materialização da nomeação à autoria, por conseguinte, ficava condicionada a esses dois pronunciamentos de convergência. Em caso de inocorrência de qualquer uma dessas duas manifestações de concordância com a nomeação, ao réu nomeante seria concedido novo prazo para contestar (art. 67 do CPC/1973), sendo contudo admitida a aceitação presumida caso o autor não se manifestasse no prazo legal ou se o nomeado devidamente citado não comparecesse para se defender ou simplesmente nada alegasse (art. 68 do CPC/1973). Se o réu primitivo deixasse de promover uma nomeação que lhe incumbia fazer ou nomear sujeito distinto daquele em cujo nome detém a coisa demandada, então responderia por perdas e danos (art. 69 do CPC/1973).

A denunciação da lide, por sua vez, na disciplina do CPC/1973, passou a ser aplicável, para além tradicional hipótese de evicção, às situações de exercício de direito regressivo de forma mais ampla.

Deveras, a partir do CPC/1973, a denunciação da lide passou a ser caracterizada como espécie de ação regressiva, que tramita no mesmo processo da ação principal, configurando cumulação de ações[6]. A par da pretensão manifestada na ação principal, ter-se-

6. Cf. GRECO, Leonardo. *Instituições de Processo Civil: Introdução ao Direito Processual Civil.* v.1. Rio de Janeiro: Forense, 2009, p. 514.

-ia o pleito regressivo formulado na denunciação, o qual somente seria apreciado acaso o denunciante fosse vencido naquela. Noutras palavras: a ação principal era preliminar em relação à denunciação da lide, pois esta não seria julgada no mérito caso o denunciante fosse vencedor na ação principal.

Ademais, o delineamento do instituto impunha que, em princípio, "para haver a indenização da parte denunciada", deveria o denunciante "comprovar pagamento já feito ao primitivo credor, autor da demanda"[7]. Assim, supondo a hipótese mais comum de denunciação da lide proposta pelo réu, este, em sede de execução, deveria fazer o pagamento ao autor para, apenas na sequência, viabilizar-se a obtenção de ressarcimento junto ao terceiro-denunciado, conforme estabelecido na sentença transitada em julgado.

Contudo, a jurisprudência do Superior Tribunal de Justiça, ainda na vigência do CPC/1973, passou a admitir a condenação direta do denunciado, caso o réu tivesse tido a iniciativa de provocar a denunciação da lide[8], havendo mesmo decisões que mencionavam a deflagração de "litisconsórcio anômalo" entre réu originário e denunciado à lide em tais hipóteses[9].

O legislador de 2015 positivou essa segunda ruptura de paradigma no que tange à denunciação da lide: o art. 128, parágrafo único, do Código de Processo Civil de 2015, passou expressamente a admitir que o cumprimento de sentença seja promovido diretamente contra o terceiro denunciado, sem necessidade de que haja a execução (ou que se tente a execução) em face do réu da ação principal (e denunciante da lide)[10].

---

7. CARNEIRO, op. cit., p. 139.

8. PROCESSUAL CIVIL. AGRAVO REGIMENTAL. LITISDENUNCIAÇÃO. SEGURADORA. CONDENAÇÃO E EXECUÇÃO DIRETA E SOLIDÁRIA. POSSIBILIDADE. FUNÇÃO SOCIAL DO CONTRATO DE SEGURO. SÚMULA 83/STJ. 1. Comparecendo a seguradora em juízo, aceitando a denunciação da lide feita pelo réu e contestando o pedido principal, assume a condição de litisconsorte passiva. 2. Possibilidade de ser condenada e executada, direta e solidariamente, com o réu. 3. Por se tratar de responsabilidade solidária, a sentença condenatória pode ser executada contra qualquer um dos litisconsortes. 4. Concreção do princípio da função social do contrato de seguro, ampliando o âmbito de eficácia da relação contratual. 5. Precedentes específicos da Terceira e da Quarta Turma do STJ. 6. AGRAVO REGIMENTAL DESPROVIDO. (AgRg no REsp 474.921/RJ, Rel. Ministro PAULO DE TARSO SANSEVERINO, TERCEIRA TURMA, julgado em 05/10/2010, DJe 19/10/2010). No mesmo sentido, entre muitas outras: REsp 670.998/RS, Rel. Ministro ALDIR PASSARINHO JUNIOR, QUARTA TURMA, julgado em 01/10/2009, DJe 16/11/2009. REsp 275.453/RS, Rel. Ministro HUMBERTO GOMES DE BARROS, TERCEIRA TURMA, julgado em 22/02/2005, DJ 11/04/2005, p. 288.

9. Por exemplo: REsp 686.762/RS, Rel. Ministro CASTRO FILHO, 3ª Turma, julgado em 29/11/2006, DJ 18/12/2006, p. 368.

10. Art. 128. Feita a denunciação pelo réu:

I - se o denunciado contestar o pedido formulado pelo autor, o processo prosseguirá tendo, na ação principal, em litisconsórcio, denunciante e denunciado;

II - se o denunciado for revel, o denunciante pode deixar de prosseguir com sua defesa, eventualmente oferecida, e abster-se de recorrer, restringindo sua atuação à ação regressiva;

III - se o denunciado confessar os fatos alegados pelo autor na ação principal, o denunciante poderá prosseguir com sua defesa ou, aderindo a tal reconhecimento, pedir apenas a procedência da ação de regresso.

Não se trata de solidariedade passiva, pois o denunciado não possui relação jurídica direta com o autor. Na verdade, o art. 128, parágrafo único, do CPC, estabelece uma espécie de extensão da eficácia do título executivo em favor do autor, à luz do princípio constitucional do acesso à justiça (CF, art. 5º, XXXV) e de seu corolário, o princípio da efetividade da execução.

De todo modo, é importante observar que, coerentemente com a dinâmica do instituto, o Código regulamenta a possibilidade de execução direta do denunciado apenas quando este for o réu da ação principal. Natural que assim seja, haja vista que a essência da denunciação da lide é o exercício do direito de regresso pelo denunciante.

Veja-se que, no sistema do CPC/2015, é inviável, do ponto de vista lógico-jurídico, que a denunciação da lide seja promovida pelo autor quando a pretensão regressiva for de titularidade do réu. Nada mais óbvio, porque o autor não pode mover ação (a própria denunciação) em nome do réu, este, sim, titular do direito de regresso e legitimado ativo para formular o pedido em face do denunciado.

Assim, a denunciação da lide somente pode ser promovida pelo autor quando ele próprio for o titular da pretensão regressiva. Essa hipótese é mais comum nos casos de evicção. Para exemplificar, visualize-se ação possessória movida por *A* em face de *B*, em que o primeiro alega ter direito à posse porque adquiriu a propriedade de *C*. Temeroso de que a aquisição haja sido feita *a non domino* e de que *B* seja o real proprietário (*verus dominus*), *A* poderia, já na petição inicial, formular o pedido regressivo em face do alienante *C*. Desse modo, julgado improcedente o pedido possessório em face de *B*, *A* exerceria, no mesmo processo, seu direito regressivo contra o alienante *C*.

Entretanto, se o autor incluir, desde a petição inicial, dois ou mais sujeitos que entenda corresponsáveis pela dívida, não se estará, portanto, diante de denunciação da lide, mas de mero litisconsórcio[11]. A distinção não é bizantina, pois gera diversos reflexos processuais, conforme se analisará no decorrer deste estudo.

Mas e a nomeação à autoria, dentro do contexto do Código de Processo Civil contemporâneo? A respectiva figura, que manteve a mesma nomenclatura e passou por mudanças pontuais entre os códigos nacionais de processo de 1939 e de 1973, enfim sobreviveu à publicação do CPC de 2015?

Parágrafo único. Procedente o pedido da ação principal, pode o autor, se for o caso, requerer o cumprimento da sentença também contra o denunciado, nos limites da condenação deste na ação regressiva.

11. Tinha percebido o ponto, ainda sob a vigência do CPC/1973, Cássio Scarpinella Bueno, para quem: "se existir tal relação de direito material entre 'autor' e o que poderia vir a ser 'denunciado pelo réu', a hipótese é de litisconsórcio (quando menos facultativo) e, como tal deve ser tratada. Nada impede, aliás, que, nestas condições, um litisconsorte denuncie a lide para o outro entendendo que existe entre eles algum 'direito de regresso. O que ocorre nestes casos, pois, é que a hipótese já não será mais de denunciação da lide entre o 'autor' da ação e o 'denunciado'. Mesmo para eles, a hipótese será de litisconsórcio, justamente em face do pedido que é formulado desde a petição inicial". BUENO, Cássio Scarpinella. *A denunciação da lide e o art. 456 do Novo Código Civil.* Disponível em: http://www.scarpinellabueno.com/images/textos-pdf/002.pdf. Acesso em: 16.abr.2020.

O legislador de 2015 optou por eliminar a figura enquanto modalidade de intervenção de terceiros, mas apresentou uma disciplina nova para permitir a extromissão de parte quando o réu sustentar a sua ilegitimidade para a causa e afirmar ao autor que uma outra pessoa deverá ocupar o seu posto processual.

Mais precisamente, o *caput* do artigo 338 do CPC de 2015 estabelece que o juiz deve facultar ao autor a alteração da petição inicial dentro de um prazo de 15 dias se o réu alegar, na sua defesa, "ser parte ilegítima ou não ser o responsável pelo prejuízo provocado". Em sequência, no artigo 339 o legislador define que quando a parte ré "alegar sua ilegitimidade, incumbe ao réu indicar o sujeito passivo da relação jurídica discutida sempre que tiver conhecimento, sob pena de arcar com as despesas processuais e de indenizar o autor pelos prejuízos decorrentes da falta de indicação". O §1º deste último artigo estabelece que, se o autor aceitar a indicação feita pelo réu primitivo, deverá proceder à alteração da peça vestibular no prazo de 15 dias para promover a "substituição do réu", assumindo a responsabilidade pelas despesas processuais relacionadas ao réu primitivo nos moldes estipulados no parágrafo único do artigo anterior (art. 338). O § 2º do artigo 339, por seu turno, prevê que o autor pode escolher uma outra via, optando por alterar a exordial para incluir o sujeito indicado pela parte ré como litisconsorte passivo.

A nova fórmula procedimental, destarte, proporciona um incidente cujo rito permite três caminhos para o autor confrontado com a resposta do réu indicando um outro sujeito como o legitimado para ser demandado: a) rejeitar a indicação do réu e prosseguir na demanda em face deste, sem promover mudanças no polo passivo da relação processual; b) aceitar a indicação do réu e alterar a petição inicial para retirar o demandado originário e incluir o sujeito reconhecido como legitimado para a causa, promovendo com isso verdadeira extromissão de parte com a sucessão do réu primitivo por um novo demandado; e c) receber a indicação do réu, mas sem promover a sucessão processual deste último, modificando a peça vestibular apenas para incluir o novo sujeito indicado como legitimado para ocupar posição no mesmo polo do réu originário, formando, assim, um litisconsórcio passivo.

Nesta última hipótese, a formação incidental de um litisconsórcio passivo parece aproximar esta face da figura processual à modalidade de intervenção de terceiros denominada *chamamento ao processo* e disciplinada pelos artigos 130 a 132 do CPC de 2015. Isso em virtude de possibilitar uma eventual condenação de ambos os litisconsortes, caso seja reconhecida uma corresponsabilidade. Ocorre que no chamamento ao processo tipificado no *caput* do artigo 130 do atual diploma processual civil sempre ocorre uma ampliação do polo passivo da relação processual pela ulterior integração de codevedores à relação processual (seja do afiançado, na ação em que o réu for seu fiador; seja dos demais fiadores, quando o autor propuser a ação em face de qualquer um deles; ou seja dos demais devedores solidários, quando a dívida comum for exigida de um ou de alguns deles). Na figura disciplinada pelo § 2º do artigo 339 acima descrito, tal corresponsabilização é possível, mas não automática.

Dentro deste contexto, o fenômeno processual disciplinado pelos artigos 338 e 338 do CPC contemporâneo corresponde a uma figura que, ao lado da denunciação da lide disciplinada pelos artigos 125 a 129 do mesmo álbum processual, pode viabilizar a mudança dos rumos de um processo na busca por uma tutela reparatória, com uma parte inicialmente posta como réu tendo sua posição de responsável assumida, no todo ou em parte, por um outro sujeito que originalmente não integrava a relação processual.

E o uso (adequado) de tais figuras diante da Justiça do Trabalho? A análise dos desdobramentos dos respectivos institutos, por seu turno, será desenvolvida nos itens a seguir.

4. Extromissão de Parte e Denunciação da lide no processo do trabalho

Desde logo, registre-se que a legislação processual trabalhista, cuja base se encontra sedimentada na Consolidação das Leis do Trabalho (Decreto-Lei nº 5.452 de 01 de maio de 1943), não contém norma tratando especificamente acerca da fórmula de extromissão de parte disciplinada pelos artigos 338 e 339 do CPC de 2015. Diante de tal omissão, bem como da compatibilidade genérica entre tal figura e as normas gerais que regem o processo do trabalho, inexiste maior resistência à plena admissibilidade do instituto nas demandas ajuizadas na Justiça do Trabalho, em consonância com o artigo 769 consolidado.

O principal argumento contrário à sua aplicabilidade no processo do trabalho, consistente em suposta incompatibilidade decorrente das regras de sucumbência previstas no parágrafo único do artigo 338, acabou sendo superado naturalmente com a recente inclusão na própria CLT de uma disciplina própria acerca de honorários advocatícios sucumbenciais pela Lei nº 13.467 de 2017 (Reforma Trabalhista).

No caso da denunciação da lide, entretanto, o caminho da admissibilidade é mais acidentado. A Consolidação das Leis do Trabalho não apresenta regulamentação a respeito da denunciação da lide, o que explica as grandes controvérsias que sempre existiram – e continuam existindo – a respeito de sua aplicabilidade no processo laboral.

A doutrina clássica divergia a respeito: enquanto Ísis de Almeida admitia as intervenções de terceiro em geral, desde que o direito ou a coisa em litígio estivessem vinculados a um contrato de trabalho[12], Coqueijo Costa analisava a dogmática da denunciação da lide de forma aprofundada e com exemplos no âmbito trabalhista (tais como a sucessão trabalhista e a subempreitada), mas sem investigar as questões da competência da Justiça do Trabalho e da compatibilidade do regramento do CPC com o Processo do Trabalho, à luz do art. 769 da CLT[13].

Tostes Malta afastava a incompetência da Justiça do Trabalho para julgar a denunciação da lide na fase de conhecimento, sob o argumento de sua natureza incidental, mas afirmava que, para a execução do título, a Justiça do Trabalho seria incompetente[14]. Amauri Mascaro Nascimento admitia a denunciação da lide com a concepção de que

12. ALMEIDA, Isis de. *Manual de Direito Processual do Trabalho*. v.1. São Paulo: LTR, 1985, p. 109.
13. COSTA, Coqueijo. *Direito Processual do Trabalho*. 4ª ed. Rio de Janeiro: Forense, 1995, p. 199-200.
14. MALTA, Christovão Piragibe Tostes. *Prática do Processo Trabalhista*. 31ª ed. São Paulo: LTR, 2002, p. 348-349.

seria uma "defesa", entendendo inviável o julgamento da pretensão regressiva pelo juiz do trabalho[15]. Já Wagner Giglio entendia pela incompatibilidade da denunciação com o Processo do Trabalho, destacando o argumento de que ela resultaria na constituição de um crédito que não seria de natureza trabalhista[16].

A doutrina contemporânea segue divergindo a respeito da aplicabilidade da denunciação da lide no Processo do Trabalho[17]. A respeito do tema, veja-se o que sustentou, alhures, um dos autores do presente estudo:

> "(...) passou-se a entender que, não obstante ninguém seja obrigado a litigar contra quem não quer, em alguns casos tal modalidade de terceria propicia maior solvabilidade do crédito trabalhista e maior efetividade do processo. Isto porque a jurisprudência vinha considerando, ainda sob a vigência do CPC/1973, que o denunciado se tornava litisconsorte do denunciante e poderia ser condenado diretamente (o STJ aceitava esse raciocínio, por exemplo, em casos envolvendo seguradoras – tal entendimento pode ser aplicado para os casos em que o empregador contrata seguro privado de acidentes de trabalho, em favor de seus empregados).
>
> O art. 128, parágrafo único, do Novo Código de Processo Civil, positivou esse entendimento, estabelecendo que o cumprimento da sentença pode ser requerido também contra o denunciado, nos limites da condenação deste na ação regressiva.
>
> Assim, a admissibilidade da intervenção de terceiros fica subordinada ao interesse do autor, delimitado pela utilidade do provimento final. Nesse sentido, enunciado 68, II e III, da 1ª Jornada de Direito Material e Processual na Justiça do Trabalho do TST. A crítica que se pode fazer a esse entendimento é a de gerar insegurança jurídica no que tange à definição da competência jurisdicional.
>
> No entanto, a competência material da Justiça do Trabalho se ampliou com a EC 45/2004 (...). Embora a lide secundária (por exemplo, no caso da seguradora) algumas vezes esteja associada a um contrato civil entre empresas, prepondera na avaliação da competência o fato de que a demanda regressiva do empregador contra a seguradora

---

15. NASCIMENTO, Amauri Mascaro. *Curso de Direito Processual do Trabalho.* 24ª ed. São Paulo: Saraiva, 2009, p. 461.
16. GIGLIO, Wagner D.; CORRÊA, Claudia Giglio Veltri. *Direito Processual do Trabalho.* 15ª ed. São Paulo: Saraiva, 2005, p. 153.
17. Contrariamente à denunciação da lide, com ampla argumentação centrada na incompetência da Justiça do Trabalho: GARCIA, Gustavo Filipe Barbosa. *Curso de Direito Processual do Trabalho.* 5ª ed. Rio de Janeiro: Forense, 2016, p 334-345. Cleber Lúcio de Almeida ressalva apenas a possibilidade de denunciação nas hipóteses de ação movida pelo trabalhador para obter devolução de valores descontados a título de contribuição confederativa, situação em que o empregador poderia denunciar a lide ao sindicato beneficiado pelo desconto. O autor rejeita o argumento de que a denunciação seria benéfica ao trabalhador, defendendo que "o denunciado não pode ser condenado a satisfazer o crédito do trabalhador", já que a "denunciação da lide é ação regressiva" (ALMEIDA, Cleber Lúcio de. *Direito Processual do Trabalho.* 6ª ed. São Paulo: LTR, 2016, p. 369-370). De outro lado, favoravelmente à denunciação da lide: SCHIAVI, Mauro. *Manual de Direito Processual do Trabalho.* 3ª ed. São Paulo: LTR, 2010, p. 349-350.

tem, como origem primeira, a relação de trabalho entre empregado e empregador, enquadrando-se no art. 114, I, da CF.

Sucede que pode haver situações em que, apesar da competência da Justiça do Trabalho para apreciar a denunciação da lide, não seja interessante tal intervenção de terceiros, por não atender aos seus objetivos fundamentais, que são a eficiência e a economia processuais.

Haverá ganho de eficiência, com maior efetividade do processo, caso, por exemplo, o empregador seja – ou esteja em vias de tornar-se – notoriamente insolvente. Perceba-se que, em tal situação, impedir a denunciação da lide poderia aniquilar completamente qualquer chance de o trabalhador receber indenização decorrente do acidente de trabalho, pois a execução seria infrutífera contra o empregador, e não haveria a possibilidade de o trabalhador obter reparação na Justiça Comum, caso o contrato previsse que a seguradora faria apenas o ressarcimento de despesas do empregador decorrentes do acidente de trabalho, até o limite fixado na apólice. Em casos como este, o trabalhador não pode acionar diretamente a seguradora, pois o contrato prevê apenas o ressarcimento dos valores pagos pelo empregador, ou seja, não há relação jurídica entre trabalhador e seguradora.

A peculiaridade dessa situação é que a Justiça do Trabalho detém competência para a denunciação da lide, cuja aplicabilidade deve ser analisada em cada caso concreto, à luz dos critérios expostos; mas, não admitida a denunciação, eventual ação regressiva autônoma entre o empregador e a seguradora será julgada pela Justiça Comum, porque, nesta situação específica, passa a preponderar o caráter civil da controvérsia.

Caso o trabalhador concorde com a denunciação da lide, em função de seu interesse na maior efetividade da futura execução, deve ser aceita pelo Juiz do Trabalho a intervenção do terceiro; no caso contrário, em princípio não se deve admitir a denunciação.

Como reforço argumentativo, veja-se que o Superior Tribunal de Justiça, na mesma linha ora preconizada, tem decidido pela impossibilidade de recusa da denunciação da lide pelo corréu (fornecedor de produtos ou serviços), quando o consumidor não se manifestar contrariamente à respectiva intervenção, em causas decorrentes de relações de consumo[18]. Isso porque a vedação à intervenção de terceiros, prevista no art. 88 do CDC[19], tem o objetivo de beneficiar o consumidor, dando celeridade ao seu pleito indenizatório, evitando a multiplicação de teses e argumentos de defesa. Assim, o único legitimado a impugnar a denunciação da lide é o próprio autor, sendo certo que a hipossuficiência do trabalhador justifica o mesmo tratamento que se dá à figura do consumidor, que é tutelado pelo art. 88 do CDC justamente por ser hipossuficiente"[20].

Tal entendimento, favorável ao cabimento da denunciação da lide no Processo do Trabalho, desde que haja interesse do trabalhador na intervenção do terceiro e compe-

18. REsp 913.687-SP, Rel. Min. Raul Araújo, por unanimidade, julgado em 11/10/2016, DJe 4/11/2016.
19. Art. 88. Na hipótese do art. 13, parágrafo único deste código, a ação de regresso poderá ser ajuizada em processo autônomo, facultada a possibilidade de prosseguir-se nos mesmos autos, vedada a denunciação da lide.
20. BERNARDES, op. cit., p.287-288.

tência da Justiça do Trabalho para apreciar a demanda regressiva, vem ganhando força na jurisprudência do Tribunal Superior do Trabalho[21]. Veja-se o seguinte trecho de ementa que retrata a atual posição majoritária da Corte:

> "(...) DENUNCIAÇÃO DA LIDE. ANÁLISE DO CABIMENTO À LUZ DOS PRINCÍPIOS DA CELERIDADE E DA ECONOMIA PROCESSUAL E, SOBRETUDO, DA COMPETÊNCIA DA JUSTIÇA DO TRABALHO. A partir da Emenda Constitucional 45/2004, esta Corte Superior passou a considerar possível a aplicação da denunciação da lide no processo do trabalho e cancelou a Orientação Jurisprudencial 227 da SBDI-1. No entanto, a aplicação do referido instituto exige a análise do caso concreto para que não haja vulneração dos princípios basilares da celeridade e economia processual. Exige, ainda, que esta Justiça Especializada seja competente também para julgar eventual controvérsia originária da relação jurídica entre o denunciante e o denunciado (...)"[22].

Exposta a evolução histórica da denunciação da lide, bem como sua atual regulamentação no CPC e os posicionamentos doutrinários e jurisprudenciais pertinentes, passamos a investigar se o instituto é compatível com a alegação de fato do príncipe, tal como previsto no art. 486 da CLT.

5. Fato do príncipe

5.1. Lacuna ontológica no Processo do Trabalho

Em função da pandemia que assola o Brasil (e o mundo) no ano de 2020 – e que gerou determinações e recomendações oriundas de diversas esferas governamentais no sentido de restringir o funcionamento de inúmeras atividades econômicas –, é previsível que as partes, em processos trabalhistas, suscitem a questão da responsabilidade dos entes estatais pelo pagamento da "indenização" decorrente da paralisação temporária ou definitiva das atividades empresariais: o chamado "fato do príncipe", tal como regulamentado no art. 486 da Consolidação das Leis do Trabalho[23].

---

21. Exemplificam essa tendência, entre vários outros, os seguintes julgados: Ag-AIRR-2336-46.2014.5.09.0022, Relator Ministro Breno Medeiros, Data de Julgamento: 13/11/2019, 5ª Turma, Data de Publicação: DEJT 22/11/2019; ED-Ag-AIRR-106-16.2011.5.19.0262, Relator Ministro Guilherme Augusto Caputo Bastos, Data de Julgamento: 11/09/2019, 4ª Turma, Data de Publicação: DEJT 13/09/2019; ARR-272400-28.2009.5.02.0003, Relator Desembargador Convocado Roberto Nobrega de Almeida Filho, Data de Julgamento: 22/05/2019, 7ª Turma, Data de Publicação: DEJT 24/05/2019; ARR-10624-71.2017.5.03.0142, Relator Ministro Alberto Luiz Bresciani de Fontan Pereira, Data de Julgamento: 24/04/2019, 3ª Turma, Data de Publicação: DEJT 26/04/2019; ARR-1664-31.2010.5.20.0003, Relator Ministro Hugo Carlos Scheuermann, Data de Julgamento: 29/08/2018, 1ª Turma, Data de Publicação: DEJT 31/08/2018; RR-697-75.2011.5.02.0027, Relatora Ministra Maria Helena Mallmann, Data de Julgamento: 20/02/2019, 2ª Turma, Data de Publicação: DEJT 22/02/2019; ARR-1447-59.2014.5.12.0006, Relatora Ministra Kátia Magalhães Arruda, Data de Julgamento: 08/08/2018, 6ª Turma, Data de Publicação: DEJT 10/08/2018.
22. ARR-20679-21.2015.5.04.0305, Relator Ministro Douglas Alencar Rodrigues, Data de Julgamento: 10/04/2019, 5ª Turma, Data de Publicação: DEJT 12/04/2019.
23. Art. 486 - No caso de paralisação temporária ou definitiva do trabalho, motivada por ato de autoridade municipal, estadual ou federal, ou pela promulgação de lei ou resolução que impossibilite a continuação

Considerado por José Martins Catharino como uma subespécie de "força maior *stricto sensu*, oriunda da vontade e ação de terceiro", a caracterização do *factum principis* exige a presença concomitante de dois elementos "ligados entre si por nexo causal": a) ato de autoridade pública (a causa); e b) paralisação definitiva ou temporária da prestação de serviços do empregado de modo a tornar impossível o prosseguimento do contrato de emprego (o efeito).[24]

Embora pareça aos autores do presente estudo que a situação enfocada, no plano do direito material, não atrai, em princípio, a responsabilidade estatal pelas obrigações trabalhistas[25], nosso objetivo aqui não é analisar tal ponto, mas tão somente a problemática processual resultante desse tipo de arguição e quais mecanismos seriam adequados para fazê-la.

Nesse contexto, observe-se que o regramento do art. 486 da CLT (cujo *caput* e parágrafos são datados dos anos de 1943 e 1951) reproduz a multissecular tradição luso-brasileira do "chamamento à autoria", à época da instituição da CLT disciplinada no artigo 95 do CPC de 1939, conforme anteriormente examinado. Tal instituto fazia com que o "chamante" fosse sucedido processualmente pelo "chamado", o qual passava a ser o único responsável perante o autor.

Sucede que tal paradigma, como vimos, foi superado desde o CPC/1973, que extinguiu o instituto do chamamento à autoria e passou a regulamentar a denunciação da lide como mecanismo hábil a assegurar direito de regresso nos casos de evicção e de ações indenizatórias em geral. E a denunciação, como vimos, não implica sucessão processual (= saída do réu originário do processo), mas ajuizamento de ação regressiva incidental pelo denunciante em face do terceiro denunciado, sem prejuízo da continuidade da ação principal.

Desse modo, aqui se está diante de lacuna ontológica do Processo do Trabalho: existe norma na CLT, mas ela está em descompasso com a realidade fática e jurídica

---

da atividade, prevalecerá o pagamento da indenização, que ficará a cargo do governo responsável.

§ 1º - Sempre que o empregador invocar em sua defesa o preceito do presente artigo, o tribunal do trabalho competente notificará a pessoa de direito público apontada como responsável pela paralisação do trabalho, para que, no prazo de 30 (trinta) dias, alegue o que entender devido, passando a figurar no processo como chamada à autoria

§ 2º - Sempre que a parte interessada, firmada em documento hábil, invocar defesa baseada na disposição deste artigo e indicar qual o juiz competente, será ouvida a parte contrária, para, dentro de 3 (três) dias, falar sobre essa alegação

§ 3º - Verificada qual a autoridade responsável, a Junta de Conciliação ou Juiz dar-se-á por incompetente, remetendo os autos ao Juiz Privativo da Fazenda, perante o qual correrá o feito nos termos previstos no processo comum.

24. CATHARINO, José Martins. **Compêndio de Direito do Trabalho**. 3ª edição. 2º Volume. São Paulo: Saraiva, 1992, p. 277.

25. A respeito, confira-se, entre outros: FRANCO FILHO, Georgenor de Sousa; MARANHÃO, Ney. Covid19: força maior e fato do príncipe. **Revista jurídica eletrônica RTM**. n. 17.1, jan/mar 2020. Belo Horizonte, p. 16-25.

atual. Conforme dissemos alhures, o reconhecimento de lacunas ontológicas "é uma necessidade lógico-jurídica em algumas situações. Isso vem sendo reconhecido pelos tribunais trabalhistas, mesmo que implicitamente"[26]. Exemplifica-se com a arguição de impedimento ou suspeição do juiz[27].

Assim, em linha de princípio, a interpretação evolutiva do art. 486 da CLT autorizaria a conclusão de que o reclamado, em processo trabalhista, pode se valer da denunciação da lide caso pretenda alegar o fato do príncipe a fim de responsabilizar o ente público pelo pagamento da "indenização" devida ao trabalhador[28].

5.2. Competência material e admissibilidade – exegese do art. 468, § 3º, da CLT

Diante dos novos contornos legislativos da denunciação da lide, está superado o art. 486, § 3º, da CLT, no que determina que o Juiz do Trabalho, ao acolher a arguição de fato do príncipe, deveria remeter os autos à Justiça Comum. Tal regramento era harmônico com o "chamamento à autoria", afinal, diante da sucessão processual do empregador pelo ente público, fazia sentido que cessasse a competência da Justiça do Trabalho. Contudo, sob a ótica da denunciação da lide, patrão e ente público devem permanecer no polo passivo.

Ademais, bem se sabe que a Emenda Constitucional nº 45/2004 alargou bastante a competência material da Justiça do Trabalho (CRFB, art. 114), rompendo com incômoda dupla restrição: nem mais se aterá a questões estritamente alusivas a relações de emprego (restrição objetiva), tampouco se limitará a debates necessariamente envolventes dos dois principais atores sociais dessa específica modalidade laboral (empregado e empregador) (restrição subjetiva).

Deveras, a partir de então, a Justiça Laboral passou a processar e julgar uma estonteante variedade temática, abrangendo desde ações oriundas de qualquer relação de trabalho (*lato sensu*), até ações que envolvam exercício do direito de greve, ações sobre representação sindical, entre sindicatos, entre sindicatos e trabalhadores, e entre sindicatos e empregadores, ações relativas às penalidades administrativas impostas aos empregadores pelos órgãos de fiscalização das relações de trabalho (CRFB, art. 114, incisos I, II, III e VII), entre outras.

26. BERNARDES, op.cit., p. 75.

27. A arguição de suspeição ou impedimento do juiz deve ser feita nos termos previstos no art. 146 do CPC, conforme reconhecido pela Consolidação dos Provimentos da Corregedoria-Geral da Justiça do Trabalho (art. 20, *caput*). Apesar de o art. 802 da CLT se encontrar formalmente em vigor, tal dispositivo não pode ser aplicado desde a entrada em vigor da Emenda Constitucional 24/99, que extinguiu a representação classista na Justiça do Trabalho, sob pena de se reconhecer que o juiz julgue sua própria suspeição ou impedimento. A respeito, mais amplamente, BERNARDES, op. cit., p. 247-248.

28. No sentido que o fato do príncipe deve ser arguido por meio de denunciação da lide: SCHIAVI, *op. cit.*, p. 349; LEITE, Carlos Henrique Bezerra. *Curso de Direito Processual do Trabalho*. 10ª ed. São Paulo: LTR, 2012, p. 463. Entendendo que se trata de intervenção *sui generis*, que não se enquadraria nas demais modalidades previstas no CPC: GIGLIO, *op. cit.*, p. 152; COSTA, *op.cit.*, p. 205; GARCIA, *op.cit.*, p. 353.

Desse modo, caso acolhida a tese jurídica do fato do príncipe, estampada no art. 486 da CLT, será da Justiça do Trabalho a competência material para processamento, julgamento e eventual cumprimento decisório, de ponta a ponta, independente da natureza do ente público que se acrescerá ao polo passivo.

De todo modo, relembre-se que a admissibilidade da denunciação da lide em que o empregador suscite fato do príncipe deve ser avaliada de acordo com os critérios expostos anteriormente: por se tratar de conflito decorrente da relação de trabalho, há, em tese, competência da Justiça do Trabalho, mas o processamento da denunciação somente será possível se houver interesse do trabalhador na medida[29].

5.3. Dependência de pronunciamento judicial

Nada obstante o art. 2º da MP 927/2020 pretenda conferir máximo potencial jurídico para pactuações individuais escritas formuladas entre empregados e empregadores, esse instrumento negocial, seguramente, não terá qualquer validade jurídica caso preveja transferência de responsabilidades pelo pagamento de verbas rescisórias a terceiro alheio ao contrato de trabalho, sobretudo em se tratando de ente público.

Em primeiro lugar, porque, como regra, os negócios só obrigam aqueles que dele participaram (v.g., CCB, arts. 104 e 107) – o que, já por si, também anula a hipótese mesmo de pactos coletivos nesse sentido. Em segundo lugar, porque referido dispositivo excepcional é claro quanto ao fato de que esse acordo individual haverá de se destinar a garantir a permanência do vínculo empregatício, o que não é o caso quando da incidência da teoria do fato do príncipe, a pressupor rescisão contratual (CLT, art. 486, caput).

Portanto, a arguição da tese do fato do príncipe e sua eventual aplicação ao caso concreto, de maneira a canalizar parcela de responsabilidade patrimonial a ente público gerador do evento lesivo, hão de se dar no bojo da ambiência pública de um processo judicial, com as naturais garantias do devido processo legal, contraditório e ampla defesa (CRFB, art. 5º, incisos LIV e LV).

É o que se dessume do art. 496 celetista, que, malgrado esteja situado em capítulo de direito material, atinente a rescisão contratual, sem sobra de dúvidas, em seus parágrafos, veicula regramento nitidamente processual.

5.4. Pronta recusa judicial: possibilidade

Questiona-se se, arguido fato do príncipe pelo autor ou pelo réu, poderia o magistrado, *ex officio* e de pronto, indeferir a postulação de chamamento do ente público para integrar a lide na qualidade de réu.

Neste ponto, vale recordar que o sistema jurídico-processual vigente permite, com inteira naturalidade, a extinção processual *in limine* (CPC, art. 330 – em algumas hipó-

29. Em sentido contrário, sustentando inexistir competência da Justiça do Trabalho para julgar a demanda regressiva: GARCIA, *op.cit.*, p. 352.

teses ali citadas), inclusive para se proclamar a improcedência liminar do pedido (CPC, art. 332).

Essa técnica decerto confere duração mais razoável ao processo, na medida em que prestigia os sadios vetores da celeridade, economia e eficiência processuais, atendendo a reclamos não apenas de ordem constitucional (CRFB, art. 5º, LXXVIII), como também infraconstitucional, gerais (CPC, art. 8º) e específicos (CLT, art. 765).

Por isso, temos que seja possível a pronta recusa judicial do processamento da alegação de fato do príncipe – sempre mediante decisão fundamentada, claro.

5.5. *Pronta recusa judicial: recorribilidade*

Por certo, desafia recurso a decisão judicial que indefere o chamamento de ente público denunciado na forma do art. 486 da CLT. Entretanto, tratando-se de decisão interlocutória, essa recorribilidade será diferida no tempo, ou seja, não se poderá recorrer de imediato, senão que apenas aquando da interposição de recurso diante da sentença definitiva. Trata-se de aplicação da tradicional técnica processual laboral de irrecorribilidade imediata das interlocutórias (CLT, art. 893, § 1º).

5.6. *Arguição judicial* ex officio*: impossibilidade*

Há de se perquirir, ademais, acerca da possibilidade técnica de o juiz, de ofício, levantar o debate concernente à existência de fato do príncipe e ordenar que determinado ente público passe a integrar o polo passivo da lide. Ou seja: estando diante de um cenário em que os litigantes nada aventaram a respeito, poderia o juiz ventilar a questão e ampliar os limites subjetivos da lide?

Acreditamos que a resposta seja negativa. A uma, porque o silêncio traduz legítima opção processual do autor, que, em linha de princípio, litiga somente em face de quem desejar, sendo essa margem de liberdade corolário direto de seu direito fundamental de ação (CRFB, art. XXXV). A hipótese do advento de ente público ao polo passivo da lide é circunstância excepcionalmente permitida por lei.

A duas, porque tal silêncio também significa, por outro lado, legítima opção do réu, porquanto a ventilação da tese do fato do príncipe traduz mera faculdade processual. De fato, debruçando-nos atentamente sobre a redação legal (CLT, art. 486, § 1º), é possível perceber que em nenhum momento o texto normativo diz que o empregador deverá sempre invocar a questão. Apenas relata que, sempre que ele o fizer, o ente público deverá ser instado a falar a respeito. Veja-se que mesmo no CPC atual o silêncio do réu em arguições assemelhadas também constitui legítima opção processual (inteligência dos arts. 125, § 1º, 338, caput, e 339, caput).

Ora, se autor e réu claramente confluíram suas vontades no sentido de não trazerem à baila qualquer discussão de fato do príncipe, não haverá amparo normativo para que o magistrado a fórceps o faça, sob pena de cometer arbitrariedade, com nítida afronta ao devido processo legal (CRFB, art. 5º, LIV).

5.7. Denunciação sucessiva da lide: impossibilidade

Registramos, a propósito, em termos de regência jurídica geral, a possibilidade do fenômeno da denunciação sucessiva da lide, a ocorrer, por exemplo, quando determinado ente público alega que o real responsável pelo prejuízo é outro ente público. A hipótese é plenamente factível no contexto pandêmico vivenciado em 2020, na medida em que houve publicação de atos paralelos de autoridades públicas das esferas municipal, distrital, estadual e federal.

Para essa situação, a lei admite uma única denunciação sucessiva, "promovida pelo denunciado, contra seu antecessor imediato na cadeia dominial ou quem seja responsável por indenizá-lo, não podendo o denunciado sucessivo promover nova denunciação, hipótese em que eventual direito de regresso será exercido por ação autônoma" (CPC, art. 125, § 2º).

Há de se questionar, entretanto, se essa medida encontraria aplicação no processo do trabalho. Temos, de nossa parte, que essa regra torna o conteúdo processual bem mais complexo e induz prolongamento considerável do trâmite processual. Assim, embora haja omissão a respeito no Texto Celetista, há incompatibilidade principiológica com o processo do trabalho, cuja tônica de celeridade e presteza detém cores mais vívidas à vista da natureza alimentar dos créditos que, como regra, por ele transitam. Cumprirá ao magistrado trabalhista, portanto, indeferir tal pretensão de denunciação sucessiva da lide.

Sendo assim, caberá ao ente público invocador da denunciação sucessiva ajuizar ação autônoma, no foro competente, em busca de ressarcimento por eventuais prejuízos que lhe sejam impostos no bojo de processo trabalhista por força do acolhimento da alegação de fato do príncipe.

5.8. Possibilidades de julgamento, ônus sucumbenciais e procedimento

Caso julgado procedente o pedido alusivo à demanda regressiva (= a denunciação da lide), o trabalhador poderá promover a execução não apenas diante do empregador, mas também do ente público, nos exatos limites em que reconhecida a sua responsabilidade na sentença transitada em julgado (CPC, art. 128, parágrafo único). Assim, se a decisão, por hipótese, julgar procedente a denunciação da lide, reconhecendo o direito de regresso do empregador contra o Estado, no que tange à indenização de 40% do FGTS e ao aviso prévio, o exequente poderá exigir tais parcelas – e somente elas – diretamente do ente público ou do empregador, a seu exclusivo critério. Ademais, em tal contexto, os ônus sucumbenciais (notadamente os honorário advocatícios) atinentes às verbas objeto da denunciação da lide ficarão sob a responsabilidade exclusiva do ente estatal, à luz do princípio da causalidade.

Ainda na hipótese de procedência do pleito aviado na denunciação da lide, se fizer diretamente o pagamento da "indenização", o empregador terá título executivo judicial contra o ente público responsável (direito de regresso dos valores correspondentes à indenização de 40% do FGTS e aviso prévio). E, nesse caso, a execução contra a Fazenda Pública tramitará nos próprios autos da reclamação trabalhista e deverá observar o rito da requisição de pequeno valor ou dos precatórios, conforme o caso.

De outro lado, julgado(s) improcedente(s) – ou extinto(s) sem resolução de mérito – o(s) pedido(s) formulado(s) na denunciação da lide, o empregador será o único responsável pelas parcelas deferidas na sentença. Neste caso, além dos ônus sucumbenciais relativos à reclamação trabalhista, o empregador deverá arcar com as despesas processuais (custas e honorários advocatícios) concernentes à denunciação da lide por ele ofertada.

Contra a decisão que aceite ou rejeite a denunciação da lide, não caberá recurso de imediato, à luz do princípio da irrecorribilidade imediata das decisões interlocutórias (CLT, art. 893, 1º). Contudo, a matéria pode ser objeto de revisão por força de recurso ordinário interposto por qualquer interessado.

Procedimentalmente, suscitada a denunciação da lide em contestação e aceita pelo juiz, a audiência deverá ser redesignada a fim de viabilizar a citação do litisdenunciado para que compareça e se defenda em outra sessão, observando-se o prazo do art. 841 da CLT.

6. Nomeação nos moldes do art. 338 do CPC/2015, extromissão de parte e litisconsórcio: mais um paradigma a ser superado

Tal como já analisado, em sede doutrinária, por um dos autores do presente estudo:

> "O Novo Código de Processo Civil extinguiu a nomeação à autoria, modalidade de intervenção de terceiros cujo objetivo era a correção do polo passivo da ação, quando erroneamente indicado pelo autor. Apesar disso, a novel legislação estabeleceu procedimento específico para correção do polo passivo no capítulo atinente à contestação (arts. 338 e 339), aprimorando o regramento do Código anterior.
>
> Do ponto de vista ontológico, esse procedimento consiste exatamente numa intervenção de terceiro, pois pode propiciar o ingresso de nova parte que, até intervir, era completamente alheia ao processo. Trata-se, portanto, de intervenção de terceiro que pode continuar sendo denominada de *nomeação à autoria*. A alteração topográfica feita pelo Novo Código não tem o condão de alterar a natureza das coisas"[30].

De acordo com o CPC/2015 (art. 339, §§ 1º e 2º), o réu pode indicar, em preliminar de contestação, quem seria o real legitimado passivo para a causa, abrindo-se três possibilidades para o autor: (i) aceitar a nomeação, promovendo a sucessão do réu originário pelo nomeado; (ii) recusar a nomeação, caso em que a ação continuará sendo movida em face do nomeante; (iii) incluir o nomeado no polo passivo, em litisconsórcio com o "nomeante" (réu originário).

Tal procedimento também pode ser aplicado para viabilizar a alegação de fato do príncipe pelo empregador, demandado em processo trabalhista. Caso assim o faça, aduzindo em defesa que a responsabilidade pelo pagamento da indenização deve ficar a cargo do ente público responsável, o reclamado "transfere" ao trabalhador, por assim dizer, o risco atinente aos ônus sucumbenciais. Isso porque, adotado o procedimento da

30. BERNARDES, Felipe, *op.cit.*, p. 307.

nomeação à autoria, a opção por incluir, ou não, o ente público no polo passivo passa a ser exclusiva do reclamante. Julgado improcedente o pedido de responsabilização do ente estatal, o trabalhador arcará, neste caso, com os honorários advocatícios sucumbenciais correspondentes.

De outro lado, caso opte por suscitar a questão na forma do art. 338 do CPC, o reclamado não terá a perspectiva de obter título executivo que assegure seu direito de regresso contra o Estado, tal como ocorreria se o meio utilizado fosse a denunciação da lide.

Veja-se que os princípios do acesso à justiça (CF, art. 5º, XXXV), com seu corolário de efetividade do processo e da isonomia (CF, art. 5º, *caput*), justificam a solução preconizada, inclusive no sentido de admitir que a petição inicial formule o pedido de responsabilização do ente público, estabelecendo litisconsórcio passivo entre este e o empregador.

De fato, permitir a condenação direta do ente público amplia sobremaneira a solvabilidade do crédito e a efetividade de futura e eventual execução, ao incluir mais um corresponsável pela dívida. Além disso, realiza o princípio da isonomia, já que, se o réu pode provocar a ampliação do polo passivo por meio da denunciação da lide, a mesma faculdade deve ser assegurada ao autor, sobretudo quando a efetiva presença do réu no processo for fato de remota possibilidade – como na hipótese de empresas que encerrarem suas atividades por conta dos impactos da pandemia e aceitem que o processo corra à sua revelia.

Aqui, portanto, reconhecemos a necessidade de ruptura de um terceiro paradigma no fenômeno da intervenção de terceiros, para assegurar a possibilidade de formação de litisconsórcio passivo, possibilitando a condenação direta de um sujeito (o ente estatal) que não tem relação jurídica com o autor, mas apenas com o réu principal (o empregador) – justamente no que toca ao direito regressivo deste em face daquele.

A evolução histórica demonstra que lei e jurisprudência, através dos séculos, vêm avançando no sentido de ampliar o campo de aplicação da intervenção de terceiros, em busca de maior efetividade processual. Breve recapitulação do que já estudado nos tópicos anteriores deixará mais claro o ponto.

Do vetusto chamamento à autoria, que provocava a saída do réu originário do processo (e a consequente redução da esfera patrimonial que responderia pela dívida), deu-se uma primeira ruptura do sistema com o CPC/1973, a fim de garantir a permanência do réu originário e a inclusão do terceiro denunciado. Contudo, aqui a evolução foi tímida, porque a efetividade e economia processuais beneficiavam apenas o réu, que obteria o reconhecimento e execução do direito de regresso nos mesmos autos.

A partir daí, a jurisprudência, algumas décadas depois da entrada em vigor do CPC/1973 e ao arrepio do texto da lei, passou a reconhecer a possibilidade de condenação e execução direta do litisdenunciado, nos exatos termos em que julgada procedente a demanda regressiva (= a denunciação da lide). A criatividade jurisprudencial acabou sendo referendada e positivada expressamente no art. 128, parágrafo único, do CPC/2015, o que demonstra uma segunda ruptura de paradigmas.

No momento atual, temos que seja preciso dar um passo adiante nessa busca de efetividade processual e romper um terceiro paradigma. Perceba-se que a regulamentação atual somente permite a execução direta do denunciado se tiver havido a arguição de denunciação da lide pelo réu. Sendo a denunciação uma ação, somente pode ser aviada, de acordo com a ortodoxia processual, pelo titular do direito de regresso (o réu originário), o qual seria o natural legitimado ativo para ofertá-la e movê-la. O autor do processo originário não pode, evidentemente, ajuizar ação de denunciação da lide em nome do réu. Substituição processual somente pode ser levada a efeito se houver norma que a autorize (CPC, art. 18, *caput*).

Todavia, relegar a responsabilidade direta do denunciado (no caso que ora nos interessa, o ente público que praticou o fato do príncipe) ao alvedrio exclusivo do réu-denunciante (*in casu*, o empregador), pode comprometer a efetividade do processo. Basta pensar na já citada hipótese de revelia ou naquelas em que o reclamado conduza o processo com negligência ou mesmo seja desprovido de conhecimento técnico – sendo importante recordar, a propósito, que o processo do trabalho continua a permitir a atuação das partes sem patrocínio de advogado (CLT, art. 791).

Assim, muito embora não haja propriamente solidariedade passiva entre denunciante (empregador) e denunciado (ente público), deve-se assegurar ao autor, titular de interesse jurídico legítimo e razoável, a prerrogativa de, caso queira, incluir na petição inicial o sujeito que tenha o dever de indenizar o réu em eventual ação regressiva (denunciação da lide ou ação regressiva autônoma) que este venha a ajuizar em face daquele.

Trata-se de responsabilidade *sui generis*, decorrente do novo perfil da denunciação da lide no direito processual brasileiro. Não se cuida – e nem se poderia cuidar, pelas razões já expostas – de denunciação da lide promovida pelo autor, mas de pedido de responsabilização direta de um sujeito que, por força de lei ou de contrato, tenha o dever de indenizar regressivamente o réu principal.

Transpondo tal raciocínio para o art. 486 da CLT, tem-se que o trabalhador poderia alegar o fato do príncipe na petição inicial, estabelecendo litisconsórcio passivo entre empregador e ente público supostamente responsável e formulando pedido de condenação *solidária* de ambos ao pagamento da "indenização" cabível. Nessa hipótese, a menos que o empregador promova a denunciação da lide, não haverá título executivo que lhe assegure o direito de ressarcimento em face do Poder Público e o tema ficaria sujeito a eventual ação regressiva autônoma que deveria tramitar na Justiça Comum.

Esse litisconsórcio, portanto, pode ser (i) originário, se a petição inicial o estabelecer desde o início do processo; ou (ii) superveniente, se resultar de aditamento da petição inicial decorrente de o fato do príncipe ter sido suscitado pelo réu na forma do art. 338 do CPC. Em ambos os casos, os riscos da sucumbência ficam a cargo do autor, que terá formulado o pedido de responsabilização do ente público na sua petição inicial ou aceito seu ingresso pela via mais singela do citado art. 338.

Caso o réu suscite o fato do príncipe em contestação, na forma do art. 338 do CPC, e não havendo pronto indeferimento pelo juiz, será "pertinente a redesignação da audiência, caso o reclamante aceite a sucessão indicada pelo réu originário (nomeante), ou opte por formar litisconsórcio passivo, de modo que se faça a citação do nomeado para comparecimento à sessão seguinte, observando-se o prazo mínimo de cinco dias (CLT, art. 841)"[31].

7. Tipo de responsabilidade do Poder Público: chamamento ao processo e fungibilidade

Conforme expusemos anteriormente, o art. 486 da CLT apresenta regramento condizente com tradição processual luso-brasileira que foi rompida desde a entrada em vigor do CPC/1973. A necessidade de harmonização do "chamamento à autoria" previsto na CLT com a nova realidade do direito processual permite concluir que o fato do príncipe pode ser suscitado por meio de denunciação da lide, a partir do que se extraem importantes consequências atinentes à espécie de responsabilidade dos envolvidos.

O devedor principal da "indenização" devida ao trabalhador é o empregador. O *caput* do art. 486 da CLT, entretanto, assegura ao reclamado o direito de regresso em face do ente público responsável pelo fato do príncipe. Além disso, por força do art. 128, parágrafo único, do CPC/2015, são possíveis a condenação e a execução direta do denunciado, quando julgada procedente a denunciação da lide.

Vê-se, assim, que não se tem propriamente situação de solidariedade passiva, pois o devedor primário é o empregador. Exatamente por tal motivo, não é pertinente o instituto do chamamento ao processo (CPC, arts. 130 a 132), o qual pressupõe a existência de obrigações solidárias ou contrato de fiança.

Inegável, contudo, a existência de dúvida razoável e objetiva acerca do mecanismo processual a ser adotado nas hipóteses do art. 486 da CLT, quer em função do ancilosamento do dispositivo, quer em virtude da já demonstrada controvérsia doutrinária existente a respeito.

Dessa maneira, o vetor da instrumentalidade das formas (CPC, art. 188) impõe que se abandone qualquer ímpeto formalista, optando-se, antes, pelo sadio critério técnico da fungibilidade, de modo que eventuais requerimentos defensivos de "chamamento ao processo" do ente público devem ser recebidos como denunciação da lide, franqueando-se ao interessado a possibilidade de sanar eventuais vícios da postulação antes de indeferi-la (CPC, art. 321). Tal solução se ampara, ainda, nos princípios da primazia da decisão de mérito e da boa-fé processual objetiva (CPC, arts. 5º e 6º).

Nada obsta, ademais, de acordo com o conteúdo da alegação do reclamado, que a arguição possa também ser recebida como requerimento de aplicação do procedimento do art. 338 do CPC, o qual, conforme visto, também configura mecanismo hábil para suscitar a temática do fato do príncipe no âmbito processual trabalhista.

Em suma, é imperioso aplicar, no tema, o princípio da instrumentalidade das formas (CPC, art. 188 e 277), especialmente em uma era na qual o caráter instrumental do

31. BERNARDES, *op.cit.*, *loc. cit.*

processo judicial foi elevado pelo legislador de 2015 a um novo patamar, com um código processual que enfatiza a primazia do mérito da causa em múltiplos artigos, seja por meio da estipulação de uma solução meritória como fim maior do sistema (artigos 4º e 6º), seja pela imposição de um ativismo processual ao magistrado para evitar o encerramento prematuro da relação processual (artigos 139, IV, e 317), seja por uma diretriz de buscar proporcionar à parte ao menos uma oportunidade de retificar falha quando esta for sanável (artigo 982, parágrafo único, e os parágrafos do artigo 1.007) ou, ainda, pela previsão da fungibilidade plena quando escolhido um caminho processual incorreto (artigos 305, parágrafo único, e 1.024, § 3º).

8. Conclusão

Para finalizar, sintetizamos as principais conclusões do presente estudo:

(i) o art. 486 da CLT foi editado no contexto da antiga tradição luso-brasileira do chamamento à autoria, instituto superado desde a entrada em vigor do CPC/1973;

(ii) a jurisprudência, e, posteriormente, o CPC/2015, promoveram segunda ruptura no fenômeno da intervenção de terceiros ao admitir a execução direta, pelo autor, do litisdenunciado, nos limites da condenação deste na ação regressiva;

(iii) o procedimento previsto no art. 486 da CLT constitui lacuna ontológica do Processo do Trabalho, sendo necessário proceder à sua interpretação evolutiva, em harmonia com os novos paradigmas processuais;

(iv) é possível a denunciação da lide pelo empregador ao ente público em função do fato do príncipe. Nessa hipótese, o empregador pode obter título executivo contra o ente estatal, que pode ser executado na própria Justiça do Trabalho, mas também se sujeita aos riscos da sucumbência, notadamente honorários advocatícios, caso haja improcedência da demanda regressiva (ou seja, da própria denunciação da lide);

(v) o cabimento da denunciação da lide não exclui a possibilidade de que a petição inicial formule o pedido de responsabilização direta do ente estatal, solidariamente com o empregador, em relação à "indenização" devida ao trabalhador. Tal pedido pode ser formulado originariamente pelo autor, mas também pode decorrer de aditamento ou emenda da petição inicial, decorrentes de alegação do fato do príncipe na forma do art. 338 do CPC. Em tais casos, os riscos da sucumbência recairão sobre o autor; e o réu não terá a perspectiva de obter título executivo que assegure seu direito de regresso contra o Poder Público, tendo que ajuizar ação autônoma na Justiça Comum caso almeje obtê-lo. Aqui, é necessária a ruptura de mais um paradigma processual no fenômeno da intervenção de terceiros, de modo a permitir que o autor, haja vista ser titular de interesse jurídico legítimo e razoável, provoque o ingresso de sujeito com o qual não possui nenhuma relação jurídica, mas que se apresenta como titular de um dever regressivo perante o devedor principal;

(vi) convém ao magistrado trabalhista aplicar o princípio da instrumentalidade das formas, de modo a aceitar a alegação do fato do príncipe, mesmo que, em seu entendimento pessoal, o instrumento processual utilizado pela parte não haja sido o mais adequado.

9. Referências

ALMEIDA, Isis de. *Manual de Direito Processual do Trabalho*. v.1. São Paulo: LTR, 1985.

BERNARDES, Felipe. *Manual de Processo do Trabalho*. 2ª ed. JusPodivm: Salvador, 2019.

BUENO, Cássio Scarpinella. A denunciação da lide e o art. 456 do Novo Código Civil. Disponível em: http://www.scarpinellabueno.com/images/textos-pdf/002.pdf. Acesso em: 16.abr.2020.

CARNEIRO, Athos Gusmão. *Intervenção de Terceiros*. 15ª ed. São Paulo: Saraiva, 2003.

CATHARINO, José Martins. *Compêndio de Direito do Trabalho*. 3ª edição. 2º Volume. São Paulo: Saraiva, 1992.

COSTA, Coqueijo. *Direito Processual do Trabalho*. 4ª ed. Rio de Janeiro: Forense, 1995.

FRANCO FILHO, Georgenor de Sousa; MARANHÃO, Ney. Covid19: força maior e fato do príncipe. *Revista jurídica eletrônica RTM*. n. 17.1, jan/mar 2020. Belo Horizonte, p. 16-25.

GARCIA, Gustavo Filipe Barbosa. *Curso de Direito Processual do Trabalho*. 5ª ed. Rio de Janeiro: Forense, 2016.

GIGLIO, Wagner D.; CORRÊA, Claudia Giglio Veltri. *Direito Processual do Trabalho*. 15ª ed. São Paulo: Saraiva, 2005.

GRECO, Leonardo. *Instituições de Processo Civil: Introdução ao Direito Processual Civil*. v.1. Rio de Janeiro: Forense, 2009.

LEITE, Carlos Henrique Bezerra. *Curso de Direito Processual do Trabalho*. 10ª ed. São Paulo: LTR, 2012.

MALTA, Christovão Piragibe Tostes. *Prática do Processo Trabalhista*. 31ª ed. São Paulo: LTR, 2002.

NASCIMENTO, Amauri Mascaro. *Curso de Direito Processual do Trabalho*. 24ª ed. São Paulo: Saraiva, 2009.

SCHIAVI, Mauro. *Manual de Direito Processual do Trabalho*. 3ª ed. São Paulo: LTR, 2010.

4

AUDIÊNCIAS POR VIDEOCONFERÊNCIA EM DISSÍDIOS COLETIVOS EM TEMPO DE CORONAVÍRUS – DE VOLTA AO COMEÇO

Tereza Aparecida Asta Gemignani[1]

1. Introdução

Em 06/02/2020, a Lei 13.979 tratou de medidas para enfrentamento da emergência de saúde pública de importância internacional, decorrente do coronavírus.

Porém, ante o rápido agravamento da situação, a Organização Mundial de Saúde (OMS) declarou, em 11 de março de 2020, que a disseminação comunitária do novo Coronavírus (COVID - 19) em todos os continentes passou a caracterizar uma pandemia.

Em 20 de março de 2020 o Brasil reconheceu oficialmente o estado de calamidade pública no território nacional, com efeitos até 31 de dezembro de 2020, nos termos do Decreto Legislativo de nº 06/2020.

O decreto 10.282, também de 20/03/2020 regulamentou a Lei nº 13.979/2020, para definir os serviços públicos e as atividades essenciais.

A Pandemia do coronavírus, que provocou o isolamento social, a redução significativa e, em muitos casos, a suspensão total da atividade econômica, teve impactos significativos nas relações de trabalho e vem provocando uma revolução no direito do trabalho.

1. GEMIGNANI, TEREZA APARECIDA ASTA- desembargadora do trabalho, vice-presidente judicial do TRT 15, doutora em direito do trabalho pela USP; membro da Academia Nacional de Direito do Trabalho ANDT- cadeira 70.

Antigos conceitos voltam a ser revisitados, e os novos, questionados.

A mudança rápida e frenética dos fatos, exigindo respostas rápidas e imediatas, apresenta desafios significativos para a ciência do Direito, pautada pela argumentação advinda da reflexão, que demanda tempo para segmentação e decantação das ideias em ebulição, a fim de possibilitar a estipulação eficaz de parâmetros de conduta.

Para o direito do Trabalho, que lida com direitos de personalidade do trabalhador e créditos de natureza alimentar, necessários para assegurar sua subsistência e de sua família, a demanda por soluções rápidas e imediatas, para problemas cada vez mais complexos, leva o ordenamento jurídico a enfrentar significativos desafios, que eclodem com a gravidade de uma fratura exposta, quando evidenciado o risco concreto à preservação dos empregos.

Em conformidade com as Resoluções do CSJT[2] que dispõem sobre o incentivo à pacificação social, a Vice- Presidência Judicial sempre realizou audiências presenciais de mediação e conciliação em dissídios coletivos, notadamente nos *hard cases*, dotados de significativa complexidade.

Porém, em decorrência do isolamento social decretado para conter a expansão da pandemia provocada pelo coronavírus, as audiências não puderam mais ser realizadas de forma presencial.

Na condição de vice-presidente judicial do TRT 15 percebi a importância de manter estas audiências, neste momento de crise em que aumenta a instabilidade social e, desde março de 2020 decidi realizá-las por videoconferência, por entender que cabia ao Poder Judiciário a responsabilidade de demonstrar que continuava de portas abertas, para ouvir os reclamos dos trabalhadores, sindicatos e empresas, a fim de construir soluções que pudessem preservar o emprego e manter a viabilidade econômica do empregador, notadamente nesta fase de exacerbação dos conflitos trabalhistas.

Esta decisão encontrou respaldo na Recomendação CSJT/GVP nº 1 de 25/03/2020, editada com o objetivo de manter a prestação de serviços essenciais e solucionar dissídios relacionados a conflitos, que envolvam a preservação da saúde e da segurança do trabalho durante a pandemia, ressaltando a importância de implementar soluções consensuais dos conflitos, por conciliação e mediação,

Este artigo se propõe a relatar esta experiência.

2. Algodão entre os cristais

Importante ressaltar que a trajetória histórica vem demonstrar como o Direito do Trabalho e a Justiça do Trabalho sempre atuaram de forma decisiva, na construção dos marcos civilizatórios necessários à edificação de uma sociedade livre, justa e solidária, muito antes da diretriz assim traçada no artigo 3º, inciso I, da Constituição Federal de 1988.

2. Resoluções CSJT nº 174 de 30/09/2016 e 252 de 22/11/2019.

Para tanto, imperioso recordar a maneira como ocorreu a abolição da escravatura no Brasil, de uma penada, sem a instituição das necessárias políticas públicas que pudessem oferecer algum tipo de respaldo para um número expressivo de pessoas que, "libertadas", passaram a procurar meios para manter sua sobrevivência, impactou de maneira significativa a evolução da questão trabalhista em nossa sociedade.

A precarização se acentuou no início do século XX, criando um cinturão de pobreza e marginalidade nas maiores cidades da época, até que a demanda por industrialização, provocada pelas duas guerras mundiais, fez surgir a necessidade de instituir um marco regulatório para as relações de trabalho no meio industrial, visando garantir, entre outros, o recebimento regular de salários, a fim de manter o poder aquisitivo necessário para fazer girar as rodas do novo modelo econômico.

Porém, os conflitos de interesses entre o capital e o trabalho, que já eram recorrentes, foram se intensificando no decorrer do tempo. Por isso, não adiantava apenas ter um marco regulatório para estabelecer novos parâmetros de conduta para as relações trabalhistas. Ante a especificidade dos novos conflitos, era preciso ter uma Justiça Especializada e preparada para atender esta demanda, que extrapolava a contratualidade comutativa e exigia a abertura de uma nova perspectiva, ditada pela Justiça social de matriz distributiva.

A Justiça do Trabalho surge, assim, como "algodão entre cristais", instituída para implementar a pacificação social, necessária para possibilitar que as forças do capital e do trabalho pudessem atuar em interconexão construtiva, em prol do desenvolvimento do país e da melhoria das condições de vida dos trabalhadores.

Neste sentido, oportuno trazer à colação o pensamento de Celso Furtado[3] ao analisar, à época, como o desenvolvimento dependia do amadurecimento do mercado doméstico, formado pela contribuição expressiva da melhor distribuição de renda.

O estado de menoridade institucional, a que estava sujeito aquele que não era detentor de propriedade e tinha que trabalhar para sobreviver, se manteve também nos primórdios do século XX pois a proclamação da República, como ato deliberativo de uma minoria, ocorreu à margem da nação, que pouco soube ou nada entendeu.

Ao discorrer sobre as primeiras décadas do regime republicano, Renato Lessa[4] explica que a percepção da necessidade de implementar a formação da nacionalidade brasileira encontrou ecos no pensamento de Oliveira Vianna, "para quem nossa invertebração social inviabilizava a modernidade à moda européia, fundada em tradições cívicas e solidárias, supostas imemoriais. Aqui, ao contrário, o País deveria ser constituído a partir de atos de demiurgia política, pela ausência de lastro cívico e social significativo"

3. Furtado, Celso. Formação Econômica do Brasil. 27ª edição. São Paulo. Companhia Editora Nacional. Publifolha, 2000, pag. 51 e seguintes.

4. Lessa, Renato. As aventuras do Barão de Munchausen. Jornal "O Estado de São Paulo", Suplemento "Aliás", pag. J5, 03/07/2011.

No início do século XX o direito privado continuava proteger interesses patrimoniais de poucos, enquanto levas de trabalhadores europeus aportavam ao Brasil, tangidos pela miséria provocada pela guerra. A capacidade de trabalho demonstrada pelos que sabiam lavrar a terra, aos poucos revelou que, longe de se constituir num demérito, o trabalho produzia riqueza, assim evidenciando sua força como motor de um novo modelo de desenvolvimento, abalando os pilares do antigo sistema. A chegada de Getúlio Vargas ao poder fecha o ciclo da hegemonia agrário-exportadora e abre caminhos para uma nova estrutura produtiva de base urbano-industrial, que passa a ampliar os espaços institucionais necessários para a formação de uma nação brasileira, pautada por um projeto democrático-republicano, o que se revestiu de inequívoca importância pois, como bem pondera Marco Aurélio Nogueira[5], é no "âmbito do projeto democrático que se põe efetivamente a questão da sociedade civil. Fora daí, ela não faz muito sentido ou, o que dá no mesmo, tem um sentido estreito e limitado".

Neste contexto, o Direito do Trabalho surge como via de inclusão dos não-proprietários ao sistema jurídico. Oferece meios para transformá-los em cidadãos, mediante a inovadora proposta de imbricar critérios de justiça comutativa com justiça distributiva, o que para a época soava como heresia, pois quebrava os cânones tradicionais ao se apresentar como um direito híbrido, abarcando institutos tanto de direito privado como de direito público.

Pontua José Reinaldo de Lima Lopes[6] a importante contribuição de Oliveira Vianna ao sustentar que "para enfrentar o problema do coronelismo" e garantir a 'liberdade do indivíduo frente aos poderosos do local, nada substituiria o Poder Judiciário". Ressalta que a história jurídica do Brasil registra o debate ferrenho travado entre Oliveira Vianna e Waldemar Ferreira, "cujo liberalismo não permitia aceitar uma justiça do trabalho e nem um direito do trabalho fora dos padrões de direito privado", considerados pelos juristas da época "filhos bastardos", nascidos fora das regras-modelo então postas pelo ordenamento, mas que tinham que ser tolerados sob pena de a insurgente questão social sair do controle.

Premida pela urgência de ter que decidir conflitos de subsistência de um ser humano concreto e situado num determinado entorno social, político e econômico, desde o início a Justiça do Trabalho focou no substantivo, rejeitando a linguagem jurídica tradicional da época, recheada de filigranas e adjetivos.

Por isso, esclarece Lima Lopes[7], os "professores de direito tinham dificuldade de compreender os novos tempos e os novos institutos" deste direito que, não só trazia o conflito coletivo para a arena jurídica, mas também propugnava pelo reconhecimento da pessoa que trabalhava como sujeito de direitos, e não somente de obrigações como

5. Nogueira, Marco Aurélio. Um Estado para a sociedade civil, temas éticos e políticos da gestão democrática. Cortez Editora. São Paulo, 2004, pag 102 e seguintes.
6. -Lima Lopes, José Reinaldo de. O Direito na História. 3ª edição. Editora Atlas S. A., São Paulo, 2008, págs. 11, 12 e 358.
7. Lima Lopes, José Reinaldo. Obra citada, pág. 359.

ocorria até então, apresentando uma nova equação jurídica que punha em xeque o modelo patrimonialista.

Em 1941 a Justiça do Trabalho foi instituída para atuar, singelamente, como *algodão entre os cristais,* a fim de impedir que os choques provocados pelos conflitos entre empregados e empregadores quebrassem a normalidade da vida institucional que começava a se estabelecer. Entretanto, exatamente por isso, desde sua gênese se pautou por um procedimento dialógico, comprometida com o direito vivo e a primazia da realidade, rejeitando as livrescas formulações teóricas de empolados institutos jurídicos importados, que nada tinham a ver com o cotidiano do mundo do trabalho. Daí a plêiade de reações contrárias que sempre provoca, até hoje. Tratar administrativamente a questão social até que podia. Agora, querer atuar como órgão do Poder Judiciário, aí era demais para os puristas da dogmática.

A par dos debates que sempre cercaram o surgimento da Justiça do Trabalho no Brasil, alguns bem pejorativos, restou inequívoco que por sua simplicidade desde o início esteve mais perto do cidadão. Além disso, atuou *avant la lettre* nos procedimentos adotados para implementar a celeridade e a objetividade, privilegiando a oralidade, adotando linguagem menos rebuscada e mais compreensível, um português "mais brasileiro", o que facilitava a composição dos interesses em conflito.

Ao estudar o período inicial de judicialização da questão social trabalhista, o professor Samuel Fernando de Souza[8] constatou que a "lei funcionava positivamente a grupos de trabalhadores ou a indivíduos isolados. Dotados ou não de conhecimentos jurídicos, amparados ou não por advogados, muitos trabalhadores reconheceram na legislação trabalhista um marco protetivo para a defesa de seus direitos.

Além de resolver conflitos trabalhistas e contribuir de maneira significativa para a pacificação social, resultados que em muitos países só foi obtido com o uso da força em revoluções e guerras civis, a Justiça do Trabalho tem atuado de forma assertiva na distribuição mais equilibrada da renda produzida. Em consequência, o país amplia o número de detentores do poder aquisitivo necessário para fortalecer a demanda doméstica e o mercado interno, impulsionando o desenvolvimento.

Ademais, acreditando no poder transformador do direito, como já apregoava Rudolf Von Ihering,[9] durante todo o século XX a Justiça do Trabalho sempre esteve empenhada na luta pelo reconhecimento do trabalho como amálgama eficiente para a formação da nossa nacionalidade, fornecendo o suporte jurídico necessário para preservar a dignidade do trabalhador como pessoa, a fim de garantir a ocorrência de um desenvolvimento sustentável, para tanto solidificando os marcos institucionais que vão dar forças à nação brasileira para superar o (ainda) resiliente Estado patrimonialista.

---

8. Fernando de Souza, Samuel. "Coagidos ou subornados": trabalhadores, sindicatos, Estado e as leis do trabalho nos anos 1930, tese de doutorado. Departamento de História do Instituto de Filosofia da Unicamp, outubro de 2007.

9. Ihering, Rudolf Von. A Luta pelo Direito. Clássicos do Direito. Tradução de Henrique de Carvalho. Editora Líder, Belo Horizonte, 2004.

Destarte, ao abrir as portas para a inclusão jurídica daqueles que até então não eram sujeitos de direitos, por não ostentarem a condição de proprietários, acolhendo os que eram mantidos fora do sistema, a Justiça do Trabalho supera a condição de ter sido instituída apenas como *algodão entre os cristais* e passa a atuar como verdadeira indutora do parto de nossa nacionalidade.

3. O trabalho como valor republicano

Um sistema jurídico até então pautado pela perspectiva comutativa, estruturado com base na igualdade dos contratantes, quando desafiado a reconhecer como sujeito de direito o trabalhador, que não se encaixava nesta situação jurídica, dá um passo enorme para a formação de uma sociedade mais justa, cuja característica é "tornar a democracia genuína, inclusiva" como enfatiza John Kenneth Galbraith.[10]

Neste contexto, a atuação da Justiça do Trabalho produziu efeitos que ultrapassaram a relação contratual entre as partes envolvidas diretamente no conflito. Gerou consequências na vida econômica do país, ao garantir uma melhor distribuição de renda pelo exercício do trabalho, abrindo caminhos para a edificação de uma nacionalidade comprometida com o objetivo de assegurar o desenvolvimento como liberdade, na feliz expressão de Amartya Sen[11]. Ao constatar que o crescimento podia ocorrer às custas da concentração de renda, aumentando os níveis de pobreza, e verificar como as instituições sociais contribuem "para o processo de desenvolvimento precisamente por meio de seus efeitos sobre o aumento e a sustentação das liberdades individuais", o economista indiano propõe a superação do antigo critério baseado na medição pela variação do PIB. Passou a atribuir significativa importância à redução da pobreza e da desigualdade social para aferir a real ocorrência do desenvolvimento, por considerar que a "formação de valores e a emergência e a evolução da ética social são igualmente partes do processo", notadamente porque o "desenvolvimento é realmente um compromisso muito sério com as possibilidades de liberdade".

Abriu uma senda que viria a ser recepcionada pela Constituição Federal de 1988, ao eleger, em seu artigo 1º, inciso IV, a livre iniciativa e o trabalho como valores sociais fundantes da República Brasileira.

4. Os desafios do século XXI

No início do século XXI, as alterações provocadas pela robótica e meios telemáticos trouxeram alterações significativas nos modos de trabalhar e produzir. O Direito do trabalhar passou a ser desafiado a construir novos marcos regulatórios.

10. Galbraith, John Kenneth- A sociedade justa- uma perspectiva humana- tradução de Ivo Korytowski- Editora Campus- Rio de Janeiro- 1996.

11. Sen, Amartya- Desenvolvimento como liberdade- tradução: Laura Teixeira Mota- revisão técnica- Ricardo Doninelli Mendes- Companhia das Letras- São Paulo- 2000- págs. 336/337.

Uma profusão de novas leis transformou a CLT em uma colcha de retalhos, criando novos questionamentos, que passaram a demandar soluções pela via do direito constitucional do trabalho.

Ao mesmo tempo, importante observar como a conciliação, que desde o início foi considerada prioridade para a Justiça do Trabalho e, assim exteriorizada na própria denominação das "Juntas de Conciliação e Julgamento", se espraiou por todo o sistema jurídico, sendo notório ressaltar que, ao traçar as normas fundamentais que devem reger o processo, o CPC de 2015 expressamente consignou nos §§ 2º e 3º de seu artigo 3º que:

> § 2º O Estado promoverá, sempre que possível, a solução consensual dos conflitos.
>
> § 3º A conciliação, a mediação e outros métodos de solução consensual de conflitos deverão ser estimulados por juízes, advogados, defensores públicos e membros do Ministério Público, inclusive no curso do processo judicial

Esta mentalidade de valorização das vias negociais, no que se refere a solução de conflitos coletivos, era adotada também pelos órgãos do Ministério do Trabalho que promoviam as então denominadas "mesas redondas", atuando na mediação de soluções, antes de ocorrer a judicialização.

Porém, o Ministério do Trabalho e Emprego foi extinto oficialmente em janeiro de 2019, não tendo sido instituída nenhuma entidade estatal para executar esta importante atividade, o que levou a um aumento na judicialização dos conflitos coletivos

Neste contexto, era preciso intensificar a via da negociação antes que o conflito fosse judicializado, ou seja, instituir uma mesa de mediação pré-processual, visando aproximar sindicatos e empregadores para que construíssem soluções apropriadas para compor os conflitos de interesses entre o capital e o trabalho.

Considerando o disposto na Lei 13.140/2015, o TRT da 15ª Região editou o Ato Regulamentar GP-VPJ Nº 01/2016, posteriormente revogado o Ato Regulamentar GP-VPJ Nº 01/2018, alterado em Ato Regulamentar GP-VPJ Nº 01/2019, disciplinando a realização das audiências de mediação pela vice-presidência judicial

Trata-se de um procedimento simples e gratuito, em que as audiências, conduzidas pela vice-presidência judicial atua estimulando as partes à obtenção do consenso. Dependendo da complexidade do conflito, muitas vezes se torna necessária a realização de várias audiências entre as partes, para que as arestas remanescentes sejam pouco a pouco aparadas.

Em caso de êxito, as partes formalizam o acordo/convenção coletiva e providenciam a respectiva formalização mediante protocolo no sistema "mediador", que agora está atrelado ao Ministério da Economia, após a extinção do Ministério do Trabalho e o procedimento de mediação pré-processual é arquivado.

Durante todo o ano de 2019 tivemos um aumento significativo de audiências em mediação pré-processual no TRT 15, assim demonstrando os benefícios propiciados pelo estímulo à negociação, antes que o conflito coletivo desaguasse em um processo judicial.

O isolamento social decretado em decorrência da pandemia do coronavírus veio impossibilitar a continuidade da realização destas audiências presenciais.

Entretanto, quando o aumento de temperatura e pressão passaram a provocar a intensificação dos conflitos coletivos, era preciso manter abertas as portas da Justiça do Trabalho, para que as partes continuassem a ter direito de voz e contar com um *locus* apropriado para a negociação.

Nesta esteira, passei a realizar as audiências de mediação pré-processual e conciliação em dissídios coletivos por videoconferência.

5. Das audiências de mediação pré-processual e conciliação em dissídios coletivos por videoconferência

Experiência inovadora para todos os envolvidos, no início começou com algumas dúvidas não só quanto as ferramentas informacionais adequadas para sua implementação, mas também quanto aos procedimentos, que logo foram dissipadas na medida em que se constatava o êxito da iniciativa, por possibilitar saudável diálogo entre sindicatos profissionais, empregadores e sindicatos patronais.

No TRT 15 as audiências são realizadas pelo *hangout meet* e, até então, não apresentaram nenhum problema. As partes se sentem amparadas por terem um canal de acesso direto com a Justiça do Trabalho que, neste sentido, resgata sua vocação inicial de valorizar a conciliação para solucionar conflitos.

Com a edição das Medidas Provisórias 927 e 936, empresas e sindicatos tem aumentado os pedidos de mediação pré-processual, visando a negociação necessária à celebração de acordos/convenções coletivas.

Mesmo com a rejeição, pelo Pleno do STF, da medida cautelar pleiteada na ADI 6363, assim reconhecendo a validade da estipulação contida na MP 936 quanto à contratação individual, empresas e sindicatos patronais continuam a mostrar interesse em formalizar uma composição com os sindicatos profissionais dos trabalhadores, no que se refere a suspensão dos contratos de trabalho, assim como redução de salários e jornada, não só para evitar futuros questionamentos quanto à ocorrência de vício de vontade, mas também por uma questão de segurança jurídica, já que se trata de preceito estabelecido em uma Medida Provisória.

A complexidade das questões fáticas e jurídicas, provocadas pela pandemia do coronavírus, tem me levado a intensificar a ampliação de técnicas extraídas da "teoria dos jogos"[12], tanto nas audiências de conciliação em dissídios coletivos, quanto em mediação pré-processual, o que tem levado à obtenção de excelentes resultados.

A experiência advinda do número expressivo de audiências por videoconferência, que tenho realizado neste período, permite constatar que, entre as discussões recorrentes

12. A teoria dos jogos trata, entre outras matérias, dos comportamentos e estratégias que podem ser adotadas pelos participantes de uma negociação, revestindo-se de muita utilidade para obtenção do consenso nos *hard cases* submetidos à negociação coletiva.

quanto a critérios de suspensão de contratos, estipulação de redução de jornadas, turnos, salários, em muitos casos as partes tem demonstrado preocupante desconhecimento da realidade. Já presidi audiência em que o empregador apresentava proposta de redução de jornada, mediante o pagamento do salário/hora com base no piso normativo da categoria, sem levar em conta o salário efetivamente recebido pelo empregado. Por outro lado, há sindicatos profissionais que pleiteiam imediato "reajuste" no valor do salário/hora e do tíquete/cartão alimentação, em face de empresa que opera com significativa redução de suas atividades, sem mencionar os que aceitam a redução de jornada, mas querem manter o mesmo valor dos salários até então recebidos, sem atentar para a gravidade da situação provocada pela pandemia, o que pode comprometer a preservação dos empregos.

A boa notícia é que, com o desenrolar do diálogo e a aplicação de técnicas advindas da teoria dos jogos, além da pontuação jurídica apresentada pela vice-presidência durante as audiências, a posição inicial das partes vai mudando e, aos poucos se tornam mais abertas à formação de uma solução de consenso, que garante segurança jurídica tanto a empregados, quanto empregadores.

Além disso, importante ressaltar que na seara coletiva já vem despontando uma ampliação de proteção para abranger não só empregados. Presidi uma audiência de mediação pré-processual em que foram previstos benefícios a microempreendedores individuais (MEIs), o que representa uma ampliação do sistema protetivo, pelo protagonismo que a atuação da Justiça do Trabalho passou a assumir.

Necessário registrar que a pandemia do coronavírus não produz efeitos uniformes. Há segmentos econômicos como os ligados à área da saúde, logística, agronegócio, comércio em redes de supermercado, farmácias, indústria de alimentos e embalagens, que vem sendo beneficiados por um aumento significativo de atividade. Também se pode observar um aumento expressivo de demanda por trabalho temporário, não só para atender situações emergenciais, mas também ante a necessidade de substituição transitória de pessoal permanente, afastado por se constituir em grupo de risco.

Todos estes fatores devem ser considerados em uma negociação coletiva, abrindo um vasto campo de atuação para a Justiça do Trabalho que, de volta às suas origens, acentua sua expertise na obtenção de soluções consensuais dos conflitos trabalhistas pela conciliação e mediação, inclusive pré-processual.

Mas não é só.

Resgata a importância de seu papel institucional e continua a atuar como protagonista na preservação da estabilidade social, mediante a pacificação norteada pelo princípio da solidariedade, cuja aplicação se reveste de especial importância neste momento conturbado de pandemia, que estamos enfrentando.

6. Conclusão

Na segunda década deste conturbado século XXI estamos de volta ao começo, pois a Justiça do Trabalho resgata sua importância como instituição especializada do Poder Judiciário, ao atuar com êxito na solução dos conflitos coletivos pela conciliação e mediação, assim prestando relevante serviço público, que garante segurança jurídica em prol da sociedade.

Apesar de todas as dificuldades, a Justiça do Trabalho se mantém de portas abertas para enfrentar os novos desafios desencadeados pela pandemia do coronavírus, continuando a realizar audiências de conciliação e mediação em conflito coletivos, agora por videoconferência por causa do isolamento social.

Em decorrência disso, a negociação coletiva vem alçando um novo patamar de maturidade, com o reconhecimento da importância do princípio da solidariedade atuar como norte para a formação do consenso, notadamente nas questões que se revestem de notória complexidade, dando início à formação de um novo *ethos* para reger as relações trabalhistas, assim cumprindo o disposto no inciso I do artigo 3º da Constituição Federal, que estabeleceu a construção de uma "sociedade livre, justa e solidária" como um dos objetivos fundamentais da república brasileira.

É dizer, em uma situação de pandemia, ninguém se salva sozinho.

É necessário garantir uma rede de proteção para uns e outros, a fim de preservar a pacificação social necessária para garantir estabilidade.

7. Referências bibliográficas

FERNANDO DE SOUZA, Samuel. "Coagidos ou subornados": trabalhadores, sindicatos, Estado e as leis do trabalho nos anos 1930, tese de doutorado. Departamento de História do Instituto de Filosofia da Unicamp, outubro de 2007.

FURTADO, Celso. Formação Econômica do Brasil. 27ª edição, São Paulo, Companhia Editora Nacional, Publifolha, 2000.

GALBRAITH, John Kenneth. A sociedade justa, uma perspectiva humana. Tradução de Ivo Korytowski. Editora Campus. Rio de Janeiro, 1996.

IHERING, Rudolf Von. A Luta pelo Direito. Clássicos do Direito. Tradução de Henrique de Carvalho. Editora Líder, Belo Horizonte, 2004.

LESSA, Renato. As aventuras do Barão de Munchausen. Jornal "O Estado de São Paulo", Suplemento "Aliás", pag. J5.

LIMA LOPES, José Reinaldo de. O Direito na História. 3ª edição, Editora Atlas S. A. São Paulo, 2008.

NOGUEIRA, Marco Aurélio. Um Estado para a sociedade civil, temas éticos e políticos da gestão democrática. Cortez Editora. São Paulo, 2004.

SEN, Amartya. Desenvolvimento como liberdade, tradução: Laura Teixeira Mota, revisão técnica: Ricardo Doninelli Mendes. Companhia das Letras. São Paulo, 2000.

Seção VIII

A FISCALIZAÇÃO DO TRABALHO

1

FISCALIZAÇÃO DO TRABALHO EM TEMPOS DE CORONAVÍRUS

Nelson Mannrich[1]

Introdução

A população mundial foi surpreendida pela pandemia do Covid-19, impondo mudanças no comportamento das pessoas, mantidas em quarentena, de forma compulsória ou não, e sinalizando colapso da própria economia global. Os governos locais passaram a tomar diversas medidas para preservar a saúde das pessoas e evitar a corrosão das empresas e dos empregos, como ocorreu no Brasil. Entre diversas medidas tomadas, houve restrição ao funcionamento de atividades comerciais, industriais e de muitos serviços. O teletrabalho passou a se generalizar e outras formas de comunicação *on-line* facilitaram o isolamento das pessoas. Determinados profissionais, como os da saúde, passaram a ter grande visibilidade, dando eco à nova onda de solidariedade.

O que importa nesse pequeno esboço não é examinar eventuais impactos das novas diretrizes determinadas pelas Medidas Provisórias no dia a dia das empresas ou nos contratos de trabalho, nem seus efeitos práticos com encaminhamento de saídas ou soluções. O objetivo é refletir sobre a política adotada pelo Estado, nesse momento de crise, para garantir o cumprimento das normas de proteção ao trabalhador. A crise da pandemia pode servir de pretexto para reduzir ou mesmo retirar o poder de polícia dos auditores fiscais do trabalho? Como as regras adotadas pelas Medidas Provisórias se alinham com a Conv. 81, da OIT, relativa à Inspeção do Trabalho? Ou se a crise serviu para sinalizar os rumos pretendidos pelo atual governo envolvendo Inspeção do Trabalho?

---

1. Mestre, doutor e livre-docente, pela USP. Professor titular de Direito do Trabalho, da USP. Presidente honorário e membro da ABDT – Academia Brasileira de Direito do Trabalho. Secretário Geral da AIADTSS – Academia Iberoamericana de Direito do Trabalho e Seguridade Social.

Algumas questões intrigam quem reflete sobre a importância da Inspeção do Trabalho e o papel dos agentes da inspeção, em confronto com as diretrizes determinadas pelas MPs 927 e 936. Poderiam estas impor restrições à atuação dos auditores fiscais do trabalho? Se fica mantido o sistema de fiscalização indireta, como conciliar o poder de polícia dos auditores fiscais do trabalho, cuja expressão de força é a lavratura do auto de infração, com a determinação de prevalência da orientação? Ou seja, poderiam as Medida Provisórias retirar poderes dos auditores, contrariando a Conv. 81, da OIT? Ou seria possível concluir que a pretensão do atual Governo estaria limitada a otimizar a ação fiscal, devendo os auditores se aterem mais, nesse período, a questões relevantes como combate ao trabalho escravo e ao trabalho infantil ou a prevenção de acidentes do trabalho? Mas essa pauta sempre foi prioritária, sem qualquer conflito com seu poder de polícia especial, podendo lavrar autos de infração, sempre que o papel de orientação fosse supérfluo ou impotente, em especial quando entre empregado e empregador as alianças costumam ser desiguais.

São escassos os estudos a respeito da Inspeção do Trabalho, em geral, como das novas regras introduzidas pelas Medidas Provisórias acima referidas[2], em particular, daí o desafio ora enfrentado.

No presente texto, serão examinadas três Medidas Provisórias envolvendo Inspeção do Trabalho – as de n. 927 936 e 905. Haverá referência à 905, que acabou sendo revogada expressamente no dia 20/04/2020[3] Embora anterior à pandemia, além de aprofundar a reforma trabalhista, iniciada em 2017, introduzia grandes mudanças na inspeção do trabalho, em parte retomada pelas outras duas MPs.

O exame das referidas Medidas Provisórias será superficial, para indicar tão somente os aspectos mais relevantes envolvendo Inspeção do Trabalho. Servirá de pretexto para refletir sobre seu relevante papel nas relações de trabalho.

Para enfrentar o tema proposto, o presente texto está dividido em duas partes: na primeira, serão examinadas as Medidas Provisórias e suas mais relevantes diretrizes envolvendo Inspeção do Trabalho; na segunda, serão confrontadas essas diretrizes com o papel reservado à Inspeção do Trabalho e aos inspetores do trabalho, na tentativa de responder aos questionamentos acima.

Antes, porém, merece cumprimentos o presidente da Academia Brasileira de Direito do Trabalho, pela importante iniciativa de oferecer à comunidade acadêmica re-

2. O SINAIT – Sindicato Nacional dos Auditores Fiscais do Trabalho publicou Direitos Trabalhistas durante a pandemia causada pela Covid-19. Conf. em https://sinait.org.br/arquivos/publicacoes/Publicacao_66.pdf, acessado em 21/04/2020. Consultar, ainda, Comentários a MP 927/2020 e MP 936/2020 - Medidas Urgentes Visando a Estabilidade das Relações de Trabalho: Edição 2020. GANTUS, Guilherme Miguel. Coord. In https://www.amazon.com.br/dp/B0877B7TQB/ref=cm_sw_r_wa_apa_i_lD2MEbE6MNWTZ.

Por fim, consultar RIBEIRO, *Viviane Lícia; CALCINI, Ricardo.* A MP 905/19 e a implementação do novo contencioso administrativo. In https://www.migalhas.com.br/depeso/315689/a-mp-905-19-e-a-implementacao-do-novo-contencioso-administrativo, acessado em 21/04/2020.

3. A MP 955 revogou a MP 905. Conf. in http://www.planalto.gov.br/ccivil_03/_ato2019-2022/2020/Mpv/mpv955.htm.

flexões sobre impactos que a atual crise vem provocando na sociedade e nos cuidados para preservar a saúde, de modo particular no funcionamento das empresas e na geração e manutenção de emprego e renda. Merecem cumprimentos, também, os acadêmicos Luciano Martinez e Ney Maranhão que, juntamente com o presidente Alexandre Agra Belmonte, coordenam mais essa obra coletiva.

Primeira Parte - Exame das Medidas Provisórias n. 927, 936 e 905

1. MP 927

A MP 927 foi publicada em 22 de março de 2020. Determina medidas emergenciais para enfrentar os efeitos econômicos do estado de calamidade pública decorrente do coronavírus, com vistas à preservação do emprego e renda.

Destacam-se três pontos importantes, envolvendo fiscalização do trabalho: de um lado, instruções ao empregador, relativas à saúde e segurança do empregado; de outro, medidas a serem cumpridas pelo auditor fiscal do trabalho, com limites ao seu poder de polícia; por fim, a suspensão dos prazos processuais no âmbito do procedimento administrativo.

a) Medidas em matéria de saúde e segurança no trabalho (art. 15 e ss)

Destaca-se a suspensão dos exames médicos ocupacionais, clínicos e complementares, no período de 60 dias, contados do encerramento da pandemia, exceto se o médico responsável determinar sua realização imediata, quando representar risco à saúde do empregado. Não estão suspensos os exames demissionais, que continuam obrigatórios, salvo se o último tenha ocorrido há 180 dias. Foram suspensos, também, os treinamentos periódicos, na forma exigida pelas NRs. Sua realização ocorrerá em 90 dias do encerramento da atual crise. Foi autorizado o treinamento pelo sistema de ensino à distância, devendo-se observar os conteúdos exigidos com vistas a assegurar o exercício seguro das atividades. Quanto às CIPAS, poderão ser mantidas enquanto perdurar a atual calamidade, ficando suspensos os processos eleitorais em curso.

b) Restrições ao poder de polícia especial dos agentes da inspeção do trabalho

De acordo com o art. 31[4], os auditores, no período de 180 dias da entrada em vigor da Medida Provisória, "atuarão de maneira orientadora". Excepcionalmente, poderão

4. Art. 31. Durante o período de cento e oitenta dias, contado da data de entrada em vigor desta Medida Provisória, os Auditores Fiscais do Trabalho do Ministério da Economia atuarão de maneira orientadora, exceto quanto às seguintes irregularidades: I - falta de registro de empregado, a partir de denúncias; II - situações de grave e iminente risco, somente para as irregularidades imediatamente relacionadas à configuração da situação; III - ocorrência de acidente de trabalho fatal apurado por meio de procedimento fiscal de análise de acidente, somente para as irregularidades imediatamente relacionadas às causas do acidente; e IV - trabalho em condições análogas às de escravo ou trabalho infantil.

lavrar autos de infração em caso de falta de registro de empregado e, neste caso, apenas quando a irregularidade resultar de denúncia. Poderão autuar, ainda, nas hipóteses de infrações envolvendo grave e iminente risco ou ocorrência de acidente de trabalho fatal. Por fim, os auditores poderão autuar as empresas quando flagrado trabalho em condições análogas às de escravo ou trabalho infantil.

As regras acimas referidas aplicam-se ao trabalhador temporário e empregado rural e, no que couber, ao empregado doméstico.

c) Procedimentos administrativos e suspensão de seus prazos

Os prazos envolvendo autos de infração ou notificações de débitos do FGTS estão suspensos por180 dias, da vigência da Medida Provisória[5].

d) Questões em destaque

O primeiro aspecto acima referido (a), não atinge diretamente o instituto da inspeção do trabalho nem os auditores fiscais do trabalho. As medidas impostas também não afetam a saúde ou a segurança do trabalhador, apenas facilitam seu cumprimento, mediante medidas flexibilizadoras. O mesmo se dá em relação ao último ponto examinado (c) – suspensão dos prazos envolvendo procedimentos administrativos. Favorece o cumprimento da lei por parte das empresas. No entanto, a proibição de lavratura de auto de infração ou mesmo de levantamento de débitos do FGTS (b) corresponde a retrocesso inaceitável, daí porque essa questão será retomada mais adiante.

2. MP 936

Publicada em 1º de abril de 2020, institui o Programa Emergencial de Manutenção do Emprego e Renda e determina medidas complementares para enfrentamento do estado de calamidade pública decorrente do coronavírus.

O destaque envolvendo Inspeção do Trabalho encontra-se nos art. 14 e 19. De um lado, de acordo com o art. 14[6], a empresa será autuada em caso de não observar critérios para redução de jornada e salário ou suspensão temporária do contrato de trabalho. Neste caso, o processo de fiscalização, notificação, autuação e imposição de multas observará o rito da CLT, não se aplicando o critério da dupla visita. Excetuada esta hipótese

5. Conf. Ofício Circular 898/2020, de 17/03/2020, da Coordenação-Geral de Unidades Descentralizadas, da Secretaria do Trabalho.

6. O art. 14, da MP 936, está assim redigido:
"As irregularidades constatadas pela Auditoria Fiscal do Trabalho quanto aos acordos de redução de jornada de trabalho e de salário ou de suspensão temporária do contrato de trabalho previstos nesta Medida Provisória sujeita os infratores à multa prevista no art.25 da Lei 7.998, de 1990.
Parágrafo único. O processo de fiscalização, de notificação, de autuação e de imposição de multas decorrente desta Medida Provisória observarão o disposto no Título VII da Consolidação das Leis do Trabalho, aprovada pelo Decreto-Lei n. 5.452, de 1943, não aplicado o critério da dupla visita e o disposto no art. 31 da Medida Provisória n. 927, de 22 de março de 2020.

quando está autorizada a autuação, deverá prevalecer a política de orientação, como já determinado pelo art. 31, da MP 927. De outro lado, o art. 19 deixa claro que o art.15 e seguintes, da MP 927, em momento algum autorizou o descumprimento das NRs, mas apenas flexibilizou algumas regras, como acima já referido.

Portanto, de acordo com art. 14, da MP 936, descumprimentos envolvendo redução de jornada e salário ou suspensão temporária do contrato de trabalho sujeita o infrator às multas cabíveis, prevalecendo, quanto ao mais, a política de orientação.

Como se vê, há dois aspectos aparentemente obscuros e contraditórios envolvendo o parágrafo único do art. 14.

Em primeiro lugar, caso os auditores constatem que a redução da jornada ou suspensão do contrato descumpriu os critérios da MP 936 poderão autuar a empresa, independentemente do critério da dupla visita.

O segundo aspecto reforça a política já sinalizada no art. 31, da MP 927: cabe ao auditor fiscal do trabalho pautar-se pelo critério da orientação.

E aqui a aparente contradição ou eventual obscuridade, ao menos à primeira leitura: ao mesmo tempo em que cabe ao auditor orientar a empresa - política de adotar a orientação, expressa tanto no art. 31, da MP 927, quanto no § único do art.14 da MP 936 -, deverá o agente autuar a empresa, sem necessidade de observar o critério da dupla visita. Certamente, são dois cenários diferentes: a autuação deverá ocorrer sempre que a empresa não respeitar os critérios impostos para redução de jornada e salário ou suspensão temporária do contrato de trabalho; afora essa circunstância, deverá o auditor pautar-se pela orientação, ao menos no período de 180 dias da vigência da MP 927. Essa restrição ao poder de polícia dos agentes da inspeção também será retomada mais adiante.

3. MP 905 – Uma reforma adiada

A MP 905, votada na Câmara, acabou sendo revogada pelo presidente Jair Bolsonaro [7], quando encaminhada ao Senado, como referido acima.

Além de instituir o contato de trabalho denominado "Verde e Amarelo", introduzia diversas alterações na CLT e em outras leis, chegando a ser vista como aprofundamento da reforma trabalhista, iniciada em 2017.

Em relação especificamente à inspeção do trabalho, a MP 905 sinalizou mudanças estruturais[8], com abandono de visão ultrapassada do papel punitivo e repressor do Esta-

---

7. Conf. matéria em https://www.correiobraziliense.com.br/app/noticia/politica/2020/04/20/interna_politica,846574/bolsonaro-revoga-mp-verde-e-amarela-para-salvar-o-texto-de-caducar.shtml, acessado em 21/04/2020.

8. Sobre exame mais detalhado da MP 905 e mudanças introduzidas na inspeção do trabalho, conf. LOPES FILHO, Abel Ferreira Filho. Fiscalização, autuação e imposição de multas. In Nova Reforma Trabalhista – aspectos práticos da MP 905. CALCINI, Ricardo, coord. ebook Kindle. https://www.amazon.com.br/NOVA-REFORMA-TRABALHISTA-ASPECTOS-PR%C3%81TICOS-ebook/

do. Nesse sentido, ampliava as hipóteses de dupla visita, enfatizando papel de orientação mais que de punição por parte dos auditores, com a responsabilização destes em caso de fiscalizações comprovadamente de má-fé, criando grande insegurança em face deste critério demasiado em aberto.

Merece destaque a criação do domicílio eletrônico trabalhista, já instituído pela Lei Complementar 150/2015, para as relações de trabalho doméstico, sinalizando a MP 905 a necessidade de informatizar todo sistema envolvendo Inspeção do Trabalho, como já ocorre com a própria carteira de trabalho digital [9]e digitalização dos procedimentos administrativos, entre outros.

Outra importante alteração dizia respeito aos prazos para defesa e recurso, que passavam de 10 para 30 dias, com previsão de efeito suspensivo dos recursos administrativos.

O princípio da desterritorialização aprimorava o sistema interno de análise das defesas. De preferência, a análise estaria a cargo de auditores de outra unidade da federação. Também era implantado o sistema aleatório de distribuição dos processos para efeito de análise, decisão e imposição de multa.

Outro aspecto relevante dizia respeito aos TACs - Termos de Ajustamento de Conduta ou aos Termos de Compromisso em mesa de entendimento (art. 627 A, da CLT). Em relação à vigência, eram limitados a dois anos, vedado segundo acordo extrajudicial (termo de ajustamento de conduta, termo de compromisso ou instrumento equivalente) com base na mesma infração trabalhista.

Em relação ao valor das multas, A MP 905, no parágrafo 10º, do art. 627 – A, da CLT atrelava o valor das penalidades impostas nos termos de ajustamento de conduta e termos de compromisso envolvendo matéria trabalhista ao valor das infrações estipulado na CLT.

A MP enfrentava questão muito sensível: como o valor das multas previstas na CLT sempre foi extremamente irrisório, em contraste com o valor exagerado das multas em caso de descumprimento de TAC – Termo de Ajuste de Conduta, a MP ao mesmo tempo em que elevava de forma significativa os valores das multas em caso de infração da CLT (art. 634 A), determinava que estes mesmos valores serviriam de parâmetro para as hipóteses de descumprimento de TAC. As multas seriam elevadas em caso de reincidência.

Foram muitas as críticas à MP 905, em geral, sendo ajuizadas diversas ações de inconstitucionalidade. Mas a alteração acima referida foi, em particular, duramente combatida[10], sendo inclusive objeto da ADI 6306[11].

---

dp/B084KZSF29/ref=sr_1_5?qid=1586899647&refinements=p_27%3ARicardo+Calcini&s=books&sr=1-5.

9. Sobre a Carteira de Trabalho Digital, conf. https://empregabrasil.mte.gov.br/carteira-de-trabalho-digital/, acessado em 23/04/2020.
10. A respeito, conf CAVALHEIRO, Ruy Fernando G.L. A MP 905 torna sem eficácia os termos de conduta do MPT in https://www.conjur.com.br/2020-fev-17/mp-debate-mp-905-torna-eficacia-tacs-mpt, acesso em 24/04/2020.
11. Disponível em http://www.mpf.mp.br/pgr/documentos/copy_of_ADI6306_MPT.pdf, acesso em 24/04/2020.

Apesar de exageros, as mudanças propostas tinham o mérito de modernizar, ao menos em parte, o modelo de Inspeção do Trabalho.

Segunda Parte - Novas diretrizes para Inspeção do Trabalho em tempos de coronavírus: retrocesso?

1. Modelos de Inspeção do Trabalho

O modelo brasileiro de Inspeção do Trabalho se ressente de profunda revisão, em parte esboçada na MP 905, apesar de discutíveis exageros pontuais. Por sua vez, as MPs 927 e 936, embora limitadas a medidas passageiras, parecem sinalizar, nas entrelinhas, mudanças estruturais a nortear futuras reformas do sistema como um todo.

Serão excluídas reflexões envolvendo a MP 905, embora, como dito, deveria ser retomado seu fio condutor para nortear a grande reforma da Inspeção do Trabalho e aprofundar a necessária reforma trabalhista. Daí porque serão examinadas apenas as diretrizes das MP 927 e 936 de forma crítica à luz do papel da Inspeção do Trabalho, na atualidade, e dos poderes conferidos aos agentes da inspeção.

Quando se fala em modelo de Inspeção do Trabalho[12], duas referências podem ser feitas: a Convenção n. 81, da OIT, que o Brasil ratificou e que, portanto, corresponde ao marco regulatório, e o atual estágio do mundo do trabalho, em plena Quarta Revolução Industrial.

Facilmente se percebe a crise pela qual passa a Inspeção do Trabalho, e não é de hoje, no confronto entre essas duas referências: a Conv. 81, em 1947, refletia um mundo do trabalho que está desaparecendo. Suas diretrizes não alcançam as novas relações de trabalho, como as em plataformas digitais. Indaga-se se a intervenção do Estado agora deve-se limitar a garantir direitos fundamentais à nova classe de trabalhadores e se haveria espaço para o antigo modelo de Inspeção do Trabalho para atuar nesse novo ambiente? Certamente sim, mas com as devidas e urgentes adaptações.

2. Diretrizes das MPs 927 e 936

As Medidas Provisórias 927 e 936 sinalizam diretrizes para a Inspeção do Trabalho, ainda que para breve período de 180 dias. São provisórias apenas as Medidas, não as diretrizes, na esteira da MP 905.

A leitura das duas Medidas Provisórias sugere o exame de ao menos dois aspectos: (a) de um lado, a política da preferência pela orientação; de outro, as limitações impostas ao poder de polícia, de que são investidos os auditores fiscais do trabalho.

12. Sobre evolução histórica da Inspeção do Trabalho, conf. OLIVEIRA, Carlos Alberto de. Auditoria Fiscal do Trabalho – 120 anos de Inspeção do Trabalho no Brasil. Já raiou a liberdade no horizonte do Brasil. In https://sinait.org.br/arquivos/artigos/artigo3ffd4f89b4b2476bd393d95062d0559a.pdf, acessado em 24/4/20. Sobre poder de polícia especial conferido aos agentes da Inspeção do Trabalho, conf. MANNRICH, Nelson. Inspeção do Trabalho. São Paulo, LTr, 1991.

(a) Orientação em detrimento da punição

Em relação ao primeiro aspecto, não é de hoje o conflito entre orientação e punição. Reflete, no fundo, a crise que de há muito vem se verificando no seio da Inspeção do Trabalho. Ela não está somente diante de uma lógica envolvendo proteção e controle do cumprimento das normas tutelares. Apresentam-se aos auditores fiscais do trabalho novos desafios, sejam os envolvendo a nova classe de trabalhadores, sempre relegada a um segundo plano, sejam os vinculados ao campo da conciliação e da pacificação social[13].

O papel repressivo, marca incorporada à instituição, deverá se ajustar aos novos tempos para com isso se consolidar a legitimidade da Inspeção do Trabalho junto à comunidade onde atua.

Impõe-se o necessário equilíbrio entre orientação e punição, não podendo um aniquilar o outro.

Daí porque não se deveria entender como retrocesso a prioridade pela orientação. Este papel sempre foi delegado aos inspetores do trabalho, como se infere da própria Conv. 81[14], de 1947, em seu art. 3.1, entre outros e reafirmada pela Conv. 129, da OIT, relativa à Inspeção do Trabalho na agricultura, de 1969[15], em seu art. 6.

A missão confiada aos agentes da inspeção de velar pelo cumprimento das normas de proteção se aperfeiçoa com o papel de orientação. Nesse sentido, o comando dos arts. 18 – II e 23, do RIT – Regulamento da Inspeção do Trabalho (Decr.4.552/02). O Decreto anterior (Decr. 55.841/65), também no art. 18, já conferia aos agentes da Inspeção o dever de orientar, juntamente com a função de verificar o cumprimento das normas de proteção.

Por sua vez, o art. 55, da Lei Complementar n. 123/2006, relativo ao Estatuto Nacional da Microempresa e da Empresa de Pequeno Porte, determina expressamente que a fiscalização referente a aspectos trabalhistas, entre outros, deverá ser "prioritariamente orientadora", sempre que o grau de risco da atividade for compatível com esse procedimento.

Portanto, o comando do art. 31, da MP 927 - os auditores fiscais do trabalho devem atuar "de maneira orientadora", deve ser examinado dentro desse contexto das normas internacionais e mesmo de nossa tradição legislativa. Daí o acerto dessa diretriz da MP ora em exame, quando confere prioridade à orientação. Não implica retirar dos agentes seu poder de polícia especial, pois a prevalência da orientação só se aperfeiçoa quando é mantido o poder de autuar. Sem ele, o Direito do Trabalho não teria coatividade.

---

13. Conf. MANNRICH, Nelson. "As transformações do Trabalho e o futuro da Inspeção do Trabalho". In Revista Direito do Trabalho - Ano 30 – Outubro/Dezembro – 2004
14. A Conv. 81 foi ratificada, pelo Brasil, pelo Decreto nº 41.721, de 25 de junho de 1957. Foi denunciada (Decreto 68.796/1971) e re-ratificada pelo Decreto nº 95.461/1987.
15. Não ratificada pelo Brasil

Daí a necessidade de se confrontar essa diretriz de orientação com a limitação imposta pela MP 927 aos agentes da inspeção.

b) Limites ao poder de polícia: retrocesso inaceitável

Se há argumentos para justificar o reforço à orientação, é inadmissível impedir que os agentes da inspeção desempenhem integralmente seu papel, como agora o faz a MP 927 ao limitar seus poderes de autuação.

Tanto orientação, quanto punição, estão previstas no ordenamento internacional, quanto nacional, sem que uma inviabilize a outra.

No plano internacional, independentemente da orientação, o art. 17.1, da Conv. 81, determina a autuação imediata em caso de violação dos dispositivos sujeitos à inspeção do trabalho, exceto se a legislação prever exceções, quando uma advertência puder remediar a situação ou for suficiente para tomar medidas preventivas.

No plano interno, não é diferente. O fato de a legislação brasileira contemplar a orientação, nunca excluiu o poder de lavrar autos de infração.

Há outros expedientes, como dupla visita ou instauração de procedimento especial, à disposição dos inspetores. O sistema da dupla visita está previsto na CLT (art. 627[16]), no RIT (art. 23) ou mesmo na Lei Complementar 155, de 2016 (art. 55) [17]. Já o procedimento especial, instituído em 2001, teve como propósito dar ênfase à orientação, sempre que possível a prevenção e o saneamento de infrações, mediante Termo de Compromisso (art. 627 – A, da CLT[18] e art. 27, do RIT[19]).

Ora, em momento algum o critério da dupla visita ou mesmo instauração de procedimento especial foram pretexto para impedir a lavratura de auto de infração. Tais instrumentos, sem retirar do auditor fiscal do trabalho seu poder de polícia, aperfeiçoam seu papel.

Como se vê, tanto o sistema da dupla visita, quanto o procedimento especial apenas postergam a lavratura do auto de infração, quando for o caso. Ambos servem para compelir os infratores ao cumprimento da lei. Em relação à dupla visita, suas hipóteses

---

16. Art. 627 - A fim de promover a instrução dos responsáveis no cumprimento das leis de proteção do trabalho, a fiscalização deverá observar o critério de dupla visita nos seguintes casos: a) quando ocorrer promulgação ou expedição de novas leis, regulamentos ou instruções ministeriais, sendo que, com relação exclusivamente a esses atos, será feita apenas a instrução dos responsáveis; b) em se realizando a primeira inspeção dos estabelecimentos ou dos locais de trabalho, recentemente inaugurados ou empreendidos.

17. Para melhor compreensão dessas questões, conf. LOPES FILHO, Abel Ferreira. Inspeção do Trabalho e o Contencioso Administrativo Trabalhista. São Paulo, LTr, 2018.

18. Art. 627-A. Poderá ser instaurado procedimento especial para a ação fiscal, objetivando a orientação sobre o cumprimento das leis de proteção ao trabalho, bem como a prevenção e o saneamento de infrações à legislação mediante Termo de Compromisso, na forma a ser disciplinada no Regulamento da Inspeção do Trabalho. (Incluído pela Medida Provisória nº 2.164-41, de 2001)

19. Art. 27. Considera-se procedimento especial para a ação fiscal aquele que objetiva a orientação sobre o cumprimento das leis de proteção ao trabalho, bem como a prevenção e o saneamento de infrações à legislação.

sempre foram taxativas, mesmo porque a CLT e o RIT obrigam, de forma expressa, o auditor a autuar a empresa sempre que constatar qualquer irregularidade, sob pena de responsabilidade administrativa. Nesse mesmo sentido, o parágrafo único do art. 20, do RIT: o agente da inspeção, mesmo fora de sua área de atuação, deverá autuar nas hipóteses de grave e iminente risco à saúde e segurança dos trabalhadores.

Quanto ao procedimento especial, apesar da natural resistência a essa nova modalidade, pela crença no predomínio do papel punitivo dos inspetores, corresponde a estratégia eficiente para incitar o infrator a cumprir a lei, apesar de seu pouco uso.

Ao enfrentar esse novo mecanismo de atuação, Renato Bignami, apostando na necessária dosagem entre punição e prevenção, já advertia ser essa a garantia do necessário "avanço da Inspeção do Trabalho no Brasil, enquanto instituição legitimada pelos atores sociais a fim de garantir a aplicação do ordenamento jurídico trabalhista"[20].

Como se vê, o modelo brasileiro de Inspeção do Trabalho é bastante complexo, podendo o agente da inspeção tanto orientar o empregador, quanto instaurar procedimento especial ou simplesmente autuar. Optar pela orientação corresponde a faculdade que resulta do poder de polícia especial de que é investido, podendo o agente colocar em mora o infrator, ao contrário do que acontece com a polícia judiciária. Em determinadas situações, no entanto, a autuação só poderá ocorrer após a primeira visita, nas hipóteses já referidas, como também poderá instaurar procedimento especial. Ou dependendo da infração, a autuação deverá ser imediata, sob pena de responsabilidade administrativa. Todo esse complexo sistema em momento algum teve por finalidade excluir, pura e simplesmente, o poder de autuar o infrator. Portanto, ao contrário do quanto se possa imaginar, não há no ordenamento brasileiro proibição para autuar, por mais relevante que seja o papel da orientação.

Com a redução do quadro de auditores e surgimento de novas tecnologias, com vistas ao aprimoramento da Inspeção do Trabalho, cada vez mais o sistema de fiscalização indireta foi aprimorado. Está prevista no art. 30, do RIT – Regulamento da Inspeção do Trabalho (Decreto n. 4.552/2002), e agora foi reforçada[21]. Para preservar a saúde dos auditores fiscais do trabalho, foram suspensos os plantões, sendo utilizado o telefone para orientação ao público ou recebimento de denúncias.

Como se vê, mesmo com o surgimento da pandemia, há espaço para os inspetores do trabalho manterem seu papel imprescindível e assim garantir o cumprimento da legislação trabalhista, seja orientando, seja lavrando termo de compromisso ou, em última instância, lavrando autos de infração.

A MP 927 inverte essa lógica: pretende tornar exceção o que era regra ao permitir autuação apenas em determinadas situações. Como acentuado, de acordo com o art. 31, cabe ao auditor sempre orientar e, apenas em algumas situações, está autorizado a autuar e ainda assim quando preenchidos certos requisitos.

---

20. BIGNAMI, Renato. A Inspeção do Trabalho, no Brasil. Procedimentos Especiais para a Ação Fiscal. São Paulo, LTr, 2007.
21. O Ofício Circular 883/2020, de 17/03/2020, deu prioridade à a fiscalização indireta.

Essa diretriz não é compatível com a autoridade inerente aos poderes de polícia especial conferidos aos agentes da Inspeção do Trabalho (art.3.2, da Conv. 81, da OIT) e contraria compromissos internacionais e mesmo a legislação interna.

Sendo o auditor fiscal do trabalho funcionário público, suas funções se revestem características fundamentais, como estabilidade no emprego e independência em relação a mudança de governo (art.6, da Conv. 81, da OIT). Ora, sendo impedido de autuar, como determina a MP 927, foi solapada sua autoridade.

Como se pode ver, esse dispositivo da MP 927 representa verdadeiro retrocesso, fazendo lembrar experiências ocorridas na França e mesmo na Inglaterra. Na França, nos primórdios da Revolução Industrial, era atribuição dos professores o papel de convencer as empresas a cumprir as novas leis de proteção a mulheres e crianças. Logo se percebeu que lhes faltava poder sancionador, sendo inútil mero aconselhamento ético. Na Inglaterra, foi atribuído a juízes de paz o papel de garantir o cumprimento, em 1802 – da denominada Lei de Peel. Foi um fracasso, pois os juízes de paz eram também os donos das indústrias que deveriam controlar. Em 1883, finalmente, com a nova lei de proteção ao trabalho das crianças e mulheres (*Factory Act*, de 1833), foram nomeados inspetores de fábrica. Como eram funcionários públicos, tinham autoridade e independência para levar perante os tribunais os infratores.

É fácil se perceber como essa diretriz da MP 927 despreza lições da história e, de acordo com conhecido adágio, "os que não aprendem com a história, ficarão eternamente condenados a repeti-la".

Conclusões

A Inspeção do Trabalho é imprescindível para garantir efetividade das normas de proteção ao trabalhador. Pode ser otimizada, não flexibilizada. Alguns procedimentos podem ser facilitados, como o fez a MP 927, no art. 15 e ss, em relação a aspectos envolvendo saúde e segurança, diretriz essa reforçada pelo art. 19, da MP 936, ficando claro não se tratar de liberação do cumprimento das NRs, mas estratégia para facilitar seu cumprimento.

Difícil estabelecer o equilíbrio necessário entre orientação e punição. Orientação não exclui punição e, sem esta, é inócuo o papel do auditor fiscal do trabalho. A maior relevância à orientação apenas dá mais legitimidade à autuação. O equilíbrio entre essas duas atribuições imprime o vigor necessário à Inspeção do Trabalho e valoriza seus agentes.

Se as MPs examinadas acertadamente privilegiam a orientação, não poderiam retirar poderes dos auditores fiscais do trabalho. Ao impedir que continuem autuando normalmente – ainda que por meio da fiscalização indireta, violou compromissos internacionais que o Brasil assumiu ao ratificar a Conv. 81, da OIT. Corresponde a lamentável retrocesso. Não se duvida das boas intenções de otimizar a ação fiscal, o que não impede manter incólume a instituição.

Nenhuma crise nem epidemia, por mais grave que seja, como a que agora se abate sobre a humanidade, justifica mitigar a Inspeção do Trabalho ou mesmo reduzir os poderes de seus agentes. A relação entre empregado e empregador continua desigual e até mesmo acaba se exacerbando nessas situações, cabendo ao Estado, por meio de seus agentes, intensificar o controle do cumprimento das leis de proteção ao trabalhador. Entre empregado e empregador, normalmente as alianças são desiguais, merecendo destaque poema de Mario Quintana:

> "Gato do Mato e Leão, conforme o combinado,
> Juntos caçavam corças pelo mato.
> As corças escaparam...Resultado:
> Não escapou o gato [22]."

De qualquer forma, apesar das poucas referências à Inspeção do Trabalho, são suficientes para escancarar sua pouca importância para o atual Governo – alguns esperavam mais, outros temiam medidas piores, para lembrar Walter Scott: "A transformação havida não foi, porém, tão grande quanto eles temeram e quanto outros desejavam [23]".

Talvez haja excessos de burocracia, devendo ser aprimoradas as leis de proteção. No entanto, o auditor fiscal do trabalho limita-se a exigir seu cumprimento, não sendo de sua competência direcionar sua atuação com base em juízo de valor. Deveria o legislador estancar os entraves que as leis de proteção eventualmente criam, ou mesmo eliminar excessos de burocracia, como aliás sinalizava a MP 905. Ao contrário, as MPs 027 e 936 acabaram retirando dos auditores fiscais do trabalho parte de seus poderes, como se fossem os responsáveis por suposta legislação ultrapassada ou a Inspeção do Trabalho fosse supérflua nesses tempos bicudos.

Autores e *sites* consultados

BIGNAMI, Renato. A Inspeção do Trabalho, no Brasil. Procedimentos Especiais para a Ação Fiscal. São Paulo, LTr, 2007.

CAVALHEIRO, Ruy Fernando G.L. A MP 905 torna sem eficácia os termos de conduta do MPT. In https://www.conjur.com.br/2020-fev-17/mp-debate-mp-905-torna-eficacia-tacs-mpt, acesso em 24/04/2020.

GANTUS, Guilherme Miguel. Coord. Comentários a MP 927/2020 e MP 936/2020 - Medidas Urgentes Visando a Estabilidade das Relações de Trabalho: Edição 2020. In https://www.amazon.com.br/dp/B0877B7TQB/ref=cm_sw_r_wa_apa_i_lD-2MEbE6MNWTZ.

LOPES FILHO, Abel Ferreira. Inspeção do Trabalho e o Contencioso Administrativo Trabalhista. São Paulo, LTr, 2018.

---

22. QUINTA, Mário. Das Alianças Desiguais, In Poesia Completa. Rio de Janeiro, Nova Aguilar, 2006, p. 223.
23. SCOTT, Walter. A História do Peregrino Willie. *In* Maravilhas do Conto Inglês. São Paulo, Cultrix, 1959, p. 17.

LOPES FILHO, Abel Ferreira Filho. Fiscalização, autuação e imposição de multas. In Nova Reforma Trabalhista – aspectos práticos da MP 905. CALCINI, Ricardo, coord. ebook Kindle. https://www.amazon.com.br/NOVA-REFORMA-TRABALHISTA-ASPECTOS-PR%C3%81TICOS-ebook/dp/B084KZSF29/ref=sr_1_5?qid=1586899647&refinements=p_27%3ARicardo+Calcini&s=books&sr=1-5.

MANNRICH, Nelson. Inspeção do Trabalho. São Paulo, LTr, 1991.

MANNRICH, Nelson. "As transformações do Trabalho e o futuro da Inspeção do Trabalho". In Revista Direito do Trabalho - Ano 30 – Outubro/Dezembro – 2004.

OLIVEIRA, Carlos Alberto de. Auditoria Fiscal do Trabalho – 120 anos de Inspeção do Trabalho no Brasil. Já raiou a liberdade no horizonte do Brasil. In https://sinait.org.br/arquivos/artigos/artigo3ffd4f89b4b2476bd393d95062d0559a.pdf, acessado em 24/04/2020.

QUINTANA, Mário. Das Alianças Desiguais, In Poesia Completa. Rio de Janeiro, Nova Aguilar, 2006.

RIBEIRO, *Viviane Lícia; CALCINI, Ricardo.* A MP 905/19 e a implementação do novo contencioso administrativo. In https://www.migalhas.com.br/depeso/315689/a-mp-905-19-e-a-implementacao-do-novo-contencioso-administrativo, acessado em 21/04/2020.

SCOTT, Walter. A História do Peregrino Willie. *In* Maravilhas do Conto Inglês. São Paulo, Cultrix, 1959.

SINAT – Sindicato Nacional dos Auditores Fiscais do Trabalho. Direitos Trabalhistas durante a pandemia causada pela Covid-19. Conf. em https://sinait.org.br/arquivos/publicacoes/Publicacao_66.pdf, acessado em 21/04/2020.

Seção IX

OS COMENTÁRIOS GERAIS ÀS NORMAS SOBRE O TRABALHO NOS TEMPOS DO CORONAVÍRUS

1

PANORAMA DAS ALTERAÇÕES TRABALHISTAS DURANTE A PANDEMIA DA COVID-19

Rodolfo Pamplona Filho[1]
Leandro Fernandez[2]

"Nada do que foi será
De novo do jeito que já foi um dia"
(Lulu Santos)

1. Juiz Titular da 32a Vara do Trabalho de Salvador/BA. Professor Titular de Direito Civil e Direito Processual do Trabalho da Universidade Salvador — UNIFACS. Professor Associado da graduação e pós-graduação (Mestrado e Doutorado) em Direito da UFBA – Universidade Federal da Bahia. Coordenador dos Cursos de Especialização em Direito Civil e em Direito e Processo do Trabalho da Faculdade Baiana de Direito. Coordenador do Curso de Pós-Graduação on-line em Direito Contratual e em Direito e Processo do Trabalho da Estácio, em parceria tecnológica com o CERS. Mestre e Doutor em Direito das Relações Sociais pela PUC/SP — Pontifícia Universidade Católica de São Paulo. Máster em Estudios en Derechos Sociales para Magistrados de Trabajo de Brasil pela UCLM — Universidad de Castilla-La Mancha/Espanha. Especialista em Direito Civil pela Fundação Faculdade de Direito da Bahia. Membro e Presidente Honorário da Academia Brasileira de Direito do Trabalho (antiga Academia Nacional de Direito do Trabalho — ANDT). Presidente da Academia de Letras Jurídicas da Bahia e do Instituto Baiano de Direito do Trabalho. Membro da Academia Brasileira de Direito Civil, do Instituto Brasileiro de Direito de Família (IBDFam) e do Instituto Brasileiro de Direito Civil (IBDCivil).
2. Juiz do Trabalho no Tribunal Regional do Trabalho da Sexta Região. Doutorando e Mestre em Direito pela Universidade Federal da Bahia. Especialista em Direito e Processo do Trabalho. Professor. Diretor de Prerrogativas da Amatra VI (gestão 2018/2020). Membro da Comissão Nacional de Prerrogativas da Anamatra (gestão 2019/2021). Coordenador Adjunto da Escola Judicial do TRT-6. Coordenador Adjunto da Revista de Direito Civil e Processual. Membro do Instituto Baiano de Direito do Trabalho.

1. Introdução

A pandemia da covid-19, doença causada pelo coronavírus da espécie SARS-CoV-2, provocou, em curtíssimo intervalo de tempo, profundas alterações sociais e econômicas por todo o mundo.

Ao longo do período de desenvolvimento de estratégias de enfrentamento da emergência de saúde pública, o Direito do Trabalho tem sido, sem dúvidas, uma das áreas mais dramaticamente afetadas em dezenas de países.

Diante da profusão legislativa observada entre os meses de março e abril de 2020, este trabalho destina-se a apresentar ao público um panorama geral das alterações concernentes à seara juslaboralista no Brasil.

Conquanto sejam variadas as questões polêmicas envolvendo cada uma das recentes modificações legislativas, a pretensão dos autores, neste espaço, é exclusivamente oferecer ao leitor uma visão ampla da evolução da legislação de crise e do seu conteúdo.

O adequado desempenho da tarefa proposta exige, em um primeiro momento, a análise de uma espécie legislativa que, a despeito de não abordar matéria trabalhista, é indispensável para a compreensão do atual cenário normativo: o Decreto Legislativo n.º 6/20, que reconheceu a ocorrência do estado de calamidade pública.

2. O Decreto Legislativo n.º 06/20

Diversamente do estado de defesa e do estado de sítio, o estado de calamidade pública não está previsto na Constituição Federal. A figura jurídica encontra-se regulada no art. 65 da Lei Complementar n.º 101/00 (Lei de Responsabilidade Fiscal).

De acordo com o citado dispositivo, durante o período de calamidade pública reconhecida pelo Congresso Nacional, no caso da União, ou pelas Assembleias Legislativas, na hipótese dos Estados e Municípios, serão observadas as seguintes medidas:

a) suspensão da contagem dos prazos e das disposições referentes a.1) às providências de controle da despesa com pessoal previstas no art. 23; a.2) à recondução da dívida a quadrimestres subsequentes (art. 31); a.3) à eliminação de excessos com despesas de pessoal em até dois exercícios;

b) dispensada do atingimento dos resultados fiscais e da limitação de empenho.

A gravidade da situação da pandemia conduziu à decretação de estado de calamidade pelas Assembleias Legislativas de inúmeros Estados e Municípios.

Interessa-nos, porém, de maneira mais próxima, a situação jurídica da União, já que, como se sabe, a competência legislativa em matéria trabalhista é reservada à esfera federal (CF/88, art. 22, I).

Por intermédio do Decreto Legislativo n.º 6/20, o Congresso Nacional reconheceu a ocorrência do estado de calamidade pública, fixando sua duração até 31 de dezembro de 2020.

É importante observar que, *a priori*, todos os atos normativos editados em razão da pandemia da covid-19 consideram como referência temporal para sua incidência (e aplicação das respectivas medidas) o período determinado no Decreto Legislativo.

O primeiro dos diplomas merecedores de especial atenção é a Lei n.º 13.979/20.

3. A Lei n.º 13.979/20

A Lei n.º 13.979/20 estabelece medidas gerais para enfrentamento da emergência de saúde pública decorrente do vírus SARS-CoV-2.

Em consonância com seu propósito de regulamentação geral, o diploma veiculou dois conceitos essenciais no período da pandemia da covid-19, esclarecendo a distinção entre isolamento e quarentena: esta se dirige a pessoas *suspeitas* de contaminação, ao passo que aquele se destina a pessoas contaminadas ou doentes.

Assim, o **isolamento** consiste na "*separação de pessoas doentes ou contaminadas, ou de bagagens, meios de transporte, mercadorias ou encomendas postais afetadas, de outros, de maneira a evitar a contaminação ou a propagação do coronavírus*". Por sua vez, a **quarentena** é a "*restrição de atividades ou separação de pessoas suspeitas de contaminação das pessoas que não estejam doentes, ou de bagagens, contêineres, animais, meios de transporte ou mercadorias suspeitos de contaminação, de maneira a evitar a possível contaminação ou a propagação do coronavírus*" (art. 2º).

O art. 3º da Lei n.º 13.979/2020 prevê uma série de medidas para enfrentamento da emergência de saúde pública, a exemplo da adoção dos já citados isolamento e quarentena, da determinação compulsória de exames, testes e tratamentos, bem como da restrição ao trânsito interno e à entrada e saída do país. Em seu § 3º, fixa-se que "*será considerado falta justificada ao serviço público ou à atividade laboral privada o período de ausência decorrente das medidas previstas neste artigo*".

Nessa ordem de ideias, não será o receio quanto a eventual possibilidade de contaminação o elemento autorizador da ausência ao serviço. A justificativa para a falta apenas estará presente no caso de encontrar-se o trabalhador sujeito a alguma das medidas arroladas no art. 3º da legislação em comento.

Em casos de locais de trabalho com potencial de exposição ao vírus, havendo recalcitrância do empregador em relação ao fornecimento de EPI's adequados e à adoção de providências para preservação da saúde dos trabalhadores (em razão, por exemplo, da inobservância de lei municipal que determine a utilização de máscaras), pode-se cogitar da recusa da prestação de serviços pelo obreiro, não por um receio abstrato de contaminação, mas pela concreta exposição a risco acentuado, em consonância com o art. 13 da Convenção n.º 155 da Organização Internacional do Trabalho.

Interessa-nos, agora, avançar à sucessão de Medidas Provisórias específicas acerca do Direito do Trabalho no período do estado de calamidade pública, principiando pela MP n.º 927/20.

4. A Medida Provisória n.º 927/20

A Medida Provisória n.º 927/20 prevê uma série de medidas que, em regra, podem ser estabelecidas unilateralmente pelo empregador, reconhecendo em seu favor amplos contornos ao *jus variandi* durante o estado de calamidade. Além disso, declara que, para fins trabalhistas, este constitui-se em hipótese de força maior, nos termos do art. 501 da CLT.

O art. 2º da MP consagra ainda a polêmica possibilidade de prevalência da negociação individual sobre a legislação e as normas coletivas, respeitados os limites constitucionais. Medida assemelhada foi adotada na Reforma de 2017, mas apenas em relação ao empregado portador de diploma de nível superior e que perceba salário mensal igual ou superior a duas vezes o limite máximo dos benefícios do Regime Geral de Previdência Social (CLT, art. 444, parágrafo único), não sem a reprimenda de parcela expressiva da doutrina e a advertência da OIT quanto à violação das suas Convenções n.º 98 e n.º 154.

A primeira medida prevista na MP n.º 927/20 é o **teletrabalho**. De acordo com seu art. 4º, o empregador poderá, a seu critério, "*alterar o regime de trabalho presencial para o teletrabalho, o trabalho remoto ou outro tipo de trabalho a distância e determinar o retorno ao regime de trabalho presencial, independentemente da existência de acordos individuais ou coletivos, dispensado o registro prévio da alteração no contrato individual de trabalho*". A providência é aplicável inclusive em relação a aprendizes e estagiários.

A modificação deve ser comunicada ao trabalhador com antecedência mínima de 48 horas, por meio eletrônico ou por escrito.

A regulamentação quanto à responsabilidade pela aquisição e manutenção de equipamentos e infraestrutura para a prestação de serviços e ao reembolso de despesas arcadas pelo trabalhador deverá constar de contrato escrito, celebrado previamente ou no prazo de 30 dias, contados da alteração do regime de trabalho.

Se o trabalhador não possuir os equipamentos e a infraestrutura necessários, o empregador poderá fornecê-los em regime de comodato, bem como pagar por serviços de infraestrutura, sem caracterização de natureza salarial de tais parcelas. Não sendo possível o oferecimento dos equipamentos em comodato, considerar-se-á que o trabalhador se encontra à disposição do empregador, sendo normalmente computada a sua jornada.

Por fim, prevê a MP que o tempo de uso de aplicativos e programas de comunicação fora da jornada de trabalho normal do empregado não constitui tempo à disposição, regime de prontidão ou de sobreaviso, exceto se houver previsão em acordo individual ou coletivo. A regra é polêmica e demanda cuidadosa interpretação. Se o trabalhador estiver efetivamente prestando serviços por meio de tais aplicativos e programas após a sua jornada normal, não há dúvidas de que aquele período deverá ser computado como carga horária de labor.

A segunda medida é a **antecipação das férias individuais**, que deverá ser comunicada com antecedência mínima de 48 horas, por escrito ou por meio eletrônico, com a indicação do período a ser gozado pelo empregado, sendo vedada a concessão de férias em períodos inferiores a cinco dias corridos.

O empregador poderá conceder as férias ainda que o correspondente período aquisitivo não tenha sido concluído. Mais: poderá conceder férias relativas a períodos aquisitivos sequer iniciados. Neste caso, entretanto, exige-se a celebração de acordo individual escrito.

O pagamento das férias também recebeu tratamento específico, podendo ser efetuado até o quinto dia útil do mês subsequente ao início do gozo das férias. Já o terço constitucional de férias poderá ser pago após a sua concessão, até 20 de dezembro de 2020.

Em relação aos profissionais que desempenham funções essenciais, a MP autoriza a suspensão das férias ou de licença não remunerada, mediante comunicação formal, preferencialmente com antecedência de 48 horas.

A terceira providência prevista na MP é a **concessão de férias coletivas**. Para tanto, o diploma excepcionou o regramento contido na CLT, autorizando a comunicação ao conjunto de trabalhadores afetados com antecedência de, no mínimo, 48 horas, dispensada a comunicação prévia ao Ministério da Economia e ao sindicato da categoria profissional.

Uma quarta medida é o **aproveitamento e a antecipação de feriados**. O empregador está autorizado a antecipar o gozo de feriados não religiosos federais, estaduais, distritais e municipais, devendo notificar o conjunto de funcionários atingidos com antecedência de, no mínimo, 48 horas, apontando especificamente quais serão os funcionários aproveitados. Em genuflexão ao direito fundamental da liberdade religiosa, a antecipação de feriados religiosos depende da celebração de acordo individual escrito com o empregado.

Outra providência passível de adoção é o recurso a uma modalidade especial de **banco de horas**. Este peculiar regime admite a compensação de horas de trabalho no prazo de até dezoito meses, contados da data de encerramento do estado de calamidade pública (cuja duração foi estabelecida até 31/12/2020 pelo Decreto Legislativo n.º 06/20).

A MP n.º 927/20 também **suspendeu** a exigência de realização dos exames médicos ocupacionais, clínicos e complementares, exceto dos exames demissionais, bem como a obrigatoriedade de realização de treinamentos periódicos e eventuais dos atuais empregados, previstos em normas regulamentadoras de segurança e saúde no trabalho. A MP autorizou, ainda, a suspensão de processos eleitorais em curso nas comissões internas de prevenção de acidentes, com a manutenção dos atuais dirigentes durante o estado de calamidade.

O art. 18 da Medida Provisória previa uma figura altamente polêmica, a ponto de o dispositivo ter sido revogado já no dia seguinte, pela MP n.º 928/20. De fato, a **suspensão contratual para qualificação profissional** permitiria o decurso de quatro meses sem obrigatoriedade de pagamento do salário, situação que evidentemente exporia o empregado a um estado de extrema fragilidade social.

A oitava medida prevista na MP é o **diferimento de recolhimentos do FGTS**, suspendendo a exigibilidade dos depósitos referentes aos meses de março a maio de 2020. O pagamento poderá ser realizado em seis parcelas, a partir de julho de 2020.

A Medida Provisória encerra-se com a autorização para adoção de algumas providências especialmente polêmicas:

a) escala de trabalho de até 24 horas em estabelecimentos de saúde, mesmo em locais insalubres;

b) prorrogação, por manifestação unilateral do empregador, de acordos coletivos e convenções coletivas de trabalho, pelo prazo de noventa dias;

c) restrição às atividades dos Auditores Fiscais do Trabalho, que, como regra geral, devem limitar-se à atuação orientadora;

d) convalidação das medidas trabalhistas adotadas por empregadores, no período dos trinta dias anteriores à data de entrada em vigor da MP, que não contrariem o disposto na Medida Provisória.

Dez dias depois do advento da MP n.º 927/20, foi editada a MP n.º 936/20, que será examinada adiante.

5. A Medida Provisória n.º 936/20 e a Portaria n.º 10.486/20

A Medida Provisória n.º 936/20 instituiu o Programa Emergencial de Manutenção do Emprego e da Renda, fundado em **três eixos**: a) possibilidade de pactuação individual da redução da jornada e do salário; b) possibilidade de acordo individual para suspensão do contrato de trabalho; c) pagamento, pela União Federal, do Benefício Emergencial de Preservação do Emprego e da Renda.

O Benefício é devido a partir da data do início da redução da jornada de trabalho e de salário ou da suspensão do contrato, observado o seguinte: 1) caberá ao empregador informar ao Ministério da Economia acerca do acordo individual , no prazo de dez dias, contado da data da celebração do acordo, sob pena de arcar com a remuneração integral do período; 2) o pagamento do Benefício ocorre apenas durante o período de redução de jornada e salário ou suspensão do contrato; 3) a primeira parcela do Benefício será paga no prazo de trinta dias, contado da data da celebração do acordo, desde que informada no prazo de dez dias anteriormente mencionado.

O art. 7º MP autoriza a celebração de acordo individual para redução proporcional da jornada e do salário por até 90 dias. A redução poderá ser pactuada nos percentuais de 25%, 50% e 70%. É possível, ainda, a adoção da redução proporcional por intermédio de diploma coletivo, caso em que os percentuais poderão ser distintos.

Especificamente em relação aos trabalhadores com salário superior a R$ 3.135,00 e inferior a R$ 12.202,12, apenas a redução no percentual de 25% pode ser ajustada por acordo individual, exigindo-se a negociação coletiva para percentuais superiores.

Por sua vez, o art. 8º da MP franqueia a pactuação de suspensão temporária do contrato pelo prazo máximo de 60 dias, que pode ser fracionado em dois períodos de 30 dias. Durante o período de suspensão do contrato, o empregado fará jus a todos os benefícios concedidos pelo empregador e ficará autorizado a recolher para o Regime Geral de Previdência Social na qualidade de segurado facultativo.

A suspensão contratual deve ser levada a sério. Se houver prestação de serviços durante o período, ainda que por teletrabalho, sua pactuação será descaracterizada e o empregador será responsável pelo pagamento da remuneração e dos encargos sociais referentes a todo o período.

A MP reservou previsão específica em relação aos empregadores de maior porte. A empresa que tiver auferido, no ano-calendário de 2019, receita bruta superior a R$ 4.800.000,00 somente poderá suspender o contrato de trabalho de seus empregados mediante o pagamento de ajuda compensatória mensal no valor de 30% do valor do salário do empregado durante o respectivo período. Para as empresas com patamar inferior de faturamento, a ajuda compensatória mensal poderá ser ajustada no acordo individual ou na negociação coletiva.

Registre-se que, do ponto de vista global, o tempo máximo de redução proporcional de jornada e de salário e de suspensão temporária do contrato de trabalho, ainda que sucessivos, não poderá ser superior a noventa dias.

O trabalhador que houver pactuado a redução da jornada e salário ou a suspensão contratual será beneficiado por garantia provisória de emprego, que perdurará durante a redução ou suspensão e, após sua cessação, por período equivalente àquele acordado para a duração da medida.

No caso de redução de jornada e salário, o Benefício Emergencial de Preservação do Emprego e da Renda será calculado mediante a aplicação do mesmo percentual de redução sobre o valor que seria correspondente ao seguro-desemprego.

Na hipótese da suspensão temporária do contrato, o Benefício terá o mesmo valor do seguro-desemprego, exceto em relação aos casos dos trabalhadores de empresas com receita bruta superior a R$ 4.800.000,00. Neste caso, o Benefício equivalerá a 70% do seguro-desemprego.

A disciplina normativa do Benefício de Emergência foi detalhada na Portaria n.º 10.486/20. Uma de suas regras merece destaque: o Benefício não será devido àquele que tiver o contrato de trabalho celebrado após a data de entrada em vigor da Medida Provisória 936/20. A previsão é polêmica e claramente inova ao restringir em nível infraconstitucional o rol de destinatários da parcela.

Por fim, registre-se que o Plenário do Supremo Tribunal Federal reconheceu, em juízo de cognição sumária a constitucionalidade da MP n.º 936/20, ao apreciar, em 17/04/20, o pedido de medida liminar formulado na ADI n.º 6.363, cassando decisão do Ministro Ricardo Lewandowski, que exigia a negociação coletiva para convalidação do acordo individual.

6. A Medida Provisória n.º 944/20

A Medida Provisória n.º 944/20 não veiculou providências diretamente trabalhistas, mas de gestão financeira, instituindo o Programa Emergencial de Suporte a Empregos.

Por meio dele, empresários, sociedades empresárias e sociedades cooperativas com receita bruta anual superior a R$ 360.000,00 e igual ou inferior a R$ 10.000.000,00 podem obter linhas de crédito para custeio da folha de pagamento, pelo período de dois meses, limitadas ao valor equivalente a até duas vezes o salário-mínimo por empregado.

O crédito é concedido em condições especiais, com taxa de juros de 3,65% ao ano, prazo de trinta e seis meses para o pagamento e carência de seis meses para início do vencimento das parcelas, com capitalização de juros durante esse período.

Os beneficiários das linhas de crédito deverão observar algumas obrigações: o fornecimento de informações verídicas na transação, a impossibilidade de utilização dos recursos para finalidade distinta do pagamento de seus trabalhadores e a proibição de despedida sem justa causa dos empregados no período compreendido entre a data da contratação da linha de crédito e o sexagésimo dia após o recebimento da sua última parcela. O descumprimento de qualquer desses deveres importará em grave consequência: o vencimento antecipado da dívida assumida perante a instituição financeira.

A despeito de não abordar diretamente o Direito do Trabalho, a MP n.º 944 está em consonância com as diretrizes da Organização Internacional do Trabalho relativas à preservação de empresas e postos de trabalho.

7. A Medida Provisória n.º 945/20

A Medida Provisória n.º 945/20 dirige-se especificamente aos trabalhadores do setor portuário.

Como providência de preservação da saúde do próprio indivíduo e de toda a coletividade envolvida com a atividade nos portos, a MP proíbe o Órgão Gestor de Mão de Obra (OGMO) de escalar portuários avulsos que apresentem sintomas típicos da covid-19, bem como aqueles situados em grupos de risco da doença.

O afastamento é medida indeclinável de cautela sanitária, mas provoca uma dramática consequência para a renda desses trabalhadores. Por isso, prevê o art. 3º da MP que, durante o período de proibição de escalação, o trabalhador terá direito ao recebimento de indenização compensatória mensal no valor correspondente a 50% sobre a média mensal recebida por ele por intermédio do OGMO entre 01/10/19 e 31/03/20.

O papel do Órgão Gestor de Mão de Obra será o de calcular, arrecadar e transferir aos trabalhadores o pagamento, mas a despesa será efetivamente arcada pelo operador portuário ou por qualquer tomador de serviço que requisitar trabalhador portuário avulso, proporcionalmente à quantidade de serviço demandado.

O art. 4º da MP n.º 945/20 oferece uma saída para a hipótese de insuficiência de trabalhadores avulsos portuários para fazer frente às requisições de serviços, autorizando a livre contratação de trabalhadores com vínculo empregatício por tempo determinado para a realização de serviços de capatazia, bloco, estiva, conferência de carga, conserto de carga e vigilância de embarcações.

Finalmente, a MP consagra a utilização de meios eletrônicos para a escalação dos trabalhadores portuários avulsos, com o louvável propósito de evitar aglomerações.

8. A Medida Provisória n.º 946/20

Por intermédio da Medida Provisória n.º 946/2020, o Executivo federal extinguiu o Fundo PIS-Pasep, instituído pela Lei Complementar nº 26/75, promovendo o remanejamento dos seus recursos, estimados em mais de R$ 21 bilhões, ao Fundo de Garantia do Tempo de Serviço, disciplinado pela Lei n.º 8.036/90.

O ato normativo preserva o patrimônio acumulado nas contas individuais dos participantes do Fundo PIS-Pasep, prevendo ainda que o agente operador do FGTS definirá os procedimentos operacionais para a transferência das suas informações cadastrais e financeiras. Assegura, também, em relação aos valores transferidos, a utilização dos critérios de remuneração aplicáveis às contas vinculadas do FGTS. A Medida Provisória prevê, ademais, a livre movimentação do patrimônio transferido, nos termos já consagrados na Lei Complementar nº 26/75.

Trata-se de providência destinada a assegurar maior liquidez ao Fundo de Garantia do Tempo de Serviço, que vem sendo utilizado, nos últimos anos, como verdadeira complementação de renda dos trabalhadores, especialmente em momentos de crise econômica. Sob essa perspectiva e considerando o estado de calamidade pública reconhecido pelo Decreto Legislativo n.º 06/2020 e seus graves efeitos sociais, é salutar a adoção de medidas que concorram para o equilíbrio financeiro do Fundo de Garantia do Tempo de Serviço, tendo em vista as relevantes políticas públicas por ele financiadas.

Quanto aos aspectos jurídicos da Medida Provisória n.º 946/2020, dois pontos devem ser objeto de atenção: a) a possibilidade ou não de extinção do Fundo PIS-Pasep por Medida Provisória; b) a ocorrência ou não de efeitos deletérios sobre direitos sociais em decorrência da adoção da medida.

Em relação ao primeiro aspecto, não se visualiza inconstitucionalidade no diploma normativo *pelo simples fato de constituir-se em Medida Provisória* (CF/88, art. 62, § 1º, III). O Fundo PIS-Pasep, concebido na LC n.º 26/75 a partir dos recursos oriundos dos fundos criados pela LC n.º 07/70 e pela LC n.º 08/70, foi instituído por Lei Complementar, mas sua regulamentação (ou mesmo extinção) não figura como matéria constitucionalmente reservada a disciplina por intermédio de tal espécie legislativa. Essa interpretação é corroborada pela constatação da existência jurisprudência sedimentada no Supremo Tribunal Federal no sentido da validade da alteração da LC n.º 26/75 por Medida Provisória (RE 390.840, Relator Ministro Marco Aurélio; RE 511.581 AgR, Relator Ministro Eros Grau; AI 623.157 AgR, Relator Ministro Cezar Peluso).

Quanto ao segundo aspecto, é necessário breve esclarecimento histórico. A Constituição Federal de 1988, em seu art. 239, estabeleceu duas distintas providências em relação ao Programa de Integração Social e ao Programa de Formação do Patrimônio do Servidor Público: a) a consolidação e preservação dos valores arrecadados entre 1971 e outubro de 1988, que seriam liberados apenas nas hipóteses de saque previstas nas leis anteriormente mencionadas (exceto em relação ao saque por motivo de casamento, modalidade extinta com o advento da Carta de 1988) (art. 239, § 2º); b) a destinação dos valores das contribuições doravante arrecadadas para financiamento do programa do seguro-desemprego, do abono do PIS e de outras ações da previdência social (art. 239, *caput* e § 3º).

Registre-se que, na atualidade, em conformidade com a Lei n.º 7.998/90, o custeio do programa do seguro-desemprego, do abono salarial e de programas de educação profissional e tecnológica e de desenvolvimento econômico é realizado por meio do Fundo de Amparo ao Trabalhador, que *possui como uma de suas fontes de recursos o produto da arrecadação das contribuições devidas ao PIS e ao Pasep* (art. 11), em observância ao comando contido no *caput* do art. 239.

A MP n.º 946/2020 não veicula qualquer regulamentação a respeito do abono salarial, do seguro-desemprego ou de programas de educação e desenvolvimento econômico, benefícios e medidas que não são, portanto, por ela afetadas. O objeto da MP é distinto, consistente na extinção do Fundo PIS-Pasep e no redirecionamento dos seus ativos e passivos para o Fundo de Garantia do Tempo de Serviço.

Sublinhe-se que o montante consolidado no Fundo PIS-Pasep refere-se aos valores arrecadados nos respectivos programas entre 1971 e outubro de 1988, que poderiam ser sacados pelos titulares ou por seus dependentes nas hipóteses legais, mas não o foram até o momento. É esse o montante que será transferido ao FGTS, sem, todavia, ensejar prejuízos a tais sujeitos, já que a Medida Provisória prevê a preservação do patrimônio acumulado nas contas (art. 1º, parágrafo único), com individualização dos valores transferidos e identificação de origem (art. 2º, § 1º), assegurada a livre movimentação da conta pelo titular ou seus dependentes (art. 3º, II). Vale recordar, a propósito, que a Lei n.º 13.932/19 alterou a redação do § 1º do art. 4º da Lei Complementar nº 26/75 para tornar "*disponível a qualquer titular da conta individual dos participantes do PIS-Pasep o saque integral do seu saldo a partir de 19 de agosto de 2019*".

9. Conclusões

A pandemia da covid-19 provocou a inauguração de um cenário jurídico absolutamente excepcional no Direito do Trabalho brasileiro, franqueando o manejo de instrumentos e medidas pouco convencionais ou, mesmo, impensáveis em tempos de normalidade.

Nesse contexto, dois dos diplomas normativos editados durante o estado de calamidade pública assumem especial relevância: A Medida Provisória n.º 927/20 e a n.º 936/20.

A primeira veiculou uma série de providências que, como regra, podem ser adotadas unilateralmente pelo empregador, nomeadamente o teletrabalho, a antecipação de férias, a concessão de férias coletivas, a antecipação de feriados e uma peculiar configuração do banco de horas.

A seu turno, a MP n.º 936/20 consagrou duas delicadas possibilidades: a redução proporcional de jornada e de salário e a suspensão contratual. Os impactos financeiros sofridos pelo trabalhador serão minorados em razão do pagamento do Benefício Emergencial pela União Federal.

O Direito do Trabalho de crise, que emerge na atualidade, oferece a todos, empregadores, trabalhadores, sindicatos e operadores do Direito, desafios sem precedentes. Como na canção de Lulu Santos, "*nada do que foi será de novo do jeito que já foi um dia*".

2

COMENTÁRIOS À MEDIDA PROVISÓRIA 936/20

Vólia Bomfim Cassar[1]

Introdução

Inúmeras Medidas Provisórias foram editadas nos últimos meses e estão impactando nas relações de emprego, no Direito do Trabalho, na economia e na vida das pessoas. Todas decorrem do Decreto Legislativo 6/20, que decretou o estado de calamidade pública. O maior bem jurídico que se pretende proteger através destas medidas é a vida, já que o sistema público de saúde não vai conseguir amparar todos os necessitados. Daí a necessidade de estudo pormenorizado dos impactos da MP 936/20 nos contratos de emprego.

Campo de aplicação da MP 936/20

Diversamente da MP 927/00, que expressamente determinou sua aplicação aos urbanos, rurais, domésticos, terceirizados, estagiários e aprendizes, a MP 936/00 apontou os excluídos: os empregados públicos de qualquer órgão da administração pública, os empregados das subsidiárias destas e os de organismos internacionais.

Inicialmente não percebemos qualquer inconstitucionalidade na exclusão dos empregados públicos, pois foi uma opção do governo proteger inicialmente as empresas privadas, que empregam a grande maioria dos empregados. Poderia ter estendido aos empregados das economias mistas e empresas públicas, pela equiparação que faz o artigo

---

1. Vólia Bomfim Cassar é advogada trabalhista, desembargadora aposentada do TRT 1ª Região, mestre e doutora em direito, professora, autora, membro da Academia Brasileira de Direito do Trabalho, professora dos cursos: LFG, Forum, Instituto de Direito Real, CERS. Dúvidas por consulta para voliabomfim@gmail.com

173 da CF. Portanto, para esses trabalhadores só resta a negociação coletiva, mesmo assim, estarão excluídos do BEm (Benefício Emergencial).

Entendemos que o artigo 4º, I da Portaria 10.486/20 extrapola seus limites quando exclui os empregados regidos pela CLT que também exercem emprego/cargo público, mandato público ou cargo em comissão do direito ao ajuste de suspensão/redução e ao recebimento do BEm. Ora, na parte que é empregado de entidade privada o BEm é devido caso tenha sido efetuado o acordo previsto na MP 936/20. Essa limitação tem caráter normativo e, por isso, é ilegal. Da mesma forma, entendemos que é ilegal o parágrafo 2º do artigo 4º da Portaria 10.486/20, pois impede os aposentados de ajustarem por escrito a suspensão ou redução de salário, pois a MP 936 apenas impede o recebimento do BEm nestes casos e não o ajuste em si.

Por fim, defendemos que a MP 936/20 é aplicável para todos os empregados regidos pela CLT, aos rurais, domésticos, terceirizados e temporários regidos pela Lei 6.019/74 (estes com algumas restrições abaixo analisadas), inclusive aos aprendizes e aos relacionados no artigo 62 da CLT.

Explico:

Mesmo excluídos do Capítulo "Da Duração do Trabalho", os empregados de confiança, os externos sem fiscalização e os teletrabalhadores podem firmar termo de compromisso de redução do trabalho ou da produtividade proporcional ou equivalente à redução do trabalho. Aliás, o parágrafo único do artigo 75-E da CLT transfere para o teletrabalhador o ônus de fiscalizar seu meio ambiente de trabalho e de cumprir as medidas de segurança e medicina de trabalho. Ora, se o teletrabalhador pode, para questões da saúde ocupacional (direito de indisponibilidade absoluta) firmar termo de responsabilidade de cumprimento das regras de segurança e medicina do trabalho, por que os demais trabalhadores abrangidos pelo artigo 62 da CLT não podem fazer o menos, isto é, autodeclarar seu compromisso em reduzir seu trabalho? Negar a estes trabalhadores o direito de manutenção de seus empregos pelo ajuste de redução salarial é empurrá-los para a despedida imotivada, principalmente os gestores, que têm salários mais altos.

O artigo 4º, parágrafo 3º da Portaria 10.486/20 do Ministério da Economia explicitamente autorizou o pagamento do BEm aos empregados inseridos no artigo 62 da CLT, desde que haja redução "nível de exigência de produtividade ou de efetivo desemprenho do trabalho" durante a redução do salário proporcional à jornada.

Medidas previstas na MP 936/20

A MP 936/20 autorizou a prática de três medidas para salvaguardar empregos e postos de trabalho durante a calamidade pública decretada pelo Decreto Legislativo 6/20:

a) Redução do salário proporcional à jornada mediante ajuste escrito prévio entre patrão e empregado;
b) Suspensão do contrato de trabalho desde que ajustado por escrito entre empregado e empregador;

c) Suspensão do contrato para realização de curso em prazos diversos daqueles previstos no artigo 476-A da CLT, sem a exigência de norma coletiva e de ajuste expresso do empregado.

Da redução do salário por ajuste individual

De forma inovadora e corajosa, já que de discutida constitucionalidade, o governo editou a MP 936/20 com a autorização de redução de salários em até 70%, de forma proporcional à redução da jornada.

De acordo com a fórmula criada pela MP 936/20, quanto menor o salário menor a perda da renda final, pois o benefício pago pelo governo (BEm) atenuará a redução da renda do trabalhador.

Isto quer dizer que o empregado sofrerá perda que varia de 0% de sua renda, podendo chegar a uma perda superior a 50%, dependendo do salário.

A título ilustrativo, apontamos os exemplos abaixo:

> Salário de R$1.045,00, com redução de 25%, 50, 70% **não tem redução da renda**, pois o menor valor do benefício é o salário mínimo – 0%;
>
> Salário de R$1.700,00 com redução de 25, 50 ou 70% perderá cerca de 5,5, 11 e 15% da sua renda;
>
> Salário de R$3.000,00, com redução de 25, 50 ou 70% perderá cerca de 10, 20 e % 27%;
>
> Salário de R$13.000,00 com redução de 70% a renda cairá cerca de 60%.

Logo, para quem recebe um salário mínimo, o ajuste de redução do salário/jornada em qualquer percentual autorizado pela MP 936/20, não acarreta perda da renda final. Para as demais faixas salariais há perda de renda final, mesmo com o complemento do governo. Por isso, a constitucionalidade da MP 936/20 era duvidosa porque a medida violaria o artigo 7º, VI da CF, que exige instrumento coletivo para a redução salarial.

Antes de adentrarmos ao mérito da questão, vale um breve histórico acerca do tema "redução de salário".

O direito à irredutibilidade do salário se funda não só no princípio tutelar do trabalhador, pois sua subsistência depende do pagamento do salário, como também na força obrigatória dos contratos – *pacta sunt servanda*, onde qualquer modificação que prejudique o trabalhador é nula de pleno direito – art. 468 da CLT. A impossibilidade de alteração inclui tanto a mudança do valor quanto a forma de pagamento do salário, quando for prejudicial ao trabalhador.

A Constituição só permite a redução de salário mediante acordo coletivo ou convenção coletiva – art. 7º, VI, da CRFB.

Entretanto, há muito a doutrina tem se preocupado também com a saúde da empresa, pois empresa saudável significa mantença dos empregos,[2] redução das taxas de

2. Aliás, esse também foi o argumento para a Reforma Trabalhista ter sido efetuada de forma rápida.

desemprego e economia estável. Este quadro interessa aos empresários, aos empregados, sindicatos e principalmente ao governo. Pensando nisto o legislador constitucional manteve a possibilidade de redução salarial, antes preconizada na CLT (art. 503) e na Lei nº 4.923/65, desde que prevista em acordo coletivo ou convenção coletiva. A possibilidade de redução salarial constitui um dos tipos de flexibilização da legislação trabalhista.

Flexibilizar significa tornar maleável o que é inflexível. Em termos de Direito do Trabalho, cujas regras mínimas são impostas por lei de ordem pública, imperativa, flexibilização significava permitir, apenas para manutenção da saúde e existência da empresa, a redução ou alteração *in pejus* de direitos trabalhistas. Esse quadro mudou radicalmente depois da Lei 13.467/17 e agora com a MP 927/20, pois foi garantido às convenções e acordo coletivos e aos ajustes individuais o poder de reduzir e retirar inúmeras vantagens trabalhistas.

A possibilidade de redução salarial já estava prevista no art. 503 da CLT e no art. 2º da Lei nº 4.923/65. Em caso de força maior ou prejuízos que afetassem a economia da empresa, o empregador poderia reduzir os salários de todos os seus empregados, na proporção de 25%, respeitado o salário mínimo. Esta era a regra contida no art. 503 da CLT que, segundo a corrente majoritária (Alice Monteiro,[3] Godinho[4] e Amauri Mascaro[5]) está superada (total ou parcialmente) pela Constituição, pois não previa a intervenção sindical. Carrion[6] e Süssekind[7] defendiam que o art. 503 da CLT já estava totalmente revogado tacitamente pela Lei nº 4.923/65. Nós concordamos com tais doutrinadores, pois a força maior abala a saúde financeira da empresa e, por isso, se enquadrava na Lei 4.923/65. Portanto, defendemos que desde a Lei 4.923/65 o artigo 503 da CLT não está vigente.

Todavia, há mais: a própria Lei 4.923/65, já não está mais vigente desde a Constituição, como abaixo explicado.

Segundo alguns estudiosos da matéria, a Constituição/88 teria recepcionado em parte a Lei nº 4.923/65. Defendem que a recepção se deu apenas no que diz respeito à motivação (comprovada dificuldade econômica). Estamos com esta corrente. Mas, para outros, houve a recepção quase total da lei, salvo no que diz respeito à sentença normativa poder autorizar a redução salarial. Assim entende Arnaldo Süssekind.[8]

---

3. Alice defende a revogação parcial do art. 503 da CLT. BARROS, Alice Monteiro de. *Curso de Direito do Trabalho*. São Paulo: LTr, 2005, p. 769.
4. Mauricio Godinho também entende pela recepção da motivação da redutibilidade salarial prevista tanto no art. 503 da CLT, quanto na Lei nº 4.923/65. DELGADO, Mauricio Godinho. *Curso de Direito do Trabalho*. São Paulo: LTr, 2002, p. 733.
5. NASCIMENTO, Amauri Mascaro. *Curso de Direito do Trabalho*. 20. ed. São Paulo: Saraiva, 2005, p. 810.
6. CARRION, Valentin. *Comentários à Consolidação das Leis do Trabalho*. 29. ed. São Paulo: Saraiva, 2004, p. 330.
7. SÜSSEKIND, Arnaldo; MARANHÃO, Délio; VIANNA, Segadas; TEIXEIRA, Lima. *Instituições de Direito do Trabalho*. 22. ed. São Paulo: LTr, 2005, v. 1, p. 444-445.
8. *Idem*.

Esta lei permitia que, em situações excepcionais, recomendadas pela conjuntura econômica (aí implicitamente incluída a força maior), o empregador atingido poderia, mediante convenção ou acordo coletivo (não mais em virtude de decisão da Justiça do Trabalho, em face do comando constitucional – art. 7º, VI da CRFB) e por tempo limitado de três meses (prorrogáveis), reduzir a jornada ou o número de dias de trabalho, acarretando, consequentemente, na redução proporcional dos salários no máximo em 25%, respeitado o salário mínimo.

Ressalta-se ainda que a Lei nº 11.101/2005 (Lei de Recuperação Judicial, Extrajudicial e Falência), em seu art. 50, VIII, admite a redução salarial, compensação de horários e redução de jornada, mediante acordo ou convenção coletiva. Para alguns, este dispositivo demonstra a recepção da Lei nº 4.923/65.

Não concordamos com a tese, apesar de louvável. A redução salarial não mais pode ficar sob o crivo e os critérios impostos pela Lei nº 4.923/65, pois a forma de flexibilização escolhida pelo legislador constitucional foi aquela efetuada através da tutela sindical e não estatal, com o intuito de defender os empregos, garantida a saúde da empresa. Só as entidades sindicais, diante das necessidades de cada caso, do clamor da categoria, poderão estipular livremente a forma, os quantitativos, a amplitude e a duração da medida que visa reduzir os salários e/ou vantagens trabalhistas, salvo quando se recusar a negociar, hipótese em que os empregados seguiram na negociação.

Não pode o empregador ser punido por ter atendido as regras impostas pelas normas coletivas que autorizaram a redução em benefício dos próprios trabalhadores, quando estas não corresponderem aos exatos termos da Lei nº 4.923/65. Poderia o empregador ter optado pela dispensa coletiva, em massa, diminuindo sua folha de pagamento. Se não o fez, foi em proveito dos próprios empregados que preferiram não perder seus valiosos empregos. Neste sentido, poderão as partes ajustarem coletivamente a redução do salário em patamares superiores aos 25% mencionados na Lei 4.923/65. Da mesma forma Valentim Carrion[9] e Amauri Mascaro Nascimento.[10] Os argumentos *supra* se tornam mais fortes depois da Lei 13.467/17, que autorizou as dispensas plúrimas e coletivas, sem a prévia participação dos sindicatos, e ainda deu ampla liberdade de negociação aos sindicatos, cujas normas coletivas se sobrepõem à lei (art. 611-A da CLT).

Sergio Pinto Martins,[11] por sua vez, sustenta que a Lei nº 4.923/65:

> (...) foi derrogada pela Constituição Federal, na parte que determina o prazo de três meses para redução, limite de 25% da redução, proibição de retirada de gratificações, de admissão de novos empregados por seis meses e de prestação de horas extras. Pois de acordo com este autor todas estas condições podem ser modificadas mediante acordo ou convenção coletiva.

9. CARRION, Valentin, *op. cit.*, p. 330.
10. NASCIMENTO, Amauri Mascaro. *Curso de Direito do Trabalho*. 20. ed. São Paulo: Saraiva, 2005, p. 810.
11. MARTINS, Sergio Pinto. *Direito do Trabalho*. 19. ed. São Paulo: Atlas, 2004, p. 304/305.

De qualquer forma, não entendemos pela revogação total da Lei nº 4.923/65, mas sim pela sua derrogação, devendo ser aproveitado o *caput* do seu art. 2º, ou seja, só poderá ser admitida a redução salarial, quando para manutenção da saúde e existência da empresa e desde que feita por norma coletiva, desde que esteja atravessando grave crise financeira ou econômica, que se inclui a força maior.

Se prevalecer a Lei nº 4.923/65, a redução do valor nominal do salário, deve importar na redução correspondente do número de horas trabalhadas pelos empregados, mesmo assim por um período máximo de três meses e em até 25%. Da forma por nós defendida, poderá haver redução do salário e/ou da correspondente jornada (art. 611-A, p. 3º da CLT), salvo quando feita na forma do art. 58-A, § 2º, da CLT, pelo tempo que se fizer necessário para a empresa sobreviver e no percentual que as partes ajustarem. Isto porque a Constituição deu ampla legitimação aos sindicatos para, através dos convênios coletivos, estipularem a redução salarial. Cada categoria escolherá os parâmetros a serem respeitados, desde que o motivo seja para defender a existência da empresa.

Cumpre ressaltar que o art. 58-A à CLT autoriza a redução salarial em percentual superior a 25%, pois o § 2º do referido dispositivo legal autoriza qualquer redução de jornada, desde que não ultrapasse 26 ou 30 horas semanais e seja autorizado por norma coletiva.

Amauri Mascaro Nascimento[12] também defende que a redução salarial terá as dimensões resultantes da negociação coletiva.

O que não se admite é a redução salarial, mesmo que autorizada por norma coletiva, sem que tenha algum benefício para o empregado (garantia do emprego durante a vigência da redução). Nesse sentido o § 3º do art. 611-A da CLT, que exigiu, para os casos de redução de salário por norma coletiva, a contrapartida será a da proteção dos empregados contra a despedida imotivada durante a vigência da norma coletiva.

Por outro lado, a Lei nº 13.189/2015 criou o Programa de Proteção ao Emprego (hoje chamado Programa[13] Seguro-Emprego) e autorizou a redução de 30% do salário[14] e proporcionalmente da jornada, em momentos de comprovada crise decorrente da retração econômica, mediante acordo coletivo e adesão ao programa até o prazo determinado, respeitado o salário mínimo, por um período máximo de 24 meses. Todavia, esta lei teve vida curta, pois só permitiu a adesão até o dia 31 de dezembro de 2018). O governo poderia se inspirar neste programa para estender o programa para este período de pandemia.

---

12. NASCIMENTO, Amauri Mascaro, *op. cit.*, 16. ed. 1999, p. 620.
13. Lei nº 13.456/17 alterou antigo PPE para alterar o nome do programa e prorrogar o prazo de adesão até dezembro de 2018.
14. Os empregados de empresas que aderirem ao PSE e que tiverem seu salário reduzido fazem jus a uma compensação pecuniária equivalente a 50% (cinquenta por cento) do valor da redução salarial e limitada a 65% (sessenta e cinco por cento) do valor máximo da parcela do seguro-desemprego, enquanto perdurar o período de redução temporária da jornada de trabalho. Os empregados atingidos têm garantia de emprego pelo período de adesão ao programa e, após o seu término, por mais 1/3 do período de adesão.

Havia, antes da Lei nº 13.189/2015 e da Lei 13.467/17, portanto, quatro principais correntes a respeito da flexibilização salarial. A primeira, defendida por Süssekind,[15] no sentido de que a redução salarial deveria respeitar os parâmetros e limites da Lei nº 4.923/65, defendendo que apenas restaria revogada a autorização de redução pela Justiça do Trabalho, ante o comando constitucional – art. 7º, VI, da CRFB. Outros defendiam que a diminuição salarial poderia ocorrer tanto nos casos do art. 503 da CLT, como nas hipóteses previstas na lei mencionada, desde que houvesse a intervenção sindical em ambos os casos. A terceira, no sentido de que a redução deveria respeitar os parâmetros estabelecidos na norma coletiva que a autorizou, não havendo limites impostos por qualquer lei, desde que seja para manutenção da saúde e existência da empresa. Por último, havia aqueles que delegavam à negociação coletiva todos os critérios da redução salarial, inclusive no que se referia à motivação. Sendo assim, para esta última corrente, poderia haver redução salarial, até para as empresas saudáveis, desde que a norma coletiva autorize, mesmo que para aumentar seus lucros em detrimento dos empregados.

Também nos Tribunais o tema é debatido e a maioria dos julgados é no sentido de negar validade à redução salarial ajustada exclusivamente entre as partes:

> REDUÇÃO DA JORNADA DE TRABALHO. REDUÇÃO SALARIAL. ALTERAÇÃO CONTRATUAL LESIVA. INVALIDADE. O artigo 7º, VI, da Constituição Federal garante ao trabalhador a irredutibilidade salarial, salvo o disposto em convenção ou acordo coletivo. O inciso XIII do aludido dispositivo constitucional fixou a "duração do trabalho normal não superior a oito horas diárias e quarenta e quatro semanais, facultada a compensação de horários e a redução da jornada, mediante acordo ou convenção coletiva de trabalho". O artigo 468 da CLT dispõe que só é lícita a alteração das condições contratuais por mútuo consentimento, e ainda assim se não resultar, direta ou indiretamente, prejuízos ao empregado. Da leitura desses dispositivos, extrai-se que a redução da jornada de **trabalho é lícita quando autorizada por norma coletiva e se não implicar diminuição do salário do empregado**, hipótese que não se verifica no caso. Recurso de revista de que não se conhece. (...). (TST - RR: 300420125040026, Relator: Cláudio Mascarenhas Brandão, Data de Julgamento: 15/03/2017, 7ª Turma, Data de Publicação: DEJT 24/03/2017).

Há, entretanto, raras decisões em sentido contrário, algumas aceitando a redução quando requerida pelo empregado e em seu benefício, como se verifica abaixo:

> AGRAVO DE INSTRUMENTO. RECURSO DE REVISTA. DIFERENÇA SALARIAL. REDUÇÃO DA JORNADA DE TRABALHO A PEDIDO DO EMPREGADO. O Tribunal a quo , analisando o conjunto fático-probatório existente nos autos, entendeu que ficou comprovado que a redução da jornada e a diminuição proporcional do salário aconteceram por interesse pessoal da empregada em virtude de seu marido ficar enfermo e não por uma suposta necessidade de redução de custas

15. SÜSSEKIND, Arnaldo; MARANHÃO, Délio; VIANNA, Segadas; TEIXEIRA, Lima. *Instituições de Direito do Trabalho*. 22. ed. São Paulo: LTr, 2005, v. 1, p. 444-445.

do Réu, como alegado no recurso de revista denegado. Incidência da Súmula 126 do TST. Agravo de instrumento não provido. (TST - AIRR: 5072020115040751 507-20.2011.5.04.0751, Relator: Alexandre de Souza Agra Belmonte, Data de Julgamento: 25/09/2013, 3ª Turma, Data de Publicação: DEJT 27/09/2013).

Depois da pandemia do COVI-19 a matéria voltou à baila e a MP 927 deu prevalência aos pactos individuais sobre os coletivos. Além disso, a MP 936/20 autorizou a redução dos salários em 25, 50 ou 70%, com redução proporcional da jornada, sem a necessária intervenção dos sindicatos, acirrando, ainda mais o debate, apesar da ajuda compensatória feita pelo governo para diminuir o impacto da redução para os trabalhadores.

Portanto, à primeira vista, o texto legal que autoriza a redução salarial (proporcional ou não à redução da jornada) mediante ajuste individual entre patrão e empregado, sem a prévia autorização em norma coletiva, é inconstitucional[16], devendo ser considerado nulo o ajuste, salvo casos excepcionais analisados abaixo e desde que haja alguma compensação para o trabalhador.

Como a MP 326/20 foi editada em tempos de calamidade pública, pois regulamenta o Decreto Legislativo 6/20, como medida excepcional e emergencial para socorrer a sociedade, garantir a saúde e minimizar os impactos econômicos, a matéria se torna um pouco mais complexa e merece um estudo mais aprofundado.

Como visto, a MP 936/20 ao autorizar a redução dos salários, de forma proporcional à jornada, mediante ajuste entre patrão e empregado, com contrapartida de garantia de emprego, teve a finalidade de socorrer às empresas, garantir os postos de trabalhos e empregos e diminuir impactos à economia, e, por isso, tem finalidade pública, coletiva e social.

É obrigação do Estado garantir o pleno emprego (art. 170, VIII), manter a estabilidade da economia (art. 170 caput), permitir o exercício da função social da empresa (artigo 170, III), proteger os valores sociais do trabalho e a livre iniciativa (art. 1º, IV), além de garantir uma sociedade solidária e justa, com desenvolvimento social, promovendo o bem de todos (art. 3º). Ora, todos esses princípios e valores expressos e emanados da Constituição estão claramente estampados na MP 936/20. A finalidade da medida foi a de garantir a sobrevivência das pessoas naturais e jurídicas, mantendo empregos e postos de trabalho.

16. Foi deferida Liminar na Adin 6363, do Ministro Ricardo Lewandowski, no seguinte sentido: "Isso posto, com fundamento nas razões acima expendidas, defiro em parte a cautelar, ad referendum do Plenário do Supremo Tribunal Federal, para dar interpretação conforme à Constituição ao § 4º do art. 11 da Medida Provisória 936/2020, de maneira a assentar que "[os] acordos individuais de redução de jornada de trabalho e de salário ou de suspensão temporária de contrato de trabalho [...] deverão ser comunicados pelos empregadores ao respectivo sindicato laboral, no prazo de até dez dias corridos, contado da data de sua celebração", para que este, querendo, deflagre a negociação coletiva, importando sua inércia em anuência com o acordado pelas partes.". Todavia, o plenário decidiu por maioria (7x3) pela constitucionalidade da MP 936/20, derrubando a cautelar deferida pelo Ministro Lewandowski.

Entrementes, esses princípios se chocam com aqueles que tutelam os empregados, pois colide frontalmente com princípio da irredutibilidade salarial estampado o artigo 7º, VI da CF, que decorre do princípio da proteção ao trabalhador, que só permite a redução do salário mediante acordo coletivo ou convenção coletiva.

Estamos, portanto, diante de um conflito de normas, aí compreendidos os princípios como espécie de norma constitucional. Os interesses ou princípios que necessitam de proteção são aparentemente antagônicos, pois de um lado a MP 936/20 pretende garantir a sobrevivência da empresa e manutenção dos postos de trabalho e do outro autoriza a redução dos salários dos empregados.

O método da ponderação de interesses é o instrumento hábil para equacionar os conflitos entre princípios constitucionais, na medida em que os critérios clássicos para a resolução de antinomias, quais sejam: o cronológico, o hierárquico e o da especialidade não se mostram suficientes para resolução das tensões entre normas constitucionais.

Os ensinamentos doutrinários demonstram que os conflitos entre princípios constitucionais, por uma dimensão de peso, não são tratados de maneira hierárquica, assim, o conflito é solucionado levando em consideração **o valor relativo assumido pelo princípio dentro das circunstâncias do caso concreto.**

Este método é todo embasado no Princípio ou Postulado da Proporcionalidade. Como afirmou Willis Santiago Guerra Filho:[17]

> (...) é ele que permite fazer o "sopesamento" dos princípios e direitos fundamentais, bem como dos interesses e bens jurídicos em que se expressam, quando se encontram em estado de contradição, solucionando-a de forma que maximize o respeito de todos os envolvidos no conflito.

E como ensina Daniel Sarmento:[18]

> Na ponderação, a restrição imposta a cada interesse em jogo, num caso de conflito entre princípios constitucionais, só se justificará na medida em que: (a) mostrar-se apta a garantir a sobrevivência do interesse contraposto, (b) não houver solução menos gravosa, e (c) o benefício logrado com a restrição a um interesse compensar o grau de sacrifício imposto ao interesse antagônico (grifo nosso).

Posicionando-se com relação ao conflito entre princípios, Luís Roberto Barroso[19] leciona:

> Princípios contêm, normalmente, uma maior carga valorativa, um fundamento ético, uma decisão política relevante, e indicam determinada direção a seguir. Ocorre

17. *Apud* Daniel Sarmento. *A ponderação de interesses na Constituição Federal.* Rio de Janeiro: Lumen Juris, 2003, p. 96.
18. *Idem.*
19. BARROSO, Luiz Roberto. *Interpretação e aplicação da Constituição.* São Paulo: Saraiva, 2003, p. 329.

> que, em ordem pluralista, existem outros princípios que abrigam decisões, valores ou fundamentos diversos, por vezes contrapostos. A colisão de princípios, portanto, não é só possível, como faz parte da lógica do sistema, que é dialético. Por isso a sua incidência não pode ser posta em termos de *tudo ou nada*, de validade ou importância. **À vista dos elementos do caso concreto, o intérprete deverá fazer escolhas fundamentadas, quando se defronte com antagonismos inevitáveis,** como os que existem entre a liberdade de expressão e privacidade, a livre iniciativa e a intervenção estatal, o direito de propriedade e a sua função social. A aplicação dos princípios se dá, predominantemente, mediante *ponderação.*

O cenário que estamos vivenciando influencia na interpretação e no sopesamento das normas em conflito. Por isso, vamos aos números, dados e previsões.

Estatísticos afirmam que o desemprego deve aumentar até dezembro de 2020 de 12 para 25 milhões[20-21] de desempregados em face das milhares de despedidas que vem ocorrendo em virtude do coronavírus. Há inclusive quem[22] afirme que as taxas serão ainda maiores e que chegaremos a 40 milhões de desempregados no País. A crise financeira será ainda pior que a de 2001, 2008 e a de 11 de setembro. O País deve demorar mais de dois anos para voltar aos patamares anteriores.

Até o dia 22/04/20, logo, em 22 dias contados da edição da MP 936, já havia mais de 2,5 milhões[23] de acordos individuais e coletivos registrados no site do Ministério da Economia. A previsão era de mais de 24,5 milhões de trabalhadores credenciados e habilitados para receberem o BEm e demais benefícios criados pelo Governo neste período de pandemia. Todavia, esse prognóstico logo mudou e, dias após a divulgação destes dados já se cogitava em número muito maior[24]. Mesmo com todas as medidas emergenciais de socorro aos empresários e trabalhadores, até o dia 29/04/20 já havia mais de 800

---

20. Para a Organização para a Cooperação e Desenvolvimento Econômico (OCDE), o mundo vai levar anos para se recuperar dos impactos da pandemia do novo coronavírus. A entidade avalia que o choque econômico já é maior que o da crise financeira de 2008 ou a de 2001, após os ataques de 11 de setembro daquele ano. No Brasil, dados do Instituto Brasileiro de Geografia e Estatística (IBGE), anteriores à pandemia, apontavam que havia cerca de 12 milhões de desempregados. Havia ainda, aproximadamente, 38 milhões de brasileiros em trabalhos informais. Para associações e especialistas ouvidos pela BBC News Brasil, a estimativa é de que os dados de desemprego tenham crescimento expressivo durante a pandemia... - Veja mais em https://noticias.uol.com.br/ultimas-noticias/bbc/2020/03/26/demitidos-por-causa-do-coronavirus-os-brasileiros-que-ja-ficaram-desempregados-com-a-pandemia.htm?cmpid=copiaecola, consultado em 5/04/20.
21. https://g1.globo.com/economia/noticia/2020/03/18/surto-de-coronavirus-pode-destruir-ate-25-milhoes-de-empregos-diz-oit.ghtml, acesso em 26/04/20.
22. https://epocanegocios.globo.com/Economia/noticia/2020/03/epoca-negocios-xp-ve-desemprego-atingir-40-milhoes-no-brasil-sem-plano-marshall-de-verdade.html, acesso no dia 22/4/20.
23. https://economia.uol.com.br/noticias/estadao-conteudo/2020/04/22/registrados-mais-de-25-milhoes-de-acordos-sobre-jornada-ou-suspensao-de-contrato.htm, acesso no dia 29/4/2020.
24. https://www.correiobraziliense.com.br/app/noticia/economia/2020/04/29/internas economia,849441/demitidos-durante-a-pandemia-ultrapassam-1-milhao-estima-o-governo.shtml

mil[25] trabalhadores demitidos acessando o seguro desemprego e previsão de chegarmos até o final de maio de 2020 a 3 milhões[26] de empregados demitidos neste período em decorrência do coronavírus.

Diante deste cenário a análise do direito e do conflito de interesses deve ser à luz da realidade (direito realidade), da ocasião (força maior), da urgência, da provisoriedade da medida (até 90 dias para a redução e até 60 dias para a suspensão), das condições de os sindicatos[27] responderem à necessidade de negociar coletivamente em tempo e hora, com probidade[28] e competência. Nesse sentido o voto do Ministro Barroso, que afirmou que "não há uma estrutura sindical no Brasil capaz de atender as demandas de urgência de suspensão de contrato e redução de jornada. A grande heterogeneidade dos sindicatos exibe uma incapacidade para realizar a tempo e a hora, no volume que se exigirá, com proficiência e probidade a chancela de milhões de acordos de suspensão ou de redução de jornada".

Assim, como explicado acima, a ponderação de interesses deve se pautar no "valor relativo assumido pelo princípio dentro das circunstâncias do caso concreto". Ora, o que é mais importante neste momento, a saúde física e econômica da sociedade como um todo, evitando o crescimento do desemprego e, consequentemente da fome, da violência, da desnutrição, da desigualdade social ou manter os salários dos empregados íntegros na ausência de atuação efetiva dos sindicatos? Infelizmente a maioria dos sindicatos profissionais não negocia com facilidade a redução salarial, mesmo em momentos de calamidade.

Cabe salientar que para quem recebe um salário mínimo a perda da renda é de 0%, isto é, o salário reduz, mas a renda final não. Logo, para estes casos sequer deveria ser discutida a constitucionalidade ou não da medida.

Não se pode simplesmente afastar a MP 936/20 na parte que autoriza o ajuste individual reduzir os salários, pois a medida é transitória, urgente e necessária; lado outro, também não se pode ignorar o comando do artigo 7º, VI da CF.

A solução está em priorizar o público sobre o privado, a coletividade sobre o particular, a sociedade sobre o indivíduo, exigindo a solidariedade social, em que todos ganham e todos perdem. Ganham os que ainda estão empregados e as empresas que não fecharam e perdem as empresas que estão amargando graves prejuízos e empregados com seus salários diminuídos ou contratos suspensos, assim como perdem os desempregados sem esperança de nova contratação.

25. Neste cálculo não estão incluídos os demitidos por força maior, pois a Circular 620/13 da CEF não permite o acesso ao FGTS e seguro desemprego para o caso de extinção do contrato por força maior, nem os aposentados ou que recebem outro benefício previdenciário.

26. https://economia.uol.com.br/noticias/estadao-conteudo/2020/04/22/registrados-mais-de-25-milhoes-de-acordos-sobre-jornada-ou-suspensao-de-contrato.htm, acesso no dia 29/4/2020.

27. Há sindicatos fechados sem informar as formas de contato; outros, segundo a mídia, cobrando pela negociação e outros superprotegendo os trabalhadores em detrimento da extinção de postos de trabalho.

28. https://www1.folha.uol.com.br/mercado/2020/04/empresas-afirmam-que-sindicatos-cobram-ate-r-500-para-fechar-acordo-trabalhista.shtml, acesso em 29/05/20.

Com isso, propomos que a redução da renda[29] final (e não do salário em si) do trabalhador, efetuada exclusivamente por ajuste individual, excepcionalmente seja aceita, desde que limitada a um percentual razoável, capaz de atender às necessidades básicas do trabalhador, mas que importe em alívio temporário aos empregadores. Assim, todos ganham e todos perdem: isto é solidariedade social. Entretanto, a decisão liminar do STF foi em sentido diverso, pois declarou constitucional a MP 936/20, sem as ponderações e limitações abaixo explanadas.

O valor desta redução deve ser adequado ao tamanho da crise enfrentada particularmente por cada empresa ou filial. Assim, lojas de shoppings fechadas, as administradoras destes mesmos shoppings, os cinemas, teatros etc., podem praticar valores maiores de redução, pois tiveram queda de faturamento brutal, chegando a zero em alguns casos. As empresas que ainda continuam funcionando, mesmo que de forma precária, devem adotar patamares de redução salarial inferior. O que não se admite é qualquer prática de redução salarial ou suspensão de contratos pelas raras empresas que estão ganhando com a crise, sem qualquer prejuízo, como supermercados, farmácias, hospitais, empresas de internet e assim por diante, pois o exercício do direito à flexibilização criado pela MP 936/20 tem limites, e, por isso, não pode ser utilizado para desviar sua finalidade e aumentar os lucros empresariais, sob pena de estar caracterizado o abuso de direito, conforme artigo 187 do Código Civil.

Mas, qual seria o percentual máximo de redução que atenda aos dois lados, de forma ponderada? Para tanto vamos fazer um breve passeio pela legislação existente para analisarmos os parâmetros já escolhidos pelo legislador.

O patamar de desconto autorizado por lei varia de 25 a 70% e neste ponto a MP 936/20 foi coerente, se analisada à luz das leis pré-existentes. O valor de 25% está nos artigos 503 da CLT e Lei 4.923/65 que autorizavam redução de salário, assim como na Lei 3.030/56. A Lei nº 13.189/2015, que criou o Programa de Proteção ao Emprego (depois chamado Programa Seguro-Emprego), autorizou a redução de 30% do salário[30] e proporcionalmente da jornada, em momentos de comprovada crise decorrente da retração econômica, mediante acordo coletivo e adesão ao programa até o prazo determinado, respeitado o salário mínimo, por um período máximo de 24 meses. Descontos de até 35% encontramos na Lei nº 10.820/2003, para fins de pagamento de empréstimo. O artigo 529, p. 3º do CPC permite desconto de até 50% da remuneração para pagamento de pensão alimentícia; já o artigo 82, parágrafo único da CLT permite desconto de até 70% quando o empregador fornecer a utilidade ou a parcela *in natura*.

---

29. Renda é a soma do salário já reduzido + benefício espontâneo dado pelo patrão + parcela do governo.
30. Os empregados de empresas que aderirem ao PSE e que tiverem seu salário reduzido fazem jus a uma compensação pecuniária equivalente a 50% (cinquenta por cento) do valor da redução salarial e limitada a 65% (sessenta e cinco por cento) do valor máximo da parcela do seguro-desemprego, enquanto perdurar o período de redução temporária da jornada de trabalho. Os empregados atingidos têm garantia de emprego pelo período de adesão ao programa e, após o seu término, por mais 1/3 do período de adesão.

Portanto, há percentuais já consagrados em lei e alguns tem inspirado decisões do STF[31], mesmo que não trate diretamente de redução salarial, mas que de fato impacte em diminuir a renda final do empregado.

Sob este prima, podemos afirmar que a MP 936/20 é constitucional na parte que autoriza a redução dos salários por ajuste individual para os trabalhadores em que o percentual ajustado seja compatível com a crise enfrentada pela empresa ou estabelecimento e que não abale mais que 50% de sua renda, percentual máximo de redução da renda do trabalhador, porque atende a parte dos compromissos financeiros e a dignidade do trabalhador. É bom lembrar que esta não foi a tese defendida pela decisão liminar do STF.

Melhor teria sido a Media Provisória flexibilizar as regras do artigo 617 da CLT ainda mais, para autorizar o "acordo coletivo *express*". Explico: é razoável entender que, diante da calamidade pública e do risco iminente de extinção em massa das empresas e dos empregos, os prazos e requisitos contidos no artigo 617 da CLT, para convocação do sindicato para fins de negociar coletivamente com a empresa, sejam reduzidos e excepcionados, e que os avisos sejam simultâneos de todas as entidades sindicais. Exemplo: durante esta pandemia o grupo de trabalhadores poderia se reunir previamente, de forma eletrônica, eleger uma pauta de negociação (percentual de redução de salário que atenda aos empregados e empresas), eleger um representante, notificar ao mesmo tempo o sindicato, a federação e confederação representativos de sua categoria profissional para, em 4 dias (como previsto na MP 326/20), uma das entidades sindicais assumir as negociações, sob pena de, no silêncio ou discordância da pauta, entender como recusa e os trabalhadores prosseguirem na negociação através da comissão de negociação. Com isso, vários dos requisitos burocráticos previstos em lei serão flexibilizados temporariamente. As assembleias podem ser feitas por *whatsapp* ou telefone e e-mail. Com isso, atende-se ao comando constitucional de negociação coletiva e aos anseios do empresário de redução de custos. Seria a melhor solução! Aconselhamos os patrões a adotarem paralelamente ao ajuste individual a negociação coletiva, incentivando os empregados a notificarem seus sindicatos para fins de negociação.

Cabe ressaltar que o artigo 17, II e III da MP 936/20 já flexibilizou algumas regras de negociação coletiva, já que permitiu atos eletrônicos e reduziu os prazos previstos no Título VI da CLT pela metade, todavia, não são suficientes para desburocratizar a negociação coletiva e pressionar os entes sindicais a atuarem em nome dos trabalhadores.

31. Em posição similar, o Ministro Luiz Roberto Barroso, nos autos da ADI 5766, que questiona a constitucionalidade de dispositivos da Reforma Trabalhista que alteram a gratuidade da justiça dos trabalhadores que comprovem insuficiência de recursos, também entendeu pela necessidade de ponderação de princípios, isto é, afirmou que é necessário sopesar a necessidade de se restringir a judicialização excessiva e com o direito à gratuidade de justiça preconizado no artigo 5º, LXXIV da CF. Seu voto considera válida a regra sobre cobrança de custas judiciais dos beneficiários da justiça gratuita que não justificarem o "arquivamento" da demanda pelo não comparecimento à audiência, assim como admitiu a possibilidade de cobrança de honorários periciais e advocatícios ao beneficiário da gratuidade de justiça, todavia, estabeleceu limites, compatibilizando os interesses a serem protegidos. Foi estabelecido o limite de 30% do crédito do trabalhador e fixou outros patamares.

Critérios exigidos para a redução salarial

Defendemos que a faixa salarial mencionada no artigo 12 da MP 936/20, que autoriza a negociação individual entre patrões e empregados, é o valor do salário base e não o complexo salarial, pois este depende do preenchimento de condições previamente ajustadas ou previstas em lei (adicionais e gratificações). Entrementes, a Portaria 10.486/20 do ME endente como salário aquele mencionado no artigo 28 da Lei 8.212/91, isto é, o complexo salarial. Para os comissionistas puros deve ser utilizada a média dos doze últimos meses ou, conforme Portaria 10.486/20, média dos últimos 3 meses. Comissionistas mistos deve se tomar como base a soma do fixo + comissões.

Em tempos de isolamento social e de contágio seria razoável admitir que o ajuste fosse efetuado por meios eletrônicos ou meios de comunicação, mesmo que não manuscrito e assinado fisicamente pelo empregado. Todavia, o artigo 7º, II da MP exige o acordo escrito entre patrão e trabalhador. Logo, para evitar futura alegação de nulidade, recomendamos o ajuste escrito. O empregador deve arquivar tais documentos para comprovar a bilateralidade do ajuste, caso seja futuramente questionada.

Para as reduções de 25% a MP 326/20 autorizou a negociação independentemente do valor recebido pelo trabalhador. Portanto, qualquer faixa salarial poderá ter acesso ao BEm nestas hipóteses.

Apenas para os que ganham até 3 salários mínimos (R$3.135,00) ou que percebam salário base igual ou superior a duas vezes o teto da previdência (R$12.202,12), estes desde que tenham diploma de curso superior, será possível a redução salarial de 50 ou 70% por ajuste individual. Isto quer dizer que os que recebem mais que R$3.315,00 e menos que R$12.201,00 não é admitido o acordo entre as partes, pois só podem ter seus salários reduzidos por norma coletiva.

A redução deve preservar o valor do salário hora, portanto, implicitamente foi autorizado que o empregado ganhe menos que o valor do salário mínimo mês, o salário mínimo hora será preservado.

A proposta de redução deve ser encaminhada ao empregado com dois dias de antecedência e o aceite, como afirmado acima, deve ser expresso. A redução só pode durar até 90 dias, devendo o empregador comunicar ao Ministério da Economia e o sindicato em até 10 dias da data do ajuste.

Por acordo individual, as partes podem ajustar apenas a redução de 25, 50 ou 70%. Percentuais diferentes devem ser ajustados por norma coletiva (exemplo: 30%, 45% 60%).

A MP criou o BEm (Benefício Emergencial de Preservação do Emprego e Renda), com base de cálculo apoiado no valor mensal do seguro-desemprego a que o empregado teria direito, cujo valor máximo é de R$1.813,03. O BEm não tem carência, isto é, necessidade de prazo de período aquisitivo, pois independe do tempo de vínculo de emprego. A primeira parcela será paga pelo governo no prazo de 30 dias, contado da data em que a informação tenha sido efetivamente prestada.

Aposentados podem aderir às medidas previstas na MP 936/20, mas não vão receber o BEm, pois já percebem benefício previdenciário. Isso também acontece com o auxílio doença e auxílio doença acidentário e tal exclusão não impede de o empregador afastar o trabalhador aposentado doente ou acidentado, mesmo com perda de renda. Em sentido oposto, o artigo 4º, parágrafo segundo da Portaria 10.486/20 que não admite o acordo para redução do salário/jornada e suspensão contratual. Ora, não pode uma Portaria excluir ou criar direito não previsto em lei. Lembramos que compete privativamente à União legislar sobre Direito do Trabalho e ao legislativo legislar. Atos do executivo visam apenas esmiuçar, detalhar, dar exequibilidade ao direito previsto em lei.

Os empregados afetados pela redução, que receberem o BEm, terão proteção contra dispensa imotivada pelo dobro do período que perdurou a redução salarial. Logo, a MP criou uma espécie de garantia de emprego.

Em caso de despedida do empregado, sem justa causa, antes do fim da estabilidade, o empregador, além das verbas da rescisão, deve pagar: a) 50% do salário a que o empregado teria direito no período de garantia para os salários reduzidos entre 25% a 49%; b) 75% do salário a que o empregado teria direito no período de garantia para as reduções entre 50% a 69%; c) 100% do salário a que o empregado teria direito no período de garantia para as reduções iguais ou superiores a 70%. Entendemos que em caso de extinção da empresa no período de garantia de emprego nada é devido, pois só se tem a garantia enquanto existir o emprego. Também adotamos a tese de que não deve ser aplicada a "estabilidade" após o termo final do contrato temporário, pois é espécie de contrato determinado especial – aplicação analógica da tese fixada no IAC 5639-31.2013.5.12.0051.

A ajuda de custo ou benefício concedido pelo empregador com objetivo de complementar a renda não terá natureza salarial, não servindo de base de cálculo para fins tributários, trabalhistas e previdenciário.

Intermitentes inativos receberão benefício emergencial mensal no valor de R$ 600,00 pelo período de três meses. Aliás, confusa a redação do inciso I, do parágrafo 3º da Portaria 10.486/20, pois deixa a entender que também é devido o benefício de R$600,00 aos que estão ativos e trabalhando, mesmo que sem qualquer redução.

Equivocado o entendimento consagrado no inciso I do artigo 4º da Portaria 10.486/20 que exclui o direito ao BEm ao empregado que também ocupe cargo ou emprego público, em comissão ou titular de mandato eletivo, pois tal exclusão não está prevista na MP 936/20. Ressaltamos, mais uma vez, que atos do executivo não podem violar, modificar, legislar, alterar comandos contidos em lei.

Suspensão contratual

Entende-se por suspensão contratual a paralisação das principais cláusulas do pacto, de forma que o empregado não trabalha e não recebe salário durante o período, que não é computado como tempo de serviço.

Como regra geral, tem-se que as hipóteses de suspensão do contrato de trabalho estão taxativamente previstas em lei e que não cabe o ajuste entre as partes para suspensão do contrato de trabalho, salvo quando requerido e em benefício do empregado. Isto se explica pelo princípio da proteção ao trabalhador que proíbe alterações *in pejus* e da proteção ao salário, ambos consagrados no artigo 468 da CLT. Além disso, a regra contida no artigo 3º da Lei 13.979/20 é clara quanto ao direito à falta justa do trabalhador no período de isolamento, devendo o período de afastamos com pagamento dos salários ser interpretado como espécie de interrupção do contrato de trabalho em face da semelhança com a redação contida no artigo 131 da CLT.

Todavia, diante de casos extremos e de situação emergencial, como um evento de força maior e a decretação do estado de calamidade pública, a interpretação das regras trabalhistas deve ser flexibilizada e harmonizada com o princípio da função social da empresa (art. 170 da CF), para priorizar a proteção do emprego e a sobrevivência da empresa, evitando, como consequência, milhares de despedidas e extinções de estabelecimentos.

Neste sentido, a MP 936/20 permitiu, por ajuste bilateral expresso entre patrão e empregados que percebam até R$3.135,00 ou mais de R$12.210,12 + diploma de curso superior, a suspensão por até 60 dias e consequente estabilidade por igual período. Em caso de despedida antes do termo final da estabilidade o patrão pagará 100% dos salários do período a título de indenização. Entendemos que o período deve ser o que faltava para o fim da estabilidade. O patrão deverá comunicar o Ministério da Economia e o Sindicato no prazo de dez dias do ajuste. A MP 936/20 não exige o envio de documentos ao sindicato, mas tão somente a comunicação.

Para as empresas com receita bruta inferior a R$4.800.000,00 (quatro milhões e oitocentos mil reais) em 2019 a suspensão total e terá direito a 100% do valor do seguro-desemprego a que o empregado teria direito se fosse despedido. Empresa com receita bruta superior a R$4.800.000,00 (quatro milhões e oitocentos mil reais) em 2019 o empregado terá direito a 70% do valor do seguro-desemprego + 30% do valor do salário pago pelo empregador. A parcela paga pelo patrão terá natureza indenizatória e não servirá de base de cálculo para a Previdência, FGTS ou tributária.

Durante a suspensão o trabalhador poderá recolher a previdência na qualidade de segurado facultativo.

De acordo com o artigo 8º, parágrafo 2º da MP 936/20 durante a suspensão contratual o empregador deve continuar fornecendo os benefícios que vinha concedendo. Defendemos que as parcelas pecuniárias salariais podem ser suprimidas (gratificações, adicionais, horas extras, noturnas etc.). O que deve continuar a ser fornecido pelo patrão são os benefícios sociais, como plano de saúde, tíquete alimentação, tíquete refeição etc. Não se inclui nesta obrigatoriedade o vale transporte, que pode ser imediatamente suspenso, já que tem a finalidade de custear o transporte casa-trabalho e vice versa.

Tanto no caso de redução de salário como no caso de suspensão do contrato o empregador poderá dar uma ajuda compensatória, também sem natureza salarial.

Se durante o período de suspensão temporária do contrato de trabalho o empregado mantiver as atividades de trabalho, ainda que parcialmente, por meio de teletrabalho, trabalho remoto ou trabalho à distância, ficará descaracterizada a suspensão temporária do contrato de trabalho, e o empregador estará sujeito ao pagamento imediato da remuneração e dos encargos sociais referentes a todo o período e demais penalidades previstas na lei e norma coletiva.

Suspensão para curso

De acordo com o artigo 17 da MP 936/20, durante o período de calamidade pública o empregador poderá oferecer curso ou o programa de qualificação profissional de que trata o art. 476-A da CLT, exclusivamente na modalidade não presencial, e terá duração não inferior a um mês e nem superior a três meses. Logo, temporariamente o prazo para realização de curso é diverso daquele previsto no artigo 476-A da CLT.

Como a MP 936/20 cria mecanismos urgentes para atender o estado de calamidade pública e garantir postos de trabalho, defendemos que a medida é unilateral e independe da concordância explícita do empregado ou de autorização prévia em norma coletiva, desde que o curso seja pertinente com o trabalho, à distância e custeado pelo patrão. É claro que indiretamente o empregado acaba concordando quando assiste o curso oferecido.

O empregador poderá punir o empregado que se recusar a fazer o curso, já o pagamento da bolsa depende da realização do curso.

Difícil para o empresário será provar que o curso tem a mesma duração da suspensão contratual, pois, sendo à distância e não sendo na modalidade "ao vivo", o empregado vai assistir a carga horária que desejar por dia. Alguns suportam mais tempo diante da tela do computador, outros menos. Por isso, ou o empregador libera o acesso de cada módulo paulatinamente ou permite o acesso em tempo igual ao da duração do curso com carga horária compatível com o tempo de duração da suspensão.

Neste período, terá o empregado direito a receber a bolsa de qualificação profissional a que se refere o artigo 2º-A da Lei 7.999/90. Devem ser aplicadas, no nosso entender, as demais regras contidas no artigo 476-A da CLT.

OUTROS ASSUNTOS

Extinção do contrato de trabalho

A MP 936/20 não garante estabilidade e/ou garantia de emprego a nenhum empregado que não efetuou acordo com o patrão para redução ou suspensão do contrato. Aliás, nenhuma das Medidas Provisórias o faz. Portanto, a despedida continua sendo um direito potestativo do patrão não obstado por nenhum diploma legal, salvo naqueles casos específicos expressos em lei (gestante, acidentado, dirigente sindical etc.). As medidas criadas pelo governo têm como finalidade a manutenção do emprego daqueles que optaram por aquelas opções oferecidas, de forma a atenuar a extinção dos postos de trabalho.

No caso de a atividade econômica não resistir aos graves impactos da paralisação imposta pelo Governo ou pelas consequências do isolamento social, o empregador poderá romper o contrato de trabalho dos empregados, por força maior. Neste caso, são devidos os seguintes direitos: férias proporcionais + 1/3, férias vencidas + 1/3 (se ainda não concedidas), 13º proporcional e saldo de salário. Além disso o empregado levanta o FGTS (artigo 20, I da Lei 8.036/90). O empregador ainda terá que pagar 20% a título de indenização adicional sobre o FGTS (art. 18 da Lei 8.036/90). É indevido o aviso prévio, pois o evento foi imprevisível e involuntário.

Apesar da lei ser clara e expressa quanto ao levantamento do FGTS, o parágrafo 2º do artigo 18 da Lei 8.036/90 menciona que a indenização de 20% é devida quando reconhecida pela Justiça do Trabalho a força maior. Neste sentido a Circular 620/13 da CEF extrapola o conteúdo da lei do FGTS, pois não autoriza o levantamento do FGTS, da indenização de 20% nem o acesso ao seguro desemprego, pois exigia a certidão de trânsito em julgado de decisão da Justiça do Trabalho acerca da força maior. Ora, o objetivo do mencionado parágrafo foi o de garantir que a extinção do contrato tenha ocorrido por força maior, o que é despiciendo neste momento, pois a MP 927/20 expressamente a declara para fins trabalhistas. Ademais, mesmo que se defenda a interpretação literal da norma, a liberação dos depósitos do FGTS está garantida no artigo 20 da Lei 8.036/90 para os casos de extinção do contrato por força maior e, por isso, não deveria ser confundida com a percepção da indenização adicional. Revendo seu posicionamento a CEF editou há pouco a Circular 903/20. Nesta não mais exige a certidão de trânsito em julgado de decisão da Justiça do Trabalho da extinção por força maior. Apesar da confusa redação, parece que a situação está melhor e os demitidos por força maior já podem acessar o FGTS e o seguro desemprego.

Ressalte-se que a força maior mencionada nos artigos 501 e 502 da CLT, é a que enseja a extinção do estabelecimento ou de toda a empresa. Isto quer dizer que se a atividade empresarial na unidade técnica (estabelecimento) continua, e que apenas parte foi demitida, estes não serão demitidos por força maior e sim pela despedida imotivada.

Entendemos que, em certos casos, quando a paralisação da atividade foi determinada pelo poder público, estará presente a hipótese do artigo 486 da CLT, isto é, o *factum principis* ou fato do príncipe. Isto se explica porque não há lei que obrigue ao fechamento ou paralisação das atividades e à prática exata das medidas que estão sendo tomadas, não se caracterizando, por isso, em ato vinculado.

A decisão de paralisar e fechar atividades empresariais é discricionária, pois emana de critérios de valoração administrativa dos órgãos estatais, que escolhem a extensão das medidas restritivas, o tempo e os atingidos. Todas as medidas são emanadas da valoração subjetiva que o ente público traça para enfrentar a pandemia.

Em caso de fechamento ou extinção da empresa ou de um de seus estabelecimentos que acarrete a extinção do contrato de trabalho dos que ali trabalhavam, o ente público pagará a indenização adicional sobre o FGTS e o empregador as demais verbas da rescisão devidas em caso de força maior, como explicado acima.

No caso de *factum principis*, há controvérsia em relação ao montante devido e em se fixar quais são estas parcelas, pois a lei se refere à "indenização".

Uma vertente[32] considera que a autoridade competente é responsável pelo pagamento de todas as parcelas decorrentes da cessação do contrato de trabalho, isto é, pelas parcelas resilitórias (férias +1/3, trezeno, indenização adicional sobre o FGTS e saldo de salários).

32. NASCIMENTO, Amauri Mascaro. *Curso de Direito do Trabalho*. 16. ed. São Paulo: Saraiva, 1999, p. 535.

Valentin Carrion,[33] Mauricio Godinho[34] e Gabriel Saad[35] (posição majoritária) defendem que a responsabilidade da autoridade que extinguiu a empresa está limitada à indenização por tempo de serviço por contrato indeterminado (atualmente corresponde à indenização adicional sobre o FGTS, isto é, aos 40%) ou por contrato determinado (art. 479 da CLT). Entrementes, para os que defendem esta corrente há uma divergência quanto ao percentual. Para alguns[36] essa indenização deve ser paga pela metade, ou seja, 20% sobre o FGTS – art. 18, § 2º, Lei nº 8.036/90. Outros,[37] de forma diversa, no sentido de que a autoridade não pode se beneficiar do comando legal, pois foi dirigido ao empregador e não ao terceiro que praticou o ato. Concordamos com esta corrente e com a posição de que o art. 486 da CLT transferiu para a autoridade interveniente apenas a responsabilidade pela indenização adicional do FGTS.

Também defendemos a tese de que a Justiça do Trabalho é competente para apreciar e julgar o ente público e para condená-lo, se for o caso, no pagamento da respectiva indenização, apesar do comando legal ser em sentido diverso. Isto porque, a partir da EC 45 a Justiça do Trabalho passou a ser competente para todas as lides que envolvam a relação de emprego, independente do réu.

Conclusão

As medidas autorizadas pela MP 936/20 socorrem as empresas e os empregados e o BEm alivia o trabalhador dos impactos criados por estas mesmas medidas. Diante do cenário de calamidade pública, todos devem colaborar para a manutenção da saúde e de patamares mínimos de sobrevivência.

33. CARRION, Valentin. *Comentários à Consolidação das Leis do Trabalho*. 28. ed. São Paulo: Saraiva, 2003, p. 378.
34. DELGADO, Mauricio Godinho. *Curso de Direito do Trabalho*. São Paulo: LTr, 2002, p. 1.112.
35. SAAD, Eduardo Gabriel. *Consolidação das Leis do Trabalho Comentada*. São Paulo: LTr, 1993, p. 367.
36. Aparentemente esta é a posição SÜSSEKIND, Arnaldo. *Curso de Direito do Trabalho*. Rio de Janeiro: Renovar, 2002, p. 354.
37. Neste sentido CARRION, Valentin. *Comentários à Consolidação das Leis do Trabalho*. 28. ed. São Paulo: Saraiva, 2003, p. 378.

3

CONSIDERAÇÕES SOBRE AS MEDIDAS ADOTADAS PELO BRASIL PARA SOLUCIONAR OS IMPACTOS DA PANDEMIA DO COVID-19 SOBRE OS CONTRATOS DE TRABALHO E NO CAMPO DA SEGURIDADE SOCIAL E DA PREVENÇÃO DE RISCOS LABORAIS[1]

Thereza C. Nahas[2]
Luciano Martinez[3]

Introdução

Desde 4/2/2020 o governo brasileiro tem publicado diversas normas para tentar contornar os efeitos da COVID-19. As primeiras medidas vieram pela Portaria nº

1. Este artigo foi publicado no especial COVID-19 organizado pela rede mundial Cielo e está disponível em *www.cielolaboral.com.*

2. Acadêmica titular da Cadeira nº43 da ABDT; Doutora e Pós-Doutora pela UCLM/Espanha e Doutora pela PUC/SP, com especialidade em Direito do Trabalho, Internacional do Trabalho e Processual do Trabalho; Juíza do Trabalho (TRT/2ª Região); Professora e Pesquisadora; currículo lattes: http://lattes.cnpq.br/2361402097260893.

3. Juiz do Trabalho do TRT da 5ª Região (Bahia). Professor Adjunto IV de Direito do Trabalho e da Seguridade Social da UFBA. Titular da Cadeira n. 52 da Academia Brasileira de Direito do Trabalho. Titular da Cadeira n. 26 da Academia de Letras Jurídicas da Bahia. E-mail: lucianomartinez.ba@gmail.com. Instagram:@lucianomartinez10.

188, 3/2/2020 que declarou estado de emergência em Saúde Pública e a Lei 13.979, 6/2/2020 que estabeleceram algumas medidas de importância internacional para conter a propagação do vírus, entre elas a quarentena e o isolamento. Para conter o aumento dos casos de infecção, os governos estaduais e federal ordenaram a suspensão do trabalho e o fechamento de diversos setores de atividades cumprindo assim, com a orientação de isolamento social. Iniciou-se um período de produção abundante de regras.

No momento que as medidas de isolamento se implementam, inicia-se a pressão dos empregadores para as soluções jurídicas e legais quanto aos impactos das medidas de exceção nos contratos de trabalho em curso. Consideram que a suspensão das atividades empresariais resulta na impossibilidade de entrada de recursos para a manutenção da própria atividade empresarial. Há que considerar que na informação do SEBRAE de 2018, 98% dos pequenos e médios negócios movimentam a economia paulista. 50% dos empregos formais estão nestas empresas localizadas no Estado de São Paulo. O número dos pequenos negócios empresariais no Brasil equivale a 37%, *i.e,* 6,4 milhões. As Micro de Pequenas Empresas respondem por 52% dos trabalhadores com empregos formais[1]. Em 2019 registrou-se a existência de mais de 8 milhões de microempreendedores, o que representa um crescimento de 120% em cinco anos. Não obstante o número de desempregados, neste mesmo ano, girava em torno de 13 milhões.

Foi aprovada, ainda, a Lei 13982, 2/4/2020 que estabelece parâmetros para a caracterização da situação de miserabilidade a fim de permitir o pagamento da prestação continuada as pessoas vulneráveis. autoriza o pagamento de um auxílio aos trabalhadores informais, vendedores ambulantes e camelos, microempreendedores, agricultores família, artistas entre outros trabalhadores de baixa renda, enquanto houver a calamidade pública. O benefício social permitirá a inclusão de trabalhadores que em geral estão excluídos do sistema de proteção social, além de permitir o aumento provisório de benefícios como, *ej*, o bolsa família.

Outras medidas baixadas para conter a pandemia estão relacionadas ao fechamento de fronteiras e restrição de entradas de estrangeiros no País, mesmo que pertençam ao Mercosul, questões estas excepcionais e com tempo de duração limitada ao estado de calamidade.

Sobrevieram regras definindo atividades essenciais que não poderão sofrer solução de continuidade em razão do perigo que sua paralização possa vir a causar à sobrevivência, saúde ou a segurança da população. Assim, por exemplo: imprensa, serviço de *call center*, serviços funerários, compensação bancária, transporte de numerário, atividade de defesa nacional, iluminação e segurança públicas, assistência social e saúde. Sabendo-se que a situação é inusitada e reclama medidas diversas é que se fixou um rol exemplificativo de atividades de natureza essencial.

É necessário que as medidas sejam eficientes para conter os impactos presentes e futuros corolários da situação de urgência, justamente para atender as necessidades públicas, bem como para garantir a observância à dignidade humana. Daí que, sem ofensa as religiões, não parece que seja essencial as atividades religiosas de qualquer natureza estabelecidas na Lei 10.292 que complementou a Lei 10.282, posto que isso permitiria a realização de cultos com a presença de grande número de pessoas, o que vai contra todas as outras medidas e orientações.

São dois os principais instrumento que regulamentam a situação dos trabalhadores subordinados, quais seja, a Medida Provisória (MP, a partir daqui) nº 927 e a nº 936.

Por último, foram publicadas duas MP importantes, nos dias 3 e 4 de abril, respectivamente, nº 944 e 945: a primeira estabeleceu o programa emergencial de suporte a empregos, abrindo linha de crédito às pessoas jurídicas para honrar com os pagamentos de salários de seus empregados e estabeleceu uma importante medida de proteção ao trabalhador: aquele que for beneficiário do crédito, não poderá rescindir o contrato de trabalho dos seus empregados sem justo motivo até o 60º dia após o recebimento da última parcela da linha de crédito. A segunda, traçou uma importante regulamentação durante o tempo de duração da pandemia, aos trabalhadores portuários, entendendo o legislador a importância de se regulamentar este setor da economia nacional que tem uma expressiva e abundante entrada e saída de pessoas e mercadorias.

Teletrabalho

A reforma trabalhista de 2017 regulamentou o teletrabalho de forma quase inexpressiva, o que levou ao consequente aprimoramento das normas pela MP 927/2020 para que empregadores pudessem adaptar o trabalho à distância em razão da determinação das medidas de isolamento. Algumas regras irão conflitar com as dispostas na CLT, mas prevalecerão justamente em razão da especialidade da finalidade para a qual foram editadas. Pode-se, assim, detalhar numa apertada síntese: 1) a regra da MP se aplica aos casos específicos de calamidade pública e emergência de saúde públicas em decorrência da COVID-19; 2) a situação de urgência para adaptação das alterações contratuais, autoriza que o empregador, a seu critério, altere as condições de trabalho no modo presencial para teletrabalho, trabalho remoto ou outro tipo de trabalho a distância, independente de acordo individual ou coletivo, isto é, dispensa a manifestação de vontade do empregado, passando a condição contratual a ser ato unilateral do empregador, ampliando o poder de direção. A comunicação deverá ser formalizada ao trabalhador no prazo mínimo de 48 horas de antecedência, por escrito ou meio eletrônico. O modelo de teletrabalho na CLT exige contrato escrito e manifestação expressa da vontade do trabalhador; 3) as duas leis (CLT e MP 927) ressaltam que o trabalho com uso da tecnologia da informação e comunicação não se confundirá com trabalho externo regulado no art. 62, I da CLT; 4) os custos operacionais do trabalho a distância no regime de urgência, será previsto no contrato no momento em que se determinar a prestação de serviços à distância ou no período de 30 dias subsequentes. Caso o trabalhador não possua os equipamentos necessário para o trabalho a distância o empregador, *a)* fornecerá os equipamentos em regime de comodato, responsabilizando-se pelos custos de infraestrutura (*ej*, conexão com internet); ou, *b)* se não for possível o empregador fornecer o equipamento necessário, o tempo de trabalho será remunerado como tempo à disposição. Esta regra não foi prevista no regime geral da CLT, embora a jurisprudência e doutrina já acenavam para a responsabilidade do empregador quanto aos custos da estruturação deste tipo de trabalho. A novidade da MP está no *fato extraordinário*: muitos empregadores não estavam preparados para ver seus empregados trabalhando à distância de modo que, se não houver condições de cumprimento por ausência de infraestrutura, o tempo de afastamento será equivalente a tempo à disposição, remunerado, pois; 5) o legislador da MP estabeleceu que a jornada cumprida deverá ser a ordinária. Caso o trabalhador ative-se com uso de aplicativos ou programas de comunicação da empresa fora do horário de trabalho (originariamente presencial) não será computado como tempo à disposição, prontidão ou sobreaviso. O trabalhador deverá se organizar para trabalhar estritamente dentro da jornada contratada. No regime da CLT, o legislador expressamente exclui o teletrabalho do regime de sobrejornada ou qualquer forma de tempo à disposição; 6) a MP permite, ainda, que se ative em teletrabalho qualquer tipo de trabalhador, inclusive estagiários e aprendizes. Evidentemente que a solução do teletrabalho será aplicada aqueles casos em que o trabalho possa ser realizado à distância. Para os trabalhadores que exerçam outras tarefas que não permitam este tipo de trabalho, as soluções terão que ser diversas.

Publicada em 01/04/2020 a MP nº 936 estabeleceu um Programa Emergencial para a Manutenção do Emprego e da Renda cuja intenção é: preservar emprego e renda; garantir a continuidade do trabalho e da empresa e reduzir o impacto social decorrente das consequências da decretação do estado de calamidade pública. Em apertada síntese, cria-se um sistema de complementação de renda, custeado pelo Governo Federal, admitindo-se duas situações excepcionais e transitórias: *i)* redução proporcional de jornada e salário; *ii)* suspensão temporária do contrato de trabalho. O impacto no trabalho à distância desta medida está no par. 4º, art. 8º: se o empregador suspender temporariamente o trabalhador que terá direito ao benefício emergencial e exigir dele, ainda que de forma parcial a execução do trabalho à distância, remoto ou teletrabalho, terá, imediatamente, descaracterizada a suspensão contratual incidindo nas penalidades legais e administrativas.

Condições de trabalho no plano individual, com referência a institutos de direito a férias ou distribuição de tempo de trabalho, por exemplo

Há várias funções que não poderão ser desempenhadas no âmbito do trabalho à distância, como por exemplo, a maioria do trabalho no comércio (não virtual), restaurantes, cabeleireiros, transportes entre outros. Para estas situações a CLT conta com algumas regras possíveis de harmonização, mas sem qualquer previsão expressa que possa aplicar-se estritamente a atual situação. Os art. 501 a 504 tratam do instituto da *Força Maior*, conceito que se estende a todo evento inevitável para o qual não tenha contribuído o empregador. Nas hipóteses em que o fato de força maior afetar a atividade empresarial de modo substancial, o legislador da CLT autoriza a redução salarial, enquanto permanecer o evento, em até 25%, devendo tudo ser restabelecido quando do retorno à situação de normalidade. A regra é anterior a Constituição Federal de 1988 que condicionou a redução de jornada e salário à negociação coletiva. Há quem diga que a disposição da CLT teria sido revogada. A MP não trouxe um capítulo especifico destinado à força maior, não obstante em todos os dispositivos tratados refere-se à aplicação das regras nela expostas a uma situação provisória, isto é, sua destinação deverá ser aplicada unicamente enquanto durar o estado de calamidade pública. Neste contexto, previu uma regra destinada a suspensão dos contratados pelo prazo de até quatro meses para qualificação profissional ou curso de formação não presencial que fosse oferecido pelo empregador ou outra entidade especializada. O grande problema da regra é que previu que a suspensão contratual admitiria o não pagamento dos salários, podendo o empregador pagar ao trabalhador algum benefício de forma voluntária e sem qualquer vinculação ou compromisso. A regra não sobreviveu por 24 horas e foi imediatamente revogada pela MP 928 publicada no dia seguinte (art. 2º).

A pergunta que ficou no ar é se, efetivamente, é possível, ou não, suspender o contrato de trabalho por *acordo individual* e com redução salarial de até 25% como prevê o art. 503, CLT. É certo que a regra Constitucional prevê a necessidade de negociação coletiva para redução de jornada e salário. Todavia, não parece existir qualquer incompatibilidade entre a regra estabelecida no diploma consolidado e a necessidade de medidas extraordinárias adotadas justamente para a realização dos fundamentos da Carta Constitucional, relativo aos valores sociais do trabalho e da livre iniciativa. Não estamos diante de uma situação de tensão entre o direito do trabalho e a liberada empresarial, mas sim diante de um tema extraordinário, vinculado à saúde pública, que necessita de soluções extraordinárias. A pandemia da COVID-19 é uma questão de Estado e não de mercado, ao contrário do que ocorreu na crise de 2008 das *subprimes*. Refere-se a saúde pública e afeta a todos indistintamente. Não houve previsão pelo legislador Constitucional quando instituiu o extenso rol das regras de proteção aos direitos sociais entre eles, o trabalho. Aos trabalhadores a CF/88 previu a proteção à relação de emprego, bem como garantiu outras liberdades, entre elas a econômica, todas essenciais a manutenção da dignidade humana. A solidariedade e a boa-fé devem ser levadas em conta na interpretação das adaptações dos negócios jurídicos, intencionalmente dirigidos a finalidade de recobrar a normalidade da situação. Não se pode ter outra interpretação que não a de permitir, exatamente nos termos do instituto da força maior, a redução salarial de até 25%, por acordo individual, observando que o trabalhador não poderá receber, em hipótese alguma remuneração inferior ao valor do salário mínimo federal. Tal se dá unicamente até que se cesse a situação decorrente do acontecimento inevitável e para o qual a vontade do empregador não contribuiu. Não considero que o Capítulo VIII da Lei Trabalhista seja incompatível com a CF/88, ao contrário, foi por ela recepcionado. As negociações coletivas reclamam um procedimento próprio nem sempre compatível com a urgência que se exige de decisões que necessariamente devem ser tomadas em situações extraordinárias, como as que estão sendo vivenciadas. Desde a reforma trabalhista de 2017 os sindicatos perderam o protagonismo que idealmente deveriam ter, havendo várias discussões em curso sobre a representatividade e liberdade sindical, dificultando ainda mais as negociações sem burocracia a nível coletivo. A situação deveria reclamar uma ação eficiente dos sindicatos, cuja ausência é absolutamente percebida neste momento histórico.

A publicação da MP 936 certamente colocará uma pedra na discussão quanto à aplicação ou não do dispositivo supramencionado da CLT, pois previu a possibilidade da redução proporcional de jornada ***e*** salário com a preservação do valor do salário hora (art. 3º, II e 7º, I). Trouxe a previsão de três institutos distintos, sendo que cabe a mim tratar de dois deles:

I - Redução Proporcional da Jornada e do Salário: 1) poderá ser firmada por acordo individual ou coletivo; 2) a redução deverá ser proporcionalmente de jornada ***e*** de salário, *i.e*, não se pode *reduzir* salário sem que haja *redução* da jornada. O legislador vinculou a manutenção do valor da redução ao do salário hora, de modo que não poderá o trabalhador receber o valor-hora inferior ao salário hora por ele percebido; 3) a lei impôs graus de distinção entre os trabalhadores considerando o valor do salário que recebem e que importará no percentual do valor do benefício que será pago. Assim, a negociação poderá ter natureza (art. 7º c/c 12): (i) individual ou coletiva se a redução salarial pactuada for de 25% independentemente do valor do salário do trabalho ou grau de instrução; (ii) individual, sem prejuízo da negociação coletiva, se a redução salarial pactuada for de 50%, para trabalhadores que recebam até R$3.117,00 ou acima de R$12.202,12 e tenham instrução com grau superior; (iii) individual, sem prejuízo da negociação coletiva, se a redução salarial pactuada for de 70%, para trabalhadores que recebam até R$3.117,00 ou acima de R$12.202,12 e tenham instrução com grau superior; (iv) negociação coletiva, independentemente do valor salarial e do índice de redução salarial fixado na norma coletiva (art. 11, par. 1º); (v) coletiva, se o trabalhador receber mais de R$3.117,00 e menos de R$12.202,12 independentemente do ajuste percentual. Em todas as situações, a negociação perdurará até que cessado o estado de calamidade pública, chegando ao fim a data da negociação da redução ou havendo decisão do empregador de cessar a situação de exceção, o trabalhador recuperará o *status quo* contratual. Em qualquer caso, (i) a redução poderá ser pactuada até 90 dias, de forma continua ou não; (ii) a comunicação do empregador ao trabalhador deverá ser concretizada com antecedência mínima de dois dias corridos; (iii) cessado estado de calamidade pública, chegando ao fim a data da negociação da redução ou havendo decisão do empregador de cessar a situação de exceção, o trabalhador recuperará o *status quo* contratual que se concretizará em dois dias. Cumpridas as exigências legais com a respectiva comunicação do empregador ao Ministério da Economia, o trabalhador fará jus ao benefício emergencial custeado pelo governo federal que poderá ser cumulado com *ajuda compensatória mensal* paga pelo empregador (art. 9º) e início e pagamento a parte de 01/04/2020.

II - Suspensão Temporária do Contrato de Trabalho: 1) pode ser ajustada por até 60 dias sucessivos ou fracionados em dois períodos de 30 dias; 2) deve ser comunicada pelo empregador ao trabalhador com antecedência mínima de dois dias corridos; 3) independentemente do valor salarial percebido e da formação profissional do trabalhador (art. 8º c/c 12) a negociação pode ser: (i) individual ou coletiva, se o trabalhador receber até R$3.117,00 ou acima de R$12.202,12 e tiver instrução com grau superior; (ii) coletiva, para todos os trabalhadores independentemente do valor salarial percebido. A suspensão contratual importará na dispensa do pagamento dos salários, recebendo o trabalhador 30% a título de ajuda compensatória mensal desde que a empresa empregadora tinha tido faturamento da receita bruta em 2019 de valor superior a R$4.800.000,00. Os 70% restantes serão pagos pelo valor de benefício a cargo da Estado; se a receita bruta da empresa foi inferior ao valor acima citado, o Estado arcará com 100% do valor do benefício dispensando o empregador do pagamento de qualquer outro valo durante período de suspensão. Em qualquer situação, a redução poderá ser pactuada até 90 dias e, cessado estado de calamidade pública, chegando ao fim a data da negociação da redução ou havendo decisão do empregador de cessar a situação de exceção, o trabalhador recuperará o *status quo* contratual; 4) durante período de suspensão o trabalhador fará jus aos benefícios que o empregador conceder a todos os trabalhadores (ex.: cesta básica).

Importa pontuar mais quatro questões desta MP 936. Uma, relativa, a ajuda mensal compensatória que, exceto pela exceção da questão da suspensão contratual já referida, poderá, em qualquer situação, ser paga voluntariamente pelo empregador e não terá natureza salarial, não incorporando a remuneração do trabalhador para nenhum efeito e podendo ser abatida das despesas com impostos da empresa. Segunda, com a inscrição no programa, o trabalhador adquire garantia provisória no emprego que perdurará pelo período em que for ajustada e redução de jornada e salário ou suspensão do contrato até que, restabelecida a situação de normalidade, pelo mesmo prazo que foi ajustado a alteração contratual pelo período de exceção. Caso haja dispensa imotivada durante o período da garantia, o empregador arcará com as indenizações compensatórias previstas no art. 10, par. 1º. Terceiro, a MP garante o benefício de R$600,00 ao trabalhador intermitente pelo período de três meses, custeados pelo Estado. Quarto, a MP excluiu das flexibilidades contratuais os trabalhadores da administração direta, indireta, suas subsidiárias, fundação pública e organismos internacionais.

A MP 927 que antecedeu a MP 936 previu algumas outras medidas expressas dirigidas a atual situação de calamidade e necessidade públicas. São elas: I) *férias*: 1) admite-se a antecipação das individuas e coletivas, respeitado o período mínimo de gozo de 5 dias; 2) comunicação no prazo de 48 horas antes do início de gozo; 3) possibilidade de gozo antes de vencido o período aquisitivo; 4) prioriza o gozo dos trabalhadores pertencentes ao grupo de risco (COVID-19); 5) possibilidade de suspensão do período de férias ou licença dos profissionais de saúde, devendo o comunicado de retorno ser emitido preferencialmente com o mínimo de 48 horas antes do momento que tenham que regressar; 6) o empregador poderá decidir pelo pagamento de 1/3 das férias após a concessão e gozo devendo honrar o pagamento até o momento do acertamento do 13º salário no final do ano; 7) não haverá necessidade de adiantamento da remuneração das férias, podendo ser efetivado até o 5º dia útil do mês subsequente, isto é, data do acertamento do salário ; 8) a concessão das férias coletivas dispensa a necessidade de comunicação ao órgão local do Ministério da Economia; II) *aproveitamento e antecipação de feriados*: poderão os empregadores adiantarem os feriados não religiosos de natureza federal, estadual ou municipal, devendo fazer a comunicação por escrito, isto é, o dia de suspensão do trabalho em razão da quarentena será tido como antecipação do feriado, de modo que, no dia do feriado, poderá o trabalhador ser chamado a executar suas tarefas. A condição é que não seja religioso e, se coincidir com feriado religioso o trabalhador deverá concordar expressamente com esta condição; para os demais feriados o ato é unilateral do empregador, dentro de seu poder de direção. Será possível ainda, que se compense o feriado com o saldo que o trabalhador tiver no banco de horas; III) *Banco de horas*: a reforma trabalhista de 2017 trouxe algumas normas especiais no tocante ao instituto, prevendo a existência de acordos escritos, de natureza individual ou coletiva. Pode-se contratar duas horas extras diárias, sem que exceda a jornada diária de 10 horas, devendo haver compensação dentro de um ano desde que o acordo seja coletivo; se o acordo for individual, as compensações devem ocorrer dentro de 6 meses; e se o acordo for individual, tácito ou escrito, dentro do mesmo mês. A novidade trazida pela MP é que o empregador poderá determinar a interrupção do trabalho no período em que for necessário para a obediência da cessação ou redução do trabalho em virtude da calamidade pública de forma unilateral, sem necessidade de respeitar os prazos instituídos pela lei geral. O empregador será credor das horas e poderá o empregado compensar no período de 18 meses a contar do final da decretação de calamidade pública através de prorrogação da jornada cujo período de trabalho não poderá superar a 10 horas diárias. A incoerência da regra da MP está no fato de que, o caput do art. 14 exige o acordo individual ou coletivo formal, e no par. 2º prevê o legislador que a compensação poderá ser determinada unilateralmente pelo empregador independentemente de qualquer acordo (individual ou coletivo). A última observação importante, é que o legislador permite que as horas possam *beneficiar o empregador*. Explico: em geral, o banco de horas serve para guardar as horas extras que o trabalhador se ativou para, em momento posterior poder usufruir o descanso que não coincidirá com aqueles que ordinariamente são inerentes ao contrato, *ej*, os descansos semanais remunerados e feriados. Na hipótese, a situação será invertida: o empregador será o credor das horas e o banco será criado a seu favor, de modo que o trabalhador passa da condição originária de credor, a devedor.

Além das medidas relativas à flexibilidade das condições contratuais, o legislador permitiu que os recolhimentos para o FGTS fossem diferidos. Há que lembrar que o fundo representa o depósito de valores que servirão de base para o pagamento de indenização pela rescisão imotivada. Com o passar dos tempos de vigência desde a instituição do FGTS (1967), ampliou-se a sua função para constituir um verdadeiro benefício a favor do trabalhador para hipóteses não somente relativas à ruptura contratual, mas também, para servir a outras situações como morte, doença grave, necessidade natural em caso de desastre natural. A MP tratou de permitir que os depósitos na conta vinculada fossem postergados, independentemente da natureza do empregador ou do ramo de atividade sem incidência de multas e desde que a contribuição seja relativa ao período em que durar a calamidade pública. Se o trabalhador tiver *necessidade pessoal* a ser suprida, a possibilidade de efetuar o saque já está autorizada pela lei 8036/1990, aliás, tem natureza não transitória. A intenção legislativa foi de permitir que o trabalhador possa se beneficiar dos valores depositados na conta vinculada em toda e qualquer situação em que se verificar urgência ou gravidade que decorra de um desastre natural. O trabalhador deverá atentar para o fato de que o pedido terá que ser formulado no prazo de 90 dias contatos da *data da publicação do ato de reconhecimento, pelo Governo Federal, da situação de emergência ou de estado de calamidade pública* (art. 20, XVI, b, L. 8036/90).

Por fim, a MP regulou outras matérias não menos importantes: 1) possibilidade de prorrogação da jornada de trabalho dos agentes de saúde, *ie*, o trabalhador poderá ser chamado a trabalhar até 12 horas por dia, independentemente de acordo individual ou coletivo. A matéria já tinha previsão no art. 61, CLT que trata da situação de força maior ou estado de necessidade e dispensaria a previsão na MP que acabou por restringiu o alcance da norma aos profissionais da área da saúde, enquanto a regra da CLT é mais abrangente. As horas excedentes poderão ser pagas ou compensadas através do controle no banco de horas, dentro do prazo dos 18 meses após o encerramento da decretação de calamidade pública 2) adoção de escalas de trabalho entre a 12ª e 24ª hora garantido um dia de descanso na semana; 3) suspensão de prazos para procedimentos administrativos e aplicação de penalidades, salvo nos casos de denúncia por falta de registro de trabalhadores risco ou gravidade relacionado a COVID-19; trabalho escravo ou infantil; 4) A MP se aplica a todos tipo de trabalhador, inclusive aos temporários, terceirizados e domésticos.

Decisões de Transcendência Coletiva adotadas em Situações de Crise Empresarial com particular referência ao Tratamento da situação de Força Maior

Os agentes sociais e econômicos estão se movendo para minimizar os inevitáveis prejuízos financeiros e sociais que experimentam e, provavelmente se incrementarão, dos impactos das medidas que estão sendo adotadas para o enfrentamento da emergência destinada a conservação da saúde pública e bem-estar da população. Paralelo às medidas já mencionadas há outras que vem sendo adotadas pelo governo dirigidas as mais diversas áreas, todas elas elencadas de em ordem crescente de data de publicação no site http://www4.planalto.gov.br/legislacao/. Outras ações são empreendidas por pessoas físicas e jurídicas calcadas principalmente em medidas solidárias, abrindo um enorme leque de formas alternativas de soluções, moral e jurídicas, para conter a crise e ajudar o próximo como, *ej*, a plataforma "vizinho do bem" criada para ajudar pessoas em situação de risco com a finalidade de que não tenham a necessidade de saírem de casa para manterem suas tarefas básicas. O Ministério Público do Trabalho editou uma nota técnica voltada a proteção da criança e do adolescente traçando algumas orientações para a preservação da saúde deles, entre elas a suspensão das aulas presenciais, interrupção dos contratos de aprendizagem e estágio, com a garantia do pagamento da remuneração. Há convênios coletivos sendo firmados entre entidades sindicais e acordos entre empregados e empresas com previsões de cláusulas conforme as regras legais já existentes e outras novas modalidades que atenda os interesses da classe trabalhadora e empresarial.

O grande receio de todos é o fantasma da recessão. O Brasil empregava programas e reformas para tentar sair da recessão que se encontrava. O que se espera desta crise é que o prejuízo e as dificuldades serão ainda maiores, atingindo especialmente os empregos e contribuindo para precarizar ainda mais a parcela mais vulnerável da população. O Instituto Brasileiro de Geografia e Estatística estima que o número de desempregados poderá atingir 20 milhões, gerando um verdadeiro caos para a economia e a sociedade. O presidente da XP Investimentos no Brasil, prevê a possibilidade de 40 milhões de desempregados. A secretária executiva da CEPAL avalia que a América Latina e Caribe serão fortemente afetados por diversas vias e, se houver a redução de 1,8% do PIB na região "o número de pessoas em extrema pobreza (sem recursos para a manutenção da capacidade de trabalho) subirá dos atuais 67,4 milhões para 90 milhões".

Medidas adotadas no campo da Seguridade Social

A República Federativa do Brasil possui um sistema de Seguridade Social, nos termos de sua Constituição (art. 194), que abrange conjuntivamente as técnicas protetivas da Saúde, da Previdência Social e da Assistência Social. Nesse sentido, para falar sobre as medidas adotadas no campo da Seguridade Social no Brasil é indispensável tratar daquilo que se fez, em decorrência do enfrentamento da emergência de importância internacional decorrente do Coronavírus, separadamente, em cada uma das mencionadas técnicas protetivas, observada a ordem cronológica dos acontecimentos mais significativos em cada um desses blocos de análise.

Destaque-se que o conjunto normativo está integralmente disponível no sítio eletrônico oficial, sendo ali oferecido um quadro indicativo de toda a legislação brasileira feita para o combate da pandemia, observada a atuação do Comitê de Crise para Supervisão e Monitoramento dos Impactos da Covid-19, instituído, no âmbito federal, pelo DECRETO Nº 10.277, DE 16 DE MARÇO DE 2020.

Vejam-se as principais medidas:

a) **No âmbito da Saúde**

Inicialmente cabe referir que, em 3 DE FEVEREIRO DE 2020, o GABINETE DO MINISTRO DE ESTADO DA SAÚDE, publicou a PORTARIA Nº 188, por meio da qual declarou **Emergência em Saúde Pública de Importância Nacional (ESPIN)** em decorrência da Infecção Humana pelo novo Coronavírus (2019-nCoV). Por meio desse instrumento normativo, foi estabelecido o Centro de Operações de Emergências em Saúde Pública (COE-nCoV) como mecanismo nacional de gestão coordenada. É importante observar que àquela altura, o Brasil não apresentava ainda nenhum caso de contaminação pelo referido Coronavírus.

Em seguida, observada a urgência que o caso requeria, depois de submetido projeto ao Congresso, foi publicada a LEI Nº 13.979, DE 6 DE FEVEREIRO DE 2020, que permitiu às autoridades a determinação de medidas que envolvesse, entre outras, o **isolamento**, assim entendida a separação de pessoas doentes ou contaminadas de outras, de maneira a evitar a contaminação ou a propagação do Coronavírus; e a **quarentena**, compreendida com a restrição de atividades ou separação de pessoas suspeitas de contaminação das pessoas que não estivessem doentes. É importante registrar que o MINISTÉRIO DA JUSTIÇA E SEGURANÇA PÚBLICA, na pessoa do seu Ministro de Estado, expediu a PORTARIA INTERMINISTERIAL Nº 5, DE 17 DE MARÇO DE 2020 para deixar bem claro que o descumprimento das medidas impostas pelos órgãos públicos com o escopo de evitar a disseminação do COVID-19 poderia inserir o agente na prática dos crimes previstos nos artigos 268 e 330 do Código Penal, de forma permanente, enquanto durasse a negativa

A referida Lei 13.979, de 2020, diante das previsões restritivas nela contidas, assegurou às pessoas afetadas o **direito de serem informadas permanentemente** sobre o seu estado de saúde e a assistência à família, mas também **o direito de receberem**

tratamento gratuito; e de serem tratadas com pleno **respeito à dignidade, aos direitos humanos e às liberdades fundamentais das pessoas**, conforme preconiza o Artigo 3 do Regulamento Sanitário Internacional, constante do Anexo ao Decreto nº 10.212, de 30 de janeiro de 2020. No bojo dessas normas, o legislador considerou como falta justificada ao serviço público ou à atividade laboral privada o período de ausência decorrente das medidas de segregação compulsória.

A referida Lei recebeu depois que o Coronavírus começou a produzir infecção massiva, um adendo mediante a Medida Provisória nº 926, de 2020, que dizia ser vedada a restrição à circulação de trabalhadores que pudesse afetar o funcionamento de serviços públicos e atividades essenciais que pudessem acarretar, diante da generalização de determinações de isolamento social, o desabastecimento de gêneros necessários à população. A PORTARIA Nº 356, DE 11 DE MARÇO DE 2020 do MINISTRO DE ESTADO DA SAÚDE, então, salientou que a medida de isolamento somente poderia ser determinada por prescrição médica ou por recomendação do agente de vigilância epidemiológica, por um prazo máximo de 14 (quatorze) dias, podendo se estender por até igual período, conforme resultado laboratorial que comprovasse o risco de transmissão, e que essa medida extrema deveria ser efetuada, preferencialmente, em domicílio, podendo ser realizada em hospitais públicos ou privados, conforme recomendação médica, a depender do estado clínico do paciente.

A AGÊNCIA NACIONAL DE SAÚDE SUPLEMENTAR – ANS, por sua vez, expediu a RESOLUÇÃO NORMATIVA - RN Nº 453, DE 12 DE MARÇO DE 2020 por meio da qual exigiu que os planos privados de saúde oferecessem cobertura obrigatória quando o paciente se enquadrasse na definição de caso suspeito ou provável de doença pelo Coronavírus 2019.

Com o passar dos dias, as medidas de cuidado e de isolamento social facultativo foram intensificadas e o MINISTÉRIO DA ECONOMIA, mediante a SECRETARIA ESPECIAL DE DESBUROCRATIZAÇÃO, GESTÃO E GOVERNO DIGITAL e da SECRETARIA DE GESTÃO E DESEMPENHO DE PESSOAL, expediu a INSTRUÇÃO NORMATIVA Nº 21, DE 16 DE MARÇO DE 2020 para, entre outras medidas, suspender a realização de viagens internacionais a serviço enquanto perdurasse o estado de emergência de saúde pública aqui em análise. Houve ali também **determinação no sentido de que servidores e empregados públicos com 60 (sessenta) anos ou mais; com imunodeficiência ou com doenças preexistentes crônicas ou graves; e responsáveis pelo cuidado de uma ou mais pessoas com suspeita ou confirmação de diagnóstico de infecção por COVID-19, desde que haja coabitação, deveriam executar suas atividades remotamente enquanto perdurasse o estado de emergência. O mesmo tratamento foi dado às servidoras e empregadas públicas gestantes ou lactantes.**

Com o aumento de casos de infectados, o Congresso Nacional, então, em 20 de março de 2020, mediante o DECRETO LEGISLATIVO Nº 6, DE 2020, reconheceu a **ocorrência do estado de calamidade pública**, nos termos da solicitação do Presidente da República encaminhada por meio da Mensagem nº 93, de 18 de março de 2020, autorizando o Executivo, então, a ter um Orçamento diferenciado para gerir a crise.

b) No âmbito da Previdência Social

No âmbito previdenciário, o MINISTÉRIO DA ECONOMIA, mediante o INSTITUTO NACIONAL DO SEGURO SOCIAL, valeu-se da PORTARIA Nº 373, DE 16 DE MARÇO DE 2020 para interromper, por até 120 (cento e vinte) dias, algumas importantes rotinas de atualização e manutenção de benefícios, entre os quais o bloqueio dos créditos dos benefícios por falta de realização da comprovação de vida aos beneficiários residentes no Brasil ou no exterior e, de um modo geral, a suspensão de benefício por não atendimento de exigências burocráticas.

Nenhum benefício previdenciário novo foi criado, embora reconheçamos que a legislação brasileira tem um sistema normativo detalhado que oferece cobertura ao risco de incapacidade laborativa para os seus segurados. Os detalhes dessa sistemática, quando ao regime de previdência social mais amplo do país, é encontrável na Lei n. 8.213/91.

c) No âmbito da Assistência Social

As medidas no campo assistencial social tiveram um efetivo início com a publicação da Medida Provisória n. 936, de 1º de abril de 2020, que instituiu o Programa Emergencial de Manutenção do Emprego e da Renda para ter aplicação durante todo estado de calamidade pública decretado no Brasil, ou seja, até 31 de dezembro de 2020, com os objetivos expressos de preservar o emprego e a renda; de garantir a continuidade das atividades laborais e empresariais; e de reduzir o impacto social decorrente das consequências do referido estado de calamidade pública e de emergência de saúde pública. O Programa garantiu, à custa do governo federal, o pagamento de parte dos salários dos **empregados formais** que tenham sido ou que venham a ser reduzidos, observado o limite de 90 dias, assim como cobertura de parte da remuneração dos trabalhadores que tiveram ou que venham a ter os seus contratos temporariamente suspensos, observado o prazo limite de 60 dias.

Os **trabalhadores informais**, por sua vez, foram contemplados com a criação de um benefício assistencial pela Lei n. 13.982, de 2 de abril de 2020 no valor de R$ 600,00 (seiscentos reais) mensais, por três meses, prorrogáveis a juízo do Poder Executivo, desde que esse trabalhador informal tenha renda familiar mensal per capita de até 1/2 (meio) salário-mínimo ou a renda familiar mensal total de até 3 (três) salários mínimos. Cabe um destaque para a previsão, contida na referida norma legal, no sentido de que a mulher provedora de família monoparental receberá 2 (duas) cotas do auxílio.

Medidas adotadas e operatividade dos mecanismos de prevenção de riscos laborais (segurança e saúde no trabalho): uma atenção especial às medidas especificamente destinadas aos trabalhadores no âmbito de atuação sanitária

As medidas adotadas para a prevenção de riscos laborais tiveram uma tônica especial na autorização dada aos empregadores, por meio da Medida Provisória 927, de 2020, de promover a alteração unilateral do regime de trabalho presencial para o regime de teletrabalho, de trabalho remoto ou de outro tipo de trabalho a distância. O afastamento do local de serviços foi, portanto, e em rigor, para muitos trabalhadores, a mais expressiva medida de prevenção dos riscos laborais. Tal, entretanto, por motivos óbvios, não ocorreu com os profissionais da área de saúde ou com aqueles trabalhadores que desempenham funções essenciais nos termos dos Decretos 10.282, de 20 de março de 2020 e 10.288, de 22 de março de 2020. Estes continuaram em atividade com a recomendação de atenção às medidas de prevenção orientadas pelos órgãos de controle sanitário.

Os profissionais da área da saúde, porém, por assunção de tarefas estratégicas e pelo envolvimento na contenção da pandemia, acabaram por se envolver ainda mais, seja física ou emocionalmente, com a situação emergencial e com os consequentes riscos laborais. Para esses trabalhadores há uma determinação explícita de comparecimento pessoal ao trabalho, ainda que ali, no seu espaço físico de serviço, existam pessoas reconhecidamente contaminadas com o Coronavírus, e mesmo que a convivência com o risco de contágio seja algo inerente ao exercício de suas atividades. Em favor desses trabalhadores, porém, emergem os mais destacados **deveres de proteção e de informação** atribuídos ao empregador em favor do empregado, previstos nas já existentes e extremamente detalhadas normas regulamentares (NRs), notadamente a de número 32, criadas pelo então Ministério do Trabalho do Brasil.

Não se produziram novos ou específicos mecanismos de prevenção de riscos laborais. Ao contrário, o que se viu foi a Medida Provisória 927, de 2020 autorizar a suspensão das férias, conforme disposto no art. 7º do referido ato normativo, aumentando, por conseguinte, a fadiga e as possibilidade de acidente do trabalho, Veja-se:

> Art. 7º Durante o estado de calamidade pública a que se refere o art. 1º, **o empregador poderá suspender as férias ou licenças não remuneradas dos profissionais da área de saúde ou daqueles que desempenhem funções essenciais**, mediante comunicação formal da decisão ao trabalhador, por escrito ou por meio eletrônico, preferencialmente com antecedência de quarenta e oito horas.

Houve também, numa atuação contrária à prevenção dos riscos laborais, mas lastreada por uma situação emergencial sem precedentes, referente à permissão aos estabelecimentos de saúde, dada pelos artigos 26 e 27 da referida Medida Provisória, **mediante mero acordo individual escrito**, i) prorrogar a jornada de trabalho mesmo em ambiente insalubre e mesmo no regime de 12 horas de trabalho por 36 horas de folha; e (ii) adotar escalas de horas suplementares, sem que haja penalidade administrativa, garantido, porém, o repouso semanal remunerado . As horas suplementares computadas em decorrência da adoção das medidas citadas poderão ser compensadas, no prazo de 18 (dezoito) meses, contado da data de encerramento do estado de calamidade pública, por meio de banco de horas ou remuneradas como hora extra.

Na linha de relativizar as exigências administrativas em segurança e saúde no trabalho, a mesma Medida Provisória 927, de 2020, fundada na situação emergencial, o governo determinou, durante o estado de calamidade pública, a suspensão da obrigatoriedade de realização dos exames médicos ocupacionais, clínicos e complementares, exceto dos exames demissionais, assim como a obrigatoriedade de realização de treinamentos periódicos e eventuais dos atuais empregados, previstos em normas regulamentadoras de segurança e saúde no trabalho.

Viu-se, assim, diante da situação de emergencial, muito mais uma tendência em relaxar as exigências das legislações em matéria de prevenção dos riscos laborais do que uma disposição em incrementá-las.

EDITORA JusPODIVM
www.editorajuspodivm.com.br

COLOR system

JUS3737